레닌

레닌

Vladimir Ilich Lenin:
a biography ——————

로버트 서비스 | 김남섭 옮김

교양인
GYOYANGIN

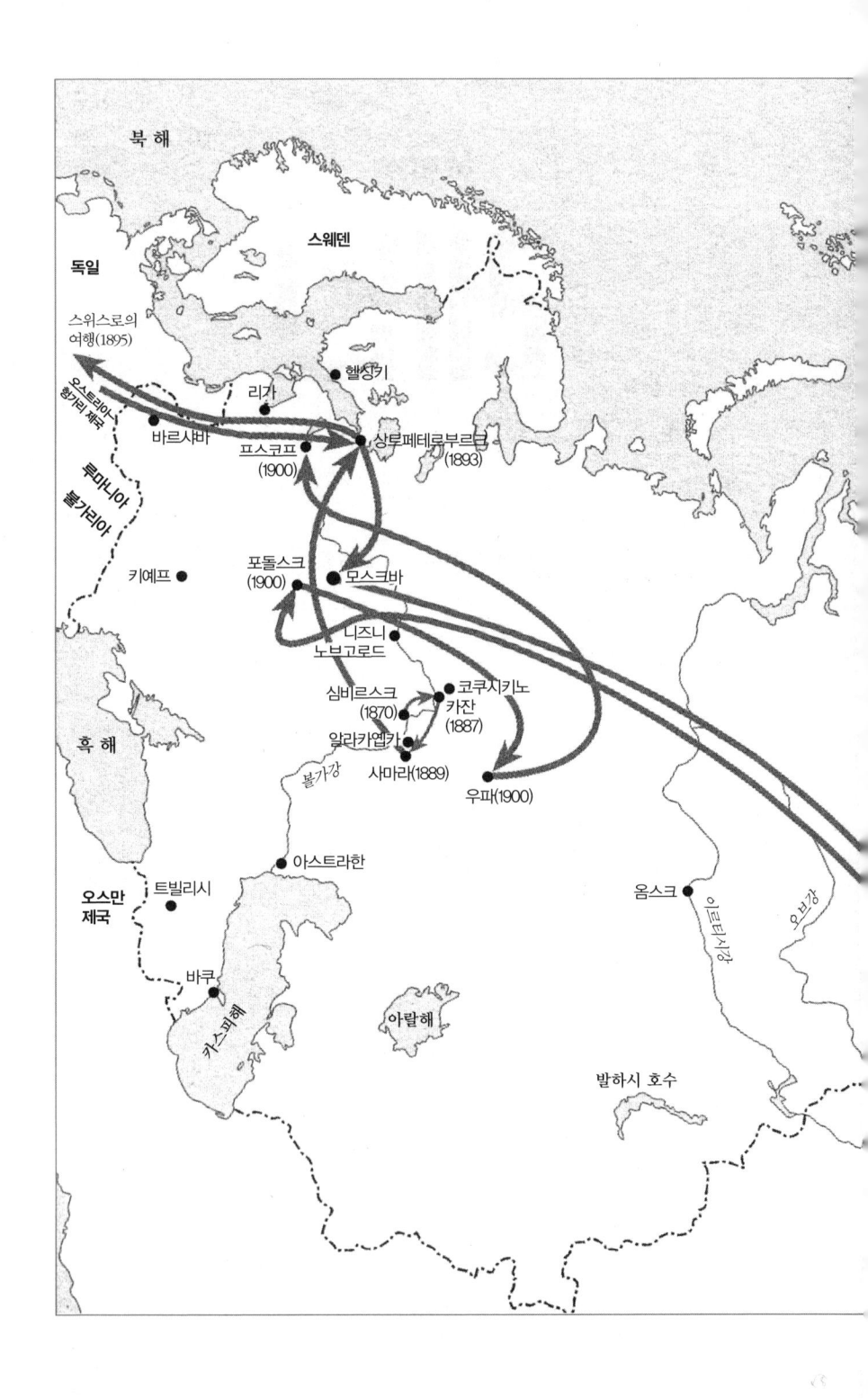

북해

스웨덴

독일

스위스로의
여행(1895)

오스트리아-
헝가리 제국

루마니아·
불가리아

헬싱키

리가

바르샤바

프스코프
(1900)

상트페테르부르크
(1893)

키예프

포돌스크
(1900)

모스크바

니즈니
노브고로드

흑해

심비르스크
(1870)

코쿠시키노

카잔
(1887)

알라카옙카

사마라(1889)

볼가강

우파(1900)

오스만
제국

트빌리시

아스트라한

옴스크

이르티시강

오브강

바쿠

카스피해

아랄해

발하시 호수

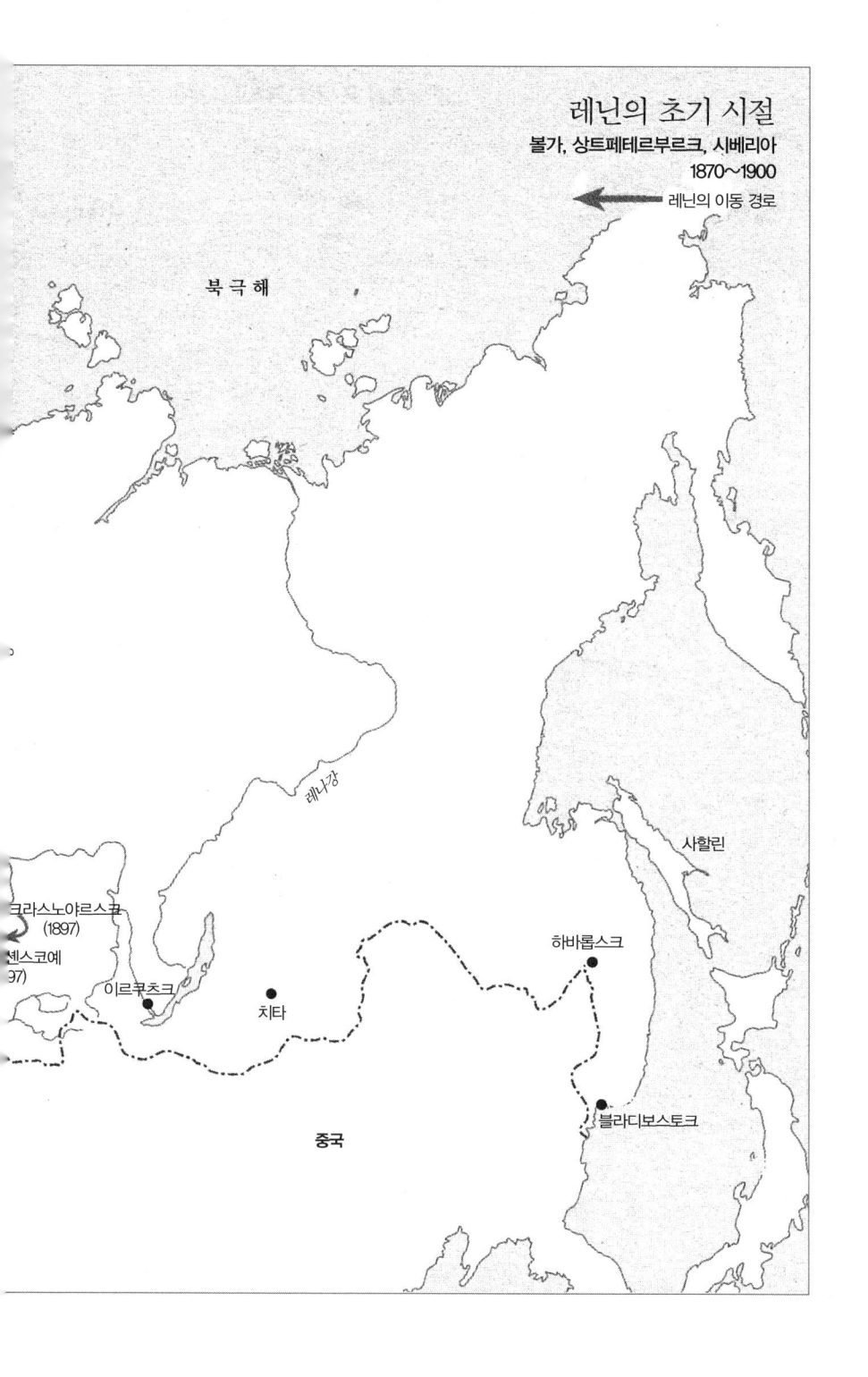

레닌의 초기 시절
볼가, 상트페테르부르크, 시베리아
1870~1900
레닌의 이동 경로

북극해

레나강

사할린

크라스노야르스크
(1897)

젠스코예
97)

이르쿠츠크

치타

하바롭스크

블라디보스토크

중국

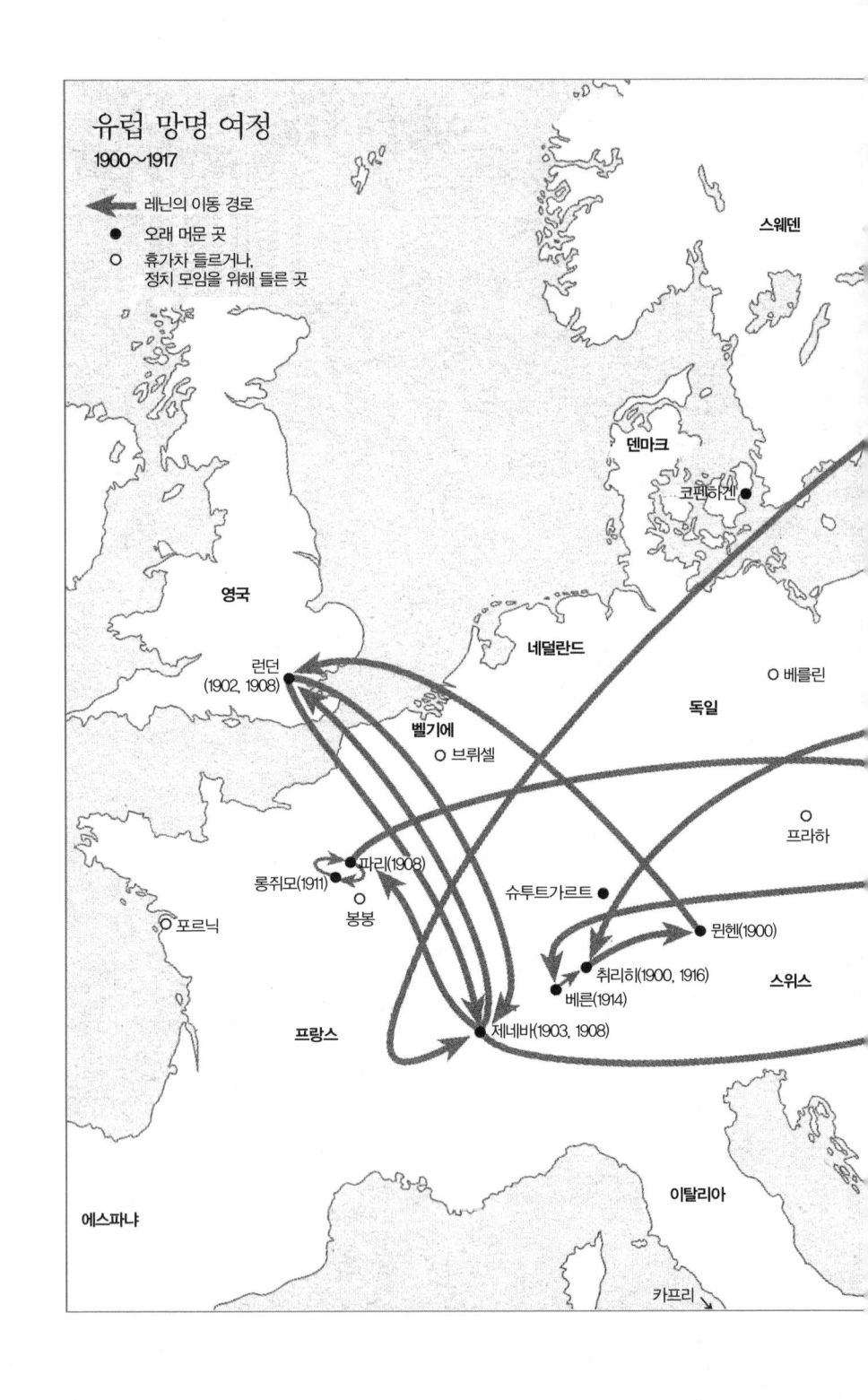

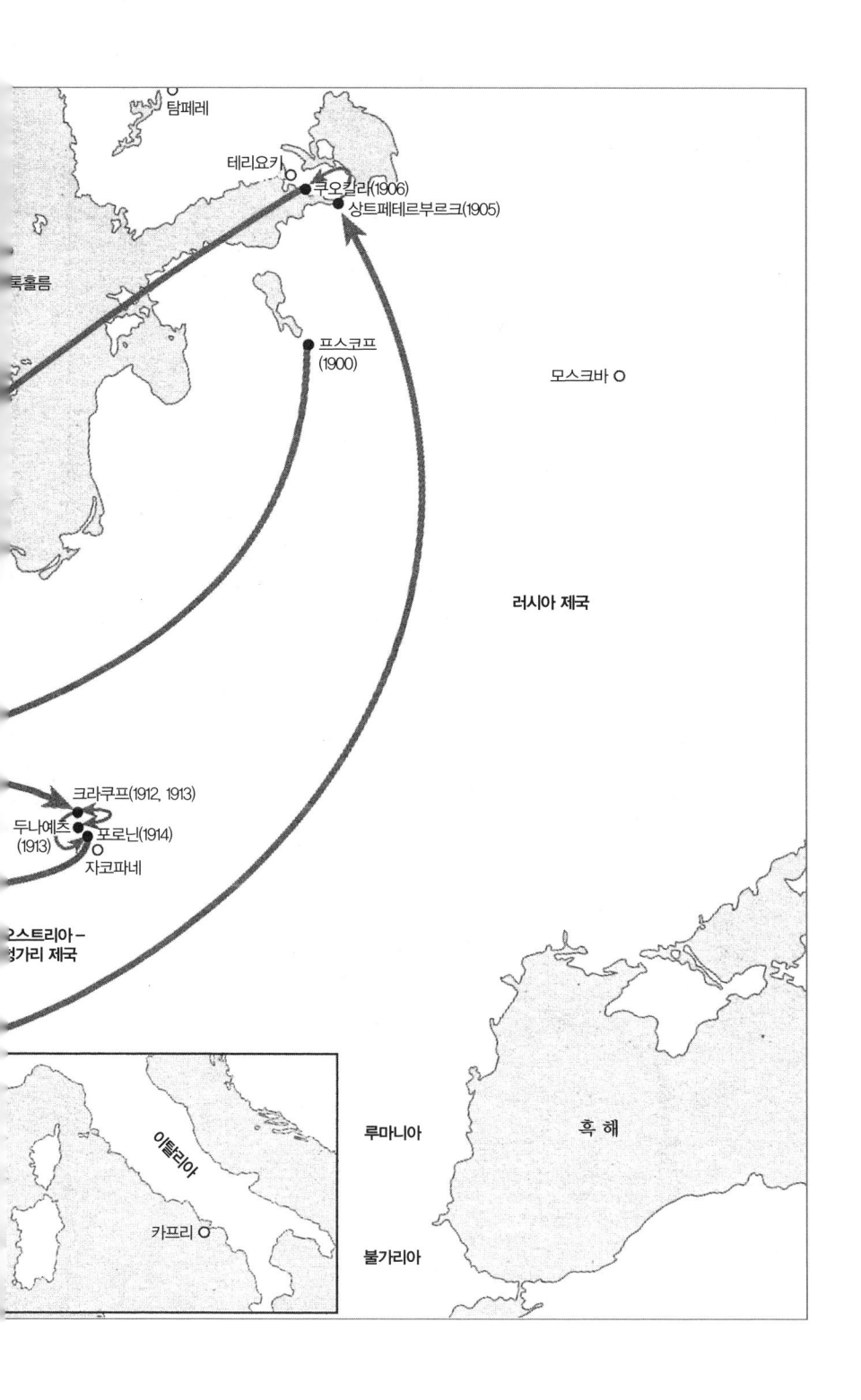

탐페레

테리요키

쿠오칼라(1906)

상트페테르부르크(1905)

폭홀름

프스코프
(1900)

모스크바 〇

러시아 제국

크라쿠프(1912, 1913)

두나예츠
(1913)

포로닌(1914)

자코파네

오스트리아 –
헝가리 제국

이탈리아

루마니아

흑 해

카프리 〇

불가리아

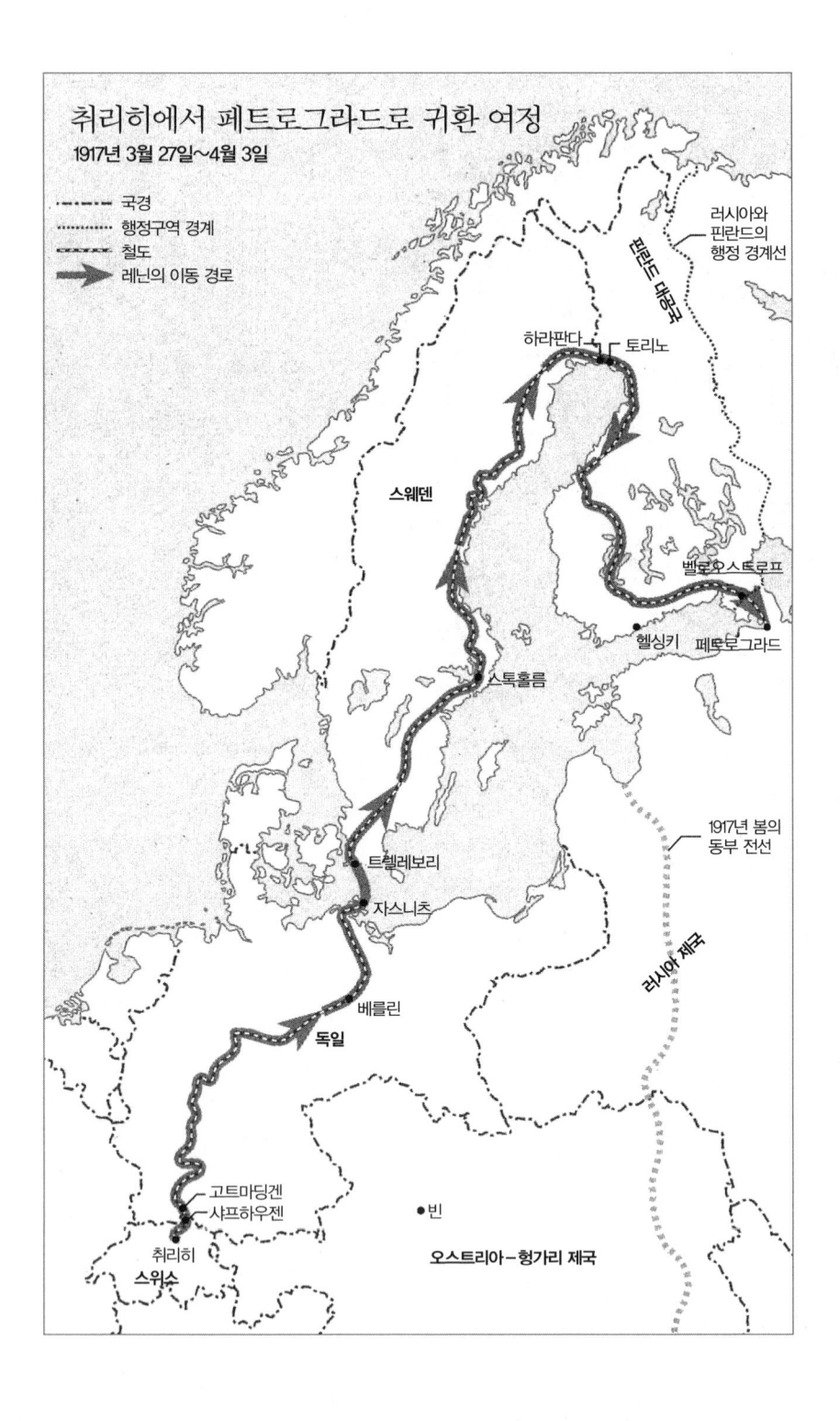

라흐티

헬싱키
(1917년
8월)

네이볼라(1917년 6월)

세스트로레츠크
라즐리프(1917년 7월)
페트로그라드(1917년 4월과 10월)
나르바

체레포베츠
볼로그다

프스코프

야로슬라블

트베리

모스크바
(1918년 3월)
고르키
(1918년 9월부터 몇 차례)

비텝스크

스몰렌스크

세르푸호프

민스크

칼루가
랴잔

모길료프

툴라

브랸스크

〰〰〰 레닌의 여행 경로

1917년 귀환 이후 여정
1917년 5월~1924년 1월

아델 비아지(Adele Biagi), 데이비드 고드윈(David Godwin), 헤더 고드윈(Heather Godwin), 마틴 레이디(Martyn Rady), 아폰 리스(Arfon Rees), 타냐 스톱스(Tanya Stobbs)가 이 책의 초고를 읽었고, 존 클리어(John Klier)는 1장을 읽었다. 그들의 제안 덕에 책이 훨씬 나아졌다. 필립 캐번디시(Philip Cavendish), 미츠카 데이비스(Myszka Davies), 노먼 데이비스(Norman Davies), 빌 피시먼(Bill Fishman), 줄리언 그래피(Julian Graffy), 리타 헤이노(Riitta Heino), 존 클리어, 리처드 래머지(Richard Ramage), 아폰 리스, 케이 실러(Kay Schiller), 페이스 위그젤(Faith Wigzel)도 몇 가지 유익한 조언을 해주었다. 런던에 있는 슬라브·동유럽학 대학(School of Slavonic and East European Studies) 도서관의 존 스크린(John Screen)과 레슬리 피트먼(Lesley Pitman), 그리고 옥스퍼드 대학 세인트 앤서니 칼리지 러시아센터 도서관에 근무하는 재키 윌콕스(Jackie Willcox)에게도 중요한 자료를 모으는 데 도움을 주어 감사하다 말하고 싶다. 데이비드 킹(David King)은 자신이 소장한 소련 사진과 포스터들의 경이로움을 아낌없이 내게 소개해주었다. 이 책에 일부를 이용할 수 있게 허락해준 데 깊은 감사의 마음을 전한다. '현대사 문서 보존과 연구를 위한 러시아센터' 직원들, 특히 키릴 안데르손(Kirill Anderson), 라리사 로고바야(Larisa Rogovaya), 옐레나 키릴로바(Yelena Kirillova), 이리나 셀레즈뇨바(Irina Seleznyova), 라리사 말라셴코(Larisa Malashenko), 그리고 '국립 러시아연방 문서고'의 블라디미르 코즐로프(Vladimir Kozlov)에게도 특별한 빚을 졌다. 유용한 연구 아이디어를 제공해준 러시아 동료 역사가들로는 겐나디 보르듀고프(Gennadi Bordyugov), 블라디미르 불다코프(Vladimir Buldakov), 올레크 흘레브뉴크(Oleg Khlevniuk), 블라디미르 코즐로프, 안드레이 사하로프(Andrei Sakharov)가 있다.

레닌은 러시아에서 정치적으로도 정서적으로도 매우 중요하고 자극적인 주제다. 이 전기를 쓰도록 격려해준 러시아 친구들에게 감사를 전한다. 나는 외국인인 내가 민감한 영역에, 그것도 심지어 징 박은 장화를 신고 걸어 들어가는 격이 될 수 있음을 잘 알고 있다. 하지만 이는 레닌의 전기를 쓰려면 해야 할 일이기도 하다.

몇 년 동안 나는 런던 중심부에 있는 일터로 가는 도중에 레닌이 거주했거나 편집 활동, 연구를 했던 건물들을 자전거를 타고 지나치곤 했다. 한 가지 경로는 하이버리(《이스크라》 편집인들이 러시아 우편물을 보내던 곳)를 통과해 세인트팬크러스 지구(1902년에 레닌이 살던 곳)로 건너가, 그레이즈 인 로드(1905년에 레닌이 동지들과 한잔하던 술집들이 있는 곳)를 가로질러 태비스톡 플레이스(1908년 몇 개월 동안 레닌이 살던 곳)를 따라 이어지는 길이었다. 그 길을 지나며 내가 다룰 주제가 종종 겉으로 보이는 것과는 달리 사실 그렇게 색다르지 않다는 느낌을 더욱 강하게 받곤 했다. 그러나 물론 레닌의 삶과 시대를 더욱 깊이 조망하려면 러시아로 가야 한다. 크렘린, 붉은 광장, 스몰니 학교는 그때 그 시간과 공간에 대한 감을 잡기 위해 방문해야 하는 곳들이다. 한편으로 나는 앞으로 이어질 장들에서 인물들을 개별적인 인간으로 그려내려고 애를 썼다. 이것을 위해 책에 나올 울리야노프 가족을 직접 알고 지냈던, 살아 있는 몇 안 되는 사람들 가운데 한 명인 빅토리야 니콜라예브나 울리야노바(Viktoria Nikolaevna Ulyanova)를 만나 오후를 함께 보낸 것은 즐거운 일이었다. 빅토리야의 너그러운 성격(남편의 삼촌인 레닌에게는 없던 특징이다)은 20세기 초 러시아에서 일어난 모든 일이 불가피한 것만은 아니었음을 보여준다.

마지막으로, 책 내용을 함께 논의해준 가족, 아내 아델과 시끌벅적한 우리의 아이들 에마(Emma), 오웨인(Owain), 휴고(Hugo), 프란체스카(Francesca)에게 고마움을 전한다. 이들은 각자 책의 긴 부분을 읽고 편집을 도와주었다. 수많은 소련 국민들과 마찬가지로, 가족들은 레닌의 엄청난 역사적 중요성을 인정하면서도 그의 사적인 (그리고 이따금 우스운) 약점들에 관심을 보이기도 했다. 나는 공적인 면과 사적인 면을 통합하는 책을 쓰려고 했다. 1990년대에 모스크바 문서고가 열리기 전까지 이런 종류의 전기를 쓰는 것은 불가능했다. 이어질 책의 내용이 내 가족은 물론이거니와 일반 독자들에게도 레닌의 생애와 영향력을 두고 지금도 제기되는 의문을 해결할 자료가 되기를 바란다.

1999년 5월, 옥스퍼드
로버트 서비스

4부 혁명 수호자

신격화와 악마화를 걷어낸 인간 레닌

레닌은 특출한 인물이었다. 그는 볼셰비키라는 공산주의 분파를 창설해서 당으로 성장시켰다. 그 당이 1917년 10월 혁명을 일으켰다. 세계 최초의 사회주의 국가가 선포되었다. 소련이 성립했을 때 그 영토의 핵심을 차지하게 되는 이 국가는 온갖 역경을 이겨내고 살아남았다. 레닌과 공산주의 지도부는 러시아를 제1차 세계대전에서 철수시키고 내전에서 승리했다. 이들은 공산주의 인터내셔널을 설립하여 유럽 대륙의 정치에 지워지지 않을 발자국을 남겼다. 소련은 세계의 극좌 사회주의자들에게는 횃불이었고 보수주의자, 자유주의자, 다른 사회주의자들에게는 암초였다. 마르크스와 엥겔스의 이론에 대한 레닌의 해석은 공산주의자들에게 절대적 권위를 지닌 경전이었으며, 레닌 사후에 마르크스-레닌주의로 명명되었다. 제2차 세계대전 후 공산주의 모델(일당 국가, 이데올로기 독점, 법 허무주의, 전투적 무신론, 국가 테러, 모든 경쟁적 권위 기관 제거)은 동유럽, 중국, 동남아시아, 카리브해와 아프리카 일부 지역으로까지 전파되었다. 공산주의는 1989년에 동유럽에서, 1991년 말에는 소련에서 해체되었다. 그러나 레닌보다 공산주의 체제의 발전과 수립에 더 큰 영향을 끼친 사람은 아무도 없었다.

레닌이 범상치 않은 사회의 독특한 발전 시기에 생애 초기를 보내지 않았더라면 이런 일은 결코 일어나지 않았을 것이다. 레닌을 비롯해 19세기 말 러시아 제국에서 성장한 세대는 역사 변화의 소용돌이에 휘말렸다. 세계에서 가장 큰 나라의 잠재력이 개발되기 시작했다. 오랜 문화적·사회적 속박이 서서히 느슨해졌다. 국제적 소통이 원활해졌고, 세계는 문화적·과학적으로 뛰어난 성과를 거둔 러시아 제국에 경탄했다.

하지만 변화는 예비 단계에 머물렀고 대부분의 교육받은 러시아인들은 나라의 진보가 더딘 데 실망했다. 많은 사람들은 러시아가 변화하기에는 너무 크고 구성 요소가 다양하며 전통에 얽매여 있다고 생각했다. 일리 있는 생각이었다. 제국 서부의 폴란드 땅에서 태평양 연안의 블라디보스토크까지 거리는 8천 킬로미터나 되었다. 백해에서 아래쪽 페르시아와 오스만 제국 국경까지는 3천2백 킬로미터였다. 도로 상태는 형편없었고 강은 긴 겨울 동안 얼어붙었다. 철도망은 이제 막 건설되고 있었다. 시베리아 횡단 철도는 1891년에 부설이 시작되어 1903년에야 완공되었다. 모든 국경에 문제가 있었다. 서쪽으로는 독일과 오스트리아-헝가리 제국의 위협이 존재했다. 남쪽으로는 오스만 제국과 긴장 관계에 있었는데, 결국 1876년에 전쟁이 발발했다. 동쪽에서는 다른 열강이 중국을 강탈할지 모른다는 두려움이 있었다. 일본도 강국으로 부상하고 있었다. 러시아군은 무적의 명성을 오래전에 상실했다. 1853년에서 1856년까지 이어진 크림 전쟁에서 한정된 병력의 영국과 프랑스 원정군은 러시아군의 방어를 물리치고 거의 승리를 거두었다. 러시아군은 투르크군에 맞서서는 좀 더 성공적이었으나 만족할 정도는 아니었다. 로마노프 왕조는 1812

년에 나폴레옹이 모스크바에서 후퇴한 후 국제 관계에서 획득했던 위력을 더는 지니고 있지 못했다.

러시아 사회는 변화를 맞을 준비가 되어 있지 않았다. 러시아는 르네상스와 더 크게는 계몽주의를 '놓쳤다'. 개혁 군주였던 표트르 대제는 18세기 초 농민들을 지주에 강제로 묶어놓음으로써 봉건제를 강화했다. 교육 수준은 비참했다. 법 규범은 무시되었다. 빈곤은 경악할 정도였다. 로마노프 왕조의 경찰국가는 정당, 노동조합, 대중 시위를 금지했다. 행정적 횡포가 만연했다.

알렉산드르 2세는 1861년 지주 귀족에게 예속되어 있던 농민들을 해방해 나라를 조금씩 근대화하려 했고, 연이어 사법·군사·교육 제도에서도 일련의 변화를 꾀했다. 그러나 부자와 빈자의 격차는 여전히 심각했다.

엄청나게 부유했던 유수포프(Yusupov) 집안은 러시아 전역에서 유럽의 작은 국가에 버금가는 영지와 가신을 소유하고서, 거장들의 그림을 걸어놓고 독일에서 기차로 실어오는 고급 의복과 음식을 누렸다. 다른 한쪽 끝에는 러시아 빈민 가정이 있었다. 대부분의 농민은 태어난 마을에서 그대로 살았고 고향 마을을 벗어나는 일은 거의 없었다. 그들은 풀로 엮어 만든 신을 신고 덧옷을 걸쳤다. 턱수염은 길게 자라도록 내버려 두었고 성경과 상관없는 전통적인 방식으로 신을 두려워했다. 농민들은 매우 어수룩했고 자기가 사는 영역을 넘어선 공적 생활에 관해서는 아는 게 거의 없었다. 차르의 지배 아래 인적 자원으로 착취당해 온 농민들은 차별적 법률의 희생자로서 심지어 채찍질까지 당했다. 당국과 유산 계급 엘리트들에 대한 분노가 하늘을 찔렀다. 나라 전역에는 이러한 사회 구조에 반대하는 다른 세력이 존재했다. 이른바 '구신도'*들은 17세기에 교회 전례의 개혁을 피해 도주했다. 또 다양한 부류의 종파도 있었다. 거주자가 드물고 경찰의 손길이 거의 닿지 못하는 시베리아 지역도 존재했다. 시베리아는 영국이 오스트레일리아를 활용했던 것처럼 죄수들을 버리는 하치장으로 쓰였다.

러시아의 중심 지역뿐만 아니라 '변경 지역'에서도 불만이 커졌다. 폴란드는 18세기에 러시아, 프로이센, 오스트리아에 의해 분할되었는데, 로마노프 왕조의 지배를 받던 폴란드인들이 1830년과 1863년에 반란을 일으켰다. 반항적인 핀란드인들은 러시아인들을 깔봤다. 캅카스 산악 지대는 19세기 말 내내 반란 상태였다. 차르에게 그다지 골칫거리가 아니었던 우크라이나인들마저 가만히 있지 않았다. 러시아는 고요한 제국이 아니었다.

하지만 이 나라의 잠재력은 엄청났다. 자원이 비길 데 없이 풍부했다. 러시아 제국에는 석탄과 철, 다이아몬드, 금, 석유가 있었다. 곡물을 재배할 광대한 땅이 있었으며, 산업화를 촉진할 외국 자본을 들여올 기회가 있었다. 외국과 접촉하며 기력을 회복한 지배 엘리트들이 존재했고, 정부는 서쪽 선진 산업국들의 성과를 따라잡으려는 발빠른 노력에 점차 호의를 보였다. 러시아와 그 변경 지역은 점점 더 활기찬 고급 문화를 누리게 되었다. 러시아 소설가 톨스토이와 도스토옙스키, 투르게네프는 유럽을 매혹했다. 멘델레예프가 이끄는 러시아 과학자들은 격찬을 받았다. 러시아 작곡가 림스키코르사코프와 차이콥스키는 대륙을 아우르는 명성을 얻었고, 러시아 화가들은 아직 외국에 알려지지 않았지만 탁월한 솜씨를 자랑했다. 러시아 제국 전역에서 교육의 진보가 이루어졌다. 국가 행정에서 독립된 사

구신도 1652년부터 1666년 사이에 러시아의 총대주교 니콘(Nikon)이 실시한 교회 개혁에 반발하여 1666년부터 공식 정교회로부터 떨어져 나간 정교도들을 가리킨다. 이들은 러시아 정부의 가혹한 탄압을 겪으면서도 개혁이 시행되기 전부터 정교회가 실시해 온 전례를 계속 유지하면서 그 후 수백 년 동안 광범하게 명맥을 유지했다.

회 제도를 세우고 실행하려는 전문직 중간 계급이 팽창하고 있었다. 자치 기관들이 지역에서 형성되었고, 빈민층 자녀들을 대상으로 한 학교 교육이 도시를 중심으로 확산되었다. 건축, 의복, 사람들의 태도가 변화하고 있었다. 차르의 관료층마저 예전보다 전통적인 귀족의 지배를 덜 받게 되었다.

변화의 폭풍우가 사납게 휘몰아쳤다. 경쟁하는 이데올로기들이 서로 치고받고 싸우면서 정치적 열정이 치솟았다. 현 상황을 비판하는 사람들 중에서도 더 급진적인 사람들은 수 세기 동안 사회를 억압해 온 제국에 폭력으로 맞서려 했다. 특히 농업 사회주의자들(나로드니키)은 1860년대부터 선전 활동을 벌였고, 그들 중 일부는 암살 기도에 가담했다. 자유주의 정치 세력도 존재했다. 그러나 1880년대부터 로마노프 군주정에 맞선 가장 주된 이데올로기는 바로 마르크스주의였다. 이제는 시간 싸움이었다. 사회와 경제를 근대화하는 데 필요한 시간 동안 차르 체제가 힘과 권위를 유지할 것인가? 혁명가들은 현실의 변화에 적응하여 과도한 폭력 정치를 피할 것인가? 차르 체제는 이를 위해 양보할 것인가?

레닌은 혁명을 요구한 많은 지식인 중 한 명이었다. 당시 정치 · 경제 구조는 그에게 참을 수 없이 불쾌했다. 사회적 위계도 역겨웠다. 그가 보기에 러시아에서 합의에 의한 발전의 기회는 매력이 없었다. 레닌은 로마노프 왕조와 구러시아를 증오했다. 그는 새로운 러시아, 유럽 국가로서 러시아, 서구화된 러시아를 원했다. 특히 독일에 대한 레닌의 찬탄은 엄청났다. 그러나 '서구'에 대한 레닌의 승인은 선별적이었다. 레닌은 마르크스, 독일 마르크스주의 운동, 당대의 독일 산업과 기술을 찬양했다. 그러나 레닌은 서구도 변화하기를 원했다. 자본주의 질서 전체를 쓸어버릴 전 유럽 규모의 사회주의 혁명이 일어나야 했다. 동시에 그는 러시아와 다른 지역에서도 자신이 보기에 후진적이며 억압적인 현상들을 단호히 일소하고자 했다. 레닌은 러시아의 같은 세대 중에서도 특별한 유형이었다. 레닌은 계몽주의, 진보, 과학, 혁명을 믿었다. 모든 경우에 레닌은 독자적인 해석을 내놓았다. 어떤 것도 자신의 사상이 올바르다는 확신을 흔들지 못했다.

레닌에게 실제로 중요했던 것은 그 자신의 행동만이 아니었다. 환경도 엄청나게 중대했다. 동료 볼셰비키가 레닌의 정치적 비전을 공유한다는 사실은 레닌이 지리적으로 고립되거나 육체적으로 무력해졌을 때조차 전면적인 혁명을 위한 당이 존재함을 의미했다. 이 당의 열정과 실행 능력이 없었더라면, 레닌은 정치적으로 아무것도 아니었을 것이다. 러시아의 지식인과 노동자를 비롯한 여타 사회 집단들에 만연한 차르 체제와 자본주의의 여러 측면에 대한 적대감도 레닌을 도와주었다. 그리고 러시아의 특유한 성격, 즉 정치적 긴장, 행정적 취약함, 민족적·사회적 내부 분열, 폭력적 정치 문화도 레닌에게 득이 되었다. 로마노프 군주정의 최종 위기는 제1차 세계대전으로 촉발되었다. 동부 전선의 전투는 수송, 행정, 경제를 무너뜨리면서 재앙을 몰고 왔다. 따라서 1917~1918년에 행운의 여신이 볼셰비키에게 미소 짓고 있었던 것은 의심의 여지가 없다. 1918년에 독일이 제1차 세계대전에서 승리했더라면 카이저(빌헬름 2세)의 군사 계획은 러시아를 겨누었을 것이다. 그랬다면 레닌의 정부는 요람에서 질식했을 것이다. 자신에게 유리하게 돌아간 이 모든 요인이 없었더라면 레닌은 20세기 세계사의 무대에서 단역 배우 신세를 면치 못했을 것이다.

물론 레닌에 대해서는 사람들이 자주 글을 써 왔다. 그러나 최근에야 비로소 그의 삶과 업적을 밝혀줄 결정적인 자료에 접근할 수 있게 되었다. 미하일 고르바초프 시절에 중요한 문서 모음집이 간행되었

20세기 세계사를 결정지은 문제적 인간, 레닌. 명석한 이론가이자 조직가, 지칠 줄 모르는 혁명 투사로서 1917년 10월 혁명을 이끌고 세계 최초의 사회주의 국가를 수립했다.

다. 그 후 1991년에 소련이 무너지자 보리스 옐친은 중앙당 문서고에 직접 접근하는 것을 허용했다. 그 시기에 나는 레닌 정치에 관한 3부작을 쓰면서, 레닌의 실제 활동과 이론의 관계를 세계 최초로 사회주의 국가를 세운 혁명 정당의 틀 안에서 설명하려 했다. 그때나 지금이나 내가 내놓은 분석은 근본적인 점에서 레닌에 관한 다른 저작들과 다르다. 특히 레닌을 무결점의 사상가, 정치가, 인도주의자로 제시해 온 소련의 공식 해석들이나 다양한 트로츠키주의적 설명들과는 확연한 차이가 있다.[1] 그러나 레닌을 찬미하지는 않으면서도 너무나 많은 미심쩍은 점들을 레닌에게 유리하게 해석하는 책들도 있다. 그래서 나는 레닌이 순전히 마르크스주의 원리만을 바탕으로 하여 자신의 사상을 고안해냈고 그의 행동은 철저히 '정통' 원리에서 비롯했다는 닐 하딩(Neil Harding)의 신념에 공감하지 않는다.[2] 마찬가지로 레닌이 비(非)마르크스주의 러시아 혁명가들로부터 모든 근본적인 관념을 은밀하게 끌어냈다는 롤프 신(Rolf Theen)의 인식에도 동의하기 힘들다.[3] 또한 레닌이 자신의 당과 소비에트 국가에서 권위주의를 최소화하려 했다는 마르셀 리브만(Marcel Liebman)의 주장, 그리고 알렉산더 라비노비치(Alexander Rabinowitch)가 전반적으로 유용한 그의 저작들에서 1917년 볼셰비키당 조직이 대단히 민주적이었다고 주장한 것에도 찬성하지 않음을 이어지는 장에서 설명할 것이다.[4] 한편 내가 보기에 레닌이 죽기 직전 독재, 계급 전쟁, 공포 정치와 절연하는 쪽으로 공산주의를 개혁하려 했다는 모셰 르윈(Moshe Lewin)과 스티븐 코언(Stephen Cohen)의 의견 역시 현존하는 증거와는 상반되는 주장이다.[5]

레닌이 이데올로기에 얼마나 충실했는가 하는 문제는 여전히 논쟁의 불씨로 남아 있다. 카(E. H. Carr)는 레닌을 세월이 흐름에 따라 혁명을 밀고 나가기보다는 국가 제도를 건설하는 데 더 관심을 기울인 정치가로 보았다.[6] 레닌의 대외 정책을 두고 애덤 울람(Adam Ulam)은 공산주의 권력 장악을 이룬 지 몇 달 뒤부터 혁명 수출은 더는 그의 우선 목표가 아니었다고 역설했고, 올랜도 파이지스(Orlando Figes)는 레닌이 1920년에 폴란드 침공을 명령한 것은 순전히 방어적인 이유 때문이었다고 주장함으로써 이 논리를 극한까지 밀고 나갔다.[7] 이어지는 장들에서 레닌주의 이데올로기가 10월 혁명의 기원과 결과를 이해하는 데 핵심이라는 사실을 확인할 것이다.

사람들은 레닌의 성격에 대해서도 많은 글을 써 왔다. 그러나 리처드 파이프스(Richard Pipes)처럼 권좌에 앉은 레닌을 사상은 뒷전이고 지배하고 죽이는 것이 근본적인 동기였던 사이코패스로 그리는 것은 확실히 잘못된 것이다.[8] 마찬가지로 이 책은 레닌과 레닌주의가 러시아 전통과는 아무 관계가 없는 낯선 사상이라고 주장하는 알렉산드르 솔제니친(Aleksandr Solzhenitsyn)과 드미트리 볼코고노프(Dmitri Volkogonov)와도 다른 견해를 취한다.[9] 또 레닌의 이데올로기가 대체로 그의 혈통에 흐르는 유대인 요소의 산물이라는 발렌틴 솔로우힌(Valentin Soloukhin)의 반(反)유대적 주장에도 이의를 제기한다.[10] 레닌을 덜 악마적으로 묘사하는 서술은 랠프 카터 엘우드(Ralph Carter Elwood), 디트리히 가이어(Dietrich Geyer), 레오폴드 헤임슨(Leopold Haimson), 존 킵(John Keep), 레너드 샤피로(Leonard Schapiro)의 저작에서 나온다.[11] 그러나 지난 20년 동안 레닌을 설명하는 길은 어떤 식으로든 레닌 개인에게 주의를 집중하는 것이 아니라 제정 러시아와 소련 양쪽 모두의 국가와 사회에서 나타난 좀더 폭넓은 현상을 살펴보는 데 있다는 주장이 특히 실라 피츠패트릭(Sheila Fitzpatrick)과 로널드 수니(Ronald Suny)에 의해 제기되어 왔다.[12] 나는 이전 저작들에서 레닌으로 하여금 그가 어떤 일을 하게끔 만들거나 그가 하고 싶었던 일을 막은 정치적·조직적 압력을 강조했다.[13] 앨프리드 마이어(Alfred Meyer)와 마틴 말리아(Martin Malia)도 저작에서 이데올로기의 중요성을 설득력 있게 지적하면서도 레닌이 완벽한 자기 표현의 자유를 누리지 못하도록 가로막은 장애물을 과소평가했다.[14] 레닌을 그가 살았던 시대의 맥락에서 들여다봐야 한다는 것이다. 그러나 앞으로 이 책에서 내가 보이고자 하는 것처럼, 레닌 개인이 끼친 영향이야말로 그의 시대나 그 이후에 일어났던 사건들에 결정적이었다는 것이 최종 결론이다.

나의 목적은 이제까지 나온 여타 진지한 분석들과 다른 분석을 내놓는 데 그치지 않는다. 나는 지금까지 성취할 수 없었던 것, 즉 전기를 제공하고 싶다. 역사적 인물로서 레닌은 소비에트 국가에 의해 가려져 있었다. 당시 레닌의 공식 이미지를 뒷받침하지 않는 문서와 비망록은 은폐되었다. 고르바초프 체제에서 이루어진 최초의 폭로는 레닌의 친척과 볼셰비키당원들의 회고였다. 혁명 시기의 일부 정치적 기록도 출간되었다. 그 결과 레닌에 대한 우리의 지식이 크게 늘어났으나, 역사가들이 직접 자료를 읽기 위해 문서고에 들어갈 수 없다는 문제가 항상 있었다. 이러한 사정은 1991년에 바뀌었다.(나는 반고르바초프 쿠데타가 실패로 돌아간 후 중앙당 문서고가 '개방'되었던 그날 운 좋게도 모스크바에 있었던 덕분에 새로운 역사적 자유를 누릴 수 있었다.) 서류들이 기밀 제한에서 꾸준히 해제되었다. 정치국, 중앙위원회, 당 협의회, 당 대회 의사록을 원본으로 살펴볼 수 있게 되었다. 심지어 1923년에 레닌이 스탈린(Iosif Stalin)을 낙마시키기 위해 벌였던 운동에 관한 자료도 면밀히 조사할 수 있었다. 그 결과 정치가 레닌을 더 잘 이해할 수 있게 되었다.

이것만으로도 내가 레닌을 또 한 번 들여다보고 싶은 유혹에 빠지는 데 충분했다. 이 프로젝트를 당장 시작하게 만든 것은 좀 더 최근에 문서고에서 잠자고 있던 레닌 가족의 서신과 회고에 접근하는 것이 허용되었다는 사실이다. 오랫동안 품어 왔던 의혹들이 옳은 것으로 밝혀졌다. 고르바초프 시절에 발간되었던 레닌 부인의 회고록조차 정치적 이유로 편집된 것으로 드러났다. 그 후 레닌의 형제자매, 의사, 경호원과 간호사의 보고를 세밀히 살펴보는 것이 허가되었다. 마침내 진정한 전기를 쓸 수 있게 되었다.

이 책은 혁명가 레닌과 인간 레닌을 함께 이야기하지 않고서는 설명할 길이 없다는 전제에서 출발한다. 인종적으로 혼혈이라는 레닌의 배경이 의미가 없는 것은 아니다. 그러나 오직 그것 때문에 레닌이 '반러시아적'이었다거나 '잔혹했다'는 식의 생각은 받아들이기 힘들다. 레닌의 가족을 설명할 때 핵심은 그 구성원들이 공식 제국 질서로 편입하려고 애쓴 주변인이었다는 사실과 궁극적으로 그 노력이 실패했다는 사실이다. 다른 비슷한 상황의 가족들과 마찬가지로 레닌의 부모는 교육적 성공을 위해 자식들을 밀어붙였다. 자식들은 심한 압박을 받았고 그들 모두가 무사히 살아남지는 못했다. 레닌은 성공을 거둔 자식 중 한 명이었지만, 맹렬하게 일해 마감을 지키고자 하는 집착을 마지막 병상에서까지 놓지 못했다. 그가 받은 교육의 내용도 흔적을 남겼다. 이전에 사람들이 잘 몰랐던 것은 레닌이 학교 교육에서 깊지만 좁은 내용을 공부했다는 사실이다. 그 결과 레닌의 정신은 다른 영향들, 특히 혁명 사상에 선입견 없이 노출될 수 있었다. 레닌이 받은 교육은 그에게 외국어를 읽고 과학을 존중할 수 있게 해준 한편, 동시에 그가 사는 사회를 설명하는 듯한 어떤 이데올로기의 흡인력에도 열려 있게 해주었다.

레닌은 감정을 겉으로 드러나지 않게 조절할 수 있는 사람이었다. 레닌은 형 알렉산드르가 교수형을 당했을 때 정신적 외상을 입고서도 차분한 모습을 보였으며, 뒷날 부인과 함께 일하는 데서 한결같이 만족을 찾았다. 그러나 모든 것이 항상 안정되어 있지는 않았다. 우리는 다른 여성들이 그를 어떻게 유혹했는지, 그리고 그들 중 한 명인 이네사 아르망*이 잠시 그의 마음을 사로잡았다는 사실을 살펴볼 것이다. 그러나 대체로 레닌은 여성들을 뜻대로 다룰 줄 알았다. 인정머리 없던 자신의 누이들이 부인 나데즈다 콘스탄티노브나 크룹스카야*를 좌

이네사 아르망(Inessa Armand, 1874~1920) 프랑스인 공산주의 운동가이자 페미니스트. 생애 대부분을 러시아에서 보냈으며, 레닌의 연인으로도 알려져 있다. 1903년 러시아사회민주노동당에 가입했으며, 10월 혁명 후 소비에트 정부의 여성부 부장을 지냈다.
나데즈다 콘스탄티노브나 크룹스카야(Nadezhda Konstantinovna Krupskaya, 1869~1939) 러시아의 볼셰비키 혁명가이자 정치가. 1898년 블라디미르 레닌과 결혼했으며, 1929~1939년 소련의 교육 부인민위원을 지냈다.

지우지하도록 했던 것처럼, 레닌은 여성들의 도움을 확보하면서 그들을 서로 반목시켜 조종했다. 이 여성들은 평소 일상적 조직 활동에서 레닌을 지원했다. 크룹스카야는 항상 그런 것은 아니었지만 대부분은 레닌의 매력에 빠져 있었다. 특히 그녀는 레닌이 1922년에 병들어 사경을 헤매자 그의 곁을 지키기 위해 돌아왔다. 레닌은 건강 염려증이 심해서 가족의 적극적인 지지에 의지할 수 없었더라면 아마도 폭발했을 것이다. 폭발 가능성은 항상 존재했다. 레닌은 인간 시한폭탄이었다. 레닌의 지적 위력은 그 자신을 혁명으로 몰고 갔고, 그의 마음속 분노는 이 돌진을 광적으로 만들었다. 레닌은 파괴 열정을 프롤레타리아에 대한 사랑보다 더 많이 품은 사람이었다.

레닌의 성격은 정치가로서 레닌과 밀접히 연관되어 있다. 그가 분노를 토해내는 방식은 1917년 이전에 당 전체에서 유명했다. 죽기 직전 레닌의 분노는 너무 격렬해서 그가 정신적 균형을 유지하고 있는지, 심지어 그가 제정신인지 심각한 의문이 제기될 정도였다. 그러나 보통 그는 자기 감정을 추스를 줄 알았고, 통제된 형태의 공격으로 분노를 표출했다. 그는 정치 투사였다. 이것은 당시에도 모두가 아는 사실이었으나, 레닌의 강렬한 전투적 스타일은 지금 더 분명히 볼 수 있다. 심지어 1921년 신경제정책을 도입했을 때 같은 '후퇴'의 순간에도 레닌의 선언과 제안은 거침이 없었다. 레닌이 동료와 지인에게 자문을 구한 뒤에 자신의 사상을 누그러뜨린 것은 사실이다. 그러나 일부 핵심 견해는 계속 고수했다. 레닌은 열심히 싸우기를 원하면서도 일시적이고 부분적인 후퇴가 이득이 될 것을 알았기에 때때로 자제력을 보일 수 있었던 것이다. 레닌은 자신의 권력이 위협받을 때는 종종 과감하게 정책을 수정했다. 그러나 레닌의 기본 사고는 1890년대 초에 형성될 때부터 1924년 죽을 때까지 거의 변화가 없었다. 레닌은 런던, 취리히, 모스크바 등의 지역에서 여러 해를 살 수 있었지만 주위 환경에 대해 자신과는 달리 굳어진 편견이 없는 사람들이 쉽게 도달한 것과 같은 결론에 이르는 데는 실패했다. 그는 레닌주의자로 살다 죽었다. 레닌은 정치에 대한 자신의 기본 전제에서 결코 카멜레온 같은 사람이 아니었다.

레닌에게 영향을 끼친 것은 마르크스주의자만이 아니었다. 얼마 전에 우리는 레닌이 19세기 말 러시아 농업 사회주의 테러리스트들의 영향을 받았음을 알게 되었다. 사실 마르크스주의와 인민주의가 극과 극인 양 둘 중 하나를 선택할 필요는 없었다. 두 사상은 겹치는 부분이 많았다. 그러나 레닌에게 영향을 준 사상 중에는 우리에게 덜 익숙한 다른 것들도 있다. 《톰 아저씨의 오두막》(해리엇 비처 스토) 이래 레닌이 어릴 때 읽은 책들은 그에게 지속적으로 영향을 끼쳤다. 러시아 문학도 그랬다. 러시아 농민들을 주제로 소설을 쓴 글레프 우스펜스키*를 비롯해 그가 좋아하던 몇몇 작가의 작품을 읽으며 레닌은 당시 농민들의 쾌활한 태도에도 더욱 의심을 품게 되었다. 그 후에 레닌은 마키아벨리(Niccolò Machiavelli)와 다윈(Charles Darwin)의 사상도 공부했다. 또 우연히 접한 지인들의 사상 역시 설사 그들이 마르크스주의에 적대적이라 할지라도 받아들였다. 정교 성직자이자 로마노프 체제의 비판자였던 가폰* 신부가 레닌에게 중대한 영향

글레프 우스펜스키(Gleb Uspenski, 1843~1902) 러시아의 작가. 모스크바 대학 중퇴 후, 1866년 고향 툴라의 말단 공무원과 직업인의 생활의 비애를 기록문학풍으로 쓴 《라스테랴예바야 거리의 풍속》을 발표하여 이름을 알렸다. 이후 자본주의가 농촌으로 침투하면서 야기되는 공동체적 러시아의 붕괴, 농민의 계층 분화 같은 변화를 서민 생활의 관점에서 기록하는 독자적인 작품 세계를 완성했다. 대표작으로 《토지의 힘》, 《백성과 백성의 일》 등이 있다.

게오르기 가폰(Georgi Gapon, 1870~1906) 러시아 정교회 사제. 1902년 상트페테르부르크에서 신학교를 졸업했으며, 1905년 노동자의 생활 개선 요구를 차르 니콜라이 2세에게 직접 청원하기 위해 노동자 시위를 지휘했다. 그러나 차르 군대의 무차별 사격으로 많은 사상자가 발생했는데, 이를 '피의 일요일 사건'이라 부른다. 그 후 영국으로 망명했다가 1906년에 귀국했으나, 첩자로 몰려 사회주의자-혁명가당 당원들에게 암살당했다.

을 끼친 것도 그 때문이었다. 마르크스주의야말로 레닌 사상의 기본 요소였으나, 그 상당 부분은 다른 요소들과 결합함으로써 더욱 탄탄해질 수 있었다.

레닌은 자신의 기본 명제에 집착했으나, 동료들을 매우 곤혹스럽게 하는 것을 무릅쓰고 거침없이 전략을 변경하기도 했다. 몇몇 문제에서는 동료들을 완전히 무시했다. 그는 10월 혁명, 브레스트리톱스크 조약*, 신경제정책을 둘러싼 논란을 즐겼다. 그러나 한편으로 레닌은 당 지도자로서 동료들을 서로 논쟁하게 하여 자신에게 비판이 향하지 않도록 하기도 했다. 레닌은 거의 1인 최고법원이었다. 레닌만이 볼셰비키당 내 모든 분파의 존경을 받았고, 레닌의 가부장적 스타일은 적어도 건강이 괜찮을 때는 그의 지배력을 강화했다. 레닌은 또 온건한 태도를 권장할 때조차 급진적으로 들리게 하여 당을 교묘하게 다루었다. 레닌은 적당히 둘러댈 줄 알았고 당면한 우선 목표를 위해 부차적 논쟁을 가볍게 처리할 줄도 알았다. 게다가 그는 한 번에 몇 가지 음역으로 연설할 수 있었는데, 이는 대부분의 정치가보다 더 뛰어난 능력이었다. 레닌은 마르크스주의 용어로 말하면서도 또 대중적인 구호를 개발할 수 있었다. 당 대회는 항상 레닌의 승리로 끝났다. 레닌에게는 무자비하면서도 사람을 고무시키는 지도자의 재능이 있었다. 그는 정치적 기량의 폭을 넓히는 법을 꾸준히 익혔다. 레닌의 교사 같은 말투도, 이상한 억양도 늘 그대로였다. 하지만 레닌의 인격과 이데올로기적 헌신은 메시지에 힘을 실었고, 그는 자신의 본능을 신뢰하는 법을 배웠다.

브레스트리톱스크 조약(Brest-Litovsk Treaty) 1918년 2월 9일과 1918년 3월 3일 두 차례에 걸쳐 제1차 세계대전의 동맹국들이 소비에트 러시아를 상대로 체결한 조약. 이 조약으로 소비에트 정부는 폴란드, 발트해 지역, 핀란드 등을 상실했으나, 조약은 제1차 세계대전에서 동맹국들이 패전하면서 결국 무효가 되었다.

그러나 레닌의 적응력은 무한하지 않았다. 레닌의 엄격한 성격은 정치에 대한 그의 협소한 접근과 쌍을 이루었다. 레닌이 괜찮은 대중 연설가가 되는 데는 엄청난 노력이 필요했다. 레닌은 인쇄된 활자의 인간, 광적인 독서가이자 작가였다. 사실 1917년에 20세기식 정치 기술을 가장 효과적으로 보여준 대표적 인물은 반(反)볼셰비키 총리였던 알렉산드르 케렌스키*와 레닌의 동료 볼셰비키인 레프 트로츠키(Lev Trotsky)였다.

그리고 레닌이 언제나 널리 알려진 인물이었다는 일반적인 생각은 터무니없는 것이다. 레닌이 1917년에 러시아로 돌아왔을 때 그가 어떻게 생겼는지 아는 사람은 거의 없었다. 레닌의 글들은 사정에 밝은 마르크스주의자들에게만 친숙했다. 1917년에는 〈프라우다〉를 비롯한 어떤 신문도 그의 사진을 싣지 않았다. 심지어 내전 시기에도 보통 사람들은 레닌을 잘 알아보지 못했다. 1921년에 신경제정책이 시행된 이후에야 비로소 레닌은 대중적으로 유명해졌다. 이는 그의 정치적 영향력을 고려할 때 중요하게 여겨야 할 사실이다. 레닌은 그의 당과 정부의 역사에서 결정적인 순간에 종종 자리를 비웠다. 시베리아 유형 시절과 유럽 망명 시절, 그는 사건의 중심에서 종종 멀리 떨어져 있었다. 1917년에는 4월까지 돌아올 수 없었고, 그 후 7월에는 핀란드로 도주해 10월 초까지 머물렀다. 게다가 레닌은 중병 때문에 반복해서 무력한 상태에 놓였다. 우리는 레닌의 건강이 성년 초기부터 그를 주저앉혔음을 이제 알고 있다. 종양, 편두통, 불면증, 성안토니열(熱), 크고 작은 심장마비 때문에 그는 병상에 누워야 했다. 레닌

알렉산드르 케렌스키(Aleksandr Kerenski, 1881~1970) 러시아의 정치가. 1917년 2월 혁명 시기에 임시정부의 법무장관을 지냈다. 2월 혁명 후에는 사회주의자-혁명가당 소속으로 제2차, 제3차 연립정부에서 총리가 되었다. 코르닐로프의 반란을 진압한 이후 최고사령관을 겸임했으나 전쟁, 식량, 토지 문제를 해결하지 못해 대중의 지지를 잃었다. 10월 혁명 후 프랑스로 망명했다.

은 행정의 많은 부분을 다른 사람에게 넘겨주어야 했고, 유감스럽게도 동료 지도자들은 레닌 없이도 국가를 아무 문제 없이 운영할 수 있음을 보여주었다.

하지만 레닌은 역사를 만들었다. 1917년 〈4월 테제〉에서 레닌은 당의 권력 장악 전략을 기초했다. 10월에 레닌은 권력을 잡아야 한다고 고집했다. 1918년 3월에 레닌은 브레스트리톱스크 조약을 맺음으로써 독일의 러시아 침공을 피했다. 1921년에 레닌은 신경제정책을 도입해서 인민 반란으로 소비에트 국가가 궤멸하는 것을 막았다. 레닌이 이러한 전략적 변화를 이끌지 않았더라면 소련은 결코 건국되지도 못했고 자리 잡지도 못했을 것이다.

레닌이 한 모든 일이 미리 신중하게 생각하고 한 일은 아니었다. 특히 레닌은 중앙 집권적 일당 국가를 세울 때 자기가 결국 무엇을 하고 있는지 거의 내다보지 못했다. 20세기의 거대한 악행 중 하나는 웅대한 계획보다는 즉흥적인 조치로 이루어졌다. 그러나 결코 완전한 우연은 아니었다. 레닌은 가장 즉흥적이었을 때조차 오랫동안 견지해 온 기본 전제에 맞추어 사고하고 행동했다. 레닌은 정치가로서 해 온 일에 만족했다. 그는 자신의 교리와 당, 혁명에 자부심을 느꼈다. 그리고 레닌의 영향력은 그의 생애에 일어났던 사건들에 국한되지 않았다. 레닌의 제도적 유산은 막대했다. 레닌은 볼셰비키 권력의 최고 정부 기관인 인민위원회의(소브나르콤)를 만들었고 제헌의회를 해산했다. 레닌은 체카*를 창설했다. 레닌은 공산주의 인터내셔널을 소집했다. 더 근본적으로 레닌은 당연하게 여겨지던 전제들에 충

체카(Cheka) Chrezvychaynaya Komissiya(비상위원회)의 준말. 완전한 명칭은 '전러시아 반혁명·사보타지 및 투기 단속 비상위원회(VChK)'이다. 1917년 12월 20일 레닌이 반포한 법령으로 만들어진 소련의 국가안보기구(비밀경찰). 1922년에 국가보안부(GPU)로 대체되었다.

격을 가했다. 레닌은 윤리에 대한 염려를 제거했고, 독재와 공포 정치를 정당화했다. 레닌은 정치적 전위와 확고한 지도력의 필요성을 강력히 지지했다. 레닌은 그의 당에 자신의 마르크스주의가 순수하며 유일하게 올바른 정책을 구현했다는 확신을 심어주었다. 전략과 제도, 그리고 정치적 기본 명제에서 레닌은 자신의 나라와 전 세계의 극좌 사회주의에 영원한 영향을 남겼다.

1부

부르주아 반란자

1장

뿌리—유대인과 루터파

1870년 4월 10일 볼가강—러시아 남동부의 주도(州都) 심비르스크 시를 대표하는 풍경이자 유럽에서 가장 긴 강—은 봄의 전조를 보여주고 있었다. 기온이 섭씨 5도까지 올라갔다. 강의 양 둑 사이의 물길을 채웠던 엄청나게 큰 얼음판이 부풀어 오르면서 갈라지고 있었다. 봄이 오던 그때, 오래 기다렸던 계절의 변화는 심비르스크의 모든 가정에 흥분을 불러일으켰다. 그러나 사내아이가 막 태어나려던 스트렐레츠카야 거리의 한 집은 달랐다. 아이의 부모인 일리야 울리야노프(Ilya Ulyanov)와 마리야 울리야노바(Maria Ulyanova)는 이미 자식이 두 명 있었다. 며칠 후 가족이 모두 모여 성 니콜라이 대성당에서 치러진 아기의 세례식에 참석했다. 세례식에서 사제는 아기 머리에 성수를 뿌리고 블라디미르 일리치 울리야노프(Vladimir Ilich Ulyanov)라는 세례명을 붙여주었다. 대부모는 제국의 민정 행정 부문에서 일하는 회계사이자 일리야의 체스 친구인 아르세니 벨로크리센코(Arseni Belokrysenko)와 일리야 동료의 어머니로서 홀몸이었던 나탈리야 아우놉스카야(Natalya Aunovskaya)였다.[1] 세례식이 끝난 후 일리야 울리야노프는 교육자 회의에 참석하느라 아내를 남겨 두고 상트페테르부르크로 떠났다. 마리야는 가족의 새 유모인 바르바라 사르바토바(Varvara Sarbatova)의 도움을 받아 산후조리에 들어갔다. 이 가정의 삶은 다시 평범한 일상으로 돌아갔다.[2]

블라디미르 일리치 울리야노프는 그가 러시아 혁명 운동 과정에서 주로 사용한 가명인 레닌이라는 이름으로 역사책에 기록되었다. 마르크스-레닌주의라는 교리에 남은 것도 '레닌'이라는 이름이다. 그러나 그의 고향 도시가 1924년에 그를 기려 이름을 바꾸었을 때, 새 이름은 레닌스크(Leninsk)가 아니라 울리야놉스크(Ulyanovsk)였다. 지금도 그 도시는 울리야놉스크로 불린다.

심비르스크 같은 곳은 한가한 시골이고, 번화하고 진취적인 분위기는 상트페테르부르크에 가야만 느낄 수 있다는 것이 19세기에는 상식이었다. 외국인 여행자들이 받은 인상도 그랬다. 차르, 대신, 지식인을 비롯한 많은 러시아인 관찰자들도 그렇게 생각했다. 러시아 지방 생활의 정적 성격은 당연하게 여겨지던 통념이었다. 수도에서 멀면 멀수록 도시의 풍경은 한가하다는 것이 일반적인 생각이었다. 실제로 러시아 지방의 도시들은 결코 조용하지 않았다. 수도에서 1,600킬로미터 떨어진 볼가강의 항구 도시였던 심비르스크는 살아남고자 돈을 벌려고 아등바등 몸부림치는 주민들로 넘쳐났다. 도시의 가장 높은 지점은 해발 140미터 가까이 되었다. 그러나 도시의 대부분은 저지대였고 길쭉한 모양으로 강기슭을 따라 대략 17킬로미터 정도 뻗어 있었다. 선창은 도시에서 화물이 입하되고 출하되는 주된 장소였다. 어업은 도시의 중요한 고용원이었다. 철갑상어가 주요 포획물이었다. 심비르스크는 중부 러시아에서 카스피해로 가는 통로에 있었다. 〈볼가강의 배 끄는 인부들의 노래〉 속에서 영생을 얻은 '부를라크(burlak)', 즉 배 끄는 인부들은 강을 오르내리면서 무거운 바지선을 끌었다. 대규모 제조업은 없었다. 몇 안 되는 의복 공장들과 오래된 심비르스크 양조장이 이 지역에서 이루어진 산업 발전의 수준을 보여주었다. 오스만 제국이나 페르시아와 무역이 늘어나고 있었지만 심비르스크는 상트페테르부르크나 모스크바 같은 경제적 중심지가 아니었다. 금속 가공 공장은 아예 없었고 외국의 산업적 영향력도 존재하지 않았다. 건물들은 대개 나무로 지어졌고, 제국 수도에서 건물들이 뽐내던 화려한 건축 양식도 거의 보이지 않았다.

소규모 농업은 경제 활동의 또 다른 기둥이었다. 농민들은 심비르스크와 다른 도시들에서 사업을 하는 중간 상인에게 농산물을 팔았다. 주된 작물은 호밀이었다. 감자, 밀, 귀리, 보리도 재배되었다. 1861년 황제 알렉산드르 2세가 지주 귀족들이 행사하던 사적 통제에서 농민들을 해방하는 농노해방령을 공표했을 때, 지방 농민들을 다루던 전통적인 방식에는 급격한 충격이 가해졌다. 그러나 농노해방령 이후 토지 정책은 심비르스크의 농민들에게 특히 불리했다. 볼가 지역 땅은 러시아의 어디에도 지지 않을 만큼 비옥했고, 지주 귀족들은 조그만 땅뙈기는 내놓더라도 그 밖의 모든 땅은 어떻게든 간직하려고 했다. 그래서 농민들은 농사만 지어서는 살 수가 없었다. 많은 농민들은 갖가지 수공예로 생계를 겨우 이어 나갔다. 심비르스크주(州)는 삼림으로 뒤덮여 있었기에 목공은 흔한 공예이자 직업이었다. 손수레, 바퀴, 썰매, 삽, 심지어 가재도구까지 지역에서 나무를 깎아 만들었다. 시장은 활기찼는데, 그중에서 심비르스크에 있는 스보르나야 시장이 가장 규모가 컸다. 이 시장에서는 그 지역에서 제작된 물건은 뭐든 살 수 있었다.

심비르스크주의 주민을 구성하는 가장 큰 부분은 단연 88퍼센트나 되는 러시아 정교도들이었다(이 비율은 심비르스크 시 안에서는 97퍼센트까지 올라갔다). 2퍼센트는 다양한 러시아 '종파들'로 분류되었다. '종파들'은 정교회의 권위를 받아들이려 하지 않는 러시아 기독교도

들을 가리키는 공식 명칭이었다. 그들 중에는 17세기 중엽에 차르 알
렉세이가 실시한 전례와 의식의 개혁을 거부한 이른바 '구신도'들도
포함되어 있었다. 심비르스크주에는 외국에 기원을 둔 기독교를 믿
는 사람들도 존재했다. 이들 중에는 루터파 기독교 신도와 가톨릭교
도들이 있었다. 대략 400명에 이르는 유대계 주민도 있었다. 그러나
러시아 정교 다음으로 가장 큰 집단을 이룬 이들은 주민의 9퍼센트
를 차지한 이슬람교도였다. 그들은 주로 심비르스크주의 촌락에 거
주했으며 인종 구성이 다양했다. 이슬람교도 대다수는 모르드바인,
추바시인, 타타르인이었다. 이들은 수백 년 전부터 심비르스크주에
살았는데, 러시아인들은 대체로 이들을 열등한 식민지인으로 경멸했
다. 심비르스크 중심부에 당당히 서 있는 성 니콜라이 대성당은 볼가
지역에서 러시아 지배권을 위협하는 세력은 조금도 허용하지 않겠다
는 모스크바 대공국 차르들의 의지를 보여주는 건축물이었다.

그러나 상트페테르부르크 중앙 당국은 볼가 지역 전역에 대한 장
악력을 유지하는 데 심각한 문제를 겪고 있었다. 단지 비러시아인들
때문에 생긴 문제는 아니었다. 심비르스크주의 정교도 농민들은 스
텐카 라진*과 예멜리얀 푸가초프*가 각각 1670년에서 1671년까지, 그
리고 1773년에서 1775년까지 황제들에 맞서 이끈 대규모 반란에서
일정 역할을 했다. 그 결과 심비르스크 수비대의 장비를 일신하는 조
치를 취했고 민간 관료들이 차르 체제의 특징인 권위주의적 방식으
로 주를 관리하게 되었다. 주지사는 황제가 직접 임명했으며, 질서를

스텐카 라진(Stenka Razin, 1630~1671) 러시아의 귀족과 차르 관료들에 맞서 1670~1671년
남부 러시아에서 농민 반란을 주도한 돈 카자크의 지도자. 1671년 정부군에 사로잡혀 처
형당했다.
예멜리얀 푸가초프(Yemelyan Pugachyov, 1742~1775) 러시아의 여제 예카테리나 2세 치하인
1773~1774년에 표트르 3세를 참칭하면서 농민 반란을 주도한 돈 카자크의 지도자. 1774
년 9월 정부군에 체포되어 이듬해 1월 모스크바에서 공개 처형되었다.

유지하는 데 적절하다고 여겨지는 어떤 일도 실질적으로 수행할 수 있는 권한을 부여받았다.

농노해방령 이후 황제 알렉산드르 2세는 지방 행정 개혁을 시도했다. 이 개혁으로 학교, 도로, 병원, 위생 시설을 책임지는 지방 의회(젬스트보zemstvo)가 구성되었다. 이 조치는 제한적이었으나 과거와의 중요한 단절을 상징했다. 하지만 심비르스크주는 사회 엘리트들의 전통주의로 유명한 곳으로서 이른바 '귀족들의 보금자리' 중 하나였다. 그러나 이 심비르스크에서조차 지주 귀족들 사이에 자치의 새로운 기회를 붙잡으려는 열정이 존재했다. 젬스트보는 진취적 결정들이 분주히 이루어지는 중심지였다. 심비르스크에는 1838년부터 발행된 〈심비르스크주 뉴스〉라는 지역 신문이 있었는데, 1876년에는 주 젬스트보가 자체 신문을 발행하기 시작했다. 학교 교육망에도 주의를 기울였다. 교육 발전을 위한 자금이 상트페테르부르크에서 배당되었다. 19세기 말, 주 전역에는 다양한 종류의 학교가 944곳 있었다. 교육 제도의 꼭대기에 있었던 기관은 17세까지의 아이들을 학생으로 받는 심비르스크 고전 김나지야(Simbirsk Classical Gimnazia, 중등학교)였다. 심비르스크에 대학은 없었지만, 대신 북쪽으로 불과 190킬로미터 떨어진 곳에 카잔 제국 대학(Imperial Kazan University)이 있었다.

심비르스크 주민들에게도 내세울 만한 문화적 성취는 있었다. 러시아의 위대한 역사가로서 1826년에 사망한 니콜라이 카람진*이 심비르스크주 출신이었다. 1850년대 연재물 형태로 발표되어 유럽의 고

니콜라이 카람진(Nikolai Karamzin, 1766~1826) 러시아의 역사가이자 소설가. 1789년부터 약 2년간 독일, 스위스, 프랑스, 영국을 여행하고 돌아와 《러시아인 여행자의 편지》를 출간하여 러시아에서 기행 문학이 유행하는 계기를 마련했다. 말년에 12권짜리 대작 《러시아 국가의 역사》를 발표했다.

전 반열에 오른 소설《오블로모프》를 쓴 이반 곤차로프*도 심비르스크주 출신이었다. 그렇다고 심비르스크가 문화적·지적 활동의 중심지는 아니었다. 카람진 공립 도서관에는 장서가 그리 많지 않았고, 서점은 거의 없었다. 문학 모임도 존재하지 않았다. 그러나 사회에서 중요한 역할을 하기를 열망하는 사람들은 그런 곳에서 성장했다고 해서 무력해지지는 않았다. 그런 성장 배경이 심지어 이점이 될 수도 있었다. 독창적인 러시아 작가, 사상가, 정치가 중 많은 이들이 지방 출신이었다. 그러한 지식인들은 상트페테르부르크의 폐소공포증적인 문화적 분위기 밖에서 청년 시절을 보냄으로써 득을 보았다. 그들은 혼자서 혹은 조그만 모임에서 사상을 발전시키면서 독창성과 자신감을 잃지 않을 수 있었다. 그들이야말로 당시의 통념을 공격하고 나라를 혁신하고자 한 인물인 경우가 많았다. 그리고 심비르스크에서 블라디미르 울리야노프라는 이름으로 삶을 시작한 사람보다 더 혁신적인 혁명 사상가와 정치가는 없었다.

울리야노프 가족은 블라디미르가 태어나기 몇 달 전인 1869년 가을에 심비르스크로 이주했다. 아버지 일리야 니콜라예비치 울리야노프(Ilya Nikolaevich Ulyanov)가 심비르스크주의 초등학교 장학관으로 임명되었기 때문이었다. 그는 임신한 부인 마리야 알렉산드로브나 울리야노바(Maria Aleksandrovna Ulyanova)와 두 자녀 알렉산드르, 안나를 데리고 스트렐레츠카야 거리에 있는, 프리빌롭스키 가족에게서 임대한 집으로 이사 왔다.[3] 일리야의 직책은 1860년대 중반에 정부가 추진한 급속한 학교 교육 확대 계획의 일환으로 신설된 것이

이반 곤차로프(Ivan Goncharov, 1812~1891) 러시아의 소설가. 1834년 모스크바 대학을 졸업하고 30년 가까이 재무관리와 검열관으로 일했다. 대표작《오블로모프》에서 러시아 귀족 계급과 자본가 계급을 극적으로 대비하면서 농노제에 바탕을 둔 귀족 계급의 생활 양식을 비판했다.

었다. 그는 즉각 심비르스크 시와 주의 공공 부문에서 중요한 인물이 되었다.

일리야 울리야노프와 마리야 울리야노바의 배경은 이질적이었다. 소련 당국은 마리야가 부분적으로 유대계라는 사실을 비밀에 부치고자 했다. 그녀의 친할아버지 모시코 블란크(Moshko Blank)는 러시아 제국 서부 국경 지대 볼린주의 스타로콘스탄티노프에서 포도주와 증류주를 취급하던 유대계 상인이었다. 스타로콘스탄티노프는 조그만 도시였고 주민은 대부분 유대인이었다. 모시코는 아들 아벨(Abel)을 비롯한 이웃들과 자주 갈등을 빚었다. 그는 언어적·육체적으로 자신을 학대했다고 아들을 상대로 재판을 걸었다.[4] 그러나 결과는 모시코를 깜짝 놀라게 했다. 판사는 모시코를 믿지 않았으며, 아들이 아니라 그에게 벌금을 물렸다. 1803년에는 모시코 자신이 기소되었다. 건초를 훔쳤다고 유대인 이웃들이 그를 제소한 것이다. 2년 뒤 그는 증류 보드카를 불법으로 판매했다고 고발되었다. 두 소송 모두에서 그는 무죄로 밝혀졌다. 그러나 1808년에 방화죄로 감옥에서 몇 달을 보냈을 때 그의 운은 다했다. 결국 모시코는 또 다시 죄가 없는 것으로 드러났고, 그는 가족과 함께 주도(州都)인 지토미르로 이사했다. 하지만 모시코는 스타로콘스탄티노프에서 당한 치욕을 잊지 않았다. 1824년에 모시코는 방화 사건을 사법적으로 재심해 달라고 항소했고 자신을 고소한 가족들에게 벌금을 물리는 데 성공했다. 모시코는 함부로 다룰 수 있는 사람이 아니었다. 그 특징은 그의 후손 중 한 명에게도 나타날 것이었다.[5]

모시코 블란크는 믿음이 독실한 유대인이 아니었다. 모시코의 부모는 유대인 신앙을 지키도록 그를 양육하지 않았고, 모시코는 아이들을 지역의 유대인 학교에 보내지 않았다. 전통에 따른다면 그들은 스타로콘스탄티노프 헤데르*에 다니면서 히브리어를 배우고 유대교 율법(토라Torah)을 공부해야 했다. 그 대신 모시코는 러시아어로 가르치는 신설 공립 학교에 아이들을 입학시켰다. 부인이 죽은 뒤 모시코는 선조들의 신앙과 이어진 그나마 남아 있던 연결 고리도 끊어버렸다. 그는 지역 사제에게 가서 정교도로서 세례를 받았다.[6]

모시코 블란크가 영적 체험을 하고 개종했을 수도 있지만, 좀 더 세속적인 동기가 작용했을 수도 있다. 기독교 개종은 모시코의 사회적·경제적 진전을 가로막던 장애물을 제거했을 것이다. 1772~1795년에 오스트리아, 프로이센, 러시아가 폴란드를 세 번 분할할 때까지 러시아 제국에는 유대인들이 거의 없었다. 분할의 결과로 차르는 다수의 유대인 백성을 얻었다. 유대인들에 대한 종교적·경제적 적대는 모든 계층의 러시아인들에게서 보이는 공통된 현상이었고, 예카테리나 여제는 유대인들에게 서부 국경 지대 밖으로 이주를 허용할 경우 인기가 떨어질 것을 우려했다. 그래서 여제는 유대인들의 거주지를 서부 국경 지대의 유대인 거주 허용 지역*에 제한하는 법령을 공포했다. 오직 극소수의 부유한 유대인들만이 거주 허용 지역 밖에서 살도록 허락받았다. 유대인들은 귀족 신분에 오를 수 없었다. 야심 있고 신심이 없는 유대인의 해결책은 정교로 개종하는 것이었다. 그렇게 하면 자동적으로 러시아인으로 등록되어 차별적 법률의 부담에서 해방될 수 있었다. 모시코 블란크는 자신의 유대인 신분 때문에 큰 좌절을 느꼈음이 틀림없다. 그도 그럴 것이 모시코의 회고에 따르면 그는 유대교에 종교적으로나 교육적으로 애착이 전혀 없었다.

헤데르(heder) 유대교 율법을 비롯한 히브리어로 된 책 읽기를 가르치는 유대인 초등학교.
유대인 거주 허용 지역 러시아어로는 Cherta osedlosti. 이 지역 바깥에서는 유대인들의 거주가 전반적으로 금지되었다. 유대인 거주 허용 지역 내에서도 많은 도시들이 예외로 지정되어 유대인 거주가 금지되었다. 유대인 거주 허용 지역은 유럽 러시아의 약 20퍼센트를 차지했으며, 지금의 리투아니아, 벨라루스, 폴란드, 몰도바, 우크라이나 대부분과 서부 러시아 일부가 포함되었다. 유대인 거주 허용 지역은 1791년 예카테리나 여제 때 처음 설치되었으며, 1917년 제정 러시아가 붕괴할 때까지 유지되었다.

하지만 같은 종교를 믿던 옛 동료들에게 모시코 블란크처럼 공격적인 태도를 취한 배교자는 별로 없었다. 모시코는 내무부에 유대인 추가 단속을 제안하는 편지를 썼다. 그는 유대인들이 유대인 율법에 맞지 않는 음식(유대인 자신들은 이 음식을 먹을 수 없었다)을 판매하거나 유대 안식일에 기독교도 고용인에게 일을 시키는 것을 금지하라고 건의했다. 또 열성 신도들의 신비주의적인 유대교 종파 하시디즘* 집회를 막으라고 특히 강력하게 촉구했다. 유대인 일반이 메시아의 도래를 위해 기도하는 것을 금지하고 대신 황제와 황실의 건강을 위해 의무적으로 기도하게 하라고도 요청했다.[7] 요컨대 모시코 블란크는 반유대주의자였다. 이 점은 강조할 만하다. 오늘날 몇몇 러시아 저자들은 레닌의 유대인 배경이 그의 사상과 행동을 예정했다고 주장해 왔다. 이 문제적 저자들은 반유대적 견해로 기우는 경향이 있다.[8] 그러나 레닌의 유대인 뿌리를 강조함으로써 러시아 민족주의를 추구하려는 이들은, 모시코 블란크가 유대교의 적이었으며 그의 유대인 배경의 어떤 측면도 그의 자녀들에게 전혀 중요하지 않았다는 명백한 사실은 모른 체한다.[9]

모시코의 아들 아벨과 스룰(Srul)도 아버지에 못지않게 자신들의 유대인 뿌리를 끊고자 노력했다. 실제로 그들은 상트페테르부르크의 내·외과 학교(Medical-Surgical Academy) 재학 시절에 자신들을 유학 보낸 아버지 모시코에 앞서 기독교로 개종했다. 지토미르의 법정에 고소인과 피고소인으로 출석했을 만큼 격렬하게 충돌했던 일 때문에 모시코가 아벨에게 앙심을 품지는 않았던 것으로 보인다. 아

하시디즘(Hasidism) 18세기 폴란드와 우크라이나의 유대교도 사이에서 발생한 신비주의 경향의 신앙 부흥 운동. 랍비 중심의 엄격한 율법 종교를 탈피하고 내적 체험을 강조했다. 정통 유대교 학자들로부터 박해를 받으면서도 동유럽과 러시아의 유대인들에게 큰 영향을 끼쳤다.

벨과 스룰은 제국 사회의 밑바닥에서 위로 올라가기를 원한 많은 이들에게 매력적이었던 의학 분야에서 직업을 찾기로 했다. '자유로운 전문직'은 기술적 능력으로 일반인들 사이에서 두각을 나타낼 길을 제공했다. 아벨과 스룰은 상트페테르부르크에서 의사가 되기 위해 열심히 공부했다. 1820년 그들은 기독교도가 되고자 하는 희망을 드러낸 후 상트페테르부르크의 비보르크 지구에 위치한 삼손 대성당에서 세례를 받았다. 대부모가 되는 데 동의한 러시아 귀족들이 관습에 따라 그 자리에 참석했다. 아벨과 스룰은 세례명을 받았다. 아벨은 드미트리가 되었고 스룰은 알렉산드르가 되었다. 1820년에 제국 정부로부터 파견되어 볼린주를 조사하고 기독교도로 개종한 젊은 유대인들을 적극적으로 도운 원로원 의원 드미트리 바라노프(Dmitri Baranov)가 대부모 중 한 명이었다.[10]

블란크 형제는 의사 자격을 얻었다. 1824년 졸업하자 알렉산드르(스룰) 블란크는 스몰렌스크주에서 처음 의료 활동을 시작했다. 그 후 알렉산드르는 독자적으로 삶을 꾸려 나간 것으로 보인다. 그가 아버지와 계속 접촉했다 하더라도 공식 기록에 이를 보여주는 흔적은 거의 없다. 알렉산드르는 독립적인 사람이었다. 이런 성격은 공부를 대하는 태도에도 해당되었다. 상트페테르부르크의 내·외과 학교에서 추천한 교재로 공부할 때도 그는 비정통적인 의학 기술에 대한 글을 함께 읽었다.[11]

알렉산드르 블란크는 1829년에 기독교도인 안나 그로스쇼프(Anna Grosschopf)와 결혼했다. 안나는 상트페테르부르크 출신의 루터파 신자였다. 그녀는 독일과 스웨덴 혈통이었는데, 아버지 요한 그로스쇼프(Johann Grosschopf)는 뤼베크에서 가족이 이주해 온 공증인이었고, 어머니 안나 외스테트(Anna Östedt)가 스웨덴 출신이었다. 출신은 어찌됐든 안나 그로스쇼프의 양친은 상트페테르부르크에서 오래 산 사람들이었다.[12] 상트페테르부르크는 안나가 알렉산드르 블란크를 만나 결혼한 곳이었다. 약혼자가 정교도였기 때문에 그녀는 제국 법률에 따라 결혼의 전제 조건으로 알렉산드르의 신앙을 따라야 했다. 형식적으로는 개종했지만 딸들을 루터파 신자로 양육한 사실은 안나가 진심으로 루터파 신앙을 버린 것은 아니었음을 보여준다. 또 그녀는 대다수 러시아인들이 아직 공유하지 않았던 많은 관습에도 여전히 충실했다. 독일인들은 크리스마스가 되면 집에 장식한 전나무를 두었다. 이것은 안나가 자녀와 손자들에게 물려준 관습이었고 그들은 이 관습을 '독일적인' 것으로 여겼다.[13] 알렉산드르 블란크와 안나 그로스쇼프는 러시아 민족 정체성에 스스로 동화되었으나 그 과정을 극한으로 밀고 나가지는 않았다. 특히 안나는 조상에게 물려받은 과거의 흔적들을 보존했다. 알렉산드르는 유대인으로 살았던 과거를 망각의 세계로 보냈지만, 아내가 자신의 과거와 단절할 것을 고집하지는 않았다.

루터교를 고수함으로써 안나는 법을 위반하고 있었다. 그러나 실제로 국가 당국은 정교도들에게 정교의 틀 안에 머물 것을 엄격히 강제하지 않았고, 알렉산드르와 안나는 러시아 사회에 뿌리내리는 일에 계속 전념할 수 있었다. 알렉산드르는 의사로서 품위 있으나 그리 두드러지지는 않은 경력을 쌓았다. 그는 상트페테르부르크와 여러 주들에서 이런저런 일자리를 전전했다. 경력을 쌓는 과정이 순탄하지는 않았다. 페름에서 그는 직장 상사와 충돌하여 일자리를 잃었다. 해직에 대한 항의는 성과가 없었지만, 그는 결국 즐라토우스트에 있는 여러 병원의 의료 감찰관으로 임명되어 신망을 되찾았다. 이 마지막 임명으로 그는 자동으로 5등 문관이자 세습 귀족이 되었다.[14]

몸이 허약했던 안나는 마흔이 되기 전인 1838년에 사망했다. 안나는 여섯 명의 자녀를 남겼다. 아들은 드미트리 한 명이었고 다섯 명은 딸이었는데, 안나, 류보프, 예카테리나, 마리야(레닌의 어머니), 소피야가 그들이었다. 알렉산드르 블란크 혼자 힘으로는 생활을 꾸려 나갈 수 없었다. 그가 처가에 도움을 청하자 부인의 자매인 예카테리나가 아이들의 양육을 대신 맡아주기로 했다. 예카테리나 폰 에센 (Yekaterina von Essen, 결혼 전 성은 그로스쇼프)은 과부였다. 알렉산드르 블란크에게는 예카테리나 덕택에 좋은 일이 몇 가지 있었다. 예카테리나는 조카딸들을 책임졌을 뿐만 아니라 상당한 유산이 있어서, 볼가 강변의 유서 깊은 도시 카잔(그녀가 고인이 된 남편 콘스탄틴 Konstantin과 살았던 곳)에서 동북쪽으로 30여 킬로미터 떨어진 곳에 있는 코쿠시키노 영지를 구입하는 것도 기꺼이 도와주었다.[15] 마지막 이유는 사회 통념상 다소 민망한 것이었다. 알렉산드르 블란크와 예카테리나 폰 에센은 안나 블란크가 죽은 후 곧 부부로서 함께 생활했던 것으로 보인다. 알렉산드르는 예카테리나가 죽은 아내의 자매라는 사실을 당국에 고지하지 않고 결혼을 허가해 달라고 신청했다. 그런 결혼은 알렉산드르가 틀림없이 알고 있었듯이 불법이었고, 신청은 기각되었다. 그러나 알렉산드르와 예카테리나의 관계 자체는 아무에게도 방해받지 않았다. 그들은 1863년 예카테리나가 죽을 때까지 한 지붕 밑에서 같이 지냈다.[16]

블란크 가족은 1848년 코쿠시키노에 정착했고, 알렉산드르 블란크는 그 전해에 펜자에서 해 오던 의료 활동에서 은퇴한 뒤 40명의 농노들과 그 가족들을 거느리고 그들의 삶을 통제하는 지주가 되었다. 코쿠시키노에는 1층과 2층 사이에 중간층까지 딸린 상당한 규모의 2층 저택이 있었다. 블란크 가족이 사용할 방이 여러 개 있는 저택이었다. 사내아이 드미트리는 카잔 고전 김나지야를 다녔으나 여자아이 다섯 명은 집에서 교육을 받았다. 이모 예카테리나가 음악, 특히 피아노 교습뿐만 아니라 전통적인 교과 공부도 감독했다. 카잔에서 고용되어 코쿠시키노 영지로 온 교사들이 그녀를 거들었다. 여자아이들은 러시아어, 독일어, 프랑스어, 영어를 익혔다. 이모 예카테리나는 매우 깐깐한 감독이었으나 조카딸들은 훗날 그녀에게서 받은 교육적 혜택에 감사하게 된다.

알렉산드르 블란크에 대해 말하자면, 그는 위생과 음식, 옷에 열정적으로 관심을 쏟았고 '온천 요법'의 장점에 관한 책자도 썼다.[17] 온천 요법이란 당시 유행하던 의료 방법이었는데, 이를테면 물로 둘러싸면 질병 예방에 도움이 된다는 발상에서 젖은 담요로 환자를 감싸거나 하는 치료법이었다. 블란크는 자식들에게 이 방식을 적용했다. 블란크는 특별한 경우를 빼고는 약 처방을 싫어했고 단순한 식단을 고집했다. 여자아이들은 이웃집을 방문해서 어쩔 수 없이 마셔야 할 때를 제외하고는 차나 커피를 마실 수 없었다. 블란크 집 자녀들은 겨울철에도 목덜미가 드러나고 소매가 짧은 옷을 입어야 했다.[18] 그들은 성인이 된 뒤에 자신들이 특이하게 양육되었다는 사실을 깨달았는데, 그렇게 생각한 데는 이유가 있었다.[19] 그들의 아버지가 유머 감각이 있었던 것은 사실이다. 그러나 아버지의 농담은 보통 누군가를 희생양으로 삼는 것이었다. 예를 들어 4월 1일에 그는 집 안에서 짓궂은 장난을 쳤다. 한번은 정찬용 접시에 가루눈을 놓아둠으로써 모든 사람을 속였다.[20] 그러나 보통 그와 이모 예카테리나는 지나치게 엄격했다. 여자아이들은 아버지와 이모를 사랑했지만 상당히 무서워하기도 했다.

어린 드미트리는 매우 불행했다. 코쿠시키노로 이사한 직후인 1850년에 여전히 학생이었던 그는 자살을 시도했다.[21] 무엇 때문에 드미트리의 마음이 어지러웠는지는 여전히 알려져 있지 않다. 어머니의 죽음으로 평정심을 잃었을 수도 있고 아버지와의 관계에서 무언가가 그를 불안하게 했을 수도 있다. 아마도 드미트리는 가족이나 가정교사에게 지나친 기대를 받고 있다고 느꼈을 것이다. 혹은 단순히 정신 질환 탓이었을 수도 있다.

하지만 블란크 집 아이들의 삶은 코쿠시키노 영지에 사는 농민들의 삶보다 보통은 훨씬 더 즐거웠다. 농노해방령이 내려지고 농민들이 새로 영지에 온 의사 블란크에게 얽매인 신분에서 해방되었을 때, 농민들은 받을 수 있었던 최대한의 토지를 받으려 하지 않았다. 토지를 받는 것은 블란크에게 보상금을 지불하는 데 동의한다는 의미였기 때문이었다. 대신 농민들은 최소한의 토지를 받고 어떤 대가도 지불하지 않는 쪽을 선택했다. 이웃 영지의 농민들이 제공된 토지를 최대한 수령했기에 검은 눈동자에 키가 크고 마른 의사 블란크는 자기가 거느린 농민들에게 다시 생각해볼 것을 요청했다. 그는 농민들에게 그들의 결정을 고수한다면 극빈자로 전락하게 될 것이라고 경고했다. 그러나 농민들은 블란크를 신뢰하지 않았다. 추측컨대 농민들은 모든 토지가 그 토지를 직접 경작하는 사람들에게 곧 무상으로 이전될 것이라는, 불만에 찬 농민들 사이에서 떠돌던 근거 없는 소문을 믿었던 것 같다. 그들은 그 후로 내내 자신들의 결정을 후회했다. 그러나 때늦은 후회였다. 블란크 가족은 농민들에게 원래 제시했던 방안으로 되돌아가는 것을 허용하지 않으려 했다. 19세기 러시아 농업의 골치 아픈 상태는 블란크 가족 구성원들이 바로 곁에서 관찰하고 쉽게 이해할 수 있는 주제였다. 그리고 그들은 온정적으로 접근하지 않았다.

마리야 알렉산드로브나 블란크는 1835년에 상트페테르부르크에서 태어났다. 그녀의 남편 일리야 니콜라예비치 울리야노프는 마리야보다 4년 전에 세상에 나왔다. 일리야는 볼가강이 카스피해로 흘러들어 가는 입구인 아스트라한에 살던 어느 상인 가족의 아이였다. 그는 네 자녀 중 막내였다. 일리야의 형은 바실리라고 불렸고 누나들로 마리야와 페도시야가 있었다. 아버지 니콜라이 울리야노프(Nikolai Ulyanov)는 재봉사였다.[22] 소련의 공식 역사가들은 울리야노프가 쪼들리는 환경에서 생활했다고 주장했다. 그러나 그 주장을 입증할 자료는 아무것도 없다. 니콜라이 울리야노프는 상층부가 나무로 된 석조 가옥에서 살았고 그의 사업은 번창했다.

가족의 인종적·종교적 배경이 완전히 분명한 것은 아니지만, 니콜라이는 아마도 18세기에 볼가강 상류의 니즈니노브고로드주에서 아스트라한으로 이주한 농민의 후손이었던 듯하다. 원래 그들의 이름은 울리야노프가 아니라 울리야닌(Ulyanin)이었던 것 같다. 그 같은 철자의 변경은 당시에는 흔한 일이었다. 그들이 러시아의 가장 큰 도시 중 하나인 니즈니노브고로드에서 왔을 가능성은 그들이 러시아인이라는 주장을 낳았다. 그들이 러시아인이라는 것은 거의 확실한 듯하다. 그러나 볼가 지역의 몇몇 다른 주들과 마찬가지로 니즈니노브고로드주에는 다양한 인종 집단이 거주했고, 울리야노프가가 16세기에 러시아 차르들에게 정복당한 토착 인종 집단의 하나였을 가능성도 배제할 수 없다. 따라서 울리야노프가는 추바시인이나 모르드바인이었을 수도 있다. 훨씬 더 모호한 사실은 그들의 종교이다. 그들이 러시아인이라면 아마 정교도였을 것이다. 그러나 그들이 이런저런 지역 기독교 종파의 일원이었을 가능성도 충분하다. 만약 추바시인이나 모르드바인이었다면 이교도나 이슬람교도 혹은 심지어 개종한 기독교도였을 수도 있다. 확실한 것은 니콜라이 울리야노프, 즉 레닌의 할아버지가 자식을 러시아 정교도로 양육했고 러시아 학교에서 교육시켰다는 사실이다.[23]

레닌의 아스트라한 출신 할머니의 정체에도 여전히 불확실한 면이 있다. 할머니의 이름조차 논쟁의 대상이다. 일부 자료에 따르면 그녀의 이름은 알렉산드라였던 반면, 다른 자료는 안나로 지칭한다. 태생이 러시아인이라는 주장을 완전히 무시할 수도 없다. 그러나 레닌의 동생 마리야는 자신들의 아스트라한 선조 혈통에 타타르 요소가 있다고 확신했다. 이때 마리야는 할머니를 염두에 두었을 것이다. 대부분의 저자들은 레닌의 할머니를 칼미크인으로 보고 있으나, 그녀가 키르기스인이었을 가능성도 생각해봄 직하다. 칼미크인들은 주로 러시아 제국의 최남단 지역에 살았고 대부분 불교도였다. 그들의 선조는 13세기에 몽골 유목민들과 함께 러시아인들을 짓밟은 유목 부족들이었다. 아스트라한에 살던 칼미크인과 키르기스인들은 대체로 가난했다. 게다가 일부는 노예 신분이었다. 오직 소수만이 도시의 상인으로 신분 상승했다. 러시아 당국은 그들을 '아시아인'이라고 혐오하고 경멸했다.

그렇더라도 기록이 너무 적고 부정확하기 때문에 레닌의 할머니가 러시아인이었을 가능성을 완전히 무시할 수는 없다. 미스터리는 계속 존재한다. 그러나 이 가족의 이후 세대들은 비러시아 요소(안나 일리니치나 울리야노바Anna Ilinichna Ulyanova가 표현한 대로라면 '타타르' 요소)가 아스트라한에서 그들의 집안으로 들어왔다고 믿었다. 그들이 이 생각을 지어냈다고 보기는 힘들다.[24] 알렉산드라는 중년이 될 때까지 결혼을 미뤘던 니콜라이 울리야노프보다 젊었다. 사실 그가 아스트라한의 유명한 상인 집안에서 아내를 사 왔다고 하는 소문도 있었다. 이 설은 알렉산드라가 정교로 개종했다는 추측을 뒷받침했다. 그러나 실제로는 무지의 구름이 문제를 뒤덮고 있다. 어림짐작의 또 다른 조각은 훨씬 더 기묘하다. 그것은 니콜라이 울리야노프가 결혼하기 전부터 신부 알렉산드라와 성이 같았다는 사실이다. 니콜라이와 알렉산드라가 혈연적으로 친척 관계, 그것도 매우 가까운 친척 관계에 있었다는 의혹이 제기되어 왔다. 어떤 의혹도 입증되지 않았으며, 문서가 존재하지 않는 상태에서는 앞으로도 결코 입증되지 않을 것이다. 그나마 유일하게 자신 있게 말할 수 있는 결론은, 아버지 쪽으로는 레닌이 완전히 러시아인 가계라고 주장할 수 없다는 사실이다. 실제로 레닌이 아버지 쪽으로든 어머니 쪽으로든 러시아인 '피'를 이어받지 않았을 수도 있으나, 확실한 것은 아무것도 없다.

하지만 니콜라이와 알렉산드라는 자식을 러시아 문화 속에서 양육했고 정교 신앙 속에서 길렀으며 사내아이들을 러시아 학교에 보냈다.[25] 울리야노프 가족은 아스트라한 사회의 중하층 계급 속에 자리 잡을 기회를 잡았다. 가족의 야망은 1838년에 75세의 나이로 니콜라이가 사망한 이후에도 계속되었다. 결혼하지 않은 장남 바실리는 가족에 대한 책임을 진지하게 받아들였고, 열세 살 어린 동생 일리야의 학비를 대서 그가 아스트라한 김나지야를 다니고 카잔 제국 대학으로 진학해 1854년에 수학 학위를 취득할 수 있도록 도왔다. 일리야는 졸업 후 몇몇 직장에서 교사로 일했다. 첫 번째 직장인 귀족학교에 취직하면서 그는 펜자로 이사했다. 바로 이 귀족학교에서 일리야는 마리야 알렉산드로브나 블란크를 만났다. 마리야의 언니 안나는 귀족학교의 장학관이었던 베레텐니코프(I. D. Veretennikov)의 부인이었고, 마리야는 언니 집에 머무르고 있었다.[26]

일리야 니콜라예비치 울리야노프와 마리야 알렉산드로브나 블란크의 결혼식은 1863년 8월 펜자에서 치러졌다. 그들은 많은 관심사와 삶을 대하는 일반적인 태도를 공유했다. 특히 둘 다 교육열이 높았다. 이 때문에 그들은 성장 배경이 많은 점에서 대조적이었는데도 가까워질 수 있었다. 일리야가 정교를 고수했던 반면 마리야는 열의 없는 루터파 신자였다. 일리야는 아시아가 배경이었고 마리야는 북유럽인이었다. 일리야는 볼가 사람이었다. 그는 아스트라한, 카잔, 펜자, 니즈니노브고로드, 그리고 마지막으로 심비르스크까지 거대한 볼가강 유역에서 전 생애를 보냈다. 마리야는 상트페테르부르크와 러시아 제국의 서부 지역에서 유년 시절을 보냈다. 울리야노프가는 최근에야 물질적으로 안락해진 반면, 블란크가는 항상 부유했다. 일리야는 대학을 졸업했고 마리야는 집에서만 교육을 받았다. 그들에게 이런 차이들은 아무런 문제가 되지 않았다. 중요한 것은 교육적 헌신이었다. 마리야는 일리야만큼이나 교육에 열성적이었다. 학교에서 가르치는 데까지 나아가지는 않았으나 교사로서 훈련도 받았다. 교육은 그들 삶의 핵심이었다. 그것은 바로 블란크가 아이들이 양육된 방식이었다. 마리야뿐만 아니라 그녀의 두 자매도 교육 행정 조직에서 출세한 교사들과 결혼했다. 일리야와 마리야는 이러한 열정으로 하나가 되었고, 그 열정을 후세에 성공적으로 전했다.

학교 바깥에서 일리야는 지적 활동에 열심이었다. 그는 기상학에 매료되었고 자신의 과학적 관찰에 근거한 학술 논문을 발표했다. 카잔 제국 대학에서 받은 교육은 일리야의 지적 욕구를 더욱 부추겼다. 그는 바람, 비, 태양, 습도를 기록했다. 일리야 울리야노프는 자기 자녀들이 장차 하게 될 것처럼 자기가 살던 환경을 합리적으로 조사하는 데 전념했다. 일리야에게 관심의 대상은 날씨였고, 그의 자식들에게는 러시아 제국의 정치가 될 것이었다.

일리야는 학문적으로 재능이 있었지만, 마리야는 적어도 한 가지점에서는 그보다 뛰어났다. 일리야는 독일어로 말할 때 마치 프랑스어를 말하는 것처럼 'r'을 발음해 곤란을 겪었다.(사실 그는 러시아어에서도 똑같은 문제를 안고 있었다.) 그 결과 일리야의 발음은 학생들에게 우스꽝스럽게 들렸다. 예를 들어, 한번은 일리야가 일부 학생들에게 '매우'에 해당하는 독일어 단어가 무엇인지를 물었다. 한 학생이 '제르(sehr)' 대신 강세가 있는 러시아어 거센소리로 '제흐르(sekhr)'라고 대답했다. 하지만 일리야가 학생의 발음을 교정하려고 했을 때, '젤(sehl)'이라고 발음한 그의 시도는 조금도 나을 것이 없었다. 일리야는 학생들이 자신의 틀린 발음을 비웃는 것을 알아차리지 못한 척했다.[27] 그러나 동시에 그는 자신이 항상 높은 기준을 추구한다는 것을 모든 사람들에게 알렸다. 일리야의 기준은 학생들뿐만 아니라 교사들에게도 적용되었다. 일리야는 기대에 못 미치는 제자들은 누구든 반드시 호되게 꾸짖었다. 그러나 성공적인 제자들은 일리야를 존경했고 울리야노프파(ulyanovtsy)라고 불리는 것을 자랑스러워했다. 일리야가 거둔 성과는 심비르스크에서 그와 그의 가족에게 명성과 지위를 안겨주었다. 일리야는 주를 위해 훌륭하게 일했다.

일리야의 성공은 부인이 울리야노프가의 집안 살림을 솜씨 있게 꾸렸기에 가능했다. 일리야는 자신의 양복 구입까지 그녀에게 맡겼다.[28] 재봉사의 아들이었지만 일리야는 옷을 입어보는 것을 전혀 즐기지 않았다. 일리야는 자기 일에 몰두했고, 모든 것을 일에 종속시켰다. 집에서 마리야는 일리야의 전적인 신뢰를 받았고, 일리야는 마리야에게서 무조건적인 지지를 받았다. 그들은 다소 고립된 삶을 살았다. 일리야는 가끔 체스와 카드놀이를 즐겼다. 그러나 체스 상대는 초로의 공무원이자 회계사였던 아르세니 벨로크리센코(아들 블라디미르의 대부) 한 명뿐이었다.[29] 카드놀이는 시의 교사들과만 했다.[30] 마리야 알렉산드로브나는 지역 사회로부터 훨씬 더 거리가 멀었다. 친구 몇 명이 스트렐레츠카야 거리에 있는 집을 찾아왔지만 마리야가 답례로 그들을 방문하는 일은 거의 없었다. 여름이면 일리야와 마리야는 볼가 지역 주변을 여행했다. 하지만 그들의 여행은 언제나 둘 중 한쪽의 친척을 찾아가는 것이었다. 즉 일리야의 경우 아스트라한으로, 마리야의 경우에는 스타브로폴과 코쿠시키노에 사는 친척들 집으로 가는 것을 의미했다. 그리하여 울리야노프가는 직업 활동이나 가족이 제공하는 환경 밖으로 과감히 나가는 일이 좀처럼 없었다. 일리야가 명백히 성공했는데도 그들은 지방 엘리트의 주변부에 변함없이 머물렀다.

그들은 자신들의 은둔에 크게 신경 쓰지 않았던 것 같다. 일리야와 마리야의 소망은 구러시아의 사회 위계를 타고 올라가는 것이 아니라 신러시아를 건설하는 데 협력하는 것이었다. 이들은 일리야의 직업적 성공과 자녀들의 교육에 희망을 걸었다. 울리야노프가의 자녀 여덟 명이 연이어 태어났다. 1864년에 첫째 아이 안나가 태어났다. 2년 뒤에는 둘째 알렉산드르 차례였다. 1870년에 블라디미르, 1871년에 올가, 1874년에 드미트리, 그리고 1878년에 마리야가 이들의 뒤를 이었다. 이들이 부부 사이에서 태어난 자녀 전부는 아니었다. 1868년에 또 다른 올가가, 1873년에 니콜라이가 태어났는데 둘 다 아기 때 죽었다. 20세기 기준으로 봤을 때 보건 의료가 원시적인 상태였던 당시에는 별스러운 일이 아니었다. 여하튼 아이들의 사망이 울리야노프 부부가 가족을 늘려 가는 데 걸림돌이 되지는 않았다.

일리야는 말이 많은 사람이 아니었으며, 집에 있을 때는 종종 자기 서재에 틀어박히곤 했다. 일리야는 교육에 관해 이야기할 때 열정을 보였고 자신의 일을 위해 살았다. 그는 다른 사람들의 칭찬을 갈망하지 않았고 다른 사람들이 일을 잘할 때도 칭찬에 다소 인색했다. 사실 일리야도 마리야도 감정을 좀처럼 드러내지 않았다. 그들이 감정을 드러내 보이려면 완전히 특별한 무언가가 필요했다. 어린 올가가 아기 때 죽었을 때 일리야는 가슴이 터지도록 흐느껴 울었다.[31] 그러나 일리야와 마리야는 다른 경우에는 과묵하고 조용한 사람들이었다. 젊은 나이였지만 그들은 이미 중년처럼 보였다. 일리야는 너무 이르게 찾아온 대머리를 의식하여 남은 머리칼을 앞으로 빗질해서 빈 자리를 가리려고 했다. 하지만 일종의 문화 전도사로서 그의 불타는 야심은 가릴 수가 없었다. 일리야, 그리고 대단한 평정심을 지녔던 부인 마리야는 문화적 계몽에 헌신하여 모든 이들에게 깊은

감명을 주었다.[32]

초등학교 장학관이라는 일리야의 직업은 심비르스크의 스트렐레츠카야 거리에 있는 서재에서 수행할 수 있는 일이 아니었다. 일리야의 생애 마지막 해에 심비르스크주에는 초등학교가 444개, 학생이 2만 명 이상 있었다.[33] 일리야는 4만 평방킬로미터나 되는 지역을 돌아다녀야 했고, 한번 출장을 가면 수 주일 동안 집을 비우는 일이 많았다. 일리야는 1861년 농노해방령이 반포된 지 겨우 8년 뒤에 장학관으로 임명되었다. 초기에 그의 일은 교육 수준을 검사하는 것이 아니라 적절한 장소에 알맞은 건물을 건축하는 일을 감독하는 것이었다. 이 일은 창의성이 많이 필요했다. 일리야는 도시와 농촌에서 업무가 충분히 효율적이고 안전하게 이루어지도록 보장해야 했다. 봄부터 초가을까지 일리야는 대형 4륜 마차를 타고 학교들을 방문하곤 했다. 대형 4륜 마차는 스프링이 없었기에 당시 가장 편안한 마차는 아니었지만 튼튼하기는 했다. 심비르스크주의 도로는 정비가 안·된 상태였다. 상황이 어떻든 큰 썰매를 타고 다닐 수 있는 겨울이 일리야에게는 훨씬 나았다. 하지만 계절에 상관없이 일리야가 일을 하던 초중반에 쏟아부은 에너지는 엄청났다.

울리야노프 가족은 코쿠시키노의 블란크 가족 집에서 여름을 보냈다. 블라디미르가 태어나기 전에는 안나와 알렉산드르 남매를 데리고 아스트라한에 사는 일리야 울리야노프의 친척들을 방문하는 여행도 했다. 일리야의 어머니 알렉산드라와 형은 아직 살아 있었다. 안나 울리야노바는 친할머니와 큰아버지가 자신과 동생 알렉산드르를 떠들썩하게 환영해준 일을 결코 잊지 않았다. 집에서 안나에게 익숙했던 분위기와는 너무 달랐던 것이다. 하지만 안나의 어머니 마리야는 그런 환영을 좋지 않게 생각했다. 가족 사이에서 종종 있는 일처럼, 마리야는 자기 부모가 자신과 자매들에게 너무 엄했다고 생각했으면서도 마찬가지로 자기 자녀들을 감정적으로 엄격하게 키웠다. 또 아스트라한의 시댁 사람들이 응석을 받아준 탓에 자식들이 지나치게 버릇이 없어진다고도 생각했다.[34] 아스트라한 여행은 그때가 마지막이었고, 그 후로 울리야노프 가족이 친척들을 방문할 때는 항상 외가 쪽 가족에게 갔다.[35] 알렉산드르 블란크는 1870년 초여름에 가족들과 함께 코쿠시키노로 온 새 손자 블라디미르를 보고 매우 기뻐했다. 고령의 의사 블란크는 일행이 도착했을 때 집에 없었는데, 귀가하여 계단을 올라와서야 마리야 알렉산드로브나를 발견했다. 마리야는 품에 아기를 안고 층계참에서 아버지를 만났다. 그녀의 아버지는 블라디미르를 진찰하면서 아기의 성장에 관해 이것저것 물었다.[36]

그러나 블라디미르는 외할아버지에 대한 기억이 없을 것이었다. 그해 6월 17일에 블란크가 갑자기 죽었기 때문이다. 코쿠시키노의 영지는 노인의 딸들이 공동으로 소유했고, 그들은 여름철에 가족들이 함께 휴식하는 장소로서 영지를 간수했다. 그들의 즐거움에 육체 노동의 의무는 들어 있지 않았다. 7월은 추수가 시작되어 코쿠시키노의 농민들이 가장 열심히 일하는 때였다. 농민들은 들판에서 땀을 흘렸고, 한낮에는 먹을 것과 마실 것이 그들에게 전해졌다. 저녁에는 민요가 즐겁게 울려 퍼졌다. 이러한 분위기는 코쿠시키노를 방문하던 울리야노프 가족에게 친숙한 것이었으나, 그들이 거기에 참여하지는 않았다. 울리야노프가는 휴가 중이었다. 도시 생활의 걱정거리를 피해 이곳으로 온 것이다. 그러나 울리야노프가는 농촌 환경을 미화하지 않으려 했다. 농민의 삶은 그들에게 그리 매력적이지 않았다. 그리고 최근에 해방된 농노들이 알렉산드르 블란크에게 보인 불신은 이런 관점을 바꾸는 데 도움이 될 리 없었다.

한편 일리야 울리야노프는 사회에서 훨씬 더 높은 위치로 올라갔다. 1874년 7월에 일리야는 심비르스크주의 초등학교 장학관에서 감독관으로 승진했다. 자동으로 그는 알렉산드르 블란크처럼 '5등 문관'으로서 '경(卿)'이라고 불릴 자격이 있는 세습 귀족이 되었다. 일리야의 부재는 그 뒤로도 자주, 장기간 지속되었지만 마리야는 매우 유능하게 상황에 대처했다. 당시의 다른 중간 계급들과 마찬가지로, 울리야노프가는 마리야의 짐을 덜어줄 요리사를 고용했고 1870년부터는 유모 사르바토바가 아이들을 돌보았다. 눈을 치우거나 나무를 톱질해야 할 때에는 일꾼도 고용했다. 울리야노프가는 다른 중간 계급 가족과 다를 바가 없었다.

알렉산드르 2세의 충직한 신민이기도 했던 일리야와 마리야는 1861년 농노해방령으로 시작된 개혁에 전념했다. 1877~1878년의 러시아-투르크 전쟁 동안 일리야는 부상당한 병력을 돌보기 위해 기부금을 모금하는 애국심을 발휘했다.[37] 뒤이어 일리야는 1887년 1월에 받은 스타니슬라프(Stanislav) 훈장(1급)을 비롯해, 자신의 직업적 성과를 인정받아 여러 상을 수상했고 그것을 영광으로 여겼다. 일리야와 마리야는 당국에 문제를 일으킨 사람이라면 누구든 접촉을 피했다. 그러나 의사인 알렉산드르 카디얀(Aleksandr Kadyan)은 예외였다. 카디얀은 불온한 정치적 견해 때문에 심비르스크로 행정적 유형을 온 사람이었다. 이는 시 경계 밖으로 나가지 못하고 경찰의 감시를 받아야 한다는 것을 의미했다. 일리야와 마리야는 카디얀과 알고 지내게 되었고 그에게 자기 가족의 주치의가 되어 달라고 부탁했다. 하지만 이들의 관계는 엄격하게 의료적인 관계에 한정되었으며, 울리야노프 가족은 카디얀과 시사에 관해 논의하는 것을 신중히 거절했다. 1860년대 내내 일리야와 마리야는 러시아 제국이 공식적인 개혁 노선을 지속적으로 추구하리라는 전제에 따라 행동했고, 자녀들이 혁명 사상에 조금도 동조하지 못하게 했다.

아버지와 어머니가 제국의 황제에게 그렇게 충직했다면, 어떻게 세계에서 가장 위대한 혁명가의 성장에 큰 영향을 끼칠 수 있었을까? 이 질문은 쉽게 대답할 수 있다. 모든 중요한 회고가 한 방향을 가리킨다. 레닌의 혈통과 가정 교육이 그의 인격을 형성했다. 일리야와 마리야는 자녀 한 명 한 명에게 깊고 오래 갈 영향을 끼쳤다. 그들은 자식들에게 헌신하는 삶의 모범이 되었다. 일리야와 마리야는 열심히 일했으며 정신적인 삶에 높은 가치를 부여했다. 그들은 또 자식들에게 불타는 성공의 야심을 전해주었다. 일리야와 마리야는 한 발은 심비르스크주 엘리트 집단 안에, 한 발은 밖에 두고 있었다. 당시 유능하고 교육받은 많은 사람들이 귀족 계급의 일원으로 상승했다. 러시아 제국은 변화의 한가운데 있었다. 대규모 사회 변화가 진행 중이었다. 그런 사회에서 울리야노프가가 단 한 세대 안에 완벽한 동화를 경험했다면 매우 놀라운 일이었을 것이다. 그들은 큰 진전을 이루었으나 아직 '다 도착하지는' 못했다. 이 과도기적 상태는 당시 일리야와 마리야에게 그리 큰 문제가 되지 않았다. 그들은 긴장 상태에 대처할 능력이 있었다.

논쟁을 자극하는 것은 사회적 요인이 아니라 민족적·인종적 요인이다. 러시아 민족주의자들은 레닌의 이데올로기가 레닌의 혈관에 러시아인의 피가 거의 돌고 있지 않다는 사실에서 기인한다고 항상 주장해 왔다. 그의 조상에게 존재하는 유대인 요소는 특별한 주목의 대상이다. 그 같은 해설 자체는 대부분 외국인 혐오에 바탕을 두고 있다. 왜냐하면 인종성이 순전히 생물학적 현상만은 아니기 때문이다. 인종은 언어, 교육, 사회적·경제적 관계의 기제들에 의해서도 생산되고 재생산된다. 일리야 울리야노프와 마리야 울리야노바에게서 중요한 점은 그들이 러시아인으로서 생각하고 말하고 행동했다는 사실이다. 그리고 그들의 자식들도 그랬다. 그들의 인종적 기원은 그들의 일상의 삶에 거의 영향을 끼치지 않았다.

사실 레닌의 누나인 안나 일리니치나에 따르면 그녀는 서른세 살이던 1897년에야 외할아버지의 유대계 배경을 알았다. 그 일은 스위스를 여행하던 중에 일어났다. 안나 일리니치나는 외국 여행 때 어머니의 성을 썼는데,[38] 안나가 만난 스위스 학생들이 그녀에게 유대인이냐고 물었다. 안나는 스위스에서 성이 블란크인 사람들은 거의 다 유대인이라는 이야기를 듣고 깜짝 놀랐다. 안나 일리니치나는 아마도 어머니에게 질문했을 것이며, 외할아버지가 유대계라는 것을 알게 되었을 것이다. 또 오랜 세월이 지난 뒤, 즉 레닌이 죽은 후, 안나 일리니치나는 한때 외증조부가 소유했던 은으로 된 술잔이 유대 종교 축일에서 쓰는 잔이라는 것도 친구에게 들어 알게 되었다.[39] 안나도, 그녀의 형제자매도 이 새로운 사실에 당황하지 않았다. 그러나 그들은 이 사실을 자랑스럽게 드러내지도 않았다. 그들은 자신들의 집안이 전적으로 러시아계가 아니라는 것을 이미 알고 있었고, 아마도 기존 목록에 유대 요소를 더하는 데 그쳤을 것이다. 어느 정도 조심하는 분위기도 있었을 것이다. 러시아 제국에 반유대주의가 널리 퍼져 있었고, 이들 울리야노프가의 젊은 구성원들은 사회의 분란에 불필요하게 스스로를 노출할 이유가 없었을 것이다.

하지만 나중에 레닌은 문화적 혼성이 자신과 가족들의 러시아 유산에 유익한 영향을 주었다고 생각했다. 레닌은 유대인들이 각별히 재능 있는 '인종'(레닌은 당시 관례적으로 쓰던 러시아어 플레먀*라는 단어를 사용했다)이라고 여겼으며, 자신의 집안에 존재하는 유대인 요소를 자랑스러워했다. 레닌이 누나인 안나에게 말했듯이, 러시아 제국 남부 지역에서 활동하던 혁명가들의 약 절반은 유대인이었다. 소설

플레먀(plemya) 종족, 인종, 부족, 일족, 일가, 파벌, 세대, 출신, 혈통, 패거리 등의 뜻을 지닌 러시아어.

가 막심 고리키(Maxim Gorky)에 따르면, 레닌은 러시아인들이 유대인보다 못하다고 보았다. "저는 똑똑한 사람들이 안쓰러워요. 우리 주위에는 똑똑한 사람들이 많지 않습니다. 우리는 대부분 재능이 있지만 심성이 게을러요. 총명한 러시아인은 거의 항상 유대인이거나 유대인 피가 섞인 사람이죠."[40] 그렇지만 유대인 여부는 레닌이 최우선으로 주의를 기울인 문제가 아니었다. 레닌은 누나 안나 일리니치나가 의문을 표할 때까지 자기에게 유대인 피가 섞여 있는지 알지 못했을 것이다. 레닌은 기본적으로 자신을 러시아인이라고 생각했다.

사실 울리야노프 가족에게 계속 영향을 끼쳤던 것은 어머니의 배경 가운데 유대인 측면이 아니라 독일인 측면이었다. 남편이 정교 예배에 참석하는 동안 마리야 알렉산드로브나는 지역의 루터파 교회에서 예배를 보았다. 또 마리야는 집에 전나무를 마련해 독일식으로 크리스마스를 축하하고 싶어 했다.[41] 훗날 레닌은 그와 아내를 찾은 손님 중에 아이들이 있을 때마다 어머니와 같은 방식으로 크리스마스를 기념했다.

독일식으로 크리스마스를 기념하는 관습이 울리야노프 가족의 민족적 기원을 드러내는 유일한 요소는 아니었다. 교육과 공적 성취를 향한 독일 문화와 유대 문화의 거센 추동력도 존재했다. 블란크가에는 이 추동력이 풍부했다. 비러시아인 출신으로서 러시아 제국에서 크게 출세하고자 했던 일리야 울리야노프는 이 추동력을 강화했다. 일리야는 자신의 능력과 자질을 바탕으로 성공을 거두지 않으면 자신에게는 아무것도 없다는 점을 잘 알았다. 마리야와 일리야 둘 다 러시아 제국의 비러시아계 신민들이 공정하게 대우받아야 한다고 주장했다. 이 점에서 그들은 러시아 민족 정체성에 동화되지 않으려는 비러시아인들에게 명확히 반감을 품은 비러시아계의 많은 사람들과는 달랐다. 그랬기에 일리야는 비러시아인들이 자신들의 모어로 교육을 받아야 한다고 결정하기도 했다. 그는 원칙주의자일 뿐만 아니라 실용주의자이기도 했다. 그렇게 하지 않으면 추바시인들에게 자신이 관리하던 학교로 아이들을 보내도록 권하는 것이 얼마나 힘든 일인지 알았던 것이다. 그래서 일리야는 심비르스크주의 추바시 아이들을 러시아어가 아니라 추바시어로 가르칠 것을 고집했다. 다른 민족과 인종 집단에 대한 이 예민한 감성은 울리야노프가의 아이들에게 고스란히 전해졌고, 죽기 직전까지 레닌의 마음을 움직인 동기가 되었다.

그러므로 울리야노프 부부는 특별한 유형의 러시아인이었다. 그들은 다양한 인종 출신이라는 의미에서 새로운 러시아인이었다. 그러나 그들은 자진하여 러시아인이 되었다. 마리야 알렉산드로브나는 독일계의 흔적을 보였지만 대체로 러시아인 정체성으로 동화했다. 일리야 니콜라예비치도 자신의 과거를 무시했다. 일리야와 마리야는 다른 다수파 민족이 있는 사회의 한가운데에서 출세를 추구하는 사람들 사이에 종종 특징적으로 발견되는 야심을 품고 있었다. 볼가강 주변의 러시아인들 사이에서 살던 울리야노프 부부는 1세대 이주민 같기도 했다. 그들은 성공을 향한 맹렬한 열정을 품었고, 이 열정은 그들의 자식들에게 전해졌다. 게다가 그들은 러시아 문화의 여러 측면에 선별적으로 공감했다. '구'러시아, 즉 농민들, 농촌 관습, 폭음, 무지, 자의적 통치, 사회적 복종과 세습적 특권의 러시아는 그들 눈에 매력이 없었다. 일리야와 마리야는 그런 낡은 전통들을 제거하고 싶어 했다. 그들은 근대성을 지지했으며, 러시아가 서구 여러 나라와 좀 더 유사해지기를 원했다. 일리야와 마리야는 1860년대의 개혁들이 사회를 변화시키기를 바랐다. 울리야노프 부부는 진보, 계몽, 질서, 청결, 복종, 위계제, 격식을 믿는 사람들이었다.

그러므로 그들은 유럽과 접촉하는 것을 강조한 당대 러시아의 흐름에 매료되었다. 모든 '진보적' 사람들은 프랑스어와 독일어를 배우고 싶어 했다. 다른 귀족들과 마찬가지로 울리야노프 부부도 때때로 러시아어로 말하다가 프랑스어로 바꿔 말하곤 했다.[42] 아마도 프랑스어를 애용하던 이전 세대 러시아인들과는 달리, 울리야노프 부부는 자신들이 나누는 대화를 하인들이 알아듣지 못하기를 원했을 뿐이었는지도 모른다. 어쨌든 부부의 언어 능력은 상당했다. 그들의 음악적 취향도 그랬다. 심비르스크의 모든 가정이 리하르트 바그너(Wilhelm Richard Wagner)의 오페라에 관심이 있는 것은 아니었다.[43] 게다가 울리야노프 부부는 유럽의 최신 예술, 철학, 과학 발전에 관해서도 읽었다. 일리야 울리야노프와 마리야 울리야노바는 '교양 있는' 러시아인이었다. 그들은 애국자였다. 그들은 '근대적'이고 '유럽적'이고 '서구적'이고 '계몽된' 사회를 건설하기를 원했다. 레닌은 그런 부모의 아들이었다.

2장

명석한 두뇌

1870년~1885년

　그렇다면 볼로댜(Volodya, 블라디미르 일리치의 애칭)는 어떤 아이였을까? 최근까지 정보가 너무 적어서 누구도 자신 있게 답변할 수가 없었다. 회고록이 존재하지 않는 것은 아니다. 오히려 정반대다. 볼로댜의 가족은 무척 많은 기록을 남겼고, 그의 누이 안나와 마리야는 볼로댜에 대해서 끊임없이 썼다. 그러나 그에 관하여 아주 약간이라도 비판적인 부분을 솔직하게 다룬 자료는 1924년 볼로댜가 죽은 후 1~2년 안에 발간된 자료들밖에 없다. 레닌 숭배를 떠받치는 검열이 재빨리 시행되었고 회고는 출판되기 전에 중앙의 당 지도부에 의해 속속들이 편집되었다. 지금에야 비로소 우리는 원문을 들여다볼 수 있다. 이 자료로부터 열정적이고 똑똑하고 매력적이지만 건방지고 항상 친절한 것은 아니었던 한 어린 소년의 모습이 나타난다.

　그보다 여섯 살 많은 누나 안나는 볼로댜가 아기 때 집 안에서 어떤 존재였는지 다음과 같이 기록했다.[1]

　셋째 볼로댜는 매우 시끄러웠다. 잘 싸우려 들고 행복한 작은 담갈색 눈동자를 가진, 크게 소리를 지르는 아이였다. 볼로댜는 1년 반 늦게 태어난 누이동생 올랴(올가를 말한다)와 거의 동시에 걷기 시작했다. 올랴는 아주 일찍 주위 사람들이 눈치챌 새도 없이 걸음마를 뗐다. 이와 대조적으로 볼로댜는 걷기를 늦게 배웠다. 누이가 소리 없이 넘어졌다가(혹은 유모의 표현대로 '발을 질질 끌다가') 두 손을 바닥에 짚고 혼자 일어섰다면, 볼로댜는 반드시 머리를 꽝 하고 부딪쳐서 온 집 안이 떠나갈 듯 심하게 소리를 질렀다.

집 뼈대가 나무로 되어 있었기에 집 안에서 소리가 잘 울렸고, 이 작은 녀석이 머리를 카펫에, 심지어 마룻바닥에 박을 때마다 그 소리가 마루와 벽에 부딪쳐 울려 퍼졌다. 볼로댜의 어머니는 아이가 정신적으로 지체되지나 않았을까 의심했다. 볼로댜의 탄생을 도와준 산파는 다음과 같이 의견을 밝혔다. "애는 아주 똑똑하거나 아니면 아주 멍청할 거예요." 이 말은 마리야 알렉산드로브나를 그다지 안심시키지 못했고, 나중에 그녀는 어린 볼로댜를 얼마나 걱정했는지 회상했다.[2]

가족은 왜 볼로댜가 머리를 꽝 하고 부딪치는지 추측만 할 수 있을 뿐이었는데, 체형과 관계가 있다는 결론에 도달했다. 아기 볼로댜는 키가 작고 다리가 약했으며 머리가 컸다. 아무래도 머리가 무거워서 잘 넘어지는 것 같았다. 일단 나자빠지려고 하면 볼로댜는 허리를 펴려고 팔을 휘둘렀고, 이 시도가 완전히 실패로 돌아가면서 머리를 꽝 하고 부딪친다고 가족은 믿었다.[3]

이 추측은 볼로댜가 걷기를 배우고 나서도 왜 계속 시끄러웠는지를 설명해주지는 못한다. 볼로댜는 끊임없이 소동을 일으켰다. 안나에 따르면 그는 어린 시절 내내 떠들썩했고 주변을 너무 힘들게 했다.[4] 볼로댜는 울리야노프가의 다른 아이들보다 훨씬 폭력적이었다. 부모가 생일에 작은 모형 말을 사주자 볼로댜는 본능적으로 장난감

1879년의 울리야노프 가족. 서 있는 아이들은 (왼쪽에서 오른쪽으로) 올가, 알렉산드르, 안나이고, 어머니 마리야 알렉산드로브나가 막내딸 마리야를 안고 앉아 있다. 어머니와 아버지 사이에 드미트리가 앉아 있고, 그 옆에 블라디미르('레닌')가 앉아 있다.

을 갖고 살금살금 다른 곳으로 가서 다리를 떼어내려 했다. 안나는 문 뒤에 숨는 동생을 지켜보았다. 몇 분 뒤 그는 산산조각이 난 말을 옆에 두고 득의양양해하고 있었다. 볼로댜는 형제자매들에게 늘 상냥한 아이도 아니었다. 세 살 때 볼로댜는 형 사샤(알렉산드르)가 카펫에 조심스럽게 펼쳐둔 연극 포스터들을 짓밟았다. 볼로댜는 어머니가 그를 포스터에서 떼놓을 때까지 서너 장을 못 쓰게 만들었다. 몇 년 뒤 볼로댜는 안나가 가장 좋아하는 자를 움켜잡고는 두 동강 내버렸다.[5] 그때쯤 볼로댜는 이 질서 있는 가정에서 자신이 뭔가 심각하게 나쁜 짓을 했다고 이해할 만큼 나이가 들었다. 볼로댜의 행동에는 심술궂은 면이 있었고 가족들은 이를 싫어했다.

그러나 볼로댜는 매력 덩어리였으며 유모 사르바토바는 언제나 그를 용서했다. 볼로댜는 잘못을 하면 얼른 털어놓았다. 이런 행동은 어머니를 어느 정도는 안심시켰다. "그 아이가 절대 몰래 숨기는 일이 없어서 다행이었다."[6] 여덟 살 때 볼로댜는 어머니의 생각이 옳았음을 입증했다. 그때 볼로댜는 처음으로 외륜선을 타고 누나 안나, 형 알렉산드르와 함께 이모 안나 베레텐니코바를 방문하러 카잔에 가는 것을 허락받았다. 이 일은 볼로댜에게 큰 사건이었다. 아이는 심비르스크의 선착장에서 어머니에게 작별 인사를 하며 손을 흔들 때 흐르는 눈물을 주체하지 못했다. 카잔에서 볼로댜는 베레텐니코프가의 사촌들과 흔치 않은 재미있는 시간을 보내면서 시끌벅적하게 놀았다. 그러다 불행히도 유리 꽃병 하나를 깼다. 이모는 소동을 듣고서는 부리나케 방으로 달려가 사건에 대해 모든 사람에게 꼬치꼬치 캐물었다. 하지만 볼로댜는 침묵했고 자신이 저지른 일을 인정하지 않았다. 사건이 발생하고 볼로댜가 심비르스크로 돌아온 지 3개월 후 어머니는 볼로댜가 밤늦게 베개에 얼굴을 묻고 흐느끼고 있는 것을 발견했다. 어머니가 2층에 있는 볼로댜의 침실로 올라갔을 때 볼로댜는 어머니에게 불쑥 말했다. "제가 아냐(안나의 애칭) 이모를 속였어요. 꽃병을 깨뜨린 사람이 제가 아니라고 말했는데, 실은 제가 깨뜨렸어요."[7]

사춘기가 된 볼로댜는 옅은 갈색 곱슬머리가 적갈색으로 변한, 보통 키에 체격이 탄탄한 소년이었다. 그는 여전히 다리가 짧았고 불균형적으로 머리가 컸다. 전반적으로 건강이 좋았지만, 왼쪽 눈이 사시인 게 걱정이었다. 어머니는 볼로댜를 카잔으로 데리고 가서 안과 의사인 아다뮤크 교수에게 검사를 받게 했다. 아다뮤크는 결함은 고칠 수 없으니 오른쪽 눈만으로 봐야 할 것이라고 충고했다.[8] 말년인 1922년에 레닌은 그 진단이 오진이었음을 알았다. 사실 왼쪽 눈은 근시에 불과했고,[9] 아다뮤크가 안경을 처방하지 않아서 사람들에게 말할 때 왼쪽 눈을 가늘게 뜨는, 이후 유명한 정치인이 되었을 때 부각되는 습관이 볼로댜에게 생겼던 것이다. 볼로댜의 형제자매는 훨씬 더 큰 문제로 고생했다. 사샤가 위염으로 몹시 아팠을 때 어머니는 거실 구석에 놓인 성상 앞에 무릎을 꿇고 딸 안나를 불러 "사샤를 위해 기도하자."라고 했다.[10] 사샤의 병은 나았지만 볼로댜를 비롯한 다른 가족들도 위 문제로 고생했다. 가족 내에 유전적 소인, 아마도 블란크가 쪽에서 전해진 소인이 있었던 것 같다.

하지만 대체로 그들은 건강하고 활동적이었으며 의지로 충만했다. 아이들은 운동을 많이 하라고 권장받았다. 아버지 일리야는 볼가강변의 삐죽 튀어나온 육지를 따라 도시의 북쪽으로 아이들과 함께 산책을 나갔다. 일리야는 또 근처 물가에서 가족들이 수영할 수 있도록 정기권을 구입하기도 했다.[11] 그러나 대체로 아이들은 집 밖에서는 자유롭게 자랐다. 14년이라는 나이 차가 가장 나이 많은 아이(안나)와 가장 어린 아이(마리야)를 갈라놓았다. 가장 어린 아이가 다른 아이들을 어른으로 대했다는 뜻이다. 그러나 볼로댜는 달랐다. 때때로 그와 어린 동생들은 부모가 정한 규칙에 복종하고 또 그것을 감독하는 사샤와 안나에게 맡겨졌다. 볼로댜는 사샤를 좋아하고 존경했지만 여전히 장난칠 기회를 엿보곤 했다. 이따금 그는 진흙투성이 덧신을 신은 채 현관으로 뛰어들었다. 마루와 카펫이 더러워져서 안나와 사샤는 질색을 했다. 그와 같은 별난 행동은 볼로댜가 그의 형제자매와 다른 점이었다.[12]

아이들은 둘씩 짝을 지어 지냈다. 가장 나이가 많은 쪽인 사샤와 안나가 함께했고, 그다음은 떠들썩한 짝인 볼로댜와 올가였다. 세 번째 짝은 드미트리와 마리야였다. 사샤와 안나의 친밀한 관계는 청소년기를 넘어서도 지속되었다. 그들은 상트페테르부르크에서 대학을 다닐 때에도 여전히 서로 자주 만났다. 볼로댜와 올가도 죽이 잘 맞는 놀이 친구였다. 어느 누구도 그들이 싸운 것을 기억할 수 없었다. 아마 상냥한 성격이었던 올가가 볼로댜의 말을 따랐기 때문에 그들은 어울릴 수 있었을 것이다. 누나 안나가 회상하듯이 "그는 명령 내리기(komandovat')를 좋아했다."[13] 볼로댜와 올가는 큰 정원에서 뛰어다녔고, 가족이 심비르스크에서 서커스를 관람했을 때 아버지가 구입한 그네를 타고 놀았다. 좀 더 조용한 날에는 볼로댜와 올가가 크로케 장비를 끄집어낼 것이었다. 그러나 재잘거리는 소리는 언제나 들렸다. 어머니의 친구인 게르트루다 나자레바는 나중에 다음과 같이 썼다. "하루 종일 올가가 노래하고 깡충깡충 뛰어다니고 빙빙 돌고 볼로댜와 노는 소리가 들렸다. 내 생각에 볼로댜는 다른 아이들보다 더 어머니와 누나를 괴롭혔다."[14]

다시 말해 볼로댜는 비행 소년은 절대 아니었으며, 남달리 점잖은 가족 안에서 그냥 장난기가 가장 심한 아이였을 뿐이었다. 벌이 필요하다고 생각되는 일은 거의 없었다. 일리야 니콜라예비치는 성질이 불같아서 아들딸들은 아버지가 일 때문에 심비르스크주를 오랫동안 여행 중일 때조차 아버지의 꾸중을 무서워했다. 아버지가 없을 때 어머니는 잘못한 아이들을 아버지 서재에 있는 의자에 앉혀 두는 벌을 주었다. 가족들은 이 의자를 '검은 의자'라고 불렀다. 가족은 볼로댜가 약간 버릇없이 굴다가 그 의자로 보내진 후 어머니가 몇 시간 동안 그 사실을 까맣게 잊어버린 사건을 절대 잊지 못했다. 볼로댜는 짓궂은 아이였지만, 어머니가 서재로 돌아올 때까지 감히 의자에서 내려오지도 못하고 소리를 내지도 못했다.[15]

그렇게 삶은 계속되었다. 아이들이 점점 늘자 부모는 좀 더 큰 집

심비르스크 모스크바 거리에 있던 울리야노프 가족의 집.

을 찾지 않으면 안 되었다. 1878년 여름에 일리야가 초등학교 주(州) 감독관으로 임명되었을 때 그들은 모스크바 거리 48번지로 이사했다. 이곳이 볼로댜가 심비르스크의 집으로 기억할 장소였다. 모스크바 거리는 도심 부근에 있었고 심비르스크군 수비대 사령관의 관사가 있는 곳이었기 때문에 더 넓고 고급스러운 거리였다.(그런데도 포장 도로가 없어서 통행인들은 비가 올 때 진흙과 웅덩이를 피하려면 나무판자를 밟고 걸어야 했다.) 정교 대성당, 심비르스크 고전 김나지야, 카람진 공립 도서관이 모두 가까운 거리에 있었다. 이 장소는 마리야 알렉산드로브나를 비롯해 가족 모두에게 편리한 곳이었다. 마리야는 이곳에서 몇 집 떨어져 있는 루터파 교회에 나갈 수 있었다. 그러나 울리야노프 가족은 집 자체에 가장 큰 매력을 느꼈다. 일리야는 1층의 널찍한 서재를 차지했다. 마리야도 자기 방을 갖게 되었다. 아래층에는 큰 방 다섯 개와 부엌이 있었고, 2층 아이들의 침실도 공간이 넓었다. 정원도 상당히 컸다. 큰 나무들이 잔디밭을 아름답게 꾸몄고, 가족은 정원 관리사를 고용해 필요한 과일과 채소를 재배했다. 모든 중간 계급 전문직 가족들처럼 울리야노프가에도 하인들이 있었다.

그들은 새 집으로 이사하면서 지인들에게 '그 멋진 가족'으로 통했다. 일리야는 교육 행정 분야에서 이룬 성과로 높은 평가를 받았고, 마리야는 음악적·언어학적 재능으로 존경받았다. 아이들은 예외 없이 학교에서 공부를 잘했고, 집에서도 밖에서도 행실이 반듯하다고 소문이 났다. 식물을 키우는 땅에 들어가는 아이가 한 명도 없었던 것은 동네에서 놀라운 일로 오르내렸다. 꽃 한 송이, 채소 한 포기도 짓밟지 않았고 나뭇가지 하나도 부러뜨리지 않았다. 울리야노프가의 아이는 누구든, 심지어 말썽꾸러기 볼로댜도 사람들 앞에서 버릇없이 굴어서는 안 되었고 그것은 가족에게 명예의 문제였다. 혹시라도 그런 일이 벌어지면 동네에서 화젯거리가 되었다. 예를 들어 이웃 사람들은 겨울에 울리야노프가 아이들이 다른 모든 심비르스크 가정의 아이들처럼 지나가는 사람들에게 나뭇가지 울타리 사이로 눈 뭉치를 던지는 것을 보고 놀라곤 했다.[16]

일리야와 마리야가 하숙을 쳐서 부수입을 얻었기에 울리야노프가 아이들은 다른 아이들과 가까이 지낼 기회가 많았다. 하숙인 중에는 1층과 2층 사이 중간층에서 살던 프레시야노프 가족이 있었다.[17] 뱌체슬라프 프레시야노프(Vyacheslav Presiyanov)는 블라디미르 울리야노프와 같은 학년이었다. 니콜라이 네페데프(Nikolai Nefedev)라는 아이도 있었는데, 어머니를 여읜 뒤 학교를 다니는 동안 보살펴 달라고 아버지가 울리야노프가에 맡긴 소년이었다. 울리야노프 가족은 그 부탁을 받아들였고 정원 기슭에 있는 개조한 목욕탕 건물에 네페데프를 위한 공간을 마련해주었다.[18] 블라디미르는 니콜라이 네페데프와 자주 놀았다. 그러나 대체로 울리야노프가 아이들은 가족 안에서 가장 친한 관계를 만들었다. 아이들은 자신의 힘으로 뭔가 이루어내라는 가르침을 받으며 자랐고, 각자 노력하는 동시에 서로 도왔다. 아마도 가족 관계가 워낙 친밀했기 때문에 가족 밖에서 깊은 관계를 맺기가 더 힘들었을 것이다. 여섯 명 중 네 명만이 자라서 성인이 되었다. 이들 가운데 마리야는 평생 결혼하지 않았는데, 독신주의자였던 것으로 보인다. 안나와 드미트리는 결혼했지만, 결혼식은 20대 후반에 치렀다. 아이들이 울리야노프가의 집을 서둘러 떠나는 일은 없었다. 블라디미르는 20대 중반에 결혼했으나 본인의 의지가 아주 확고해서 그런 것 같지는 않다.

하지만 안정되고 따뜻한 가족 생활이 블라디미르가 형제자매와 어울리며 일으키는 문제를 막지는 못했다. 블라디미르의 성격에는 언제나 심술궂은 면이 있었다. 블라디미르가 어린 남동생 드미트리와 잘 지내면서도 때로 그를 심하게 놀려댄 것도 그래서였다. 블라디미르는 드미트리가 자신이 울라고 시키면 언제든 울 수 있다고 말하곤 했다. 드미트리는 아니라고 했으나 블라디미르가 계속 못살게 구는 바람에 결국 울음을 터뜨리곤 했다. 그러면 블라디미르는 자신이 울라고 시켜서 드미트리가 운 거라고 이야기하고 다녔다.[19]

이런 행동은 블라디미르의 부모와 누나 형들, 특히 알렉산드르를 짜증나게 했다. 그러나 블라디미르는 여전히 가족들에게 인기가 있었다. 블라디미르의 잘못이 그의 장점보다 크다고 여겨지지 않았고, 동생 올가는 블라디미르가 나쁜 짓을 할 리가 없다고 계속 믿었다. 블라디미르가 보인 뛰어난 학업 성적은 가족의 자부심의 원천이었다. 심비르스크에서 가장 좋은 학교는 사내아이들에게는 고전 김나지야, 여자아이들에게는 마린스카야(Marinskaya) 김나지야였다. 입학시험을 치러야 들어갈 수 있는 학교였고 매우 뛰어난 학생에게만 입학 기회가 주어졌다. 울리야노프가의 아이들은 똑똑했고 시험을 대비해 공부해 왔으며, 아버지가 교육 기관에서 맡고 있는 지위 덕분에 1인당 매년 30루블씩 내야 하는 학비를 면제받을 수 있었다. 마리야는 아이들이 시험을 통과할 수 있도록 애를 썼다. 마리야는 아이들을 차례로 불러 최신 어학 교수법과 단어 카드를 이용해 읽기를 가르쳤다.[20] 시간제 가정교사도 고용했는데, 주로 일리야가 훈련시킨 젊은 교사들이었다. 바실리 칼라시니코프, 이반 니콜라예프, 베라 프루샤케비치를 비롯한 몇 사람이 울리야노프 가족의 집으로 왔다.[21] 자식의 성취에 대한 부모의 기대는 강렬했으며, 문해력과 산술 능력을 일찍 갖추는 것은 아이들이 궁극적으로 학습에서 성과를 거두는 데 도움을 줄 가장 효과적인 수단으로 여겨졌다.

맏이 안나는 부모의 기대에서 오는 부담의 무게를 덜 길을 찾았다.[22]

1년 후 김나지야에서 빼내 달라고, 집에서 더 열심히 하겠다고 다짐하면서 어머니에게 울며불며 애걸한 사람은 바로 나였다. 때로는 어머니에게 부지런히 공부하겠다는 자세를 보이며 학교를 결석해도 된다고 허락해줄 것을 간청했다. 나의 이런 행동을 아버지가 게으름 탓으로 여길 것이라는 생각에 무척 힘들었다. 아버지가 그렇게 여긴다면 억울하다고 생각했지만, 내 생각을 똑똑하게 설명할 수 없어서 아버지에게 감히 말할 엄두를 내지 못했다.

안나는 1년을 월반한 똑똑한 소녀였다. 그러나 안나는 많은 숙제를 감당할 수가 없어서 두통과 불면증으로 심하게 고생하고 있었다.

아버지에게 학교에 관해 어떤 이야기도 감히 할 수 없었던 안나는 어머니에게 집에서 혼자 공부할 수 있도록 아버지와 의논해 달라고 요청했다. 그러나 아버지는 가차없었다.[23] 아버지의 말이라면 무조건

따랐던 안나는 아버지를 무신경하다고 비난할 수 없었다. 오히려 안나는 자기 자신을 '성급하고 변덕스러운' 아이라고 자책했다.[24] 하지만 약간 섭섭한 감정은 계속 남았다. 안나는 아버지가 자식들이 잘할 때는 좀 더 너그럽게 대해줄 수도 있었을 거라고 생각했다. 일리야는 안나가 쓴 글 중 한 편을 좋아해 그 이야기를 아내에게 곧잘 했지만, 딸에게는 직접 말하지 않았다. 심비르스크의 일류 교육자는 형편없는 심리학자였다. 이따금 칭찬을 한다고 해서 아이들이 잘못되지는 않았으리라는 것이 안나가 나중에 내린 결론이었다.[25] 안나가 여러 가지 시험을 앞두었을 때 공포에 사로잡히곤 했다는 사실은 놀랄 일이 아니다. 안나의 여동생이었던 마리야도 마찬가지였다. 둘 다 똑똑하고 의지가 강한 아이들이었으나, 마리야는 이런저런 수업에 끊임없이 도전하면서도 끝까지 듣지는 못하고 청년 시절을 보냈다. 안나의 생각으로는 자매 둘 다 어린 나이에 너무 심한 부담감에 짓눌려 남동생 알렉산드르와 블라디미르에게는 자연스럽게 찾아왔던 자신감을 얻지 못한 것이 분명했다.

확실히 블라디미르는 똑똑하고 자신만만했다. 2년 동안 교사들이 연이어 고용되어 일대일로 입시 준비를 도왔고, 아홉 살이던 1879년 여름에는 심비르스크 고전 김나지야에 입학하기 위해 여러 가지 시험을 치렀다. 가을에 블라디미르는 30명의 사내아이들로 구성된 1학년에 입학했다.[26] 끝이 위로 구부러진 넓은 옷깃에 9개의 황동 단추가 달린 암청색 튜닉을 입은 그는 다른 1학년들과 똑같아 보였다. 블라디미르는 울리야노프가에서 고전 김나지야에 들어간 두 번째 아이였다. 이미 고전 김나지야에 입학한 알렉산드르는 동기 가운데 발군의 실력을 보이고 있었다.

블라디미르 울리야노프가 받은 교육의 성격은 많은 주목을 받지 못했다. 그러나 사실 김나지야 시절은 블라디미르의 성장에서 매우 중요한 의미를 지닌다. 국민교육부는 1871년에 모든 러시아 김나지아에 적용될 규약을 작성했다. 상트페테르부르크에서 교과 과정과 시간표를 정했다. 예비 학년 제도가 도입되었다. 이 제도는 모든 학생들이 성공적으로 교육을 마치면 대체로 균등한 수준이 되어 1학년을 시작할 수 있도록 하기 위한 것이었다. 예비 학년 이후 아이들은 아홉 살부터 8년 동안 학교 교육을 받게 되어 있었다. 예비 학년에서는 당대 교육의 기초를 쌓는 데 힘을 쏟았다. 주 22시간 중 러시아어에 6시간, 쓰기에 6시간, 수학과 과학에 6시간, 종교에 4시간이 배당되었다. 아이들이 정식으로 김나지야 1학년에 입학하자마자 다른 과목들이 교과 과정에 추가되었다. 28시간으로 이루어진 1학년 시간표에서는 라틴어에 8시간, 수학과 물리에 5시간, 러시아어와 프랑스어에 각 4시간, 쓰기에 3시간, 지리와 종교에 각 2시간이 배당되었다. 2학년 때 독일어, 3학년 때 역사와 고대 그리스어가 시간표에 들어왔다. 쓰기는 1학년 이후, 지리는 4학년 이후 수업에서 빠졌다. 이러한 과목들 사이의 시간 분배는 8학년인 마지막 학년까지 대체로 그대로 유지되었다.[27]

라틴어와 그리스어는 6학년부터 8학년까지 시간표의 절반을 차지했다. 국민교육부는 고전을 신념과 진실, 인내와 용기라는 이상을 공급하는 매개체로 보았다. 국민교육부는 고전 작가들을 읽으면 로마노프 왕조를 향한 충성심이 높아진다고 여겼다. 유럽의 다른 나라에서처럼 학생들에게 호메로스, 헤로도토스, 투키디데스, 크세노폰, 리비우스, 호라티우스, 키케로의 저작들을 번역하게 하는 것이 표준적 수업 방식이었다. 지적 호기심은 권장 사항이 아니었다. 고전을 러시아어로 정확히 번역해야 했고, 고학년 학생들은 그리스어와 라틴어로 된 6보격시를 러시아어 운문으로 변형하는 법을 배웠다.

러시아 문학은 거의 공부하지 않았다. 푸시킨(Aleksandr Pushkin),

레르몬토프(Mikhail Lermontov), 고골(Nikolai Gogol), 투르게네프(Ivan Turgenev), 레프 톨스토이(Lev Tolstoy), 도스토옙스키(Fyodor Dostoyevsky)를 비롯한 거의 모든 러시아의 위대한 시인과 소설가들이 당시의 정치 체제를 전복하는 사상을 퍼뜨린다고 국가 검열을 받았다. 그러나 러시아 문학의 유산이 완전히 무시되지는 않았다. 국민 교육부가 배당한 제한된 시간 내에 학생들은 시 몇 편을 외워야 했다. 선별된 시에는 크릴로프*, 주콥스키*, 콜초프* 같은 정치적으로 '안전한' 인물들의 작품뿐만 아니라 심지어 푸시킨과 레르몬토프의 작품도 포함되었다. 예술성을 이해하는 일은 애국적 자부심과 군주정에 대한 충성심을 불어넣는 일보다 교사들에게 덜 중요했다. 엄청나게 큰 판에 적힌 시들을 외워 학년 말에 시험을 봐야 했다. 터무니없는 요구였다. 블라디미르 울리야노프와 동료 학생들은 4학년에서 5학년으로 진급하려면 크릴로프의 우화 45편과 푸시킨의 시 31편을 비롯하여 100편 이상의 시를 암송해야 했다. 4학년 학생의 절반만이 학년 말 구술 시험을 통과해 5학년으로 진급할 수 있었던 것은 놀라운 일이 아니었다. 블라디미르는 성공한 학생 중 한 명이었다.[28]

학생들에게 프랑스어와 독일어를 가르치면서도 정부는 그들이 혁명 사상을 흡수할 잠재적 가능성을 근절하고자 애를 썼다. 문법이 문학을 쫓아냈다. 어떤 러시아 김나지야도 볼테르(Voltaire)나 루소(Jean-Jacques Rousseau), 괴테(Johann Wolfgang von Goethe)를 가

이반 크릴로프(Ivan Krylov, 1769~1844) 러시아의 우화 시인. 1800년대 초부터 우화시에 전념하여 '러시아의 라퐁텐'이라 불릴 만큼 명성을 쌓았다.

바실리 주콥스키(Vasili Zhukovski, 1783~1852) 러시아의 낭만주의 시인. 유려하고 감미로운 시풍으로 알려졌으며 특히 서사시에 능했다. 작품으로 시 〈류드밀라〉, 〈스베틀라나〉, 〈바다〉, 〈잠자는 12인의 처녀〉, 〈이반 왕자와 회색 이리〉 등이 있다.

알렉세이 콜초프(Aleksei Koltsov, 1809~1842) 러시아의 시인. 농촌 풍속, 농민 노동 등의 대담한 주제를 러시아 시에 도입하여 높은 평가를 받았다. 작품으로 〈숲〉, 〈보리여, 술렁이지 마라〉, 〈풀 베는 사람〉, 〈어느 시골 사람의 수심〉 등이 있다.

르치지 않았으며, 교장 표도르 케렌스키(Fyodor Kerenski)는 학생들이 승인되지 않은 문학 작품을 빌릴 수 있는 카람진 공립 도서관 이용을 금지했다.(그가 1917년에 레닌과 볼셰비키가 전복한 임시정부를 이끌 알렉산드르 케렌스키의 아버지였던 것은 역사의 이상한 장난이다.) 케렌스키는 정부 지침을 따랐다. 김나지야 학생들을 당대 세계로부터 격리하기를 원했던 국민교육부는 교과 과정에서 물리, 화학, 생물을 최소한으로 축소했다.(그리고 세계적으로 유명한 화학자 멘델레예프Dmitri Mendeleev의 저서를 도서관에서 치웠다.) 정부는 또 김나지야 학생들이 러시아 정교 예배에 정기적으로 참석해야 한다고 규정했다. 규율은 엄격했다. 그 시기의 다른 교장들처럼 표도르 케렌스키는 구타, 감금, 보충 학습과 많은 설교를 했고, 차르 아래 관리되던 모든 학교에서 으레 그랬듯이 교사들은 학생들에게 태만한 동료 학생을 고자질하라고 부추겼다.[29]

대부분의 학생들에게 이러한 학교 교육은 즐겁지 않았다. 규율은 번거로웠고 때로 야만적이었으며, 학업량은 엄청났고 교과 과정은 일상 생활과 유리되어 있었다. 비록 블라디미르가 최악의 징계를 받은 적은 없지만, 학교에서 한 경험이 그의 의식에 어떤 부정적 흔적도 남기지 않았다고 믿기는 어렵다. 심비르스크 고전 김나지야에 대한 국가의 가혹한 개입은 비열했고, 똑똑한 학생들은 학교가 그토록 관료주의적으로 운영된다면 다른 국가 기관도 그럴 것이라 결론을 내리지 않을 수 없었다. 블라디미르도 집에서 하던 공부와 학교 체제가 뚜렷이 대비된다는 점을 알아차린 것이 분명하다. 그는 어머니의 지도를 받으며 하던 공부가 더 즐거웠다. 많은 동료 학생들이 과도한 요구 때문에 김나지야를 포기한 일은 블라디미르에게 적어도 학교가 그리 좋은 것은 아니라는 생각을 하게 했음은 틀림없다.[30] 하지만 같은 나이 때의 형 사샤와는 달리 블라디미르는 반항하지 않았다. 딱 한 번 무능한 프랑스어 교사 아돌프 포르(Adolf Por)를 흉내 내다 문제가 된 적이 있었을 뿐이다.[31] 그러나 아버지는 블라디미르에게 다시는 버릇없이 굴지 않겠다고 약속하게 했고 블라디미르는 평소의 순종적인 학생으로 돌아갔다.

블라디미르는 전반적으로 태도가 긍정적이었고 성적이 뛰어났다. 교장 케렌스키는 이 소년의 성적으로 그냥 5점 만점이 아니라 '5+'를 매기며 그를 칭찬했다. 안나 일리니치나에 따르면 교장은 블라디미르를 대견해한 나머지 "다른 아이 같으면 쉽게 용서하지 않았을 짓궂은 행동도 용서해주었다." 안나는 다음과 같이 덧붙였다. "물론 교장이 일리야 니콜라예비치와 그의 가족을 모두 좋게 보았던 것도 교장의 판단에 영향을 끼쳤다."[32] 블라디미르에 대해 의심을 표한 유일한 사람은 그의 아버지 일리야 니콜라예비치였다. 아버지는 아들이 너무 쉽게 우수한 성적을 올려서 열심히 하지 않아도 된다고 생각할까 봐 걱정했다.[33]

블라디미르의 순종은 놀랄 일이 아니었고, 단지 부모의 기대에서 오는 압력 때문만도 아니었다. 김나지야는 제정 러시아의 국가와 사회에서 더 높은 지위로 올라가는 통로였다. 블라디미르 울리야노프는 일단 어른이 되면 자동으로 귀족 신분을 획득할 것이었다. 그러나 울리야노프 가족은 더 많은 기회를 얻어 높이 올라가고자 했으며, 김나지야의 질 높은 교육은 그 기회를 보장했다. 블라디미르는 어머니와 가정교사와 함께했던 선행 학습 덕에 이미 교과 과정을 파악하고 있었다. 블라디미르는 근면한 태도를 익혔다. 그는 즉시 자기 학년에서 가장 똑똑한 아이가 되었다. 성적표에는 매년 과목마다 만점인 5점이 기록되었다. 블라디미르는 논리학 한 과목만 빼고는 5점 이하를 받아본 적이 없었다. 그가 심비르스크주 초등학교 감독관의 아들이라는 사실이 조금 도움이 된 것은 의심할 여지가 없다. 개인적 연줄이 모든 사람의 출세에 큰 역할을 하던 당시 환경에서는 거의 모든 교사가 일리야 울리야노프의 심기를 건드리기 꺼렸을 것이다. 그러나 교장 케렌스키는 평가를 허위로 꾸밀 필요가 없었다. 블라디미르 울리야노프는 그의 형 알렉산드르처럼 정말 똑똑한 학생이었다. 블라디미르에게 학교에서 최선을 다해 공부하는 것은 당연한 일이었다. 학업은 가족의 의무였고 의무는 즐거움이었다.

블라디미르는 수업 외 시간에는 전반적으로 얌전했으나 비꼬는 말투가 두드러졌다. 그리고 한 친구가 그의 연필을 부러뜨렸을 때 블라디미르는 그 학생의 멱살을 잡아 그렇게 하지 못하게 했다.[34] 블라디미르 자신은 말썽을 일으키지는 않았지만, 누가 그를 상대로 말썽을 일으키면 직접 물리적으로 대응해 맞섰다. 어느 누구도 블라디미르를 오랫동안 괴롭히지 못했다. 힘세고 체격이 다부진 덕택이기도 했고, 다른 학생들이 수업을 못 따라갈 때 자신의 지식을 나눠준 것도 유리하게 작용했을 것이다. 그러나 블라디미르는 김나지야에서 가까운 친구가 없었다.[35] 블라디미르는 공부에 몰두했고 사람들에게 말을 걸지 않았으며, 또 사람들이 자신에게 말을 걸지 않기를 바랐다. 블라디미르에겐 외톨이 같은 면이 있었다.

한편 블라디미르가 받은 교육은 단어의 정확한 의미에 주의를 기울이는 태도를 머릿속에 심어주었다. 수년 동안 라틴어 동사를 분석하고 그리스어 단장격(短長格)의 시를 해석한 경험이 그의 태도에 흔적을 남긴 것이다. 작가이자 혁명가로서 레닌의 까다로움은 마르크스와 엥겔스만큼이나 아테네와 로마의 문학적 유산에 빚을 지고 있다. 심지어 레닌은 고대 그리스의 웅변가 데모스테네스와 키케로에게서 처음으로 상대방의 주장에서 틈을 찾아 드러내는 법을 배웠을 수도 있다. 또한 호메로스의 서사시와 크세노폰과 리비우스의 산문에 보이는 영웅적 이야기들은 블라디미르에게 지도자 개인의 잠재적 역할에 높은 가치를 부여하도록 만들었을 것이다. 역사가 헤로도 토스와 투키디데스를 면밀히 연구한 사람이라면 사건의 표면 아래로 깊이 파고들어 숨겨진 근본 원인에 도달하고자 하는 그들의 집요함에 영향을 받지 않을 수 없다. 그러나 이 모든 것은 추측에 불과하다. 블라디미르 울리야노프는 자신의 어린 시절을 많이 드러내기를 주저했다. 블라디미르가 고전 문학에 보인 반응에 대해 적게나마 우리가 아는 사실들은 그의 가족과 친척들에게서 나온 것이다. 예를 들어 그의 누나 안나는 블라디미르가 라틴어에 얼마나 열심이었는지 여섯 살 위인 자신에게 문법의 좀 더 어려운 부분을 가르칠 정도였다고 썼다.[36]

그리하여 블라디미르는 자신이 쓴 글의 독자 대부분이 자신이 받았던 만큼 교육의 혜택을 누리지 못했는데도 불구하고 평생 동안 고대 작가들의 작품에서 나온 문장을 인용했다. 과시욕 때문만은 아니었다. 그것은 당시 유럽 어디에서나 볼 수 있었던, 옛 고전학자들의 무의식적 버릇이었다. 이후 블라디미르에게는 라틴어와 그리스어를 공부할 시간이 없었다. 하지만 1914년 제1차 세계대전이 일어났을 때, 그는 갑자기 철학 연구를 재개하면서 아리스토텔레스를 새로 공부하고 싶은 충동을 느꼈다.(이 내용은 앞으로 더 자세히 다룰 것이다.)

한편 김나지야 교육은 학생들이 거기서 배웠던 것만큼이나 배우지 못했던 것이라는 측면에서도 중요했다. 김나지야 교육은 첨예한 사회 문제들로부터 학생들의 주의를 돌리려다가, 정부 당국의 마음에 들지 않을 사상들로 채워질 공간을 만들어냈다. 폭넓은 인문학 교육을 받을 기회를 얻지 못한 학생들은 정부가 공식적으로 금지하던 철학의 매력에 노출되었다. 교장 케렌스키는 공공 도서관을 이용하려면 자신의 허락이 필요하다고 규정함으로써 학생들이 접근할 수 있는 사상들을 독점하려고 했다. 그러나 이러한 노력은 역효과를 낳았다. 영리한 아이들은 학교의 교육 내용에 반발하면서 공식적으로 승인된 견해에 반대되는 어떤 주장도 본질적으로 푹 빠져볼 가치가 있다고 여기곤 했다. 진실은 틀림없이 차르의 반대쪽에 있다고 학생들은 생각했다. 일리야 니콜라예비치는 이 점에서만은 교장을 지지하지 않았다. 일리야는 김나지야의 교과 과정이 너무 폭이 좁다고 항상 생각했는데, 그러면서도 그가 자녀들을 김나지야에 보낸 까닭은 주로 김나지야가 대학에 들어가는 수단이기 때문이었다. 일리야는 노골적으로 불온한 자료들을 묵과하지는 않았으나 아들 알렉산드르가 묵직한 〈역사 저널〉을 구독하는 것을 허락했다.[37]

일리야 니콜라예비치는 교육학의 최신 논의들을 좇았을 뿐만 아니라 다양한 책으로 채워진 큰 서재도 갖고 있었다. 일리야와 마리야는 대부분의 교육받은 러시아인들이 그랬듯이 당대 문학의 위대한 작품들이 발표될 때마다 챙겨 읽었는데, 마리야는 특히 바이런(George Gordon Byron) 스타일로 시를 썼던 낭만파 시인 레르몬토프를 좋아했다. 일리야 니콜라예비치는 학문적으로뿐만 아니라 시각적 수단을 통해서도 문화에 대한 자신의 열정을 자식들과 나누었다. 예를 들어 일리야는 블라디미르와 급우 몇 명을 가족 전용 마차에 태워 심비르스크 밖으로 데려가 작가 이반 곤차로프가 그의 소설 《절벽》에서 묘사한 장소를 보여주었다. 킨댜콥카라는 이름의 그 장소에서 그들은 소설에서 묘사된 절벽을 올려다보았고 절벽 아래를 기어올랐다.[38] 가족은 다른 작가들도 읽고 토론했다. 그 덕에 울리야노프가 아이들은 니콜라이 고골과 이반 투르게네프의 소설을 읽었다. 울리야노프가 아이들답게 읽은 책에서 문제를 내고 맞히는 게임도 했다. 저녁에 읽을거리가 없으면 시나 소설의 발췌문을 보고 작가의 이름을 추측하는 놀이도 했다. 그들은 놀 때도 학구적이었다.[39]

정치는 블라디미르 울리야노프의 어린 시절 삶에 거의 영향을 끼치지 않았다. 블라디미르는 1877~1878년의 러시아-투르크 전쟁 당시 모스크바 거리 인근에 투르크인 전쟁 포로들이 숙박하는 것을 보았고, 그의 아버지는 전쟁이 계속되는 동안 적십자 모금 활동을 벌였다. 그러나 울리야노프가의 부모는 직접적인 정치 토론을 피하는 경향이 있었다. 적어도 1881년 3월 1일까지는 그랬다. 향후 러시아 역사에 깊은 영향을 끼친 운명의 날이었던 그날은 테러리스트들이 황제 알렉산드르 2세를 암살한 날이었다. 그 몇 해 전부터 황제의 목숨을 노린 음모가 몇 차례 있었다. 그러나 1879년에 결성된 조직 '인민의 의지'는 이전에 암살을 시도한 단체들보다 유능했다. 알렉산드르 2세가 자문 성격이기는 하지만 국민 의회를 허용할 생각을 하기 시작한 것은 부분적으로 '인민의 의지'의 폭력 활동에 반응한 것이었다. 그러나 '인민의 의지'는 단지 군주정의 개혁을 원하는 데 그치지 않았다. 그들은 황제의 죽음을 원했고, 마침내 상트페테르부르크의 겨울궁전으로 황제를 태우고 가던 마차 아래에 폭탄을 설치해 터뜨림으로써 암살에 성공했다.

3월 16일 가족이 심비르스크 대성당에서 열린 죽은 황제의 추모 예배에 참석했을 때 블라디미르 울리야노프는 겨우 열 살이었다. 주지사를 비롯해 모든 지역 유지들도 참석했다. 일리야와 마리야는 황제가 살해됐다는 소식에 소름이 끼쳤다. 그들은 혁명가들에게 동조하지 않고 유혈 사태를 몹시 싫어했다. 둘 다 알렉산드르 2세가 러시아를 개혁의 길로 가게 하는 데 유용한 역할을 했다고 여겼다. 하지만 알렉산드르 2세가 1870년대에 얼마간 후퇴한 것은 사실이었다. 특히 황제는 선출된 지방 행정 기구(젬스트보)의 권한을 축소했다. 또 상트페테르부르크의 총독 표도르 트레포프(Fyodor Trepov)를 암살하려다 붙잡힌 사회주의자 테러리스트 베라 자술리치*가 적절한 절차를 거치고도 유죄 판결을 받지 못하자 황제는 배심원 제도도 제한했다. 그러나 개혁 계획은 알렉산드르 2세의 생애가 끝날 때까지 여전히 중요한 의제로 다루어졌다. 실제로 알렉산드르 2세는 테러리스트 활동으로 압력을 받자 자문 성격의 국민 의회를 허가해 왕에 대한 지지를 결집하는 수단으로 활용하려고 생각했다. 알렉산드르 2세의 암살은 아들이자 후계자인 알렉산드르 3세로 하여금 추가 개혁을 완전히 포기하게 하는 효과를 낳았다. 알렉산드르 3세는 모든 혁신 조치를 극도로 의심했다. 1894년에 죽을 때까지 그의 통치는 전통적인 질서 개념에 방점이 찍혀 있었다.

블라디미르 울리야노프는 테러 활동에 대해 부모가 보인 강한 반감을 공유했던 것 같다. 그러나 다른 아이들과 마찬가지로 블라디미르는 일단 황제의 죽음과 장례식에 대한 비통한 마음이 가시자 정치 생각에 더는 몰두하지 않았다. 블라디미르는 학생으로서 조숙했지만 혁명적 이론가로서는 아니었다.

그렇지만 그의 어린 시절 내내 정치적 주제가 완전히 부재했던 것은 아니었다. 울리야노프가의 아이들은 맏형 알렉산드르에게 종이로 장난감 병정을 만들어 전쟁 놀이 하는 법을 배웠다. 알렉산드르는 이탈리아 리소르지멘토*의 가리발디 군 제복을 입은 모형들을 만들었다. 안나와 올가는 나폴레옹의 침략에서 조국을 해방시키려고 발버둥 쳤던 에스파냐군을 선택했다. 블라디미르는 미국 내전에서 노예

베라 자술리치(Vera Zasulich, 1849~1919) 러시아의 혁명가. 1868년부터 혁명 운동에 가담했고, 1878년 상트페테르부르크 총독 트레포프에게 총격을 가해 부상을 입혔다. 외국으로 망명했다 1879년 귀국하여 인민주의자들의 비밀 결사 '흑토재분배'에 가입했다. 이듬해 또다시 국외로 망명해 1883년 '노동해방단' 설립에 참여했다. 1903년 러시아사회민주노동당 제2차 대회에서 멘셰비키를 지지했다.

리소르지멘토(Risorgimento) 이탈리아 반도에 나누어진 여러 국가들을 하나로 통일하자는 19세기의 정치적·사회적 움직임. 이탈리아의 혁명가이자 군인이었던 가리발디(Giuseppe Garibaldi)가 '붉은 셔츠단'을 조직해 1859~1860년에 걸쳐 나폴리와 양(兩) 시칠리아 왕국을 정복해 사르데냐 왕국에 바침으로써 이탈리아 통일에 결정적 역할을 했다.

제에 찬성하는 남부에 맞서 싸웠던 에이브러햄 링컨의 연방군을 골랐다.[40] 사촌 니콜라이 베레텐니코프(Nikolai Veretennikov)는 나중에 블라디미르의 모형이 당대의 '영국'군 모형이었다고 이의를 제기한다. 그러나 블라디미르의 동생 드미트리 울리야노프는 니콜라이의 설명을 부정했다. 드미트리는 대체로 정확한 기록을 남긴 데다 블라디미르의 어린 시절에 보이는 또 한 가지 정치적 요소 때문에 그의 주장이 더 믿을 만하다. 러시아 문학 고전들로 옮겨 가기 전에 블라디미르가 가장 좋아한 책은 다름 아닌 해리엇 비처 스토(Harriet Beecher Stowe)의 《톰 아저씨의 오두막》이었다. 미국 남부의 면화 농장에서 자행되는 야만 행위를 피해 달아나려는 한 흑인 노예의 시도를 그린 이 책은 블라디미르의 방에서 제일 좋은 자리를 차지했다.[41] 그러한 선택들은 우연이 아니었다. 울리야노프가의 아이들은 민족적·정치적·사회적 자유를 지지하는 문화적 환경에서 자랐던 것이다.

그러나 블라디미르가 가장 소중히 여겼던 책이 러시아가 아니라 미국을 묘사한 책이라는 사실은 놀라운 일이었다. 이것은 블라디미르의 부모가 그들 자신과 자식들을 러시아 사회에 대한 위험한 토론으로부터 떨어뜨려놓으려는 소망과 맞아떨어지는 일이었다. 그랬다면 그들 부모는 조금 순진했다. 《톰 아저씨의 오두막》에는 보편적으로 중요한 생각들이 담겨 있었다. 이 소설은 감상적 스타일로 보편적 인간 존엄의 이상을 전달했다. 블라디미르의 정치적 견해의 기원을 추적하려고 할 때, 사람들은 종종 그가 청소년 말기와 성년 초기에 무엇을 읽었는지 살펴본다. 이때 주로 체르니솁스키*, 마르크스, 플레하노프*, 카우츠키*에 초점이 맞춰진다. 그러나 이 러시아와 독일의 남성 작가들이 블라디미르의 의식에 영향을 주기 전에 해리엇 비처 스토라는 미국인 여성 작가가 이미 그의 어린 마음에 영향을 끼쳤음을 기억해야 한다.

블라디미르는 활달한 소년이었다. 블라디미르는 학교 수업과 해야 할 다른 학업이 끝나면 밖에 나가기를 좋아했다. 아홉 살인가 열 살 때 블라디미르는 피아노 치기를 포기했다. 어머니는 실망했다. 진지한 피아니스트였던 어머니는 딸 안나를 리하르트 바그너의 오페라뿐 아니라 주요 고전 작품들도 연주할 정도로 충분히 높은 수준까지 훈련시켰다.[42] 그러나 마리야 알렉산드로브나는 그때 한 번만은, 아마도 블라디미르가 해야 할 학교 공부가 너무 많았기에 그의 바람을 들어주었다. 하지만 다른 가족들은 학업 때문에 피아노를 그만두었다고는 생각하지 않았다. 동생 마리야는 오빠가 피아노 연주는 여자애나 하는 짓이라고 느꼈을 것이라 짐작했다.[43] 이 사소한 사건은 가치가 있는 일을 결정한 뒤 다른 모든 것은 그만두는, 블라디미르의 냉철한 능력을 일찍이 보여준 것으로서도 주목할 만하다. 이 일은 또 블라디미르가 예술 활동에 끌리지 않았음을 보여주는 일화이기도 하다. 사실 블라디미르는 재능 있는 화가였다. 블라디미르가 친구를 위

니콜라이 체르니셰스키(Nikola Chernyshevski, 1828~1889) 러시아 사회 사상가이자 작가. 농민의 입장에 서서 아래로부터의 변혁을 주장하면서 1853년부터 잡지 〈현대인〉을 통해 활발한 작품 활동을 했다. 저서로 《현실에 대한 예술의 미학적 관계》, 《자본과 노동》, 《철학의 인간학적 원리》, 《무엇을 할 것인가?》 등이 있다.

게오르기 플레하노프(Georgi Plekhanov, 1856~1918) 러시아 마르크스주의 이론가, 혁명가. 러시아 마르크스주의의 기초를 닦았다. 대학 시절부터 인민주의 운동에 가담했으며 1883년 '노동해방단'을 조직하여 정통 마르크스주의에 입각해 러시아사회민주노동당을 조직하는 데 힘썼다. 1901년 레닌을 비롯한 혁명가들과 〈이스크라〉를 발간했고 1903년 멘셰비키의 수장이 되었다. 저서로 《사회주의와 정치 투쟁》, 《일원론적 사관의 발전의 문제에 대해서》, 《우리의 견해 차》, 《마르크스주의의 근본 문제》 등이 있다.

카를 카우츠키(Karl Kautsky, 1854~1938) 독일의 마르크스주의 이론가. 빈 대학 재학 중에 오스트리아사회민주당에 입당했다. 1890년대 중반 이후 독일사회민주당 내에 등장한 베른슈타인의 수정주의를 통렬히 비판해 정통파를 대표하는 이론가로서 권위를 얻었다. 하지만 레닌이 지도하는 볼셰비즘을 반마르크스주의라고 격렬하게 비난하면서 레닌에게 '배교자'라는 낙인이 찍혔다. 저서로 《자본 해설》, 《윤리와 유물사관》, 《프롤레타리아 독재》 등이 있다.

해 만든 우편 엽서가 남아 있다. 그 엽서는 강렬한 색채로 채워졌으며, 특히 의도하지 않은 곳에는 흰 방울의 물감도 흘리지 않았다. 블라디미르는 다른 사람들에게 보여줄 의향이 있는 것에 관해서는 이미 완벽주의자였다. 그는 엽서에 아메리카 원주민과 나무, 물에 빠진 사람을 그려, 받는 사람만 알아볼 수 있는 뭔가를 상징하는 암호화된 메시지를 전했다.[44] 블라디미르는 또 어머니에게 우유를 이용해 만든 투명 잉크로 편지를 쓰는 법도 배웠다. 이 기술은 1895년에 블라디미르가 상트페테르부르크 구치소에서 메시지를 몰래 밖으로 전달해야 했을 때 특히 유용하게 쓰이게 된다.[45]

블라디미르는 형제자매들과는 달리 취미가 없었다. 목공은 재미없었다. 우표 수집을 비롯한 다른 종류의 수집도 그에게 맞지 않았다. 여름철에 블라디미르는 거의 집 정원을 벗어나지 않았다. 블라디미르와 니콜라이 네페데프는 항상 함께 장난을 쳤다. 그들은 과일나무와 자작나무 사이에 쭈그리고 앉아 푸른박새를 잡을 새덫을 놓았다. 전문 지식이 부족했던 그들은 결국 심비르스크의 알렉산드롭스키 정원에 사는 랍신이라는 사람에게서 새를 구입해야 했다. 랍신은 그들에게 좀 더 효과적인 새 잡는 장치도 팔았다. 겨울에 그 장치로 그들은 새를 대여섯 마리 잡았다. 이듬해 봄에 볼로댜는 새들을 풀어주기로 했다. 어린 네페데프는 작은 오색방울새는 계속 데리고 있자고 블라디미르를 졸랐다.[46]

또 다른 사건에서 사태는 좋지 않은 방향으로 흘러갔다. 니콜라이 네페데프와 볼로댜는 심비르스크 중심부를 흐르는 스비야가강의 얕은 곳에서 멱을 감곤 했다. 다른 아이들이 보도보즈니 다리 부근에서 물고기를 잡는 광경을 본 그들은 자기들도 물고기를 잡을 생각으로 그물을 만들러 집으로 향했다. 어리석게도 그들은 도시의 양조장 부근에 있는 근처 도랑에서 고기를 잡으라는 다른 아이의 충고를 따랐다. 물은 그다지 깊지 않았지만 녹조로 뒤덮여 있어서 그 옆에 붙어 있던 습지와 구분이 되지 않았다. 볼로댜는 개구리를 찾다가 헛발을 디디는 바람에 습지로 넘어졌다. 볼로댜도 니콜라이도 비명을 지르기 시작했다. 한 일꾼이 그들을 도와주려고 양조장에서 뛰어나왔지만, 이미 볼로댜는 허리까지 늪에 빠져 매우 위험한 상태였다. 이름을 알 수 없는 그 일꾼은 가까스로 그리로 다가가 볼로댜를 끌어내서 둑 위에 올려주었다. 볼로댜는 어머니가 알면 혼이 날까 봐 집으로 가기 전에 매무새를 깔끔하게 가다듬으려 했으나 소용없었다. 당연히 어머니는 아들의 얼굴과 옷이 진흙투성이임을 알아챘고, 그 결과 볼로댜는 다시는 고기를 잡을 수 없게 되었다.[47]

그러나 볼로댜가 집 밖에서 할 수 있는 일은 여전히 많았다. 볼로댜는 스비야가강과 볼가강에서 스케이트 타기를 좋아했다. 이 놀이는 계속 허용되었다. 볼로댜는 또 어린 드미트리와 마리야와 놀아주는 것도 즐겼다. 동생들은 볼로댜의 숨바꼭질 놀이를 무척 좋아했다. 한편 볼로댜는 형 알렉산드르를 눈여겨보면서 따라 하려 했다. 볼로댜가 곤경에 빠졌을 때마다 하는 첫 질문은 '같은 상황이라면 알렉산드르는 어떻게 했을까'라는 우스갯소리가 가족들 사이에서 나오곤 했다. 볼로댜는 심지어 알렉산드르의 칭찬을 기대하고 무언가를 먹기까지 했다. 이것은 형을 모방하고 싶은 정상적인 바람 이상이었다. 알렉산드르는 가족의 자부심이자 기쁨이었다. 어린 볼로댜에게조차 강한 자신감 한편에 일말의 소심함이 도사리고 있었다는 생각을 떨치기 힘들다.

의심의 여지 없이 확실한 것은 볼로댜의 성격이 청소년기의 경험으로 대부분 형성되었다는 사실이다. 볼로댜는 매우 제한된 교과 과정에서 극도로 높은 수준을 학생에게 요구하는 학교를 다녔고, 그곳에서 성공을 거두었다. 볼로댜는 특별하게 야심 있고 의지가 강한 젊은이로 자라났다. 울리야노프가 같은 가족에서 자란 아이라면 여하튼 그렇게 되었을 것이다. 볼로댜의 학교 교육은 폭이 좁았지만 깊이가 있었는데, 그 깊이는 볼로댜에게 살면서 부딪치는 어떤 지적 문제에 맞서서도 씨름할 수 있는 평생의 자신감을 주었다. 고전 공부가 요구한 정신적 기동성은 볼로댜를 결코 떠나지 않을 것이었다. 쓰인 글, 특히 인쇄된 글의 중요성에 대한 믿음도 그대로 남았다. 이와 동시에 그는 자신이 사는 사회의 성격에 의문을 품는 사상과 감정에도 접근했다. 블라디미르는 그런 것을 주로 책에서 알았다. '다른 러시아', 즉 배 끄는 인부, 농민, 농촌 성직자와 공장 노동자들의 러시아는 아버지의 이야기나 고골, 투르게네프, 톨스토이의 소설을 통하지 않고서는 알 수 없는 것이었다.

사회를 바꾸려는 블라디미르의 지적 도전은 아직 드러나지 않았다. 블라디미르는 짓궂고 신랄하게 말했지만, 이 자질은 정치적 관점에서는 표출되지 않았다. 김나지야의 사내아이들이 혁명 사상을 수용하는 일이 없지는 않았지만, 블라디미르 또래의 사내아이들에게 그 같은 태도는 이상한 일이 아니었다. 교장이 보기에 블라디미르는 학업에 전념하는 모범생이었다. 블라디미르는 근면하고 성공을 바라는 기풍을 지닌 가족 출신이었다. 블라디미르는 자신에게 대학과 대학 이후 사회적으로 특별히 인정받는 직업으로 나아갈 기회를 제공하는 학교를 다녔다. 체제에 실망했으나 어떤 반체제적 이야기도 하지 않으려 한 아버지 일리야와 확연히 다른 이데올로기를 블라디미르가 채택하리라고 예상할 이유는 아직 없었다. 블라디미르는 곧 아버지가 거둔 모든 성과를 뛰어넘는 성취를 보여줄 것만 같았다.

3장

반역자 집안
1886년~1887년

열여섯 살이 되던 1886년까지 블라디미르는 겉으로는 아무런 문제도 없어 보였다. 블라디미르의 부모는 더욱 유복해졌다. 그들은 모스크바 거리에 있는 큰 타운하우스에서 살았고, 일리야는 심비르스크주 초등학교 감독관으로 승진했다. 울리야노프가의 부모는 장차 보람 있는 직업을 가질 것으로 보이는 여섯 명의 자녀를 두고 있었다.

그러나 상황은 겉보기와는 달리 녹록지 않았다. 나중에 제시된 몇몇 해석은 일리야 울리야노프가 심비르스크주의 좀 더 보수적이고 유력한 주민들 사이에 논란을 불러일으킨 인물이었다는, 출간된 회고록들의 증거를 무시한다. 1880년에 일리야는 25년간의 공직 생활을 끝냈다. 비록 마흔 아홉 살밖에 되지 않았지만 일리야는 고용 조건 때문에 계약 연장을 공식적으로 신청하지 않으면 안 되었다. 신청 결과 우선 1년, 그후 추가로 5년이 더 주어졌다.[1] 문제는 학교 교육을 두고 당시 러시아에서 벌어졌던 논쟁에서 일리야가 취했던 입장 때문에 더욱 악화되었다. 일리야 세대의 다른 교육자들과 마찬가지로 일리야가 학교에서 종교 교육을 소홀히 한다는 불만이 생겨나고 있었다. 사실 일리야는 기독교 신앙의 가르침을 포함한 교과 과정을 따랐다. 그러나 일리야는 정교회 자체가 학교를 규제하는 것을 승인하지 않았고, 정부 정책이 교회 학교들을 설립하는 쪽으로 옮겨 가는 것을 싫어했다. 일리야가 취한 입장 때문에 반감이 일어났다. 1884년에 수석 사제 바라틴스키(A. I. Baratynski)가 지역 신문 〈심비르스크주 뉴스〉에서 그를 공격했다.[2] 이 모든 상황은 점차 심각해지던 일리야의 병에 도움이 되지 않았다. 일리야는 기운을 잃어 가고 있었고 정상적으로 퇴직할 나이까지 일할 수 있을 것이라고는 생각하지 않았다.[3]

일리야는 밖으로 나가 심비르스크주를 이곳저곳 다닐 때 언제나 가장 행복했다. 일리야가 마지막으로 들른 곳은 1885년 12월 중순에 방문한, 160킬로미터 떨어진 시즈란 지구였다.[4] 새로 개설된 여성 고등 과정에 등록해 교사 임용 훈련을 받고 있던 장녀 안나가 상트페테르부르크에서 출발해 시즈란에서 아버지와 합류했다. 아버지와 딸이 돌아왔을 때 가족들은 크리스마스를 준비하고 있었다. 일리야는 여전히 주의 교육에 관한 연례 보고서를 써야 했고, 축제가 시작되기 전에 보고서를 끝내기 위해 시간의 대부분을 썼다.[5]

1883년에 상트페테르부르크 대학 수학·물리학부에 입학한 알렉산드르에게 휴가 기간에 집에 오지 않아도 된다고 한 것은 울리야노프 가족다운 일이었다. 알렉산드르는 이미 촉망받는 학생이었다. 알렉산드르는 12월 중순에 동물학 시험을 봐야 했고 1월 중순에는 유기화학 시험을 봐야 한다고 했다. 알렉산드르는 부모에게 보낸 편지에서 고향에 갈 수 없는 사정에 대해 아무런 아쉬움도 밝히지 않았다.[6] 아들이 대학 교수가 되기를 부모가 희망하고 있었기에,[7] 공부를 망치고 싶지 않은 자신의 바람을 들어주리라는 것을 알렉산드르는 잘 알았다. 알렉산드르가 상트페테르부르크에서 심비르스크로 오려면 며칠이 걸릴 것이었다. 철도는 아직 심비르스크까지 연결되지 않았고, 겨울에는 증기선이 얼어붙은 볼가강을 운행할 수 없었다.[8] 집으로 오는 길에 공부를 많이 할 수도 없을 것이었다. 한편 울리야노프가의 크리스마스를 준비하는 사람은 마리야 알렉산드로브나였다. 어린 자녀들인 블라디미르, 올가, 드미트리, 마리야는 학기를 마친 상태였다. 가족은 거실에 전나무를 세웠고 카드를 만들어 보냈다. 선물도 마련했다. 크라스마스 날에는 심비르스크의 성 니콜라이 대성당에 갔다.

하지만 일리야 울리야노프의 몸이 좋지 않았다. 1886년 1월 10일에 일리야는 기침을 심하게 했다. 이튿날 오후 손님들이 차를 마시러 울리야노프 집을 찾았을 때 일리야는 그들과 함께하지 않았다. 가족은 일리야가 일시적인 복통으로 고생하고 있다고 여겼고, 안나 일리니치나는 상트페테르부르크의 교사 훈련 과정으로 돌아갈 계획을 태연하게 이야기했다. 일리야 자신은 휴일이 끝나면 행정 업무를 재개하리라고 결심했다. 밖은 추웠고, 눈이 쌓여 있었다. 일리야는 업무 속도를 늦추려 하지 않았다. 1월 12일, 여전히 몸 상태가 좋지 않았지만 일리야는 장학관인 스트르잘콥스키(V. M. Strzhalkovski)가 심비르스크를 방문하도록 했다. 그들은 오후 2시까지 같이 일했다. 그러나 일리야 울리야노프는 스트르잘콥스키가 떠난 후에 식사를 하지 못했다. 병이 재발한 것이다. 가족이 식사를 하는 동안 일리야는 문간에 나타나 모두를 물끄러미 바라보았다. 가족들은 이 장면을 일리야가 가족에게 마지막 작별을 하는 광경으로 기억하게 된다. 일리야는 작별을 암시하는 어떤 직접적인 언급도 하지 않은 채 그냥 서재로 돌아갔다.[9]

마리야는 점심 식사를 마치고 남편에게 갔다. 일리야는 사시나무 떨듯 온몸을 떨고 있었다. 마리야는 의사 레크체르를 불렀고 5시에 안나와 블라디미르를 데려가 아버지를 보게 했다. 그때쯤 일리야는 몹시 고통스러워하고 있었다. 일리야는 두 번 몸서리를 치더니 한순간 조용해졌다. 의사 레크체르가 도착하기 전에 일리야 니콜라예비치는 죽음을 맞이했다. 겨우 쉰셋이었다. 검시는 없었지만 레크체르는 사망 원인이 뇌출혈이라고 믿었다.[10]

알렉산드르가 없는 상황에서 블라디미르는 가족을 위해 얼마간 중요한 역할을 했다. 어머니와 누나가 시신을 처리하고 친지에게 소식을 전하는 동안, 블라디미르는 가족의 마차를 타고 친구 집에 있는 동생 드미트리를 데리러 갔다. 그렇다고 이것이 블라디미르가 가족 전체에 대한 책임을 떠맡았다는 증거는 아니다. 그런 신화는 소련식 설명에 불과하며 항상 실소를 금치 못하게 한다. 실제로 주된 집안일을 책임진 사람은 어머니와 누나 안나였다. 블라디미르가 주된 일을 하지 않았기에 어린 드미트리를 찾아오는 일을 맡았던 것이고, 그가 마차를 타고 이 일을 하러 갔다는 사실은 블라디미르가 여전히 다소 어린 위치에 있었음을 보여주는 증거였다. 우선 할 일은 장례를 준비하고 가족의 재원을 마련하며 울리야노프가 자녀들의 미래를 전반적으로 계획하는 것이었다. 블라디미르는 아직 열여섯 살이 되지 않았다. 어머니와 누나는 그의 의견을 구하지 않을 것이었다. 그들은 블라디미르를 보호하려 했다.

마리야 알렉산드로브나가 가장 먼저 해야 한 일은 1886년 1월 14일 국민교육부에 일리야의 연금 지급을 요청하는 편지를 쓰는 것이었다. 죽은 남편의 연금 규정에 따르면 마리야는 매달 자신을 위해 100루블과 자녀가 미성년자일 동안에 추가로 자녀 1인당 25루블씩을 청구할 수 있었다. 안나와 알렉산드르는 대상이 아니었다. 마리야 알렉산드로브나는 매달 총 200루블을 받을 자격이 있었다. 이 액수는 어린 네 자녀가 성년으로 자람에 따라 줄어들 것이었다.[11]

이튿날 일리야 울리야노프의 장례가 치러졌다. 명망 있는 지역 고위 인사의 돌연사는 교사와 교육 행정가들을 놀라게 했다. 일리야가 승진시킨 사람들은 '울리야노프파'라고 불리곤 했다. 일리야는 초등학교 감독관이라는 직책과 문화적 기여로 존경받았다. 일리야 울리야노프는 자신의 활동과 모범적 태도로 변화를 꾀했다. 학생들은 화환을 준비했고 심비르스크 신문에는 부고 기사가 났다. 주요 운구자는 둘째 아들인 열다섯 살 블라디미르였다. 전통적으로 관을 운반하는 사람은 남자였다. 그 외 운구자로는 일리야의 가장 가까운 친구와 동료들이 있었다. 장례 행렬은 심비르스크의 포크롭스키 수도원으로 향했고, 일리야 울리야노프의 유해는 수도원 남쪽 벽 옆의 장지에 묻혔다. 마리야는 죽은 남편이 며칠 전에 받았던 1급 스타니슬라프(Stalislav) 훈장을 가지라는 제안을 받았으나 그 제안을 거부했다. 마리야는 일리야를 좀 더 단순한 방식으로 기억하고 싶어 했고 그의 무덤에 세울 소박한 묘비를 준비했다.[12]

장녀 안나는 가족 일을 돕기 위해 교사 훈련 과정을 포기할까 생각했다. 또 다른 가능성은 1886년 가을에 복귀해 시험을 볼 수 있도록 학교 친구들이 심비르스크의 안나에게 강의 노트를 보내주는 것이었다. 어머니는 둘 다 허락하지 않았다. 안나는 상트페테르부르크로 돌아가 학업을 마치라는 말을 들었다. 안나는 3월에 떠났다.[13] 한편 마리야 알렉산드로브나는 재정을 안정시키기 위해 집의 방 사용 범위를 재조정했다. 그 결과 가족은 스비야가강을 마주한 쪽 절반만 쓰게 되었다. 다른 절반은 처음에는 의사에게, 다음에는 법률가에게 세를 놓았다.[14]

마리야 알렉산드로브나가 직면한 문제들 중 하나는 블라디미르의 행실이 갈수록 나빠진다는 점이었다. 블라디미르의 아버지는 종종 일 때문에 모스크바 거리에서 떠나 있었지만, 아버지의 존재 자체가 블라디미르가 어머니에게 말을 골라 하게 하는 역할을 했다. 일리야는 말을 안 들어도 되는 아버지가 아니었고, 보통은 아버지가 용인하지 않을 수 있다는 가능성만으로도 불손한 행동을 막기에 충분했다. 일리야가 고인이 된 뒤에는 이 모든 것이 변했다. 블라디미르는 어머니에게 건방지게 굴었다. 알렉산드르가 상트페테르부르크에 있었던 것이 문제를 더욱 악화시켰다. 집에는 블라디미르가 겁낼 사람이 아무도 없었다. 알렉산드르가 여름 방학을 맞아 집에 왔을 때 블라디미르는 형이 빤히 보고 있는데도 주저하지 않고 버릇없이 행동했다. 이 때문에 알렉산드르는 몹시 화가 났다. 블라디미르와 알렉산드르가 체스를 두다가 블라디미르와 어머니 사이에 말다툼이 벌어지자 알렉산드르는 조용하지만 단호하게 선언했다. "볼로댜, 즉시 가서 엄마가 말씀하시는 대로 해라. 안 그러면 이제 같이 놀지 않겠다." 블라디미르의 저항은 무너졌다. 그러나 블라디미르는 다른 가족들이 생각하는 것 이상으로 주제넘은 짓을 눈에 띄지 않게 계속했다.[15]

안나와 알렉산드르는 아버지가 죽은 후 감정을 추스르면서 이 문제에 관해 이야기했다. 가족 관계는 아버지가 사망하면서 엉망이 되었고 울리야노프가 자녀 중에서 가장 나이가 많은 두 사람(이제 20대였다)은 동생 블라디미르가 사춘기 후반에 접어들었다는 사실을 받아들여야 했다. 안나는 알렉산드르에게 솔직하게 물었다. "볼로댜가 마음에 들어?" 알렉산드르의 대답은 부정적이었다. "아주 똑똑한 녀석인 건 틀림없지만, 우리하곤 마음이 맞지 않아." 사실 안나는 회고록을 쓸 때 자신이 알렉산드르의 말을 정확하게 기억하는지 자신이 없었고, 알렉산드르가 "우리하곤 절대 마음이 맞지 않아."라고 좀 더 강하게 표현한 것은 아니었는지 고민했다.[16]

알렉산드르가 참을 수 없었던 것은 동생의 거만한 태도였다. 특히 동생이 홀몸이 된 어머니를 함부로 대할 때 그는 화가 났다. 그러나 많은 역사가들이 열렬히 인정하는 블라디미르에 관한 이러한 판단은 너무 가혹하다. 블라디미르는 아직 어린 학생에 불과했다. 아버지가 갑자기 죽었고, 당연히 블라디미르는 그 일에 심하게 영향을 받았다. 블라디미르는 충격을 이겨내지 못했다. 이런 상황에서 열다섯 살밖에 되지 않은 아이라면 누구든, 특히 형과 누나의 직접적인 뒷받침에 익숙한 젊은이라면 더더욱, 어느 정도 부적절한 반응을 보이리라고 짐작할 수 있을 것이다. 블라디미르가 자신의 불행을 지겹도록 푸념하지 않았다고 해서 그가 미칠 정도로 마음이 괴롭지 않았음을 의미하지는 않는다. 오히려 블라디미르는 극도로 혼란에 빠져 자기 내면으로 침잠했다. 이전의 쾌활했던 소년의 모습은 사라졌다. 책이 그의 위안거리였다. 블라디미르는 러시아 문학의 고전들을 닥치는 대로 읽었다. 블라디미르의 취향은 고골에서 투르게네프로 옮겨 갔다. 당대의 삶에 대한 고골식 풍자의 소망은 사라졌다. 이제 블라디미르 울리야노프는 투르게네프가 보여주는 한결같고 섬세한 시골의 삶에 대한 묘사를 더 좋아했다. 투르게네프의 소설들에서는 작가의 사회적 메시지가 결코 분명하게 드러나지 않았다. 독자들은 투르게네프가 결국 체제 변화를 원한다고 생각했다. 그러나 투르게네프는 실제로 자유주의자였을까, 혹은 성급한 보수주의자였을까? 아니면 심지어 혁명가였을까?

블라디미르 울리야노프가 자신이 가장 좋아하는 소설가의 작품을 어떻게 해석했는지는 알려져 있지 않다. 블라디미르가 훗날 한 언급은 청소년 시절에 했던 생각을 그대로 반영한 것이 아닐 수도 있다. 그러나 비슷한 면은 있었을 것이다. 울리야노프가 사람이라면 누구나 교육적 개선, 즉 황제가 승낙하기만 한다면 현실적으로 가능한 개선을 지지했다. 블라디미르는 성인이 되면 투르게네프의 소설에서 러시아 현실에 대한 자신의 마르크스주의적 해석을 확증하는 상황을 뽑아낼 것이었다. 투르게네프의 산문에는 무능한 토지 귀족과 사람은 좋지만 무기력한 지식인이 많이 등장했는데, 레닌은 자신의 글에서 그들을 이용해 러시아 제정 사회를 규탄했다. 아마도 투르게네프는 아무리 입으로 떠들어봤자 세계를 변화시키지 못하리라고 강조하는 것으로도 블라디미르에게 영향을 끼쳤을 것이다. 필요한 것은 행동이었다. 투르게네프의 작품 속 등장인물 가운데 행동할 수 있는 사람은 거의 없었는데, 투르게네프는 그들이 바꿀 기회가 없던 상황 때문에 그들을 불쌍히 여긴 반면, 레닌은 나중에 그들을 비웃었다.

1886년까지의 울리야노프 집안의 역사를 살펴보면 가족 구성원들이 러시아 제국에서 민중의 삶을 개선하는 데 기여하는 활동을 한 사례를 몇 가지 볼 수 있다. 블라디미르의 가장 훌륭한 선조는 의사와 교사였다. 그들은 투르게네프의 소설이나 안톤 체호프(Anton Chekhov)의 세기 전환기 희곡들에 나오는 경우처럼 치료와 교습을 거의 하지 않는 의사와 교사가 아니었다. 그들은 실제로 활동하는 전업 전문가들이었다. 다른 식으로 투르게네프를 읽는 것도 가능했다. 예를 들어, 투르게네프는 친절한 태도의 옹호자나 햄릿 같은 우유부단함의 화신으로 비칠 수도 있다. 또 자기 생각의 내용이 아니라 표현 방식에 더 관심이 있었던 언어의 예술가로 여겨질 수도 있을 것이다. 그러나 블라디미르 울리야노프에게 투르게네프는 교정이 필요한 제정 사회의 결점들을 그려내는 명석한 화가였다.

블라디미르가 러시아의 삶에 대한 기본적 질문을 스스로에게 던지는 동안 멀리 있는 상트페테르부르크의 형 알렉산드르는 이미 로마노프 군주정의 적이 되어 있었다. 아버지의 죽음으로 인한 충격이 오랫동안 알렉산드르에게 지속되었고 몇몇 사람들은 알렉산드르가 자살할지도 모른다고 걱정했다. 그러나 그들은 환형동물의 생명 활동에 관한 연구를 계속하고자 하는 이 젊은이의 의지를 과소평가했다. 알렉산드르의 박사 학위 논문은 대학 당국에 제출되자마자 교수들의 승인을 얻었고, 그는 논문의 우수함을 평가받아 금메달을 받았다. 어머니는 일리야 니콜라예비치와 이 즐거움을 나눌 수 없다는 생각에 울음을 터뜨렸지만 매우 기뻤다.

집으로 보낸 편지에서 알렉산드르는 하숙비가 비싸다는 둥 음식이 형편없다는 둥 주인 아주머니가 고약하다는 둥 이것저것 이야기했다. 하지만 안나와 달리 알렉산드르는 홀몸이 된 어머니를 걱정해서 학업을 중단하겠다고 말하지는 않았다. 그는 성공적인 출세를 위해 기초를 튼튼히 쌓고자 했다. 그러나 알렉산드르는 러시아 제국의 정세에 점점 더 혐오감을 느끼며 괴로워했다. 그는 심비르스크 고전 김나지야 시절의 지겨운 학교 생활을 증오했다. 또 열여섯 살 무렵에는 종교에 대한 신념도 잃었다. 알렉산드르의 결의가 순수한 것을 보고 아버지는 예외적으로 일요일에 교회 예배 보는 일을 면제해주었다. 상트페테르부르크에서도 알렉산드르는 지적 도전 정신을 잃지 않았다. 1886년쯤 알렉산드르는 러시아의 정치적·사회적 구조를 근본적으로 변화시키자고 주장하는 같은 세대 사람들과 의견을 같이하게 되었다. 알렉산드르는 혁명 동조자로 변신했다. 일리야 울리야노프가 우려하던 일이 현실이 되었다. 아버지가 보여준 본보기와 단절한 알렉산드르 울리야노프는 평화적이고 점진적인 사회 발전이 러시아에서는 불가능하다고 생각했다.

많은 대학생들이 같은 태도를 보였다. 1880년대에 러시아 제국에는 대학이 여덟 곳밖에 없었는데, 그 중 상트페테르부르크 대학이 가장 명성이 높았다. 다른 대학은 모스크바, 키예프, 유리예프, 하리코프, 바르샤바, 카잔, 노보로시스크에 있었다. 관리들은 학생들을 필요악으로 취급했으며, 학생들은 불온 사상에 빠져들기가 쉽다고 보았다. 내무부와 교육부는 학생들에 대한 엄격한 통제를 완화하려 하지 않았다. 기난한 학생들을 위한 장학금도 없었다. 그들 중 다수는 식비와 주거비를 내기 위해 돈을 벌어야 했던 탓에 강도 높은 수업을 쫓아갈 수 없었다. 그러나 알렉산드르 울리야노프에게는 그런 걱정이 없었다. 알렉산드르는 돈을 쓴 내역을 보고하는 한 정확히 요구한 금액을 받았다. 그러나 구체적인 상황은 달랐어도 알렉산드르 역시 동료 학생들만큼이나 획일적인 학교 생활에 진저리를 쳤다. 교과 과정과 미리 정해진 교과서부터 행동거지, 의복, 잠자리에 이르기까지 모든 것을 속박하는 규칙이 존재했다. 당국은 젊은 남녀들이 자유주의나 사회주의, 무신론뿐 아니라 사실상 기존 제도에 도전하는 어떤 종류의 사상과도 접촉할 수 없게 길을 완전히 차단했다.

혁명가로서 자신의 입장을 세우는 과정에서 알렉산드르는 러시아에서 과학 연구의 발전을 가로막는 장애물에 대한 분노를 토로했다. 군주정에 대한 알렉산드르의 전반적인 적대감은 개인적 경험에서 비롯했음을 알 수 있다. 알렉산드르는 현 체제가 과학에 몽매하다고 느꼈다. 그는 김나지야에서 과학 교육을 권장하지 않았다는 사실을 잊지 않았다. 알렉산드르는 이 개인적 자각을 체제와 체제가 옹호하는 모든 것을 포괄적으로 거부하는 데까지 확장했다.

상트페테르부르크 대학은 러시아 제국의 모든 큰 기관과 마찬가지로 군주정의 권력과 장엄함을 엿볼 수 있는 위치에 자리 잡고 있었다. 차르의 명령으로 바실리옙스키섬에 설립된 이 대학은 네바강을 건너 겨울궁전으로 가는 다리에서 얼마 안 되는 거리에 있었다. 대학에서는 성 이삭 대성당 부근에 있는 표트르 대제의 거대한 동상을 볼 수 있었다. 표트르가 탄 말은 금방이라도 등 위에 올라탄 사람과 함께 강물로 뛰어들 것처럼 보였다. 자신이 선택한 방식으로 사회를 통치하고 자연을 정복하며 러시아를 북유럽 전역에서 존중받는 강대국으로 만들고자 했던 군주의 결의를 상징하기에 충분한 작품이었다. 또 상트페테르부르크 대학에서 볼 수 있었던 것은 현 황제인 알렉산드르 3세를 비롯한 차르들의 겨울궁전이었다. 알렉산드르 3세가 살며 통치하던 겨울궁전은 성 이삭 대성당의 남쪽으로 강둑을 따라 뻗어 있었다. 건물 앞에 자리 잡은 엄청나게 큰 반원형 공간에서는 거대한 기둥과 신고전주의 건축 양식으로 꾸며진 건물 정면을 감상할 수 있었다. 화강암으로 지어진 겨울궁전의 웅대함은 대륙 전역에서 유명했다. 네바강 건너 겨울궁전의 반대편에는 전통적으로 로마노프 왕조에 맞서 반란을 꾀한 자들을 유폐하던 표트르파벨 요새가 서 있었다.

상트페테르부르크 자체는 표트르 대제의 명령으로 창건되었다. 표트르가 자신의 통치 장소를 모스크바에서 이곳으로 이전하기로 결정하기 전까지 상트페테르부르크에는 마을이 하나도 없었다. 늪에서 물을 빼냈다. 기관과 거처들이 건설되었다. 모스크바는 수도의 지위를 잃었다. 농민 수십만 명이 황제 표트르가 명령한 작업을 수행하다가 극심한 피로와 영양실조, 질병으로 쓰러져 죽었다. 상트페테르부르크 대학이 위치한 도시의 중심부에 살면서 제국의 국가 권력을 의식하지 않는 것은 불가능했다. 그리고 알렉산드르 울리야노프는 자신을 둘러싼 환경을 날카롭게 관찰할 줄 아는 젊은이였다.

당시 군주정에 반발하는 젊은이들이 자연과학부와 공학부에 매력을 느끼는 것은 일반적인 일이었다. 알렉산드르와 그의 친구들이 특별했던 점은 폭력 저항의 이념을 채택하겠다는 굳은 결의였다. 아버지가 죽기 전부터 알렉산드르는 황제 알렉산드르 3세를 암살함으로써 전반적인 혁명적 변화를 일으킬 수 있다고 믿는 친구들과 어울렸다. 처음에 알렉산드르는 그냥 그들과 이야기만 나누었다. 그러나 친구들은 비밀 모의 단체에 가담하기를 꺼리는 알렉산드르를 꾸준히 설득했다. 단체 지도자는 오레스트 고보루힌(Orest Govorukhin)과 표트르 셰비료프(Pyotr Shevyryov)였다. 알렉산드르는 쓸모 있는 신입 회원이었다. 알렉산드르는 한번 뭔가가 도덕적으로 바람직하다는 확신이 들면 물불을 가리지 않고 자신의 목표에 집착하는 성격이었다. 게다가 알렉산드르는 실용적인 화학 지식을 아는 과학자라는 더없이 귀중한 장점도 있었다. 단체 구성원들은 알렉산드르가 황제를 살해할 폭탄에 들어갈 니트로글리세린을 제조할 수 있으리라 생각했다. 또 중요했던 것은 알렉산드르의 언어 구사 능력이었다. 단체의 정치적 목표를 설명하는 선전물 제작을 돕는 것도 알렉산드르가 할 일이었다. 1886년 말 알렉산드르는 마침내 친구들과 운명을 함께했다. 스무 살의 알렉산드르 울리야노프는 국왕 암살자가 될 작정이었다.

이 단체의 이론적 근거는 무엇이었는가? 러시아 혁명가들의 지배적 이데올로기는 대체로 사회주의였고, 일부는 아나키즘이었다. 그들은 보통 나로드니키(인민주의자들)로 알려졌다. 다양한 비밀 단체의 지도자와 활동가들은 자주 말다툼을 벌였으나, 공동체 복지와 연대 책임을 중시하고 일할 때도 쉴 때도 협동하는 농민들의 관습이 '좋은' 사회의 토대가 되어야 한다는 데는 대체로 의견이 같았다. 따라서 이 혁명가 세대를 농업 이데올로기의 옹호자로 여길 수 있다. 그들은 사회의 변화가 농촌에서 시작되기를 원했다. 그러나 좀 더 광범한 의제도 있었다. 나로드니키는 '인민'을 믿었고 농민들뿐만 아니라 막 형성되고 있던 노동 계급도 자신들의 대의로 끌어들이기를 원했다. 그들은 산업이 없다면 러시아가 더 잘 될 거라는 생각에 반대했다. 나로드니키는 러시아인들에게 러시아 제국에 사는 다른 민족들보다 더 많은 특권을 부여하는 데도 반대했다. 또한 1889년 유럽에서 창립된 '사회주의 인터내셔널'의 열광적인 지지자였을 것이다.

러시아의 농업 사회주의자들은 러시아가 자본주의를 완전히 회피하는 것을 목표로 했다. 그들은 사회주의를 구현하는 사회를 세워 모든 억압과 착취를 끝내고 싶어 했다.[17]

알렉산드르 2세의 아들이자 계승자인 알렉산드르 3세가 아버지의 죽음에 대해 무자비한 복수를 하면서 상황은 많이 바뀌었다. 특히 많은 혁명가들은 황실 가족을 살해하는 운동을 우선하는 정치 전략을 견지하지 않게 되었다. 1886년에 고보루힌의 단체가 성장할 때까지 5년 동안은 어떤 진지한 암살 기도도 없었다.

또 다른 사태 전개도 중요했다. 러시아 제국의 국가와 사회를 변화시키는 방법에 대해 농업 사회주의자들이 매우 잘못 생각하고 있다고 많은 혁명가들이 결론을 내렸다는 사실이다. 전략 수정을 가장 뚜렷하게 요구한 사람은 게오르기 플레하노프였다. 플레하노프는 혁명의 미래가 현실적으로 농민, 토지 공동체, 농촌에 있지 않다고 주장했다. 플레하노프는 전향한 농업 사회주의자였다. 그가 보기에 알렉산드르 2세의 죽음 이후 벌어진 혁명 활동가들에 대한 탄압은 불필요한 패배였을 뿐이었다. 플레하노프는 비밀 결사들이 러시아가 경제적·사회적 변화를 겪고 있음을 인정하지 않는다면 더는 성공할 수 없다고 주장했다. 러시아에서 모든 주요 도시들을 연결하는 철도가 부설되는 중이었다. 투자금이 모여 공장이 건설되고 광산이 개발되고 있었다. 당장 높은 이윤을 얻으려는 외국 자본이 몰려와 천연 자원과 값싸고 자발적인 노동력이 풍부한 러시아 경제에 투자했다. 플레하노프는 러시아가 자본주의 발전 단계를 거치지 않고 사회주의 사회로 변모할 수 있다고 꿈꾸는 것은 더는 가능하지 않다고 썼다. 그는 자본주의가 이미, 그것도 대대적으로 도래했다고 단언했다.

1880년에 스위스로 도피한 플레하노프는 러시아의 혁명가들이 도시 노동 계급과 현대적 형태의 산업 활동, 대규모 사회적·경제적 단위들을 신뢰해야 한다고 선언하기에 이르렀다. '흑토재분배'*의 전 지도자로서 플레하노프는 여전히 혁명을 통한 정치적 변화를 주장했다. 1883년에 플레하노프와 그의 친구들인 베라 자술리치, 레프 데이치*, 파벨 악셀로트*는 '노동해방단'을 결성했으며, 오직 마르크스주의만이 러시아를 이해하고 변화시킬 열쇠를 제공한다고 단언했다. 노동해방단은 초기에 농업 사회주의에 자신들이 쏟았던 헌신을 비롯한 이전의 혁명적 추세를 비과학적 감상에 기반을 두었다고 비판하며 거부했다. 러시아 제국의 사회주의자들을 위한 미래는 마르크스주의에 있다고 노동해방단은 주장했다.[18]

지금 돌이켜볼 때 이 세세한 차이는 그때 사람들이 생각했던 것보다 정치적으로 더 중요했던 것 같다. 그 차이는 종류의 차이라기보다는 정도의 차이였다. 농업 사회주의자들은 스스로 그 이름으로 자신들을 칭하지 않았다. 그들은 보통 자신들을 그냥 '혁명가'라고 불렀다. 나중에 그들은 나로드니키로 알려졌다. 스스로 통치 당국과 구

흑토재분배 1879년에 세워진 나로드니키 조직. 1870년대 중반, 농민들의 무관심과 정부의 박해에 직면한 러시아 나로드니키는 좀 더 급진적인 강령을 세우고 엄격하게 조직을 재편했다. 이러한 상황에서 최초의 실질적인 나로드니키 조직이며 혁명 세력인 '토지와 자유'가 1876년 탄생했다. 이들은 초기에는 농민들 사이에서 활동했으나 경찰의 박해가 계속되자 테러에 빠져들었다. 1879년 '토지와 자유'는 '인민의 의지'와 '흑토재분배'의 두 분파로 나뉘었다. '인민의 의지'는 1881년 알렉산드르 2세를 암살한 뒤 해체되었고, '흑토재분배'는 농민층을 기반으로 삼아 활동하다가 1880년대에 도시 프롤레타리아 계급으로 관심을 돌렸다.
레프 데이치(Lev Deich, 1855~1941) 러시아의 혁명가. '토지와 자유', '흑토재분배', 노동해방단에 참여했다. 1884년 체포되어 시베리아로 유형을 갔으나 1901년에 탈출하여 러시아사회민주노동당에 적극 가담했다. 1905년 혁명 때 다시 투옥되었으나, 시베리아로 이송 도중 탈출하여 런던에 정착했다. 1917년 2월 혁명 후 페트로그라드로 돌아와 플레하노프와 함께 잡지 〈통일〉을 편집했다.
파벨 악셀로트(Pavel Axelrod, 1850~1928) 러시아의 마르크스주의자로서 멘셰비키였다. 1883년 플레하노프, 자술리치와 함께 노동해방단을 창립했다. 러시아사회민주노동당에 참여했으며, 1903년 레닌의 볼셰비키에 맞서 멘셰비키를 지지했다. 1917년 2월 혁명 후 독일과 즉각적인 강화 협상 체결을 주장했다.

별되는 '인민'의 이름으로 행동하고 있다고 항상 주장했기 때문이다. 종종 그들은 '토지와 자유', '흑토재분배', '인민의 의지' 같은 이런저런 혁명 단체의 추종자로 자칭했다. 실제로 이 모든 사회주의자들은 인민의 견해와 실천에서 미덕을 발견했으며, 러시아에 산업화가 필요하다는 것을 결코 부인하지 않았다. 그들은 또 쓰디쓴 경험을 통해 노동자들이 농민보다 혁명적 호소에 더 잘 반응한다는 것도 알고 있었다. 1874년 학생들이 혁명 선전을 하러 농촌으로 쇄도했을 때 그들 중 많은 수가 놀란 농민들에게 끌려 내무부로 인계되었다. 그러한 사회주의자들은 대부분 카를 마르크스와 프리드리히 엥겔스를 사회주의를 경제적·사회적으로 주창하는 매력적인 인물로 여겼다. 마르크스의 《자본》의 첫 외국어 번역본이 1872년에 러시아 인민주의자 니콜라이 다니엘손*의 손을 거쳐 나온 것은 우연의 일치가 아니었다.

그러나 플레하노프의 노동해방단은 가장 바람직한 사회주의 형태를 이처럼 절충주의적으로 정의하는 태도에 도전했다. 플레하노프는 러시아 혁명가들이 농민들의 전통에서 뭔가 긍정적인 것을 얻을 수 있다는 주장을 단호하게 부정하기를 원했다. 1881년 이후 경찰의 탄압에서 살아남은 인민주의 조직의 잔존자들은 플레하노프의 주장에 아연실색했고 그를 정보에 어두운, 혁명 운동의 배신자라고 비난했다. 1883년에서 1886년 사이에 격렬한 논쟁이 벌어졌다.

1886년 중반에 알렉산드르 울리야노프가 가담한 작은 조직의 첫 번째 목표는 황제 알렉산드르 3세를 살해하는 것이었고, 두 번째 목표는 이 두 혁명적 경향 사이의 불화를 치유하는 것이었다. 이런 이

니콜라이 다니엘손(Nikolai Danielson, 1844~1918) 러시아의 경제학자이자 사회학자. 1872년 마르크스의 《자본》 1권, 1885년과 1896년에는 2권과 3권을 처음으로 러시아어로 번역했다. 마르크스주의자를 자칭했으나 플레하노프, 레닌은 그를 나로드니키로 분류했다.

유로 그들은 새로운 러시아 마르크스주의자들의 목표와 명백히 겹치는 목표를 밝히는 성명서를 작성했고, 알렉산드르 울리야노프에게는 이 문건을 마지막으로 다듬는 임무가 주어졌다. 몇 가지 요점들이 마르크스주의자들의 마음에 와 닿도록 준비되었다. 알렉산드르 울리야노프는 먼저 과학적 '법칙'에 대해서 썼다. 알렉산드르는 또 플레하노프도 되풀이해서 요구해 온, 선거로 구성되는 전국 의회도 요구했다. 농민에 대해서는 언급하지 않았다. 알렉산드르 울리야노프는 사회의 모든 피억압 계층이 군주정 철폐에 똑같이 관심이 있다고 주장했다. 진리, 과학, 자유, 정의 이 모든 것이 러시아 제국의 혁명 운동이 표방하는 이상이었다. 알렉산드르 울리야노프는 어떤 목표가 마르크스주의자들에게 호소력이 있을지 예측하기 좋은 입장에 있었다. 최근에 자신의 독일어 독해 능력을 활용해 마르크스 저작 일부를 러시아어로 번역했기 때문이었다. 황제를 제거함으로써 시작될 정치적 위기를 이용할 태세가 되어 있었던 알렉산드르의 조직 구성원들은 거리에서 적극적 지지자를 가능한 한 많이 확보하기를 바랐다.

그들의 원시적 방식에는 연극적 요소가 있었다. 그들은 자신들의 활동을 혁명의 역사에서 중요한 기념일에 맞추었다. 알렉산드르 울리야노프가 합류하기 전인 11월에 그들은 군주정에 반대한 혁명적 민주주의자이며 작가인 니콜라이 도브롤류보프(Nikolai Dobrolyubov)를 기념하는 학생 시위를 조직했다. 단체는 다음 모험으로 다른 학생들을 대상으로 경각심을 불러일으키는 시위가 아니라 황제의 생명을 노리는 암살을 계획했다. 선택된 날짜는 섬뜩할 정도로 상징적이었다. 1887년 3월 1일은 알렉산드르 2세가 암살된 지 딱 6년이 되는 날이었다.

하지만 이들 음모가들의 앞길에는 온통 걸림돌 투성이였다. 조직

차르 암살 음모에 연루되어 처형당한 레닌의 큰형 알렉산드르. 이 일로 울리야노프 일가는 반역자의 가족으로 낙인찍혀 따돌림을 당하게 된다.

원 중 한 명은 결핵 말기였고, 또 한 명은 마지막 순간에 나라를 떠났다. 어려움을 무릅쓰고 단체 구성원들은 일을 계속 추진했으나 행운의 여신은 당국을 향해 미소 지었다. 조직원 두 명이 의심스러운 상황에서 체포되자 황제를 폭탄으로 날려버리려는 계획은 포기할 수밖에 없었다. 정부의 비밀경찰 오흐라나(Okhrana)는 체포된 사람들을 신문하여 조직원을 하나하나 찾아냈고 사실상 단체의 모든 구성원을 체포하는 데 성공했다. 알렉산드르 울리야노프도 체포자들 사이에 있었다. 오흐라나가 피의자들의 친구와 친척까지 구금하면서 음모에 가담하지 않은 안나 울리야노바도 투옥되었다. 경찰은 알고 싶어 한 모든 것을 밝혀냈고, 알렉산드르 울리야노프는 이 상황에서 매우 용감한 결정을 내렸다. 첫째, 알렉산드르는 자신이 연루되지 않은 계획까지 책임지기로 결심했다. 둘째, 그는 자신의 재판을 혁명가들의 사상을 유포할 기회, 즉 검열 때문에 합법적 언론에서는 배제되었던 기회로 이용하기로 작정했다. 이 결정으로 자신의 생명을 대가로 치르게 되리라는 것을 알렉산드르는 알고 있었다.

남편을 잃고 여전히 괴로워하던 마리야 알렉산드로브나는 아들의 일로 망연자실했다. 훨씬 더 놀란 사람은 알렉산드르의 누나인 안나였다. 도대체 무슨 일이 벌어진 거냐고 안나는 물었다. 안나의 말은 오랫동안 드러내지 않았던 감정의 깊이를 드러냈다. "세상에서 너보다 훌륭하거나 친절한 사람은 없어. 이렇게 말할 사람은 누나인 나만이 아냐. 눈부신 하늘의 사랑스러운 작은 태양인 너를 아는 모든 사람은 이렇게 말할 거야."[19] 안나는 풀려났으나 1892년까지 경찰의 감시를 받았다.

알렉산드르의 어머니는 처음에 아들이 황제 암살을 계획했다는 사실을 믿을 수가 없었다. 어머니는 알렉산드르의 석방을 탄원하는 편지를 황제 앞으로 썼다. 그녀는 알렉산드르가 언제나 "신앙심이 깊었다."고 아들을 위해 거짓말을 했다. 아들이 교수형당하는 것을 막기 위해서라면 어떤 어머니가 이런 거짓말을, 아니 이보다 더 심한 거짓말을 하지 않겠는가? 내무부는 어머니가 아들의 자백 문건을 직접 보지 않는다면 언론이 어머니의 주장을 보도할 수도 있겠다고 생각했다. 그리하여 선례를 깨고 상트페테르부르크로 가서 죄수와 이야기를 나누는 것을 마리야에게 허락했다. 알렉산드르는 아무런 변명도 하지 않았다. 알렉산드르는 제국 법이 규정한 가장 극악한 범죄를 저질렀고 그 사실을 인정했다. 어머니의 소원은 단체의 다른 구성원들처럼 알렉산드르도 후회를 표하고 자비를 구하는 것이었다. 마리야는 그렇게 하면 알렉산드르가 징역형을 받을 수 있을 것이라고 합리적으로 생각했다. 징역형을 받는다면 어머니는 (아마도 블라디미르를 포함한) 울리야노프가의 어린 자녀들과 함께 시베리아로 따라가서 알렉산드르가 형기를 무사히 마칠 수 있도록 도울 작정이었다.

마리야 알렉산드로브나는 어떤 일이 있어도 장남을 변함없이 지지할 것이었다.

어머니와 아들이 표트르파벨 요새에서 만났을 때 알렉산드르는 무릎을 꿇고 어머니에게 용서를 빌었다. 그러나 알렉산드르는 사면 탄원을 거부했다. 재판 절차를 지켜보던 황제는 알렉산드르 울리야노프가 암살 기도에 대한 자신의 책임을 의도적으로 늘리고 있다는 것을 깨달았지만, 법원이 판결한 사형보다 낮은 형을 내릴 이유는 찾지 못했다. 울리야노프뿐만 아니라 게네랄로프(V. D. Generalov), 안드레유시킨(P. I. Andreyushkin), 표트르 셰비료프도 실리셸부르크 감옥에 수감되었고, 그들은 1887년 5월 8일 새벽에 감방에서 끌려나와 교수형을 당했다.

알렉산드르의 어머니는 심비르스크로 돌아왔다. 어머니가 알렉산드르를 위해 할 수 있는 일은 이제 아무것도 없었다. 남편이 죽고 장남이 처형된 뒤 마리야는 마음의 갈피를 잡지 못해 자살을 생각했다. 어머니가 상트페테르부르크로 떠나 있는 동안 아이들의 이모인 안나 베레텐니코바가 조카들을 돌봐주러 카잔에서 왔다. 교사 베라 카시카다모바(Vera Kashkadamova)도 모스크바 거리의 집을 방문했다. 울리야노프가의 모든 자녀들은 큰 충격을 받았다. 딸 중에서도 위의 두 딸이 특히 괴로워했다. 안나 일리니치나는 자신이 칭찬해 마지 않던 남동생을 잃었으나 감정을 가까스로 드러내지 않을 수 있었다. 하지만 올가 일리니치나는 땅바닥에 쓰러져 흐느껴 울었다. 그런 다음 올가는 벌떡 일어나 알렉산드르를 용서하기를 거부한 황제에게 저주를 퍼부었다. 안나 이모는 겁을 먹었다. 그러나 그 후 올가도 마음을 추스르고 어머니에게 자신의 괴로움을 보이지 않으려 애썼다. 마리야 알렉산드로브나는 결국 정신을 차렸다. 그녀는 더는 자살을 생각하지 않았다. 막내인 어린 마리야가 상트페테르부르크에서 돌아온 그녀의 무릎에 올라앉자 어머니는 자신이 올바른 결정을 내렸음을 알았다. 울리야노프기는 이 풍파를 이겨내기로 굳게 결심했다.[20]

그들은 가족과의 사별뿐만 아니라 사회적 따돌림도 견뎠다. 베라 카시카다모바는 여전히 가족에게 말을 걸어주는 극소수의 친구 중 한 명이었다. 의사, 교사, 행정가, 군 장교 같은 심비르스크의 명망가들은 국왕 암살 미수범을 먹이고 키운 가족에게 혐오를 드러냈다. 올가가 김나지야에 갔을 때 교사와 급우들은 그녀와 어떤 관계도 맺지 않으려 했다. 지역 사회는 울리야노프 가족에게 문을 닫았다. 대부분의 사람들은 황제 살해 음모에 아연실색했다. 지난 1881년에 울리야노프 가족은 알렉산드르 2세의 생애를 기리는 대성당 예배에 참여했다. 그러나 이제 바로 그 가족의 한 명이 황제 살해 음모에 연루되었고, 울리야노프가는 불가촉천민 취급을 당했다.

연구자들이 이 끔찍한 경험의 진정한 의미를 진지하게 다룬 적은 없었다. 중요한 것은 울리야노프가가 심비르스크의 다른 귀족 집안 대부분과 전혀 달랐다는 사실이다. 일리야 니콜라예비치는 세습 작위 신분에 처음 들어온 인물이었다. 일리야는 자신의 직업적 노력으로 단 한 세대 만에 사회의 사다리를 힘들여 기어 올라가 귀족층에 편입되었다. 귀족 신분을 몇 세대 동안 누려 온 심비르스크주의 귀족 대다수와 울리야노프 가족 사이에는 접촉이 거의 없었다. 우월 의식이 만연했던 것이다. 일리야와 마리야는 대체로 그런 상황을 무시하고 자신들의 삶을 살아감으로써 어려움을 이겨내려고 애썼다. 아들딸에게 학교에서 열심히 공부해서 사회적으로 인정받는 자격을 얻으라고 압력을 가하는 것은 주변부 출신으로서 가족이 제국 사회에 편입하기를 원하는 부모의 특징이었다. 이 희망은 알렉산드르가 성급하게 테러리스트 단체에 가입함으로써 산산조각 났다. 그들은 사회의 주변부로 다시 돌아왔고, 안나부터 어린 마리야까지 모든 아이들은 사회적으로 배제당하는 데 분노해 황제와 그의 대신들을 비난했다. 그들은 알렉산드르를 생각할 때마다 차르 체제에 원한을 품지 않을 수 없었다.

블라디미르 울리야노프는 누이들인 안나와 올가보다 감정을 잘 억눌렀다. 상처를 입었지만 블라디미르는 그것을 묻었다. 알렉산드르의 처형 소식을 듣고 블라디미르가 가족 구성원이 아니라 성장 과정에 있는 혁명가처럼 반응했다는 이야기가 그에 관한 모든 설명에 등장한다. 마리야 일리니치나에 따르면 블라디미르는 농업 사회주의 테러리즘의 전략적 파멸이 입증되었다고 결론을 내렸다. "아니, 우리는 그 길을 걸어서는 안 돼."라고 블라디미르는 그녀가 있는 자리에서 말했다고 전해진다. 마르크스-레닌주의자들과 다른 많은 사람들은 이 일화를 블라디미르가 열여섯 살 때 농업 사회주의를 거부하는, 원칙에 입각한 결정을 내린 증거로 받아들였다. 이보다 말도 안 되는 이야기를 생각해내기도 힘들 것이다. 비록 몇 세대의 학자들이 이 이야기를 인정해 왔지만 말이다. 레닌이 죽은 지 10년 후 마리야 일리니치나가 회고록을 썼던 때는 레닌의 활동을 언제나 일관된 것으로, 레닌을 심지어 젊을 때조차 오류를 범하지 않았던 사람으로 묘사하는 것이 의무였다. 여하튼 알렉산드르가 교수형을 당했을 때 여덟 살에 불과했던 막내 마리야의 증언을 얼마나 믿어도 될지는 의심스럽다. 어린 마리야가 자기가 들은 말에 담긴 이데올로기적 의미를 이해했을 리 없고, 그 말을 어른이 되어 정확히 기억할 수 있었다는 주장을 과연 신뢰할 수 있을지 의문이다.

좀 더 믿을 수 있는 것은 가끔 아이들의 개인 교사 역할을 했던 베라 카시카다모바가 한 설명이다. 카시카다모바는 블라디미르가 어린 동생들이 고통에서 벗어나게 하려고 숫자카드 놀이와 제스처 게임을 기꺼이 하는 것을 보고 깊은 인상을 받았다. 알렉산드르에 관한 화제는 대화하다 보면 필연적으로 입에 올랐고, 카시카다모바에 따르면 블라디미르는 형과 거리를 두는 표현은 전혀 하지 않았다. 반대로 그녀는 블라디미르가 다음과 같이 말한 것을 기억했다. "큰 형은 그렇게 할 수밖에 없었던 걸 거야. 형은 다른 식으로 행동할 수 없었을 거야."[21]

이것은 확실히 신빙성 있는 블라디미르 울리야노프의 목소리다. 형이 죽은 지 몇 년 뒤 블라디미르는 농업 사회주의 테러리스트들의 사상에 헌신하는 조직에 가담했다. 그가 형이 대변하던 주장을 부정하는 마르크스주의를 정말로 그때부터 선택했다면 이해가 되지 않는다. 그렇지만 카시카다모바의 설명이 블라디미르가 알렉산드르의 사건에 감명을 받아 즉각 형의 사상을 받아들였음을 증명하지는 않는다. 블라디미르가 어떤 것에 대해 청소년 때부터 생각을 굳혔다고 여길 이유는 없다. 블라디미르는 혁명 사상의 세계에 대해 막 알아가기 시작했을 것이다. 또 블라디미르는 형의 선택에 대해 본능적이지만 여전히 뚜렷하지는 않은 공감도 품었던 듯하다. 형제 사이에는 의견 차이도 있었고 후반에는 그리 잘 지내지도 못했지만, 그것이 결코 블라디미르가 죽은 알렉산드르에게 공감하는 것을 막는 장벽이 되지는 않았다. 형과 겪었던 갈등은 오히려 공감의 감정을 더욱 키웠을 수도 있다. 카시카다모바가 기억하는 "형은 다른 식으로 행동할 수 없었을 거야."라는 말은 블라디미르가 존경받던 형이 왜 그렇게 행동했는지 그 이유를 밝혀야 한다고 느꼈음을 가장 잘 드러내는 증거일 것이다. 알렉산드르가 사라지면서 한 똑똑한 젊은이의 생각은 혁명 활동가의 태도로 굳어지게 되었다.

4장

퇴학당한 법학도
1887년~1888년

블라디미르와 올가는 알렉산드르의 투옥과 처형이 진행되던 몇 개월 동안에도 김나지야의 최종 학년 시험 준비를 계속했다. 울리야노프가의 성실함은 그 정도로 대단했다. 두 젊은이의 끈기는 놀라웠다. 심비르스크에는 아직 철도가 지나지 않았지만, 정부는 모든 사람이 알렉산드르 울리야노프의 범죄와 그에 대한 처벌을 확실히 알도록 조치했다. 시 당국도 사건에 대한 포스터를 곳곳에 붙였고, 알렉산드르는 교수형을 당한 지 이틀 후 〈심비르스크주 뉴스〉 특별호에서 기사의 주제가 되었다.[1]

블라디미르가 심비르스크 고전 김나지야에서 마지막 시험의 첫 시험을 치른 것은 바로 이 즈음이었다. 시험은 1887년 5월 5일에 시작되어 한 달 동안 계속되었다. 가족들이 상트페테르부르크에서 날아온 끔찍한 소식에 압도당한 때였는데도 블라디미르의 집중력은 나무랄 데가 없었다. 블라디미르의 성적은 매우 인상적이었다. 그런 상황에서는 비인간적이라고 할 수 있을 정도였다. 블라디미르는 시험을 본 10개 전 과목에서 최고 점수인 5점을 맞았다.[2] 블라디미르는 29명의 수험생으로 이루어진 학급에서 수석을 차지했고, 앞서 형이 그랬듯이 김나지야에서 수여하는 금메달을 받을 자격을 얻었다. 한편 동생 올가도 심비르스크 마린스카야 김나지야에서 같은 성적을 받았다.[3] 금메달 수여는 알렉산드르 울리야노프의 암살 기도 사건 이후 미묘한 문제가 되었다. 그러나 두 김나지야는 블라디미르와 올가에게 상을 줄 만큼 정치적 압력으로부터 충분히 비켜서 있었다.

케렌스키는 블라디미르를 지원하는 추천서를 썼다.

재능이 탁월하며 항상 날카롭고 정확한 울리야노프는 모든 수업에서 수석을 차지한 학생이며, 교육 과정이 끝났을 때 학업, 발달, 품행에서 가장 우수한 학생으로 금메달을 받았습니다. 김나지야에서도 학교 밖에서도 울리야노프는 말에서든 행동에서든 김나지야의 행정 당국이나 교사들로부터 불만족스러운 의견을 들은 경우가 전혀 없었습니다. 그의 부모는 울리야노프의 교육과 도덕적 발달을 언제나 주의 깊게 감독했고, 아버지가 사망한 1886년부터는 자녀들의 양육에 대한 관심과 보살핌에 열과 성을 다한 어머니가 이를 책임졌습니다. 울리야노프가 받은 교육은 종교와 합리적 규율에 토대를 둔 것이었습니다.

가정에서의 양육이 거둔 훌륭한 성과는 울리야노프의 탁월한 품행에서 명백히 드러났습니다. 그러나 울리야노프의 가정 생활과 성격을 좀 더 면밀히 들여다볼 때 울리야노프가 지나치게 고독을 즐긴다는 점을 언급하지 않을 수 없습니다. 그는 지인들, 그리고 김나지야 밖에서는 학교의 고귀한 꽃인 학우들과도 스스로 거리를 두었으며, 전반적으로 비사교적인 편입니다. 울리야노프의 어머니는 그가 대학에서 교육을 받는 동안 자신의 감독을 벗어나게 하지 않을 생각입니다.

마지막 문단에서 케렌스키가 노린 것은 무엇이었을까? 자기 학생이 대학의 학생 소요에 연루될 가능성에 대해 전문가답게 스스로 방어한 것일 수도 있다. 그러나 아마 케렌스키는 그냥 진실을 말했을 것이며, 그의 학생은 실제로 다소 비사교적이었다. 블라디미르는 남과 어울리기를 특별히 좋아해본 적이 없었고, 그의 형 알렉산드르가 감옥에 있는 동안 블라디미르를 알았던 사람들은 블라디미르가 매우 침울하고 불친절했다고 평했다.

마리야 알렉산드로브나는 재빨리 생각해야 했다. 마리야가 내린 첫 번째 결정은 모스크바 거리의 집을 팔고 카잔주로 이사하는 것이었다. 현명한 결정이었다. 울리야노프가는 심비르스크에서 끝없는 사회적 따돌림에 직면했지만, 코쿠시키노에 가면 가족이 환영받을 수 있을 것이라고 마리야는 기대했다. 의사 블란크는 자기 딸들이 방문할 때 가족을 데리고 올 수 있도록 코쿠시키노 저택에 부속 건물을 특별히 한 채 더 추가했고, 1870년에 세상을 떠나며 자신의 영지를 다섯 딸에게 공동 재산으로 물려주었다. 그래서 울리야노프가는 땅을 임대한 농민들에게서 나오는 소득의 일부를 받고 있었다. 1887년까지 마리야 알렉산드로브나는 자매 안나 베레텐니코바와 류보피 아르다셰바(Lyubov' Ardasheva)에게 코쿠시키노에서 나오는 자기 소득의 관리를 맡겼다.[4] 마리야 알렉산드로브나는 거주지를 코쿠시키노로 옮겨야겠다고 자매들에게 서둘러 통보했다. 자매들이 긍정적으로 응답하자마자 마리야는 모스크바 거리의 집을 팔았고(우연하게도 구매자는 당시 심비르스크 경찰 총수였다) 아들 드미트리가 1905년에 심비르스크에서 의사 자리를 얻기 전까지는 옛 동네로 돌아오지 않았다.

아이들은 큰형의 죽음을 언급하지 않는 것으로 비극에 대처했다. 이는 울리야노프가 아이들이 양육된 방식이었다. 몇 년이 지난 후에야 장녀 안나 일리니치나는 사람들에게 알렉산드르에 대해 말할 수 있었으나, 그때에도 어머니에게만 말했지 형제자매에게는 한마디도 꺼내지 않았다.[5] 내적 긴장은 엄청났다. 어머니는 안나에게 여동생 마리야의 학업을 지도해줄 것을 부탁했다. 그러나 마리야는 도움받는 것을 두려워했다.[6]

언니는 그때 김나지야 2학년 시험 준비를 도와주었다. 자신이 숭배하던 남동생의 비극적 죽음이라는 잔혹한 정신적 외상을 막 겪은 언니는 매우 불안한 상태였다. 그런 언니의 마음은 때때로 나와 함께 공부하는 과정에서도 나타나 우리 둘 다 괴로움을 겪었다. 나는 언니의 감정이 폭발할 때 블라디미르 일리치의 얼굴이 어떻게 어두워졌는지를 기억한다. 블라디미르는 마치 혼잣말처럼 이렇게 말했다. "그런 식으로 하면 안 돼."

블라디미르 자신도 퉁명스러워지곤 했다. 어린 마리야가 직접 만든 공책을 오빠에게 보여주었을 때 오빠는 하얀 종이를 검은 실로 꿰매면 절대 안 된다고 말하면서 마리야에게 다시 하라고 시켰다.[7] 그러나 적어도 블라디미르는 마리야를 감정적으로 괴롭히지는 않았고, 여동생은 오빠를 기쁘게 하고 싶어 했다.

블라디미르는 어느 대학에 들어갈 것인지, 또 어떤 전공을 선택할 것인지 아직 결정하지 않은 상태였다. 형의 나쁜 평판이 없었더라면 블라디미르는 상트페테르부르크 대학에 갔겠지만, 마리야 알렉산드로브나는 입학 허가가 나지 않을 것이라는 말을 들었다. 그리하여 블라디미르는 작고한 아버지가 공부했던 카잔 제국 대학에 입학하기로 했다. 그가 선택한 전공은 주위 사람들을 약간 놀라게 했다. 블라디미르가 법학을 공부할 계획이라고 알렸을 때 그의 친구들은 그 선택을 이해할 수 없었다. 그 시절에 가장 재능 있는 러시아 학생들이 매료되었던 것은 알렉산드르 울리야노프도 그랬다시피 자연과학이었다. 블라디미르가 라틴어와 그리스어에 특히 능숙한 것을 알아차린 교사들은 블라디미르가 문헌학부에서 공부하기를 원했을 것이다. 그러나 블라디미르는 법 공부를 고집했다. 알렉산드르와는 달리 블라디미르는 생물학을 비롯한 과학에 전혀 끌리지 않았다. 그러나 문학에 관심이 있는 블라디미르가 왜 문헌학부에 들어가지 않았을까? 대답은 여전히 불명확하다. 그러나 블라디미르는 국가가 주는 봉급에 의존하는 고등교육 강사보다는 독립적인 법률가로서 더 쉽게 출세할 수 있을 것이라고 판단했던 것 같다.

블라디미르의 어머니 마리야 알렉산드로브나는 블라디미르가 정치와 다른 위험으로부터 벗어나 있기를 바랐다. 마리야는 블라디미르가 담배를 끊도록 하기까지 했다. 처음에 그녀는 담배를 계속 피운다면 어릴 때부터 건강이 썩 좋지 않았던 블라디미르의 몸이 쇠약해지리라고 주장했다. 블라디미르는 어머니를 완전히 무시했다. 그러자 필사적이었던 마리야는 블라디미르가 자기 손으로 버는 소득이 없기 때문에 가족의 돈을 담배에 낭비할 권리가 없다고 주장했다. 블라디미르는 항복했고 다시는 담배를 입에 물지 않았다.[8] 마리야 알렉산드로브나를 기쁘게 한 것은 이것만이 아니었다. 아들이 시골 코쿠시키노에서 활기차게 운동을 즐긴 것도 그녀를 기쁘게 했다. 블라디미르는 숲에서 사냥을 하고 시골길을 따라 스키를 탔으며, 운동할 때 종종 드미트리를 데리고 다니곤 했다.[9]

그러나 실상은 겉모습과 달랐다. 알렉산드르 울리야노프는 아버지가 경악했을 만한 책과 논문들을 남겨놓았다. 그중 가장 중요한 것은 니콜라이 체르니셉스키의 저술들이었다. 훗날 블라디미르는 이때의 독서 경험을 언급하면서 체르니셉스키가 "몇 번이고 되풀이하여 나의 정신 세계를 갈고 닦았다."고 인정했다. 블라디미르는 독서에 깊은 영향을 받을 민감한 나이였다. 엄격한 훈련을 받은 블라디미르는 언어에 기술적 재능이 있었으나, 신념은 아직 없었다. 블라디미르의 기독교 신앙은 열여섯 살 때 사라졌다. 그의 정신은 조종간이 없는 엔진 같았다. 그 엔진은 잠재적으로 매우 강력했으나, 블라디미르가 세계에 대해 어떻게 생각하는지를 결정할 때까지는 특정한 방향으로 나아가지 않을 것이었다. 블라디미르에게는 자신을 지도해줄 아버지도 형도 없었으며, 교사들도 더는 곁에 없었다. 블라디미르는 영감을 찾아 책장으로 향했다. 블라디미르는 정치적 독학에 집중할 수 있도록 라틴어에 대한 열정을 껐다.[10] 라틴어를 포기한 것은 그가 스스로 즐거움을 버린 마지막 사례가 아니었다. 앞으로 블라디미르는 당면한 혁명 과업에 집중하기 위해 체스, 베토벤, 스케이팅을 포기하게 된다.

체르니솁스키는 그처럼 대단한 영향력을 지닌 묘한 작가였다. 그의 산문은 따끔따끔 찔러대는 쐐기풀 같았다. 좌충우돌하는 그의 글은 빽빽하게 웃자란 구문으로 덮여 있었고, 19세기 중반 러시아의 위대한 소설가들이 제공한 모범에서 영향을 받지 않은 것 같았다. 그러나 문체 때문에 블라디미르가 체르니솁스키에게 이끌린 것은 아니었다. 여하튼 만연체 문장과 복잡한 절로 구성된 체르니솁스키의 글은 라틴어에 숙련된 김나지야 학생에게는 쉽게 읽혔다.

블라디미르는 체르니솁스키를 매우 존경했다. 1864년에 내무부는 로마노프 전제정에 완강히 반대하던 체르니솁스키를 동부 시베리아의 강제 노동 수용소로 추방했다.(체르니솁스키는 병이 깊어진 1889년에야 고향인 볼가 강변의 사라토프 시로 돌아올 수 있었다.) 광대한 러시아 제국에서는 불온한 자들을 국외로 추방할 필요가 없었다. 오지 마을에 유폐하여 외국에서 소요를 선동하지 않도록 할 수 있었다. 체르니솁스키는 자신의 견해를 철회하지 않았다. 그는 대체로 혁명적 농업 사회주의자였다고 여겨지나 농민층을 이상화하지는 않았다. 또 농촌 생활을 지지하지도 않았다. 체르니솁스키는 자신의 나라에서 문화적 발전이 촉진되기를 원했고, 산업화를 옹호했다. 보통 선거에 기반을 둔 민주적 정치 체제를 요구했고, 여성의 권리를 지지했다. 비러시아계 민족과 인종 집단을 대상으로 한 차별적 법률에 반대했다. 체르니솁스키는 계급 없는 사회의 건설을 옹호했다. 그리고 제국의 군주정을 야만적이고 기생적이며 낡아빠진 것으로 묘사했다.

실제로 체르니솁스키는 자신이 유럽의 다른 나라 사회주의 사상가들의 저술과 일치하는, 러시아의 미래에 대한 전망을 제공하고 있다고 생각했다. 그는 독일어와 프랑스어 문헌을 섭렵했고 카를 마르크스의 열광적인 독자였다. 그러나 체르니솁스키는 독일로부터 항상 배워야만 한다고는 결코 생각하지 않았고, 러시아도 가르칠 것이 있다고 여겼다. 그는 마르크스와 간간이 연락을 주고받았다. 마르크스는 러시아 제국의 농민 문제에 관해 체르니솁스키가 쓴 저술들에 친숙해지려고 러시아어를 배우기 시작한 참이었다. 유럽 문화를 마음껏 탐구했던 블라디미르 울리야노프 같은 젊은이에게 체르니솁스키는 지적 이상을 구현한 인물이었다.

블라디미르 울리야노프는 이성적으로뿐만 아니라 감정적으로도 체르니솁스키에게 끌렸다. 블라디미르는 정치적 이상을 위해 시베리아 유형을 감수한 한 인간의 영웅적 사례에 감명받은 나머지 우상의 사진을 얻어 지갑에 넣고 다닐 정도였다. 블라디미르의 의식에 깊이 파고든 책은 소설 《무엇을 할 것인가?》였다. 소설로서 이 작품은 구성이 서투르고 상상력이 빈곤하지만 한 사회주의 활동가 그룹의 초상을 보여준다. 구성원들의 연대와 정치적 헌신, 교육을 통해 자기 발전을 이루고자 하는 열정, 차르 체제에 대한 타협 없는 적대는 블라디미르 울리야노프를 사로잡았다. 소설의 주인공은 순수한 영혼에 독보적인 지도자의 기운을 타고난 인물이었다. 블라디미르 울리야노프는 틀림없이 이 주인공에게 밀접하게 공감했을 것이다. 젊은 예비 지식인들이 모두 똑같이 체르니솁스키의 책에 감명을 받은 것은 아니었으며, 어색한 문체와 구조 때문에 이 책은 얼마간 조롱의 대상이 되기도 했다. 그러나 블라디미르 울리야노프는 전혀 그렇지 않았다. 체르니솁스키의 《무엇을 할 것인가?》는 그가 인생의 방향을 잡는 데 도움을 주었으며, 그는 체르니솁스키의 명성을 열렬히 옹호했다.

이처럼 블라디미르 울리야노프는 죽은 형의 동생다웠다. 1년 만에 그는 혁명가의 세계관과 열망을 받아들였다. 이제 그는 정치와 사회를 더 깊이 이해하기로 결심했으며, 대학에서 그럴 수 있도록 노력할 것이었지만 대학 교수들이 시키는 대로 하지는 않을 것이었다. 블라디미르는 카잔 제국 대학에 들어가기 전부터 화를 자초하고 있었다.

아들 곁에 살겠다는 어머니의 보증은 블라디미르가 입학 허가를 받는 데 중요한 요인이었다. 어머니가 이용할 수 있는 자금도 그랬다. 살아남은 울리야노프가의 자녀들(안나, 블라디미르, 올가, 드미트리, 마리야)은 자신들이 어머니에게서 받은 보조금 전부가 작고한 아버지의 국가 연금에서 나왔다고 주장하곤 했다. 이것은 말도 안 되는 소리다. 공표된 금전적 수치도 정반대 증거를 보여준다. 일리야 울리야노프는 유언으로 심비르스크 시 공공 은행에 예치되어 있던 2천 루블을 부인과 자녀들에게 남겼다.[11] 이것은 1889년에 가족이 어머니 마리야가 사들인 알라카엡카의 영지 값으로 지불했던 금액의 4분의 1에 해당하는 돈으로서 결코 적지 않은 액수였다. 1887년 여름에 울리야노프 가족은 심비르스크의 모스크바 거리에 있던 집을 매각해서 6천 루블을 추가로 확보했다.[12] 또 코쿠시키노의 영지 임대료 중 마리야 알렉산드로브나의 몫도 있었고, 블란크가 딸에게 남겨준 은행 예금도 있었다.(그녀가 물려받은 코쿠시키노의 땅은 원래 3천 루블 정도의 가치가 있었다.)[13] 게다가 1878년에 60세의 나이로 죽은, 일리야 울리야노프의 형이자 후원자였던 바실리가 물려준 유산도 있었다. 울리야노프 가족에겐 연금 말고도 쓸 수 있는 현금이 적지 않았다.

러시아의 상속법에 따르면 블라디미르에게는 아버지의 자산 중 일정 몫을 가질 자격이 있었다. 앞서 언급한 심비르스크 시 공공 은행의 2천 루블과 관련하여 이 자격에 대한 기록이 존재한다. 지역 법정은 일리야의 유산을 다음과 같이 분할하라고 결정했다. 일리야의 부인 몫은 고작 4분의 1이었다. 아직 성인이 되지 않은 두 딸 올가와 마리야는 각각 8분의 1씩을 받았다. 그러나 세 아들 알렉산드르, 블라디미르, 드미트리는 각각 6분의 1씩을 받았다. 남자아이들은 여자아이들보다 법적으로 우대받았다.

훗날 레닌은 스스로 자본주의의 파괴자라고 선포했으면서도 개인 자산으로 편하게 생활했다고 비판받았다. 이 비판에는 그럴듯한 구석이 있다. 하지만 그가 사치스러운 생활을 했다는 비판은 덜 그럴듯하다. 신중한 재정 운용은 마리야 알렉산드로브나의 특징이었다. 1887년 8월 말 블라디미르가 대학 생활을 시작할 무렵, 마리야 알렉산드로브나는 카잔에서 1층에 있는 알맞은 아파트를 찾기 위해 임시로 숙박 시설을 빌려 머물렀다. 마리야의 언니로서 1870년에 남편을 잃은 류보피 아르다셰바가 자기 아들 알렉산드르, 블라디미르와 함께 위층에 살았다. 두 자매의 자녀들은 이전에 코쿠시키노에서 여름을 같이 보냈고 잘 어울리는 사이였다. 카잔 생활은 심비르스크에서, 그리고 실제로 이웃을 거의 보지 못한 코쿠시키노에서 겪은 외로운 나날에 종지부를 찍었다.[14] 그러나 가족은 그 아파트에 오랫동안 머무를 수 없었다. 더 큰 곳이 필요했다. 한 달 뒤 마리야 알렉산드로브나는 원하는 집을 발견했고 가족은 신(新)코미사리아트 거리로 이사했다.[15] 드미트리와 마리야는 각각 카잔의 김나지아에 다녔고, 블라디미르는 카잔 제국 대학에서 수업을 듣기 시작했다. 식시는 집에서 했다. 마리야 알렉산드로브나는 가족을 1886년 이전에 누렸던 정상적 생활로 안착시키고 싶었다.

하지만 카잔은 마리야가 바랐던 조용한 도시가 아니었다. 카잔은 15세기에 러시아인들과 타타르인들 간에 전투가 벌어진 장소 중 하나였고, 러시아의 역사 교과서에는 이반 뇌제가 1552년에 카잔에서, 그리고 1556년에는 아스트라한에서 타타르인들을 물리치면서 러시아 제국이 남쪽과 동쪽으로 팽창하는 길이 열렸다는 내용이 반드시 들어 있었다. 카잔은 그 후 몇 세기 동안 전략적으로 중요한 도시였다. 도시를 먹여 살린 것은 상업이었다. 볼가강의 굽이에 자리 잡은 카잔은 철로를 타고 모스크바와 상트페테르부르크까지 운송될 물건들이 모이는 중요한 집결지였다. 카잔에는 교회가 없는 거리가 거의 없었다. 카잔은 러시아 건축의 보고였다. 역사적 승리를 자랑하기 위한 건축물이 많았기 때문만은 아니었다. 카잔은 러시아 제국에서 비기독교 신앙의 가장 큰 중심지였고, 이를 우려한 정부 당국은 카잔에 웅대한 교회를 여럿 지었다. 이슬람교도들은 도시 인구의 10분의 1을 차지했다. 이슬람은 아랍어 인쇄소를 비롯해 카잔에 다양한 기관을 두고 있었다. 인종 구성은 상트페테르부르크에서도 걱정거리였다. 타타르인들은 카잔주 전체 주민의 31퍼센트에 달했다. 바시키르인과 추바시인도 있었다. 그래서 내무부는 도시 업무를 처리할 때 어떤 모험도 하지 않았다. 몇몇 주지사들은 민간 행정에 군사적으로 거칠게 접근하는 것으로 악명 높았다. 당시 카잔은 질서를 잡기 위해 야만성을 보일 필요가 있는 오지의 식민지처럼 취급받았다.

도시 전체에 감도는 긴장은 대학에서 명백히 드러났다. 비록 타타르인은 아무도 대학을 다니지 않았지만 말이다. 1884년 수도의 중앙

당국은 학생 활동 규칙을 엄격하게 개정했고, 이는 다른 지역과 마찬가지로 카잔에서도 분노를 불러일으켰다. 총장에 반대하는 시위가 벌어졌다. 카잔 대학은 항상 대중 소요가 일어나기 직전 상태였으며 그때마다 총장이 보인 반응은 규율을 강화하는 것이었다. 그러나 이는 학생들의 감정을 악화시킬 뿐이었다. 1885년에는 경찰이 쉽게 감시할 수 있도록 교복 착용을 의무화했다. 학생들이 당국의 사전 승인을 받지 않은 단체를 구성하는 것도 금지되었다. 학생들이 행정 직원과 교육자들에게 인사하는 방식에 관한 사소한 규정들은 타오르는 불길에 기름을 붓는 꼴이었다. 국민교육부는 교수를 새로 임명했고 의무를 이행하지 않는 학생들을 익명으로 고발하는 일이 장려되었다. 고발당한 학생들을 형벌 부대로 넘기자는 제안도 있었다. 이 제안은 기각되었으나 애초에 그런 제안이 나왔다는 사실 자체가 정부와 학생들 사이에 불신이 팽배해 있다는 증거였다.

국민교육부가 허용한 유일한 조직은 제믈랴체스트보(zemlyachestvo, 동향회)라는 단체였다. 이 단체는 출신 지역에 기반을 둔 학생 조직이었다. 제믈랴체스트보는 처음으로 집에서 멀리 떨어져 살게 된 젊은이들에게 연대감과 안정감을 주었기 때문에 공식적으로 승인되었다. 제믈랴체스트보가 학생들 사이에만 있던 사회 조직은 아니었다. 여기저기 돌아다니며 장사하는 행상과 노동자들도 제믈랴체스트보를 조직했다. 이는 러시아가 지역 전통, 지역 말씨와 방언, 지역 음식과 지역 종교 교리로 가득 차 있음을 보여주는 한 사례였다. 제믈랴체스트보는 러시아인들이 새롭고 불확실한 세계에 대처하는 데 도움을 주었다. 카잔 대학에 들어가자마자 블라디미르 울리야노프는 제믈랴체스트보가 제공하는 실용적 안내를 받고 여가 시설을 이용하기 위해 심비르스크-사마라 제믈랴체스트보에 가입했다.

제믈랴체스트보는 학생들의 토론 조직 역할도 했다. 학교는 들썩

일 수밖에 없었다. 알렉산드르 울리야노프와 그 동료 학생들을 교수형에 처한 일은 여전히 사람들에게 비통한 감정을 불러일으켰고, 모든 대학에서 항의를 조직해야 한다는 논의가 번져 갔다. 카잔도 예외가 아니었으며 심비르스크-사마라 제믈랴체스트보도 나름의 역할을 하고자 했다. 소요는 이미 모스크바에서 시작된 상태였다. 각 도시에서 불만이 확산되었고, 장학관 포타포프(N. G. Potapov)는 카잔 대학 총장 크레믈료프(N. A. Kremlyov)에게 학생 정보원들이 소요 발생을 경고했다고 알렸다.[16] 감정이 격해진 학생들은 포타포프를 물리적으로 공격할 것인지를 두고 비밀리에 토론을 벌였다. 12월 4일 반란이 일어났다. 살을 에는 듯이 추운 날이었다. 땅에는 눈이 쌓여 있었으나 해가 밝게 빛났다. 정오쯤 한 무리의 학생들이 대학 건물들에 모이기 시작했다. 포타포프는 학생들을 해산시키려고 애를 썼다. "여러분, 어디로 가는 겁니까, 어디로? 가지 마시오!" 그러나 포타포프는 밀려나고 말았다.[17] 무리 중에는 1학년인 블라디미르 울리야노프가 끼어 있었다. 학생들은 국가로부터 대학의 자율성을 확보하고 학생 기구의 악의적 규제를 중단하라는 구호를 외쳤다. 포타포프의 해임이 당면 목표였다.

총장 크레믈료프는 교수들에게 자신을 대신해서 중재에 나설 것을 요청했다. 그러나 학생들은 요지부동이었다. 학생들은 총장이 집회를 해산시키기 위해 결국에는 무장 병력을 불러들일 것이라 예상했다. 그 자리에 모인 약 90명의 학생들은 격분한 나머지 강의실에서 더는 대학에 다니고 싶지 않다는 표시로 특별 학생증을 즉시 버리기로 결정했다. 결정은 앞뒤 가리지 않고 내려졌다. 학생들은 행정 직원이 학생증을 주우면 총장은 그들을 퇴학시킬 수밖에 없을 것임을 알고 있었다.[18]

경찰이 도시 전역을 수색했다. 학생들은 거리에서 검문을 받았다.

17살 무렵의 블라디미르 일리치 울리야노프(레닌). 그는 1887년 8월 카 잔 대학에 입학해 법학을 공부하기 시작했으나 얼마 지나지 않아 반 체제 시위에 참여했다는 이유로 퇴학당한다.

대학은 별도 통지가 있을 때까지 문을 닫았고, 1888년 2월에야 다시 문을 열었다. 카잔 행정부와 상트페테르부르크의 상급 당국 사이에 협의가 진행되었다. 군대가 도시 전역의 적소에 부대별로 배치되었 다. 블라디미르는 심란한 어머니와 훨씬 더 심란한 전 유모 바르바라 사르바토바가 있는 집으로 돌아왔다.[19] 둘째 아들이 분란에 더 깊이 빠져드는 것을 막기 위해 마리야 알렉산드로브나가 할 수 있는 일 이 무엇이 있었겠는가? 일리야 울리야노프의 부고 기사 담당자가 심 비르스크의 울리야노프가를 일컬었던 '멋진 가족'은 점잖은 사람들 이 본받아야 할 모범이 아니게 되었다. 사회 질서 안에서 눈부신 출 세를 보장할 울리야노프가 사람들의 잠재력은 실현되지 않을 것이었 다. 12월 4일과 5일 밤 사이, 카잔의 학생들을 수색하던 경찰이 블라 디미르를 찾아왔다. 구금된 학생들은 카잔 외에 어디서 살고 싶은지 질문을 받았다. 이제 그들은 카잔에 머물 수 없는 처지가 되었다. 마리야 알렉산드로브나는 손쉬운 해결책을 생각했다. 코쿠시키노로 자녀들과 함께 돌아가라는 명령을 내려 달라고 내무부에 간청하는 방법이었다.

잠시 동안 가족은 총장의 처분을 기다려야 했다. 결정은 1887년 12월 6일에 발표되었다. 39명의 학생들이 카잔 대학에서 퇴학당했고 블라디미르 울리야노프도 그들 중에 있었다. 블라디미르처럼 1학년인 학생은 그 말고 2명밖에 없었다.[20] 블라디미르가 받았던 카잔 거주 허가는 철회되었고, 12월 7일에 그는 코쿠시키노로 '유형'당했다.

자녀들의 행동을 통제하는 어머니의 능력은 서서히 줄어들고 있었다. 자녀들이 어머니의 재정적 지원을 필요로 했기 때문에 마리야는 그들에 대한 통제력을 어느 정도 발휘할 수 있었다. 그러나 보통 마리야는 자식들이 요청하는 것은 무엇이든 들어주었다. 돈보다 좀 더 미묘한 통제 수단은 마리야가 블라디미르 울리야노프의 선량한 품행에 대해 일종의 보증을 설 경우에만 제국 정부가 그의 탄원을 들어주었다는 사실이었다. 그리하여 블라디미르는 어머니가 함께 사는 것을 조건으로 코쿠시키노로 돌아가는 것을 허용받았다. 그러나 이것도 어머니가 블라디미르에 대해 많은 영향력을 행사하게 해주지는 못했다. 블라디미르가 어머니와 함께 있고 싶어 하는 것보다 어머니가 아들과 함께 지내기를 바라는 마음이 훨씬 더 컸다. 마리야 알렉산드로브나는 블라디미르에게 배신당했다고 느꼈음이 틀림없다. 그러한 감정을 겉으로 드러내지는 않았지만 말이다. 마리야가 블라디미르를 꾸짖었음을 보여주는 증거는 없다. 왜 그토록 자제했는지 의문이 든다. 왜 마리야는 블라디미르의 잘못된 행동에 눈을 감았는가? 한 가지 이유는 당시 러시아에서 아버지들이 보통 그랬듯이, 일리야가 가족의 규율 집행자 역할을 했기 때문인 것 같다. 또 다른 이유는 어떻게 해도 블라디미르를 자기 파괴적인 길에서 벗어나게 할 수 없을 것이라고 마리야가 현명하게 결론 내렸기 때문일 것이다. 그랬다면 블라디미르를 거칠게 제재하는 것이 효과적이라고 생각할 이유가 없었을 것이다.

마리야에게는 참고 견뎌야 할 일이 많았다. 블라디미르의 퇴학은 나머지 가족들을 혼란에 빠뜨렸다. 카잔에 살면서 고전 김나지야를 다니던 드미트리는 가족과 함께 코쿠시키노로 돌아올 수 없어 학교에서 기숙해야 했다. 드미트리의 동생 마리야도 마찬가지였다. 만일 내무부가 어머니의 살아 있는 자식 중 나이가 가장 많은 아들인 블라디미르를 카잔주에서 추방하기로 결정한다면, 코쿠시키노에서 살라고 명령받은 안나 역시 영향을 받을 것이었다.

블라디미르는 1887년 12월 7일 더는 그를 통제하지 못하는 어머니가 있는 집으로 돌아왔다. 블라디미르는 카잔에 머무는 동안 이미 혁명 활동가들과 접촉했다. 카잔은 중앙 정부가 그 적들을 처리하기 위해 이용한 유형지였고, 그 시기에 경찰의 감시를 받던 유형자들이 몇 명 있었다. 처형당한 혁명가의 동생이 누가 그 지역의 혁명적 동조자들이고 그들의 논의에 어떻게 끼어야 하는지를 알아내는 것은 그리 어려운 일이 아니었다. 블라디미르 울리야노프를 매료시킨 조직은 농업 사회주의자로서 테러리즘을 옹호한 라자리 보고라스*가 이끄는 단체였다. 보고라스의 사상이 정확히 무엇이었는지는 다소 불분명하다. 그러나 보고라스는 의심할 여지 없이 군주정의 종식을 원했고 나라의 사회적·경제적 변화를 지지했다. 그리고 알렉산드르 울리야노프가 그랬던 것처럼 비밀 혁명 운동 내부에서 막 발생하고 있던 분열이 가능한 한 완화되기를 바랐던 것 같다. 블라디미르는 혁

라자리 보고라스(Lazar Bogoraz, 1868~?) 1887년 카잔의 혁명 그룹에 참여하고, 그 후 로스토프나도누에서 활동하다 투옥되었다. 1910년 의학부를 졸업하고 철도 의사로 근무했다.

명 정치에 대한 자신의 사상을 발전시키는 첫 단계에 있었다. 그가 형과 가까운 사람들에게서, 그리고 실제로 진지하게 정치에 헌신하며 상트페테르부르크를 비롯한 다른 지역의 유사 단체들과 계속 접촉했던 사람들에게서 배울 수 있는 바를 배움으로써 첫걸음을 뗀 것은 자연스러운 일이었다.

사실 카잔 대학에서의 소동이 없었더라면 블라디미르는 카잔의 혁명적 음모에 더 깊이 연루되었을 것이다. 빨리 퇴학당한 덕분에 블라디미르는 훨씬 더 엄중한 판결이 내려졌을 활동에 관여하지 못하도록 보호받을 수 있었다.[21]

마리야 알렉산드로브나는 자녀들의 학외 활동에 관계없이 그들을 기꺼이 지지했으나, 이 경우에는 애를 태울 수밖에 없었다. 안나 일리니치나는 친구에게 다음과 같이 썼다. "우리 집은 볼로댜의 운명 때문에 지금 매우 뒤숭숭한 상태야. 물론 엄마가 그애를 어디 다른 곳으로 보내는 것은 힘들겠지만, 그렇다고 시골에 둘 수는 없어."[22] 블라디미르의 어머니와 누나는 한 가지 점에서는 의견이 같았다. 블라디미르가 대학 학위를 받아야 한다는 것이었다. 어떻게든 그가 교육 체제에 재편입할 수 있도록 허가를 얻어야 했다. 그들은 이 문제를 블라디미르에게 이야기했고, 블라디미르는 외국 대학에 가고 싶다는 바람을 말했다. 유학을 보내는 것이 가족에게 재정적으로 어려운 일은 아니었으나 마리야 알렉산드로브나는 아직 이 바람을 귀담아들으려 하지 않았다. 그리하여 1888년 5월 9일, 블라디미르는 국민교육부에 카잔 제국 대학에 복학을 요청하는 편지를 썼다.[23] 동시에 그의 어머니도 경찰청장에게 비슷한 내용으로 편지를 썼다. 두 요청 모두 거부되었다. 9월에 블라디미르는 러시아를 떠나 외국에서 공부할 수 있게 허가해 달라고 요청했다.[24] 그는 다시 거절당했다. 경찰은 블라디미르가 "카잔의 청년 학생들 사이에서 혁명 서클을 조직하는 데 적극적으로 가담했다."는 점을 못마땅해했다.[25] 내무부는 체제의 적들을 상트페테르부르크와 모스크바뿐만 아니라 외국으로부터도 격리하고 싶어 했다.

하지만 울리야노프가에는 결국 자비가 베풀어졌다. 차르 통치 하의 내무부는 1917년 말에 레닌이 설치한 경찰 조직과는 달리 대중을 억압할 때 전혀 체계적이지 못했다. 1888년 9월에 가족은 다시 카잔에서 거주하는 것을 허용받았다. 블라디미르는 이런 경험을 했는데도 기가 꺾이지 않았다. 대담하게도 그는 당시 사라토프에서 유형살이를 하던 그의 영웅 니콜라이 체르니솁스키에게 편지를 보냈다.[26] 게다가 블라디미르는 카잔으로 돌아오자마자 지역의 혁명 활동가들을 찾아 나섰다. 페도세예프(Nikolai E. Fedoseev)가 조직한 비밀 서클이 도시에서 활동하고 있었고, 블라디미르 울리야노프는 이 서클에 가담했다.[27]

페도세예프는 자신이 마르크스주의자라고 선언하려던 참이었다. 그러나 그러한 비밀 서클들이 스위스에 있던 게오르기 플레하노프의 노동해방단에 전적으로 공감하는지 여부는 대체로 불명확했다. 특히 페도세예프는 플레하노프와는 완전히 대조적으로, 저돌적인 자본주의 발전에 의해 농민층이 소멸되리라는 전망에 기뻐하지 않았다. 페도세예프는 소규모 농업에 종사하는 두터운 농민층이 생존할 가능성이 있다고 생각했다. 그리고 분명히 농업 사회주의에 대한 페도세예프의 공감은 그가 도덕적인 이유로 이 가능성을 반겼음을 의미했다.[28] 블라디미르 울리야노프는 경제적·사회적·정치적 추세의 주요 측면들에 대해 서클에서 빈번하게 토론회를 열도록 한 페도세예프의 순수한 지적 헌신에 몹시 매료되었다. 이 시기에 블라디미르는 정신적으로 엄청난 노력을 기울였다. 대학 학위를 따기 위해 공부할 의무로부터 해방된 젊은 블라디미르는 자신만을 위해서 광적으로 책을 읽었다. 형의 풍부한 장서를 이용하고 또 자신의 장서를 구축하면서 블라디미르는 1880년대에 유럽의 문화적 논의에서 중심에 있던 작가들에게 주의를 기울였다. 그들 중에는 데이비드 리카도(David Ricardo), 찰스 다윈, 헨리 버클*, 카를 마르크스, 프리드리히 엥겔스 등이 있었다. 마르크스의 《자본》은 특히 관심을 끈 중요한 주제였다.

블라디미르 울리야노프는 심비르스크 고전 김나지야나 카잔 제국 대학에서 장려받은 것보다 더 폭넓은 지식을 스스로 공부하기를 원했다. 블라디미르는 확실한 지적 기초가 없으면 이 계획을 진지하게 밀고 나갈 수 없다고 생각했다. 그렇지만 그가 정치에 완전히 몰입한 것은 아니었다. 블라디미르는 사촌 알렉산드르 아르다셰프와 함께 카잔의 체스 클럽을 방문했다. 또 동생 올가와 드미트리와 더불어 오페라 공연도 보러 갔다. 블라디미르는 체스에 푹 빠져 사마라에서 변호사를 하는 안드레이 하르딘(Andrei Khardin)과 우편으로 게임을 할 정도였다.[29] 이것은 대단한 일이었는데, 하르딘이 세계적으로 유명한 체스 선수인 치고린(M. I. Chigorin)에게 진지한 상대로 받아들여질 만큼 뛰어난 체스 실력자였기 때문이다.[30]

하지만 울리야노프 가족의 카잔 체류는 어머니에게 더는 매력적인 선택지가 아니었다. 마리야는 블라디미르를 카잔의 혁명적 친구들로부터 떼어놓으면 정치라는 위험에서도 더 멀리 떨어뜨려놓을 수 있다고 굳게 믿고 있었다. 어머니는 다른 살 곳을 찾아야 했다. 바로 가까이에 도움을 줄 사람이 있었다. 큰딸 안나 일리니치나에게는 마르크 엘리자로프*라는 그녀를 사모하던 남성이 있었다. 안나는 상트

헨리 버클(Henry Buckle, 1821~1862) 영국의 역사가. 병약하여 정규 교육을 받지 못했으나 미완성 대작 《영국 문명사》로 명성을 얻었다. 역사의 기본 요소를 자연과 인간 정신으로 보는 역사관을 주창했다.

페테르부르크 대학에서 알렉산드르 일리치의 친구였던 그를 알게 되었다. 옐리자로프는 울리야노프가를 대신하여 다른 영지를 구입하는 협상을 진행했다. 옐리자로프는 코쿠시키노 부근이 아니라 성공한 농부였던 자신의 형제가 50헥타르를 경작하던 고향 사마라주를 둘러보았다.[31] 옐리자로프는 시베리아의 금광 재벌인 콘스탄틴 시비랴코프(Konstantin Sibiryakov)가 소유한 집과 땅에 대한 매매 선택권을 인수했다. 사마라주는 볼가강 남쪽으로 더 아래편인, 심비르스크와 아스트라한 사이에 있었다. 시비랴코프는 시베리아의 금광 사업으로 돈을 모은 뒤 여러 곳에 영지를 사들였다. 하지만 그는 정치적·사회적 양심을 지닌 산업가였다. 시비랴코프는 중도 좌파의 견해를 보였고 농업 사회주의에 공감했다. 한편으로 그는 현대적으로 일하는 방식을 믿었고 최신 농업 기술을 사마라주의 자기 땅에 도입했다.[32]

1880년대의 낮은 농산물 가격 때문에 이윤을 남기기 힘들었던 시비랴코프는 토지를 매각하기로 결심했다. 그는 자신처럼 정치 스펙트럼의 왼쪽에 있는 구매자를 선호했다. 그 결과 시비랴코프는 지역 농민들의 생활 수준을 낮추지 않고 농업 근대화를 원하는 사람들에게 저렴한 가격으로 자신의 여러 영지를 매각했다. 구매자들 중 일부는 알렉산드르 프레오브라젠스키(Aleksandr Preobrazhenski) 같은 농업 사회주의자들이었다. 또 지방의 기독교도이자 평화주의자로서 톨스토이 추종자들도 있었다. 새 땅 주인들은, 개인적 성향과는 상관없이, 정부가 농민들의 운명을 개선하는 데 전혀 관심이 없다는 사실을 못마땅해하는 사람들이었다. 시비랴코프는 울리야노프가를 알라카옙카의 영지를 구입할 유력 후보로서 환영했다. 시비랴코프와 옐

마르크 옐리자로프(Mark Yelizarov, 1863~1919) 레닌의 큰 누나인 안나 일리니치나의 남편. 1893년 러시아사회민주노동당에 입당했다. 1917년 10월 혁명 후 러시아연방 운송인민위원 등을 역임했다.

리자로프의 협상이 끝난 뒤 영지 대금은 마리야 알렉산드로브나가 가진 유산으로 지급되었다.[33]

그러나 블라디미르의 정치적 열망은 그대로 남았다. 그는 페도세 예프 그룹을 계속 방문했고, '인민의 자유' 소속 베테랑 테러리스트 로서 당시 카잔에 살던 체트베르고바(M. P. Chetvergova)를 찾아 나 섰다. 독서와 다양한 대화를 통해 블라디미르는 로마노프 왕조를 제 거하기 위해 러시아 혁명가들이 수행한 노력에 관해 가능한 한 모든 것을 흡수했다. 체르니솁스키는 이미 블라디미르를 사로잡은 상태였 다. 다른 혁명가들도 블라디미르의 사랑을 받았다. 스테판 할투린* 과 이폴리트 미시킨* 같은 위대한 농업 사회주의 테러리스트들은 그 의 일생의 영웅이었다.[34] 이후 블라디미르는 1898년에 프랑스군의 불 행한 유대계 장교였던 알프레드 드레퓌스를 감동적인 글로 옹호하 는 프랑스 소설가 에밀 졸라(Émile Zola)에게도 깊이 매료되었다. 졸 라의 사진도 블라디미르의 지갑 속에 한 자리를 차지했다. 블라디미르 가 사랑뿐 아니라 깊은 증오심도 품고 있었다고 추정하는 것이 완전 히 부적절하다고는 할 수 없을 것이다. 형의 처형은 그의 마음에 로 마노프 왕조에 대한 사라지지 않을 분노를 남겼다. 1887년 암살 미 수 사건 이후 가족들이 겪어야 했던 여러 문제도 존경받던 중간 계 급과 상층 계급, 즉 귀족, 지주, 도시 상인들이 사실은 존경받을 자 격이 없다는 생각을 더욱 굳게 했을 것이다. 냉혹하고 계산적인 인물

스테판 할투린(Stepan Khalturin, 1857~1882) 러시아의 혁명가. '인민의 의지' 회원. 1880년 2월 겨울궁전에 폭탄을 설치하여 알렉산드르 2세를 암살하려 했으나 실패했다. 그 후 모스크 바를 거쳐 오데사로 도주했으며, 그곳에서 1882년 3월 경찰 총수 살해에 다시 가담했다. 현장에서 체포된 뒤 교수형을 당했다.
이폴리트 미시킨(Ippolit Myshkin, 1848~1885) 러시아의 인민주의 혁명가. 1864~1868년 하사 관으로 근무한 뒤 속기사로 일했다. 1874년 모스크바에서 비밀 인쇄소를 운영했다. 1875 년 빌류이스크에서 체포된 뒤 상트페테르부르크의 감옥에 투옥되었다. 동부 시베리아에서 강제 노동에 복역하다 탈출했으나 다시 붙잡혀 1885년 총살당했다.

로 블라디미르를 그리는 일반적인 묘사는 진실의 일부에 불과하다. 블라디미르는 강렬한 감정을 지닌 청년이기도 했으며, 정치에 대한 그의 견해에서는 사랑과 증오가 진하게 느껴졌다.

당시 블라디미르가 보기에 러시아 제국의 문제는 사회적 변화가 너무 느리게 진행되는 것만이 아니었다. 그에 못지않게 중요한 문제는 제국이 억압적이라는 사실이었다. 러시아 제국은 진보에 맞서는 유럽의 성채였다. 제국 군대는 1848년의 혁명에 위협당한 구체제를 방어하는 데 직접 개입했다. 블라디미르는 차르 체제가 전복되어야 한다고 주장했다. 그는 분노를 억누를 수 없었고, 그의 혁명 사상은 아직 정리되지 않았으나 혁명을 향한 헌신은 이미 확고했다.

5장

변호사 혁명가
1889년~1893년

1889년 5월 3일 울리야노프 가족은 카잔주의 베레텐니코프가와 아르다셰프가 친척들에게 작별을 고하고 볼가강을 따라 사마라로 내려가는 노선을 왕복하는 외륜 증기선에 올랐다. 선착장은 카잔에서 6킬로미터 이상 떨어져 있었다. 볼가강은 구불구불 완만하게 카스피해를 향해 남쪽으로 흘렀고, 선장은 강 곳곳의 여울과 섬들을 피해 배를 몰아야 했다. 증기선으로 카잔에서 사마라까지 거의 500킬로미터나 되는 거리를 가는 데는 꼬박 이틀이 걸렸다. 노선 중간에 있는 심비르스크에서 배가 멈추지만 않았더라면 울리야노프 가족의 여행은 더 즐거웠을 것이다. 배가 멈췄을 때 일리야 니콜라예비치와 알렉산드르 일리치에 대한 슬픈 기억이 가족들 사이에 되살아났을 것이다. 다행히도 증기선은 단 두 시간만 정박해 심비르크스행 표를 가진 승객들을 내려주고 다른 사람들을 태웠다. 그렇더라도 울리야노프 가족들은 어쩔 수 없이 지난날을 떠올렸을 것이다. 그들은 절대 심비르스크를 잊을 수 없었으며, 많은 러시아인들도 울리야노프 가족 중에 황제 알렉산드르 3세를 암살하려 한 젊은이가 있었다는 사실을 결코 잊지 않을 것이었다. 그 젊은이의 남동생도 언젠가 자신의 행동으로 악명을 얻을 것이었다.

사마라에 도착한 가족은 마차를 타고 도시 동쪽으로 50여 킬로미터 떨어진 알라카옙카의 가족 영지로 향했다. 마리야 알렉산드로브나는 마르크 옐리자로프의 의견에 의존하면서 영지 매입을 눈에 띄지 않게 진행해 왔다. 마리야는 실망하지 않았다. 알라카옙카는 큰 목조 가옥과 눈부신 풍경이 있는 정말 아름다운 곳이었다. 걸어서 닿을 수 있는 곳에 숲과 언덕이 있었다. 또 아주 서투른 낚시꾼도 고기를 잡을 수 있는 연못도 있었다.[1] 작가 글레프 우스펜스키는 블라디미르 울리야노프를 비롯한 러시아 독자들의 찬양을 받은 여러 단편에서 알라카옙카 지역에 불후의 명성을 부여했다. 실제로 우스펜스키는 1870년대 말에 시비랴코프의 영지에서 살았고, 그의 부인은 시비랴코프가 영지에 세운 학교에서 학생들을 가르쳤다. 시비랴코프는 우스펜스키를 재정적으로 후원했다.[2] 그는 우스펜스키를 지역의 풍경과 주민들을 멋지게 묘사할 수 있는 사람으로 인정했다. 우스펜스키는 자신의 글에서 가난한 농민들이 빚과 토지 부족, 경찰에 대처하면서 겪는 곤경도 드러냈다. 그러나 많은 당대의 소설가들과 달리 그는 농민들을 이상화하지 않았다. 우스펜스키는 토지와 돈을 둘러싼 갈등 때문에 마을이 어떻게 분열되는지를 보았다. 그는 음주와 폭력, 외부인에 대한 편협한 태도 같은 농민들의 성향을 비판했다.[3] 이런 이유로 우스펜스키는 당대의 많은 사회주의자들에게 인기가 없었으나 블라디미르 울리야노프는 그를 좋아했다. 나중에 울리야노프를 비롯한 러시아 마르크스주의자들은 농민들의 태도와 관습에 신랄하게 독설을 퍼부어 악명이 높아지게 된다. 대체로 그들의 분석은 카를 마르크스와 프리드리히 엥겔스까지 거슬러 올라갔다. 정확을 기한다는 측면에서 글레프 우스펜스키의 단편들은 블라디미르 울리야노프의 지적 발전에 기여했다고 인정되어야 한다.

가족에게 변화의 시간이 왔다. 마리야 알렉산드로브나는 알라카옙카에 정착하면서 아들 블라디미르를 설득하여 새 소유지를 돌보게 했다. 코쿠시키노 영지를 관리한 사람은 블라디미르의 아르다셰프가 사촌들(알렉산드르와 블라디미르)이었으나, 마리야 알렉산드로브나는 새로 매입한 영지를 살아 있는 두 아들 중 나이 많은 아들이 관리하기를 원했다.[4]

처음에 블라디미르는 농민들을 만나러 다니고 영지 경영 계획을 짜는 등 어머니의 요청대로 일을 했다. 한편 안나 일리니치나는 교사가 되기 위해 집에서 공부를 하면서 가계 운영을 도왔다. 올가는 나머지 가족보다 더 열심히 공부했다. 김나지야를 떠난 후 올가는 하루 24시간 내내 공부하고 싶은 것처럼 보였다. 올가의 꿈은 러시아에서는 예외적으로 여성의 학위 취득을 허용하던 헬싱포르스(헬싱키) 대학 의학부에 입학하는 것이었다.[5] 동생들인 드미트리와 마리야는 사마라의 김나지야에 다녔다. 드미트리도 학교를 마친 후 대학에서 의학을 공부하기를 희망했다. 마리야 알렉산드로브나는 자녀들의 뚜렷한 목표 의식을 보고 기뻐했다. 그녀는 자녀들, 특히 이미 당국과 마찰을 빚고 있던 안나와 블라디미르가 정치적 사건에 연루되지 않기를 간절히 바랐다.

그러나 블라디미르는 농장 경영자로서는 언제나 가망이 없었다. 알라카옙카의 농민들은 가난하고 분노에 차 있었다. 볼가 전 지역, 특히 사마라주 농민들에게는 그것이 일반적인 현실이었다. 지역의 토지 귀족들은 1861년의 농노해방령을 토지를 최대한 보존하면서 농노들에 대한 최소한의 의무마저 없애버릴 기회로 여겼다. 그 결과 농가들은 토지를 더욱 간절히 갈구하게 되었다. 농민들이 지주들 들으라고 입에 담던 옛 격언이 있었다. "우리는 당신들 것이지만, 토지는 하느님의 것이다." 러시아 농민들은 농촌의 사회 질서가 부자연스럽다고 믿었다. 농민들은 노동을 해서 토지를 경작하는 사람만이 토지 생산물에서 나오는 이윤을 가질 권리가 있어야 한다고 생각했다. 이러한 태도는 관대한 콘스탄틴 시비랴코프가 소유한 영지에서도 만연했다. 지주로서 시비랴코프의 뒤를 이은 몇몇 땅 주인들은 농민들의 고통을 외면했고, 몇 년 안 되어 모두 경작을 포기하고 영지를 매각했다. 이들 대부분은 땅을 살 당시에는 자기 마을을 사회주의 공동체로 변신시킬 수 있다고 믿었다. 그러나 농민들은 그들에게 반항적인 태도를 보였고 비협조적이었다. 중간 계급의 토지 소유권에 대한 분노는 결코 없어지지 않았다.[6]

새로운 지주들이 탈주하던 와중에 단 한 명 예외가 있었다. 그는 죽는 날까지 러시아 농촌에 사회주의를 세울 수 있다고 믿은 알렉산드르 프레오브라젠스키였다. 울리야노프 가족과 안면을 튼 프레오브라젠스키는 블라디미르 울리야노프의 친구가 되었다. 그러나 생각이 일치하지는 않았다. 블라디미르는 러시아의 사회주의가 농민층 외의 사회 계급에 기반을 두어야 한다고 이미 결론을 내린 뒤였고, 프레오브라젠스키를 친구로 여겼지만 길을 잘못 든 낭만주의자라고 생각했다.[7]

농장 관리자로서 블라디미르는 자식으로서 순종하는 시늉만 했다. 뭔가 일을 해야 한다면 블라디미르는 농장 일보다 가르치는 쪽을 좋아했고, 마을의 학생들에게 가정교사를 해주겠다고 광고했다.[8] 그러나 블라디미르는 이 일조차 진정 중요한 일로 여기지 않았다. 쟁기질을 하고 씨를 뿌리고 잡초를 뽑고 수확을 하는 일에는 훨씬 더 관심이 없었다. 블라디미르는 농업에 관해 아는 것이 거의 없었고 알려고도 하지 않았다. 그의 열정은 혁명 사상에 집중되어 있었다. 블라디미르는 영지 경영자로서 자신의 활동을 재빨리 포기했다. 한편, 농민들은 도시 중간 계급의 전문직 가족이 온 덕분에 기회가 생겼음을 알아차렸다. 농민들은 으레 그랬듯이 속임수를 썼다. 또 도둑질도 했다. 울리야노프가의 가축들이 손쉬운 대상이었다. 처음에 말이 '사라졌고' 다음에는 암소가 없어졌다. 두 번째 암소가 없어졌을 때 마리야 알렉산드로브나는 아들이 경영 책임을 지도록 더는 부추기지 않았다. 대신 마리야는 가족의 집은 제외하고 알라카옙카의 소유지를 농민들에게 임대했다.[9] 결국 마리야 알렉산드로브나는 토지를 다닐린이라는 부유한 지역 농민에게 팔았는데, 그후로 가족은 농사에 관심을 두지 않았다. 이는 울리야노프가에게 천만다행한 일이었을 것이다. 왜냐하면 1905~1906년에 혁명적 소요가 일어났을 때 다닐린이 알라카옙카의 농민들에게 살해당했기 때문이다. 농민들은 다닐린 이전의 귀족 지주들을 증오했던 것만큼이나 다닐린을 몹시 싫어했다.[10] 블라디미르 울리야노프가 영지 경영자로 계속 머물렀다면 다닐린과 같은 운명을 맞았을 것이다.

이 모든 내용은 블라디미르가 나중에 지니게 된 사상이 사마라주의 농민들과 일상에서 가까이 지냈던 경험이 바탕이 되었다는, 널리 알려진 견해와 배치된다. 알라카옙카에서 보낸 시간의 대부분 동안 블라디미르는 공부를 하거나 산책을 하고 사냥을 했다. 블라디미르가 알고 지낸 농민 가족은 아무도 없었는데, 이 사실이 그를 괴롭히지는 않았다. 사실 블라디미르는 자신의 활동에 대한 내무부의 제한이 풀리자마자, 그의 표현에 따르면 '알라카옙카라는 조용한 지방 변두리'를 떠날 계획이었다. 블라디미르는 다섯 번의 여름을 알라카옙카에서 보냈지만, 의무적으로 있어야 하는 것보다 더 오래 머물 의향은 없었다.[11] 블라디미르의 어머니는 더는 아들에게 이래라저래라 할 수 없었다. 블라디미르가 버릇없는 행동을 하면 아마도 어머니는 이렇게 말했을 것이다. "아, 볼로댜, 볼로댜, 이렇게 막 행동해도 되는 거니?"[12] 그러나 어머니는 꾀와 설득에 의존해야 했다. 더는 명령이 먹혀들지 않았다.

한편 블라디미르는 즐겁게 생활했다. 그는 영지 주위의 언덕을 오랫동안 걷곤 했다. 블라디미르는 혼자서 또는 형제나 누이 중 한 명과 같이 연못에서 낚시도 했다. 올가 일리니치나와 함께 블라디미르는 이 지역을 소재로 한 글레프 우스펜스키의 소설들을 계속 읽었다. 오누이는 올가가 1890년 가을에 공부를 더 하려고 상트페테르부르크로 갈 때까지 많은 시간을 함께 보냈다.[13] 그러나 블라디미르는 혼자서도 즐겁게 지냈다. 블라디미르의 가장 큰 즐거움은 책을 파고드는 것이었다. 그는 시간 낭비를 싫어했고 자신의 공부가 부적절하게 중단된다고 느끼면 노골적으로 부루퉁한 모습을 보이기도 했다. 어머니가 아들이 알지 못하는 방문객이 알라카옙카를 찾을 것이라고 하면, 블라디미르는 눈에 띄지 않게 숨어서 책 읽기를 계속했다.[14] 하지만 예외적으로 누이 마리야를 옆에 앉히고 학교 공부를 도와주는 데 시간을 내기도 했다.[15] 마리야는 돌아가신 아버지에게 쏟던 애정을 살아남은 울리야노프 가족의 큰오빠에게 쏟았다. 그러나 블라디미르는 엄격한 선생이었다. 그는 누이가 자신의 말을 단순히 받아 적은 게 아니라 열심히 외웠는지 수업 다음날 검사하곤 했다.

블라디미르는 아버지 일리야가 자신에게 하던 대로 행동했다. 그는 독학에 열중함으로써 다시 아버지의 모범을 따르고 있었다. 그러나 블라디미르가 몰두한 것은 교육이 아니라 마르크스주의였다. 마르크스주의가 얼마나 블라디미르의 생활을 지배했는지 《공산당 선언》을 러시아어로 번역하기 시작했을 정도였다.[16] 또 블라디미르는 영어를 읽을 수 있는 실력을 갖추려고 노력했다. 앞으로 오랜 세월 동안 그런 노력은 그가 기분을 푸는 한 방법이 된다. 외국어를 다루는 데 익숙해지도록 훈련받은 블라디미르에게 외국어 사전을 살펴보는 데 쓰는 한 시간은 생활의 특별한 즐거움이었다. 그 세대의 다른 사람들처럼, 블라디미르는 혁명 운동이 어떤 식으로 노력하여 러시아 제국을 개조해야 하는지 스스로 판단하려 했다. 마르크스와 엥겔스의 글을 읽거나 독일어, 프랑스어, 영어로 된 흥미로운 신간을 들춰보는 것만으로는 그 목적을 이루는 데 충분하지 않을 것이었다. 그가 할 일은 러시아 제국 경제의 현 추세를 연구함으로써 거기서 드러나는 러시아의 정치적·사회적 가능성을 인식하는 것이었다.

책을 블라디미르만큼 좋아하지 않는 19세 젊은이라면 농민들과 친숙해졌을 것이다. 그러나 혁명가로서 블라디미르의 변신은 일상의 직접적 경험이 아니라 농민들에 관한 책을 통해 이루어졌다. 블라디미르는 외국 유학을 원했으나 1889년 6월 당국은 다시 그의 요청을 기각했다. 하지만 다음 달에 경찰이 페도세예프의 혁명 서클 회원들을 체포했을 때, 자신이 카잔에 머물지 않았다는 점을 두고 블라디미르는 운이 좋았다고 생각했을 것이다.

그때쯤 마리야 알렉산드로브나는 블라디미르가 절대 농장 경영자가 되지 않을 것이라는 사실을 받아들이고 가족들과 함께 사마라로 이사하기로 결정했다. 그들은 1889년 9월 5일 알라카옙카를 떠나 보스크레센스카야 거리에 있는 한 주택을 임대하여 그곳에 정착했다. 블라디미르는 매우 기뻤다. 그는 즉시 공공 도서관과 지역의 반체제 인사들을 찾아 나섰다. 차르 체제의 정치·사회 질서의 비판자들은 같은 도서관과 서점, 카페를 이용했다. 그들은 지성과 활력을 겸비한 블라디미르를 환영했고, 블라디미르는 가장 진지한 토론 서클을 이끌던 알렉세이 스클랴렌코*를 알게 되었다. 토론은 언제나 스클랴렌

알렉세이 스클랴렌코(Alexei Sklyarenko, 1870~1916) 러시아의 볼셰비키 혁명가. 1893년부터 러시아 사회민주주의 운동에 가담했다. 사마라에서 법원 서기로 근무하면서 레닌과 함께 서클 활동을 했으며, 1907년 체포되어 유형당했고, 1911년부터는 상트페테르부르크에서 활동했다.

코의 방 두 칸짜리 아파트에서 열렸다. 어머니와 함께 살던 블라디미르 울리야노프는 가족이 사는 곳을 토론 장소로 내놓을 수 없다고 생각했다. 서클은 사상 탐구에 집중했고, 울리야노프는 러시아 경제사에 관해 자신이 작성한 글들을 사람들 앞에서 읽었다.[17] 스클랴렌코와 울리야노프가 분위기를 좌우했다. 김나지야 학생 출신으로서 그들은 모임이 매우 학구적인 방식으로 공부해야 한다고 고집했다. 문화, 역사, 경제학을 다룬 이후에야 비로소 그들은 사회주의 이론을 검토하는 쪽으로 나아갈 것이었다.[18] 그 뒤 그들은 러시아의 다른 지역에서 온갖 성향의 사회주의자들을 초대해 강연을 들었다. 그리고 러시아 테러리즘에서 가장 활동적이었던 당대의 인물 가운데 한 사람인 사부나예프*가 1889년 12월에 그들을 방문했다.(잠시 카잔의 보고라스 그룹과 함께 지내고 나서의 일이었다.)[19]

그들은 하층 사회 계급을 위해 세계를 변화시키기를 원했으나, 그들의 모임은 산업 노동자나 농민과 접촉하려는 어떤 시도도 하지 않았다. 그들은 이전에 다녔던 학교나 대학의 강의 계획서에서 빠져 있었던 주제들을 공부하는 데 전념하는 학생들이었다. 스클랴렌코는 공무원이라는 직업 때문에 농촌으로 조사를 떠나야 했으므로 농민층을 잘 알았다. 그러나 대체로 모임은 회원들이 당대 러시아를 바꾸기 위해 무엇을 해야 할지 판단하는 데 가장 신뢰할 만한 기반을 제공하는 것이 공식 경제 통계라고 믿었다. 특히 울리야노프는 이론가로 성장하기 위해 공부하는 데 집중했다.[20] 그는 사람이 아니라 책이 해답을 줄 것이라고 생각했다. 그래서 모임은 사마라에서 밤에 나가 벽에 혁명 선언문을 붙이는 것 말고는 별다른 행동을 하지 않았다.

미하일 사부나예프(Mikhail V. Sabunaev) 인민의 의지 조직원. 모스크바 대학을 다녔다. 1886년 체포되어 동부 시베리아 5년 유형을 받았다. 1888년 유형지에서 탈출하여 볼가강 주변 도시들에서 혁명 활동을 벌였지만 1890년 다시 체포되어 10년 유형을 받았다.

스클랴렌코는 당국을 말로 괴롭히는 기술로 울리야노프에게 강한 인상을 남겼다. 그러나 주된 활동은 활동하지 않고 가만히 있는 것, 즉 모여서 각자 자신을 지적으로 갈고 닦는 것이었다.

이 모임은 어떤 사상을 고수했는가? 스클랴렌코는 테러리스트를 존경하는 농업 사회주의자였다. 블라디미르 울리야노프는 그들을 방문한 테러리즘 옹호자 사부나예프를 만나 매우 기뻤다. 1891년 블라디미르에게는 역시 테러리즘 동조자로서 1891년에 사마라로 유형당한 마리야 골루베바*를 만날 기회가 생겼다. 그들이 서로 만날 수 있었던 것은 니콜라이 돌고프(Nikolai Dolgov) 같은 또 다른 테러리스트와의 친교를 통해서였다. 사마라에 살던 돌고프는 죽은 알렉산드르 울리야노프의 가족이 사는 집 주소를 골루베바에게 가르쳐주었다. 베테랑 활동가 돌고프도 차르에 반대하는 블라디미르 울리야노프의 태도에 강한 인상을 받은 참이었다. "정말이지 실제로 모든 면에서 그랬다. 옷차림과 행동, 대화까지, 요컨대 모든 면에서 그랬다." 골루베바는 블라디미르를 농업 사회주의 테러리즘의 교리로 끌어들이려 애썼지만 실패했다. 비록 실패하긴 했으나 그녀는 몇몇 교리, 특히 '권력 장악'에 관한 교리가 블라디미르에게 결코 문제가 되지 않는다는 것을 알아챘다. 그들의 기본적인 의견 차는 '인민'의 혁명적 잠재력에 대한 골루베바의 믿음에서 비롯했다. 블라디미르 울리야노프는 계급 투쟁에 초점을 맞추지 않고 혁명을 일으킬 가능성을 이미 부인한 상태였다. 그는 특정 사회 계급에 의존해야 한다고 역설했다. 블라디미르에게 이 말은 곧 사회주의 사회를 형성하는 데 노동

마리야 야스네바-골루베바(Maria Yasneve-Golubeva, 1861~1936) 코스트로마의 사범학교를 졸업한 후 교사가 되어 농촌에서 인민주의 선전 활동을 하다 1891년 사마라로 유형당했다. 1901년 러시아사회민주당에 들어가 볼셰비키로서 상트페테르부르크에서 활동했다. 10월 혁명 후 사법인민위원부와 체카, 당 중앙위원회에서 일했다.

계급이 제일 중요하다는 의미였다.[21]

블라디미르는 '인민의 의지'의 전(前) 추종자와 지지자들을 허물없이 계속 만났다. 그들 중에는 블라디미르보다 열 살 많은 아폴론 슈흐트*도 있었다. 슈흐트는 시베리아 유형을 끝낸 뒤 사마라로 왔다. 슈흐트 부부의 딸 아샤가 1893년에 태어났을 때 부부가 블라디미르 울리야노프에게 대부가 되어 달라고 요청할 만큼 그들은 친했다.[22] 이런 사귐은 블라디미르 울리야노프가 유혈 혁명 속에서 당대 러시아 생활의 겉치레 예절을 전복할 음모를 꾸미면서도 동시에 그런 예절의 많은 부분을 어떻게 유지했는지 보여주는 여러 사례 중 하나이기도 했다. 여하튼 전 '인민의 의지' 활동가와 친교가 두터웠다고 해서 그가 러시아에서 사회주의 사회를 건설하는 다른 길을 모색하는 일을 그만둔 것은 아니었다. 차르 체제에 대한 증오는 그들의 공통점이었고, 울리야노프는 오흐라나의 명령으로 감금된, 정신이 온전한 유명인에 대한 안톤 체호프의 단편 〈6호 병동〉을 읽고 호기심과 섬뜩함을 느꼈다. "나는 어젯밤 이 단편을 읽고 속이 메스꺼웠다. 방에 있을 수가 없어서 일어나 나갔다. 내가 마치 6호 병동에 구금된 것 같은 느낌이 들었다."[23]

울리야노프도 스클랴렌코도 러시아 제국 경제를 다룬 당대의 저술들을 계속 공부했다. 스클랴렌코는 러시아 경제 성장에서 (장인 작업장의) 소규모 산업 생산이 차지하는 중요성에 관심이 있었고, 울리야노프는 그와 되풀이해 토론하기를 즐겼다. 그러나 울리야노프는

아폴론 슈흐트(Apollon Shukht, 1860~1933) 니콜라옙스키 기병학교를 졸업한 후 상트페테르부르크의 육군학교와 해군학교 생도들을 대상으로 반정부 선전 활동을 하다 서부 시베리아로 유형당했다. 유형이 끝난 뒤 1890년 사마라로 이사한 후 레닌 가족을 알게 되어 친밀하게 지냈다. 스위스로 추방된 후에도 제네바에서 아나키스트와 공산주의자 정치 망명자들과 〈빵과 의지〉라는 반정부 신문을 발간했다. 1917년 2월 혁명 후 러시아로 돌아왔고, 10월 혁명 후에는 모스크바 당 위원회에서 일했다.

몇 가지 점에서는 스클랴렌코와 입장이 달랐다. 울리야노프는 스클랴렌코가 자본주의 경제 발전을 냉정히 바라보려고 하지 않는 데 반대했다. 스클랴렌코는 농민층 소멸의 '역사적 필연성'을 받아들일 수가 없었다. 자기 세대의 적지 않은 다른 혁명적 활동가들의 주장에 맞춰, 스클랴렌코는 군주정에 맞서 예상되는 혁명이 발발한 후 소토지 보유농이라는 큰 사회 계급을 보존할 방법을 생각하고자 했다. 울리야노프의 동료 중에서도 노동자들보다 오히려 농민들 사이에서 사회주의를 촉진하는 일을 우선하기를 원하는 사람들이 있었다. 이런 주장의 주요 주창자는 알라카옙카 인근에 사회주의 농촌을 건설하려고 애써 온 알렉산드르 프레오브라젠스키였다.[24] 울리야노프는 스클랴렌코와도 프레오브라젠스키와도 논쟁을 벌였다. 울리야노프에 따르면, 자본주의는 영국에서는 마르크스와 엥겔스가 계획한 길을 따르고 러시아에서는 플레하노프가 예측한 길을 따라갈 것이었다. 감상에 빠질 여지는 없었다. 경제 발전의 철칙만이 있을 뿐이었다. 러시아는 자본주의로 향하는 길 위로 올라섰고 당대 시장 경제의 요구를 따라갈 수밖에 다른 도리가 없었다.

그리하여 계급으로서 농민층은 전혀 다른 두 적대적 부분, 즉 농촌 중간 계급('부르주아')과 농촌 노동 계급('프롤레타리아')으로 양분될 운명이었다. 겨울 몇 달 동안 울리야노프는 마르크스주의 기본 교재들을 읽고 지식을 넓히고자 했다. 그가 공부한 책에는 마르크스의 《자본》과 《철학의 빈곤》, 엥겔스의 《반뒤링론》과 《영국 노동 계급의 상황》, 플레하노프의 《우리의 의견 차》가 있었다. 울리야노프는 처음부터 끝까지 러시아의 미래가 산업, 도시화, 대규모 사회 조직에 있다는 자신의 직관을 확인했다. 울리야노프에게 도덕적 문제는 중요하지 않았다. 울리야노프는, 사회의 전통적인 사상은 언제나 지배 계급이 자신의 이익을 위해 고안하는 것이라고 강조한 역사 철학을 마르크스로부터 이미 받아들였다. 그러므로 도덕은 계급 투쟁의 파생물일 뿐이었다. 모든 정치적·사회적·문화적 가치에는 단지 '상대적인' 의미만 있을 뿐이었다. '절대 선' 같은 것은 없었다. 행동의 유일한 지침은 다음과 같은 기준이었다. 그것은 공산주의 사회의 창출을 향한 필수 단계를 좀 더 급속하고 효과적으로 통과하는 데 도움을 주는가?[25]

울리야노프의 동료인 알렉세이 스클랴렌코와 이사크 랄라얀츠*는 그가 이렇게 정치에서 감상적 사고를 거부하는 데 몹시 당황했다. 그들은 부분적으로는 '인민'에게 봉사하기를 원했기 때문에 혁명 활동가가 되었다. 그들은 노동자나 농민이 아니었으며, 러시아 지식인의 의무는 사회의 억압받고 짓밟힌 사람들을 돕는 것이라고 생각했다. 그들은 양심의 가책을 느끼는 전형적인 지식인이었다. 그들이 새로 등장한 동지에게서 본 것은 양심, 공감, 자선 같은 개념을 당당히 거부하는 사람이었다.

그러나 그들에게 울리야노프의 가혹함은 나중에야 중요한 문제로 여겨지게 된다. 당시에 그들은 당혹스러워하긴 했으나 그뿐이었다. 그리고 울리야노프는 동지로서 그들에게 편한 사람이었다. 울리야노프는 자기 삶에서 처음으로 동시대인들로 이루어진 자발적 단체의 영속적인 구성원이 되었다. 단체 회원들이 울리야노프를 좋아했을 뿐만 아니라 울리야노프도 그들을 좋아했다. 그들은 울리야노프가 면밀하게 작성한 그래프와 표가 그려진 보고서를 내놓았을 때 매우 똑똑한 인물이 자기들 사이에 나타났다는 사실에 그저 기쁠 따

이사크 **랄라얀츠**(Isaak Lalayants, 1870~1933) 러시아의 혁명가. 1888년부터 혁명 운동에 참여했고, 1893년 사마라에서 레닌, 스클랴렌코와 함께 사마라 최초의 마르크스주의 서클을 조직했다. 1902년부터 오랫동안 체포와 유형 생활을 거듭하다 10월 혁명 후 교육인민위원부에서 일했다.

름이었다. 울리야노프는 그들을 압도하면서 학문적으로 과시할 수도 있었으나 그런 태도는 그의 스타일이 아니었다. 울리야노프는 그들의 친목 야유회에 열심히 참여했다. 그들은 함께 사마라 근교 너머로 즐겁게 돌아다녔다. 야유회에서는 경찰의 급습을 걱정하지 않고 이야기하고 논쟁하며 재미있는 시간을 보냈다. 그들은 시간이 자기 편이라는 것을 명백히 느꼈다. 국가와 사회의 기존 구조가 그리 오래 지속될 수 없다는 것은 확실했다! 다른 무엇이 그들을 갈라놓든, 그들은 현 사회가 부패했다는 데는 의견이 일치했다. 그들은 로마노프 왕조를 무너뜨리기로 결심했다. 스클랴렌코는 한번은 사마라 감옥에서 신문을 받는 동안 헌병에게 잉크병을 집어던진 적이 있을 정도로 열정적이었다.

블라디미르 울리야노프는 이따금 볼가강을 따라 배를 타고 내려가보는 일 말고는 무모한 행동을 하지 않았다. 그는 우사강까지 멀리 몇 킬로미터를 내려갔다가 볼가강으로 되돌아 올라왔다. 그런 여행을 할 때 울리야노프는 한 번에 사나흘씩 가족과 떨어져 있었을 것이며, 예측할 수 없는 바람과 강의 흐름에서 오는 위험도 없지 않았을 것이다. 그러나 울리야노프는 육체적 운동을 통해 그리고 장엄한 볼가강과 농촌의 풍경을 봄으로써 사마라에서 어머니와 함께 지내야 한다는 좌절감이 사라지는 것을 느꼈다.

한편 당국에 대해 울리야노프는 정중하고 공손하게 처신했다. 이는 그가 예의 바른 품행(동료 혁명가들과 논쟁할 때를 제외하고)을 몸에 익혔기 때문만은 아니었다. 쓸데없이 위험한 상황에 놓이지 않으려는 의식적 노력 때문이기도 했다. 그렇지만 울리야노프의 내면에서 타오르는 불꽃은 스클랴렌코만큼이나 강했다. 아니, 훨씬 더 세차게 타올랐던 것 같다. 울리야노프는 당대 러시아에서 보이는 가장 경미한 불법이나 타락도 본능적으로 증오했으며, 특히 개인적으로 영향을 받을 경우에는 절대 그냥 두고 보려 하지 않았다. 그는 일시적으로 기존 사회의 위계 질서를 용인할 수 있었다. 울리야노프는 계획된 혁명이 완전히 새로운 질서를 열 때까지는 귀족이라는 자신의 신분이 주는 혜택을 기꺼이 누렸다. 울리야노프 가족은 알라카옙카의 영지를 비울 때 재정 문제를 크루시비츠라는 관리인에게 위임했고, 그는 지역 농민들에게 지대를 받는 일을 맡아 했다. 울리야노프가는 이자에 기대어 살았다. 블라디미르는 자본주의 경제 체제에서 살면서 자본주의 규칙에 따라 물질적으로 안정을 누리는 데 당혹감을 느끼지 않았다.

그러나 블라디미르는 법적 권리를 조금이라도 침해받을 때면 친구와 친척들을 깜짝 놀라게 할 정도로 격분했다. 고향인 심비르스크 시 인근 시즈란에서 소풍을 즐기면서 블라디미르와 그의 매형 마르크 옐리자로프는 뱃사람을 한 명 사 볼가강을 건넜다. 이것은 그들이 증기선을 소유한 부유한 시즈란 상인 아레피예프라는 사람의 비공식적 독점권을 침해하는 것이었다. 블라디미르와 옐리자로프가 강 중간쯤에 다다랐을 때 아레피예프는 증기선을 보내 배를 막고 그들을 자기 배에 올라타게 했다. 블라디미르는 강제 승선 요구에 따르기 전에 증기선 선장에게 다음과 같이 힘주어 말했다. "아레피예프가 강을 건너는 길을 세냈는지는 내 알 바 아니오. 그건 그의 일이지 내 일이 아닙니다. 그렇다고 해서 그 사람이나 당신에게 볼가강에서 불법으로 행동하고 사람들을 힘으로 구금할 권한이 주어지는 것은 결코 아니오."[26] 블라디미르는 아레피예프가 젠체하며 걸어다니는 동안 선장과 그의 동료 직원들의 이름을 참고용으로 꼼꼼하게 받아 적었다. 블라디미르의 남동생은 다른 사람이라면 "타성과 '러시아적' 게으름" 때문에 조용히 있었을 것이라고 훗날 기록했다. 그러나 블라디미르 블라디미르는 그냥 넘어가지 않으려 했다. 블라디미르는 사마라로 돌아오자 당국에 정식 고소장을 제출했다. 사마라는 시즈란에서 100킬로미터쯤 떨어져 있었으며, 아레피예프는 시즈란에서 누리는 자기 위치를 이용하여 소송 진행을 지연시켰고 심리가 두 번 열렸으나 성과가 없었다.

마리야 알렉산드로브나는 아들을 진정시키려고 했다. "그 상인을 그냥 내버려 두자꾸나. 그들은 다시 소송을 연기할 것이고 네가 그곳에 가봤자 헛수고일 거야. 게다가 그들이 너에게 원한을 품고 있다는 걸 명심해야 해!" 마리야는 블라디미르가 사건에 너무 흥분해 있다고 어느 정도 일리 있는 생각을 했다. 하지만 블라디미르는 참으려 하지 않았다. 그는 세 번째 심리에 가기 위해 새벽 열차에 올랐고 마침내 설욕하는 데 성공했다. 상인 아레피예프는 한 달 동안의 징역형에 처해졌다. 사람들은 이 결과에 놀랐다.[27]

블라디미르의 성격뿐 아니라 제국 법률에 대한 지식이 넓어진 것이 그의 이런 태도에 영향을 끼쳤다. 가족이 사마라로 이사하자마자 블라디미르는 대학생이 되겠다는 요청을 재개했다. 국민교육부에 보낸 그의 편지는 다음과 같이 시작했다. "김나지야 과정을 마친 후 지난 2년 동안 저에게는 전문 교육을 받지 않은 사람이 직업을 가지는 것이 불가능하지는 않지만 매우 힘들다는 것을 확신할 충분한 기회가 있었습니다." 정상적인 방식으로는 러시아 제국의 대학에서 공부할 가망이 없었던 그는 특별 학위 심사를 받는 교외 학생으로 법률 시험을 보게 해 달라고 요청했다.[28] 블라디미르의 어머니는 따로 편지를 써서 탄원에 힘을 보탰다. 1890년 6월 12일, 마침내 필요한 허가를 받은 블라디미르는 상트페테르부르크 대학의 등록 절차를 밟기 시작했다.[29] 독학에 익숙한 그에게 이런 준비는 어려운 일이 아니었다. 필요한 교재를 주문할 돈도 있었다. 상트페테르부르크를 방문할 수 있을 때까지 올가 일리니치나 같은 다른 가족 구성원들을 시켜 대신 서점을 둘러보게 할 수도 있었다. 사촌 블라디미르 아르다셰프는 그가 학위 과정에서 읽어야 할 책에 관해 조언했다.[30]

바로 이러한 점들이 서로 가깝게 지내는 유복한 가족과 친척을 둔 이점이었다. 이 이점은 대부분의 당대 혁명가들에게는 없는 것이었다. 마리야 알렉산드로브나의 자녀들은 최근 몇 년 사이 여러 재앙을 겪은 후 마침내 두 발로 일어서는 중이었다. 올가 일리니치나는 헬싱포르스 대학에서 의학을 공부하겠다는 희망을 포기해야 했다. 올가는 입학 자격을 충족시키기 위해 스웨덴어를 배웠으나 핀란드어를 추가로 알아야 한다는 조건이 문제가 되었고, 결국 학위 과정에 들어가지 못했다.[31] 대신 올가는 상트페테르부르크에서 1878년에 개설된 러시아 최고 수준의 여성 교육 과정인 '베스투제프 강좌'를 수강해 교사가 되기 위해 1890년에 그곳으로 떠났다. 베레텐니코프가, 아르다셰프가, 잘레시스키(Zalezhski)가의 몇몇 사촌들이 이미 수도에서 학교에 다니고 있었고, 올가는 그들을 꽤 자주 만났다.[32] 올가가 혁명 활동에 연루된 증거는 없다.(그러나 그녀의 친구인 아폴로나리야 야쿠보바*와 지나이다 네브조로바*는 곧 마르크스주의 활동가가 된다.)[33] 마리야 알렉산드로브나는 드미트리와 마리야가 김나지야에서 계속 공부함에 따라 마음이 점차 편안해졌다. 그리고 안나는 블라디미르를 정식 증인의 한 사람으로 세우고 1889년 7월에 약혼자 마르크 옐리자로프와 결혼했다.[34] 블라디미르에 대해서도 걱정이 없었다. 어머니는 아들이 상트페테르부르크 대학에서 치를 시험을 잘 준비할 것임

아폴로나리야 야쿠보바(Apollonaria Yakubova, 1870~1913) 상트페테르부르크 노동계급해방투쟁동맹 활동에 참여했다. 1897년 체포되어 시베리아에서 유형 생활을 하다 1899년 탈출하여 런던으로 망명했다. 1905년 혁명 이후 러시아로 돌아왔지만 정치 활동을 그만두었다.
지나이다 네브조로바(Zinaida Krzhizhanovskaya-Nevzorova, 1869~1948) 1898년 이래 러시아 사회민수노농당 당원이었다. 볼셰비키로서 1905년 혁명에 적극 참여했고, 1917년 2월 혁명 후 모스크바 소비에트에서 활동했다. 10월 혁명 후 주로 교육 활동에 종사했다.

을 알았다.

블라디미르는 보기 드물게 빠른 자료 소화 능력 더에 1891년 3월에 벌써 1차 시험을 보기 위해 수도로 갈 준비가 되었다. 블라디미르는 네바 강변의 한 건물에 있는 조용한 방을 빌렸다. 블라디미르와 올가는 여러 번 만났다. 올가와 어머니는 블라디미르의 소식을 정기적으로 주고받았다. 올가는 4월 8일에 다음과 같이 썼다.

> 엄마, 오빠 건강이 상하지 않을지 걱정은 안 하셔도 돼요. 첫째, 볼로댜는 분별력의 화신이고, 둘째, 시험은 매우 쉬웠다고 해요. 오빠는 이미 두 과목을 치렀고 둘 다 5점을 받았어요. 토요일에 (오빠는 금요일에 시험을 봤어요) 오빠는 휴식을 취했어요. 아침에 오빠는 넵스키 대로까지 걸어갔다가 점심을 먹은 후 저한테 와서 둘이 같이 네바 강변을 산책하며 쇄빙선을 구경했어요. 그러고 나서 오빠는 페스콥스키 집으로 갔어요.
>
> 오빠가 밤을 새진 않을 거예요. 그럴 필요가 전혀 없으니까요. 두 뇌는 24시간 내내 일할 수 없고 그래서 휴식이 필요한 거죠. 오빠는 매일 나가서 점심을 먹어요. 그러니까 오빠는 일정 시간 산책을 하는 셈이에요(progulivaetsya).[35]

이 간단한 발췌문은 가족들(적어도 누이들)이 블라디미르에게 얼마나 신경을 많이 썼는지를 보여준다. 블라디미르는 어느 누구와도 다른 특별한 보살핌을 받았고, 더 많은 기대와 더 많은 지원을 받았다.

블라디미르는 선물 세례를 받았다거나 언제나 버릇없이 행동할 수 있었다는 의미에서 '응석받이'였던 것은 아니다. 그러나 블라디미르는 외동이 아니었는데도 말하자면 애정 어린 기대의 분위기에 둘러싸여 있었다. 어머니는 그에게 끊임없이 주의를 기울였고, 안나와 올가 그리고 나중에는 마리야까지 누이들도 블라디미르에게 필요한 지원은 무엇이든 해주었다. 블라디미르는 가족 내에서 이루어지는 감정적 상호 작용을 어떻게 이용해야 하는지를 알았다. 이것은 훗날 그의 정치 생활에 영향을 끼친 교묘한 요령이었다. 그는 다른 사람들이 블라디미르가 바라는 것이라면 들어줘야 한다고 생각하게 만들었다. 그리하여 블라디미르는 '타고난 지도자'처럼 보였다. 하지만 그것은 블라디미르가 자신이 일으킨 곤경을 깨닫는 것을 가로막기도 했다. 자기 생각대로 하는 데 너무 익숙했던 블라디미르는 어떤 식으로든 방해를 받으면 한바탕 분노를 발산했다. 블라디미르는 훼방당하는 것을 무척 싫어했다. 젊은이로서 그는 뒤늦게 네 여자 손에 양육된, 일종의 버릇없는 아이가 되었다.

이 여자들 가운데 올가는 그리 오랫동안 블라디미르와 함께 있지 못했다. 교사 훈련 과정에 만족하지 못한 올가는 외국으로 나가 언제나 자신이 가장 원했던 대로 의학을 공부할 계획이었다.[36] 1891년 4월 말에 올가는 상트페테르부르크에서 병이 들었고, 알렉산드롭스카야 병원에 입원했다. 이번에 어머니에게 연락한 사람은 블라디미르였다. 블라디미르의 전보는 다음과 같이 전한다. "올랴(올가의 애칭)가 장티푸스에 걸려 병원에 입원했습니다. 올랴는 훌륭한 간호를 받고 있고, 의사는 경과가 좋기를 바라고 있습니다." 블라디미르는 마리야 알렉산드로브나가 당장 사마라를 떠나 상트페테르부르크로 올 필요가 있다고 생각하지 않았다. 그러나 올가의 상태는 보통 성 안토니열이라고 알려진, 열을 수반한 피부염이 발병하면서 악화되었다. 5월 초에 블라디미르는 사마라로 또 다른 전보를 보냈다. "올랴가 더 나빠졌습니다. 내일 당장 출발하시는 게 좋을 것 같아요."[37] 마리야 알렉산드로브나는 모스크바를 거쳐 상트페테르부르크로 가는 열차표를 끊었다. 그러나 마리야는 너무 늦게 도착했다. 올가는 1891

년 5월 8일 사망했다. 그날은 끔찍한 우연의 일치로 장남 알렉산드르가 1887년에 처형된 날이기도 했다. 올가는 겨우 열아홉 살이었다. 어릴 때 블라디미르의 놀이 친구였던 올가는 상트페테르부르크 남부 교외의 볼코보에 있는 루터파 교회 묘지에 묻혔다. 장례를 치른 후 마리야 알렉산드로브나는 나머지 가족을 돌보기 위해 서둘러 사마라로 돌아갔다.

마리야 알렉산드로브나는 딸이 묻힐 곳으로 볼코보 묘지를 선택하면서 법을 어겼다. 정교도로 세례를 받은 사람은 다른 신앙이나 교파로 개종하는 것이 금지되었고, 이는 살아 있을 때와 마찬가지로 죽은 뒤에도 적용되었다. 올가는 정교 성직자에게 세례를 받았으므로 정교 성직자에 의해 매장되어야 했다. 당국은 이런 위반을 막거나 처벌하기 위해 개입하는 일이 거의 없었다. 그러나 마리야 알렉산드로브나가 자기 딸의 장례를 루터파 목사가 치러주기를 고집한 일은 확실히 울리야노프가의 특징이었던, 사회적으로 주변부에 있었던 지위를 나타내는 표시였다. 마리야는 더는 상류 사회가 자신을 어떻게 생각하는지 걱정하지 않았다. 알렉산드르 울리야노프가 교수형을 당한 이후 가족이 직면한 따돌림은 마리야에게 어떤 환상도 남겨놓지 않았고, 마리야는 자신이 편하게 느끼는 대로 인생을 살기를 원했다. 마리야가 특별히 강한 종교적 신념을 지닌 것도 아니었다. 그녀는 자기 뜻대로 하고자 했다. 마리야의 아들 블라디미르는 열여섯 살쯤에 종교를 완전히 포기했고, 러시아 혁명 사상의 열광적 추종자로서 무신론자였다. 블라디미르에게 묘지가 정교회 소속인지 루터파 소속인지는 아무 의미가 없었다. 블라디미르가 생각한 자신의 할 일은 단지 어머니를 위해 가능한 한 장례를 원활하게 준비하는 것뿐이었다.

블라디미르는 어머니에게 친절했지만 감정을 충분히 드러내지는 않았다. 이는 울리야노프가의 양육 방식이었다. 자기 통제는 가족의 미덕이었다. 블라디미르도 누나 안나도 매우 다혈질이긴 했다. 실제로 블라디미르는 충동적이고 격해지기 쉬운 기질이 강했고 그의 성격은 가족 간에도 악명이 높았다. 하지만 블라디미르는 자신에게 도전하는 사람을 맞닥뜨렸을 때에만 이 기질을 드러냈다. 이번 경우는 블라디미르에게 자신의 감정을 단단히 붙들고 있을 것을 요구하는, 성격이 다른 상황이었다.

블라디미르는 어머니와 함께 사마라로 돌아와 9월에 2차 시험이 시작될 때까지 수도로 돌아가지 않았다. 1차 시험과 2차 시험은 재판 절차뿐만 아니라 교회 법과 경찰 법을 포함한 과목들을 평가하는 한 차례의 필기 시험과 열세 번의 구두 시험으로 이루어졌다.[38]

나중에 칭송 일색의 레닌 전기를 쓴 작가들은 이 과목들에 관해 말하지 않았다. 아마도 로마노프 경찰국가의 적이자 세계 최초의 무신론 국가 창건자가 교회 법과 경찰 법을 공부해야 했던 사실을 언급하는 것은 분별 없는 짓이었을 것이다. 하지만 블라디미르는 모든 과목에서 시험을 다 잘 봐 가장 높은 점수를 받았다. 블라디미르는 자신의 학년에서 그 정도 성적을 받은 유일한 학생이었다. 시험관들은 블라디미르가 상트페테르부르크 제국 대학에서 1급 학위를 받을 것을 추천했고, 블라디미르는 1891년 11월 12일 법률가로서 일을 시작할 수 있는 자격을 갖추고 사마라로 돌아왔다. 그 일은 차르 체제의 사회가 보여준 또 하나의 기이한 사건이었다. 국가로부터 변호사 개업 자격을 부여받은 젊은이가 국가의 법질서를 전복하기 위해 활동한다는 이유로 여전히 비밀리에 경찰의 감시를 받고 있었던 것이다.

블라디미르는 3년 전부터 우편으로 체스를 두었던 안드레이 하르딘의 변호사 사무실에서 일을 시작하기로 했다. 사마라로 이사한 후 울리야노프가와 하르딘가는 더욱 가깝게 지냈다. 안드레이 하르딘의 딸 중 한 명이 올가와 친구였고, 그들은 올가가 상트페테르부르크에 있을 때 서로 편지를 주고받은 적이 있었다.[39] 이런 상황에는 정치적 분위기도 조금 작용했다. 상트페테르부르크 당국은 안드레이 하르딘을 정치적 측면에서 '신뢰하기 의심스러운' 인물로 여겨 감시하고 있었다.[40] 하르딘의 사무실은 블라디미르가 5년 동안 변호사 훈련을 완수하는 동안 일을 배울 곳으로서 자연스러운 선택이었다. 보조 변호사 신분으로서 울리야노프의 임기는 1892년 1월 30일에 시작했다.

사마라에서 블라디미르는 알렉세이 스클랴렌코가 설립한 마르크스주의 단체의 동지들과 다시 합류했다. 보조 변호사 활동은 블라디미르가 혁명 운동에 참여하는 데 결코 걸림돌이 되지 않을 것이었다. 이때는 볼가 지역 사회에 끔찍한 위기가 닥친 순간이었다. 1891~1892년에 기근이 이 지방을 덮쳤고, 콜레라와 티푸스가 곧바로 뒤를 이었다. 주된 희생자는 농촌의 빈민들이었다. 신뢰할 만한 추산에 따르면, 알렉산드르 3세의 백성 약 40만 명이 사망했다. 제국 정부를 비판하는 대부분의 사람들은 주 원인이 정부의 대신들에게 있다고 추정했다. 소설가 레프 톨스토이는 이 지역에 기본적인 식품을 공급하기 위해 기금을 모으는 기근 구제 운동에 앞장섰다. 외국에서는 죽어 가는 농민들에 관한 르포가 발표되면서 로마노프 왕조의 인기가 어느 때보다 떨어졌다. 농민들에게 무거운 직접세를 거두지 않았더라면 기근이 결코 발생하지 않았으리라는 주장이 널리 퍼져나갔다. 사실 이런 주장은 옳지 않았다. 국가 세수는 직접세보다는 소비세에 더 의존했고, 따라서 재무부가 산업 성장을 꾀하면서 농민층을 일부러 곤궁하게 만드는 일은 어리석은 짓이었을 것이다. 거꾸로 중앙 정부의 예산은 사실상 농민을 비롯한 사람들이 보드카, 소금 같은 과세된 물건을 살 능력이 지속되는지 여부에 달려 있었다. 지독하게 가난한 사람들이 수백만 명 존재했음은 논란의 여지가 없다. 그러나 정부가 재정적으로 냉혹한 정책을 채택해서 이런 상황이 벌어졌다는 주장은 날씨가 종잡을 수 없었기 때문에 기근이 발생했다는 주장이나 농업 방식이 후진적이었던 탓이라는 주장보다 덜 그럴싸한 설명이다.

그러나 대부분의 러시아 급진주의자들은 정부의 미심쩍은 점을 좋은 방향으로 해석하지 않았다. 그들은 기근을 체제의 어리석음과 야만성을 나타내는 섬뜩한 징후로 보았다. 또 그들은 유럽 전역에서 나라 전체의 평판이 나빠졌다고 주장했다. 식량 분배가 부적절하게 이루어졌다. 병원은 불결한 데다 수도 적었다. 민간 관료들은 대응이 몹시 느렸다. 마르크스주의자들, 농업 사회주의자들, 자유주의자들은 차르 체제의 부패한 핵심이 드러났으며, 단기적으로는 기근을 완화하려고 애쓰는 자발적 기구들을 체제의 저항자들이 도와주어야 한다는 데 의견이 일치했다.

블라디미르 울리야노프는 이 지식인들에게 완강하게 반대했다. 블라디미르는 혁명을 선전하는 데 이용하기 위해 기근 구제 기관을 결성하는 일조차 용납하지 않으려 했다.[41] 블라디미르의 마음은 딱딱하게 굳어 있었다. 블라디미르는 사실상 사마라, 아니 제국 전역의 혁명가 가운데 유일하게 기근이 자본주의 산업화의 산물이라고 역설했다. 블라디미르의 냉담함은 심지어 그의 가족들도 놀라게 했다. 누나 안나 일리니치나는 의약품을 나눠주고 조언을 하며 병자들을 돕기 위해 시내를 다녔다. 블라디미르 일리치는 누나와 같이 이 일을 하기를 거절했다.[42] 마리야 일리니치나는 이 모든 것이 혼란스러웠다. 마리야는 오빠의 이런 입장과, 가난하고 억압받는 사람들을 위해 봉사하는 것을 의미하는 이념을 고수하는 오빠의 평소 태도가 공존할 수 있다는 것을 이해할 수 없었다. 드물게 블라디미르를 은근히 비판하는 대목에서 마리야는 오빠 알렉산드르와 블라디미르를 다음과 같이 비교했다. "그러나 (블라디미르 일리치는) 알렉산드르와 가까웠음에도 불구하고 그와 다른 성격을 지녔던 것 같다. 블라디미르 일리치는 전 생애를 일관되게 노동 계급의 대의에 바쳤지만 자기 희생이라는 자질은 없었다."[43]

어떤 것도 대규모 빈곤이 불가피하다는 블라디미르 울리야노프의 믿음을 흔들지 못했다. 농민들은 언제나 산업 성장을 위해 끔찍한 대가를 치렀으며, 19세기 말의 러시아에서도 마찬가지일 것이었다. 울리야노프에게 자본주의는 그 성격상 대부분의 사람들에게 해를 입히고 그들 중 많은 사람을 죽이게 되어 있었다. 인도주의적인 대책은 효과가 없을 뿐만 아니라, 자본주의의 발전, 그리하여 궁극적으로는 사회주의로 가는 진전을 늦춤으로써 해를 끼칠 것이었다. 그러므로 울리야노프에 따르면 기근은 "진보적인 요인으로서 역할을 했고," 그는 기근을 구제하려는 노력을 지지하기를 단호히 거부했다.[44] 울리야노프의 몰인정함은 이례적이었다. 그는 기근이 맹위를 떨치던 바로 그 지역, 즉 볼가 지방에 살았다. 농민들은 식량과 일거리를 구걸하며 도시로 밀려들었다. 거리에는 시체가 뒹굴었다. 그러나 일단 지적 분석을 끝낸 울리야노프는 감정에 흔들리지 않을 것이었다. 울리야노프는 단지 대기근의 참상을 지켜본 목격자가 아니었다. 그는 대기근에 한몫을 한 사람이었다. 울리야노프 가족은 사마라주의 영지에서 나오는 소득이 있었고, 그는 가족 대신 영지를 경영하던 크루시비츠가 합의한 바를 정확히 지불할 것을 여전히 주장했다. 이것은 농민들이 지금 자신들에게 벌어지고 있는 일과는 관계없이 크루시비츠에게 지대를 완납해야 한다는 뜻이었다.[45]

이러한 태도는 블라디미르가 러시아 농업 사회주의 사상에 크게 영향을 받았지만 농민들을 결코 동정하지 않았음을 보여준다. 이 점에서 블라디미르는 멀리 떨어져 있는 멘토인 게오르기 플레하노프와 같은 의견이었다. 블라디미르는 기본적인 마르크스주의 해석에서 플레하노프를 따랐고, 플레하노프는 그에게 우상이 되어 가고 있었다. 블라디미르에게 카를 마르크스와 프리드리히 엥겔스의 저술들에 대한 플레하노프의 해석은 독보적인 것이었다. 실제로 플레하노프가 그들의 저술들을 올바르게 이해했는지를 둘러싸고 러시아 제국의 혁명가들 사이에서 많은 논쟁이 벌어졌다. 1881년에 농업 사회주의 테러리스트 베라 자술리치는 마르크스에게 당신이 선진 자본주의 국가들이 맞이할 것이라고 생각하는 사회 발전 도식이 농업 국가인 러시아에도 적용될 수 있다고 믿느냐고 묻는 편지를 썼다. 마르크스는 많은 저술에서 봉건제 내부로부터 자본주의 단계가 어떻게 비롯하는지를 분석했다. 마르크스는 자본주의의 내적 과정이 잇달아 위기를 일으키고, 이 위기가 바로 그 자본주의에 의해 교육적·조직적 기술을 갖추게 된, 빈곤한 노동 계급으로 하여금 권력을 장악하도록 유도할 것이라고 예측했다. 그리하여 봉건제에서 자본주의로, 자본주의에서 사회주의로 나아가는 움직임은 바람직할 뿐만 아니라 필연적이기도 했다. 그러나 이러한 단계의 연속적 진행이 모든 나라에 작용하도록 미리 운명지어진 것인가?라고 베라 자술리치는 물었다. 러시아처럼 대체로 전(前)자본주의 국가가 자본주의를 완전히 회피하고 사회주의를 채택할 가능성은 없는가?

자술리치가 마르크스에게서 받은 답변은 만족스러운 것이었다. 마르크스는 《자본》이 모든 나라에 맞는 원형을 제공한다고 결코 주장하지 않았고, 농업 경제와 농민 공동체의 전통 덕분에 러시아는 자본주의적 산업화를 거치지 않고도 사회주의적 변혁을 달성할 수 있을 것이라고 인정했다. 그리하여 마르크스는 이 러시아 농업 사회주의자의 전략을 인정하는 것처럼 보였다. 또 실제로 마르크스와 엥겔스는 반(反)차르 테러리스트들에게 감탄하고 플레하노프 같은 자칭 마르크스주의자들을 책벌레 겁쟁이라고 무시한 것으로 알려졌다.

그리하여 러시아에서 농업 사회주의자들과 마르크스주의자들 사이에 자본주의를 둘러싸고 벌어진 논쟁은 마르크스로 하여금 농업 사회주의자들을 편들게 고무했던 것 같다. 그러나 마르크스는 자술리치가 주장하듯이 완전히 의견이 분명했던 것은 아니었다. 농민 토지 공동체의 평등주의적 측면에 바탕을 둔 사회주의 혁명의 가능성을 이야기하면서, 마르크스는 서구 선진 자본주의 국가의 사회주의 정당들이 동시에 권력을 장악하지 않는다면 그런 일은 전혀 실행될 수 없을 것이라고 명확히 말했다. 이는 매우 강력한 조건이었다. 게다가 플레하노프는 마르크스와 엥겔스가 자본주의가 이미 러시아에 도래해 있음을 인정해야 한다고 주장했다. 공장, 광산, 은행이 점점 더 활기를 띤다는 것은 모든 공식 통계가 증명하듯이 논란의 여지가 없는 사실이었다. 자술리치는 플레하노프의 영향을 받아 전향한 대표적 인물이 되었고 플레하노프를 도와 스위스에서 '노동해방단'을 창설했다. 마르크스는 1883년에 죽었고, 그래서 플레하노프는 엥겔스에게 주의를 집중했다. 그러나 엥겔스는 플레하노프에게 곧바로 동의하지 않았다. 엥겔스는 죽기 3년 전인 1892년에야 비로소 플레하노프와 러시아 마르크스주의자 세대(여기에는 아직 무명인 사마라의 작가 블라디미르 울리야노프가 포함되어 있었다)가 그들 선배들의 농업 사회주의를 거부하는 것이 맞다고 인정하게 된다. '노동해방단'은 러시아 마르크스주의자들이 마르크스와 자술리치 사이에 오고간 편지들을 유감스럽지만 일시적인 일화로 취급하는 선례를 남겼다. 미래는 《자본》을 러시아에 적용하는 데 있다고 플레하노프는 단언했다.

블라디미르 울리야노프는 이에 동의했고 혁명가가 되는 데 전념했다. 1892년에 블라디미르는 변호사로서 겨우 14건만 수임했는데, 그 중 하나는 자신을 개인적으로 괴롭혔던 아레피예프 기소 건이었다.

그해에 블라디미르가 가벼운 장티푸스에 걸린 사실을 감안하더라도 과중한 업무는 아니었다.[46] 부담은 1893년에는 훨씬 더 가벼워졌다. 1월부터 8월까지 그는 단 6건만 취급했다.[47] 의뢰인은 대부분 빈곤층이었지만,[48] 블라디미르는 조직적으로 운동하는 인도주의적 법률가가 결코 아니었다. 블라디미르는 가족의 유산으로 계속 생활을 꾸렸다. 그는 어머니가 자신에게 스스로 생계를 책임져야 한다고 결코 강요하지 않을 것임을 알았다. 블라디미르가 생각하기에 자신이 진정으로 해야 할 일은, 러시아 제국의 경제 현실과 정치적 기회를 이해하고 자신의 결론을 러시아 전역에서 벌어지는 폭넓은 사회적 토론 안으로 밀어 넣는 것이었다.

이런 목적으로 블라디미르는 카잔 시절부터 친구였던 니콜라이 페도세예프와 이미 활발하게 연락하고 있었다. 페도세예프는 블라디미르가 만난 사람 중에서 지적으로 블라디미르를 시험할 수 있는 최초의 인물이었다. 그들이 다룬 주제는 매우 중요했다. 로마노프 왕조가 전복되고 민주주의 공화국과 자본주의 경제가 확립되면 농민들을 어떻게 다루어야 하는가? 블라디미르와는 달리 페도세예프는 농민들을 시장의 변덕에 거리낌 없이 내맡기라고 권고하지 않았다. 대신 페도세예프는 그 수가 매우 많은 소토지 경작자 계급이 자본주의의 중기적 발전과 양립할 수 있다고 주장했다. 사마라에도 블라디미르 울리야노프가 러시아 제국의 사회적·경제적 구성을 적절하게 고려하지 않았다고 믿는 마르크스주의자들이 있었다. 블라디미르보다 세 살 많았던 표트르 마슬로프*는 페도세예프의 분석에 근거하여 러시아의 자본주의 발전이 농민층에 대한 정부의 무거운 과세에 의해

---

*표트르 마슬로프(Pyotr Maslov, 1867~1946) 소련의 농학자이자 경제학자. 카잔 대학과 빈 대학에서 공부했다. 사회민주주의 운동에 참여했으며, 10월 혁명 후에는 모스크바 대학 등 여러 고등교육 기관에서 가르쳤다. 1929년부터 소련 학술원 회원을 지냈다.

방해받고 있다고 주장했다. 그 결과, 마슬로프에 따르면, 아주 부유한 농민들만이 구매력을 늘려 러시아로 하여금 산업적으로 선진 자본주의 강대국들을 따라잡게 하는 데 공헌할 수 있었다. 도덕적·실천적 반대가 서구 자본주의의 기본 방향에 대한 마슬로프의 반대와 결합했다.

그러나 블라디미르는 자신의 생각을 실제로 시도해보기를 원했다. 1893년 여름 동생 드미트리가 사마라 김나지야를 졸업했다. 가족 전체가 모스크바로 이사하기로 결정되었다. 안나의 유형이 작년에 끝났고, 마리야 알렉산드로브나는 어쨌든 대도시로 이사하고 싶었다. 여전히 크루시비츠가 경영을 맡아 하던 알라카옙카의 영지는 상당한 이익을 올렸기에 가족은 모스크바에서 숙박할 곳을 임대할 수 있었다. 아직 나이가 어린 드미트리 일리치와 마리야 일리니치나는 고등교육을 마칠 때까지 도움이 필요했고, 마리야 알렉산드로브나는 그때까지 아이들 곁에 있기를 원했다. 하지만 그 과정에서 마리야 알렉산드로브나는 상트페테르부르크의 지식인 모임에서 이름을 떨칠 계획을 세우고 있던 블라디미르에 대한 통제력을 점차 잃어버렸다.

6장

혁명의 중심으로
1893년~1895년

　블라디미르 울리야노프는 1893년 8월 20일 집을 떠나 상트페테르부르크로 향했다. 블라디미르의 여정은 볼가강을 거슬러 올라 니즈니노브고로드로 가는 긴 증기선 여행으로 시작되었다. 블라디미르는 니즈니노브고로드에서 니카노로프 호텔에 묵었다. 처음으로 어머니에게 이것저것 설명하지 않고 나라를 여행할 수 있었다. 블라디미르는 내키는 대로 시간을 보낼 수 있었다.

　니즈니노브고로드는 볼가강과 오카강이 합류하는 지점에 있다. 도시는 19세기 끝자락에 산업 생산이 성장했으나 여전히 중요한 하항(河港)으로 널리 알려져 있었으며, 매년 전국에서 가장 큰 규모의 시장이 7월 중순부터 9월 초까지 이곳에서 열렸다. 큰 시장은 볼가 지방에 사는 이슬람교도 상인들뿐만 아니라 러시아 농민과 상인들도 끌어들였다. 50만 명의 방문자가 거리를 꽉 메운 채, 공작 기계부터 정교한 단도, 펠트 신발과 가죽 벨트에 이르기까지 온갖 잡화가 쌓여 삐걱거리는 노점과 매점을 뒤졌다. 소음과 혼잡으로 법석대는 여름 몇 달이었다. 상인들은 굳이 자기 물건의 견본만 가져오려 하지 않았다. 그들은 수중에 있는 모든 재고품을 등에 직접 지거나 암소,

말, 낙타에 실어 운반해 왔다. 시골 벽지에서 처음 도시에 온 농민들은 자신의 눈을 믿을 수가 없었다. 그들에게 큰 은행, 곡물 거래소, 기차역은 상상할 수조차 없는 진기한 것들이었다. 동시에 상트페테르부르크와 그 주민들만 보았던 방문자들에게는 풀로 엮은 신발을 신고 거친 덧옷을 걸친 농민들이 기이한 광경으로 다가왔다. 니즈니노브고로드는 고대 러시아와 근대 러시아가 만나는 곳이었다.

울리야노프도 큰 시장을 돌아봤을 수 있겠지만, 그것을 언급한 적은 없다. 울리야노프는 러시아의 혼잡과 다채로움을 으깨 걸쭉한 추상적 경제 데이터로 만드는 쪽을 분명히 더 좋아했기에, 편지에서 그런 행사들을 언급하는 경우는 거의 없었다. 그리고 사실 울리야노프가 점포와 좌판을 살펴볼 기회를 아예 무시했을 가능성이 높다. 울리야노프는 니즈니노브고로드에서 동료 마르크스주의자들을 찾아다녔다. 그들 중에 파벨 스크보르초프*와 세르게이 미츠키에비치*가 있었다.[1] 울리야노프와 그들은 공통의 친구들이 있었다. 스크보르초프는 울리야노프가 카잔에 도착하기 전에 페도세예프에게 마르크스주의 기초를 가르친 적이 있었다.[2] 울리야노프는 책과 체계적인 분석 작업에 자신과 똑같이 몰두하는 혁명가들과 접촉하면 힘이 솟았다. 그들은 밤늦게까지 앉아 정치와 경제에 관해 토론했다. 이튿날 울리야노프는 열차로 블라디미르 시로 떠났다. 그곳에서 카잔에서 친구가 되었던 니콜라이 페도세예프를 찾아 자신의 글에 대한 의견을 구

파벨 스크보르초프(Pavel Skvortsov) 러시아의 초기 마르크스주의자. 니즈니노브고로드에서 사회민주주의 서클을 조직했다. 젬스트보에서 통계학자로 일하며 〈볼가 통보〉 등에 러시아에서 자본주의가 성장함에 따라 토지 없는 농민층과 노동 계급이 증가하고 있다고 주장하는 논문을 게재했다.
세르게이 미츠키에비치(Sergei Mickiewicz, 1869~1944) 1893년 모스크바 대학 의학부를 졸업한 후 모스크바에서 최초로 마르크스주의 단체를 조직했고, 이듬해 체포되어 시베리아로 유형을 떠났다. 1903년 이후 볼셰비키로 활동했으며, 10월 혁명 후 소련 보건 의료와 교육계에서 일했다.

하기 위해서였다.[3] 불행히도 페도세예프는 블라디미르에서 단지 유형 중이었던 것이 아니라 감옥에 있었기에 만날 수 없었다. 울리야노프는 모스크바로 향했고, 그곳에서 북쪽으로 가는 열차를 타기 전에 친척 집에 머무르면서 루먄체프 박물관 내 대도서관에서 공부를 했다. 울리야노프는 8월 31일에 상트페테르부르크에 도착했다.[4]

수도는 울리야노프에게 '새로운 러시아'를 대표했다. 울리야노프는 산업적·교육적 진보가 이루어지지 못하면 나라에 희망이 없다고 생각했는데, 상트페테르부르크는 진보적 움직임의 선두에 선 곳이었다. 울리야노프는 '구러시아'를 혐오했다. 몇 년 뒤 울리야노프는 누나 안나가 모스크바를 거주지로 선택했다고 비난했다. "하지만 누나도 모스크바가 더러운 도시라는 데는 확실히 동의하긴 하지? 모스크바는 돌아다니기에도 더러운 곳이고, 책을 출판하기에도 더러운 곳이야. 그런데 왜 누나는 모스크바에 집착해? 나는 누나가 집을 상트페테르부르크로 옮기는 데 반대한다는 소식을 마르크에게서 전해 듣고 진짜 화가 났어."[5]

울리야노프가 수도에 특별히 매력을 느낀 이유는 그곳에 수십 만 공장 노동자들이 있어서가 아니라 러시아 경제와 사회에 관해 저술을 출간한 젊은 마르크스주의 작가들의 소모임이 존재했기 때문이었다. 지난 수십 년 동안 많은 정치 저술가들이 차르 체제를 비판했다. 그들 가운데에는 알렉산드르 게르첸*, 니콜라이 체르니솁스키, 미하일 바쿠닌*, 표트르 라브로프*, 니콜라이 미하일롭스키*가 있었다. 그러나 그들은 서로 협력하는 데 많은 어려움을 겪었고, 합법적 언론

알렉산드르 게르첸(Aleksandr Herzen, 1812~1870) 러시아의 사상가이자 소설가. 초기에는 서구 문화를 도입해 러시아의 개혁을 꾀하는 서구주의를 표방했다. 그 후 러시아가 농촌 공동체를 기초로 하여 자본주의를 거치지 않고 사회주의에 도달할 수 있다고 주장하여 인민수의 색채를 띠게 되었다. 저서로 《러시아 인민과 사회수의》, 자서전 《나의 과거와 사색》 등이 있다.

을 통해 저술을 발표하는 데는 더 큰 어려움이 있었다. 블라디미르 울리아노프 세대의 작가들은 그렇지 않았다. 그들 가운데 매우 많은 이들이 수도에서 바쁜 나날을 보냈다. 표트르 스트루베*, 미하일 투간-바라놉스키* (알렉산드르 울리야노프의 친구), 세르게이 불가코프(Sergei Bulgakov)가 가장 두드러졌다. 곧 표트르 마슬로프를 비롯한 다른 사람들이 합류했다. 그들은 사회적·경제적 동향에 관한 공식 통계를 분석하는 데 능숙했고, 러시아에서 통계 기록은 넘쳐날 정도로 많았다. 이 저술가들은 정치학, 경제학, 사회학, 철학을 비롯한 학문의 전 영역에 걸쳐 단련된 사람들이었다. 그들은 외국어로 된 당대의 주요 저술들을 읽었고, 최신 사상을 러시아 제국에 적용하려 했다. 그들은 푸시킨, 레르몬토프, 투르게네프, 도스토옙스키, 톨스토이 같은 1820년대 이래 러시아에 등장했던 위대한 시인과 소설가들에 대한 열등감이 없는 최초의 지식인 세대였다. 19세기 마지막 10년 동안 활동한 이 젊은이들은 러시아의 미래에 대한 질문에 최종 답변을 제공하는 것이 자신들의 몫이라고 느꼈다.

울리야노프는 얌스카야 거리에서 셋방을 얻었다. 그는 그 집의 유

미하일 바쿠닌(Mikhail Bakunin, 1814~1876) 러시아 출신의 아나키스트. '아나키즘'의 아버지로 불린다. 제1인터내셔널에서 마르크스와 갈등을 빚어 1872년에 축출당했다. 저서로《신과 국가》,《노동 동맹과 사회 혁명》 등이 있다.
표트르 라브로프(Pyotr Lavrov, 1823~1900) 러시아의 인민주의 이론가이자 철학자. 저서로《헤겔 철학》,《역사 서한》 등이 있다.
니콜라이 미하일롭스키(Nikolai Mikhailovskii, 1842~1904) 러시아의 인민주의 이론가. 1869년부터 1884년까지 급진주의 잡지인 〈조국 연보〉를 편집했다. 저술로《영웅과 군중》 등이 있다.
표트르 스트루베(Pyotr Struve, 1870~1944) 러시아의 경제학자, 철학자. 마르크스주의자로 출발했으나 나중에 자유주의자로 변신했으며, 볼셰비키 혁명 이후 백군에 가담했다.
미하일 투간-바라놉스키(Mikhail Tugan-Baranovsky, 1865~1919) 러시아의 경제학자. 우크라이나에서 출생했다. 하리코프 대학에서 물리·수학·법학을 공부했다. 1917년 2월 혁명 후 반혁명파의 입장에 서서 우크라이나 중앙 정부의 재무장관을 지냈다. 키예프 대학, 우크라이나 학술원에서 교육에 종사했다. 저서로《근대 영국의 산업공황》,《경제학의 원리》,《협동조합의 사회적 기초》 등이 있다.

일한 하숙인이었다. 방은 깨끗했고, 복도로 통하는 문에는 완충재가 덧대어 있어서 주인집 어린아이들 때문에 방해받지 않을 수 있었다. 얌스카야 거리는 국립 공공도서관에서 도보로 25분밖에 안 걸리는 편리한 곳에 있었다. 울리야노프는 셋방을 정리하자마자 볼코보에 있는 누이 올가의 무덤을 찾았고, 편지로 어머니에게 십자가와 꽃이 제자리에 있다고 확인해주었다. 추신에서 울리야노프는 돈이 떨어져 간다고 덧붙였다. 울리야노프는 사마라에서 보조 변호사로 일했던 때의 보수를 아직 다 받지는 못한 상태였다.(정기적으로 일하지 않았기 때문에 액수가 많지는 않았다.) 울리야노프는 어머니에게 이모 안나 베레텐니코바가 코쿠시키노 영지 임대료 중 울리야노프가의 몫을 보냈는지, 또 영지 관리인 크루시비츠가 거둔 돈을 제때 전액 납입하는지 물었다.[6]

블라디미르 울리야노프는 혁명을 진척시키는 과정에도 편안하게 지내려고 노력했다. 9월 3일 울리야노프는 만일을 대비해 변호사 미하일 볼켄시테인(Mikhail Volkenshtein)의 조수로 등록했다. 안드레이 하르딘의 추천서가 울리야노프보다 먼저 도착했고, 그는 대도시의 법률가로서 자리 잡을 준비를 했다. 그러나 울리야노프는 첫 법정 출두가 임박했다고 어머니에게 편지를 썼지만 실제로 재판정에 나간 적은 없었다. 울리야노프의 법률가 활동은 친구와 동료들에게 이따금 비공식적으로 자문하는 선을 넘지 않았다. 사실 울리야노프와 볼켄시테인이 함께 일한 유일한 경우는 볼켄시테인이 1896년에 울리야노프가 보석을 받을 수 있도록 노력했을 때뿐이었다.[7] 사실 울리야노프는 혁명에 몰두했고, 혁명을 위해서는 러시아 경제 발전에 대해 읽고 쓰는 것이 필수적이라고 보았다. 상트페테르부르크의 서점들은 사마라의 서점들보다 책을 더 잘 갖추고 있었다. 울리야노프는 불법으로 출간된 정치 저작에도 접근했다. 그는 마르크스와 엥겔스의 저술을 빠짐없이 손에 넣으려 했다. 마르크스의 《자본》 제3권을 포함해 상트페테르부르크에서 구할 수 없는 저술들은 동생 드미트리와 마리야에게 모스크바에서 찾아 달라고 부탁했다.[8] 이런 종류의 저작에 대한 블라디미르의 욕구는 한이 없었다.

울리야노프가 쓴 최초의 저술은 '농민의 삶에서 새로운 경제적 경향'이라는 제목을 달고 있었다. 당시 격렬한 사회적 논쟁의 대상이 된 한 책에서 경제학자 포스트니코프(Vladimir E. Postnikov)가 수집해 분석한 남부 러시아의 농민층에 관한 양적 데이터를 마르크스주의적으로 해석한 저술이었다. 울리야노프는 사마라의 표트르 마슬로프에게 한 부를 보내 페도세예프에게도 전해 달라고 부탁했다. 그는 자신감이 차올랐다. 그러나 울리야노프는 여전히 자신의 재능을 동료 경제 평론가들의 견해를 통해 입증해야 했다. 페도세예프의 반응은 울리야노프에게 중요했다. 울리야노프는 마슬로프도 '가능한 한 상세한 분석과 비판'을 해주기를 원했다. 울리야노프는 저술 활동에서 이미 몇 번 좌절을 맛본 터였다. 사회 문제를 다루는 것으로 유명한 상트페테르부르크의 일급 잡지인 〈러시아 사상〉은 울리야노프의 투고에 단호히 퇴짜를 놓았다. 울리야노프는 자신의 글을 별개의 소책자로 발행할 생각을 했다.[9] 그러나 이 구상도 실패로 끝났다.

울리야노프는 깊이 생각한 끝에 자신의 실패가 놀라운 일이 아님을 깨달았다. 잡지는 최근에 포스트니코프의 바로 그 책에 관해 보론초프*가 쓴 글을 실었고, 울리야노프는 보론초프의 자유주의적 정치 견해야말로 〈러시아 사상〉 같은 자유주의적 잡지에 항상 더 호소력을 발휘하는 것 같다고 내심 생각했다. 울리야노프는 〈러시아 사

바실리 P. 보론초프(Vasili P. Vorontsov, 1847~1918) 러시아의 경제학자. 자유주의적 인민주의 이론가로 활동하면서 농촌 공동체에서 러시아 자본주의 발전의 대안을 보았다. 레닌을 비롯한 마르크스주의자들로부터 격렬한 비판을 받았다.

상〉에 게재하기 위해 자기 글의 결론을 순화했으나 편집자의 적대감을 누그러뜨리는 데는 충분하지 못했다고 다른 사람들에게 설명했다.[10] 하지만 이 설명이 그의 글이 게재되지 않은 유일한 이유였는지는 의심스럽다. 어쨌든 기꺼이 마르크스주의자의 글을 실어줄 잡지를 비롯해 울리야노프가 접근할 수 있었던 다른 주요 잡지들이 있었다. 1890년대의 마르크스주의 사상가들은 그들의 적들마저 인정할 만큼 높은 지적 명성을 떨쳤다. 블라디미르 울리야노프에게 문제는 보론초프와 경쟁이 아니라 글의 주장이 지닌 설득력이었다. 울리야노프는 포스트니코프의 자료를 통해 자본주의가 이미 러시아 농촌 경제의 지배적인 모습이며, 농민들은 서로 투쟁하는 두 사회 계급, 즉 토지를 소유한 중간 계급과 농업 프롤레타리아로 급속히 분해되는 중임을 분명히 알 수 있다는 것을 보여주려 했다. 울리야노프는, 농민 토지 공동체가 지속적 영향력을 지니고 있다는 보론초프의 주장을 비웃었다. 울리야노프가 보기에 부유한 농가들이 가난해진 대다수 농가들을 희생양 삼아 경제적으로 팽창하는 것을 공동체가 실질적으로 억제하기는 이제 불가능했다.[11]

이런 주장은 포스트니코프의 자료를 지나치게 선별적으로 검토한 결과물이었기에, 〈러시아 사상〉은 울리야노프의 정치적 지향을 공유했다 하더라도 아마도 당연히 글을 거절했을 것이다. 그러나 울리야노프는 그런 비판에 귀를 기울이려 하지 않았다. 그는 표현을 부드럽게 함으로써 충분히 양보했다고 느꼈다. 울리야노프가 보론초프에게 품은 적의는 격렬했는데, 그 이유를 이해하기는 어렵지 않다. 보론초프는 농업 사회주의 성향을 띤 유명 인사였다. 그러나 사적인 자리에서도 보론초프는 군주정에 맞서는 혁명을 요구하지 않았다. 보론초프는 기존 정치 질서의 틀 안에서 경제적·사회적 고통을 완화하는 운동을 벌이는 데 그쳤다. 이런 점이 울리야노프를 화나게 한 것은 아니었다. 울리야노프의 분노는 러시아 자본주의가 항상 성장 부전 상태로 남아 있을 것이라는 보론초프의 주장을 겨냥했다. 울리야노프는 이 점을 사마라와 상트페테르부르크의 마르크스주의자 비밀 모임에서 이미 설명한 적이 있었다. 보론초프는 농민들에 대한 무거운 과세 수준을 러시아 자본주의의 발전이 지지부진한 주요 원인으로 지목했다. 보론초프의 주장에 따르면, 국내 시장은 여전히 취약할 것이며 농민들이 기대할 것이라곤 영속적인 빈곤뿐이었다.[12]

울리야노프는 몇몇 생각 깊은 마르크스주의자들이 이 문제에 관해 보론초프의 경제적 관점을 공유한다는 사실 때문에 더 화가 났다. 마슬로프는 농업 사회주의를 거부하고 혁명의 필요성을 믿는다는 점에서 울리야노프와 의견이 같았지만, 농촌에 빈곤이 너무 만연한 탓에 자본주의 발전이 초기 단계를 통과하지 못할 것이라고 확신했다. 그러한 인식은 상트페테르부르크 마르크스주의자들에게서도 나타나곤 했다. 울리야노프는 상트페테르부르크의 기술 대학 학생들을 비롯하여 그런 생각을 하는 한 무리의 마르크스주의자들과 접촉했다. 울리야노프는 이들을 스테판 랏첸코*의 집에서 만났다. 그 달 말 저녁에 토론회가 열렸고, 레오니트 크라신(Leonid Krasin)이라는 똑똑한 젊은 기술자가 〈시장의 문제〉라는 글을 발표했다. 울리야노프는 관대하지 못한 청중이었고,[13] 다른 사람들에게는 없는 빈틈없는 말솜씨가 있었다. 또 매우 호전적이기도 했다. 그런 모든 토론회에서 동료 마르크스주의자들은 울리야노프를 조심하는 법을 배웠다. 1894년 2월에 또 다른 모임이 열렸다. 이번에는 기술자 로베르트 클라손(Robert Klasson)의 아파트에서 모였다. 울리야노프는 다시 한번 혁명적 열의를 과시했다. 그는 실제적인 정치적 헌신의 느낌이 없

스테판 랏첸코(Stepan Radchenko, 1869~1911) 러시아의 혁명가, 기술자, 상트페테르부르크 노동계급해방투쟁동맹의 조직가. 러시아사회민주노동당 당원.

는 토론을 싫어했고 이런 이유로 친구들을 비판했다. 그들은 울리야노프의 과격한 언행에 직면하여 휘청거렸다. 울리야노프처럼 그들도 당대의 경제 발전 법칙을 찾아내려고 애썼다. 그러나 울리야노프는 그 이상을 원했다. 그는 이 모임이 제국의 질서를 무너뜨리는 최선의 방법을 검토해야 한다고 요구했다.

참가자들 중에는 마르크스주의 활동가인 나데즈다 콘스탄티노브나 크룹스카야도 있었다. 크룹스카야는 누군가 이 모임에서 지역 산업 노동자들을 위해 '문맹 퇴치 위원회'를 구성할 것을 주장했을 때 울리야노프의 웃음에서 '사악하고 냉담한 무언가'가 떠오른 것을 탐지했다. 울리야노프는 그런 제안이 어떻게 혁명 대의에 도움이 될 것인지 물었다. 울리야노프가 아닌 다른 어느 누구도 그런 식으로 그들에게 말하지 않았다. 나중에 크룹스카야는 다음과 같이 회상했다. "클라손이 나타났다. 그는 몹시 화가 나서 자신의 턱수염을 잡아당기면서 말했다. '글쎄, 그가 무슨 말을 하고 있는지 누가 알겠소!' 그러자 코롭코(Nikolai Korobko)가 응답했다. '무슨 말입니까? 그가 옳아요. 우리가 혁명가이긴 합니까?'"[14] 클라손과 코롭코는 훈계를 받는다고 느꼈다. 처음으로 누군가가 그들에게 혁명은 저절로 일어나지 않는다고 지적한 것이었다.

하지만 울리야노프가 다른 사람들을 비판할 수 있는 정당한 위치에 있었는지는 의문이다. 울리야노프는 혁명 투쟁에 실제적으로 접근하기를 요구했지만, 아직 공장 노동자들을 만나보지도 못한 상태였다. 울리야노프는 상트페테르부르크의 공장과 상업 시설을 그저 바깥에서만 보았다. 울리야노프는 중간 계급 지대(地代) 생활자로 살았다. 그리고 기술자 동료들과는 달리 막 출현하던 산업 러시아와 접촉하는 데 필요한 전문적 훈련도 전혀 받지 않았다. 울리야노프는 자신의 생활 방식을 바꿀 필요를 느끼지도 못했다. 그는 여전히 나라에서 혁명의 가능성을 높이는 가장 효율적인 방법은 다른 중간 계급 지식인들과 경제적·정치적 논쟁을 벌이는 것이라고 생각했다. 울리야노프는 크라신, 클라손, 코롭코를 호되게 비판하면서 그들은 결코 그들 세대의 뛰어난 사상가가 아니라고 단정했다. 울리야노프는 그들을 상대로 거만하게 굴지는 않았으나, 그들 모임의 얌전한 구성원으로 남아 있을 생각이 없었다. 〈러시아 사상〉과 싸움이 있었지만 그는 수준 높은 사회적 토론의 장으로 나가 폭넓은 충격을 주겠다는 결심을 계속 견지했다. 바로 이것이 결국 울리야노프가 상트페테르부르크로 온 가장 큰 이유였다.

울리야노프에게는 운 좋게도, 클라손은 자신의 인맥을 이용해 표트르 스트루베와 미하일 투간-바라놉스키를 1894년 2월 말에 자신의 아파트로 초대할 수 있었다.[15] 울리야노프는 마침내 자기 정도로 지적 재능이 있는 사상가들과 생각을 나누게 된 것이었다. 스트루베, 투간-바라놉스키, 울리야노프는 모두 러시아의 미래를 둘러싼 기본 문제들과 씨름했다. 스트루베는 자신의 저서 《러시아 경제 발전 문제에 관한 비판적 논평》으로 막 주가를 올리려던 참이었고, 투간-바라놉스키는 《러시아 공장》을 곧 출간할 예정이었다. 울리야노프처럼 그들은 최신 경제 자료를 꼼꼼히 살폈다. 그들은 남의 도움을 받지 않고서도 살아갈 수 있었고 마르크스주의로 전향한 사람들이었다. 그들처럼 자신의 저술을 합법적으로 출간하는 것이 울리야노프의 희망이었다.

그러나 스트루베와 투간-바라놉스키는 자신들의 새 친구를 만나 당황했다. 울리야노프는 외국에 나간 적이 없어서 영국, 프랑스, 벨기에의 높은 경제 발전 수준을 본 적이 없었다. 이것은 그의 잘못이 아니었다. 내무부가 그의 외국 여행 요청을 매번 거절했기 때문이었다. 스트루베와 투간-바라놉스키는 울리야노프가 고립되어 있어서 지적으로 어려움을 겪고 있다고 생각했다. 특히 그들은 울리야노프에게 러시아 제국에서 진행된 자본주의 발전 정도를 과대평가하는 어리석음을 버려야 한다고 말했다. 울리야노프의 접근은 전반적으로 지나치게 도식적이었다. 그들이 보기에 울리야노프는 마르크스주의를 해석하는 데 철저하게 '정통적'임을 마르크스주의자들에게 입증하는 데 지나치게 열중하는 듯 보이기도 했다. 스트루베와 투간-바라놉스키는 마르크스주의를 의문의 여지가 없는 신조가 아니라 러시아 경제 동향의 진실을 설명하는 수단으로 이용하고자 했다. 그들은 울리야노프가 마르크스가 옳은지 틀린지에 관계없이 마르크스에 대한 충성에 과도하게 휘둘리고 있다고 생각했다. 울리야노프는 《자본》이 조금이라도 틀릴 수 있다는 사실을 받아들이려 하지 않았다. 그는 마르크스라는 신을 믿는 '신자'였다.

이와 동시에 스트루베와 투간-바라놉스키는 블라디미르 울리야노프가 전반적으로 러시아 테러리즘 전통을 너무 많이 이어받았다고 생각했다. 울리야노프의 가족 중 알렉산드르는 실제로 활동한 테러리스트였고, 안나와 심지어 어린 드미트리조차 테러리스트들에게 공감했다.[16] 블라디미르 자신은 '인민의 의지'의 이전 활동가들과 계속 가깝게 지냈다. 블라디미르는 농업 사회주의를 혹평하곤 했지만, 농업 사회주의의 가장 극단적인 실천적 변종을 옹호하는 사람들과 거리를 두지는 않았다. 그래서 스트루베와 투간-바라놉스키에게 블라디미르는 여러 영향력이 이상하게 뒤섞인 존재처럼 보였고, 그들은 블라디미르가 정상적으로 성숙하려면 상트페테르부르크와 외국 도시 한두 곳에서 더 살아볼 필요가 있다고 생각했다.

명백한 역설이 존재했다. 블라디미르 울리야노프는 유럽에 소속감을 지닌 러시아인으로 양육되었다. 그는 독일어와 프랑스어를 유창하게 읽었고 영어를 독학했다. 울리야노프는 고전에 능통한 똑똑한 학생이었다. 울리야노프의 부모는 러시아 문화에 긍지를 느끼게끔 아이들을 키우면서도 민족주의 사상을 강조하지는 않았다. 도대체 그런 소년이 어떻게 당대 유럽 사상의 조류를 그보다 훨씬 덜 접한 많은 젊은 러시아인들과 비교하여 그렇게 '러시아적'인 사람이 될 수 있었단 말인가? 울리야노프가 유럽을 경험해보지 못한 탓이 크다고 한 스트루베와 투간-바라놉스키의 말은 확실히 옳았다. 하지만 그들은 울리야노프가 외국 여행에서 자극을 받아 자신의 견해를 바꿀 가능성을 과대평가했다. 울리야노프는 벌써 마음을 정했다. 이 시기부터 적어도 몇 년 동안 권력을 잡을 때까지 계속, 울리야노프는 러시아를 실제보다 더 경제적·사회적으로 진보된 나라로 여겼다. 이게 전부가 아니었다. 울리야노프는 자신이 러시아를 위해 권장했던 정책들이 다른 유럽 국가들에도 적용되어야 한다고 주장하기 시작할 것이었다. 그가 도모한 러시아의 유럽화는 유럽의 러시아화로 가는 첫걸음이었다.

스트루베 같은 이들과 울리야노프 사이에는 또 다른 경계가 더 놓여 있었다. 그것은 바로 페테르부르크 귀족 스트루베와 자수성가한 집안 출신이었던 울리야노프라는 신분의 격차였다. 안나 일리니치나는 1899년에 여전히 마르크스주의를 믿는다고 공언하던 스트루베에게 동생을 대신하여 편지를 썼을 때, 격식을 차려 스트루베를 '자애로우신 스트루베 경'이라고 불렀다.[17] 이것은 혁명 활동가들이 보통 서로 이야기를 나눌 때 쓰는 방식이 아니었다. 울리야노프가는 제국 사회의 사다리를 오르던 중이었으나 더 높은 세습 귀족들 중에 친구가 없었고, 알렉산드르 울리야노프가 처형된 후에는 그런 친구를 사귈 기회마저 사라졌다. 스트루베에게 안나가 정중하게 예의를 차린 것은 이런 격차를 보여주는 한 가지 증거에 지나지 않는다. 블라디미르 본인은 자기 가족의 지위에 신경 쓰지 않았다. 그는 구러시아의 비위를 맞추려 한 적이 없었다. 누나와 달리 블라디미르는 감정을 숨기지 않았다. 블라디미르는 스트루베를 상대로 자기 생각을 그대로 말했고, 스트루베와 투간-바라놉스키는 자신들이 보기에 조잡하기 짝이 없는 블라디미르의 사상에 진저리를 쳤다. 그러나 블라디미르 울리야노프는 개의치 않았다. 울리야노프는 자신의 출신 배경에 더 가까운 중간 계급 출신인 랏첸코-클라손 그룹까지 당황스럽게 했다. 그들은 울리야노프가 너무 '붉은' 것이 아니냐고 물었다.[18] 그들의 눈에 울리야노프의 마르크스주의는 러시아 농업 사회주의 테러리즘의 좀 더 폭력적인 측면을 과도하게 계승하는 것으로 보였다.

울리야노프는 자신이 '과학적' 마르크스주의에 전념하고 있으며 옛 농업 사회주의는 버렸다고 그들을 안심시키려 했다. 그러나 울리야노프의 영웅들 중에는 랏첸코-클라손 그룹이 반대하던 바로 그 테러리스트들이 들어 있었다. 울리야노프는 표트르 트카초프*의 저술을 좋아했다. 트카초프는 마르크스가 사망한 후 엥겔스가 《반뒤링론》에서 세계사에 지나치게 결정론적 분석을 적용했기 때문에 충분히 '마르크스주의적'이지 못했다고 주장했다. 트카초프는 혁명 의지, 음모 조직, 정치 폭력을 믿었고, 그런 교의가 마르크스주의와 부합한다고 생각했다. 독재를 찬양하면서 그는 혁명가들이 권력을 잡으면 성직자, 경찰, 지주들을 겨냥하여 대규모 공포 조치를 수행해야 한다고 선언했다. 더 개인적 차원에서 트카초프는 세르게이 네차예프*를 찬미했다. 네차예프는 트카초프에게 남다른 영웅이었다. 네

표트르 트카초프(Pyotr Tkachyov, 1884~1886) 러시아의 작가이자 비평가. '혁명 전위' 개념처럼 나중에 레닌이 채택하게 될 혁명적 원리의 많은 부분을 정식화해 '최초의 볼셰비키'라고 불린다.
세르게이 네차예프(Sergei Nechaev, 1847~1882) 러시아의 혁명가. 미하일 바쿠닌의 후계자를 자처하면서, 혁명은 복적 그 자체로서 혁명을 위해서는 수단과 방법을 가리지 않아야 한다는 극단적인 견해를 보였다.

차예프는 러시아 농업 사회주의의 악명 높은 극단적 음모 활동가로서, 자신의 추종자들을 공통의 대의에 묶어놓기 위해 그들에게 동지를 살해할 것을 지시한 사람이었다. 1871년에 있었던 네차예프 추종자들의 재판 때문에 발생 초기의 혁명 운동은 중간 계급의 지지를 잃었고, 표도르 도스토옙스키는 이 사건을 바라보는 자신의 시각을 소설 《악령》의 중심 주제로 삼았다. '인민의 의지' 활동가들은 네차예프의 범죄적이고 비도덕적인 권력 확대 행위와 자신들의 관계를 부인했다.

하지만 블라디미르 울리야노프는 네차예프의 이름을 숭배해야 한다고 느꼈다. 울리야노프는 다음과 같이 판단했다. "그는 자신의 사상을 놀랍도록 체계화하는 능력뿐만 아니라 조직을 구성하고 음모를 계획하는 활동가로서 특별한 재능도 지녔다." 네차예프는 로마노프 가문에서 누가 제거되어야 하는지 질문을 받은 적이 있었다. 그의 대답은 이랬다. "로마노프 가문 전체입니다!" 울리야노프는 이 말을 천재의 촌철살인이라고 부르면서 되풀이했다.[19] 그리하여 마르크스주의자인 울리야노프는 비마르크스주의 우상들을 자신의 신전에서 배제하지 않았다. 러시아 농업 사회주의자들, 특히 독재 옹호자들의 전통은 울리야노프에게 깊고 지속적인 영향을 끼쳤다.

울리야노프는 차르 정치 질서를 떠받치는 모든 사회적 기둥에 대한 본능적 증오를 공유했다. 그는 로마노프 왕가 전체, 귀족, 성직자, 경찰, 군 수뇌부를 혐오했다. 울리야노프는 상업에 종사하는 중간 계급과 발흥하는 산업·금융 분야의 중간 계급을 싫어했다. 폭력적 방식으로 이 기둥들을 분쇄하고자 한 울리야노프의 열정은 그와 자이치넵스키*, 트카초프, 네차예프가 공통으로 지닌 것이었다. 사실 울리야노프가 숭배한 테러리스트들이 모두 이런 식으로 생각한 것은 아니었다. 실제로 블라디미르 울리야노프의 형이자 테러리스트였던 알렉산드르는 도덕 개념이나 의회 선거라는 목적을 부정하지 않았다. 그렇다면 블라디미르 울리야노프로 하여금 공포와 독재의 수사와 이론적 설명에 열광적으로 반응하게 만든 것은 무엇인가? 가장 분명한 대답은 바로 그 형의 운명이다. 황제 알렉산드르 3세는 알렉산드르 울리야노프에게 내려진 사형 판결을 바꾸는 은사를 베풀 수도 있었다. 그러나 알렉산드르는 교수형을 선고받고 처형되었다. 알렉산드르 울리야노프가 1887년 암살 음모에 가담한 것이 부인할 수 없는 사실이라 하더라도 형의 죽음은 그의 여러 동생들이 '로마노프 가문'에 등을 돌리게 하는 데 충분했을 것이다. 게다가 형 알렉산드르의 운명은 블라디미르로 하여금 자이치넵스키, 트카초프, 네차예프가 읊조리는 유혈의 주문으로 기울게 할 수밖에 없었다.

그러나 이것이 가능한 설명의 전부는 아니다. 블라디미르의 가족은 언제나 러시아의 변화를 열망해 왔다. 울리야노프가는 자신들과 공식 제국 문화 사이에 얼마간 거리가 있다고 느꼈는데, 그것은 그들의 가계에 비러시아계 요소가 있었기 때문만은 아니었다. 그들은 '교양 있고' '문명화된' 러시아를 원했다. 울리야노프가는 특권이 종식되기를 바랐다. 블라디미르는 성장기 삶의 많은 부분에서 러시아 전복에 대한 심리적 저항감을 이미 잃어버렸다. 블라디미르가 받은 교육도 유사한 영향을 끼쳤다. 김나지야의 교과 과정은 러시아의 일상적 삶과 유리된 기술적인 언어적 성취를 요구했다. 그가 받은 대학 교육도 마찬가지로 추상적이었다. 정부의 존재 의의는 번거로운 규정의 형태로 블라디미르에게 전해졌다. 블라디미르는 국가와 사회를 파괴해도 잃을 것이 없다고 보았다.

표트르 자이치넵스키(Pyotr Zaichnevski, 1842~1896) 귀족 출신의 러시아 혁명가. 러시아 혁명 운동에서 블랑키주의의 창건자라고 평가받는다. 혁명적 지식인과 군대를 러시아의 주요 혁명 세력으로 여겼다.

그와 동시에 블라디미르 울리야노프는 경제와 사회에 관해 글을 쓰는 저술가로서 대중적으로 인정받고 싶은 희망을 버리지 않은 복잡한 인물이기도 했다. 스트루베와 투간-바라놉스키는 울리야노프에 대해 여전히 마음이 편치 않았지만, 울리야노프는 자신의 분석을 수정하기를 거부했다. 울리야노프는 그때까지 가장 혹독한 지적 시험에 결연히 맞섰고, 패배했다고 느끼지 않았다. 울리야노프의 자신감은 다른 식으로도 고양되었다. 이전에도 그는 어머니나 가족과 별거한 일이 있었으나 단기간에 그쳤고, 그래서 상트페테르부르크로의 이사는 가족과 심리적인 결별을 상징하는 것이었다. 그는 젊은이다운 모습을 거의 잃었다. 블라디미르는 아버지의 생김새를 물려받았는데 그중 한 측면 때문에 짜증이 났다. 그것은 이른 나이에 대머리가 된다는 것이었다. 그리 유쾌하지만은 않은 일이었다. 블라디미르는 대머리의 진행을 되돌릴 수 있는 방법이 있는지 누이인 마리야 일리니치나와 이야기를 나누었다. 아마 농담 차원에서 한 이야기였을 것이다. 그러나 블라디미르는 턱수염과 남은 머리칼을 말끔히 손질했다. 실제로 그는 단정치 못한 것을 싫어했고, 단추를 깔끔하게 달고 신발을 제대로 손질해 신고 다니지 못하는 가족이 있으면 충고를 했다.[20]

하지만 블라디미르는 멋쟁이가 아니었다. 말쑥한 모습을 유지하려 하긴 했지만, 블라디미르는 옷 사는 일을 즐기지 않았다. 블라디미르는 다른 사람에게 자기 옷을 사 오도록 시켰다. 또는 보다 못한 가족 중 한 명이 블라디미르의 새 정장이나 신발을 사 올 때까지 같은 옷을 입고 다녔다.

블라디미르의 삶에서 중요한 여성은 여전히 어머니와 누이들이었다. 상트페테르부르크에 살면서도 블라디미르는 정기적으로 가족과 편지를 주고받았다. 블라디미르는 모스크바 남쪽 류블리노 기차역

인근에 여름 별장을 빌려 머무르던 가족들을 방문하기도 했다. 울리야노프 가족들은 서로 돕는 데 익숙했다. 류블리노에서 블라디미르는 드미트리의 도움을 받아 자전거 타는 법을 배웠다.[21] 블라디미르는 마리야가 1896년 모스크바에서 2년 기간의 과학 교육 과정에 등록했을 때 그녀가 공부를 통해 이루고자 하던 목표를 격려했다. 당시 마리야 일리니치나의 삶은 순조롭지 않았다. 마리야는 일찍이 안나 일리니치나가 수강했던 상트페테르부르크 여성 고등 교육 과정에 입학하는 것을 거부당했다.[22] 마리야는 특출한 오빠들만큼 똑똑하지는 않았으나, 아마도 그녀가 거부당한 이유는 학업과 관련된 문제 때문이라기보다 정치적이었던 것 같다. 마리야는 제국 체제에 골칫거리인 오빠 두 명과 언니 한 명을 가족으로 두었다는 이유로 대가를 치르고 있었다. 그러나 마리야는 계속 노력했고, 블라디미르는 동생과 관계를 유지하면서 그녀에게 외국으로 나가 교육을 마치라고 격려했다.

한편 블라디미르는 이성에 대한 관심이 커지고 있었다. 오랜 세월이 지난 후 블라디미르는 한두 명의 여성을 쫓아다녔다고 언급했다. 아름다운 아폴로나리야 야쿠보바가 블라디미르의 눈을 사로잡아 그와 연인이 되었다는 소문이 퍼졌다. 확실히 블라디미르는 1894년 1월에 니즈니노브고로드로 돌아가 그곳에서 그녀와 만났다. 누나 안나의 암시에 따르면, 1897년에 적어도 아폴로나리야 쪽에서는 블라디미르에게 계속 미련을 품고 있었다. 진실은 결코 밝혀지지 않을 것이다. 하지만 사람들 말에 따르면, 블라디미르는 애정 문제가 공적 활동에 방해가 되지 않도록 했고, 이것은 제1차 세계대전 전에 이네사 아르망과 관계를 맺을 때에도 여전히 사실일 것이었다.

블라디미르는 어린 시절 버릇을 잃지 않았다. 연필은 여전히 (무섭도록) 날카롭게 깎여 있었고, 책상은 가지런히 정돈되어 있었다. 블라디미르는 책상을 매일 치웠다. 또 그는 낭비를 몹시 싫어했다. 여백이 있는 편지를 받으면 빈 부분을 오려서 간수했다. 블라디미르는 돈을 쓰는 데 신중했고 드미트리에게 서적 판매상한테 속지 말라고 경고했다. 블라디미르는 항상 단정한 필기체로 글을 썼다. 그에게 혁명가 동료들에게서 볼 수 있었던 '보헤미안' 스타일의 태만은 없었다. 블라디미르가 개인 생활에서 적절하게 신경 쓰지 못한 부분은 단한 가지, 즉 건강밖에 없었다. 어렸을 때 걸렸던 장티푸스는 그의 탓이라 할 수 없었다. 그러나 그는 다른 문제에서는 덜 조심스러웠다. 블라디미르는 극심한 만성 위통과 두통에 시달렸고 밤에 잠을 자지 못했다. 의사들은 그의 위 점막이 부었다고 진찰했다. 지금은 이것을 궤양이라고 부를 것이다. 형 사샤도 아주 어렸을 때 비슷한 문제로 고생했다. 안나 일리니치나 역시 열아홉 살에 같은 진단을 받았고, 그들의 어머니도 위장에 문제가 있었다.[23]

심각한 위장 문제에 유전적인 요소가 있었던 것은 명백하다. 그러나 환경도 영향을 끼쳤다. 때맞춘 식사와 균형 있는 식단을 제대로 지키지 못하면 거의 항상 위장병이 재발했다. 그리고 정치적 분쟁에 따른 심리적 긴장도 위장 문제를 더욱 악화시켰다.[24]

하지만 정치에서 블라디미르는 당대의 어떤 러시아 마르크스주의자보다도 거리낌이 없었다. 블라디미르는 스트루베, 투간-바라놉스키와 언쟁을 벌였다는 사실에 주눅 들지 않았고, 1894년 말에 스트루베의 《비판적 논평》에 대해 긴 서평을 썼다. 이 서평은 2천 부가 인쇄되었다. 블라디미르 울리야노프는 자신의 이름을 걸고 발표하기를 기대했지만 내용의 정치적 급진성 때문에 툴린(K. Tulin)이라는 가명을 쓸 수밖에 없었다. 울리야노프는 '스트루베 씨'('씨'는 당시 마르크스주의자들 사이에서 모욕적인 호칭이었다)를 '프티 부르주아'라고 불렀다. 특히 그는 당대 러시아 경제의 '부르주아적' 성격이 오래전에 확

립되었고, 자본주의가 이미 공고화되었다고 단언했다.[25]

그 경향은 정말 '최근 몇 년간'에 불과한가? 이미 1860년대에 분명하게 표출되지 않았는가? 그 경향은 1860년대 내내 지배적이지 않았는가? 이 프티 부르주아(스트루베 씨)는 (1861년 이후) 개혁 시기 전체의 부르주아적 특성을 일종의 일시적인 일탈이나 유행으로 표현함으로써 사태의 진행을 약화하려 애쓰고 있다.

울리야노프와 스트루베의 뚜렷한 차이는 이 합법적 출판물에서는 옅게 암시되었을 뿐이었다. 그 차이는 자본주의의 종말이 평화로울 것이고 심지어 여러 사회 계급 간의 큰 갈등 없이 찾아올 것이라는 스트루베의 주장에 있었다. 울리야노프는 자신이 쓰고 젤라틴판 복사기로 복제한 팸플릿에서 그 주장에 반대했다. 울리야노프에 따르면, 스트루베는 마르크스주의자들이 '계급 투쟁'과 폭력적 혁명 방식을 언제나 옹호해야 한다는 것을 간과하는 잘못을 저질렀다.[26] 울리야노프는 새 책자에서 이 점을 공개적으로 말하지는 않았으나 강하게 암시했다. 그리고 내무부의 검열관들은 이 점을 충분히 잘 이해했다. 그들은 판매에 들어가기 전에 책자를 압수했다. 지금까지 전해지는 약 100부의 책자를 제외하고 1895년에 모두 불태워졌다. 널리 읽히는 작가가 되고 싶었던 울리야노프의 시도는 다시 한 번 좌절되었다.

하지만 울리야노프는 여전히 더 나은 미래를 희망했다. 울리야노프는 언제나 외국 여행을 원했고, 이제는 게오르기 플레하노프와 그가 이끄는 노동해방단과 직접 접촉하려는 동기 때문에 더욱 외국에 가고 싶었다. 1895년 3월 15일, 놀랍게도 내무부가 어떤 특별한 이유 없이 그의 여권 발급을 거부하지 않았을 때 마침내 기회가 찾아왔다.[27] 울리야노프는 서둘러 스위스 여행을 준비했고, 옷가지와 함께 러시아 제국 경제에 관한 자료들을 챙겨 짐을 쌌다. 4월 24일 울리야노프는 감옥에서 갓 석방된 사마라 친구 이사크 랄라얀츠와 더불어 상트페테르부르크에서 모스크바로 출발했다. 이튿날 울리야노프는 혼자 합스부르크 군주국을 가로질러 서쪽 러시아 국경으로 향하는 열차를 탔다.[28]

블라디미르 울리야노프는 여행을 하게 되면 모스크바로 편지를 쓰라는 어머니의 당부를 받았다. 어머니의 말에 따라 그는 잘츠부르크에서 예의 바른 엽서를 부쳤다.[29]

이제 '외국'을 여행한 지 이틀이 되었고 언어를 실습하고 있습니다. 상황이 좋지 않습니다. 저는 아주 힘들게 독일인들을 이해하고 있습니다. 아니, **전혀 이해하지 못한다**고 하는 게 맞습니다. 차장에게 다가가 질문은 해도 대답을 알아듣지 못합니다. 차장은 더 큰 소리로 대답을 되풀이합니다. 저는 여전히 알아듣지 못하고 차장은 화가 나서 가버립니다. 그런 부끄러운 실패를 계속 하고 있지만 저는 용기를 잃지 않고 매우 열심히 독일어를 엉망으로 하고 있습니다.

스위스로 건너가면서 울리야노프는 알프스산맥과 호수에 매료되었고 여름 별장을 임대하고 가정부를 고용할 가능성을 타진했다. 하지만 울리야노프는 가정부에게 한 달에 30프랑이나 주어야 하고 밥도 먹여주어야 한다고, "그들은 잘 먹고 싶어 한다!"라고 기록했다.[30] 자신의 정치관이 어떻든 피고용인에 대한 지출을 최소한으로 유지하고 싶은 사람의 반응이었다. 울리야노프는 자신의 건강과 관련해 더 기꺼이 돈을 쓰고자 했고, 위장 장애가 계속되자 비싼 스위스 의료 전문가와 상담을 하기 위해 비용을 치렀다. 울리야노프가 받은 충고는 주로 음식에 관한 것이었다. 울리야노프는 규칙적으로 식사를 하고 기름진 음식을 피하며 탄산수를 많이 마시라는 말을 들었다.[31]

울리야노프는 스위스에서 프랑스로 건너가 파리에서 아파트를 빌렸다. 취리히로 돌아와서는 도시 밖 호숫가에 숲으로 둘러싸인 숙소를 찾아 지냈다. 그런 다음 마지막으로 울리야노프는 베를린으로 가서 수영을 많이 하고 왕립 도서관을 방문했다.[32] 여비가 떨어질 때마다 그는 어머니에게 돈을 받았다. 울리야노프는 선물을 잘 하지 않는 것으로 가족들에게 소문이 난 사람이었다. 그런데 이번에는 베를린을 떠나기 직전에 동생 드미트리를 위해 해부학에 관한 책을 갖고 가겠다고 제안하는 편지를 어머니에게 썼다. 동생 마리야를 위해서는 "잡동사니를 이것저것 사야겠다고 생각하고 있다."라고 울리야노프는 덧붙였다.[33] 다정다감한 사람이 쓸 말은 아니었다. 그러나 딱 한 번 그는 마리야를 위해 선물을 구입했다. 마리야는 그게 뭔지 결코 밝히지 않았지만 오빠를 찬양했고, 너무 고마운 나머지 이 별다를 것도 없는 아량을 결코 잊지 않았다. 이후에 마리야가 오빠한테서 받은 유일한 선물은 오빠가 쓴 책들이었다.

한편 블라디미르 울리야노프는 자신의 정치 활동에 대해서는 매우 감정적이었다. 외국에 나간 목적 중에는 그의 우상 게오르기 플레하노프를 만나는 것도 있었다. 1895년 5월에 그가 첫 번째로 할 일은 제네바에서 플레하노프를 수소문하는 것이었다. 두 사람은 마음이 잘 맞았다. 플레하노프는 상트페테르부르크에서 자신을 추종하는 무리가 늘고 있다는 증거를 마침내 얻게 되었다. 작은 단체였던 노동해방단은 울리야노프의 방문에 고무되어 단체의 영향력을 확대하는 방법을 고려했고, 사회주의 이론을 다루는 잡지 〈라보트니크 (Rabotnik, 노동자)〉를 창간할 계획을 논의했다. 울리야노프는 플레하노프의 동료 파벨 악셀로트와 준비를 더 논의하러 제네바에서 취리히로 갔다. 울리야노프는 아돌테른 마을에 있던 악셀로트 부부의 집에서 2주를 머물렀다. 울리야노프의 총명함과 열정, 충성심은 플레하노프와 악셀로트에게 강한 인상을 주었다. 울리야노프의 마르크스주의 신념은 억누를 수가 없었다. 파리에 있는 동안 그는 마르크스의 사위인 폴 라파르그*를 잠깐 방문했다. 베를린에서는 저명한 독일 사회민주주의자인 빌헬름 리프크네히트*와 이야기를 나누었다. 프리드리히 엥겔스가 1895년에 죽지 않았더라면 아마 틀림없이 엥겔스를 직접 찾아가 경의를 표했을 것이다. 그런 만남들은 평범한 정치적 임무를 위한 일만은 아니었다. 울리야노프는 자신의 감정을 표현하는 데 수줍음을 타는 사람이었지만 카를 마르크스, 게오르기 플레하노프와 사랑에 빠졌다(vlyublënnost')고 고백했다. 이 젊은 이성애자 혁명가는 여성보다 이데올로기에, 그리고 이데올로기의 지도적인 주창자들에게 더 흥분했다.

울리야노프는 정치를 위해 살았다. 1895년 9월 29일 상트페테르부르크로 돌아온 그는 자신이 만난 사람들에 관한 희소식을 가져왔다. 도중에 울리야노프는 빌뉴스와 모스크바, 오레호보주예보에 잠시 들렀다. 울리야노프는 각 지역의 마르크스주의자들과 연계를 맺었다. 울리야노프는 베를린의 만스타인 거리에 있는 한 장인이 자신을 위해 만든 이중 바닥의 노란 가죽 가방을 들고 여행했다. 그는 동지들을 위해 많은 불법 서적을 몰래 들여왔다.[34] 그러나 국경을 넘는 일은 생각만큼 성공적이지 않았다. 세관 관리들은 울리야노프의 정

폴 라파르그(Paul Lafargue, 1842~1911) 프랑스의 마르크스주의 언론인. 카를 마르크스의 둘째 딸과 결혼했다. 가장 잘 알려진 저술은 1883년에 발표한 《게으를 수 있는 권리》이다.
빌헬름 리프크네히트(Wilhelm Liebknecht, 1826~1900) 독일사회민주당을 창립했다. 1848년 3월 혁명에 참여했고 실패한 뒤 추방되어 13년 동안 런던에 머물렀다. 1861년에 사면되어 독일로 돌아와 1875년에 라살레 일파와 연합하여 사회주의노동당을 결성했다. 당내 좌파를 대표하여 마르크스주의 수정파와 다투었고, 만년에는 반제국주의·반군국주의 입장을 취했다.

체를 알았지만 그의 가방을 수색하지는 않았다. 오흐라나가 울리야노프를 상트페테르부르크까지 뒤쫓아가 그의 동지들의 이름을 알아내도록 하기 위해 일부러 수색하지 않은 것이 거의 확실하다.[35] 하지만 울리야노프에게 이 여행은 기억할 만한 성과로 남았다. 카잔이나 사마라, 상트페테르부르크의 비밀 토론 서클보다 더 수준 높은 조직이 계획되고 있었다. 울리야노프는 러시아 제국 전역에 걸쳐 정치적 동조자들의 네트워크 건설을 촉진하기 위해 스위스와의 연계를 기대했다.

그러나 연계의 전망은 여전히 문헌을 통해 이루어지는 수준에 그쳤다. 울리야노프의 동지들과 노동해방단의 협력은 잡지 〈라보트니크〉 발간에 초점을 맞춰 이루어질 것이었다. '라보트니크(rabotnik, 노동자)'라는 러시아 단어는 러시아의 산업 노동 운동을 향한 노동해방단의 지향점을 암시했다. 그러나 울리야노프도, 그의 동지들 중 어느 누구도 노동자들을 만날 계획이 없었다. 상트페테르부르크의 마르크스주의자들은 성실하고 열심히 연구하는 지식인들이었다. 하지만 그들은 자신들이 로마노프 군주정에 맞설 장래의 혁명 전위라고 묘사한 도시 '프롤레타리아'로부터 완전히 격리된 환경에서 생활했다. 동지들 중에서 정치적으로 소극적인 그들의 태도에 실망하는 사람이 나타나는 것은 시간 문제일 뿐이었다. 사실 그들을 행동에 나서게 자극한 것은 외부인이었다. 그는 빌뉴스에서 상트페테르부르크로 새로 온 율리 마르토프*라는 젊은 마르크스주의자였다. 열정적이고 지략이 풍부한 마르토프는 울리야노프와 그의 동료들을 사귀기 전에 자신의 토론 모임을 만들었다. 마르토프는 혁명가들이 할 일은 생각하고 토론하거나 출판하는 것뿐만 아니라 행동하는 것이라고 재빨리 지적했다. 마르토프는 상트페테르부르크의 박식한 마르크스주의자들에게 당시 막 태동하던 노동 운동에 영향력을 발휘할 기회를 제시해주었다.

유대인이었던 마르토프는 유대인 사회주의자들이 러시아 제국의 일반적인 사회주의 조직들에 참여해야 한다고 주장했다. 마르토프는 유대인만으로 이루어진 당을 결성한다는 발상에 반대했다. 그는 매우 똑똑했고 마르크스와 엥겔스 원전에 해박했다. 울리야노프 외에는 울리야노프 서클의 어느 누구도 글을 빨리 쓰는 능력에서 마르토프와 견주지 못했다. 둘은 금세 친해졌다. 세계관이 기본적으로 일치했기 때문에 두 사람의 우정은 깊어졌다. 그러나 또 다른 요인은 아마도 그들의 개성이 뚜렷이 대비되었다는 데 있을 것이다. 울리야노프는 단정하고 자기 절제적이었던 반면, 마르토프는 (적어도 사적으로는) 시끌벅적하고 흥분을 잘하는 면이 있었다. 친구들이 종종 그러듯이, 그들은 서로 차이를 이해하고 존중했다.

마르토프는 자신의 경험 덕에 1895년 10월에 도착한 이후 상트페테르부르크에서 열린 토론들에서 우위를 차지했다. 마르크스주의자들은 많은 모임과 추종자들을 거느리고 있었다. 더 중요한 것은 그들이 대체로 유대인 산업 노동자들 사이에서 전향 활동을 벌여 자신들의 단체를 추가로 결성했다는 사실이었다. 하지만 곧 문제가 발생했다. 그들이 끌어들인 노동자들이 일단 마르크스주의 활동가들에게서 교육을 받으면 노동 계급에서 벗어나려 하는 경향이 나타났던 것이다. 마르토프의 멘토인 알렉산드르 크레메르*가 이 문제를 풀 해답을 쥐고 있었다. 크레메르는 《선동에 대하여》라는 소책자에서 마

울리 마르토프(Yuli Martov, 1873~1923) 러시아사회민주노동당 멘셰비키 지도자. 초기에 인민주의에 공감했으나 이후 마르크스주의로 전향해 레닌과 러시아사회민주노동당을 창당했다. 1896년에 체포되어 시베리아에서 유형 생활을 마치고 1901년 독일로 망명해 신문 〈이스크라〉 편집에 참여했다. 당 재건과 브뤼셀에서 열린 제2차 당 대회(1903년)에서 주도적 역할을 했다. 대회에서 조직 문제를 둘러싸고 레닌과 대립하여 당이 분열되었고, 이후 레닌의 볼셰비키에 반대하여 멘셰비키를 이끌었다. 10월 혁명 후 1920년에 베를린으로 망명해 〈사회주의 통보〉를 발행하고 코민테른에 맞서 투쟁했다.

르크스주의자들이 학습 모임을 유지해야 할 뿐만 아니라 지역 공장 노동자들을 상대로 한 선동 활동을 당면 과제에 포함해야 한다고 주장했다. 크레메르의 가설은, 《자본》을 힘들게 설명하는 것보다 노동자들이 품은 불만을 둘러싸고 벌어지는 파업을 실제로 지도하는 것이 마르크스주의를 더 폭넓고 빠르게 확산시키리라는 것이었다. 랏첸코-클라손-울리야노프 그룹이 농업 경제 통계를 조사하는 동안, 크레메르와 마르토프는 수만 명의 노동자들이 관련된 공장 소유주와 노동자의 갈등에 관여했다. 마르토프는 상트페테르부르크의 기존 마르크스주의 단체들이 '빌뉴스 강령'을 채택해야 한다고 역설했다.[36]

이 단체들의 몇몇 회원(이른바 노장들stariki)은 마르토프에 대해 확신이 들지 않았고, 울리야노프도 그들 중 하나였던 것 같다. 울리야노프에게 마르크스주의가 지닌 가장 큰 매력은 학문과 과학을 강조하는 것이었다. 울리야노프는 마르크스주의자들이 노동 계급에게 가르칠 뭔가가 있고, 혁명이 성공하려면 마르크스주의 원칙이 널리 유포되어야 한다고 주장했다. 울리야노프의 지적 엄숙함은 그를 노장으로서 이름 날리게 했다. 실제로 울리야노프의 친구인 알렉산드르 포트레소프*가 나중에 회고하듯 울리야노프의 별명은 '노인'이었다.[37]

그러나 그는 신원 증명서상으로만 젊었다. 마주 대하면 35세나 40

알렉산드르 크레메르(Aleksandr Kremer, 1865~1935) 아르카디 크레메르, 솔로몬 크레메르라고도 알려져 있다. 저명한 러시아의 사회주의 지도자로서 1897년 빌뉴스에서 분트(Bund, 리투아니아·폴란드·러시아의 유대인 노동자 총동맹)를 결성하는 데 주도적 역할을 했다. 보통 '분트의 아버지'라고 불린다.
알렉산드르 포트레소프(Aleksandr Potresov, 1869~1934) 러시아의 멘셰비키 지도자. 1898년 러시아사회민주노동당 창건에 참여했고 당 기관지 〈이스크라〉의 초기 편집자를 지냈다. 1903년 이래 멘셰비즘을 지지했다. 10월 혁명 후인 1918년에 체포되어 1925년 외국으로 망명했다.

마르크스주의 혁명 조직이었던 '노동계급해방투쟁동맹'의 지도자들. 레닌은 중앙에 앉아 있고, 그의 옆에 안경과 긴 턱수염이 인상적인 사람이 율리 마르토프이다. 레닌은 마르토프와 매우 친밀한 사이였지만 훗날 두 사람은 볼셰비키와 멘셰비키로서 대립하게 된다.

세 이하로는 보이지 않을 것이다. 해쓱한 얼굴, 관자놀이 주위의 일부 성긴 머리칼을 제외하고는 전부 대머리, 가늘고 불그스름한 숱 적은 턱수염, 눈썹 아래에 사람들을 은밀히 바라보는 가늘게 뜬 눈, 늙고 거친 목소리…… 미래에 건설될 정당의 기초 세포였던 당시의 상트페테르부르크 투쟁동맹에서 몇 년간 이 젊은이가 '노인'이라고 불린 데는 나름의 이유가 있었다. 우리는 종종 레닌이 어렸을 때도 대머리에 '늙은' 것처럼 보였을 거라고 농담을 하곤 했다.

그러나 마르토프와 '젊은이들(molodye)'은 공동 협상에서 우위를 차지했다. '노동계급해방투쟁동맹'이 결성되었고 5인 위원회가 선출되었다. 마르크스주의 활동이라는 책무는 지식인 토론 서클의 논쟁에서 산업 노동자들에 대한 경제적·정치적 선동으로 옮겨졌다. 블라디미르 울리야노프는 초기에 품었던 의문에 상관없이 시류를 따랐다. 1895년 11월 울리야노프는 상트페테르부르크의 손턴 공장에서 파업 중이던 500명의 섬유 노동자들에게 호소하는 전단을 썼다.[38] 울리야노프는 파업 지도자들을 찾아가서 경찰에 체포된 노동자들을 구제하는 데 쓰라고 40루블을 건넸다. 투쟁동맹의 새로운 방침에 맞추어 울리야노프는 공장 소유주들이 노동자들에게 강요한 벌금의 근거가 된 현행 법률이 어떤 문제점을 보여주는지를 논의하는 긴 소책자를 썼다. 책자는 상트페테르부르크에서 활동하던 '인민의 의지' 지지자들과 협의하여 발간되었고, 발행지(남부 우크라이나의 헤르손)와 검열관에게 공식 허가를 받았다고 거짓으로 기재했다. 3천 부가 준비되었다. 가장 극단적 행동을 주장하는 '붉은' 이론가 블라디미르 울리야노프는 마침내 학구적인 토론 서클의 틀 밖에서 정치 활동을 벌이고 있었다.

7장

시베리아 유형
1895년~1900년

마침내 내무부가 러시아 마르크스주의 조직들의 활동에 개입했
다. 블라디미르 울리야노프와 그의 동지들이 그전까지 감옥에 갇히
지 않을 수 있었던 것은 그들이 지나치게 학구적이라 말썽을 많이 부
리지 않으리라고 오흐라나가 생각했기 때문이었다. 러시아 노동 운
동이 격해지면서 이 공식적인 관용은 끝이 났다. 노동계급해방투쟁
동맹의 회원들은 체포되었다. 울리야노프는 치안 정책의 변화를 전
혀 예감하지 못했다. 1895년 12월 5일 울리야노프는 자격을 따고 공
증인으로 일하던 사촌 드미트리 아르다셰프가 자신에게 그의 회사
를 대표해서 법률 문제를 맡아 달라고 요청했다고 어머니에게 긴 편
지를 썼다. 울리야노프는 같은 도시에 사는 또 다른 사촌인 의사 알
렉산드르 잘레시스키(Aleksandr Zalezhski)를 보러 갔으나 만나지 못
했다. 생활은 정상적으로 이어졌다. 울리야노프가 경험한 유일하게
골치 아픈 문제는 이웃이 발랄라이카(balalaika, 기타 비슷한 삼각형 모
양의 러시아 현악기)를 너무 크게 연주한다는 것이었다. 울리야노프는
책을 읽거나 글을 쓸 때 외부에서 들리는 소리를 참을 수 없었다.[1]
  12월 9일 경찰이 아파트에 나타나 그를 구금한 것은 울리야노프에

게 불쾌한 충격이었다. 울리야노프의 친구 율리 마르토프는 한 달 뒤에 구금되었다. 그때까지 울리야노프는 예비 구치소 193호실에 입감되었다. 초범이 아니었기 때문에 그는 1887년에 카잔에서와 달리 이번에는 석방되지 않을 것임을 알았다. 울리야노프의 첫 신문은 12월 21일에 있었다. 도브로볼스키(Dobrovolski) 부관은 심리적으로나 신체적으로 전혀 압박하지 않으면서 꼼꼼하게 질문했다. 법률가 훈련을 받은 울리야노프는 그들에게 정보를 조금도 누설하지 않으면서도 형식적으로는 순순히 당국에 순종하는 모습을 보였다. 울리야노프는 정확하게 다음과 같이 진술했다. "나는 사회민주주의자들의 정당을 비롯한 반정부 정당에 가입했다는 죄목을 인정하지 않는다. 현재 어떤 반정부 정당이 존재하는지 나는 전혀 알지 못한다."[2] 엄밀한 의미에서 울리야노프는 옳았다. 실제로 사회민주당은 아직 창설되지 않았다. 울리야노프는 그런 정당을 결성하기를 진심으로 원했으나 아직 성공하지 못한 상태였다. 도브로볼스키 부관과 193호실 죄수 사이에 벌어진 대결은 짧고 불쾌하지 않았다.

울리야노프는 예비 구치소에서 지낸 일을 정치적 안식 기간으로 여겼다. 울리야노프는 러시아 경제 발전에 관한 논문(1899년에 《러시아 자본주의의 발전》으로 출간되었다)을 진척시켰다. 울리야노프는 사실상 합법적으로 발간된 책이라면 뭐든 읽을 수 있었고, 그래서 그는 누나 안나에게 이렇게 빈정댔다. "난 러시아 제국의 어떤 신민보다도 상황이 좋아. 날 가둘 수는 없지!"[3] 울리야노프는 또 체포될 경우를 대비해 사전에 나데즈다 크룹스카야와 연락 암호를 정해 두었다. 울리야노프는 매우 철저하게 대비해 왔던 것이다.[4]

안나 일리니치나와 어머니는 모스크바에서 상트페테르부르크로 이사했다. 블라디미르 울리야노프는 질 좋은 연필, 식품, 침대보 등 필요한 것들이 많았다. 가장 먼저 차입할 것은 좋은 연필이었다. 블라디미르의 가족은 식품을 지나치게 많이 들여보냈고 블라디미르는 단 하루 동안 전달된 것이 이반 곤차로프의 해학 소설 《오블로모프》에 나오는 부활절 케이크만큼이나 크다고 불평했다.[5] 블라디미르는 가족들에게 위장 질환 때문에 처방받았던 식단을 상기시켰다. 그들은 탄산수를 공급했고 의사가 정기적으로 장 청소를 하라고 지시한 후에는 그를 위해 관장용 튜브까지 넣어주었다.[6] 블라디미르는 더욱 야위었고 안색이 누렇게 변했다.[7] 그러나 블라디미르는 팔 굽혀 펴기와 윗몸 일으키기로 근육 운동을 했다. 동생 드미트리는 이렇게 회고했다.[8]

블라디미르 일리치는 예비 구치소에서 운동 삼아 항상 방바닥을 직접 닦았다고 말했다. 그는 진짜 나이 든 바닥 청소부처럼 행동했다. 뒷짐을 진 채 솔이나 걸레를 발밑에 두고 방 전체를 왔다 갔다 하면서 춤을 추곤 했다. "좋은 운동이야, 땀도 시원하게 흘리고……."

그 세대 혁명가 대부분이 신체 활동을 좋아하지 않았으나, 블라디미르 일리치는 그렇지 않았다.

블라디미르는 예비 구치소에 있는 동안 마르크스주의 정당 강령의 초안을 작성했다.[9] 그는 강령을 투명 '우유 잉크'로 썼다. 이 잉크는 종이에 열을 가하고 밝은 램프 위에 들고 있을 때만 읽을 수 있었다. 블라디미르는 누나에게 "이보다 더 좋은 속임수는 없어!"라고 들떠서 소리쳤다.[10] 감옥에서 블라디미르 일리치가 받은 대우에는 우스꽝스러운 구석이 있었다. 그와 안나 일리니치나는 방의 철창을 사이에 두고 서로 이야기하면서 독일어나 프랑스어 기원의 러시아 단어를 몇 개 사용했다. 경비병은 체제 전복 활동을 벌이려고 외국어로 말한다고 생각하고 그들을 제지했다.[11] 누나와 남동생은 말썽을 피

1895년의 레닌. 사진은 경찰 사진사가 찍은 것으로 보인다. 레닌을 비롯해 노동계급해방투쟁 회원들은 1895년 12월에 차르 경찰에 체포되었다.

하느라 더 단순한 단어를 써야 했다. 블라디미르는 글을 쓰면서 시간을 충분히 활용했지만, 러시아 마르크스주의자들의 토론에 참여할 수 없다는 사실에 좌절했다. 블라디미르는 정치적 공백 상태에서 글을 썼다.

블라디미르가 여성과의 접촉도 그리워했는가? 블라디미르의 초기 인생에서 여자 친구가 있었다는 증거는 없지만, 이는 친척들이 그에 대해 회고록을 쓸 때 고상한 체한 결과일 수도 있다. 그렇지만 청소년이었던 블라디미르 일리치에게서 구애를 받았다고 주장하는 여성이 1920년대에 한 명도 나서지 않은 사실은 주목할 만하다. 그러나 그런 여성이 없다는 것은 블라디미르를 정치적 성인(聖人)으로 그리는 것 말고 달리 묘사하는 어떤 해석도 공식적으로 허용되지 않았다는 사실에서 비롯했을 수도 있다. 하지만 어쩌면 블라디미르는 아버지와 형의 죽음에 큰 충격을 받아 수년 동안 가족이 아닌 여성에게 빠질 수 없었을지 모른다. 또는 아마도 블라디미르는 이 새로운 자기 감정의 한 구석을 탐구할 여력이 생기기 전에 집을 떠나 상트페테르부르크로 향해야 했을 것이다. 투쟁동맹의 여성 회원 두 명이 블라디미르에게 끌린 것은 확실하다. 이들은 아폴로나리야 야쿠보바와 나데즈다 콘스탄티노브나 크룹스카야였는데, 둘 다 예비 구치소에서 나와 매일 산책하는 죄수들의 시선이 닿는 거리 모퉁이에 서 있음으로써 블라디미르의 시선을 사로잡으려는 계획을 세웠다. 야쿠보바는 계획한 그날 현장에 나타날 수 없었고, 크룹스카야는 몇 시간 동안 자리를 지켰으나 블라디미르의 시선을 끌지는 못했다. 그 후의 노력들도 성공을 거두지는 못했지만 크룹스카야와 야쿠보바는 적어도 계속 시도했다. 그들은 둘 다 1896년 8월에 오흐라나에 체포되어 구금되었기 때문에 그 뒤로는 아주 오랫동안 이런 시도를 할 수 없었다.

1897년 1월 29일 당국은 체포된 상트페테르부르크 투쟁동맹 회원 거의 모두에게 3년 동안 동부 시베리아에서 '행정적 유형'에 처한다고 선고했다. 행정적 유형은 법정과 배심원의 판결에 의거하지 않고 죄수를 감옥이 아니라 지정된 추방지로 보내는 러시아식 형벌이었다. 등급별 추방 제도가 개발되었고, 죄수가 위험할수록 유형지는 더욱 멀어졌다. 내무부의 위험 정도 평가에 따라, 개별 죄수들에게 특정 주택에서 살 수 있고 유급 일자리를 얻을 수 있으며 인근의 도시로 여행할 수 있는 허가가 주어졌다. 시베리아의 지역 관리들은 그 밖의 부문에서 큰 권한을 행사했다. 죄수들은 얌전히 굴지 않으면 유형 조건이 나빠지리라는 사실을 알았다.

죄수들에게 또 다른 두려움은 정부가 마련한 운송 수단으로 이송되거나 심지어 쇠고랑을 찬 다른 죄수들과 함께 도보로 여행해야 한다는 것이었다. 눈 속을 터덜터덜 걷고 부족한 배급품으로 겨우 끼니를 해결하면서 때때로 죄수들은 목적지에 도착하기 전에 숨을 거뒀다. 대안은 시베리아로 가는 비용을 직접 치러 편안히 여행하는 것이었다. 블라디미르 울리야노프는 비용을 직접 치르겠다고 신청해 승인을 받았고, 2월 14일 여행 준비를 하기 위해 다른 투쟁동맹 회원들과 함께 사흘 동안 감옥 밖에서 지내는 것을 허락받았다. 마르토프 가족의 집에서 계획을 세우기 위한 모임이 열렸다.[12]

그들은 탈출을 시도하지 않고 유형 형기를 끝까지 마치는 데 동의했다.[13] 그러나 정치적 문제로 그들은 분열했다. 투쟁동맹과 반(反)차르 성향의 산업 노동자들을 결합하는 것은 모두가 공통으로 바라는 바였다. 하지만 노동자들이 마르크스주의 정치 운동에서 어떤 역할을 해야 하는지를 둘러싸고는 의견이 일치하지 않았다. 절대적으로 테러리즘을 지지하는 인물로서 이전에 '인민의 의지' 지지자였으며 투쟁동맹의 창건자인 노련한 마르크스주의자 스테판 랏첸코는 어떤 노동자도 박식하고 헌신적인 지식인들보다 일을 더 잘할 수 없다고 주장했다. 그의 분파는 '노장들'로 알려졌다. 다른 이들은 생각이 달랐다. 타흐타료프*와 아폴로나리야 야쿠보바(이른바 '젊은이들')는 노동 계급 출신 마르크스주의자들이 러시아 마르크스주의의 여러 조직을 운영할 기회가 늘어나기를 원했다. 블라디미르 울리야노프의 지성은 그를 타흐타료프와 야쿠보바보다는 랏첸코 쪽에 더 끌리게 했다. 그러나 랏첸코와는 달리 울리야노프는 노동 계급이 마르크스주의 운동을 인수하는 데 완전히 적대적이지는 않았다. 실제로 울리야노프는 노동자들이 그런 권위를 지니기를 원했지만, 그들이 그렇게 하기 전에 기본적인 지적 기반을 다져야 한다고 주장했다. 울리야노

콘스탄틴 **타흐타료프**(Konstantin M. Takhtaryov, 1871~1925) 러시아의 사회학자. 상트페테르부르크 대학에서 공부했다. 1896년 상트페테르부르크 노동계급해방투쟁동맹에 가입했고 이듬해 제네바로 망명했다. 아폴로나리야 야쿠보바와 결혼했으며, 런던에서 〈이스크라〉 발간을 도왔다. 1907년에 페테르부르크로 돌아와 고등교육 기관에서 사회학 강의를 했다.

프를 노장들과 젊은이들 양쪽 모두로부터 구별되게 한 바로 이 의견은 흥미롭게도 세기가 바뀐 이후에 '노동자 문제'가 다시 제기되었을 때 재등장하게 된다.[14]

이 모든 것은 미래의 일이었다. 당시 경찰 당국은 아들이 자비로 시베리아까지 가게 해 달라는, 울리야노프와 마르토프의 어머니들이 제출한 청원서를 심사하고 있었다. 공식 허가가 떨어졌다. 마리야 알렉산드로브나는 쉽게 기차 요금을 댈 수 있었고, 지원금을 제공하겠다는 출판업자이자 마르크스주의자인 알렉산드라 칼미코바(Alexandra Kalmykova)의 호의를 정중하게 거절했다.[15]

울리야노프는 체포된 동지들 중 몇 명이 자신의 가족만큼 재력이 없다는 사실에 약간 당황했다. 그러나 울리야노프는 그들과 함께 여행하고 싶은 유혹을 이겨냈다. 울리야노프는 그때도 이후에도 동지적 감정이 자신의 물질적 안락함을 방해하는 일은 없게 했다. 2월 17일에 울리야노프는 여행의 첫 단계로 모스크바를 향해 출발했다. 어머니가 그와 동행했는데, 그녀는 자신의 건강이 나쁘다는 이유를 들어 아들이 시베리아로 떠나기 전에 모스크바의 가족 아파트에 며칠 머무르는 것을 허락해 달라고 당국에 청원했다.[16] 블라디미르 울리야노프는 루만체프 박물관 도서관에서 며칠 공부한 후 1897년 2월 23일 마침내 모스크바를 떠났다. 그러나 블라디미르는 죽을 때까지 자신을 괴롭히게 될 '신경과민'으로 고생하고 있었기 때문에 마음이 썩 좋은 상태가 아니었다. 그의 부모뿐만 아니라 누이들인 안나, 마리야와 마찬가지로[17] 블라디미르는 신경이 극도로 예민했다. 미지의 세계로 들어갈 때 그는 자주 감정적 불안에 휩싸였다. 유형은 블라디미르의 삶에서 큰 전환점이었다. 몇 년 동안 블라디미르는 진지하게 전업 법률가가 될 생각이 없었다. 그러나 체포와 유죄 판결로 그는 당국으로부터 항구적으로 감시를 받는 처지가 되었다. 이제 블라디

미르는 설령 원하더라도 법률가라는 전문직을 다시 시작할 수 없는 처지였다.[18]

블라디미르는 자신의 감정을 어머니에게 털어놓았고, 이 편지 쓰기가 블라디미르가 불안을 이겨내는 데 도움이 된 것 같다. 블라디미르는 다음과 같은 형식적인 말로 누이들에게 보내는 편지를 끝맺었다. "너의 손을 꽉 잡으며, V. U." 그러나 '사랑하는 어머니'에게 쓸 때에는 종종 다음과 같이 덧붙였다. "진한 키스를 보내며."[19] 블라디미르가 어머니를 진심으로 사랑했다는 데는 의심의 여지가 없다. 한번은 어머니에게 이렇게 말했다. "엄마…… 아시다시피, 엄마는 정말로 성녀죠."[20] 그러나 블라디미르는 의식적으로 어머니의 성녀다움을 최대한 활용했다. 그는 자신의 건강 상태를 끊임없이 언급하여 가족의 관심사에서 자신이 항상 최우선이 되도록 했다.

그가 예상한 유형 생활은 실제보다 훨씬 나빴다. 한편 블라디미르는 모스크바를 떠나기 전에 정확히 시베리아의 어느 곳에서 머무르게 될지 통보받지 못했다. 사실 당국은 아직 유형지를 결정하지 않은 상태였다. 블라디미르는 전반적으로 차분했지만, 극도로 긴장된 순간들이 이어졌다. 모스크바의 쿠르스크 역에서 블라디미르는 동생 드미트리와 작별했다. 어머니, 안나와 마리야, 매형 마르크가 열차에 동승해 블라디미르와 함께 남쪽 툴라로 향했다.[21] 시베리아 횡단 철도는 툴라에서 동쪽으로 방향을 틀었고, 그곳에서 블라디미르는 가족과 작별하여 중부 시베리아의 크라스노야르스크로 여행을 계속할 것이었다. 그런데 갑자기 블라디미르가 몹시 흥분했다. 툴라의 승강장에서 기차를 탈 승객이 객차의 수용 인원보다 많아 문제가 생겼던 것이다. 블라디미르는 운 좋게 열차를 이용할 수 있었지만 이 상황을 받아들이려 하지 않았다. 그는 승강장으로 성큼성큼 내려가 가장 가까이 있는 역무원에게 화를 냈다. 블라디미르는 추가 객차를 열차에 연결하는 것이 당국이 할 일이라고 꾸짖음으로써 귀족과 개업 법률가의 자신감을 확실히 보여주었다.[22] 항의가 여장에게 전달되었고, 한바탕 협상이 진행된 후 기결수 혁명가는 바라던 바를 이루었다. 억압적인 차르 행정 기관이 레닌 통치 하의 소련 시기에는 오히려 전혀 찾아볼 수 없는 방식으로 관대하게 일을 처리할 수 있었던 것이다. 승객들은 크라스노야르스크로 편안하게 여행을 계속했다.

며칠 후 그들은 중부 시베리아의 크라스노야르스크에 도착했다. 예니세이강을 덮은 얼음이 봄이 와서 녹기까지 블라디미르 울리야노프는 꼬박 두 달을 그곳에서 지내야 했다. 울리야노프는 시내의 치과 의사를 방문해 이를 뽑았다. 또 보드카 제조업자이자 장서가인 겐나디 유딘(Gennadi Yudin)의 유명한 도서관도 방문했다.[23] 유딘이 젊은 마르크스주의자에게 자기 도서관을 마음대로 드나들 수 있도록 해준 것은 중간 계급 기업가들이 로마노프 군주정에 점점 더 환멸을 느낀 결과라고 흔히 설명된다.[24] 한편 울리야노프는 자신의 건강 문제를 언급하면서 3년의 형기 동안 크라스노야르스크에 머무르게 해 달라고 요청하는 편지를 이르쿠츠크 총독에게 썼다.[25] 진심으로 긍정적인 답변을 기대한 것은 아니었으며, 그는 미누신스크 지구를 두 번째 유형지로 제안했다. 이 지역은 쾌적한 기후 때문에 혁명가들 사이에서는 '시베리아의 이탈리아'로 알려진 곳이었다. 미누신스크나 근처의 마을로 갈 수 있다면 편안하게 형기를 마치는 데 큰 어려움이 없을 것이었다. 혁명 동조자들 사이에서는 구체적인 정치적 성향과 상관없이 동지애가 널리 퍼져 있었다. 그리하여 농민 토지 공동체를 유지하는 데 찬성하여 마르크스주의자들을 논박한, 의사이자 농업 사회주의자였던 블라디미르 크루톱스키(Vladimir Krutovski)가 마르크스주의자인 울리야노프를 도와 위장병 진단서를 받을 수 있게 해주었다.[26]

1897년 4월경 울리야노프는 자신이 예니세이주의 미누신스크 지구의 호숫가 마을인 슈센스코예로 보내지리라는 것을 알았다.[27] 기쁨에 찬 울리야노프는 심지어 그곳을 보기도 전에 '슈-슈-슈(Shu-shu-shu)' 혹은 '슈샤(Shusha)'에 관해 시를 썼다. '슈-슈-슈'나 '슈샤'는 울리야노프가 슈센스코예를 부르던 말이었다. 첫 행은 다음과 같이 시작했다. "사얀산(山)의 구릉 지대에 있는 슈샤에서……"[28] 그러나 영감이 일찍 사라지는 바람에 울리야노프는 시작(詩作)을 멈추었다. 시적 표현은 어쨌든 울리야노프의 스타일이 아니었다. 울리야노프는 열정적인 사람이었지만, 그의 감정은 계급 투쟁, 경제 분석, 마르크스주의 이념의 야심으로 승화되어 무겁고 거친 산문으로 표현되었다. 울리야노프는 문학을 여전히 사랑했지만, 점차 문학을 자신의 정치 사상을 위한 경험적 자료로 이용했다. 울리야노프는 문학을 통해 자신이 드러나는 것을 허용하지 않았다. 그는 발산된 상상력을 불신했다. 울리야노프는 자신이 정치에서 무엇을 원하는지를 알았고, 주의를 흩뜨리지 않으려 했다.

그러나 분명히 블라디미르 울리야노프는 '슈샤'에 기대를 걸고 있었다. 크라스노야르스크에서부터 출발하는 여행은 유쾌한 모험이 될 것이었다. 그 여행은 크라스노야르스크에서 예니세이강을 따라 남쪽 미누신스크로 증기선을 타고 가는 나흘간의 여정이었다. 1만 5천 명이 거주하는 미누신스크는 크라스노야르스크의 주요 지구였으며, 바로 그곳에서 울리야노프의 유형 조건에 영향을 끼치는 주요 결정이 내려질 것이었다. 울리야노프는 이미 상트페테르부르크 행정 당국의 직접적인 감시를 멀리 벗어난 상태였다. 1897년 4월 30일, 봄철 강의 범람이 잦아든 후 일단 항해가 가능해지자 울리야노프는 증기선 성(聖) 니콜라이호를 타고 출발했다.[29] 울리야노프에게는 마음이 맞는 일행이 있었다. 그들은 상트페테르부르크 투쟁동맹의 동지인 글레프 크르지자놉스키*와 바실리 스타르코프(Vasili Starkov)였다. 그들도 건강이 나쁘다는 이유를 들어 당국에 청원한 결과 슈셴스코예 인근 마을로 배치되었다. 그들은 배 안의 선실 하나를 차지하고 맹렬히 흐르는 예니세이강 한가운데에서 아름다운 산과 숲의 경치에 감탄했다. 미누신스크에 도착하자 세 동지는 각자에게 배당된 월 8루블의 수당을 정식으로 신청했다. 이 금액은 식량, 의복, 집세 등 한 사람이 최소한의 생활을 겨우 꾸려 갈 수 있는 돈이었다. 그런 뒤 그들은 여행의 마지막 단계를 수행할 마차와 말을 구했다. 울리야노프는 이제 목적지까지 60킬로미터 정도만 남았다.

슈셴스코예 마을은 주민이 1천 명을 넘었고 자체 행정 기관도 있었다. 러시아에서 오는 우편은 월요일과 목요일에 배달되었으며, 비상시에는 울리야노프 가족에게서 온 전보를 미누신스크에서 받아볼 수 있었다.[30] 슈시강이 마을 외곽을 따라 흘렀다. 주변에 숲이 있었고, 울리야노프는 집에서 1.6킬로미터쯤 떨어진 예니세이강의 작은 만으로 수영을 하러 갔다. 울리야노프의 거처에서 창을 내다보면 사얀산맥의 눈 덮인 봉우리들을 볼 수 있었다. 음식은 싸고 영양이 풍부해서 울리야노프는 의사의 권고로 가져온 탄산수를 마실 필요가 없었다. 울리야노프는 곧 어머니에게 편지를 썼다. "모든 이들이 제가 여름 동안 살이 찌고 햇볕에 타서 지금은 완전히 시베리아 사람처럼 보인다고 합니다. 사냥 때문에 그렇게 됐지요. 이런 농촌 생활은 어머니한테도 좋을 거예요!"[31]

마르토프는 아마도 그가 유대인이라는 사실을 당국이 알았기 때문에 북극권 남쪽 바로 아래의 투루한스크로 보내졌다. 투루한스크

글레프 크르지자놉스키(Gleb Krzhizhanovski, 1872~1959) 소련의 경제학자이자 정치가. 레닌의 가까운 동료로서 1895년 상트페테르부르크 노동계급해방투쟁동맹의 공동 창건자였다. 10월 혁명 후 1920년대에 국가계획위원회(고스플란) 수장을 지냈다.

는 긴 겨울 동안 극도로 추웠고 우편물은 일 년에 겨우 아홉 번 배달 되었다. 고립과 동지들 사이에 벌어지는 사소한 언쟁이 마르토프의 인내심을 시험했다. 울리야노프는 마르토프를 무척 그리워했다. 마르토프는 다른 사람까지 밝게 만드는 유쾌한 성격이었다. 울리야노프는 이미 마르토프와 긴밀히 같이 작업하고 싶다고 생각하고 있었다. 다른 것은 제쳐 두더라도, 혁명가를 번역해서 사람들에게 가르쳐 주기를 좋아하던 것도 마르토프의 매력이었다. 함께 유형을 보낼 수 있었다면 그들은 재미있게 지냈을 것이다. 마르토프는 침착하게 최악의 유형 조건을 견뎌내지 않으면 안 되었다. 육체적 고통이 유형자들이 겪는 유일한 문제는 아니었다. 정상 사회와 차단된 상태에서 유형자 중 일부는 정치적 이견에 따른 분쟁과 개인적 질투에 사로잡혔다. 때때로 참을 수 없을 정도로 말다툼이 격해졌다. 블라디미르 감옥에 있다가 1897년에 동북부 시베리아의 베르홀렌스크로 보내졌으며 울리야노프와 서로 편지를 주고받는 사이였던 니콜라이 페도세예프는, 일부 동료 유형자들이 그에게 퍼부은 욕설을 견디다 못해 총을 쏴 자살했다.[32]

시베리아 추방의 어두운 면은 울리야노프를 건드리지 않았다. 지도자로서 울리야노프의 재능이 처음으로 얼핏 드러난 것도 바로 이 슈셴스코예에서였다. 울리야노프는 비록 자신을 위해 가장 편안한 환경을 확보하려고 애썼지만 동지들의 곤경을 잊지 않았고 마르토프와 페도세예프를 비롯해 동지들에게 격려의 편지를 씀으로써 그들을 위해 할 수 있는 일을 했다. 또 울리야노프는 자신의 삶에서 여성들과의 관계를 정리했다. 울리야노프가 1898년 1월 8일에 상트페테르부르크의 경찰 당국에 보낸 편지에는 적어도 이와 관련하여 일이 어떻게 진행되었는지가 잘 드러난다. 편지에서 울리야노프는 약혼녀인 나데즈다 크룹스카야가 슈셴스코예로 거처를 옮기는 것을 허락해 달라고 청원했다.[33] 크룹스카야가 볼가강과 우랄산맥 사이에 있는 우파로 유형당하는 선고를 받았지만 울리야노프의 청원은 사실상 자동으로 허가가 떨어졌다. 울리야노프는 예정되었던 나데즈다와의 약혼을 이용해 그녀를 중부 시베리아로 데려올 생각이었고, 이런 생각을 어머니에게 알렸다. 여러 활동가들은 서로 가까운 곳에서 형기를 마치기를 바랐다.

이 약혼에 정치적 계산보다 훨씬 더한 뭔가가 있었을지 모른다는 문제를 제기할 수 있다. 블라디미르 울리야노프가 시베리아 유형을 떠났을 때 나데즈다 콘스탄티노브나가 그에게 먼저 약혼을 제안했다. 안나 일리니치나에 따르면 블라디미르는 그 제안을 거절했다.[34] 적어도 처음에는 그랬다. 나중에(아마도 1897년 말에) 블라디미르는 마음을 바꿔 나데즈다와 약혼했다. 하지만 나데즈다는 블라디미르가 사귀었던 유일한 여성이 아니었다. 예를 들어 블라디미르와 아폴로나리야 야쿠보바(블라디미르가 그녀를 불렀던 식으로는 쿠보치카 Kubochka)는 서로 좋아하는 사이였다. 블라디미르가 상트페테르부르크 구치소에서 나왔을 때 야쿠보바는 "한걸음에 달려가 웃다가 울다가 하면서 그에게 키스했다."[35] 야쿠보바는 아름답고 헌신적인 혁명가였다. 블라디미르가 반려자로서 나데즈다 콘스탄티노브나보다 그녀를 더 좋아했을 가능성이 있다. 안나 일리니치나의 회고록 미출간 부분에 이에 관한 암시가 있다. 야쿠보바가 그를 떠난 후 블라디미르는 '매우 다정하게' 다음과 같이 분명히 밝혔다. "그-렇-지, 쿠보치카!"[36] 우리는 이 안타까운 구절을 어떻게 생각할 것인가? 확실히 안나 일리니치나의 회고록에는 블라디미르가 나데즈다 콘스탄티노브나에게 매혹되었다는 표현이 전혀 없다. 그러나 안나 일리니치나는 나데즈다 콘스탄티노브나에게 종종 심술궂게 굴었으며, 따라서 아마도 레닌의 두 여성 동지들이 지닌 상대적 매력을 왜곡했을 가능성이 있다.

울리야노프가 결혼을 결심한 동기는 그리 명확하지 않다. 울리야노프는 1897년 12월 10일에 어머니에게 편지를 썼을 때 나데즈다 콘스탄티노브나가 유형지의 자신에게 합류할 것을 신청하는 쪽으로 확고하게 마음먹은 것은 아니라고 암시했다.[37] 마리야 일리니치나는 많은 세월이 지난 후 냉정하게 설명했다. "그녀는 약혼녀로서 V. I.(울리야노프)에게 합류하겠다고 요청했고, 그들은 결혼해야 했다. 그러지 않으면 N. K.(크룹스카야)는 원래 유형을 가기로 선고받았던 우파로 신속히 돌아가야 했을 것이다."[38] 마리야 일리니치나는 언니인 안나와 마찬가지로 블라디미르와 그의 장래 신부가 서로에게 크게 매력을 느끼지는 않았다고 생각했다. 하지만 애정이 존재했음은 부인하지 않았다.

몇몇 설명은 둘의 관계가 처음에 매우 미적지근했다는 사실에 거의 병적으로 기뻐했다. 그들은 레닌이 감정적으로 둔하다는 것을 암시하기 위해 이 사실을 이용한다. 그러나 최근에 확보된 증거는 이런 설명이 문화적 편견이 가득한 것임을 보여준다. 문제의 핵심은 한 남자와 한 여자가 정열적으로 서로에게 빠지는 낭만적 사랑을 블라디미르와 나데즈다 어느 쪽도 열망하지 않았다는 점이다. 둘 다 상대방에게 느끼는 자신의 감정에 관해서는 거의 쓰지 않았지만, 블라디미르가 죽은 후 나데즈다는 1927년에 자기 세대의 마르크스주의 혁명가들 사이에서 승인된 관계에 대해서 볼셰비키당 역사가 블라디미르 소린(Vladimir Sorin)에게 분노에 찬 편지를 썼다. 나데즈다는 자기 세대 혁명가들이 서로 '꼼짝없이 사랑에 빠졌다'는 소린의 주장에 격렬하게 반발했다. 당시 혁명가들은 애정 문제에서 당대의 부르주아적 태도를 의식적으로 거부하고 그 대신 새로운 삶의 방식을 창출하려고 했다. 그들은 자신들의 관계가 혁명의 대의를 위해 협력하는 데 초점이 맞춰져야 한다고 생각했다. 그들이 볼 때 결혼을 통한 영구적인 결합에는 전통, 종교, 경제적 이기주의, 남편에 대한 부인의 종속 같은 불쾌한 함의가 담겨 있었다. 나데즈다가 지적했듯이, 러시아 마르크스주의자들은 더 큰 목표를 위해 느슨한 파트너 관계를 맺기를 유럽의 마르크스주의자들보다 더 열렬히 바랐다. 그들은 니콜라이 체르니솁스키의 《무엇을 할 것인가?》에 묘사된 혁명적 공동체와 드미트리 피사레프*의 반(反)부르주아 철학에 영향을 받았다.[39] 나데즈다는 자신과 레닌이 서로에게 품었던 감정을 명확하게 표현하지는 않았으나, 암시하는 바는 틀림없었다. 즉 그 둘은 서로 충분히 좋아하고 마음에 들어 했으며, 가까운 장래에 서로 같이 일할 수 있다고 생각했던 것이다.

게다가 나데즈다 콘스탄티노브나를 두고 미인이라고 주장할 수는 없었지만 그녀는 육체적으로 매력이 있었다. 그녀의 얼굴 골격은 훌륭했다. 나데즈다는 블라디미르보다 몇 센티미터 더 컸고 한 살 더 많았다. 다소 어두운 색의 옷을 입었고, 머리칼은 평범하게 빗질해 넘겼다. 또 당시의 전형적인 여교사 같은 옷차림을 했다(나데즈다는 마르크스주의 활동가가 되지 않았더라면 아마도 교사가 되었을 것이다). 나데즈다의 가족은 귀족 신분이었으나 울리야노프가만큼 살림살이가 편하지는 않았다. 나데즈다 콘스탄티노브나의 아버지는 제국군 장교로서 곤경에 처했다. 그는 1863년 반란* 이후 폴란드인 반체제 인사들을 덜 엄격하게 대했다는 이유로 면직되었다. 그후 나데즈다

드미트리 피사레프(Dmitri Pisarev, 1840~1868) 러시아의 혁명적 민주주의자. 잡지 〈러시아의 말〉 편집에 참여했으며 차르 체제와 농노제에 반대하여 4년 반을 감옥에서 보냈다. 러시아에 처음으로 다윈의 진화론과 콩트의 사회학을 비판적으로 소개했으며, 사회 진보는 자연과학 지식의 증대와 보급에 있다고 주장했다. 또 순수 예술을 배척하고 예술의 사회적인 의의를 특히 강조했다. 저서로 《동식물계의 진보》, 《사고하는 프롤레타리아》, 《미학의 파괴》, 《푸시킨과 벨린스키》, 《생활을 위한 투쟁》 등이 있다.

마르크스주의 혁명가 나데즈다 콘스탄티노브나 크룹스카야(1895년 경). '노동계급해방투쟁동맹'에서 레닌을 만나 함께 활동했으며 1898년에 시베리아 유형지에서 레닌과 결혼했다.

의 아버지는 보험 대리인을 비롯해 닥치는 대로 일을 했다. 나데즈다 콘스탄티노브나의 어머니는 가족의 불확실한 수입을 보충하기 위해 아동용 책을 썼다.[40] 세 사람은 자주 이곳저곳으로 이사를 다녔으나, 부모는 언제나 딸이 그 지역 김나지야를 다닐 수 있게 했다. 나데즈 다는 불리한 상황에 대처하고 그 상황을 유쾌하게 여기는 법을 배웠 다. 나데즈다는 자라서 진중한 젊은이가 되었다. 열여덟 살에 나데즈

1863년 반란 1863년 1월에 18세기 말의 '폴란드 분할' 이래 폴란드를 통제하던 러시아 제 국에 맞서 폴란드인들이 일으킨 봉기. 바르샤바에서 게릴라전으로 시작된 봉기는 리투아 니아와 벨라루스 일부까지 번졌으나 1864년 봄에 거의 실패로 돌아갔으며, 폴란드에 대한 러시아의 지배가 한층 강화되는 결과를 낳았다.

다는 소설가 레프 톨스토이에게 편지를 써서 외국 고전을 번역하는 그의 프로젝트에 끼워 달라고 부탁했다.[41]

하지만 상트페테르부르크에 온 나데즈다는 평화주의와 기독교 사상 때문에 톨스토이를 거부한 학생들과 어울리게 되었고, 그녀도 점차 마르크스주의 혁명 사상으로 옮겨 갔다. 나데즈다는 러시아 문학을 읽고 외국어를 배우는 일 말고는 거의 여가 활동을 하지 않았다. 나데즈다는 혁명가가 되는 데 전념했다. 특히 이 점 때문에 울리야노프는 그녀에게 이끌렸다. "그는 자기와 의견이 다르고 일에서 동지가 아닌 여성은 결코 사랑할 수 없었다."라고 나데즈다는 회고했다.[42] 더군다나 나데즈다는 평범한 노동자들 사이에서 블라디미르보다 더 활발히 활동했다. 주일 학교와 야학에서 나데즈다는 마르크스주의뿐만 아니라 읽기와 쓰기를 가르쳤고 당대의 교육 이론도 잘 알았다. 또 그녀는 재치 있는 사람이기도 했다. 블라디미르는 성미가 까다롭고 쉽게 흥분했으며 다른 사람들에게 자기 방식대로 하기를 좋아했기에, 그의 아내가 될 사람은 누구든 참을성이 필요했다. 나데즈다에 관해 썼던 거의 모든 사람에 따르면, 그녀는 이러한 자질을 충분히 지니고 있었다.

울리야노프 가족 가운데 블라디미르만이 내무부에 시달린 것은 아니었다. 드미트리는 1897년 혁명 운동에 연루된 혐의로 모스크바 대학에서 쫓겨났다. 그는 체포되어 툴라로 추방되었다. 그 뒤 당국은 블라디미르의 누이인 마리야를 혁명 활동 혐의로 체포하여 니즈니노브고로드로 추방했다.[43] 어머니 마리야 알렉산드로브나는 니즈니노브고로드와 툴라를 다니느라 시간을 쪼갰다. 그녀는 곧 모스크바 남쪽으로 40킬로미터 떨어진 쿠르스크 철도 변의 포돌스크라는 작은 도시에 가족이 살 집을 빌리고 드미트리가 그곳에서 형기를 마칠 수 있도록 허가를 얻었다. 딸 마리야도 나중에 가족과 합류했다.[44]

1898년 봄에 포돌스크로 이사한 일은 안나 일리니치나의 남편인 마르크 엘리자로프가 쿠르스크 철도 회계부에 일자리를 얻어 그 지역에서 살아야 했기 때문에 가능했다. 마르크의 직책 덕분에 그 자신뿐 아니라 그의 아내도 장모도 무료로 철도 여행을 할 수 있었다.[45] 4천 명의 주민이 사는 포돌스크 주위에는 숲과 호수들이 있었다. 포돌스크는 멋진 곳이었고, 마리야 알렉산드로브나는 이곳에서 마음의 안식을 얻기를 바랐다. 마리야 알렉산드로브나는 '신경과민' 때문에 의료 전문가의 도움을 받아야 했다. 또 위장병에도 시달리고 있었다. 의사는 마리야 알렉산드로브나에게 최근에 '정신적 불안'을 겪었는지 물었다. 이보다 더 요령 없는 질문은 상상하기 힘들다. 마리야 알렉산드로브나의 남편은 젊은 나이에 죽었다. 장남은 교수형을 당했다. 나머지 세 자녀는 체포되었고 그들 중 한 명(블라디미르)은 먼 동부 시베리아로 유형당했다. 마리야 알렉산드로브나는 자신의 가족이 정상적인 전문직의 길을 걸어가리라고 꿈꾸는 것을 오래전에 그만두었다. 해마다 새로운 문제가 울리야노프가에 엎친 데 덮친 격으로 찾아오는 것 같았다. 마리야 알렉산드로브나가 정신적 불안 증세를 보인 것은 전혀 놀랍지 않다.

　　한편 나데즈다 크룹스카야는 슈셴스코예로 가는 것을 허락해 달라고 요청했다. 유형을 떠나기 전 그녀는 전혀 괜찮아 보이지 않았다. 나데즈다는 혁명가들 사이에서 '물고기'라는 암호명으로 통했다. 이것은 어느 누구에게도 기분 좋은 호칭이 아니었으며, 그녀의 경우에는 아마도 바제도병 때문에 야기된 갑상샘종 탓에 눈이 튀어나오기 시작한 모습을 가리켰을 것이다. 이 병은 목이 붓고 눈이 돌출하는 증상을 보인다. 시베리아로 향하기 전에 나데즈다를 언뜻 본 안나 일리니치나는 그녀가 약간 청어처럼 보인다고 잔인할 정도로 정확하게 말했다.[46]

이미 나데즈다는 약혼자가 쓴 《경제 연구와 논문들》의 출판을 협상했고 영국 노동조합주의에 관한 시드니 웨브(Sidney Webb)와 비어트리스 웨브(Beatrice Webb)의 저술을 블라디미르가 번역할 권한을 확보했다. 나데즈다는 출판업자들이 "볼로댜가 영어를 잘 알지 못하더라도 독일어 번역본을 이용하고 그것을 영어(원서)와 대조할 수 있기 때문에 아무 문제가 없다."라고 말했다고 마리야 알렉산드로브나에게 설명했다. 나데즈다는 볼로댜가 일을 할 때 도와줄 누군가가 그의 곁에 있어야 한다고 생각했다. 예를 들어 블라디미르는 돈이 필요했지만 나데즈다가 웨브 부부의 책을 번역하는 권한을 대신 협상하지 않으면 안 되었다. 또 나데즈다는 자신과 어머니 옐리자베타 바실리예브나 크룹스카야가 모스크바를 떠나 시베리아 횡단 철도를 따라서 출발하는 데 필요한 준비도 전부 스스로 했다. 옷, 책, 금전, 공식 서류, 먹을 것을 떠나기 전에 챙겨야 했다. 그 후 그들은 볼로댜와 합류하기 위해 열차, 증기선, 마차로 긴 여행을 했다. 게다가 1898년 5월에 슈셴스코예에 도착하자 나데즈다는 볼로댜로 하여금 새로운 취미를 갖게 하고자 했다. 나데즈다는 버섯 따기를 좋아했다. 볼로댜는 처음에 반대했으나 곧 자신도 버섯 채집에 열광했다. 나데즈다는 "그를 숲에서 끌어낼 수는 없을 거예요."라고 볼로댜의 어머니에게 알렸다. "우리는 내년에 텃밭을 만들 계획입니다. 볼로댜는 이미 채소밭을 계약했어요."[47]

그러나 주로 나댜(Nadya, 볼로댜가 나데즈다를 부르는 애칭)가 볼로댜에게 맞춰야 했다. 슈셴스코예로 오기 전에 나댜가 해야 했던 일 중의 한 가지는 볼로댜에게 저술을 끝마치는 데 필요한 여러 책과 잡지를 구입하는 것이었다. 나댜는 또 볼로댜의 광적인 산책 취미에도 익숙해져야 했다. 나댜는 일요일에 책상에 앉아 있기를 좋아했지만, 볼로댜는 습관적으로 이리저리 걸어다녔다. 나댜는 볼로댜와 함께 다닐 수 있게 자기 몸을 길들였다.[48] 그리고 특히 나댜는 볼로댜의 가족을 다루는 법을 배워야 했다. 안나 일리니치나는 다른 여성이 가족 안으로 밀고 들어오는 것에 무턱대고 분노했다. 안나는 올케가 경박한 편지를 쓴다고 비난했으며, 나댜가 편지를 부치기 전에 볼로댜에게 교정을 보도록 한다고 멋대로 짐작했다. 나댜는 남편에게 편지를 보여주었다고 인정했으나 이는 남편과 부인 사이에서 자연스러운 일이라고 말했다. 볼로댜가 편지에서 올케가 가족에게 보내는 정중한 인사를 때때로 빠뜨렸다고 안나가 투덜댔을 때, 나댜는 자신이 항상 시집 식구들과 잘 지내고 싶어 한다는 것을 시집 식구들도 익히 알고 있음을 볼로댜가 당연히 여겼기 때문에 굳이 편지에 인사를 넣지 않았을 뿐이라고 응답했다.[49] 나댜는 거의 초인적인 인내심으로 안나가 이 예절 문제의 책임을 볼로댜 본인에게 묻지 않은 사실에 대해서는 이러쿵저러쿵 말하지 않으려 했다.

나댜는 남편의 종속적 역할을 자임했다. 나댜는 자신이 안나와 조금이라도 괜찮은 관계를 유지해야 볼로댜가 평정을 찾을 수 있음을 알았고 그래서 하고 싶은 말이 있더라도 꾹 참았다. 나댜는 안나 일리니치나와 마리야 일리니치나와 마찬가지로 볼로댜를 존경했기 때문에 앞으로도 수없이 참고 또 참을 것이었다. 이 세 사람은 모두 볼로댜가 특출한 지적·정치적 잠재력을 지닌 사람이라고 생각했다. 그들은 볼로댜를 돕고 볼로댜에게 봉사하고 싶어 했으며, 볼로댜는 오직 기꺼이 그들의 이런 소망을 북돋울 뿐이었다.

슈셴스코예에서 볼로댜는 이미 얼마간 편안하게 살고 있었고, 자신의 첫 번째 집보다 더 큰 집을 임대하고 열다섯 살 먹은 하녀를 고용함으로써 예비 아내와 장모의 도착을 준비했다. 볼로댜는 자신의 공부방을 꾸몄고, 러시아에서 소포로 배달된 많은 책들을 그 방에 두었다. 또 그는 자신의 영웅들의 사진을 모아놓은 앨범도 보관했다. 영웅들 중에는 볼로댜를 빗겨 간 운명인 시베리아의 중노동 형벌 특별 거주지로 보내진 정치범들이 있었다. 볼로댜는 특히 체르니솁스키의 기억을 계속 간직했고, 이제 그의 앨범에는 체르니솁스키의 사진이 두 장이나 있었다.[50] 볼로댜 울리야노프는 정치에서 감상적 태도를 싫어한다고 공언했지만 일부 정치적 인물과 혁명적 사명감에 대해서는 뚜렷하게 감정적인 애착을 보였다. 볼로댜의 모든 특징이 그가 남들에게 주고자 했던 인상과 일치하는 것은 아니었다. 다른 많은 이들과 마찬가지로 볼로댜는 영웅이 필요했고 그들의 기념품을 눈에 보이는 형태로 갖고 있어야 했다. 아직까지는 영웅들 중에 볼로댜를 낙담시킨 사람이 아무도 없었으나, 나중에 그들 가운데 누구라도 어떤 식으로든 그를 실망시켰을 때 볼로댜는 정신적으로 큰 충격을 받는다.

볼로댜의 마음에 걸리는 현실적인 문제도 있었다. 볼로댜는 모스크바로부터 어머니가 사마라주의 코쿠시키노 영지를 팔고 싶어 한다는 소식을 들었다. 울리야노프 가족은 이제 영지에 살지 않았고, 마리야 알렉산드로브나는 볼로댜의 체포와 유형을 겪으며 자산을 현금화하는 것이 낫겠다고 현명하게 판단했다. 그녀는 집을 임대하기로 결심했다. 정상적인 상황이었다면 마리야 알렉산드로브나는 법률가로 훈련받은 아들 볼로댜에게 도움을 구했을 것이다. 그러나 다행히도 안나 일리니치나의 남편인 마르크 옐리자로프가 보험 대리인으로서 전문적 경험이 있었고, 그는 코쿠시키노 영지를 유리한 가격으로 판매하는 것에 대해 조언을 해주었다. 마르크는 처가를 대신해 이 거래를 하면서, 장남인 볼로댜에게 거래에 관해 상세히 알려주는 형식적 절차를 거침으로써 볼로댜의 감정을 배려하는 모습을 보여주었다. 또 마르크는 거래가 마침내 성사되었을 때 코쿠시키노 영지의 개를 볼로댜에게 보내기를 바랐으나, 볼로댜는 공손하게 거절했다. 볼로댜는 이미 시베리아에서 아일랜드 사냥개 젠카를 키우고 있었고, 여하튼 개를 홀로 볼가에서 중부 시베리아로 보내는 것은 사치스러운 일이었다.[51]

하지만 볼로댜는 시골 신사의 생활 양식을 마냥 거부하지만은 않았다. 그는 동생 드미트리가 선물한 벨기에제 복식 라이플총을 기쁘게 받았다.[52] 볼로댜는 토끼와 여우 사냥을 매우 좋아했다. 그는 또 예니세이강까지 가서 낚시도 했다. 겨울에는 스케이트를 탔는데, 나댜는 남편이 '에스파냐식 도약'과 "닭처럼 점잔 빼며 나아가는 모습"을 뽐내며 얼음 위에서 너무 잘난 척한다고 생각했다. 그러나 나댜는 볼로댜가 신체 활동에 보이는 열의에 감탄했다. 블라디미르가 그보다 훨씬 몸집이 큰 크르지자놉스키와 함께 지내게 되었을 때 그들은 때때로 레슬링 경기를 하곤 했다. 몇 안 되는 혁명적 활동가들만 신체 운동에 관심을 기울였는데, 둘 다 그런 활동가였다. 볼로댜의 '신경과민'은 시베리아에 체류하는 동안 완화되었고 위장병도 사라졌다. 신선한 공기와 건강한 식단은 이런저런 수를 써 미누신스크 지구에서 거주할 수 있게 된 투쟁동맹 회원들의 사기를 북돋아주었다. '시베리아의 이탈리아'는 그들이 희망했던 것 그 자체였다.

물론 이처럼 인기 있는 유형지였던 이 지구에서도 유형 생활의 불쾌한 측면은 있었다. 억류자들이 서로 방문하려면 허가를 받아야 했다. 가끔 그들은 지역에서는 구할 수 없는 옷가지가 필요해 중부 러시아로 수소문할 때도 있었다. 그리하여 볼로댜는 어머니에게 품질 좋은 밀짚 모자와 겨울용 가죽 코트를 부탁했다. 하드머스사의 6호 연필도 요구 품목이었다(볼로댜는 처음 받았던 연필들을 금방 다 써버렸다). 그러나 물품 부족은 주된 문제가 아니었다. 훨씬 더 괴로운 것은 벌레들이었다. 동부 시베리아의 모기는 놀라울 정도로 공격적이었다. 볼로댜는 머리를 덮을 방충망을 만들었지만 모기는 밤에 다짜고짜 그의 손을 공격했다. 볼로댜는 어머니에게 새끼염소 가죽으로 만든 장갑을 보내 달라고 부탁했다. "글레프(크르지자놉스키)는 이 동네 모기들이 장갑을 뚫고 물어뜯을 거라고 주장하지만, 저는 그를 믿지 않아요. 물론 적절한 장갑을 선택해야겠지요. 춤을 출 때 쓸 것이 아니라 모기를 막기 위한 것으로 말입니다."[53] 유감스럽게도 역사 기록은 동부 시베리아 모기들이 장갑을 뚫고 물어뜯는 성향이 있는지를 둘러싼 열띤 토론에서 울리야노프가 옳았는지 크르지자놉스키가 옳았는지 우리에게 말해주지 않는다.

나댜가 슈셴스코예에 도착한 후 오래지 않아 결혼 준비가 시작되었다. 볼로댜는 나댜와 그녀의 어머니가 좀 더 안정된 환경을 만들어 준 데 감사했다. 그는 엘리자베타 바실리예브나와 어느 정도 친해졌고 그녀의 요리 솜씨가 좋다고 찬사를 보내기도 했다.[54] 하지만 볼로댜는 경솔하게도 그녀가 구운 거위에 만족감을 표하면서, 그런데 살코기가 적다고 덧붙였다. 엘리자베타 바실리예브나는 접시 위의 고기가 거위가 아니라 뇌조였기 때문에 기분이 언짢아졌다. 그러나 그녀는 곰곰이 생각한 끝에 볼로댜가 자신한테 잘하려고 애쓰고 있다고 인정했다.

결혼식 날이 다가오자, 안나 일리니치나에게서 울리야노프 가족에게 보낼 초대장을 요청하는 편지가 왔다. 블라디미르는 몹시 화를 냈다.[55]

아뉴타(Anyuta, 안나의 애칭)가 언제 결혼식이 있을지, 심지어 누구를 "우리가 초대할 것인지!?"를 물었습니다. 아뉴타는 너무 앞서가고 있어요! 먼저 나데즈다 콘스탄티노브나가 여기 도착해야 하고 그런 후 당국에 결혼 허가를 받아야 합니다. 우리한테는 사람으로서 권리가 전혀 없단 말입니다. 그런데 지금 '초대장'이 무슨 말입니까!

볼로댜는 예식에 가족을 부르지 않을 만큼 매정하게 굴지는 않았다. 그는 울리야노프 가족이 슈셴스코예로 와서 예식에 참석했으면 좋겠다고 했다.[56] 볼로댜는 여행이 어머니에게 너무 힘든 일이 될 거라는 옐리자베타 바실리예브나의 우려를 전했지만, 어머니가 적어도 2등석 기차표를 산다면 문제가 없을 것이라고 의견을 제시했다.[57] 분명히 볼로댜는 어머니가 오지 않도록 직접적으로 만류하지는 않았다. 때는 1898년 6월이었다. 같은 달에 볼로댜는 행정 당국에 약혼녀와 결혼을 허가해 달라고 공식적으로 요청했다. 핀란드인 동료 유형자인 오스카르 엥베리(Oskar Engberg)가 이 두 사람을 위해 한 쌍의 구리 반지를 두드려 만들었다. 1898년 7월 10일, 그들은 마을의 표트르파벨 교회에서 오레스트(Orest) 신부의 집전으로 결혼했다.[58]

결혼을 서두른 이유에 대해 볼로댜는 그러지 않았다면 당국이 나댜를 우파로 유형 보냈을 거라고 양해를 구했다. 사실 그는 호화로운 가족 결혼식을 원하지 않았고, 자신의 방식대로 자기 힘으로 결혼식을 치르고 싶었다. 볼로댜는 새 신부에게 시가에 편지를 쓰게 했고, 그녀의 기지 넘치고 우호적인 말은 볼로댜가 이 의무를 수행하는 부담을 덜어주었다. 이때 나댜의 삶은 쉽지 않았다. 울리야노프가는 나댜가 할 일이 다음 세대의 울리야노프를 생산하는 것임을 명확히 했다. 나댜는 결혼한 지 겨우 여덟 달이 지난 후 시어머니에게 답장을 하면서 다음과 같이 말했다. "제 건강에 대해서 말하자면 저는 아주 건강합니다만, 불행히도 작은 새는 아직 도착하지 않았습니다. 작은 새가 오고 있다는 조짐이 없어요."[59] '작은 새'는 바라던 임신이었다. 나댜와 볼로댜는 언제나 자녀를 갖기 원했고, 이 측면에서 진전이 없음을 가족에게 알리는 일은 나댜의 몫이었다. 나댜는 처음부터 순종적 역할을 받아들였다. 그녀는 아이를 낳아줄 거라는 기대를 받고 있었고, 볼로댜는 나댜의 죄책감을 덜어주거나 울리야노프 가족의 암묵적인 요구로부터 나댜를 보호하기 위해 아무것도 하지 않았다.

볼로댜가 시급히 이루고자 했던 소망은 책을 써서 출간하는 것이었다. 그는 《러시아 자본주의의 발전》의 초고를 쓰고 있었다. 1898년 8월에 볼로댜는 500편이 넘는 책과 논문을 참조한 글을 완성했다. 그는 미누신스크의 동료 유형자들에게 책의 각 장에 대한 비평을 부탁했다. 볼로댜는 그러한 자문 없이 세상에 자신의 책을 내놓을 자신감이 아직 없었다.

볼로댜가 아직 이름난 작가가 아니라는 점이 뜻밖의 장애물이 되었다. 사실 볼로댜는 책을 독자적으로 발간할 것까지 고려했다. 표트르 스트루베는 원고를 나누어 잡지에 싣는 논문의 형태로 발간할 것을 제안했다. 그러나 볼로댜는 상업 출판업자와 계약을 맺기 위해 마지막으로 시도해보기를 원했다. 볼로댜는 보도보조바(M. I. Vodovozova)를 떠올렸다.[60] 상트페테르부르크에 있던 보도보조바의 작은 출판사는 마르크스주의 문헌을 출간하는 전통이 있었다. 볼로댜는 안나 일리니치나에게 가능성을 알아보라고 부탁했다. 볼로댜는 협상 조건을 제시했으나, 누나에게 인세를 최대한 얻어내라고 부추기면서도 "돈을 받는 데 서두를 이유는 없다."고 인정했다.[61] 볼로댜는 책이 읽기 쉬운 서체를 쓰고 말끔한 통계표가 들어간, 오자 없이 깔끔한 형태로 발행되는 데 더 큰 관심이 있었다. 볼로댜는 출판이 빨리 이루어져야 하며 활자가 커야 한다는 바람도 표명했다. 초판을 2,400부 찍고 볼로댜가 알렉산드라 칼미코바의 상트페테르부르크 서점에서 필요한 전문 서적을 구입하기에 충분한 인세를 보도보조바가 보장한다는 내용의 계약서가 작성되었다.

볼로댜는 블라디미르 일린(Vladimir Ilin)이라는 가명으로 《러시아 자본주의의 발전》을 출간했다. 그가 알려진 혁명가라서 공식 검열에서 문제가 되는 것을 피하고 싶었기 때문이다. 박식함이 상당히 드러나는 책이었다. 직접적인 정치적 논평은 극히 최소한으로 다루었고 문체는 간결했다. 그러나 '블라디미르 일린'은 이 책을 하나의 도발로 삼고자 했다. 블라디미르는 자기 책에서 정리한 사례들을 극단적으로 해석했고 스스로 그것을 알았다. 하지만 그와 동시에 블라디미르는 이 책으로 당대의 경제 동향에 대한 일급 전문가로서 자신의 지위가 확고해지기를 기대했다. 마르크스주의 철학 이론과 정치 이론에서 블라디미르는 자신의 지식이 부족하다고 인정했다. 예를 들어 그는 이마누엘 칸트를 아직 읽지 않았다고 시인했다.[62] 그러나 경제에 관해서는 이미 모든 것을 잘 안다고 생각했다.

책의 내용은 제국 경제 전반을 포괄했다. 이 책에 담긴 주장을 살펴보아야 하는 이유는 블라디미르 울리야노프가 나중에 정치적 지향의 많은 부분을 정당화하는 데 이 책의 주장을 이용했기 때문만은 아니다. 전반적으로 울리야노프는 게오르기 플레하노프의 견해를 되풀이했지만 독특하게 비틀고 있었다. 플레하노프는 토지의 임대와 구매, 노동자의 고용, 최신 농업 설비의 도입 같은 부농들의 몇몇 추세가 자본주의가 대두하고 있음을 가리킨다고 역설했다. 울리야노프는 훨씬 더 나아갔다. 울리야노프는 농촌에서 자본주의가 이미 선진적 발전 단계에 있다고 단언했다. 그뿐 아니라, 울리야노프는 부농들(그가 농촌 '부르주아'라고 딱지를 붙인 사람들)이 농부로서 매우 유능하기 때문에 기계나 비료 같은 생산물에 대한 부농들의 수요가 러시아 제국 전역의 산업체에 광대한 시장을 제공할 수 있고 또 제공한다고 주장했다. 이어서 산업의 제조업 부문은 광업 부문의 생산을 자극하고 있었고, 이는 필연적으로 재정 부문의 지원을 필요로 했다. 운송과 통신도 그러한 요구에 대처하기 위해 확대되어야 했다. 울리야노프에 따르면, 경제의 농업 부문은 러시아 자본주의 발전의 보조적 요소가 아니라 바로 그 원동력으로 간주되어야 했다.

울리야노프의 분석에는 사회적 의미가 있었다. 특히 수세기 동안 존재해 온 '농민층'이라는 범주를 이제는 '과학적으로' 적용할 수 없었다. 대부분의 농민들은 토지나 장비가 없어 자본주의 시장에서 노동력을 팔아 생존하는 '프롤레타리아'가 되었다. 소수의 농민들만 부유했다. 울리야노프는 그들을 '부르주아', 농촌 자본가, 쿨라크(kulak, '주먹'이라는 뜻으로 자신의 마을을 단단히 장악하고 있다는 의미로 쓰였다)라고 불렀다. 중간 그룹, 즉 세레드냐크(serednyak)들은 거대한 프롤레타리아들과 소수지만 지배적인 쿨라크들로 바야흐로 분할될 것이었다. 그리하여 농민층의 연대와 평등주의라는 농업 사회주의적 관념은 터무니없는 소리에 지나지 않았다. 러시아 제국의 즉각적인 전망은 이미 도시와 농촌에서 탄탄하게 자리 잡은 자본주의가 더욱 성숙해지는 것이었다.

울리야노프의 분석에는 당시 러시아에서 유행하던 비마르크스주의 경제 이론들에 대한 측면 공격도 포함되어 있었다. 예를 들어 울리야노프는 자신이 해외 식민지 소유가 자본주의 발전의 필수 조건이 아님을 증명했다고 생각했다. 또 자본주의 발전이 외국 투자와 기업 활동에 결정적으로 달려 있는 게 아니라는 것도 보여주었다고 여겼다. 러시아는 자신의 자원을 기반으로 삼아 스스로 변화를 일으키고 있다고 울리야노프는 단언했다. 게다가 울리야노프의 설명은 자본주의 발전의 지역적 집중을 고려해야 할 필요성을 깊이 생각한 것이었다. 상트페테르부르크와 바르샤바에는 야금업이 있었고, 모스크바 지역에는 섬유 공장들이 있었다. 돈 분지에는 탄광이, 바쿠에는 석유가 있었다. 집약적인 곡물 경작이 우크라이나와 남부 러시아에서 행해지고 있었다. 서부 시베리아와 발트 지역에서는 낙농업 생산이 증가하고 있었다. 뒤떨어지는 지역이 여전히 있긴 했지만 극히 효율적인 경제 발전이 이루어지는 지역이 많았고, 이 발전은 전통적인 러시아를 선진적인 서방 자본주의 국가들과 겨룰 수 있는 나라로 곧 변모시킬 것이었다. 울리야노프는 러시아의 물질적 진보가 막다른 골목에 들어섰다고 주장하는 경제 이론가들을 비웃었다. 자본주의의 길을 걷기 시작한 러시아는 전적으로 경제 발전 법칙에 맞추어 그 길을 한 치의 오차도 없이 따라갈 것이었다.

그러나 《러시아 자본주의의 발전》은 그 모든 특이한 주장에도 불구하고 걸작이었다. 울리야노프는 분석을 가장 극단적인 결론으로 몰고 가서 자신의 분석을 확증하는 자료만 이용해 그 결론을 뒷받침할 수 있는 능력이 있었다. 정치를 생각하는 사람들에게는 울리야노프가 무엇을 하려 하는지 명확했다. 러시아가 이미 자본주의 국가라면 로마노프 군주정을 제거하는 일은 오랫동안 지체된 셈이었다. 자본주의 국가는 정치적 민주주의와 보편적인 시민권을 필요로 했다. 차르 체제는 낡았다. 게다가 러시아 자본주의가 이미 진전되었다는 것은 로마노프 왕가에 맞서 '부르주아 민주주의 혁명'이 일어난 후 얼마 되지 않아 '사회주의 혁명'이라는 훨씬 더 심원한 두 번째 혁명을 시도할 수 있음을 의미했다. 울리야노프는 (그의 희망에 따르면) 러시아에서 마르크스주의 대의로 수천 명의 전향자를 끌어들일 경제학 논문을 발표한 것이었다.

울리야노프의 목적 중 하나는 러시아 마르크스주의자들이 유럽 사회주의자들의 꿈을 공유할 수 있음을 증명하는 것이었다. 오늘 독일에서 이루어지고 있는 일은 내일 러시아에서도 일어날 수 있을 것이라고 그는 확신했다. 따라서 울리야노프는 유형 중일 때도 독일에 관한 정보를 얻기 위해 그가 구할 수 있는 잡지들을 유심히 살펴보았다. 1895년 엥겔스가 죽은 뒤 독일사회민주당에서 울리야노프의 영웅이 된 사람은 이론가 카를 카우츠키였다. 울리야노프처럼 카우츠키도 경제뿐만 아니라 정치와 철학에 관해서 글을 썼다. 카우츠키는 '이론'을 진지하게 여겼다. 그는 '과학적 토대'를 바탕으로 한 사회주의를 원했다. 또 체계적인 지식과 체계적인 방침을 원했으며, 스스로 자신을 마르크스와 엥겔스 유산을 지키는 사후 옹호자로 여겼다. 카우츠키는 울리야노프의 마음에 쏙 드는 사람이었다. 카우츠키는 엥겔스의 협력자이기도 했던 에두아르트 베른슈타인*이 마르크스주의의 몇몇 핵심 개념을 '수정'하고자 하는 시도에 맞서 마르크스와 엥겔스를 변호하는 데 특히 열중했다. 베른슈타인은 선진 자본주의 사회가 양대 사회 계급, 즉 부르주아와 프롤레타리아로 나뉘어 있음을 부인했다. 베른슈타인은 진화와 평화적 개혁을 선호했으며 혁명을 싫어했고, 자본주의가 사전에 경제를 몰락시킨다는 사실에 의존한다면 사회주의 건설은 불가능할 것이라고 믿었다. 카우츠키에게도 울리야노프에게도 베른슈타인의 수정주의는 마르크스주의 교리를 배신하는 것이었다.[63]

울리야노프는 이러한 수정주의가 독일에서만 보이는 조류가 아니라는 사실에 당황했다. 수정주의는 러시아에서도 생겨나고 있었다. 1899년 여름에 러시아인 마르크스주의자이자 망명자였던 세르게이 프로코포비치*와 예카테리나 쿠스코바*가 쓴 문건이 안나 일리니치나를 거쳐 남동생 손에 들어가 세밀한 검토를 받았다. 안나는 무심

에두아르트 베른슈타인(Eduard Bernstein, 1850~1932) 독일의 사회주의자. 1872년 사회민주당에 입당했다. 1899년에 《사회주의의 전제들과 사회민주주의의 임무》를 발표하여 독일사회민주당 내에 심각한 수정주의 논쟁을 불러일으켰다. 제1차 세계대전 동안인 1915년 이후 정부의 전쟁 정책에 반대했고, 1917년 독립사회민주당에 가입했다. 그러나 전쟁 후에 즉시 사회민주당에 복귀해서 의회 의원으로 활동했다.

세르게이 프로코포비치(Sergei Prokopovich, 1871~1955) 러시아의 경제학자, 사회학자. 수정주의 사회민주주의자이자 자유주의자. 1895년 예카테리나 쿠스코바와 결혼했다. 1899년 러시아사회민주노동당을 떠나 1904년 자유주의 정치가들의 집단으로서 입헌민주당 전신인 '해방 동맹'의 창건에 참여했다.

결에 혼잣말로 그것을 '사도신경'이라고 불렀다. 프로코포비치와 쿠스코바는 서유럽 노동 운동의 경험을 근거로 삼아, 러시아 노동자들(가난하고 교육을 제대로 받지 못한 노동자들)이 혁명 정치에 종사하도록 고무해서는 안 되며 노동자들은 자신들의 노동 조건과 생활 조건을 즉각 개선하는 데 노력을 집중해야 한다고 주장했다. 플레하노프와 노동해방단은 로마노프 군주정을 전복하는 과정에서 노동 계급이 수행하는 지도적 역할뿐만 아니라 정치마저 완전히 배격하는 문건에 아연실색했다. 플레하노프는 프로코포비치와 쿠스코바를 마르크스주의의 배교자라고 비난했다. 울리야노프는 훨씬 더 사나웠다. 안나 일리니치나가 그 문건을 '사도신경'이라고 비공식적으로 지칭한 것은 그것을 실제보다 더 중요한 것처럼 보이게 만들었고, 그녀는 우연히 일으킨 공연한 소동을 후회했다.[64] 한편 울리야노프는 유형당한 상트페테르부르크 투쟁동맹 회원 열여섯 명을 슈셴스코예로 불러 '사도신경'이 지지하는 모든 것을 조목조목 반박하고 그들의 지지를 얻었다.

수정주의에 대한 울리야노프의 분노는 누나인 안나마저도 그가 균형 감각을 상실한 것 같다고 여겼을 정도였다. 울리야노프는 《러시아 자본주의의 발전》 집필이 끝나자 격렬한 혁명적 논쟁으로 돌아가기를 열망했다. 유형 생활 3년은 1900년 초에 끝날 예정이었다. 그 사이 1899년에 울리야노프는 카우츠키의 《농업 문제》에 관한 서평을 비롯해 다섯 편의 서평을 상트페테르부르크의 유력 잡지들에 발표했다. 베른슈타인을 공격하는 글도 썼다. 울리야노프는 정기 간행

예카테리나 쿠스코바(Yekaterina Kuskova, 1869~1958) 러시아의 경제학자, 언론인, 정치가. 러시아사회민주노동당과 입헌민주당 창당에 참여했다. 사회 개혁주의를 옹호했으며, 볼셰비즘에 반대했다. 1922년에 소련에서 추방당해 프라하 등지에서 망명 생활을 하다 1958년 제네바에서 사망했다.

물 〈과학 비평〉 제8호에 마르크스의 '실현 이론'에 관한 학술 논문을 기고했다. 슈셴스코예의 저술가는 점점 유명해지고 있있다. 울리야노프의 유형 기간은 그에게 문화적 식견을 넓히도록 해주었다. 울리야노프는 마르크스, 엥겔스, 카우츠키를 공부했다. 또 홉슨*, 리스트*, 시스몽디* 같은 서구의 비사회주의 경제 사상가들을 공부했고, 신칸트주의 철학도 살펴보았다(그러고는 마르크스주의의 유물론적 관점을 포기했다는 이유로 재빨리 거부했다). 울리야노프는 러시아 농업 사회주의자들의 저술을 계속 읽었고 가능할 때마다 그것들을 조롱했다. 그리고 플레하노프가 정밀하게 다듬어놓은 마르크스주의 이론을 대대적으로 수정할 것을 감히 제안한 어떤 마르크스주의자에게도 독설을 퍼붓기 시작했다.

그러나 울리야노프는 내무부의 처분을 기다려야 했다. 나다는 유형 기간을 완전히 채우지 못해서 우파(그녀가 원래 유형 가기로 되어 있던 장소)로 갈 예정이었다. 내무부가 울리야노프의 거주의 자유에 어떤 제한을 둘 것인지도 불분명했다. 울리야노프는 참기 힘든 긴장을 느꼈다. '신경과민'이 그를 괴롭히기 시작했고 눈에 띌 만큼 식사를 못했다.[65] 슈셴스코예에서 지낸 대부분의 시간 동안 울리야노프는 운동을 많이 해 혈색이 좋았다. 하지만 이때 들어 그는 수척해졌다.

1900년 1월 19일에 울리야노프는 적어도 시베리아를 떠나야 할 것

존 A. 홉슨(John A. Hobson, 1858~1940) 영국의 경제학자, 제국주의 비판가. 《제국주의론》 등 많은 저서를 남겼다.

게오르크 리스트(Georg List, 1789~1846) 독일 출신 미국 경제학자. 관세를 부과해 국내 산업을 보호할 것을 주장했다. 저서로 《정치경제학의 국민적 체계》 등이 있다.

장 샤를 레오나르 시몽드 드 시스몽디(Jean Charles Léonard Simonde de Sismondi, 1773~1842) 스위스의 경제학자이자 역사가. 경제 위기의 성격과 무제한적 경쟁이 초래할 위험, 과잉 생산, 과소 소비 등에 관해 선구적인 연구를 하여 훗날 마르크스나 케인스 같은 경제학자들에게 주목을 받았다. 저서로 《중세 이탈리아 공화국의 역사》, 《정치경제학의 새로운 원리들》 등이 있다.

이라는 통보를 받은 상태였다. 그들은 총 230킬로그램의 책을 트렁크에 담았다. 가장 큰 걱정거리는 아친스크로 가는 여행의 첫 단계였다. 슈셴스코예에서 출발하는 여정은 기온이 종종 영하 30도 이하로 내려가는 상황에서 지붕 없는 마차를 타고 가야 했다. 나댜의 어머니가 벌써부터 심하게 기침을 한다는 것이 걱정의 원인이었다.[66] 그러나 아무도 좀 더 따뜻한 봄이 올 때까지 출발을 늦출 생각은 하지 않았다. 1월 29일 그들은 최대한 준비를 잘해 길을 떠났다. 볼로댜는 상트페테르부르크나 모스크바처럼 대학이나 큰 공업 지대가 있는 도시에 거주하는 것이 금지되었다는 소식을 들었던 차였다. 나댜와 볼로댜는 나댜가 형기를 마칠 때까지는 떨어져 있기로 했다. 나댜는 볼로댜를 뒷바라지하기 위해 슈셴스코예로 왔지만 볼로댜는 모스크바에서 동쪽으로 1,100킬로미터 이상 떨어진 우파로 갈 생각이 없었다. 낭만이 아니라 혁명이 그가 몰두하는 것이었고 볼로댜는 자신의 유형지로 상트페테르부르크에서 기차로 270킬로미터 떨어진 프스코프를 선택했다.[67] 볼로댜는 우파에서 하루 이틀 머무르면서 자신이 떠나기 전에 아내와 장모가 제대로 자리를 잡는지 보고 갈 계획이었다.

볼로댜가 도착한 곳은 모스크바에서 남쪽으로 농촌 지역에 위치한 포돌스크였다. 가족이 그곳에서 그를 기다리고 있었다. 어머니와 누나는 볼로댜의 모습을 보고 충격을 받았다.[68]

먼저 동생의 겉모습에 대한 안타까움이 밀려왔다. 여위고 수염이 (엉망으로?—필자) 길게 자라도록 내버려 둔 그가 계단을 올랐다. 어머니가 가장 실망했다. "어떻게 이 꼴로 유형 생활을 하면서 모든 게 괜찮고 몸도 좋다고 편지에 쓸 수 있었단 말이냐?"라고 어머니는 소리를 질렀다.

동생은 사실 유형 생활을 하면서 스스로 몸을 잘 돌보았지만, 지난 몇 주 동안 '포기했다'는 것이 드러났다.

서른 살인 볼로댜는 성취와 찬사의 새로운 정점에 오르고 있었다. 1900년에 상트페테르부르크에서 발간된 《브로크하우스-예프론(Brockhaus-Efron) 백과사전》에는 경제학자 블라디미르 울리야노프에 관한 항목이 간략히 실려 있었다. 그는 급속히 두각을 나타냈다. 당시에는 레닌이라는 가명을 사용하지 않았기에 블라디미르는 글자 그대로의 의미에서 아직 레닌은 아니었다. 그러나 다른 면에서 블라디미르는 이미 레닌이었다. 그는 맹렬한 마르크스주의자였다. 러시아 테러리즘 전통을 계속 존경했다. 또 저술가로서 그는 러시아 노동 계급을 직접 상대하며 겪은 경험보다는 책을 통한 공부에서 혁명적 전망의 근거를 찾았다. 그러나 마르크스주의에 대한 블라디미르 울리야노프의 신뢰는 절대적이었다. 그것은 지적 신념에서 비롯된 것이었다. 또 블라디미르가 마르크스, 엥겔스, 플레하노프를 읽기 전에 자기 내면에서 형성된 욕구와 열망에 들어맞는 것이기도 했다. 블라디미르의 부모는 진보, 합리, 계몽 그리고 새로운 '유럽 나라로서 러시아' 만들기에 헌신했다. 그들은 사회적으로 완전히 인정받지는 못했다. 알렉산드르 울리야노프가 테러 활동을 한 죄로 유죄 선고를 받았을 때 그들은 불가촉천민 취급을 당했다. 블라디미르 울리야노프는 이 경험에 깊은 인상을 받았다. 그는 자신이 '아시아적'인 것, '중세적'인 것, 무지한 억압과 동일시했던 구러시아의 권력에 의해 거부당했으며 혁명을 만드는 데서 (점차 주도적이 되어 갈) 자신의 역할을 함으로써 권력에 복수하기를 열망했다.

아이였을 때 블라디미르는 자기 뜻대로 하고자 했다. 블라디미르는 도움이 필요했을 때 가족과 젊은 아내를 자신을 뒷받침할 결정적인 수단으로 이용했다. 블라디미르는 건강이 썩 좋은 편은 아니었으며, 겉으로 자신감의 상실을 보여주지는 않았지만 사실 신경과민을 비롯한 여러 증세로 심하게 고통받았다. 블라디미르는 성마르고 흥분하기 쉬운 성격이었다. 그는 꼼꼼하고 자제력이 있었으며 결연했다. 또 놀라울 정도로 냉철했다. 인간의 당면한 고통을 고찰하는 그의 능력은 이미 탁월하게 발전해 있었다. 그러나 블라디미르의 마음 깊은 곳에는 자신만의 깊은 감정적 애착이 있었다. 그것은 자신이 함께 사는 사람들에 대한 애착이 아니라 마르크스, 알렉산드르 울리야노프, 체르니솁스키, 러시아 사회주의자 테러리스트들처럼 독자적인 정치적 견해를 형성한 사람들에 대한 애착이었다. 블라디미르는 자신만의 독특한 사상을 지니고 있었다. 그는 자신의 사상을 가장 순수한 정설로서 공격적으로 제시했다. 그는 정치 지도자로서는 아직 미성숙했다. 그러나 블라디미르는 이미 지도자였다. 블라디미르 울리야노프는 혁명의 대의를 진전시키는 데 더는 시간 낭비를 하지 않기로 결심했다.

2부

볼셰비키 이론가

8장

망명자—《무엇을 할 것인가?》

1900년~1902년

시베리아 이후 혁명으로 가는 블라디미르 일리치 울리야노프의 길은 상트페테르부르크나 프스코프가 아니라 취리히, 뮌헨, 런던으로 뻗어 있었다. 울리야노프는 러시아에서 요주의 인물이었으며, 내무부가 투쟁동맹의 과거 지도자들을 감시하고 있고 그들이 정규 우편을 통해 편지를 주고받으면 아마도 검열받으리라는 사실을 알았다. 울리야노프는 다시 한 번 외국 여행을 허가해 달라고 신청했다. 내무부는 울리야노프가 외국에서는 덜 말썽을 부릴 것이라고 판단했는지 1900년 5월 5일 그가 갈망하던 여권을 내주었다.[1] 울리야노프는 7월 둘째 주에 러시아를 떠났는데, 여행 목적은 취리히의 플레하노프와 합류하는 것이었다.

그전에 울리야노프는 경찰로부터 우파에 머물던 나댜를 방문해도 좋다는 허가를 받았다. 어머니 마리야 알렉산드로브나와 누나 안나가 볼로댜와 함께 열차와 증기선으로 모스크바를 떠났는데, 바로 이 여행에서 안나와 볼로댜는 그들 가족의 조상, 특히 블란크가의 오래전 세대가 유대인이라는 사실을 상세하게 논의했다. 정확히 언제 볼로댜가 자신의 혈통에 대해 알게 되었는지는 불분명하다. 아마도 볼

로댜는 아버지 쪽에 '타타르' 요소가 있다는 사실(안나가 언급했듯이[2])
은 이미 알고 있었을 것이다. 그러나 정말로 안나가 1897년에야 어머
니 쪽의 유대계 요소에 관해 알았다면 바로 그해부터 시베리아에 있
었던 볼로댜는 증기선으로 우파로 가는 여행길에 그 사실을 들었을
가능성이 매우 높다. 볼로댜가 이 정보를 알게 된 정확한 날짜는 절
대 알 수 없겠지만, 가족의 계보에 대한 그의 태도에 관해서라면 심
각하게 의심할 여지는 없다. 볼로댜는 유대인들을 매우 높이 평가했
고 안나에게 그렇게 말했다. 그는 마르토프보다 더 훌륭한 동지를
생각할 수 없었다. 또 볼로댜는 러시아 제국의 남부 지역에서 모스크
바보다 더 혁명적인 활동이 일어나는 이유가 유대인들이 많기 때문
이라고 확신했다.[3] 볼로댜는 아마도 바로 이런 이유로 "무기력하고
태만한 러시아인의 성격"을 비난하고, 인종적 혼합이야말로 뚜렷한
사회적 자산이라고 선언했을 것이다.[4]

우파에서 마리야 알렉산드로브나와 안나 일리니치나는 볼로댜의
안내를 받아 '감옥 거리'와 '경찰 거리'의 모퉁이에 있던 나댜의 아파
트에서 처음으로 나댜의 어머니를 만났다. 볼로댜는 집 위치가 나댜
에게 어울린다고 놀렸다. 두 가족은 나댜가 바라는 만큼 잘 지내지
는 못했다. 나중에 나댜는 시집 사람들이 더 오래 머물지 않은 것을
아쉬워했다. 나댜는 우파에서 자기 생활에 신경 쓰느라 손님에게 제
대로 신경을 쓰지 못했다고 자책했다. 나댜는 자신과 어머니의 생활
비를 버느라 가정교사를 비롯한 여러 일을 해야 했다. 또 잡지에 기
고할 교육 이론에 관한 글도 계속 쓰고 있었다.[5]

그때쯤 볼로댜의 마음은 정치 망명자가 되기 위한 준비에 쏠려 있
어서 아내와 어머니, 누나 사이에 어떤 긴장이 존재하는지는 큰 관심
사가 아니었다. 볼로댜의 유일한 걱정은 현실적인 것이었다. 어머니
와 함께 포돌스크로 돌아가면서 볼로댜는 어머니의 상황이 괜찮다

는 것을 확인하고 자신을 안심시킬 필요가 있었다. 어머니는 볼로댜가 시베리아에 있는 동안 몸이 아팠고 최근에는 '신경과민'에 시달렸다. 어머니는 활달하고 똑똑한 아들을 만나 기운이 났다. 포돌스크에서 볼로댜는 산책을 하고 파흐라 호수에서 수영을 하면서 멋진 시간을 보냈다. 광활한 들판, 자작나무 숲, 버섯이 있는 그곳은 볼로댜가 살았던 어느 지역보다 아름다웠다. 그러나 볼로댜는 이미 선택을 했고, 설령 포돌스크에 머무르기를 원했다 하더라도 그럴 수 없었을 것이다. 당국이 그의 거주지로 허용한 프스코프로 돌아가는 대신, 볼로댜는 국제 기차표를 사서 모스크바에서 스몰렌스크로 가는 열차에 올랐다. 볼로댜는 '러시아령' 폴란드 내의 바르샤바로 이동하기 전에 열차의 경로를 따라 지역의 마르크스주의자들을 찾아보았다. 도중에 정차할 때마다 오흐라나가 몰래 볼로댜를 감시했다.[6] 러시아 제국 내의 다양한 혁명 단체들은 정부 감시의 효율성을 일관되게 과소평가했다. 블라디미르 울리야노프는 기죽지 않았다. 그는 혁명적 행동을 원했고, 또 그렇게 하고 있다고 확신했을 것이다.

블라디미르 울리야노프는 스위스에서 노동해방단의 환영을 받았다. 취리히의 반호프 광장에 도착했을 때 울리야노프는 파벨 악셀로트와 우연히 만났다. 그들은 즐거이 친구가 되었다. 그러나 울리야노프는 러시아에서부터 생각해 온 마르크스주의 신문 발간 계획을 논의할 때마다 걸리는 문제가 있음을 알았다. 울리야노프는 플레하노프의 노동해방단이 책과 팸플릿을 발간하는 작업에서 훌륭한 성과를 거뒀다고 생각했다. 그러나 로마노프 군주정을 전복하려면 뭔가가 더 필요했다. 신문을 간행하고 정당을 결성해야 했다. 1898년 3월에 민스크에서 아홉 명의 마르크스주의 활동가들이 만나 그 첫발을 내디뎠다. 그들은 이 모임을 러시아사회민주노동당 제1차 대회라고 불렀다. 표트르 스트루베가 쓴 대회의 선언은, 노동 계급이 러시아 군주정에 맞서 혁명을 이끌 것이며 혁명의 결과 민주 공화국이 수립될 것이라고 예상했다. 하지만 대회 참가자 중 단 한 사람만 빼고 모두 몇 주 안에 체포되고 말았다. 실제로 활동하는 당은 아직 창건되지 않았다.

제1차 당 대회는 대체로 플레하노프가 러시아 마르크스주의자들을 위해 정했던 노선을 고수했다. 그러나 러시아 제국의 마르크스주의는 색깔이 매우 다양했다. 플레하노프는 마르크스주의자들 사이에서 명성이 높았으나, 그렇다 해서 그때가 언제든 제2차 대회가 열릴 경우에 그가 노선 토론을 장악할 거라는 보장은 없었다. 예를 들어 일부 러시아 마르크스주의자들은 테러 활동을 즉각 재개하기를 원했다. 다른 이들은 마르크스주의자들이 노동자들이 노동조합의 틀 안에서 비정치적 운동에 집중하도록 권장하기를 원했다. 또 다른 이들은 노동자가 아니라 중간 계급이 러시아에서 반차르 혁명을 수행하기를 바랐다. 러시아 마르크스주의는 언제나 유동적이었다. 울리야노프의 긴급한 의견에 따르면, 이는 신속하게 신문을 창간해야 할 좋은 이유였다. 신문을 이용해서 제2차 당 대회의 소집을 조율하고 아직 온전히 창건되지 않은 러시아사회민주노동당에서 플레하노프 노선의 승리를 보장할 수 있을 것이었다.

세기 전환기에 진지하게 서로 경쟁하는 정치 집단이 출현한 것은 이 기획에 신선한 활기를 주었다. 1890년대 내내 마르크스주의자들은 로마노프 군주정을 비판하는 사람들 사이에 벌어진 정치적·경제적 논쟁에서 두각을 나타냈다. '인민의 의지'의 사상을 고수하던 잔존 세력은 블라디미르 울리야노프가 카잔과 사마라에서 가담했던 것과 같은 작은 서클들에 무기력하게 모였다. 그들은 좀 더 폭넓은 공적 논의에서 그리 큰 영향력을 발휘하지 못했다. 게다가 자유주의자들은 잡지에 글을 실을 기회는 있었지만 공식 조직 같은 것은 전혀 없었다. 그러나 마르크스주의 패권은 훼손되고 있었다. 빅토르 체르노프*는 1901년에 '사회주의자-혁명가당'을 창건했다. 이 당은 미래의 사회주의 사회는 농민들의 협동적·평등주의적 관행에 의존해야 가장 효과적으로 건설될 수 있다는 예전의 농업 사회주의적 전제를 부활시켰다. 아직 정당을 결성하지 않은 러시아의 자유주의자들조차 자신들의 사상을 전파하는 모임을 결성했고, 오래지 않아 표트르 스트루베는 그들 쪽으로 건너가 '해방동맹' 수립을 도울 것이었다. 이 조직은 그 후 '입헌민주당' 결성의 기반이 된다.

울리야노프는 시간이 마르크스주의자들의 편이 아니며 적절한 재정 지원을 받는 당 신문이 당장 필요하다고 역설했다. 그것은 그 자체로 명백한 주장이었으나 울리야노프는 자기 주장을 긴급하게 상세히 설명해야 한다고 생각했다. 여기서 울리야노프는 상트페테르부르크에서 알렉산드라 칼미코바와 접촉한 적이 있던 새 친구 알렉산드르 포트레소프에게 도움을 받을 수 있었다. 칼미코바는 시베리아의 울리야노프에게 책을 공급해준 서적상이었다. 칼미코바는 거래를 할 때 혁명 활동가들에게 까다롭게 굴지 않았으며, 포트레소프에게서 울리야노프의 마르크스주의 신문 창간 계획을 들었을 때 신문의 처음 몇 호를 발행하는 데 필요한 자금을 지원하겠다고 흔쾌히 약속했다. 한편 울리야노프는 다른 현실적인 문제도 심각하게 고민했다. 러시아 제국의 주요 산업 중심지들과 신속하게 연락이 가능한 여러 줄기의 연결망을 확보할 수 있는 도시에 신문사의 기반을 두어야 했

빅토르 체르노프(Viktor Chernov, 1873~1952) 러시아의 혁명가이자 사회주의자-혁명가당 지도자. 모스크바 대학에서 공부했다. 1901년 사회주의자-혁명가당 결성에 참여했으며, 유럽에서 오랫동안 망명 생활을 했다. 1917년 2월 혁명 때 귀국하여 임시정부의 농업부 장관을 지냈고 10월 혁명 후 제헌의회 의장으로 선출되었다. 내전기에 붉은 군대와 백군의 중간 입장에 서는 '제3세력'을 결집하려고 했으나 실패로 끝나 1920년 체코슬로바키아의 프라하로 망명했다.

러시아 마르크스주의의 기초를 놓은 게 오르기 플레하노프. 레닌은 오랫동안 그를 존경하고 숭배했으나 1900년에 스위스에서 직접 만난 후 그의 권위주 의적 행동에 실망하게 되었다.

다. 스위스는 너무 멀었다. 남부 독일의 뮌헨이 더 나은 장소였다. 편집진이 필요했다. 울리야노프와 그의 젊은 친구들인 알렉산드르 포트레소프, 율리 마르토프가 편집진이 되어야 할 것이었다. 베테랑 지도자들인 게오르기 플레하노프, 파벨 악셀로트, 베라 자술리치도 참여해야 할 것이었다.

플레하노프는 이 계획을 실행하는 데 문제가 있을 거라 보았다. 악셀로트는 최고의 저술가나 편집인이 아니었다. 그는 망명자로 살아가기가 힘들어서 부인과 함께 케피르(kefir, 러시아식 요구르트)를 만드는 작은 사업체를 설립한 뒤였다. 그러나 악셀로트는 울리야노프의 재능을 존중했다. 자술리치도 그랬다. 자술리치는 1878년에 상트페테르부르크 총독인 트레포프(F. F. Trepov)를 저격할 만큼 전투적 기질로 명성이 자자했으나, 사실은 상냥한 사람이었고 젊은 마르크스주의자 세대의 어머니처럼 행동했다. 플레하노프조차 좀 더 냉정할 때에는 마르크스주의 신문 발간 계획이 매우 합당하다고 인정했다. 그러나 플레하노프는 신문이 있어야 한다면 그것을 자신이 지배하고 싶어 했다. 플레하노프는 블라디미르 울리야노프가 점차 떠오르는 지도자로서 자신이 마르크스주의 망명자들 사이에서 누리던 패권에 곧 도전할 것임을 직감했다.

악셀로트는 울리야노프에게 플레하노프를 적절하게 대하라고 경고했고, 처음에 울리야노프는 이 말을 따랐다. 울리야노프는 플레하노프에게 강렬한 애착을 느꼈다. 울리야노프는 플레하노프에게서 자신이 아주 많은 것을 얻었음을 알고 있었다. 나데즈다 콘스탄티노브나는 남편의 삶에서 '사랑'의 의미를 이야기할 때, 남자와 여자의 폭넓은 관계 못지않게 지적인 협력 관계에 대해서도 언급했다.[7] 그러나 플레하노프가 개인적 독재를 노골적으로 요구하는 것은 참을 수가 없었다. 한동안 울리야노프와 포트레소프는 모든 것을 포기하고 러시아로 돌아가 비밀 마르크스주의 조직들에서 기회를 잡아볼까 하는 생각도 했다. 플레하노프는 그들을 출세주의자로 취급했다. 자술리치는 편집진의 의견이 갈리면 플레하노프가 두 표를 행사하는 것으로 타협안을 제시했다. 울리야노프와 포트레소프는 이에 동의했다.[8] 연락선을 타고 호수를 건너 집으로 가면서 그들은 납득할 수 없는 이유로 굴복했다고 인정했다. 마음속 저 깊은 곳에서 그들(울리야노프, 마르토프, 포트레소프)은 자신들이 진짜 편집인이고 플레하노프와 그의 협력자들은 단순한 동료에 불과하다고 여겼다. 울리야노프는 슈타인들의 '비엔나–그랜드–카페'에서 얻은 메모지에 적었던 비망록에서 이 점을 인정했다.[9] 그러므로 사실 플레하노프를 초빙한 것은 동등한 협력을 바라는 진정한 제안이 아니었던 셈이다. 울리야노프와 최근에 도착한 망명자들은 플레하노프의 경쟁자들이었고 그들은 이 점을 알고 있었다.[10]

그래서 포트레소프와 울리야노프는 신문사를 뮌헨에 두기로 결정

했다. 포트레소프는 '출세주의자' 취급을 당하는 데 넌더리가 났다. 울리야노프도 똑같이 느꼈다.[11]

나는 이 규탄을 전적으로 지지했다. 그것은 '플레하노프와 사랑에 빠져 있다'는 감정도 단번에 제거했다. 화가 나고 믿을 수 없을 정도로 기분이 나빴다. 나는 내 생애에서 그처럼 진정한 숭배와 경의와 존경심으로 특정 인물을 대한 적이 절대, 절대 없었다. 나는 어느 누구 앞에서도 그렇게 '온순'하게 처신한 적이 없었지만, 등뒤에서 그렇게 걷어차인 적도 없었다.

그들은 치욕스러워했다. 플레하노프는 그들을 '출세주의자'뿐만 아니라 '어린애', 체스 게임의 '졸', '어리석은 불한당', '노예'로 취급했다. 울리야노프가 헌신적으로 사랑한 상대는 그의 사랑을 저버렸다. 울리야노프는 영웅 전설 전체가 '하잘것없다는 것'을 알았다.

울리야노프는 이 심정을(그에게 "반쯤 공감하던") 악셀로트와 (다른 사람들이 생각하기에 번민 때문에 자살할 것처럼 보이던) 자술리치에게 털어놓았다. 그토록 엄격한 사람이 자신의 감정(정치적일 뿐만 아니라 유사 성적性的 기류를 띤 매우 정서적이기도 한 감정)을 자세히 이야기하는 것은 보통 일이 아니었다. 우리가 지금 볼 수 있는 다른 어떤 자료에도 이와 유사한 또다른 사례는 없다. 현재 남아 있는, 이네사 아르망에게 보낸 울리야노프의 연애 편지조차 그토록 거리낌없지는 않다. 플레하노프와 만난 일이 이런 반응을 만들어냈다는 사실은, 울리야노프의 인생의 나침반이 지적 사상과 혁명적 진보의 세계를 향해 있었음을 보여준다. 울리야노프는 자신의 살아 있는 두 우상 중 한 명과 사이가 틀어진 것을 믿을 수가 없었다.(다른 우상은 카우츠키였다. 레닌은 1914년까지는 그와 사이가 나쁘지 않았다.) 울리야노프의 긴 설명에는 드러나지 않은 숨겨진 뜻이 있었다. 그는 여전히 사태가 이렇게 된 원인의 제공자가 자신이 아닐까 생각했다. 그에게는 아직 온전히 성숙한 자신감이 없었다. 바로 이것이 사태를 설명하는 레닌의 글에서 포트레소프가 자신과 비슷한 감정을 느꼈다는 내용이 끊임없이 언급되었던 이유이다. 레닌은 포트레소프가 자신과 똑같이 느꼈다면 잘못은 플레하노프가 저지른 것이 틀림없다고 스스로 자신을 설득하려 했던 것으로 보인다.

울리야노프에게 비난받을 점이 없었던 것은 아니었다. 울리야노프가 한 설명의 행간을 읽으면, 그가 젊은 세대가 신문을 운영하는 것이 당연하다고 생각했다는 것을 알 수 있다. 플레하노프는 거만하고 허영심이 강했지만, 울리야노프가 러시아 마르크스주의의 지도자로서 자신을 대신할 것 같다고 느낄 이유가 있었다. 자신을 되돌아보는 성격은 아니었으나 울리야노프는 아마도 이를 명확히 자각하고 있었을 것이다. 그러나 울리야노프의 행동이 진상을 말해주었다. 여하튼 울리야노프는 경험을 통해 자신이 원하는 것이 무엇인지 알고 있었다. 우상은 위선, 교활함, 음모의 화신임이 드러났다. 플레하노프는 이제 도전할 수 없는 멘토 자리에서 내려와야 했다. 울리야노프가 앞으로 방심한 상태에서 정치적 관계를 맺는 일은 다시는 없을 것이다. 성서의 다윗과 골리앗의 이야기를 인용하면서 울리야노프는 비통한 결론을 내렸다. "사랑에 휩쓸린 젊은이는 그 사랑의 대상으로부터 쓰디쓴 계명을 받는다. 모든 사람과 '감정 없이' 관계를 맺어야만 한다고, 새총에 항상 돌을 끼워 두어야만 한다고."[12]

이렇게 미몽에서 깨어난 울리야노프는 8월 15일에 기꺼이 플레하노프에게 돌아가 그와 담판을 벌였다. 플레하노프는 다시 병적으로 흥분해서는 울리야노프를 이기려고 했다. 플레하노프는 담판이 최고조에 이르렀을 때 공적 세계에서 완전히 은퇴하겠다고 날카롭게 소리를 질렀다. 울리야노프와 포트레소프는 냉담하게 듣기만 했다. 그들은 플레하노프에게 타협안을 제시했는데, 플레하노프는 결국 그들의 말을 끝까지 들을 수밖에 없었다. 상대의 말을 다 들었을 때 플레하노프의 자신감은 스르르 사라지고 말았다. 울리야노프와 포트레소프가 요구한 조건으로 곧 타협이 이루어졌다. 그들의 제안은 여섯 명의 유망한 편집인들이 함께 일할 수 있는지를 알아보는 수단으로 그들의 글을 모아 발행해보자는 것이었다. 그런 뒤에야 비로소 그들은 신문사를 설립하는 쪽으로 나아갈 수 있을 것이었다. 플레하노프는 동의했다. 전면 충돌은 피할 수 있었고, 울리야노프와 포트레소프는 전쟁에서 승리했다. 1900년 8월 15일, 그들은 취리히를 떠나 뮌헨으로 향했다.

먼저 뉘른베르크로 가서 독일사회민주당의 지인들과 협상을 벌여야 했기 때문에 뮌헨에 가는 데는 며칠이 걸렸다. 러시아어를 아는 인쇄공이 있는 우호적인 출판사를 찾아야 했다. 배포망도 마련해야 했다. 스트루베의 도움을 받아 알렉산드라 칼미코바가 약속한 재정적 지원도 확보해야 했다. 마침내 울리야노프는 이 거대한 기획에 집중할 수 있었다. 울리야노프는 상트페테르부르크 투쟁동맹이 꿈꾸던 것 이상의 현실적 효과가 있는 뭔가를 계획했다. 이 계획은 울리야노프의 구상이었고, 그 구상이 작동하게끔 만들 책임도 울리야노프에게 있었다.

울리야노프는 다른 면에서도 독립적이었다. 이전에는 가족과 연락하는 데 사전 대책이 그리 필요하지 않았지만, 이제는 어떤 편지도 러시아 국경에서 가로채일 수 있다고 전제하고 연락을 꾀해야 했다. 편지 왕래는 1895년에 울리야노프가 외국에 있을 때는 문제가 되지 않았다. 하지만 러시아 제국의 비밀 정치 단체들과 연계할 신문을 준비하던 1900년에는 문제가 되었다. 울리야노프는 뮌헨에서 어머니에게 편지를 쓸 때 자신의 주소를 파리로 적었고, 어머니가 자신에게 편지를 보낼 때는 '오스트리아 프라하, 스메츠키(원문 그대로)'의 프란츠 모드라체크(Franz Modráĉek) 씨에게 보내 달라고 부탁했다.[13] 울리야노프는 시트와 베갯잇은 물론 돈도 충분하다고 어머니를 안심시켰다. 그는 "좀 더 올바른 방식으로 병을 고칠 수 있게 광천수를 마시기 시작"하겠다고 약속했다.[14] 위장 장애가 재발했지만 울리야노프는 처방받은 탄산수를 마시지 않았다. 울리야노프의 편지는 그런 소소한 문제로 가득 차 있었다. 그는 어머니에게 독일어 회화에서 바라던 기준에 도달하지 못했고, 상황을 개선하려고 체코인 주민과 회화 수업을 맞바꾸었다고 말했다.[15] 비밀 모의를 위해 울리야노프는 프라하로 이사한 척하기도 했다. 프란츠 모드라체크가 가공의 인물은 아니었지만, 그는 뮌헨에 거주한 것이 확실하다.[16]

마리야 알렉산드로브나는 어떻게 생각했을까? 그녀는 아들이 오흐라나의 감시가 미치지 못하는 곳에 있다는 사실만으로도 안도했을 것이다. 울리야노프는 쉴 새 없이 연락을 하는 사람은 아니었으나 가족과의 접촉은 계속 유지했다. 그는 형제자매들이 무엇을 하고 지내는지 알고 싶어 했고, 그들에게 충고하고 싶어 했다. 울리야노프 가족들은 각자의 생활과 각자가 겪는 문제에 대해 서로 충고했으며,[17] 블라디미르 울리야노프는 다른 가족보다 직설적이었다. 그는 나댜가 없는 가운데 '아주 고독한' 삶을 살면서도 향수병을 앓지는 않았다.[18]

확실히 뮌헨은 러시아가 아니었다. 울리야노프는 폭설이 없는 겨울에 익숙해지지 않았고, 뮌헨의 기온은 그에게 '약간 번지르르한 싸구려 가을'을 생각나게 했다.[19] 그러나 다른 점에서 울리야노프는 만족했다. '이스크라(Iskra, 불똥)'라 불릴 새 신문은 효율적으로 조판, 교열, 교정 과정을 거쳤다. 12월 말에 〈이스크라〉 창간호가 발행되었다.(첫 인쇄소는 430킬로미터 떨어진 북부 독일의 라이프치히에 있었다.[20] 연락하기에 편리하다는 이유로 뮌헨에 인쇄소가 있어야 한다는 처음 발상과 크게 달라졌다!) 문체는 정통 마르크스주의적이었다. 독자들은 매우 박식해야 할 뿐만 아니라 당대의 국제 사회주의 논쟁을 잘 알고 있어야 했다. 겨우 수백 부가 발간되었고, 그 신문들을 여러 밀사를 통해 독일, 오스트리아, 투르크 국경 너머로 운송하는 데 몇 주가 걸렸을 것이다. 1901년까지 겨우 10호가 좀 넘는 호수만이 간행될 것이었다. 대상 독자층은 이미 마르크스주의를 믿는다고 공언한 혁명 활동가들이었고, 〈이스크라〉는 사실 신문이라기보다는 당 중앙위원회 역할을 대신할 신문 형태의 간행물이었다. 어쨌든 〈이스크라〉는 이미 첫걸음을 내디뎠다. 다음 단계는 〈이스크라〉를 굳건히 하여 제2차 당 대회를 개최하기 위한 선전 기관지로 이용하는 것이었다. 편집 작업의 기술적 요구에도 불구하고 울리야노프는 더 큰 이 과업에 본격적으로 착수했다. 가장 먼저 당이 어떻게 조직되어야 하는지 공통의 이해가 있어야 한다는 것이 울리야노프의 견해였고, 그는 이 주제에 관한 책자를 쓰는 데 돌입했다.

1901년 4월 1일에 울리야노프의 아내 나댜가 러시아에서 도착했다. 남편과 만났을 때 나댜는 기분이 썩 좋지는 않았다. 나댜가 여행 계획에 대해 남편에게 메모를 보냈는데도 남편은 뮌헨 중앙역에 마중을 나오지 않았던 것이다. 잠시 기다린 후 나댜는 길거리에서 마차를 잡아타고 프란츠 모드라체크 씨의 집으로 갔다. 불행히도 모드라체크는 독일어를 잘 못하는 체코인이었다. 긴 대화를 나눈 끝에 나댜는 남편이 리트마이어(Rittmeyer) 씨라는 가명을 쓰고 있다는 요지의 말을 모드라체크에게서 끌어냈다. 나댜는 역으로 돌아가 짐을 보관소에 맡긴 다음 전차를 타고 그 주소로 갔지만, 그곳은 맥주 저장실이었다. 나댜가 맥주 저장실에서 리트마이어 씨를 찾자 주인이 대

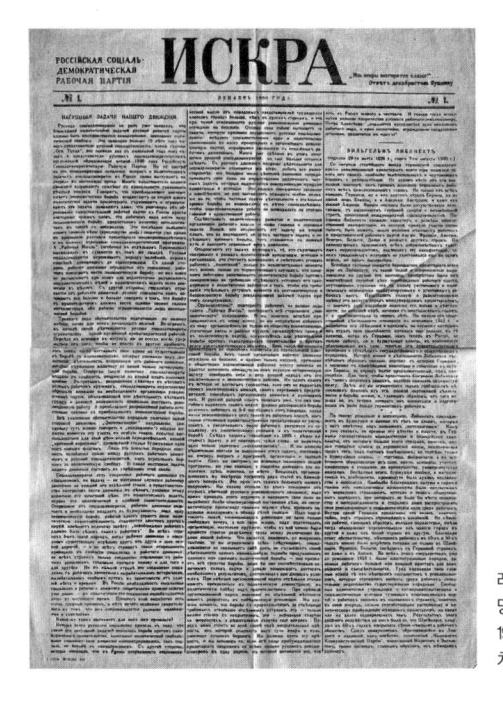

레닌을 중심으로 하여 러시아 망명 혁명가들이 만든 신문 〈이스크라〉 창간호. 1900년 12월에 발행된 창간호는 라이프치히에서 인쇄되었다.

답했다. "전데요!" 이미 완전히 풀이 죽은 나댜는 "그럴 리가 없어요, 그 사람은 내 남편인데요!"라고 소리쳤다. 리트마이어 씨의 부인이 이 소리를 듣고 끼어들었다. "아, 이분은 마이어(Meyer) 씨의 부인이 틀림없어요. 부인이 시베리아에서 오기로 되어 있다더군요."

리트마이어 부인은 나댜를 '마이어 씨'의 방으로 데리고 갔고 부부를 남겨놓고 떠났다. 나댜는 참지 않았다. "이런, 젠장! 당신이 어디에 있는지 편지를 쓸 수 없었나요?" 울리야노프는 편지를 몇 통이나 보냈는데 중간에 정부가 가로챈 것이 틀림없다고 변명했다. 부부 사이에 다시 평화가 찾아왔다. 나댜는 〈이스크라〉의 연락망을 조직하는 역할을 맡았다. 나댜 본인이 최근에 겪은 일이야말로 울리야노프에게 이 문제에 전문가가 필요하다는 것을 확신시켰다. 여기에다 1901년 5월에는 나댜의 어머니가 딸의 뒤를 따라 독일로 왔다. 나댜는 집안일의 부담에서 벗어났다(나댜의 어머니는 암호로 된 편지를 준비하는 것도 도와주었다).[21] 울리야노프가 집안일에서 전혀 쓸모없었던 것은 아니었다. 그는 책의 먼지를 털었고 자기 옷의 헐거워진 단추를 다시 달았다. 구두도 닦았고 석유로 정장에 묻은 얼룩도 없앴다. 레닌은 '수술 도구'를 다루듯 자전거를 관리했다.[22] 그러나 이것들은 개인적인 정리 정돈에 관계된 일일 뿐이었다. 당시 으레 그랬듯이 여자들이 다른 모든 집안일을 도맡았다. 울리야노프 같은 혁명가들조차 이런 분업에서 불공정한 면을 보지 못했다. 그리고 나댜는 페미니즘을 옹호하면서도 막상 자신의 결혼 생활에는 페미니즘을 적용하지 않았다.

하지만 부부에게는 재미있는 일도 많았다. 그들은 뮌헨을 비롯해 그들이 머무르던 곳 어디에서나 극장과 연주회에 갔다. 그들은 러시아 문학 작품을 읽었고 음악회에도 갔다. 울리야노프는 리하르트 바그너(울리야노프 가족이 제일 좋아하는 음악가였다)의 열렬한 찬미자였다. 그는 적극적인 청중으로서 바그너의 오페라 공연을 보러 다녔다. 그는 수동적으로 앉아서 음악이 그냥 자신에게 밀려오는 것을 견딜 수 없었다. 가만히 앉아서 음악을 들으려는 노력에도 불구하고 그는 때때로 1막이 끝난 후 극장을 나올 정도로 감정적으로 동요했다.[23] 레닌의 문화적·지적 개성의 낭만적 요소(그가 과학적 겉치레의 외피 아래 숨기려 했던 요소)가 드러난 경우였다. 그러나 볼셰비키 중에서도 그런 레닌을 목격한 사람은 거의 없었다.

평일에 울리야노프는 책을 쓰며 지냈다. 울리야노프가 선택한 책 제목인 '무엇을 할 것인가?'는 체르니솁스키의 동명 소설에서 따온 것이었다. 체르니솁스키가 혁명적 활동가들이 1860년대에 어떻게 혁명 공동체를 만들어낼 수 있었는지를 묘사했듯이, 울리야노프는 세기 전환기 이후 차르 체제의 열악한 환경 속에서 비밀 정당을 조직하는 방법의 윤곽을 그리고자 했다. 출판업자는 슈투트가르트의 디츠(J. H. W. Dietz)로 결정되었다. 책은 러시아 돈 1루블이나 독일 돈 2마르크에 판매할 예정이었다. 오흐라나 요원들을 혼동시키려고 필자의 이름은 블라디미르 울리야노프도, 블라디미르 일린도 아닌 레닌(N. Lenin)으로 표기될 것이었다. 울리야노프는 최근에 플레하노프에게 보낸 편지에서 레닌이라는 이름을 사용했고, 따라서 이 가명을 다시 사용하는 것은 자연스러운 일이었다. 당시 뮌헨에서 울리야노프는 불가리아인 법률가 요르단 요르다노프(Iordan. K. Iordanov)의 이름을 빌려 중간 계급 거주 지역인 슈바빙 지구의 지크프리트슈트라세에 있는 안락한 아파트에 살고 있었다. 이름이 무슨 문제인가? 울리야노프가 가명으로 '레닌'을 선택한 것에 대해 유사 심리학적 추측이 많이 이루어졌다. 시베리아의 레나강에서 영감을 받았는가? 혹은 옛 여자 친구의 이름이 레나였나? 아니면, 어원적으로 '레닌'이란 단어의 슬라브어 뿌리가 '게으름'을 뜻하고, 블라디미르 울리야노프는 거친 모직 옷을 걸친 중세의 수사처럼 노력해야 한다는 사실을 끊임없이 스스로 떠올리기를 원했던 것일까?

그런 추측은 그저 웃으면서 지나칠 수 있다. 블라디미르 울리야노프는 틀림없이 재미있어했을 것이다. 핵심은, 러시아 혁명가들은 가명을 수십 개씩 썼다는 사실이다. 그들이 역사가들에게 어떤 이름으로 알려지느냐는 여러 가지 요인에 의해 결정된다. 특히 혁명가들의 이력에서 중요한 사건이 벌어졌을 때 어떤 가명을 쓰고 있었는지가 중요하다. 블라디미르 울리야노프는 슈바빙의 요르단 요르다노프로 조용히 살았기 때문에 역사서에 기록된 것이 아니다. 그렇지 않았더라면 우리는 마르크스-레닌주의가 아니라 마르크스-요르다노프주의에 대해 이야기해야 한다.

사실 울리야노프는 《러시아 자본주의의 발전》의 저자인 V. 일린으로서도 명성을 얻지 못했다. 《러시아 자본주의의 발전》이 받은 서평 몇 편은 시큰둥했으며 밋밋하고 부정적이었다. 울리야노프는 이를 차분하게 받아들이지 않았다. 서평자 중 한 명은 인민주의 저술가인 엔겔가르트*였다.[24] 울리야노프가 엔겔가르트의 글을 반박하지 않은 이유는 아마도 단순히 엔겔가르트가 마르크스주의자가 아니었기에 그를 상대로 시간을 허비하고 싶지 않았기 때문이었을 것이다. 울리야노프가 1893년에 니즈니노브고로드에서 알게 되었던 동료 마르크스주의자 파벨 스크보르초프의 서평은 무시하기가 힘들었다. 스크보르초프는 책의 분석, 특히 제국 경제의 다양한 부문들이 조화롭게 어울리고 경제 위기가 발생하지 않을 거라는 근본적인 전제를 혹평했다.[25] 이 비판은 의미가 있었다. 울리야노프는 러시아 자본주의 발전이 거둔 실제 성과와 잠재적 성과를 증명하는 데 너무 열심이어서 갖가지 장애물에는 거의 주의를 기울이지 않았다. 물론 다른 저술들에서도 울리야노프는 지나치게 낙관적이어서 러시아에서 발전하던 자본주의 경제를 포함하여 모든 자본주의 경제들이 반복해서 위기에 빠지기 쉽다는 점을 지적하지 못했다. 울리야노프는 답변권을 요구하여 획득했으나,[26] 그의 책도, 그의 책에 대한 방어도 일반 독자들의 흥미를 끄는 데는 성공하지 못했다. 심지어 대부분의 마르크스주의자들조차 그의 책에 별로 주의를 기울이지 않았다.

결국 러시아 제국의 마르크스주의자들이 본격적으로 블라디미르 울리야노프를 주목하게 된 것은 《무엇을 할 것인가?》를 통해서였다. 울리야노프는 책자에 N. 레닌이라고 서명했고, 그때부터 모든 사람이 그를 주로 '레닌'으로 알게 되었다.(하지만 그는 1917년까지도 새로

미하일 엔겔가르트(Mikhail A. Engelgardt, 1861~1915) 러시아의 작가, 사회학자. 상트페테르부르크 대학에서 공부했으며, 1881년 혁명에 가담한 죄로 체포되어 이듬해 스몰렌스크주로 추방당했다. 작품으로 《농업에 관한 편지들》, 《숲과 기후》 등이 있다.

운 가명을 만들고 사용하는 것을 멈추지 않았다.) 《무엇을 할 것인가?》는 가장 직접적인 의미에서 레닌을 유명하게 만들었다. 그 책이 혁신적인 정치 이론을 다룬 주요 저작이어서가 아니라, 한정된 독자층 사이에서 엄청난 논쟁을 불러일으켰기 때문이었다. 울리야노프의 의견에 따르면, 그 책은 단지 당 조직 문제에 관한 '정통 마르크스주의'의 진술에 지나지 않았다. 울리야노프는 이에 대해 전적으로 솔직하지는 않았다. 《무엇을 할 것인가?》를 쓸 때 울리야노프는 열병에 걸린 듯한 기분이었다. 그런 기분은 언제나 그가 강력하게 확립된 관행에 위험을 무릅쓰고 도전하고 있다는 표시였다. 울리야노프는 도발하고 자극하고 선동할 셈이었다. 그러나 그는 자신의 목적을 완전히 자각하지는 못했다. 그래서 그는 자신이 야기한 논쟁의 규모에 깜짝 놀랐다. 그리고 이 논쟁이 궁극적으로 공산주의 정당의 결성과 1917년 10월 혁명으로 이어졌다는 사실은 이 책이 20세기의 정치 고전이 되었음을 뜻한다.

울리야노프(이제부터 그를 부를 이름으로는 레닌)는 당의 내부 조직에 관해 몇 가지 명백한 원리를 내놓았다. 레닌은 비밀 정당을 원했다. 오흐라나를 가까이 오지 못하게 하려면 어떻게 비밀 정당이 아닐 수 있겠는가? 레닌은 규율 있고 중앙 집중화된 당을 원했다. 로마노프 왕조 러시아에서 달리 어떻게 당이 살아남을 수 있겠는가? 레닌은 기본 이데올로기와 전략이 통일된 당을 바랐다. 각 정당이 당시 등장하던 다른 당들과 자기 당을 구분하려면 어떻게 그러지 않을 수 있겠는가? 하지만 사실 이러한 원리들은 러시아 마르크스주의자들 사이에서 보편적인 것은 아니었다. 그들 중 이른바 '경제주의자들'은 당을 결성해서 노동 계급이 반(反)로마노프 혁명을 이끌도록 만들자는 계획에 호의적이지 않았다. 그러나 대부분의 마르크스주의자들은 이미 이 원리에 찬성하고 있었다. 정당이 필수적이라고 생각한다면,

당은 비밀스럽게 활동해야 하며 규율, 중앙 집중주의, 이데올로기적 단결이 필요하다고 인정해야 한다는 데 사실상 모든 사람들이 동의했다. 레닌은 자신의 책 곳곳에서 마르크스, 엥겔스, 카우츠키를 인용했고, 러시아사회민주노동당을 위한 자신의 충고가 러시아 제국의 정치적 상황을 고려하면서도 전통적인 유럽 마르크스주의 테두리 안에 있다고 주장했다.

그렇다면 이 책은 왜 그런 돌풍을 일으켰는가? 한 가지 이유는 레닌이 '조직 문제'에 몰두했다는 바로 그 점 때문이었다. 많은 마르크스주의자들에게 조직 문제는 내적 규율과 통제에 집착하던 1860년대와 1870년대의 러시아 농업 사회주의자들의 전통을 떠올리게 하는 불쾌한 일이었다. 그런 집착은 그들에게 별로 유익하게 작용하지 않았다. 실제로 농업 사회주의자들의 실패에서 부정적 사례를 본 많은 혁명 동조자들은 1880년대와 1890년대에 플레하노프가 주창한 마르크스주의로 눈길을 돌렸다. 마르크스주의자들은 '조직 문제'에 관해 논쟁을 재개하자는 레닌의 주장을 수상쩍어했다.

몇 가지 세부 내용도 사람들의 우려를 키웠다. 먼저 레닌은 농업 사회주의자 니콜라이 체르니솁스키의 소설 제목을 사용했다. 그런 다음 본문에서 레닌은 1876년에 창설된 '토지와 자유'가 개발한 조직 기술을 찬양하는 쪽으로 나아갔다. 레닌은 알렉세예프(Pyotr Alexeev), 미시킨, 할투린, 젤랴보프(Andrei Zhelyabov) 같은 '토지와 자유'의 테러리스트 지도자들을 칭찬했다. 레닌은 "트카초프의 설교에 따라 준비되고 '무서운', 정말로 무서운 테러에 의해 실현된 권력 장악 기도는 실로 장엄했다."라고 선언하면서, 표트르 트카초프도 인정하는 투로 인용했다.[27] 게다가 차르 관리 개개인에 대한 암살 활동을 재개해야 한다고 주장한 마르크스주의자 나데즈딘*을 반박하는 부분에서 트카초프를 언급한 것은 레닌의 평판을 더욱 악화시

컸다. 레닌은 트카초프와 비교하면서 나데즈딘을 깎아내렸고, 트카초프가 혁명 국가의 막을 열기 위해 옹호한 '대공포'를 예찬했다. 〈이스크라〉의 반대자들에게 이 언급은 19세기 중반의 지극히 유해한 전통이 러시아 마르크스주의의 몸통 속으로 부지불식간에 다시 스며들어 왔다는 또 하나의 표시로 여겨졌다. 그들이 보기에 레닌은 마르크스주의의 탈을 쓴 농업 사회주의자 테러리스트 같았다.

사람들은 바람직한 당 조직 형태에 대한 레닌의 언급이 암시하는 분위기도 좋아하지 않았다. 레닌이 '음모(konspirativnost)'의 필요성을 강조하는 것을 보면 그가 비밀 '지하' 정치 활동뿐만 아니라 노골적인 비밀 모의도 암시하는 것 같았다. 마르크스주의자들은 보통 혁명이 계급 투쟁과 대중 운동을 거쳐 발생한다고 가정했으나, 레닌은 아무래도 고도로 비밀스러운 음모 활동가의 분파로 돌아가기를 바라는 듯했다. 사람들은 이 분파가 천박한 초(超)중앙집중적인 규율에 종속될 것이라고 짐작했다. 책의 제1장은 당내 '비판의 자유'를 계속해서 공격했다. 레닌은 자신이 무조건적인 민주주의자가 아니라는 사실을 숨기지 않았다. 규율과 단결이 우선이었고, 레닌은 거기에 충실하려면 자신이 제안한 당규에 따라 당이 공식적으로 인정한 조직의 지시를 받아 적극적으로 활동하지 않으려 하는 사람에게는 당원 자격이 주어져서는 안 된다고 뒤에서 설명했다.

그렇게 되면 농업 사회주의자 테러리스트들과 다를 바가 없다는 비난에 대해 레닌은 몇 가지 답변을 내놓았다. 레닌은 러시아의 정치 상황에서 당이 선거와 대중 토론을 맹목적으로 숭배하는 것은 자살 행위나 마찬가지라고 주장했다. 그가 이런 주장을 한 것은 비마르크

나데즈딘(L. Nadezhdin, 1877~1905) 본명은 예브게니 젤렌스키. 러시아의 인민주의자로서 스위스에서 혁명 조직 '자유'를 조직했다. 그 뒤 마르크스주의로 전향하여 1903년 열린 러시아사회민주노동당 제2차 대회 이후에 멘셰비키에 참여했다.

스주의 사상이 당으로 흘러들어올까 봐 걱정했기 때문이 아니었다. 그 주장에는 단지 실용적인 의미만 있었다. 레닌의 두 번째 강조점은 그가 독일사회민주당의 당내 민주주의를 인정하며, 러시아가 좀 더 자유로운 정치적 환경을 누리게 되면 러시아 마르크스주의자들도 독일인들의 절차를 따르게 되리라는 것이었다(적어도 그는 이렇게 암시했다). 또 어느 누구도 레닌이 자신의 사상의 다른 측면에서 농업 사회주의 이념에 반대했다는 것을 부인할 수는 없었다. 레닌은 농민 공동체 모델 위에서 사회주의 사회를 건설한다는 생각을 비웃었다. 레닌은 자본주의 경제 발전을 피할 가능성을 조롱했다. 레닌은 니콜라이 미하일롭스키 같은 농업 사회주의자들의 도덕적 설교에 코웃음쳤으며, 마르크스와 엥겔스가 실천한 사회에 대한 '과학적' 사고방식을 찬양했다. 또 레닌은 노동 계급이 로마노프 군주정을 무너뜨리는 혁명적 공격의 전위가 되어야 한다고 강조했다. 산업 노동자들이 기꺼이 거리로 나서지 않는 한 혁명 운동은 성공할 수 없다고 레닌은 단언했다.

《무엇을 할 것인가?》에 대한 이와 같은 변론 덕에 플레하노프를 비롯해 일부 〈이스크라〉 동료들은 레닌의 책에 품었던 우려를 덜게 되었다. 그리고 이후로 레닌을 우리가 확인할 수 있는 가장 정통적인 마르크스주의자라고 주장하는 역사가들이 있어 왔다. 소련 학자들이 여기에 속했는데, 그 노선은 외국 저술가들의 유력한 지지를 끌어내기도 했다.[28] 하지만 이 주장 전체에 결함이 있다. 마르크스주의는 정의할 수 있는 정통 학설이 없었다. 마르크스는 규정하기 힘든 저술가였고 명확한 유산을 남기지 않았다. 마르크스의 추종자들은 그의 '원리'의 진정한 해석자로 인정받으려고 발버둥쳤고, 레닌은 그들 중 한 명이었다. 레닌은 마르크스주의를 러시아 제국의 특정 상황에 적용하는 데 일부 러시아 농업 사회주의 사상과 실천을 공공연하게 이용할 수 있다고 생각했다. 그러나 《무엇을 할 것인가?》를 둘러싸고 논쟁이 벌어지자 레닌은 자신이 러시아 전통에 진 빚을 공개적으로 인정하기를 그만두었다. '정통'의 자격을 주장하려면 조심할 필요가 있었고, 당에 논란을 불러일으키는 제안을 계속하면서 앞으로 나서고자 한다면 특히 주의하지 않으면 안 되었다.

어쨌든 〈이스크라〉의 찬양자들이 모두 그와 같은 미묘한 점에 대해 걱정한 것은 아니었다. 그들 중 많은 이들은 괜한 소동 때문에 불공정하게도 레닌의 실천적 힘과 혁명에 대한 헌신이 주목받지 못한다고 느꼈다. 레닌의 문장 중 어떤 것들은 특히 매력적이었다. 예를 들어 레닌은 다음과 같이 선언했다. "우리에게 혁명가들의 조직을 달라. 그러면 러시아 전체를 뒤집어엎을 것이다!" 레닌은 계속 나아갔다. 그는 동료 활동가들을 성원하고 치켜세웠다. 레닌은 동지들이 어떤 어려움을 겪는다 하더라도 자신은 그들을 이해하며, 한편으론 동지들이 멋진 성과를 내기를 기대하고 있다고 밝혔다. '기적'은 러시아 마르크스주의자들이 이룰 수 있는 범위 안에 있다고 레닌은 역설했다. 너무 합리적인 것은 전혀 훌륭한 일이 아니었다. "우리는 꿈을 꾸어야 한다!"

이것은 러시아 제국에서 레닌이 등장하기 이전에 존재했던 어떤 마르크스주의자도 한 적 없는 격려의 언어였다. 이 격려는 위대한 문장가에게서 나온 것이 아니었고, 레닌의 언어는 결코 유려하지 않았다. 그러나 이 점은 레닌이나 그의 동료들에게 문제가 되지 않았다. 레닌의 딱딱한 문법과 문장은 활동가들에게 레닌이 자신들과 가깝다고 느끼게 했다. 귀에 거슬리는 레닌의 어투는 그들에게 필수적이고 현실적인 투쟁성의 발현이었다. 멋진 말과 우아한 주장은 로마노프 군주정을 전복하는 데 가장 중요한 필수 조건이 아니었다. 레닌과 그의 추종자들은 탄탄한 지적 근거에 기반을 둔 방침을 원했다.

하지만 그들에게 지성도 중요했지만, 행동, 즉 비타협적인 혁명적 활동도 똑같이 중요했다. 레닌의 거친 표현이 오히려 그들에게는 가깝게 와닿았다. 레닌이 민주적 절차를 '해로운 장난감'이라고 불렀다고 해서 그게 어떻단 말인가? 레닌은 러시아 제국에서 비밀 정치 조직에 가담해 일했고 자신이 무엇을 하고 있는지 알았다. 레닌의 논쟁적 접근 방식이 좀 더 온건한 그의 반대자들이 내세운 주장을 정확하게 설명하지 않더라도 그게 무슨 문제인가? 레닌은 그들의 이념, 선전, 특히 어떤 다른 마르크스주의 지도자도 아직 건드리지 못한 그들의 희망과 공포를 깊이 탐구할 수 있었다.

레닌에게 적대적이지 않은 독자들에게 책이 근사해 보였던 이유는 레닌이 지도력을 찬미한 데 있었다.《무엇을 할 것인가?》는 비밀 정당을 운영하는 기술에 관하여 상세하고 실제적인 청사진을 제공했다고 널리 오해받고 있다. 결코 그렇지 않다. 처음부터 끝까지 실제적인 권고는 거의 없다.(심지어 레닌이 그 뒤에 쓴 후속 글 〈우리의 조직 과업에 대해 동지에게 보내는 편지〉도 놀랄 만큼 세부 사항에 대한 서술이 없다.) 그러나 레닌은 정치에서 위대한 의무는 앞장을 서는 것이라는 주장으로 러시아 제국에서 부지런히 활동하는 많은 마르크스주의자들에게서 좀 더 깊은 욕구를 끌어냈다. 중앙의 당 지도자들은 각 지역 단체들을 이끌어야 한다. 지역 단체들은 노동 계급을 이끌어야 한다. 노동 계급은 제정 사회에서 다른 불만에 찬 피억압자들을 이끌어야 한다. 이 모든 것이 이루어질 수 있다면 어떤 것도 로마노프 군주정을 구원할 수 없을 것이다. 레닌의 책이 레닌주의의 윤곽을 형성하는 데 그토록 큰 영향력을 끼쳤고, 1901~1902년의 특수한 집필 환경이 변했을 때도 그 영향력이 계속 존속할 수 있었던 것은 놀랄 일이 아니다. 그의 책은 시대의 산물이었으나, 책의 근본적인 가정과 사고 방식은 1917년 10월 혁명 이후 아주 다른 시기에 러시아공산당이 내린 결정에 영향을 주었다.

《무엇을 할 것인가?》는 1901년 4월부터 1902년 2월 사이에 집필되어 3월에 디츠 출판사에서 출간되었다. 보통 레닌은 글을 빨리 썼다. 5만 단어를 쓰는 데 그렇게 많은 시간이 걸리는 경우는 드물었다. 레닌은 자기 글에 논쟁적 성격이 있음을 알았다. 레닌은 글을 쓰는 동안 가장 가까운 친구인 마르토프를 멀리했다. 레닌의 급박한 심정은 쉽게 읽혔다. 레닌은 대화를 하면서 거의 항상 자기가 입은 조끼를 잡은 채로 주먹을 꼭 쥐었다. 그의 동료들은 이 버릇을 익혀서 자신들의 버릇으로 삼았다.[29]

레닌에게 추종자들이 생겨났고, 그 수는 점점 늘어났다. 레닌은 그들과 개인적으로 상의했다. 실제로 추종자들 사이에서 레닌의 주목을 끌기 위한 경쟁이 벌어졌고, 나데즈다 콘스탄티노브나는 레닌이 만나고 싶어 하지 않는 사람들이 그를 귀찮게 하는 것을 막았다. 레닌은 논의가 계속 비밀스럽게 진행되기를 바랐다. 레닌은 누구에게 말했는지, 어떻게 정보를 얻었는지를 밝히라는 압력을 받으면 똑같은 답변을 했다. "내가 이 소식을 누구한테서 들었냐고요? 제비 한 마리가 꼬리에 달아 나한테 갖다주었지요."[30] 레닌의 추종자들은 레닌이 교묘히 피하는 것도 참아야 했다. 그들이 불시에 레닌의 아파트를 찾아가면 실제로는 안에 있는데도 그가 집에 없다는 말을 들었다. 보통 레닌은 다른 누군가와 대화하고 있었을 뿐이었다. 나데즈다 콘스탄티노브나는 "블라디미르 일리치는 당신이 잘 지내기를 진심으로 바랍니다."라고 힘주어 말하면서 능숙하게 실망한 방문자의 마음을 달래주었다.[31] 레닌은 바쁜 나날을 보냈고 만나는 시간을 줄일 수밖에 없는 사정을 추종자들이 존중해주기를 기대했다. 레닌은 친절했으나 어느 정도까지만 그랬다. 레닌은 다른 망명자들과 달랐다. 그는 동지들이 우정의 표시로 어깨를 칠 수 있는 그런 사람이 아

니었다. 레닌은 항상 그 자신과 추종자들 사이에 거리를 두었다.[32]

《무엇을 할 것인가?》를 얼른 끝내지 못한 또 한 가지 이유는 레닌이 다른 정치적 과제에 몰두했기 때문이었다. 레닌은 〈이스크라〉의 편집을 도왔다. 또 제2차 당 대회에 대비해 당 강령 초안을 공동 작성하는 일에도 참여했다. 강령 작성은 많은 시간이 걸리는 번거로운 일이었다. 레닌은 1900년에 플레하노프와 일단 화해했을 때 그에게 강령 초안을 쓰라고 권했지만, 플레하노프는 계속 난색을 표했다. 레닌은 낙담했다. 레닌은 슈셴스코예에서 직접 당 강령 초안을 작성한 적이 있었고, 모든 〈이스크라〉 추종자들은 다가올 대회에서 이 문제에 관해 틀림없이 토론이 벌어질 것이기 때문에 〈이스크라〉가 어떤 형태로든 초안을 채택하기를 바랐다. 그러나 플레하노프는 마르크스주의에서 자유주의로 옮겨 간 스트루베의 경제적·철학적 견해를 반박하는 저술 작업에 온 힘을 쏟았다. 당을 지도할 수 없는 플레하노프의 무능력을 이보다 더 확실히 보여주는 증거는 없다고 레닌은 판단했다. 그러나 최초의 주요 초안을 작성함으로써 거기에 정통성이라는 인장을 찍을 사람은 여전히 러시아 마르크스주의의 창건자인 플레하노프여야 했다.

레닌에게 지친 플레하노프는 1902년 1월 1일에 자기가 쓴 초안을 들고 불쑥 나타났다. 〈이스크라〉의 여섯 편집인은 일 주일 동안 초안을 연구해서 수정안을 제출하기로 했다. 그들은 슈바빙의 레닌이 사는 아파트에서 모일 것이었다. 플레하노프는 동요했다. 자신이 스위스에서 독일까지 가야 할뿐더러 자신이 후배들을 거만하게 다룬 대가를 치러야 할 순간이 확실히 다가오고 있음을 알았기 때문이기도 했을 것이다. 그랬다면 플레하노프는 옳았다. 울리야노프는 플레하노프의 초안에서 결함을 찾는 데 며칠을 보냈다. 플레하노프는 노동 계급이 제국 인구의 다수를 구성한다고 암시했다. 플레하노프의 표현은 약했다. '분노'라고 말할 수 있을 때 '불만'이라고 썼다. 이래서야 그의 원고를 쓸 수 없었고, 레닌은 다음번에 더 잘하라는 임무와 함께 플레하노프를 스위스로 돌려보냈다. 스승과 제자의 관계는 반대 방향으로 기울고 있었다.[33] 그들은 우편으로 일을 진행하기로 합의하고 초안을 계속 수정했다. 레닌은 산업 노동자와 농업 문제에 관해 새로 들어갈 단락들을 책임지면서, 자기 자신의 글을 썼다. 뮌헨과 제네바에서 그들은 서로에게 총을 쏘듯 분노에 찬 편지를 주고받았다.

업무 전체가 레닌을 완전히 지치게 했다. 레닌은 전투적인 정당에 어울리는 강령이 아니라 단순한 원칙 선언에 불과한 문건을 작성했다고 플레하노프를 비난했다.[34] 플레하노프는 레닌이 수정하고 보충한 자신의 문건을 받고는 레닌에게 반격을 가했다. 레닌은 "그 논평의 고의적인 공격적 어조"에 반발했다.[35]

논평의 필자는 마차를 잘 몰려면 좀 더 자주, 힘껏 말고삐를 잡아당겨야 한다고 생각하는 마부를 떠올리게 한다. 물론 나는 '말 한 마리', 즉 마부 플레하노프가 부리는 몇 필의 말 중 하나에 지나지 않는다. 그러나 심지어 가장 무거운 굴레를 씌운 말이 지나치게 열성적인 마부를 내던지는 일이 벌어질 수도 있다.

그러나 마침내 그들은 목적지에 도달했다. 1902년 6월 1일, 〈이스크라〉 21호에 드디어 합의된 당 강령 초안을 게재할 수 있었다.

레닌이 요구한 것 중에서 몇 가지가 초안에 들어갔다. 가장 중요한 것은 '프롤레타리아 독재'를 직접 언급해야 한다는 레닌의 주장이었다. 마르크스가 고안한 이 용어는 다가올 혁명 과정의 제2단계가 시작됨을 가리켰다. 제1단계는 로마노프 군주정의 전복과 '부르주아-민주주의 공화국'의 개시일 것이다. 노동자들은 이 단계에서 지도적 역할을 하겠지만 동시에 강화될 자본주의 경제에서는 이득을 얻지 못할 것이다. 두 번째 단계에서는 '프롤레타리아'에 의한 권력 장악이 있을 것이다. 그리고 이는 러시아에서 사회주의 체제의 개시를 알릴 것이다. 마르크스를 따라 플레하노프는 이 용어를 자신이 제일 처음에 작성했던 초안에 포함했으나 레닌과의 오해 때문에 당시 그것을 삭제했다. 레닌은 이 용어를 복구하라고 공격적으로 요구했고 플레하노프는 이에 동의했다. 이는 플레하노프가 기꺼이 받아들일 수 있는 경쟁자의 요구였다. 두 사람 모두 사회주의를 수립할 때가 오면 낡은 지배 계급에게 시민권을 보장해주지 말아야 한다는 데는 의견이 같았다. 그 후에 일어난 일들은 레닌의 독재 개념이 플레하노프가 1902년에 상상할 수 있었던 것보다 훨씬 더 폭력적이고 독단적이었음을 보여줄 것이었다. 그러나 잠시 동안 그들은 합의했다. 아니 합의를 했다고 생각했다.

다른 변화도 중요했다. 레닌은 플레하노프에게 그의 더 나은 판단과는 달리 "러시아 제국 경제에서 자본주의가 이미 지배적인 생산 양식"이라고 진술하도록 시켰다.[36] 이는 표현상으로는 사소한 양보였지만, 이것의 실제 의미는 러시아에서 선진 자본주의 경제가 확립되었다고 주장함으로써 레닌이 플레하노프 같은 다른 사람들이 적절하다고 생각한 속도보다 더 빨리 사회주의로 나아가는 문을 연 것이었다. 레닌은 이러한 인식을 1917년에 정확히 그 목적으로 이용할 것이었다. 중요한 것은 이데올로기다.

이것이 레닌이 개입하여 중요한 영향을 끼친 유일한 사례는 아니었다. 또 다른 예는, 1861년 농노해방령에 의해 농민들이 상실한 경작지를 원상 복귀시키기 위해 당이 운동을 벌여야 한다는 그의 제안이었다. 이 제안은 로마노프 군주정이 전복되는 대로 성사될 것이었다. 레닌은 모든 토지가 아니라 농민들이 해방 전에 소유하고 있던 토지의 4퍼센트에 해당하는, 상실한 토지 부분만 농민들에게 돌려줄 것을 요구했다. 레닌의 목적은 농민층에서 당에 대한 호감을 높이는 것이었다. 일반적인 마르크스주의 교의에 따르면, 레닌은 아주 후진적인 농업 방식을 고수한다고 여겨지는 농민들에게 모든 토지를 넘겨주자고 제안할 수가 없었다. 그러므로 레닌은 농민들을 러시아사회민주노동당 쪽으로 끌어들이고자 맛있는 음식 한 조각을 그들에게 제공하려는 것이었다. 레닌은 이 때문에 비웃음을 샀다. 체르노프의 사회주의자−혁명가당은 전통적인 지주 계급과 최근에 등장한 부유한 농민들로부터 모든 토지를 몰수하기를 원했다. 마르크스주의자들은 사회주의자−혁명가당과 경쟁할 수가 없을 것이었다. 그러나 레닌은 적어도 농민의 지지를 얻기 위해 노력하고 싶었다. 그는 즉흥적인 행동가였다. 레닌은 원칙뿐만 아니라 본능에 따라서도 움직였다. 레닌의 농업 관련 프로젝트는 그 자체로서는 설득력이 없었지만, 그의 직관적인 모색은 이해할 만했다. 레닌은 마침내 당이 존재하게 되었을 때 당이 러시아 제국의 백성 중 85퍼센트가 농민이라는 사실을 고려하기를 원했다.

레닌은 이러한 책략에 대해 빗발치는 비난에 시달렸다. 교조주의자 레닌이 왜 농업 문제에서는 유독 유순하냐는 질문이 나왔다. 그리고 체르노프의 사회주의자−혁명가당이 모든 토지를 농민들에게 돌려주려 하는 것을 아는 상황에서 얼마나 많은 농민들이 쪼가리 땅을 반환하겠다는 레닌의 약속을 선택하겠는가? 농민의 여론을 만족시키고자 하는 레닌의 희망은 그가 진실로 마르크스주의자가 아니라 본질적으로 농업 사회주의자라는 또 하나의 증거가 아닌가? 그리하여 〈이스크라〉 그룹이 제2차 당 대회의 사전 준비를 하던 때 주목을 가장 많이 받은 사람은 플레하노프가 아니라 레닌이었다. 조그마한 러시아 마르크스주의의 세계에서 레닌은 모든 사람이 사랑하거나 아니면 미워하는 인물이 되었다. 레닌은 어느 누구도 자신에 대해 중립적 입장을 취하도록 내버려 두지 않았다.

레닌의 당 대회 준비는 이러한 이중적 태도를 심화했다. 〈이스크라〉 '요원들'(레닌은 이 단어를 쓰기를 좋아했다)은 대회 대의원을 선발하면서 공정성을 유지하지 않았다. 레닌의 누이 마리야, 레닌의 남동생 드미트리와 그의 오랜 친구 글레프 크르지자놉스키가 대의원에 포함되었다. 레닌은 개인적 충성심이 입증된 활동가들을 쓰고 싶어 했다.[37] 〈이스크라〉 그룹의 기획에 따라 반드시 의사 진행이 이루어지도록 애쓰면서, 레닌은 〈이스크라〉를 지지하지 않는 대의원들의 수를 최소한으로 유지하고자 했다. 요원들은 러시아로 돌아가면서 《무엇을 할 것인가?》와 당 강령 초안을 들고 갔다. 이 행동은 〈이스크라〉 그룹이 존경할 만한 당 지도자들이라는 인상을 강화했다. 플레하노프, 레닌, 마르토프는 (가까운 동료들에게 알려진 이들의 약점이 무엇이든) 달리 비길 데 없이 빼어난 사람들 같았다. 그들을 따르는 요원들은 무자비한 조직가였지만, 요원들 모두 당과, 노동 '대중'을 마르크스주의와 사회 혁명 쪽으로 유인하려는 당의 운동을 옹호하면서 자신들의 자유를 기꺼이 포기했다. 그들 중 많은 이들은 이미 레닌을 지도자로 생각했다. 그들은 레닌과 함께라면 불똥으로 불을 붙일 수 있을 것이라고 생각했다.

9장
볼셰비키와 멘셰비키
1902년~1904년

　레닌과 편집진에 속한 그의 친구들은 바이에른 경찰에 주목받는 것을 우려하게 되면서 〈이스크라〉의 근거지를 뮌헨에서 다른 곳으로 옮기기로 결정했다. 외국인 마르크스주의자들에 대해 걱정하는 사람이 없는 장소가 필요했다. 확실한 대안은 스위스였으나 플레하노프와 언쟁했던 일이 모두의 마음속에 생생했기에 젊은 편집인들은 다른 장소를 물색했다. 런던에서 일을 도모해보자는 결정이 내려졌다. 런던 경찰청은 혁명가들, 심지어 그들의 주의를 끌게 된 영국인 혁명가들에게도 신경 쓰지 않기로 유명했다. 우편망은 효율적이었고, 도서관, 박물관, 미술관 같은 문화 시설은 다른 유럽 도시만큼이나 훌륭했다.

　그리하여 레닌과 나데즈다 콘스탄티노브나는 짐을 꾸려 뮌헨을 떠났다. 쾰른과 리에주에 잠시 머문 후 연락선과 열차를 이용해 1902년 4월에 런던의 빅토리아 역에 도착했다. 사전 계획에 따라 그들은 2인승 2륜 마차를 타고 러시아인 망명자이자 〈이스크라〉를 지지하는 니콜라이 알렉세예프*가 그들을 위해 방 두 칸을 빌려놓은 세인트팬크러스로 갔다. 아파트는 펜턴빌 로드 남쪽 홀퍼드 스퀘어 30번지에 있었다. 한편 마르토프, 포트레소프, 자술리치는 시드머스 스트리트의 그레이즈 인 로드 맞은편에 있는 방들에 거처를 정했다. 알렉세예프는 홀퍼드 스퀘어에서 언덕을 내려간 곳에 있는 프레더릭 스트리트에 살았다. 모두 서로 수백 미터 거리 안에 살았다. 알렉세예프가 패링던 로드 끝의 클러컨웰 그린 37a번지에 위치한 '20세기 인쇄소'의 수평식 인쇄기를 사용해 〈이스크라〉를 찍기로 협상했기 때문에 편리한 배치였다. 근처 그레이트 러셀 스트리트에는 대영박물관도 있었다. 레닌의 영국 지인이 노동조합 총연맹(General Federation of Trade Unions) 서기인 미첼(I. H. Mitchell)의 추천서를 받아주었고, 이 추천서를 이용해 레닌은 의사 야코프 리히터(Jacob Richter)라는 가명으로 열람인 등록을 할 수 있었다. 평일에 레닌은 대체로 시드머스 스트리트의 아파트에 불쑥 나타나 마르토프와 필요한 업무를 보고, 그런 뒤 대영박물관으로 가서 열람실의 크고 둥근 유리 천장 아래 L13번 책상에 앉아 연구를 했다. 출판 일자가 다가오면 레닌은 클러컨웰 그린의 인쇄소도 방문하곤 했다.

레닌의 정치 활동은 홀퍼드 스퀘어, 그레이트 러셀 스트리트, 클러컨웰 그린의 조지 왕조 시대풍 단지들을 잇는 삼각형 안에서 이루어졌다. 레닌과 그의 동료 편집인들은 자신들의 환경에 만족했다. 그들은 영국 노동 운동과 함께하기 위해서가 아니라 자신들의 선전 활동에 집중하기 위해 영국으로 건너왔다. 세인트팬크러스와 블룸즈버리는 이 목적을 이루는 데 이상적인 곳이었다. 레닌은 자신이 가장 마음에 들어 하는 유럽 도시로 런던을 제네바와 동급에 올렸다.(이와는 대조적으로 레닌은 모스크바를 '불결한' 곳이라고 생각했다.[1]) 런던에

니콜라이 알렉세예프(Nikolai Alexeev, 1873~1972) 러시아의 혁명가. 1897년 러시아사회민주노동당에 가입했나. 상트페테르부르크 투쟁동맹 회원으로 활동하나 체포되어 뱌트카주로 유형당했다. 1899년 외국으로 탈출하여 런던에 거주하면서 〈이스크라〉 발행을 도왔다.

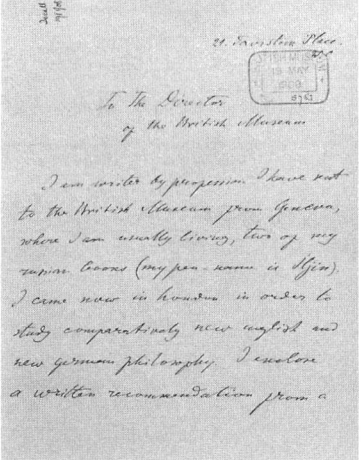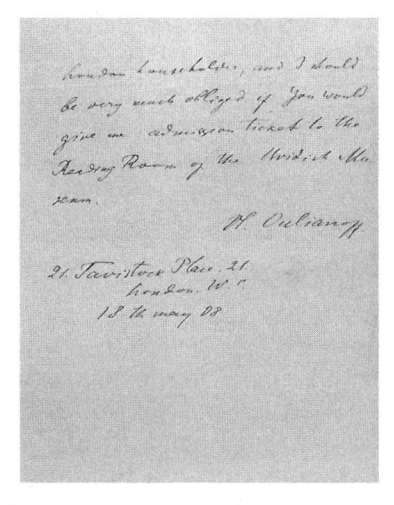

레닌이 런던에 머물던 시기에 쓴 대영박물관 열람권 재신청서.

서 레닌은 오흐라나로부터 안전했다. 그는 멋진 도서관과 신뢰할 만한 인쇄소, 효율적인 연락망을 쉽게 이용할 수 있었다. 여가도 즐길수 있었다. 레닌과 나댜는 일요일 아침마다 하이드 파크 스피커스 코너를 찾아 야외 연설을 들었다. 그들은 또 지붕 없는 이층 버스를 타고 외곽 지구를 바라보고 푸른 나무들을 찬양하며 즐겁게 시간을 보냈다.

그러나 모든 것이 레닌의 마음에 든 것은 아니었다. 레닌은 시드머스 스트리트의 살림이 창피했고, 그것을 '공동체(commune)'라고 깔보았다. 이 표현은 의미심장하다. 마르크스주의자로서 레닌은 공산주의 사회의 바람직함과 불가피성을 믿는 사람이었지만 집단주의적생활 방식이라는 생각에는 역겨움을 느꼈다. '공동체'는 레닌에게 불결한 단어였다. 레닌은 질서, 단정함, 복종 같은 어휘들을 좋아했다.그는 동료 〈이스크라〉 편집자들의 보헤미안 같은 몸가짐이 동유럽인텔리겐치아의 최악의 모습을 드러내는 것이라고 생각했다.[2]

그는 특별히 질서를 사랑했으며, 질서는 언제나 그의 사무실과 방을 지배했다. 이 점은 예컨대 마르토프의 방과 완전히 대비되었다. 마르토프의 방은 항상 매우 혼란스러운 무질서 상태였다. 담배꽁초와 담뱃재가 온 방에 널려 있었고 설탕과 담배가 뒤섞여 있어서 마르토프에게 차 대접을 받은 방문자들은 설탕을 넣으려다 비위가 상했다. 베라 자술리치의 방도 마찬가지였다.

이런 식의 흐트러진 생활은 언덕 위 홀퍼드 스퀘어 30번지에서는 금지되었다. 레닌이 집 안에서 담배를 꼭 금한 것은 아니었으나, 방문객이 불을 붙이면 의미심장하게 눈살을 찌푸리고 그날의 날씨와 상관없이 창문을 열었다. 눈이 와도 레닌은 이렇게 했다.

레닌은 마르토프와 자술리치를 비판했으나, 그 자신도 홀퍼드 스퀘어의 여주인에게 생활 방식을 지적당하곤 했다. 가공할 인물이었던 이오(Yeo) 부인은 레닌이 지역 관습에 따라 커튼을 달기를 기대했고, '의사 리히터와 부인'이 커튼을 달기로 결정할 때까지 계속 충고했다.[3] 레닌과 나다는 그 이야기가 썩 유쾌하지 않았다. 그들은 난방용 석탄과 요리용 식수를 가지러 지하실로 내려가야 하는 데 이미 짜증이 나 있었다.[4] 그들은 영국 음식을 싫어했다. 맛있는 요리라고 하는 소꼬리 스튜가 너무 역겨워서 레닌은 자신의 몫을 나댜(스스로 인정한 바에 따르면 나댜는 최고의 요리사는 아니었다)와 장모에게 줘버렸다. 영국 스튜, 영국 케이크, 기름에 튀긴 영국 생선만 그들을 괴롭힌 것은 아니었다. 홀퍼드 스퀘어에서 동북쪽으로 11킬로미터 떨어진 세븐 시스터즈 교회를 방문한 그들은 영국 사회주의자들이 신에게 기도하고 있는 것을 발견했다. 레닌은 진정한 사회주의는 무조건 무신론을 따라야 한다고 여겼다. 마르크스주의자가 되었을 때 레닌은 과학과 진보의 길을 선택했으며, 기독교 사회주의는 형용 모순이라고 생각했다. 레닌은 영국의 사회주의자들을, 아니 사실 영국인 일반에 대해 좋게 말할 구석을 거의 찾을 수가 없었다.

레닌은 영어 습득을 도와줄 헨리 레이먼트(Henry Rayment)라는 이름의 영국인을 알게 되었다. 웨브 부부의 책 한 권을 번역했는데도 레닌은 영어 쓰기와 말하기가 유창하지 못했다. 레닌은 아일랜드 사람들보다 런던 사람들을 따라하기가 더 힘들다는 것을 알았다.(레닌이 아일랜드 억양이 섞인 영어를 말했다는 확인되지 않은 주장이 있다.)[5] 레이먼트와 함께 레닌은 이스트 엔드의 정치 모임들에 나갔는데, 모임에서 러시아 제국에서 온 유대인 이민자들과 마주쳤다. 그들의 이국적인 관습에 당황한 레이먼트를 보고 레닌은 이것이 영국인들이 '폐쇄적'이라는 또 하나의 증거라고 생각했다.[6] 레닌은 국제 사회주의 사상에 개방적이었던 이스트 엔드의 많은 유대계 러시아인들과 접촉하고서 아마 '유럽 사회주의 혁명'에 대한 자신의 신념을 되살렸을 것이다. 그리고 레닌은 1902년 3월에 뉴 알렉산드라 홀에서 사회민주연맹(Social-Democratic Federation) 유대인 지부를 대상으로 연설을 했다.[7]

하지만 레닌도 자기 방식으로 '폐쇄적'이었다.[8] 레닌은 세인트팬크러스와 블룸즈버리에서 자기 주위에 작은 러시아를 세웠다. 1902년 가을 어느 날 이른 아침에 홀퍼드 스퀘어의 집 문을 누군가가 두드렸다. 방문객은 시베리아를 탈출하여 영국의 〈이스크라〉 편집진에 합류하기를 원하던 레프 트로츠키였다. 트로츠키는 1917년 10월 혁명 때 레닌만큼 유명해질 것이지만, 아직 마르크스주의 지도자로서 확고히 자리 잡지는 못한 상태였다. 트로츠키는 레닌을 몹시 만나고 싶었으나 레닌은 여전히 침대에 있었고, 정해진 습관을 따르는 사람으로서 몸을 씻고 하루를 시작할 준비를 할 때까지 거실로 나가지 않았다. 런던 토박이 마부에게 요금을 지불하고 트로츠키에게 (영국 전통주의자인 이오 부인이 손님을 위해 준비했을 홍차가 아닌) 커피를 대접해야 했던 사람은 나데즈다 콘스탄티노브나였다.[9] 레닌은 보통 때처럼 제시간에 일어나서 자신을 소개했다. 레닌과 트로츠키는 금방 친구가 되었고, 레닌은 트로츠키와 함께 관광지 주변을 돌아다니면서 시간을 보냈다. 트로츠키와 매우 가까워진 레닌은 문학적 재능이 있는 트로츠키를 〈이스크라〉의 일곱 번째 편집인으로 임명하자고 제안했다. 플레하노프는 이 제안에 반대했다. 플레하노프가 보기에 트로츠키는 '레닌의 사도'였고, 그를 편집진으로 뽑는 것은 레닌에게 투표권을 추가로 배당하는 것과 다름없는 일이었다.[10]

제2차 당 대회가 가까워지면서 〈이스크라〉 편집 회의는 분위기가 다시 나빠지기 시작했다. 1903년 4월 〈이스크라〉의 근거지를 런던에서 제네바로 옮기기로 결정했다. 이는 레닌과 플레하노프가 다시 서로 만나게 됨을 의미했다. 이 방안을 제의한 사람은 플레하노프가 너무 멀리 떨어져 있어서 발생하는 손실이 크다고 인정한 마르토프였다. 마르토프는 제네바가 좀 더 우호적인 분위기에서 업무를 재개할 기회를 제공할 것이라 믿었다.[11]

레닌 혼자 이 조치에 반대표를 냈다. 레닌은 플레하노프가 언제나 분란을 일으켰고 바로 그 점이 〈이스크라〉를 스위스 밖에서 발간해야 했던 이유임을 그들에게 상기시켰다. 그러나 아마도 똥 묻은 개가 겨 묻은 개를 나무라는 격이었기 때문에 아무도 레닌의 말을 따르려 하지 않았다. 레닌은 절망해서 "제길, 플레하노프에 반대할 용기를 가진 사람이 아무도 없어."라고 나댜에게 소리쳤다.[12] 근거지 이전 준비가 마무리되면서 '신경과민'이 다시 한 번 레닌을 괴롭히기 시작했다. 가슴과 척추 신경 종말(神經終末)에 염증이 생기는 형태로 신체 증상이 나타났다. 레닌은 심하게 열이 났다. 나댜는 의학서를 참조하여 레닌이 좌골 신경통을 앓고 있는 것이 틀림없다고 판단했다. 그

후 나댜는 동료 러시아인 마르크스주의자이자 몇 년 동안 의사가 되기 위한 교육을 받은 세인트팬크러스 주민 타흐타료프와 상의했다. 타흐타료프는 나댜의 진단에 동의했고, 나댜는 요오드를 약간 사서 남편의 몸에 발랐다. 진단은 완전히 틀렸고 요오드는 레닌을 '심한 고통'에 빠뜨렸다. 훗날 레닌이 영국인 의사에게 낼 진료비를 감당할 수가 없었다는 주장이 공식적으로 제기되었다.[13] 그러나 레닌은 진료비를 결코 아까워하지 않았다. 가장 그럴듯한 설명은 레닌과 그의 아내가 당황해서 타흐타료프의 실력을 의심해볼 만큼 침착하지 못했다는 것이다.

1903년 4월 말에 그들은 런던을 떠나 스위스로 향했다. 그곳에서 레닌은 2주를 더 침대에 누워 있어야 했다. 그때쯤 올바른 진단이 나왔다. 레닌은 성안토니열 혹은 단독(丹毒)이라고도 알려진 '신성한 불'을 앓고 있었다. '신성한 불'은 피부와 피하 조직이 심하게 감염되는 전염병으로 치명적일 수도 있다. 지금은 이 병을 항생제로 치료할 수 있다. 그러나 세기 전환기의 의사들은 환자들에게 병이 사라질 때까지 몇 주 동안 쉬라는 충고밖에 해줄 수 있는 일이 없었다. 바로 이것이 레닌이 걸린 병이었다.[14]

한편 플레하노프와 레닌은 함께 일할 방법을 찾아야 했다. 대회 준비는 레닌과, 러시아를 오가는 여러 〈이스크라〉 요원들이 맡고 있었다. 레닌이 런던을 떠나기 싫어했던 이유 중 하나는 자신의 활동에 대한 감시가 재개되리라는 것 때문이었다. 1902년 3월에 '대회 조직위원회'가 설치되었다. 이 위원회는 러시아 제국과 유럽의 어떤 기구가 대회에 대의원을 보낼 권한이 있는지를 결정했다. 레닌은 이미 〈이스크라〉 지지자들이 대회를 이끄는 것을 보장하기 위해 조직위원회 내부 의견을 조율하는 데 바빴다. 플레하노프는 근거리에서 레닌의 활동을 살폈다. 하지만 다행히도 레닌이 〈이스크라〉를 위해 홀

룸하게 일을 처리했다고 플레하노프는 결론을 내렸다. 플레하노프와 레닌은 규모가 큰 유대인 분트*(분트는 고도로 중앙 집중화된 당이라는 발상을 싫어했다)나 제네바 신문인 〈노동자의 대의〉(이 신문은 지식인들이 노동 계급의 이름으로 모든 것을 결정한다는 것을 인정하지 않았다)가 대회에서 휘두를 수 있는 영향력을 차단할 필요가 있다는 데 의견이 일치했다. 레닌은 대회의 의석을 〈이스크라〉 지지자들에게 배당하고 반대자들에게는 의석을 제한하는 구실을 찾는 데 인정사정없었다. 플레하노프는 점차 레닌에게 그가 원하는 운영의 자유를 주었다.

레닌의 방식은 어느 〈이스크라〉 요원에게 보낸 편지에서 엿볼 수 있다.[15]

당신이 조직위원회 문제를 진전시켜 여섯 명의 회원으로 위원회를 구성했다는 것을 알고 정말, 정말 기뻤습니다. …… 분트를 좀 더 엄격하게 다루시오! 외국에서도 (분트와 〈노동자의 대의〉에 대해) 가능한 한 엄격하게 글을 쓰시오! 그리고 국외 활동을 거의 의미가 없는 수준으로 줄이시오. 대회의 기술적 측면은 당신을 대신하는 특별 대의원들이나 당신 자신의 특별 **요원들**에게 맡겨도 됩니다. 그러나 이 과업은 **다른 누구에게도** 위임하지 마시오. 일반적인 망명자 회원들은 모의를 계획하는 데 매우 서투르다는 점을 잊지 마시오.

분트(Jewish Bund) 1897년에 결성된 유대인들의 사회 정치 조직. 정식 이름은 '리투아니아 · 폴란드 · 러시아 유대인 총노동자동맹'이다. 차르 체제와 자본주의에 반대했으며, 유대인들의 문화적 · 정치적 권리를 위해 투쟁했다. 1905년 러시아 혁명 직전에 적극적으로 활동하는 회원 수가 약 3만 명에 이르러 러시아 제국에서 가장 큰 사회주의 조직 중의 하나였다. 러시아사회민주노동당 창당에 참여했으나 당 구조, 유대인의 지위, 노동자의 역할을 두고 〈이스크라〉와 의견이 달라 따로 독립적인 정당을 세웠으며, 사회민주주의와 혁명을 둘러싸고 사안에 따라 다른 조직과 협력했다. 10월 혁명 후인 1921년에 러시아에서는 활동을 중단했다.

바로 여기서 최고로 능숙한 조종자가 자신의 견습공에게 비법을 전수하고 있었다.

대회가 선택한 개최지는 벨기에의 수도 브뤼셀이었다. 브뤼셀로 가기 전에 레닌은 어머니와 누나 안나와 함께 프랑스 서부의 브르타뉴에서 휴가를 보냈다. 이상하게도 레닌은 나데즈다 콘스탄티노브나와 함께 가지 않았다. 그녀가 왜 런던에 머물렀는지는 불분명하다. 나데즈다는 특히 안나 일리니치나가 냉담하게 굴었지만 레닌의 가족에게 애를 썼다. 아마도 그녀는 대회가 소집되기 전에 준비해야 할 실무가 너무 많았던 것 같다. 나데즈다는 러시아에서 매일 도착하는 편지들을 수령하고 해독하는 데 시간을 보냈다. 하지만 레닌의 어머니는 이를 적절한 이유라고 생각하지 않았고 며느리가 내놓은 '갖가지 구실'을 지적했다.[16] 가족들은 레닌의 아내에게 쌀쌀한 태도를 유지했고, 레닌은 어느 쪽도 편들려 하지 않았다. 여느 때처럼 레닌은 자신이 원하는 대로 했다. 이번 경우에 레닌은 브르타뉴에서 어머니를 보는 것이 편했고, 아내를 런던에 내버려 두는 데 개의치 않았다. 레닌은 나데즈다에게 자신과 함께 살고 싶으면 자기 가족들이 그녀에게 특별히 친절하지 않을 때에도 그들을 잘 대해야 한다는 점을 행동으로 분명히 보였다. 레닌은 결혼 생활에서 지배자였고, 자신이 이런 식으로 행동하더라도 나데즈다 크룹스카야가 정치적 책무를 계속 다할 것임을 알았다.

여하튼 레닌은 어머니를 만나고 싶었다. 레닌은 기차, 호텔, 수하물에 대한 충고로 가득 찬 편지들을 어머니에게 보냈고, 어머니에게 자기가 고향을 얼마나 그리워하는지 말했다. "여름에 볼가강에 있으면 좋을 텐데요. 1900년 봄에 우리가 어머니와 아뉴타(안나)와 함께 볼가강을 여행하며 얼마나 멋진 시간을 보냈던가요! 그래요, 제가 볼가강에 갈 수 없다면 볼가강 사람들이 이곳으로 와야겠지요. 여기도 좀 다르기는 하지만 멋진 곳들이 있답니다." 레닌은 진심으로 어머니를 사랑했다. 한편 브르타뉴에 간 또 다른 이유는 신경을 어지럽히던 당내 분란을 피하기 위해서였다.[17] 레닌은 냉담함 플레하노프에게도 그 점을 털어놓았다. 레닌은 예상되는 당 대회의 혹독함을 겪기 전에 휴식이 필요했다.

레닌은 브르타뉴에서 기차를 타고 벨기에로 바로 갔다.(나데즈다 콘스탄티노브나는 벨기에에서 레닌과 합류했다.) 규모가 큰 마르크스주의 망명자 지역 사회는 당국의 주의를 끌고 싶지 않았기 때문에, 스위스는 적당하지 않다고 여겼다. 긴 대회 일정 중 대의원들이 머무를 아파트들이 브뤼셀에 마련되었다. 대회는 7월 17일에 시작되었다. 그러나 조직위원회는 상트페테르부르크의 오흐라나가 일부 참가자들이 폭력 혁명이라는 목적을 품고 있다는 정보를 벨기에에 건네자마자 벨기에 경찰에게 시달리게 되었다. 대회는 서둘러 장소를 영국 해협 맞은편의 런던으로 다시 옮겼다. 런던에 있는 〈이스크라〉 편집진의 지역 연락원들이 새로운 장소를 구하는 일을 도왔다. 대회가 닷새 후인 7월 29일에 재개되었을 때, 대의원들은 런던 북부의 사우스게이트 로드에 있는, 헌신적인 사회주의자 스완(F. R. Swann) 목사가 운영하지만 사회주의 행사가 열릴 것 같아 보이진 않았던 조합파 브라더후드 교회에서 다시 만났다.[18] 레닌은 기독교 건물에서 사회주의자들이 모임을 열고 있다는 불쾌감을 이겨내야 했다. 어쨌든 대의원들의 보안 문제는 여전히 아슬아슬했고, 남아 있는 일부 회기는 샬럿 스트리트의 '잉글리시 클럽'에서 진행하기로 했다.

분노에 찬 연설들이 대회를 에워쌌다. 레닌의 교묘한 계략이 드러나면서 그는 비난의 대상이 되었고, 대의원인 블라디미르 아키모프*는 플레하노프에게 레닌을 버리라고 요구했다. 그러나 플레하노프는 이 요구를 거부했다. 그는 이렇게 선언했다. "나폴레옹은 원수들을 그들의 부인과 이혼시키기를 매우 좋아했습니다. 일부는 부인을 사랑했으나 이 문제에서 나폴레옹에게 굴복했지요. 아키모프 동지는 이 점에서 나폴레옹을 닮았습니다. 그는 어떤 대가를 치르더라도 나와 레닌을 이혼시키기를 열망합니다."[19] 레닌이 한때 플레하노프와 사랑에 빠졌다고 고백했듯이, 플레하노프는 지금 그들 사이에 일종의 혼인 관계가 존재한다고 주장했다. 둘 다 프로이트 저작에 나올 법한 천진한 태도로 스스로를 드러내고 있었다. 레닌과 플레하노프는 무의식적으로 대부분의 시간 동안 그들 내부에서 가장 큰 열정을 끌어냈던 현상에 대해 신호를 보내고 있었다. 그들은 자신들의 사상과 정치적 성취를 위해 살았다.

물론, 플레하노프는 이 '혼인 생활'에 불성실했다. 대회가 열리기 전 플레하노프는 젊은 짝 때문에 자주 격분했다. 그러나 대회는 이 갈등을 의식하지 않았고, 레닌을 포함한 대회 조직가들의 발언을 그대로 기록했다. 회의는 처음부터 끝까지 매우 논쟁적이었다. 열성 지지자들 외에는 세부 사항을 극히 이해하기 힘들었다. 막 폭발할 것만 같은, 교리상으로 크게 중요한 폭탄이라도 되는 것처럼 실제 문제들을 하나하나 비판한 사람은 레닌만이 아니었다. 마르크스주의자들에게는 철학적 원리의 관점에서 검토하지 않아도 되는 사소한 것은 하나도 없었다. 오히려 진짜 문제는 세부적인 데 있었다. 러시아사회민주노동당 내의 유대인 분트의 지위라는 명백히 평범한 사안조차 일촉즉발의 문제가 되었다. 이렇게 된 한 가지 이유는 분명했다.

블라디미르 아키모프(Vladimir Petrovich Akimov, 1872~1921) 상트페테르부르크 대학에서 수학했다. 1890년대 초부터 보로네시에서 '인민의 의지' 조직원으로 활동하다 1897년 동부 시베리아로 유형당했으나 이듬해 국외로 도피한 후 마르크스주의로 전향했다. 제네바에서 〈인민의 의지〉 편집인으로 활동했으며, 베른슈타인의 영향을 받고 '경제주의'로 기울었다. 1905년 러시아로 귀국한 뒤 상트페테르부르크 소비에트에 참여했고 1917년 2월 혁명 후 러시아사회민주노동당을 떠났다.

분트의 대의원들은 서부 국경 지대의 회원 수천 명을 대표했고 러시아 제국의 어떤 지역도 이에 필적할 수가 없었다. 분트는 자신들이 대회의 43개 의석 중에서 겨우 5개 의석만 배정받은 것은 매우 불공평하다고 주장했다. 그러나 다른 대의원들은 이 주장을 단호히 거부했다. 그러자 분트는 당 전체에서 분트가 광범위한 자율성을 행사할 수 있도록 해 달라고 요구했다. 그러나 이 요구도 논쟁을 불러일으켰다. 분트는 분명히 인종을 바탕으로 삼아 회원을 충원했고, 대회는 어떤 특정 인종도 예외로 취급하지 않기를 원했다.

두 번째 이유는 악셀로트, 마르토프, 트로츠키를 비롯한 〈이스크라〉 그룹의 몇 명이 유대인 출신이라는 사실이었다. 레닌의 외증조부였던 유대인 모시코 블랑크는 분트가 지금 적극적으로 활동하는 지역에 거주했었다. 악셀로트와 다른 사람들은 유대인적인 것에 대해서는 무엇이든 등을 돌렸다. 그들은 마르크스주의자가 됨으로써 자신들의 종교적·인종적 출신에서 벗어났고, 오직 유대인들 사이의 일에 우선 순위를 두는 분트 마르크스주의자들 같은 유대인 마르크스주의자들의 사상 전반을 싫어했다. 한편 분트 회원들은 대회에서 약간의 반유대주의 냄새를 맡았고, 배교한 유대인들을 가장 악질적인 범죄자로 생각했다. 그러나 분트는 성공할 가능성이 전혀 없었고 그들의 조직적 요구는 자신들 말고는 어떤 대의원의 지지도 받지 못했다.

당 강령을 두고 토론이 이어졌다. 레닌이 전면에 나섰고, 놀랍게도 그는 의심하는 대의원들을 자기 쪽으로 끌어들이는 데 수완을 보였다(대의원들은 레닌을 아직 알지 못했다). 레닌은 자신이 지나치게 논쟁적이었음을 인정했다. 레닌은 자신의 책《무엇을 할 것인가?》를 언급하면서 이렇게 말했다. "오늘날 우리 모두는 '경제주의자들'이 한쪽 방향으로만 막대기를 구부렸음을 알고 있습니다. 막대기를 바로 퍼려면 반대 방향으로 막대기를 구부려야 했고, 이것이 바로 제가 했던 일입니다." 이것은 사실 사과는 아니었으나 〈이스크라〉의 비판자들이 예상했던 지독한 오만도 아니었다. 모든 것이 레닌과 플레하노프에게 순조롭게 진행되었다. '프롤레타리아 독재'를 강조하는 당 강령 초안이 수용되었다. 주요 의견 차이는 농업 문제에 관한 레닌의 견해를 둘러싸고 드러났다. 그러나 〈이스크라〉 그룹은 요지부동이었고 초안은 재가되었다. 이전에 그들을 분열시켰던 당 강령의 조항을 둘러싼 토론에서 레닌을 패배시키는 것은 플레하노프에게 군침 도는 일이었음에 틀림없다. 그러나 거래는 거래였다. 대회를 통제하려면 〈이스크라〉 그룹은 뭉쳐야 했다. 회기 동안 대체로 그들은 정확히 그렇게 했다.

당규가 한 가지 곤란을 야기했다. 〈이스크라〉 동료 편집인인 레닌과 마르토프가 서로 다른 제안을 경쟁하듯 제출했던 것이다. 마르토프는 뮌헨과 런던, 제네바에서 레닌의 오만함을 보고 화를 냈다. 자존심을 지키기 위해 마르토프는 대회에서 레닌에게 정면으로 맞서야 했다. 마르토프는 당규로 레닌과 그와 같은 부류의 무자비한 행태를 억제하기를 원했다.

사태를 막다른 골목으로 몰아넣은 구체적인 규정은 당원 자격과 관련된 것이었다. 문구상으로 나타나는 레닌과 마르토프의 차이는 미세했다. 레닌은 당원이 "당 강령을 인정하고 물질적 수단으로, 그리고 당 조직의 한곳에 개인적으로 참여함으로써 당을 지지하는" 사람이기를 원했다. 마르토프가 볼 때 이는 지나치게 권위주의적인 요구였다. 좀 더 완화된 자격 규정이 필요했다. 마르토프는 당원이 "당 강령을 인정하고 물질적 수단으로, 그리고 당 조직 한곳의 지도를 받으면서 정기적인 개인적 도움으로 당을 지지하는" 사람이어야 한다고 주장했다.[20] '지도를 받으면서' 활동해야 한다는 마르토프의 어구는 일반적인 판단 기준에서는 레닌의 원안보다 더 거만한 것이었다. 그러나 언어의 미묘한 차이는 마르토프와 레닌의 관심사가 아니었고, 역사가들은 어의(語義)의 대비를 묘사하느라 잉크를 허비해 왔다. 두 사람 모두에게 중요한 것은 문제의 본질이었다. 마르토프는 중앙의 지도부와는 상관없이 스스로 의견을 표명할 수 있는 식견을 지닌 당원들로 이루어진 당을 원했다. 레닌은 지도부, 지도부, 지도부가 필요했다. 그리고 적어도 지금은 모든 것이 이 필요에 종속될 것이었다.

레닌은 28표 대 22표로 패배했다. 그는 당황했으나 침착함을 되찾았다. 전투적 기질은 레닌과 〈이스크라〉 그룹의 레닌 일파에게 제2의 천성이었다. 그들은 '강경파'로 불리는 것을 즐겼다. 대회에서 반대자들을 야유하는 것은 보통이었고, 그들 가운데 일부는 훨씬 더 강한 지배 의식을 보였다. 알렉산드르 쇼트만*은 마르토프 일파에 붙은 한 동료를 두들겨 패주겠다고 위협했다. 레닌은 쇼트만을 말리면서 오직 "바보만이 논쟁에서 주먹을 쓴다."라고 말했다.[21] 그렇지만 러시아사회민주노동당은 깡패 집단 같은 면이 있었다. 레닌은 이즈음 자신의 지지자 중 한 명에게 이 문제를 직설적으로 말했다. "정치는 더러운 일입니다!" 더럽든 더럽지 않든 정치는 그의 전문 분야였고, 레닌은 이미 정치에 능숙했다.

레닌은 대회에서 보인 무례하고 거친 행동 때문에 동료 '강경파'의 찬양을 받았다. 그러나 〈이스크라〉 그룹의 내부 분열은 당의 미래 지도부에 대한 계획을 혼란에 빠뜨렸다. 이미 자신만의 단계적 계획이

알렉산드르 쇼트만(Aleksandr Shotman, 1880~1937) 러시아의 마르크스주의 혁명가, 소련의 정치가. 노동자 출신이며, 1899년 러시아사회민주노동당에 가입했다. 1903년 제2차 러시아사회민주노동당 대회에 대의원으로 참여했다. 1913년 체포되어 나림 지구로 유형당했다. 1917년 10월 혁명 후 1923~1924년 동안 카렐리야 사치 공화국 중앙집행위원회 의장을 지냈다.

있었던 레닌은 그 계획을 마르토프에게 개인적으로 밝혔다. 레닌의 계략은 중앙 당 기관지가 될 〈이스크라〉 편집진을 6명에서 3명으로 줄이는 것이었다. 변화의 희생양은 악셀로트, 포트레소프, 자술리치가 될 것이었다. 이 술책은, 마르토프가 예견한 대로 편집진 내부에 분쟁이 일어날 경우 마르토프와 레닌이 플레하노프를 지배하도록 만들어줄 것이었다. 그러나 레닌이 대회에서 그처럼 호전적으로 행동하는 광경은 레닌을 향한 마르토프의 믿음을 뒤흔들었다. 문제는 언제나 불완전한 전술가였던 마르토프가 너무 늦게 그 믿음을 버렸다는 데 있었다. 레닌은 다른 사람들을 탈락시키는 이유가 그들이 과거에 별로 쓸모가 없었기 때문이라고 플레하노프에게 확신을 심어주는 사전 예방책을 취해놓은 상태였다. 대회가 당 기구들을 논의하자, 레닌과 그의 동맹자들은 한결같이 위선자인 마르토프가 레닌의 제안에 트집을 잡으려 한다고 비난했다. "그는 알고 있었는데, 항의하지 않았어요!"[22]

마르토프는 실책을 저질렀다. 이 모든 것이 논의되고 있을 즈음, 대회의 구성에 변화가 생겼다. 분트 회원과 '경제주의자' 다섯 명이 항의의 뜻으로 대회장을 나갔다. 이 대의원들이 남아 있었더라면 그들은 레닌에 반대하여 마르토프를 지지했을 것이다. 레닌이 그런 상황에 처했더라면 복도에서 잠재적 지지자들을 지키기 위해 거래를 했을 것이다. 마르토프는 그 정도로 교활하지는 않았다. 레닌은 정치적 균형이 자기 쪽으로 유리하게 기운 대회에서 하고 싶은 말을 강하게 주장할 수 있었다. 양들은 지키는 이 없는 우리에 버려져 있었고, 늑대가 문 앞에 와 있었다.

그런 다음 '강경파'는 중앙 집중주의, 규율, 행동주의의 개념을 실현하기 위해 밀어붙였다. 당의 정점에는 당 회의(Party Council)가 자리 잡을 것이었다. 회의는 세 사람으로 이루어진 〈이스크라〉 편집진과 역시 세 사람으로 이루어진 당 중앙위원회를 통제할 것이다. 이러한 구조와 인적 구성을 놓고 표결한 결과 레닌과 플레하노프가 승리했다. 함께 행동하면서 그들은 당을 운영할 것이다. 그리고 두 사람 중 어느 쪽도 이 승리의 대가로 유대인 분트를 비롯한 다른 그룹의 탈퇴를 감수해야 한다는 사실을 우려하지 않았다. 이런 이유로 레닌은 자신의 '강경파들'을 '다수파(bol'sheviki, 볼셰비키)'라고 다시 명명했다. 레닌은 항상 그의 적수들보다 한 발짝 앞서 있었다. 결정적으로 중요한 정치적 문제를 놓고 논쟁이 벌어졌을 때 레닌은 전술적·언어적 창의성에서 누구보다 탁월했다. 레닌은 당규 문제에서 마르토프에게 패했다. 이 상황에서 레닌이 마르토프였다면, 레닌은 자신의 지지자들을 위해 승리를 자축하는 이름을 생각해냈을 것이다. 마르토프는 이 기회를 지나쳐버렸다. 이보다 더 나쁜 일이 뒤를 이었다. 마르토프는 레닌주의자들이 스스로 볼셰비키라고 지칭하는 것을 받아들이고, 자신의 그룹을 '소수파(men'sheviki, 멘셰비키)'라고 불렀다. 대회가 중앙위원회와 〈이스크라〉 편집진의 자리들을 채웠을 때, 마르토프의 전술적 어리석음이 분명하게 드러났다.

대부분의 자리는 레닌과 플레하노프의 지지자들이 차지했다. 중앙위원회는 처음에 글레프 크르지자놉스키, 블라디미르 노스코프*, 렝그니크*로 이루어졌다. 〈이스크라〉의 이전 편집진 중에서 레닌, 플레하노프, 마르토프만 계속 자리를 지켰다. 그 결과 표면적으로는 당 강령과 당규를 갖춘 '러시아사회민주노동당'이 최종적으로 창설되었다.

그러나 이러한 상황은 오래가지 못했다. 플레하노프가 이전처럼 레닌을 다시 의심하면서 대회에서 그를 지지한 것을 후회하게 되었다. 플레하노프가 약 20년 동안 꿈꾸어 왔던 러시아사회민주노동당은 분리가 필요한 샴쌍둥이로 태어나는 중이었다. 플레하노프는 우울증(말하자면 산후 우울증)이 심해 자살 생각을 한 적이 있다고 고백할 정도였다. 플레하노프와 레닌은 레닌이 1900년에 외국으로 나온 후 언쟁을 벌이지 않은 적이 없었는데, 플레하노프는 1903년 10월에 제네바에서 열렸던 '러시아 혁명 사회민주주의 해외 연맹' 집회에서 벼랑 끝에 몰렸다. 이 연맹은 대회에서 스위스, 프랑스, 영국의 수십 명에 이르는 망명 당원 전체를 조율하는 공식 기관으로 인정되었다. 제네바에서 열린 연맹의 첫 회기는 망명자들이 대회에서 대분열한 이후 잠시 숨을 고르는 첫 번째 계기였다. 마르토프는 레닌을 직접 공격함으로써 정면 대응했다. 긴 연설 도중에 그는 레닌이 플레하노프와 동맹을 맺는 과정에서 부정직한 모습을 보였다고 폭로했다. 대회가 열리기 전에 레닌은 마르토프에게 이렇게 말했다. "당신과 내가 뭉친다면 플레하노프를 영원히 소수파로 머물게 하고, 플레하노프가 이에 맞서 할 수 있는 일이 아무것도 없으리라는 것이 눈에 보이지 않소?"

레닌은 밖으로 나가 문을 쾅 하고 닫았다. 묵묵히 듣고 있던 플레하노프는 분파 갈등을 끝내기 위해 〈이스크라〉에서 기꺼이 나오겠다고 선언했다. 무력한 느낌에 사로잡힌 레닌은 〈이스크라〉와 당 회의를 그만둔다는 사직서를 보냈다. 당의 왕이 되어 가던 레닌은 스스로 궁정을 걸어 나왔다. 레닌의 볼셰비키는 소수파가 되었다. 레닌은 "새총에 돌을 끼워 두는 일"을 잊었다. 처음이자 마지막으로 그는 힘 있는 자리에서 물러났다. 레닌은 곧 자신의 행동을 후회했고, 플레하

노프가 점차 마르토프와 멘셰비키를 편들면서 자책은 분노로 변했다.[23]

그러나 새총에 돌이 아직 한 개 남아 있었다. 레닌은 〈이스크라〉 요원들에게 자기가 어떻게 속아서 패배를 당했는지 알려주기 위해 열심히 일했다. 레닌은 자기 입장에서 당내 분쟁의 역사를 일방적으로 써서 1904년 5월에 《일보 전진 이보 후퇴》라는 책자로 발간했다. 새로 선출된 중앙위원회 위원에 상트페테르부르크 투쟁동맹과 시베리아 망명 시절의 옛 동료인 글레프 크르지자놉스키가 포함되었다. 레닌은 크르지자놉스키가 1903년 11월 러시아에서 도착하자 그에게 자신을 중앙위원회의 새로운 위원으로 추천해 달라고 간단명료하게 요구했다. 크르지자놉스키는 흔쾌히 동의했다. 크르지자놉스키도, 레닌도 그리고 그들의 가까운 동지 어느 누구에게도 민주적 절차를 지킬 시간은 없었다. 레닌이 속았다면 속임수는 뒤집어져야 했다. 레닌은 자기 호흡을 되찾았다. 이때부터 레닌은 자신의 심술궂고 부정직한 방식을 정치적 기예로 변모시켰다. 레닌은 이 기예의 완성에 끊임없이 관심을 기울였다. 당 회의에서 제 발로 걸어 나온 레닌은 이후 중앙위원회 대표의 한 사람으로 당 회의에 다시 들어가기를 요구할 것이었다.

레닌은 《일보 전진 이보 후퇴》에서 세세한 사항까지 집요하게 지적하며 자신의 입장을 변호했다. 김나지야에서 자료를 수집하고 분석하는 훈련을 받은 경험이 이때 도움이 되었다. 한편 법률가로서 쌓은 경험은 당규에 규정된 기회를 이해하는 데 도움을 주었다. 레닌은 민주주의에 조금도 신경 쓰지 않았으나, 자신의 적수들이 민주적 절차를 어떻게 위반했는지 보여주는 데는 단호했다. 일단 모욕당했다고 느끼면 레닌은 자신이 속았다는 것을 뒷받침하는 입수 가능한 모든 주장을 긁어모았다. 경제적·사회적 분석에서 도덕적 감성을 비판하던 레닌은 자신의 도덕적 분노만큼은 분명히 표출했다.

그러나 레닌은 자신의 정치 스타일이 초래한 강한 긴장 상태에 있었는데, 레닌의 의료 상황에 관한 문서고가 공개된 뒤로 이때 레닌이 쓰러지기 직전까지 갔음을 알 수 있게 되었다. 레닌이 친구에게 강조했듯이 그는 '기계'가 아니었다.[24] 이미 1903년 봄에 레닌은 성안토니열에 걸린 적이 있었고, 그의 정신적 긴장은 질환을 직접 유발하지는 않았지만 신속하게 회복하는 데 도움이 되지 않았다. 나데즈다 콘스탄티노브나가 지켜보았듯이, 레닌의 '신경'은 제2차 당 대회 전에 팽팽하게 당겨져 끊어지기 직전이었다. 그 후 결국 긴장이 폭발해 레닌은 밤에는 지독한 불면증에 시달렸고 낮에는 끔찍한 편두통을 달고 살았다. 러시아사회민주노동당의 철의 인간은 때때로 쓰러지기 직전 상태에서 제네바의 공립대학 도서관이나 독서 협회에서 낮 동안 작업하다가 슈맹 뒤 푸아예 10번지의 집으로 돌아오곤 했다. 레닌의 반복되는 건강 악화가 1903~1904년에야 그에게 영향을 끼치기 시작했다면, 당의 분파 분쟁 때문에 건강이 나빠졌다고 생각할 수도 있을 것이다. 그러나 건강 문제는 수년 동안 이미 분명히 드러난 상태였다. 유일한 차이는 문제가 이전보다 더 격렬하고 빈번하게 일어난다는 것이었다. 레닌은 몸을 추스르기로 결심하고 최신 의학 교재들을 참조했다. 또 가장 실력이 좋은 스위스 의사들도 찾아보았다. 일류 전문가가 레닌의 위장 문제를 검토했고, 레닌은 적어도 한동안은 얼마간 효과적인 처방전을 받았다.[25]

레닌은 훗날 동생 마리야 일리니치나에게 처방전을 잃어버렸다고 말했다.[26] 그토록 꼼꼼한 사람에게는 이상한 일이다. 아마도 레닌은 자신의 전반적인 상태에 대해 마리야를 걱정시키고 싶지 않았던 것 같다. 특히 그가 자신의 다른 질병의 전조들(불면증, 편두통, 피로)에 대해, 그리고 뇌동맥 경화증이 초래한 심장마비로 아버지가 죽은 사실을 전문가에게 말했다면 그가 받은 진단은 마리야를 걱정시킬 만한 것이었음이 틀림없다. 진료 결과 레닌의 상태는 매우 걱정스러운 것으로 판명되었다. 전문가는 레닌에게 위장은 큰 문제가 아니라고 말했다. 레닌이 설명을 요구하자 돌아온 대답은 간결했다. "문제는 뇌입니다."[27] 레닌은 전문가가 의미한 바를 아무한테도 말하지 않았다. 그러나 당시의 의학 지식에 근거해 내릴 수 있는 진단은 두 가지였던 것 같다. 한 가지는 레닌이 '신경쇠약'을 앓고 있다는 것이었고, 다른 한 가지는 레닌이 아버지를 사망하게 만든 신체적 특질들을 물려받았다는 것이었다.

신경쇠약은 19세기 말 이래로 두통, 궤양, 불면, 피로를 호소하는 환자들에게 보통 내려지던 진단이었다. 이 증상들은 당대 도시 사회의 몹시 바쁜 생활에서 비롯된다고 여겨졌다. 증상의 근본적인 원인은 신경계가 극도로 피로하기 때문이라고 알려졌다. 신경쇠약이 질병으로 '발명'된 이래, 일반적인 치료법은 과중한 정신적 활동을 완전히 그만두는 것이었다. 사람들은 이런 휴식이 특별한 식단을 택하는 것보다 훨씬 더 중요한 치료법이라고 믿었다. 레닌의 만년에도 그의 의사 중 일부는 레닌이 신경쇠약을 앓고 있다고 진찰했고, 항상 레닌에게 정치 일정을 느슨하게 하라고 요청했다. 요즈음은 거의 어떤 전문가도 신경쇠약이라는 특정 질병이 존재한다거나 레닌의 다양한 증상들이 중추 신경계 문제에서 비롯된 것이라고 인정하지 않을 것이다. 그러나 신경쇠약은 세기 전환기에 유행이었고, 레닌의 증상은 교과서의 범례에 들어맞는 것처럼 보였다. 그러나 레닌을 진찰한 전문가가 이 가능성을 무시하고 대신 레닌의 뇌혈관에 문제가 있다고 주장했다 하더라도, 업무량을 확 줄이는 치료법을 제안하는 것은 똑같았을 것이다.

불행히도 공적 문제에 참여를 줄이는 것은 레닌을 미치게 만들었을 것이다. 정치는 그의 삶이었다. 레닌은 긴 휴식이 바람직하다는 데 동의했으나, 코쿠시키노에서 여름을 보내는 것이 그의 습관이었기 때문에 이 정도의 동의는 레닌의 생활방식에 아무런 변화도 요구하지 않았다. 다른 면에서도 레닌은 생활 방식을 전혀 진지하게 조정하지 않았다. 레닌은 의사들을 절망시켰다.

겉보기에는 정치적 논쟁의 시기와 위장병, 불면증, 두통을 겪는 기간 사이의 연관성이 분명했다. 그러나 이 연관성의 본질은 어떤 것이었나? 레닌의 건강 상태는 그를 뒤흔들었다. 정치도 그를 뒤흔들었다. 레닌의 정치 스타일과 레닌의 건강 상태는 서로를 악화시켰다. 자신은 운명을 지배하는 사람이라고 레닌이 점차 강하게 확신함에 따라 상황은 더욱 나빠졌다. 혁명은 신속하게 깊은 단계까지 이루어져야 했으며, 그 지도자가 되는 것이 레닌의 목표였다. 레닌은 자신이 반차르 정치 운동에 이념을 제공하고 그 운동을 지도하라는 소명을 받은 사람이라고 생각했다. 플레하노프와 말다툼을 한 후 레닌은 어떤 러시아 마르크스주의자도 지적·정치적 역량에서 자신을 넘어설 수 없다고 여겼다. 이 모든 것이 레닌의 내적 긴장을 높였다. 레닌은 고립되는 데 아직 익숙하지 않았고, 글레프 크르지자놉스키 같은 친구가 1904년에 등을 돌린 사실은 그를 의기소침하게 만들었다. 레닌에게 자신의 대의가 옳다는 흔들리지 않는 믿음이 없었더라면, 그는 당 지도부에 자리를 잡아 가던 망명 초기에 이미 무너져버렸을지도 모른다. 레닌은 자신이 올바르다는 것을 '알았고', 비판에 직면해 물러서지 않으려 했다.

하지만 레닌이 항상 자신을 지지해 마지않던 가족에게 기댈 수 없었더라면, 자기 확신조차 그를 버티게 할 수 없었을 것이다. 레닌의 어머니, 두 자매, 남동생은 레닌을 오점이 없는 완벽한 인간으로 대했고, 나데즈다 콘스탄티노브나는 오랜 결혼 생활 동안 레닌에게 거의 반대하지 않았다. 레닌에게는 안정된 일상생활의 틀이 있었다. 그는 쾌적하게 느껴지는 도시들에서 망명 시절의 대부분을 보냈다. 1908~1912년에 레닌이 살았던 파리는 예외였다. 레닌은 프랑스 수도에 끝까지 적응하지 못했다. 뮌헨, 런던, 제네바는 레닌이 머무르고 싶어 했던 도시였다.

레닌은 제 생각대로 삶을 살았다. 집과 김나지야에서 찬사를 받던 사내아이는 어른이 되어서도 같은 지위를 유지했다. 책을 좋아하는 기질, 주목받고 싶어 하는 성격, 규칙적인 신체 운동, 정치와 철학에서 의료에 이르는 여러 주제에 관해 기꺼이 충고하려는 태도 등은 레닌이 천재라는 증거로 다루어졌다. 레닌은 일할 때에는 무조건 침묵을 고집했고, 산만함을 용인하지 못하는 그의 성격은 일하는 동안에 스스로 소음을 내지 않으려 할 정도였다. 나데즈다 콘스탄티노브나의 기록에 따르면, 레닌은 생각의 흐름에 방해가 될까 봐 서재에서 발끝으로 걸어다니곤 했다. 그녀의 표현을 빌리자면 고양이는 혼자 있을 때 쥐가 되었다.[28] 레닌은 모든 것이 정돈되어 있어야 편하게 느꼈다. 그것이 책상 위에 늘어놓은 연필이든 러시아사회민주노동당의 정치적·경제적 방침이든 말이다. 레닌이 따른 사람은 아무도 없었다. 그가 마르크스와 엥겔스를 권위 있는 인물로 여기고 참조했음을 생각하면 이것은 이상해 보일 수도 있지만, 이 모순은 겉으로만 그랬을 뿐이다. 즉 레닌은 자기만이 마르크스와 엥겔스의 저술을 올바르게 읽을 수 있다고 생각했다. 비록 제1차 세계대전 때까지는 이 점을 분명히 말하거나 쓰지 않았지만 말이다.

레닌의 가족은 레닌 편에서 정치에 참여했다. 나데즈다 콘스탄티노브나가 유능한 조직가로 판명되자마자 레닌은 중요한 당 연락 임무를 그녀에게 위임했다. 레닌의 혈육들도 중요했다. 드미트리 일리치 울리야노프는 1900~1902년에 〈이스크라〉 요원으로 일했고, 제2

레닌의 누나 안나(왼쪽 위), 남동생 드미트리, 여동생 마리야. 이들은 혁명 운동에서 레닌의 가장 든든한 조력자였다.

차 당 대회에서는 대의원으로 참여했다. 안나 일리니치나는 연락책으로서 유럽과 러시아를 오갔고, 그녀와 여동생 마리야는 나중에도 둘 다 계속 연락책으로 일했다. 안나, 드미트리, 마리야가 제일 좋아한 마르크스주의는 레닌의 마르크스주의였다. 그들은 1904년 1월에 드미트리의 부인 안토니나(Antonina)와 함께 다 같이 체포되었다.[29] 그리고 이들 중 누구라도 러시아 내무부와 말썽을 일으키면, 그들의 어머니는 군말 없이 이들을 따라 행정 유형을 갔다.

레닌이 1903~1904년에 개인적으로 고립되어 있는 동안 그가 가족들에게 받은 감정적·정치적 지원은 결정적으로 중요했다. 레닌은 자신의 대의가 옳다는 것을 조금도 의심하지 않았다. 그러나 운동가로서 레닌의 솜씨는 여전히 무르익는 중이었고, 그의 '신경'은 고질적인 과민 상태였다. 레닌이 자신을 격려하고 응원하는 분위기로 피신할 수 없었다면, 그는 그렇게 활발하게 활동하지 못했을 것이다. 니콜라이 발렌티노프* 같은 사람들에게 당내 분쟁에서 레닌의 행동이 당규에 비추어 공정했는지 여부는 문제가 되지 않았다. 발렌티노프는 레닌을 적극적이고 활력 넘치는 지도자로 우러러보았다. 발렌티노프를 비롯한 사람들은 러시아를 전복하겠다는 레닌의 힘찬 문장을 좋아했다. 그들은 레닌이 농업 사회주의에 보이는 친근감에 대해서는 걱정하지 않았다. 그들은 레닌이 악명 높은 표트르 트카초프의 잡지 〈경계(警戒)〉와 훨씬 더 악명 높은 세르게이 네차예프(스위스 당국은 살인에 연루된 혐의로 1872년에 법적 예외 조치를 취해 그를 상트페테르부르크로 송환했다)의 선언을 찬양한 사실을 알았다. 레닌은 동료

니콜라이 발렌티노프(Nikolai Valentinov, 1879~1964) 러시아의 사회주의자, 철학자, 경제학자. 러시아사회민주노동당 당원. 경험비판론의 옹호자였으며, 나중에는 유렙스키(E. Yurevski)로 알려졌다. 1917년 혁명 후 신경제정책을 옹호하다 신변의 위협을 느껴 1928년 소련을 떠났다.

들에게 이 자료들을 읽고 교훈을 얻으라고 권했다.[30] 사실 모든 초기 러시아 마르크스주의자들은 옛 농업 사회주의자 세대를 어느 정도 찬양했다. 그들은 또 프랑스 혁명기의 자코뱅파도 무척 존경했다. 실제로 〈이스크라〉의 모든 젊은 편집인들은 한때 테러리즘에 찬동했다.

게다가 레닌을 찬양한 마르크스주의자들은 혁명 수행에서 레닌의 열정과 당 지도자로서 실천성을 인정하지 않을 수 없었다. 그리고 레닌은 친화력 있는 지도자이기도 했다. 발렌티노프가 제네바에 무일푼으로 도착했을 때 레닌은 시간제로 손수레꾼 일을 하던 그를 도왔다. 발렌티노프는 이미 수고비를 받았으나 혼자서는 그 일을 할 수 없었다. 레닌은 어깨를 기울여 수레를 밀어 도와주었고, 발렌티노프는 이 호의를 결코 잊지 않았다. 러시아 제국에서 온 다른 마르크스주의자들도 마찬가지였다. 레닌은 나데즈다 콘스탄티노브나를 거쳐 들어오는 정보를 통해 제네바에 도착해 열차에서 내리는 그들을 매우 자주 만났다. 레닌은 수고를 마다하지 않고 그들과 이야기를 나누면서 그들이 개인적으로 처한 상황과 국내 정세를 파악했다. 레닌은 편안한 대가족 사이에서 책에 둘러싸여 자랐으나, 이제 점점 '외향적'인 사람이 되어 가고 있었고 힘든 과제를 마다할 정도로 오만하지는 않았다. 울리야노프 가족은 공공연한 자만심을 맹렬히 비난했고, 일을 해야 할 때에는 법석을 떨지 말고 조용히 해야 했다. 레닌은 육체노동에 익숙하지 않았다. 그러나 그는 부모에게 위대한 목표를 추구할 때 해야 할 일은 무엇이든 하라는 교육을 받았다. 아버지에게 그 목표는 계몽이었고, 레닌에게는 혁명과 혁명을 통한 계몽이었다.

레닌이 제2차 당 대회에서 승리한 뒤, 그의 추종자는 기대했던 것보다 적은 수로 드러났다. 러시아사회민주노동당의 망명자들이 두 분파, 즉 볼셰비키와 멘셰비키로 분열했을 때 러시아 제국 내의 활동가들은 이 소식에 경악했다. 분리로 향하는 길을 기꺼이 가려는 위원회나 단체는 거의 없었다. 마르크스와 엥겔스가 상세히 설명한 마르크스주의 이론은 단 하나의 계급, 즉 프롤레타리아가 공산주의를 도입하는 과업을 수행하리라는 것이었다. 마르크스주의 운동이 별개의 두 조직으로 갈라져야 한다는 사실에 러시아 마르크스주의자들은 망연자실했다. 상트페테르부르크의 극좌 마르크스주의자들 같은 소수만이 불화를 일으키는 레닌의 방식과 방침에 동조했다.

레닌은 오랜 친구들의 공감을 잃기도 했다. 레닌의 주위 사람들은 그가 항상 유별나게 성미가 급하다고 여겼으나 이제 몇몇 동료들은 그가 균형 감각을 완전히 상실했다고 느꼈다. 장기간 계속되는 분파 투쟁을 증오한 글레프 크르지자놉스키도 그들 중 한 명이었다. 레닌을 중앙위원회에 추천하고 며칠이 지난 뒤, 크르지자놉스키는 레닌의 희망과 달리 두 분파를 화해시키려고 애썼다. 크르지자놉스키는 레닌의 지지자인 갈페린*을 당 회의에서 물러나게 하고 마르토프의 멘셰비키 중 일부를 중앙위원회에 추천할 것을 제안했다. 레닌은 격분했으나 크르지자놉스키는 레닌에게 직설적으로 말했다. 레닌 자신의 지지자를 포함하여 사실상 모든 이가 레닌이 틀렸다고 생각하는 상황에서 레닌이 무조건적인 분파 승리를 끝까지 요구하는 것을 옳다고 생각할 수 있느냐는 것이었다. 크르지자놉스키는 레닌을 자기중심적이고 타협할 수 없는 사람이라고 부르는 것을 빼고는 할 말을 모두 다 했다. 크르지자놉스키는 1917년 10월 혁명 이후에도 이때 오간 대화에 계속 화가 나 있었다.[31] 레닌을 향한 비난이 그치지 않았다. 크르지자놉스키와 노스코프는 인내심을 잃어 가고 있었고, 1904

레프 갈페린(Lev Galperin, 1872~1951) 1898년 러시아사회민주노동당에 가입했으며, 1901~1902년에 〈이스크라〉 요원으로 활동했다. 1917년 2월 혁명 동안 모스크바 노동자 대표 소비에트에 참여했다.

년 2월에 중앙위원회의 이름으로 레닌에게 정식으로 편지를 썼다. "우리는 대장이 싸움을 그만두고 일을 시작할 것을 긴청합니다. 전단지든 팸플릿이든 모든 종류의 충고를 기다리고 있습니다. 이는 긴장을 가라앉히고 중상에 대응하는 최선의 방법입니다."[32]

이 세 문장은 중앙위원회 내에서 겉으로 보기에 지위상으로는 동등했던 레닌과 그의 동료들의 관계가 어떻게 진화했는지를 보여준다. 레닌은 '대장', 즉 경험 많은 조직가였다. 레닌은 지극히 중요한 충고를 제공하는 사람이었다. 그는 비길 데 없는 저술가이자 활동가였다. 그리고 레닌은 요령껏 다루어야 하는 사람이었다. 레닌에게는 지시를 할 수 없었고, 오직 간청할 수 있을 뿐이었다. 레닌의 우월한 지위에는 논란의 여지가 없었다. 그러나 그렇다고 해서 레닌이 당을 대표하여 중요한 역할을 수행하지 않고 당내 권위 문제에 지나치게 몰두하는 모습을 중앙위원회 위원들이 신경 쓰지 않을 수는 없었다. 레닌은 사태를 지나치게 개인적으로 받아들였으며, 동료들은 레닌이 다시 악성 '신경과민'에 시달리고 있다고 듣고도 놀라지 않았다. 크르지자놉스키와 노스코프에 따르면, 당 문제의 해결책은 레닌이 자제하는 데 있었다.

그러나 레닌은 중앙위원회에 자신은 '기계가 아니며' 플레하노프와 마르토프에게서 받은 모욕을 잊을 수가 없다고 측은하게 하소연했다.[33] 하지만 중앙위원회는 레닌을 동정하지 않았다. 비록 1904년 봄 무렵에는 위원 여덟 명 전원이 볼셰비키였지만, 이들 중 고작 두 명만 레닌을 지지했다. 나머지 중앙위원회 위원들은 레닌이 있어야 할 곳은 스위스가 아니라 그들이 활동하고 있는 러시아라고 느꼈다. 1904년 5월에 노스코프가 제네바에 도착해서는 중앙위원회를 대표하여 연설하면서 레닌에게 당 규율에 복종하라고 명령했다. 노스코프는 특히 레닌이 제3차 당 대회를 소집하기 위한 운동을 벌이는 것을 금지했다. 중앙위원회는 당의 분열을 되돌리기를 원했고, 대회가 가까운 미래에 열린다면 적개심이 더 깊어질 것이 분명했다. 노스코프는 거친 반멘셰비키 책자 《일보 전진 이보 후퇴》의 출간을 중단시키고자 했다. 그러나 노스코프는 자신의 권한을 수행할 자신이 별로 없었다. 책자의 발간을 허용하고 레닌과 노스코프를 중앙위원회의 외국 공동 대표로 인정하는 타협이 이루어졌다. 레닌은 냉철한 협상가임이 증명되었다. 공식적으로 노스코프는 굴복했고 레닌은 이전처럼 지낼 수 있었다.

이 과정은 레닌을 지치게 했다. 레닌은 노스코프와 협상해야 하는 것이 모욕적임을 알았다. 노스코프가 자신이 당에 좋은 일을 하고 있다고 생각한 것은 상황을 더욱 어렵게 만들 뿐이었다. 레닌은 혁명적 대의 전체가 잘못 다루어지고 있다고 확신했다.[34]

당은 사실상 해체되었고, 규약집은 쓰레기가 되었으며, 조직은 모욕당했다. 오직 순진한 시골뜨기만이 이를 못 보고 지나칠 수 있다. 그러나 이것을 이해하는 사람이라면 누구에게나, 마르토프파가 행사한 압력에 (화해 따위에 관한 번지르르한 푸념이 아니라) 진정한 압력으로 회답할 필요가 있음이 절대로 분명하다. 그리고 압력을 가하려면 온 힘을 써야 할 것이다.

이 분석 이후 레닌은 꿈쩍도 하지 않으려 했다. 그의 의지력은 놀라웠고, 레닌은 이 의지력을 활용해 자기 자신의 지적 의심(거의 없었지만)과 다른 사람들의 정치적 비판(비판은 많았다)을 극복했다.

1904년 6월 전반기에 레닌과 나댜는 당내 투쟁을 벗어나 휴가를 가기로 결정했다. 몇 달 전 레닌은 제네바에서 자전거를 타고 가다 전차 후미에 부딪치는 사고를 당했다. 얼굴에 깊은 상처를 입은 레닌은 몇 주 동안 붕대를 감고 다녀야 했다. 레닌이 앓던 위장병과 두통도 심해졌고 성안토니열의 후유증도 남아 있었다. 레닌에게는 휴가가 절실했다. 그래서 레닌과 나댜는 임대한 제네바의 숙소를 처분한 뒤 배낭을 메고 독일에서 출간되던 여행 안내서 시리즈 '베데커' 스위스 편을 손에 든 채 산악 지역으로 향했다. 레닌을 여전히 지지하던 단 두 명의 중앙위원회 위원 중 한 명인 마리야 예센(Maria Essen)이 동행했다. 세 볼셰비키는 '가능한 한' 정치 이야기를 하지 않기로 다짐했다. 여행은 완벽했다. 스위스는 산악 보행자들을 위한 설비가 잘된 나라였다. '호텔 경영자 협회'는 방문자가 다음번 밤에 묵을 숙소에 미리 예약 전보를 보낼 수 있는 제도를 개발했고, 여행 안내서 베데커에는 정말로 나쁜 호텔이나 여관은 "거의 마주칠 일이 없다."라고 적혀 있었다. 전보망은 세계에서 가장 촘촘했다. 그리하여 세 사람은 양질의 음식과 숙소를 누리게 될 것이라고 확신했고 체력 회복을 위해 많은 운동을 할 수 있을 것이라고 기대했다.

먼저 세 사람은 증기선으로 몽트뢰로 향해 시용 성을 방문했다. 그들은 많이 걸었다. 한계까지 자신을 밀고 나가는 레닌의 열정은 잠시 동안 휴양에 초점이 맞추어졌다. 레닌은 산길을 오르면서 길동무들, 즉 아내와 마리야 예센에게 자신을 쫓아오라고 격려했다. 7월 말에 그들은 브레 호숫가의 한 하숙집에 잠시 여장을 풀었다. 매우 긴 휴가였다.

9월 2일이 되어서야 그들은 제네바로 돌아왔다.[35] 제네바에서 그들은 며칠 뒤 뤼 드 카루즈 91번지에 있는 아파트를 임대했다. 이곳은 1층에 가게와 카페가 있고 그 위에 개인 집들이 있는, 높고 평범한 건물들로 이루어진 거리였는데, 도시의 정치 망명자들이 좋아하는 지역의 중심부였다. 뤼 드 카루즈 주변 거리들은 중간 계급 러시아인들이 사는 작은 공동체였다. 레닌에게는 마치 집에 온 듯한 느낌이었다. 레닌은 어른이 되고서 가장 긴 휴가를 보낸 후 이어질 싸움을 위해 다시 원기를 충전하고 돌아왔다. 이 휴가가 없었더라면 레닌은 십중팔구 신경쇠약으로 쓰러졌을 것이다. 레닌은 자신이 없는 동안 노스코프가 중앙위원회에서 자기 위치를 더 훼손할 것임을 알면서도 여행을 떠났다. 레닌은 자신의 정치적 권한을 믿을 만한 친구들에게 넘겨주는 예방책을 썼지만, 그들 중 어느 누구도 저항할 수 없는 것에 저항하는 레닌의 재능을 갖고 있지 못했다. 게다가 노스코프는 레닌과 합의했다는 사실을 후회했다. 1904년 7월에 노스코프는 러시아에서 작업에 착수했고, 한편으로는 설득도 하고 또 한편으로는 추천도 해서 중앙위원회가 자신이 주장하던 볼셰비키와 멘셰비키를 재결합하는 노선으로 나아가도록 상황을 바꾸어놓았다. 이런 취지로 선언서가 작성되었고, 레닌은 팸플릿들을 제대로 제출하지 못했다고 질책받았다. 볼셰비키가 주도하는 중앙위원회가 볼셰비키 지도자와 대적하게 된 것이다.

이 소식이 알려지자 신체적·정신적 건강을 회복한 레닌은 남아 있던 얼마 안 되는 자신의 망명자 지지자들을 모아 회의를 열고 그들에게 러시아를 여행하도록 주선했으며, 제3차 당 대회의 소집을 목적으로 이른바 '다수파 위원회 사무국'을 구성했다. 영민한 젊은 마르크스주의 저술가 알렉산드르 보그다노프*의 노력으로 자금이 마련되었다. 레닌은 보그다노프에게 항상 매우 매력적으로 행동한 것은 아니었다(이는 점잖은 표현이다). 보그다노프가 제시간에 편지 쓰는 일을 빼먹으면, 레닌은 그가 '돼지같이' 행동한다고 내키는 대로

알렉산드르 보그다노프(Aleksandr Bogdanov, 1873~1928) 러시아의 혁명가. 1896년 러시아사회민주노동당에 가입했으며, 1905년 당 중앙위원으로 선출되었다. 저서 《경험일원론》은 레닌의 《유물론과 경험비판론》에서 격렬한 비판을 받았다. 10월 혁명 후에는 녹자석으로 전개한 프롤레타리아 문화 운동을 둘러싸고 레닌과 대립했다.

1903년 러시아사회민주노동당 제2차 당 대회 이후 망명 혁명가들 사이에 벌어진 분쟁을 묘사한 그림. 제네바의 카페 주인이자 아마추어 만화가였던 판텔레이몬 레페신스키가 그렸다. 위 그림에서는 고양이 레닌이 멘셰비키 쥐들에게 공격당하고 있으나, 아래 그림에서는 레닌이 반격을 가하고 있다.

욕했다. 그러나 레닌은 스스로 억제했다. 거의 그랬다. 레닌은 자신을 내세우기 위해 필요한 자금과 개인적 지원을 받으려면 보그다노프와 좋은 관계를 유지하는 것이 필수적이라고 생각했을 것이다. 그리하여 보그다노프, 아나톨리 루나차르스키*와 더불어 레닌은 〈이스크라〉와 경쟁하는 신문의 발간을 준비했다. 신문의 이름은 〈프페료트(Vperyod, '전진')〉일 것이다. 창간호는 1904년 12월 22일에 나왔다. 더군다나 노스코프에게는 놀랍게도, 볼셰비키의 레닌 분파는 러시아 제국에서 많은 추종자들을 충원할 수 있었다. 많은 마르크스주의자들이 《무엇을 할 것인가?》를 읽었고, 역량 있는 당 지도자로서 레닌을 여전히 열심히 성원했다.

그리하여 당내 분쟁은 계속 맹위를 떨쳤다. 레닌은 멘셰비키, 그리고 사실상 전장에서 그에게 저항한 모든 볼셰비키에 맞서 자신의 전투 부대로 행동할 대응 조직을 구성했다. 러시아사회민주노동당의 망명 지도부는 바로 이런 분위기에서 1905년 새해를 맞이했다.

아나톨리 루나차르스키(Anatoli Lunacharski, 1875~1933) 러시아의 작가, 정치가. 1890년대 말부터 혁명에 가담하고, 논문 〈실증미학의 기초〉로 마르크스주의적 미학론을 시도했다. 혁명 후에는 교육인민위원으로서 폭넓은 문예 활동을 전개하면서 1920년대 소련 문학의 발전을 위해 노력했다.

10장
'피의 일요일'과 러시아 귀환
1905년~1907년

특별한 정치 상황이 조성되더라도 그 상황을 이용할 수 있는 특출한 사람들이 항상 존재하는 것은 아니다. 많은 관찰자들이 오래전부터 러시아 제국에 혁명적 위기가 발생할 것이라고 예측해 왔다. 비밀 정당들이 체제를 바꾸려고 활동을 벌였는데, 그들은 전부 로마노프 왕조를 미워했다. 그리고 레닌은 이데올로기적으로나, 가족사를 봐서나 로마노프 왕조가 전복되기를 바랄 이유가 많았다.

제국 사회에는 엄청난 분노가 존재했다. 오흐라나는 제한된 재정적·인적 자원으로 나라를 돌아다니며 분란을 감시했다. 러시아 제국은 사실 경찰 국가가 되어 가고 있었다. 그러나 제국은 자신의 백성을 제어하기 수월한 국가가 아니었다. 새로운 세기의 흉작은 농민들을 반항적으로 만들었다. 노동자들은 항상 그랬듯이 고용주들에 맞서 자신들의 주장을 대변할 조직이 없다는 사실에 분노했다. 몇몇 민족 집단, 특히 폴란드인들은 러시아 제국 정부에 대적할 기회를 찾는 지하 조직을 갖추고 있었다. 그리고 온갖 종류의 비밀 정치 그룹이 활동 중이었다. 러시아사회민주노동당뿐만 아니라 사회주의자-혁명가당도 체제를 약화시키려 노력하고 있었다. 사회주의자-혁명가당은 1904년 여름에 내무대신 플레베(Vyacheslav Pleve)를 암살하는 데 성공했다. 심지어 자유주의자들도 적극적이었다. 당시 마르크스주의와 결별한 표트르 스트루베가 주도하여 '해방 동맹'이 결성되었다. 동맹은 주로 대중 연회를 개최하여 군주정을 간접적으로 공격하는 연설이 행해지도록 도와주는 방식으로 러시아 제국에 도전했다. 1894년에 등극한 황제 니콜라이 2세는 사실상 모든 세력으로부터 공격을 받았다.

상황을 더욱 악화시킨 것은 러시아가 태평양 지역에서 이권을 추구하면서 1904년에 어리석게도 일본과 전쟁에 돌입했다는 사실이었다. 대규모 지상군이 시베리아 횡단 철도를 따라 파병되었고, 발트 함대는 지구를 일주하여 일본 해군을 습격해야 했다. 이후 몇 개월 동안 대재앙이 닥치고 있다는 보고가 끊이지 않았다. 부대는 극동의 뤼순에 고립되었다. 보급품이 부족했고 규율이 해이해졌으며 정치적·군사적 지휘는 형편없었다. 한편 북해를 건너던 발트 함대가 영국 트롤선을 일본 전함으로 오인하여 포격을 가해 하마터면 영국과 전쟁을 시작할 뻔했다. 끔찍한 일과 바보 같은 일이 반씩 뒤섞였다. 황제와 그의 궁정은 전반적으로 평판이 나빠지고 있었다.

한편 1905년 1월 9일 상트페테르부르크에서 남자와 여자, 아이들이 평화적인 행진을 벌였다. 행진의 종착지는 차르의 겨울궁전이었고, 목적은 니콜라이 2세에게 얼마간의 민주적인 정치적 대의제를 비롯하여 보편적 시민권을 부여해 달라고 청원서를 제출하는 것이었다. 일요일이었다. 행진 참가자들은 가장 좋은 옷을 입었다. 분위기는 결연했으나 유쾌했다. 러시아 정교회의 게오르기 가폰 신부가 행렬의 선두에서 앞장서 걸었다. 이 청원 운동은 '상트페테르부르크 러시아 공장 노동자회의'의 힘을 빌려 가폰이 조직한 것이었다. 가폰의 구상은 저 운명의 일요일에 충성스럽게 표현된 몇 가지 요구를 니콜라이 2세에게 직접 제출하는 것이었다. 러시아 공장 노동자회의는 내무부의 엄격한 감독을 받으며 활동하는 노동조합으로서, 모스크바 경찰 총수 세르게이 주바토프(Sergei Zubatov)의 선동으로 러시아 제국에서 만들어진 조직 체계에 속해 있었다. 가폰은 중재자로 활동했지만, 점차 당국에 맞서 노동자 편을 들게 되었다.

행진 참가자들은 겨울궁전에 가까워지자 해산하라는 명령을 받았으나, 지시를 무시하고 계속 나아갔다. 건물 앞에 있던 부대는 황제가 부재한 가운데 당황하기 시작했고, 지휘관들은 군중을 향해 발포하기로 결심했다. 많은 무고한 시위자들이 살해당했다. 그 결과 시위가 진압되기는커녕 아수라장이 벌어졌다. 러시아의 모든 곳에서 파업과 시위가 발생했고, 모든 곳에서 왕조에 비난을 퍼부었다.

러시아가 맞은 혁명적 위기에 관한 소식은 '피의 일요일' 사건이 벌어지고 24시간 안에 제네바에 전해졌다. 제네바에서 신문을 읽은 최초의 볼셰비키 중에는 아나톨리 루나차르스키와 그의 부인이 있었다. 그들은 1월 10일 서둘러 뤼 다비드 뒤푸르에 있는 레닌의 아파트로 갔다. 겨울궁전 밖에서 무고한 사람들이 총격을 당했지만 그것은 기쁜 소식이었다. 레닌에게 중요한 사실은 차르 체제가 벼랑 끝에 몰렸다는 것이었다. 이반 뇌제와 표트르 대제의 왕좌가 흔들리기 시작했다. 레닌 부부와 루나차르스키 부부는 함께 판텔레이몬 레페신스키*와 올가 레페신스카야가 운영하던 뤼 드 카루즈 93번지의 카페로 갔다. 러시아 마르크스주의자들의 사교 중심지였던 이 카페는 저렴하게 식사하고 원하는 만큼 오랫동안 앉아서 정치와 당 조직에 관해

판텔레이몬 레페신스키(Panteleimon Lepeshinski, 1868~1944) 러시아의 혁명가, 작가. 상트페테르부르크 대학에서 공부했다. 1898년부터 러시아사회민주노동당 당원으로 활동했다. 1900년 〈이스크라〉 요원이 되었으며, 1902년 체포되어 유형당했으나 이듬해 제네바로 망명해 볼셰비키의 일원으로 활약했다. 그 후 상트페테르부르크에서 당 활동에 전념했으며, 오르샤에서 10월 혁명에 참여했다.

이야기할 수 있는 장소였다. 레페신스키 부부는 큰 이익을 기대하지 않고 사업체를 운영하는 노장 마르크스주의자들이었다. 그들의 서비스는 상업적 가게만큼 훌륭했다. 식탁에는 언제나 커피 잔, 오트밀 그릇, 양배추로 속을 채운 페이스트리나 살라미 소시지가 담긴 접시가 이리저리 흩어져 있었고, 언제나 혁명가들이 여기저기 무리 지어 이야기를 나누고 있었다. 바로 이 특별한 날에 카페는 사람들로 금세 꽉 찼다. 망명자들은 혁명이 일어날 조짐을 느꼈다.

그러나 무엇을 해야 할 것인가? 사실상 러시아에 관한 정보조차 스위스 언론인들에게 의존하는 망명자들이 뭘 할 수 있단 말인가? 그들은 상트페테르부르크에서 발생한 사태에 당혹감을 느꼈으며 어떻게 하면 가장 잘 대처할 수 있을지 쉽게 예측할 수 없었다. 거의 모든 사람들은 사태를 지켜보기로 했다. 그들은 러시아로 당장 돌아가기보다는 자신들의 추종자들을 위한 전략을 짜려고 노력했다. 상트페테르부르크의 급변하는 정세를 직접 경험하지 못한 채 그들은 자신들이 지니고 있던 교조적 이론의 틀 속에서 사태를 분석하고 예측했다. 그들은 이런 자신들을 부끄러워하지 않았다. 이 혁명적 지식인들은 자신들이 이전부터 신봉하던 교리가 러시아 제국에 있는 추종자들에게 실천적 전략의 근간을 제공하리라고 여겼다.

레닌이 근본적으로 전략을 재검토해야 한다고 인정하기까지는 확실히 시간이 걸렸다. '피의 일요일' 사건에 대한 레닌의 최초 반응은 볼셰비키가 우선 할 일은 멘셰비키와 별도의 조직적 정체성을 굳게 지키는 것이라고 거듭 확인하는 것이었다. 1904년 12월에 레닌은 '다수파 위원회 사무국'의 모든 구성원에게 〈이스크라〉 현 편집진과는 화해할 수 없다고 호통을 쳤다. 그리고 레닌은 동료 볼셰비키인 노스코프가 자신과 나댜가 휴가를 가 있는 동안 자신을 속였다고 비난했다. 실제로 레닌은 시골 유지든 군 장교든 당대의 신사라면 누구나 그런 상황에서 했을 법한 일을 했다. 즉 정식으로 노스코프와 모든 개인적 관계를 단절한 것이다.[1] 문제는 레닌의 가까운 지지자 일부를 포함하여 중앙위원회가 레닌의 판단을 받아들이지 않고 차분히 볼셰비키와 멘셰비키를 다시 결합시킬 제3차 당 대회를 준비했다는 사실이다. 레닌은 확실히 '피의 일요일'이 그런 어리석은 짓에 종지부를 찍고, 볼셰비키는 유일하게 진정한 혁명적 추세로서 볼셰비즘을 지지하는 것이 자신들의 의무임을 인정할 것이라고 생각했다. 그러나 중앙위원회 위원이었던 그의 친구 세르게이 구세프*조차 레닌에게 등을 돌렸다. 레닌은 편지를 써서 그들 모두에게 맹렬히 화를 냈다. 그들은 '비열한 형식주의자'였다. 레닌은 그들 전부가 마르토프 쪽으로 넘어가더라도 신경 쓰지 않았다. 그들은 볼셰비즘의 수치였다! 타협은 없다!

나데즈다 콘스탄티노브나는 그런 내용의 편지를 암호로 작성해야 했다. 아마도 레닌의 어조가 불러일으킬 역효과를 지적한 것은 그녀였을 것이다. 아니면 레닌이 스스로 정신을 차려서 자신이 볼셰비키를 버린다면 어떤 혁명가 모임도 자기에게 남아 있지 않을 것이라고 생각했을 수도 있다. 레닌이 세르게이 구세프를 비롯한 동지들을 붙들 수 없다면, 그에게 남은 지지자는 아내와 남동생, 두 여동생뿐이었다. 아무리 울리야노프가가 불굴의 가족이라 하더라도 러시아를 뒤집어엎기에는 너무 수가 적다는 것을 레닌 자신도 알았다.

그렇지만 레닌은 멘셰비키와 영구히 결별하는 것이 필수적이라고 계속 주장했다.[2]

세르게이 구세프(Sergei Ivanovich Gusev, 1874~1933) 상트페테르부르크 기술대학에서 수학했으며, 1898년 이래 러시아사회민주노동당의 일원으로 활동했다. 1905년 혁명에 참여했으며, 1906년 체포되어 유형당했다가 탈주에 성공하여 주로 러시아 남부 도시들에서 활동했다. 10월 혁명 후에는 당 중앙위원회 위원, 중앙통제위원회 위원 등을 지냈다.

진정으로 철의 규율에 의해, 우리는 전쟁을 치르기를 원하는 모든 이들을 단결시킬 것이고, 이 작지만 강력한 정당을 통해서 이미 허물어지고 있는 신(新) 〈이스크라〉라는 괴물과 그 어울리지 않는 자들을 분쇄할 것입니다. 그렇게 하지 않으면, 우리는 우리가 경멸스러운 형식주의자들로서 파멸당해도 싸다는 것을 우리 자신의 행동에 의해 보여주게 될 것입니다.

이 말은 여전히 공격적이었지만 볼셰비키 지도자들이 심각하게 화를 낼 정도까지는 아니었다. 오히려 그들은 레닌이 한 말의 비현실적 부적절함에 더 놀란 것 같았다. 수십 만 명의 러시아군과 일본군이 극동에서 충돌해 죽어 가던 때에 레닌은 당내 '전쟁'에 대해 분별 없이 이야기했다. 그들은 레닌이 아주 작은 열성 그룹에 불과한 멘셰비키를 터무니없이 괴물로 그린다고 생각했음이 틀림없다. 그들은 또 일본의 명분을 정치적으로 지지하는 것이 혁명적 책무라고 주장하는 레닌의 고집에도 당황했을 것이다. 이 주장은 장차 제1차 세계대전에서 레닌이 취할 입장을 미리 보여주는 것이었다. 레닌에게는 러시아를 공격하는 외국 열강이라면 어느 나라든 러시아 마르크스주의자들의 지지를 받을 만했다.(그리고 레닌은 습관적으로 그런 열강을 차르 국가보다 덜 반동적인 국가로 묘사했다.) 로마노프 왕조를 무너뜨리기 위해 무엇이든 하라! 그뿐 아니라 다른 모든 마르크스주의자들이 로마노프 왕조를 전복하는 데 정신을 쏟고 있는 마당에, 레닌이 가장 급박한 과제가 멀리 떨어진 스위스에서 〈이스크라〉를 폐쇄하는 것이라고 생각하는 것은 정말 이상하지 않은가? 레닌의 행동을 두고 마침내 그가 조금 돌았다고 생각하는 것 말고 어느 누가 달리 생각할 수 있겠는가? 아마도 그들은 1903년에 마르토프를 반대하여 레닌의 편을 든 것이 잘못이었을지 모른다고 생각하기 시작했을 것이다.

그리하여 볼셰비키가 이끄는 중앙위원회는 통합 당 대회를 추진했다. 사실상 러시아 제국의 모든 중요한 위원회들이 초청되었다. 개최지는 런던으로 정해졌고, 레닌은 몹시 화가 나 나댜에게 제네바에서 프랑스까지 밤새 횡단하는 야간열차 표를 구입하라고 했다. 며칠 후 런던의 채링 크로스역에 도착한 그들은 세인트팬크러스의 퍼시 서커스 16번지에 숙소를 잡았다. 대회는 4월에 열리기로 되어 있었고, 레닌의 분노는 서서히 수그러들었다. 플레하노프와 마르토프를 비롯한 다른 〈이스크라〉 지도자들은 어쨌든 런던에 가기를 거부했다. 그들은 중앙위원회가 대의원들이 위임받은 권한이 타당한지를 검토하는 데 공정하지 않았다고 어느 정도 정당하게 주장하면서, 멘셰비키에게 자신들이 제네바에서 여는 회의에 참석하도록 요청했다. 따라서 런던에서 열린 이른바 제3차 당 대회는 중앙위원회의 설득으로 소수의 멘셰비키가 참석하긴 했지만, 결국 볼셰비키 대회였다. 레닌은 자신은 몰랐겠지만 운이 좋은 사람이었다. 레닌은 똑똑한 투명 의사에 의해 만성 질환이 완치된 사람 같았다. 레닌은 볼셰비키 대회를 원했고, 그것을 얻었다. 레닌은 더는 〈이스크라〉 그룹에 대한 불쾌한 기분으로 블룸즈버리 주변을 서성일 필요가 없다고 느꼈다.

대신에 레닌은 러시아에서 건너온 활동가들에게 자신의 전략 구상을 설명하고, 상트페테르부르크와 지방에서 진행되고 있는 일들을 직접 알 수 있는 기회를 얻었다. 여기서 레닌은 명성을 얻게 되었다. 레닌의 강점 중 하나는 적어도 사상의 기본 전제 대부분을 공유하는 사람들에게 자기 생각을 분명하고 날카롭게 제시할 수 있는 능력이었다. 이러한 재능이 레닌만큼 뛰어난 볼셰비키는 거의 없었다. 아마도 볼셰비키 지도자이며 레닌의 경쟁자인 알렉산드르 보그다노프만이 해설자로서 동급이었을 것이다. 레닌은 대회를 좋아했다. 대의원들을 만나고 싶어 했고, 노동 계급 대의원들과 생각을 주고받는 기회를 즐겼다. 니콜라이 알렉세예프와 더불어 레닌은 대의원들이 값싼 임시 숙소를 찾고 영어 발음을 잘할 수 있게 도와주었다.(레닌의 영어는 영국인들의 귀에 'r'을 프랑스인처럼 발음하는 것으로 들렸지만, 레닌은 이 일을 그만두지는 않았다.)[3] 밤에는 흔히 대의원들과 함께 그레이즈 인 로드의 끝에 있는 작은 독일 술집에 가서 맥주를 마시며 회의에 대해 이야기를 나누었다. 대의원들 중 몇몇은 이 시기에 레닌이 러시아의 19세기 농업 사회주의자 테러리스트들의 사상과 1792~1794년의 프랑스 혁명기 자코뱅의 테러 활동에서 얼마나 많은 영감을 끌어냈는지를 나중에 회고하게 된다.

대회를 열기에 적당한 건물을 찾았고, 대회는 1905년 4월 12일에 시작되었다. 비밀을 유지하려는 의지가 얼마나 굳었는지, 지금까지 아무도 그 건물의 이름을 알지 못한다. 지난 몇 달 동안 러시아와 외국에서 명성이 몹시 훼손된 레닌은 갑자기 다시 확고한 우위를 차지했다. 레닌은 대다수 회의에서 의장을 맡았고, 자신의 목적을 위해 의제를 조정했다. 마침내 혁명을 어떻게 수행할 것인지를 명시하려고 하면서 레닌은 '무장 봉기', '임시 혁명정부', '대규모 테러', '지주의 토지 몰수' 같은 청중을 전율시킨 일련의 구호들을 제시했다.[4] 구호들은 하나하나 열광적인 동의를 얻었다. 의사록은 당시 간행되지 않았다. 의사록을 간행했다면, 아마도 레닌은 독재와 테러에 관해 그렇게 열심히 말하지 않았을 것이다. 그러나 그 자신의 볼셰비키에 둘러싸여 레닌은 어떤 거리낌도 없었다. 레닌의 청중이 그의 말에서 못마땅한 점을 조금도 발견하지 못했다는 것은 주목할 만하다. 볼셰비키는 무자비한 무리였다. 그들은 혁명을 수행하고 반혁명 세력에 맞서 싸워야 할 것이라고 예상했으며, 자신들이 프랑스 혁명에서 로베스피에르(Maximilien Robespierre)와 그 동맹자들이 발전시킨 폭력적 방식을 삼가야 할 이유를 알지 못했다. 볼셰비키는 냉정하고 자신만만했다. 그들은 자신들이 러시아 제국 정부를 전복하는 데에서 필수적 역할을 수행한다면, 이후 정치적·경제적 이득을 확보하는 과업에서 없어서는 안 될 긴요한 존재가 될 것이라고 생각했다. 그들의 목표는 차후에 있을 혁명 통치에 참여하는 것이어야 했다. 레닌은 그들의 깊은 속내를 드러낸 구상을 자유롭게 표명했다.

그러나 새로운 구호들이 이전에 러시아 마르크스주의가 공통으로 이해하던 바와 어떻게 들어맞는지 모든 사람이 이해할 수 있었던 것은 아니었다. 일부는 마르크스주의 정당이 어떻게 그 목적을 자본주의 경제를 공고히 하는 데 두는 정부에 참여하기를 열망할 수 있는지 물었다. 그리고 지주 귀족을 수탈해야 한다면, 농업 개혁은 어디서 중단되어야 하는가? 대의원 블라디미로프*는 집단 농장 도입 같은 명확하게 사회주의적인 조치까지는 가지 말아야 하는지 물었다. 레닌은 침착했다. 그는 즉각 다음과 같은 지시로 대응했다. "절대 중단하지 마시오!"[5]

멘셰비키는 레닌의 발언들에 관한 소식을 듣고 그를 입증된 마르크스주의 배교자라고 선언했다. 레닌은 트카초프를 높이 평가했고 테러를 찬양했다. 농민들에게 토지를 전부 다 주고 싶어 했다. 폭력과 독재에 병적으로 집착했다. 레닌은 또 다른 책자인 《민주주의 혁명에서 러시아 사회민주주의의 두 가지 전술》을 대회 기간에도 계속 쓰면서 비판이 걷잡을 수 없게 되는 것을 막고자 했다. 책의 목적은 자신의 새로운 급진적 구호들을 정당화할 뿐만 아니라 동료 볼셰비키에게 조직 의식을 주입하려는 것이었다. 예를 들어, 레닌은 그들이

미론 블라디미로프(Miron K. Vladimirov, 1879~1925) 1903년 러시아사회민주노동당에 가입했다. 1905년 혁명 동안 상트페테르부르크, 오데사 등에서 지하 활동을 벌였다. 1907년 시베리아로 유형당했으나 이듬해 국외로 탈주했다. 10월 혁명에 참여했으며, 혁명 후 소련 국민경제최고회의 부의장, 소련 중앙집행위원회 위원 등을 지냈다.

러시아에서 노동조합을 비롯한 여타 노동 계급을 위한 조직을 꾸리는 데 지지부진하다는 점에 주목했다. 레닌은 그들에게 격하게 화를 내면서 비밀스러운 당 운영 방식에 대한 집착을 끝내라고 촉구했다. 레닌은 그들을 약간 덜 '레닌주의적'으로 만들고자 했던 것이다! 전반적으로 놀랍게도 레닌은 이제 크고 개방적인 정당을 결성하는 것을 목표로 삼았다. 레닌의 태도가 돌변한 것은 아니었다. 《무엇을 할 것인가?》는 시기와 상황을 고려해 쓴 책이었다. 이 책을 관통하는 보편적 주제는 지도부의 필요였지, 영구적인 당 조직 형태에 대한 상세한 처방을 제공하는 것은 아니었다. 이제 진정한 혁명의 기회가 왔으며, 당은 운영 방식을 바꾸어야 한다고 레닌은 말했다. 그러지 않으면 혁명은 당을 멀리 앞질러버릴 것이었다.

레닌은 자신의 기본 전제를 바꾼 것이 아니라 단지 정세 변화에 맞추어 실천적 제안을 바꾼 것뿐이었다. 혁명의 기회가 있었고, 당은 무조건 그것을 이용해야 했다. 러시아사회민주노동당은 정확히 이런 목적으로 창당되었다. 레닌은 이 기회를 인식하고 이용할 수 있도록 당을, 아니 그보다 당내 자신의 분파를 준비시키고 있었다. 레닌은 뚜껑을 날려버리기를 기다리는 불 위의 압력솥이었다.

대회에서 레닌의 활동은 그가 혁명 지도자가 되는 길을 얼마나 많이 갔는지, 또 얼마나 적게 갔는지를 동시에 보여준다. 대회는 레닌의 약점을 알고 있었다. 그래서 레닌이 반대했는데도 당에 대한 망명자들의 영향력을 제한하기로 결정했다. 특히 중앙위원회와 오늘날 〈프롤레타리(Proletari)〉로 알려진 당 중앙 신문은 이제 러시아 제국으로 옮겨 갈 것이었다. 레닌은 볼셰비키를 지도하기 바란다면 제네바가 아니라 상트페테르부르크에서 활동해야 한다고 통고받았다. 레닌은 6개월 이상 이 경고를 무시해 왔다. 불체포가 보장될 때까지는 어떤 것도, 심지어 대회의 결정조차 레닌을 러시아로 돌아가도록

러시아의 정교회 사제이자 혁명가였던 게오르기 가폰. 1905년 1월 '피의 일요일' 사건 이후 국외로 망명했다.

설득하지 못할 것이었다. 결국 레닌은 혁명 지도자라기보다는 혁명 이론가이자 수사학자였다. 레닌은 스위스에서 편지를 보내 러시아의 볼셰비키 활동을 지도할 수 있다는 전혀 현실성 없는 믿음을 고수했다. 레닌은 분출하고 있는 힘의 예측 불가능한 폭발성을 이해하지 못했다. 그는 프랑스 혁명, 1848년 혁명, 1871년의 파리 코뮌에 대해 읽었다. 그러나 레닌이 책에서 배운 것은 경쟁하는 정치 세력들의 '계급 이익'이었다. 마르크스처럼 레닌은 사태 발전의 내적 논리에 초점을 맞추고자 했다. 그러나 동시에 레닌은 혁명에 참여한 사람들이 경험한, 거대한 역사적 사건들이 야기한 혼란은 간과했다.

하지만 레닌은 안주하지 않았다. 제네바에서 레닌은 직접 러시아로 가서 볼 생각은 없었지만 상트페테르부르크에서 일어나고 있는 사태를 좀 더 생생하게 느낄 필요성을 깨달았다. '피의 일요일' 사건이 발생한 지 몇 주 후 레닌은 도피 중인 가폰 신부를 만났다. 다른 마르크스주의자들은 이 러시아 정교회 사제를 냉대했으나, 레닌은 그와 오랜 시간 이야기를 나눴다. 그들은 각자 쓴 책을 교환하기까지 했다. 보통 레닌은 누군가에게 감명받았을 때에만 이런 반응을 보였다. 둘 사이에는 처음부터 신뢰가 있었다.

그래서 레닌은 뤼 드 카루즈에 온 가폰을 환영했다. 그들은 현 상황을 두고 토론했고, 레닌은 보통 러시아인들의 정서를 깊이 이해하는 농민의 아들 가폰에게 빠져들었다.[6] 가폰은 카리스마가 넘쳤으며 거칠고 턱수염이 덥수룩했다. 그는 황제와 러시아 정교회 고위 성직자 모두에 적대적이었다. 레닌은 가폰이 이론가도 당원도 아니라는 사실이 정말 좋았다. 가폰은 망명자들이 파악하기 어려운 일들을 잘 알았다. 한때 차르에게 충성을 다하던 가폰은 겨울궁전 밖에서 대학살이 벌어진 후에야 혁명을 옹호하는 쪽으로 돌아섰다. 가폰은 건초 만들기, 빈민가, 주일 학교 같은 레닌이 잘 모르는 주제에 대해 이야기해줄 수 있었다. 또 레닌은 '모든 토지를 인민에게로'라는 가폰의 구호에도 마음이 끌렸다. 명백히 이 구호는 농민에게 쪼가리 땅을 돌려주어야 한다는 레닌의 요구를 훨씬 뛰어넘는 것이었다. 그러나 가폰은 자신의 급진주의가 정당하다고 주장했다. 사제는 하느님만이 토지의 유일한 소유자이며, 농민들은 그것을 빌릴 수 있도록 도움을 받아야 한다고 말했다. 덧붙일 것도 없이, 레닌은 종교로 포장된 이 제안을 거부했다.[7] 그러나 레닌은 그 제안으로부터 정치적인 영감을 끌어냈다. 레닌은 가폰이 러시아의 사회주의 정당들에게 보내는 공개 서한을 보여주었을 때 훨씬 깊은 감명을 받았다. 서한은, 합의를 거쳐 차르 체제의 무장 전복을 준비하라고 요청하는 내용을 담고 있었다. 혁명의 실천적 과제를 이해하는 성직자가 바로 앞에 있었던 것이다. 전투적 무신론자였던 레닌은 볼셰비키 신문 〈프페료트〉에서 가폰의 제안에 찬성했다.[8]

레닌은 정치가로서 발전하고 있었다. 그는 이전 세대의 러시아 사회주의 사상가들에게서 영감을 받은 미르크스주의자이기는 했지만, 어쨌든 마르크스주의자였다. 레닌은 계몽철학에서 물려받은, 인류가 완전해질 수 있다는 생각을 신봉하는 학자이자 혁명가였다. 그러나 레닌은 점차 다른 사상으로부터 나온 발상도 흡수할 수 있게 되었다. 레닌은 마르크스주의 용어로 자신을 표현했지만, 자신의 전략을 충분히 숙고할 수 있도록 도움을 찾아 마르크스주의 동아리 밖으로 나갈 필요가 있었다.

통상적인 마르크스주의 노선에서 벗어났지만, 레닌은 사회주의를 향한 위대한 전진이 별개의 두 단계를 거쳐 이루어질 것이라는 원리를 고수했다. 첫 번째 단계는 '부르주아 민주주의' 혁명이고 두 번째는 사회주의 혁명이다. 그러나 레닌의 주장에는 뚜렷하게 독특한 점도 존재했다. 예를 들어 《민주주의 혁명에서 러시아 사회민주주의의 두 가지 전술》은 자유주의자들과 다른 중간 계급 정당들이 첫 번째 혁명을 일으킬 것이라고 확신할 수 없다고 강조했다. 훨씬 더 이상한 것은 '프롤레타리아와 농민들의 임시 혁명 민주주의 독재' 계획이었다. 레닌은 그러한 독재가 하층 계급에 강한 호소력을 발휘할 것이라고 선언했다. 그러나 멘셰비키는 레닌이 혁명의 두 단계 개념을 버렸다고 반박했다. 그들은 만일 그러한 독재가 대중적 인기를 얻게 되면 부르주아 계급은 결코 그것을 대체할 수 없을 것이라고 올바르게 지적했다. 그들은 또 독재 체제가 보편적인 시민권과 시장 경제를 도입하는 가장 효과적인 방법이라는 레닌의 주장에도 이의를 제기했다. 레닌의 계획 전체는 모순에 가득 차 뒤죽박죽이었다. 하지만 레닌은 이러한 공격에 대응하지 않으려 했다. 그는 볼셰비키 추종자들을 설득했고, 전면적인 공개 토론으로 자신의 주장에 내재한 결점을 드러내고 싶어 하지 않았다. 토론을 피하는 데에는 레닌으로 하여금 자신이 통상적인 마르크스주의 틀 안에 있다고 계속 믿게 하는 이점도 있었다.

사실 레닌은 1단계 전략을 자세히 설명하고 싶어서 '연속 혁명' 개념의 개요를 제시하는 '임시 혁명 정부의 모습'이라는 글을 작성했다. 그러나 이후 레닌은 생각을 고쳐서 이 글을 발표하지 않았다. 모든 마르크스주의자들이 전통적인 마르크스주의 혁명 전략을 어기는 레닌의 전략을 우려한 것은 아니었다. 파격적인 마르크스주의자 알렉산드르 겔판트-파르부스*의 사상에서 영감을 받은 트로츠키는, 사회주의 정당들이 권력을 잡고 '노동자' 정부를 세우되 이후 자유주의 정부가 들어서도록 방치해서는 안 된다고 명확하게 제안했다. 트로츠키는 혁명적 지도력의 필요성을 설파하는 데 그치지 않고 실제로 수행하기를 원했다. 여름에 러시아로 돌아간 트로츠키는 파업 중인 상트페테르부르크의 노동자들에 합류했다.

여름 동안 제국 정부는 더욱 심각한 곤경에 빠졌다. 극동에서 들려오는 소식은 끔찍했다. 러시아의 지상군이 2월에 치러진 묵덴(봉천, 오늘날의 선양) 전투에서 궤멸했고, 지구를 일주한 해군은 5월 쓰시마 해협에서 전멸했다. 퇴임했지만 황제가 다시 불러낸 비테(Sergei Witte) 백작은 놀랍게도 관대한 강화 조건으로 일본과 협정을 맺을 수 있었으나, 국가적 치욕이라는 정서가 널리 퍼졌다. 봉기의 기운도 마찬가지였다. 도시마다 공장 파업이 줄을 이었고, 5월에는 '소비에트(soviet)'라는 색다른 현상이 나타났다. 러시아어로 '회의'를 뜻하는 이 단어는 지역 정부의 권력을 차지한, 선출된 하층 사회 계급들

알렉산드르 겔판트-파르부스(Aleksandr Helphand-Parvus, 1867~1924) 마르크스주의 이론가, 러시아 혁명가, 독일사회민주당 활동가. 1905년 러시아 혁명에 참여한 뒤 체포되어 시베리아 유형 중에 독일로 탈출했다. 투르크에서 청년 투르크당을 돕다가 러시아의 분할과 제1차 세계대전에서 러시아의 패전이 사회주의 혁명을 일으킨다는 신념에 따라 녹일 정부에 협조했다.

의 대표 기구를 의미하게 되었다. 소비에트는 이바노보보즈네센스크에서 처음 출현했으나 다른 곳으로 급속히 확산되었다. 노동자들은 충분한 토의 없이 맹아적인 대안 행정 기관을 설립했다. 트로츠키는 9월에 '상트페테르부르크 소비에트 부의장'이 되었다. 지하에서 활동하던 정당들이 밖으로 나왔고, 자유주의자들조차 마침내 '카데트(Kadet, 입헌민주당)'를 결성했다. 조합이 급증했다. 검열은 거의 무력화되었다. 경찰은 겁을 먹어 개입하지 못했다. 농민들은 지주들의 숲에서 목재를 베어 오고 소를 지주의 땅에 방목하기 시작했다. 폴란드인과 그루지야인들은 러시아 수도에서 자신들의 나라를 통치할 수 없게 만들었다. 차르 체제는 치명적인 위험에 처했다.

이 모든 위기는 레닌이 없을 때 발생했다. 다른 볼셰비키들은 이럴 때 외국에 있어서 되겠느냐고 레닌에게 끊임없이 잔소리를 했고, 9월에 레닌은 동지 알렉산드르 보그다노프에게서 고국으로 즉시 돌아오라는 단호한 요구를 받았다. 보그다노프도 지식인이었다. 그도 글을 많이 쓰는 작가인 데다 이론가였다. 하지만 보그다노프는 행동에 여념이 없기도 했다. 사실 보그다노프가 볼셰비키로 변신한 동기는 레닌이 《무엇을 할 것인가?》에서 행동에 나서라고 탄원했기 때문이었다. 보그다노프는 왜 레닌이 러시아로 돌아오는 위험을 감수하려 하지 않는지 이해할 수 없었다. 그는 자기 생각을 간단명료하게 레닌에게 전했다. 그러나 레닌은 여전히 움직이지 않으려 했다. 레닌은 신변의 안전을 걸고 결코 도박을 하지 않았고 단순한 혁명적 제스처조차 보이지 않았다. 레닌은 망명자로서 지적인 토론과 출판, 도서관에서 연구 활동을 하는 데서 꾸준히 만족감을 얻었다. 뤼 드 카루즈에서 그를 만난 사람이라면 누구라도 말쑥하게 차려입은 학자풍의 이 사람이 세계의 정치와 사회를 변혁하는 것을 삶의 기본 목표로 삼고 있다고 의심하지 못할 것이었다. 혁명 지도자들은 교의 지침과 실천 방침을 제공하기로 되어 있으며, 체포되면 안 된다는 것이 레닌의 믿음이었다. 그러므로 레닌은 알렉산드르 보그다노프의 불평을 무시하면서도 전혀 곤혹스러워하지 않았다.

레닌의 태도를 바꾼 것은 체제가 마침내 진지한 개혁안을 만들고 있다는, 상트페테르부르크에서 온 소식이었다. 1905년 10월 17일에 황제 니콜라이 2세는 국가 두마(State Duma, 의회)를 소집하는 것은 물론 보편적 시민권도 보장하겠다고 약속하는 선언을 발표했다. 레닌은 즉시 안도감을 느꼈다. 더는 오흐라나가 자신을 거리에서 추적하지 못할 것이라고 생각했다. 아니 적어도 그러리라 희망할 수 있었다. 11월 첫 주에 레닌은 제네바에서 열차에 올라타 독일을 가로지르는 여행을 시작했다. 나데즈다 콘스탄티노브나는 꼼꼼하게 준비했다. 독일에서 나데즈다와 레닌은 스웨덴의 수도 스톡홀름으로 건너갔다. 볼셰비키 동료들이 그들을 위해 미리 위조 서류를 마련해놓고 있었다. 둘을 태울 연락선 승선권이 준비되어 있었고, 그들은 스톡홀름에서 발트해를 가로질러 헬싱키로 가는 증기선을 탔다. 5년 만에 처음으로 레닌은 러시아 황제가 다스리는 땅에 발을 내디뎠다. 헬싱키를 떠나 레닌과 나댜는 상트페테르부르크로 가는 또 다른 열차를 탔다. 450킬로미터에 이르는 여정이었다. 그들은 벨로오스트로프에서 러시아-핀란드 행정 경계선을 넘었다. 부부가 11월 8일 핀란드역에 내렸을 때 볼셰비키인 니콜라이 부료닌(Nikolai Buryonin)이 사려 깊게 마중을 나왔다. 부료닌은 그들을 다음 몇 주 동안 머물 아파트 중 한 곳으로 안내했다.[9]

처음에 레닌과 나데즈다 콘스탄티노브나는 합법적으로 거주민 등록을 했다. 그들은 공개적으로 활동할 수 있기를 기대했다. 그러나 바로 이튿날 오흐라나가 변장에 재능이 없는 요원들로 그 지역을 포위하자 이 착각을 버렸다. 그때부터 그들은 아지트를 계속 옮겨 다니며 동료 볼셰비키에게 의지해 살았다. 그렇지만 레닌은 상트페테르부르크 외곽의 기차가 서는 작은 마을인 사블리노에 사는 어머니와 누나 안나를 방문할 만큼 대담했다. 레닌은 소비에트와 노동조합 같은 조직에서 일하는 볼셰비키와 정기적으로 접촉했다. 그러는 동안 내내 그는 혁명 중인 러시아에 대한 인상을 벌컥벌컥 들이켜고 있었다. 그러나 레닌은 활동 시간 대부분을 전통적인 방식으로 소비했다. 신문 기사와 책자를 쓰고, 당 위원회들에 참석해 끝까지 앉아 토론했다. 게다가 때때로 레닌은 당 대회와 당 협의회*, 그 밖의 비슷한 모임들에서 연설도 했다. 레닌은 1905년 11월부터 1906년 여름까지 핀란드와 모스크바를 방문했고, 1906년 4월에는 제4차 당 대회를 위해 스톡홀름을 이따금 방문하면서 상트페테르부르크에 거주했다. 레닌의 목적은 여느 때처럼 그의 볼셰비키 분파를 지도하고 통제해 러시아사회민주노동당 안에서 그들의 영향력을 극대화하는 것이었다. 레닌은 민중의 권리를 지키는 호민관이 아니었으며, 그런 사람이 되려고 하지도 않았다.

그러므로 트로츠키가 대중 집회에서 유명해진 방식으로 격렬하게 연설하는 일은 레닌의 스타일이 아니었다. 레닌은 1905~1906년에 딱 한 번 그런 연설을 시도했다. 연설은 1906년 5월에 '인민의 집'에서 열린 초당파 모임에서 이루어졌다. 레닌에게는 힘든 경험이었다. 레닌은 연단으로 나가 청중들에게 '카르포프(Karpov) 동지'라고 소개되기 전에 몹시 긴장했다. 하지만 그는 걱정할 필요가 없었다. 일

러시아사회민주노동당 협의회(Conference of RSDLP) 지방 당 조직의 대표들과 중앙 당 기관에서 활동하는 당원들의 협의회. 당 중앙위원회 결정에 따라 긴급한 정책 문제들을 심의하기 위해 당 대회와 대회 사이에 비정기적으로 소집되었다. 1905년 12월 제1차 협의회가 핀란드의 탐페레에서 개최된 후 1941년까지 총 열여덟 차례 소집되었으며, 이 기간 동안 협의회가 열릴 때마다 적게는 십여 명, 많게는 천여 명의 대표가 참석하였다. 1941년 제18차 이후 오랫동안 소집되지 않다가 1988년 6월에 마지막 협의회가 개최되었다.

단 연단에 오르자 레닌은 상황을 장악했다. 눈을 가늘게 뜨고 재킷의 깃을 꽉 쥔 레닌은 앞으로 몸을 구부려 청중에게 시선을 고정했다. 그런 뒤 레닌은 자신의 구호들을 큰 소리로 외쳤다. 이 구호들이 러시아에서 사회주의로 진전을 가속화할 유일한 수단이라는 레닌의 극단적인 믿음에 모두가 깊은 감명을 받았다. 서서히 레닌은 20세기 대중 정치 기술을 습득하고 있었다.

트로츠키와 레닌을 비교하는 것은 전적으로 공정한 처사는 아니다. 트로츠키가 열변을 토한 상트페테르부르크 소비에트의 흥망은 대체로 레닌이 도착하기 전에 이루어져 있었다. 그 후 비단 레닌뿐만 아니라 모든 혁명가들은 소속 정당의 과제를 처리하는 데 집중했다. 이 일은 레닌에게 엄청나게 버거운 과제였다. 왜냐하면 볼셰비키가 계속 소비에트를 깔보고 정치적 음모의 이점을 과장했기 때문이었다. 레닌은 볼셰비키가 대중 정당을 형성하고 다른 다양한 대중 조직에 참여하며 혁명을 조직하는 일을 벌써 시작했어야 했다고 주장했다. 그의 권고가 받아들여지긴 했지만 사람들의 태도는 미지근했고, 레닌은 이에 대한 대응으로 러시아사회민주노동당이 젊은 피를 수혈받아야 한다고 제안했다. 신입 당원들이 마르크스주의자인지 여부는 중요하지 않았다. 우선 해야 할 일은 급진적인 노동 계급 활동가들, 행동에 나서기를 열망하는 활동가들을 끌어들이는 것이었다. 그리고 레닌은 활동가들이 그들의 조바심을 표현할 완전한 자유를 누리기를 원했다. 실제로 레닌은 그들의 조바심을 더 부추기고자 했다. 그는 당 안팎의 산업 노동자들이 혁명을 자기들 손으로 직접 수행해야 한다고 선언했다. 노동자를 옹호하는 정당이 노동자를 제지해서는 안 된다. 노동 계급은 러시아 제국 국가에 적대적인 모든 세력의 전위로서 행동해야 한다.

레닌은 그런 문제에 완전히 빠져드는 경향이 있었다. 레닌은 1871년 파리 코뮌의 실패를 억압에 기대지 못한 데서 찾으며 거듭 개탄해 왔다. 1905년에 레닌은 자신이 폭력적 방식을 얼마나 신봉하는지 명확히 했을 뿐만 아니라, 누구도 상상할 수 없을 만큼 잔인한 색조로 폭력을 물들이고 구체화했다. 레닌은 폭력에 대한 실제적 욕망을 드러냈다. 개인적으로 레닌에게 누구를 죽이거나 다치게 하고 또 심지어 학살을 목격하고 싶은 열망이 있었던 것은 아니지만, 그는 그런 파괴 행위를 권하면서 잔혹한 기쁨을 느꼈다.

레닌은 러시아로 돌아오기 직전 이 기쁨을 강렬하게 느꼈다. 그리하여 레닌은 볼셰비키 중앙위원회에 부속된 '전투 위원회' 위원들에게 다음과 같이 요구했다. "여기서 필요한 것은 미친 듯이 에너지를 쏟아붓는 것입니다. **1년 넘게** 폭탄에 대해 이러저러한 말이 있어 왔지만, 아직 단 한 개의 폭탄도 만들어지지 않았다는 사실을 나는 놀라운 마음으로, 어이없을 정도로 놀라운 마음으로 바라보고 있습니다!" 레닌의 해결책은 노동자와 학생들의 분견대에 무기를 지급하여 러시아사회민주노동당 소속 여부에 관계없이 혁명 활동을 지속시키는 것이었다. 분견대는 첩자를 살해하고 경찰서를 폭파하며 은행을 털고 무장 봉기에 필요한 자금을 징발해야 한다.[10] 레닌의 상상은 극단으로 치달았다. 가두 투쟁에 대해서 레닌은 분견대가 그들에 맞서 동원된 부대를 공격하기 위해 포석을 뜯어내거나 뜨거운 솥을 준비해서 건물 옥상으로 올라갈 것을 제의했다. 또 다른 제안은 경찰에게 던질 산($酸$)을 비축하는 것이었다.[11] 이 전술은 우려스러울 뿐만 아니라 비현실적이기도 했다. 만일 이 전술을 썼더라면 반란을 진압하려는 군대와 경찰의 의지는 더욱 확고해졌을 것이다. 레닌은 자신의 내부에 깊이 잠재한 분노를 표출하고 있었다. 그가 직접 폭탄과 솥, 산을 다룰 필요는 없었다. 그러나 레닌은 종이 위에 그런 무기들에 대한 생각을 적으면서 무의식적으로 만족감을 얻었다.

레닌은 다른 사람들이 자신의 접근 방식에 질겁하지는 않을까 우려하지 않았다.

물론 어떤 극단도 나쁘다. 좋고 유용한 것도 극단으로 흐르면 유해한 악이 될 수 있으며, 일정 한계를 넘기만 해도 악이 될 수밖에 없다. 조율되지 않고 계획되지 않은 작은 테러가 극단으로 흐르면 힘을 분산시키고 허비할 뿐이다. 이것은 진실이며, 당연히 잊어서는 안 된다. 그러나 다른 한편으로 봉기의 구호가 **이미 주어졌고**, 봉기가 이미 **개시되었다**는 사실도 절대 잊어서는 안 된다.

여기서 기막힌 논리의 단절을 볼 수 있다. '극단'으로 흐르지 않아야 한다는 정당화로 시작해 무장 봉기가 진행 중이라는 주장으로 돌연 끝을 맺는다.

하지만 레닌은 한 달도 못 가 진정되었다. 모스크바에 있던 레닌의 볼셰비키 동료들은 레닌이 원한 바로 그 열정을 품고 행동하고 있었다. 하지만 그들이 모스크바 시 소비에트의 다른 정당들과 함께 조직했던 '모스크바 봉기'는 대재앙이었다. 전투는 1905년 12월 중순에 시작되었다. 봉기는 프레스냐 산업 지구에 집중되었고, 반란자들의 용맹은 이론의 여지가 없었다. 그러나 최근 상트페테르부르크 소비에트를 폐쇄시킨 바로 그 부대에게 그들은 상대가 되지 않았다. 봉기는 무자비하게 진압되었다. 지나치게 낙관적인 반란 기도를 더는 제멋대로 감행해서는 안 된다고 레닌은 결론 내렸다. 레닌은 또 황제의 '10월 선언'을 충분히 활용하도록 볼셰비키를 설득하고 싶어 했다. 선거로 뽑힌 대표자 의회, 즉 국가 두마 선거가 1906년 초에 치러질 것이었다. 러시아의 새 의회 제도에는 심각한 한계가 있었다. 특히 황제는 두마를 해산하고 칙령으로 통치할 수 있는 권한을 보유했다. 그러나 레닌은 러시아사회민주노동당이 자체 후보를 내서 두마를 당을 선전하는 기회로 이용해야 한다고 주장했다.

이것은 레닌이 이길 수 없는 전투였다. 1905년 12월 중순 레닌은 상트페테르부르크에서 서북쪽으로 480킬로미터 떨어진 핀란드의 탐페레 시에서 열린 볼셰비키 당 협의회에서 패배했다. 그러나 레닌은 전략적 변화를 계속 밀고 나갔다. 이 변화가 1903년 제2차 당 대회 이래 자신이 입에 담은 모든 말을 완전히 버리는 것이었는데도 말이다. 레닌은 멘셰비키와 화해하는 것을 묵인하기까지 했다. 지난 2년 동안 멘셰비즘은 이단이며 마르크스주의 원리에 위배되는 조직적 · 전략적 제안이라는 것이 레닌의 단호한 신조였다. 레닌의 추종자들이 타협에 대한 그의 적대감에 의문을 제기했을 때, 레닌은 그들에게 극단적인 경멸을 드러냈다. 레닌이 보기에 '볼셰비키 화해자'는 멘셰비키와 다를 바 없었다.

하지만 이제 레닌은 멘셰비키와 다시 통합하기를 바랐다. 레닌의 계산은 이해하기 어렵지 않았다. 레닌은 볼셰비키 노선을 통제할 수 없었던 것이다. 레닌은 자기 분파 내의 지나친 열성 지지자들과 균형을 맞추기 위해, 당이 소비에트에 참여하고 국가 두마 선거에 나가기를 대다수가 원하는 멘셰비키가 필요했다. 레닌은 자신과 멘셰비키를 갈라놓은 차이를 무릅쓰고 통합하고자 했다. 레닌은 '프롤레타리아와 농민들의 임시 혁명 민주주의 독재'와 노동자와 농민의 계급 동맹, 중간 계급 배척, 그리고 대규모 테러를 지지했다. 이와는 대조적으로 멘셰비키는 '부르주아 민주주의' 혁명은 중간 계급이 주도해야 하며, 이 혁명은 보편적 시민권을 즉각 보장해야 한다고 역설했다. 볼셰비키와 멘셰비키를 다시 통합하려면 레닌 자신이 지닌 매력과 설득력을 모조리 동원해야 할 판이었다. 그러나 레닌은 언제나 자기 확신이 확고한 사람이었다. 그는 입장 변화를 명확히 선언하지 않고서도 제4차 당 대회에서 두 분파가 서로 합칠 수 있도록 할 수 있는 바를 다했다. 레닌이 당장 가장 먼저 한 일은 대회로 하여금 제국 정부가 양보의 결과 허용할 수밖에 없었던 합법적 정치 활동에 사회 민주주의자들이 참여하는 것을 승인하게 하는 것이었다. 교묘한 책략가였던 레닌에게 이는 터무니없는 일이 아니었다.

대회의 개최지는 스톡홀름으로 정해졌다. 대회 대의원들이 4월에 발트해를 건너 스웨덴 수도로 출발하자, 레닌은 멘셰비키 지도자들과 협상을 개시했다. 멘셰비키는 대회 대의원들 수가 볼셰비키보다 약간 많은 다수파였기에 의심할 여지 없이 주요 토론에서 승리할 것이었다. 이 상황은 레닌이 멘셰비즘에 완전히 거스르는 노선을 비롯하여 폭넓은 방침들에 대해 자신이 원하는 바를 자유롭게 말하도록 하는 효과가 있었다. 레닌은 공격을 즐겼다. 농민들을 위해 지주 귀족의 땅을 몰수하는 자신의 계획을 상세히 논하면서, 레닌은 '임시 혁명 독재'에 의한 '토지 국유화'를 요구했다. 멘셰비키도 농업 문제에 대한 자신들의 요구를 넓혀서 '토지 시유화(市有化)'를 요청했다. 멘셰비키는 그렇게 함으로써 레닌의 계획에 따라오는 중앙집권적 관료제를 피할 수 있으리라 주장했다. 레닌은 아주 낮은 임대료로 토지 이용권을 획득할 농민들이 효율적인 영농 기술을 채택하도록 보장하는 일은 혁명 정부가 간단히 처리할 수 있는 행정적 과제에 불과하다고 쉽게 생각했다. 그러나 멘셰비키도, 그리고 볼셰비키 내 레닌 비판자 중 많은 이들도 이것은 엄청나게 복잡한 과제가 될 것이라고 반박했다. 실제로 레닌은 안타깝게도 관료제의 타락 위험을 과소평가했다.

대회에서 레닌은 농업 정책 안건을 둘러싼 논의에서 패했고 다른 발의도 역풍을 맞았다. 멘셰비키는 볼셰비키 지도부가 러시아 제국에서 은행 강도 사건에 연루되었다는 바로 그 곤혹스러운 문제를 들고 나왔다. 이 사건은 러시아사회민주노동당 내에서 점점 확산되던 스캔들이었다. 멘셰비키에게 그런 강도 행각으로 당 재정을 조달한 다는 것은 용납할 수 없는 일이었고, 레닌이 그 일을 비밀리에 승인 한 것은 수치스러운 짓이었다. 플레하노프는 레닌의 혁명 전략, 특히 농민들과 계급 동맹을 맺고자 하는 그의 바람이 러시아 농업 사회주 의자들을 생각나게 한다고 되풀이하면서 비판에 가세했다. 레닌에게 는 거북한 순간이었다. 동시에 볼셰비키 지도부가 두마 선거 참여 옹 호자인 레닌에게 선거 보이콧을 지지하는 연설을 하도록 권하자 레 닌의 자제력은 한계에 다다랐다. 레닌은 볼셰비키의 노선에 불편한 심기를 표명하려는 의도를 담아 무난하고 모호하게 이 주제에 대해 연설했다. 그것이 그나마 레닌에게 가능한 최선의 방법이었다. 그러 나 대회가 끝나 갈 무렵 멘셰비키가 러시아 제국의 한 지역인 캅카스 에서 여전히 진행 중이던 선거 운동에 참여하자는 제안을 갑자기 상 정하자, 레닌은 뛰쳐나와 동료 볼셰비키 대부분에 맞서 찬성표를 던 졌다. 멘셰비키의 제안은 수용되었다. 적어도 이 문제에서 레닌은 어 느 정도 만족감을 느꼈다.

통합된 당의 새 중앙위원회에는 멘셰비키가 7명, 볼셰비키는 단 3명 만 들어갔다. 레닌은 빠졌다. 레닌은 동료 볼셰비키 대표들에게서 그 의 구상이 마음에 들지 않는다는 경고를 받았다. 특히 두마와 토지 국유화에 관한 레닌의 방침은 동료들에게 매력적으로 느껴지지 않았 다. 그래서 스톡홀름에서 돌아오는 연락선을 탔을 때 레닌의 기분은 어두웠다. 그는 신경이 곤두서 있었다.

그러나 기분은 금방 밝아졌다. 볼셰비키 분파는 자신들의 조직 기 구를 당과 별도로 계속 유지하면서 비밀 '볼셰비키 센터'를 설립했 다. 레닌은 보그다노프, 레오니트 크라신과 함께 지도부에 다시 들어 갔다. 레닌은 이 직위를 이용하여 마음에 들지 않았던 대회의 결정들을 무효로 만들 수 있을 것이었고, 보그다노프는 레닌의 목표에 적극 협력했다. 두 사람은 지난 몇 년 동안보다 더 잘 지냈고 부인들과 함께 살 집을 마련하기로 했다. 제국 정부가 통제를 강화하려 하면서 그들은 오흐라나의 주목을 받는 것을 두려워했다. 오흐라나의 감시를 피하고자 그들은 핀란드 대공국의 쿠오칼라에 있는 2층짜리 큰 다차(dacha, 별장)인 바사(Vaasa)로 갔다. 쿠오칼라는 상트페테르부르크에서 60킬로미터쯤 떨어져 있었지만 벨로오스트로프에 있는 기존 러시아-핀란드 행정 경계에서는 겨우 8킬로미터밖에 떨어져 있지 않았고, 상트페테르부르크와 헬싱키 사이 철로상에는 기차역이 한 곳 있었다. 레닌과 그의 친구들은 안전을 택했다. 핀란드는 스위스만큼 안전하지는 않았으나 차르 치하에서도 제한된 자치를 하고 있었다. 핀란드의 경계선은 단지 형식적 의미만 있는 것이 아니었다. 여행객들은 여권을 제시하고 경찰이 가방을 검사하도록 내주어야 했다. 핀란드인들은 자체 통화와 우표를 썼고, 공공 건물에서는 식사와 함께 소비하지 않을 경우 주류 구입을 금지했다(러시아와는 다른 점이었다). 핀란드 항구들에는 정기적으로 헐, 뤼베크, 슈체친, 스톡홀름에서 출발한 연락선이 도착했다. 비상시에는 러시아로 되돌아가지 않고 중부 유럽이나 서유럽으로 떠나는 것도 가능했다.

1809년부터 러시아 제국의 통제를 받았던 핀란드는 멀지 않지만 외국과 다름없는 나라였고, 차르 체제를 혐오하던 핀란드 사회주의자들은 차르 체제의 희생자라면 거의 누구든 기꺼이 도와줄 의사가 있었다. 볼셰비키 센터는 바로 이곳에 본부를 설치하기로 결정했다. 레닌, 나댜, 보그다노프, 보그다노프의 부인 나탈리야는 안전한 이먼 곳에서 무리 없이 글을 쓰고 조직하고 정치를 분석할 수 있을 것이었다. 레닌은 핀란드로 떠나기 직전 어머니가 임대한 사블리노의 다차를 방문했다. 1906년 8월 20일부터 레닌은 쿠오칼라에 머물렀다.

중요한 당 협의회나 대회가 있을 때 위험을 무릅쓰고 잠깐 빠져나온 것을 제외하면 1907년 11월 말까지 그곳에 주 머물렀다. 레닌은 핀란드의 도시들인 탐페레, 테리요키, 비푸리에서 열린 모임에 참석했다. 또 런던의 제5차 당 대회와 슈투트가르트의 사회주의 인터내셔널 대회에도 모습을 드러냈다. 그러나 레닌은 러시아로 돌아가는 모험을 하지는 않았다. 레닌은 앞으로 거의 10년 동안 상트페테르부르크를 보지 못하리라는 사실을 알지 못했다.

제5차 당 대회는 처음부터 끝까지 말다툼의 혼란에 빠졌다. 레닌은 멘셰비키의 도움을 받아 볼셰비키가 국가 두마 선거에 후보를 내도록 하는 데 성공했기에, 이제 더는 멘셰비키와 점잖은 관계를 유지할 필요가 없었다. 레닌은 1907년 4월 대회가 열리기 전에 멘셰비키가 그들의 마르크스주의 원리를 팔아먹었다고 말함으로써 그들에게 보답했다. 멘셰비키는 레닌이 위선적이라고 응수했다. 레닌은 당의 재통합에 찬성했으나 볼셰비키 센터를 별도로 만들고 멘셰비키와 따로 자금을 관리했다. 대회 기간 내내 농민층과 러시아 자유주의, 심지어 철학을 두고 두 분파 사이에 논쟁이 폭발했다. 그러나 레닌에게 대회는 성공적이었다. 러시아 제국의 변방에서 활동하는 다양한 마르크스주의 정당들이 참석했다는 사실은 레닌에게 도움을 주었다. 로자 룩셈부르크*와 레오 요기헤스*가 이끄는 폴란드인들은 상당히 중요했다. 그들은 당이 동맹자로서 입헌민주당(카데트)이 아니라 농

로자 룩셈부르크(Rosa Luxemburg, 1870~1919) 폴란드 출신 독일 사회주의자. 바르샤바에서 일찍이 혁명 운동에 투신해 1889년 취리히로 망명했다. 취리히에서 대학에 들어가 요기헤스와 알게 되어 결혼했다. 1894년 폴란드왕국 사회민주당을 결성했으며, 1897년 독일사회민주당에 가입하여 베른슈타인을 격렬하게 비판해서 호응을 얻었다. 1907년 이후, 당 학교의 강사로 활동했으며 그 성과는 주저인 《자본 축적론》으로 결실을 맺었다. 1919년 1월 독일공산당 혁명파가 베를린에서 봉기했을 때 카를 리프크네히트와 함께 정부군에게 살해당했다.

민 정당을 비롯해 다른 사회주의 정당들을 선택해야 한다는 레닌의 전략적 판단에 호의를 보였다. 멘셰비즘은 저지되었다. 국가 두마에 참여하게 되었다는 사실에 계속 분개한 보그다노프 같은 볼셰비키도 기가 꺾였다. 폴란드인뿐만 아니라 라트비아인, 리투아니아인들과 협상함으로써 레닌은 앞으로 자신에게 크게 도움이 될 몇몇 직책을 확보할 수 있었다.

그렇지만 레닌은 중앙위원회에 선출되지 않았다. 레닌은 일부 논점에서 대회의 비판을 받았다. 볼셰비키가 무장 강도에 연루되었다는 문제가 다시 거론되었다. 레닌과 볼셰비키는 '아나키즘' 경향이 있다고 비난받았고, 대회는 은행 약탈을 금지한다고 명시했다. 하지만 그즈음에 레닌은 이런 논의에 개의치 않았다. 레닌은 볼셰비키 분파에 대한 헤게모니를 장악하는 데 관심이 있었지, 볼셰비키와 멘셰비키 사이에서 교묘히 일을 처리하는 데에는 이제 별로 관심이 없었다. 그리고 레닌은 제2인터내셔널의 슈투트가르트 대회를 즐거운 마음으로 기대했다. 부분적으로는 레닌이 노력한 결과로 인터내셔널이 독일사회민주당의 지원을 받아 군국주의와 제국주의에 대한 적대감을 노골적으로 선언했을 때 레닌은 더없이 기뻤다. 로자 룩셈부르크가 독일사회민주당은 레닌이 믿는 것보다 실제로는 반군국주의와 반제국주의에 덜 헌신할 것이라고 충고하자, 레닌은 그녀를 극단적인 분파주의자라고 매도했다. 레닌은 1914년에 이 행동을 후회하게 된다.

레오 요기헤스-티슈카(Leo Jogiches-Tyszka, 1867~1919) 폴란드의 혁명가. 1888년 체포되었으나, 1890년 스위스로 도주하여 로자 룩셈부르크와 결혼했다. 1905년 러시아에서 혁명이 일어나자 폴란드로 잠입했고, 이듬해에 체포되었다. 1907년 탈출하여 독일로 돌아온 뒤 폴란드 혁명 운동에 전념했다. 1916년 룩셈부르크가 투옥되자 독일의 스파르타쿠스단을 지도했고, 1918년 체포되었다. 독일 혁명 후에 출옥하여 독일공산당 창립에 참여했나. 1919년 3월 베를린에서 체포되어 살해되었다.

바사의 꼬불꼬불 이어진 목조 방들에서 지낸 15개월은 러시아 혁명가들에게 위기의 시기이기도 했다. 차르 체제가 목줄을 죄어 오던 이때 레닌은 멀리서 정세를 관망했다. 레닌에게는 유감스럽게도, 볼셰비키는 제1대 국가 두마 선거를 무시했다. 그런데도 농민들은 농지를 농민에게 양도하는 것을 지지하는 후보들에게 투표했다. 입헌민주당이 이끄는 자유주의자들은 '기본법'이 두마의 권한에 부과한 제한에 계속 반대했다. 제1대 국가 두마는 로마노프 왕조에 반대하는 세력의 온상으로 드러났다. 바로 그때 니콜라이 2세는 자신이 새 정당들보다 우월하다고 판단했다. 니콜라이 2세는 두마를 해산하면서 새로운 선거를 요구했다. 입헌민주당은 핀란드의 비푸리로 철수했고, 러시아인들에게 제국 정부가 선출된 인민의 대표들을 존중할 때까지 징세와 징집을 거부하라고 요청했다.

그러나 제2대 두마도 황제와 타협을 거부하는 의회가 되었다. 니콜라이 2세는 다시는 자유주의자들을 존중하지 않았다. 니콜라이 2세는 가능한 한 제한된 헌정 개혁을 수행하기를 원한 알렉산드르 구치코프*와 '10월당'에 일말의 희망을 걸었으나, 곧 구치코프도 불신하게 되었다. 니콜라이 2세가 가장 의지한 사람은 농촌 반란을 억압하기 위해 교수형 집행을 서슴지 않은 내무대신 표트르 스톨리핀*이었다. 이른바 스톨리핀의 '넥타이'는 농촌 지역을 침묵에 빠져들게 했다.

알렉산드르 구치코프(Aleksandr Guchkov, 1862~1936) 러시아의 정치가. 1905~1917년에 온건 자유주의 정치 운동을 이끌었다. 1905년 혁명 후 니콜라이 2세의 10월 선언을 지지하는 10월당에 참여하고, 1910~1911년에 두마 의장을 역임했다. 2월 혁명 후 임시정부에서 육군장관 겸 해군장관을 지냈다. 10월 혁명 후 파리로 망명했다.
표트르 스톨리핀(Pyotr Stolypin, 1862~1911) 내무대신을 거쳐 1906년부터 1911년 암살될 때까지 차르 니콜라이 2세 치하에서 총리를 지냈다. 러시아의 정치와 경제를 안정시키기 위해 전통적인 농촌 공동체를 해체하는 농업 개혁과 더불어 지방 자치의 근대화, 사법, 중앙 행정 기구에 걸친 광범한 개혁을 단행했다. 또 사회주의자들을 비롯한 혁명 세력에 대한 무자비한 억압 정책을 실시한 것으로도 유명하다.

도시와 농촌에 질서가 회복되었다. 스톨리핀은 국가의 강압이 왕조를 구원하지 못할 것임을 알았고, 차르 국가를 유지하고자 몇몇 조치를 실시했다. 총리가 된 스톨리핀은 선거법을 손질해서 귀족 출신 의원 비중을 더 늘려 두마를 다시 구성하기로 결심했다. 또 스톨리핀은 농촌의 토지 공동체를 폐지하고 대규모 견실한 독립 농부 계급으로 대체하는 것을 목표로 삼아 농업 개혁을 시행하기 시작했다. 레닌에게 이것은 제국 체제가 현대 자본주의를 받아들일 능력이 없다는 증거였다. 농촌에 실시된 스톨리핀의 조치는 '아메리카의 길' 대신에 '프로이센의 길'을 걷는 것이었다. 스톨리핀이 이 조치로 의도한 바는 지주 귀족이 권위를 유지하며 프로이센에서처럼 농촌을 지배하는 것이었다. 단순히 토지 경작을 원하는 사람들에게 19세기 미국의 서부에서처럼 농업을 개방할 기회는 사라졌다. 이제 혁명만이 러시아 경제를 근대화할 수 있었다.

레닌은 바사의 동료들과 이 모든 것을 논의했다. 보그다노프는 볼셰비키 내부에서 확실히 가장 똑똑한 지식인이었다. 그는 볼셰비키 분파에서 지적 능력이 레닌을 능가한 유일한 사상가였다. 보그다노프는 레닌의 사상에 들어 있는 권위주의를 결코 좋아하지 않았다. 바사에서 그들은 많은 이야기를 나눴다. 두 사람은 서로 피할 수가 없었다. 2층에 살던 보그다노프는 정원으로 나갈 때마다 울리야노프 가족의 숙소를 지나쳤다. 점차 그들은 정치 이론, 문화, 철학 방면에서 서로 생각이 맞지 않는 점을 발견했다. 두 사람은 당면한 노선을 놓고 논쟁을 벌였다. 레닌은 두마 선거에 참여하기를 원했고, 보그다노프는 맹렬하게 이에 반대했다. 두 사람은 멘셰비키에 맞선 투쟁의 유쾌한 동지에서 볼셰비즘의 지도력을 둘러싼 경쟁자가 되었다.

11장

파리 망명

1908년~1911년

레닌은 핀란드 대공국에 계속 머물러 있기를 바랐다. 레닌은 정치적 '반동'이 몇 년간 지속될 것이라 예측하면서도 쿠오칼라에서 이사할 뜻이 없었다.[1] 그러나 상황은 심하게 요동치고 있었다. 총리인 표트르 스톨리핀은 1907년 6월에 니콜라이 2세를 위해 헌정 쿠데타를 단행했다. 제3대 두마를 구성할 요량으로 제2대 두마를 해산하면서 새로운 선거 규칙을 도입했고, 그 결과 그해 말에 뽑힌 3대 두마에서는 지주 귀족들이 의석과 영향력을 더 확보하게 되었다. 한편 오흐라나는 혁명 지도자들을 체포하기 위한 노력을 강화했다. 너무나 많은 볼셰비키 활동가들이 쿠오칼라로 떠났기에, 제국 경찰은 볼셰비키 센터의 대체적인 행방을 어느 정도 눈치채고 있었다.

1907년 11월 말의 어느 날, 경찰이 주변을 수색하고 있다는 소식이 볼셰비키 센터 구성원들에게 날아들었다. 레닌은 즉시 짐을 꾸려 380여 킬로미터 떨어진 헬싱키로 향했다. 레닌의 태도는 장교들은 포로가 되더라도 지휘관은 살아남아야 한다는 것이었다. 나댜는 알렉산드르 보그다노프와 나탈리야 보그다노바, 그리고 이오시프 두브로빈스키(Iosif Dubrovinskii)와 함께 책임감을 품고 다차에 남았다. 그들은 볼셰비키 센터를 외국으로 옮길 준비를 하면서 운반할 수 없는 당의 문서들을 불태웠다. 경찰이 갓 생긴 재를 보고 의심할까 봐 나댜는 급하게 재를 땅에 묻었다. 다른 서류들은 안전하게 보관하기 위해 핀란드 마르크스주의자들에게 건넸다. 그때 다차의 주인이 부리나케 달려와 임차인들에게 경찰 수색이 임박했다고 알려주었다. 사실 오호라나는 사회주의자-혁명가당 테러리스트들을 뒤쫓는 데 몰두해 있었기 때문에 바사 임차인들의 정체는 깨닫지 못했다. 그러나 쿠오칼라 임차인들은 최악의 사태를 우려했다. 한편 레닌은 헬싱키 외곽 올그부 마을에 몸을 숨겼다. 당 조직가들은 레닌에게 핀란드인 자매 두 명이 소유한 집의 뒤편에 방을 한 칸 마련해주었고, 레닌은 그곳에 자리 잡고 농업 문제에 관한 글을 썼다. 며칠 후 나댜가 합류했다. 체포를 피하려면 외국으로 옮겨 가야 한다는 것이 분명해졌다.[2]

볼셰비키 센터는 스위스로 가기로 결정했다. 그러나 스위스로 가는 일은 생각보다 쉽지 않았다. 러시아와 늘 연락할 수 있는 시스템이 확고히 마련되어야 했다. 나댜는 연락 문제에 관한 당 업무를 위임받고 상트페테르부르크로 돌아가 활동가들과 최종적으로 합의를 보았다. 레닌은 나댜가 임무를 처리하기 위해 돌아다니는 동안 올그부에서 아내를 기다렸다. 나댜가 진 부담은 컸다. 특히 볼셰비키가 발행하는 주요 신문인 〈프롤레타리〉를 핀란드에서 스위스로 효율적으로 옮겨 와야만 했다. 또 딸과 사위를 따라 다시 망명길에 오르고 싶어 하지 않는 병든 어머니 엘리자베타 바실리예브나도 만나야 했다.[3]

레닌은 나댜의 능력을 믿었고 자기 자신의 안전을 걱정했다. 나댜가 상트페테르부르크로 가 있는 동안 레닌은 다시 외국으로 망명하기로 결정하고 아내에게 스톡홀름에서 자신을 찾으라는 지시를 남겼다. 나댜는 버림받았다는 사실을 냉정하게 받아들였다. 나댜는 레닌이 굳이 도피를 서두르는 바람에 위험을 자초하고 있다는 것을 거의 예상하지 못했다. 레닌은 투르쿠에서 스톡홀름으로 기는 연락선을 탈 계획이었다. 얼음을 깨면서 나아가는 증기 연락선이 이 노선을 정기적으로 왕복했다. 그런데 오흐라나 요원들이 헬싱키 기차역과 투르쿠항 여객 터미널에서 감시하고 있다는 사실이 알려졌다. 경찰은 승객이 배에 오를 때마다 도피 중인 볼셰비키와 멘셰비키, 사회주의자-혁명가당을 찾고 있었다. 핀란드 동지들은 레닌에게 투르쿠를 피해 보스니아만 서남쪽으로 30여 킬로미터 떨어진 나우보섬에 가서 다시 연락선을 타야 한다고 충고했다.[4] 레닌은 이 충고를 따랐다. 레닌은 투르쿠에서 마차로 출발했고 그런 다음 배로 쿠스퇴섬으로 갔다. 은밀하게 움직이는 것이 중요했기에 밤에 은신처를 옮겼다. 쿠스퇴에서 레닌은 지역 협동조합 조합장뿐만 아니라 우호적인 핀란드 경찰관까지 대동해서 릴레멜요섬으로 떠났다. 최종 목적지로 가는 여행에서 끝에서 두 번째에 해당하는 여정이었다. 레닌은 릴레멜요에서 나우보까지 갈 생각이었고 나우보에서 12월 12일에 스톡홀름행 연락선을 탈 계획이었다.

문제는 레닌이 나우보섬까지 걸어가야 한다는 것이었다. 핀란드 동지들은 어찌된 이유인지 얼음이 걱정 없이 걸을 만큼 단단하지 않다는 사실을 일러주지 않았다. 나우보로 가려면 떠다니는 얼음들 사이의 작은 틈을 수도 없이 건너야 할 형편이었다. 또 레닌은 평상시 주의 깊은 사람이었으나, 릴레멜요에서 얼음을 건너 나우보로 안내할 사람들이 술에 취한 농부 두 사람이라는 사실도 예상하지 못했다. 약속된 날, 세 사람이 릴레멜요에서 나우보로 출발했을 때 술로 상태가 나빠지지 않은 사람은 레닌뿐이었다. 얼음을 건너는 중간에 표면이 부풀어 올라 금이 가 있었고, 레닌은 마지막으로 힘껏 온 힘을 다해 발을 내딛어 단단한 얼음 덩어리로 가까스로 올라갈 수 있었다. 레닌은 '어휴, 정말 시시하게 죽을 뻔했군!' 하고 생각했다.[5] 대부분의 사람들에게 익사는 그저 시시한 일이 아니라 비극일 것이다. 스스로 마음속에 영광스러운 미래를 품은 사람만이 그러한 위험을 보잘것없는 것으로 여길 수 있을 것이다.

나폴레옹이 자신이 거느린 원수들에게 우선 요구한 자질은 운이 좋아야 한다는 것이었다. 레닌도 1907년에 정말이지 운이 좋았다. 레닌은 나우보섬에서 예정대로 연락선을 탔고 이튿날 스웨덴에 도착했다. 그 후 오래지 않아 볼셰비키 분파의 과제를 깨끗이 처리한 나댜가 레닌에게 합류했다. 그곳에서 그들은 처음에는 베를린으로, 다음에는 제네바로 여행했다. 레닌과 나댜는 독감을 앓았고, 레닌은 작가 막심 고리키에게 이탈리아 남부 나폴리만에 있는 카프리섬에서 그의 집에 머물 수 있도록 초청해 달라고 완곡하게 요청하는 편지를 썼다.[6] 휴식에 대한 희망이 레닌의 유일한 관심사는 아니었다. 한때 자신 있게 러시아 혁명의 음모를 꾸몄던 곳인 제네바로 돌아온 일을 레닌은 못 견뎌했다. 그는 나댜에게 고통스럽게 말했다. "무덤 속에 들어가려고 여기 온 느낌이오."[7] 레닌의 이 말은 진정 가슴에서 우러난 것이었다. 혁명적 낙관주의자인 레닌은 패배감을 느꼈다. 그는 분명 고국에서 지도적 역할을 할 기회가 다시 한 번 올 것인지 궁금해했을 것이다. 1905년 말에 스위스를 떠난 이래 레닌은 러시아보다 핀란드에서 더 많은 시간을 보냈다. 그리고 상트페테르부르크에서 보낸 짧은 기간 동안 레닌은 종종 숨어 있었다. 이런 처지에 어떻게 러시아를 혁명으로 이끌 수 있단 말인가? 그는 친구에게 무심코 이렇게 고백했다. "난 러시아를 너무 몰라. 심비르스크, 카잔, 상트페테르부르크 대략 그 정도만 알아."[8]

이러한 자기 인식은 금방 사라졌다. 몇 주 뒤 레닌은 러시아 국가와 사회에 대한 자신의 분석만이 유일하게 가치가 있는 양, 볼셰비키를 위한 노선을 다시 입안했다. 망명 기간 동안 레닌은 자신의 전략적 계획을 거의 수정하지 않았다. 1905~1906년 혁명에 대한 레닌의 결론은 볼셰비키가 올바른 방침을 내놓았다는 것이었다. 그런데 왜 혁명이 성공하지 못했는지에 대해서는 설명하지 않았다. 레닌은 자신이 옳은 것을 확신한다고 고집했다. 볼셰비키는 앞으로 러시아에 다시 혁명적 상황이 발생하는 피할 수 없는 사태가 일어날 때를 대비해, 자신들의 정치적 실천을 개선할 태세를 갖출 수 있도록 신념을 간직할 필요가 있었다.

몇 달 동안 레닌과 나댜는 제네바에 머물렀는데, 처음에는 뤼 데 되 퐁 17번지에 있다가 뤼 데 마레셰 61번지로 옮겼다. 그들의 건강은 점차 회복되었고 정신도 명료해졌다. 그러나 보그다노프와 다른 볼셰비키 지도자들은 스위스가 마음에 들지 않았다. 레닌은 그들과 의견이 달랐으나, 볼셰비키 센터가 파리로 철수하는 결정을 막을 위치에 있지는 않았다. 레닌과 나댜는 슬픔에 잠겨 스위스인 집주인에게 집세를 지불하고, 1908년 12월에 프랑스로 떠났다. 레닌과 나댜, 그리고 그녀의 어머니 옐리자베타 바실리예브나가 파리에 도착하자, 곧 레닌의 여동생 마리야 일리니치나가 그들과 합류했다. 네 사람은 꽤 잘 어울려 함께 생활했다. 옐리자베타 바실리예브나는 '나댜와 사위의 과학적 작업'을 존중하면서도[9] 자신이 레닌을 어떻게 생각하는지 그에게 솔직히 말했으며, 언제나 그들을 무조건 떠받든 것은 아니었다. 그러면 레닌도 같은 식으로 답변했다. 예를 들어 레닌은 이중 결혼한 남자에게 최악의 벌은 장모가 두 명이 되는 거라고 선언했다.[10] 그러나 언짢은 기분은 오래 가지 않았다. 옐리자베타 바실리예브나와 레닌은 서로 존중했고, 측은하게 생각하는 마음이 둘 사이에 존재했다. 장모가 특히 외국 생활에 넌더리를 내던 어느 일요일, 담배 연기를 싫어하는 레닌은 장모가 피울 담배가 없다는 것을 알고

담배를 사러 나갔다.[11]

한동안 여자들은 가정부 없이 집안일을 했다. 중앙위원회 위원이었던 레닌은 당에서 받는 정기적인 수입이 있었고, 책 인세로도 돈을 벌었다. 볼셰비키는 무장 강도와 유산 상속으로 마련한 별도의 기금이 있었다. 옐리자베타 바실리예브나도 생활비에 돈을 조금 보탰다. 그러나 그들이 열심히 애썼지만 그들을 위해 일해줄 프랑스인 가정부를 구할 수가 없었다. 러시아인들은 요구가 많고 신뢰할 수 없는 고용주라는 평판이 돌고 있었기 때문이었다. 안나 일리니치나의 남편이자 레닌의 매형이었던 마르크 옐리자로프는 일본 여행 후 가족을 방문했을 때 그들이 직접 요리와 청소를 한다고 트집을 잡았다. 또 마르크는 나댜의 요리를 참을 수가 없었다. 무뚝뚝하고 직설적인 마르크는 무조건 가정부를 찾아야 한다고 말했다. 평소 마르크의 아내 안나는 머리에 떠오르는 대로 무턱대고 말하는 남편의 습관을 싫어했다.[12] 그러나 이 경우에는 그러지 않았다. 안나는 나댜를 존중하지 않고 무뚝뚝하게 대했고, 남편이 나댜를 비난해도 신경 쓰지 않았다. 여하튼 울리야노프 가족은 마르크의 충고를 받아들여 또 한 번 가정부를 구하고자 했다. 이번에는 그 지역의 러시아 혐오감을 이겨냈다. 새 가정부가 입주했고, 나데즈다 콘스탄티노브나는 이제 울리야노프 가족의 배를 채울 책임을 지지 않아도 되었다.[13]

레닌은 이런 종류의 소란에 관여하지 않았다. 레닌 자신은 요리를 하지 않았고, 음식이 자신의 의료 처방에 부합하는지 묻는 것 말고는 음식의 질에 관해서는 전혀 관심을 보이지 않았다. 나댜는 의도 없이 유머로 "남편은 뭘 주든 군말 없이 잘 먹었다."라고 말했다.[14] 정치가 레닌에게서 평소 보기 힘들었던 이런 유순함은 여자들로 하여금 계속 그를 '어머니처럼 돌보도록' 만들었다. 레닌은 아이처럼 그들에게 묻곤 했다. "이거 먹어도 돼요?" 실제로 레닌의 몇 가지 다른 습관도 그들에게 친밀감을 느끼게 했다. 엘리자베타 바실리예브나는 레닌이 매일 글을 쓰기 전에 견례를 꺼내 책상을 닦는 행동에 감명을 받았다.[15]

레닌이 가족 내에서 지배적인 인물이기를 그만둔 것은 아니었다. 레닌은 수년 동안 자전거에 푹 빠져 지냈고, 주말이면 나데즈다와 마리야를 산에 데리고 가 자주 자전거를 탔다. 셋 중 레닌이 가장 몸 상태가 좋았다. 여자들이 기력이 떨어지면 레닌은 각자의 곁에서 나란히 달리면서 계속 앞으로 나아가도록 격려하곤 했다. 알프스 산지에서 자전거를 타는 일은 여행객들, 특히 영국인, 독일인, 프랑스인 여행객들에게 인기 있는 취미 활동이었다. 그가 보던 여행 안내서인 '베데커' 스위스 편에 따르면, 독일인과 프랑스인들은 비탈이 가파르면 무리하지 않고 말을 한 마리 빌려서 뒤에 자전거를 밧줄로 맨 다음 말의 힘으로 느긋하게 언덕을 올라갔다. 영국인들은 이 재미없는 여행 방법에는 전혀 관심을 두지 않았다. 평소 독일을 좋아했던 레닌은 이 문제에서는 영국인 편을 들었던 것 같다. 자신을 힘껏 채찍질할 수 없는 휴일이라면 레닌에겐 진정한 휴일이 아니었다. 나데즈다와 마리야가 서글프게 언급했듯이, 그에겐 다른 사람들을 몰아붙일 수 있다면 더 좋은 휴일이었다. 밤이 되어 마을 숙소에 머물 때도 레닌은 여전히 가족을 지배했다. 레닌은 마리야에게 저녁밥을 싹 비우지 않으면 숙소 주인이 비용도 깎아주지 않고 다음 날 저녁에는 음식을 절반만 줄 것이라고 설명하면서 접시에 음식을 남기지 못하게 했다.[16]

레닌은 남들이 자신을 얕잡아 보는 것을 매우 싫어했고 자전거는 그의 지속적인 관심사였다. 가족이 파리에 살 때 레닌은 매일 자전거를 타고 국립 도서관에 다녔다. 책을 대출하려면 오래 기다려야 해서 레닌은 이 도서관을 좋아하지 않았는데, 건물 밖에 자전거를 주차할 때마다 관리인에게 10상팀을 지불해서 더 짜증이 났다. 그런데 어느 날 아끼던 자전거가 도난당하는 훨씬 나쁜 일이 일어났다. 레닌이 관리인에게 항의하자 그녀는 10상팀은 주차비에 불과하지 자전거 보호까지 책임지는 비용은 아니라고 뻔뻔하게 반박했다.[17]

이번만은 호락호락하지 않은 인물을 만난 레닌은 결국 돈을 돌려받지 못했다. 하지만 또 다른 사건에서 레닌의 항의는 좀 더 성공적이었다. 새 자전거를 산 지 얼마 되지 않아 불쾌한 일이 발생했다. 1909년 12월 파리 중심부에서 20킬로미터쯤 떨어진 쥐비시-쉬르-오르주에서 개최된 비행기 쇼를 보고 돌아오던 도중에 레닌은 자동차에 받혀 자전거 안장에서 떨어지면서 심한 타박상을 입었다. 자전거는 완전히 망가져 도로 옆에 쓰러졌다. 다행히도 목격자가 있어서 레닌은 법률가를 통해 배상을 모색했다. 이 점에서 레닌은 1892년 시즈란에서 상인 아레피예프를 고소할 때와 같은 집요함을 보였다. 파리의 운전자가 자작 신분이라는 것을 알았을 때는 그의 마르크스주의적 열정도 작동하기 시작했다. 그 자신이 세습 귀족이었던 레닌은 자작에게 어떤 계급적 연대 의식도 드러내지 않았고, 금전적 보상을 받기 위해 소송을 제기했다.[18]

레닌은 결코 파리를 좋아한 적이 없었으며, 끊임없이 파리를 '더러운 구멍'이라고 표현했다.[19] 거기에는 정치적 이유도 있었다. 레닌은 프랑스에 머무는 동안 멘셰비키 문제로 골치를 썩고 있었다. 또 보그다노프같이 두마 참여에 반대하는 볼셰비키도 골칫거리였다. 사실 레닌은 보그다노프에 대해 자신과 의견이 같으면서도 자신이 진정한 볼셰비키에게 요구하는 만큼 보그다노프를 골칫거리로 여기지 않는 볼셰비키에게도 똑같이 화가 났다. 레닌은 다른 정당들은 거의 신경 쓰지 않았고, 러시아인 혁명가 망명자들이 자주 찾던 파리의 카페에서 사회주의자-혁명가당을 우연히 마주쳐도 매우 상냥하게 대했다.

그러나 레닌의 농담은 빅토르 체르노프가 회고하듯이 가시가 돋혀 있었다.[20]

나는 그에게 말했다. "블라디미르 일리치 씨, 당신은 일단 집권하면 바로 다음날 멘셰비키를 목매달 기세요." 그는 나를 한번 힐끗 쳐다보더니 이렇게 말했다. "우리가 최초의 멘셰비키를 목매다는 것은 마지막 사회주의자-혁명가 당원을 목매단 뒤일 겁니다." 그런 후 레닌은 눈살을 찌푸리고는 소리내 웃었다.

레닌은 자신의 교수대 유머와는 완전히 별개로, 러시아사회민주노동당 내부의 분파 투쟁에 끊임없이 집착했다. 볼셰비키는 제3대 국가 두마에 들어갔고, 레닌은 볼셰비키 분파가 두마 선거에서 후보를 내세우게 하기 위해 마르토프와 단*의 도움을 받을 필요가 없었다. 그리하여 그는 멘셰비키의 비위를 맞출 필요가 없어졌다. 레닌은 지체 없이 멘셰비즘에 맞서 논쟁을 재개했고 그의 농담은 이러한 사정이 반영된 것이었다.

보그다노프에 맞선 레닌의 투쟁은 훨씬 더 격렬했다. 보그다노프와 그의 동조자들이 품은 두마에 대한 혐오는 볼셰비키의 노선을 흔들 만한 파급력이 있었다. 일부는 선출된 볼셰비키 의원들이 제3대 국가 두마에서 즉시 철수해야 한다고 주장하는 지경에까지 이르렀다. 보그다노프를 비롯한 일부는 의원들에게 철수하지 않으면 볼셰비키 분파에서 축출될 것이라는 최후 통첩을 보내기를 원했다. 전자

표도르 단(Fyodor Dan, 1871~1947) 멘셰비키 지도자. 노동계급해방투쟁동맹에 가입했으며, 1896년 오룔로 유형당했다. 러시아사회민주노동당에 가입한 후 런던으로 망명했고 1903년 제2차 당 대회에서 마르토프와 함께 레닌에 반대하여 멘셰비키 분파를 형성했다. 1912년에 귀국하여 상트페테르부르크에서 멘셰비키 출판물을 편집했다. 1917년 페트로그라드 소비에트에서 멘셰비키 지도자로 활약했고, 10월 혁명에 반대했다.

그룹은 '오트조비스트(Otzovist, '소환파')'라고 불렸고, 후자는 '최후통첩파'라고 불렸다. 두 그룹은 또 당이 무장 봉기를 준비하고 조직하는 데 집중해야 한다고 역설했다. 레닌이 보기에 그들은 현재의 정치 현실을 제대로 평가할 수 없게 하는 정신적 압력을 심하게 받고 있었다.

레닌은 또 훨씬 더 근본적인 이견도 제기했다. 보그다노프가 노동 계급에게 문화적으로 자기 계발에 힘쓰도록 격려하는 것을 중요하게 여긴 반면, 레닌은 지식인들의 지도적 역할을 강조했다. 레닌이 지식인은 중간 계급 출신이어야 한다고 단언하지 않은 것은 확실하다. 그러나 보그다노프는 사회주의가 지식인들의 손을 거쳐 노동자들에게 도입되어야 한다는 레닌의 사상을 여전히 끔찍하게 여겼다. 사실 보그다노프는 사회주의 사상이 성숙하려면 사회의 전반적인 문화가 바뀌어야 한다고 규정했다. 보그다노프에 따르면, 현재의 지배적인 문화는 '부르주아적'이었다. 왜냐하면 그 문화가 개인주의, 권위주의적 명령, 형식성, 위선에 초점을 맞추고 있기 때문이다. 새로운 문화, 즉 '프롤레타리아 문화'가 도입되어야 하는데, 지식인들 자신이 부르주아 문화의 산물이므로 새 문화를 창안하는 것은 지식인들의 능력을 넘어선다고 보그다노프는 주장했다. 이 모든 주장이 레닌을 격분시켰다. 보그다노프는 절대 진리, 불변의 사고 범주, 외부 세계라는 실증 가능한 실재에 대한 레닌의 관념이 낡아 빠진 허튼소리라고 주장하기까지 했다. 보그다노프와는 달리 레닌은 당시 유럽에서 벌어진 광범한 철학 논쟁에 끼어들지 않으려 했다. 보그다노프는 이마누엘 칸트는 물론이고 리하르트 아베나리우스*, 에른스트 마흐* 같은 신칸트주의자들의 저술을 읽었다. 보그다노프는 마르크스를 찬양했으나 맹목적으로 숭배하지는 않았다. 보그다노프는 바사 다차에서 자신이 탐구한 사상을 개괄한 《경험일원론》이라는 책을 썼다. 그는 지적으로 생기가 넘쳤다. 레닌은 보그다노프와 그의 세계관을 정면 공격할 때가 왔다고 생각했다.

레닌은 잃을 게 없었다. 레닌에 반대하는 볼셰비키는 국내외를 막론하고 볼셰비키 분파 내부에서 영향력이 컸다. 심지어 그들은 다수파였다. 러시아 제국에서 당장 혁명적 위기가 다시 닥칠 가능성이 거의 없다는 레닌의 인식도 타당했다. 그러므로 레닌은 해묵은 분열 전술을 재개하는 것이 적절하다고 여겼다. 레닌은 두 번째 망명 시기를 견딜 만하게 만들려면 자신을 꼭 닮은, 신뢰할 수 있는 볼셰비키를 충원하고 동원해야 한다고 믿었다.

그리하여 막심 고리키가 보그다노프와 레닌을 함께 카프리섬에 있는 자신의 별장에 초청했을 때, 레닌은 자신이 먼저 머물도록 해달라고 부탁했지만 거절당했다. 결국 레닌은 1908년 4월에 카프리섬으로 떠났고, 체스와 정치 문제에서 오랜 파트너였던 보그다노프와 체스를 둘 정도로 자신의 감정을 억눌렀다. 어느 정도 유쾌한 분위기가 조성되었다. 문제는 레닌이 경쟁심을 제어하지 못한 점이었다. 고리키는 레닌이 게임에서 지자 얼마나 화를 내고 '어린애처럼' 구는지 보고 깜짝 놀랐다.[21] 이런 태도는 심지어 레닌과 보그다노프가 정치에 관한 대화를 피할 때도 나타났다. 레닌은 낚시를 갔을 때만 편

리하르트 아베나리우스(Richard Avenarius, 1843~1896) 독일의 실증주의 철학자. 취리히 대학 교수로 재직했다. 인간의 인식 작용을 생물학적으로 분석하고, 이에 입각해 전적으로 순수한 경험에 의해서만 세계를 일원적으로 설명하는 순수 경험 철학, 경험비판론의 입장을 제창했다. 이러한 사상은 마흐와 함께 현대 논리실증주의의 철학에 큰 영향을 주었다. 저서에《순수 경험 비판》등이 있다.

에른스트 마흐(Ernst Mach, 1838~1916) 오스트리아의 물리학자이자 철학자. 그라츠 대학, 프라하 대학, 빈 대학에서 가르쳤다. 물리학, 철학, 과학사, 심리학, 생리학, 음악론 등 다방면에 걸쳐 뛰어난 업적을 남겼는데, 물리학 분야에서는 초음속의 선구적 연구로 물리학을 체계화하는 데 이바지했다. 철학 분야에서는 물질과 정신 양 세계의 형성 이전에 감각적 요소인 '세계 요소'라는 개념을 설정하고, 진정한 실재는 요소뿐이며 물질이나 정신은 이 감각 요소의 복합에 지나지 않는다고 보았다.

보그다노프와 체스를 두는 레닌(모자를 쓴 사람). 1908년 4월, 작가 막심 고리키의 초대로 카프리섬을 방문했을 때 찍은 사진이다.

하게 쉴 수 있었다. 동네 어부들은 레닌과 고리키를 배에 싣고 바다로 나가 낚싯대 없이 줄을 사용하는 법을 가르쳐주었다. 집게손가락 위에 낚싯줄 끝을 감고 고기가 입질을 할 때의 줄의 떨림을 기다리는 것이 비법이었다. 어부들은 레닌에게 그 소리가 어떻게 들리는지 알려주었다. "이런 식으로 딩, 딩 하고 소리가 납니다. 알겠소?" 레닌은 그들이 구사한 이탈리아어에 매료되었고, 입질을 감지하자마자 "딩, 딩!" 하고 소리쳤다. 그 후 어부들은 레닌을 '딩-딩 선생'이라 불렀는데, 이 이름은 혁명을 염두에 두고 선택하지 않은 유일한 별명이었다. 그들은 레닌이 섬을 떠나자 고리키에게 질문하면서 레닌을 보고 싶어 했다. "딩-딩은 어떻게 지냅니까? 차르가 아직 그를 붙잡지 못했나요?"[22]

레닌은 꼭 일 주일을 머물렀다. 그는 이탈리아어를 많이 알지 못했으며, 더군다나 투박한 나폴리 사투리는 더더욱 이해할 수가 없었다. 바쁜 여행자였던 레닌은 시간을 쪼개 겨우 나폴리의 바물관도 돌아보고 본토의 베수비오산도 오를 수 있었다. 그러나 레닌은 여행으로 몸이 회복되었다고 느꼈다. 그는 별장과 푸른 바다, 갓 잡은 물고기, 오페라풍의 발라드, 너그럽고 생기 있는 주민들을 사랑했다. 이탈리아 남부 여행 덕분에 레닌은 기운을 차렸다. 레닌은 다시 정치적 싸움판에 뛰어들 준비가 되었다.

연락선을 타고 나폴리로 건너간 레닌은 로마를 거쳐 알프스산맥을 가로질러 스위스로 되돌아가는 긴 기차 여행을 했다. 레닌은 마음을 정했다. 일단 제네바에 도착하면 알렉산드르 보그다노프와 그 동조자들과 완전히 갈라서서 그들에게서 볼셰비키 분파를 분리하는 운동을 시작할 것이었다. 정세는 급변하고 있었다. 보그다노프는 정치 조직의 세세한 면을 고민하는 면에서 도저히 레닌을 따라가지 못했다. 보그다노프는 볼셰비키 지도자들을 정신없이 바쁘게 하던 끝없는 음모에 녹초가 되었고, 글을 쓸 수 있는 시간이 더 많아지기를 진심으로 원했다. 요컨대 보그다노프는 레닌의 태도를 더는 참을 수 없었고, 카프리섬에서의 만남 이후 개인적 비방을 참지 못하고 볼셰비키 신문 〈프롤레타리〉의 편집진에서 사임했다. 그러나 보그다노프는 볼셰비키 센터에서 맡았던 자리는 계속 유지했다. 그랬기 때문에 레닌이 볼셰비키를 국가 두마와 러시아의 합법적 공공 조직에 참여하는 것을 지지하는 노선에 붙들어매는 데 성공하게 될 것인지는 결코 분명하지 않았다. 고리키는 레닌이 보그다노프와의 의견 차이를 볼셰비키 분파를 분열시키는 지경까지 몰고 가지는 않으리라 생각하려 했고, 자신의 친구들에게도 그럴 것이라고 역설했다.[23] 그러나 고리키는 틀렸다. 레닌은 보그다노프와 결별하기로 단호하게 마음먹었다.

이는 레닌의 그룹이 최근에 보그다노프에게서 어느 정도 재정적으로 독립했기 때문에 가능했다. 이 일은 매우 특이한 방식으로 일어났다. 부유한 모스크바의 기업가 사바 모로조프(Savva Morozov)의 조카였던 젊은 혁명 동조자 시미트가 1907년에 갑자기 죽었는데, 그는 자신의 두 여동생에게 수백만 루블을 물려준다는 유언을 남겼다. 레닌은 이 유산을 수중에 넣는 음모를 꾸미는 데 가담했다. 레닌파 볼셰비키 타라투타(Viktor Taratuta)와 안드리카니스(Nikolai Andrikanis)가 이 자매에게 접근하여 그들과 결혼해 자금을 확보하도록 계획한 것이다. 도덕적으로 비열한 계획이었다. 그러나 레닌에게 행동의 기준은 그 계획이 혁명에 도움이 되는지 여부였고, 두 자매를 감정적으로 기만하는 일은 충분히 수용할 수 있는 일이었다. 정치에는 '감상'이 들어설 자리가 없다는 것이 10대 이래 레닌이 지켜 온 논지였다. 이제 레닌은 정치적 이익을 위해 감상을 이용함으로써 역설적 방식으로 이 논지를 좀 더 세밀하게 다듬었다.

레닌은 계획을 직접 실행할 배짱이 없었다고 친구들에게 털어놓았다. 레닌은 개인적 관계를 맺을 때 처신을 잘하라고 가르침을 받으며 자란 만큼, 그 계획을 둘러싼 모든 것이 불쾌했다. 그러나 레닌은 또한 타라투타 같은 노동 계급 출신의 거친 볼셰비키가 지닌 허세를 매력적으로 보고 좋아하기도 했다. "그는 어떤 일에도 망설이지 않기 때문에 훌륭합니다. 여기서, 솔직히 이야기해보시오. 당신은 순전히 돈을 보고 부유한 여자 상인을 쫓아다닐 수 있겠습니까? 그렇지 않을 겁니다. 나도 못할 거고요. 나는 내 자신을 극복할 수가 없습니다. 그러나 빅토르(타라투타)는 이겨낼 수 있어요. …… 바로 이 점이 아무도 그를 대신할 수 없게 만드는 것입니다."[24] 놀랍게도 이 계획은 성사되었다. 타라투타와 안드리카니스는 둘 다 여성들에게 인기가 있었고 시미트 자매를 유혹해 결혼을 성사시켰다. 레닌에게 문제는 이 볼셰비키 구혼자들이 분파에 의무를 다하리라고 믿은 것이었다. 두 사람이 합동 결혼식을 올린 후 레닌은 어떤 일이 벌어질지 초조하게 기다렸다. 실제로 안드리카니스는 레닌을 배신했고, 타라투타조차 합의와 달리 모든 것을 넘겨주지 않은 것으로 보인다. 그러나 상당한 금액이 결국 레닌의 수중에 들어가 그를 볼셰비키 센터로부터 재정적으로 독립할 수 있게 해주었다. 마침내 레닌은 보그다노프와 그의 친구들에게 의존하지 않게 되었다.

1909년 2월에 레닌은 먼저 보그다노프와 개인적으로 관계를 끊었다. 레닌은 노스코프가 자신을 중상한다고 생각하고 보그다노프도 용납할 수 있는 범위를 벗어났다고 확신한 1904년에 이미 관계를 끊은 적이 있었다. 1909년 6월경, 볼셰비키 센터의 구성원들이 참석한 가운데 파리의 카퓌트 카페에서 열린 〈프롤레타리〉 편집 회의에서 최종 대결이 펼쳐졌다. 레닌은 신중하게 준비했고 참가자 다수는 레닌을 기꺼이 지지했다. 보그다노프의 노선은 비판받았고, 그가 '혁명적 마르크스주의의 길에서 일탈'함으로써 자동으로 볼셰비키와 분리되었다고 레닌은 선언했다.

레닌은 철학적 논거로도 보그다노프에게 도전했다. 모든 마르크스주의자들과 마찬가지로 레닌은 올바른 인식론적 관점을 기반으로 하여 정치적·경제적 전망을 지도해야 한다고 믿었다. 레닌은 1908년 5월에 런던 여행의 기회를 이용해 자신의 책 《유물론과 경험비판론》을 쓰기 위한 연구를 끝냈다. 블룸즈버리의 태비스톡 플레이스 21번지에 자리 잡은 레닌은 대영박물관 가까이 살며 매일 박물관을 방문했다.[25] 레닌은 빠르게, 어쩌면 지나치게 빨리 보그다노프가 찬양한 철학자들의 주요 저술을 읽어 치웠다. 책은 곧 출간되었고, 레닌은 이 책을 볼셰비키 분파 내에서 우위를 차지하기 위한 투쟁의 무기로 삼았다. 책의 각 장에는 보그다노프에 대한 개인적 조롱이 넘쳐났지만, 이 책은 1917년 이후 소비에트 지식인들을 위한 철학적 경전이 되었다. 왜 레닌이 이 책을 쓸 정도로 화가 났는지 본질적인 이데올로기적 이유는 분명하다. 레닌은 유럽 계몽주의의 후손이었다. 레닌은 18세기 철학자들이 옹호한 종류의 과학을 믿었다. 그에게는 절대적 진리와, 외부 세계의 독립적인 실재 같은 것들이 존재했다. 이를 부인하는 사람들은 스스로 마르크스주의자라고 주장하더라도 정치적 반동 '진영'에 속했다.

레닌이 보기에 보그다노프는 위험한 상대론자였다. 보그다노프는 아무것도 믿지 않았다. 보그다노프는 어떤 것들이 딱 부러지게 발견되고 입증되었다고 생각할 수가 없었다. 실제로 보그다노프는 '보는 것'이 믿을 만한 인식 방법이라고 믿지 않았다. 레닌은 마르크스와 18세기 자연 과학의 이상, 그리고 우주의 정확한 상(像) 전체를 새길 수 있는 인간 정신의 능력을 깊이 확신했다. 레닌은 정신을 일종의 카메라로, 인식의 틀림없는 길잡이가 되는 카메라로 여겼다. 세계를 이해하는 이러한 방식을 부인함으로써 보그다노프는 사제와 신비주의자 편에 섰다. 레닌은 보그다노프가 마르크스주의를 포기했을 뿐만 아니라 러시아 노동 운동과 진정으로 실행 가능한 혁명 사상도 단념했다고 비난했다.

보그다노프를 공격하는 시기는 정치적 동기에 따라 정해졌지만, 레닌은 정말로 보그다노프가 마르크스주의의 핵심 교의를 버렸다고 여겼다. 그러나 레닌이 세운 전제의 토대에 질문을 던질 필요가 있다. 레닌은 인식론이 사회 분석을 낳고, 사회 분석이 경제학을 낳으며, 경제학이 정치 전략을 낳는다고 말했다. 그리하여 애초에 인식론 문제에서 틀린 보그다노프는 정치에서도 틀릴 수밖에 없다는 것이었다. 레닌은 이와 대조적으로 자신의 사고가 논리적 경로를 따른다는 인상을 주고 싶어 했다. 그러나 레닌의 주장은 진의가 의심스러울 정도로 지나쳤다. 레닌이 활동 과정에서 몇 차례 갑자기 노선을 변경했음을 감안할 때, 그가 리시아에서 자신과 자신의 분파를 권력의 자리에 두게 하는 것은 무엇이든 하고자 하는, 부분적으로는 정치적이고 부분적으로는 본능적인 욕망을 만족시키기 위해 자신의 사고에 대해 이와 같은 이미지를 품을 필요가 있었다는 의심이 확실히 든다. 이데올로기적으로 순수하다는 주장은 단지 가면에 불과했다. 레닌이 가면을 쓰고 거울을 들여다보았을 때, 자신의 얼굴이 가려져 있다는 사실을 반드시 자각한 것은 아니었다. 가면을 썼다는 사실을 무시할 수 있는 능력은 정치가로서 레닌에게 힘의 원천이었다. 자기 인식이 충분했더라면 레닌은 마르토프나 체르노프같이 스스로 반성하는 정치인으로 변신했을 것이다. 레닌은 정복하고 싶었으며, 어떤 것도 자신이 승리를 추구하는 길을 복잡하게 만들지 못하게 했다.

1908년부터 레닌은 보그다노프에 대해 좋게 말한 적이 없었다. 레닌은 운이 나빴던 1904년에 보그다노프에게 도움받았던 일은 잊었다. 1906~1907년에 쿠오칼라에서 레닌파와 보그다노프파 사이에 존재했던 동지애는 레닌의 기억에서 사라졌다. 자신의 동료들도 똑같이 망각할 것을 기대하면서 레닌은 누나 안나가 《유물론과 경험비판론》이 논쟁적 조악함을 지나치게 드러냈다고 생각하는 것을 달갑지 않게 여겼다.[26] 안나와 마리야가 보그다노프의 소설 《기사(技師) 멘니》를 재미있게 읽고 있다는 사실을 알았다면 레닌은 훨씬 더 분노했을 것이다.[27]

레닌은 보그다노프를 공격하는 데 온 힘을 쏟았고, 이 경쟁 분파에 조금이라도 양보하면 자신의 영향력이 사라질 것이라고 생각했다. 레닌이 생애 내내 취했던 전투적 태도였다. 레닌은 자신의 정당이나 분파를 분열시킬 때마다, 믿을 수 없는 자를 제거하고 볼셰비키 조직의 핵심을 자신의 통제 속에 견고히 결합하고 있다고 믿었다.

레닌은 이 점에서 현명하지 못했다. 분열 뒤에 레닌에게 남은 지지자들 역시 그의 노선의 이런저런 측면에 반대했으며, 또 조직이 작아진다고 해도 그 결과로 사람들 사이의 응집력이 높아지지는 않았기 때문이다. 실제로 이런 사태가 레닌이 보그다노프를 패배시킨 바로 그 회의에서 벌어졌다. 볼셰비키 센터는 보그다노프를 거부해야 한다는 점에 대해서는 레닌에게 동의하면서도, 상트페테르부르크에서 발행 부수가 많은 합법적 신문을 창간하고자 하는 레닌의 바람에는 반대했다. 심지어 볼셰비키 센터는 망명자들이 발행하던 주간지 〈프롤레타리〉를 폐간할 것까지 고려했다. 레닌은 가까스로 폐간을 피했지만, 월간으로 변경하여 발행하는 데 동의해야 했다. 게다가 볼셰비키 센터가 트로츠키의 대중 신문인 〈프라우다〉를 운영하는 데 볼셰비키의 협력과 자금을 제공하겠다는 구상을 하고 빈에 있던 트로츠키와 협상하고 싶어 하던 상황은 레닌에게 더욱 좋지 않았다.

레닌이 예상하지 못한 것은, 그가 보그다노프와 반(反)두마 볼셰비키를 제거하면서 볼셰비키 분파 내 여론이 멘셰비키와 협력을 추구하는 사람들 쪽에 유리하게 움직이게 되었다는 사실이었다. 그들 중 눈에 띄는 사람은 다른 상황에선 하찮은 존재였을 류비모프(A. Lyubimov)였다. 볼셰비키 센터는 류비모프를 센터의 서기로 뽑아 뜻을 확실히 했다. 그러나 레닌은 귀담아들으려 하지 않았다. 대신 레닌은 류비모프로 하여금 볼셰비키 센터가 트로츠키와의 협력 조건을 까다롭게 내걸게 하려고 광분했으나, 이 노력은 수포로 돌아갔다. 레닌의 가족 생활도 그의 기분을 무겁게 했다. 가족들이 레닌을 보살피는 것이 아니라 레닌 자신이 가족들을 돌보아야 하는 상황이 닥친 것이다. 마리야 일리니치나가 처음에는 티푸스로, 그 뒤에는 충수염으로 쓰러졌으며 레닌은 마리야가 적절한 치료를 받을 수 있도록 적극적으로 알아봐야 했다.(항상 레닌을 찬미하고 경외하던 마리야는 오빠가 자신을 위해 애쓰는 데 감사했다.)[28] 그러나 레닌은 너무 많은 전선에서 너무 열심히 지신을 몰아대고 있었다. 볼셰비키 센터 회의 이후, 더는 견딜 수가 없었던 레닌은 나댜와 장모, 마리야와 함께 센에마른에 있는 봉봉이라는 마을로 이사했다. 레닌은 정치에 대해 말하고 쓰는 것을 피하라는, 그에게는 정말로 가혹한 조건에 얌전하게 동의했다.[29]

레닌은 약속을 지키지 않았고, 누구도 그가 약속을 지키리라고 진지하게 기대하지 않았다. 레닌의 지지자들 중에는 왜 한 사람이 그렇게 쉽게 당을 아수라장으로 만들 수 있는지 의문을 품는 사람들이 여전히 있었다. 멘셰비키인 표도르 단은 종종 그런 질문을 받았다. 단의 대답은 직설적이었다. "오, 그것은 하루 24시간 내내 혁명에 몰두하고, 혁명에 대한 생각 말고는 어떤 생각도 하지 않으며, 심지어 잘 때도 혁명에 관한 꿈을 꾸는, 그런 사람이 없기 때문이죠. 그러므로 바로 당신이 그렇게 해서 레닌에 대적하면 됩니다!"[30] 단은 그 이유를 극히 간결하게 표현했다. 레닌은 분파주의자이기 때문에 완고했고, 자신의 구상만이 혁명의 대의를 진정으로 진전시킬 수 있다고 생각했기 때문에 분파주의자였다.

하지만 레닌을 가장 가혹하게 비판한 사람은 볼셰비키와 그들의 동조자들이었다. 그들은 레닌의 의심스러운 점을 더는 좋게 생각할 수 없었다. 고리키는 레닌의 '불량배 같은 말투'를 참을 수 없었다. 《유물론과 경험비판론》이 상트페테르부르크의 출판업자 크룸뷰겔(L. Krumbyugel)의 이름으로 출간되었을 때, 고리키는 몇 쪽만 읽고는 책을 내던져버렸다.[31]

어떤 사람이든 누구에게나 "나는 마르크스주의자요", "나는 프롤레타리아요."라고 외친 다음 즉시 자기 이웃들의 머리 위에 올라앉아 그들의 눈앞에서 짖어대는 사람들은 모두가 내겐 속물처럼 역겹다. 내가 보기에 그들은 모두 레스코프*가 칭한 대로 "자신만의 환상을 즐기는 염세주의자"이다. 인민과 자신이 연결되어 있다는 생생한 의식이 자기 내부에서 고동치고 있지 않다면, 허영의 제단에 동지적 감정을 기꺼이 바칠 의사가 있다면, 그 사람은 쓰레기다.

레닌은 자신의 책에서 바로 그런 사람이다. '진리'에 대한 그의 논쟁은 진리의 승리를 위해서가 아니라 "나는 마르크스주의자요! 세계에서 가장 훌륭한 마르크스주의자는 나요!"라는 주장을 증명하기 위한 것이 되고 말았다.

이 말이 고리키가 보그다노프 부부에게 보낸 사적 편지가 아니라 공개적으로 표명되었더라면 레닌은 타격을 받았을 것이다. 멘셰비키가 레닌을 과대망상증 환자라고 비난했던 반면에, 볼셰비키 동조자였던 고리키는 레닌이 허영심에 쫓기는 인물이라고 주장했다.

레닌의 운은 기울고 있었다. 레닌과 나댜는 5주간 체류한 뒤 센에마른에서 돌아와 조용한 뤼 마리로즈에 있는 아파트를 빌렸다. 레닌은 볼셰비키 센터의 다른 구성원들이 트로츠키에게 협동을 제안했을 뿐 아니라 심지어 마르토프와 접촉하고 있다는 소식에 곧 화가 났다. 레닌의 가장 가까운 동료인 그리고리 지노비예프*마저 그를 지지

니콜라이 레스코프(Nikolai Leskov, 1831~1895) 러시아의 단편 소설가, 극작가. 오룔과 키예프에 있는 형사법원에서 하급 서기로 일했고, 러시아에 진출한 영국 회사에 들어가 러시아 전역을 돌아다녔다. 초기 소설 《갈 곳이 없다》와 《적대》가 러시아 혁명에 강한 적의를 나타냈기 때문에 급진주의자들에게 공격을 받았다.

그리고리 지노비예프(Grigori Zinoviev, 1883~1936) 1901년부터 러시아사회민주노동당에서 활동했으며, 1903년 이후는 볼셰비키파에 속했다. 1905년 혁명 후 망명지에서 레닌의 곁에서 활동했으며, 1917년 2월 혁명 후에 레닌과 함께 귀국했다. 10월 혁명 후 페트로그라드 소비에트 의장을 지냈고, 이후 코민테른 집행위원회 의장을 겸하면서 국제 혁명 운동을 지도했다.

하지 않으려 했다.

격노한 레닌은 중앙위원회 신문 〈사회민주주의자〉의 편집진에서 사퇴했다. 레닌의 정치적 강박 관념은 평소 그에게 감정 절제의 이점을 인식할 수 있게 해주었으나 반드시 그런 것은 아니었다. 레닌은 때때로 자신을 억제하지 못했고, 이때에는 아무도 그를 말릴 수 없었다. 레닌은 사임하자마자 자신의 행동을 후회했고, 조용히 생각한 끝에 사임을 철회했다. 그 뒤 1910년 1월에 오랫동안 기다리던 중앙위원회 총회(Central Committee plenum)가 파리에서 열렸다. 회의는 호된 시련의 무대였다. 멘셰비키보다 볼셰비키가 더 많은 이 통합 중앙위원회는 볼셰비키 센터의 폐쇄와 볼셰비키 분파 월간지 〈프롤레타리〉의 발행 중단을 명령했다. 중앙위원회는 또 중앙당 지도부의 중심을 파리에서 러시아로 옮길 것도 요구했다. '러시아 위원회'라는 조직이 창설되어 중앙위원회의 이름으로 행동할 권한을 부여받았다. 멘셰비키의 도움 없이 볼셰비키가 획득한 시미트 자매의 돈은 중앙위원회, 그리고 독일 마르크스주의자 카를 카우츠키, 프란츠 메링*, 클라라 체트킨*으로 이루어진 수탁 그룹에 넘겨질 것이었다. 1909년 6월에 있었던 보그다노프의 패배는 중앙위원회 총회에 의해 좀 더 폭넓은 수준에서 무효가 되었다.

하지만 레닌은 곧 자신의 지배력을 회복했다. 1910년쯤에 레닌은 에너지가 넘치는 옛 모습을 되찾았다. 레닌과 망명자들을 비판한 러시아 제국 내의 마르크스주의 지도자들은 혼란에 빠졌다. 오흐라나

프란츠 메링(Franz Mehring, 1846~1919) 독일의 역사가, 사회주의자. 베를린과 예나의 대학에서 수학한 후 문학·역사·철학·정치 등의 폭넓은 분야에서 집필 활동을 했다. 1889년 이후 독일사회민주당 기관지 〈신시대〉의 편집에 참여했다. 제1차 세계대전 중에는 제국주의 전쟁에 저항했고 스파르타쿠스단과 그 후신인 독일공산당 창립에 참여했다.
클라라 체트킨(Clara Zetkin, 1857~1933) 사회주의 독일 정치가이자 여성 운동가. 독일공산당 지도자로서 1920~1933년 동안 바이마르 공화국 의회 의원을 지냈다.

는 손쉽게 지역 위원회들을 파괴했다. 대부분이 멘셰비키인 일부 마르크스주의자들은 낙심한 나머지 당을 해체하고 순전히 합법적 노동 운동의 테두리 안에서만 활동하자는 운동을 벌일 정도였다. 레닌의 용어에 따르면 이 '청산파'는 당의 다수파는 아니었으나, 그들의 존재 덕분에 볼셰비키는 자신들만이 혁명 정신을 지킨다고 주장할 수 있게 되었다. 소환파든 최후 통첩파든, 볼셰비키 좌파는 정치적으로 경도된 공장 노동자들 사이에서 호소력을 잃어 가고 있었다. 레닌은 자신의 시간이 곧 다시 올 것임을 감지했다.

감정적인 면에서는 레닌에게 이미 두 번째 기회가 찾아와 있었다. 나댜와 레닌의 결혼에는 레닌 편에서든 혹은 사실 나댜 편에서든 깊은 낭만적 감정이 담겨 있지 않았으며, 레닌은 다른 볼셰비키 여성들에게 강하게 매력을 느낀 적이 있음이 틀림없었다. 또한 지난 수년 동안 바제도병은 나댜의 외모를 악화시켰다. 가여운 여인이여! 병이 심해지면서 나댜는 눈이 앞으로 튀어나오고 목이 부어 불룩해졌다. 몸무게가 늘어났고 심계항진을 겪었다. 나댜도 레닌도 아이를 가질 생각을 포기했다. 바제도병의 광범한 증상 중 한 가지는 여성 환자의 생리 주기가 불규칙해지는 것이었다. 나데즈다 크룹스카야가 이 증상을 겪었는지는 분명치 않지만 그럴 가능성이 농후하다. 레닌은 나댜의 처지를 측은하게 여겨 수술로 병을 치료하자고 권했다. 그러나 나댜는 이 권고를 거절했다. 수술이 성공할 보장도 없고 심지어 그리 안전하지도 않다는 것을 잘 알았기 때문이었다. 나댜는 이제 레닌이 결혼했던 건강한 젊은 여성이 아니었다. 나댜의 모습은 초라해졌고 마흔한 살이던 1910년에 자기 나이에 걸맞게 보였다. 그녀는 젊었을 때도 생기발랄한 미인은 아니었지만, 이제는 볼품없어진 데다 몸까지 아팠다.

그때까지 겉으로 보기에 레닌은 성적 유혹을 견뎌냈다. 사실 시베리아에서 결혼한 이후 그는 자제력을 유지했지만, 파리에서 이네사 아르망을 알게 되면서 무너진 것 같다. 모두가 그녀를 그냥 이네사 라고 알고 있었다. 이네사는 과부였다. 아버지는 프랑스인이었고 어머니는 영국인이었다. 이네사는 어린 시절에 러시아에서 자랐고, 어른이 되었을 때 알렉산드르 아르망(Aleksandr Armand)과 결혼했다. 당시 그녀는 알렉산드르의 부모 집에서 가정교사가 되기 위해 수업을 받고 있었다. 이네사는 다섯 자녀*를 두었으나, 그녀가 시동생 블라디미르 아르망(Vladimir Armand)과 잠자리를 같이한 후 결혼은 사기가 되었다. 하지만 이 불륜은 금방 끝났다. 블라디미르는 1909년에 결핵으로 사망했다. 그 후 이네사는 자녀 셋과 함께 서유럽으로 이주했다(남편 알렉산드르는 그녀를 재정적으로 계속 지원했다). 이네사는 이미 혁명 활동을 하고 있었고, 내무부는 그런 그녀를 러시아 최북단 아르한겔스크로 추방한 바 있었다. 파리에서 이네사는 러시아사회민주노동당의 볼셰비키 분파에 가담했다. 볼셰비키는 러시아어, 프랑스어, 영어에 능통한 이네사를 따뜻하게 환영했다.

이네사 아르망은 적갈색의 길고 곱슬거리는 머리칼을 가진 30대 중반의 아름다운 여성이었다. 문서고에 있는 사진을 보면 그녀는 얼굴이 예뻤다. 그러나 소련 역사책에 실린 사진은 그 사진과 같지 않은데,[32] 이네사와 레닌의 관계에 대한 추측을 무시하고 싶은 당국이 그녀를 실물보다 덜 매력적인 외모로 보이게 했다는 생각이 든다. 이네사는 광대뼈가 높고 뚜렷했다. 코는 약간 굽었으며 콧방울은 멋지게 빛났다. 윗입술은 약간 앞으로 나와 있었다. 이는 하얗고 가지런했다. 이네사는 윤이 나는 검은 눈썹을 갖고 있었고 출산 후에도 몸매를 그대로 유지했다. 청소년 때의 자녀들과 함께 찍은 사진에서 이

---

*정확하게는 알렉산드르 아르망과 사이에서 네 자녀를 두었고, 시동생인 블라디미르 아르망과 맺은 혼외 관계로 한 명의 자녀를 더 두었다.

볼셰비키 혁명가 이네사 아르망. 레닌의 연인이기 이전에 헌신적인 지하 혁명 활동과 소비에트 국가 수립 이후 여성 인권 문제에 공헌한 정치가로 이름을 남겼다.

네사는 어머니가 아니라 큰누나처럼 보인다. 이네사의 외모는 오흐라나 요원이 그녀의 나이를 실제보다 몇 살 어리게 볼 정도였다. 이네사는 생기발랄했다. 그녀는 기회가 있을 때마다 말 안장에 올라앉았고 피아노로 베토벤을 연주하기를 좋아했다. 이네사는 자녀들을 무척 아꼈지만, 자신의 욕망을 자식 때문에 억누르지는 않았다. 특히 이네사는 혼외 관계에 자유분방한 태도를 취했다.

레닌과 이네사 아르망의 관계는 서서히 시작되었으며, 열정은 그녀 쪽에서 먼저 싹텄다. 이네사는 훗날 이에 대해 레닌에게 생생하게 편지를 썼다.[33]

당시 저는 당신이 무척 무서웠어요. 당신을 보고 싶은 마음이 있었지만, 당신 앞에 나서기보다는 그 자리에서 죽어버리는 것이 더 나은 것 같았어요. 무슨 이유에서인지 당신이 N. K.(크룹스카야)의 방에 불쑥 들어왔을 때, 전 바로 통제력을 잃고 바보같이 행동했습니다. 롱쥐모에 와서야, 그리고 번역에 관련해 당신과 이야기하게 된 가을에야 당신에게 어느 정도 익숙해졌지요. 전 당신이 말하는 것을 듣는 것은 물론이거니와 당신이 말할 때 당신을 바라보는 것도 무척 좋아했습니다. 우선, 당신의 얼굴은 매우 생기가 있었고, 둘째, 그때 당신이 눈치채지 못했기 때문에 마음놓고 당신을 바라볼 수 있었어요.

같은 편지에서 이네사는 다음과 같이 덧붙였다. "당시 저는 당신과 사랑하는 사이는 결코 아니었지만, 그때에도 전 당신을 매우 사랑했습니다."[34] 곧 아네사는 레닌과 사랑에 빠졌다. 레닌이 거꾸로 그녀에게 똑같이 완전히 빠졌음을 보여주는 편지는 전혀 남아 있지 않으며, 이 때문에 일부 저술가들은 연애 사건 같은 것은 없었다고 결론을 내렸다.[35] 그러나 레닌의 편지가 없는 것은 놀라운 일이 아니다. 1914년 중반에 레닌은 둘의 관계가 시들해지자, 이네사에게 자기가 보냈던 편지를 돌려 달라고 청했다.[36] 레닌의 목적이 둘 사이에 벌어졌던 일의 증거를 없애는 것 말고 다른 데 있었다고는 상상하기 힘들다.

볼셰비키 지도자의 동료와 지인들은 1910~1912년에 두 사람이 불륜 관계였던 것을 당연하게 여겼다. 프랑스 마르크스주의자인 샤를 라포포르(Charles Rappoport)는 아브뉘 도를레앙에 있는 한 카페에서 둘이 이야기를 나누고 있는 것을 우연히 보았을 때, 레닌이 "이 자그마한 프랑스 여자에게서 가늘게 째진 눈을 떼지 못했다."라고 기록했다.[37] 10월 혁명 후 레닌의 비서가 된 리디야 포티예바(Lidia Fotieva)도 이에 대해 넌지시 말한다. 포티예바는 레닌의 아파트를 방문했을 때 나댜가 부부 침실에서 자지 않고 어머니의 침실에서 자는 것을 여러 차례 보았다.[38] 1911년 9월에 이네사는 뤼 마리로즈로 이사했고 레닌 부부 옆집에서 살았다.

둘의 관계를 설명하는 완전히 확실한 증거는 없다. 그러나 그들이 주고받은 편지들의 강렬한 내용을 볼 때 레닌이 단순히 이네사를 장난삼아 대했던 것 같지는 않다. 그들은 혼외정사를 가졌던 듯하다. 이네사와는 달리 레닌은 편지에서 명확하게 언급하지는 않았지만, 둘이 서로 연정을 품었던 것은 확실하다. 그렇다면 그들은 서로 어떤 점에 끌렸는가? 레닌의 경우 이네사가 마지막 일기에서 토로했듯이, 그녀가 삶이란 어떤 위대한 목표를 위해 살아야 한다고 생각한 사람이었다는 점이 아마도 결정적이었을 것이다. 이네사에게는 혁명 전략에 대한 볼셰비키의 이상이 바로 그러한 대의였다. 그리고 물론 이네사는 생기발랄하고 아름다웠으며 넓은 의미에서 '교양'이 있었다. 레닌이 그녀를 좋아하게 된 것은 놀랄 일이 아니었다. 이네사는 왜 자신이 레닌에게 마음을 뺏겼는지 기록을 남겼다. 이네사는 레닌의 생기 있는 눈과 자신감, 위압적인 존재감을 흠모했다. 이네사가 레닌에게 깊은 관심을 품고 있다는 것을 레닌이 처음에 알아차리지 못한 것도 그녀에게 매력으로 다가왔다. 이네사는 레닌에게 주체할 수 없을 만큼 빠져들었고, 그녀는 그처럼 매혹적인 레닌을 무조건 가져야만 했다.

한동안 이네사는 확실히 성공적이었다. 이 과정에서 희생당한 사람은 1898년에 결혼한 후 레닌의 활동에 자신의 삶을 바쳐 온 나댜였다. 나댜는 인내심이 강했다. 하지만 당연히 부부 사이에 제3자가 끼어드는 형태의 삼각관계가 계속되는 것은 용납하지 않았다. 그들은 불화의 상세한 내용을 무덤까지 가져갔고, 온갖 소문이 돌면서 그 빈틈을 채웠다. 나댜는 스스로 집을 나가 연인들이 관계를 지속하도록 내버려 두고 싶어 했다고 전해진다. 레닌은 결혼 생활이 끝날지도 모른다는 사실에 소스라치게 놀랐다. 나댜에게 빚을 지고 있다는 의식이 영향을 주었을 것이고, 또 나댜가 바제도병으로 힘들어하고 있다는 사실 때문에도 미안했을 것이다. 어쩌면 레닌의 행복은 나댜를 잃지 않고 이네사를 가지는 데 달렸을 수도 있었다. 나댜는 레닌에게 개인 비서이자 집안일의 총 책임자였다. 이네사는 이 이중 역할에서 결코 나댜만큼 유능하지 않을 것이었다. 이네사는 그 역할을 하는 데 동의조차 하지 않았을 것이다. 그래서 소문에 따르면, 레닌은 나댜가 마음을 바꾸도록 부탁했다. "계속 있어줘요!"[39] 레닌이 이네사에게 연정을 느끼지만 자신에 대한 애정도 식지 않았다는 것을 확신한 후에야 나댜는 레닌의 요청을 따랐다.

나댜와 이네사는 서로 적대감을 느끼지 않았고, 울리야노프 부부가 라 그랑드 뤼 140번지에 아파트를 빌려 살고 있던 1911년 말에 파리 남쪽으로 20킬로미터쯤 떨어진 롱쥐모의 당 학교에서 같이 일했다.[40] 레닌과 나댜가 자식을 낳지 못한 것은 둘 모두에게 계속되는 슬픔이었다. 뤼 마리로즈의 이웃집에 이네사의 아이들이 있다는 사실은 울리야노프 부부에게 큰 기쁨이었으며, 부부는 파리에서뿐만 아니라 나중에 모스크바에서도 이 아이들을 삼촌과 숙모처럼 대했다.

다른 방식으로도 레닌은 삶을 충분히 즐겼다. 레닌은 망명자로서 나라를 옮겨 다녔을 뿐만 아니라 아파트를 자주 바꾸는 데도 익숙했다. 1907년 말에 핀란드를 빠져나온 뒤 3년 동안 레닌은 강연도 하고 회의에도 참석하면서 (물론 휴가도 가지면서) 유럽 한복판을 맨 위에서 맨 아래까지 가로지르며 돌아다니는 정치적 집시로 살았다. 레닌이 방문한 유럽 대도시들로는 베를린, 베른, 브뤼셀, 코펜하겐, 제네바, 라이프치히, 리에주, 루체른, 런던, 나폴리, 니스, 파리, 슈투트가르트, 취리히가 있었다. 레닌은 또 브르타뉴의 마을들과 카프리섬에서 휴식을 취하는 데 많은 시간을 보냈다. 레닌은 정치에 몰두하고

자 하는 욕망과 좀 더 사적인 삶을 누리고 싶은 욕망 사이에서 균형을 잡는 요령을 배우는 중이었다. 그는 1910년 말에 스톡홀름에서 어머니를 만나 2주를 같이 지낼 준비를 하면서 몹시 즐거워했다.(그리고 레닌은 어머니가 스톡홀름에서 아들을 주려고 산 스웨덴제 체크무늬 담요를 소중히 간직했다.) 레닌이 롱쥐모에 세운 당 학교도 그의 마음을 가볍게 했다. 레닌은 강의를 통해 볼셰비키로 전향시킬 수 있는 똑똑한 러시아 노동 계급 출신 학생들을 볼 수 있는 기회를 반겼다.

레닌은 초조해하는 성격을 결코 버리지 못했다. 레닌을 거의 미칠 지경으로 몰아붙이는 일들이 많았다. 시미트 자매의 유산 문제가 그랬고, 자전거 사고나 보그다노프와의 철학적 (사실 그렇게 철학적이지는 않았던) 논쟁이 그랬다. 그러나 레닌은 평소보다 조용히 지낼 수 있었다. 그는 여행을 하고, 글을 쓰고, 연구하고, 자전거를 타고, 음악을 듣고, 특히 이네사 아르망과의 교제를 즐겼다.

그리고 레닌은 자신의 분파 내에서 자신을 궁지에 몰아넣었던 조직적 난관에서 벗어날 길을 찾을 수 있었다. 러시아사회민주노동당 전체의 중앙위원회가 1911년 5월 28일에 파리에서 열렸다. 레닌은 걱정을 하며 위원회에 참석했다. 멘셰비키와 화해를 추진하는 류비모프 같은 볼셰비키가 권력을 쥐고 있는 한, 레닌은 어떤 종류의 통제력도 기대할 수 없었다. 그러나 파리에서 내려진 결정들은 레닌에게 유리하게 작용했다. 재외 조직 위원단, 러시아 조직 위원단, 기술 위원단이라는 세 기구가 창설되었다. 앞의 두 기구는 당 협의회를 소집하라는 지시를 받았다. 멘셰비키는 참가를 주저했다. 러시아 조직 위원단의 레닌 지지자인 세르고 오르조니키제*가 재외 조직 위원단에 러시아 조직 위원단에 복종하라고 최후 통첩을 했을 때 반감은 더 심해졌다. 이 사실을 알고 중앙위원회의 폴란드 대표인 레오 요기헤스는 당에 대한 기대를 접고 탈당했다. 이 일은 오르조니키제와 레닌에게 멋진 기회를 선사했다. 1911년 12월 파리에서 당 전체 대표자들의 회의로 위장한 볼셰비키만의 모임이 열렸다. 레닌이 이끄는 참가자들은 특정 권한을 지닌 재외 조직 위원단(Foreign Organizational Commission)을 좀 더 일반적인 재외 조직 위원회(Committee of the Foreign Organization)로 대체하여 이 새로운 기구에 당 협의회를 개최할 수 있는 권한을 부여하기로 결정했다.

극단적인 분파주의자들을 제외한 모든 사람들은 망명자들이 일으킨 이 돌풍을 이해하지 못했다. 진짜 문제가 된 것은 조직의 변화 자체가 아니었다. 레닌 충성파를 제외한 어느 누구도 레닌이 규정된 틀안에서 행동했다고 말할 수 없었다. 레닌은 자기 생각대로 했다. 모든 사람들의 예상과 달리 레닌은 당내 하위 분파의 논쟁적 지도자에 지나지 않던 초라한 위치에서 갑자기 새로운 정상으로 도약했다. 레닌은 자신의 작은 분파가 당 전체와 동등하다고 선언할 당 협의회를 개최하려 했다. 그렇게 되면 다른 분파들의 존재는 그다지 중요하지 않게 되리라고 레닌은 기대했다. 레닌은 조직적 정당성의 후광을 누리게 될 것이었다. 레닌은 새로운 중앙위원회와 당 신문의 편집진을 선발할 수 있을 것이었다. 볼셰비즘은 마침내 당이 될 것이었다. 두 번째 망명의 첫 3년은 치욕스럽게 시작했으나 성공적으로 끝나 가고 있었다. 레닌 같은 상습적 분파주의자만이 그런 낙관론으로 자신을 기만할 수 있었다.

세르고 오르조니키제(Sergo Ordzhonikidze, 1886~1937) 그루지야 귀족 집안 출신 볼셰비키. 1903년부터 혁명 운동에 가담했으며 스탈린과 긴밀한 관계를 맺으면서 활동했다. 10월 혁명 후 내전 동안 캅카스에서 백군과 싸웠다. 1926년에 정치국원으로 임명되고 1932년에 중공업인민위원이 되었다.

12장

전투적 논쟁가
1912년~1914년

허버트 스펜서(Herbert Spencer), 오귀스트 콩트(Auguste Comte), 존 스튜어트 밀(John Stuart Mill), 제러미 벤담(Jeremy Bentham), 카를 마르크스와 프리드리히 엥겔스 같은 19세기의 위대한 사회 이론가 대부분은 18세기 계몽 사상의 상속자들이었다. 인간의 문화, 조직, 행동에 대한 그들의 이해는 사람들의 기본적인 합리성과 예측 가능성에 대한 가정과 관련되어 있었다. 그러나 모든 일이 그들의 생각대로 굴러가지는 않았다. 토머스 칼라일(Thomas Carlyle)은 대부분의 사회에서 대부분의 사람들은 카리스마가 있는 지도자들이 이끌 때에만 합리적으로 행동할 수 있다고 주장했다. 신학자 쇠렌 키르케고르(Søren Kierkegaard)와 소설가 표도르 도스토옙스키는 인간 행동의 동기에 있는 어두운 구석을 지목했다. 19세기 말에 지크문트 프로이트를 비롯한 심리학자들은 정신에 사람들이 의도하지 않은 것을 하게끔 하는 잠재의식적 능력이 있다고 역설했다. 철학자 프리드리히 니체(Friedrich Nietzsche)는 진보라는 계몽 사상의 약속을 받아들이지 않았다. 칼라일처럼 니체는 인간 조건의 문제는, 만일 그런 것이 조금이나마 가능하다면, 위대한 인간들이 사회를 이끌고 영웅적 모범으로 자기 자신을 제시할 수 있을 때에만 나아질 수 있다고 주장했다. 다른 사상가들도 당대 산업 사회의 덜 매력적인 모습에 대항하는 데 개인의 지도력이 지닌 미덕을 강조했다. 그들 중에는 걸출한 사회 이론가 막스 베버(Max Weber), 로베르트 미헬스(Robert Michels), 가이타노 모스카(Gaetano Mosca), 귀스타브 르봉(Gustave Le Bon) 등이 있었다.

이들의 사상이 레닌이 구사한 정치적 방식의 근원이었을까? 확실히 《무엇을 할 것인가?》는 지도부의 결정적인 역할을 부각했고, 레닌은 자신이 맡지 않으면 혁명 운동이 무너질 것처럼 행동했다. 레닌은 러시아 노동 운동이 올바른 정치 사상을 채택하고자 한다면, 당에 대한 자신의 지도와 '대중'에 대한 당의 지도가 필수적이라고 열렬히 믿었다. 레닌은 스스로 자신이 특별한 운명을 타고났다고 느낀다는 인상을 주었다. 그리고리 지노비예프는 레닌이 "'소명'을 받았다."고 생각했다고 털어놓았다.[1]

레닌이 그런 당대의 지적 흐름에 관심을 기울였다는 직접적인 증거는 거의 없다. 레닌은 알렉산드르 보그다노프, 니콜라이 부하린*, 아나톨리 루나차르스키 같은 다른 마르크스주의자들이 당시 유행하던 철학, 문화, 사회학, 경제학 저작들에서, 그 내용이 마르크스주의와 부합하는지 상관없이 사상을 빌려오는 것을 싫어했다. 레닌은 19세기 마지막 20년 동안 자신의 세계관을 형성했고, 1900년 이후 등장한 사상가 중에 그가 찬미하는 사람은 없었다. 레닌은 자신의 근본적인 전제에 만족했으며, 그 전제들을 재검토하려 하지 않았다. 레

니콜라이 부하린(Nikolai Bukharin, 1888~1938) 1906년 러시아사회민주노동당에 입당하여 볼셰비키가 되었다. 1911년 아르한겔스크로 유형당하자 서유럽으로 탈출했다. 1917년 2월 혁명 뒤 귀국하여 소비에트에서 활동했고, 당 중앙위원회 위원과 당 기관지 〈프라우다〉 편집장을 지냈다.

닌은 아직 자신의 실제 방침들을 확정하지 못했고, 거의 죽는 날까지 계속 방침을 변경했다. 그러나 레닌은 지식의 윤곽을 확립하고 있었다. 칼라일, 프로이트, 키르케고르, 르봉, 미헬스, 니체, 베버는 레닌의 저술에서 완전히 혹은 거의 무시되었다.(레닌은 자신의 크렘린 책장에 니체의 《차라투스트라는 이렇게 말했다》를 꽂아 두기는 했다.)[2] 레닌은 마르크스, 엥겔스, 플레하노프, 카우츠키에 대한 지식을 넓히고 심화하는 데 몰두했다. 자신이 찬미하던 이 인물들의 저작들로 무장한 레닌은 가장 비정통적인 분석을 주장하면서도 용케 정통적으로 보일 수 있었다. 명석하고 가차없는 논쟁가였던 레닌은 당 노선을 위해 언제나 마르크스주의 고전들(결코 균질적이지 않은)에서 정당성을 찾을 수 있었다. 레닌은 지도력을 믿었으며 자신이 지도력을 발휘할 때 기뻤다. 레닌이 마르크스주의 비판자들이 제기한 일반적인 지적 문제들로 씨름했다면 마음만 어지러웠을 것이다.

그러나 레닌이 마르크스주의 정통성에 대한 자신의 권리를 강조한 사실 그 자체는 레닌이 은밀한 지적 생활을 했다는 의혹을 불러일으킨다. 비록 《무엇을 할 것인가?》를 둘러싼 소동 이후 레닌은 공개적인 언급을 멈추었지만, 러시아 농업 사회주의자 테러리스트들을 찬양했다는 사실은 의심의 여지가 없다. 그러나 레닌의 은밀한 태도는 이 러시아 테러리스트들을 향한 애정에 국한되었는가?

아마도 대답은 '아니오'일 것이다. 1917년 이후 레닌은 편지에서 마키아벨리를 찬양했다. 피렌체의 저술가가 통치를 할 때 잔혹한 조치를 취하는 것이 정당하다고 주장했다는 사실은 레닌에게 꽤나 매력적으로 보였다. 그리고 레닌이 크렘린에서 자기 책상 위에 두었던 작은 조각상이 있었다. 인간의 두개골을 검사하는 원숭이를 표현한 것이었는데, 명백히 찰스 다윈의 사상에 레닌이 매혹당했다는 증거였다.[3] 레닌이 도서관에 머물 때 마르크스주의 저작들과 경제 통계만

검토했다는 생각은 전혀 받아들일 수 없을 것이다. 우리는 이미 제1차 세계대전 당시에 레닌이 독일 철학지 헤겔과 독일 군사 이론가 클라우제비츠(Carl von Clausewitz)를 탐독했음을 확실히 알고 있으며, 따라서 그들이 레닌의 사고에 흔적을 남겼다고 생각할 수 있다. 또 레닌은 자신이 예전에 읽은 고대의 저자들, 특히 아리스토텔레스로 돌아가기도 했다. 레닌이 남긴 기록에서 우리는 그가 헤겔, 클라우제비츠, 아리스토텔레스에게서 마르크스주의 해석과 혁명 전략을 날카롭게 다듬는 데 도움을 받은 것을 볼 수 있다. 아마도 마키아벨리와 다윈도 도움을 주었을 것이다. 특히 다윈은 마르크스주의자들에게 인기가 있었으며, 레닌이 다윈의 '적자생존' 주장을 몰랐다면 놀라운 일이었을 것이다. 여하튼 정치에서 '감상'을 혐오하고 투쟁을 거의 생활 방식으로 즐기던 레닌에게는 마키아벨리도 다윈도 잘 맞았을 것이다. 레닌은 말하자면 타고난 투사였다.

레닌의 가족이 아닌 누군가가 레닌을 가까이하게 되면 그는 결국 레닌의 전투적 스타일에 의문을 품을 수밖에 없었다. 한동안 레닌은 다음 당 협의회의 볼셰비키 조직가들을 계속 찬양했다. 이들의 수장은 다음 당 협의회의 준비를 책임진 세르고 오르조니키제였다. 오르조니키제는 술을 많이 마셨고 열정적이었으며 혁명의 대의에 헌신하는 성실한 그루지야인이었다. 그는 열의 없는 멘셰비키 혁명 전략을 경멸했다. 지식인이 아니었던 오르조니키제는 어서 러시아에 비밀 당 조직을 건설하여 차르 체제를 전복하고 사회주의 사회로 전진하고 싶어 했다. 레닌은 오르조니키제의 영웅이었고, 레닌은 자신의 숭배자를 볼셰비키가 필요로 하던 바로 그런 실무적이고 냉혹한 조직가로서 환영했다.

볼셰비키 망명자들과 접촉하기 위해 러시아 밖으로 나온 오르조니키제는 분파를 다시 하나로 뭉치게 하려면 뭔가를 해야 한다는 데 레닌과 의견이 같았다. 그들은 이 목적을 이루기 위해 당 협의회를 열자고 제안했다. 하지만 그들은 당 협의회 장소로 러시아 마르크스주의자들이 지역 사회를 이루고 사는 파리나 제네바 같은 도시들을 피하기로 결정했다. 대신 그들은 합스부르크 제국 동부에 있는 보헤미아 지역의 중심지 프라하에서 당 협의회를 개최하려 했다. 교묘한 선택이었다. 프라하는 러시아에서도 프랑스에서도 여행하기에 불편한 장소였다. 또 프라하는 러시아 마르크스주의자들이 공동체를 형성한 거리가 없었다. 그와 동시에 프라하는 경찰의 보호 속에 대표들이 자유롭게 활동할 수 있는 곳이었다. 실제로 합스부르크 제국은 차르 체제를 타도하기 원하는 온갖 부류의 혁명가들을 환영했다. 게다가 체코 마르크스주의자들은 러시아 동지들이 조직한 어떤 당 협의회도 무조건 도와줄 것이었다. 레닌과 오르조니키제는 이러한 사정을 볼셰비키 분파에 유리하게 이용할 수 있을 것이었다. 프라하에 도착할 소수의 대표는 거의 예외 없이 볼셰비키일 것이었다. 비밀리에 이루어질 협의회는 레닌과 오르조니키제가 장악할 것이었다. 레닌과 오르조니키제는 볼셰비키 분파가 러시아사회민주노동당 제5차 대회의 가장 큰 분파였으며 따라서 멘셰비키에 최소한의 양보만 하고 당 노선 전반을 지도할 권한이 있었다고 주장할 수 있었다.

프라하에 모여든 당 협의회 대표들이 체코 사회주의 지도부의 따뜻한 환영을 받고 도심 주변의 집들에 여장을 풀면서 이 계산은 옳았던 것으로 드러났다. 당 협의회는 도심에서 진행되었다. 장소는 중세풍의 프라슈나 브라나(화약탑)에서 기차역까지 뻗어 있는 히베른스카 거리 중간에 위치한 '노동자 회관'이었다. 체코사회민주당이 소유한 노동자 회관은 옛 킨스키 궁전으로 큰 안뜰이 있는 3층짜리 건물이었다.

레닌과 그의 동지들은 순조롭게 당 협의회를 준비했다. 그들은 플레하노프를 편든 소수의 멘셰비키에게 초대장을 보냈지만, 이른바 청산파와 관계 단절을 거부한 다른 멘셰비키(멘셰비키의 대다수)와는 접촉을 피했다. 트로츠키는 이에 격분해 빈에서 다른 당 협의회를 조직했으며, 실제로 모든 멘셰비키는 트로츠키의 당 협의회가 자신들이 참석해야 하는 회의라고 생각했다. 그 결과 프라하 당 협의회에는 겨우 18명만 참석했는데, 그들 중 16명은 볼셰비키였다. 프라하에 도착했을 때 이들 중 일부는 다른 분파의 대표가 전혀 없다는 것을 알고 기분이 상했으며, 막판까지 직접 초대장을 보내 이 불균형을 바로잡으려 했다. 오르조니키제는 그들이 초대장을 보내는 것이 별문제가 아니라고 보았다. 아마도 다수파가 될 만큼 많은 볼셰비키 반대자들이 때맞춰 당 협의회에 도착하지 못하리라고 계산했던 것 같다. 그러나 레닌은 요행을 바라지 않았고, 초대가 받아들여지면 당 협의회에서 퇴장할 것이라고 위협했다. 이 행동은 심지어 평소 레닌이 어땠는지 감안하더라도 어리석을 정도로 지나친 행위였다. 오르조니키제는 벌써 '이 빌어먹을 망명자들'의 까다로움이 당을 망치고 있다고 생각했다. 이제 그는 레닌이 최악의 반칙자라는 것을 알게 됐고, 볼셰비키 대표들에 합세하여 레닌을 직접 비판했다.

레닌이 그토록 힘든 시간을 보낸 볼셰비키 모임은 처음이었다. 대표들은 한 가지 기본 문제 때문에 갈피를 잡지 못했다. 합법적 정치 활동의 중요성에 대해 레닌파 볼셰비키가 멘셰비키에 동의한다면, 왜 레닌은 여전히 마르토프와 멘셰비키가 사악하다고 큰 소리로 떠들고 다니는가? 레닌은 그 질문을 회피했다. 사실 지적으로 존중할 만한 어떤 대답도 내놓을 수 없었다.

여하튼 프라하 당 협의회는 추가로 도착하는 사람들 없이 진행되었고, 새 중앙위원회를 선출하고 당 전체를 위한 노선을 제정할 권한을 주장했다. 레닌은 바로 자신이 원하던 것을 대부분 획득했다. 새 중앙위원회는 멘셰비키인 다비트 시바르츠만(David Shvartsman)을 빼고는 모두 볼셰비키였다. 레닌이 바라는 대로 당 협의회도 국가 두마를 비롯한 러시아의 합법적 조직에 참가하고자 하는 당의 높은 열망을 받아들였다. 그러나 레닌은 그전까지 지니고 있던 높은 개인적 권위를 잃어버렸다. 오르조니키제와 몇몇 사람들은 망명지가 아니라 러시아에서 활동하는 지도자들에게 권력이 주어지기를 바랐다. 이 바람은 첫째, 중앙위원회의 해외 부속 기관으로서 재외 조직 위원회의 공식 승인을 철회함으로써 이루어질 것이었다. 레닌이 동료 망명자들과 당 전체에 막강한 영향력을 행사했던 것은 바로 이네사 아르망이 서기로 있는 재외 조직 위원회를 통해서였다. 둘째, 당 협의회는 중앙위원회 위원 일곱 명 중에 망명자로는 레닌과 지노비예프 두 명만 포함하도록 규정했다. 지도부에서 중심은 바야흐로 망명자들의 분파적 분쟁에서 러시아 제국 내의 조직과 선전으로 옮겨 갈 것이었다.

그러나 오르조니키제는 프라하에서 볼셰비키가 내린 결정을 훼손할 다른 요인들이 작동하고 있는 것을 알지 못했다. 오흐라나는 레닌을 러시아사회민주노동당의 붕괴라는, 황제가 요구하는 과업을 멋지게 수행할 잠재적 인물로 여겼다. 레닌의 경력이 커 나가는 것은 오흐라나가 은밀히 추진하는 우선 사업이었다.

프라하 당 협의회 이후 그 도구는 쉽게 손이 닿는 곳에 있었다. 새 중앙위원회 위원이었던 로만 말리놉스키*는 상트페테르부르크 노동조합 조직가이자 노동 계급 출신 볼셰비키로서 군중의 마음을 사로잡는 웅변가였다. 말리놉스키는 1912년 말에 제4대 국가 두마 선거

로만 말리놉스키(Roman Malinovski, 1876~1918) 폴란드 출신의 볼셰비키로서 러시아사회민주노동당 중앙위원회 위원을 지냈다. 1912년 제4대 국가 두마의 볼셰비키 분파 소속이었지만, 후에 오흐라나의 비밀 협력자로 밝혀졌다.

에 나가 선출되었다. 레닌은 그를 높이 평가했다. 문제는 레닌이 모르는 사이 말리놉스키가 어려움에 빠져 오흐라나에서 비밀리에 돈을 받는 요원이 되었다는 것이었다. 말리놉스키의 주 임무는 레닌이 제안한 분열 정책을 방해하는 장애물을 제거하는 일이었다. 러시아의 볼셰비키 사이에서 말리놉스키가 떨치던 권위는 다른 중앙위원회 위원들이 러시아로 돌아가서 오흐라나에 체포되면서 더욱 높아졌다. 레닌의 지위도 위원들이 한 명씩 체포되면서 함께 올라갔다. 새 위원 선출은 레닌에게 그가 신뢰하는 활동가들을 뽑을 기회를 주었다. 레닌은 당 협의회에서 오르조니키제에게 위축되지 않았으며, 심지어 당에 대한 망명자들의 기여가 얕잡힐 때 웃기까지 했다. "나는 분파 투쟁이 비난받는 것이 두렵지 않다."라고 그는 단호히 말했다. 레닌은 예전에 여러 번 이보다 더 큰 좌절을 맛보았고 이를 이겨냈다.

프라하를 떠나 파리로 향한 레닌은 계속 신랄한 비난을 퍼부었다. 레닌은 오르조니키제가 촉구한 볼셰비키 지도부 개혁에 대해 그 형식이나 정신 모두 따를 의사가 없었다. 레닌은 머지않아 정치 세계가 이전처럼 돌아가리라 생각했고, 어머니에게 편지를 보내 자신이 파리에 그대로 머물 것이라고 알렸다. 레닌은 당 협의회에 구애받지 않을 것이었다. 그는 분파의 지배적 인물로서 자신을 더욱 확고히 정립하려고 애쓸 터였다.

러시아사회민주노동당 내에서 레닌은 이미 상당한 명성을 누리고 있었다. 실제로 레닌은 당에서 가장 악명 높은 인물이었다. 다른 러시아 정당들의 지도부도 레닌의 사상과 활동을 알고 있었다. 취리히, 제네바, 파리의 러시아인 거주지에서 모든 사회주의자 망명자들이 그를 알아보았다. 독일과 폴란드의 마르크스주의 지도자들은 레닌이 이루고자 하는 바를 언짢게 생각했다. 그들에게 레닌은 러시아 마르크스주의자들의 단결을 방해하는 유일하게 큰 장애물이었다. 레닌의 일반적인 중요성은 레닌이 1917년 러시아로 돌아올 무렵 갖가지 러시아 백과사전에 그에 관한 항목이 15개나 있었다는 사실로도 확인할 수 있다.[4] 그러나 이러한 명성은 아주 좁은 세계에 국한되었을 뿐, 확실히 러시아의 진지한 대다수 독자들은 아직 레닌을 잘 알지 못했다. 상트페테르부르크에서 활동하던 레닌의 추종자 미하일 케드로프*가 대담하게 3권짜리 레닌 저작집을 출간하려 했지만, 겨우 200여 건의 예약을 받았을 뿐이었다. 케드로프는 3천 부를 찍었으나, 1912년까지 그 절반만 그럭저럭 판매할 수 있었다. 실망한 케드로프는 나머지 책들을 폐지로 팔아버렸다.[5]

이 일화는 레닌의 저작과 그가 쓴 원고를 검토한 뒤 레닌이 제1차 세계대전 전에 러시아 제국에서 널리 주목을 받았다고 결론 내린 수십 명의 학자들이 간과한 중요한 정보이다. 니콜라이 2세의 백성 대부분은 레닌에 대해 아무것도 몰랐다. 레닌은 1890년대 말에 자신이 쓴 글로 상트페테르부르크에서 보통 사람들의 시선을 받기 시작한 이래 겨우 조금 더 전진했을 뿐이었다. 레닌의 이름과 외모, 노선은 잘 알려지지 않았다. 레닌의 글들은 거의 논의되지 않았고, 그의 책을 구입한 사람들은 레닌을 잘 이해하지 못했거나 그가 지나치게 과격하다고 여겼다.

레닌은 자신의 추정을 뒤흔들 만한 것을 전혀 보지 못했기에 자신에 대한 믿음을 유지했다. 그는 러시아 제국과 유럽의 다른 나라들에서 곧 혁명이 터질 것이라 생각했다. 또 다른 추정은 사회 계급들이 오랫동안 침묵하고 있긴 하지만, 곧 혁명이라는 과제를 수행하기 위

미하일 케드로프(Mikhail Kedrov, 1878~1941) 모스크바 대학 법학부를 중퇴하고 1899년부터 혁명 운동에 가담했다. 1901년 러시아사회민주노동당에 가입했으며 1912년 스위스로 망명했다가 1916년에 귀국했다. 10월 혁명 후 체카(Cheka)에서 활동했으며 1930년대 초반에는 고스플란(Gosplan) 간부회 회원 등을 지냈다.

해 일어서리라는 것이었다. 세 번째 추정은 혁명 정당은 권력을 잡기 전에는 아무리 작아도 문제가 되지 않는다는 것이었다. 레닌이 보기에 가장 중요한 일은 비록 소수라도 말을 퍼뜨릴 수 있는, 이념에 투철한 혁명가들의 정당을 가지는 것이었다. 네 번째 추정은 명확하게 언급되지는 않았지만, 레닌은 가장 확실하게 혁명가를 시험하는 방법은 그저 그가 분파 투쟁에서 레닌에게 충실한지 아닌지 여부를 보면 된다고 믿었다는 것이다. 레닌은 자신의 방식을 고수했다. 또 레닌은 망명자들을 가장 심하게 반대하는 볼셰비키도 레닌의 개인적 재능은 인정했고 망명자들이 오흐라나의 위협을 받으면서도 당을 지속하는 데 보탬이 되었다는 사실 역시 인정한다는 것도 알았다. 망명자들은 지적 시야가 넓었으며, 글을 쓰고 조직을 꾸릴 수 있었다. 그들은 당 기록을 보존하고 당의 집단 기억을 구성했다. 프라하에서 레닌의 잘못이 드러났지만 레닌을 제거하기를 진지하게 원한 볼셰비키는 거의 없었다.

1912년 봄에 레닌은 자기 어머니에게 편지를 썼다.[6]

우리는 여름에 파리 밖의 퐁트네로 떠날 계획을 세웠어요. 그곳으로 완전히 이사해서 꼬박 일 년을 지낼 생각이에요. 파리는 비쌉니다. 아파트 가격이 올랐고, 어쨌든 교외가 건강에 더 좋고 조용할 것은 확실하지요. 다음 며칠 동안 저는 퐁트네에 가서 집을 알아보려 합니다.

레닌은 정치에 관해서는 어머니에게 한마디도 쓰지 않았다. 그러나 사라토프에서 어머니와 함께 머무르던 안나 일리니치나에게 보내는 별도의 편지에서 레닌은 당내의 다른 '그룹과 소그룹들'이 당 협의회 조직가들에게 얼마나 많은 비판을 퍼부었는지를 언급했다. 심지어 주먹다짐까지 있었다고 덧붙였다. 그러나 대체로 레닌은 프랑

스에서 벌어진 러시아인들의 혁명 현장에 만족했다.[7]

그러나 퐁트네로 이사는 실현되지 않았다. 주된 이유는 볼셰비키 중앙위원회가 위원들의 체포로 위축되었는데도 러시아 제국 내에서 활동하는 데 역량을 집중한다는 계획을 실행하고 있었기 때문이었다. 상트페테르부르크에 합법적 신문사를 세우는 일이 가장 먼저 이루어야 할 목표였다. 1906년 이후 러시아에서는 정당들이 합법적으로 활동하면서 자체 언론 기관을 운영할 수 있게 되었다. 니콜라이 2세에 의해 많이 개악되기는 했지만 기본법은 결코 폐기되지 않았다. 물론 편집진이 정해진 공적 표현의 한계를 넘을 때는 오흐라나가 신문을 폐간시켰다. 예를 들어, 로마노프 왕조의 전복을 주장하거나 '프롤레타리아 독재'를 권하는 것은 허용되지 않았다. 그러나 한계 안에서라면 정부와 그 정책에 대한 불온한 주장을 상당 정도 실어 발행할 수 있었다. 그래서 볼셰비키나 멘셰비키 같은 혁명 그룹들은 공개적으로 선전 활동을 할 수 있었다. 레닌은 볼셰비키가 두마 선거에 입후보해야 한다는 운동을 벌였지만, 합법적 일간 신문 창간을 옹호하는 데는 주저했다. 레닌은 이유를 설명하지는 않았으나, 본인 외에 다른 볼셰비키 편집자가 분파의 승인을 받은 언론에 무엇을 게재할지 조정하는 일을 싫어한 것이 확실하다. 그러나 새 중앙위원회는 마음을 정했고, 레닌은 이 현실을 감당해야 했다.

1912년 4월 22일에 〈프라우다〉 창간호가 발행되었다. 레닌은 프랑스에 머물면 러시아 내 볼셰비키에 대한 영향력을 완전히 상실할 것임을 알았다. 하지만 상트페테르부르크로 몰래 되돌아간다면 결국 체포되고 말 것이었다. 합리적으로 레닌은 국경을 넘지는 않고, 가능한 한 러시아 제국 가까이 이주하기로 결정했다. 나데즈다 콘스탄티노브나는 오스트리아가 통치하는 폴란드 지역인 갈리치아는 어떨지 이리저리 물어봤다. 대답은 긍정적이었다. 크라쿠프를 선택하기로 했다. 빈 정부와 상트페테르부르크 정부는 긴장 관계에 있었고 이것은 곧 레닌이 본국으로 넘겨지지 않으리라는 것을 뜻했다. 크라쿠프 주민은 15만 명이었는데, 이들 중 무려 1만 2천 명이 러시아 제국에서 온 정치적 난민으로 추정된다. 거의 모든 난민이 폴란드인이었지만, 러시아인도 일부 있었다. 크라쿠프에 설립된 '정치범 지원 동맹'은 새로 도착한 난민들에게 물질적 도움을 주었다. 레닌과 그의 동료들은 상트페테르부르크와도 쉽게 연락할 수 있을 것이었다. 러시아 수도에서 바르샤바까지 철도가 뻗어 있었고, 바르샤바에서 크라쿠프로 기차가 정기적으로 운행되었다. 우편도 빠르게 주고받을 수 있었다. 레닌은 상트페테르부르크에서 온 방문객을 맞고 또 우편물을 받으면서 중앙위원회의 외국 기지 역할을 할 수 있을 것이었다. 레닌은 이사를 원하지 않았지만, 이사에 따를 어느 정도의 실질적 이점은 예측할 수 있었다.

레닌, 나댜, 그녀의 어머니, 지노비예프, 그의 부인 지나이다 릴리나(Zinaida Lilina)와 작은 아들 스테판(Stepan)이 함께 여행했다. 6월 4일 파리를 떠난 그들은 며칠 동안 라이프치히에 머문 뒤 크라쿠프에 도착했다. 그들은 비밀을 유지하려 하지 않았다. 레닌이 빅토리아 호텔에 숙박한다는 사실이 지역 신문 〈차스(Czas, 시간이라는 뜻)〉를 통해 알려졌고, 이네사는 파리에서 울리야노프 부부에게 엽서를 보낼 때 대놓고 주소를 명기했다.[8] 유일하게 어려운 점은 지역 사회주의자들과 접촉하는 일이었다. 러시아사회민주노동당 소속인 세르게이 바고츠키(Sergei Bagotski)는 야기엘론스키 대학 본관 밖 나뭇잎으로 덮인 플란티 산책로의 특정 벤치에서 레닌과 나데즈다를 만나기로 했다. 그런 벤치가 많은 데다 산책로가 몇 킬로미터나 이어져 있었고, 야기엘론스키 대학은 주요한 건물이 여러 채였다. 사실 레닌과 나데즈다 콘스탄티노브나는 정해진 벤치에 제시간에 앉아 있었고,

바고츠키도 그곳에 있었다. 그러나 그들은 서로를 알아보지 못했고, 30분이 지나서야 나댜는 옆에 앉아 있는 남자에게 이름이 바고츠키냐고 몇 번이나 물었다.[9]

나댜가 몇 주 전에는 이보다 훨씬 더 강하게 주장을 폈을까? 파리에서 이사한 것은 나댜가 레닌이 이네사와 더는 접촉하지 못하게 고집을 부렸기 때문이라는 의견이 있어 왔다. 이 의견은 거의 믿을 수 없다. 이 의견을 믿는다면, 1912년 여름에 나댜가 자신의 어머니를 러시아 망명 혁명가들이 좋아하는 작은 휴양지인, 보르도에서 남서쪽으로 16킬로미터 떨어진 대서양 연안의 아르카숑으로 보낼 생각을 한 것을 설명하기 힘들다. 이네사가 아르카숑에 있었을 가능성이 컸기 때문이다. 아마 레닌도 이네사도 파리에 머무르기를 원하지 않은 정치적 이유가 있었을 것이다. 중앙위원회 활동의 초점은 당 협의회의 명령으로 러시아 제국으로 이동했다. 레닌은 상트페테르부르크와 더욱 긴밀히 접촉해야 했으며, 재외 조직 위원회 서기로서 이네사의 역할은 위원회 자체를 폐지한 이후로는 필요하지 않게 되었다. 게다가 이네사와 레닌은 레닌이 볼셰비키의 주요 근거지를 크라쿠프로 옮긴 이후에도 계속 만났다. 실제로 이네사는 1912년 7월에 비밀 혁명 활동을 수행하기 위해 국경을 몰래 넘기 전에 크라쿠프에서 레닌, 나댜와 함께 지냈다.

그러나 의심할 여지 없이 이네사와 레닌의 긴밀한 관계는 이즈음에 파탄이 났다. 관계를 끝내기로 결심한 사람은 레닌이었고 이네사가 몹시 상심한 것은 확실하다. 이네사는 레닌에게 다시 생각해 달라고 애원했다. 그녀는 레닌에게 그들 관계가 어느 누구에게도 해를 끼치지 않는다고 말했다. 추정컨대, 이 발언은 나댜를 염두에 둔 것이었다. 이네사는 레닌에게 반했으며, 1920년에 죽을 때까지 계속 그랬다. 그러나 레닌의 의지는 확고했다. 관계는 이전처럼 유지될 수 없었다. 나댜가 최후 통첩을 했다는 소문은 사실이 아니었지만, 레닌이 현재의 복잡한 감정 상태가 영원히 지속될 수 있을지 의문을 품은 것은 틀림없다. 그런데다 레닌은 아주 오랫동안 나댜와 함께 생활하고 활동하면서 아내에게 더는 굴욕을 줄 수 없다고 느꼈을 것이다. 어쩌면 추측컨대 레닌은 잠재력 있는 두 파트너 중 오직 한 명만이 믿을 수 있는 정치 보좌관이라고 판단했을 것이다. 나댜는 충실하고 믿음직하고 열심히 일했다. 냐다는 자신의 가치를 증명했다. 그리하여 레닌은 이네사의 유혹을 거부해야 했고 그녀의 모든 애원은 무시되었다.

거주지의 변화가 어느 정도 도움이 되었음이 틀림없다. 레닌은 크라쿠프에서 아주 즐겁게 지냈다. 크라쿠프는 합스부르크 제국 동부 갈리치아의 주도에 불과했지만, 1597년까지 폴란드 왕가의 본거지였으며 그 역사는 모든 방문객들에게 강한 인상을 남겼다. 크라쿠프는 비스와 강변에 있는 도시다. 합스부르크 왕가의 성이 강 위로 치솟아 있고, 성에는 폴란드 국왕과 여왕들의 석관이 있다. 성 아달베르트(St. Adalbert, 956?~997) 같은 선교사들이 이 지역에 로마 가톨릭을 전파했고, 그의 작은 교회가 도심에 있는 '리네크 광장' 모퉁이에서 있다. 리네크 광장의 주된 볼거리는 긴 이중 아치 길을 볼 수 있는 '수키엔니체' 건물이다. 곡물과 옷, 소가 크라쿠프 주변 지역의 주된 교역품이었지만, 종교적·지적으로도 크라쿠프는 활기찬 곳이었다. 또한 리네크 광장에는 조각가 파이트 슈토스(Veit Stoss)가 제작한 장엄한 제단 장식이 있는 '성 마리아 성당'도 있다. 매시간 나팔수가 종루에서 몸을 내밀어, 1241년에 몽골군이 급습했을 때 시민들에게 경고하다 적 궁수에게 저격당했던 불운한 나팔수를 기리는 짧은 악절을 연주한다. 광장의 서쪽으로는 레닌에게 매우 중요했던 야기엘론스키 대학이 있었다. 1364년에 설립된 야기엘론스키 대학은 코페르니쿠스의 모교였다. 대학에는 훌륭한 열람실이 있었고, 근처의 카페와 문화 시설들은 활기찬 지적 토론의 중심이었다.

1912년 여름에 레닌과 나댜는 즈비에르지니에츠카 거리 218번지에 있는 아파트를 구했다. 즈비에르지니에츠카 거리는 크라쿠프 도심에서 언덕 아래쪽으로 내려간 비스와강 건너편에 있었다. 쓸모 있는 폴란드 동지인 야쿠프 하네츠키*가 근처에 살았다. 집은 교외에 있었고, 레닌은 가까운 들과 언덕으로 산책을 나가고 비스와강에서 수영을 할 수 있었다. 처음 맞이한 겨울에 레닌은 스케이트를 한 켤레 사서 어릴 때 심비르스크에서 그랬듯이 스케이트를 탔다. 또 레닌은 자주 열차를 타고 인근의 타트라산맥으로 가서 세르게이 바고츠키와 함께 바위를 기어올랐다.

크라쿠프의 매력은 문화와 오락만이 아니었다. 레닌은 고향을 떠올리게 하는 도시의 모습도 좋아했다. 시장이 서면 도시로 몰려드는 농민들은 그가 고향에서 보았던 그 농민들의 모습이었다. 그리고 레닌이 어머니에게 보내는 편지에 썼듯이, 유대인들의 큰 주거 지구인 카지미에시는 러시아 제국 서부 지역의 슈테틀(유대인 마을)과 꼭 같았다.[10]

어머니께 새 주소도 정확히 알려드려야겠어요. 이번 여름에 저는 파리를 떠나 크라쿠프로 무척 오랫동안 여행을 했습니다. 여긴 거의 러시아 같아요! 여기 유대인들은 러시아인들 같고, 러시아 국경은 8베르스타(versta, 1베르스타는 1.067킬로미터) 떨어져 있습니다.(국경에서

야쿠프 하네츠키(Jakub Hanecki, 1879~1937) 폴란드와 러시아의 혁명가. 1896년부터 폴란드-리투아니아 사회민주주의 운동에 참여했으며, 러시아사회민주노동당 대회의 폴란드 대표를 여러 번 지냈다. 1912~1914년 동안 갈리치아에서 레닌을 적극적으로 도왔고, 10월 혁명 이후 발생한 폴란드-소비에트 전쟁의 평화 협상에도 참여했다.

는 열차로 2시간, 바르샤바에서는 9시간 걸립니다.) 알록달록한 드레스를 입고 코가 굽은 여인들이 있어요. 꼭 러시아 같아요!

유대인이 파는 고기는 폴란드인 푸주한이 파는 고기의 반값에 불과했으므로 나댜는 카지미에시에서 장을 봤다. 물건 값을 깎아야 한다는 사실에 익숙해지는 데 시간이 걸린 나댜는 바가지를 쓰겠다 싶으면 일단 나갔다가 상인이 다시 부를 때까지 기다렸다. 나댜는 고기를 저며 달라는 요구에 상인들이 보인 반응을 보고도 당황했다. "주님께서 뼈로 소를 만들었는데, 어떻게 뼈 없이 고기만 팔 수 있겠어요."[11]

레닌은 폴란드어를 굳이 배우려 하지 않았다. 급할 때는 몸짓과 간단한 러시아 어구에 의존했다. 레닌은 폴란드 사회주의자들과 대화할 때에는 공통 언어인 독일어를 사용했다. 그는 야기엘론스키 대학 열람실에서 필요한 책 대부분을 찾을 수 있었고, 러시아와 쉽게 연락할 수 있었다. 즈비에르지니에츠카 거리의 아파트는 우체국에서 도보로 불과 몇 분 거리에 있었고 주요 기차역에서는 30분 걸렸다. 레닌이 상트페테르부르크로 각별히 은밀한 메시지를 보내야 한다면, 러시아 제국 국경을 넘어 루블린에서 발송하는 것도 보통은 가능했다. 국경 양측으로 16킬로미터 지역 안에 살고 있는 농민들은 신분증을 소지하면 자유롭게 양국을 오갈 수 있었고, 볼셰비키는 이들 중에서 우편물을 날라줄 사람들을 고용했다.[12]

레닌과 그의 친구들이 크라쿠프에 퍼져 있던, 차르 군주정에 대한 가장 심각한 위협은 아니었다. 로만 말리놉스키가 볼셰비키 중앙위원회의 수뇌부라는 사실은 오흐라나가 중앙위원회의 가장 내밀한 비밀을 알고 있다는 것을 의미했다. 암호 메시지나 투명 잉크, 심지어 루블린의 우체국 이용 같은 속임수를 쓰더라도 레닌의 계획이 알려지는 것은 막을 수 없었다. 레닌은 이 점을 알지 못했다. 그러나 레닌은 크라쿠프의 망명 정치에서 현실주의자이기도 했다. 차르 체제에 가장 큰 위협은 러시아인들이 아니라 폴란드인들이었다. 유제프 피우수트스키*의 좌익폴란드사회당은 크라쿠프에서 큰 영향력을 떨치고 있었다. 그의 당원들은 독립 국가 폴란드의 부활을 목표로 삼았다. 이 목표는 결국에는 오스트리아-헝가리 제국에게는 폴란드 땅의 상실을 의미할 수밖에 없었지만, 당시 오스트리아-헝가리 제국의 자신감은 매우 높았기에 '러시아령' 폴란드의 불안정함이 오히려 바람직한 것으로 여겨졌다. 피우수트스키는 무한한 행동의 자유를 누렸다. 그는 언젠가는 러시아 제국의 군대에 맞서 동원할 요량으로 크라쿠프 외곽의 벌판에서 다소 공개적으로 병력을 무장시켜 훈련에 돌입했다. 로마노프 군주정에 대한 증오심이 깊었던 피우수트스키는 사실상 차르 체제의 적이라면 누구든 도와줄 의사가 있었다. 그래서 피우수트스키의 부하들은 볼셰비키가 러시아로 소식을 보내는 일을 도와주었다.

한편 레닌과 나댜는 자주 러시아에서 찾아온 방문객들을 맞아 자신들의 아파트에 묵게 해주었다. 두 사람은 〈프라우다〉의 편집자뿐만 아니라 1912년 11월에 의석을 차지하게 된, 제4대 국가 두마 볼셰비키 의원 여섯 명도 환대했다. 레닌은 정치 책략과 편집 방향, 두마 연설 내용에 관해 조언했다. 그해 말까지 프라하 당 협의회에서 선출된 중앙위원회 위원 중에서 자유롭게 활동할 수 있는 사람은 레닌, 지노비예프, 말리놉스키 셋뿐이었다. 따라서 그들의 권위는 올라갔

유제프 피우수트스키(Józef Piłsudski, 1867~1935) 폴란드의 정치가이자 군인. 1892년 폴란드사회당을 결성하고 반(反)러시아 투쟁을 하다 1900년 체포되었으나 이듬해 탈출했다. 1905년 러시아 혁명 후 오스트리아로 망명하여 갈리치아에서 무장 집단을 조직하고 제1차 세계대전 때 이 '폴란드 군난'을 통솔하여 러시아와 싸웠다. 1916년 독일 측에 감금되었으나 1918년 독일 혁명에 의해 석방된 뒤 독립 폴란드군 최고사령관 겸 국가 원수가 되었다.

고, 레닌의 지나친 분파주의적 행동에 대한 분노도 얼마간 수그러들었다.

레닌은 이 시기에 어떤 다른 일을 하느라 바빴는가? 레닌이 아쉬워한 것 중 한 가지는 러시아 제국 국경 가까이 살고 있는데도 가족을 볼 수 없다는 사실이었다. 건강이 안 좋은 레닌의 어머니는 인생의 굴곡을 겪고 있던 장녀 안나에게 온통 정신이 팔려 있었다. 1911년에 볼가 지역의 사라토프에 머무르고 있던 안나 부부는 신문에서 같은 도시에 살던 게오르기 로즈가초프(Georgi Rozgachyov)라는 '신동'에 관한 기사를 읽었다. 게오르기는 일찍이 러시아어를 독학했고, 지금은 교회 슬라브어와 히브리어를 습득하려고 애쓰고 있었다.[13] 얼굴이 주근깨투성이였던 여섯 살 소년은 가족이 가난해서 정식 교육을 받을 가능성이 거의 없었다. 안나와 마르크가 입양을 제의하자 게오르기의 부모는 동의했다. 게오르기(사람들은 모두 그를 고라Gora라고 불렀다)와 그의 삼촌 볼로댜는 1917년에 단짝이 될 것이었다. 그러나 안나가 입양이 바람직한지를 두고 의논한 사람은 레닌이 아니라 여동생 마리야 일리니치나였다.[14] 실제로 레닌은 안나가 고라 로즈가초프를 입양하는 것을 말렸을 것이다. 몇 달 못 가 안나가 혁명 활동 죄목으로 체포되어 사라토프 감옥에 갇혔기 때문이다. 한편 마리야 일리니치나는 최근에 프랑스어 가정 교사 자격을 획득했다. 드미트리 일리치는 우크라이나 남쪽 크림에서 의사로 일했는데, 안토니나와의 결혼 생활이 점차 파탄에 이르고 있었다. 이 모든 사건이 크라쿠프에서 그리 멀지 않은 곳에서 일어났지만, 레닌은 그 일들에 전혀 영향을 주지 못했다.

사실 레닌과 나댜는 아이를 바라는 안나 일리니치나의 소망을 이해했다. 그들은 자식이 없는 부부들이 대개 그렇듯이 친구의 자녀들에게 지나칠 정도로 애정을 보였다. 크라쿠프에서 그들은 레닌의 하루 일과가 끝난 후 스테판 지노비예프(스테파라는 별명으로 불렸다)와 놀기를 좋아했다. 둘은 집 주위를 뛰어다니고, 가구 위로 올라가고, 침대 밑에 기어들어갔다. 스테파의 부모가 시끄럽다고 나무라도 레닌은 전혀 개의치 않았다. "간섭하지 말아요, 놀고 있는 중이잖소!" 또 한 번은 레닌이 지노비예프에게 이렇게 고백한 적도 있다. "그렇지요, 스테파 같은 아이가 없어 유감이지요."

그러나 물론 레닌은 정서적 실망이 정치 활동을 방해하도록 내버려 두지는 않았다. 레닌은 크라쿠프에 도착하자마자 러시아의 볼셰비키 분파에 대한 통제를 강화하고자 했다. 갈리치아에서 중앙위원회 회의가 여러 차례 열렸다. 회의는 1912년 11월부터 1913년 말까지 일곱 차례 소집되었다.[15] 또 〈프라우다〉 편집진, 볼셰비키 국가 두마 의원들과의 회의도 몇 번 열렸다. 하지만 레닌은 이제 좀 더 엄격하게 감독받게 되었다. 프라하 당 협의회 이후 중앙위원회 위원들은 러시아 지부 소속과 재외 지부 소속으로 나뉘었다. 레닌과 지노비예프는 재외 지부 전체를 구성했고, 나데즈다 콘스탄티노브나는 지부 서기로 근무했다. 그러나 재외 지부는 단순히 우편이나 러시아 제국에서 온 사람과 직접 만나는 것 같은 통상적 접촉만으로는 중앙위원회를 대표해 행동할 수 없게 되었다. 레닌은 점잖게 처신해야 했다. 노선은 러시아 지부 구성원들의 동의를 받아 수립해야 했다. 또 레닌은 볼셰비키 두마 의원들에게 자신이 두마와 두마 밖에서 이루려는 바를 지시하려면 러시아 지부의 동의를 얻어야 했다. 러시아 정치에서 쌓은 공적인 명성으로 두마 의원들은 함부로 할 수 없는 유력한 인물이 되어 있었다.

레닌은 여섯 명의 볼셰비키 의원들이 일곱 명의 멘셰비키 의원들과는 별도로 두마 분파를 구성하기를 원했다. 하지만 레닌은 크라쿠프에서 의원들을 이따금 만나기는 했어도, 매일 그들과 협력하며 그들의 문제를 이해한 것은 아니었다. 그루지야 출신의 재능 있는 볼셰비키 조직가 이오시프 스탈린은 인내심이 강한 사람이 아니었지만, 스탈린조차 볼셰비키 의원들이 레닌의 '강경 노선'을 지지하도록 만들고 싶다면 레닌이 감정을 가라앉히고 의원들을 꾸준히 설득해야 한다고 충고했다.[16] 처음에 단 한 명의 볼셰비키 의원만이 레닌 편을 들었는데, 바로 오흐라나 요원인 말리놉스키였다. 〈프라우다〉 편집진도 제1차 세계대전 발발 전에 레닌이 신문에 제출한 331건의 평론 중 47건을 거절해서 레닌을 화나게 했다.[17] 레닌은 상트페테르부르크의 편집인에 다음과 같이 썼다. "왜 당신들은 이탈리아사회당 당대회에 관한 내 평론을 채택하지 않았습니까? 일반적으로, 받아들이지 않은 글에 미리 통지를 한다고 해서 손해가 될 일은 조금도 없습니다. 이는 전혀 과도한 요구가 아닙니다. '휴지통에 버려질' 글을 쓰는 것, 즉 게재를 거부당할 평론을 쓰는 것은 심히 불쾌한 일입니다." 1890년대 중반에 상트페테르부르크의 젊은 활동가였던 레닌은 공장에서 마르크스주의 선전물로 유용하게 쓰였던 뛰어난 짧은 글을 몇 편 쓴 적이 있었다. 이후에도 그런 글들을 다시 써 달라는 요청이 자주 들어왔으나 레닌은 무시했다. 레닌은 고집스럽게 당의 다른 분파들과 논쟁을 지속하는 긴 '이론적' 논설과 책을 쓰는 데 집중했다. 〈프라우다〉에 실을 평론과 두마 의원들의 연설문도 작성하기는 했다. 그러나 레닌은 다른 사람들이 자신의 작업 계획에 개입하는 것을 싫어했다.

오흐라나가 레닌이 상대하기 힘든 다수의 중앙위원회 위원들과 〈프라우다〉 편집인들을 체포하는 데 솜씨를 발휘하지 못했더라면, 레닌은 더 힘든 시간을 보냈을 것이다. 이오시프 스탈린은 체포된 편집인 중 한 명이었다. 프라하 당 협의회 이후 스탈린은 중앙위원회에 선임되었고, 1912년 가을에는 〈프라우다〉 편집장으로 임명되었다. 레닌은 그를 '멋진 그루지야인'이라고 불렀다. 그러나 다른 볼셰비키 지도자와 달리, 스탈린은 레닌이 멘셰비키를 가혹하게 다루라고 〈프라우다〉에 반복해서 요구하자 반감을 드러냈다. 오흐라나는 곧 스탈린을 체포했다. 그 후 스탈린의 후임인 야코프 스베르들로프*마저 체포되고 나서 1913년 5월에 미론 체르노마조프(Miron Chernomazov)가 업무를 인계받았다. 체르노마조프는 고분고분한 레닌주의자로 행동했다. 하지만 체르노마조프가 이렇게 행동한 이유는 그가 오흐라나 요원이었기 때문이다. 오흐라나는 당국이 〈프라우다〉를 폐쇄할 구실을 잡을 수 있도록 〈프라우다〉가 더 과격한 사설을 싣기를 원했던 것이다. 그 결과 〈프라우다〉의 발행은 거듭 중단되었다. 물론 레닌은 오흐라나의 역할을 몰랐다. 레닌이 방심하지만 않았다면 알아차렸을 신호들이 있었지만, 상트페테르부르크에서 활동한 체르노마조프를 만날 도리가 없었던 레닌은 무력할 따름이었다. 그렇다 하더라도 레닌은 너무 순진했다.

레닌은 갈망하던 당내 분파 노선을 확보했으나, 대신 상트페테르부르크의 노동자들은 신문을 정기적으로 읽을 기회를 놓쳤다. 국가 두마의 사정도 썩 나은 편이 아니었다. 1913년 11월에 마침내 볼셰비키 의원들은 연합 볼셰비키-멘셰비키 두마 분파를 깨라는 레닌의 주장을 받아들였다. 그들은 대체로 노동 운동이 더욱 전투적이 된 상황에서도 멘셰비키 신문인 〈루치(Luch, 빛)〉가 파업 지지를 그리 달가와하지 않자 레닌 쪽으로 넘어왔다. 그러나 두마 내부의 분열은 평범한 노동자들을 실망시키는 분파 분쟁에 볼셰비키 의원들이 연루되

야코프 스베르들로프(Yakov Sverdlov, 1885~1919) 1901년 러시아사회민주노동당에 가입했다. 1905년 혁명기에는 우랄 지역에서 당 조직을 지도했으며, 1917년 2월 혁명까지 여러 번 체포되어 긴 옥중 생활과 유형 생활을 했다. 1917년, 4월 당 협의회에서 중앙위원회 서기로 선출되어 10월 봉기를 위한 준비와 추진에 조직가로서 수완을 발휘했다. 10월 혁명 후에는 중앙위원회 서기와 전 러시아 중앙집행위원회 의장을 겸임했다.

는 결과를 낳았다. 러시아 볼셰비키가 공장의 파업 상황으로부터 정치적 이익을 충분히 얻지 못하게 된 데는 이처럼 레닌의 책임이 막중했다. 레닌은 분파 음모가에 훨씬 가까웠지 국가 지도자라고 하기는 어려웠다.

게다가 레닌은 파리를 떠나면서 자신의 집착을 모두 버린 것이 아니었다. 레닌은 시미트 자매 유산의 수탁자인 카를 카우츠키, 프란츠 메링, 클라라 체트킨 세 사람에게 모든 돈을 중앙위원회로 양도해달라고 계속해서 졸랐다. 카우츠키는 이 일에 격노했다. 레닌의 비타협적 태도는 온 시간을 언쟁을 벌이는 데 소비하는 19세기 러시아 사회주의자들의 전형적 모습이었다. 중앙위원회가 러시아사회민주노동당의 절대적인 지도부라는 주장은 말도 되지 않는 소리였다. 카우츠키와 메링은 볼셰비키와 멘셰비키를 서로 화해시키려는 노력이 실패로 돌아간 후 이 일에서 완전히 손을 뗐다. 그들은 건강 악화를 핑계 삼아 수탁자 직무를 그만두었다. 그 후 세 번째 수탁자인 클라라 체트킨에게 화살이 날아갔다. 레닌은 체트킨에게 돈을 반환하지 않으면 소송을 걸겠다고 공식적으로 편지를 썼다. 스위스 변호사 카를 츠라겐(Karl Zraggen)의 법률 자문을 받은 레닌은 프랑스인 사회주의 활동가이자 상소법원 변호사 조르주 뒤코 드 라 아일(Georges Ducos de la Haille)과 거래했다. 뒤코 드 라 아일은 조속히 그리고 볼셰비키에게 만족스럽게 사건을 마무리하는 대가로 5천 프랑을 받을 것이었다.[18]

그러나 뒤코 드 라 아일은 기적을 일으키지 못했고, 레닌은 독일인 변호사 알프레트 칸(Alfred Kahn)에게 눈을 돌렸다. 모든 일이 점점 감당할 수 없게 돌아가고 있었다. 1913년 12월 카우츠키는 브뤼셀의 '국제 사회주의 사무국'*이 러시아사회민주노동당 내부의 극심한 분파 갈등에 관심을 쏟아야 한다고 주장했다. 카우츠키는 재정 분쟁

뿐만 아니라 정치 분쟁도 검토하기를 원했다. 이 모든 일은 레닌을 극도로 흥분시켰다. 국제 사회주의 사무국에서 그런 토의가 벌어진다면 시미트의 돈은 날아갈 것이고, 국제 사회주의 사무국의 요청에 따라 유럽 사회주의자들이 러시아 마르크스주의자들에게 당을 재통합하라며 운동을 벌일 판이었다. 레닌은 질질 끌어 시간을 벌 수 있을 뿐이었다. 그는 '의견 교환'을 목표로 삼아 러시아사회민주노동당 내 모든 분파의 회의에 볼셰비키가 참가하는 데 동의했다.

레닌이 브뤼셀에서 볼셰비키 대표자로 뽑은 사람은 다름 아닌 이네사 아르망이었다. 이네사는 러시아 제국에서 당 활동을 수행하기 위해 1912년 7월에 크라쿠프를 떠났다. 그러나 이네사는 오흐라나에 체포되었고, 감옥에서 몇 개월 지내는 동안 결핵에 걸렸다. 보석으로 풀려난 그녀는 1913년 8월에 국경으로 달려가 갈리치아에서 레닌을 찾았다.[19] 그때 레닌은 크라쿠프에 없었다. 레닌과 나댜가 100킬로미터 남쪽에 있는 비아위 두나예츠로 이사한 뒤였다. 이곳은 겨울 스포츠 휴양지인 자코파네를 향해 꾸불꾸불 돌아가는 철도변에 있었다. 그들은 시골의 깨끗한 공기를 마시면 나댜의 건강이 좋아질 것이라는 충고를 받아들여 그곳으로 가서 큰 목조 농가를 빌렸다. 도시 생활에 싫증이 난 것도 이유였으며, 특히 레닌은 등산을 기대했다. 비아위 두나예츠에 왔다고 해서 러시아와 주고받는 연락이 급격히 느려질 것 같지는 않았다. 크라쿠프에서 출발하는 우편 열차가 인근 마을인 포로닌에 하루 두 번 정차했고, 상트페테르부르크에서 편지가 도착하는 데는 보통 이틀이면 충분했다. 레닌은 포로닌에서 편지

국제 사회주의 사무국(International Socialist Bureau) 1900년 파리 대회에서 설립된 제2인터내셔널의 상설 조직. 대회와 대회 사이에 정기적으로 소집되었다. 조직의 상설 서기국은 브뤼셀에 있었다. 1914년까지 총 16번 회의가 열렸으며, 각국은 한 번에 보통 1명에서 3명의 대표를 보냈다.

1914년에 레닌과 나데즈다가 폴란드의 포로닌에 머물 때 빌린 집.

를 가져오기 위해 기꺼이 걷거나 자전거를 탔다. 레닌 부부는 10월 초까지 임대 계약을 맺었고, 겨울에는 크라쿠프로 돌아갈 것이었다. 그들은 즐거운 시간을 보냈고 1914년에는 이때의 경험을 되살려 포로닌에 집을 빌리게 된다.

비아위 두나예츠와 포로닌은 평화로운 지역이었고, 스위스, 이탈리아, 프랑스에서 긴 세월을 보낸 터라 이곳은 레닌과 나댜에게 매우 이국적이었다. 주민들은 크라쿠프의 폴란드인들과는 달랐다. 그들은 대부분 이른바 고랄족(Gorals, 산지 사람들)이었다. 남자들은 평평한 테가 있는 검은 모자를 쓰고 하얀 셔츠와 베이지색 바지를 입었다. 여자들은 아주 밝은 색깔의 긴 드레스를 입었다. 그들은 얼굴이 검었고, 이방인이 접근하면 거친 태도를 보였다. 농경 방식은 수세기 동안 똑같았다. 주민들은 소를 길렀고 나지막한 구릉에서는 호밀을 재배했다. 집의 나무 벽은 두꺼웠다. 근처 수 킬로미터 내에는 공장이 없었고, 수공예품은 가정용밖에 없었다. 도로 위쪽으로 가면 자코파네가 있었는데, 이 도시에는 수천 명의 휴가객들과 결핵 환자들이 찾아와 많은 주민들에게 일거리를 제공하고 있었다. 목공예품과 레이스에 대한 상업적 수요가 점점 늘어나는 중이었다. 크라쿠프–자코파네 철도 노선이 최근에 완공되면서 이 지역의 고립이 해소되는 과정이 시작되었다. 이 과정은 20세기 말까지 여전히 눈에 띄게 미완인 채로 진행되었다. "여긴 정말 멋진 곳이야."라고 레닌은 동생 마리야에게 썼다. "해발 700미터쯤 되는데 공기가 아주 좋아."[20]

나댜는 이 지역이 금방 마음에 들지는 않았다. 집세를 두고 여주인과 협상해야 하는 것이 싫었다. 나중에 그들은 가정부를 고용했는데, 가정부는 유능하지도 않고 썩 똑똑하지도 않았다. 또 이 지역은 크라쿠프보다 비가 훨씬 많이 내렸다. 최악의 사태는 나댜의 몸 상태가 나빠졌다는 것이다. 갑상선 문제가 더 심각해지면서 십계항진 증상이 나타났다. 사실 포로닌과 주위 산악 지대가 이 증상에 영향을 주었을 수도 있다. 나댜가 깨끗한 공기의 도움을 받은 것은 맞지만, 비아위 두나예츠는 너무 높은 곳에 있었기에 낮은 대기압이 허약한 심장에 영향을 끼칠 수밖에 없었다. 그들이 받았던 의학적 충고가 최선이 아니었음은 분명하다. 여하튼 레닌은 나댜가 이전처럼 지낼 수 없다고 확신했다. 레닌이 보기에 나댜는 갑상샘종 수술이 필요했다. 남편의 오랜 설득 후 나댜는 수술에 동의했다. 1913년 6월에 레닌은 나댜가 테오도어 코허(Teodor Kocher) 교수에게 치료받을 수 있도록 함께 스위스의 베른으로 갔다.

나댜가 이전에 수술에 반대한 이유는 이 수술을 받은 환자가 다섯 명 중 한 명꼴로 집도가 잘못되는 바람에 사망한다는 합리적 근거 때문이었다. 하지만 레닌은 갑상선 치료 분야에서 세계적인 일급 연구자이자 개업의로서 사망률을 200명당 1명으로 줄인 코허라는 사람이 있다는 것을 알아냈다. 당시 70대 초반이었던 코허는 1909년 노벨 의학상을 수상한 뒤 전 세계적으로 유명해졌다. 코허의 혁신적인 방식은 갑상선의 일부분을 떼어내는 것이었다. 1913년까지 코허는 5천 건 이상의 절제 수술을 진행했고, 많은 경우에 완치나 부분적 치유에 성공했다. 지금이라면 의사들이 갑상샘종 환자들에게 효과적인 약물 투여를 하겠지만, 제1차 세계대전 전에 코허가 쓰던 방법은 당시로서는 가능한 최고의 기술이었다. 유감스럽게도 치료비는 비쌌다. 레닌은 〈프라우다〉 편집진에 보조금을 요청하는 편지를 썼으나, 실제로 보조금을 받았다는 기록은 없다. 레닌은 보조금과 상관없이 여행을 준비했다. 레닌과 나댜는 대체로 검소하게 살았으나, 휴가나 책, 건강 관리에는 비용을 아끼지 않았다. 레닌은 당내 협상에서 습관적으로 빈곤을 호소했지만, 돈은 항상 어디선가 조달할 수 있었다.

베른에 가기 위해 레닌 부부는 크라쿠프에서 합스부르크 제국을 동쪽에서 서쪽으로 가로지르는 열차를 탔다. 코허를 찾아가는 길은 1,100킬로미터가 넘는 여정이었다. 레닌은 코허가 당장 아내를 치료할 수는 없다고 하자 화가 났다. 말다툼이 벌어졌으나 코허는 굴하지 않았고, 나댜는 차례를 기다려야 했다. 나댜는 코허가 마취 없이 집도하는 것이 싫었고, 또 그가 환자와 터놓고 대화하는 의사가 아니었기에 수술이 내키지 않았다. 그러나 나댜는 마음을 잘 다스렸다. 수술이 결정되었고, 최선의 결과를 기다릴 수밖에 없었다. 레닌은 겁이 났지만, 나댜가 두려워하지 않도록 애써 다독였다. 레닌은 코허가 '변덕스러운' 사람이지만 그래도 '훌륭한 외과의'라고 말했다. 수술을 마쳤다. 나댜는 열이 높이 올랐으나 곧 회복되었으며, 코허의 수술로 병이 나았다고 볼 수 있었다. 레닌은 나댜의 병실에서 성실하게 간병하며 며칠을 보냈지만, 인내심이 바닥나고 있었다. 코허는 나댜에게 회복을 위해 알프스산맥 인근에서 2주를 지내라고 지시했다. 레닌 부부는 이 권유를 거부했고, 나댜가 여행하는 데 아무 문제가 없다고 판단하자마자 블라디미르 일리치는 스위스에서 아내를 데리고 떠났다.

집으로 돌아온 후 나댜는 파리에 있을 때보다 이네사와 더 잘 지냈다. 두 여인은 레닌이 산책을 가면 함께 갔고, 동료 볼셰비키는 세 사람을 '걷기 좋아하는 사람들의 당'이라고 불렀다. 다른 별명은 '반(反)영화주의자들의 당'이었다. 레닌이 동료들인 레프 카메네프*와 지노비예프가 신체 활동을 즐기지 않고 영화 보러 가는 데 열중하는 것을 못마땅해서 붙여진 이름이었다. 카메네프와 지노비예프가 유대인 혈통인 것을 두고 레닌은 우스개로 자신들의 별명을 '반유대인 당'이라고 고쳤다.(이 우스개는 레닌이 평소 자신의 혈통에 유대인 요소가 있다는 사실에 거의 개의치 않았음을 보여준다.) 이네사는 문화에 관심이 많아서 레닌과 나댜에게 베토벤 피아노 콘서트에 가보라고 권했다. 레닌은 베토벤을 좋아했으나 나댜는 레닌만큼은 아니었다. 그러나 이런 취향 차이가 문제가 되지는 않았다. 세 사람은 함께 토론하기를 즐겼다. 레닌은 러시아 고전 문학을 탐독했다. 책장의 모서리가 접힌 톨스토이의 《전쟁과 평화》는 특히 그의 손때가 묻은 책이었다. 유일한 문제는 동네 서점들이 러시아 서적을 잘 갖추어놓지 못했다는 사실이었다. 그러나 이 점은 사소한 문제였다. 대체로 레닌과 그의 친구들은 갈리치아에서 할 수 있었던 오락거리에 만족했다.

그러나 11월에 이네사가 떠났다. 그녀는 파리에서 레닌에게 가슴에 사무치는 편지를 썼다.[21]

당신과 제가 헤어졌군요. 친애하는 당신, 우리가 헤어졌다니요! 저는 그것을 알고 있고, 또 실감하고 있습니다. 당신은 여기로 절대 오

레프 카메네프(Lev Kamenev, 1883~1936) 1901년 모스크바 대학 재학 중 러시아사회민주노동당에 들어가 혁명 운동에 가담하였다. 1914년에 체포되어 시베리아로 유형당했다. 1917년 2월 혁명 후 페트로그라드로 돌아와 〈프라우다〉 편집인으로 일했다. 10월 혁명 후 모스크바 소비에트 의장을 지냈으며, 레닌, 트로츠키, 스탈린, 지노비예프와 함께 5명의 정치국원 가운데 한 사람이 되었다.

지 않겠지요! 우리에게 매우 친숙한 장소를 보다 보면, 저는 당신이 이곳 파리의 제 생활에서 얼마나 큰 부분을 차지하고 있었는지, 그래서 이곳 파리에서 한 거의 모든 활동이 천 가닥의 실로 당신에 대한 생각들과 연결되어 있었다는 것을 확실히 깨달았습니다. 이전에는 결코 깨닫지 못했지요. 당시 제가 당신과 사랑에 빠진 것은 아니었지만, 그때도 저는 당신을 무척 사랑했습니다. 그때 저는 키스하지 않고도 지낼 수 있었습니다. 그냥 당신을 보고 가끔 같이 이야기하는 것만으로도 즐거웠지요. 우리는 이렇게 지내면서 어느 누구에게도 해를 끼치지 않았습니다. 저에게서 그 기쁨을 빼앗은 이유가 무엇인가요? 당신은 제가 당신이 결별을 '수행'해서 화가 났느냐고 묻지요. 아닙니다. 저는 당신이 당신을 위해서 그렇게 했다고는 생각하지 않습니다.

이 편지는 확실히 일종의 연애 사건을, 그리고 레닌이 나댜의 감정에 대한 우려 때문에 자신과 관계를 끝내기로 했다는 이네사의 판단을 언급한 것이 틀림없다. 자신의 남자가 아내보다 자기를 여전히 더 깊이 생각한다고 믿는, 거절당한 한 애인의 편지였다.

이네사는 점점 필사적이 되어 갔다. 마지막 카드를 내민 그녀는 자신이 나댜를 소중히 여긴다고 강조했다. 레닌에 대한 이네사의 은근한 간청은 세 사람이 불편이나 죄의식 없이 함께 살 수 있다는 것이었다. 레닌은 이네사의 요청을 물리쳤고, 그 후 이어진 편지들에서 이네사는 레닌이 끝까지 자신을 멀리함에 따라 더 호전적이 되었다. 한 편지에서 레닌은 자신이 극소수의 여자들과 우정을 나누고 존중하며 친근하게 지낸다고 말했다. 이네사는 답장에서 레닌이 그의 생애에서 오직 두세 명의 여자들만 존중받을 만하다고 했다고 주장하면서 레닌을 교만하다고 비난했다.

1914년 7월 레닌은 이네사가 자기 글을 잘못 해석했다고 반박했다.

아뇨, 나는 절대 세 여자만 존중한다고 쓴 적이 없습니다. 절대로 말입니다!!! 내가 썼던 것은 오직 두세 명의 여자에게만 **무조건적인** 우정, **절대적인** 존중과 신뢰를 바친다는 말이었습니다. 이것은 완전히 다른, 철저하게 완전히 다른 것입니다.

대회가 끝나면 서로 만나서 이 문제에 관해 이야기를 나누었으면 합니다.

레닌은 줄타기를 하고 있었다. 그는 이네사와 계속 좋은 관계로 지내고 싶었고 자신이 적절하게 행동했다고 이네사를 설득하고 싶어 했다. 그러나 이것이 전부는 아니었다. 레닌은 이네사에게 중요한 당 임무도 계속 맡기기를 원했다. 레닌은 감정적 고려와 정치적 고려 사이에서 균형을 맞춰야 했다. 레닌은 연애 막바지에 자신이 이네사에게 거만한 태도를 보이지 않았다고 지적하면서, 이네사를 정치에서 부하로 활용하고자 했다. 브뤼셀에서 열린 러시아 마르크스주의 분파들의 '의견 교환' 회의에서 볼셰비키를 대표하겠다는 이네사의 동의를 얻은 레닌은, 그녀에게 이 회의를 다루는 법에 관해 충고를 퍼부었다.

레닌은 정치 생활에서 복잡한 딜레마에 직면했다. 레닌은 브뤼셀 모임에 대해 이네사와 협의하면서 볼셰비키 두마 의원들이 혼란에 빠져 있다는 것을 알았다. 로만 말리놉스키가 모든 것의 원인이었다. 1914년 여름에 말리놉스키는 볼셰비즘과 오흐라나에 대한 이중 충성의 압력에 짓눌려 지친 나머지 상트페테르부르크에서 몰래 달아나버렸다. 며칠 뒤 그는 갈리치아에 나타났다. 이 무렵 러시아에서는 말리놉스키가 경찰의 첩자라는 소문이 무성했다. 이 일은 볼셰비키에게 언제 일어났어도 당혹스러운 사건이었을 것이다. 그러나 사생활을 막 안정시키고 국제 사회주의 사무국의 재정적·정치적 상황 정리에 몰두하던 레닌은 이 최근의 타격으로 특히 동요했다.

말리놉스키는 두마와 볼셰비키 중앙위원회에 동시에 소속되어 있었다. 그는 러시아 제국에서 가장 유명한 볼셰비키 활동가였다. 말리놉스키와 레닌은 아주 친밀했다. 레닌의 적들은 레닌이 자신을 둘러싼 주위 사람들을 과대평가한다고 언제나 말해 왔다. 잘 알려진 사례가 몇 가지 있었다. 타라투타와 안드리카니스는 분파 자금을 조달하려고 젊은 여성들을 속여 결혼했다. 카모(Kamo)는 분파를 위해 은행을 털었다. 레닌은 비판이 쏟아져도 아랑곳하지 않고 이들을 감쌌는데, 레닌 자신이 그들의 수상한 활동을 부추겼으니 무리도 아니었다. 레닌의 기준은 그 사람이 현재의 볼셰비키 노선을 따르느냐 여부였다. 반볼셰비키들은 레닌이 그의 분파 구성원들의 도덕적 성격을 평가하기를 거부한 것을 끔찍하게 여겼고, 레닌은 그들에게 코웃음을 쳤다. 레닌은 종종 말리놉스키를 주의하라는 경고를 받았다. 그러나 레닌은 예방 조치를 하지 않았다. 레닌이 보기에 말리놉스키는 정확히 레닌과 볼셰비키처럼 행동하는 것 같았다. 또한 말리놉스키는 다른 모든 두마 의원을 합쳐놓은 것보다 더 나은 조직가이자 연설가였다. 말리놉스키는 평범한 러시아 노동자들의 언어로 말할 수 있었다. 사정이 이런데 왜 그를 불신하는가? 분파의 적들은 그냥 볼셰비즘을 해코지하려 하는 것이 아닌가?

그렇지만 레닌은 중앙위원회 산하에 조사 소위원회를 꾸려야 할 필요성을 느꼈다. 소위원회를 지도하던 레닌과 지노비예프 자신들도 정밀한 조사 대상이 되어야 했다. 그들은 말리놉스키를 심리하면서 자신들과 자신들의 과거 행적도 심리했다. 그런 상황에서 증거를 확신하기는 힘들었고, 말리놉스키는 증거를 뒤집는 데 명수였다. 여하튼 레닌은 다른 볼셰비키 두마 의원들이 말리놉스키를 너무 부드럽게 다룬다고 항의했는데도, 그들을 무시하고 말리놉스키에게 동조했다. 1906년에 있었던 유사한 비공식 재판에서 사회주의자-혁명가 당은 게오르기 가폰 신부가 경찰 첩자라고 판단한 뒤 그를 목매달았다. 그러나 레닌과 지노비예프는 미심쩍은 점을 말리놉스키에게 유리하게 해석했다. 말리놉스키에 대한 어떤 혐의도 완벽히 입증할 수 없었기 때문에 그들은 말리놉스키가 무죄라고 결론 내렸다.

이 비밀 소위원회가 6월에 열리는 동안, 레닌은 마지막 남은 균형 감각을 잃어 갔다. 레닌은 다른 문제에 신경을 쓰느라 러시아의 혁명적 가능성에 대해서는 마음이 완전히 떠난 상태였다. 1917년에는 면도날처럼 날카로워질 레닌의 정치적 직관은 1914년 중반에는 극히 무뎠다. 그에게는 변명의 여지가 없었다. 합스부르크 폴란드에 살면서도 레닌은 매일 러시아 뉴스를 접했다. 6월에서 7월에 걸쳐 상트페테르부르크에서는 공장 소유주뿐만 아니라 정부에 맞서서도 파업이 벌어졌다. 산업 지구에 일시적으로 바리케이드가 설치되었다. 바야흐로 로마노프 군주정이 1905~1906년에 경험했던 것에 버금가는 시련에 맞닥뜨릴 가능성이 농후했다. 그러나 갈리치아의 레닌에게서는 어떤 지침도 없었다. 또한 레닌은 전 대륙을 제1차 세계대전의 재앙 속으로 집어삼키고 말 유럽 열강들 간의 외교적 위기가 점점 심각해지고 있다는 사실에도 크게 주의를 기울이지 않았다. 레닌은 브뤼셀, 카우츠키, 시미트의 유산, 이네사, 말리놉스키 같은 다른 것들에 마음을 빼앗겼다. 당시 레닌이 가장 중요하게 고려한 것은 러시아와 유럽의 정당들을 이끄는 다른 사회주의 지도자들과 맞붙을 논쟁에서 그들을 꼼짝 못하게 하는 것이었다. 진짜 전쟁, 진짜 기근, 진짜 빈곤을 레닌은 직접 경험하지 못했다. 레닌은 1917년에 러시아에서 벌어질 일상의 정치 속으로 뛰어들 때까지는 자신이 열망했던 종류의 정치인으로 발전하는 데 실패했다.

1914년 8월에 독일이 러시아에 전쟁을 선포했다. 보스니아의 수도 사라예보에서 오스트리아의 황태자 프란츠 페르디난트(Franz Ferdinand)가 세르비아 민족주의자에게 암살당한 후 유럽에서 몇 주 동안 외교적 위협이 오고 간 끝에 벌어진 일이었다. 7월 23일 빈의 합스부르크 정부는, 그 조건이 너무 치욕스러워 정치적으로 수용이 불가능한 최후통첩을 세르비아에 전달했다. 러시아 제국 정부가 세르비아 지지를 선언하자, 독일 정부는 러시아가 군대를 철수하지 않으면 오스트리아 편에 서서 러시아와 전쟁에 돌입하겠다고 선언했다. 그러나 러시아는 꼼짝도 하지 않았다. 러시아는 지난 5년 동안 독일, 오스트리아-헝가리 제국과 분쟁을 겪어 왔고, 왕조와 제국의 명예를 간직한 니콜라이 2세는 마침내 저항할 때가 왔다고 결론 내렸다. 며칠 뒤 영국과 프랑스가 러시아 편에서 싸우겠다고 선언했다. 이 세 강국은 다른 세 강국, 즉 독일, 오스트리아-헝가리 제국, 오스만 제국에 맞서 동맹을 결성했다. 제1차 세계대전이 터졌다. 외교관들은 국제 관계가 자신들이 전문적으로 처리하던 영역을 벗어나 급변하는 것을 보고 깜짝 놀랐다.

러시아를 비롯한 모든 나라에서 몇몇 정당과 신문들은 정부가 국가의 적들에게 조금이라도 약한 모습을 보이면 비난할 태세가 되어 있었다. 그러나 대부분의 통치자들은 이에 개의치 않았고, 외교적 위기의 초기 단계에는 전면적인 군사 갈등을 피할 수 있으리라 기대했다. 이런 희망은 8월에 무너졌다. 두 동맹이 대적했다. 오스트리아-헝가리 제국과 독일은 두 전선에서 적들에 맞섰다. 서쪽에는 영국과 프랑스 연합 세력이 있었고, 동쪽에는 러시아가 있었다.

레닌이 격화되는 위기에 주의를 기울이지 않은 것은 확실하다. 자신의 당 밖에서 벌어지는 정치에 대해 레닌은 언제나 매우 개괄적으로 이해했다. 레닌은 러시아 정부 정책의 변화 과정을 꼼꼼히 따질 필요가 없다고 생각했다. 마찬가지로 레닌은 1914년 여름에 국제 외교의 급격한 변화에 거의 관심을 두지 않았다. 마르크스주의 접근법에 따라 레닌은 체제의 경제적·정치적 토대에 집중하는 데 익숙했고, 그 결과 합스부르크 제국에서 누렸던 신변 안전에 그저 만족하게 되었다. 물론 유럽에서 불시에 전쟁 발발이라는 습격을 당한 것은 레닌만이 아니었다. 그러나 이것은 레닌에게 해줄 수 있는 최선의 위로였다. 사실 러시아와 오스트리아 사이에 전쟁이 벌어지면 레닌이 위험해질 것이라 추측하는 데는 그리 많은 통찰력이 필요하지 않았다. 갈리치아에 머물던 레닌은 전쟁이 일어나면 당연히 러시아 첩자로 체포될 것이었다. 그리고 만약 러시아 제국 군대가 이 지역을 점령하면 분명 반역자로 취급될 것이었다.

레닌은 이미 때가 너무 늦었을 때 자신의 잘못을 알았다. 러시아가 움직이기 시작하자 합스부르크 경찰은 외국인 거주자들에 대한 조사를 시작했다. 레닌은 러시아 국경에서 불과 수 킬로미터밖에 떨어져 있지 않은 곳에 살고 있었고 국경의 우체국을 방문한 적도 있었다. 상트페테르부르크로 자주 편지를 썼고 러시아 정치인들에게 집을 개방했다. 자코파네 근처 산을 돌아다녔고 지역 주민들에게 집세나 날씨, 인종적 다양성, 한 마을에서 다른 마을로 가는 가장 빠른 길 따위를 묻고 다녔다. 그는 브라우닝 권총을 소지했다. 만화에 나오는 러시아 첩자의 모습을 완성하는 데 레닌에게서 빠진 것은 거무스름한 얼굴과 검은 망토뿐이었다.

전쟁의 충격은 모든 폴란드 도시와 농촌에 영향을 끼쳤고, 갈리치아의 가톨릭 사제들은 러시아인 거주민들이 우물에 독극물을 풀었다고 설교했다. 레닌이 지금까지 명예로운 반차르 망명자로 대접받았다는 사실은 아무런 도움이 되지 못했다. 레닌과 나데즈다 콘스탄티노브나가 고용한 가정부는 고용주에 대한 이야기를 지어내 비아위 두나예츠의 농촌 여성들에게 퍼뜨리고 다녔다. 이런 상황은 폭력 사태, 아마도 사형(私刑)으로 쉽게 귀결될 수도 있었을 것이다. 나데즈다 콘스탄티노브나는 지혜롭게도 급료를 정산하고 크라쿠프행 편도 기차표를 끊어줌으로써 가정부를 매수했다.[1] 그러나 러시아 망명자들을 향한 지역 주민들의 적대감은 누그러지지 않았다. 경찰이 비아위 두나예츠보다 더 수준 높게 행동했던 크라쿠프에 머물렀다면 레닌의 사정은 훨씬 나았을 것이다. 8월 7일(신력) 노비 타르크에서 마을에 도착한 경찰관이 직면한 문제는, 로마노프 왕조의 첩자로 드러난 누군가를 체포하지 못한다면 징계를 받을 거라는 사실이었다. 관료적 열성을 보여야 했던 경찰관은 가능한 한 최악의 측면에서 모든 것을 바라보지 않으면 안 되었다.

간단한 수색으로 경찰관이 품은 혐의는 확증되었다. 그는 레닌의 소지품에서 통계표를 비롯해 당시 농업에 관한 광범한 기록을 발견했다. 경찰관은 그 기록이 용의자가 상트페테르부르크 첩보 기관의 상관에게 보내는 암호 메시지라고 추측했다. 브라우닝 권총 때문에 레닌은 더욱 의심스럽게 보였다. 심지어 풀통조차 수상하게 여겨졌다. 경찰관 눈에 풀통이 폭탄처럼 보였던 것이다. 돌이켜보면 (당시엔 아니었겠지만) 이 상황은 약간 우스웠던 것 같다. 당시 레닌과 나데즈다 콘스탄티노브나는 경찰이 신경과민으로 지나친 행동을 보일까 봐 겁을 먹었다.

결국 세 사람은 레닌만 추가 조사를 받을 필요가 있다는 데 동의했다. 여성에 대한 폴란드인의 관대함이 나데즈다 콘스탄티노브나를 구했다.(여성 해방의 주창자로서 그녀는 어떤 호의도 부탁하지 않았지만 말이다.) 경찰관은 레닌을 15킬로미터쯤 떨어진 노비 타르크로 데려갈 계획이었지만, 레닌이 도망가지 않겠다고 엄숙히 약속하자 마음이 누그러졌다. 레닌은 이튿날 노비 타르크로 가는 기차를 타야 했다. 경찰관이 떠나자마자 레닌은 서둘러 포로닌으로 가서 세르게이 바고츠키와 야쿠프 하네츠키를 방문했다. 그들은 레닌이 첩자가 아니라는 취지의 진술서를 오스트리아-헝가리 제국의 다른 지역에 거주하는 동료 마르크스주의자들에게서 받겠다고 자청했다.[2] 한편 레닌은 크라쿠프 경찰국장에게 자신이 정치 망명자로서 갈리치아에 살았다는 사실을 노비 타르크 당국에 확인해줄 것을 요청하는 전보를 보냈고, 국장은 요청받은 대로 신속히 일을 처리했다. 그런 뒤 레닌은 마지막 준비를 위해 비아위 두나예츠로 돌아갔다. 운 좋게도 볼셰비키인 티호미르노프(Viktor Tikhomirnov)라는 자가 마을에 막 도착해 있었다. 레닌은 티호미르노프에게 나데즈다 콘스탄티노브나와 그녀의 어머니를 남자로서 보호해 달라고 부탁하고 대가로 숙박을 제공했다.[3]

8월 8일 레닌은 노비 타르크로 가서 감옥에 수감되었다. 레닌이 5호실에 갇혀 있는 동안 밖에 있던 친구들은 레닌을 위해 열심히 노력했다. 바고츠키와 하네츠키만이 아니었다. 그리고리 지노비예프는 경찰이 약간의 부주의로 그에게 관심을 두지 않은 덕분에 자유의 몸이

1914년 갈리치아의 자코파네에서 찍은 사진.

었다. 그리하여 지노비예프는 레닌의 석방 운동을 벌이며 온 지역을 마음껏 돌아다닐 수 있었다. 폴란드 마르크스주의자인 지그문트 마레크(Sigmund Marek)는 레닌을 위해 재빨리 당국에 편지를 썼다. 나데즈다 콘스탄티노브나는 전보를 여러 통 보냈다. 빈의 빅토어 아들러*와 리보프의 헤르만 디아만트*는 요청에 신속히 대응했다.[4] 어느 오스트리아 대신이 아들러에게 물었다. "당신은 울리야노프가 차르

빅토어 아들러(Viktor Adler, 1852~1918) 오스트리아사회민주당 지도자. 오스트리아의 사회주의 운동을 창시했으며, 오스트리아의 제1차 세계대전 참전을 지지했다. 전쟁 후에는 새 오스트리아 정부에 입각했고 독일과의 합병에 찬성했다.

헤르만 디아만트(Herman Diamand, 1860~1931) 폴란드의 법률가이자 사회주의 정치가. 1890~1919년 동안 갈리치아노동자당 지도자로 활동했다. 1904~1931년에는 제2인터내셔널과 사회주의 노동자 인터내셔널에서 폴란드 사회주의자들을 대표했다.

정부의 적이라고 확신합니까?" 아들러는 대답했다. "오, 그렇습니다. 각하보다 더 용서 못할 불구대천의 적이지요!"[5] 하네츠키와 나데즈다 콘스탄티노브나는 정기적으로 노비 타르크의 죄수를 면회해 격려했다. 그러나 그들은 지나치게 걱정하지 않아도 될 뻔했다. 레닌은 동료 죄수들(대부분은 사소한 범죄 행위로 구금 중이었다)과 이야기를 나누느라 바빴고, 자신의 법률 지식을 활용해 그들의 변호 준비를 도와주었다. 레닌은 감옥에서 '진짜 사내다운 친구'라고 알려졌으며, 폴란드어 실력이 부족했는데도 불구하고 인기 있는 인물이 되었다.

8월 19일 레닌은 석방되어 비아위 두나예츠로 돌아가는 것을 허가받았다. 그즈음 레닌과 그의 동료들은 갈리치아를 급박하게 떠나야 했다. 러시아 제국 군대가 빠르게 진격하고 있었고, 갈리치아가 점령될 가능성이 있었다. 그런 상황에서는 오스트리아인들이 볼셰비키 지도자에게 보인 자비가 되풀이되지 않을 것이었다. 레닌과 나데즈다 콘스탄티노브나는 중립국인 스위스로 가기로 결정했고, 동료 마르크스주의자인 헤르만 그로일리흐*에게 스위스로 이주 신청하는 것을 도와 달라고 부탁하는 편지를 썼다. 8월 26일 그들은 지노비예프 부부와 동행하여 크라쿠프로 향했다. 그들은 빈으로 여행을 계속하기 위한 허가를 얻었고, 빈에서는 빅토어 아들러의 도움을 받아 9월 3일 (신력) 스위스로 여행하는 데 필요한 서류를 확보했다.

교전국들에서 러시아 혁명가들이 스위스로 꽤 많이 흘러들어 왔다. 레닌은 9월에 뱌체슬라프 카르핀스키*에게 편지를 썼다.

새 프랑스인 이주민들이 파리와 브뤼셀 등지에서 제네바로 지금 출

헤르만 그로일리흐(Herman Greulich, 1842~1925) 스위스의 정치가. 스위스사회민주당 창당을 시도했으며, 여성 참정권을 옹호했다.

발했다고 합니다. 특히 아파트 가격이 엄청나게 오르지 않았나요? 그래서 우리는 임시로 자리 잡아야 할 것 같습니다. 월세로 부엌이 딸린 셋집(작은 방 두 개)을 찾을 수 있을까요?

볼셰비키 동료들이 도움의 손길을 내밀었고, 레닌 부부는 베른의 돈너뷜베크 11a번지에 있는 한 아파트를 차지했다. 그즈음 레닌은 극도로 화가 난 상태였다. 레닌은 갈리치아를 떠나기 전에 독일사회민주당 의원들이 제국 의회에서 독일 정부의 전시 공채 발행에 찬성 투표했다는 소식을 신문에서 읽었다. 레닌은 아연실색했다. 그는 바고츠키에게 흥분해서 소리쳤다. "이것은 사회주의 인터내셔널의 종말을 뜻합니다." 레닌은 독일사회민주당이 제2인터내셔널 슈투트가르트 대회(1907년, 7차 대회)의 결의를 고수하지 못한 것을 언급한 것이었다. 이 대회에서 사회주의 정당들은 각국 정부가 유럽 등지에서 전쟁을 수행하지 못하도록 전력을 기울여야 한다고 결정했다. 대회는 군국주의와 제국주의를 비난했다. 당시 레닌은 독일 마르크스주의자들에게 대회 기간 동안 결의에 동의하도록 압력을 가해야 했다. 그러나 레닌은 그들이 결의를 어기리라고는 생각도 해본 적이 없었다. 지금 제2인터내셔널의 가장 권위 있는 정당인 독일사회민주당이 바로 그 결의를 어긴 것이다.

레닌은 특히 대부분의 유럽 마르크스주의자들과 마찬가지로 독일 사회민주당에 존경심을 품고 있었기 때문에 기분이 매우 언짢았다. 레닌은 러시아와 볼셰비즘에 자부심이 있었지만, 자신과 같은 러시

바체슬라프 카르핀스키(Vyacheslav A. Karpinski, 1880~1965) 러시아의 혁명가, 경제학자. 1898년 러시아사회민주노동당에 가입했으며, 1902년에는 하리코프에서 노동계급해방투쟁 동맹을 조직했다. 1904년 제네바로 망명했고, 레닌의 지도로 〈프페료트〉, 〈프롤레타리〉 등의 신문 발행에 참여했다. 1917년 러시아로 귀국한 뒤 당 중앙집행위원회에서 활동했으며, 10월 혁명 후에는 주로 언론 활동에 종사했다.

아인들이 아니라 독일인들이 유럽의 '사회주의 혁명'을 이끌 것이라고 예상했다. 레닌은 카를 카우츠키와 재정 문제를 두고 언쟁을 벌였지만 그를 존경했다. 레닌에게 카우츠키는 정통 마르크스주의의 권위자였다. 그러나 카우츠키는 전시 공채 투표 문제를 둘러싸고 독일사회민주당과 결별하기를 거부했다. 레닌에게 이 행동은 군국주의와 제국주의를 지지하는 것과 같았다. 그러므로 카우츠키는 비난받아야 했다.

전시에 자국 정부를 지지하는 사회주의 정당들의 행태는 전형적인 모습이 되었다. 독일, 오스트리아, 프랑스, 영국에서 대부분의 사회주의 정당들은 국가 독립이 위협당하고 있다는 태도를 취했다. 소수의 정당들만 전쟁에 적극적으로 반대하는 사회주의 인터내셔널의 노선을 고수했고, 러시아 정당들은 그들 중에서 특히 두드러졌다. 러시아의 모든 사회주의 지도자들이 러시아의 전쟁 수행 노력을 뒷받침하기를 거부한 것은 아니었다. 몇몇 저명한 볼셰비키, 멘셰비키, 사회주의자-혁명가당 당원들은 독일이 제국주의 침략에 열중한다고 여겼고, 따라서 로마노프 군주정이 싫더라도 러시아 제국 군대를 지지해야 한다고 생각했다. 가장 눈에 띄는 사람은 반정부 투쟁을 포기하고 애국적인 러시아 사회주의자들에게 자신을 본보기로 따르라고 요청한 게오르기 플레하노프였다. 파리에 있던 수백 명의 정치 망명자들이 연합국 군대에서 싸우겠다고 자원했고, 사람들은 그들에 합류하기 위해 프랑스로 이동했다. 그러나 볼셰비키, 멘셰비키, 사회주의자-혁명가당 지도자 대부분은 이런저런 종류의 반전 입장을 고수했다. 일부는 평화주의자였고, 일부는 전쟁 자체는 거부하지 않았으나 모든 교전국의 사회주의자들이 압력을 가해 이 군사 갈등을 끝내기를 원했다. 그리고 이들 중 멘셰비키인 율리 마르토프를 비롯해 많은 사람들이 결국 로마노프 왕가는 전쟁 중에 전복될 것이라고 예감했다.

　레닌의 입장은 러시아 마르크스주의의 극단에 있었다. 스위스에 도착하기 전에 레닌은 '유럽 전쟁에서 혁명적 사회민주주의의 임무'라는 짧은 글을 작성했다. 레닌은 유럽의 군사 갈등이 '부르주아적이고 제국주의적이며 왕조적'이라는 데 마르토프와 의견이 같았고, 둘 다 독일사회민주당이 어처구니없게 행동했다고 주장했다. 그러나 레닌은 우선 해야 할 일이 있었다. "러시아의 모든 민족의 노동 계급과 근로 대중의 관점에서 볼 때, 차르 군주정의 패전이 그나마 덜 나쁜 쪽일 것이다."[6] 마르토프는 '제국주의' 정부들을 마구잡이로 비난했다. 레닌은 이 정도로 충분하지 않았다. 조건부이기는 했지만 그는 마르크스주의자들이 독일과 러시아의 전쟁에서 독일의 승전을 환영하기를 원했다. 이것은 어떤 '제국주의자 집단'보다 다른 '제국주의자 집단'을 더 좋아하는, 그런 지적인 강박이 없는 사람이 보기에는 이상한 주장이었다.

　레닌의 말투는 난폭했다. 유명한 글귀에서 레닌은 러시아 제국 군대를 '검은 백인단 무리'라고 불렀다. '검은 백인단'은 전쟁 전에 러시아 제국에서 유대인 포그롬(유대인 박해)을 조직한 반동적 폭력 집단이었다. 지금 레닌은 군에 징집된 노동자와 농민들을 반유대주의자로 무심코 묘사하고 있었다. 1905년 이래 레닌이 정식화한 볼셰비즘의 혁명 전략은 노동자와 농민의 '계급 동맹'을 요구했다. 그러나 전시의 스위스에서 레닌은 두 부류 모두에게 독설을 퍼부었다. 레닌은 동료 볼셰비키 망명자들과 함께한 몇 차례의 회의에서 이 태도를 굽히지 않았다. 첫 번째 회의는 전쟁의 정치에서 동떨어져 있기를 원한 스위스 당국을 골치 아프게 하지 않기 위해 베른 밖의 숲에서 열렸다. 볼셰비키 국가 두마 의원인 사모일로프(Fyodor Samoilov)가 출석했다. 사모일로프는 볼셰비키 토론에 관한 소식을 들고 러시아로 돌아갔다. 그 후 레닌은 다른 볼셰비키 그룹들 앞에서 연설하기 위해 제네바와 취리히를 찾았다. 카르핀스키가 레닌을 만났을 때, '유럽 전쟁에서 혁명적 사회민주주의의 임무'의 내용과 문투를 둘러싸고 언쟁이 벌어졌다.

레닌은 적어도 조금은 뒤로 물러설 수밖에 없었다. 그는 계속 러시아의 패전을 바란다고 말하면서 동시에 다른 나라의 사회주의자들도 자국 정부의 패전을 촉구하는 운동을 벌여야 한다고 주장했다. 그리하여 레닌은 전쟁 수행에 관한 자신의 이해가 얼마나 보잘것없는지 보여주었다. 레닌은 '과학적'이고 '실제적'인 노선을 제시했다고 주장했으나, 모든 교전국이 어떻게 동시에 패배할 수 있는지는 결코 설명하지 않았다. 레닌은 무심결에 자신의 권유에서 국가라는 요소를 제거하는 것을 빠뜨렸다. 항상 자신의 사상이 유럽에 기초를 두고 있다고 주장했으나 그는 언제나 매우 러시아적인 유럽인이었다. 유럽에서 무슨 일이 벌어지든 레닌은 니콜라이 2세와 그의 체제가 짓밟히기를 원했다.

대신 레닌은 유럽에서 전쟁이 개시됨으로써 유럽 사회주의 혁명의 시대가 더욱 가까워졌다고 역설하는 데 집중했다. 그는 언제나 혁명 전략을 논할 때 유럽적 시각을 고수했다. 레닌은 1914년 8월 이래 독일사회민주당에 몹시 실망했지만, 자본주의 붕괴가 임박했다는 신념은 버리지 않았다. 사회주의 정당들의 책무는 노동 계급 사이에서 혁명 정치 투쟁에 대한 지지를 모으는 것이었다. 대다수 나라에서 대부분의 사회주의자들이 '국수주의(chauvinism)' 반대를 중단했다는 사실은 중요하지 않았다. 레닌은 볼셰비키처럼 단호하고 노련한 혁명가들의 극히 작은 그룹이 주도하는 혁명 쪽으로 노동자들이 돌아설 정도로 상황이 무르익었다고 주장했다. 그러므로 전시에 유럽 사회주의 혁명이 일어날 수 있었다. 레닌은 '유럽 내전!'이라는 새 구호를 도입했다. 레닌은 (또다시 자신의 구상을 정교하게 다듬지 않고) '제국주의 전쟁'을 대륙 전역의 '내전'으로 전화하는 것이야말로 긴급한 과제라고 제의했다. 모든 유럽 국가의 노동 계급이 단결하여, 한패가 된 대륙의 중간 계급에 맞서 투쟁해야 했다. 전시에 필요한 것은 계급 간의 평화가 아니라 계급 투쟁이었다.

레닌의 확신은 1913년에 그가 막심 고리키에게 보내는 편지에서 밝힌 셈법에서 이미 그 단초가 드러났다. "오스트리아와 러시아 사이에서 전쟁이 일어나면 (동유럽 전역의) 혁명에 매우 바람직하겠지만, 프란츠 요제프(Franz Joseph, 합스부르크 황제)와 니콜라샤(Nikolasha, 레닌이 러시아 황제를 부르던 별명)가 우리에게 이런 기쁨을 선사할 것 같지는 않군요."[7] 두 유럽 강국은 일어날 것 같지 않은 일을 실행했다. 레닌은 기뻐서 날아갈 듯했다.

인간의 고통에 대한 레닌의 무심함은 놀랄 정도였다. 이 점에서 레닌이 완전히 이례적인 것은 아니었다. 전쟁이 교전국들에서 인민의 분노를 불러일으키는 데 아주 오랜 시간이 걸린 원인 중 하나는 서부 전선과 동부 전선의 상황에 대해 거의 알려진 것이 없었기 때문이었다. 연합국과 중부 열강의 장군들뿐만 아니라 대부분의 보통 사람들은 엄청난 살육이 국가 방위라는 명분으로 대규모로 자행되고 있음을 깨닫지 못했다. 레닌도 군사 정세에 그리 밝지 못했다. 그러나 신문 보도가 유럽의 다른 지역 어느 곳보다도 자유로웠던 중립국 스위스에 있던 레닌은, 이 전쟁이 최근 유럽 역사에서 벌어진 어떤 전쟁보다도 훨씬 파괴적이라는 것은 확실히 알았다. 비아위 두나예츠에서 떠날 때 레닌은 크라쿠프 병원들이 부상병들로 터져 나가는 것을 목격했다. 그러나 이 문제를 언급하지는 않았다. 그런 주제를 논평하는 것은 레닌에게는 쓸데없는 감상이었을 것이다. 그렇다고 하더라도 레닌이 평소 '전쟁', '투쟁', '갈등'에 대해 이야기할 때 제1차 세계대전이 아니라 당내의 분파 운동을 언급한 것은 놀라운 일이다. 레닌은 마르크스주의 내부 정치에 여전히 강박적으로 집착했다.

레닌이 양쪽 전선의 끔찍한 상황을 강조한 동료 마르크스주의자들의 글을 입수하지 못했던 것은 아닌 듯하다. 마르토프와 악셀로트 같은 많은 이들은 전쟁은 산업화된 살육이며 사회주의의 도덕적·정치적 책무는 전쟁을 중단시키는 것이라고 이해했다. 그러나 레닌은 1891~1892년 볼가 지역에 기근이 들었을 때도 무덤덤했다. 1904~1905년의 러일 전쟁에서 사상자 수가 급증했을 때도 거의 개의치 않았다. 마침내 레닌은 스위스에서 러시아 병사 두 명을 만났는데, 그들은 레닌에게 자신들이 겪은 일을 들려주었다. 그리고 레닌은 로만 말리놉스키가 러시아 제국 군대의 병사로서 독일군에게 사로잡힌 후에 그와 편지를 주고받았다. 레닌은 정보가 있었지만 그 정보를 무시했다. 레닌은 전선에서 그리고 후방에서 삶이 파괴되는 소식을 들어도 둔감하게 반응했다.

레닌은 제1차 세계대전 내내 이처럼 냉혹한 태도를 유지했다. 그는 '감상주의'라고 여겨지는 것이 정치적 판단에 끼어드는 것을 싫어했다. 하지만 그렇다고 레닌이 대체로 스스로 만족스러워한 것은 아니었다. 레닌의 마음은 어느 때보다도 어지러웠다. 그리고 그는 조용한 사람으로 알려진 적이 한 번도 없었다. 레닌은 자기 견해의 논리와 실현 가능성이 도전받을 때 가만히 있기가 점점 어려워지는 자신의 성격을 알았다. 그는 볼셰비키가 아닌 사람들이 참석하는 모임에서 연설할 일정이 잡히면 그 며칠 전부터 초조하고 불쾌해졌으며, 볼셰비키 분파 구성원들 사이에서도 마음이 썩 편하지 않았다. 레닌의 말투가 내뿜는 폭력성은 심지어 누나 안나에게도 충격을 주었다. "너는 나를 무섭게 하는구나. 나는 어떤 종류의 경솔한 표현도 두려워."[8] 중앙위원회 러시아 지부 지도자인 알렉산드르 실랴프니코프*는 분파의 모든 사람에게 레닌이 볼셰비키 동료를 대하는 자세는 용납할 수 있는 한계를 넘었다고 말했다.[9] 안나 울리야노바는 이에 동의했다. 안나의 의견은 레닌을 더욱 격분시켰을 뿐이었다. 레닌은 "안나는 정치를 결코 이해하지 못했다."라고 쏘아붙였다.[10] 평소에는 동생을 찬양하던 안나는 레닌이 더는 자기 자신을 완벽히 통제하지 못한다고 명확한 결론을 내렸다. 레닌은 평정심을 조금씩 잃어 가고 있었다.

수년 동안 유럽의 이 도시에서 저 도시로 정처 없이 떠돌아다니는 생활은 레닌과 가족의 삶에 큰 피해를 주었다. 나댜의 어머니는 수년 동안 계속 건강이 악화된 끝에 1915년 3월 베른에서 사망했다. 나댜의 어머니는 자매가 죽었을 때 많은 돈을 물려받았고, 그 덕분에 나댜가 언급했듯 '자본가'가 되었다.[11] 엘리자베타 바실리예브나는 레닌에게 자기 의견을 솔직히 말할 의사가 있었던 몇 안 되는 사람 중 한 명이었다. 그러나 장모와 사위는 매우 잘 지냈고, 당연히 나댜는 큰 슬픔에 잠겼다.

그러나 레닌을 훨씬 심하게 지치게 한 것은 대륙의 모든 마르크스주의자들에 맞서 끊임없이 글을 쓰고 조직하는 일이었다.[12]

그렇다면 이것은 나의 운명입니다. 정치적 무능, 저속함, 기회주의 따위에 맞서 한바탕 전투가 끝나면 또 다른 전투가 이어집니다. 1893년부터 계속 이런 식으로 진행되었지요. 그리고 이것은 속물들이 보이는 증오의 원인입니다. 아, 그렇지만 나는 이 운명을 속물들과의 '평화'와 맞바꾸지 않을 것입니다.

알렉산드르 실랴프니코프(Aleksandr Shlyapnikov, 1885~1937) 금속 노동자 출신의 러시아 혁명가. 1917년 10월 혁명 후 러시아공산당 내 '노동자반대파'를 이끌었다. 1933년 공산당에서 축출되었으며 1935년 날조된 정치 범죄로 투옥되어 1937년 9월에 처형당했다.

이것은 흥미로운 언급이다.(의미심장하게도 레닌은 이네사에게 보내는 편지에서 이렇게 말했는데, 그는 이네사 앞에서 자기 행위를 변명하려는 습관이 있었다.) 심지어 강철처럼 의지가 굳은 레닌조차 자기 연민에 빠질 수 있었다. 그러나 이 이례적인 감정의 분출 때문에 다른 중요한 측면을 간과해서는 안 된다. 즉 레닌이 아무리 자기 자신을 가엾게 여겼다 하더라도, 자기 눈에 (한 치의 의심도 없이) 어리석고 저속하며 기회주의적인 반대자로 보이는 사람들에 맞서 투쟁을 벌인 것이 옳았다고 여전히 믿고 있었다는 사실이다. 하지만 제1차 세계대전 때 찍은 레닌의 사진에는 실제보다 더 나이 들어 보이는 남자가 담겨 있다. 초췌한 얼굴과 밋밋하게 부푼 체격은 레닌의 내면에 휘몰아치는 동요를 드러낸다. 전쟁 전 지칠 줄 모르던 분파주의자였던 레닌은 기력을 모두 소진해버린 사람이 되어 가고 있었다.

그러나 자신이 옳다는 의식은 레닌을 고난에서 벗어나게 해주었다. 침울할 때 경쟁자들의 정치적 구상을 깊이 생각하면, 레닌은 곧 기분이 (여전히 좋지 않긴 했지만) 싹 바뀌었다. 그는 즉각 다시 확신에 찼고 전투적이 되었다. 레닌은 자신의 판단이나 동기를 조금도 의심하지 않았다. 그는 전쟁에 어울리는 혁명 노선을 확정했다. 레닌의 평가로는 자신의 노선이 유일하게 적절한 노선이었으며, 그것으로 끝이어야 했다. 러시아와 유럽 다른 곳의 마르크스주의자들이 레닌을 따르기를 거부한다면 아무리 좋게 봐줘도 착각하는 것이었다.

정치를 제외하면 레닌의 감정은 자신과 가까운 몇 사람에게만 집중되었다. 한 사람은 그의 어머니였다. 어머니의 건강은 수년 동안 나빴고, 레닌은 어머니와 형제자매에게 보낸 편지들에서 어머니의 건강을 걱정했다. 어머니는 레닌의 정치에 공감하지는 않았지만 레닌의 활동을 한결같이 지지했다. 자신에게 레닌과 다른 자녀들은 그저 자식일 뿐이었다. 마리야 알렉산드로브나는 자기 자식들이 나쁜 짓을 할 수 없다고 믿었다. 어머니는 자식들이 당국과 마찰을 빚을 때면 그들 편을 들어주었고, 가능한 한 유형지에서 그들과 함께 살았다. 블라디미르(레닌)가 원했다면 그를 위해서도 그렇게 했을 것이나, 블라디미르는 자유를 원했다. 블라디미르는 1897년에 어머니에게 시베리아로 함께 가 달라고 할 수도 있었고, 이듬해 자기 결혼식에 참석해 달라고 부탁할 수 있었는데도 하지 않았다. 또 어머니가 망명지의 자신과 합류하는 문제는 거론조차 하지 않았다. 어머니는 1903년에 브르타뉴에서 블라디미르와 휴가를 즐겼고, 1910년에 발트해를 가로질러 스톡홀름에 있던 아들을 만나러 갔다. 여동생 마리야와 달리, 어머니는 아들을 마침내 만났을 때 "기뻐서 비명을 지르지"는 않았으나 그녀는 블라디미르를 사랑했다. 사랑을 표현하는 그녀의 방식은 블라디미르에게 담요를 사주고 더 먹으라고 재촉하는 것이었다. 블라디미르는 어머니가 그 모습을 보고 좋아하기엔 너무 여위어 있었다.[13]

어머니와 아들의 따뜻한 분위기는 어머니가 1916년 7월에 81세의 나이로 사망할 때까지 지속되었다. 블라디미르가 1914년 7월에 자신이 헌신하는 '두세 명의 여성들'에 대해 이네사 아르망에게 썼을 때, 마리야 알렉산드로브나는 틀림없이 그가 염두에 둔 여자 중 한 명이었다. 당연히 어머니의 사망 소식은 블라디미르를 미칠 듯이 괴롭게 만들었다. 그러나 울리야노프 부부는 개인적 문제에 감정을 드러내기를 꺼렸고, 블라디미르가 이 사건에 관해 다른 태도를 보였다는 기록은 없다. 그러나 어머니는 블라디미르가 온갖 압력에 대처할 때 의지한 기둥 중 하나였다. 그는 어머니의 장례식에 참석조차 하지 못했다. 레닌 대신 상트페테르부르크 볼코보 묘지의 루터파 묘지에 마련된 무덤으로 관을 운구한 사람은 사위 마르크 옐리자로프와 가족의 친구인 블라디미르 본치-브루예비치*였다.

같은 시기에 레닌은 이네사 아르망과의 관계가 남긴 감정의 앙금도 처리하려고 애썼다. 그들 사이에는 편지가 계속 오갔고, 이네사는 레닌 부부가 갈리치아를 떠날 준비를 하는 것을 도와주었다. 전쟁 동안 이네사는 파리에서 스위스로 이사했고 나중에는 몽트뢰 위의 산지에 있는 레자방에 정착했다. 곧 레닌의 요구로 이네사는 레닌 곁에 있기 위해 베른으로 집을 옮겼다. 한때 삼인방처럼 지냈던 레닌, 나댜, 이네사는 시골길을 오래 함께 걷는 습관을 다시 시작했다. 나댜의 회고록을 보면, 그들은 자리에 앉았을 때 자기 나름의 방법으로 각자 시간을 보냈다. 레닌은 연설문을 다듬고, 나댜는 이탈리아어를 공부했으며, 이네사는 바느질을 하거나 페미니즘에 관한 책을 읽었다.[14] 이네사는 특히 여성의 권리에 관심을 쏟았다. 1915년 1월에 이네사는 홀로 산으로 떠나 레닌에게 보내는 책자의 개요를 간단히 적었다. 레닌은 단 한 가지 측면에만 반응했다. 그것은 '사랑의 자유'에 대한 이네사의 요구였다. 레닌은 그런 것은 '프롤레타리아적' 요구가 아니라 '부르주아적' 요구라고 답했다. 레닌은 이네사에게 "사랑의 문제에서 계급 관계의 **객관적 논리**"에 주목하라고 요청했고, 그런 다음 엉터리 영어로 다음과 같이 서명했다. "친구의 악수를 하며!(Friendly shake hands!)"[15]

거드름을 피운다는 점에서 레닌의 논평을 능가하기는 쉽지 않다. 이네사는 레닌의 비판에 감춰진 뜻이 있다고 보았다. 원하면 어느 때라도 성관계를 맺을 수 있는 백지 위임장이 여성들에게 주어져야 한다는 발상에 레닌이 적대감을 보였다고 이네사는 생각했다. 이네사는 자신은 그런 의미로 글을 쓰지 않았다고 부인했고, 레닌이 '사랑

블라디미르 본치-브루예비치(Vladimir Bonch-Bruevich, 1873~1955) 소련의 정치가, 역사가, 작가. 1895년부터 볼셰비키였다. 1917년 10월 혁명 직후 몇 년 동안 레닌의 비서였으며, 1945~1955년 동안 소련 학술원의 '종교와 무신론 역사 박물관' 관장을 지냈다.

의 자유'와 '간통의 자유'를 혼동하고 있다고 주장하면서 그를 비난했다. 이런 비난은 레닌의 반박을 자극했다. "**나는** 당신에게 공감하고 있는데, 당신은 **나를** 마구 욕하고 파괴하려 하는군요."[16] 이것은 레닌이 받아 마땅한 대접이었다. 레닌은 이네사의 초고에 대한 첫 편지를 요령 없이 썼고, 지금 이네사는 보복을 하는 것이었다. 또 확실히 1912년 중반에 레닌이 관계를 끝내기로 결정했던 것에 대해서도 복수하고 있었다.

그러나 레닌은 싸움을 계속했다. 이네사는 '한순간의 격정'은 남편과 아내의 '사랑 없는 키스'보다 "더 시적이고 깨끗하다."라고 썼다. 레닌은 신랄하게 답변했다.[17]

저속한 부부 사이의 사랑 없는 키스는 **불결하다**. 동의해요. 이 키스는 대비될 필요가 있는데…… 무엇과 대비할 수 있을까요? …… **사랑이 담긴** 키스인 것 같습니다. 그러나 당신은 '한순간의(왜 한순간이죠?) 격정(왜 사랑이 아니지요?)'을 대비시킵니다. 논리적으로 보면 마치 사랑 없는 (한순간의) 키스가 사랑 없는 부부 간의 키스에 대비되는 것 같군요. …… 이상한 일입니다.

이네사가 정말로 레닌이 묘사한 좁은 논의의 틀 안에서 '사랑의 자유'에 대해 썼더라면 이상했을 것이다. 하지만 그 무렵 레닌은 사회 원리뿐만 아니라 나댜에 대한 충실함이라는 점에서도 스스로를 변호하려고 애를 썼다. 은연중에 레닌은 자신의 결혼 생활에 '불결한' 것이 있다는 사실을 부인했다. 나댜와 레닌의 결혼 생활은 난관을 겪긴 했지만, 그들은 서로에게 중요한 의미였다. 게다가 레닌은 우연한 성적 결합에 반대하면서 앙갚음을 하고 있었다. 이네사는 젊은 시절에 남성과 친밀한 관계를 자제한 사람은 아니었다. 이와 대조적으로 레닌은 오래도록 변치 않는 헌신이 필요하다고 주장했다.

레닌은 자신이 이네사에게 할 수 있다고 느끼는 순전히 실제적인 충고와 지시의 양을 늘릴 정도로 자신의 감정을 억제했다. 레닌은 이제 그녀를 친숙하게 '티(ty)'라 부르지 않고 좀 더 격식을 갖춰 '비(vy)'라고 불렀다.* 그는 이네사에게 다른 분파 구성원들과 더 가까운 데 집을 얻고 그런 은둔 생활을 그만두라고 말했다. 레닌이 그녀의 상황에 기울인 관심은 거의 어버이 같은 관심이었다. 하지만 이것을 어떻게 생각해야 하는가? 이네사는 여전히 레닌을 사랑했다. 그러나 레닌이 그녀에게 품었던 감정은 짐작만 할 수 있을 뿐이다. 그들 관계의 앙금이 틀림없이 레닌에게도 남아 있었을 것이다. 그렇지 않았다면, 레닌이 자신의 주장을 변호하고 자신의 사상이 믿을 수 있고 존중할 만하다고 왜 이네사를 고통스럽게 설득하려 했는지 이해하기 힘들다. 그러나 레닌은 또 이네사를 자신의 분파에 묶어 두려고도 했다. 전쟁 시기에 레닌은 다시 정치에 집중했다. 레닌은 이네사에게 자신이 어떻게 카를 마르크스를 '사랑'한다고 느끼는지에 대해 꿈꾸는 듯 쓰기까지 했다. 레닌이 이네사를 감정적으로 뿌리치기 위해 무엇을 더 할 수 있었겠는가?

한편 레닌은 볼셰비키 분파의 지지를 얻으려고 계속 노력했다. 러시아의 군사적 패배를 바라고 '유럽 내전'이 필요하다고 주장하는 두 가지 노선으로 레닌은 외국에서 많은 친구들을 잃었다. 나데즈다 콘스탄티노브나와 지노비예프를 비롯한 소수의 볼셰비키만이 레닌의 곁을 지켰다. 망명자 중 다른 어느 누구도 진정으로 레닌을 이해하지 못했다. 레닌이 스위스의 도시들에서 연설할 때 종종 추한 감정

* 러시아어에는 2인칭 대명사로 'ty'와 'vy'가 있는데, ty는 친근한 관계에 쓰이고 vy는 예의를 차려야 하는 관계에 쓰인다. 우리말로는 ty는 '너', '자네'로, vy는 '당신'이라고 번역할 수 있다.

이 분출되어 드러나곤 했다. 1914년 10월 레닌은 로잔에서 플레하노프를 공격할 기회를 잡았다. 레닌은 플레하노프가 연설하는 동안 홀 뒤편에서 얼굴을 숨긴 채 그를 영원히 마르크스주의와 결별한 '국수주의자'라고 신랄하게 공격했다.[18] 레닌의 동료 중 많은 이들이 레닌을 경외했기에 그를 완전히 거부하지는 못했다. 그러나 레닌은 확실히 친구가 부족했다. 레닌은 자신이 러시아 제국 내에서 영향력이 보잘것없다는 사실 때문에 초조했다. 갈리치아는 레닌에게 편지 교환과 개인적 방문이 정기적으로 이루어지는 통로였고, 중앙당 회의가 갈리치아에서 빈번하게 열리기도 했다. 이런 일은 베른에서는 결코 일어나지 않았다. 편지가 배달되려면 보통 몇 주일이 걸렸다. 제1차 세계대전의 동부 전선은 대륙의 남북 축을 따라 길게 이어져 있었다. 외국에 있는 분파가 러시아 내의 분파와 접촉을 계속 유지하도록 하기 위해 독일과 스칸디나비아 사이를 미약하게나마 연결하는 선이 구축되었고, 레닌은 모든 볼셰비키가 혁명 활동을 지속하도록 그들을 격려해야 했다.

볼셰비즘이 러시아 제국에서 다시 번창한 것은 아니었다. 그 이유 중 하나는 오흐라나가 이제 볼셰비키 지도자들의 체포를 막지 않았기 때문이었다. 볼셰비키는 로마노프 왕조뿐만 아니라 국가 전체에 최대의 적이었다. 전쟁 내내 볼셰비키 대량 검거가 혹독하게 이어졌다. 검거는 효과적이기도 했다. 가장 먼저 볼셰비키 두마 의원들과 그들의 보좌관들이 재판에 회부되었다. 보좌관 중에는 레닌이 지시한 '패배주의' 노선을 포기함으로써 레닌을 격분시킨 레프 카메네프가 있었다. 그 후 페트로그라드(상트페테르부르크란 이름이 너무 독일식으로 들린다는 이유로 1914년에 수도 이름을 바꾸었다)와 지방에서 볼셰비키 위원회와 모임들의 체포가 잇달았다. 합법적인 볼셰비키 신문들도 발행이 완전히 금지되었다. 볼셰비키가 쓴 글은 완곡한 비판이 담겼더라도 신문이나 잡지에 실리기가 힘들었다. 1915년 말에 큰 산업 도시들에서 파업이 발생했으나, 오흐라나는 재빨리 분규를 진압하고 볼셰비키 활동가들을 추가로 감옥으로 끌고 간 뒤 얼른 시베리아로 보내버렸다. 러시아 지부는 1915년 9월에 알렉산드르 실랴프니코프가 주도하여 다시 설립되었다. 다른 구성원으로는 오시포프(Gennadi Alekseyevich Osipov), 두나예프(Yevlampi Dunaev), 안나 울리야노바가 있었다. 그들 중 어느 누구도 이전에 분파를 지도한 경험이 없었다.

러시아 국내의 볼셰비키 분파는 이렇게 붕괴했지만, 이 붕괴가 레닌에게 긍정적인 면을 가져다주지 않은 것도 아니었다. 레닌과 지노비예프는 러시아 제국의 동료 지도자들로부터 방해받지 않은 채 자신들의 사상을 발전시키고 활동할 수 있게 방치되어 있었다. 그들은 망명자들의 중앙 분파 신문인 〈사회민주주의자〉를 복간해 다른 이들의 의견을 묻지 않고 자기 글들을 실을 수 있었다. 그런 다음에는 밀사들에게 〈사회민주주의자〉를 러시아로 가지고 가서 배포하게 할 수 있었다. 또 스위스의 몽트뢰 근교에 있는 보지-쉬르-클라렌스에서 니콜라이 부하린과 게오르기 퍄타코프*가 이끄는 젊은 러시아 저술가 그룹과 연계하여 마르크스주의 이론 잡지도 창간했다.

그러나 이러한 성공은 레닌이 겪은 후퇴 앞에서는 거의 의미가 없었다. 러시아와 스위스 사이의 우편이 몇 주나 걸리는 것도 문제였지만, 레닌이 1900년에 처음으로 망명자가 된 이래 그 어느 때보다 그에게는 러시아 내의 연락원이 부족했다. 나데즈다 콘스탄티노브나가 관리하는 비밀 정치 주소록에서 망명지가 아니라 러시아 내에 거주

게오르기 퍄타코프(Georgi Pyatakov, 1890~1937) 1910년 러시아사회민주노동당에 가입했고 1912년 볼셰비키 분파에 합류했다. 1912년에 체포되어 시베리아로 유형당했으나 곧 스위스로 탈출했다. 10월 혁명 후 우크라이나에서 좌익반대파를 이끌었다.

하는 사람은 26명뿐이었고, 이중 16명은 1916년 말에 활동을 중단한 상태였다. 오흐라나는 이미 얼마 안 되는 분파의 규모를 더 줄이는 데 성공했다. 전쟁 시기에 유효한 10개의 주소 중 고작 3개만이 페트로그라드 외곽, 모스크바, 시베리아 유형지에 있었다.[19] 나데즈다 콘스탄티노브나는 절망했다. "다른 도시들과 직접 관계를 맺어야 합니다."라고 그녀는 썼다.[20] 그러나 그녀의 외침은 바람 속에 묻혔다. 대부분의 연락, 아니 사실상 모든 연락이 온갖 부류의 사람들로 이루어진 분파의 다른 구성원들에게 도달하려면 실랴프니코프와 안나 울리야노바의 손을 거쳐야 했다. 그리고 실랴프니코프는 레닌이 쓴 글을 수령하기 위해 오슬로의 알렉산드라 콜론타이*를 계속 방문하지 않으면 안 되었다. 그들은 러시아에서 혁명을 일으키기를 바랐지만 아직은 허약한 기구에 지나지 않았다.

알렉산드라 콜론타이(Aleksandra Kollontai, 1872~1952) 소련의 여성 운동가, 작가, 외교관. 제정 러시아 육군 장군의 딸로 태어나 혁명 운동에 관심을 두었으며 스위스로 유학했다. 취리히 대학을 졸업하고 귀국 후 러시아사회민주노동당에 들어가 활동하다 1915년 볼셰비키로 전향해 10월 혁명 후 복지인민위원, 당 여성부장 등을 지내고, 1923년부터 세계 최초의 여성 대사로서 노르웨이, 멕시코, 스웨덴에 주재했다.

14장

고독한 투사

1915년~1916년

1917년 1월 레닌은 취리히의 폴크스하우스에서 열린 젊은 스위스 사회주의자들의 모임에서 어느 때보다도 비관적인 연설을 했다.[1]

우리 나이 든 사람들은 아마 다가올 혁명의 결전이 벌어질 때까지 살지는 못할 겁니다. 그러나 크나큰 확신을 품고 나는 희망을 확실히 말할 수 있을 것 같습니다. 스위스와 전 세계의 사회주의 운동에서 그토록 훌륭하게 활동하는 젊은 사람들은, 다가올 프롤레타리아 혁명에서 싸울 뿐만 아니라 승리를 쟁취하는 기쁨을 누리게 될 것이라고 말입니다.

1890년대부터 레닌의 전제는 유럽 전역에서 사회주의 혁명이 임박했다는 것이었다. 이제 그는 살아서는 혁명을 목격하지 못할 것이라 말하고 있었다.

레닌은 제1차 세계대전 전에 침울해질 때마다 유럽 사회주의 혁명이 아니라 당내 분파 정치를 걱정했다. 레닌은 이 걱정을 이네사 아르망에게 보낸 편지에서 털어놓았다.

오, 내가 해결해야 할 '사업에서 사소한 문제들'은 사실 진짜인 것처럼 보이는 가짜 업무, 업무의 대체품, 그야말로 업무를 가로막는 장애물에 불과합니다. 혼란과 분쟁과 사소한 문제들은 내가 보기에 다 장애물이에요. 그리고 나는 그런 문제들과 영원히 얽히고설켜 있지요!! 그것은 내가 게을러지고 피곤하며 침울하다는 징후이기도 합니다.(이 문장과 다음 문장은 영어로 씌어 있다.) 대체로 나는 내 직업을 좋아하지만, 가끔은 거의 증오합니다.

레닌은 마르크스주의자가 아닌 사람들의 비판에는 괴로워하지 않았으나, 전쟁 동안 볼셰비키 사이에 격화된 논쟁에는 낙담했다. 몹시 초조해진 레닌은 공개적으로 연설할 자신을 잃었다. 1917년 새해가 지난 후 레닌은 비공식적으로 이렇게 썼다. "나는 제네바에 가고 싶지 **않다**. (1) 몸이 좋지 않다. 기력이 별로 없다. 강연하는 것이 **두렵다**. (2) 나는 1월 22일에 여기서 약속이 있고, **독일어로** 연설할 준비를 해야 된다. 이런 이유로 가겠다고 약속을 못하겠다."[2]

레닌은 평소처럼 안락하게 생활하지도 못했다. 1916년 7월 14일 어머니가 사망하면서 자식들이 곤경에 처할 때마다 그녀가 자식들과 함께 쓰던 연금이 끊겼다. 볼셰비키 분파의 기금도 줄었다. 볼셰비키는 이제 러시아에서 공개적으로 활동하지 못했고, 〈프라우다〉는 폐간되었다. 적극적인 볼셰비키 추종자의 수도 급감했다. 여하튼 그들 대부분은 더는 레닌과 견해가 같지 않았다. 중앙위원회 러시아 지부에서 일하던 안나 일리니치나는 자신이 할 수 있는 일을 했고, 레닌에게 다달이 기본적으로 필요한 것들을 말해 달라고 했다.[3] 그러나 페트로그라드에서 오는 돈은 결코 충분하지 않을 것이었다. 다른 수입원을 찾아야 했다. 레닌과 나댜는 자유 기고가로서 원고료를 벌고자 했다. 곤란한 점은 그들이 러시아어로 글을 쓰기에 멀리 떨어져 있는 데다 전쟁 중이기까지 한 러시아에서 출판사를 찾아야 한다는 점이었다. 나댜는 마르크스주의 활동가들뿐 아니라 더 폭넓은 독자를 대상으로 한 《교육학 백과사전》을 제작하는 프로젝트를 고안했다. 레닌도 돈을 벌기 위해 간단한 글을 쓰려고 했다. 그 일은 두 사람 모두에게 힘들었다.

그들은 쇠고기와 닭고기 대신 말고기를 먹는 것으로 생활비를 절약했다. 평소 말끔하게 보이는 데 신경 쓰는 레닌의 양복이 낡고 구두가 지저분해졌는데도 그들은 새 것을 사지 않았다. 1916년 2월에 그들은 취리히의 슈피겔가세 14번지에 있는 좀 더 싼 숙소로 이사했다. 구두 수선공인 티투스 카머러(Titus Kammerer)가 자신이 빌려 살던 집을 그들에게 다시 세준 것이었다.[4] 슈피겔가세는 나무가 우거진 깔끔한 거리였다. 독일 극작가 게오르크 뷔히너(Karl Georg Büchner)가 80년 전에 희곡 〈보이체크〉를 쓴 집이 12번지에 있었다. 그러나 레닌과 나댜는 낙담했다. 집 바로 옆에는 소시지를 직접 만드는 루프(Ruff) 씨의 가게가 있었다.[5] 예민한 위장 때문에 기름진 음식을 피하던 레닌은 소시지 냄새를 역겨워했고, 추운 날씨에도 방을 환기하던 습관을 버렸다. 창문은 항상 굳게 닫혀 있었다.[6]

그러나 울리야노프 부부는 건물에 같이 사는 주민들과 어울렸다. 그들 중에는 징집병을 둔 독일 가족, 이탈리아 남자, 귀여운 붉은 털 새끼 고양이를 기르는 오스트리아 배우 부부가 있었다. 카머러의 아내인 루이자(Luisa)가 레닌을 사로잡았다. 레닌은 병사들이 그들 자신의 정부로 총부리를 돌려야 한다는 루이자의 믿음을 찬양했다. 루이자는 식품을 싸게 사서 빨리 요리하는 데 필요한 요령도 나댜에게 가르쳐주었다. 스위스 정부는 전시의 공급 부족 때문에 국민들에게 일 주일에 이틀은 고기를 사지 말라고 호소했다. 하지만 나댜는 그 이틀 중 하루에 외출해서 고기를 구입함으로써 다소 무리를 했

1916년에 레닌 부부가 스위스 취리히에 머물 때 집을 빌려준 구두 수선공 카머러와 슈피겔가세에 있던 가게. 레닌은 이 가게 건물 위층에서 살았다.

다. 나다가 실수를 했는지 아니면 규제를 무시했는지는 불확실하지만, 가게에서 돌아온 나다는 카머러 부인에게 도대체 스위스 연방 당국이 정부 포고가 지켜지고 있는지 어떻게 장담할 수 있는지 물었다. 사람들의 집에 조사관을 보내는가? 카머러 부인은 웃으면서 오직 중간 계급만이 시민적 책임 의식을 보여주기를 거부할 거라고 말했다. 노동 계급은 완전히 다르다고 그녀는 큰 소리로 말했다. 그러고 나서 카머러 부인은 나다의 마음을 편하게 해주려고 이 포고는 "외국인에게는 적용되지 않습니다."라고 덧붙였다.[7]

레닌은 카머러 부부가 노동자가 아니라 가게를 운영하면서 아파트를 세놓는 '프티 부르주아'라는 사실을 무시하면서 그들을 모범적인 프롤레타리아로 칭찬했다. 실제로 그들은 소자본가였지만 레닌은 자신이 원하는 것만 보고 들었다. 자신의 정치적 전제를 많이 공유한 가족을 발견한 레닌은 그들이 자신이 승인하는 사회 계급, 즉 프롤레타리아 계급에 속한다고 확신했다. 카머러 부부의 공공선에 대한 존중은 레닌에게 자신의 기본 전제가 옳다는 자신감을 심어주었다. 1917년에 레닌은 국가와 노동자가 혁명적 목표의 완수를 "검사하고 감독할" 필요가 있다고 역설할 것이었다. 10월 혁명을 위한 사상에는 많은 원천이 있었다. 마르크스는 방대한 저작에서 그 원천 중 많은 것을 제공했다. 루이자 카머러 부인은 깨닫지도 못하는 사이에 다른 원천 한두 가지를 더욱 강화하고 있었다.

그리하여 레닌은 자신의 마르크스주의 신념이 유지되고 있다고 느꼈다. 그는 마르크스와 엥겔스를 통해 앞으로 세계사의 최종적이고 멋진 단계가 도래할 것임을 '알았다'. 레닌의 생애에는 목적이 있었다. 레닌은 바위처럼 단단한 태도와 자신의 전제에 대한 믿음을 고수했고, 그 위에 자신이 원하는 정치와 경제에 대한 거의 모든 관념을 구축할 수 있었다. 그는 마르크스주의가 어떤 상황에 대해서든 단 하나의 노선의 발전만을 허용하는, 쉽게 확인 가능한 논리를 가지고 있다고 공공연히 주장했다. 그러나 이 주장은 거짓이었다. 레닌이 이 주장을 통해 진짜 가정한 것은 자신의 마르크스주의가 유일한 진품 마르크스주의라는 것이었다. 레닌은 자신의 마르크스주의, 그리고 훨씬 더 심하게는 자신의 실제 노선이 오랜 활동 기간 동안 크게 변했는데도 이 믿음을 고수했다. 레닌의 신념은 긴 망명 속에서도 살아남았다. 1880년대의 마르크스주의자들 중 겨우 몇 사람만이 제1차 세계대전 무렵에 여전히 살아서 적극적으로 활동하고 있었다. 레닌은 그들 중 한 명이었고, 그의 내적 확신은 자신이 정치가로서 해온 활동에 의문을 제기할 어떤 압력도 느끼지 못할 정도였다. 그리하여 분파 내에서, 국제 사회주의 운동 내에서, 가족 내에서, 결혼 생활에서, 심지어 신체적·정신적 안녕이라는 면에서 상황이 암울해 보일 때마다, 레닌은 그 문제를 해결하기 위해 뭔가를 할 수 있었다. 그는 빛나는 미래를 기대할 수 있었다.

레닌은 역사가 자기 편이라고 믿었다. 혹은 좀 더 정확히 말하면, 레닌은 자신이 역사의 편에 서 있다고 생각했다. 레닌은 한 차례 심각한 우울을 겪었으나 일시적이었다. 레닌은 자신이 함께하든 자신이 없이든 결국은 유럽 사회주의 혁명이 발생하리라는 것을 추호도 의심하지 않았다. 레닌은 스위스의 젊은 사회주의자들 앞에서 한 연설에서 우려를 드러내긴 했지만 평소에는 유럽 사회주의 혁명이 발발하는 데 시간이 오래 걸리지 않을 것이라 믿었다. 전쟁 기간 내내 레닌은 전면적인 혁명적 폭발이 일어나리라 예측하면서 돌아다녔다. 사실 이 점은 레닌과 매우 많은 사회주의 저술가들 사이에 벌어진 논쟁의 요점이었다. 카우츠키와 마르토프 등은 레닌이 유럽 노동 계급이 자국 정부에 반대하는 혁명 활동에 쉽게 끌려 들어갈 수 있다는 그의 주장을 입증했다는 것을 인정하지 않으려 했다. 또 그들은 각국의 사회주의 운동을 분열시키는 데 집중하는 것이 합당하다고 믿지도 않았다. 그들은 사회주의자 자신들이 분열되어 있는데 어떻게 단합된 유럽 노동 계급을 지도할 수 있겠느냐고 물었다. 레닌의 다른 비판자들, 특히 플레하노프는 더 나아가 대부분의 독일 노동자들은 너무 애국적이어서 독일이 전쟁에서 러시아에 승리한다면 제2인터내셔널의 '국제주의' 원리에 대한 입에 발린 찬양을 멈출 것이라고 주장했다.

이처럼 레닌은 그의 정치적 활동을 주시하던 소수의 사람들에게, 걸핏하면 싸우고 평정심을 잃은 유토피아주의자로 보였다. 그러나 레닌은 걱정하지 않았다. 레닌은 계속 로마노프 군주정이 전쟁의 희생자가 될 공산이 크다고 단언했다. 그는 니콜라이 2세가 독일과 전쟁을 벌임으로써 볼셰비키에게 은혜를 베풀었다고 거듭 말했다. 러시아에서 혁명은 당면한 의제였다. 실제로 레닌은 차르 체제의 전복이 그 자체로 바람직할 뿐만 아니라 나머지 유럽 지역에서 혁명이 일어나는 데 필요한 필수 조건이라고 주장했다. 레닌에 따르면 차르 체제는 "(독일의) 카이저 체제보다 천 배나 더 나빴다."[8] 페트로그라드의 정권은 너무나 강력하고 반동적이어서, 사회주의자들이 유럽의 다른 지역에서 혁명을 수행할 수 있으려면 그 정권을 제거하는 일이 결정적으로 중요했다. 레닌은 그 주장을 이렇게 표현했다. "러시아의 '부르주아 민주주의 혁명'은 이제 서구에서 일어날 사회주의 혁명의 서막일 뿐만 아니라 빼놓을 수 없는 필수 요소이다."[9]

게다가 전쟁 동안 레닌은 혁명 일정을 압축하기 위해 전략적 견해를 약간 손질했다. 레닌은 1905년에 마지막으로 검토했고, 지금 다시 어떤 나라에서든 사회주의가 도입되는 데 두 단계를 거쳐야 한다는 견해를 볼셰비키가 받아들이는 것이 옳은지 아닌지를 곰곰이 생각했다. 당대의 일반적인 마르크스주의는 먼저 민주주의와 자본주의를 굳건히 할 '부르주아 민주주의 혁명'이 일어날 것이며, 그 이후에야 비로소 노동 계급을 권력의 자리에 오르게 할 사회주의 혁명이 발생할 것이라고 주장했다. 레닌은 제1차 세계대전 동안 이 문제로 다시 돌아와, 마르크스주의 좌파들에게 '단계론'을 버리라고 촉구했다.[10] 그리하여 레닌은 부르주아 민주주의 혁명을 거칠 필요 없이 사회주의 혁명을 수행할 가능성을 기꺼이 고려하겠다는 뜻을 보여주었다. 여하튼 레닌의 2단계 혁명 과정론은 언제나 논란을 불러일으켰다. 특히 '프롤레타리아와 농민들의 임시 혁명 민주주의 독재' 제안은 동료 볼셰비키를 제외한 대부분의 사람들에게 당장 사회주의를 계획하는 것처럼 보였다. 1916년에 레닌은 혁명 전략과 일정표를 긴급히 수립해야 한다고 다시 느끼고 있었다. 마르크스주의자들이 페트로그라드에서 권력을 장악해 유지할 기회를 놓칠 수는 없었다.

레닌은 다른 가능한 시나리오들을 인식하며 더욱 조급해졌다. 한

편으로 레닌은 러시아가 독일에 승리하는 일이 불가능하다고 생각하지만은 않았다. 다른 한편으로 니콜라이 2세가 자신의 군대가 계속 패배할 경우 동부 전선에서 독일, 오스트리아-헝가리 제국과 개별적으로 강화를 맺을 가능성을 외면하지도 않았다. 더 나아가 니콜라이가 너무 완고하다면 국가 두마 내의 반사회주의 정당들이 그를 제쳐놓을 수도 있을 것이었다. 레닌에 따르면, 이 일은 몇 가지 방식으로 일어날 수 있었다. 아마도 알렉산드르 구치코프가 이끄는 온건 보수주의자들과 파벨 밀류코프*가 주도하는 자유주의자들이 정치적 동맹을 결성하여 니콜라이 2세로 하여금 그들에게 양보하도록 어떻게든 강제할 수도 있을 것이었다. 또 한 가지 길은 밀류코프가 사회주의자-혁명가당 우파인 알렉산드르 케렌스키와 동맹을 맺는 것이었다. 레닌은 이 모든 시나리오를 볼셰비키가 이끄는 혁명적 행동으로 예방할 수 있고 또 예방해야 한다고 촉구했다.

그러나 레닌의 사회주의 정부는 어떤 모습일까? 레닌은 1916년에 작성하기 시작한 공책에서 이 질문을 제기했다. 레닌만 이렇게 한 것은 아니었다. 스위스의 보지-쉬르-클라렌스에 자리 잡은 젊은 볼셰비키 지도자들로 이루어진 소그룹도 사회주의 정부에 대한 구상이 있었고, 레닌과 마찬가지로 혁명을 일으키는 데 조급해했다. 특히 니콜라이 부하린은 선진 자본주의 국가들의 행정 기관과 억압 기구들을 사회주의자들이 그저 접수해서 개혁해야 한다고 생각하지 않았다. 부하린은 자본주의 국가 전체가 파괴되어야 한다고 역설했다.

파벨 밀류코프(Pavel Milyukov, 1859~1943) 러시아의 역사가, 정치가. 모스크바 대학 역사·철학과를 졸업했다. 1895년 자유주의 사상 때문에 대학에서 쫓겨났으며 약 10년간을 미국 등지에서 보냈다. 1905년 러시아로 돌아와 입헌민주당(카데트) 창설에 참여하고 1907년 당 중앙위원회 의장이 되었다. 1917년 2월 혁명 후 제2차 임시정부 외무장관에 취임했으나, 전쟁 완수 각서를 연합국에 보낸 것 때문에 노동자와 병사들의 항의를 받고 사임했다. 10월 혁명 후 영국과 프랑스로 망명했다.

부하린은 자신의 주장을 정당화하기 위해 선진 자본주의 국가들에서 국가 권력이 엄청나게 비대해졌다는 점을 지적했다. 그러한 국가들은 유례없이 효율적이고 무자비한 정치적·사회적·경제적 통제 방식을 발전시켰다. 심지어 그 국가들은 자국의 사회주의 정당을 매수하고 그 당들을 이용하여 노동 계급의 충성을 유지하는 데 성공했다. 따라서 마르크스주의자들이 구체제를 전복하고 나서도 행정 기관, 군대, 경제적 규제 기구 같은 기존의 국가 제도들을 그대로 내버려 둔다면 그것은 순진한 처사일 것이다. 부하린은 이 점이 카를 카우츠키의 근본적인 오류라고 주장했다. 사회주의는 혁명 국가를 새로 건설해야 했다.

처음에 레닌은 부하린의 생각을 아나키즘적이라고 공격했다. 부하린보다 나이가 많은 레닌은 똑똑하고 젊은 저술가가 자신의 마르크스주의 이론 영역으로 밀고 들어오는 데 분노했다. 그러나 레닌은 꾸준히 자신의 태도를 바꾸었다. 부하린은 사회주의 행정 기관을 설치할 때 부딪치게 될 주요한 어려움을 밝혔다. 또 그는 카우츠키의 생각에 담긴 취약함을 매우 훌륭하게 드러냈다. 부하린이 하지 못한 것은 사회주의 행정 기관을 어떻게 설립할 수 있는지를 설명하는 일이었다. 레닌은 그 문제를 곰곰이 생각해본 끝에 1905년의 러시아 노동 운동에서 해결책을 얻을 수 있다는 결론에 이르렀다. 레닌은 자신의 공책에서 노동자 소비에트가 사회주의를 도입하는 도구가 될 수 있다는 구상을 펼쳐보았다. 레닌은 부하린의 도움을 받아 이후 사태에 결정적 영향을 끼칠 입장에 도달했다. 1917년 10월 혁명을 위한 전략의 씨앗이 로마노프 군주정이 몰락하기 전에 이미 스위스에서 싹트고 있었다. 레닌은 아직 완전히 확신하지는 못했다. 그는 자신의 생각을 정밀하게 가다듬을 시간이 필요했지만, 개략적인 형태의 구상에 몰두했다.

레닌도 부하린도 '부르주아 국가'를 어떻게 확실하게 뿌리 뽑을 수 있을지를 자세히 논한 최초의 볼셰비키는 아니었다. 제1차 세계 대전 전에 레닌의 경쟁자인 알렉산드르 보그다노프는 사회주의 도입의 전제 조건은 완전한 '프롤레타리아 문화'의 발달이라고 주장했다. '부르주아 문화'는 개인주의, 절대성, 권위주의 개념을 고수하기 때문에 제거되어야 했다. 보그다노프는 정치적·경제적 변화는 물론이고 문화적 변화가 따르지 않는다면 어떤 사회주의 혁명도 성공할 수 없다고 생각했다.

레닌은 1916년에만 해도 이렇게까지 멀리 나아가지 않으려 했다. 레닌이 주저한 이유를 살펴보면, 레닌이 염두에 둔 사회주의가 어떤 종류였는지를 대략 알 수 있다. 레닌은 절대적인 진리라는 것이 존재하며, 그 진리는 마르크스의 교의에 따라 충실하게 행동하는 지식인 개인에 의해 발견될 수 있다고 믿었다. 이보다 더 분명하게 보그다노프와 대비되는 점은 없을 것이다. 보그다노프는 중간 계급 지식인들의 지도를 받지 않고 독자적인 집단 문화를 형성해서 새로운 형태의 사회 경험을 탐색하도록 노동자들을 격려하고 싶어 했다. 레닌은 노동 계급 안에서 문화의 발전이 필요하다는 데 동의했다. 그러나 그 필요는 제한적이라고 레닌은 주장했다. 노동자들은 글을 읽고 수를 세고 꼼꼼하게 일을 처리하는 법을 배워야 했다. 레닌은 보그다노프가 몽상가에 불과하다고 생각했다. 또 레닌은 혁명을 수행하기 위해서 노동 계급은 기술적 성취를 이루어야 하는데, 그 기술적 성취는 부르주아 문화만으로도 가능하다고 생각했다. 그리하여 '부르주아 문화'가 아니라 '부르주아 국가'가 제거되어야 했다. 따라서 두 사람이 **화해**할 가능성은 전혀 없었다. 언제나 그랬듯이 레닌은 자신만의 계획이 있었다. 그는 정치적으로 생각했다. 레닌은 소비에트들이 유럽 최대의 마르크스주의 정당인 독일사회민주당이 앞서간 타협과 배신의 길로 사회주의 혁명이 나아가지 않게 할 수단을 제공할 것이라고 생각했다.

레닌은 마르크스주의의 올바름, 전위당의 필요성, '역사 발전'의 예측 가능성, 도시주의와 산업주의의 미덕, 자본주의의 불가피한 붕괴, 계급 투쟁, 임박한 유럽 사회주의 혁명을 그 어느 때보다도 확고히 믿었다. 또 독재의 필요성에 대해서도 레닌은 흔들리지 않았다. 그는 고독한 분파적 투사가 되는 것에 개의치 않았다. 레닌은 자신의 깊은 신념을 더럽힐 어떤 다른 선택지보다 고독을 택했다. 그는 자신의 적대적 논쟁 스타일에 완고하게 집착했다. 그는 자신이 정통 마르크스주의의 가르침을 옹호하고 정교하게 할 뿐이라고 누차 주장했다.

그러나 레닌은 카우츠키가 이 정통 마르크스주의의 가르침 중 일부를 공유하고 있다고 인정했다. 카우츠키는 레닌의 영웅 중 한 명이었다. 그러므로 카우츠키가 그 가르침에 도달한 방식에 틀림없이 뭔가 잘못된 것이 있으리라고 레닌은 생각했다. 레닌은 카우츠키의 마르크스주의의 뿌리를 검토하는 과제를 스스로 떠맡았다. 이런 식으로 파고들어 감으로써 레닌은 필연적으로 카우츠키주의를 살펴볼 뿐만 아니라 스스로를 점검하게 되었다. 레닌은 이 경험을 공개적으로 밝히지 않았다. 실제로 그는 이것을 어느 누구에게도 이야기하지 않았다. 레닌은 자신의 연구를 자기 공책에다 털어놓았다. 레닌은 이 문제에 관해 철학적 논문을 집필하려 했지만, 1917년에 러시아에서 벌어진 사태로 스위스를 떠날 수밖에 없어 글을 마무리하지 못했다. 그러나 레닌은 베른의 공립 도서관에서 열심히 책을 읽고서는 놀라운 결론에 도달하여 그것을 기록했다.[11]

경구: 먼저 헤겔의 《논리학》 **전체**를 철저하게 연구하고 이를 이해

하지 않고서는 마르크스의 《자본》, 특히 1장을 완벽히 이해하기는 불가능하다. 따라서 지난 반세기 동안 마르크스를 완벽하게 이해한 마르크스주의자는 단 한 명도 없다.

레닌은 터무니없을 정도로 스스로 만족스러워했다. 그는 마르크스와 엥겔스의 다른 모든 후계자들이 이루지 못한 어떤 일을 자신이 해냈다고 생각했다. 레닌은 은연중에 자신이 마르크스주의 전통을 잇는 유일하게 진정한 해설자라고 자임했다. 마르크스와 엥겔스로부터 일직선으로 이어지는 계보가 이제 레닌에 이를 수 있게 되었다.

개인적으로 자신을 뽐내는 것은 좋지 않은 태도라고 여기는 사회주의 지식인들의 공동체에 속해 있었던 레닌은 이 경구를 공개적으로 쓰지는 않았다. 그렇지만 레닌은 이 경구를 진지하게 생각했다. 레닌은 집중적인 철학 연구를 거쳐 마침내 자신의 마르크스주의 이해를 수정하게 되었다. 레닌은 마르크스와 엥겔스의 특정 텍스트들, 특히 마르크스의 《포이어바흐에 관한 테제》를 잡았다. 그러나 레닌은 또 마르크스와 엥겔스의 이데올로기 형성에 영향을 끼친 헤겔도 검토하기 시작했다. 헤겔의 방대한 《철학사》가 레닌이 세밀하게 살핀 대상이었다. 포이어바흐도 면밀하게 검토했다.

레닌은 여기서 멈추지 않았다. 레닌은 아리스토텔레스의 저작도 살펴보았다. 청소년 시절 이후 처음으로 레닌은 심비르스크 김나지야에서 배웠던 고전에서 뭔가 의미 있는 것을 찾아낼 기회를 얻었다. 그때까지 레닌은 젊을 때부터 기억한 격언과 속담만 활용했다. 제1차 세계대전 시기에 레닌은 고대 그리스 철학으로부터 좀 더 실속 있는 지적 자양분을 끌어내고 싶어 했다. 마르크스주의 학자들은 헤겔이 마르크스에게 어떤 영향을 끼쳤는지 기본적으로 알고 있었고, 헤겔은 인식론과 존재론의 근본적인 많은 측면에서 아리스토텔레스가 자신의 선구라고 공개적으로 언급했다. 헤겔의 언급은 레닌에게 아리스토텔레스의 저술로 돌아가 탐구하도록 이끌었다. 아리스토텔레스는 김나지야 교과 과정에서 배우지 않았기 때문에 레닌은 처음부터 공부해야 했다. 레닌이 마르크스가 영향을 받은 다른 지적 흐름에 관해 더 알았더라면(이것은 20세기 초기에 어느 누구에게도 불가능했다), 그는 아마도 소크라테스 이전 철학자들의 저술에 끌렸을 것이다. 마르크스는 대학원생이었을 때 그들 중 한 명인 데모크리토스에 관한 뛰어난 박사 학위 논문을 쓴 적이 있었다. 여하튼 레닌은 아리스토텔레스 저작에서 흥미로운 것들을 많이 발견했다.

레닌의 기울인 노력은 가벼운 것이 아니었다. 헤겔의 《철학사》에 담긴 난해한 독일 산문도 큰 노력이 필요했으나, 아리스토텔레스의 《형이상학》은 레닌이 김나지야를 떠난 후 그리스어를 계속 쓰지 않았기 때문에 훨씬 더 힘들었다. 그래서 레닌은 독일어 번역문과 그리스어 원문이 같이 실린 책을 이용했다. 레닌은 학교에서 받은 훈련 덕분에 어떤 텍스트든 매우 빨리 이해할 수 있는 능력이 있었다. 레닌은 독일어와 프랑스어를 (비교적 실력이 떨어졌지만 영어도) 말할 수 있었고, 독해는 훨씬 능숙했다. 정보를 신속히 얻기 위해 책을 펼쳐 그 내용을 파악하는 데서는 그와 경쟁할 만한 사람이 거의 없었다.

레닌은 고전으로 돌아가 마르크스주의 이론가로서 자신을 정당화할 수 있는 근거를 찾아 나섰다. 좀 더 일반적 차원에서 (덜 의식적으로) 레닌은 자신의 지적 토대를 검토하고 거기에 버팀목을 대려고 했다. 레닌은 러시아인으로 자랐을 뿐 아니라 유럽인으로도 양육되었다. 그는 과학과 계몽과 진보를 믿는 부모와 교사들의 아이였다. 그가 자란 문화적 환경 속에서는 인류가 쌓은 위업의 계보를 탐색할 때 아테네와 로마의 위대한 작가들에게로 거슬러 올라가는 것이 보통이었다. 고전은 유럽 문명의 기원이었고, 귀중한 지적 활력의 원천이었다. 레닌의 마르크스주의는 그가 방심한 순간을 제외하고는 '문명' 같은 용어를 긍정적으로 사용하지 못하도록 억제했다. 마르크스가 역사 속의 모든 '문명화된' 사회들은 착취와 억압의 성격을 띠고 있다고 가르쳤기 때문이었다. 그러나 레닌은 이데올로기라는 표면 아래에서는 전형적인 19세기 말의 중간 계급 유럽인이었다. 멋진 생활은 유럽식 생활이었다. 문명은 유럽 문명이었다. 얼마 전에 미국이 그랬던 것처럼 세계의 나머지 부분도 유럽화되어야 했다. 레닌은 아직 상당히 높은 수준의 문화를 성취하지 못한 사람들을 한마디로 표현하고자 했을 때 쾌활하게 '호텐토트족*'을 언급했다. 레닌도 특권을 누리고 교육받은 제국 국민이 지닌 편견에서 자유롭지 않았던 것이다.

그리하여 레닌은 아리스토텔레스에게서 무엇을 발견했는가? 레닌이 남긴 미완성 글에서 그의 흥분이 그대로 전해진다. 본질적으로 레닌은 1908년에 쓴 자신의 저서 《유물론과 경험비판론》에서 보인 인식론의 상당 부분을 포기하고 있었다. 레닌은 이 점에 대해 솔직하지 못했다. 레닌이 지난날의 마르크스주의 설명을 비판했을 때, 그의 표적은 자신이 아니라 카우츠키를 비롯한 다른 마르크스주의 지도자들이었다. 사실 레닌의 인식론은 어떤 주요한 마르크스주의 이론가가 제시한 이론보다 조악했다. 《유물론과 경험비판론》은 인간의 정신이 카메라와 유사하며, '외부의 실재'는 카메라 같은 정신 과정에 의해 항상 정확하게 기록되고 재현된다고 주장했다. 제1차 세계대전 동안 레닌이 쓴 글에서는 그렇지 않았다.[12]

호텐토트족(Hottentots) 나미비아 남부에 사는 유목 민족. 일찍이 남부 아프리카 서해안에서 살았으나 17세기 이후 백인의 침입으로 인구가 급감했고, 현재 가장 순수한 모습을 갖춘 부족이라 인정되는 나마 호텐토트족이 나미비아를 중심으로 약 2만 명만 존재할 뿐이다. '호텐토트'란 보어어로 '말더듬이'라는 뜻이며, 그들 스스로는 '인간 중의 인간'이란 뜻을 지닌 '코이코이'라고 부른다.

인식은 인간에 의한 자연의 반영이다. 그러나 그것은 단순하고 직접적이며 완전한 반영이 아니라 일련의 추상화 과정이고, 개념과 법칙 등이 형성되거나 구성되는 과정이다. 그리고 이 개념, 법칙(사고, 과학 ='논리적 사상')도 영원히 움직이고 발전하는 자연의 보편적 유형을 조건적이고 대략적인 형태로 파악한다.

이런 언급은 1914년 이전에 쓴 레닌의 글들에서는 생각조차 할 수 없었을 것이다.

변화의 배경은 레닌이 자신을 유명하게 만들어준, 정치에 대한 모험적이고 탐구적인 접근을 뒷받침하는 이론적 근거를 마침내 찾았다는 사실에 있었다. 이전에 레닌은 자신의 노선이 미리 정해진 과학적 원리에 기반을 두고 있다고 주장했다. 이제 그는 '실천'이 어떤 노선이 올바른지 여부를 판가름하는 유일하게 참된 기준이라고 단언했다. 융통성이 필수적이었다. 사상은 "세계를 껴안기 위해 베이고 잘리고 유연하고 유동적이고 상대적이고 서로 연결되고 정반대로 결합되어" 있어야 했다. 이것은 아리스토텔레스, 헤겔, 마르크스의 철학에서 얻을 수 있는 진실이라고 그는 주장했다. 어떤 것도 영구적이거나 절대 확실하지 않았다. 모든 것은 상호작용했다. 요소들이 서로 충돌해서 (이 '변증법적 과정'에 의해) 복잡하고 가변적인 결과를 산출하는 것은 본질적으로 물질적·사회적 관계 속에서였다. 정치에는 실험이 필요했고 마르크스주의자들은 정치가 '비약'과 '단절', '점진적 진행의 돌연한 중단'을 동반할 것이라는 사실을 인정해야 했다. 레닌에게 이 모든 것은 카우츠키에 대한 철학적 해독제였다.

이 결과를 레닌이 특히 좋아했다는 사실은 그가 열린 마음으로 인식론과 존재론을 연구한 것이 아니라는 것을 암시한다. 베른 공립 도서관에서 수행한 레닌의 연구는 단순한 지적 호기심에서 비롯되지 않았다. 레닌은 특정한 목적을 염두에 두고 헤겔, 포이어바흐, 아리스토텔레스를 탐독했다. 자신의 연구가 카우츠키의 입장을 확증했더라면, 레닌은 자신의 연구를 지지할 근거를 찾아 다른 저자들로 시선을 돌렸을 것이다. 1890년대에 쓰인 레닌의 경제 관련 저술에서부터 분명히 드러났듯이, 레닌은 정치적 임무를 짊어진 독자였다. 또 다른 점을 강조할 만하다. 그것은 레닌이 일관된 정치적 관점에 조금도 가까이 갈 수 없었다는 사실이다. 레닌의 글은 모순으로 가득 차 있었다. 인식의 '조건적이고 대략적인' 성격을 단언하면서, 레닌은 여전히 '절대 진리의 획득 가능성'과 '외부 세계의 독립적 존재'를 믿었다. 그의 글은 대학 1학년 때 철학 시험을 봤다면 통과하지 못했을 어떤 사람이 틈날 때마다 적어놓은 메모에 불과했다. 메모는 혼란스러웠다. 인색하기도 했다. 레닌은 1908년에 보그다노프에게 몇 가지 근본적인 비판을 퍼부었을 때 자신이 입장을 본질적으로 뒤집었음을 인정할 생각이 없었다. 오류를 인정하는 것은 레닌에게 매우 드문 일이었다.

하지만 레닌은 1917년에 발생한 사태 같은 혁명적 과정을 감당할 지적 준비를 갖추고 있었다. 레닌은 심지어 1905년에도 내키는 대로 방침을 변경했다. 그러나 지금 레닌에게는 근거가 있었다. 레닌은 자신을 괴롭히는 유럽의 어떤 마르크스주의자와 결별하는 것도 정당화할 수 있었다. 이 점은 전쟁에서 각자의 정부에 반대하는 극좌 사회주의자들이 자신들의 활동을 조율하기 시작했을 때 분명해졌다. 레닌은 그런 조율을 원했다. 그러나 레닌은 그런 노력의 길잡이 등불이 아니었다. 사실 이것은 문제의 일부에 불과했다. 스위스 사회주의자 로베르트 그림(Robert Grimm)과 이탈리아인 오디노 모르가리(Oddino Morgari)는 한동안 종전을 원하는 사회주의자들의 국제 회의를 조직하자는 운동을 벌였다. 율리 마르토프도 두드러진 역할을 했다. 그들은 모두 동료 사회주의자들이 전쟁 기간 동안 정부에 반대하는 운동을 포기하는 모습을 끔찍해했다. 그들은 전쟁을 중지시키는 것이 핵심이라고 주장했다. 그들은 전쟁 발발을 다양한 원인 탓으로 돌렸다. 개인적·왕조적·외교적·경제적·제국적 요인들이 이 문제에 관한 그들의 많은 팸플릿에서 거론되었다. 적지 않은 팸플릿 작성자들은 단순히 평화주의자였다. '유럽 내전'의 옹호자인 레닌은 유달리 두드러졌다.

그러나 적어도 그들은 군사 동맹의 어느 쪽도 결백하지 않다는 데에는 의견이 같았다. 그림이 접촉한 사람은 모두 연합국과 동맹국이 서로 똑같이 나쁘다고 믿었다. 그들은 국제주의 원리에 바탕을 둔 해결책이 필요하다고 주장했다. 연합국이든 동맹국이든 어느 쪽이 승리하더라도 합병과 배상이 따를 것이다. 그것은 한 제국주의에 대한 다른 제국주의의 승리가 될 것이다. 거기에 평화라는 단어에 어울릴 만한 진정한 평화는 없을 것이었다. 그래서 레닌은 스위스의 마을 치머발트에서 열리는, 유럽 교전국 출신의 반전 좌익 사회주의자들의 회의에 참석해 달라는 그림의 초청을 받아들일 수 있었다.

레닌은 자신의 정치적 주장을 강화하는 논거를 개발하기 위해 열심히 노력했다. 그런 노력은 전 지구적 자본주의 경제에 관한 연구로 이어졌다. 레닌의 공책에는 책 148권과 논문 232편의 참고 문헌이 적혔다. 레닌은 이미 같은 주제를 다룬 부하린의 책을 지지했으나, 사태를 자기 식으로 표현하기를 원했다. 레닌은 부하린이 현재의 경제 발전이 순조로이 진행되는 정도를 과장했다고 생각했다. 레닌은 자본주의가 결국 '세계 경제 트러스트'를 형성하리라고 예측하는 것은 완전히 틀렸다고 여겼다. 레닌이 보기에, 부하린은 자본주의가 태생적으로 불안하며 서로 조화로운 협력을 수행할 능력이 없다는 마르크스주의 원리를 잊었다. 레닌은 연구 결과로 《자본주의 최고 단계로서 제국주의》라는 책을 집필했으며, 누나 안나에게 책을 페트로그라드에서 합법적으로 발행해 달라고 부탁했다. 안나는 순순히 부탁을 들어주었고, 동생을 위해 계약도 맺었다. 그러나 안나는 레닌이 자신의 초고를 카우츠키에 대한 싫은 소리로 가득 채웠음을 알아차렸다. 안나는 책이 출판사의 구미에 좀 더 맞게 하려고 그 독설들을 임의로 삭제했다. 레닌은 안나의 행위를 받아들이거나 아니면 계약을 파기해야 할 판이었다. 레닌은 수치스럽기는 했지만, 이번만은 물러섰고, 책은 1917년에 발행되기로 일정이 잡혔다. 그 책이 차르 체제에서 나오지 않게 된 것은 순전히 2월 혁명의 발발로 차르 체제가 사라졌기 때문이었다.

이미 제국주의에 관한 많은 마르크스주의 문헌이 존재했다. 카를 라데크*, 로자 룩셈부르크, 스크보르초프-스테파노프*, 니콜라이 부하린, 카를 카우츠키는 루돌프 힐퍼딩*의 사상에 대해 논의했다. 모두 자본주의가 '금융 자본'의 지배를 받는 성숙한 시기에 진입했고, 국민 경제는 바로 자본주의의 성격 그 자체 때문에 경제적 경쟁 관계로 떠밀리고 있다는 데 의견을 같이했다. 이 경제적 경쟁은 국민 경제가 외부 시장을 찾고 식민지를 장악하며 자신들의 제국을 위해 다른 제국 열강과 싸우도록 만들었다. 레닌도 이 문헌들에 영향을 받았다. 그는 또 힐퍼딩처럼 독일 전시 경제의 효율성에도 깊은 인상을 받았다. 전시에 이루어진 생산과 소비에 대한 규제는 역설적이게

카를 라데크(Karl Radek, 1885~1939) 소련에서 활동한 국제 혁명가. 젊은 시절에는 폴란드-리투아니아 사회민주당, 1908년부터는 독일사회민주당에서 당내 좌파로 활약했으며, 제1차 세계대전 중에는 치머발트 운동 좌파에 속했다. 1917년의 러시아 10월 혁명 후 페트로그라드로 가서 '좌익 공산주의자'에 가담했다.

이반 스크보르초프-스테파노프(Ivan Skvortsov-Stepanov, 1870~1928) 1892년 혁명 운동에 가담하여 1904년 볼셰비키가 되었다. 1906년 러시아사회민주노동당 제4차 대회에 대의원으로 참여하여 레닌을 지지했다. 1917년 혁명 후 재무인민위원으로 활동했다.

도 '전시 사회주의(Kriegssozialismus)'라고 알려졌으며, 힐퍼딩은 사회주의자들이 이것을 활용할 수 있다고 생각했다. 그는 자본주의 경제 내의 수준 높은 조율은 총체적인 사회주의 혁명의 전제 조건 중 하나를 제공한다고 주장했다. 그러나 레닌은 이 지점을 넘어서면서 힐퍼딩과 의견이 완전히 갈렸다. 힐퍼딩이 폭력 혁명을 피할 수 있고 또 피해야 한다고 생각한 반면, 레닌은 폭력 이외에 혁명을 수행하는 다른 어떤 방법도 볼 수 없었다. "우리 **스스로** 가장 먼저 **권력**을 장악해야지, '권력'에 대해 떠들어봤자 아무 소용이 없다."라고 레닌은 썼다.[13]

힐퍼딩과 카우츠키는 자본주의 국가들이 식민지를 공동으로 착취하는 방식으로 결국 정치적 분쟁을 해결하는 데 성공할 가능성을 제기했다. 레닌은 아연실색했다. 이런 계획을 옹호하는 것은 자본주의가 무한히 생존할 수 있음을 인정하는 것이었다. 이와 달리 레닌은 여러 제국이 서로 충돌할 수밖에 없다고 주장했다. 그는 경제적 진보의 순으로 제국주의의 서열을 매겼다. 미국이 꼭대기에 있었다. 독일과 일본이 그다음이었고, 영국과 프랑스가 뒤를 이었다. 포르투갈이 러시아를 겨우 조금 앞서면서 제국주의 열강 중 제일 마지막을 장식했다. 이 제국주의의 세계는 제1차 세계대전이 끝날 즈음이 되면 안정된 자리를 잃게 될 것이었다. 레닌에 따르면, 사회주의 혁명이 일어나거나, 아니면 혁명 같은 시기가 발생할 때까지 전쟁이 되풀이될 것이었다. 레닌은 세계 자본주의의 갈등을 완화하려는 어떤 꿈도 환상이라는 것을 보여주려고 기를 썼다. 혁명만이 갈등을 완화할 것이

루돌프 힐퍼딩(Rudolf Hilferding, 1877~1941) 독일의 정치가이자 경제학자. 1906년 베를린의 독일사회민주당 교육원 강사가 되었고, 1907~1915년 독일사회민주당 기관지 〈전진〉의 정치 담당 편집인으로 활동했다. 제1차 세계대전 후 독일독립사회민주당을 결성하여 그 기관지 〈자유〉의 편집장이 되었다. 그의 주저인 《금융 자본론》은 독점 자본주의 단계의 경제가 산업 자본과 은행 자본이 결합된 금융 자본 운동임을 논증했다.

었다.

모르가리와 그림이 조직하고 레닌이 참석한 국제 사회주의 운동도 마찬가지였다. 두 차례의 작은 회의가 알프스에서 열렸다. 첫 번째 회의는 1915년 9월에 베른 뒤편의 산악 지대에 있는 휴양지 치머발트에서 열렸다. 두 번째 회의는 1916년 4월 바로 그 근처의 키엔탈에서 개최되었다. 두 회의 모두 참석 인원이 많지 않았다. 트로츠키는 마르크스의 제1인터내셔널이 창립되고 반세기가 지났지만, 유럽의 국제주의자들을 전부 수용하는 데는 여전히 대형 버스 4대면 충분하다고 언급했다.[14]

다른 모든 사람이 회의에 참석한 대표들이 소수에 불과하다는 사실을 유감스러워했지만, 레닌은 환호했다. 레닌은 참석 인원이 적으면 적을수록 자신의 노선에 가까운 방침을 옹호하는 사람들의 비율이 높아질 것임을 알았다. 하지만 그는 여전히 화가 났다. 레닌은 독일사회민주당과 공개적으로 결별하기를 거부한 카를 카우츠키와 후고 하제*에게도 초청장을 보낸 데 격분했고, 하제가 참석하겠다고 약속하자 더 분노했다. 처음에 레닌은 지노비예프에게 다른 나라에서 온 비슷한 성향의 대표들과 협상을 하게 했다. 그러나 레닌은 지노비예프조차 완전히 신뢰하지 못한 나머지 한때 독일사회민주당 당적을 갖고 있던 유대계 폴란드인인 카를 라데크와 직접 문제를 논의하기에 이르렀다. 라데크는 회유하기가 쉽지 않았다. 레닌은 사회주의자들이 자국 정부의 군사적 패배를 위한 운동을 벌여야 한다는 자신의 교의를 버려야 했다. 또 자국 정부를 위해 전쟁 공채 발행에 찬성표를 던진 공식 사회주의 정당들과 완전히 결별할 것을 더는 요구하지

후고 하제(Hugo Haase, 1863~1919) 독일의 정치가, 법률가, 평화주의자. 독일사회민주당의 수정주의 분파의 일원이었다. 1914년 7월 독일사회민주당의 반전 집회를 조직했으나, 전쟁 공채 발행 결정을 막는 데 실패했다.

말아야 했다. 좀 더 분별력 있는 라데크의 노선이 지배적이었다. 라데크는 레닌이 지난날 무슨 일을 했는지 알았고, 치머발트 회의가 공리공론이 난무하는 모임으로 변질되지 않게 하겠다고 결심했다. 그렇더라도 라데크와 레닌이 모은 대표들의 그룹은 라데크와 레닌을 포함해 8명을 결코 넘지 못했다.

라데크와 타협한 레닌은 좋은 동료가 되어 괜히 평지에 (아니, 대형 버스에) 풍파를 일으키지 않겠다고 작정했다. 레닌은 단 한 번 말썽을 일으켰다. 이 말썽은 게오르크 레데부어*가 라데크의 거리 시위 요청에 반대했을 때 일어났다. 레닌은 외쳤다. "독일의 운동은 결정에 직면해 있습니다. 실제로 대중이 혁명적 투쟁으로 나아가는 혁명적 시대의 문턱에 있다면, 우리는 이 투쟁에 필요한 수단에 대해서도 말해야만 합니다."[15] 강렬한 믿음과 논리를 함께 지닌 사람의 말이었다. 치머발트 회의는 자신들이 본국에 돌아갔을 때 기다리고 있을 반응을 우려한 많은 대표들이 모호하게 남겨 두고자 한 것들을 분명히 하라고 요청받고 있었다. 그러나 좌파 연사들은 그들이 원하던 바를 일부 얻었다. 회의는 제1차 세계대전이 '제국주의' 경쟁에 의해 야기되고 연장되었다고 선언했다. 그리고 전쟁 공채 발행에 찬성한 사회주의 정당들을 비난했다(정당들의 이름을 직접 거론하지는 않았다). 회의는 '비타협적인 프롤레타리아 계급 투쟁'에 힘을 쏟을 때에만 군사적 적대를 끝낼 수 있다는 데 의견을 모았다.[16]

그러나 치머발트에서 가장 크게 만족한 사람은 회의 소집자들, 특히 로베르트 그림이었다. 그럴 만한 이유가 있었다. 1915년 12월 스위스에서 돌아온 후고 하제는 전쟁 공채를 공개적으로 비판하는 제

게오르크 레데부어(Georg Ledebour, 1850~1947) 독일의 사회주의 정치가. 1900년부터 독일 제국의회의 사회민주당 의원이었다. 제1차 세계대전이 발발하자 후고 하제와 함께 독일 전쟁 공채 발행에 반대했으며, 1919년 1월에는 베를린 공산주의 봉기를 이끌었다.

국의회 내 독일사회민주당 의원들의 분파를 이끌었다. 하제와 카우츠키는 모든 사회주의자들에게 그들의 정부가 '합병 없는 평화'를 이루도록 온갖 압력을 가하라고 요청했다. 여기에 설득이 긍정적인 효과를 발휘할 수 있다는 증거가 있다고 그림은 레닌에 맞서 주장했다. 그림은 1916년 4월 26일부터 키엔탈에서 열릴 다음 회의에서 이 분위기를 그대로 이어가기를 기대했다.

하지만 그림은 실망했다. 40명의 대표가 참석한 키엔탈 회의는 처음부터 소란스럽고 분위기가 좋지 않았다. 일부 대표들에게 위임된 권한은 의심을 받았다. 대표단은 내부 격론에 빠져들었다. 초청받은 몇몇 대표들은 참석하지 않을 이유를 발견했다. 특히 하제와 카우츠키는 치머발트 회의가 '국제 사회주의 소위원회(International Socialist Commission)'를 설립한 데 이의를 제기했다. 그들에게 이 일은 '국제 사회주의 사무국'의 권한을 침해하는 것이었다. 사실 국제 사회주의 사무국은 전시에 거의 활동하지 않았는데도 그들은 이 주장을 고수했다. 물론 카우츠키가 정치적 배신의 화신이라고 확신했던 레닌은 그들의 불참에 기뻐했다. 그는 카우츠키가 만인의 여인이라고 주장했다. 카우츠키는 독일 정부와 충돌을 피할 수만 있다면 공적 사회에서 사실상 어느 누구와도 잠자리를 같이할 정치적 매춘부였다. 1914년 8월에 이러한 결론에 도달한 레닌은 그 결론을 바꾸지 않으려 했다. 카우츠키가 배교자라는 사실은 레닌의 정치뿐만 아니라 정서에도 불변의 요소가 되었다. 레닌이 가장 원하지 않았던 것은 카우츠키가 자신의 교리로 유럽 마르크스주의를 다시 지배할 기회를 얻는 것이었다.

키엔탈에서 레닌은 치머발트에서와 마찬가지로 그리 밝게 빛나지 않았다. 어려움은 극좌 대표들(그들은 이제 '치머발트 좌파'라고 자칭했다)이 소수에 불과했고, 그들 모두가 레닌을 의심한다는 사실이었다.

그렇지만 레닌은 즐거워할 이유가 약간 있었다. 키엔탈 회의는 많은 대표들이 어떤 대가를 치르더라도 전쟁을 끝내기를 원했으나, 한편으로 평화주의를 비난했다. 또 "자본가 계급의 전복을 겨냥한 활발한 행동"도 요청했다. 이 요청은 혁명이 전쟁을 종결하는 길이라는 레닌의 구상에 가까웠기에 회의가 끝날 무렵에 레닌은 예상했던 것보다 더 행복했다.

레닌은 독일 마르크스주의자들이 그들 정부의 버릇을 잘못 들였다고 비판했지만, 레닌이 독일 정부와 독자적으로 약간 수상한 접촉을 했음을 독일 마르크스주의자들이 알지 못한 것은 행운이었다. 처음에 레닌은 독일 포로 수용소에 있는 볼셰비키에게 정치 문건을 보냈다. 포로의 우두머리는 러시아 제국 군대에 입대했다가 포로가 된, 다름 아닌 로만 말리놉스키였다. 말리놉스키가 오흐라나에 고용되어 일했다는 것을 여전히 믿지 않으려 한 레닌은 말리놉스키의 연설을 통해 러시아 전쟁 포로들 사이에 볼셰비키 선전을 퍼뜨렸다.[17] 레닌이 러시아의 패전을 옹호했기 때문에 독일의 고위 사령부는 이런 선전 활동을 조장했다. 베른 주재 독일 대사였던 기스베르트 폰 롬베르크(Gisbert von Romberg) 남작은 에스토니아인 민족주의자로서 마찬가지로 로마노프 왕조의 전복을 모색했던 알렉산데르 케스퀼라(Aleksander Keskülä)를 통해 레닌의 활동을 눈치채고 있었다. 독일군의 또 다른 자문관은 1905년에 레프 트로츠키의 사고에 영향을 끼쳤던 알렉산드르 겔판트-파르부스였다. 파르부스는 독일사회민주당을 혹독하게 공격하던 좌파 비판가였다. 그는 또 스칸디나비아, 발칸 국가들, 투르크에서 맺은 비밀 거래로 독일 정부의 심부름을 해 온 부유한 실업가이기도 했다. 레닌의 동료 중 한 명인 야쿠프 하네츠키는 스톡홀름에서 파르부스에게 고용되어 일했다. 레닌이 직접 케스퀼라나 파르부스와 만난 적은 거의 없었지만, 결과적으로 독일군이 볼셰비키에 자금을 대준 꼴이 된 강력한 정황 증거가 있다.

그리하여 레닌은 자신이 독일 제국주의자들이라고 공개적으로 비난한 사람들에게서 나온 은밀한 자금으로 '유럽 사회주의 혁명'을 촉진하려 애쓰고 있었다. 레닌에게 이 관계는 완벽히 논리적이었다. 레닌의 목표는 자본주의를 전복하는 것이었고, 행동할 때 유일한 기준은 혁명의 대의에 이바지하는지 여부였다. 러시아와 독일 포로 수용소에서 볼셰비키 사상을 퍼뜨리는 일은 대의를 돕는 범주에 속했다. 유일한 문제는 레닌의 계획이 엄격히 비밀에 부쳐져야 한다는 것이었다. 실제로 비밀이 조금이라도 드러났더라면 레닌은 1917년 2월 혁명이 일어나기 불과 몇 달 전에 정치적으로 끝장났을 것이고, 20세기 역사는 완전히 달라졌을 것이다.

레닌은 1916년 나머지 시기와 이듬해 초 내내 혁명이 '무르익었다'는 노래를 계속 불렀다. 혁명은 '임박'했고 '성장'하고 있었다. 시간은 '정통' 마르크스주의 가르침을 고수하고 자본주의 정부를 전복함으로써 그 가르침을 실행에 옮길 사람들의 편이었다. 레닌은 '유럽 사회주의 혁명'이 발발하더라도 하룻밤 새 일어날 것이라 생각하지는 않았다. 레닌은 몇몇 나라에서는 자본가들이 혁명적 공세를 막아낼 것이라고 역설했다. 제2차 세계대전, 심지어 제3차 세계대전이 벌어질 수도 있었다. 이는 레닌 주위의 극좌 사회주의자들 사이에서는 이례적인 생각이었다. 실제로 그런 견해를 밝힌 사람은 유럽 정치판에서 아무도 없었다. 레닌은 선동가이긴 했지만 결코 혁명을 쉽게 생각하지 않았다. 그는 자신이 혁명적 시대에 살고 있다고 직감했다. 그 시대는 매우 길 수도 있었다. 그 시대에는 여러 사건이 뒤얽혀 벌어질 수도 있었다. 그 시대에는 진보뿐만 아니라 후퇴도 일어날 수 있을 것이다. 레닌은 긴 투쟁을 준비하고 있었다. 레닌은 미래를 위해서는 그와 그의 당 모두에게 적응력과 통찰력과 인내심이 필요하다는 것을 알았다. 특히 우선 인내심이 필요했다. 그러나 레닌은 자신의 근본 전략이 올바르다는 데 대해서는 추호의 의심도 하지 않았다.

레닌의 확고한 목표는 화강암같이 단단한 그의 성격을 모르는 지인들에게 놀라운 것이었다. 1916년이 저물어 갈 때, 레닌은 마흔여섯 살이었다. 레닌은 지적이고 실용적인 재능을 지닌 사람이었으나, 그의 재능이 촉진할 수 있었을 자기 조국의 사태 전개에 아무런 영향도 끼치지 못했다. 레닌은 러시아 마르크스주의자들 중에서도 걸출한 인물이었고, 페트로그라드의 오흐라나 본부에서뿐만 아니라 유럽의 제2인터내셔널에서도 유명한 사람이었다. 레닌은 책과 팸플릿을 끊임없이 쓰고 많은 글을 발표하는 언론인이었다. 러시아의 백과사전에는 레닌에 관한 간략한 서술이 들어 있었다. 그러나 러시아 제국 내 레닌의 추종자 그룹은 제1차 세계대전 동안 점점 축소되고 있었다. 레닌의 누나인 안나조차 그의 정치적 판단에 의심을 품었다. 러시아 지역 위원회들의 볼셰비키는 점점 레닌과 접촉을 덜 하게 되었다. 국내외에서 마르크스주의자들에게 혁명을 설교했던 레닌은 이제 헤겔과 아리스토텔레스에게서 위안을 구하는 신세가 되었다. 협소한 당 밖에서 레닌의 이름이라도 들어본 러시아 노동자는 거의 없었다. 그런 사람이 러시아의 통치자로 등장하려면 상황이 근본적으로 변해야 했다. 레닌에게는 확고한 목표와 재능뿐만 아니라 행운도 필요했다. 그리고 바로 그 행운이 이듬해 찾아왔다.

3부

'10월 혁명' 지도자

15장

2월 혁명과 4월 테제

1917년 2월~4월

1917년 2월 말, 레닌이 오래전부터 예측해 왔던 정치적 폭발이 발생했다. 혁명이 페트로그라드에 찾아온 것이다. 여성 섬유 노동자들의 행동을 시작으로 해서 공장 파업이 며칠 동안 진행되었다. 분규는 푸틸로프 야금 공장 노동자들로 재빨리 퍼졌으며, 경찰은 통제 능력이 없는 것으로 드러났다. 근위 연대가 출동했을 때, 수도의 혁명 조직들(멘셰비키, 볼셰비키, 사회주의자-혁명가당)은 거리 시위 조직에 나서기를 주저했다. 오흐라나는 1915년 말과 1916년 말에 파업을 분쇄한 바 있었고, 그런 일이 다시 일어나지 말라는 법은 없어 보였다.

그러나 대중의 분위기는 완강했다. 노동자들은 악화되던 공장 환경과 식량 부족으로 고통받고 있었다. 게다가 정부는 이제 수도의 수비대 병력에 의존해 정치적 저항을 억누를 수 없는 처지였다. 점차 혁명가들은 자신감을 회복했다. 페트로그라드 도심의 넵스키 대로를 따라 시위자들이 행진했다. 어느 누구도 더는 그들에게 감히 반대하지 못했다. 니콜라이 2세에 의해 최근 정회(停會)된 제4대 국가 두마의 지도자들이 어둠 속에서 나왔다. 그들은 비밀 위원회를 만들었고, 사태가 걷잡을 수 없게 되기 전에 사태를 활용할 수 있기를 원했다. 니콜라이 2세는 페트로그라드가 아니라 모길료프의 군 본부에 있었는데, 이 모든 정보를 보고받은 그는 두려워 어쩔 줄 몰라했다. 한편 멘셰비키는 페트로그라드 소비에트를 다시 구성하여 공화국을 요구하는 운동을 벌였다. 그 무렵 사회주의 정당들은 혁명의 순간이 도래했음을 감지했다. 황제는 혈우병 환자인 아들 알렉세이(Alexei)에게 왕위를 물려주려 했으나 뜻대로 되지 않았다. 3월 2일 황제는 게임이 끝났음을 알았고, 처음에는 아들에게, 다음에는 동생 미하일(Mikhail)에게 왕위를 물려주었다. 반란자들은 이 양보에 만족하지 않았으며, 권력은 해산된 국가 두마의 지도자들에게 넘어갔다. 1613년부터 러시아를 통치한 로마노프 왕조는 전복되었다.

심각한 상황에 관한 소식이 취리히에 도달했을 때, 러시아 망명자들은 깜짝 놀랐다. 페트로그라드에서 전해진 보도들은 나라에서 벌어지는 소요 사태에 주목하게 만들었으나, 외국에 있는 혁명가들이 차르 체제에 마지막 위기가 닥쳤는지 여부를 판단하기는 불가능했다. 레닌도 동료 망명자들과 다를 바 없었다. 그는 무슨 일이 벌어지는지 보려고 참을성 있게 기다렸다. 그래서 레닌은 점심을 먹은 후 식탁을 치우고 설거지를 하는 나댜를 뒤로 한 채 늘 하던 대로 도서관에 갈 준비를 했다.[1]

스위스 신문들에서 혁명—그 혁명, 오랫동안 기다려 온 혁명, 로마노프 왕조에 반대하는 영광의 혁명—이 일어나고 있다는 기사를 읽은 폴란드 동지 브론스키(M. G. Bronski)가 슈피겔가세 14번지로 부리나케 달려왔다. 그날 아침 전보들이 도착해 있었다. 브론스키는 레닌 부부가 아직 이 소식을 듣지 못했다는 사실에 놀랐다. "아무것도 모른단 말입니까?!" 레닌과 나댜는 브론스키의 이야기와 공공 게시판에 붙은 신문 내용을 대조할 수 있는 호숫가로 서둘러 갔다. 그들은 브론스키가 과장하고 있다고 생각했을 것이다. 레닌은 모든 망명자들이 혁명적 폭발을 너무나 원한 나머지 혁명이 일어나고 있다고 무심코 믿는 경향을 스스로 경계했다. 그러나 이번에 전해진 소식은 사실이었다. 스위스의 신문도, 페트로그라드에서 온 전보들도 똑같은 내용을 담고 있었다. 기절할 정도로 놀라고 또 기뻤던 레닌과 나댜는 몇 번이고 그 기사들을 읽었다.[2] 정말 의심의 여지가 없었다. 혁명이 일어난 것이다. 이번에는 군주정이 압력을 받고 있다는 징조만 있는 게 아니었다. 군주정 자체가 날아가버렸다. 그의 아버지가 레닌의 형 알렉산드르에게 아무런 자비도 보이지 않았고, 그 모든 가족이 레닌의 혐오를 받던 니콜라이 2세는 로마노프라는 일개 시민이 되었다.

그날 레닌은 취리히의 동료 망명자들과 만나 떠들썩한 시간을 보냈다. 그들은 악수를 하고 서로 축하를 건네며 혁명가를 불렀다. 노래할 때 레닌은 바리톤 목소리를 뽐내길 좋아했다. 나데즈다 콘스탄티노브나는 이 축하연에 대해 아무것도 기억하지 못할 정도로 정신이 나가 있었다.

기쁨을 나누는 한편, 레닌은 러시아에서 활동하고 있는 볼셰비키를 지도하고 싶었다. 하지만 직접 지도하기란 불가능했다. 레닌은 페트로그라드의 중앙위원회와 연결을 유지하고 있던 오슬로의 알렉산드라 콜론타이를 통해 메시지를 보내야 했다. 1917년 3월 3일 레닌은 볼셰비키가 그들의 옛 구호를 고수해야 함을 확인하는 전보를 작성했다. 레닌은 전쟁에 관한 당의 노선을 조금도 변경하지 말라고 경고했다. 사회주의자들은 '조국 방어' 구호를 절대 승인해서는 안 된다. 멘셰비키와의 재통합도 거부해야 한다. 볼셰비키는 그들만의 당이 따로 필요했다. 목표는 "**국제** 프롤레타리아 혁명과 '노동자 대표 소비에트들'의 권력 장악"이어야 한다. 레닌은 카우츠키와 어떤 타협도 있을 수 없다고 언급하는 것을 잊지 않았다.[3] 이 메시지는 완전한 정치적 요구였다. 그것은 임시정부에 대한 도전장이었다. 레닌은 밀류코프, 구치코프, 케렌스키(1년 전 레닌은 이들이 연립 정부를 구성할 것이라 예측했다)가 러시아를 통치할 권리를 인정하지 않았다. 레닌의 말투는 명백히 도발적이었다. 소비에트들이 권력을 잡게 하라! 혁명을 러시아 너머로 퍼뜨려라! 모든 진짜 사회주의자들은 유럽 전역에서 혁명의 이상을 고취하라!

레닌은 다른 볼셰비키 망명자들과 의논하는 수고를 하지 않았다. 그 이상이었다. 레닌은 러시아에서 벌어지고 있는 사태에 관해 상세한 지식도 없이 글을 썼다. 그는 니콜라이 2세가 반혁명을 조직하고 있다고 완전히 잘못 생각했다. 카우츠키에 대한 레닌의 집착은 레닌이 페트로그라드 노동자들의 염원과 얼마나 동떨어져 있었는지를 보여주었다. 그러나 레닌은 지도자였다. 그는 제공할 수 있는 지침은 무엇이든 제공했고, 콜론타이는 추가 지시를 요청하는 전보를 즉시 보냈다. 레닌은 그의 생각이 러시아에서 어떻게 받아들여질지 전혀 몰랐지만, 콜론타이와 중앙위원회 지부에 보낸 메시지에서 자신의 의향을 점점 분명히 했다.

레닌은 혁명의 소용돌이가 시작된 지 몇 달 후에야 러시아로 돌아갔던 1905년의 잘못을 되풀이할 생각이 없었다. 그러나 이번에는 전쟁이 유럽의 중부 지역을 잘라버렸다. 연합국의 허락 없이는 프랑스와 북해를 통해 러시아로 건너갈 수 없었고, 연합국이 레닌의 러시아 입국을 허가할 리 없었다. 지중해를 경유하여 러시아로 입국하는 것도 마찬가지로 불가능했다. 예측할 수 없는 투르크인들은 러시아 혁명가들에게 자유로운 통행을 허용하지 않을 것이다. 그래서 레닌은 대안을 심사숙고해야 했다. 그가 생각해낸 가장 창의적인 방법은 농아(聾啞) 스웨덴인인 척하고 독일을 가로질러 덴마크로 가는 열차를 탄 다음 핀란드를 거쳐 마침내 페트로그라드로 향하는 것이었다. 나다는 레닌을 말리면서, 그가 자는 동안 쓸데없이 멘셰비키에 대해 지껄여 발각되고 말 게 틀림없다고 지적했다. 레닌의 다른 아이디어도 똑같이 무모했다. 예를 들어 레닌은 동부 전선의 다른 쪽으로 가는 비행기를 전세 낼 것을 제안하기도 했다. 당시 비행기는 신뢰할 수 없는 운송 수단이었다. 그러나 레닌은 아직 어떤 비행기도 그렇게 먼 거리를 날 수 없고, 설령 비행이 가능하더라도 동맹국의 대포가 그를 격추할 것이라고 누군가가 말할 때까지 그 계획을 포기하지 않으려 했다.

현실성 있는 대안은 거의 없었으나 연구해볼 만한 대안이 딱 한 가지 있었다. 마르토프가 제안한 아이디어였는데, 스위스의 러시아인 사회주의자들이 독일 정부로부터 독일을 가로지르는 허가를 받는 대가로 러시아에 구금된 동일한 수의 독일인과 오스트리아인들을 임시정부가 석방하도록 하자는 것이었다. 로베르트 그림은 러시아인들을 대신해 베른 주재 독일 영사인 기스베르트 폰 롬베르크와 협상했다. 그림은 곧 베를린으로부터 긍정적인 반응을 얻었다. 추가로 필요한 것은 임시정부의 공식 승인밖에 없었으나, 문제는 러시아 외무장관 파벨 밀류코프가 반대한다는 사실이었다. 마르토프는 페트로그라드 소비에트가 밀류코프에게 허가를 하라고 압력을 가할 때까지 그 계획을 실행하기를 거부했다.

그러나 레닌은 기다리지 않으려 했다. 레닌은 그림을 무능하다고 매우 부당하게 비난하면서, 스위스의 극좌 사회주의자로서 그림의 정적 중 한 명이었던 프리츠 플라텐*에게 도움을 청했다. 플라텐은 레닌과 지노비예프가 세심하게 작성한 제안서를 들고 롬베르크를

프리츠 플라텐(Fritz Platten, 1883~1944) 스위스의 공산주의자. 제2인터내셔널 붕괴 후 치머발트 회의에 참여하고 공산주의자가 되었다. 그 후 코민테른 창립에 참여했으며 스위스의 대표로서 소련에서 많은 시간을 보냈다.

만나러 가는 데 동의했다. 롬베르크는 러시아인 정치 망명자라면 몇 명이든 누구나 열차로 독일을 횡단할 수 있으며, 여행 동안 그 열차가 치외법권적 지위를 지니도록 하는 외무장관의 승인을 즉시 얻었다. 그는 또 독일 정부가 그 대가로 독일 전쟁 포로의 석방을 요구하지 않을 것이라고 분명히 확인했다.[4] 레닌은 기뻐 어쩔 줄 몰랐고, 지노비예프와 바로 세부 계획을 짰다. 32명의 여행자가 열차를 탈 것이며, 레닌과 지노비예프는 그들 모두가 각자 운임을 지불할 것을 요구했다. 독일인의 보조금은 허용되지 않을 것이었다. 볼셰비키만 이 열차를 타는 것은 아니었다. 예를 들어, 유대인 분트의 한 여성 지도자가 4살짜리 아들과 함께 동행하기로 했다. 여행 일정에 따라 여행객들은 일단 취리히로 가서 3월 27일 재링거호프 호텔에서 모이기로 했다. 그들은 그곳에서 지선 열차를 타고 국경으로 향할 것이었다. 레닌은 플라텐이 롬베르크를 만나 일을 잘 마무리 지은 것을 인정하여, 그에게 여행 전.일정 동안 일행의 조정자 역할을 해 달라고 부탁했다. 그래서 레닌은 스위스와 덴마크 사이에서 단 한 명의 독일인과도 말할 필요가 없을 것이었다.

나데즈다 콘스탄티노브나는 레닌이 자기보다 먼저 떠나야 한다고 주장했다. 어떻게 자기가 제시간에 모든 것을 다 처리할 수 있겠느냐고 그녀는 물었다. 나데즈다는 그동안 모아놓은 볼셰비키 서신들과 가져갈 물건들을 챙기는 것, 은행 계좌를 정리하고 사람들이 러시아에 있는 레닌 일행과 계속 접촉할 수 있도록 준비하는 것이 자신의 책무임을 알았다. 또 나데즈다는 어머니의 유골을 남겨 두고 떠나는 것이 걱정돼 유골을 수습할 때까지 기다리기를 원했다.[5] 그러나 레닌은 나댜의 의견을 받아들이지 않았다. 레닌은 나데즈다 콘스탄티노브나가 자신과 함께 가야 한다고 고집했다. 혁명이 그들을 기다리고 있었다. 중요한 것은 러시아 전통 방식대로 기본적인 소지품뿐 아니라 여행 중 쓸 베개와 담요까지 갖고 열차에 오르는 것이었다. 그 사이에 여행객들은 다른 망명자들의 비웃음도 무시해야 했다.

마침내 그날이 왔고, 레닌을 비롯한 여행객들은 재링거호프 호텔을 나서 취리히 기차역으로 걸어갔다. 그 후 그들은 스위스 국경 쪽에 있는 샤프하우젠까지 갔다. 그들이 탈 독일 열차가 벌써 그곳에 서 있었다. 열차에 오른 뒤 그들은 타인겐 마을에 있는 세관으로 갔다. 그곳에서 그들은 갖고 간 음식의 양이 법적 허용치보다 많다는 이유로 일부 빼앗겼다. 스위스 관리들은 그들에게서 몰수한 초콜릿과 설탕을 친척과 친구들에게 보낼 수 있게 해주었다. 그 후 그들은 알프스산맥과 국경을 넘어 독일의 고트마딩겐으로 갔다. 열차는 그곳에 정차했고, 러시아 망명자들을 일반 여행자들과 분리하여 대기실로 호송하라는 명령이 떨어졌다. 독일군 장교 두 명이 자기 소개를 한 후 러시아 망명자들에게 남자는 남자끼리, 여자는 여자끼리 따로 모이라고 지시했다. 망명자들은 남자들에게 뭔가 끔찍한 일이 일어날 것 같다고 생각하면서 공포에 빠졌다. 사람들은 볼셰비키 지도자를 보호하려고 레닌을 빙 둘러쌌다. 그러나 독일 장교들은 단지 열차가 역을 떠나기 전에 해야 할 서류 작성을 빨리 하기를 바랄 뿐이라고 설명했다.[6] 그런 후 여행객들은 열차에 올라 2, 3등칸에 마련된 좌석에 앉았고, 열차는 고트마딩겐을 떠나 역사적인 여행길에 올랐다.

여행의 협정문은 사전에 작성되었다. 독일군 장교 두 명이 분필로 '독일' 영역과 '러시아' 영역을 구분하는 선 뒤쪽에 위치한 열차 칸 후미에 머물도록 지시받았다. 열차 칸으로 통하는 문 세 개가 봉인되었으나, 독일 장교들의 침대 객실에 인접한 네 번째 문은 잠그지 않았다. 그러므로 승객들은 여행하는 동안 세상으로부터 완전히 단절되지 않았고, 따라서 유명한 '봉인 열차'는 잘못된 명칭이다. 실제로 그들은 도중에 열차에 들어온 사람들과 이야기를 나누었다. 이 일은 플라텐이 맥주와 신문을 사려고 프랑크푸르트에서 내려 일부 병사들에게 산 물건을 넣어 달라고 부탁했을 때 일어났다. 몇몇 철도 노동자들이 병사들과 합류했고, 성질 급한 라데크는 그들에게 독일에서 혁명을 일으키라고 옛날처럼 부추기며 즐거운 시간을 보냈다. 그러나 독일 정부가 독일 노동조합 지도자인 빌헬름 얀손(Wilhelm Janson)이 슈투트가르트에서 열차에 탑승하도록 허용한 것은 레닌에겐 받아들이기 어려운 일이었다. 망명자들은 잠깐 의논한 후 얀손에게 그를 만나지 않겠다고 전하라고 플라텐에게 부탁했다. 망명자들은 이미 충분히 위험을 무릅썼고, 자신들이 적국 영토에서 적국 국민과 대화했다는 보고가 러시아에 전해지지 않기를 원했다.[7]

이 모든 일은 긴장을 고조시켰다. 가장 편안할 때에도 별로 느슨했던 적이 없는 레닌의 신경은 동료 승객들의 행동으로 더욱 곤두섰다. 동료들은 레닌이 계속 글을 쓸 수 있도록 레닌과 나댜가 따로 객차 안의 작은 객실에 머물도록 설득했다. 문제는 인접한 작은 객실을 라데크, 게오르기 사파로프*, 올가 라비치(Olga Ravich, 사파로프의 젊은 아내), 이네사 아르망이 차지했다는 사실이었다. 그들은 끊임없이 시끄럽게 떠들었다. 노래를 부르지 않을 때에는 라데크의 농담에 소리 내어 웃었다. 레닌은 더는 참을 수가 없어서 그들의 객실로 뛰어들어 올가 라비치를 끌어냈다.[8] 이 일은 1917년에 볼셰비키가 혁명 과정에서 보인 부정의한 처사의 첫 번째 사례였다. 왜냐하면 진짜 시끄럽게 군 사람은 라비치가 아니라 라데크였기 때문이다. 그러나 레닌은 라비치가 젊고 여성인 데다 정치적 영향력이 부족했기에, 좀 더 마음 편히 그녀를 지목할 수 있었다. 레닌이 이네사에게 손을 대지

게오르기 사파로프(Georgii I. Safarov, 1891~1942) 1908년 러시아사회민주노동당에 입당했다. 취리히의 볼셰비키 분파의 서기였으며, 1912년 상트페테르부르크로 돌아왔다가 체포되어 프랑스로 도주했다. 10월 혁명 후 주로 코민테른에서 활동했다.

않은 것은 놀랄 일이 아니다. 그렇게 했더라면 너무나 깊은 감정의 바다가 소용돌이쳤을 것이다. 여하튼 레닌의 행동은 도가 지나쳤다. 객실의 승객들은 라비치를 변호했고, 레닌은 물러설 수밖에 없었다.

하지만 레닌은 화장실 사용 문제에서는 물러서려 하지 않았다. 라데크와 다른 애연가들은 담배를 피우지 않는 동료 승객들을 배려하여 객실 안에서 흡연을 피했다. 대신 그들은 화장실에서 담배를 피웠다. 곧 복도에 화장실 대기 줄이 생겼고, 점잖게 이야기한다면 상당한 신체적 불편을 초래했다. 레닌이 발의하여 화장실 사용에 일종의 배급 제도가 도입되었다. 이 목적으로 레닌은 종이를 잘라서 자신의 권한으로 이용권으로 발부했다. 두 종류의 이용권이 있었는데, 하나는 화장실을 정상적으로 이용하기 위한 것이었고 다른 하나는 조심스럽게 담배를 한 모금 피우기 위한 것이었다. 이 때문에 흡연자들은 담배 피우는 횟수를 제한할 수밖에 없었고, 곧 줄을 둘러싼 분쟁은 수그러들었다. 이 일은 웃음을 불러일으키는 작은 일화였다. 그러나 의미를 과장해서는 안 되겠지만, 그렇더라도 우리는 레닌의 개입이 그의 조직 운영 원리를 전형적으로 보여주는 것임은 주목할 수 있을 것이다. 레닌은 사회를 조직하는 사회주의 방식에는 욕구를 평가하고 생산물과 서비스를 배분하며 그 실행 과정을 통제하는, 중앙에서 조정하는 체제가 특히 필요하다고 생각했다. 10월 혁명 후 레닌은 한 발 더 나아가 자신이 승인하지 않은 활동은 금지했다. 그러나 독일을 가로지르며 여행하는 동안 레닌은 스스로를 억제했다. 흡연자들은 화장실에서 아주 가끔이라면 담배를 피우는 즐거움을 누릴 수 있었다.

일화의 또 다른 측면은 레닌이 동료들에게 질서를 부과했다는 사실이다. 라데크는 레닌이 "혁명 정부의 지도권을 차지하는" 것을 염두에 두었음이 드러났다고 주장하면서 이 점에 주목했다.[9] 열차가 베를린에 들어와 하루 종일 측선에 정차해 있었을 때 이 예측은 터무니없어 보였다.[10] 그런 다음 스위스를 떠난 지 엿새 후인 3월 30일 망명자들은 북부의 자스니츠 항구에 도착했다. 그러나 또 다른 서류들을 작성해야 했다. 레닌의 주장에 따라 여행객들은 만일을 위해 새로운 가명을 고안해야 했다. 독일인들이 자신들이 관리하는 러시아인들에 대해 상세한 정보를 이미 확보하고 있었던 것을 생각해보면 가명은 불합리한 과잉 대응이었다. 독일 당국은 이의 없이 서류를 받아들였다. 이것은 레닌이 신뢰하던 협력자 하네츠키가 승객 중에 '울리야노프'가 있는지 묻는 전보를 스웨덴의 트렐레보리에서 보냈을 때, 처음에 독일인들로부터 부정적인 답변을 받는 우스운 결과를 낳았다.

결국 볼셰비키 지도자는 자신의 진짜 신원을 인정했고, 그들은 자신들을 자스니츠에서 트렐레보리로 실어 나를 연락선 퀸 빅토리아호의 승선권을 구입했다. 그들은 모두 같은 날 항해를 시작했다. 항해는 거칠었고 러시아인들은 대부분 배멀미를 심하게 했다. 라데크와 지노비예프에 따르면, 오직 레닌, 라데크, 지노비예프 세 명만 토하지 않고 여행을 계속 했다. 그들은 사실을 과장했을 수도 있다. 아니면 실제로 그들 세 명은 갑판에 나와 정치 논쟁을 격하게 하면서 시간을 보내느라 멀미를 느낄 새가 없었을 수도 있다. 그들이 트렐레보리에 도착하자 하네츠키가 축하연을 열어주었다. 하네츠키에게서 러시아에 관한 정보를 끌어내느라 정신이 없던 레닌을 빼고, 모든 승객들은 몇 차례나 접시를 비웠다. 다음 날 여행객들은 기차를 타고 스톡홀름으로 향했다. 다시 그들을 위한 축하연이 마련되었다. 사실 이 연회는 레닌이 자신의 생애에서 공식적인 외국 지도자들에게 처음으로 인정받은 순간이었다. 스웨덴 사회민주당원이었던 스톡홀름 시장 칼 린드하엔(Carl Lindhagen)은 러시아인들을 환영하는 조찬을 준비했다. 신문 〈폴리티켄(Politiken)〉은 귀국하는 망명자들에

1917년 3월, 이른바 '봉인 열차'를 타고 독일을 가로질러 스웨덴의 스톡홀름에 도착한 레닌과 동료들.

관한 소식을 전했고 레닌의 사진을 실었다. 레닌의 사진이 신문에 실린 것도 이때가 처음이었다. 이 짧은 스웨덴 체류는 볼셰비키당이 두각을 나타내는 분기점이 되었다.

라데크는 이렇게 되려면 레닌이 다소 다른 외양을 갖춰야 한다는 것을 알았다. 그는 특유의 신랄한 말투로 이렇게 표현했다.[11]

아마도 무뚝뚝한 스웨덴 동지들의 점잖은 모습을 보고서 우리는 일리치가 인간답게 꾸미기를 강렬히 원하게 되었던 것이리라. 우리는 적어도 새 구두는 사도록 일리치를 구워삶았다. 일리치는 엄청난 크기의 징이 박힌 등산화를 신고 다녔다. 우리는 일리치에게 부르주아 스위스의 혐오스러운 도시들에 깔린 포장 도로를 망가뜨릴 계획이 있다 하더라도, 양심상 그런 파괴 도구를 갖고 페트로그라드로 여행해서는 안 된다고 지적했다. 어쨌든 페트로그라드에는 지금 포장 도로가 전혀 없을 것이었지만 말이다.

동료들은 레닌을 백화점으로 데리고 가서 옷을 사도록 했다. 그리하여 외모를 일신한 레닌은 러시아 임시정부에 맞선 투쟁을 이끄는데 알맞은 차림을 갖추었다고 인정받았다.

3월 31일 승객들은 국외에서 볼셰비키 업무를 보도록 하네츠키, 라데크, 보롭스키*를 남겨 둔 채 스톡홀름을 출발하여 북쪽 핀란드로 가는 야간열차에 몸을 실었다. 이번에는 레닌과 나댜에게 따로 객실을 배당하지 않았다. 레닌의 맞은편 침상을 차지한 그루지야 볼셰비키인 다비트 술리아시빌리(David Suliashvili)는 레닌이 "두 눈으로 신문을 빠르게 먹어 치우는" 모습을 지켜보았다. 레닌은 러시아 신문들을 읽으면서, 멘셰비키에 대한 불쾌감을 억누를 수가 없었다. "아, 악당 놈들! …… 아, 배신자들!"[12] 몇 시간 동안 수십 번의 분노에 찬 외침이 있은 뒤, 열차는 스웨덴과 핀란드 국경에 있는 하라판다에 도착했다. 승객들은 그곳에서 하차한 뒤 썰매를 빌려 타고 다리를 건너 핀란드의 토르니오 시로 들어갔다. 그들은 헬싱키로 가는 또 다른 열차를 타기 전에 잠시 멈춰 러시아 국경 경비병의 수색을 받았다. 토르니오에서 레닌은 〈프라우다〉 최근호를 집어 들고는 대기실 구석으로 가서 열심히 읽었다. 레닌은 두 번 불쾌한 충격을 받았다. 첫 번째 충격은 말리놉스키가 의심의 여지 없이 오흐라나 첩자로 밝혀졌다는 것이었다. 레닌은 놀라서 얼굴이 하얗게 질렸다. 지노비예프는 그 장면을 이렇게 묘사했다. "몇 번이고 일리치는 뚫어지게 응시하면서 이 문제로 되돌아 갔다. 그는 짧은 문장으로 계속 속삭이면서 똑바로 내 얼굴을 쳐다보았다. '이 악당 놈! 우리 모두를 속였

바츨라프 보롭스키(Vatslav V. Vorovski, 1871~1923) 1894년 러시아사회민주노동당에 입당했다. 제네바에서 망명 생활을 하였으며, 1903년 귀국하여 오데사에서 활동했다. 1915~1916년에는 페트로그라드의 공장에서 근무했다. 1917년 4월에는 레닌의 제안으로 스톡홀름에서 러시아사회민주노동당 재외 사무국에서 일했다. 1919년 러시아로 귀국한 뒤에는 소비에트 외교관으로 일했다.

어요. 배신자! 그에게는 총살도 아까워요!'"[13] 두 번째 충격은 시베리아 유형지에서 석방된 레프 카메네프와 이오시프 스탈린이 이끄는 볼셰비키 중앙위원회가 러시아 임시정부를 조건부 지지하는 방침을 채택했다는 소식이었다. 이미 멘셰비키에 넌더리를 내던 레닌은 볼셰비키 지도자들에게 노발대발했다.

헬싱키에서 망명자들은 페트로그라드행 핀란드 철도 노선을 이용했다. 열차는 시속 64킬로미터를 결코 넘지 않는 속도로 나아갔고, 승객들은 초조해졌다. 수도 북쪽으로 30여 킬로미터 떨어진 벨로오스트로프의 러시아와 핀란드 행정 국경에서 그들이 탄 열차는 통상적인 여권과 세관 검사를 위해 정차했다. 볼셰비키 중앙위원회는 귀국하는 지도자를 환영하고 그를 기다리는 환영회를 논의하기 위해 다름 아닌 레프 카메네프를 미리 보냈다. 레닌은 떨떠름하게 카메네프를 맞았다. "도대체 〈프라우다〉에 뭐라고 쓴 거요? 우리는 신문 몇 부를 읽고 당신에게 온갖 욕을 퍼부었소!"

레닌은 다시 점점 초조해져 갔다. 열차가 4월 3일 밤늦게 수도로 접근하자 레닌은 카메네프의 확언에도 불구하고 도착하자마자 체포되지 않을까 바짝 조바심이 났다. 사실 카메네프가 옳았다. 볼셰비키 지도부는 러시아 수도의 핀란드 역에서 환영회를 준비했다. 페트로그라드 소비에트의 멘셰비키와 사회주의자-혁명가당 당원들도 나타났다. 열차가 도착하기 20분 전에 두 수병 부대가 레닌의 의장병 역할을 하고자 정거장에 집합했다. 해군 장교는 레닌이 인사말 몇 마디를 하리라 기대했다. 자정 가까운 시간이었다. 멘셰비키 지도자이자 페트로그라드 소비에트 의장인 니콜라이 치헤이제*가 귀국하는 볼셰비키 지도자를 환영하기 위해 등장했다. 역사 밖에는, 여러 사회주의 정당의 지도자들이 시베리아 유형지에서 도착했을 때 쿠르스크 역에서 그랬듯이, 노동자와 병사로 이루어진 군중이 모여들었다. 북쪽으로 뻗은 철로에 모든 시선이 고정되었고, 마침내 열차에서 내뿜는 빛이 어둠 속에서 희미하게 반짝였다. 기관차는 격렬하게 요동치는 뱀처럼 굽이치며 역으로 향했다. 피스톤에서 뿜어내는 증기가 쉭하고 소리를 냈다. 대부분 이전에 레닌을 본 적이 없는 군중은 건물을 향해 나아가기 시작했다. 열차가 역으로 덜컹거리며 들어왔다. 마침내 레닌이 도착했다. 외국에서 10년을 보낸 레닌이 객차에서 내려 러시아 땅을 밟았다.

레닌이 동지애가 넘치는 분위기에 참여하지 않으려 하면서 축하 의식은 뒤틀리기 시작했다. 수병들로 이루어진 의장병들에게 즉흥 연설을 하면서, 레닌은 그들이 임시정부에 속았다고 말했다.[14] 레닌은 자신이 의도한 대로 일을 진행하기 시작했다. 나데즈다 콘스탄티노브나와 카메네프의 뒤를 이어 레닌은 이전에 황실을 위해 준비해둔 접견실로 성큼성큼 걸어 들어갔다. 치헤이제가 레닌을 존경받는 망명자로 환영하면서 모든 사회주의자들의 협력을 호소했으나, 레닌은 그를 거의 쳐다보지도 않으면서 '세계 사회주의 혁명'에 대한 요구로 응답했다. 그런 뒤 레닌은 역에서 나와 지역 볼셰비키가 핀란드 역으로 가져온 장갑 차량 위에 올라갔다. 레닌은 이 자리에서 수천 명에 이르는 군중을 둘러볼 수 있었다. 레닌이 군중에게 전하는 메시지는 러시아와 나머지 유럽 지역에서 자본주의를 붕괴시켜야 하며, 진정한 사회주의자들은 임시정부에 대한 지지를 모조리 거둬들여야 한다는 것이었다.

레닌은 그날 밤 그의 말을 들은 거의 모든 사람들을 어리둥절하게

니콜라이 치헤이제(Nikolai Chkheidze, 1864~1926) 그루지야의 멘셰비키 지도자. 1907~1916년 동안 러시아 국가 두마 의원을 지내면서 멘셰비키 분파의 지도자가 되었고, 1917년 러시아 혁명 시기에는 페트로그라드 소비에트 의장을 지냈다. 10월 혁명 후 1918년에 새로 선포된 그루지야민주공화국의 제헌의회 의장으로 선출되었다.

만들었다. 많은 청중들, 아니 적어도 그의 말을 들을 만큼 가까이 있었던 사람들은 레닌이 정신이 나갔다고 생각했다. 카메네프를 비롯한 볼셰비키 지도자들은 당황했으며, 레닌이 러시아에서 오랜 기간 떨어져 스위스에서 생활하는 바람에 상황 파악을 못 하고 있다고 생각하고 일시적 혼란을 극복하면 정신을 차릴 것이라고 기대했다. 나데즈다 콘스탄티노브나조차 남편이 제정신인지 의심했던 것 같다.[15] 몇몇 동료만이 레닌이 핀란드 역에서 말한 내용에 흡족해했다. 이들 중에는 알렉산드라 콜론타이와 알렉산드르 실랴프니코프가 있었다. 분파 내에서 상대적으로 지위가 낮은 많은 볼셰비키도 레닌과 의견이 같았다. 그들은 대부분의 멘셰비키와 사회주의자-혁명가당, 그리고 실제로 많은 볼셰비키가 임시정부를 조건부 지지하는 데 동의한 사실을 끔찍해했다. 레닌은 유동적 상황으로 되돌아갔다. 별도의 반정부 정당을 건설할 가능성이 있었는데, 그 가능성은 시간이 흐르면서 점점 커져 갈 것이 틀림없었다. 한밤중에 장갑 차량에 높이 선 사람은 외로운 늑대가 아니었다. 그는 점점 시끄러워지고 강해지는 세력의 일부였다. 볼셰비즘은 신뢰를 되찾고 있었다. 볼셰비키의 사상을 명확하게 하고 볼셰비키의 실천에 결의를 부여할 지도자가 페트로그라드로 돌아온 것이다.

스위스에서 러시아로 가는 열차 안에서 레닌은 자신이 제안한 전략의 밑그림을 그리느라 바빴다. 레닌은 그것을 〈4월 테제〉라고 부를 것이었다. 레닌은 벨로오스트로프에서 페트로그라드로 가는 도중에 짤막하고 박력 있는 문체로 글을 세련되게 다듬었다. 테제는 10개였다. 일부는 세부에 주의를 기울인 내용이었고, 일부는 간결하고 명료했다. 레닌은 임시정부의 태도에 불편함을 느끼는 모든 극좌 사회주의자들에게 다가갈 수 있도록 신중하게 〈4월 테제〉를 썼다. 레닌은 자신의 볼셰비키를 납득시키기를 원했다. 그는 또 다른 정당들에서도 신참을 끌어들이길 바랐다.

〈4월 테제〉를 다룬 학술적 글들에는 많은 혼란이 있다. 혼란의 대부분은 레닌이 모호하게 말하기를 싫어하는 정치인이라는 가정에서 비롯된 것이다. 완전히 잘못된 가정이다. 레닌은 특정한 법률적 환경에서 활동해야만 했으며, 볼셰비키가 권력을 잡기 원했지만 이를 대놓고 말하는 것은 위험했을 것이다. 레닌은 자신을 순교자로 바치기 위해 페트로그라드로 간 것이 아니었다. 레닌의 목적은 에둘러 표현되었더라도 분명했다. 본질적으로 레닌은 전시에 한 생각을 조금 더 밀고 나가 볼셰비즘을 다시 명료하게 정의하고 있었다. 그리고 이는 자본주의를 사회적·경제적으로 절멸하려는 시도를 하기에 앞서 먼저 러시아에서 '부르주아 민주주의' 혁명이 공고화되어야 한다는 전통적인 러시아 마르크스주의 관념을 거부하는 것이었다. 1917년 4월에 레닌은 '구볼셰비즘'을 버리고, 두 단계 혁명 과정을 한 단계로 줄일 것을 요구했다. 그렇지만 레닌은 자신의 요구를 명료하게 제기하지 않았다. 레닌은 자신의 견해가 전략적으로 변했다는 것을 인정하고 싶지 않았을 것이다. 아니면, 실제 방침에 대한 동의를 확보하는 것이 가장 시급한 순간에 원칙을 둘러싼 논란에 휘말려들기를 원치 않았을 수도 있다. 가장 먼저 임시정부를 갈아치워야 했다. 레닌은 〈4월 테제〉에서 이 방법에 의해서만 러시아 제국의 정치·경제·사회적 문제들이 근본적으로 해결될 것이며, 모든 교전국 국민들에게 억압적이지 않은 강화 조약으로 제1차 세계대전을 종결할 수 있을 것이라고 주장했다.

레닌이 '프롤레타리아와 농민들의 임시 혁명 민주주의 독재'를 세움으로써 '부르주아 민주주의 혁명'을 수행하고자 했던 1905년 이래, 레닌의 전략에는 심각한 의문이 제기되어 왔다. 레닌은 그의 이념이 실행될 경우 억압적이고 자의적인 체제가 수립될 것이고 이는 거의 틀림없이 내전을 불러일으킬 것이라는 비난을 반박하는 데 실패했다. 그의 〈4월 테제〉는 이 의문점들을 다룰 능력이 더 부족했다. 그리고 레닌은 억압적이고 자의적인 체제가 자신의 전략 안에 들어 있었는데도 이 사실을 인정하지 않으려 했다. 레닌은 화려한 논리를 과시했지만 논리의 일관성을 두고는 고민하지 않았다. 레닌은 세부 사항은 개의치 않았다. 그는 권력을 향해 진격할 때가 왔다고 대담하게 선언했다.

레닌이 4월 4일 몇 차례의 회의에서 연설했을 때 자신의 귀를 의심하지 않은 볼셰비키는 거의 없었다. 첫 회의는 이른 아침에 '볼셰비키 페테르부르크 위원회' 건물에서 열렸다. 이 건물은 니콜라이 2세의 정부였던 발레리나 마틸다 크세신스카야(Matilda Kseshinskaya)가 살던 대저택으로 크론베르스키 대로에 있었다. 피로한 기색은 조금도 없이 레닌은 볼셰비키 중앙위원회의 신중한 태도에 독설을 퍼부었다. 그는 성난 황소처럼 포효했다. 레닌과 관련된 모든 것이 조급함과 결의를 반영했다. 레닌에게는 레닌의 당에서 활동하는 다른 누구에게도 없는 명확한 목표가 있었다. 실제로 다른 정당의 정치인들 중에도 블라디미르 레닌 같은 자기 확신을 지닌 사람은 거의 없었다. 러시아의 정치는 한 치도 앞날을 내다볼 수 없을 정도로 소용돌이치고 있었고, 대부분의 지도자들은 자신들의 방침에 대해 얼마간 의심을 품었다. 당연히 그들은 자기 행동에 대한 지지를 구하고, 가까운 동료들에게서 자신들이 하는 일이 옳다는 말을 듣고 싶어 하는 경향이 있었다. 예외도 있기는 했다. 입헌민주당 지도자 파벨 밀류코프는 자신이 이끄는 당원들이 기본적인 자유주의 개념에 대한 자신의 믿음을 뒷받침해주기를 바라는 욕구가 없었다. 정치적 가능성을 확신하는 사회주의자-혁명가당의 알렉산드르 케렌스키도 동료 당 지도자들의 비판에 꿈쩍도 하지 않았다. 밀류코프와 케렌스키는 사정이 허락한다면 러시아에서 혁명의 화신으로 행동할 수 있다고 느꼈다. 레닌도 똑같이 느꼈지만, 이 경쟁자들과는 달리 임시정부의 정책을 수정하는 것이 자신의 과제라고 여기지 않았다. 레닌은 또 한 번의 혁명을 목표로 삼았다.

레닌은 예외적인 국면에서 아직도 제대로 된 거처를 마련하지 못한 상태였다. 페트로그라드에 도착한 레닌은 나댜와 어디서 밤을 보내야 할지 몰랐다. 레닌의 가족이 그를 대신해 이 문제를 생각했다. 안나 일리니치나와 그녀의 남편 마르크 옐리자로프는 당시 시로카야 거리 48번지에 있는 다층 가옥에 살고 있었다. 19세기와 20세기 전환기에 지어진 이 아파트는 페트로그라드 도심 북동쪽 주변 지역에 있었다. 여동생 마리야도 같은 아파트에 살았다. 볼셰비키 페테르부르크 위원회 회의가 끝난 후 레닌과 나댜는 시로카야 거리로 갔다.

사태 전개를 이해하려고 애쓰면서, 그들은 한 가지 점은 확신했다. 바로 망명 시절이 영원히 끝났다는 사실이었다. 나댜는 회고록에 이렇게 썼다.[16]

우리만 남자, 일리치는 방을 자세히 살펴보았다. 페테르부르크 아파트에서 흔히 볼 수 있는 방이었다. 우리가 지금 피테르(Piter, 사람들이 페트로그라드를 부르는 별명)에 있고, 파리, 제네바, 베른, 취리히들이 모두 이미 진실로 흘러간 과거가 되었다는 사실을 즉각 실감했다. 우리는 이 주제로 몇 마디 말을 나누었다.

밤이 늦었고 중요한 날이 기다리고 있었으므로 대화를 길게 나눌 시간이 없었다. 레닌과 나댜는 따로 잠을 잤다. 안나와 마르크가 입양한 아들인 고라 로즈가초프가 두 침대 위에 전단을 붙였다. "만국의 프롤레타리아여, 단결하라!"[17] 전단은 딱 어울리는 장면이었다.

레닌과 나댜는 부부 생활에는 관심이 없었다. 그들의 생각은 닥쳐올 정치 과제에 고정되어 있었다. 그들은 1907년에 러시아 정치에 끊임없이 영향력을 행사할 수 있는 기회를 빼앗겼다. 이제 그 기회가 다시 찾아왔고 두 사람은 각자 그것을 움켜쥐려 하고 있었다.

레닌은 정치적 급류로 뛰어들기 전에 완수해야 할 사적인 의무가 하나 있었다. 아침을 먹은 후, 레닌은 울리야노프 가족의 친구이자 동료 볼셰비키인 블라디미르 본치-브루예비치에게 자신이 사용할 차를 구해 달라고 부탁했다. 레닌은 본치-브루예비치와 어머니와 함께 동생 올가의 무덤을 찾아 볼코보 묘지를 방문했다. 레닌은 무덤 옆에서 감정을 억눌렀다. 감정을 드러내는 측면에서 레닌보다 좀 더 전형적인 러시아인이었던 본치-브루예비치는 레닌이 눈물을 흘릴 것이라고 예상했으나, 울리야노프 집안은 그렇게 행동하라고 가르치지 않았다.

레닌은 누이들과 함께 다시 살게 된 것을 즐겼다. 남동생 드미트리 일리치는 여전히 크림 반도에서 의사로 일하고 있었고, 레닌은 그후 2년 더 그를 만나지 못했다. 레닌은 어린 고라와 놀기 좋아했다. 엄격한 규칙에 따라 가정을 운영한 안나 일리니치나는 자신을 화나게 하는 아이들은 누구든 혼을 냈다. 또 남편이 입양한 아들의 응석을 받아주지 못하게 막았다.[18] 그러나 안나는 블라디미르 일리치에게는 감히 명령하지 못하고 방을 나가야만 했는데, 그러면 곧 시끄러운 소리가 들리곤 했다. 고라와 레닌은 노느라 야단법석을 떨었다. 거실에서 의자가 날아다니는 정도는 아무것도 아니었다. 레닌은 고라를 속이기도 했고 심하게 놀리기도 했다. 나댜는 '꼬치꼬치 캐묻는' 레닌의 행동이 불만이었다. "볼로댜! 애를 너무 심하게 괴롭히고 있잖아요. 이제 애를 좀 가만 내버려 둬요! 당신이 무슨 짓을 했는지 봐요. 식탁을 부쉈잖아요."[19] 레닌이 너무 급히 고라에게 돌진해서 두 사람이 식탁 위에 나뒹구는 바람에 생긴 일이었다. 깜짝 놀란 안나 일리니치나는 무슨 일이 벌어졌는지 확인하러 되돌아왔다.[20] 만일 남편인 마르크가 일을 저질렀더라면 아내에게 야단을 맞았을 것이다. 그러나 레닌은 달랐다. 레닌은 모든 것을 용서받을 수 있었다. 그는 가족 전부가 소중히 여기는 사람이었다. 상냥하게, 그것도 매우 상냥하게 레닌을 나무랄 수 있을 뿐이었지, 어느 누구도 방해할 수는 없었다. 레닌의 '심한 장난을 받아주는' 것은 당연한 일이었다.

안나 일리니치나는 알렉산드르가 처형된 후 누나로서 자신의 애정을 알렉산드르에서 블라디미르로 옮겼다. 저술가이자 공적 인물이었던 블라디미르는 안나의 이상을 체현한 인물이었다. 한편 안나가 레닌을 우상화한 것은 지난날 가족이 겪었던 정신적 외상이 그의 활동 덕분에 얼마간 치유되었기 때문이기도 했다. 그녀가 보기에 동생 블라디미르는 울리야노프 가족을 야만적으로 대했던 구체제를 절멸하는 데 온 힘을 쏟고 있었다. 레닌은 고귀한 목표를 지닌 투사였다.

레닌이 사샤(알렉산드르)의 처형에 대해 얼마나 많이 생각했는지 우리가 알 수는 없지만, 레닌은 매우 객관적으로 정치적 판단을 내리는 경향이 있었다. 그러나 레닌은 냉철하고 분석적인 표면 아래에서 열정으로 불타는 인간이기도 했다. 로마노프 왕조에 대해 그가 정확히 어떻게 생각했든, 레닌은 차르 체제의 사회 질서 전체에 몹시 분노했다. 레닌은 귀족과 기업가, 은행가들을 혐오했다. 게다가 레닌에게 자유주의자들은 보수주의자와 노골적인 반혁명 분자만큼이나 나쁜 사람들이었다. 레닌은 다른 정치 지도자와 달리 임시정부를 새 체제의 구현체가 아니라 구체제의 새로운 형태라고 보았다. 레닌의 마르크스주의 이론은 레닌을 '자본가 각료들'과 그 지지자들을 비난하는 방향으로 이끌었다. 그의 가족이 겪은 경험도 그랬다. 레닌은 자신의 가족이 알렉산드르의 처형 이후 심비르스크에서 어떻게 배척당했는지 기억하고 있었다. 볼코보 묘지를 방문하면서 분명 레닌은 이를 떠올리지 않을 수 없었을 것이다. 레닌은 용서하고 잊어버리려는 어떤 충동도 느끼지 않았다. 레닌은 비(非)사회주의자들이 그들이 반대하는 체제보다 나을 게 없다고 비난하면서 성인의 삶을 살았다. 겉으로 드러내지는 않았지만, 레닌은 원한을 풀고 싶어 했다. 레닌은 복수를 바랐고, 생존한 그의 가족들도, 그의 당과 일반 대중들도 똑같이 느꼈다.

레닌이 묘지에서 돌아와 4월 4일의 두 번째 정치 모임에 참석한 것은 바로 이런 감정 속에서였다. 회의는 타브리다 궁의 13호실에서 열렸다. 타브리다 궁은 예전에 국가 두마가 사용했고, 2월 혁명 후에는 임시정부와 페트로그라드 소비에트가 입주해 있었다. 큰 정당들은 궁에서 회의를 여는 것이 허용되었다. 전국 각지에서 모여든 볼셰비키들의 모임이 노동자 · 병사 대표 소비에트들의 전국 협의회가 개최되기 전에 그곳에서 열렸다. 레닌은 자신의 제안을 아직 듣지 못한 사실상 모든 사람들을 경악시켰다. 레닌은 이름을 거론하지 않고 멘셰비키와 화해를 권한 사람들을 공격했다. 〈4월 테제〉의 내용을 발표하고 설명했다. 대부분의 볼셰비키는 자신들의 귀를 의심했다. 알렉산드라 콜론타이와 알렉산드르 실랴프니코프를 뺀 나머지는 어안이 벙벙했다. 특히 카메네프는 레닌이 돌았다고 믿었다. 레닌의 친구들은 대부분 레닌이 일단 러시아의 현재 상황에 익숙해지면 차분해질 것이라 기대했다. 그들은 설마 이 광기가 오랫동안 지속되겠느냐고 생각했다.

하지만 레닌이 이미 한 시간 반 동안 발언을 했을뿐더러 국가 두마가 한때 의사 진행을 하던 아래층에서 열릴 세 번째 회의에 출석하기로 했기 때문에 토의를 오래 하기는 불가능했다. 이 회의는 노동자 · 병사 대표 소비에트들의 전국 협의회에 파견된 모든 마르크스주의 대의원들이 참석하는 통합 회의가 될 것이었다. 멘셰비키는 볼셰비키에게 그들의 지도자를 데려오도록 압박하려고 13호실로 올라갔다.

회의의 의장은 니콜라이 치헤이제였다. 레닌에게 다시 연설 기회가 주어졌다. 장시간의 여행에 지친 흔적은 전혀 없었다. 연단을 왔다 갔다 하는 레닌은 우리를 뛰쳐나온 맹수 같았다. 이미 두 번이나 자신의 구상 발표를 연습한 레닌은 생각이 분명했으며, 혁명의 의도를 맹렬히 표명했다. 그러나 이번에 돌아온 반응은 비판적이었다. 먼저 페트로그라드 소비에트의 멘셰비키 지도자인 이라클리 체레텔리*가 마르크스주의 정당의 통합을 호소하면서 국가 권력을 빨리 장악하면 대재앙이 발생할 것이라고 주장했다. 그는 자신이 결국은 레닌과 협력할 수 있을 것이라고 온건하게 제안했다. 자리에서 일어난 레닌은 즉각 체레텔리를 미몽에서 깨어나게 했다. "절대 그런 일은 없습니다!"[21] 한때 볼셰비키였던 골덴베르크(I. P. Goldenberg)는 레닌을 마르크스와 논쟁을 벌였던 19세기 중반의 아나키즘 지도자 미하일 바쿠닌과 비교했다.[22]

바쿠닌 사망 이후 30년 동안 비어 있던 왕좌에 이제 주인이 들어섰습니다. 혁명적 민주주의 한가운데에서 바로 이 왕좌로부터 내전의 깃발이 펄럭이기 시작했습니다. 순전히 폭동 만능주의인 레닌의 강령은 우리를 무정부 상태의 구렁텅이로 끌고 들어갈 것입니다. 이 강령은 파괴를 위해서라면 못할 일이 없는 사람이 휘두르는 전술입니다.

이라클리 체레텔리(Irakli Tsereteli, 1881~1959) 그루지야 멘셰비키 지도자였다. 모스크바 대학에서 법학을 공부하다 혁명 운동에 뛰어들었다. 1903년 러시아사회민주노동당 런던 대회에서 레닌에 반대해 마르토프 측에 가담했다. 1905년 혁명 후 제2차 두마 선거 때 멘셰비키 의원으로 선출되었다. 1913년 시베리아로 유형당했다가 2월 혁명 후 페트로그라드로 돌아와 페트로그라드 소비에트를 이끌었다. 임시정부에서 내무장관을 지냈고 10월 혁명 후 1923년에 파리로 망명했다.

이런 비난 뒤에 볼셰비키와 멘셰비키 지도자가 빠르게 화해할 가능성은 없었다. 다른 연사들은 레닌을 계속 공격했다. 시끄러운 회기가 끝났을 때 의장 치헤이제는 "레닌은 혁명 밖에 혼자 남아 있을 것이고, 우리는 우리의 길을 갈 것"이라고 조롱할 수 있었다.[23]

하지만 레닌은 혼자가 아니었다. 레닌은 첫날 페트로그라드에서 자신이 벌인 활동에 만족했고, 다음 몇 주 동안 그것을 굳건히 하기를 바랐다. 레닌은 기회가 있을 때마다 임시정부를 질책했고, 임시정부를 지지한다고 멘셰비키와 사회주의자-혁명가당을 질책했으며, 또 멘셰비키와 사회주의자-혁명가당에 동조한다고 볼셰비키를 질책했다. 레닌은 공개 대중 집회에서 연설했다. 레닌은 〈프라우다〉에 글을 썼고, 볼셰비키 중앙위원회에 참석하여 위원회를 이끌었다. 레닌은 지방에 대한 정보를 얻으려고 페트로그라드를 방문한 사람들과 이야기를 나누었다. 새로운 소식을 더 찾아 비(非)볼셰비키 언론을 훑어보았다. 스톡홀름의 라데크와 접촉을 유지했고, 유럽 전역의 군사 상황과 정치 상황을 계속 추적했다. 그는 열정으로 불타올랐다. 레닌이 한 모든 일은 〈4월 테제〉가 볼셰비키 혁명 전략의 토대가 될 수 있도록 수행되었다.

그러나 레닌은 융통성이 없지는 않았다. 그는 〈4월 테제〉에서 임시정부를 지지하는 사람 모두가 철두철미한 제국주의자는 아니라는 사실을 인정할 만큼은 조심스러웠다. 레닌은 대부분의 노동자와 병사들이 독일을 격퇴하겠다는 애국적 의지를 품고 있다는 것을 알았다. 볼셰비즘 쪽으로 오도록 그들을 신중하게 설득해야 했다. 그러려면 볼셰비키는 소비에트를 비롯한 대중 조직에서 다수파가 되어야 했다. 광범한 대중의 지지를 얻지 못한다면 당은 권력을 지속적으로 지닐 수 없을 것이었다. 따라서 볼셰비키는 합법적으로 활동할 기회를 확보해야 했다. 언론과 공개 집회에서 벌이는 선전이 결정적으로 중요할 것이었고, 레닌은 내무부의 탄압을 불러올 활동을 공개적으로 옹호함으로써 당을 곤경에 빠뜨리기를 바라지 않았다. 레닌은 또 페트로그라드에 도착했을 때 자신의 구호에 문제가 있다는 것도 알았다. 대부분의 청중은 '제국주의 전쟁을 유럽 내전으로' 전환시켜야 한다는 레닌의 주장에 매우 불안해했다. 노동자, 병사, 농민 일반도 '혁명 전쟁'이나 '독재'라는 전망에 호의적이지 않았다. 특히 유럽 사회주의자들이 각각 그들 정부의 패전을 위해 운동을 벌여야 한다는 주장은 모든 수준에서 러시아 여론을 그저 거스르는 생각일 뿐이었다.

레닌은 〈프라우다〉에 게재한 자신의 평론과 사람들로 가득 찬 공개 집회에서 행한 연설에서 이 구호들을 재빨리 포기했다. 레닌이 이제 자기 구호를 믿지 않는 것은 아니었다. 레닌은 이 구호들만이 이미 도래한 사회주의 변화의 시대에 적절하다고 여전히 믿었다. 그러나 레닌은 현실적인 요구에 자신을 맞추는 중이었고, 카메네프의 경고를 경청할 만큼 분별이 있었다. 그리고 그의 구호들은 수정된 후에도 임시정부의 계획과 크게 대비되었다. 레닌은 소비에트들에 의한 통치를 요청했고, 대규모 산업과 은행의 국유화를 요구했다. 레닌은 정부가 농지를 수용(收用)할 것을 촉구했다. 그는 전 유럽의 평화라는 목표를 주장했고, 소비에트들로 구성된 사회주의 행정부만이 이를 성취할 수 있다고 역설했다.

레닌은 멘셰비키와 사회주의자-혁명가당이 페트로그라드 소비에트와 임시정부의 협력을 지지하는 것을 보면서 그들은 기껏해야 바보이며, 최악의 경우 변절자라고 거듭 선언했다. 레닌은 러시아가 '사회주의로 이행'을 개시하기에는 산업적·문화적 발달 수준이 너무 낮다는, 한때 공유했던 그들의 주장 전체를 거부했다. 그는 모든 사회 계급의 정치적 동맹이 군사 정복에 맞서 나라를 가장 잘 보호할 수 있다는 것을 부인하고, 현재의 첫 번째 과제는 1917년 2월 혁명에서 얻은 것들을 지키는 것이라는 주장을 비웃었다.(그러나 그는 러시아가 '세계에서 가장 자유로운 국가'가 되었다고 인정하기는 했다.) 레닌은 멘셰비키와 사회주의자-혁명가당이 입헌민주당의 하위 파트너에 불과하며, '제국주의' 정부가 수립되었다고 되풀이하여 말했다. 레닌은 오스만 제국을 희생하여 러시아 영토 확대를 지지한 파벨 밀류코프가 외무장관이라는 사실을 지적했다. 그는 이 사실이 임시정부가 니콜라이 2세를 대체한다고 해서 페트로그라드의 공식 정책 방향과 달라질 것은 본질적으로 아무것도 없다는 증거라고 말했다.

밀류코프가 연합국에 러시아 정부가 니콜라이 2세의 전쟁 목표를 지지한다고 통지했다는 사실이 알려지자, 사태는 레닌에게 유리하게 돌아갔다. 4월 20일, 21일에 이에 항의하는 시위가 수도에서 벌어졌다. 볼셰비키는 열성적으로 시위에 가담했다. 밀류코프와 구치코프는 내각에서 사임할 수밖에 없었고, 리보프 공(Georgi Lvov)에 의해 멘셰비키와 사회주의자-혁명가당이 각료에 포함된 새로운 연립내각이 구성되었다. 표면상 멘셰비키와 사회주의자-혁명가당은 국가의 정점에서 큰 영향력을 지니게 되었다. 현실에서 그들은 임시정부가 꼬리를 물고 일어나는 나라의 위기를 다루는 데 거듭 실패하자 공범으로서 죄를 같이 뒤집어썼다.

4월 24일부터 볼셰비키는 크세신스카야의 저택에서 당 협의회를 개최했고, 레닌은 그 자리에서 기회를 잡았다. 그는 '밀류코프 각서'가 임시정부를 신뢰해서는 안 된다는 것을 증명했다고 밝혔다. 동요한 볼셰비키 조직들이 레닌의 편으로 넘어왔다. 당 협의회 대표로 선출된 볼셰비키 중 〈4월 테제〉를 승인하지 않은 이는 거의 없었다. 사실 반레닌주의자 중 많은 이들이 이미 볼셰비키 진영을 떠나고 없었다. 이에 더해 레닌은 대중 앞에서 말투를 부드럽게 순화해서 중앙위원회에서 자신을 공격한 카메네프 같은 지도자들의 의심을 누그러뜨렸다. 또 레닌은 우선은 봉기보다는 선전에 역점을 두어야 한다는 데 동의했다. 그러면서도 크세신스카야 저택에서 열린 당 협의회의 닫힌 문 뒤에서 레닌은 사회주의 독재의 수립을 요구했다. 사회주의 독재만이 농민들에게 땅을, 노동자들에게 빵과 일자리를, 비러시아인들에게 민족 자결을, 모든 사람에게 평화를 가져다줄 것이라고 주장했다. 레닌이 역사 발전 단계에 대한 마르크스주의 정통 이론을 폐기했다는 이의가 제기되었다. 그러나 대부분의 대표들은 그런 세세한 차이를 놓고 시간을 허비할 생각이 없었으며, 볼셰비키가 러시아와 나머지 유럽 지역의 임박한 혁명에서 역할을 해야 한다는 레닌의 요구는 승리를 거두었다. 레닌은 '민족 문제'와 '농업 문제'에서도 이겼다. 그는 다시 한 번 볼셰비즘을 손에 쥐게 되었다.[24]

레닌의 수사와 위풍당당한 태도는 이미 순조로웠던 당내 상황을 더 좋게 만들었다. 레닌도, 당 협의회도 나라의 정세가 사회주의 극좌파에 유리하게 돌아간다고 여겼다. 새 정부가 직면한 곤경은 현 상황에서 거의 극복하기 힘들었다. 산업과 상업에서 혼란이 심해지고 있었다. 식량 공급 위기가 극심해졌다. 전선에서는 좋은 소식이 전혀 없었다. 이미 약간씩 삐걱거리던 국가 행정의 틀은 위험할 정도로 흔들리고 있었다. 군주정이 폐지되자 대중들이 정치를 공개적으로 토론하고 조직하기 시작했으며, 노동자, 병사, 농민들은 임시정부에 많은 기대를 품었다. 임시정부의 장관들은 그들을 만족시키기가 극히 어렵다는 것을 알게 될 것이었다.

16장
임시정부와의 투쟁
1917년 5월~7월

레닌은 마침내 자신의 당을 아군으로 끌어들였다. 이제 레닌의 과제는 시민들 중 자신의 당이 호소하고자 하는 대상들을 설득하는 것이었다. 당 협의회에 참석한 지도자와 활동가들을 설득하기는 어렵지 않았다. 더 까다로운 일은 헌신적인 볼셰비키 대열 밖에 있는 사람들에게 선전과 조직의 그물을 던지는 일일 것이었다. 성공하리란 확신이 없었다. '소비에트 권력'이 현실이 되려면, 제국 신민의 대다수가 볼셰비즘 쪽으로 넘어와야 했다.

레닌은 노동자, 병사, 수병, 농민들을 겨냥해 구호를 만들었고, 또 비러시아 소수 민족들을 자기편으로 끌어들이려고 애썼다. 나라의 재앙을 불러일으키는 주요 범죄자는 기업가와 은행가, 농업 지주라고 그는 단언했다. 이 분석에 따르면, 한편에는 '인민들', 즉 착취당하는 다수가 있었고, 다른 한편에는 기생하는 소수가 있었다. 레닌은 냉정하고 과학적인 전제에 바탕을 둔 정책을 제시한다고 주장했지만, 그의 언어는 매우 감정적이고 도덕주의적이었다. 또 매우 선별적이기도 했다. 이 몇 달 동안 내내 레닌은 반볼셰비키를 목표로 하여 결집했을지도 모를 사람들의 심기를 건드리지 않고자 노력했다.

그리하여 레닌은 소기업가나 상점 주인, 자영 수공업자들을 대놓고 위협하지 않았다. 레닌은 성직자, 물라(이슬람 율법학자), 랍비(유대 율법학자)들에게 싫은 소리를 조금도 하지 않았다. 그는 정부 행정 조직이나 공공 서비스, 사업체의 관리와 사무원들을 비판하지 않았다. 레닌은 '프롤레타리아'와 '부르주아' 사이의 경쟁이라고 자신이 생각하던, 대규모 정치 투쟁을 위한 분명한 전장을 원했다. 레닌은 글을 쓰거나 말을 할 때마다 부르주아들이 이미 공세를 취하고 있다고 선언했다. 레닌은 자신의 당을 노동 계급을 대변할 수 있는 유일한 당으로 제시했다.

레닌은 임시정부가 제국주의를 수행할 의지를 지니고 있으며, 러시아의 자본가 강도들의 이익에 복무하고 있다고 주장했다. 레닌은 사람들이 속고 있다고 단언했다.[1]

파멸이 임박했다. 대재앙이 다가오고 있다. 자본가들이 모든 나라에 파괴를 불러왔고 지금도 불러오고 있다. 유일한 구원은 혁명적 규율이고, **혁명 계급**이 취한 혁명적 조치이며, 모든 국가 권력을 혁명 계급의 수중으로 이전하는 것이다. 혁명 계급은 실제로 그러한 통제를 도입하고, '기생충들에 맞선 투쟁'에 성공할 수 있을 것이다.

레닌의 언어에는 여러 요소가 기묘하게 뒤섞여 있었다. 그의 마르크스주의 용어는 강경했다. '프롤레타리아'라는 용어는 레닌의 나라 시민들 대부분에게 매우 낯설었고, '반(半)프롤레타리아'는 훨씬 더 낯설었다. 하지만 레닌의 글에는 간명하면서도 강력한 힘도 있었다. 파멸, 대재앙, 파괴가 레닌이 쓰는 어휘를 관통하는 붉은 실처럼 이어졌다. 레닌이 연단에 서면 청중은 꼼짝 못했다. 그는 왔다 갔다 하면서 군중을 뚫어져라 쳐다보았다. 레닌은 학교 선생처럼 엄지손가

레닌은 트로츠키처럼 단번에 청중을 사로잡는 타고난 연설가는 아니었다. 그러나 부정확한 발음과 어색한 태도에도 불구하고 사람들은 그가 보여주는 열정과 강한 의지에 설득당했다. 사진은 1919년 5월에 모스크바에서 행한 연설 장면이다.

락을 조끼에 고정한 채 말했다. 이 자세는 레닌이 진정한 지식을 제공하고 있다는 인상을 더욱 짙게 했다. 레닌은 일반적으로 보았을 때 뛰어난 연설가가 아니었다. 여전히 'r'을 정확하게 발음하지 못했기 때문에 레닌의 발음은 불완전했다. 연설하는 과정에서 리듬을 타는 데도 시간이 걸렸다. 그러나 이런 단점은 청중들에게 문제가 되지 않았다. 오히려 정반대였다. 연단에서 드러나는, 땅딸막하고 말쑥하지 못한 어색한 모습은 레닌이 열정과 의지력을 지닌 인물이라는 인상을 전달했다. 공공 집회에서 레닌이 말하는 바를 정확히 알아듣기는 종종 힘들었지만, 청중들은 연설의 정확한 내용만큼이나 그들이 본 인간, 즉 인민의 대의를 위해 연설하는 비타협적이고 전투적인 지도자의 모습에도 끌렸다.

또 얼마간 중요했던 것은 레닌이 1917년 이전과는 다르게 옷을 입기 시작했다는 사실이었다. 스웨덴을 떠난 이후 레닌은 카를 라데크가 고집하여 구입한 새 정장과 신발, 모자를 갖추고 있었다. 그래서 레닌은 더는 무겁고 낡은 등산화를 신고 돌아다니지 않았다. 그러나 청중들이 기억하는 (그리고 의복의 역사에서 '레닌 모자'라고 전해지는) 것은 모자였다. 논평가들은 보통 레닌의 새 모자가 당시 러시아 노동자에게서 전형적으로 볼 수 있었던 모자라고 주장해 왔다. 사실 스톡홀름에서 구입한 그의 모자는 세기 전환기에 화가들이 쓴 축 처진 모자였다.[2] 그 결과 레닌의 외모에서는 특이한 매력이 풍겨 나왔다. 비록 여느 정치인들처럼 깔끔한 정장을 입었지만, 모자 때문에 레닌은 격식을 갖춘 홈부르크 중절모를 쓴 다른 정치인들과 뚜렷이 구별되었고, 그의 무모한 정책들은 그렇게 보이는 효과를 더했다. 다른 정당들의 라이벌 정치인들과 달리 레닌은 눈에 띄게 혁명을 즐기고 있었다. 레닌은 매 순간을 즐겼고, 러시아인들도 그러기를 바랐다. 레닌은 그들이 더는 욕망의 억제에 구애받지 않고 자기 해방의 기회를 열광적으로 붙들기를 원했다.

그렇게 레닌은 자신의 집회에 참석하는 공장 노동자, 수비대 병사들과 의기투합했다. 레닌은 그런 분위기 속에 있는 것을 좋아했다. 그는 노동 계급과 함께하면서 마르크스주의자로서 충족감을 맛보았고, 끊임없이 흥분 상태에 있었다. 레닌은 시로카야 거리 48번지의 울리야노프 가족의 아파트에서 나댜를 만났을 때 자신이 마침내 정치적으로 나아갈 길을 깨달았다고 털어놓았다.[3] 이렇게 적응하기까지 많은 노력이 필요했다. 레닌은 초기 집회에 참석했을 때 알렉산드라 콜론타이와 함께 연단에 앉았다. 마지막 순간에 레닌은 당황하여 콜론타이에게 자기 대신 연설해 달라고 부탁했다. 콜론타이는 깜짝 놀랐다. 콜론타이는 레닌을 자신감에 찬 당 지도자라고 생각했다. 많은 청중들 앞에서 장황하게 말하기를 좋아하던 콜론타이는 연설은 별 게 아니라고 레닌을 설득했다. 레닌은 용기를 내 자신의 능력을 다시 믿었다. 이후 레닌은 다시는 콜론타이를 비롯한 다른 사람의 도움을 받아 내적 신념을 북돋우려 하지 않았다.[4]

레닌의 정책을 싫어한 많은 사람들이 그의 연설에 매혹되었다고 고백했다. 레닌의 신문 평론을 읽은 많은 독자들도 똑같은 영향을 받았다. 그는 논거를 세우고 전투적으로 주장을 펼치는 데 대단한 능력을 지니고 있었다. 적들과 적들의 정책을 공격하는 레닌의 난폭한 묘사는 모든 이들에게 여기 권력을 휘두를 수 있는 사람이 있다는 느낌을 주었다. 임시정부 각료들은 레닌에 비해 무기력했다. 입헌민주당, 멘셰비키, 사회주의자-혁명가당은 서로 타협해야 했다. 하지만 레닌은 타협을 입에 담기 어려운 더러운 말로 취급했다. 레닌은 역동적이고 무자비하며 올바른 조치가 취해지기를 원했으며, '계급투쟁'에 기반을 둔 관점만이 만족스러울 것이라고 주장했다. 레닌은 글을 많이 썼다. 1917년 5월에만 레닌이 쓴 글 48편이 〈프라우다〉에 게재되었다. 볼셰비키의 주요 신문 〈프라우다〉는 레닌의 사상을 당에 전하는 주요 통로였으며, 레닌보다 더 자주 〈프라우다〉의 지면에 등장하는 이름은 없었다. 그는 자신의 뜻을 이룰 수 있는 곳에 있었다. 레닌은 자신이 곧 당과 동의어인 듯 생각하고 쓰고 행동했다. 러시아의 다른 신문들은 레닌이 현재의 정치 상황에서 유일한 대안이라는 데 의견을 같이했다.

레닌은 또 5월과 6월에 스물한 차례 연설을 하면서 대중들 앞에 모습을 드러냈다. 일부 연설은 비공개로 진행된 모임에서 간단히 의견을 제시한 것이었고, 일부는 '제1차 전러시아 소비에트 대회'에서 발언한 두 차례의 신랄한 비난을 포함한 체계적인 논평이었다. 그러나 레닌은 자신의 에너지 대부분을 〈프라우다〉를 위해 남겨 두었다. 레닌은 활자의 정치가였다. 레닌은 마르크스주의 학자로 변신한 뛰어난 김나지야 학생이었고, 비밀 당을 창설하는 데 가장 훌륭한 도구는 신문((이스크라))이라는 이론을 러시아 마르크스주의자들을 위해 개발했다. 레닌은 이런 자신의 스타일을 고칠 수 있었으나, 어느 정도에 그쳤다. 활자화된 말은 여전히 레닌의 혁명 시금석이었고, 그는 글을 쓰는 일보다 대중 집회에서 연설하는 데 시간을 보내는 동료들을 못살게 굴었다.[5] 레닌이 2월 혁명과 10월 혁명 사이에 모든 정치적 기술의 대가였다는 통념은 설득력이 없다.

하지만 레닌은 자신의 정치를 즐겼다. 1917년의 페트로그라드는 거대한 문화적 활기로 가득 찬 곳이었다. 세계적으로 유명한 베이스 가수인 표도르 샬랴핀(Fyodor Shaliapin)이 이곳에서 콘서트를 열었다. 미술 전시회도 열렸다. 이전에 금지되었던 책들이 나타났다. 거리 축제가 조직되었고, 교향악 공연이 자주 열렸다. 그러나 레닌은 이런 것들로부터 거리를 두었다. 훗날 레닌은 왜 그랬는지를 막심 고리키에게 설명했다.[6]

하지만 전 종종 음악을 들을 수가 없어요. 음악은 제 신경을 건드립니다. 음악은 사람들에게 달콤한 헛소리를 지껄이게 하고, 불결한 지옥 같은 곳에 살면서도 그런 아름다움을 창조할 수 있는 사람들의 머리를 쓰다듬고 싶어 하게 만듭니다. 그러나 당신은 오늘날 어느 누구의 머리도 쓰다듬을 수가 없습니다. 그러다 손이 잘리고 말 테니까요. 그보다 그들의 머리를 세게, 사정없이 쳐야 합니다. 비록 이상적인 우리는 근본적으로는 어떤 강압에도 반대하지만 말입니다. 흠, 흠…… 그것은 매우 힘들지만 반드시 해야 할 일입니다.

이 말은 혁명을 성공적으로 수행하려면 자신의 감정을 믿어서는 안 된다는 것을 아는 사람, 당의 적들뿐만 아니라 거의 모든 사람에게 무자비한 폭력을 휘두를 의사가 있는 사람에게서 나온 말이다. 레닌이 사람들을 더 관대하게 대하고 싶은 충동을 억제하려고 많이 애써야 했던 것은 아니었다. 레닌은 매우 쉽게 그렇게 했으며, 시간이 지나면서 더욱 수월하게 그렇게 했다. 당면한 정치적 과제가 그에게는 가장 중요했다.

그러나 누구 머리든 치려면 먼저 권력을 손에 넣어야 했다. 볼셰비키당은 임시정부를 전복하고 새 혁명 정부를 수립해야 했다. 레닌은 소비에트들과 여타 '대중' 조직들이 통치 권력의 기반이 되어야 한다고 보았다. '사회주의 이행'은 그렇게 수행될 것이었다.

이런 목적을 고려하면 볼셰비키당은 지체 없이 소비에트들 속으로 들어가야 했다. 볼셰비키는 선거에 출마하여 멘셰비키와 사회주의자-혁명가당을 물리치고 소비에트의 중요 직책들을 차지해야 했다. 자신의 조그만 당을 쿠데타로 이끌고 싶어 하는 것 아니냐는 비난에 레닌은 〈프라우다〉에서 이렇게 대꾸했다. "노동자·병사 대표 소비에트들이 우리 정치를 지지하게 되고 권력을 그들의 수중에 넣고 싶어 할 때, 우리는 권력을 프롤레타리아와 반(半)프롤레타리아의 수중으로 이행하는 데 찬성할 것이다."[7] 그리하여 레닌은 자신이 여론에 구애받지 않고 권력을 장악하는 일은 없을 것이며, 볼셰비키에게 최우선 과제는 소비에트들에서 다수파가 되는 것이라고 확언했다. 임시정부는 페트로그라드 소비에트의 묵인에 의해서만 존재했는데, 장관들은 위험을 무릅쓰고 소비에트들의 정책을 무시했다. 더군다나 '전러시아 노동자·병사 대표 소비에트 대회'가 6월에 열리기로 되어 있었다. 소비에트들은 임시정부와 나란히 전국에 걸쳐 행정적 틀을 수립하려 했고, 레닌은 자신의 당에 이 틀을 나라를 통치하는 도구로 이용할 준비를 하라고 촉구했다.

레닌은 인민의 요구에 비추어 정책을 더 수정할 의사가 있었다. 〈4월 테제〉에서 레닌은 '토지 국유화'를 요구했다. 그러나 사회주의자-혁명가당이 수행한 농민 여론 조사에서 국유화에 대한 적의가 드러나자 레닌은 국유화라는 구호를 버렸다. 레닌의 볼셰비키 부관 가운데 몇 명, 특히 스탈린은 농민들이 지주에 맞서 폭력적인 운동을 개시했을 때부터 농지를 국유 재산으로 만드는 일은 가망이 없다고 오랫동안 주장해 왔다. 8월경 레닌은 자신의 입장을 기꺼이 바꾸고자 했다. 혁명 정권을 공고히 하려면 농민들의 동의가 필요할 것이었다. 볼셰비키 중앙위원회는 새 구호 '토지 사회화'를 발표했는데, 이 구호는 농민들에게 사실상 토지를 마음대로 처분할 자유를 부여하는 것이었다. 레닌은 국유화를 선호했으나, 그의 관점에서는 농민의 지지를 획득하는 것이 더 유익했다.

또 한 번의 정책 변경은 페트로그라드 노동자들이 자신들이 일하는 공장에서 '노동자 통제'를 시행하려 한다는 것을 레닌이 알았을 때 일어났다. 레닌은 이전에 농민 공동체가 마을을 통제하는 데 반대했듯이, 노동자들이 당의 지도 없이 각자의 공장을 접수한다는 발상을 결코 좋아하지 않았다. 그러나 혁명적 상황이 벌어지고 있었고, 레닌은 노동자들이 혁명을 일으키도록 격려해야 한다고 역설했다. 노동자들의 '창의성'과 '주도성'을 북돋아야 했다. 볼셰비키당 지도부는 위로부터 혁명을 지도하기 위해 할 수 있는 바를 하겠지만, '대중'이 혁명에 참여하는 것이야말로 중요했다. 대중은 아래로부터 자신들의 혁명을 수행해야 했다. 그러므로 볼셰비키 지도자들은 노동자, 병사, 농민들의 목소리에 귀 기울이는 법을 알아야 했다. 1905~1906년에 볼셰비즘은 지나치게 교조적이었고, 레닌은 동료 활동가들이 소비에트, 노동조합과 그 밖의 다른 대중 조직에 참여하기 싫어하는 데 불같이 화를 냈다. 1917년에는 이러한 실책을 반복해서는 안 되었다. 볼셰비키당은 정책의 폭넓은 한계 내에서 역동적이고 유연해야 했다. 따라서 페트로그라드 노동자들이 공장을 가동하기 위해 공장 경영에 대해 감독하기를 열망한다면, 그것은 환영받을 것이었다.

1917년 5월과 6월에 정책의 대부분은 꽤 분명했다. 볼세비키 중앙위원회와 〈프라우다〉는 통치 권력을 소비에트들로 혁명적으로 이양하는 데 찬성했다. 그들은 먼저 동부 전선에서 휴전을 맺고 그 뒤 유럽에서 전반적인 강화 조약을 체결할 것을 주장했다. 그들은 대규모 산업과 은행의 국유화, 노동자의 공장 통제, 농민에게 농지 이전, 민족 자결, 문화 발전의 강화를 요구했다. 이 정치 운동의 전위는 하위 사회 계층을 자신들의 운명, 즉 사회주의 혁명 쪽으로 이끌 볼세비키당이 될 것이었다. 유럽 다른 지역에서는 곧 동지들이 혁명으로 권력을 장악하면서 러시아의 혁명을 뒤따를 것이었다. 레닌은 러시아 노동자들이 쉽게 할 수 있는 일이라면 좀 더 발전한 산업 열강의 노동자들은 훨씬 더 쉽게 성취할 것이라고 단언했다.

이 같은 전망은 레닌의 당에 호소력을 발휘했고, 이 몇 달 동안 볼세비키와 멘셰비키의 연합 조직은 각자 제 갈 길을 갔다. 볼세비키는 처음으로 진정한 독립 정당이 되었다. 누가 볼세비키당을 지도하는지에 대해서도 의문의 여지가 없었다. 레닌이었다. 처음에 레닌은 나데즈다를 자기 곁에 두고 일을 시킬 수 있었다. 그러나 나데즈다는 그런 상황이 지속될 수 없음을 먼저 깨달았다.[8]

그동안 나는 서기국에서 썩 성공적으로 일하지 못했다. 물론 일리치가 개인 비서 없이 활동하느라 훨씬 더 힘들었을 것이다. 이제까지는 내가 그의 비서로서 도움을 줄 수 있었지만, 이제는 오히려 내가 그의 비서라는 것이 불편을 야기하고 있다. 내가 〈프라우다〉 편집진 회의와 중앙위원회 회의 양쪽 모두에 출석해야 하기 때문이다. 일리치와 나는 이 문제에 대해 이야기를 나누었고, 내가 비서직을 그만두고 교육 작업을 개시해야 한다고 결정했다.

나데즈다가 자신을 레닌의 개인 비서로 표현한 것은 부끄러운 일로 여겨져 1980년대 말까지도 인쇄되지 못했다. 레닌은 공식적으로 집에서든 일터에서든 어떤 특권도 누리지 않은 것으로 알려져 있었기 때문이었다. 아무튼 다른 볼셰비키 지도자들은 나데즈다가 레닌 곁에 있음으로써 레닌에게 추가적인 영향을 끼치는 것을 명백히 싫어했고, 중앙위원회 위원들의 평등한 권리에 대한 공식적인 존중이 부활했다. 처음에는 옐레나 스타소바(Yelena Stasova)가, 그다음에는 야코프 스베르들로프가 서기국을 운영했다. 레닌은 승인하지 않았다. 그러나 레닌은 물러섰고, 다행히도 스타소바와 스베르들로프 모두 아내 못지않게 자신의 정치적 찬양자임을 알게 되었다.

나데즈다 콘스탄티노브나는 당시의 모든 정황을 다 털어놓지 않았다. 나데즈다가 중앙위원회 서기국에서 잠시 일하는 동안, 시누이인 마리야 일리니치나는 〈프라우다〉의 편집 서기로 일했다. 레닌의 관심을 끌려는 경쟁이 레닌의 여성들 사이에서 종종 벌어졌고, 나데즈다가 요리에 미숙하다는 사실을 두고 계속 무례한 말이 나왔다. 나데즈다는 스스로 요리사라고 주장한 적이 없기 때문에 크게 신경 쓰지 않았다. 그러나 나데즈다는 마리야 일리니치나가 자신의 닭 요리에 레닌이 열광한 일을 마구 떠드는 바람에 견딜 수가 없었다. 레닌이 식단의 변화를 즐긴 것은 놀라운 일이 아니었다. 왜냐하면 레닌과 나댜는 스위스에서 지나치게 자주 말고기를 먹어야 했기 때문이었다.(영국인들과 마찬가지로 러시아인들도 말을 먹는 것을 약간 역겨워하는 경향이 있다.) 여하튼 마리야는 올케를 약올리는 법을 알고 있었다. 나댜는 중앙당 사무실에서 가정 내 경쟁을 지속하지 않으려 했고, 따라서 자리에서 물러나 비보르크 공업 지구에서 당 조직가이자 교육가로서 정치 활동에 전념하기로 했다.

나댜는 여전히 바제도병에 시달렸고 심계항진도 그녀를 계속 괴롭혔지만, 혁명에서 힘닿는 데까지 역할을 하기로 결심했다. 나댜는 또 볼셰비키 지도자에게 매일 감정적인 면에서 도움을 주는 사람이기도 했다. 빛처럼 빠른 정치의 속도는 레닌을 지속적으로 압박감에 시달리게 했다. 두통과 불면이 다시 찾아왔다. 마리야 일리니치나는 외국에서 레닌이 유지한 생활 방식이 문제를 일으켰다고 말했다. 외국에서 레닌이 규칙적으로 건강한 식사를 하지 못했기 때문이라는 것이었다. 그러나 일상생활의 혼란은 페트로그라드에서 더 심해졌다. 그리고 레닌이 동료들 대부분이 줄담배를 피우는 중앙위원회와 〈프라우다〉 편집 회의에 참석해야 했다는 사실 또한 골칫거리였다. 그는 만성적으로 피로했다. 레닌은 2년 내에 확실히 발생할 가벼운 심장 마비를 이미 겪고 있었을 것이다. 그러나 레닌은 심장 마비가 발생하더라도 입을 다물었다. 그는 혁명을 위해 살아왔고, 혁명의 역사적 순간이 지금 눈앞에 있었다. 두 번 생각할 필요가 없었다. 이 순간이 그냥 지나가게 놔둘 수는 없었다. 그리고 레닌은 자신이 개입하지 않고 내버려 두면 혁명이 실패할 것이라는 오만한 생각을 품고 있었다.

나댜는 남편을 돕기 위해 할 수 있는 바를 했으나, 그것은 힘든 일이었다. 당내 모임에서 그리고 군중 앞에서 레닌은 연기를 해야 했다.[9]

5월 1일 블라디미르 일리치는 마르스 광장에서 연설했다. 이날은 차르 권력이 전복된 후 처음 맞는 5월의 휴일이었다. 모든 정당이 등장했다. 노동절은 세계 노동 운동의 역사와 연결된 희망과 염원의 **축제**였다. 그날 나는 병으로 몸져누워서 블라디미르 일리치의 연설을 듣지 못했다. 그런데 레닌은 집에 왔을 때 기분 좋게 들뜬 것이 아니라 다소 지쳐 있었다.

그는 당시 매우 피곤해하곤 했고, 그래서 나는 일에 관해 물어보는 것을 삼갔다. 산책도 하기 힘들었다. 한번은 옐라긴섬으로 산책을 갔으나 너무 많은 사람이 북적대고 있었다. 우리는 이리저리 거닐다 카르폽카 강둑 옆에 앉았다. 그 후 우리는 페트로그라드 주변의 한가한 거리를 걷는 습관을 들였다.

알프스의 공기는 없었다. 산길을 열심히 성큼성큼 올라가는 운동도 없었다. 자전거로 여행하는 일도 없었다. 시로카야 거리부터 한 블록을 잠깐 산책하는 것뿐이었다.

그러나 레닌은 점차 중요한 당 업무를 볼셰비키 중앙위원회의 다른 사람들에게 맡길 수 있게 되었다. 스베르들로프는 서기국의 훌륭한 행정가였다. 카메네프는 페트로그라드 소비에트에서 상근직으로 일했다. 스탈린은 맡겨진 대부분의 일을 능숙하게 처리했다. 지노비예프는 매력적인 연설가였다. 또한 당은 이전에 볼셰비즘을 받아들이지 않았던 다른 마르크스주의자들을 끌어들이기 시작했다. 새로운 구성원으로 로자 룩셈부르크와 긴밀하게 활동했던 폴란드인 지도자 펠릭스 제르진스키*가 있었다. 그러나 아마도 볼셰비키 신입 당원 중 가장 놀라운 사람은 다름 아닌 트로츠키였을 것이다. 레닌은 트로츠키가 1917년 5월에 북아메리카에서 돌아오자 그의 환심을 사고자 했다. 트로츠키는 즉각적인 사회주의 혁명에 대한 레닌의 찬성이 트로츠키주의에 대한 암묵적인 지지라고 생각했다. 그 결과 트로

펠릭스 제르진스키(Feliks Dzerzhinskii, 1877~1926) 1895년부터 혁명 운동에 가담한 뒤 리투아니아사회민주당 결성에 참여했다. 1906년 이 당의 대표로서 러시아사회민주노동당 중앙위원회 위원이 되어 레닌의 신뢰를 얻었다. 10월 혁명 시기에는 페트로그라드 군사혁명위원회에서 활동하며 봉기를 주도했다. 혁명 후 전러시아비상위원회(체카) 초대 의장을 지냈다.

츠키는 임시정부에 무조건 적대적인 태도를 취하는 유일하게 큰 당에 들어가고 싶어 했다. 트로츠키는 멘셰비키는 완전히 단념했다. 그러나 트로츠키와 볼셰비키 분파 사이에 오랫동안 쌓인 감정의 앙금은 다른 볼셰비키 지도자들의 마음에서 쉽게 지워지지 않았고, 덜 타산적인 동지들을 설득하여 옛 정적의 눈부신 문학적·조직적 기술과 연설 역량을 환영하도록 하는 것은 레닌에게 힘든 일처럼 보였다. 그러나 레닌은 성공했고, 트로츠키는 합류했다.

당 안팎에서 레닌의 영향력에는 한계가 있었기 때문에, 레닌이 그런 팀에 의지할 수 있었던 것은 다행이었다. 레닌이 어떻게 생겼는지 아는 사람은 거의 없었다. 당대의 러시아 신문들은 그의 사진을 싣지 않았다. 1917년에 근대적인 정치술의 진정한 대가였던 알렉산드르 케렌스키와 달리, 레닌은 뉴스 필름을 찍을 기회가 없었다. 게다가 〈프라우다〉는 재미없는 신문이어서 레닌을 만화로 그려 실으려는 시도는 전혀 하지 않았으며, 레닌에 관한 포스터는 10월 혁명 이후까지도 제작되지 않았다. 볼셰비키에 대한 통상적인 인상과는 대조적으로 1917년에 그들의 선전 기술은 그리 다채롭지 못했으며, 그림으로 표현하는 기법을 개척한 것은 다른 정치적 성향의 신문들이었다. 그렇지만 이런 신문들은 레닌의 정확한 이미지를 대중화하지 않았다. 예를 들어, 입헌민주당 신문 〈레치(Rech)〉의 풍자 만화가들은 레닌을 실제 모습인 땅딸막한 사내보다는 덩치 큰 사람으로, 그것도 두 번에 한 번꼴로는 콧수염이 없고 레닌이 20대 초반 이래 갖고 있던 것보다 더 많은 머리칼이 있는 사람으로 묘사했다.

레닌은 정치 캠페인에 나서면서 페트로그라드를 벗어날 수 없게 되었다. 그는 오랜 여행 끝에 취리히에서 돌아온 후 러시아의 나머지 지역을 방문해 달라는 모든 요청을 거절했다. 레닌이 조국에 대해 아는 지식은 페트로그라드를 방문한 사람들과 신문을 통해서 형성되었다. 여기에는 명백한 역설이 존재했다. 임시정부와 반볼셰비키 정당은 레닌이 거의 불가사의한 힘을 지녔다고 여겼다(이 명성은 오늘날에도 사라지지 않았다). 하지만 볼셰비키당은 레닌이 그런 힘을 발휘할 수 있도록 기름이 잘 칠해져 돌아가는 명령 기계가 아니었다. 지방의 위원회들은 중앙위원회가 그어놓은 선을 그냥 따라가기를 꺼려했다. 볼셰비키당은 당시의 다른 정당만큼이나 조직적으로 무질서했다. 당은 마찬가지로 우편과 전신 서비스의 변덕에도 영향을 받았다. 페트로그라드에서 발송된 메시지는 늦게 도착하거나 아예 전달되지 않았다. 그리고 〈프라우다〉는 당의 중앙 신문이었으나 1억 6천만 인구의 나라에서 통상 겨우 9만 부를 발행했고,[10] 그중 절반은 수도에 배포하기로 정해져 있었다. 레닌이 자신과 일반 주민 사이에 만들고자 했던 유대는 실제로는 매우 약했다.

하지만 볼셰비키당의 적들은 레닌이야말로 정치적 안정을 가장 크게 위협하는 유일한 사람이라고 생각했다. 자유주의자와 보수주의자들은 레닌이 특별 열차로 독일을 횡단한 사실을 그가 독일 첩자라는 증거로 다루었다. 급이 낮은 신문들은 레닌이 유대인들의 이익을 추구하고 있다고 주장하면서 반유대 카드를 꺼냈다. 레닌에 맞선 언론의 캠페인은 레닌의 개인적 안전을 위협하는 격렬한 감정을 선동했다. 한번은 상층 계급 러시아 여성 두 명이 〈프라우다〉 사무실로 난입하여 이렇게 선언했다. "우리는 레닌을 두드려 패주려고 왔다!" 레닌에게는 다행스럽게도 이 일은 단발 에피소드였다. 여자 두 명 대신에 카자크 한 무리가 그를 잡으러 왔다면 사정은 달라졌을 것이다. 그런데도 볼셰비키 중앙위원회는 레닌에게 함께 다닐 당원 몇 명을 붙여주는 예방 조치를 취했다.

레닌이 거듭 관심을 둔 일은 임시정부의 방어 능력을 탐색하는 것이었다. 이 목적을 위해서는 가능하다면 무장한 병사와 수병이 참여하는 대규모 정치 시위를 벌이는 것보다 더 좋은 방법은 없었다. 레닌은 상세한 봉기 계획은커녕 어떤 계획도 없었다. 그러나 레닌은 이용할 수 있는 약점이 없는지 끊임없이 살피고 있었다. 4월에는 밀류코프 각서에 항의하는 시위에서 이를 시험했다. 레닌은 중앙위원회가 '제1차 전러시아 소비에트 대회'의 개막과 동시에 시위를 조직했던 6월에 다시 한 번 똑같은 시험을 했다. 시위는 무장 투쟁이 될 것이었고, 임시정부가 말썽이 일어나리라고 예측한 것은 놀라운 일이 아니었다. 걱정이 된 각료들은 역시 마찬가지로 걱정하던 페트로그라드 소비에트 내의 멘셰비키와 사회주의자-혁명가당과 상의했다. 임시정부와 페트로그라드 소비에트는 볼셰비키가 주도하는 시위를 금지하기로 결정했고, 페트로그라드 소비에트는 제1차 소비에트 대회를 지지하는 멘셰비키, 사회주의자-혁명가당, 볼셰비키를 아우르는 자체 시위를 조직했다. 멘셰비키와 사회주의자-혁명가당은 폭탄을 솜씨 좋게 해체한 것을 자랑스러워했다. 1917년 6월 3일부터 24일까지 계속된 소비에트 대회에서 그들은 승리를 축하했고, 나아가 다음 대회 때까지 전국의 모든 소비에트들을 조율할 '중앙집행위원회'를 설치했다.

체레텔리, 치헤이제, 단, 리베르*를 비롯한 페트로그라드 소비에트의 거물 지도자들은 2월 혁명 이래 자신들의 성과를 과시했다. 그들은 시민적 자유와 국방 문제를 두고 페트로그라드 소비에트와 임시정부 사이에 맺은 협약을 강조했다. 그들은 외무장관 밀류코프가 이 협약을 파기하려고 발뺌하자, 그를 사임하게 하고 몇몇 멘셰비키와 사회주의자-혁명가당원을 포함하는 연립정부를 구성한 것을 자

미하일 리베르(Mikhail Liber, 1880~1937) 분트 지도자로서 '마르크 리베르'로도 알려졌다. 멘셰비키를 지지했으며 1917년 2월 혁명 후 소비에트에서 활동했으나 10월 혁명에는 반대했다.

랑했다. 멘셰비키와 사회주의자-혁명가당 지도자들은 이 모든 것이 러시아의 사회주의 발전에 이바지했다고 주장했다.

레닌은 임시정부와 협력하는 것은 사회주의에 대한 근본적인 배신이라고 비난하는 데 에너지를 쏟았다. 레닌의 말은 그가 매우 잘 아는 사람들인 체르노프, 단, 체레텔리, 마르토프를 겨냥했다. 레닌은 오랜 세월 동안 그들과 논쟁을 벌여 왔다. 그렇다고 해서 레닌이 외국의 커피숍에서 우연히 그들과 마주쳤을 때 커피를 함께 마시기를 피하지는 않았다. 정치적 분노가 사교적 만남을 방해하지는 않았다. 이런 상황이 1917년에 돌이킬 수 없을 정도로 바뀌었다. 레닌이 볼 때 2월 혁명 후 멘셰비키와 사회주의자-혁명가당의 행동은 용납될 수 없는 것이었다.

레닌은 그들의 정책을 세세하게 반박하지는 않았다. 어느 정도는 그들에게 넌더리가 났기 때문이었다. 다른 한편으로는 그들의 주장에 필요 이상으로 관심을 두고 싶지 않았기 때문이기도 했다. 멘셰비키와 사회주의자-혁명가당이 유럽이 전반적인 사회주의 혁명 직전이라는 결정적인 증거의 존재를 부인하는 것까지는 충분히 봐줄 수 있었다. 그들은 스톡홀름에서 유럽 반전 사회주의자들의 회의를 소집하려고 열심히 작업했다. 그러나 그들은 또 동맹국에 맞서 러시아를 방어해야 한다는 사실을 잊는 것은 무책임하다고 주장했다. 게다가 멘셰비키와 사회주의자-혁명가당은 러시아 제국이 사회주의로 나아가기 위해 산업적·문화적으로 이미 준비가 되었다는 이론에 레닌 역시 최근까지 코웃음을 쳤다고 언급하여 레닌의 아픈 곳을 건드렸다.

멘셰비키와 사회주의자-혁명가당은 각료로서도 영향력이 있었다. 농업부 장관 빅토르 체르노프는 지주 농장주들의 항의를 무시하고, 농민들이 이끄는 '토지 위원회'가 비경작지를 통제할 수 있도록 했다. 고용주들의 저항을 물리친 마트베이 스코벨레프*는 노동부 장관이라는 직책을 이용해 의무 건강 보험, 작업장의 안전, 산업 갈등의 중재를 위한 계획을 도입했다. 체레텔리는 체신부 장관에 지나지 않았지만 핀란드와 우크라이나 같은 비러시아 지역에 자율성을 더 많이 부여해야 한다고 주장했다.

하지만 시계는 멘셰비키와 사회주의자 – 혁명가당에게 불리하게 돌아가고 있었다. 그들이 입헌민주당에서 얻어내는 양보는 작았다. 임시정부를 짓누르는 문제들도 많았다. 인플레이션이 극심했고, 산업 생산이 급락했다. 로마노프 군주정이 몰락한 후 상승한 임금은 실질 가치를 유지하지 못했다. 도시는 식량 공급이 부족했다. 중앙 국가 행정은 꾸준히 해체되었다. 지역, 주, 도시들은 임시정부와 상관없이 업무를 처리했다. 선출된 부문별 조직들, 특히 소비에트들이 마치 공식적인 국가 권력을 휘두르는 것처럼 행동하기 시작했다. 노동자 통제 운동이 페트로그라드를 넘어 확산되기 시작했다. 러시아와 우크라이나의 농민들은 불법으로 소를 방목하고 지주의 나무들을 베었으며, 지주에게서 토지를 빼앗는 일도 늘어났다. 병사 수천명이 동부 전선을 이탈했다. 피난민 수백만 명이 러시아의 도시들을 배회했다. 임시정부는 제1차 세계대전이 종결할 때까지 기본 개혁을 실시하지 않으려 했기 때문에 유산 계층 엘리트들의 이익을 보호하는 것으로 여겨졌으며, 제1차 세계대전이 끝날 조짐은 보이지도 않았다. 레닌과 볼셰비키당은 바로 이런 상황을 이용할 것이었다.

이런 문제들은 임시정부가 그리 능숙하게 행동하지 못했다는 것

마트베이 스코벨레프(Matvei Skobelev, 1885~1938) 1903년 러시아사회민주노동당에 가입했으며, 1905년 혁명 이후 빈에서 유학하면서 트로츠키 지지자가 되었다. 1912년에 제4대 두마 의원으로 선출되었다. 1917년 2월 혁명 후 페트로그라드 소비에트에서 활동했으며, 임시정부의 노동부 장관을 지냈다. 1917년 6월 제1차 소비에트 대회에서 전러시아 소비에트 대회 중앙집행위원회 부의장으로 선출되었으며, 10월 혁명 후인 1920년 파리로 망명했다.

을 보여주었다. 국방장관이었던 알렉산드르 케렌스키는 동부 전선에서 러시아군의 공세를 재개하겠다는 니콜라이 2세의 약속을 지키는 쪽을 선택했다. 임시정부는 자신들이 믿을 수 없는 정부가 아님을 연합국 측에 보여줄 필요가 있다고 느꼈을 것이다. 임시정부는 또 오스트리아에 조속히 승리함으로써 러시아 국민들의 비판을 비껴가기를 원했다.

하지만 각료들은 제1차 소비에트 대회에 자신들의 활동을 보고하면서 확신에 차 있었다. 그들이 보기에 현실적인 대안은 없었다. 체레텔리는 6월 3일 개막 회의에서 혁명 러시아에서 어떤 당이 감히 독자적으로 권력을 장악할 '위험을 무릅쓰는' 것을 상상할 수 있겠느냐고 청중들에게 물었다. 레닌은 무표정하게 앉아 있었다. 그러나 체레텔리는 레닌에게 그가 갈망한 기회를 제공했다. 이튿날 레닌에게 15분 동안 연설할 기회가 주어졌다.

지금 이 순간 모든 나라들이 파탄 직전입니다. 너무나 복잡하며, 실시하기 힘들다고 하고, 특별한 주의를 기울여 다듬어야 하는 그런 실제 조치들, 즉 앞서 연설하신 체신부 장관께서 말씀하신 바로 그 조치들은 전적으로 분명합니다. 장관께서는 독자적으로 권력을 장악할 용의가 있다고 밝힐 정당이 러시아에는 전혀 없다고 하셨습니다. 제 대답은 이렇습니다. "있습니다! 어떤 당도 이를 거절할 수 없으며, 우리 당도 이를 거절하지 않을 겁니다. 언제라도 권력을 온전히 장악할 준비가 되어 있습니다."

레닌의 볼셰비키는 때맞춰 갈채를 보냈다. 하지만 청중 대부분에게는 자극적인 목소리와 학교 선생 같은 몸짓을 지닌 이 엄숙한 정치인이 진지해 보이지 않았다. 웃음소리가 대회장에 울려 퍼졌다.

그러나 조롱이 공포로 바뀌는 데는 오랜 시간이 걸리지 않았다. 임시정부는 스스로 자초한 두 가지 문제에 직면했다. 첫 번째는 군사 문제였다. 오랫동안 지체된 공세가 6월 18일에 개시되었다. 그 공격은 무서운 도박이었다. 처음에는 성공을 거두었지만, 이후 러시아군은 독일군 증원 부대에 의해 강화된 강고한 방어벽에 막혔다. 케렌스키가 선전 거리를 레닌에게 선선히 내준 꼴이었다. 군사 정세가 나빠질수록 볼셰비키당에는 유리했다. 두 번째 문제는 정치적인 것이었다. 입헌민주당 장관들은 우크라이나에 지역 자치를 부여하려는 멘셰비키와 사회주의자-혁명가당에 격분했고, 6월의 마지막 2주간이 격렬한 논쟁 속에 지나갔다. 연립 정부는 막 깨지려 하고 있었다.

레닌과 볼셰비키 중앙위원회는 임시정부를 더 시험에 들게 하고 싶어 좀이 쑤셨다. 대규모 정치 시위가 가장 확실한 방법이었다. 제1차 소비에트 대회 동안 자체 무장 시위를 조직하려다 저지당한 그들은 그달 말에 다시 한 번 시위를 계획했다. 이 발상은 레닌에게서 나온 것이 아니었다. 그 무렵 볼셰비키당에는 급진적인 극좌 활동가들이 많았고, 이들은 중앙위원회로부터 거리에서 임시정부에 도전할 기회를 받아낼 수 있을지 조바심 내며 궁금해했다. 그런 활동가들은 당내 주요 중앙 기구 중에서도 주로 군대에서 당의 선전과 조직을 조율하는 '볼셰비키 군사 조직'에 많았다. 당 밖에서는 폭력적인 대중 행동을 지지하는 목소리가 점점 커지고 있었다. 페트로그라드에서 그리 멀지 않은 크론시타트에 주둔하던 해군 수비대 병사들 사이에서는 임시정부에 대한 적대감이 들끓었다. 페트로그라드의 병사들도 볼셰비키 쪽으로 돌아서고 있었다. 공장 노동자들 중에서도 그런 태도를 취하는 사람들이 늘어났다. 이제까지 외치던 '모든 권력을 소비에트로'라는 구호를 실행하라는 요구가 볼셰비키 중앙위원회에 빗발쳤다.

레닌은 이러한 분위기에 귀를 기울였다. 그는 자기 쪽으로 온 평범한 노동자와 병사, 수병, 농민들과 이야기를 나누었다. 1905년 때와는 달리, 레닌은 스위스에 고립되어 있지 않았다. 레닌은 직접 사태를 볼 수 있었으며, 관찰한 바와 자신의 직관적 판단력을 결합할 수 있었다. 레닌에게는 정치적 도박의 찬반양론을 저울질하는 솜씨가 있었다. 레닌은 당의 적들과는 달리 엉거주춤한 태도를 취하지 못했다. 게다가 그는 급작스럽게 전개되는 사태를 긴밀하게 주시할 필요가 있다는 것도 잘 알았다. 바로 이런 마음가짐으로 레닌은 볼셰비키 중앙위원회에서 무장 정치 시위를 조직하자는 제안을 지지했다. 그는 정확한 이론적 설명을 글로 쓰지는 않았다. 그럼에도 멘셰비키, 사회주의자-혁명가당, 입헌민주당은 레닌이 무장 시위를 승인했다는 소식을 듣고, 레닌의 생각이 오로지 중앙 국가 권력의 폭력적 장악에 맞춰져 있다는 결론을 내렸다. 이런 설명을 배제할 수는 없다. 그러나 아주 분명한 계획이 레닌의 머릿속에 존재했다고 가정할 필요는 없다. 훨씬 더 개연성 있는 추측은 레닌이 즉흥적으로 행동했으며, 임시정부의 힘과 결단력을 파악할 목적으로 상황을 살피고 있었으리라는 것이다.

페트로그라드 대중의 지지를 얻을 가능성이 충분한데도 레닌이 내각을 전복하려는 시도에 적대적이었으리라는 것은 물론 아니다. 일부 볼셰비키는 이를 분명하게 느꼈다. 세르고 오르조니키제는 이 시위를 "연립 정부의 권력을 끝장낼 최초의 진지한 시도"라고 말했다.[11] 그리고 군사 조직은 볼셰비키당에서 독립적인 법 집행 기관처럼 움직이고 있었다. 군사 조직 협의회가 6월 16~23일에 열렸다. 레닌은 위험한 모험을 피할 것을 촉구하는 연설을 했다.[12] "우리는 도발에 굴복하지 않도록 특히 주의하고 조심해야 합니다. …… 우리가 한 걸음이라도 삐끗하면 혁명의 목표 전체가 파탄 날 수 있습니다."[13] 그러나 레닌은 사람들이 자신의 말을 가슴에 깊이 새기지 않을 것임을 알았다. 정치 정세는 긴박했다. 어떤 일이라도 벌어질 수 있었다.

하지만 바로 이때 레닌은 4월에 핀란드 역에 도착한 이후 처음으로 페트로그라드를 벗어났다. 그는 몹시 지쳐 있었고 시골에서 휴식을 취하고 싶었다. 마침 블라디미르 본치-브루예비치가 레닌에게 자기 다차에 오라고 오래전부터 청했기에 레닌은 이 초대에 응했다. 본치-브루예비치는 테리요키에서 서북쪽으로 20킬로미터쯤 떨어진, 핀란드 철도선 인근의 네이볼라라는 핀란드 마을에 있는 다차에서 부인과 함께 머무르고 있었다. 이때 레닌은 몸이 좋지 않다고 몇 주 동안 호소하던 참이었다. 제1차 소비에트 대회에서 레닌은 볼셰비키 분파를 대표해 농업 문제에 관한 체르노프의 보고에 답변하는 역할을 맡았다. 레닌이 발언하기 두 시간 전, 니콜라이 무랄로프*가 전화를 걸어 레닌의 그날 일정을 확인했다. 레닌은 당의 관례를 깨고 무랄로프에게 자기 대신 발언하길 청한 뒤 전화를 끊었다.[14] 6월 29일 레닌은 동생 마리야, 볼셰비키 시인 데미얀 베드니(Demyan Bedny)와 함께 핀란드 역을 떠났다. 베드니는 작은 시골 기차역에 내려 네이볼라 마을까지 가는 길을 안내해주었다. 나댜는 동행하지 않았다. 나댜는 이제 레닌 곁에 머무르지 않았고, 비보르크 지구의 정치에 즐겁게 참여했다.[15] 그들의 부부 생활은 레닌과 이네사의 관계 때문에 느슨해져 있었고, 나댜는 휴가가 필요하지 않았다. 그리고 테리어 사냥개 같은 마리야가 동행한다는 사실은 확실히 나댜에게 매력적인 요소가 아니었다. 네이볼라까지 걸어가서 갑작스러운 방문으로 본치-브루예비치 부부를 깜짝 놀라게 한 레닌은 다음 며칠 동안 휴식을 취

니콜라이 무랄로프(Nikolai Muralov, 1877~1937) 볼셰비키 지도자. 1917년 2월 혁명 때 한 무리의 병사를 이끌고 혁명에 참여했다. 10월 혁명 후 러시아 내전에 참전했고 농업 부인민위원과 붉은 군대의 감찰관을 지냈다.

하며 시간을 보냈다. 그들은 산책, 사우나, 수영을 했다. 레닌의 건강은 점차 회복되었다.

휴가를 가겠다는 레닌의 결정은 봉기가 실패할 경우 레닌이 몸을 숨기려 한 것이라는 비난을 불러일으켰다.[16] 그럴 가능성이 없었다고는 할 수 없지만, 레닌의 성격에 자신의 지휘 없이 중요한 일이 벌어지도록 내버려 두었을 것 같지는 않고, 네이볼라는 페트로그라드에서 기차로 겨우 두 시간 거리였다. 레닌이 그런 계획을 품고 휴가를 갔다는 것을 입증하는 증거는 아직까지 나오지 않았다. 위기가 고조되는 동안 페트로그라드에서 무기력과 고통을 참는 것이 옳은 선택이었을지도 모른다. 그러나 레닌은 그렇게 하지 못했다. 레닌은 진짜 기진맥진했던 것 같다. 이런 일은 이전에도, 즉 경쟁자 노스코프가 정치적으로 우위에 설 가능성이 있었는데도 휴가를 떠났던 1904년 여름에도 있었다. 레닌은 그 상황에서는 정신적 · 신체적 기능 회복이 가장 필요했다.

레닌은 볼셰비키 중앙위원회에서 온 특사가 잠을 깨운 7월 4일 화요일 이른 아침에 깜짝 놀랐다. 〈프라우다〉 편집진에서 일했으며 군사 조직의 볼셰비키 급진주의자들과 긴밀한 관계였던 막시밀리안 사벨리예프(Maximilian Savelyev)가 기차로 네이볼라에 왔다. 사벨리예프는 임시정부에 반대하는 시위가 걷잡을 수 없게 되었고, 장관들이 엄중한 대응 조치를 강구하고 있다는 소식을 전했다. 건강 상태가 어떻든 레닌은 휴가를 끝내고 페트로그라드로 돌아가야 했다. 폭동이 일어날 테지만 대실패로 끝날 것이었다. 유혈 사태가 거의 불가피했다. 레닌이 있어야 할 곳은 핀란드가 아니라 볼셰비키 중앙위원회 동지들 곁이었다. 레닌 일행은 재빨리 짐을 꾸렸고, 레닌, 마리야 일리니치나, 사벨리예프, 본치-브루예비치 일행은 벨로오스트로프에서 러시아-핀란드 행정 국경을 넘어 핀란드 역으로 가는 첫 열차를 탔다. 그들은 합법적인 여권을 갖고 있었다. 본치-브루예비치는 레닌 일행과 다른 승객들 사이에 말썽이 일어나지 않을까 걱정했지만, 아무런 일도 벌어지지 않았다. 그들은 핀란드 역에서 서둘러 크세신스카야 저택으로 향했고, 정오쯤에 중앙위원회에 합류했다.

파업과 시위가 며칠 동안 계속되었다. 노동자, 병사, 수병으로 이루어진 군중은 볼셰비키 중앙위원회가 임시정부를 결정적으로 밀어붙이라고 선동하리라 기대하고 크세신스카야 저택 앞에 자주 모이곤 했다. 레닌이 돌아온 직후에도 군중이 모여 있었다. 레닌은 발코니로 나와 군중에게 연설해 달라는 요청을 받았다. 처음에 레닌은 반대했으나, 크론시타트에서 온 볼셰비키 지도자들이 그를 설득했다. 그때까지 레닌은 위기가 과열되었고, 군사 조직 지도자들이 무책임하게 행동하고 있다고 굳게 믿고 있었다. 크세신스카야 저택 안에 있던 사람들을 향해 레닌은 소리쳤다. "당신들은 이 일 때문에 틀림없이 호되게 당할 겁니다!"[17] 레닌은 발코니로 나가 군중에게 평온을 되찾으라고 말했다. 레닌은 특히 반정부 시위가 평화적이어야 한다고 힘주어 말했다. 그의 말은 잘 받아들여지지 않았다. 군중은 임시정부 제거를 강력하게 주장하는 글을 써 온 레닌이라면 즉각적인 폭력 행동을 지지할 것이라고 생각했다. 그러나 레닌의 판단이 볼셰비키 중앙위원회의 여론을 이끌었고, 7월 5일 이른 시간에 볼셰비키 중앙위원회는 그날 예정된 시위를 취소함으로써 후퇴했다.

하지만 위기는 끝나지 않았다. 임시정부는 볼셰비키당의 자금 출처에 대한 장기간의 조사를 승인했고 '방첩국'은 볼셰비키가 독일 정부로부터 보조금을 받는다고 믿을 만한 근거를 쥐고 있었다. 대부분의 각료들은 결정적인 증거가 나올 때까지 기다리기를 바랐지만, 방첩국의 일부 자료가 신문사들로 넘어갔다. 페트로그라드 수비대에도 같은 내용이 통보되었다. 7월 5일 신문 〈지보예 슬로보(Zhivoe slovo)〉가 때마침 레닌을 독일 첩자라고 비난했다.[18] 볼셰비즘에 대한 공격이 쏟아졌다. 같은 날 아침 〈프라우다〉 사무실이 급습당했다. 다음 날 크세신스카야 저택에서도 비슷한 일이 일어났다. 볼셰비키는 수도 전역에서 몸을 숨겨야 했다.

우연히 이 시기 내내 임시정부는 우크라이나 지역 자치를 둘러싼 분란에 시달리고 있었다. 총리인 리보프 공이 사임하고, 7월 7일 사회주의자-혁명가당 소속인 알렉산드르 케렌스키가 그의 자리를 차지했다. 7월 3, 4일 사건, 그리고 이 사건에서 볼셰비키 중앙위원회 위원들과 그 군사 조직의 가담 정도를 조사하라는 공식 명령이 떨어졌다. 7월 6일 레닌과 지노비예프, 카메네프의 체포 영장이 발부되었고, 한 무리의 병력이 레닌을 체포하러 마르크 옐리자로프와 안나 옐리자로바의 아파트로 갔다. 레닌은 이미 도주했지만, 아파트는 철저히 수색당했다. 마침 아파트에 있던 나데즈다 콘스탄티노브나와 마리야 일리니치나, 마르크 옐리자로프가 레닌의 행방을 추궁당했다. 나데즈다는 레닌이 네이볼라에 머물렀다는 말을 무심코 입 밖에 냈다.[19] 하지만 그 무렵 레닌은 페트로그라드에 은신하고 있었기 때문에 이 말은 문제가 되지 않았다. 처음에 레닌은 술리모바(Maria L. Sulimova)의 집에 숨어 있었고, 그 후에는 제3대 두마 의원을 지낸 폴레타예프(Nikolai G. Poletaev) 집에 머물렀다. 아무튼 수색은 부실했다. 병사들은 옐리자로프를 레닌으로 착각해서 그와 나데즈다를 구금했다. 옐리자로프는 키가 크고 거구였다. 그가 짧게나마 억류되었다는 것은 레닌의 외모가 잘 알려져 있지 않았다는 또 하나의 증거였다.

레닌에게는 사태를 이렇게 내버려 둘 이유가 충분했다. 레닌과 그의 동지들은 레닌이 당국에 투항해서는 안 된다고 결정했다. 처음에 레닌은 감옥에 들어갈 의사가 없지는 않았기에 볼셰비키 지도자들은 소비에트 대회 중앙집행위원회와 레닌이 받을 형기를 놓고 협상을 벌였다.[20] 몇몇 당 인사들은 당이 결백을 증명하는 유일한 방법은 재판이라고 생각했다. 그들은 레닌을 개인적 위험에서 보호하는 것을 우선 순위에 두어서는 안 된다고 생각했다. 이 판단은 당 지도자는 어떤 위험도 무릅써서는 안 되며, 레닌을 스웨덴으로 몰래 빼내야 한다고 생각한 마리야 일리니치나에게 큰 충격을 주었다.[21]

중앙집행위원회가 레닌의 신변을 제대로 보장하지 못함에 따라 레닌의 투항에 반대하는 쪽으로 여론이 돌아섰다. 그에 더해 대부분의 신문이 볼셰비키당이 독일 정부의 명령을 실행하고 있다는 주장을 하면서 볼셰비키가 보복당할 것 같은 분위기가 짙어졌다. 레닌의 암살 가능성이 대두하면서 레닌은 계속 은신하기로 작정했다. 은신처로 폴레타예프의 아파트는 부적절했다. 너무 많은 사람들이 찾아왔기 때문이었다.[22] 다른 아지트를 급히 찾아야 했다. 레닌과 그리고리 지노비예프는 나데즈다 콘스탄티노브나가 아니라 지노비예프의 부인인 지나이다 릴리나를 대동하고 7월 7일 비밀리에 다시 이사했다. 이번에 그들에게 은신처를 제공한 사람은 로즈데스트벤카 제10가의 안락한 아파트에 살던 노장 볼셰비키 세르게이 알릴루예프와 올가 알릴루예바*였다. 이 아파트 단지에는 심지어 깔끔하게 차려입은 관리인도 있었다. 알릴루예프 부부는 아파트를 임대한 지 얼마 안 되었기에, 경찰이 그곳에서 레닌을 찾을 것 같지는 않았다. 레닌은 정기적으로 그곳에 묵던 스탈린이 쓰는 방으로 이사했다. 그는 메모를 휘갈겨 써서 세르게이 알릴루예프 등에게 전달하는 식으로 중앙위원회 위원들과 연락했다. 레닌은 대부분의 시간을 방에서 일했다. 알릴

---

* 세르게이 알릴루예프(Sergei Alliluev)와 올가 알릴루예바(Olga Allilueva)는 훗날 이오시프 스탈린의 두 번째 부인이 되는 나데즈다 알릴루예바(Nadezhda Allilueva)의 부모다. 세르게이 알릴루예프는 철도 노동자 출신 혁명가였다.

루예프의 자녀들은 방문 뒤에서 '밤낮으로 펜을 긁는' 소리가 들렸다고 기억했다.[23]

그러나 레닌과 지노비예프는 잠시라도 페트로그라드를 빠져나가기를 원했다. 그들이 보기에는 시골로 가서 사태를 관망하는 것이 최선인 것 같았다. 피난처를 어디서 가장 잘 찾을 수 있을지는 다른 이들이 결정할 문제였다. 레닌과 그의 동료는 더는 혁명적 상황의 생산자들이 아니었다.

17장

변장과 도피

1917년 7월~10월

레닌과 지노비예프는 7월 9일 중앙위원회가 파견한 볼셰비키 활동가들의 호위를 받아 비밀리에 페트로그라드를 빠져나갔다. 보안 문제 때문에 부인들은 동행하지 않았다. 여행 직전 레닌은 변장이 필요하다고 생각했다. 최근 간호사 자격을 딴 올가 알릴루예바가 레닌의 얼굴과 이마를 붕대로 감았다. 그러나 레닌은 거울을 보고 자신이 주의를 피하기보다는 주의를 끌 것임을 알았다. 그런 모습으로는 아파트 단지의 관리인 앞도 지나칠 수 없을 것이었다.

레닌의 아이디어는 더 간단했다. 콧수염과 턱수염을 미는 것이었다. 어떤 이유 때문인지 레닌은 면도를 직접 하지 않겠다고 결심했다. 대신 아파트를 방문한 스탈린이 비누 거품을 묻혀 수염을 밀어 주었다.[1] "아주 좋군요."라고 레닌이 말했다. "핀란드 농민처럼 보이니 저를 알아보는 사람은 거의 없겠지요."[2] 하지만 확실히 하기 위해 레닌은 세르게이 알릴루예프의 코트와 모자를 착용했다.[3] 라데크가 부추겨서 스톡홀름에서 구입한 정장과 모자를 착용한 레닌의 모습을 보아 온 사람들은 그가 누군지 아무런 실마리도 잡지 못할 것이었다. 그런 뒤 알릴루예프의 아파트를 떠난 레닌은 지노비예프와 볼셰비키 금속 노동자인 니콜라이 예멜리야노프*와 함께 세스트로레츠크 역으로 걸어갔다. 이 역은 핀란드만을 따라 페트로그라드에서 세스트로레츠크로 가는 작은 해안선 철로의 종착역이었다. 때는 한여름이었고, 기차는 수도를 떠나 해변과 신선한 공기를 즐기러 가는 중산층 승객들로 만원이었다. 레닌, 지노비예프, 예멜리야노프는 세스트로레츠크 도착 전에 기차에서 내려 라즐리프 마을에 머물 계획이었다. 라즐리프에는 예멜리야노프가 소유한 집과 땅이 있었는데, 그는 자기 헛간에 있는 널찍하고 안락한 다락방을 은신처로 제공할 수 있었다.

세 명의 볼셰비키는 밤늦게 라즐리프에 도착하여 바로 잠자리에 들었다. 이튿날 레닌은 작업을 재개했다. 그의 첫 번째 과업은 중앙위원회를 위해 자신의 전략적 구상을 상세히 해설하는 것이었다. 페트로그라드의 무장 시위가 진압되었다. 임시정부의 총리가 된 케렌스키는 사회주의자들을 내각에 포함시키려 했지만, 케렌스키의 경찰은 볼셰비키 지도자들을 검거하고 있었다. 이미 트로츠키, 콜론타이, 카메네프가 감옥에 갇혀 있었다. 당이 〈4월 테제〉를 수용한 때부터 레닌은 자신의 동지들이 주로 볼셰비키가 소비에트의 선거에서 선출되고 임시정부와 거기서 일하는 멘셰비키와 사회주의자-혁명가당을 비난하는 데 힘을 써야 한다고 주장해 왔다. 그러나 지금은 어떤가? 볼셰비키 중앙위원회는 생존과 전진의 전략으로서 정확히 무엇을 채택해야 하는가?

레닌이 도피했다고 해서 중앙위원회 동지들에게 자신의 생각을 강요하는 것을 포기하지 않았음은 분명하다. 수도에서 떠나온 상황은

니콜라이 예멜리야노프(Nikolai A. Yemelyanov, 1871~1958) 1904년 러시아사회민주노동당에 입당했다. 1917년 2월 혁명 후 페트로그라드 소비에트 대표로 활동했다. 10월 혁명 때는 겨울궁전 습격에 참여했고, 1921년에는 크론시타트 수병 봉기를 진압하는 데 공을 세웠다.

레닌을 평소보다 훨씬 더 집요하게 만들었다. 자신의 전략 개념을 개괄하면서 레닌은 단언했다. "러시아 혁명의 평화적 발전을 향한 모든 희망이 완전히 사라졌다." 레닌에 따르면, 케렌스키는 '군사 독재'를 수립했고, 소비에트들은 '반혁명을 가리는 무화과 잎사귀'가 되었다. 레닌은 볼셰비키에게 '모든 권력을 소비에트로'라는 구호를 철회하고, '무장 봉기'를 조직하고 혁명 정부를 세우는 데 전념하라고 촉구했다.[4] 문제는 레닌이 1917년 4월 이래 당 전략의 핵심이었던 정책을 뒤집어엎자고 요청하고 있다는 사실이었다. 레닌은 이 정책을 고집해 왔고, 볼셰비키는 권력을 잡은 다음에는 소비에트들의 힘으로 통치할 것이라는 견해에 익숙해 있었다. 중앙위원회는 레닌의 새로운 생각에 아연실색했다. 레닌은 당 활동가들이 노동자와 병사들에게 선전할 때 이런 정책 변화를 어떻게 정당화해야 할지 설명하는 수고조차 하지 않았다.

7월 13일 레닌이 빠진 가운데 긴 중앙위원회 회의가 시작되었고, 이튿날 재개되었다. 볼셰비키 지도자들은 처리할 일이 많았다. 페트로그라드의 '7월 사태'는 당에 거의 대재앙을 가져왔고, 전략에 관한 토론이 급박했다. 그러나 결과는 의심의 여지가 없었다. 레닌의 7월 테제는 단호히 거부되었다.[5] 레닌은 〈구호에 관하여〉라는 글로 격렬하게 대응했지만, 중앙위원회는 꿈쩍도 하지 않으려 했다. 스탈린은 자신의 입장을 이렇게 정리했다. "우리는 우리가 다수인 소비에트들에 분명히 찬성한다." '모든 권력을 소비에트로'라는 구호는 유지되었다. 레닌이 자리를 비움으로써 당 중앙 지도부에 대한 레닌의 영향력은 이미 약해지고 있었다.

안전을 생각했을 때 헛간 다락방은 임시 피난처에 불과했고, 레닌과 지노비예프는 마을에서 호수 너머 3킬로미터쯤 떨어진 곳으로 거처를 옮기자는 예멜리야노프의 의견을 받아들였다. 그곳에는 목초지와 풀로 지붕을 엮은 나무 오두막이 있었다. 수도에서 파견된 밀사들이 정기적으로 레닌과 지노비예프를 방문해 페트로그라드에서 발행되는 일간지들과 중앙위원회 업무를 가져다주었다. 볼셰비키 지도자들도 밤 시간을 이용해 그들을 찾아왔다. 레닌은 역경을 어떻게든 이겨내고자 애를 썼다. 특히 레닌은 마르크스주의 정치 이론에 관한 작업을 재개했는데, 이 작업은 나중에 《국가와 혁명》으로 발간될 것이었다. 레닌은 항상 책을 읽고 글을 씀으로써 마음을 가라앉힐 수 있었는데, 오두막에는 많은 자료가 있었다. 기분 전환으로 레닌과 지노비예프는 예멜리야노프가 건초 베는 것을 도와주었다. 그들은 수영도 했다. 라즐리프의 삶은 지노비예프가 어리석게도 금지된 지역에 사냥을 나갔다가 사냥터 관리인인 악쇼노프(Aksyonov)를 우연히 마주칠 때까지는 아무 일 없이 평온했다. 악쇼노프는 지노비예프에게 총을 넘기라고 명령했다. 지노비예프는 핀란드인 행세를 하며 러시아어를 알아듣지 못하는 척했다. 악쇼노프는 사정을 이해하고 지노비예프에게는 다행히도 태도를 누그러뜨렸다. 이 일이 있고 난 후 지노비예프는 현명하게 사냥을 삼갔다.[6]

한편 나중에 예멜리야노프가 회고한 것처럼, 벌레들이 오두막 생활을 참을 수 없게 만들었다.[7]

부엌이 옆에 마련되었다. 말뚝에 건 냄비에 차를 끓였다. 그러나 밤이 되면 상황은 견딜 수 없었다. 지칠 줄 모르는 모기들이 쉴 새 없이 공격했다. 어디로 몸을 피해도 의미가 없었다. 그놈들은 항상 원하는 곳에 도달하여 계속 괴롭혔다. 그러나 할 수 있는 일은 아무것도 없었다. 그저 체념할 수밖에 없었다.

비가 올 때에만 사정이 나아졌는데, 1917년 여름은 매우 습했다.

그러나 지붕을 뚫고 물이 쏟아져 내렸기에 폭풍우도 고생스럽긴 마찬가지였다. 흠뻑 젖어 추위에 떠는 상태에서는 혁명을 고취할 수 없었던 레닌과 지노비예프는 계획을 바꾸기로 결심했다.[8] 레닌보다 체포될 가능성이 적었던 지노비예프가 신분을 감추고 페트로그라드로 돌아가기로 했다. 하지만 레닌은 자신이 재판에 회부된다면 교수형을 당할 것이라고 생각했다. 그래서 레닌은 중앙위원회에 핀란드의 아지트로 갈 수 있도록 준비해 달라고 요청했다. 두 도망자는 함께 라즐리프를 떠났다.

그들은 가발을 구했다. 케렌스키의 내무부는 특별히 필요하다는 증거 없이는 가발을 빌리거나 사는 것을 금지함으로써 변장을 통한 속임수를 막으려 했다. 그러나 페트로그라드 볼셰비키인 드미트리 레셴코*는 자신이 속한 철도원 아마추어 연극단에서 쓸 가발이 필요하다는 핑계를 댔다. 다음 단계는 공식 여행 서류를 마련하는 것이었다. 러시아-핀란드 행정 국경을 넘을 때 필요한 서류들이었다.[9] 레닌과 지노비예프는 새롭게 변장한 모습으로 사진을 찍어야 했다. 레셴코는 부피가 큰 장비를 들고 기차역에서 호수의 다른 쪽에 있는 오두막으로 터벅터벅 걸어왔다. 통행인들이 레닌과 지노비예프를 알아볼 위험을 최소화하기 위해 동튼 직후에 사진 촬영을 해야 했다. 모든 과정이 법석이었다. 삼각대가 없어서 레셴코는 사진을 찍는 동안 카메라를 들고 쭈그리고 있어야 했다. 이는 레닌과 지노비예프도 무릎을 꿇어야 했다는 것을 의미한다. 사진 몇 장을 찍고 나서야 레셴코는 만족스러운 사진을 얻었다고 확신했다. 그런 후 레셴코는 필

드미트리 레셴코(Dmitri I. Leshchenko, 1876~1937 혹은 1939) 상트페테르부르크 대학에서 공부했으며, 1900년 러시아사회민주노동당에 입당했다. 여러 볼셰비키 신문의 편집을 담당했고, 1906년 상트페테르부르크 당 위원회 서기가 되었다. 1917년에는 나데즈다 크룹스카야와 함께 상트페테르부르크에서 '문화-계몽' 활동에 힘썼으며, 10월 혁명 후에는 레닌그라드의 중등 교육기관과 고등 교육기관에서 학생들을 가르쳤다.

수염을 깎고 가발을 써서 변장한 레닌. 1917년 7월, 임시정부의 체포를 피해 핀란드로 탈출하던 중에 위조 신분증용으로 찍은 사진이다.

름을 현상해 위조 서류에 사진을 붙이려고 페트로그라드로 돌아갔다.[10]

몇몇 필름은 상태가 좋지 않았으나 그중 하나가 꽤 쓸 만했고, 레닌과 지노비예프는 8월 첫 주에 떠나기로 했다. 예멜리야노프, 핀란드인 볼셰비키 에이노 라흐야(Eino Rahja), 알렉산드르 쇼트만과 함께 그들은 레바셰보로 향할 것이었다. 레바셰보는 핀란드 철도선에서 페트로그라드와 벨로오스트로프 사이에 있는 작은 역이었다. 그곳에서 그들은 페트로그라드 방향으로 다시 열차를 타고 우델나야로 가 핀란드인 공장 노동자인 에밀 칼스케(Emil Kalske)의 아파트에서 밤을 보낼 것이었다. 그 후 지노비예프는 페트로그라드로 돌아가 볼셰비키 중앙위원회가 제공한 아지트에서 기회를 엿볼 계획이었다. 여전히 내무부의 일급 지명 수배자였던 레닌은 그런 위험을 무릅쓸 생각이 없었다. 대신 그는 북쪽 핀란드로 향할 것이었다.

라즐리프를 떠나며 레닌과 지노비예프는 호수에서 동쪽 방향으로 숲을 관통하는 11킬로미터에 이르는 여행에 몸을 맡겼다. 도중에 그들은 늪과 다리 없는 강을 건너야 했다. 레닌은 곧 자신이 계획을 지휘하지 않은 것을 후회했다. 여행은 한 편의 코미디였다. 처음 발생한 사건은 예멜리야노프가 그들을 잘못 이끌어 숲 속에서 길을 잃어버린 일이었다. 그런 후 그들은 소유주가 불을 붙여서 연기가 여전히 피어오르는 넓은 늪 지역을 건너야 했다. 나쁜 일이 계속 뒤따랐다. 쇼트만은 달랑 작은 오이 세 개만 들고 왔다. 그는 빵 한 덩이도 가져오지 않았다. 몇 시간 뒤 걷다가 배고프고 지친 이들은 멀리서 열차 기적 소리를 들었다. 자신들이 레바셰보가 아니라 디부니에 도착했다는 것을 알았을 때, 그들의 기쁨은 눈 녹듯이 사라져버렸다. 레닌은 쇼트만에게 분노했다.[11]

블라디미리 일리치도 정당하게 할 말이 있었다. 그는 일을 잘못 조직한 데 대해 몹시 혹독하게 우리를 책망했다. 상세한 지역 지도를 입수했어야 한다는 걸 몰랐나? 왜 미리 이동 경로를 연구하지 않았는가? 그 밖에도 그의 비난은 끝이 없었다. 우리는 '사전 조사'를 못했다고 꾸지람을 들었다. 왜 그 역은 올바른 기차역인 '것처럼 보였을' 뿐이었는가? 왜 우리는 정확히 알지 못했는가?

그러나 적어도 디부니에는 기차역이 있었고 그 역은 핀란드 철도선이 지나는 곳에 있었다. 레닌은 사정이 나아지기를 바랐다.

불행히도 사정은 더 나빠졌다. 레닌, 지노비예프, 라흐야가 숨어서 시간을 보내는 동안, 예멜리야노프와 쇼트만은 역에 우두커니 서 있었다. 그들이 우델나야로 가는 다음 열차를 기다리고 있을 때, 군 장교 한 명이 예멜리야노프를 의심하여 그를 구금했다. 그런 뒤 총으로 무장한 한 젊은이가 쇼트만에게 말을 걸었고, 쇼트만은 레닌, 지노비예프, 라흐야 없이 혼자 기차에 올라탐으로써 주의를 흐트러뜨렸다. 쇼트만은 우델나야의 볼셰비키에게 디부니에서 발생한 곤경에 대해 경고할 계획이었다. 그러나 쇼트만은 너무 신경이 날카로워진 탓에 우델나야가 아니라 5킬로미터쯤 내려간 곳에 있는 오제르키에서 내렸다. 쇼트만이 마침내 우델나야에 있는 칼스케의 아파트에 도착한 때는 새벽 3시였다.

그러나 다른 여행자들의 운은 몇 시간 전에 바뀌기 시작했다. 그들은 레바셰보부터 우델나야까지 가는 열차를 탔고, 역에서 1킬로미터쯤 떨어진 곳에 살던 핀란드인 공장 노동자 에밀 칼스케의 집에서 밤을 보냈다. 이튿날 레닌은 화부 작업복을 받아 입고서, 저녁에 러시아-핀란드 국경을 건너 테리요키로 향하는, 후고 얄라바*가 모는 293호 열차에 몸을 실었다. 쇼트만, 라흐야, 그리고 세 번째 핀란드인 페카 파르비아이넨(Pekka Parviainen)이 레닌과 동행했다. 얄라바는 라흐야와 연극을 했다.

나는 남들의 이목을 피하려고 "이런 시간에 어디로 가시오?"라고 라흐야 동지에게 큰 소리로 물었다. 라흐야 동지는 "내 다차가 있는 테리요키로 돌아갑니다."라고 응답했다.

그런 뒤 라흐야는 일리치를 가리키면서 이 동지를 증기 기관차에 태워 달라고 부탁했다. 그가 증기 기관차 여행을 경험해보고 싶은 기자라고 설명하면서 말이다. 나는 그러라고 했다. 일리치는 라흐야 동

후고 얄라바(Hugo E. Jalava, 1874~1950) 핀란드 출신 러시아 혁명가. 1890년대부터 러시아 혁명 운동에 참여했다. 1906~1917년에 핀란드 사회민주당 낭원이었으며, 1926년에 소련 공산당에 입당했다.

지가 빈 객차로 들어가는 동안 난간을 붙잡고 기관차로 올라왔다. 나는 조수에게 그들이 그 동네에 사는 다차 주인이라고 설명했다. 연료를 지피는 동안 일을 방해하지 않기 위해, 일리치는 탄수차(炭水車)로 물러나 목재를 화차에 실었다.

속임수는 통했다. 우델나야에서 40킬로미터를 가서 테리요키에 도착한 그들은 열차에서 내려 핀란드 내륙으로 15킬로미터쯤 떨어진 얄칼라로 가는 마차를 탔다.

아침에 그들은 기차로 라흐티로 이동했다. 이 여행도 순탄치 않았다. 문제는 얄칼라에서 레닌이 선택한 변장이었다. 그가 고른 변장 수단은 얼굴에 가면을 붙이는 것이었다. 여행자들이 라흐티에 도착하기 전에 접착제가 녹아내리기 시작했고, 레닌은 열차에서 내리기 전에 바셀린이나 물 없이 허겁지겁 가면을 떼내야 했다.[12] 레닌은 '혁명의 기술'에 대해 썼지만 그 자신은 혁명적 미용술의 대가가 아니었던 것이 분명하다.

라흐티 기차역 플랫폼에서 레닌과 그의 동료들은 가면을 떼어내느라 쓰리고 부은 레닌의 얼굴을 역무원들이 눈여겨 볼까 걱정했다. 그러나 아무도 호기심을 보이지 않았고, 레닌 일행은 마음이 평온해졌다. 쇼트만은 비밀리에 도착할 레닌을 맞이하기 위해 헬싱키(헬싱포르스)에 먼저 가 있었다. 오래전부터 핀란드 마르크스주의자들은 볼셰비키 분파가 '민족 문제'를 올바르게 이해한다고 여겨 그들과 우호적으로 협력해 왔다.[13] 그들은 러시아 정부 당국을 기만하는 데 명수였고, 예멜리야노프와는 달리 자기 나라를 돌아다닐 때 지도를 볼 필요가 없었다. 레닌은 8월 10일 헬싱키에 도착했고, 그 후 몇 주 동안 다양한 아지트에 머물렀다. 아지트 중 하나는 구스타브 로비오*의 것이었다. 로비오는 헬싱키의 선출직 경찰 총수였기에, 레닌이 그보다 더 안전하게 보호받을 수는 없었을 것이다. 놀라운 상황이었다. 페트로그라드의 러시아 내무장관이 레닌 체포에 20만 루블의 보상금을 내건 상황에서, 헬싱키에서 일하던 그의 부하는 레닌이 체포되지 않도록 숨겨주고 있었던 것이다.[14]

밀사들이 페트로그라드와 스톡홀름 사이에 연락망을 구축하는 동안, 레닌은 새로운 곳에 적응했다. 망명자로서 보낸 지난 시절과 다른 점이 두 가지 있었다. 첫 번째는 레닌이 중앙당 기구로부터 물리적으로 멀리 떨어져 있었다는 것이다. 두 번째는 나댜의 부재였다. 나댜가 '아타마노바(Atamanova)라는 노파'에게 여권을 얻어 노동자로 변장하고서 레닌을 두 번 찾아오기는 했다. 하지만 레닌은 아내에게 같이 있자고 할 수 없었다. 레닌은 보안을 염려한 나머지 나댜를 헬싱키 기차역에 바래다주지도 못했다.[15]

한편 레닌은 구호에 관한 자신의 제안을 거부한 일 때문에 중앙위원회에 계속 화가 나 있었다. 집필 활동이 약간 위안이 되었다. 레닌은 당시 갖고 있던 많은 책을 토대로 해서 《국가와 혁명》 집필에 착수할 수 있었다. 레닌은 스위스를 떠나기 전에 이 작업과 관련해 암청색 공책을 이미 빽빽하게 채운 바 있었다. 그 노트에는 레닌이 스위스에서 읽었던 마르크스와 엥겔스의 저술에서 나온 간단한 발췌문도 들어 있었다. 레닌의 메모에는 그가 쓰고 싶어 한 책의 예비 개요가 들어 있었고, 레닌은 자신의 구상이 책으로 발간만 할 수 있다면 걸작으로 인정받을 것이라고 믿었다. 레닌은 카메네프에게 보낸 편지에서 자신이 체포되어 처형되면 자기 책 발간 작업을 책임져 달라

구스타브 로비오(Gustav Rovio, 1887~1938) 러시아와 핀란드의 혁명가. 1905년 12월 러시아 사회민주노동당에 입당했다. 핀란드 혁명에 적극 참여했으나 내전에서 패배한 후 소비에트 러시아로 망명했다. 1920~1926년 레닌그라드 국제 군사 학교의 인민위원, 1929~1935년 카렐리야 당 위원회 제1서기를 지냈다.

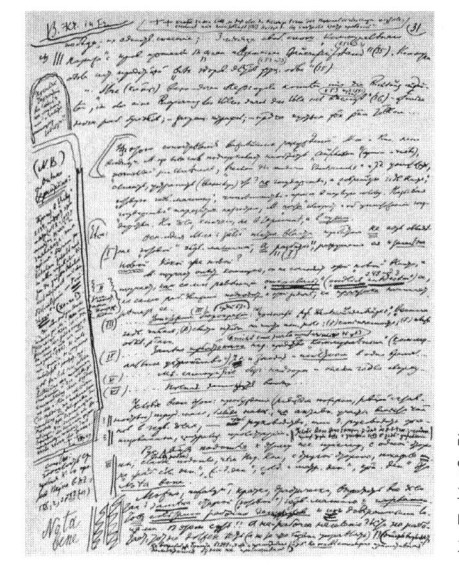

레닌이 1916년부터 기록한 공책. 마르크스와 엥겔스, 카우츠키의 글에서 발췌한 인용문들과 레닌이 쓰려 했던 책의 개요가 담겨 있었다. 그는 여기에 기록한 내용을 발전시켜 《국가와 혁명》을 저술했다.

고 부탁했다. "우리끼리 얘기: 그들이 날 없앨 경우 내 노트 '국가에 관한 마르크스주의'를 발간해줄 것을 부탁합니다(스톡홀름에 처박혀 있습니다). 파네쿡*을 비판하는 카우츠키의 인용문뿐만 아니라 마르크스와 엥겔스의 모든 인용문을 모아놓았습니다."[16] 레닌은 헬싱키에서 고조되는 흥분 상태에서 원고를 썼다. 레닌은 자기 글을 발간하여 마르크스주의에 대한 특유의 전반적 해석이 유일하게 권위 있는 해석임을 보여주고 싶었다.

왜 레닌은 이 책의 내용을 두고 터무니없이 위선적이라고 비난받았는가? 주된 원인은 《국가와 혁명》에서 그가 예측한 내용과 집권한 볼셰비즘의 현실 사이에 뚜렷한 차이가 존재했다는 데 있다. 《국가와 혁명》은 노동 계급이 통치 계급이 되고 평범한 노동자들이 직접 국가와 사회에 관한 중요한 결정들을 내리는 미래가 곧 찾아올 것이

안토니 파네쿡(Antonie Pannekoek, 1873~1960) 네덜란드의 천문학자이자 마르크스주의 혁명가. 평의회 공산주의를 주창했다.

라고 썼다. 소비에트 국가가 재빨리 노동자들의 산업 파업과 정치적 저항에 맞서 무력을 행사한 일당 독재 체제가 된 1917년 10월 이후, 이 책과는 상황이 매우 달라진 것으로 드러났다. 《국가와 혁명》을 쓸 당시의 레닌의 실제 의도에 의심의 그림자가 길게 드리워졌다.

이제 권력에 굶주린 정치인이었던 레닌이 종종 부정직했고 기만적이었다고 인정해야 한다. 레닌의 도덕적 판단 기준은 간단했다. 어떤 행동이 혁명의 목표를 진전시키는가, 아니면 방해하는가? 레닌은 정치에서 완전히 새빨간 거짓말은 거의 안 했지만, 어물어물 진실을 감추는 데는 누구보다도 능숙했다. 레닌은 일부러 자신의 적들을 현혹시키는 말을 만들어내는 것으로 악명 높았다. 그러나 1917년에 그는 그 정도 수준을 훨씬 뛰어넘는 잘못을 저질렀다고 공격받았다. 레닌은 로만 말리놉스키가 오흐라나 요원이라는 것을 이미 알고 있었다고 책망받았을 뿐만 아니라, 그 자신은 독일에서 돈을 받고 첩자로 활동한다고 지탄받았다. 자유주의 신문과 보수주의 신문들은 조국을 배반했다고 레닌을 비난했다. 1917년 2월 혁명 때까지 레닌은 말리놉스키가 오흐라나 소속이라는 것을 부인할 수 있었다. 그러나 내무부 파일이 공개되면서 이 환상은 깨졌다. 레닌은 변명할 말이 있었고 초여름에 공식 청문회에 참석해야 했다. 레닌은 자기 변호를 하면서 오흐라나와 말리놉스키가 모든 사람을 속였다고 주장했다. 그리고 레닌은 1917년 이전에 볼셰비키가 고의로 차르 군주정의 비밀경찰과 협력하지는 않았다고 청문회 참석자들을 설득하는 데 성공했다.

2월 혁명 이후 볼셰비키 중앙위원회가 의식적으로 독일의 꼭두각시 노릇을 했다는 비난은 떨쳐버리기가 더 까다로웠다. 볼셰비키가 베를린으로부터 돈을 받았다는 정황 증거는 많았다. 러시아 '방첩국'은 정부가 페트로그라드 도심에서 볼셰비키당과 그 지지자들이 일으킨 분란을 다루던 7월 4일에 페트로드라드 신문 편집자들에게 이 혐의를 공개했다.

방첩국의 조사관들은 야쿠프 하네츠키가 독일인 중개자인 알렉산드르 겔판트-파르부스에게서 돈을 받아 볼셰비키 중앙위원회에 전달했을 것이라 믿었다(그러나 완전히 입증할 수는 없었다). 스톡홀름의 볼셰비키 중앙위원회 재외 지부 관리였던 하네츠키가 은행 신용 거래와 밀사를 통해 자금을 은밀히 움직인 것으로 보인다. 독일 당국이 러시아인들에게 평화 선전을 수행하게끔 할 목적으로 수백만 마르크를 지원한 것이 지금은 알려져 있다. 볼셰비키가 2월 혁명 후 소비에트와 다른 대중 조직들에서 소수파에 불과했는데도 많은 신문을 신속히 창간할 수 있었던 것은 결코 우연의 일치가 아니었다. 레닌이 독일 보조금에 관한 내막을 얼마나 자세히 알았는지 확실히 밝혀질 것 같지는 않다. 그러나 레닌은 통제하기 좋아하는 정치인이었다. 이 사실은 레닌이 무슨 일이 벌어지고 있는지 몰랐다는 주장을 믿기 힘들게 한다. 수사관들은 토리노의 국경에서 우연히 하네츠키를 현행범으로 거의 체포할 뻔했지만 수사관들이 밝혀낸 사실 일부를 페트로그라드 일간 신문들이 너무 일찍 보도한 탓에 체포는 실패했다.

레닌은 비난에 법률가로서 대응했다. 그는 자신이 독일 정부의 지령대로 행동하고 있다는 비방을 쉽게 부인할 수 있었다. 또 자신이 겔판트-파르부스와 대화한 적이 있다는 주장도 아무 문제 없이 부정했으며, 하네츠키에게 받은 돈을 착복했다는 주장을 비웃을 수 있었다. 이런 식으로 레닌은 자신이 전반적으로 감독하는 가운데 볼셰비키 지도부가 러시아의 적국으로부터 어떤 돈도 받지 않았다는 거짓말을 대놓고 하지 않아도 되었다. 만일 그가 임시정부에 의해 구금되었더라면, 레닌의 이러한 둘러대기는 적극적인 조사 대상이 되었을 것이다. 그러나 레닌은 헬싱키 경찰 총수인 로비오의 집에 살고 있었고, '독일 금화'를 둘러싼 폭풍우가 멎기를 기다릴 수 있었다.

레닌은 《국가와 혁명》의 집필을 밀고 나갔지만, 집필 작업은 생각한 것보다 시간이 오래 걸려 10월 혁명 전에 마지막 장을 완수하지 못한 상태였다. 레닌에게는 빨리 글을 마치고 싶은 실제적인 이유가 있었다. 레닌은 《국가와 혁명》이 러시아의 현 정치 정세를 다루는 당의 능력을 키우는 데 반드시 필요한 책이 되리라고 생각했다. 좀 더 포괄적인 차원에서 《국가와 혁명》은 러시아의 볼셰비키와 모든 지역의 극좌 사회주의자들이 사회주의 국가를 수립하는 데 필요한 가장 적절한 전략을 설명하고자 했다. 레닌은 이론가로서 자신을 내세우기를 즐겼다. 《국가와 혁명》의 주장은 다른 사회주의 정당들, 특히 러시아의 멘셰비키와 사회주의자-혁명가당, 그리고 독일사회민주당이 사회주의를 성취하는 데 부적절한 전략을 취하고 있다는 것이었다. 레닌은 카를 카우츠키를 멘셰비키와 사회주의자-혁명가당이 지닌 기본 사상의 원조로 취급하면서, 그에 대해 비난을 퍼부었다. 그리고 레닌은 마르크스와 엥겔스가 예측하고, 러시아의 노동자·병사 대표 소비에트들에 의해 유럽 사회주의 혁명의 방향으로 어느 정도 실현된 정치적 변화를 살펴보는 데 책의 절반을 할애했다.

레닌은 근본적인 주장을 몇 가지 펼쳤다. 그는 마르크스가 사회주의자들이 집권하려면 보통 폭력적인 선동이 필요하다는 가정을 했다고 말했다. 중간 계급은 자본주의 체제에서 온갖 이득을 누렸다. 그들은 혁명을 막기 위해서라면 자신들이 쥐고 있는 교육, 돈, 그리고 어떠한 유해한 방법이든 이용할 것이었다. 따라서 사회주의자들은 폭력을 역사적 변화에 꼭 필요한 산파로 인정해야 한다. 더군다나 혁명적 사회주의 체제는 계속 폭력적 방식을 펴 나가지 않는다면 오래 살아남지 못할 것이었다. 그러므로 '프롤레타리아 독재'를 수립하기 위해 싸워야 한다. 사회주의 혁명 초기에는 '계급 투쟁'의 원리에 명확하게 기반을 둔 행정 기관이 있어야 한다. 이전의 상층 계급과 중간 계급은 시민권을 잃어야 한다. 사회(비단 러시아뿐만 아니라 산업화된 전 세계)에 사회주의 개혁을 꾸준히 불어넣을 노동 계급이 통치할 것이었다.

레닌은 마르크스와 엥겔스의 유산을 장황하게 인용했고, 그들이 전 세계에 걸쳐 공산주의로 알려진 완벽한 공동체가 이루어지기까지 거쳐야 할 구체적인 단계들을 고안했음을 보여주려 했다. 그는 이 일련의 단계들이 다음과 같이 전개될 것이라고 주장했다. 자본주의는 '프롤레타리아 독재'로 공고화될 폭력 혁명에 의해 타도될 것이었다. 이 같은 독재는 처음에는 무자비하더라도 꾸준히 사회주의의 제도, 실제와 이상을 채워 나갈 것이다. 옛 상층 계급과 중간 계급의 잔재가 더는 위협이 되지 않음에 따라, 계급을 이유로 차별할 필요는 점차 줄어들 것이다. 사회주의는 무르익어 가면서 자본주의를 넘어 엄청난 진보를 촉진할 것이다. 하위 사회 계층은 행정을 운영하는 데 익숙해질 것이고, 자본주의의 속박에서 해방된 경제에서는 사람들의 일반적인 객관적 필요를 충족하는 부문들이 확대될 것이다. 하지만 사회주의 사회에도 여전히 어느 정도의 정치적·사회적 불평등은 존재할 것이며, 이 때문에 국가의 존재는 여전히 필수적일 것이다. 레닌은 국가의 존재 이유가 다른 계급들을 지배하면서 통치 계급의 이익에 유리하도록 강제 수단을 사용하는 것이라고 역설했다. 사회주의 체제에서 통치 계급은 '프롤레타리아'가 될 것이다.

하지만 레닌이 강조한 대로 마르크스주의의 궁극적인 목적은 언제나 억압과 착취가 없는 사회를 성취하는 것이었다. 이 사회가 역사 발전의 바로 마지막 단계일 것이다. 공산주의 체제에서 다음 원리가 마침내 실현될 것이다. '능력만큼 일하고, 필요한 만큼 받는다.' 물질적 보상의 차별은 없을 것이다. 각 개인은 잠재적 재능을 발달시킬 충분한 기회를 최대한 누리게 될 것이었다. 사람은 정신노동과 육체노동을 둘 다 할 수 있다. 전체 인민은 독자적으로 행정에 참여할 것이다. 전문적인 정치가 계층, 전문적인 관료 계층, 전문적인 군대는 필요하지 않을 것이다. 레닌의 말을 빌리면, 이전에 각료들이 내리던 결정을 가정부에게 맡길 수 있을 것이다. 국가는 필요 없어질 것이다. 공산주의가 다가옴에 따라 국가는 '사멸'할 것이다.

레닌은 한 세대의 해석자들, 특히 폭력적 사회주의 혁명의 필요뿐만 아니라 국가 없는 사회라는 궁극적인 공산주의 목표에 대한 헌신도 거부한 카우츠키가 묻어버린 마르크스주의의 토대를 다시 겸손하게 파내는 사람으로 자신을 묘사했다. 그러나 카우츠키와 마르토프는 레닌의 주장이 지닌 타당성에 재빨리 문제를 제기했다. 그들은 마르크스가 '프롤레타리아 독재'라는 용어를 가끔 사용했을 뿐이며, 평화적인 사회주의 변혁의 가능성을 도외시하지 않았다고 지적했다. 또 그들은 마르크스가 말년에 선진 자본주의 사회는 아주 작은 자본가 계급과 거대한 빈곤 노동 계급으로 양극화되는 것이 아니라 엔지니어, 교사, 과학자, 행정가 같은 중간 전문가 계층을 점차 포함하게 된다는 것을 인정했다는 사실도 밝혔다. 카우츠키와 마르토프는 레닌의 사회학을 비판했다. 레닌은 어떤 프롤레타리아 독재도 수적으로 소수인 계급에 의한 억압을 필연적으로 동반한다는 것을 이해하지 못했는가? 레닌은 선진 자본주의 사회가 훈련과 전문 지식을 영원히 필요로 한다는 것을 파악하지 못했는가? 레닌은 빌헬름 바이틀링*이나 루이 오귀스트 블랑키*, 표트르 트카초프 같은, 마르크스와 엥겔스가 반대한 19세기의 권위주의적인 혁명가들과 더 유사하지 않았는가?

빌헬름 바이틀링(Wilhelm Weitling, 1808~1871) 독일의 초기 공산주의자. 마르크스의 손정을 받았으나 1846년에 결별했다. 저서로 《조화와 자유의 보장책들》 등이 있다.

그런 혁명가들은 전부 테러 활동을 지지했지만, 레닌은 《국가와 혁명》에서 국가 테러에 관한 논의를 피했다. 사실 레닌은 그해 나머지 기간 동안 국가 테러에 관해 단지 스쳐 지나가는 정도로만 언급했을 뿐이었다. 그리하여 레닌은 1917년의 러시아를 1793년의 프랑스와 비교했다.[17]

자코뱅은 "공화국에 맞서 하나로 뭉친 폭군들의 계략에 협력한" 사람들이 인민의 적이라고 선언했다.

자코뱅의 사례는 교훈적이다. 오늘날에도 그 사례는 낡은 것이 아니며, 우리는 거기서 얻은 교훈을 20세기의 혁명 계급, 노동자와 반(半)프롤레타리아에 적용할 필요가 있다. 20세기의 이 계급에게 인민의 적은 군주가 아니라 계급으로서 지주와 자본가들이다. ……

20세기의 '자코뱅'들은 자본가들의 목을 자르는 일에 착수하지 않을 것이다. 좋은 모범을 따르는 것은 단순한 모방이 아니다. 50명에서 100명에 이르는 은행 자본의 왕, 국고로 사기를 치고 은행을 약탈하는 기사들을 체포하는 것으로 충분할 것이다. **그들의 더러운 거래를 밝혀내기 위해**, 착취당하는 모든 인민에게 정확히 '누가 전쟁을 필요로 하는지'를 보여주기 위해 몇 주 동안 그들을 체포하는 것으로 충분할 것이다.

레닌이 〈프라우다〉에서 주장한 것처럼, 자신이 예상한 정부가 테러를 짧은 시간 동안 가볍게 사용할 것이라고 정말로 기대했는지에

루이 오귀스트 블랑키(Louis Auguste Blanqui, 1805~1881) 프랑스의 혁명가이자 사회주의자. 1830년의 7월 혁명에 가담했으나 7월 왕정의 성립에 불만을 품고 극좌 공화파 결사 '인민의 벗'의 반정부 운동에 참여해 투옥되었다. 1835년 이후 비밀결사의 조직화에 몰두했으나, 1848년 2월 혁명 발발 후 공개 모임을 중심으로 한 민중의 정치적 계몽에 중점을 두었다.

대해서는 분명히 의심의 여지가 있다. 레닌이 거짓말과 속임수에만 능한 것은 아니었다. 그는 터무니없는 정치적 헛소리를 만들어낼 수도 있었다.

이런 점을 살펴봤을 때, 널리 퍼진 생각과는 달리, 레닌이 1917년에 자유지상주의적 사회주의관을 제시하지 않았던 것은 분명하다.[18] 레닌은 '자유'와 '민주주의' 같은 단어를 경멸적 어감을 담아 사용했다. 그는 입법·행정·사법 당국 사이의 권력 분립 같은 개념을 비웃었다. 레닌은 공적 생활 자체도 혐오했다. 그는 사회주의 혁명이 사회를 '정치 공작'에서 사회 구성 요소를 '관리'하는 쪽으로 움직이기를 기대했다. 그에게 '의회주의'는 더러운 것이었다. 그러므로 레닌은 정당들 사이의 경쟁을 고취한다거나, 문화적 다원주의를 펼친다거나, 다양한 사회 소수자들의 이익을 옹호하는 것을 싫어했다. 개인으로서 시민의 권리는 그의 관심사가 아니었다. 레닌은 자신이 생각하는 독재가 '계급 투쟁'을 기준으로 모든 것을 판단하기를 원했다. 그는 내전을 두려워하지 않았다. 그런 갈등을 레닌은 사회주의 이상이 진전하는 과정에서 생기는 자연스럽고 바람직한 결과라고 여겼다. 《국가와 혁명》은 자유민주주의적 가치에 기반을 둔 통치의 장점을 인정하지 않는다는 점 때문에 실망스러운 저작으로 여겨져 왔다. 이는 어느 정도까지는 사실이다. 그러나 더 나아간 분석도 가능하다. 즉 이 책이 보편적인 시민의 자유를 주목하지 못했을 뿐만 아니라, 실제로 거기에 반대하는 명확하고 고의적인 선동을 담고 있다고 인정해야 한다.

레닌이 자기편으로 규합하려고 한 사람들은 러시아와 유럽의 노련한 마르크스주의자들이었다. 《국가와 혁명》은 대부분의 일반 독자들은 헤쳐 나가기 힘든 인용과 주장의 숲이었고, 여하튼 1918년까지 출간되지 않았다. 그러나 이 책은 혁명을 수행하는 데 레닌이 굳게 지킨 기본적인 전략적 전제를 반영했다. 이 전제들은 레닌이 중앙위원회 동지들과 어느 정도 공유하던 것이었으며, 《국가와 혁명》은 한 볼셰비키 지도자와 다른 볼셰비키 지도자 사이의 차이를 좁히고, 볼셰비즘을 정의하는 데 레닌 사상이 한층 우위에 서도록 도움을 주었다.

레닌은 책을 쓰는 동안 당 언론에도 글을 발표했다. 그리하여 그의 영향력은 중앙위원회를 넘어섰고, 나라 전역의 동료 볼셰비키는 레닌이 여전히 활동 중임을 인지하고 있었다. 7월과 8월에 레닌은 정책 변경을 계속 요구했다. 그는 프랑스의 역사적 경험과 현재를 비교해 분석했다. 레닌은 리보프 공에 이어 총리가 된 알렉산드르 케렌스키가 러시아 혁명의 보나파르트가 되려 한다고 주장했다. 계급과 계급을 서로 반목시켜 어부지리를 얻고, 그 싸움 위에서 개인적 전제체제를 수립하려 한다는 것이었다. 7월 25일에 출범한 케렌스키 내각은 사회주의자들이 다수를 차지했다. 그러나 레닌은 정책에 사회주의적인 요소가 전혀 없다고 주장했다. 임시정부는 부르주아 계급 독재였다. 사실 레닌은 케렌스키가 운영하는 러시아 국가의 결속력과 '반혁명적' 성격을 과장했다. 하지만 내각이 7월 3, 4일에 발생한 것과 같은 반란이 또 일어나는 것을 방지하기를 바란 것은 확실하며, 내각이 중시한 우선 과제 중 하나는 군대와 민간의 공적 영역에서 법과 질서를 회복하는 것이었다. 탈영을 비롯한 심각한 군사적 불복종은 다시금 사형으로 처벌받게 되었다. 신임 총사령관인 라브르 코르닐로프*는 소비에트와 노동조합, 공장-작업장 위원회에 정부의 권위를 부여하는 문제에서 케렌스키와 합의를 보았다.

7월 26일부터 8월 2일까지 볼셰비키당이 제6차 당 대회를 비밀리에 개최했을 때 레닌은 참석하지 못했다. 임시정부가 그를 체포할 가능성이 너무 컸다. 당 대회는 당이 정세를 찬찬히 살펴볼 기회였다. 몇몇 볼셰비키 지도자들은 유럽 사회주의 혁명이 임박한 것이 맞는지, 혁명 전쟁이 실제로 가능한지, 경제 하락세가 조속히 뒤집어질 수 있는지를 고민했다. 그렇지만 레닌의 끈질긴 낙관주의는 시들지 않았고, 그가 새롭게 내놓은 정책에 관한 구체적 권유가 영향을 끼치기 시작했다. 특히 당 대회는 '모든 권력을 소비에트로'라는 구호를 포기하는 데 동의했다. 구호에 관한 긴 논의 끝에, 그것을 '모든 권력을 극빈 농민층과, 노동자·병사·농민 대표 소비에트들로 조직된 혁명적 민주주의의 지지를 받는 프롤레타리아에게로'로 대체하기로 결정했다. 이보다 더 어색한 구호는 상상할 수 없을 것이다. 레닌의 볼셰비키에게는 자신들이 인정한 것 이상으로 그 자리에 없었던 레닌이 필요했던 것 같다.

8월에 레닌이 볼셰비키에 한 충고는 분노에 차고 성마른 것이었다. 레닌은 케렌스키 내각이 자신이 항상 예측한 대로 행동했다고 훈계했다. 내각은 최후까지 전쟁을 벌일 작정이었다. 내각은 군대 내의 저항을 억누르고, 방해가 되는 도시 소비에트들을 해산시키겠다고 위협했다. 사회주의 정당들에 양보하기보다 입헌민주당과 최고 사령부의 지지를 규합하는 데 더 열심이었다(빅토르 체르노프는 이에 넌더리가 나서 사임했다). 그러나 여전히 멘셰비키와 사회주의자-혁명가당은 케렌스키를 내쫓으려 하지 않았다. 멘셰비키 좌파인 율리 마르토프는 소비에트들에 참여해 자신들의 이해를 대표하는 당들에 기반을 둔 사회주의 행정부가 권력을 쥘 것을 요구하는 구상을 내놓았지만, 동료들은 그를 무시했다. 멘셰비키와 사회주의자-혁명가당

라브르 코르닐로프(Lavr Kornilov, 1870~1918) 러시아의 군인. 1898년 육군대학을 졸업했다. 1917년 2월 혁명 후 페트로그라드 군관구 총사령관, 서남방면군 총사령관을 지냈고, 러시아군의 7월 여름 공세 실패 후에는 임시정부 최고 사령관으로 임명되었다. 9월 7일 반란을 일으켜 부대를 이끌고 수도로 향했으나, 소비에트에 의해 저지되어 체포되었다. 10월 혁명 후 남부 러시아로 달아나 백색 의용군을 조직했으나 1918년 4월 예카테리노다르에서 전사했다.

이 케렌스키의 '군사 독재'와 함께한 결탁은 무너질 여지 없이 공고해 보였다. 케렌스키가 빠진 곤경이 심해질수록 레닌은 더 앞으로 나아갔다. 농민들이 토지를 점거했고, 병사들이 동부 전선을 이탈해 도주했으며, 노동자들이 공장을 접수했다. 산업 생산이 파탄 났고, 식량 공급이 급속히 줄었다. 그리고 8월 21일 독일군이 북부 지역을 거쳐 진격해 리가 시를 점령했다. 레닌은 볼셰비키 중앙위원회에 왜 임시정부가 생존하도록 놔두고 있는지 거듭 물었다.

그때 '코르닐로프 사건'이 터졌다. 케렌스키와 총사령관 코르닐로프는 소비에트들에 질서를 세우기 위해 병력이 페트로그라드로 진입하는 데 동의했다. 그러나 케렌스키는 8월 12일 모스크바에서 소집한 '국정 회의'에서, 코르닐로프가 우파 정치 집단과 군사 집단 사이에서 큰 인기를 누리고 있다는 것을 알고는 코르닐로프를 경계하게 되었다. 두 사람의 관계는 측근의 간섭으로 더욱 악화했다. 8월 28일 코르닐로프는 전선의 병력을 페트로그라드로 이동하는 것을 연기하라는 명령을 받았다. 케렌스키는 쿠데타를 우려했다. 혼란이 심해지자 코르닐로프는 케렌스키가 통치를 하는 데 적합하지 않다고 결론을 내리고 그에게 복종하지 않기로 결심했다. 임시정부의 목숨은 이제 코르닐로프의 손에 달렸다. 케렌스키는 겁을 먹고 볼셰비키를 비롯한 소비에트 정당들에 지원을 요청했다. 케렌스키는 코르닐로프의 병사들에게 선동가를 보내 임시정부에 복종하고 코르닐로프의 구금을 허용하도록 설득해 달라고 정당들에게 부탁했다. 요청은 이루어졌으나, 케렌스키는 볼셰비키당을 공개적인 정치 무대로 다시 들어오게 하는 대가를 치렀다.

레닌은 매우 기뻤다. 9월 1일 레닌은 '모든 권력을 소비에트로'라는 구호를 부활시키고 평화적으로 사회주의 정부로 이행하는 것이 가능하다고 주장하면서, 〈타협에 관하여〉라는 글을 쓰기 시작했다.

입헌민주당이 은밀하게 코르닐로프를 지원한 사실의 전모가 일반에 알려지자, 케렌스키는 멘셰비키와 사회주의자-혁명가당을 더욱 조심스럽게 대하지 않으면 안 되었다.[19]

이처럼 오직 혁명의 평화적인 발전이라는 이름으로, 역사상 **극히** 희귀하고 **극히** 가치 있는 가능성, 즉 매우 희귀한 가능성을 지닌 바로 그 이름으로, 세계적 규모의 사회주의 혁명의 지지자이자 혁명적 방식의 지지자인 볼셰비키는 이러한 타협으로 나아갈 수 있고 또 나아가야 한다.

여기서 레닌이 말하는 '타협'은, 멘셰비키와 사회주의자-혁명가당이 '완전히 전적으로 소비에트에만 복종하는' 정부를 만들고 각 지역 소비에트들에 공식 행정부를 구성하도록 허용하는 한편 볼셰비키에게 '선동의 자유'를 보장한다면, 볼셰비키는 정치적 절차에서 비폭력을 고수하겠다는 것이었다.[20] 이 조건이 충족되기는 어려울 것 같았는데, 아마도 레닌은 이를 알고 있었을 것이다. 레닌은 9월 3일 〈타협에 관하여〉의 부록을 써서 최근 일어난 사건들은 역사적 타협이 실행될 수 없다는 것을 의미한다고 말했다.[21] 그는 케렌스키가 5인 집정부를 구성한 사실과 멘셰비키와 사회주의자-혁명가당이 입헌민주당과 관계를 끊지 않으려 한다는 사실을 언급했다. 집정부는 명백히 '모든 권력을 소비에트로'라는 구호와 배치되는 것이었다.[22]

레닌은 계속 글을 써서 이러한 주장을 정당화하기를 멈추지 않았으나, 그의 입장은 그가 볼셰비키 중앙위원회, 페테르부르크 위원회, 모스크바 위원회 앞으로 보낼 편지를 쓰기 시작한 9월 12일에 돌연 바뀌었다. 그 무렵 볼셰비키는 페트로그라드 소비에트와 모스크바 소비에트 양쪽 모두에서 다수파였다. 레닌은 다음과 같이 촉구했다. "모스크바와 페트로그라드 두 곳 모두에서 **당장** 권력을 쥐면(어떤 도시가 먼저든 상관없습니다. 모스크바가 먼저일 수도 있습니다.), 우리는 **무조건 의심할 여지 없이** 승리할 것입니다."[23] 중앙위원회 위원들이 레닌이 당의 안전에 신경 쓰지 않는다고 당연히 느낄 만한 주장이었다. 그들은 이 편지를 받기 전인 9월 13일에, 레닌의 글 〈타협에 관하여〉의 기본 주장을 9월 14일에 열릴 입헌민주당 왼편에 위치한 모든 정당이 참석하는 이른바 '민주 협의회'에서 낭독할 당의 일반 선언문에 집어넣기로 결정한 바 있었다. 레닌의 전략적 변덕은 견딜 수 없게 되어 가고 있었다. 레닌은 명백히 러시아의 상황을 이해하지 못하고 있었고, 그의 주장은 무시당할 것 같았다. 그러나 이번에 레닌은 흔들림 없이 자신의 노선을 지켰다. 9월 13일에 레닌은 자신의 주장을 당에 납득시키기 위해 '마르크스주의와 봉기'라는 제목의 두 번째 긴 편지를 쓰기 시작했다. 레닌은 7월 3, 4일의 상황과 현재의 정세를 대비해 묘사했다. 노동 계급이 마침내 당의 편에 섰다. 인민들의 분위기는 혁명에 우호적이었고, 볼셰비키당의 정적들은 우유부단하게 행동했다. 반드시 봉기가 필요했다.[24]

중앙위원회는 감옥에서 석방된 트로츠키와 카메네프가 출석한 가운데 9월 15일에 레닌의 편지들을 검토했다. 대부분의 위원들은 편지를 읽고 아연실색했다. 케렌스키가 편지 내용을 알게 된다면 무슨 짓을 할지 알 수 없었다. 중앙위원회는 한 부씩만 남기고 편지 사본을 모두 불태우기로 했다.[25] 볼셰비키가 레닌의 즉각적 봉기 요구를 따랐더라면 큰 재앙을 만났으리라는 것은 거의 의심할 여지가 없다. 대부분의 소비에트들은 여전히 멘셰비키와 사회주의자-혁명가당 수중에 있었고, 볼셰비키가 거리로 나섰더라면 격렬한 무장 충돌이 있었을 것이다. 페트로그라드 소비에트의 권력 장악 시도는 케렌스키에게 볼셰비키당을 정치 무대에서 제거하는 멋진 구실을 제공했을 것이다.

그러나 레닌은 기죽지 않았다. 그는 당과 수비대 병사들, 노동 계급에 자신의 부름에 응할 사람들이 있다는 것을 알았다. 언제나 레닌에게 충직했던 마리야 일리니치나는 중앙위원회의 명령에 콧방귀를 뀌었고, 레닌의 편지들을 페테르부르크 위원회에 전달했다.[26] 레닌은 직접 참여하기를 원했고, 중앙위원회로 하여금 자신이 페트로그라드로 돌아가도록 허용하게 하라고 쇼트만에게 부탁했다. 중앙위원회는 이 요구를 기각했다. 레닌은 격렬하게 반발했다. "나는 여기서 물러나지 않을 거요, 나는 여기서 물러나지 않을 거요!"[27] 쇼트만은 반란을 선동하는 레닌의 조급함만큼이나 레닌의 유토피아적 정치 사상에 문제가 있다고 느꼈고, 사회주의 혁명은 그렇게 간단한 일이 아니라고 레닌에게 반박했다. 레닌은 쇼트만에게 격분했다.[28]

쓰레기 같은 소리! 어떤 노동자도 며칠 안으로 장관직을 훌륭하게 수행할 것입니다. 여기에는 어떤 특별한 숙련도 필요하지 않으며, 딱히 기술을 알 필요도 없습니다. 그 작업은 지금 관료들이 노동자-전문가들에게 시키고 있는 것과 마찬가지로, 우리가 관료들에게 시킬 업무이기 때문입니다.

1917년 내내 레닌은 다가올 사회주의 혁명이 손쉬운 혁명이라고 암시했으며, 대부분의 노동자, 농민, 병사들이 당을 지지할 것이라고 강조했다. 쇼트만은 이런 레닌의 태도를 옆에서 직접 보았다. 레닌은 쇼트만 쪽으로 몸을 구부리고 왼쪽 눈을 가늘게 뜨고서 이렇게 물었다. "그러면 누가 우리에게 반대하겠습니까?"[29]

레닌이 더 큰 영향력을 발휘하기 위해 과장하긴 했지만, 아마도 이 주장은 적어도 전반적으로 진심이었을 것이다. 레닌은 어느 누구에게도 속셈을 거의 털어놓지 않았기 때문에, 이에 대해 절대적으로 확신할 수는 없다. 그리고 분명히 레닌은 권력을 장악한 뒤에는 모든 것이 잘 될 것이라고 자신의 당을 안심시키기를 원했다. 게다가 아마 다른 가능성이 그의 마음속에서 이미 불거지고 있었을 것이다. 다른 볼셰비키 지도자들과 마찬가지로 레닌은 프랑스 혁명에 관해 많은 글을 읽었고, 당대 러시아 사태의 전개를 분석할 때 언제나 프랑스의 선례를 살펴보았다. 그는 로베스피에르와 자코뱅, 그리고 결국 수포로 돌아가고 말았지만 혁명 체제의 기반을 다지기 위해 그들이 기울인 강력한 노력을 찬양했다. 레닌 자신의 당이 권력을 장악했을 때, 국제적·국내적 저항이 일어날 것이고 이는 결국 장기간의 살육으로 끝나리라는 생각이 레닌의 머릿속에 떠오르지 않았을 것이라고 믿기는 힘들다. 실제로 레닌이 당의 인기가 떨어질까 봐 대중 앞에서는 프랑스 혁명에 대한 찬양을 일부러 숨겼다는 증거가 문서로 남아 있다. 예를 들어 레닌은 트로츠키가 볼셰비즘 반대자들을 단두대로 보내겠다고 위협했다는 데 매우 분노했다. 그러나 레닌은 공포 조치 자체에는 반대하지 않았다. 그의 생각은 "단두대가 농담거리가 되어서는 안 된다."는 것이었다.[30] 하지만 동시에 레닌은 볼셰비키가 이끄는 사회주의 혁명이 이전의 어떤 혁명과도 다를 것이라고 장담했다. 인민 대중이 처음에는 러시아에서, 다음에는 유럽 전역에서 그 혁명의 편에 설 것이다. 그러면 억압은 그렇게 오랫동안 지속되거나 그렇게 심할 필요가 없을 것이다.

레닌은 중간 계급이 볼셰비키당에 반대할 것을 걱정하지 않았던 것으로 보인다. 레닌은 러시아가 부르주아 독재와 프롤레타리아 독재라는 두 극단 사이에서 선택의 기로에 섰다고 생각했다. 스위스에서 귀국한 지 얼마 되지 않을 무렵 레닌은 당 중앙 언론에 독재를 원하는 자신의 의도에 대해 노골적으로 썼다. 레닌은 멘셰비키와 사회주의자-혁명가당, 입헌민주당은 도저히 나라를 통치할 수 없다고 선언했다. 그들의 전략은 코르닐로프가 시도한 폭동에 의해 돌이킬 수 없을 정도로 허약한 것으로 밝혀졌다. 이제 최우선 과제에 합의할 때가 왔다. 바로 임시정부에 대한 반란이었다.

당 규율을 무시하고 알렉산드르 쇼트만을 건너뛰고서, 레닌은 구스타브 로비오에게 러시아-핀란드 행정 국경 인근에 있는 비보르크에 아지트를 마련하는 것을 도와 달라고 요청했다. 새 가발을 맞추는 과정에서 웃지 못할 일이 벌어졌다. 로비오가 레닌을 데리고 찾아간 연극 전문가는 주문품을 제작하는 데 몇 주가 걸린다고 했다. 레닌은 자신의 머리에 대충 맞는 기성품을 부탁했다. 기성품 중 레닌에게 유일하게 맞는 가발은 은회색이었고, 가발 제조업자는 그 가발이 자신의 고객을 60대처럼 보이게 할 것이기 때문에 팔기를 꺼려했다. 당연히 레닌은 외모를 꾸미기 위해서가 아니라 변장하기 위해서 가발이 필요하다는 것을 밝히지 않았다.[31] 마침내 거래가 성사되었다. 로비오는 위조 여권을 제작했고, 그에게 비보르크에서 머물 또 다른 핀란드 동지의 집을 찾아주었다.[32] 9월 마지막 주 초에 비보르크에 도착한 레닌은 즉시 페트로그라드로 갈 방법을 모색했다. 며칠 후에 그는 떠났다. 또다시 레닌은 쇼트만을 건너뛰었다. 다시 그는 가발을 주문했고 이번에는 루터파 교회의 핀란드인 목사로 변장했다.[33] 전투적 무신론자인 레닌은 성직자로서 페트로그라드로 돌아왔다. 그와 여행을 함께한 동료는 금속 노동자인 에이노 라흐야였고, 열차 기관사는 8월에 반대 방향의 러시아-핀란드 국경 너머로 레닌을 실어 날랐던 바로 그 후고 얄라바였다.[34]

레닌은 페트로그라드에서 젊은 볼셰비키 농학자인 마르가리타 바실리예브나 포파노바(Margarita Vasilevna Fofanova)의 집에 머물렀다. 그녀는 비보르크 지구의 핀란드 철도선이 내려다보이는 세르도볼스

카야 거리에 살았다. 포파노바는 레닌의 '엄격한 질서'를 따라야 했다.[35]

레닌은 매일 아침 8시 30분 전에 페트로그라드에서 발행되는 모든 신문(부르주아 신문도 빼놓지 않고)을 구해 달라고 나에게 말했다. 그는 아침 식사와 점심 식사 시간을 정했다. 그런 후 블라디미르 일리치는 다음과 같이 덧붙였다. "마르가리타 바실리예브나, 첫 주는 당신에게 힘든 시간이 될 것입니다. 당신이 모든 일을 처리해야 할 것입니다."

라흐야가 자질구레한 일을 도와주었다. 아파트를 찾은 다른 방문객들은 나데즈다 콘스탄티노브나와 마리야 일리니치나뿐이었다. 레닌은 포파노바가 외출한 동안 안에서 문을 잠그고 대부분의 날들을 보냈다.

그러나 즉각적인 무장 봉기에 대한 동의를 확보하려면, 여전히 레닌이 중앙위원회에서 직접 주장을 펼칠 필요가 있었다. 10월 10일 멘셰비키 좌파인 니콜라이 수하노프*와 결혼한 갈리나(Galina Flaxerman)의 아파트에서 회합이 이루어졌다. 아파트는 페테르부르크 방면에 있었다. 수하노프는 볼셰비키들을 배려하여 자기 사무실에서 밤을 보냈다. 그런 것이 당시의 정당 간 **예절**이었다. 플락세르만은 사모바르(러시아의 차 끓이는 쇠주전자)에 차를 끓였고, 참석자들에게 계속 비스킷을 내놨다. 회의는 밤 10시경에 시작했다. 통신과 교

니콜라이 수하노프(Nikolai Sukhanov, 1882~1940) 러시아의 혁명가, 경제학자. 1903년부터 사회주의자-혁명가당 당원으로 활동하다 1917년에 멘셰비키 측에 가담했다. 1917년 2월 혁명 후 페트로그라드 집행위원회 위원을 지냈으며, 멘셰비키 국제주의를 지지했다. 10월 혁명 후 소비에트 경제 기관에서 일했다.

통이 불안정한 혼란스러운 혁명 상황에서 중앙위원회 위원 중 12명만이 그럭저럭 출석할 수 있었다. 그들이 들은 것은 사태에 엄청난 영향을 끼칠 내용이었다. 주요 의제 항목은 당의 권력 장악 문제였다. 의제는 레닌이 발표할 '현재 시점에 관한 보고'라는 다소 모호한 형태를 띠었다. 방에는 은은하게 불이 켜져 있었다. 대부분의 참석자들은 이때 몇 개월 만에 처음으로 레닌을 다시 보았다. 레닌이 여전히 루터파 목사 차림이었기 때문에 그들은 매우 놀랐다. 불행히도 레닌은 가발이 벗겨지는 것을 막는 요령을 배우지 못했고, 가발을 양손으로 매만지는 초조한 습관이 생겼다. 레닌의 동료 지도자들의 눈에는 레닌의 버릇이 재미있어 보였다.

그러나 그들의 유쾌한 기분은 곧 끝났다. 스베르들로프가 현 정세를 개괄한 후, 레닌은 꼬박 한 시간 동안 봉기를 지지하는 열변을 토했다. 모든 청중이 레닌의 분노와 성급함을 목격했다. 레닌은 중앙위원회가 '봉기 문제에 일종의 무관심'을 보였다고 단언했다. 이제 결정을 내려야 할 순간이 다가왔다. '대중'이 냉담하다면, 그것은 그들이 "말과 결의에 지쳤기" 때문이었다. 레닌에 따르면, "다수가 지금 우리 뒤에" 있었다. 농민들이 볼셰비키에 투표하지 않을 수도 있지만, 그들은 토지를 점거했으며 이는 레닌이 페트로그라드를 독일군에게 넘겨줄 음모를 꾸미고 있다고 비난한 임시정부의 권위를 무너뜨리고 있었다. 열띤 토론이 오랫동안 진행되었다. 모든 사람이 레닌의 노선을 따랐을 때 뒤따를 위험을 인정하지 않을 수가 없었다. 그러나 레닌은 중앙위원회를 자기편으로 끌어들였다. 10월 11일 새벽이 밝아 올 무렵 레닌의 안건은 10대 2로 가결되었다.[36]

이 결정은 중앙위원회가 봉기를 계획하는 '기술적 측면'에 집중하는 데 전념하기로 했다는 것을 의미했다.[37] 레닌은 이 결과에 기뻐했고, 의기양양하게 포파노바의 아파트로 돌아왔다. 그가 모든 것을 자기 생각대로 한 것은 아니었다. 특히 레닌은 10월 11일에 민스크에서 열릴 예정인 '북부 소비에트 대회'를 "단호한 행동을 개시하는 데 이용"해야 한다고 주장했으나,[38] 이 제안은 최종 결의안에 들어가지 않았다. 트로츠키와 몇몇 위원들의 제안으로 중앙위원회는 미래의 봉기에서 단 하나의 당이 권력을 장악하는 것처럼 보이지 않게 하려고 했다. 그리하여 그들은 권력 이양을 그달 후반에 페트로그라드에서 열릴 '전러시아 소비에트 대회' 때까지 연기해야 한다는 결론에 도달했다.[39] 레닌의 구상은 전혀 실행할 수 없었다. 레닌은 일을 너무 늦게까지 미루었다. 게다가 사람들이 레닌의 촉구에 귀기울였더라면, 당은 수도에서 행동을 조직할 기회를 얻기 전에 의도를 드러냄으로써 위험을 자초했을 것이다. 레닌은 봉기를 일종의 기술처럼 섬세하게 계획할 필요가 있다고 웅변했지만, 자신이 설교한 바를 실행하지 못했다. 하지만 그의 신념은 엄청나게 굳었다. 레닌은 자신이 지도자임을 입증했다.

레닌에게 문제는 그날 밤에 자신을 반대한 두 거물이 당 지도부의 최전선에서 활동하던 카메네프와 지노비예프였다는 사실이었다. 레닌의 승리를 두고 볼 수 없었던 그들은 당의 여러 주요 위원회에 공동으로 쓴 편지를 보냈다. 그들의 주장은 멘셰비키와 사회주의자-혁명가당이 여론의 힘에 밀려 머지않아 정부를 형성하고 그 연립정부에 볼셰비키를 참여시키리라는 것이었다. 그들은 노동자들이 볼셰비키의 폭력적 권력 장악을 지지할 것이라 믿지 않았다. 그들은 또 임박한 유럽 사회주의 혁명에 대한 레닌의 신념을 경험적으로 증명할 수 없다고 지적했다.[40]

분쟁을 해결하기 위해 또 다른 중앙위원회 회의가 10월 16일에 열렸다. 위원들은 수도의 최북단 교외에 모였다. 장소는 당시 볼셰비키의 지도를 받던 레스노이 지구 두마의 멋진 목조 건물이었다. 보안을 위해 밤에 회의가 열렸다. 페테르부르크 위원회, 군사 조직, 모스크바 위원회와 여타 주요 당기관의 대표들이 참석했다. 이전 회기에는 없었던 카메네프와 지노비예프의 잠재적 지지자들이 도착했다. 레닌은 적극적으로 싸울 태세를 갖추고 있었다. 그는 평소처럼 경계 태세를 취해 건물에 늦게 들어갔다. 연설을 시작할 때 레닌은 화가 났고 조급했다.[41]

상황은 단순합니다. 코르닐로프 독재인가, 아니면 프롤레타리아와 극빈 농민층의 독재인가입니다. 대중의 분위기가 우리를 이끌 수는 없습니다. 바뀔 수 있고 정확히 측정할 수 없기 때문입니다. 혁명에 대한 객관적인 분석과 평가가 우리를 이끌어야 합니다. 대중은 볼셰비키를 신뢰하고, 볼셰비키에게 말이 아니라 행동을 요구하고 있습니다.

그리고 토론이 이어지면서, 레닌은 다른 상황이라면 자신을 지지했을 많은 지역 연사들에게 노동자와 병사들이 봉기에 참여하기를 원하지 않는다는 설명을 들어야 했다. 카메네프와 지노비예프는 다시 의심을 표명했고, 레닌은 실망하여 가발을 벗었다.[42] 그러나 레닌의 비판자들에 대한 지지는 밤새 썰물처럼 빠졌다. 투표가 진행되었을 때, 19명의 위원들이 레닌에게 동의했고 오직 두 명만 그에게 반대했으며 네 명은 기권했다.

대부분의 참석자들에게 유일하게 남은 문제는 볼셰비키가 임시정부와의 충돌을 무리하게 부추겨야 하는지 여부였다. 구체적인 것은 아무것도 결정되지 않았다. 대신 레닌의 성공적인 발의는 "중앙위원회와 (페트로그라드) 소비에트가 올바른 때에 공세의 적절한 순간과 알맞은 방식을 가리키리라는 철저한 확신"을 확인했다.[43]

이러한 모호함은 레닌이 조속하게 행동할 수 있도록 도왔다. 레닌은 포파노바의 아파트로 돌아갔다. 정치적으로 그는 기뻤으나 기분은 여전히 언짢았다. 문제는 피로였다. 회의는 새벽 3시에 끝났지만, 집으로 걸어오는 데 두 시간이 걸렸다. 레닌에 따르면 그를 호위한 사람은 무능했다. 게다가 비도 내리고 바람도 불었다. 모자와 가발이 모두 바람에 날아가 진흙투성이가 되었다.[44] 포파노바는 모자와 가발에 비누칠을 해서 뜨거운 물로 빨아야 했다. 그러나 그녀는 레닌을 진정시키지 못했다. 레닌은 볼셰비키 중앙위원회가 합의한 대로 행동하리라 믿을 수 없다고 느꼈다. 다음 며칠 내내 레닌은 위원들에게 메모를 퍼부었다. 그러나 중앙위원회는 10월 20일부터 24일 사이에 열린 세 차례의 회기에 레닌을 초청하는 것이 적절하다고 여기지 않았다. 레닌의 동료 위원들이 레닌에게 필수적인 계획을 수행하는 데 필요한 세밀한 지식과 침착함이 없다고 생각했다고 볼 수 있다. 그들은 봉기를 조직할 것이지만, '페트로그라드 소비에트 군사혁명위원회'를 통해 그들의 방식으로 수행할 것이었다. 그들은 무장 행동이 전러시아 소비에트 대회의 개막과 같은 시점에 일어나도록 시간을 정할 것이었다.

1917년 10월 24일 레닌은 몹시 흥분했다. 포파노바는 온종일 레닌의 심부름을 하면서 시간을 보냈다. 포파노바가 아파트로 돌아올 때마다 레닌은 또 다른 메시지를 전하게 했다. 레닌은 동료 지도자들에게 합류할 수 있도록 허가해줄 것을 중앙위원회에 간청했다. 레닌은 포파노바에게서 페트로그라드 거리의 상황에 대한 모든 정보를 뽑아냈다. 레닌은 포파노바의 말을 듣고서 크게 동요했다. 도시의 다리들이 들어올려지고 있었는데, 이는 명백히 임시정부에 여전히 싸울 힘이 남아 있음을 보여주는 것이었다. 중앙위원회는 레닌을 격분시켰다. "나는 그들을 이해 못하겠습니다. 도대체 무엇을 두려워하고 있습니까?"[45]

레닌은 저녁에 위원들에게 편지를 써서 다음과 같이 꾸짖었다.[46]

> 지체해서는 안 됩니다. 모든 것을 잃을 것입니다! ……
> 누가 권력을 잡아야 하는가?
> 이것은 지금 중요하지 않습니다. 인민의 이익, 군대의 이익(즉각적인 강화 제안), 농민의 이익(토지를 즉시 몰수하고 사유 재산을 폐지해야 합니다), 굶주리는 사람들의 이익을 대변하는 진정한 대표자들에게만 권력을 넘겨주겠다고 발표할 군사혁명위원회나 '또 다른 기관'에게 권력을 잡게 하시오.

레닌은 포파노바에게 밤 11시까지 그녀의 귀가를 기다리겠다고 약속했다. 그러나 그 사이에 라흐야가 도착했고, 레닌은 더는 참을 수가 없었다. "그래요, 오늘 시작해야 합니다."[47] 그들은 차 한 잔을 마셨고, 먹을 것을 약간 입에 넣었다. 그런 뒤 레닌은 가발을 쓰고 머리를 붕대로 감싸 변장했다. 레닌은 포파노바에게 간단한 메모를 남겼다. "나는 당신이 가지 말라는 곳에 갑니다. 잘 있어요. 일리치."[48] 그들은 저녁 8시에 전차를 타러 집을 살그머니 빠져나갔다. 8월 초부터 페트로그라드 소비에트가 진을 치고 있던 스몰니 학교로 가는 도중에, 레닌은 그날 도심에서 무슨 일이 벌어졌는지를 차장에게 도저히 묻지 않을 수가 없었다. 전차 정거장에서 내린 그들은 케렌스키의 군 순찰을 뚫고 조심해서 길을 갔다.

라흐야는 꼬치꼬치 캐묻는 거친 병사들을 만나도 겁먹지 않았기에 그의 존재는 결정적으로 중요했다. 레닌은 말을 많이 할 필요가 없었다. 그들은 스몰니 학교를 향해 계속 걸었다. 볼셰비키 중앙위원회와 군사혁명위원회의 지도자들은 레닌이 오는 중인지 몰랐다. 그들은 이전에 합의한 대로 임시정부에 맞서 쿠데타를 준비하는 데 여념이 없었다. 건물에 도착한 라흐야는 위조한 출입증 두 장을 꺼냈다. 건물 전체에 불이 환하게 켜져 있었다. 그 무렵 포파노바는 레닌과 약속한 대로 자신의 아파트로 돌아가고 있었다. 늦을 것 같았기에 그녀는 마차를 탔다. 포파노바는 밤 11시 정각에 도착해서 레닌이 남긴 짧은 메모를 발견했다. 그 무렵 블라디미르 일리치는 스몰니 학교의 71호실에서 동지들에게 혁명 기관차의 속도를 더욱 올리라고 설득하고, 납득시키고, 부추기고, 촉구하고, 열변을 토하고 있었다. 권력, 다름 아닌 국가 권력 획득이 눈앞에 보였다. 이는 레닌이 성인이 된 뒤로 30년 동안 헌신했던 순간, 바로 그 역사적 순간이었다. 사회주의 혁명의 순간이 도래했다.

18장

권력 장악

1917년 10월~12월

10월 24~25일 밤에 페트로그라드의 거리들에서 산발적인 폭력 사태가 발생했다. 군사혁명위원회는 충직한 수비대 병사들과 적위군 (Red Guards)으로 알려진 무장 노동자-의용군들에게 몇몇 장소를 통제하라고 명령했다. 케렌스키가 볼셰비키 신문사들을 폐쇄하고 네바강의 다리들을 들어올렸을 때, 트로츠키는 공격에 맞서 소비에트들을 방어하는 것이라 주장할 수 있었다. 군사혁명위원회는 10월 25일에 소집된 제2차 대회가 임시정부의 전복을 기정사실로 선언할 수 있도록 하는 데 힘을 쏟았다.

레닌은 스몰니 학교에 도착하자마자 봉기를 개시하자고 압박했다. 적지 않은 관찰자들이 그 장면이 뭔가 어울리지 않는 상황이라고 느꼈다. 1917년 이전에 스몰니 학교는 '명문가 소녀 교육 협회'에 소속된 중등학교였다. 학교 건물은 이탈리아 건축가 자코모 콰렌기 (Giacomo Quarenghi)가 설계해서 지어졌다. 건물 전면을 장식한 그리스풍 기둥과 넓찍하게 설계된 대강당은 특권과 전통, 권력의 시대를 나타내는 상징이었다. 이제 그 건물은 레닌이 자신의 역할을 하기 위해 도착하면서 혁명 공장이 되었다. 스몰니 학교에 도착한 레닌은

71호실로 몰래 안내받아 테이블 가장자리에 자리 잡았다. 제2차 소비에트 대회를 기다리는 동안 상황은 매우 혼란스러웠다. 대회의 대표들은 밤새 왔다 갔다 했고, 스몰니 학교는 혼잡하고 시끄럽고 지저분하고 담배 연기로 자욱한 야단법석의 도가니였다. 모든 이들이 대회에서 내려진 결정이 혁명의 진로를 가를 것이고, 임시정부의 운명이 스몰니 학교에서 일어나는 일에 달려 있다는 것을 알았다. 볼셰비키는 권력을 장악하던 바로 그때, 그것을 막으려 하는 멘셰비키, 사회주의자-혁명가당과 같은 건물에서 활동하고 있었다. 레닌이 동지들과 함께 앉아 있는 방에 멘셰비키 표도르 단과 사회주의자-혁명가당의 아브람 고츠*, 분트의 지도자인 마르크 리베르가 들어왔다. 이들은 모두 각자의 당에서 중요한 인물들이었다. 셋 중 한 명은 코트를 걸어 두고, 자신의 동료들과 나눠 먹기 위해 빵과 소시지, 치즈가 든 봉지를 찾았다. 레닌은 가발과 얼굴의 붕대가 자신의 정체를 감춰줄 것이라 여기고 굳은 모습으로 앉아 있었다. 그러나 단과 그의 친구들은 바보가 아니었다. 그들은 레닌을 즉시 알아보았다. 그리고 재빨리 방을 벗어났다.[1]

단, 고츠, 리베르는 혁명적 예의라고 할 만한 태도를 갖추고 있었다. 그들은 말다툼을 벌이기보다 대회장에서 정적에 맞서고자 했다. 레닌은 크게 웃었다. 이미 레닌의 출현은 볼셰비키 동지들에게 영향을 끼치고 있었다. 잠시 동안은 즐거움을 느낄 여유가 있었다. 오후 2시 35분에 학교 대강당에서 페트로그라드 소비에트의 비상 회의가 열렸다. 개막 연사는 소비에트 의장 트로츠키였다. 이례적으로 청중들은 쥐 죽은 듯 고요했다. 트로츠키의 발표는 역사적이었다. "케렌

아브람 고츠(Abram Gots, 1882~1940) 1906년에 사회주의자-혁명가당에 가입했다. 2월 혁명 후 페트로그라드 소비에트의 사회주의자-혁명가당의 지도자가 되었다. 10월 혁명 후 내전 기간 동안 반소 활동에 종사하여 그 후 여러 차례 투옥과 유형을 반복했다.

스키의 권력은 전복되었습니다. 일부 각료들이 체포되었습니다. 아직 체포되지 않은 각료들도 곧 체포될 것입니다."[2]

페트로그라드 소비에트의 박수갈채를 받으며 트로츠키는 사회주의 행정부가 권력을 차지할 것이라고 계속 설명했다. 그런 다음 트로츠키는 다름 아닌 레닌이 연설할 것이라고 발표했다. 몇 분 동안 열렬한 박수가 이어졌다.[3] 강당이 조용해지자 레닌은 의기양양하게 말했다.[4]

동지들! 볼셰비키가 줄곧 그 필요성을 역설해 왔던 노동자와 농민의 혁명이 완수되었습니다.

이 노동자와 농민의 혁명의 의의는 무엇입니까? 특히 이 격변의 의의는, 우리가 부르주아의 참여 없이 소비에트 정부를 우리 자신의 권력 기관으로 갖게 되리라는 사실에 있습니다. 피억압 대중이 스스로 그들의 권력을 창출할 것입니다. 옛 국가 기구는 철저히 파괴될 것이며, 새로운 행정 기구가 소비에트 조직의 형태로 만들어질 것입니다.

레닌은 과장하고 있었다. 실제로 임시정부는 아직 제거되지 않았고, 페트로그라드에서 투쟁이 막 시작되었을 뿐이었다. 그러나 레닌이 권력을 향해 한 단계 더 나아간 것은 사실이었다. 볼셰비키 중앙위원회와 군사혁명위원회가 경계하던 점들이 극복되었고, 페트로그라드 소비에트는 사회주의 권력 장악으로 나아가는 결정적 투쟁에서 이미 거의 승리했다고 확신했다.

멘셰비키 좌파 니콜라이 수하노프는 레닌이 연설하는 도중에 강당에 들어섰다가 놀라서 정신이 멍해졌다.[5]

강당에 들어서자 연단에 내가 모르는, 면도를 하고 머리가 벗겨진 사람이 있었다. 그러나 그는 목이 잠긴 소리로 문장 끝을 매우 특이하게 강조하면서, 귀에 거슬리는 기묘하게 익숙한 큰 목소리로 연설했다. …… 허 참! 바로 레닌이었다. 그는 지하로 들어간 지 4개월 만인 그날 모습을 드러냈다.

이 볼셰비키 지도자는 당과 혁명을 손에 틀어쥐었다.

이제 권력은 기정사실로 소비에트 대회에 제출되었다. 멘셰비키와 사회주의자-혁명가당이 임시정부 전복에 반대했을 수도 있지만, 사태를 되돌릴 수는 없었다. 그들의 반대 가능성은 이제 잊어버려도 되는 첫 번째 걱정거리였다. 두 번째 걱정거리도 덜 심각해졌다. 그것은 멘셰비키와 사회주의자-혁명가당이 스스로 임시정부에 등을 돌리고 케렌스키의 제거를 요구할 가능성(레닌은 특히 이 가능성을 우려했다)이었다. 예비 의회는 10월 24일 늦게 케렌스키 불신임 투표를 통과시켰으며, 동부 전선에서 즉각 강화 조약을 체결하고 지주의 토지를 농민들에게 분배할 것을 요청했다. 레닌은 멘셰비키, 사회주의자-혁명가당과 권력을 나눠 가질 의향이 없었다. 그는 봉기가 시작되기 전에는 볼셰비키 중앙위원회에 이 점을 명확하게 말하기를 삼갔다. 레닌이 그렇게 했더라면 아마도 중앙위원회는 무장 행동에 대한 지지를 완전히 거부했을 것이다. 따라서 10월 24~25일 밤에 멘셰비키와 사회주의자-혁명가당을 멀리하는 것이 레닌에게는 여전히 중요한 일이었다. 그는 볼셰비키가 차기 정부를 구성하는 데 지배적인 역할을 할 상황을 만들고자 했다. 그리하여 권력을 조금도 지체없이 장악해야 했다.

레닌은 자신의 정부를 수립하려면 많은 것이 필요하다는 것을 알았다. 볼셰비키가 지도하는 전함 아브로라(Aurora)호가 네바강을 거슬러 겨울궁전 쪽으로 올라왔다. 반란자들이 국영 은행, 우체국, 기차역을 점거했다. 케렌스키는 수도 바깥에서 힘을 모으려고 겨울궁전 주위의 비상 경계선을 통해 탈출했다.

볼셰비키 중앙위원회가 일찍 소집되어 정부의 전반적 구성을 결정했다. 이 일은 레닌이 아니라 밀류틴(Vladimir Milyutin)이 주도했다. 며칠 동안 잠을 자지 못했으며 평소 볼셰비즘 우파에 찬성하던 밀류틴이 그와 같은 토론을 이끌었다는 사실은 10월 25일 이른 아침에 일어난 모든 일이 레닌의 손으로 이루어진 것이 아니었음을 보여준다. 돌아온 레닌은 이제 돌아가기에는 너무 멀리 왔다는 것을 아는 한 무리의 혁명가들과 함께 있었다. 만일 혁명이 일어났다면, 혁명이 효율적으로 수행되게 하라. 그러나 36호실에서 열린 볼셰비키 중앙위원회의 모든 참석자 중에서 레닌이 가장 덜 지쳐 있었다. 그래서 그는 군사혁명위원회를 대표하여 선언문을 써 달라는 부탁을 받았다. 레닌은 아침 10시에 선언문을 위원회의 지도 그룹이었던 블라디미르 본치-브루예비치에게 넘겨 공표하게 했다. 선언문의 내용은 다음과 같았다.[6]

러시아 시민들께

임시정부가 전복되었습니다. 국가 권력은 페트로그라드 노동자·병사 대표 소비에트 기관, 즉 페트로그라드 프롤레타리아와 수비대의 정점에 있는 군사혁명위원회 수중으로 넘어왔습니다.

인민들이 투쟁해 온 목표, 즉 즉각적인 민주적 강화 조약 제안, 지주 토지 재산 폐지, 노동자의 생산 통제, 소비에트 정부의 창설 같은 목표를 쟁취하는 것이 확실해졌습니다.

노동자, 병사, 농민의 혁명 만세!

군사혁명위원회가 정부로서 행동하고 있다고 주장함으로써, 레닌은 자신이 소비에트 대회에서 연설할 때 멘셰비키와 사회주의자-혁명가당이 격분할 것임을 알았다.

대회는 오후 2시에 시작하기로 예정되어 있었으나, 볼셰비키 중앙 지도부는 그전에 겨울궁전 점령을 끝내기를 원했다. 이 일은 군사혁명위원회가 예상한 시간보다 더 오래 걸렸다. 레닌은 분노를 폭발시켰다. "왜 이렇게 오래 걸리죠? 우리 군 사령관은 뭐 하고 있습니까? 그들은 진짜 전쟁을 시작했어요! 이 모든 게 뭘 위한 거지요? 포위, 이동, 연계, 확대 배치…… 이게 진정 존중할 만한 적과의 전쟁입니까? 서두르시오! 공격 앞으로!"[7] 그러나 군사혁명위원회는 병력을 무조건적 공세에 나서게 하지 않으려 했다. 케렌스키는 도주했고 심각한 군사적 위협은 없었다. 수도에 마지막으로 남은 임시정부의 근거지 주위에서 포위 공격이 종일 계속되었다.

밤 10시 35분이 되었을 때 대회 조직자들은 더 기다릴 수 없었다. 중앙집행위원회를 대표해 표도르 단이 회의를 시작하기 위해 대회장의 종을 울렸다. 670명의 대표들이 모였다. 볼셰비키가 300명으로 가장 큰 그룹을 이루었다. 볼셰비키가 다수파를 형성하려면 다른 대표들에 의존해야 했다. 다행히도 도와줄 대표들이 많았다. 사회주의자-혁명가당 좌파는 이미 별도로 당을 만들기로 결정했고, 이 새로운 당은 볼셰비키와 마찬가지로 토지를 농민들에게 이양하기를 원했다. 또한 정부가 소비에트에 기반을 두기를 원하는 수십 명의 무소속 대표들도 있었다. 레닌에게 다른 희망은 전날 밤의 사건들에 화가 난 멘셰비키와 사회주의자-혁명가당이 대회장을 제 발로 걸어나가는 것이었다. 이 목적을 이루기 위해 레닌은 열심히 노력했다. 그러나 그는 눈에 띄지 않게 조용히 노력했고, 그날 내내 공개적으로 모습을 드러낸다거나 공개적 선언문에 서명하는 것을 피했다. 레닌은 대회의 첫 회기에 나타나지도 않았다. 레닌이 아니라 트로츠키가 그들 대회 대표단의 힘 덕분에 연단에서 지도적 지위를 차지한 볼셰비키와 사회주의자–혁명가당 좌파를 이끌었다.

마르토프가 청중석에서 현재의 위기를 평화적으로 종식하기 위한 협상을 시작하라고 크게 외쳤다. 대회는 압도적으로 그의 제안을 승인했다. 그러나 페트로그라드의 다른 지역에서 발생한 폭력에 대한 멘셰비키, 사회주의자–혁명가당, 분트의 비판이 뒤를 이었다. 그리고 여전히 눈에 띄지 않은 곳에서 가만히 있던 레닌에게는 무척 반갑게도, 대규모 반볼셰비키 사회주의 정당들이 대회장을 성큼성큼 나가버렸다. 이런 상황에서 마르토프는 계속 진행하기가 더 힘들어졌고, 그와 그의 멘셰비키 국제주의자 그룹도 대회장을 떠났다. 트로츠키는 그들을 비난했다. 레닌은 사태가 너무나도 자기 쪽에 유리하게 흘러가는 데다 이 문제에서 트로츠키에게 의지할 수 있다는 것이 매우 기뻤다.

레닌은 계속 조심스럽게 행동했다. 볼셰비키당의 적들이 보기에, 레닌은 가장 극단적인 정치적 비타협의 자세와 파괴적 성격의 구현이었다. 그리고 볼셰비키조차 다수가 레닌의 전투적 행동 방식에 유보적 태도를 취했다. 더군다나 볼셰비키당 전체, 특히 중앙위원회에는 모든 사회주의 정당의 연립 정부 구성을 환영하는 강력한 여론이 존재했다. 카메네프는 일단 봉기가 시작되자 중앙위원회로 돌아왔고, 레닌은 10월 혁명을 미리 막으려 한 카메네프와 지노비예프의 기도를 더는 문제삼지 않았다. 그리하여 카메네프는 볼셰비즘의 온건함을 보여주는 상징으로서 쓸모 있게 되었다. 한편 볼셰비키 지도자들은 억압적인 임시정부에 맞선 인민의 보호자로 자신들의 이미지를 구축하려 애썼다. 대부분의 볼셰비키 대표들도 이런 이미지를 내세워 각자의 지역 선거구민에 의해 소비에트 대표로 선출되었다. 그 결과 레닌의 중앙위원회 동료들은 1917년 10월 25일에 레닌이 주요 대

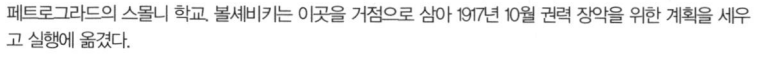
페트로그라드의 스몰니 학교. 볼셰비키는 이곳을 거점으로 삼아 1917년 10월 권력 장악을 위한 계획을 세우고 실행에 옮겼다.

변인으로서 마음대로 행동하는 것은 분별 없는 짓이라고 판단했을 가능성이 있다. 아니면 레닌이 동료의 압력 없이 스스로 이렇게 결정했을 수도 있다. 아무튼 레닌은 군사혁명위원회와 볼셰비키 중앙위원회의 동료들을 부추기고, 다음날 어떤 종류의 정부와 정책을 공표해야 할지 토론하는 데 힘을 쏟았다.

혁명 이후 소련에서는 10월 혁명에 관해 영화를 제작했고 소설을 썼으며 노래를 불렀고 심지어 발레로도 상연했다. 사실상 이 모든 작품을 통해 레닌에 대한 잘못된 이미지가 유포되었다. 이 작품들에서 레닌은 주먹을 치켜들고 입을 힘주어 다물고 있으며 턱에 수염을 기른 모습이었다. 사실 1917년 10월 25일, 바로 그 역사적인 날에 레닌은 짧게 연설했을 뿐이었다. 레닌은 혁명에서 위대한 연설가가 아니었다. 콧수염과 턱수염이 정상으로 되돌아오기까지 몇 주일이 더 걸렸기 때문에, 레닌은 평소 모습으로 보이지도 않았다. 실제로 레닌은 1918년 1월까지 사진을 찍는 데 동의하지 않을 것이었다. 그렇다면 통상적인 설명과 달리, 레닌의 존재는 대회 연사로서가 아니라 오히려 장막 뒤의 전략가이자 격려자로서 그 가치가 있었다. 그리고 이 역할을 수행함으로써 레닌은 혁명의 성공에 결정적으로 기여했다.

여하튼 레닌은 10월 25일 저녁께 스몰니 학교를 떠날 수 있었다. 이제 봉기가 안정되어 안전하게 관리되고 있다고 마침내 인정할 수 있었다. 이튿날 그가 해야 할 일은 구호뿐만 아니라 실제 법령을 제출하는 일일 것이었다. 그때는 케렌스키를 매도하는 것만으로는 더는 충분하지 않을 것이었다. 새 정부는 독자적인 무언가를 제공해야 할 것이었다. 레닌은 10월 25일에 틈을 봐서 겨우 한 시간 남짓 눈을 붙였다. 레닌은 휴식이 절실히 필요했고, 본치-브루예비치는 레닌에게 근처의 자기 아파트에서 잠을 자라고 권했다.(그는 또 레닌에게 이제 가발이 필요 없다고 상냥하게 지적했다.) 겨울궁전은 자정이 지날 즈음 곧 포위자들에게 점령되기 직전이었다. 그리고 점령은 예상대로 실현될 것이었다. 대규모 경호대의 호위를 받으며 레닌은 학교를 떠나 본치-브루예비치의 아파트로 향했다. 레닌은 차 안에서 꾸벅꾸벅 졸았다. 그는 확실히 몹시 지쳐 있었다. 본치-브루예비치는 레닌에게 침실을 내주고, 자신은 거실의 소파에서 잠을 잤다. 그렇지만 레닌은 잠을 잘 수가 없었다. 본치-브루예비치가 무의식의 세계로 빠져든 것처럼 보이자, 레닌은 거실로 나와 10월 26일에 소비에트 대회에 제출해야 하는 법령을 작성했다.[8]

레닌은 자신이 고귀한 목적에 봉사하고 있는 한, 얼마나 자기 몸을 혹사하고 있는지는 신경 쓰지 않았다. 그러나 레닌이 일을 하도록 등을 떠민 또 다른 이유가 있었다. 중앙위원회는 위원들이 레닌의 출석을 금지했던 10월 21일의 회의에서 레닌에게 소비에트 대회에서 사용할 다양한 '테제'들을 준비해줄 것을 부탁했다. 레닌은 본치-브루예비치의 아파트에서 보낸 그날 밤까지는 테제 작성과 관련해 아무것도 하지 않았다. 레닌은 봉기가 일어나지 않을지도 모른다는 두려움에 가득 차 있었다. 아마도 레닌은 중앙위원회가 테제를 작성해 달라고 요구한 것이 자신을 바쁘게 하는 한 방법, 그리고 방해가 되지 않도록 포파노바의 아파트에 자신을 격리시키는 방법이라고 의심을 품기까지 했을 것이다. 이제 레닌은 마침내 테제에 철저히 집중하여 아침에 개략적인 형태로나마 그것을 준비할 수 있었다.

'평화에 관한 법령'과 '토지에 관한 법령'은 둘 다 20세기 세계사에서 매우 중요했다. 레닌은 이 점을 알았다. 새 정부와 사회주의 혁명의 공포는 단지 그가 보고할 내용의 일부에 불과했다. 레닌은 니콜라이 2세, 리보프 공, 알렉산드르 케렌스키의 정책과는 완전히 다른 정책들도 제출해야 했다. 레닌은 단지 취임만을 원한 것이 아니었다. 그는 전임자들이 지지한 원리와는 다른 원리 위에 서서 러시아에서 권력을 휘두르기를 원했다. 그리고 레닌은 이 메시지가 페트로그라드의 소비에트 대회를 넘어 빠르게 퍼져 나갈 것이라고 굳게 믿었다. 레닌은 집주인 본치-브루예비치에게 법령 소책자들을 인쇄하고, 넵스키 대로의 시틴 서점에 가서 할인 판매 중인 재고품 1917년도 달력도 사 달라고 말했다. 이 이상한 요청은 본치-브루예비치를 당황스럽게 했다. 그러나 레닌은 노동자와 병사들이 담배를 말 종이가 부족하다고 설명했다. 법령 소책자를 받으면 사람들은 그 책자로 담배를 말 것이었다. 레닌의 계획은 볼셰비키당의 지지자들이 책자를 본래 의도한 정치적 목적 외에는 다른 용도로 사용하지 못하도록 충분한 종이를 공급하는 것이었다.[9]

본치-브루예비치와 레닌은 필요한 만큼 휴식을 취하지 못했지만, 이튿날 아침 서둘러 스몰니 학교로 되돌아갔다. 레닌은 만나는 사람마다 사회주의 혁명의 탄생을 축하하는 말로 인사를 건넸다. 벌써 소비에트 대회의 이름으로 선언문이 나간 상태였다. 아나톨리 루나차르스키가 선언문을 대회에서 낭독했으나, 그것을 작성한 사람은 레닌이었다. 스몰니 학교에서 레닌은 평화에 관한 법령과 노동자와 농민 정부의 구성에 관한 결의안, 토지에 관한 법령의 집필 작업을 완수했다. 편집 작업 도중에 두 번의 회의가 있었는데, 한 번은 대회의 특정 대표들과 함께한 회의였고, 또 한 번은 볼셰비키 분파 전체와 볼셰비키 중앙위원회가 참석한 회의였다. 회의에서 볼셰비키는 사회주의자-혁명가당 좌파에 연립 정부를 구성하자고 호소했다. 그들은 거부했고, 레닌은 더는 고심하지 않고 일당 정부 구성을 결심했다. 레닌은 마침내 밤 9시에 우레와 같은 박수를 받으며 소비에트 대회에 나타났다. 그때까지 레닌이 정부의 지도자이며, 인민위원회의(소브나르콤Sovnarkom) 의장이라는 직함을 받을 것이 결정되어 있었다.

10월 26, 27일 밤 내내 소비에트 대회가 이어졌다. 레닌은 자신의 발언에 대해 중앙당 동료들(블라디미르 본치-브루예비치, 블라디미르 밀류틴, 레프 트로츠키)과 계속 의논했다. 레닌은 노동자 통제에 관한 법령을 작성했지만, 며칠 동안 공표되지 않았다. 레닌은 또 언론에 관한 법령도 작성했고 곧 승인되어 10월 27일에 간행되었다. 중요한 것은 레닌이 10월 혁명을 글로 표현했고, 레닌의 여러 법령이 그의 목적을 가장 분명하게 진술한다는 사실이었다. 레닌은 자신의 정부가 추구하는 목적이 세계 역사상 어떤 다른 정부와도 다르다고 선언했다. 사람들은 정부에서 벌어지는 내부 논의에 대해 충분히 알게 될 것이고, 그러면 심의와 결정은 완벽하게 투명해질 것이었다.

레닌은 10월 25~27일에 있었던 여러 차례의 연설에서 단 한 번도 마르크스주의를 언급하지 않았다. 레닌은 잠깐 지나가는 투로만 '사회주의'를 말했다. 레닌은 자신의 당면 목표가 계급에 기반을 둔 독재의 수립이며, 최종적으로는 《국가와 혁명》에서 묘사한 대로 국가 없는 공산주의 사회의 실현을 목표로 삼고 있다고 설명하지도 않았다. 레닌은 자신의 정치 카드를 감추었다. 당의 지도자로서 레닌은 아직 볼셰비즘을 지지하지 않는 노동자, 병사, 농민, 지식인들에게 볼셰비즘이 매력 있게 비치기를 바랐다. 그래서 독재, 공포, 내전, 혁명 전쟁 같은 용어들은 또다시 조용히 보류되었다. 또 레닌은 성직자, 물라, 랍비, 기업가, 지주, 쿨라크, 자유주의적·보수주의적·반동적 지식인들에게 일생 동안 퍼부은 저주도 제쳐놓았다. 레닌의 강조점은 심지어 《국가와 혁명》에서보다 더 급격하게 '아래로부터' 혁명을 지지하는 쪽으로 기울었다. 레닌의 모든 선언은 '대중'에게 창의성을 발휘하여 '자율적 활동'에 종사하도록 격려하는 데 초점을 맞추었다. 레닌의 희망은 볼셰비키가 인민에 의한, 그리고 인민을 위한 혁명의 수행을 촉진할 당으로 등장하는 것이었다.

새 소비에트 정부 인민위원회의가 10월 26일에 대회에서 공포되어 환호 속에 승인받았다. 레닌이 의장이었다. 그는 총리나 대통령 같은 직함을 피했다. 외무인민위원은 트로츠키였다. 스탈린은 민족문제 인민위원이었다. 볼셰비키 중앙위원회 위원들은 정부 직책을 열광적으로 받아들였고, 다음 며칠 동안 10월 혁명의 정책들을 시행하려고 옛 부서들에 얼굴을 내밀었다. 그들은 몇 시간 내에 유럽 다른 지역의 노동 계급들이 러시아 혁명의 사례를 따를 것이라고 생각했으며, 그런 예측은 너무 순진하다고 본 멘셰비키와 사회주의자-혁명가당이 제기하는 모든 비판에 대항했다. 몇 시간 내가 아니라면 며칠 내에 그렇게 될 것이었다. 엉뚱한 불운이 발생해 며칠 내에 그렇게 되지 않는다면, 몇 개월 내에는 확실히 그렇게 될 것이다.

이러한 생각을 가장 생생하게 표현한 사람은 레닌이었다. 레닌의 연설과 법령은 어떤 기준에서 보더라도 마음을 뒤흔드는 것이었다. 그가 10월 26일 대회에 직접 제출한 평화에 관한 법령은 노골적으로 '유럽 사회주의 혁명'을 요구하지 않았을 정도로 신중하게 작성되었다. 레닌은 교전국의 인민들뿐만 아니라 그들의 정부에도 호소했다.(비록 그는 이 정부들을 돌이킬 수 없이 '제국주의적'이라고 비난해 왔지만 말이다.) 그러나 평화에 관한 법령의 골자는 실제적인 혁명 요구였다.

(소비에트) 정부는 모든 교전국의 정부와 인민들에게 즉각 휴전 협정을 맺을 것을 제안한다. 소비에트 정부는 이 휴전 협정이 길게 3개월 동안 지속되는 것이 바람직하다고 간주한다. 이 기간 중 강화 조건의 최종 확인을 위해 모든 나라의 인민 대표들이 참가하는 전권 회의가 소집될 뿐만 아니라, 전쟁에 끌려 들어갔거나 억지로 전쟁에 돌입할 수밖에 없었던 모든 인민과 민족의 대표들이 예외 없이 참가하는 강화 협상이 반드시 완수될 것이다.

3년 이상 전쟁이 계속되던 상황에서 깜짝 놀랄 만한 말이었다. 동부 전선의 전투는 즉시 중단되었다.

토지에 관한 법령은 레닌이 직접 대회에서 발표했던 또 다른 위대한 개혁 정책이었다. 토지에 관한 법령을 작성하는 데 레닌이 꾸물대자 실망한 중앙위원회는, 레닌 다음으로 중요한 볼셰비키 경제학자이자 신임 농업인민위원인 블라디미르 밀류틴에게 역시 경제학자였던 유리 라린(Yuri Larin)과 함께 법령을 작성해줄 것을 부탁했다. 그러나 결국 레닌이 원고를 넘겨받아 마무리했다. 레닌은 또 사회주의자-혁명가당이 6월에 펴낸 농민들의 요구 목록도 넘겨받아 법령의 세세한 조항으로 집어넣었다. 그러나 긴 전문(前文)은 레닌의 것이었다. 레닌은 전문을 그 특유의 자극적인 문장으로 쓰지 않았다. 무미건조하게 레닌은 지주와 황실, 교회의 토지 재산을 폐지한다고 선언했다. 그 글에는 법률적 일관성이 없었다. 토지 위원회, 농민 공동체, 농민 소비에트 중 어느 기관이 몰수한 토지를 처리할 것인지 불확실했다. 용어도 모호했다. '일반 농민들'의 토지는 침해할 수 없다고 명기되었다. 그러나 그런 농민들이 누구인지 법령은 아무런 정의도 내리지 않았다. 이와 동시에 법령은 아마도 농민들이 소유한 토지를 포함한 토지의 사적 소유를 영구히 폐지해야 한다고 규정했다.

하지만 법률적 세밀함은 레닌의 관심사가 아니었다. 레닌은 토지에 관한 법령이 '선전' 효과를 발휘하고 혁명의 진전을 촉진하기를 원했다. 레닌의 전반적인 의도는 여하튼 매우 분명했다. 그는 농민들에게 현재 그들이 소유하지 않은 모든 토지를 점거해서 경작하는 집단 행동에 돌입하라고 호소했다. 대규모 선진 농업이 실행되고 있는 경우에만 레닌은 토지 분할을 막고 싶어 했다. 레닌은 농민층에 대한 무한한 믿음을 내세웠다. 소비에트 대회에서 레닌이 한 연설은 그의 이론적 근거를 명확히 보여주었다.[10]

> 전복된 정부, 그리고 멘셰비키와 사회주의자-혁명가당 같은 타협주의 정당들은 갖가지 핑계로 토지 문제의 해결을 미루었고, 그럼으로써 나라를 파멸로 몰아넣으면서 농민 봉기를 야기했습니다. 그들이 한 일은 범죄입니다. 농촌의 약탈과 무정부 상태에 대한 그들의 말은 거짓과 비겁한 기만에 지나지 않습니다. 합리적 조치가 언제 어디서 약탈과 무정부 상태를 도발한 적이 있단 말입니까?

물론 레닌은 진정한 농민 옹호자가 아니었다. 그는 농민들이 토지를 넘겨받는다면 자본주의 시장 경제의 틀 안에서 곧 서로 경쟁하기 시작할 것이라 여겼으며, 결국에는 소비에트 정부가 '농촌 프롤레타리아'를 대신하여 농업에 개입해 토지를 국유화할 수 있기를 바랐다. 그러므로 레닌의 최종 목표는 여전히 사회주의 집단 농장을 수립하는 것이었다.

레닌은 10월 혁명이 민주적 합의와 운명을 같이하도록 내버려 둘 생각이 없었다. 바로 그 첫 며칠 사이 스몰니 학교에서 레닌은 스베르들로프를 비롯한 중앙위원회 위원들을 재촉해 제헌의회 선거를 연기한다는 발표를 하게 하려 했다. 스베르들로프는 거절했다. 볼셰비키는 자신들만이 틀림없이 제시간에 제헌의회를 소집할 수 있다고 말해 왔다. 그러므로 선거를 당장 연기할 수는 없었다. 민주적 합의에 대한 레닌의 냉소는 적어도 처음에는 거부되었다.

볼셰비키 중앙위원회에서 논란을 덜 일으킨 사안은 소비에트 정부에 대한 저항을 가차 없이 진압해야 한다는 레닌의 요구였다. 케렌스키가 불러 모은 카자크 분견대와 싸우기 위해 병력이 파견되었다. 군사혁명위원회의 부대들도 도시를 계속 순찰했다. 게다가 10월 27일에 언론에 관한 법령이 레닌의 서명과 함께 반포되었다. 이 법령은 검열 제도의 확립을 가능하게 하는 최초의 정부 지시였다. 어떤 '언론 기관'도 인민위원회의에 대한 저항을 선동한 죄로 폐쇄될 수 있었다. 실제로 신문은 "명백히 중상모략적으로 사실을 왜곡함으로써 혼란의 씨앗을 뿌린" 것으로 간주되기만 하면 발행을 중지당할 것이었다. 볼셰비키는 이전 몇 달 동안 '언론 자유'의 원리를 위한 선전 활동을 벌였지만, 이제는 자신들이 공공 통신 매체를 통해 입수한 정보를 독점할 수 있게 해주는 권한을 재빨리 남용했다. 법령에는 인민위원회의가 이 법령을 잠정적인 조치로 여긴다고 언급했다. 그러나 다시, 레닌이 진정으로 이 법령의 잠정적 성격을 믿었는지는 의심의 여지가 있다. 레닌은 1917년에 '언론의 자유'는 부르주아들에게 이익이 되는 원리라고 거듭 말했다. 그가 혁명적 투쟁이 한창일 때 자신의 전제를 바꾸었을 것 같지는 않다.

하지만 즉각적인 위협은 보수주의 신문과 자유주의 신문이 아니라 케렌스키에게서 나왔다. 그리고 이러한 상황은 멘셰비키와 사회주의자–혁명가당의 동조자들이 인민위원회의에 광범한 사회주의 연립 정부를 수립하도록 정치적 압력을 가할 여지를 넓혀주었다. 그리하여 카메네프를 비롯한 볼셰비키 우파도 레닌과 트로츠키에게 영향력을 행사할 수 있게 되었다. '전러시아 철도원 조합 집행위원회(빅젤 Vikzhel)'는 연립정부를 구성하지 않으면 파업에 돌입할 것이라고 경고했다. 카메네프는 볼셰비키 중앙위원회로부터 철도원 조합 대표, 멘셰비키 대표, 사회주의자-혁명가당 대표와 협상할 권한을 부여받았다. 레닌은 비켜서 있어야 했다. 그는 이 상황을 받아들였으나 카메네프를 믿지는 못했다. 이런 상황에서 레닌이 자신의 조급함과 완고함을 숨긴 것은 주목할 만하다. 왜냐하면 10월 30일에 카메네프가 레닌과 트로츠키를 배제하는 전사회주의 연립정부 수립 계획에 동의했기 때문이다.[11]

그러나 그즈음 레닌은 이미 당내 정치에 얽매여 있지 않았다. 인민위원회의는 점차 안정되고 있었다. 철도원들이 파업 요청을 받아들일 가능성은 없었고, 제정 러시아의 군사령관이었던 크라스노프(Pyotr Krasnov) 장군이 이끄는 카자크들은 풀코보 언덕에서 패했다. 레닌은 다시 카메네프를 마음껏 공격할 수 있었다. 11월 1일 볼셰비키 중앙위원회에서 결정적인 대결이 벌어졌다. 레닌과 트로츠키는 볼셰비키의 정책이 정부 정책의 기반이 된다는 것을 사전 동의할 경우에만 연립이 이루어질 것이라고 선언하는 최후 통첩을 다른 정당들에게 전달해야 한다고 고집했다. 이것은 안 그러는 척하면서 실제로는 협상을 결렬시키려는 방법이었다. 레닌을 오랫동안 가까이서 지켜본 멘셰비키 지도자와 사회주의자-혁명가당의 지도자들은 그와 협력할 가능성을 결코 낙관적으로 보지 않았다. 레닌의 전제적인 성격뿐만 아니라 독재와 공포에 관한 레닌의 이념도 그들에게는 혐오의 대상이었다. 그들은 또 레닌이 입헌민주당 신문들을 폐간시킨 데 찬성할 수도 없었다. 그리고 인민위원회의가 멘셰비키 우파 신문의 발행을 금지한 것이 분명해지자, 그들은 앞으로 훨씬 더 큰 말썽이 일어날 것이라고 생각했다. 레닌은 11월 2일 볼셰비키 중앙위원회에서 카메네프를 공격했고, 멘셰비키, 사회주의자-혁명가당과 어떤 타협도 하지 않는다는 방침을 다시 내놓았다.

11월 4일 카메네프와 네 명의 동료가 볼셰비키 중앙위원회에서 사임하고, 또 몇몇 인민위원들이 인민위원회의를 그만두거나 레닌이 전사회주의 연립정부를 추진하는 협상에 성실하게 임하려 하지 않는 것에 반대한다고 선언했을 때 또 한 번 동요가 일어났다. 그러나 레닌은 굴하지 않았고 트로츠키는 그를 지지했다. 그들은 중앙위원회 서기 스베르들로프, 민족문제인민위원 이오시프 스탈린과 함께 혁명적인 정치적 결심을 계속 밀고 나가기로 결정했다. 볼셰비키 중앙위원회의 내부 핵심은 바위처럼 단단했다. 그 구성원들은 초기 단계인 자신들의 체제가 아직 가장 큰 시련에는 봉착하지 않았다는 것을 알았다. 인민위원회의가 지속되는 하루하루 자체가 큰 성취라고 그들은 생각했다. 그러나 그들은 자신들이 패배하여 페트로그라드에서 도주할 수밖에 없을 경우 적어도 러시아와 유럽의 역사에 흔적은 남기고 싶었다. 법령과 선언, 지시와 요구가 스몰니 학교에서 쏟아져 나왔다. 용기와 신념이 필요했다. 레닌과 그의 동료들은 자신들의 당과 나라의 정치를 걸고 거대한 도박을 했고, 이 내기가 안전한 것인지는 결코 확실하지 않았다.

정치적 반란, 무장 방어, 정당 간 협상이 이루어진 첫 2주 후 레닌과 동료들은 자신들의 입지를 굳힐 필요가 있었다. 그러려면 세 가지 중요한 과업을 성취해야 했다. 첫째, 자신들의 행정적 권위를 나라의 다른 부분으로 확산시켜야 했다. 둘째, 혁명적 법령의 공포를 완수해야 했다. 셋째, 동부 전선에서 동맹국들에 대처해야 했다. 세 가지 모두 엄청난 과업이었고, 국내의 적들은 대부분 그들이 실패할 것이라고 이미 확신했다. 확실히 볼셰비키는 앞날을 잘못 예상하는 심각한 오류를 이미 너무나 많이 저질렀다. 그들의 전제는 너무 순진했다. 그들은 동맹국의 군대가 러시아 병사와 형제처럼 지낸다면 서서히 영향을 받아 해체될 것이라고 생각했다. 그들은 또 볼셰비키에 찬성 투표한 러시아의 노동자들이 자신들을 계속 지지할 것이라고 믿었다. 그들은 경제의 급격한 악화를 자본주의에 대한 정부의 규제로 금방 역전할 수 있으리라고 기대했다. 그들은 민중 의식, 종교 전통, 사회적 상하 관계, 정치적 무관심이 예부터 전해 내려오는 전통에 얼마나 강하게 얽매여 있는지 거의 이해하지 못했다. 그들의 적들은 레닌과 그의 동료들을 기껏해야 교육을 잘못 받은 무모한 반(半)지식인들로 묘사했다. 가장 반혁명적인 정치 성원들 사이에는 또 다른 시각이 존재했다. 그들은 레닌이 유대인이고 나라에 소속감이 없는 세계 시민이며, 러시아의 국가적 적들과 결탁한 반(反)러시아인이라고 주장했다.

그러나 당시 러시아에서 레닌의 체제가 몇 년 동안 지속될 거라고 예감한 사람은 거의 없었다. 하물며 체제가 70여 년을 생존할 것이라고 예측한 사람은 더더욱 없었다. 볼셰비키 최고 지도자들조차 완전히 확신하지 못했다. 그들이 자신들의 처지를 즐겨 묘사하는 표현이 있었다. "여행 가방 위에 앉아서" 살고 있다는 것이었다. 얼마나 오랫동안 지탱할 수 있을 것인가? 그런 상황에서 당의 최고위층이 리더십에서 구원을 찾으려고 애쓰는 것은 당연했다. 점차 지방 대도시의 당 지도자들에게 레닌은 이따금 전략적·전술적 착오를 저지르기는 해도 신뢰할 수 있는 인도자로 비치게 되었다. 게다가 레닌은 자발적으로 지도자가 되고자 하는 지도자였다. 현재의 정치 위기를 이기고 살아남더라도, 그들은 여전히 지도자가 필요할 것이었다. 레닌은 바로 그런 지도자였다.

레닌은 자신이 어디로 가고 있는지 의심해봐야겠다는 생각을 전혀 하지 않았다. 레닌은 적어도 개략적으로는 자신의 목적을 알았다.

레닌은 볼셰비키가 10월의 권력 장악이 초래한 결과에 정면으로 맞서야 한다고 거듭 주장했다. 레닌은 그들에게 굳건하고 심지어 권위주의적이기까지 한 의지를 지닌 정부가 중요하다고 말했다. 비록 볼셰비키에게 찬성 투표한 노동자들에게는 그런 생각을 비밀로 했지만 말이다. 4월에 레닌은 볼셰비키에게 집권을 준비하라고 말했다. 대부분의 관찰자들은 그를 조롱했다. 그러나 레닌은 그런 조롱을 무시하고, 자신의 당을 강철처럼 단련시켰다. 그러고는 널리 예상된 바와는 달리, 볼셰비키는 권력을 잡는 데 성공했다. 이제 볼셰비키 비판자들은 레닌이 10월 혁명을 통해 자신의 전략적 분석을 실현하는 데 성공할 것이라고 기대한다는 이유로 그를 비웃었다. 그러나 레닌은 더는 입헌민주당, 멘셰비키, 사회주의자-혁명가당을 진지하게 여기지 않았다. 레닌은 지난 십 년여 동안 그들을 진지하게 여긴 적이 없었다. 레닌은 다른 혁명가들과는 달리, 다른 사람들이 자신의 분석을 이상하다고 여길 때 그 분석을 재검토하지 않았다. 레닌은 혼자 무대에 서서 노래 부르기를 결코 꺼리지 않았다. 이제 권력을 잡은 레닌은 목소리를 죽여야겠다는 생각을 훨씬 덜 하게 되었고, 모든 열정을 바쳐 혁명을 칭송했다.

레닌은 이원론적으로 자신의 전략을 설명하기 좋아했다. 레닌은 위로부터의 혁명과 아래로부터의 혁명을 동시에 원했다. 독재도 원했고, 민주주의도 원했다. 레닌은 권위주의적 강제와 해방을 목표로 삼았다. 1917년에 집필된 그의 저술들은 이러한 양 극단을 결합했다. 하지만 아무리 그러한 이원론을 가지고 놀았다고 하더라도, 실제로 레닌은 인민위원회의의 권위를 강제하는 데 맹위를 떨쳤고 어떤 것도 자신이 가는 길을 가로막지 못하게 했다. 설득 대신 강압이 점차 두드러지게 나타났다. 레닌은 지시하고 명령했으며, 노골적인 국가 테러를 비롯해 폭력의 사용을 승인했다.

처음 며칠 동안 레닌은 아직 제출하지 않은 갖가지 법령을 작성하고 편집했다. 10월 29일에 '1일 8시간 노동에 관한 법령'이 선포되었다. 마침내 노동 계급 독재의 창건자가 노동 계급의 구체적 이익을 들고나온 것이다. 같은 날 보통교육에 관한 법령이 마련되어 인민위원회의에 아동을 위한 무료이자 비(非)종교적인 보통학교 교육에 관한 준비를 위임했다. 그 뒤 11월 2일에 발표된 러시아 인민의 권리 선언에는 모든 국민을 대상으로 인민위원회의가 잔존한 어떤 민족적·종교적 특권에도 반대하리라는 것을 보장했다. 분리라고 해도 될 정도의 민족 자결의 기회가 옛 러시아 제국의 민족들에게 주어졌다. 선언에는 레닌과 스탈린이 공동 서명했다. 11월 14일에는 노동자 통제에 관한 법령(원안은 레닌이 더 일찍 작성했다)이 공포되었다. 이 법령은 기업의 노동자들에게 선출된 위원회를 통해 기업 경영을 감독할 권한을 부여하는 계획이었다. 법령이 계속 제정되었다. 12월 1일 인민위원회의는 산업, 금융, 농업, 상업에 대해 소유와 규제 권한을 행사하기 위해 국민경제최고회의를 설립했다. 12월 14일 모든 은행이 국유화되었고, 다음 몇 주 동안 많은 대규모 공장들이 꾸준히 국가의 수중에 들어갔다. 인민위원회의는 볼셰비키가 권력을 향해 나아가던 몇 개월 동안 약속한 프로그램을 실행하고 있었다.

모든 법령이 10월 혁명 전에 공개적으로 윤곽을 드러낸 것은 아니었다. 레닌은 볼셰비키가 프랑스 혁명의 자코뱅 공포정치를 어떻게 흉내 내려 하는지를 말하면서, 유쾌한 어조를 잃지 않으려 했다. 그러나 레닌이 권력을 잡고 전러시아 연립정부의 가능성을 물리치자마자 험상궂은 그의 진정한 모습이 다시 나타났다. 인민위원회의에 등장해 비밀 정치 경찰의 재설치를 주장한 사람은 바로 레닌이었다. 그는 10월 혁명을 효과적으로 보호해야 한다고 강조했다. 그리하여 '비상위원회(체카)'가 창설되었다. 레닌의 권유로 위원회 수장은 펠릭스 제르진스키가 맡았고, '반혁명과 사보타주에 맞선 투쟁'에서 비상위원회의 권한은 일부러 모호하게 놔두어 심지어 인민위원회의에도 간섭받지 않을 자유를 누리게 되었다. 비상위원회란 이름이 붙은 가장 큰 이유는 레닌조차 그런 조직이 임시로 필요할 뿐이라고 믿었기 때문이었다. 그리고 레닌이 이 단계에서 광범위한 대규모 공포 작전을 요구하지 않았던 것도 언급해 두어야 한다.

그러나 비상위원회 창설은 치명적인 조치였다. 적법성의 중요성을 믿지 않았던 레닌에게는 문서로 규정된 세밀한 절차에 속박받지 않는 정치 경찰을 거느리는 것이 편했고, 비상위원회의 헌장은 레닌과 제르진스키에게 위원회 기능의 범위를 자의적으로 확대할 수 있게 해주었다. 레닌은 부르주아 흡혈귀에 대해 쉴 새 없이 말하고 썼다. 계급 전쟁은 그에게 잘 맞았다. 레닌과 사회주의자-혁명가당 좌파 이사크 시테인베르크* 사이에 볼셰비키의 의도를 두고 대화가 진행되었다. 시테인베르크가 물었다. "그렇다면 우리가 사법인민위원부 운운하는 게 대체 무슨 의미가 있습니까? 솔직하게 그 기관을 사회 절멸 인민위원부라고 부릅시다. 그러면 우리는 거기에 적극 참여하겠습니다!" 레닌은 다음과 같이 대꾸했다. "말씀 잘하셨습니다! …… 바로 그것이 우리가 생각하는 기관이 되어야 할 정확한 모습이죠. …… 그러나 우리 입으로 그렇게 말할 수는 없습니다."[12] 레닌이 중간 계급의 존재 자체를 완전히 청산하는 것을 당의 목표로 삼은 것이 맞는지 입증할 수는 없다. 그러나 부자와 귀족, 특권층을 학대한 사례들이 레닌의 동정을 불러일으키지 못했음은 확실하다. 1887년 형 알렉

이사크 시테인베르크(Isaak Shteinberg, 1888~1957) 러시아의 법률가, 혁명가, 정치가. 모스크바 대학 재학 중에 사회주의자-혁명가당에 가입했다. 그 후 독일로 망명하여 하이델베르크 대학에서 교육을 마치고 1910년 귀국해 법률가가 되었다. 10월 혁명 직후 사회주의자-혁명가당 좌파로서 사법인민위원을 지냈으나 브레스트리톱스크 조약의 체결에 항의해 사임하고 반볼셰비키 운동에 나섰다. 1923년 독일로 망명했다.

산드르가 교수형에 처해진 후, 옛 통치 엘리트들에게 레닌이 품어 온 원한은 그의 사고의 표면에서 결코 멀리 있지 않았다.

레닌은 이전 세기 러시아 급진주의자들의 정치적 저술들을 되새겼다. 레닌은 오랜 벗에게 다음과 같이 말했다. "우리는 절멸 작업을 하고 있어요. 당신은 피사레프가 뭐라고 했는지 기억합니까? '모든 것을 깨부수고 호되게 쳐라! 때리고 파괴하라! 깨지는 것은 모두 살아갈 권리가 없는 쓰레기다. 살아남는 것이 좋은 것이다.'"[13] 이 대화가 비록 객관적으로 사실이었는지는 검증할 수 없지만, 있었을 법한 대화라는 느낌이 든다. 레닌은 모든 구체제의 흔적을 없애고, 그 투쟁 과정에서 가능한 모든 무기를 사용하기를 원했다.

복수에 대한 갈망, 레닌식 마르크스주의라는 형태의 지적 포장으로 싸인 갈망을 달래기 위해 레닌이 어느 선까지 나아갈 것인지는 여전히 불분명했다. 10월 혁명의 첫 3개월은 아직 아무것도 해결하지 못했다. 산업 도시의 소비에트들은 인민위원회의 측으로 넘어갔고, 스스로 지역의 정부 당국이라고 선포했다. 러시아와 우크라이나의 농민들은 토지에 관한 법령의 지시를 실행했다. 비러시아인, 특히 핀란드인들은 민족적 자기 표현의 기회를 환영했다. 독일과 오스트리아 외교관들은 볼셰비키 대표들과 함께 앉아 휴전이 끝난 뒤 동부 전선의 상황이 어떻게 진행되어야 할지 의논했다. 볼셰비키는 심지어 사회주의자-혁명가당 좌파를 설득해 인민위원회의 연립정부의 하위 파트너로 만드는 데 성공함으로써 12월 9일에는 사회주의자-혁명가당 좌파가 인민위원회의에서 직책을 차지하기 시작했다. 이 모든 것은 환영할 일이었다. 그러나 이런 흐름이 지속될 수 있었을까? 그것은 레닌이 〈4월 테제〉와 《국가와 혁명》을 쓸 때 믿었던, 러시아와 유럽, 그리고 세계 나머지 지역에서 전면적인 사회주의 인민 혁명으로 귀결될 수 있었을까?

19장

포위된 혁명

1917년~1918년 겨울

★

혁명의 확산과 생존에 관한 의심들이 레닌을 괴롭히고 있었다. 인민위원회의와 볼셰비키 중앙위원회의 다른 구성원들도 그에 대한 생각은 하고 있었지만, 대부분은 각자 맡은 기관들의 기능에 집중했다. 트로츠키만 레닌만큼 전반적인 정책에 주의를 기울였다. 트로츠키의 의견은 때로 레닌의 생각과 부딪쳤기에, 레닌은 트로츠키의 기여를 특별히 반기지 않았다. 레닌은 생각은 홀로 하고, 자신의 중요한 동지들에게는 각자의 인민위원부를 잘 운영하도록 격려하기를 좋아했다. 볼셰비키는 이전에 대규모 행정을 이끈 경험이 없었기에 그들 중 몇 명은 당황했다. 레닌의 응답은 단호했다. "우리 중에 누구라도 그런 경험이 있다고 생각합니까?"[1]

볼셰비키와 사회주의자–혁명가당 좌파의 분위기는 여전히 유토피아적이었다. 그들은 유럽 사회주의 혁명이 임박했고, 러시아의 혁명적 변화가 신속하고 수월하게 이루어질 것이라고 확신했다. 트로츠키는 다른 어떤 볼셰비키 지도자만큼이나 빈틈없었으나, 인민위원으로서 업무를 인계받기 위해 옛 외무부에 도착했을 때 자기 업무가 결코 오래 지속되지는 않을 것이라고 생각했다. 그는 건물에 들어가 니콜라이 2세와 연합국 사이에 맺은 비밀 조약을 공개하고 그런 다음 그냥 "가게 문을 닫을" 것이었다. 여기서 트로츠키는 동부 전선에서 러시아군을 분쇄하겠다는 동맹국들의 의지를 과소평가했다. 다른 볼셰비키 정부 관리들도 똑같이 상황을 잘 파악하지 못하고 있었다. 경제가 황폐해지는 동안, 국민경제최고회의 의장인 니콜라이 오신스키(Nikolai Osinski)는 산업과 농업의 구조를 완성하기 위해 표와 통계를 정교하게 다듬으면서 며칠을 보냈다. 대부분의 병사들이 열차에 올라 고향으로 돌아가고 있을 때, 국방인민위원 니콜라이 포드보이스키(Nikolai Podvoiski)는 군대를 재조직하는 계획에 몰두했다. 레닌이 보기에 가장 어처구니없는 사례는 유리 라린이었다. 라린은 거의 한 주도 빠짐없이 인민위원부들의 근본적인 재편에 관한 제안서를 작성했다.

레닌 역시 유토피아 사상가였지만 그는 정치적 생존을 위해 정책을 조정할 줄 알았다. 레닌이 언제나 이러한 능력을 발휘한 것은 아니며, 자신의 당이 좀 더 유연해짐으로써 상황을 개선할 수 있었을 때 종종 교조적 입장을 고수한 것도 사실이다. 그러나 레닌은 1917년에 권력을 추구하면서 많은 방침을 수정했고, 그 후에는 무슨 일이 있더라도 10월 혁명을 보호하는 것이 관건이 되었다. 실제로 레닌은 지금 자신이 있어야 할 곳에서 뜻대로 하고 있다고 느꼈다. 레닌은 10월 혁명을 지속시키고 그 성과를 강화할 조치들을 계획하는 역사적 책무를 수행하며 즐거움을 느꼈다.

걱정거리가 몇 가지 있었다. 레닌은 1917년 10월에 권력을 잡았으면서도 볼셰비키와 그들의 동맹자들이 제헌의회 선거에서 승리하지 못할 것이라고 예상했다. 레닌은 또 경제 상황도 염려했다. 레닌은 도시 노동 계급이 진정한 사회주의 혁명에 필요한 규율과 헌신하는 태도를 지니고 있는지 의심하기 시작했다. 레닌은 비러시아인들 사이에서 이루어진 진전에 대해서도 마찬가지로 우려했다. 민족 자결의 약속에도 불구하고 우크라이나와 핀란드에서 사회주의자들은 권력을 장악하지 못했다. 훨씬 더 나빴던 것은 독일, 오스트리아, 프랑스, 영국에서 봉기가 없었다는 것이었다. '유럽 사회주의 혁명'의 불씨는 꺼졌고, 레닌은 브레스트리톱스크에서 페트로그라드로 돌아오던 트로츠키로부터 동맹국들이 러시아가 자신들이 내건 조건을 거부할 경우 침공하기로 결심했다는 것을 알았다. 레닌은 1917년 4월 볼셰비키의 반대를 무릅쓰고 사회주의 혁명이 쉬운 일이라고 주장했다. 레닌은 멘셰비키와 사회주의자-혁명가당이 볼셰비즘이 맞을 미래가 끔찍할 것이라고 예언한 데 코웃음을 쳤다. 이제 레닌이 할 일은 혁명의 과업이 레닌 자신이 주장했던 것보다 더 힘들 것이라고 볼셰비키를 설득하는 것이었다.

레닌은 스몰니 학교 부근으로 산책을 나가 마침내 페트로그라드 거리의 상황을 가늠할 수 있었다. 1917년 11월 10일 레닌과 나데즈다 콘스탄티노브나는 스몰니 학교 2층에 방 두 칸짜리 아파트를 마련했다. 적어도 이제 이후 몇 달 동안 별거는 없을 것이었다. 아파트 자체는 작았지만 아늑했고, 나데즈다 콘스탄티노브나는 아파트 생활을 좋게 기억했다.[2]

마침내 일리치와 나는 스몰니(학교)에 자리 잡았다. 우리는 한때 상층 계급 여성이 머물던 방을 배정받았다. 칸막이가 있고 그 너머 다른 편에 침대가 있는 방이었다. 방으로 들어가려면 세면장을 거쳐야 했다. 어느 누구도 레닌이 서명한 특별 허가증이 없으면 우리 부부의 아파트로 접근할 수가 없었다.

레닌과 크룹스카야가 그곳에서 시간을 많이 보낸 것은 아니었다.

레닌의 사무실은 북쪽 동(棟)의 3층 81호실이었다. 레닌은 자신의 사무실에 없을 때에는 보통 사무실 맞은편의 접견실에 있었다. 접견실에서는 관리들이 레닌과 잠깐 이야기를 나누기 위해 그를 기다렸다. 줄이 항상 늘어서 있었고 접견실은 사람들로 터져나갔다. 레닌은 그들과 이야기하기를 좋아했고, 기회를 봐서 종종 현안에 관해 짧은 연설을 했다.[3] 레닌과 크룹스카야의 아파트는 순수한 가족의 공간이 아니었다. 옆의 큰 방에서는 인민위원회의 회의가 열렸고, 레닌 부부의 아파트 맞은편에 있는 아파트에는 트로츠키와 그의 가족이 살았다. 인민위원들과 그들의 여러 부관과 보좌관들이 복도를 분주히 왔다 갔다 했다. 레닌과 크룹스카야는 말 그대로 일터에서 먹고 잤다. 교육 부인민위원으로 임명된 크룹스카야는 바깥을 돌아다녀야 했다. 그녀는 남편의 시중을 들 수도 없었고, 또 시중들도록 요청받지도 않았다. 혁명은 레닌만의 것이 아니었다. 크룹스카야의 혁명이기도 했다. 여하튼 중앙위원회의 레닌의 동료들은 크룹스카야에게 비서 역할을 다시 맡기는 것을 확실히 거부했다. 레닌과 크룹스카야는 정치적 동료였지만, 각자 별도의 기관에서 일하는 동료였다. 그들은 더는 업무적으로 가까운 관계를 맺고 있지 않았다.

집안일을 관리해줄 여성이 없는 레닌은, 크룹스카야의 회고록에 따르면 간신히 생활했다.[4]

일리치는 완전히 방치된 상태였다. (그의 경호원인) 졸티셰프가 일리치에게 점심, 즉 그의 배급품으로 배당된 빵을 갖다주었다. 때때로 마리야 일리니치나가 일리치에게 집에서 음식을 가져다주었다. 그러나 나는 집에 없었고, 일리치의 식사를 규칙적으로 챙겨주지 못했다.

아마도 크룹스카야는 레닌의 생활에서 자신이 얼마나 중요한 존재였는지, 그리고 그의 동생 마리야는 능력이 부족했다는 것을 강조하려 했던 것 같다. 그렇다 하더라도 레닌의 여자들은 각자 맡은 정치적 책무가 있었고, 대체로 레닌을 알아서 살도록 내버려 두었다. 그 결과 레닌은 제때 식사하는 것을 잊어버렸고, 공동 식당을 어슬렁거리며 절인 청어와 약간의 빵을 받아 먹었다.[5] 레닌의 건강은 악화되었다. 두통과 불면이 다시 찾아왔다.[6]

레닌과 크룹스카야는 함께할 시간이 있을 때는 산책을 했는데, 보통은 경호원 없이 했다. 한번은 학교 밖에 서 있던 십여 명의 주부들이 그들을 보고 소리를 질렀다. 사실 여성들은 레닌을 알아보지 못했다. 건물에서 사람이 나오는 것을 보면 누구든 그에게 욕을 퍼부을 뿐이었다.[7] 그리하여 레닌과 크룹스카야는 레닌의 이름이 매일 신문에 오르내리고 있었는데도 신분을 숨기고 나다닐 수 있었다.

사실 레닌의 독재 체제에 대한 비난은 자주 눈에 띄었다. 비판의 어조는 날카롭고 직접적이었지만, 때때로 풍자하려는 시도도 있었다. 가장 주목할 만한 시도는 사회주의자-혁명가당 신문인 〈인민의 대의(Delo Naroda)〉에 등장했다. 작가 예브게니 자먀틴*은 이 신문에 테타(Theta)라는 사람으로 변장한 레닌을 조롱하는 일련의 단편들을 썼다. 독자들이 무엇을 풍자한 것인지 읽어내지 못할 경우를 대비해, 자먀틴은 테타가 울리얀 페트로비치(Ulyan Petrovich, 레닌 가족의 성을 얼핏 연상시키는 발음이다)의 양자라고 언급했다. 테타는 집이 없는 사람이다. 그는 측은하고 머리가 벗겨진 덩치 작은 남자다. 울리얀 페트로비치에게 테타가 쓸모있는 것은 그가 지역 파출소에서 울리얀

예브게니 자먀틴(Yevgeni Zamyatin, 1884~1937) 러시아의 소설가. 상트페테르부르크 대학을 졸업하고 혁명에 참여했으며, 반전 작품을 써서 투옥되었다. 작품으로 소설 《어느 지방의 이야기》, 《땅 끝에서》, 《섬 사람들》, 《우리》 등이 있다. 특히 반유토피아 소설 《우리》에서는 합리주의가 결국 도달하게 되는 전체주의 사회를 예견했다.

을 위해 서류를 작성할 수 있다는 점이다. 테타는 일하는 동안 잉크를 마시는 등 이상한 습관이 있다. 그러나 테타는 이따금 기분이 좋지 않기도 하다. 특히 콜레라 보고를 조사하기 위해 농촌을 방문할 때, 그는 단지 병을 금지하고 병에 걸린 마을 사람에게 체형을 가할 것을 명령한다. 하지만 그 마을 사람은 "반정부적으로 죽었다." 결국 테타의 권력은 그가 잉크 얼룩으로 변해 소멸할 정도로 약해진다.[8]

자먀틴은 많은 정부 활동과 언어에서 드러나는 위험하고 비정상적인 어리석음을 고발했다. 그러나 볼셰비키가 비판적인 정치 언론을 폐쇄함에 따라, 이러한 폭로성 풍자는 점차 드물어졌다. 레닌은 기분이 상하지는 않았다. 그는 그저 볼셰비키당 밖에서 나오는 모든 유형의 비판에 제동을 걸고 싶었을 뿐이었다. 레닌은 자발적 억압자였으며, 그의 체제는 자먀틴이 상상했던 것보다 훨씬 더 가혹해졌다.

그러나 레닌은 이미 육체적·정신적 과로의 조짐을 보였다. 인민위원회의와 볼셰비키 중앙위원회의 업무량은 엄청났고, 분명히 당분간은 줄어들 것 같지도 않았다. 정부가 장악한 권력으로 정치·사회·문화 생활의 모든 측면에 포괄적으로 침투하기 위해 온 힘을 다하던 마당이니 그럴 법도 했다. 크룹스카야는 과도한 업무가 레닌의 건강에 끼친 영향을 알아차렸다. 예전이라면 레닌 부부는 산책하면서 정치 토론을 했겠지만, 이제 크룹스카야는 레닌이 스몰니 학교의 긴장으로부터 한숨 돌릴 수 있게 해주려 했다. 정치 이야기를 나눌 때는 보통 교육인민위원부에서 나댜의 활동과 관련한 내용이었고, 그때조차 레닌이 먼저 이야기를 꺼냈을 것이다. 그들의 결혼은 편안한 결합이었지만, 그 편안함은 일방적이었다. 크룹스카야는 남편을 보살폈고, 자신의 어려움은 남편에게 말하지 않고 혼자 대처했다.[9] 레닌의 누이 안나와 마리야는 레닌의 아파트에 잠깐씩만 들렀기에, 크룹스카야의 존재는 레닌에게 꽤 중요했다. 그리고 크룹스카야는 모든 볼셰비키와 마찬가지로, 자신의 당과 그 지도자가 인류의 역사에 새벽을 밝히고 있다고 느꼈다.

집과 일터에서 그들의 일과는 점점 더 안정되었다. 레닌은 블라디미르 본치-브루예비치와 니콜라이 고르부노프(Nikolai Gorbunov)를 개인 보좌관으로 채용했다. 또 스테판 길(Stepan Gil)이라는 운전사도 고용했는데, 그는 레닌을 리무진에 태우고 온 도시를 돌아다녔다. 레닌은 마르가리타 포파노바와 다른 젊은 볼셰비키 여성들을 비서로 두었다. 레닌과 크룹스카야는 국가가 급료를 지급하는 가정부를 두었고, 레닌은 핀란드에서 작은 석유난로로 요리하던 때보다 훨씬 잘 먹기 시작했다.

레닌과 크룹스카야가 스몰니 학교에서 살기로 한 것은 신변의 안전 때문이었다. 또 스몰니 학교는 위대한 혁명의 심장부였기 때문에 진정으로 그곳에서 지내기를 원한 것이기도 했다. 시내 공동 주택 단지에 있는 아파트로 돌아갈 계획은 없었다. 이따금 학교 부근을 산보하는 것을 제외하고 그들은 시내에서 거의 시간을 보내지 않았다. 레닌은 물론 푸틸로프 공장을 비롯한 볼셰비키당 활동의 중심지에서 열리는 대규모 집회에서 연설했으나, 위험을 무릅쓰고 자주 외출하지는 않았다. 정치는 항상 레닌의 사회 생활을 지배했다. 레닌은 여름 휴가를 보내는 동안에도 당 업무에 대해 말하고 읽고 썼다. 크룹스카야는 잘 때에도 레닌이 당 업무에 대해 꿈을 꾼다고 주장했다. 그러므로 10월 혁명 후 적어도 첫 몇 주 동안 스몰니 학교에서 생활하고 일하고 휴식을 취하는 일은 레닌에게 진정한 기쁨이었다. 이곳에서 레닌은 (페트로그라드에서 살지 않는 모든 사람을 의미하는) '지방'에서 온 방문자들을 맞았다. 레닌의 경력에서 결정적으로 중요한 한 순간은 1905년 가폰 신부와 매일 함께 비밀스럽게 이야기를 나누던 시간이었다. 이제 레닌은 수도의 모든 노동자, 병사, 농민들을 만날 수 있었고, 그들과 이야기를 나눌 수 있었다. 그리고 모든 중대한 혁명 기관들이 수도의 담장 안에 포진해 있었다. 볼셰비키 중앙위원회, 군사혁명위원회, 인민위원회의, 페트로그라드 소비에트, 소비에트 대회의 중앙집행위원회가 이곳에 있었다.

레닌은 이 기관들 하나하나에 직접, 꾸준히 영향을 끼쳤다. 라즐리프와 헬싱키에 몇 달 동안 숨어 지내면서 다른 사람에게 의존해 동료 당 지도자들에게 글을 전달하던 시절을 생각하면 반가운 변화였다. 불완전한 우편 체계, 분파 간의 충돌, 경찰의 침투로 얼룩진 망명 시절을 보낸 뒤 맞은 이러한 변화는 얼마나 안심이 되었겠는가!

수뇌부 정치는 한 건물에서 집중적으로 이루어졌는데, 그 현장은 항상 레닌이 있는 곳에서 걸어서 닿을 수 있는 가까운 거리에 있었다. 레닌은 이 순간을 위해, 이 혁명을 위해, 세계사에서 한 시대의 시작을 위해 태어났다고 느꼈다. 레닌은 학교에서 동료들에게 이런 만족감을 전했다. 레닌은 자신이 예측한 대로 사태가 흘러가지 않을 때면, 옛날에 배운 격언을 기억에서 끄집어내곤 했다. 괴테를 인용하면서 레닌은 말했다. "이론은 회색이나 삶은 푸르다." 마르크스주의 원리 문제를 둘러싸고 자신의 당을 상습적으로 분열시켰던 사람이 이런 말을 한다는 것은 퍽 역설적이었다. 그러나 레닌은 결코 일차원적 정치인인 적이 없었다. 직관과 즉흥성은 항상 그의 특징이었다. 레닌은 거창하게 소비에트 대회의 중앙집행위원회에서 이렇게 말했다. "사회주의는 위로부터의 명령으로 생겨나지 않습니다. 국가-관료주의는 사회주의와 어울리지 않습니다. 생기 있고 창조적인 사회주의는 인민 대중 자신들의 피조물입니다."[10] 그러나 레닌은 모든 것을 '인민 대중'에 맡기지 않을 것이었다. 레닌은 스몰니 학교의 이 방에서 저 방으로 움직이면서, 중앙의 국가와 당 기관들이 소용돌이치는 혁명 러시아의 상황에서 할 수 있는 최대한의 권위를 행사하도록 했다.

레닌이 재빨리 알아차렸듯이, 그러려면 일정한 권위를 각 기관들에 행사할 수 있어야 했다. 레닌은 할 일이 많았다. 볼셰비키 중앙위원회는 기강이 꽤 잘 잡혀 있었다. 중앙위원회 위원들은 일반 지침을 만들어내는 임무만 있었는데, 여하튼 당 규율에 종속되어 있었다. 새로운 국가 기관들은 다른 문제였다. 소비에트 대회 중앙집행위원회는 시끄러운 회의를 며칠이나 이어 갔고, 그 탓에 입법 작업을 좀처럼 신속하게 밀고 나갈 수가 없었다. 스베르들로프를 수장으로 하는 간부회가 구성되었으나, 혼란스러운 상황은 끝나지 않았다. 인민위원회의는 그나마 약간 나았다. 장황하고 내키는 대로 떠드는 발언과 사소한 실제 문제들을 놓고 벌이는 끝없는 토론이 일상적인 모습이었다.

레닌은 형식적인 절차를 도입했다. 특히 인민위원들에게 보고 시간으로 최대 10분을 주었다.[11] 레닌은 보고가 교조적 설명으로 흘러갈 조짐이 보일 때마다 보고에 개입했다. 레닌은 수사가 아니라 실제 정책을 원했다. 레닌은 회의에 지각하는 인민위원들을 질책하고 심지어 벌금을 물리기까지 했다. 레닌은 그들이 심의 시간 동안 한가롭게 이야기하는 것을 보면 참을 수가 없었다. 레닌은 스스로 규칙을 지켰고, 다른 사람들도 그러기를 바랐다. 레닌에게 문제는 인민위원들이 종종 업무가 버거워 보좌관을 보내 인민위원부의 주장을 전달해야 했다는 사실이었다. 인민위원회의는 많은 참가자들에게 사교 기관이 되어 가고 있었다. 심지어 참가자 중 몇몇은 볼셰비키가 아니라 사회주의자-혁명가당 좌파나 그들의 동조자였다. 그러나 인민위원회의는 신속하고 권위 있는 태도로 결정을 내려야 했으며, 레닌을 빼고는 거의 어느 누구도 상황을 다루는 데 필요한 책임감이 없었다. 몇 달 동안 동료를 보지 못했더라도 레닌은 회의를 지연시키지 않고 대신 그들에게 인사장을 돌릴 것이었다. 레닌은 항상 일을 서두르려고 했다. 그는 정책의 윤곽을 그리고 그 정책이 시행되는지 확인하려 했다.

정기적으로 말썽을 부리는 사람 중에는 체카 의장 펠릭스 제르진스키가 있었다. 제르진스키는 혁명 체제 전체에 규율을 강제하는 사람이었지만, 그 자신은 인민위원회의 회의에서 금연 방침을 어겼다. 인민위원들은 대부분 담배를 피웠고, 담배를 한두 대 피우지 않고서는 회의를 견디기 힘들어했다. 제르젠스키는 긴 녹색 천이 깔린 테이블에서 벗어나기 위해 이 핑계 저 핑계를 댔고, 레닌의 시야에서 벗어났다 싶으면 벽난로 옆에서 담배에 불을 붙였다.

바로 이런 무질서한 상황에서 레닌은 자신의 사상을 정리하려 했다. 공산주의자인 레닌은 전 세계에서 국가와 사회를 변화시키기를 원했으나, 점차 일부 당 정책이 공산주의로 향하는 길을 방해한다고 결론지었다. 스몰니 학교 부근에서 짧은 산책을 하며 관찰하는 모든 것이 레닌에게 변화의 필요를 암시했다. 1918년에 레닌은 많은 정책을 뒤엎었다. 변화는 너무 빠르고 급격해서 레닌이 수행한 것은 전부 그의 진정한 의도를 숨김으로써 권력으로 교묘하게 나아가는 장기적인 계획의 결과라는 주장이 그때 이후로 지금까지 제기되어 왔다. 그렇다면 10월 혁명의 수행자는 사실 세계사적 차원의 냉소주의자였다고 해석할 수 있다. 이런 해석에 따르면, 집권했을 때 레닌은 저항 세력이던 시절에 의도했던 것보다 훨씬 더 가혹한 조치를 취했다. 레닌을 비판하는 사람 중 일부는 그런 가혹함을 그의 과대망상증 탓으로 돌렸다. 다른 일부는 독일 제국 정부가 볼셰비키 중앙위원회에 제공한 비밀 보조금으로까지 거슬러 올라가 그 이유를 찾았다. 그들의 주장은 독일인들이, 특히 10월 권력 장악 이후, 당의 대외 정책을 지시했다는 것이었다.

그러나 레닌은 교활하고 믿을 수 없는 인물이었지만 다른 한편으로 공산주의의 궁극적 목표에 헌신하기도 했다. 레닌은 권력을 즐겼다. 그는 권력을 갈망했고, 자신의 당이 계속 권력을 잡기를 열망했다. 그러나 레닌은 하나의 목적을 위해 권력을 원했다. 그는 볼셰비키가 착취와 억압이 없는 세계를 이루는 과업에 착수해야 한다고 믿었다. 1917년에 레닌의 당은 베를린의 돈을 받았지만, 레닌은 자신을 독일 첩자라고 여기지 않았다. 마찬가지로 독일 당국은 레닌을 영원히 매수했다고 생각하지 않았다. 레닌과 독일은 서로 상대방을 속이고 있다고 믿었다.

레닌은 유럽 사회주의 혁명을 공고화하는 데 필요한 긴 시간을 찬찬히 살펴볼 준비가 되어 있었다. 내전의 가능성이 있었다. 사실 그런 전쟁이 발발하리라는 것은 거의 확실했다. 사회주의 국가와 자본주의 국가 사이에도 전쟁이 벌어질 수 있을 것이다. 만일 유럽 사회주의 혁명이 일어나지 않고 제국 간 자본주의 경쟁이 지속된다면, 제2차 세계대전도 벌어질 수 있을 것이다. 레닌은 동료 볼셰비키들이 그 같은 퇴보의 가능성이 뻔히 눈앞에 있음을 이해하지 못하는 것을 참을 수 없었다. 레닌과 달리 그의 동료들은 정치가 마르크스주의 원리의 처방보다 항상 더 혼란스럽다는 사실을 인식하지 못했다. 이것을 이해한 소수의 동료들은 최근에 레닌과 갈등을 일으켰다. 카메네프와 지노비예프는 정치적 대재앙이 10월의 권력 장악을 뒤따를 것이라고 경고했으며, 직책에서 사임한 인민위원 몇 명도 같은 생각이었다. 스탈린의 경우, 위기 상황 내내 레닌에게 충실하긴 했으나, 사실 그는 유럽 사회주의 혁명이 임박했다는 말을 절대 믿지 않았다. 이 인물들을 자기편으로 다시 끌어들이고 지난일은 잊어버리게 하는 것이 레닌에게는 매우 중요한 일이었다. 레닌은 볼셰비키 정책을 급격히 변경하자는 제안에 분노한 (단연 가장 많은 숫자의) 당내 다른 지도자들을 제압하려면 그들의 도움이 필요했다. 그들이 〈4월 테제〉에 동의했던 것은 혁명을 러시아에서 쉽게 해낼 수 있을 것이고, 독일에서는 훨씬 더 쉬울 것이라는 레닌의 주장을 받아들였기 때문이었다.

하지만 레닌의 한 가지 제안은 볼셰비키 사이에서 논란의 여지 없이 받아들여졌다. 10월 혁명 첫날부터 레닌은 볼셰비키에게 당이 선거에서 승리하지 못할 것을 우려해 제헌의회 선거 연기를 촉구했으나 소용이 없었다. 볼셰비키가 겨우 전체 표의 4분의 1밖에 득표하지 못한 11월, 레닌의 예측은 그대로 실현되었다. 선거 결과를 무시하자는 쪽으로 여론이 움직이기 시작했다. 전사회주의 연립정부를 원했던 볼셰비키조차 이에 동의했다. 사회주의자-혁명가당 좌파도 마찬가지였다. 그리하여 레닌은 1918년 1월에 제헌의회가 페트로그라드에서 소집되면 의회를 해산하자는 데 인민위원회의의 동의를 얻었다.

볼셰비키와 사회주의자-혁명가당 좌파는 러시아와 유럽의 혁명적 변화가 제헌의회 선거 때문에 위험에 빠지게 내버려 두지 않을 것이었다. 볼셰비키도, 사회주의자-혁명가당 좌파도 선거 절차에 기본적인 책임감이 없었고, 일단 권력을 잡고 나니 포기할 생각이 없었다. 그들은 우선은 혁명가였고, 민주주의가 혁명 목표를 강화한다고 여겨질 때만 민주주의자였다. 그들은 또 임시정부로부터 물려받은 제헌의회 선거 제도가 그들에게 부당하게 불이익을 준다고 주장했다. 사회주의자-혁명가당의 명부는 11월에 사회주의자-혁명가당 좌파가 분리해 나오기 전에 작성되었다. 그 결과 사회주의자-혁명가당 좌파가 레닌의 토지에 관한 법령을 승인한 것을 지지한 농민들은 사회주의자-혁명가당 전체가 아니라 사회주의자-혁명가당 좌파를 지지하는 뜻을 분명히 담아 투표를 할 수 없었다. 선거가 11월 중순에 있었다는 사실 역시 마음에 들지 않았다. 이때는 대부분의 국민들이 레닌이 정책 혁신에 관해 잘 알게 되기 한참 전이었다. 인민위원회의 연립정부는 선거가 몇 달만 연기되었더라면 자신들이 제헌의회 선거에서 승리했을 것이라고 생각했다.

레닌은 이런 식으로 주장하며 제헌의회 해산 음모를 꾸몄다. 그의 계획은 교활했다. 선출된 의회 의원들은 타브리다 궁에서 모이도록 허용될 것이었다. 그곳에서 인민위원회의 대표자들은 의회의 다수당(사회주의자-혁명가당)에게 인민위원회의가 제정한 기본 정책들과 소비에트들이 제시하는 정부 형태에 동의하라고 요구할 것이었다. 제헌의회가 거부한다면, 그 의원들은 다음 날 궁 밖으로 쫓겨나야 한다. 이 계획의 장점은 피를 흘리는 일이 거의 없으리라는 점이었다.

레닌이 심사숙고한 또 다른 엄청난 정책 변화는 인민위원회의 연립정부 내부에서 훨씬 큰 논란을 불러일으켰다. 그것은 동맹국들과 따로 강화 조약을 맺어야 한다는 주장이었다. 볼셰비키는 제1차 세계대전의 동기가 제국주의적이었고, 전쟁을 종결하는 유일한 방법은 유럽 전역을 휩쓰는 사회주의 혁명이라고 항상 주장해 왔다. 그들은 병사들 사이의 선전과 형제 같은 친교가 그 목적을 이루게 할 것이라고 생각했다. 그 같은 결과가 발생하지 않는다면, 볼셰비키는 총검을 앞세우고 유럽에 사회주의를 가져다줄 '혁명 전쟁'을 부추길 작정이었다. 그러나 볼셰비키는 낙관주의자였으며, '혁명 전쟁'이 반드시 필요한 것은 아니라고 가정했다. 동부 전선에서 별도 강화 조약이라는 생각은, 실제로 다른 모든 러시아 정당에게 그랬듯이, 그들에게는 상상도 못할 일이었다. 레닌은 그 자신이 확립하는 데 이바지한 이런 논리에 반대하여 저항하기 시작했다. 레닌이 러시아의 군사적 대비 태세에 관한 설문지를 발행하라고 명령했던 12월 17일, 강화 조약이 체결되었다. 레닌의 질문은 잔인할 정도로 날카로웠다. 정말로 독일 공격을 격퇴할 수 있는가? '혁명 전쟁'에 계속 찬성하는 것이 현명한가? 병사들은 실제로 별도의 강화 조약을 체결하는 것을 선호하는가? 응답은 레닌이 이미 품었던 우려를 확인해주었다. 동부 전선의 러시아 군대는 극도로 약화되었고, 남아 있던 병사들은 거의 어떤 대가를 치르더라도 강화해야 한다는 의견이 대부분이었다.[12]

레닌의 설문지는 베를린에서 돈을 주고 그를 조종하던 사람들의 지시를 따르고 있었다는 사실을 숨기기 위한 속임수에 불과하다는 추측이 항상 있어 왔다. 10월 혁명에 '독일 금화'가 들어갔다고 믿는 사람들은 동부 전선에서 별도의 강화가 그 답례로 독일이 얻은 대가라고 주장한다.[13] 이 주장은 절대 받아들이기 어려운 허튼소리다. 레닌이 설령 독일 외교관들에게 어떤 약속이나 암시를 주었다 하더라도, 그는 자신이 한 약속, 즉 탐욕스러운 제국주의 정부에게 한 약속을 지킬 사람이 아니었다. 사실 레닌이 독일의 군사적 목표를 위해 추진한 가장 큰 작업은 토지에 관한 법령과 평화에 관한 법령을 공포했던 10월 26일에 이미 완수되었을 것이다. 레닌은 이 조치를 베를린과 맺었던 재정적 관계와 상관없이 도입했을 것이다. 여하튼 그 결과 러시아군의 전쟁 수행 능력은 떨어졌다. 동부 전선의 병사들이 재배분되던 자기 몫의 토지를 얻기 위해 마을로 무리 지어 되돌아갔기 때문이었다. 그러나 동맹국은 더 많은 것을 원했다. 그들은 인민위원회의가 폴란드, 라트비아, 벨라루스에 행사하는 주권을 공식적으로 모두 포기할 것을 요구했다. 그들은 조약의 서명을 요구했다. 레닌이 기꺼이 타협하려는 의사를 보인 것은 재정적 부채 때문이 아니라, 인민위원회의가 양보하지 않으면 동맹국들의 요구가 훨씬 더 심해질까봐 (실제로 1918년 1월에 그렇게 되었듯이) 우려했기 때문이었다.

동부 전선에 대한 우려가 심각해지면서, 레닌은 전반적인 소비에트 경제와 사회 정책들도 걱정했다. 레닌이 러시아에서 이루어지리라고 예측한 손쉬운 혁명은 실현되지 않았고, 그는 체제의 추동력을 유지하기 위해 전략을 다시 짜지 않으면 안 되었다. 그러나 그러려면 인민위원회의와 볼셰비키 중앙위원회의 일상 업무를 벗어나 다시금 짧은 휴식을 취할 필요가 있었다. 건강 악화와 과로가 레닌을 허약하게 만들고 있었다. 스몰니 학교 주변을 짧게 산책하는 것을 제외하면 레닌은 쉴 기회가 없었다. 제2차 소비에트 대회에서 일반인들의 시선에 다시 노출된 지 단 두 달 만에, 레닌은 스몰니 학교를 벗어나 잠깐 휴가를 떠나기로 마음을 먹었다.

12월 24일 레닌은 부인 나다, 동생 마리야와 함께 에이노 라흐야를 만나러 핀란드 역을 향해 떠났다. 라흐야의 열차는 그들을 익숙한 철로를 따라 북쪽으로 데려다줄 것이었다. 그들의 목적지는 러시아 수도에서 북쪽으로 70여 킬로미터 떨어진 핀란드 마을 우시키르코 인근의 할릴라에 위치한 결핵 요양소였다. 레닌은 건강 회복이 절실했다. 중앙위원회 위원 얀 베르진스(Jan Berzins)와 그의 가족이 이미 할릴라에서 회복 중이었다. 깊게 쌓인 눈은 꽁꽁 얼어 있었고, 공기는 신선했으며, 레닌은 시골에서 산책을 나갈 수 있었다. 이때는 레닌의 생애에서 묘한 순간이었다. 레닌은 러시아 국가의 수반이었고, 최근에 핀란드에 독립을 부여했다. 레닌은 우시키르코로 가면서, 법률적 관점에서 보면 허가 없이 국경을 건넜다. 그러나 레닌은 자신이 제정한 법률이 지닌 의미보다는 1907년과 1917년에 핀란드 시골에서 도망자로서 살았던 옛 경험을 떠올렸다. 무의식적으로 내무부의 정보원이 엿듣지 못하도록 목소리를 낮춰 말하기 시작했던 것이다! 레닌은 이때 자기가 비밀경찰을 통제하고 있다는 사실을 망각했다. 또 다른 문제는 낮 시간이 페트로그라드보다 저 극북에서 훨씬 짧다는 것이었다. 레닌은 대부분 시간을 실내에 틀어박혀 글을 쓰고 고민하면서 보냈다.

할릴라에서도 인민위원회의의 동료들은 레닌을 편안하게 내버려 두지 않았다. 레닌이 할릴라에 도착하자마자, 스탈린은 레닌에게 12월 28일 정오까지 스몰니 학교로 돌아오라고 요청하는 글을 썼다. 스탈린은 우크라이나와의 관계에서 레닌의 자문이 필요했다.[14] 레닌은 12월 29일까지 버텼으나, 그가 적절한 휴가를 보내고 있다고 느끼지 못한 것은 놀랍지 않다. 레닌은 몇몇 글의 초고를 써서 돌아왔지만, 내용이 너무 비관적이어서 〈프라우다〉에 건네지 않았다. 글이 비관적이었던 원인은 우시키르코의 어두운 한겨울 때문이 아니라, 인민위원회의가 좀 더 확고하게 러시아를 장악하지 않으면 10월 혁명의 생명이 금방 시들 것이라는 레닌 자신의 예감 때문이었다.

레닌 문서고에 보관된 그 초고들에서 레닌은 소비에트를 비롯한 인민 조직들이 공개 회의를 자주 여는 것을 자제하라고 요청했다. 너무나 많은 시간이 낭비되고 있었다. 더군다나 레닌의 말을 빌리면 노동자들은 지나치게 제멋대로 행동하게 되었다. 파업 중인 인쇄 노동자들은 훌리건으로 취급해야 하고, 그들이 노동을 계속하지 않는다면 체포해야 한다. 소비에트 체제는 너무 물러 터졌다. 레닌은 포괄적인 '회계와 감독'이 이미 이루어졌어야 했다고 충고하면서, 다음과 같이 설명했다.

이 회계와 감독의 목적은 분명하고, 누가 봐도 당연하다. 그것은 모든 사람이 빵이 있어야 하고, 튼튼한 신과 말쑥한 옷을 착용해야 하며, 따뜻한 집이 있어야 하고, 양심적으로 일해야 한다는 것이다. 또 (무슨 일이든 게을리하는 사람을 비롯해) 어떤 협잡꾼도 자유롭게 돌아다니지 않고 감옥에 갇혀 있거나 가장 엄중한 종류의 강제 노동을 하면서 형기를 마쳐야 한다. 사회주의 규칙과 법을 회피하는 어떤 부자라도 협잡꾼과 같은 운명을 면할 수 없게 해야 한다. 협잡꾼의 운명이 공평하게 부자의 운명이 되어야 하는 것이다.

이 설명을 통해 레닌이 한때 볼셰비키를 열렬히 지지했던 사회 계층들에게도 자비를 베풀 생각이 없었다는 것이 분명함을 알 수 있다.

제대로 깨닫지 못한 채 레닌은 정치적·경제적 후퇴라는 관점에서 10월 혁명의 결과를 직시하고 있었다. 권위주의가 늘 그의 사고를 지배했다. 권위주의는 이제 더욱 분명하고 극단적이 되었다. 우시키르코에서 글을 쓰면서, 레닌은 곧 쓰고 싶은 또 다른 평론의 주제를 간단히 적어 두었다. "먼저 부르주아들을 정복하고 그다음에 외국의 부르주아들과 싸우라."[15] 이 말은 러시아에서 정치적 기반을 다지는 것을 가장 먼저 하고, 조금 기다렸다가 혁명을 다른 산업 국가들에 퍼뜨리고자 하는 의지를 담고 있었다. 그리고 레닌의 초고들은 러시아 부르주아들을 정복하려는 투쟁이 '대중'에 대한 대규모 위협을 동반하리라는 것을 보여준다. 레닌의 냉혹한 심장은 더욱 냉혹해졌다.

스몰니 학교에서 레닌은 러시아 역사상 최초의 (그리고 1993년까지는 마지막의) 아주 약간 자유로운 보통 선거를 파기할 준비를 마무리하기 위해 스베르들로프와 의논했다. 레닌과 트로츠키는 제헌의회에 대한 적의를 숨기지 않았다. 12월 내내 그들은 그런 선거가 인민의 이해를 가늠하는 진정한 잣대가 아니라고 주장했으며, 볼셰비키 중앙위원회와 사회주의자-혁명가당 좌파 중앙위원회 위원 전체를 자기편에 두었다. 폭력 진압은 〈프라우다〉에서는 드러나지 않았지만 당시 거리에서는 확실히 노골적으로 계획되었다. 스베르들로프는 필요한 군사적 준비를 했다. 인민위원회의는 라트비아 라이플 총병대와 적위군을 비롯한 몇몇 부대를 자기편에 두었다. 인민위원회의 연립정부의 사회주의 야당들, 즉 멘셰비키, 사회주의자-혁명가당, 분트 당원들은 저항할 힘이 거의 없었다. 레닌은 태연한 모습을 보였고, 1918년 1월 1일 스몰니 학교에서 페트로그라드 도심의 미하일롭스키 승마 연습장까지 공용 리무진을 타고 3킬로미터 정도를 이동했다. 마리야 일리니치나, 프리츠 플라텐, 니콜라이 포드보이스키가 그와 동행했다. 레닌은 11월과 12월에 집회에 참석하기 위해 그런 이동을 많이 했다. 안전을 위한 경계 조치는 거의 없었다. 레닌은 인민 혁명의 선두에서 자신이 대중 정치가임을 보여주고 싶었다. 여하튼 그는 즐겁게 지냈다.

미하일롭스키 승마 연습장에서 격려 연설을 한 후, 레닌은 저녁 7시경에 일행과 함께 숙소로 돌아올 채비를 했다. 그의 연설은 당원들과, 당원들이 데려온 노동자들에게 호응이 좋았다. 일행은 스몰니 학교에서 저녁을 먹기를 기대했다. 이미 날이 무척 어두웠으나, 무장한 두 사람이 그들을 신중하게 지켜보았다. 차가 승마 연습장을 떠나 시메온 다리에 도착하자마자, 남자들이 도로로 나서더니 리무진을 겨냥해 총을 쐈다. 총격 소리에 플라텐은 본능적으로 레닌의 몸을 막아섰다. 조잡한 암살 기도였으나, 거의 성공할 뻔했다. 플라텐이 가장 많이 다쳤다. 플라텐은 용감한 행동의 대가로 손에 부상을 입었다. 리무진은 스몰니 학교로 계속 향했고, 제르진스키는 리무진을 공격한 사람들을 추적하기 시작했다. 며칠 후 그들이 군주주의자임이 명백해졌다. 그러나 그 사이에 인민위원회의는 연립정부 밖의 사회주의 정당들이 테러리즘을 공모했다고 비난할 구실을 얻었다. 목표는 다가올 제헌의회에서 다수를 차지할 당들을 반인민적 폭력이라는 솔로 검게 칠하는 것이었다.

레닌은 자기 신변에 관련하여 겁이 많다고 종종 비난받아 왔다. 레닌은 볼셰비키당의 다른 이들이 위험을 무릅쓰던 때에 니콜라이 2세와 임시정부의 경찰을 피하고자 무던히도 애를 썼다. 그러나 1917년 10월 25일부터 레닌의 접근법은 달라졌다. 레닌은 혁명을 이끌었다. 그는 자신이 역사책에 나오는 인물로 기억될 것임을 알았다. 소비에트 체제가 지속되는 날마다 레닌과 볼셰비즘의 연보에 또 다른 페이지가 덧붙여졌다. 레닌은 자기 생애에서 가장 소중한 사건, 즉 혁명을 위해 자신이 살아남았다는 것을 알았고, 다른 볼셰비키와 함께 앞으로 다가올 위험에 맞섰다.

그러나 레닌은 순교를 바라지 않았고, 살아 있는 동안 혁명 전망을 진전시키기 위해 자신이 많은 일을 해야 한다는 것을 알았다. 레닌에게 이것은 항상 일이 신속하게, 주저 없이 이루어져야 한다는 것을 의미했다. 레닌의 이데올로기와 기질도 그를 이런 방향으로 밀어붙였다. 아마 건강이 나쁘다는 점도 레닌을 더욱 서두르게 했을 것이다. 레닌은 허비할 시간이 없다고 느꼈다. 레닌은 혁명을 밀고 나아가고 싶었다. 어떤 것도 장애가 될 수 없었다. 다음 며칠 동안 레닌은 타브리다 궁에서 제헌의회 준비에 집중했다. 레닌은 이 주제에 대해 차분하게 이야기하기가 힘들었다. 첫 회기는 1918년 1월 5일에 열리기로 되어 있었고, 레닌은 타브리다 궁에 도착했을 때 이미 매우 긴장한 상태였다. 그는 자신이 하고자 하는 행위, 즉 의회의 강제 폐쇄가 역사적으로 매우 중요하다는 것을 알았다. 회의가 시작되자 레닌의 얼굴은 백지장처럼 하얘졌다. 빅토르 체르노프가 이끄는 사회주의자-혁명가당은 무장 세력의 지원을 받지 못했기에 볼셰비키에 저항할 수 없었다. 사람들이 체르노프에게 야유를 보내고 위협적인 몸짓을 보였다. 그러나 볼셰비키를 대변한 사람은 스베르들로프였다. 레닌은 이 과정에 적극 참여하지 않았고, 회의를 비웃는 정도로 그쳤다. 레닌은 자신이 아니라 스베르들로프를 앞장 서게 함으로써, 자신의 오랜 정적이자 그 이상의 존재인 체르노프에 대한 경멸을 보였다. 레닌은 자유 보통 선거라는 정치 투쟁 방식을 혐오했다.

인민위원회의는 제헌의회의 첫 회기를 어떻게 중단할지는 아직 완전히 결정하지 않았다. 체르노프는 회의를 무기한 계속 열 것처럼 보였다. 그러나 레닌은 재차 자신의 당에 직접 행동을 촉구했고, 약간의 논란 이후 레닌의 노선이 수용되었다. 제헌의회는 폐쇄될 것이고, 다음 날 활동을 재개하는 것은 허용되지 않을 것이었다. 레닌의 계획을 실행하는 데는 어느 정도 술책이 필요했다. 레닌의 명령으로 아나키스트-공산주의자인 아나톨리 젤레즈냐코프(Anatoli Zheleznyakov)가 이끌던 경비대가 소스라치게 놀란 체르노프에게 "위병이 피곤하며", 건물을 청소해야 한다고 고지했다. 체르노프는 경비대의 말을 따르는 수밖에 없었고, 사람들은 타브리다 궁에서 빠져나갔다.

제헌의회가 인민위원회의의 법령들을 전부 승인한 것은 아니었기 때문에, 레닌은 제헌의회가 그 가치를 다했다는 동의를 확보하기 위해 노동자·병사·농민 대표 소비에트 대회에 갈 충분한 구실을 얻었다고 느꼈다. 그 후 체제의 정당성을 보장하는 원천은 대회 그 자신일 것이며, 12월에 설립된 새로운 정치 경찰 체카는 인민위원회의 연립정부의 적들을 자유롭게 추적할 수 있었다. 레닌은 원하는 것을 얻었다. 제헌의회나 소비에트 대회에서 열변을 토할 필요가 없었다. 레닌은 10월 혁명의 지도자로 인정받았으나, 홀로 행동하지 않았다. 인민위원회의 연립정부 내 레닌의 볼셰비키와 사회주의자-혁명가당 좌파는 같은 방향으로 움직이고 있었다. 문제는 명백해졌다. 일단 인민위원회의가 권력을 잡자, 권력을 유지하기 위해 무력을 사용해야 했다. 모든 당 지도자가 10월 혁명 전에 이를 인식한 것은 아니었다. 그러나 1918년 1월 5일경에는 그들 모두 무력 사용이 필요하다고 보았다. 그것은 결정적으로 중요한 학습 과정이었다. 무력이 필요해질 것을 미리 알았더라면 그들은 권력 장악을 재가하지 않았을 것이다. 그러나 그들은 임시정부를 전복하는 시점과 방식에 대한 레닌의 집요한 주장에 동의했다. 이제 그들은 그 결과를 당연하게 받아들이는 데, 그것도 레닌을 비난하지 않고 받아들이는 데 익숙해지고 있었다.

20장

브레스트리톱스크 조약
1918년 1월~5월

★

제헌의회 해산 후 레닌이 직면한 거대한 과업은, 볼셰비키와 사회주의자-혁명가당 좌파로 하여금 동맹국들이 코앞에 들이민 별도의 강화 조약을 받아들이게 하는 것이었다. 그 일은 레닌의 삶에서 가장 격렬한 투쟁이었다. 레닌이 스위스에서 돌아왔을 때 제출한 〈4월 테제〉는 볼셰비키당 여론의 균형을 한쪽으로 기울게 했다. 1917년 10월에 레닌은 당을 임시정부를 전복하는 쪽으로 밀고 나갔다. 그러나 전쟁과 평화의 문제에서 레닌은 거대한 장애를 만났다. 10월 혁명을 수행하고 평화에 관한 법령을 공포한 레닌의 볼셰비키당은 베를린과 빈의 제국주의 정부들과 강화 조약을 체결하는 데 동의하지 않으려 했다.

동부 전선에서 군사적 위협의 강도가 꾸준히 커지고 있었다. 1917년의 마지막 몇 주 동안 트로츠키는 자신이 외무인민위원으로서 휴전을 무한정 연장할 수 있다고 여전히 믿으면서, 참호에서 아주 가까운 도시인 브레스트리톱스크에서 협상을 벌인 뒤 돌아왔다. 트로츠키는 언제라도 유럽 전역에서 혁명이 발발할 수 있다고 생각했다. 1918년 1월 7일, 트로츠키는 좀 더 우울한 기분으로 페트로그라드로 돌아와 동맹국들이 최후통첩을 보냈다는 소식을 전했다. 레닌은 최후통첩의 조건이 곧 훨씬 더 악화될 것이라고 우려하면서 독일의 요구를 들어줄 것을 주장했지만, 트로츠키는 이에 반대하면서 '전쟁도 없고 평화도 없다'는 전술로 협상을 지연하자고 제안했다. 그러자 레닌은 볼셰비키당의 중앙 지도부와 지역 지도부를 상대로 자신의 주장을 펼쳤다. 1월 8일에 열린 제3차 소비에트 대회에서 레닌은 〈별도의 합병론적 강화 문제에 관한 테제〉를 제출했다. 볼셰비키 분파의 구성원들은 레닌의 표변에 놀란 가슴을 진정시킨 후, 비록 대부분이 '혁명 전쟁'이 실행 불가능하다는 것을 인정했지만, 단호히 레닌의 제안을 거부했다. 그들은 트로츠키의 '전쟁도 없고 평화도 없다'는 정책을 더 좋아했다. 레닌은 여전히 도전적이었다. "아무튼 나는 즉각적인 강화 조약 체결에 찬성합니다. 그것이 더 안전합니다."

이튿날 중앙위원회에서 레닌은 자신의 정책에 스스로 느꼈던 혐오감을 숨기지 않았다.[1]

의심할 여지 없이 우리가 지금 어쩔 수 없이 체결해야만 하는 강화는 불쾌한 강화입니다. 그러나 전쟁이 개시된다면 우리 정부는 한꺼번에 제거될 것이고, 강화 조약은 다른 정부에 의해 체결될 것입니다. …… 혁명 전쟁 편에 서 있는 사람들은 바로 이 조치를 통해 우리가 독일 제국주의와 내전을 벌일 것이며, 그럼으로써 독일에서 혁명을 일깨울 것이라고 지적합니다. 그러나 보십시오! 독일은 단지 혁명을 잉태하고 있을 뿐이며, 완벽하게 건강한 아기는 우리에게서 태어났습니다. 우리가 전쟁을 시작한다면, 죽고 말 사회주의 공화국이라는 아기 말입니다.

레닌은 단기적으로는 '사회주의 조국'을 보호해야 하지만, 그렇다고 하더라도 볼셰비키는 유럽으로 혁명을 퍼뜨릴 준비를 갖추고 있어야 한다고 주장했다.

레닌이 이 같은 생각으로 자신의 당을 설득할 수 있는 가능성은 적었고, 사회주의자-혁명가당 좌파는 그의 생각을 들으려고도 하지 않았다. 레닌은 1917년 이전에 그런 상황에 처한 적이 있었다. 그러나 그 시절에 레닌은 스스로 자신을 고립시키는 위험을 무릅쓸 수 있었다. 1918년에 레닌은 집권당 지도자였고, 국가는 개별 강화 제안에 대한 결정으로 빚어진 결과와 운명을 같이할 것이었다. 볼셰비키 중앙위원회의 레닌의 주요 지지자들로는 1917년에 그의 혁명 전략에 의심을 품었던 스탈린, 카메네프, 지노비예프가 있었는데, 그 사실이 레닌에게 절대적으로 도움이 되었던 것은 아니었다. 스탈린은 '서구에 혁명 운동은 없다'고 계속 주장해 왔다. 레닌은 결국에는 '유럽 사회주의 혁명'이 발발할 것이라고 진심으로 믿었고, 스탈린의 입장으로부터 거리를 두어야 했다. 그리고 레닌은 꾸준히 볼셰비키 중앙위원회에 영향력을 발휘하기 시작했다. 레닌은 반대자들의 신뢰를 훼손하기 위해 노력했고, 부하린에 초점을 맞췄다. 이런 책략은 교활했다. 부하린은 결코 러시아가 독일 자본주의에 맞서 성공적으로 전쟁을 치를 수 있다고 생각하지 않았다. 부하린은 트로츠키의 '전쟁도 없고 평화도 없다'는 정책이 효과가 없는 것으로 드러난다면, '혁명 전쟁'이 이데올로기적으로 정당화될 수 있는 당의 유일한 대안이라고 추측했을 뿐이었다. 이것은 볼셰비키 지도자 대부분의 의견이었다.

이미 레닌의 반대자 일부는 실현 가능한 선택지로서 '혁명 전쟁'에 더는 동의할 수 없었다. 레닌은 중앙위원회와 페트로그라드의 공개 집회에서 연설하면서, '유럽 사회주의 혁명'에 대한 자신의 헌신을 강조했다. 레닌은 서기국 내의 지지자들인 스베르들로프와 스타소바에게 자신을 대신하여 지방의 당으로 정보를 퍼뜨리게 했다. 제7차

소비에트 정부 수립 이후 레닌이 국가 지도자로서 처음 찍은 공식 사진(1918년 1월).

당 대회를 준비하면서, 레닌은 자신의 정책에 충직하다고 알려진 활동가들에게 권한을 부여하는 오래된 방식으로 되돌아갔다. 레닌은 또 자신에게 불리한 결정이 내려지면, 중앙위원회에서 사퇴하고 당 전체를 대상으로 별도의 강화 조약 체결을 위한 운동을 벌이겠다고 알려주었다.

레닌이 예측한 대로 동맹국들은 조급해졌다. 1918년 2월 10일 브레스트리톱스크에서 트로츠키는 또 한 번 최후통첩을 받았다. 트로츠키는 소비에트 당국이 베를린과 오스트리아의 정부들이 요구한 대로 하지 않을 경우 침공을 당할 것이라는 이야기를 들었다. '전쟁도 없고 평화도 없다'는 트로츠키 정책의 약점이 드러난 것이다. 트로츠키는 양측 협상가들에게 러시아가 전쟁에서 그냥 물러날 것이라고 공표함으로써 역경을 그럭저럭 헤쳐 나갔다. 그러나 2월 16일에 동맹국들의 참을성이 바닥났다. 그들은 강화 조약이 체결되지 않으면 동부 전선 공세가 이틀 안에 재개될 것이라고 경고했다. 2월 17일 트로츠키가 출석한 가운데 중앙위원회가 소집되었고, 레닌은 동료 위원들 각자가 만일의 사태가 벌어질 경우 어떻게 할 것인지 알아내기 위해 설문지를 돌렸다.[2] 레닌은 그들이 자기처럼 어떤 결정을 내리든 그 결정에 대해 개인적으로 책임을 질 것을 확실히 밝히기를 원했다. 단호함은 레닌이 지닌 최고의 자질이었고, 그는 동료들에게 자기들의 권유에 따른 결과에 나라의 장래가 달려 있다는 점을 이해시키고자 했다. 그러나 레닌은 중앙위원회에서 하고 싶은 대로 할 수 없었다. 겨우 과반수를 차지한 다수파가 동맹국들의 허세에 도전하는 트로츠키의 정책을 다시 한 번 받아들였다.

레닌은 광적인 상태가 되어 갔고, 그의 동지들도 모두 그랬다. 그들이 고른 어떤 선택지도 동부 전선과 제1차 세계대전 전체에 반향을 불러일으킬 것이었다. 정치는 칼끝 위에서 아슬아슬하게 이어졌다. 침공의 위협에 직면한 날인 2월 18일에 중앙위원회가 다시 소집되었다. 레닌은 동료 위원들에게 간청했다.

어제, (혁명) 운동이 독일에서 일어나지 않고 공격이 발발한다면 강화 조약을 맺어야 한다고 모든 사람이 인정하는 때에 아주 독특한 표결이 있었습니다. 독일군이 소비에트 정부를 전복할 목적으로 공격을 원하는지에 대한 의혹이 있습니다. 우리는 행동해야만 하는 상황에 놓였습니다!

그러나 레닌의 탄원은 기각되었다. 이번에는 독일의 최고 사령부가 발트해 연안을 따라 대대적으로 진격했다. 오후 무렵에 독일군 병력이 사실상 아무런 저항도 받지 않고 라트비아 드빈스크까지 밀고 들어갔다. 그들은 페트로그라드에서 640킬로미터 안에 있었다. 중앙위원회가 급히 다시 소집되었고, 레닌은 열변을 토했다. "역사는 여러분들이 혁명을 포기했다고 말할 것입니다."

마침내 그의 주장이 위원들의 마음에 와 닿았고, 레닌은 7대 5의 표결로 아슬아슬하게 부하린에게 이겼다. 레닌은 트로츠키의 지지를 얻었다. 나중에 트로츠키는 단결한 볼셰비키당과 함께할 수 없다면 전쟁을 선택하기를 원하지 않았다고 말했다. 하지만 트로츠키는 중앙위원회 회의석상을 떠나자마자, 소비에트 정부가 독일, 오스트리아-헝가리 제국과 강화 조약을 맺지 않을 경우 연합국으로부터 비상 원조를 받을 수 있는지를 물어보기 시작했다. 트로츠키는 2월 22일 중앙위원회에서 이 구상에 대한 지지를 얻었다. 동맹국들은 다시 비타협적인 자세가 되어, 인민위원회의에 폴란드와 여러 발트 주들뿐만 아니라 우크라이나에 대해서도 주권을 포기하라고 요구했다. 마지막 최후통첩이었다. 받아들이지 않으면 대규모 군사 침공이 벌어질 판이었다. 2월 23일 볼셰비키 중앙위원회 위원들은 인민위원회의에 다음 날 아침 7시까지 동맹국의 조건을 받아들일 것을 확인하라는 취지의, 독일의 최후통첩에 관한 스베르들로프의 보고를 듣기 위해 지친 몸을 이끌고 다시 모였다. 이 회의는 결정적으로 중요했기에 레닌은 그 의미를 상세히 설명했다. "이 조건에 서명해야 합니다. 만일 서명하지 않으면, 여러분들은 3주 내에 소비에트 권력을 사형 집행하겠다는 영장에 서명하는 겁니다."[3]

레닌은 적대자들을 계속 들볶았다. 계속 반대하겠다고 공언한 사람 중에 카를 라데크가 있었다. 레닌은 격분해서 라데크가 착각하고 있다고 반박했다.[4]

당신은 암탉보다 못한 인간이오. 암탉은 분필로 그린 원 안에 갇혔을 때 선을 넘겠다고 맘먹을 수 없으나, 적어도 누군가의 손이 그 원을 그렸다고 말하면서 자기 정당화를 할 수 있지. 그러나 당신은 당신 자신의 손으로 당신 주위에 공식을 그렸고, 이제 현실이 아니라 그 공식만 뚫어지게 쳐다보고 있소.

레닌의 비유적 묘사는 반대자를 협박할 때 항상 더 풍부했다.

그러나 분란은 끝나지 않았다. 레닌의 비판자들은 면전에서 그를 인민위원회의에서 배제하고 혁명 전쟁을 개시하는 것을 고려했다. 스탈린마저 동맹국들과 타협하는 것이 아직도 옳은지 물었다. 그러나 대부분의 중앙위원회 위원들은 그런 논쟁을 벌일 마음이 없었다. 그리고 레닌은 회의실의 다른 사람들이 떨고 있는 동안 돌처럼 흔들림이 없었다. 레닌은 다시 한 번 반대자들이 승리하면 인민위원회의 의장을 사임하고(강제로 쫓겨날 필요가 없을 것이었다) 별도의 강화 조약을 위한 운동을 재개하겠다고 암시했다. 결국 레닌은 원하는 바를 얻었다. 4명이 기권한 가운데 7대 4의 표결로 볼셰비키 중앙위원회는 조약을 체결해야 한다고 결의했다. 이 결정은 독일의 침공을 미리 막을 수 있는 아슬아슬한 순간에 내려졌다. 레닌이 논쟁에서 이기지 못했더라면, 거의 의심할 여지 없이 동맹국들은 볼셰비키가 그들에게 더는 소용이 없다고 결론을 내렸을 것이다. 그 결과 러시아 중심부는 점령당했을 것이며, 10월 혁명은 실패했을 것이다.

브레스트리톱스크 조약이 3월 3일에 체결되었다. 동맹국은 대체로 조약 내용을 지지했고, 인민위원회의가 폴란드와 발트 주들, 우크라이나를 그들의 군대에 넘겨주자 러시아 침공을 멈췄다. 러시아 제국의 인구 3분의 1뿐만 아니라 공업과 농업 자원의 절반이 이 광대한 지역에 있었다. 게다가 독일의 최고 사령부는 프랑스군과 영국군에 맞서 최후의 집중된 군사 행동을 시도하기 위해 사단들을 동쪽에서 서쪽으로 이동할 수 있게 되었다. 세계는 2월 23일 스몰니 학교에

1918년 3월 3일, 러시아와 독일 대표단이 단독 강화 협정인 브레스트리톱스크 조약을 체결했다. 당시 레닌은 독일의 침공을 막고 10월 혁명을 지키려면 강화가 필요하다고 판단했다.

서 15명의 볼셰비키가 출석한 가운데 내려진 이 결정의 결과가 무엇을 의미하는지 지체 없이 알게 되었다.

러시아에서 볼셰비키당 언론은 국제 관계에 대해 그리 폭넓게 보도하지 않았고, 당의 언론 통제로 다른 당들은 유럽의 다른 지역에서 무슨 일이 벌어지는지 직접적으로 거의 알지 못했다. 그러나 레닌은 자신이 옳은 일을 하고 있다고 확신했다. 레닌은 즉시 강화 조약으로 생겨난 '숨 돌릴 여유'를 이용할 수 있다고 자신의 당을 설득하기 시작했다. 볼셰비키 중앙위원회에서 누구에게 브레스트리톱스크로 가서 문서에 서명하는 일을 맡길 것인지를 두고 격론이 벌어졌다. 적임자는 당연히 레닌이었다. 그러나 레닌은 자신이 후보로 오르내리지 않도록 상황을 조율했다. 협상을 벌였던 그룹 구성원들은 이 과업을 거부했고, 트로츠키나 부하린을 지지했던 사람에게 부탁하는 것은 사리에 맞지 않았다. 그래서 그리고리 소콜니코프*가 아무도 부러워하지 않을 역할을 수행했다. 레닌이 자신의 장래 명성을 더

럽힐지도 모르는 결정에서 거리를 둔 것은 이때가 마지막이 아니었다. 볼셰비키를 제외하고 러시아의 어느 당도 브레스트리톱스크 조약을 승인하지 않았다. 사태가 제대로 풀리지 않았다면, 레닌은 국제 관계에서 자신이 건 도박에 값비싼 대가를 치를 것이었다. 레닌의 본능은 개인적 타격을 최소화하라고 그에게 말하고 있었다.

아직 페트로그라드의 정치 투쟁은 끝나지 않았다. 볼셰비키 당 대회도 이 방향 전환을 승인하도록 설득해야만 했다. 그리고 당 대회가 이에 동의할 것인지도 확실치 않았다. 훨씬 나쁜 일은 사회주의자-혁명가당 좌파가 '혁명 전쟁'을 둘러싸고 내부 갈등을 겪지 않았다는 사실이었다. 그들은 모두 레닌의 정책에 격렬하게 반대했다. 이 때문에 레닌은 단계적인 접근법을 채택했다. 먼저 레닌은 자기 당의 당 대회에 대처했다. 회의는 3월 6일에 시작되었고, 레닌이 먼저 말문을 열었다.[5]

이 나라, 그러니까 본질적으로 프티 부르주아적이고, 전쟁으로 갈갈이 찢기고 믿을 수 없을 정도로 쇠약해진 이 나라가 엄중한 비상 사태에 처해 있습니다. 우리는 군대가 없지만 중무장한 강도를 옆에 두고 살아야 합니다. 이자는 여전히 강도이며 앞으로도 강도일 것입니다. 이자에게 합병과 배상 없는 강화를 하자고 호소하는 것은 물론 불가능한 일이었습니다. 평화를 원하는 강아지는 호랑이와 나란히 누워 합병과 배상 없는 강화가 필요하다고 그를 설득하려 애써 왔습니다. 그런 강화는 호랑이를 공격함으로써만 얻을 수 있었는데도 말입

그리고리 소콜니코프(Grigori Sokolnikov, 1888~1939) 러시아의 볼셰비키 혁명가, 경제학자. 1905년 러시아사회민주노동당에 입당했다. 소르본 대학에서 경제학을 공부했고, 1917년 4월 귀국 후 볼셰비키 중앙 당 기관지의 편집자로 활동했다. 10월 혁명 후인 1918년 소비에트 정권 대표로 브레스트리톱스크 조약에 서명했고, 신경제정책(NEP)이 도입된 뒤 재무인민위원으로 일했다.

니다.

레닌의 빈정대는 말은 부하린이 이끄는 다른 편의 행동과 뚜렷이 대비되었다. 부하린은 한 걸음씩 뒤로 물러났다. 부하린은 혁명 전쟁이 불가능하며, 동맹국들과 개별 강화 협상을 하는 데 원칙적으로 반대하지 않는다고 인정했다.

그렇게 레닌과 볼셰비키 좌파의 충돌은 일방적이었다. 승리하리라는 것을 알았던 레닌은 부하린 지지자들이 대회의 청중석에서 마음대로 자신을 욕하게 내버려 두었다. 레닌은 지노비예프와 트로츠키가 '전쟁도 없고 평화도 없다'는 이전 정책의 유용성을 두고 가벼운 언쟁을 벌일 때에도 가만히 있을 수 있었다. 실제로 레닌은 당 강령의 내용을 두고 부하린과 토론에 나섰고, 차기 볼셰비키 중앙위원회에서 일하지 않겠다는 자신의 반대자에게 그의 위협을 실행하지 않도록 공손하게 간청했다. 요컨대, 레닌은 승리자의 아량을 보여줄 수 있었다.

레닌은 노련한 솜씨와 단호함으로 성공을 거두었다. 또 당 내부의 반대파가 전술적 확신과 교활함이 부족했다는 사실도 그에게 도움이 되었다. 볼셰비키 좌파, 즉 자칭 '좌익 공산주의자들(Left Communists)'은 '혁명 전쟁'이 실행 가능하다고 진정으로 믿지 않았다. 그들은 그런 전쟁이 벌어졌을 때 징집될 확률이 높은 노동자들 사이에서 대중적 지지를 모으는 과정에서 항상 적대감에 봉착했다는 것, 그리고 제국 군대의 대열을 채웠던 농민들이 전쟁인가 평화인가의 문제를 두고 군을 떠남으로써 전쟁 반대 의사 표시를 이미 했다는 것을 깨달았다. (그들 대부분은 탈영하거나 동원 해제되었다.) 하지만 볼셰비키 좌파는 의식적으로 이 점을 인정하지 않았고, 개별 강화에 계속 불평했다. 처음에 볼셰비키 좌파는 볼셰비키 중앙위원회와 인민위원회의에서 철수했다. 사회주의자-혁명가당 좌파도 그렇게 했다. 레닌은 그들이 정치적으로 미숙하다고 비판했다. 그러나 레닌은 외교적이려고 애썼다. 레닌은 가능한 한 모든 인민위원들을 붙들 필요가 있었고, 인민위원들은 노동자와 농민의 혁명을 뒷받침하라는 레닌의 말에 설득당했다. 그들은 한 명씩 한 명씩 비공식적으로 직무에 복귀했다.

독일군의 위협은 사라지지 않았다. 조약에 서명한 인민위원회의는 독일군이 페트로그라드로 진격하지 않으리라고 확신할 수 없었다. 레닌과 동료 인민위원들은 정부를 모스크바로 옮기는 방안을 마지못해 받아들였다. 이 결정에는 실용적인 동기가 있었다. 동맹국은 사실상 아무런 저항도 받지 않고 지역을 정복하고 있었다. 지난달부터 '노동자·농민의 붉은 군대'를 창설하는 것이 인민위원회의의 목표였지만, 부대는 소규모였고 훈련 상태가 엉망이었다. 부대는 독일군과 오스트리아군의 상대가 전혀 되지 못했다. 그리하여 3월 10일 정부의 주요 인물들은 페트로그라드에서 모스크바로 향하는 야간열차에 몸을 실었다.

처음에 이 인물들 대부분은 크렘린의 북쪽 벽에서 270미터 떨어진 오호트니랴트에 있는 나치오날 호텔에 묵었다. 레닌은 부인 나데즈다, 동생 마리야와 임시로 마련한 아파트를 함께 썼다. 욕실과 더불어 방이 두 칸 있었고, 호텔 직원이 레닌의 신발을 닦아주었으며, 가족 모두 일반적인 서비스를 받았다.[6] 훗날 레닌이 직원의 서비스를 이용하지 않았다는 주장이 있었으나 나데즈다 콘스탄티노브나는 그 같은 달콤한 이상화에 항의했다. 그녀는 레닌을 이상화하기를 좋아했으나, 개인적 습관과 관련해서는 그러지 않았다.[7] 나치오날 호텔 밖은 항상 시끄러웠다. 오호트니랴트는 낮 시간 내내 노점상들로 북적댔다. 학생들을 비롯한 열성적인 혁명가들이 끊임없이 논쟁하고 토론하고 포스터를 붙였다. 볼셰비키당 지도부는 이 지역 전역에 충직한 군부대를 주둔시켰다. 라트비아 라이플 총병대가 특히 인민위원회의의 환영을 받았다. 그러나 레닌은 정해진 일과를 좋아하는 사람이었다. 레닌은 소음을 무시하고 런던, 취리히, 파리에서 그랬던 것처럼 오전 나절에 침대에서 일어났다. 레닌은 자기 방식으로 혁명을 수행하려 했다.[8]

레닌이 나치오날 호텔을 나설 때마다 온갖 부류의 사람들을 만나고, 지방에서 온 방문객들을 점점 더 많이 맞이한 것은 사실이다. 그러므로 레닌에게 소비에트 러시아의 보통 사람들의 상태에 대한 정보가 없는 것은 아니었다. 하지만 레닌은 그런 사람들의 삶을 살지는 않았다. 나치오날 호텔에서 먹고 자고 크렘린에서 일한 레닌에게는, 실정과 기아, 전쟁으로 찌든 가혹한 현실을 외면하게 해주는 피난처가 언제나 있었다. 사람들이 어려운 삶에 대해 이야기하면 레닌은 그 정보를 자신의 사상이라는 필터로 밀어 넣었고, 소비에트 체제 자체가 위협을 당할 때에만 정책을 변경했다.

크렘린이 인민위원회의를 위해 준비를 마칠 때까지만 호화스러운 나치오날 호텔에서 체류하기로 되어 있었다. 레닌은 호텔에서 나가고 싶지 않았다. 레닌은 페트로그라드보다 훨씬 덜 서구화된 모스크바를 싫어했다. 물질적으로나 문화적으로 모스크바는 전통적인 러시아적 가치를 체현하고 있었다. 레닌에게 이는 전혀 권장할 만한 것이 아니었다. 레닌은 차르 시대에 대한 향수와 정교회, 땅에 대한 농민의 열망을 완전히 버린 러시아를 원했다. 그는 모스크바가 '더러운 도시'라는 1898년의 발언을 결코 취소하지 않았다.[9]

실제로 모스크바는 대도시라기보다 촌락들의 거대한 복합체 같았다. 외국인들(레닌은 그곳에서 약간 외국인 같았다)에게는 많은 주민들이 가죽이 아니라 짚으로 만든 전통적인 농민들의 겉옷과 신발을 여전히 착용하고 있다는 것이 눈에 띄었다. 포장도로는 거의 없었다.

인민위원회의가 도착한 직후인 1918년 봄에 주요 도로는 완전히 진흙투성이였다. 페트로그라드의 직선적인 디자인과는 대조적으로, 모스크바는 아무렇게나 엉망진창으로 뻗어 있었는데, 모스크바 주민들은 이 차이에 자부심을 품고 있었다. 기업가와 은행가에서 거리 행상인에 이르기까지, 모스크바의 각 사회 계층은 표트르 대제가 18세기 초에 상트페테르부르크를 건설하기 시작할 때까지 나라의 수도였던 모스크바의 비계획적이고 활기가 넘치는 이 다양성에서 러시아의 본질을 엿볼 수 있다고 느꼈다. 모스크바의 공장 소유주들은 러시아 민족주의의 주된 옹호자였다. 그들은 지난 20년 동안 전통주의와 탐구적인 근대성을 혼합한 스타일로 웅장하게 건물을 지었다. 그들은 직물 공장을 많이 갖고 있었다. 그들은 농촌과 강하게 연계되어 있었고, 그들 중 일부는 구신도였다. 그들은 페트로그라드의 엘리트들이 국익을 외국 자본주의 열강에 팔아먹었다고 생각했으며, 모스크바가 '어머니 러시아'의 진정한 수도라고 생각했다.

이런 상황을 고려하면 레닌이 크렘린에서 많은 실제적인 문제에 봉착할 수밖에 없었던 것은 어쩌면 당연한 일이었을 것이다. 레닌이 페트로그라드를 기차로 떠난 다음 날 본치-브루예비치와 함께 트로이츠카야(삼위일체) 망루로 들어가려 했을 때, 레닌을 알아보지 못한 경비병이 그의 입장을 막았다. 경비병은 볼셰비키 지지자였으나, 레닌의 신원을 확신하고 그의 입장을 허락하기까지 몇 분이 걸렸다.

일단 크렘린 성벽 안으로 들어서자 레닌조차 건물의 장엄함에 매료되었다. 경내는 강렬한 인상을 남겼다. 모스크바강에서 북쪽으로 약 40미터 거리에 있는 크렘린은 도심에 자리 잡은 거대한 삼각형 모양의 성채였다. 성벽 둘레는 2킬로미터이고, 그 내부에는 눈부신 고대 건물들이 모여 있었다. 건물들 중에서 최고는 '대크렘린궁'이었다. 대크렘린궁 옆에는 우스펜스키 대성당이 있었는데, 표트르 대제가 상트페테르부르크를 건설할 때까지 차르들은 이곳에서 대관식을 거행했다. 예카테리나 여제가 건설한 원로원이 있었다. 종, 종루, 황금빛 둥근 지붕, 거대한 대포, 병영, 무기고, 큰 광장이 있었다. 각 망루에는 차르 체제의 영광과 권력을 나타내는 상징물인 쌍두 독수리 장식이 달려 있었다. 가장 높은 종루의 꼭대기에서는 30여 킬로미터 떨어진 지평선을 볼 수 있었다. 레닌은 그가 바라보는 곳 어디서나 자신이 권좌에 올라 제거하고자 했던 역사의 물질적 상징물을 보았다.

그러나 크렘린은 아수라장이었다. 1917년 2월에 군주정이 붕괴하면서 크렘린은 방치되었고, 그해 말에는 적위군과 군주주의자 장교들이 전투를 벌였다. 레닌과 본치-브루예비치는 한심하기 짝이 없는 광경에 직면했다. 인민위원회의가 입주하고 레닌이 살 아파트를 배당하기로 한 원로원 건물은 엉망이었다. 여기저기 말똥이 흩어져 있었다. 건초, 더러운 붕대, 깨진 포장도로, 그리고 봄에는 온통 진흙, 진흙, 진흙이 있었다. 레닌과 트로츠키를 비롯한 볼셰비키 지도자들은 대크렘린궁의 기병대 건물에 임시로 숙박했다. 니콜라이 2세의 시종들 일부는 자기 직책에 그대로 남아 있었다. 스투피신(Stupishin)이라는 한 나이 든 웨이터는 전통적인 예절을 따지는 깐깐한 사람이었다. 레닌과 트로츠키가 저녁마다 함께 식사를 하자, 스투피신은 황실 도자기 그릇에다 저녁 식사를 대접했다. 스투피신은 그릇에 있는 쌍두 독수리 문양이 식탁에 앉아 있는 사람 각자를 확실히 마주보게 할 때까지 식사를 시작하지 못하게 할 것이었다. 레닌은 즐겁게 떠드는 것을 참았다. 사실 모든 식사가 차르가 먹을 만한 것은 아니었다. 때때로 사람들은 식사로 메밀 죽과 묽은 야채 수프만 먹었다.

레닌은 그달 말, 일이 지체되도록 기여한 '죄를 지은' 사람들의 이름을 요구한 후에야 비로소 인민위원회의와 그 자신, 가족을 위한

1918년 10월, 레닌이 모스크바 크렘린 집무실에서 신문을 읽고 있다.

영구적인 거처를 획득했다.[10] 본치-브루예비치는 구원로원 건물 2층에 레닌과 나댜, 마리야 일리니치나가 지낼 안락한 아파트를 마련해 주었다. 아파트에는 큰 방 3개와 복도, 부엌, 욕실 그리고 가정부용 방이 있었다. 옆집에는 인민위원회의의 행정 부서들이 있었고, 레닌의 집무실에는 인민위원회의 회의가 열리는 홀로 바로 통하는 문이 있었다.

원로원 건물의 아파트는 레닌의 집이 되었다. 레닌은 생애 대부분을 떠돌며 살았기에, 1918년에 그곳이 어디든 과연 편한 마음으로 지낼 수 있었는지는 의심스럽다. 레닌은 일터에서 생활했기에, 그의 아파트는 도저히 집 같은 분위기를 지닐 수 없었을 것이다. 게다가 나댜와 마리야도 거의 레닌만큼이나 정치 업무로 바빴다. 세 사람은 모두 어디서든 되는 대로 음식을 허겁지겁 먹고 잠을 자면서 쫓기듯 생활했다. 그들은 돈은 전혀 신경 쓰지 않았고, 레닌은 자신의 허락 없이 인민위원회의 의장으로서 자신의 봉급을 올린 것을 두고 본치-브루예비치를 공식적으로 질책했다.[11] 레닌이 원했던 것은 깨끗하고 조용한 아파트와 책이 가득 찬 집무실이었다. 레닌이 건물에 입주할 때 처음으로 한 일은 블라디미르 달(Vladimir Dal)의 러시아어 사전과 구 러시아 제국의 지도를 요청한 것이었다. 레닌은 벽에 카를 마르크스의 사진을 걸었고, 나중에 인민주의 테러리스트 스테판 할투린의 큰 사진도 붙였다. 그의 부인이나 여동생은 이제 레닌의 일상을 챙기지 않아도 되었다. 가정부가 고용되었고, 스테판 길이 운전사로 일했다. 가정부는 건물 거주자들을 위해 매 끼니를 준비했다. 레닌과 나댜는 고양이를 한 마리 얻어 왔다. 그들은 이 고양이를 무척 좋아했고, 레닌이 복도를 따라 고양이를 인민위원회의 회의실로 데려가는 모습이 종종 목격되었다. 고양이는 스스로를 돌보는 법을 알았다. 회의실에서 고양이는 아무도 감히 자신을 방해하지 않을 것임을 알고 레닌의 안락의자로 파고들곤 했다. 나댜와 가정부가 고양이에게 먹을 것을 주었고, 가정부가 근무하지 않을 때마다 나댜는 인민위원회의 비서에게 고양이 먹이를 챙겨 달라고 부탁했다. 그녀는 레닌이 고양이 먹이를 때맞춰 준비할 것이라고 믿지 않았다.

레닌이 고양이 앞에 접시를 항상 규칙적으로 갖다놓은 것은 아니었지만, 그는 사실 고양이를 열심히 돌보았다.[12] 레닌도 나댜도 대부분의 시간 동안 정치 과업에 몰두했다. 아파트는 먹고 자는 곳이었다. 크렘린에서 레닌은 러시아의 모든 도서관에 책을 주문할 수 있었다. 그는 수도와 지방의 정치 관리 아무에게나 전화를 걸 수 있었고, 레닌을 만나러 크렘린으로 밀어닥치는 방문객들을 접견할 수 있었다. 또 레닌은 인민위원들이 각자 아파트에서 나와 경내로 들어오면 그들을 붙들고 길게 이야기를 늘어놓을 수 있었다. 그의 주요 볼셰비키 동지들(트로츠키, 스베르들로프, 카메네프, 스탈린)은 각자의 가족과 함께 가까운 거리에 살았다. 또 레닌은 당 관리나 혹은 어떤 문제에 대해 자신에게 청원하러 온 농민들을 맞아 연회를 열 수도 있었다.

레닌은 성벽으로 둘러싸인 큰 경내를 벗어나 도시의 다른 지역의 공장 정문에서 열리는 집회에 참석하러 길을 나섰다. 그는 또 나데즈다 콘스탄티노브나가 동북부 근교의 소콜니키 지구에서 몸을 추스르고 있을 때 그녀를 방문하기도 했다. 그러나 레닌은 모스크바에서 30여 킬로미터 떨어진 고르키 마을에서 요양하던 때 말고는 새 수도의 중심부에서 지냈다. 레닌에게는 다른 도시에 가볼 기회가 매우 많았으나, 그의 유일한 여행은 1919년과 1920년에 짧게 페트로그라드에 다녀온 것이었다. 레닌은 볼가 지역에 대한 그리움을 자주 드러냈지만, 그곳에 가지는 않았다. 레닌이 머무르는 곳은 혁명 정치의 중심부를 벗어나지 않았다.

인민위원회의가 체제와 정책을 정비하고자 하면서 레닌은 질서 있는 자세를 요구했지만, 레닌의 동지들은 그를 몹시 화나게 했다. 레닌은 전기를 절약하려는 자신의 태도가 다른 볼셰비키의 특성은 아니라는 것을 잘 알고서 밤늦게 사무실의 전등을 끄곤 했다. 인민위원회의 의장은 동지들이 켜놓은 채로 놔둔 전등을 끄면서 복도를 내려갔다.[13] 그들 중 어느 누구도 레닌 같지 않았다. 그들은 연필을 깎지 않고 버려 두었고, 옷의 단추는 뜯겨져 있었고, 도서관에 책을 반납하지 않았다. 어떻게 이런 사람들과 혁명을 수행할 수 있단 말인가? 그러나 레닌은 어떤 초조함을 경험하더라도 그것을 극복했다. 레닌은 1917년 10월 혁명이 1871년 파리 코뮌의 11주보다 이미 더 오랫동안 지속되고 있다는 생각에 기운이 났다. 이것은 우리가 노동 계급에 대한 그의 열정을 고려하지 않는다면 거의 노골적인 감상적 태도였다. 나데즈다 콘스탄티노브나는 남편의 이런 태도에 마음이 편치 않았다. 차로 모스크바를 통과할 때 그녀는 파괴 행위가 점점 심해지는 것을 보았다. 창문은 깨졌으며 나무 벽과 지붕은 부서져 누군가가 훔쳐 가고 없었다. 그런 행동을 한 노동자들이 처벌받아야 한다는 것은 그녀가 보기에 분명했다. 그녀는 남편에게 생각을 명확히 해야 한다고 정색하고 말했다. 그런 행동이 계속 용납된다면 사회주의는 존재할 수 없었다.

소련 검열 당국이 일반인들에게 드러나지 않도록 숨긴 이 부부 간의 의견 차이에도 불구하고 레닌은 태도를 바꾸지 않았다. 레닌은 절대 바꾸지 않았다. 레닌은 노동 계급이 독재 체제를 수립하는 것을 포함하는 전략적 방향으로 마음을 굳혔다. 그는 큰 붓으로 그림을 그렸다. 레닌은 혁명적 자발성을 응원했고, 앞으로 몇 년 동안 '부르주아 도덕'은 조금도 고려하지 않으려 했다. 그러나 10월 혁명 이래 레닌의 생각에는 많은 변화가 있었다. 엘리트주의적 권위주의와 대중적 자기 해방 사이에 존재하는 긴장의 고비마다 레닌의 우선 순위는 자기 체제의 입지를 확고히 다지는 것이었고, 이는 보통 권위주의의 심화를 의미했다.

실제로 레닌의 조치는 사회주의자-혁명가당 좌파 사이에서 경악을 불러일으켰다. 처음에 인민위원회의 연립정부의 파트너들은 꽤 잘 지냈다. 이미 레닌의 토지에 관한 법령에 환호했던 사회주의자-혁명가당 좌파는 레닌이 농지를 농민들에게 이전하는 것을 승인한 '토지 사회화 기본법'(사회주의자-혁명가당 좌파는 이를 열렬히 지지했다)에 서명했던 1918년 2월에 마찬가지로 기뻐했다. 그러나 레닌은 지역 소비에트들이 필수적인 식량을 도시에 공급하기를 원했다. 레닌은 농촌에는 곡물이 풍부한데, 중앙 정부와 지역 정부에 형편없는 배급품이 제공되는 것은 부유한 농민들, 즉 레닌이 쿨라크라고 부르는 사람들의 탐욕 탓이라고 거듭 주장했다. 꾸물댈 시간이 없었다. 브레스트리톱스크 조약 이전에도 레닌은 무자비한 조치를 취해야 한다고 믿었다. 레닌은 곡물 거래를 국가가 독점하는 데 전념했고, 좀 더 장기적으로는 토지 소유권을 농민을 비롯한 개인에게서 빼앗아 국가가 관리하기를 원했다. 이러한 레닌의 태도는 농민층의 이익을 돌볼 수 있다는 특별한 전제를 바탕으로 하여 인민위원회의에 참여한 사회주의자-혁명가당 좌파와의 이미 어려워진 관계를 더욱 복잡하게 만들었다.

하지만 체제를 강화하는 레닌의 방식은 더는 타협에 의존하지 않았다. 1918년 1월 14일에 이미 레닌은 단도직입적인 어조로 인민위원회의 법령을 작성했다.[14]

(인민위원회의는) '전러시아 식량 공급 위원회'와 식량공급인민위원부에 인민위원들뿐만 아니라 수적으로 우세한 무장 분견대들의 파견을 강화할 것을 제안한다. 이들은 화물의 이동, 곡물의 수집과 배분, 투기꾼들과의 무자비한 투쟁(지역 소비에트는 투기꾼과 파괴자들을 현장에서 사살해도 좋다)을 위해서 가장 혁명적인 조치를 취할 것이다.

지난 몇 주 동안 레닌이 보인 이 냉혹한 성향이 정책으로 모습을 갖춰 가고 있었다. 좀 더 가혹한 조치를 요구하는 쪽으로 나아가야 한다는 생각은 아직 레닌의 연설에서 공개적으로 드러나는 주제는 아니었지만, 그가 그렇게 생각했다는 것은 분명한 사실이었다.

인민위원회의는 1918년 봄에 멘셰비키를 다수파로 선출한 지방의 많은 소비에트들을 탄압한 일을 전혀 후회하지 않았다. 효과적인 저항을 막기 위해 체카와 새 '붉은 군대' 분견대를 동원했다. 체제는 이제 입헌민주당, 멘셰비키, 사회주의자-혁명가당 같은 공공연한 적들을 박해하는 데 그치지 않았다. 체제가 권력을 잡기 위해 한때 의존해야 했던 사회 그룹들도 대상이 되었다. 레닌은 노동 계급이 일단 볼셰비키를 지지하기 시작하면 볼셰비즘의 적들로 결코 돌아가지 않을 것이라고 가정했다. 그러나 '프롤레타리아'에 대한 레닌의 믿음은 1917년에도 항상 조건부였다. 그리고 1902년 그는 《무엇을 할 것인가?》에서 마르크스주의 지식인들이 확고하고 올바르게 지도해주지 않으면 노동자들은 결코 혁명적 정책을 채택할 수 없을 것이라고 단언했다. 레닌은 기껏해야 이데올로기적 온정주의자였던 것이다. 이제 레닌은 시민으로서 노동 계급이 지닌 권리를 뒤엎는 데 자신을 막을 것은 아무것도 없다고 느꼈다. 체제의 권위를 거스르는 움직임은 허용되지 않을 것이었다. 일터에서도 규율이 확고히 지켜져야 했다. 레닌은 자신이 한때 자본가의 이익을 옹호한다고 심하게 비난했던 바로 그 미국인 이론가 테일러*의 시간-동작 원리를 도입할 생각이 있음을 암시했다.

레닌은 독재가 필수적이라고 생각했다. 1918년 4월에 자신의 책 《소비에트 권력의 현재 과제》에서 레닌은 국가 안보에 대한 외부 위협이 계속되고 있으며 식량 공급과 운송, 산업 생산, 행정적 효율성의 문제가 내부에서 커져 가고 있음을 인정했다. 그리고 그는 이렇게 주장했다. "그러나 독재는 거창한 단어다. 그리고 거창한 단어를 쉽게 바람 속으로 내던져서는 안 된다. 독재는 철의 권위이고, 그 권위는 착취자와 훌리건 모두를 억압하는 데 신속하고 무자비할 뿐만 아니라 혁명적으로 대담하다."[15] 뒤이어 레닌은 몇 달 전만 해도 가장 가까웠던 동료들 중 많은 이들을 충격으로 몰아넣는 분석을 전개했다. "어떤 공장, 농장, 기업에서든 노동 규율을 위반한 **사람 모두가**

프레더릭 테일러(Frederick W. Taylor, 1856~1915) 미국의 발명가, 공학자. '과학적 관리론'의 시조로서 근대 산업 발전에 큰 영향을 끼쳤다. 1881년 주임 기사로 일하던 미드베일 공장에 시간-동작 원리를 도입하여 전문적인 연구 분야로 확립했다. 그의 이론은 개별 작업자를 주의 깊게 감독하고 동시에 조업 중 발생하는 시간과 동작의 낭비를 줄임으로써, 작업장이나 공장에서 생산의 효율성을 급격히 높일 수 있음을 제시하는 것이었다.

기아와 실업의 고통에 **책임**이 있다." 해결책은 진정으로 독재적인 방식을 적용하는 것이었다. 레닌은 "이런 죄를 지은 사람들을 어떻게 적발해 법원에 넘길지, 그리고 어떻게 가차 없이 처벌할지를 아는 것이 필수적"이라고 설명했다.[16]

제헌의회 해산과 브레스트리톱스크 조약의 서명을 통해, 국내의 모든 다른 정당과 단체, 개인들이 여전히 반대하더라도 권력을 지키겠다는 레닌의 의지가 확실히 드러났다. 레닌이 지도하는 볼셰비키당은 사회주의자-혁명가당 좌파마저 쫓아버렸다. 그뿐만이 아니었다. 정부 정책이 실행에 옮겨지고 명확해짐에 따라 여론이 정부로부터 멀어졌다. 노동자들과 10월 혁명 소식을 들은 농민들은 인민위원회의의 법령을 환영했다. 그러나 레닌과 볼셰비키 중앙위원회는 정책을 발전시켜 나가면서 많은 사람들의 적대에 직면했다. 무관심도 그들이 봉착한 중요 문제였다. 볼셰비키가 통치하는 지역은 러시아 제국의 왼쪽 부분으로서 주로 러시아인들이 거주하는 곳이었고, 이 지역에서 볼셰비키는 정치적 소수파였다. 그리고 이 사실을 인식한 볼셰비키의 태도는 더욱 강경해졌다. 그들은 말썽을 다루는 가장 좋은 방법은 타협안을 제시하는 것이 아니라 더욱 완강해지는 것이라고 생각했다. 이 공통된 태도는 레닌과 볼셰비키의 '좌익 공산주의자들'을 다시 뭉치게 했다. 비록 브레스트리톱스크 조약 이후 자신들이 더욱 굳게 협력하고 있음을 과시할 수는 없었지만 말이다.

레닌이 공업과 농업에서 국가 소유와 규제를 강화한 사실은 그들의 화해에 이바지했다. 인민위원회의에 국가의 곡물 거래 독점을 폐기하고, 농민들이 생산물을 개방된 시장에서 팔 수 있도록 허용할 것을 요청하는 여론이 높아졌다. 농민들이 곡물을 쌓아 두고 있다는 증거가 많았다. 도시와 농촌 간의 경제 교류를 회복하려면 사적 거래를 허용해야 한다는 제안이 여러 사람에게서 나왔다. 임시정부의 입헌민주당, 멘셰비키, 사회주의자-혁명가당은 예전에 국가의 곡물 거래 독점을 승인하고 유지한 적도 있었다. 경제가 나락에 떨어지자, 정권 밖에서 그들은 급격한 정책 전환이 필요하다고 촉구했다.

그러나 볼셰비키 지도자들은 정책 전환을 고려하지 않으려 했다. 그들은 '사회주의 혁명'을 수행했고, 정책에서 반자본주의 요소를 제거할 생각이 없었다.(설령 그 요소가 '자본가들의 정부'인 임시정부가 강화한 것이라 하더라도 말이다.) 실제로 심각한 경제적 해체를 막는 데 필요한 조치를 두고 볼셰비키 내부에 존재했던 의견 차는 꾸준히 사라져 가고 있었다. 이후 몇 달 동안 부하린, 오신스키와 그들의 동료들은 경제의 모든 측면을 사회주의 노선에 따라 신속하게 바꾸도록 서둘러야 한다고 주장하며 레닌의 신중함을 비판했다. 그들은 공업, 농업, 상업, 재정, 운송, 통신의 전면적인 국유화를 요구했다. 그들 중 일부는 이 정책이 레닌이 요구하는 것이기도 하다고 믿었다. 그러나 그들이 2월 혁명과 10월 혁명 사이에 레닌이 쓴 저술을 찬찬히 읽어보았더라면, 그렇게 잘못 판단하지 않았을 것이다. 확실히 레닌은 러시아가 '사회주의로 이행'할 준비가 되어 있고 또 그런 이행이 러시아에 실제로 무척 필요하다고 주장했으며, 모든 권력을 소비에트 같은 계급에 기반을 둔 대중 조직으로 이양해야 한다고 역설했다. 그러나 정책이 철저하게 즉각 변화해야 한다고 주장하면서도, 한편으로 레닌은 경제를 좀 더 신중하게 다룰 것을 촉구했다. 레닌에 따르면, 이미 대규모 자본주의 노선에 따라 운영되는 사업체들만 국유화되어야 했다.

러시아에서 그런 사업체란 은행, 철도, 가장 큰 공장과 광산, 그리고 넓은 사유 토지 일부를 가리켰으며, 경제의 나머지 부문은 들어가지 않았다. 그리고 레닌이 명확히 언급하지는 않았지만, 경제의 나머지 부문은 사실상 러시아의 노동 인구 대부분이었다. 러시아는 농민과 장인, 노점상의 나라였다. 은행, 대규모 공장, 집약적으로 경작되는 토지는 전체 경제의 수많은 사업체 가운데 여전히 예외적 존재에 불과했다.

따라서 레닌은 인민위원회의가 가장 '선진적인' 기업들만 수용하기를 원했다. 나머지 사업체들은 국유화하기 전에 좀 더 큰 단위로 조직하고 최신 기술을 갖출 필요가 있었다. 그리고 레닌은 이 과업이 자본주의에 의해서 가장 잘 수행될 것이라 믿었다. 혁명적 사회주의 국가는 공업과 농업의 사적 부문을 보호하고 성장을 촉진해야 했다. 레닌은 볼셰비키 정치와 자본주의 경제의 이 공생 관계를 '국가 자본주의'라고 불렀다. 이 표현은 경제 발전의 필수 단계에 대한 통상적인 마르크스주의 개념 안에 머무르고자 하는 레닌의 희망을 만족시키는 용어였다.(비록 그는 정치 발전에 대해서는 통상적 마르크스주의 관념을 버렸지만 말이다.) 물론 레닌의 이런 태도는 당연히 세계를 뒤엎겠다는 목적으로 10월 혁명을 수행한 많은 볼셰비키(아마도 볼셰비키의 대부분)의 비위를 건드렸다. 자본주의가 폭넓게 유지되어야 한다는 레닌의 조항은 그들에게는 그저 이해할 수 없는 것이었다. 자신의 계획이 자본주의를 활용하는 한 방법이라는 레닌의 주장도 그들의 분노를 누그러뜨리지 못했다. 그들은 좀 더 직접적이고 비타협적인 혁명 전략을 원했다. 부하린 일파는 은행과 야금 공장뿐만 아니라 장인들의 작업장, 시장 가판대, 농민들의 채마밭도 정부가 소유하기를 원했다.

그들은 교리를 근거로 들어 레닌에 대항하는 주장을 펼쳤다. 그들이 보기에, 레닌은 자본주의와 너무 심하게 타협하는 전략을 제안하고 있었다. 그러나 그들은 레닌의 전략이 그 타당성을 논하기 이전에 사실상 실행이 불가능하다는 사실은 언급하지 않았다. 레닌은 자신의 의도가 자본가들을 이용하고 그런 다음 자본주의를 제거하는 것이라고 공언했다. 이미 레닌은 은행과 많은 공장, 광산을 국유화했다. 그는 무역에 엄중한 국가 규제 체제를 도입했다. 또 국내외에서 자신의 정부가 채무자들에게 빚을 갚을 의무도 부인했다. 레닌은 부유한 시민들의 시민권을 박탈하고, 체카를 설립했다. 그는 계급 독재를 수립했다. 그런 상황에서 레닌이 자신과 거래할 기업가를 찾을 수 있었다는 것이 놀라울 따름이다. 메셰르스키(Aleksei P. Meshcherski)가 바로 그런 기업가였다. 그러나 협상은 곧 깨졌다. 레닌의 '국가 자본주의'의 조건들이 메셰르스키에게는 너무 사회주의적으로 느껴졌던 것이다.

그때쯤 레닌의 모든 본능은 그 자신을 타협으로부터 멀어지게 하고 있었다. 레닌은 앞으로 감당해야 할 곤경이 엄청나리라는 것을 헤아리게 되면서, 국가 명령과 통제 쪽으로 점점 사고의 추를 기울이는 경향을 이미 드러내고 있었다. 레닌은 경제나 사회 생활의 다른 측면에서 정부의 개입을 줄이기 위해 집권한 것이 아니었다. 곤경이 존재한다면, 그 곤경은 규제 강화로 맞붙어야 했다. 1917년 이전에 레닌의 혁명 이론은 비일관성과 모순이 특징이었다. 권력의 자리에서 레닌은 자신의 이론에 담긴 긴장을 실제적 수단을 통해 해소해야 했다. 그는 자신의 추상적 공식이 실제로 작동하도록 만들어야 했다. 이 과제는 레닌을 독재와 폭력이라는 주제를 점점 더 강조하는 쪽으로 나아가게 했다. 레닌의 사상이 더욱 분명해지면서 중앙 집권제, 위계제, 규율에 대한 헌신도 중요해졌다. 레닌은 본질적으로 국가가 볼셰비키당의 통제 아래 조정하고 교화하는 엔진 역할을 하기를 원했다. 레닌은 인민의 자발성을 끌어내려면 국가가 여전히 중요하다고 여겼다. 그러나 당이 점점 인기를 잃어 감에 따라, 레닌은 만약 선택해야 할 상황이 올 수밖에 없다면, 다른 이들(인민 전체든, 노동 계급 같은 한 부분이든)이 자신의 비위에 거슬리는 행동을 하는 것을 내버려 두기보다는, 자신이 세운 정책을 밀어붙이는 쪽을 택하겠다고 생각하게 되었다.

레닌의 사고에서 사회적 편향이 사라진 것은 아니었다. 전혀 그렇지 않았다. 레닌은 노동 계급에 유리한 국가를 건설해야 한다고 계속 강조했다. 노동자들이 행정직으로 승진할 기회가 확대되고 보장되어야 했다. 그리고 체제가 당면한 주요 과제는 효율적인 행정 수립이라는 가정은 그대로 남아 있었다. 또 레닌의 사회주의는 공공연하고 뻔뻔스러울 정도로 도시적이었다. 촌락은 산업화되어야 했고, 농민들은 집단 농장의 노동자와 경영자로 변신해야 했다. 그뿐 아니라 작은 조직 단위들은 사회에서 전반적으로 제거되어야 했다. 엄청나게 많은 사람들이 참여하는 대규모 활동은 본질적으로 우월한 것으로 여겨졌다. 큰 것은 논란의 여지 없이 아름다운 것으로 생각되었다.

사회주의의 본질은 '회계와 감독'이라고 레닌은 지겹도록 되풀이했다. 이 목적을 이루려면 문해력, 산술 능력, 시간 엄수의 일반적 수준을 훨씬 높이 올리는 데 집중하는 것이 필수였다. 하지만 이러한 시각에서 빠져 있었던 것은 이타주의, 친절함, 관용, 참을성을 함양하려는 의지였다. 레닌주의 이데올로기에서 더 근본적인 것은 계급 투쟁과 내전에 대한 강조였다. 자비는 변명의 여지가 없는 감상의 증거라고 여겨졌다. 당의 목적을 가차 없이 추구하는 것이 최고의 과업이었다. 당의 목적은 역동적으로 수행되어야 했다. 레닌주의는 그 목적을 달성하기 위해 기관과 집단, 개인에게 가하는 압력을 중시했다. 레닌은 자본주의의 유산으로부터 사상적으로 많은 것을 받아들였다. '좌익 공산주의자들'과는 달리, 레닌은 공장, 농장, 은행, 군대에서 '옛 전문가들'이 차지한 직위를 그대로 유지하는 것이 도움이 되리라고 생각했다. '부르주아' 전문가들을 해고하기 전에 '부르주아' 전문지식을 열심히 배워야 했다. 레닌은 또 자본주의의 기본적인 경쟁 원리를 '사회주의로 이행'하는 동안 간직해야 한다는 것도 받아들였다. 중앙 국가 기관의 목표를 실행하는 과정에서 기관과 기관을 경쟁시키는 방법을 찾아야 했다.

레닌은 신중하게 만든 규정에 따라 행동하는 관리들을 통해서만 사회주의 혁명이 성공할 것이라고 결코 암시하지 않았다. 그는 행동, 그것도 광적인 행동을 요구했다. 절차적 규칙에는 코웃음을 쳤다. 레닌의 사고에서는 목적이 수단을 정당화했고, 필요한 것은 도덕적 기준이 아니라 특정 행동이 혁명에 도움이 되는지, 방해가 되는지 여부였다. 그는 볼셰비키가 과업을 이루는 데 필요한 과학적 지식을 갖추고 있다고 주장했다. 그리하여 레닌은 자신의 이데올로기가 비길 데 없이 옳다고 단언했으며, 사회 전체에 자신의 규범을 주입하고자 하는 데 거리낌이 없었다. 레닌의 통치 양식은 성격상 본질적으로 독단적이었기 때문에, 레닌에게는 독단성이라는 개념 자체가 없었다. 그의 공식 철학은 민주주의, 사회적 공정함, 정의 같은 보편적 목적에 대한 절대적인 헌신에 경멸감을 드러냈다.

그때도, 그리고 그 후에도 많은 관찰자들이 보기에 이것은 이상한 종류의 사회주의였다. 처음에는 역량 있는 저술가들이 정치 생활에 적극적으로 참여한 탓에, 소비에트 체제를 분석한 책은 거의 나오지 않았다. 그러나 곧 저술가들은 숨을 고른 다음 10월 혁명에 대해 고찰했다. 러시아뿐만 아니라 유럽 전체에서 사회주의 이론의 고전적 저술 대부분은 사회주의 도입이 정치 참여, 대중의 창의성, 민주주의적·법적 권리와 실천, 대중의 협의, 산업 민주주의의 즉각적인 확대를 불러올 것이라는 전제에서 출발했다. 독재 찬양자인 레닌이 사회주의자로 정당하게 분류될 수 있는지 의문을 품을 이유는 1917년 이전부터 이미 많았다. 사회주의자를 자임하지만 그런 의심의 대상이 된 사람은 레닌만이 아니었다. 프랑스의 루이 오귀스트 블랑키, 독일의 빌헬름 바이틀링, 러시아의 표트르 트카초프 같은 독재 옹호자들의 전통에 대해서도 비슷한 비판이 있었다. 그러나 그들과 달리 레닌은 권력을 얻었다. 그리고 그에 대한 비난은 더욱 격렬했다. 국내의 멘셰비키와 사회주의자-혁명가당, 그리고 외국의 대다수 사회주의자들이 보기에 레닌의 인민위원회의는 부당하게 스스로를 '사회주의' 정부라고 불렀으며, '사회주의'라는 이름을 더럽혔다.

또 레닌은 정치에 대한 전반적 이해에도 엄청난 혼란을 불러일으켰다. 정적들이 레닌에게 세계 사회주의 모임의 회원 자격이 있음을 부인하려 했던 반면, 레닌은 그들이 진정한 사회주의자임을 인정하지 않으려 했다. 그리고 그들과 자신이 다르다는 것을 보여주고자 레닌은 1918년 3월 제7차 당 대회에서 볼셰비키당의 이름을 '러시아 공산당'으로 고치게 했다. 레닌은 볼셰비즘이 공산주의 사회라는 궁극적 목표를 성취하고자 한다는 것을 모든 이들에게 말하고 싶어 했던 것이다. 그러나 이 개명은 대부분의 사람들을 당황하게 했다. 그들은 이 '공산주의' 지도자가 스스로 자신을 계속 사회주의자라고 부르고, '유럽 사회주의 혁명'을 일으킬 필요에 대해 언급하는 것을 알아차렸다. 마침내 발간된 (레닌이 10월 혁명 전에 마지막 장을 쓸 시간이 없었기 때문에 미완성 형태로나마)《국가와 혁명》을 읽은 사람들은 이 골치 아픈 문제를 해결할 방법을 알 수 있었다. 레닌은 사회주의가 자본주의 이후 공산주의로 가는 과정에 있는 첫 번째 중대한 단계라고 주장했다. 레닌에 따르면, 사회주의자인 동시에 공산주의자가 될 수 있었다. 이러한 결합은 비(非)레닌주의 사회주의자들의 마

음을 상하게 했다. 도처의 보수주의자와 자유주의자들이 이것을 구
실로 삼아, 상상할 수 있는 어떤 사회주의 정부도 레닌의 러시아를
특징지은 정치적·사회적·경제적 억압을 불가피한 결말로 맞이하게
되리라고 주장하게 되었기 때문이었다.

21장

내전 속으로
1918년 5월~8월

1918년에 레닌은 사람들에게 볼셰비키당이 거둔 성과를 상기시키고 싶어 했다.[1]

    그리하여 우리가 매우 광범한 인민 대중의 의식 속에 불어넣은 이 정책, '모든 권력을 소비에트로!'라는 이 구호는 (1917년) 10월에 페테르부르크에서 쉽게 승리하고 (또) 러시아 혁명의 마지막 몇 달을 총체적 승리를 향한 단일 대오의 행진으로 전환할 기회를 우리에게 주었다.

    내전은 사실이 되었다. 사회주의 단체의 상당수는 혁명이 개시될 때, 심지어 전쟁이 개시될 때에도 우리의 예측, 즉 제국주의 전쟁이 내전으로 변모하리라는 예측에 불신과 심지어 조롱을 보냈다. 1917년 10월 25일 내전은 전쟁에 참여한 가장 크고 가장 후진적인 나라에서 사실이 되었다. 이 내전에서 압도적 다수가 우리 편으로 밝혀졌고, 따라서 승리는 아주 쉽게 우리에게 다가왔다.

레닌이 보기에 페트로그라드 권력 장악을 고취한 이념은 진리임이 입증되었다.

일단 당이 통치에 들어가자, 레닌은 노동자, 병사, 농민들(그리고 물론 그의 당원들)을 언짢게 만들 자기 이념의 일부 측면에 대해 더는 내숭을 떨지 않았다. 레닌은 독재, 공포, 내전, 제국주의 전쟁 같은 그가 가장 좋아하는 주제들을 공개적으로 되풀이했다. 그는 여전히 자신만만했다. 국내에서 혁명을 보호하는 데 무장 폭력은 약한 정도로만 필요할 것이라고 레닌은 여전히 믿었다. 이 전제는 우리가 실제로 어떤 일이 벌어졌는지, 즉 '러시아 내전'이 일어났다는 것을 알고 있기 때문에 기묘해 보인다. 그러나 레닌의 잘못은 사회주의 혁명에 관한 그의 전제와 관련해서 보아야 잘 이해할 수 있다. 다른 혁명가들과 마찬가지로, 레닌은 17세기 중엽의 영국 내전과 18세기 말의 프랑스 내전에 관해 읽었다. 그러나 레닌은 항상 군대가 당대 사회 계급의 이해를 어떻게 대표했는가에 관심을 두었다. 레닌에게 내전은 다소 격렬한 계급 투쟁이었다. 레닌이 가장 많이 연구한 '내전'은 1871년 파리 코뮌에 의해 시작된 대대적인 정치 투쟁이었다. 레닌이 보기에 코뮌은 인민들이 자치를 시행하는 초보적 모델이었다. 그는 아돌프 티에르*의 정부군에 진압되기 전에 코뮌이 이룬 성취를 거듭 찬양했다.

레닌은 파리 코뮌이 불행한 종말을 맞은 이유가 대체로 내부 체제를 엄격하게 통제하지 못하고 적절한 병력을 조직하는 데 실패했기 때문이라고 단순하게 판단했다. 이런 판단으로부터 레닌은 만일 러시아의 '근로자 계급'이 코뮌의 오류를 피한다면, 그들의 수적·조직적 우위가 승리를 보장하리라는 낙관적인 결론을 끌어냈다. 그리고

아돌프 티에르(Adolphe Thiers, 1797~1877) 프랑스의 정치가. 1838년에 루이 보나파르트를 지지했고, 제2제정에서 의원으로 선출되었다. 1871년 5월 독일의 지원을 받는 프랑스 군대를 파리로 보내 파리 코뮌을 진압한 후 제3공화정의 초대 대통령이 되었다.

레닌은 10월 혁명에 뒤이은 '내전'의 시기도 곧 끝날 것이라고 확신했다.

생각지도 않은 사소한 말썽이 살아남았다. '그러나 대체로'라고 하면서 레닌은 말을 꺼냈다.[2]

착취자들의 저항을 진압하는 과업은 이미 1917년 10월 25일부터 (대략) 1918년 2월, 즉 보가옙스키*의 항복에 이르는 기간 동안 해결되었습니다.

다음으로 의제에 오를 것은 …… 러시아의 **행정**을 조직해야 한다는, 지금 이 순간 급박하게 필요한 과업입니다.

이 보가옙스키라는 자는 누구였는가? 그의 이름은 1918, 1919년에 남부 러시아의 군사 행동을 다룬 거의 알려지지 않은 설명들에만 기록되어 있다. 아프리칸 보가옙스키는 볼셰비키가 이끄는 세력과 싸우다가 작은 교전을 벌인 끝에 포로가 되었지만, 군사 활동을 삼간다는 조건으로 자유의 몸이 된 카자크 사령관이었다. 레닌의 평가는 많이 빗나갔다. 레닌은 러시아를 집어삼키려는 전투의 강도를 예측하는 데 완전히 실패했다. 심지어 남부 러시아에서조차 '의용군'이 알렉세예프* 장군과 코르닐로프 장군의 작전을 준비하고 있었고, 내전은 끝나는 것이 아니라 시작되고 있었다. 이 의용군은 모스크바의 정부를 전복하기로 맹세한 자칭 백군 장교들이 결집한 세 거대 세력 중 하나에 지나지 않았다.

아프리칸 보가옙스키(Afrikan P. Bogaevski, 1873~1934) 제정 러시아의 장군. 러시아 내전 동안 백군 지휘관으로 활약했으며, 1919년 이래 돈 카자크 기병대를 이끌었다.
미하일 알렉세예프(Mikhal Alexeev, 1857~1918) 제정 러시아의 장군. 니콜라이 2세와 임시정부 시기에 군 최고 사령관이었으며 러시아 내전 동안 '의용군'을 조직하는 데 주요한 역할을 했다. 1918년 볼가 지역에서 볼셰비키와 전투 중에 심장마비로 사망했다.

볼셰비즘의 전복을 목표로 삼은 단체는 이들 말고도 있었다. 제헌의회가 해산된 후 사회주의자-혁명가당은 볼가강 지역의 사마라 시에 다시 집결하여 전러시아의 합법적 정부라고 주장하는 행정부를 수립했다. 이 행정부는 스스로 코무치(Komuch, '제헌의회 의원 위원회'의 두문자어)라고 불렸는데, 사회주의적 성격을 띠고 있었다. 또 다른 곳에서는 심지어 사회주의자-혁명가당 좌파가 인민위원회의에 맞서 봉기를 꾀하고 있었다. 대규모 무장 갈등이 러시아 전역에서 막 폭발하려는 참이었다. 10월 혁명 전에 레닌은 전략적 본능으로 유명했다. 그런데 내전에 관해서는 그런 본능이 없었다.

1918년 5월에 레닌은 자신의 일반 정책을 황폐화된 경제에 계속 적용했다. 그중에서도 레닌이 '식량 독재'라고 부른 정책을 도입하는 것이 주된 일이었다. 식량 독재는 도시에 식량을 조달하기 위해 각 지방에서 이미 취해진 다양한 조치를 합리화했다. 인민위원회의 회의에서 레닌은 자신의 계획을 급박하게 밀어붙였다. 소비에트 국가가 공업과 농업에 꾀한 접근을 '국민경제최고회의' 간부회가 방해하는 듯하자, 레닌은 간부회 지도자인 밀류틴에게 화를 퍼부었다. 충격을 받고 집으로 돌아온 밀류틴은 일기장에 다음과 같이 심정을 털어놓았다.[3]

인민위원회의는 간부회를 질책했다. 일리치는 "간부회를 일 주일 동안 감옥에 처넣고 빵과 물만 주면 좋겠지만, 우리가 허약하니 우리 자신을 질책하는 데서 그치도록 하자……."라고 말했다. 또 우리에게 물을 줄 수도 있고 우리를 물속에 처넣을 수도 있지만, 우리에게 빵을 주는 것은 완전한 유토피아를 선사하는 것이나 마찬가지이며, 식량 공급 인민위원부도 그런 사치를 허용하지 않을 것이라고 하기까지 했다.

밀류틴이 브레스트리톱스크 논쟁에서 레닌을 지지한 소수의 볼셰비키 지도자였다는 사실은 그에게 전혀 도움이 되지 못했다. 레닌은 광분했다.

레닌에게 경제의 우선순위는 농촌으로부터 곡물을 수거하는 것이었다. 내전에 신경 쓸 틈은 없었다. 군사인민위원으로서 새로운 역할을 수행하면서 '노동자·농민의 붉은 군대'를 소집하고 있던 트로츠키에게, 레닌은 군대 역량의 10분의 9를 식량 조달에 집중하라고 말했다. 레닌은 인민위원회의에 곡물을 숨기는 행위는 가장 흉악한 범죄로 취급되어야 한다고 말했다. 그는 곡물을 축적한 사람들을 '인민의 적'으로 취급하고, 국가가 "잉여 곡물을 감추고 있는 농민 부르주아를 비롯한 모든 부르주아들에 맞서 무자비하고 폭력적으로 방어하고 전쟁을 벌일" 것을 촉구했다.[4] 이 어색한 말투는 레닌을 움직이는 감정이 얼마나 강했는지를 어느 정도 이해하게 해준다. 인민위원회의는 좀 더 온건한 표현을 선호했으나, 정책의 내용 면에서 레닌은 쉽게 하고 싶은 대로 했다. 즉 대부분의 볼셰비키 지도자들은 국가 통제를 확대하고 싶어 견딜 수가 없었던 것이다. 식량 독재를 개시하면서 레닌은 새로운 기관인 빈농위원회(kombedy)를 설립했다. 농촌에 도착한 정부의 인민위원들은 곡물을 쌓아 둔 부농들의 신원을 확인하기 위해 빈농위원회와 연락할 권한을 부여받았다. 감춰 둔 곡물은 현장에서 무게를 달아, 마을의 가난한 사람들에게 배분될 분량을 빼고 나머지는 도시로 보내질 것이었다.

레닌은 경제적으로 우선순위가 더 높은 또 한 가지 일에서 훨씬 심한 곤경을 겪었다. 1918년 여름에 메셰르스키 같은 러시아 기업가들과 협력하자는 레닌의 제안은 통하지 않으리라는 것이 분명해졌다. 대신 레닌은 독일 기업가들과 상거래를 체결할 것을 촉구했다. 동료들은 이 제안에 몹시 놀랐다. 이 두 번째 제안은 너무 심한 논란을 불러일으켰기에 인민위원회의 문서고에 눈에 띄지 않도록 숨겨놓게 되었다. 그 이유를 이해하기는 쉽다. 볼셰비키는 '유럽 부르주아'의 전복을 위해 투쟁하지 못한 다른 사회주의자들을 비판해 왔다. 레닌은 독일 제국 정부, 독일 금융계와 산업계의 거물들과 대결을 회피했다고 카우츠키를 비난하면서 제1차 세계대전 시기를 보냈다. 그런데 이제 레닌이 바로 그 거물들과 상거래를 원했던 것이다.

그러나 그 후 레닌은 다시 러시아가 자본가들의 도움을 받아 '사회주의로 이행'하리라 전제하고 10월 혁명을 수행했다. 레닌은 러시아 자본가들로부터 도움을 받기를 희망했다. 그렇게 할 수 없다면 독일 자본가들에게 호소하는 것이 왜 안 되는가? 언제나 전술가였던 레닌은 왜 자신의 당이 자기처럼 유연해질 수 없는지 알 수가 없었다.

하지만 독일 자본가들에게 협력을 제안하고 싶어 한 레닌의 열망이 '독일 제국주의'와 영원한 화해를 뜻한 것은 아니었다. 레닌은 여전히 레닌이었다. 레닌은 할 수 있는 동안 자본주의 독일을 이용하고 싶어 했지만 그런 독일이 오래 지속되지 않기를 여전히 기대했다. '유럽 사회주의 혁명'은 그의 의제에서 계속 높은 순위를 차지했다. 레닌은 외국에서 극좌 사회주의자들이 조만간 승리할 것이라고 믿어 의심치 않았다. 1918년 3월 제4차 소비에트 대회에서 브레스트리톱스크 조약을 정당화하면서 레닌은 이렇게 강조했다. "우리는 (카를) 리프크네히트가 어떤 식으로든 승리할 것임을 압니다. 이 승리는 노동자 운동에서 필연적입니다." 레닌은 리프크네히트가 승리할 때까지는 이 조약이 러시아에서 '숨 돌릴 여유'를 절대적으로 보장하는 것이 아님을 인정했다.[5]

그렇습니다. 우리가 도달한 평화는 지극히 불안정하며 우리가 얻었던 숨 돌릴 여유는 동쪽으로부터도, 서쪽으로부터도 어느 날 갑자기 깨질 수 있습니다. 여기에 대해서는 의심의 여지가 없습니다. 국제 정세는 너무나 어려우며, 서구의 혁명은 비록 우리가 예상하고 기대한 것보다 훨씬 느리게 무르익고 있지만, 우리는 서구의 혁명이 무르익을 때까지 가능한 한 살아남기 위해 온갖 노력을 다해야 합니다. 국제 정세는 점점 더 많은 가연성 물질을 끌어들이며 불이 붙도록 부채질하고 있습니다.

레닌에게 끔찍한 순간들이 닥쳤다. 최악은 브레스트리톱스크에서 조약에 서명한 당사자인 중앙위원회 위원 소콜니코프가 독일을 더는 신뢰할 수 없으며 조약은 오류였다고 선언한 사건이었다. 소콜니코프는 5월 10일 중앙위원회에서 조약을 공격했고, 레닌의 격렬한 반격이 없었더라면 러시아는 다시 전쟁에 돌입했을 것이다.

더 나쁜 일이 뒤따랐다. 당시 러시아 전역에서 소규모 병사들이 소비에트 당국에 반기를 드는 군사적 사태가 빈번하게 발생했는데, 그 달이 끝나 갈 즈음에도 그런 사건이 있었다. 그러나 이 사건은 쉽게 마무리되지 않았다. 러시아 제국 군대가 사로잡은 옛 체코인 포로들이 이 사건에 연루되었다. 이들은 연합국의 동의를 받고 동맹국에 맞서 서부 전선에서 싸우기 위해 시베리아를 가로질러 북아메리카로 가는 중이었다. 소비에트 당국과 '체코 군단'의 상호 불신은 깊었다. 그리고 트로츠키가 그들을 무장 해제시키려 하자, 5월에 충돌 사태가 벌어졌다. 인민위원회의가 적에 맞서 동원할 수 있었던 어떤 군사력보다 강한 3만 5천 명의 체코인은 열차를 돌려 중부 러시아로 향했으며, 레닌과 그의 동료 인민위원들을 타도하려고 수립된 사마라의 코무치 편에 서서 싸울 준비가 되었음을 보여주었다.

위기에 대처할 책임은 트로츠키가 맡았다. 이 시점에도 레닌은 체코 군단이 얼마나 치명적인 위협인지 이해하지 못했다. 그는 다음 몇 주 안에 소집이 예정되어 있는 제5차 소비에트 대회에 몰두했다. 인민위원회의 연립정부에서 한때 파트너였던 볼셰비키와 사회주의자-혁명가당 좌파는 1918년 6월 내내 서로 신경질적으로 노려보고 있었다. 대회는 7월 4일에 열렸고, 각 당이 자신의 대표단을 보호할 경비대를 세울 정도로 긴장은 날카로웠다. 사회주의자-혁명가당 좌파가 먼저 행동했다. 7월 6일 대회에서 토론이 벌어지는 동안, 사회주의자-혁명가당 좌파 지도자였던 야코프 블륨킨(Yakov Blyumkin)은 브레스트리톱스크 조약을 한 방에 날려버릴 작전을 개시했다. 체카 요원으로 일하던 블륨킨은 모스크바의 독일 대사관을 방문할 수 있는 출입증을 획득했다. 대사관 건물로 들어간 블륨킨은 독일 대사 빌헬름 폰 미르바흐(Wilhelm von Mirbach)와 접견을 요청했고, 접견 과정에서 권총을 꺼내 대사를 향해 발사한 뒤 뛰쳐나갔다. 미르바흐는 치명상을 입었다. 블륨킨이 노린 것은 볼셰비키가 결국 독일 제국과 혁명 전쟁을 개시하는 계기가 될 외교 사건을 도발하는 것이었다.

레닌과 제르진스키에게 이 소식이 전달되었다. 레닌은 블륨킨의 의도를 간파했고, 사회주의자-혁명가당 좌파 전체를 억압함으로써 독일의 침공을 방지하려 했다. 또 레닌은 인민위원회의를 대표해서 독일 대사관을 방문해 조의도 표했다. 베를린 정부에 소비에트 당국이 우호 관계를 유지하기 바란다는 것을 재확인해주어야 했다. 제르진스키는 믿을 만한 체카 부대를 트료호스뱌티텔스키 거리의 사회주의자-혁명가당 좌파 당사로 보내 사회주의자-혁명가당 좌파의 중앙위원회를 체포하도록 지시받았다.

작전 과정에서 볼셰비키는 군사적으로 어설프게 행동했다. 사회주의자-혁명가당 좌파가 당사에 도착했을 때, 제르진스키는 본인이 구금당하는 상황에 처하고 말았다. 레닌은 어찌할 바를 몰랐다. 제르진스키에게 의지할 수 없다면, 누구에게 도움을 청할 수 있단 말인가? (가능한 한 가지 대답은 트로츠키였을 것이다. 그러나 트로츠키는 체코 군단 문제로 바빴고, 어쨌든 그는 이 단계에서 레닌에게 완전한 신뢰를 주지 못했다.) 유일하게 할 수 있는 일은 직접 통제하는 것이었다. 이제 레닌에게는 두 가지 주요 과제가 주어졌다. 사회주의자-혁명가당 좌파 중앙위원회를 체포하고, 제르진스키를 석방하는 것이었다. 레닌이 유일하게 고를 수 있었던 선택지는 공격을 이끌기 위해 라트비아 라이플 총병대 지휘관인 바치에티스(Jukums Vacietis) 장군에게 접근하는 것이었다. 레닌은 바치에티스에게 인민위원회의가 아침까지 살아남지 못할 것이라고 말했다. 바치에티스에게 자부심을 심어주려고 레닌이 사태를 과장한 것일 수도 있다. 그러나 레닌이 수도의 정부가 위험에 빠졌다는 긴박함을 느꼈으리라는 추측이 더 가능성이 높다. 허술하게 조직된 그룹이 1917년 10월에 권력을 장악할 수 있었다면, 또 다른 그런 그룹이 그 위업을 되풀이할 수도 있을 것이었다. 바치에티스는 맡겨진 임무에 동의했고, 레닌은 안심했다.

사태가 나아지기 시작했다. 독일 대사관 방문은 기대한 만큼 순조롭게 진행되었고, 바치에티스의 부대는 효율적으로 무력을 사용하여 임무를 수행했다. 사회주의자-혁명가당 좌파 당사가 7월 7일 점령되었다. 당 지도자들이 체포되었고, 제르진스키는 무사한 채로 발견되었다. 레닌과 제르진스키는 비록 사회주의자-혁명가당 좌파의 중앙위원회가 암살을 공모했다는 증거는 없었지만, 중앙위원회 위원 한 명을 처형해야 한다고 결정했다. 그렇게 해야 볼셰비키가 브레스트리톱스크 조약을 진심으로 보호하고 싶어 한다는 사실을 독일에 보여줄 수 있을 것이었다. 볼셰비키는 다른 사회주의자들을 죽인다는 생각에 당혹스러워하지 않았다. 1918년 7월 9일, 제르진스키는 직접 그 일을 수행해 체카 부의장이었던 사회주의자-혁명가당 좌파 중앙위원회 위원 알렉산드로비치(Vyacheslav A. Alexandrovich)를 총살했다.

미르바흐 위기 동안 드러난 체카의 비효율성은 레닌을 계속 괴롭혔다. 또 사회주의자-혁명가당 좌파가 볼셰비키에 맞서 무장 행동을 조직한 것도 곤혹스러운 일이었다. 레닌은 7월 7일 앞뒤 가리지 않고 트료흐스뱌티텔스키 거리에 있는 사회주의자-혁명가당 좌파의 예전 당사를 방문하기로 전격 결정했다. 평소처럼 스테판 길이 운전을 맡았다. 도중에 한 무리의 무장한 사람들이 도로 위로 뛰어오르더니 멈추라고 소리쳤다. 레닌은 길에게 그 말을 들으라고 지시했으나, 무장한 사람들은 그들이 멈추기 전에 총격을 가하기 시작했다. 다행히 무장한 사람들은 볼셰비키 지지자들로 밝혀졌고, 레닌은 다소 선생처럼 훈계를 한 뒤 그들을 보내주었다. "동지들, 누군지 확인도 하지 않고 으슥한 구석에서 사람들에게 무심코 총질을 해서는 안 됩니다!"[6] 이 상황에서 이보다 더 적절한 말을 생각해내기는 불가능했을 것이다. 그러나 그날의 고생은 아직 끝나지 않았다. 레닌의 차는 트료흐스뱌티텔스키 거리를 방문한 이후 또 제지당했다. 젊은 이들로 이루어진 반관(半官) 순찰대가 레닌에게 신분 증명서를 보여달라고 요구했고, 그들은 레닌이 인민위원회의 의장이라고 쓰인 서류가 효력이 없다고 판단했다. 레닌은 체포되어 가장 가까운 경찰서로 끌려갔다. 적어도 이 사건에서 그는 총격의 위협을 받지 않았고, 경찰관과 레닌은 이 사건을 웃어넘길 수 있다고 느꼈다.[7]

그러나 그날 소비에트 공화국에서 맞을 수 있는 죽음의 위협에 관한 레닌의 체험 학습은 아직 끝나지 않았다. 경찰서에서 돌아오는 길에 그들이 탄 차에 총격이 가해졌다.[8] 총탄은 빗나갔다. 길은 가속 페달을 세게 밟았고, 두 사람은 화가 났다기보다 녹초가 된 상태로 크렘린에 도착했다. 모스크바를 돌아본 이 짧은 여행 동안 그들은 몇 번이나 죽을 고비를 넘겼던 것이다.

레닌은 상황에 대한 정보를 많이 얻지 못했다. 다음 몇 주 안에 정보를 획득할 기회도 없었다. 훨씬 더 심각한 군사적 비상 사태가 볼가 지역에서 발생하고 있었다. 체코 군단의 형태로 군사력을 확보한 코무치는 러시아 중부 지역에 공격을 가할 준비가 되어 있었다. 방어 태세가 갖추어지기 전에 그들은 아무 저항도 받지 않고 사마라에서 카잔으로 진격했다. 군사인민위원 트로츠키가 볼가로 달려갔고, 갓 구성된 붉은 군대는 스비야스크 전투에서 코무치 부대를 저지하는 데 성공해 사람들을 놀라게 했다. 볼셰비키가 남동부 러시아에서 확고히 자리를 잡는 동안, 북부에서 문제가 커지고 있었다. 영국이 아르한겔스크에 병력을 상륙시켰고, 레닌은 이들이 페트로그라드로 진격할까 봐 우려했다. 인민위원회의가 군사적으로 취약하다는 것을 인식한 레닌은 비밀리에 독일에 도움을 호소했다. 이것은 매우 민감한 선택이었다. 독일군이 아르한겔스크로 가는 도중 페트로그라드를 점령하지 않으리라고 확신할 수 없었기 때문이었다. 결국 위기는 잦아들었고, 인민위원회의와 루덴도르프* 사이의 군사 협력은 필요하지 않았다. 그러나 상황은 위기일발이었다. '소비에트 권력'과 볼셰비키 일당 국가는 끊임없이 붕괴의 위험에 시달렸다.[9]

레닌은 그동안 계속 화가 나 있었다. 어떤 것도 레닌이 경멸했던 제정 러시아 사회의 잔재들에 복수하고자 하는 그의 욕구를 충분히 만족시킬 수 없었다. 일부 잔재는 극단적인 증오의 대상이었다. 레닌은 형 알렉산드르의 목숨을 살려주기를 거부했던 황제 알렉산드르 3세의 후손들과 해결해야 할 개인적 원한이 있었다. 니콜라이 2세, 그의 부인 알렉산드라, 그리고 그들의 가족은 4월 30일부터 예카테린부르

에리히 루덴도르프(Erich Ludendorff, 1865~1937) 독일 제국의 장군. 제1차 세계대전 때 리에 주 요새 공방전과 타넨베르크 전투에서 승리를 거두었다. 1916년 8월부터 1918년 10월 사임할 때까지는 병참감이 되어 힌덴부르크와 함께 독일군을 이끌었다.

크의 이파티예프 저택에 유폐되어 있었다. 반볼셰비키 세력이 우랄 지방으로 치고 들어와 황실 가족을 구조할 가능성이 언제라도 있었다. 수개월 동안 볼셰비키 중앙위원회는 니콜라이 2세를 어떻게 처리할지 남몰래 고심했다.

정보를 건네주고 명령을 받을 연락선이 우랄 지방의 볼셰비키 지역 지도부를 위해 준비되었다. 지난해 폐위될 당시 니콜라이 2세는 거의 모든 이들에게 경멸의 대상이었다. 그가 단순히 시민 니콜라이 로마노프가 되자, 그에 대한 동정 여론이 커지기 시작했다. 그러나 레닌과 볼셰비키 중앙위원회는 자비를 베풀지 않았다. 로마노프 왕가는 최소한 하나의 사회 세력으로 중립화되어야 했고, 트로츠키는 니콜라이를 모스크바로 압송하여 1917년 전에 황제 자신, 그리고 사람들이 황제의 이름으로 저지른 권력 남용죄로 재판에 회부할 것을 권했다. 레닌은 잠시 반대했다. 아마도 레닌은 인민위원회의의 적들을 재판을 통해 처형하는 데 직접 관여하고 싶지 않았던 것 같다. 사회주의자-혁명가당 좌파의 중앙위원회 위원 알렉산드로비치가 비밀리에 처형당했을 때도 레닌은 그 일에서 멀찌감치 떨어져 있었다. 그러나 소비에트가 장악한 영토가 군사적 포위 상태에 놓이자, 레닌은 단호한 조치를 취해야 한다는 주장에 귀를 기울였다. 1918년 7월 18일 새벽에 일어난 사건보다 더 단호한 조치는 없었다. 전 황제와 그의 가족은 자다가 깨어나 이파티예프 저택의 지하실로 끌려간 뒤, 벽에 일렬로 서서 총탄을 맞았다.

그 일은 혁명에서 가장 끔찍한 대학살이었다. 니콜라이와 그의 부인뿐만 아니라 네 딸과 혈우병을 앓던 아들, 그리고 하인 몇 명이 함께 희생되었다. 감금 상태에서 니콜라이는 구약 성서와 19세기 러시아 고전 소설을 읽으면서 시간을 보냈다. 니콜라이와 그의 가족은 서로를 위해 짧은 연극을 하면서 기분을 풀었다. 니콜라이는 가장으로서 고결하게 행동했고, 알렉산드라는 매우 제한된 생활비로 유능하게 살림을 꾸렸다. 볼셰비키 지도자들은 그들이 남긴 마지막 기록에 거의 등장하지 않았다. 1918년에 알렉산드라가 쓴 일기는 레닌을 단 한 번 언급했을 뿐이다. 황제와 황후의 주된 걱정거리는 니콜라이가 브레스트리톱스크 조약에 공동 서명하도록 협박을 받으리라는 것이었다. 그들은 레닌을 몰라도 너무 몰랐다. 레닌도, 어떤 다른 볼셰비키 지도자도 소비에트 체제에 정당성을 부여하기 위해 로마노프 왕가를 이용한다는 것은 꿈도 꾸지 않았을 것이다. 그러나 한 가지 점에서 황제와 황후는 절대적으로 옳았다. 즉 레닌이 그들의 생살여탈권을 쥐고 있다는 사실이었다. 황후 알렉산드라는 1918년 6월 4일에 이렇게 썼다. "10시에 목욕을 했다. 레닌이 시계를 두 시간 앞당기라고 명령을 내려서(전기 절약), 10시인데도 시계는 12시를 가리켰다. 10시에 강한 천둥과 벼락을 동반한 폭우가 있었다."[10] 대부분의 러시아인들처럼, 로마노프 왕가는 볼셰비키가 초래한 변화의 갈피를 잡지 못했다. 그들은 신앙심이 두터웠고, 닥쳐온 상황에 어쩔 줄 몰랐으며, 중간 계급적인 생활 태도를 지니고 있었다. 그들에게 레닌은 적그리스도였다.

로마노프 왕가가 러시아를 잘못 통치했다는 이유로 레닌은 왕가를 절멸시켰다. 그러나 그것은 레닌이 구체제 출신 사람들 일반에 대해 거리낌 없이 행동하는 것을 '정말로' 즐겼기 때문에 그렇게 극단적인 조치에 호소한 결과이기도 했다. 레닌은 황실 가족뿐만 아니라 1917년 이전에 러시아를 관리하고 통제한 평범한 사람들도 증오했다. 레닌은 알렉산드르 일리치의 유죄 판결 이후 울리야노프가가 겪은 따돌림을 결코 잊지 못했다. 지주, 성직자, 교사, 기술자, 공무원들은 울리야노프 가족을 불가촉천민 취급했다. 그랬던 사람들을 이제 와서 왜 보호해야 한단 말인가?

여기에는 모순점이 한 가지 있었다. 노동 계급에 대한 낙관론이 최고조에 달했던 《국가와 혁명》에서, 레닌은 다양한 직종의 중간 계급 '전문가'들을 평범한 노동자들이 그 자리를 대신할 수 있을 만큼 훈련 받을 때까지는 계속 고용할 필요가 있다고 주장했다. 그러나 1918년 중반쯤에 레닌은 '부르주아'에 대한 학대를 조장하고 있었다. 그것이 실제로 무엇을 의미하는지에 레닌이 조금이라도 주의를 기울였다면, 그런 조치가 한편으로는 그가 매우 필요하다고 이야기했던 '전문가'들을 고통스럽게 하는 결과를 낳으리라는 것을 알았을 것이다. 그러나 레닌이 과학자와 교사, 회계원, 저술가들이 고통을 겪기를 몹시 원한 것은 아니다. 그보다 레닌이 공포 조치를 비롯한 계급 투쟁에 대한 격렬한 열정이 자신의 사고를 온통 지배하도록 허용했다고 보는 게 정확할 것이다. 정치는 지독하게 폭력적이 되었다. 볼셰비키는 공포 정치 제공자에 그치지 않았다. 그들은 또 테러의 표적이기도 했다. 실제로 레닌은 1918년 1월에 암살당할 뻔했으며, 페트로그라드 당 위원회의 유능한 지도자였던 볼로다르스키(V. Volodarski)가 6월에 살해당했다. 러시아에서 폭력은 대체로 10월 혁명의 산물이었고, 많은 부분이 레닌의 잘못이었다. 그러나 폭력의 바퀴가 일단 굴러가기 시작하자, 레닌은 더는 폭력에 책임이 있는 유일한 사람이 아니었다.

레닌의 오래된 건강 문제(두통과 불면)는 봄과 여름 내내 그를 불안하게 했다. 4월부터 8월까지 레닌의 정신은 마르크스주의 이론이나 볼셰비키당 전략에 관해 긴 글을 전혀 발표하지 못할 정도로 흐트러졌다. 다른 대부분의 정치인들의 경우 이것은 전혀 이상한 상태가 아니었다. 그러나 레닌에게는 매우 그답지 않은 일이었다. 나데즈다 콘스탄티노브나는 레닌이 병 때문에 글쓰기를 그만두었다는 것을 알아차렸다.[11] 밤마다 잠을 이루지 못한 레닌이 매우 심란한 상태에 있었음은 틀림없다. 레닌은 사회 정책에 대해 조용히 숙고할 기회가 없었다. 모든 일이 허겁지겁 행해졌다. 모든 일이 분노에 차서 이루어졌다.

툭하면 화를 내는 레닌의 다혈질 성격은 레닌이 1918년 8월 11일에 펜자의 볼셰비키에게 보낸 편지에서 잘 드러난다.[12]

동지들! 쿨라크 지구 다섯 곳에서 일어난 반란은 **가차 없이** 진압되어야 합니다. 혁명 **전체**의 이해가 이것을 요구합니다. 쿨라크들과 '최후의 결전'이 지금 **모든 곳에서** 진행되고 있기 때문입니다. 사례를 하나 들어야 하겠습니다.

1. 쿨라크, 부자, 흡혈귀라고 알려진 **적어도 100명의** 사람들의 목을 매달 것.(그리고 **사람들이 충분히 지켜보는 가운데** 목을 매달도록 할 것.)

2. 그들의 이름을 공개할 것.

3. 그들로부터 **모든** 곡물을 압수할 것.

4. 어제 보낸 전보에 따라 인질들을 선정할 것.

피를 빨아먹는 쿨라크들을 **볼셰비키가 목 졸라 죽이고 있고**, 앞으로도 목 졸라 죽이리라는 것을 반경 수백 킬로미터 안에 있는 사람들이 볼 수 있도록, 알 수 있도록, 그래서 놀라 부들부들 떨고 소리치도록, 그렇게 하시오.

명령의 수령과 **실행** 여부를 전신으로 알릴 것.

레닌

추신: 진짜 의지가 굳은 사람들을 찾으시오.

이 편지는 어조와 내용이 너무 충격적이어서 소비에트 시기 동안 비밀에 부쳐져 있었다. '쿨라크, 부자, 흡혈귀'와 같은 희생자들의 모호한 정의는 권한이 남용되는 것을 실질적으로 보장했다. 메시지 전체가 그런 남용을 유발했다. 사람들은 일정한 사회적 부류에 속한다는 이유 하나만으로 법적으로 살해될 것이었다.

실제로 레닌은 펜자주(州) 전 지역을 '쿨라크 지구'로 취급하였다. 이 터무니없는 편지로 레닌은 무장한 부대가 마을로 진입해 모든 사람을 쿨라크로 취급할 위험을 높였다. 레닌은 소수의 부자뿐만 아니라 농촌 주민 전체를 위협하고자 했고, 이 조치가 '빈농위원회'를 설치하기로 한 자신의 정책에 부정적 영향을 끼친다고 해도 개의치 않았다. 본보기로 폭력을 가하는 이런 악의적 취향은 매우 혐오스럽다. 총살 부대와 즉결 처형보다 더하다. 레닌은 공개 교수형을 요구했다. 모든 볼셰비키가 이렇게 할 배짱이 없다는 것을 알았던 그는 펜자의 동지들에게 이 조치를 시행할 만큼 충분히 의지가 굳은 사람을 찾아보라고 말했다. 이런 종류의 메시지는 레닌이 보인 예외가 아니었다. 1918년 여름과 나머지 내전 기간 내내 레닌은 같은 태도로 호통을 쳤다. 레닌은 바쿠 시가 공격당할 경우 도시를 완전히 파괴하리라 선언하고, 그 내용을 담은 공고문을 협력자들이 의기소침해지도록 바쿠 전역에 부착할 것을 촉구했다.[13] 레닌은 20세기 유럽 전쟁의 관행을 버리고 중세 시대의 전쟁 관행으로 되돌아갔다. 최소한의 도덕적 조건도 전혀 존중되지 않았다.

그리고 레닌은 코무치와 볼가 지역 소식을 들을 때마다 무서울 정도로 분노를 표출했다. 이것은 지리적인 우연의 일치였는가? 레닌이 얼마간 잠재의식의 형태로, 형이 체포된 후 울리야노프가가 따돌림당한 것을 볼가 지역에 복수한 것일 수도 있다. 그러나 분명한 사실은 레닌이 자신의 정부가 수행하는 잔혹 행위에 개인적 감정을 드러내지 않았다는 것이다. 레닌이 코쿠시키노 가족 영지에서 함께 여름을 보내곤 했던 그의 사촌 블라디미르 아르다셰프는 법률가로 일했다. 젊을 때 레닌은 아르다셰프 가족과 함께 많은 시간을 보냈고, 아르다셰프 가족이 외국에 있는 그를 방문한 적도 있었다. 1918년 여름에 사촌이 죽었다는 소식이 모스크바에 있던 레닌에게 날아들었다. 무고한 전문직 종사자였던 블라디미르 아르다셰프는 바람직하지 않은 '부르주아' 부류에 속했다는 이유로 예카테린부르크의 볼셰비키에게 총살당했다.

그러나 레닌은 당황하지 않았다. 사촌 아르다셰프는 확대되던 내전에서 운이 없었을 뿐이었다. 아르다셰프는 정치에 소극적이었고, 처형당할 만한 짓은 하지 않았다. 그는 죄 없이 착하게 살아 온 사람이었으나, 사태의 논리가 모든 러시아인들에게 '프롤레타리아 독재'에 찬성하느냐 반대하느냐의 선택을 강요했다. 가족의 유대는 정치에 종속되었다. 어떤 혁명이 레닌의 사촌처럼 선하고 유능하며 성실한 사람들이 몰살당하는 것을 용납할 만큼 가치가 있는지, 레닌은 결코 의문을 품지 않았다. 레닌은 혁명의 대학살이 미치지 않는 곳에 있었다. 그의 행동은 혁명의 폭력적 현실을 목격할 필요가 없다고 느끼는, 책을 좋아하는 광신자의 행동이었다. 레닌은 추상적인 정치 용어로 자신이 원하는 바를 인식했고, 무고한 개인의 죽음을 역사적 진보에 어쩔 수 없이 따르는 혼란의 일부로 여겼다. 그리하여 레닌은 손에 피를 묻히는 것을 신경 쓰지 않았다. 레닌이 볼가 강변에서 대규모 공포 조치를 터무니없이 요구했을 때, 희생자 중 많은 이들이 레닌의 죽은 사촌 같은 사람들일 것은 자명했다. 그러나 레닌에게 그것은 별 문제가 아니었다.

한편 모스크바 여름의 비상 상황은 아직 끝나지 않았다. 레닌은 7월 6일에 있었던 미르바흐 암살 소식에 깜짝 놀랐고, 사회주의자-혁명가당 좌파의 봉기에 충격을 받았다. 레닌은 7월 7일 스테판 길과 함께 수도를 돌아다닐 때 위험에 빠지기도 했다. 그러나 다음 달에 훨씬 더 나쁜 일이 레닌에게 닥쳤다.

그 일은 1918년 8월 30일에 일어났다. 레닌의 동생 마리야 일리니치나는 레닌에게 그날 크렘린을 떠나지 말라고 간청했다. 이미 페트로그라드 체카 수장의 암살 보고가 들어와 있었다. 그러나 마리야 일리니치나도, 부하린도 레닌이 그의 계획을 단념하게 할 만한 구체적인 증거를 전혀 제시할 수 없었다.[14] 레닌은 웃으면서, 며칠 전 동의했듯이 계획대로 일을 진행하겠다고 알렸다. 그의 일정에는 두 번의 짧은 옥외 연설도 있었다. 첫 번째 연설은 레닌이 남쪽으로 급히 내려가기 전에 크렘린에서 동쪽으로 3킬로미터쯤 떨어진, 바스만니 지구에 있는 '옥수수 거래소'에서 할 예정이었다. 레닌은 몸 상태가 좋았다. 그는 경호원을 대동하지 않고 운전사인 스테판 길과 함께 길을 나섰다.[15] 레닌은 당 정신에 충실하게 행동하고 있었다. 당으로서 볼셰비키는 개인의 정치적 중요성을 경시했고, 지도자 개개인이 마치 자신의 존재가 절대로 필요한 것처럼 행동하지 못하게 했다. 레닌의 이런 무모한 행동은 적어도 그가 신체적으로 겁쟁이라는 주장이 틀렸음을 증명한다. 레닌이 독일 첩자라는 혐의에 맞서 법 앞에서 자신을 변호하기보다는 페트로그라드를 빠져나갔던 1917년 7월, 레닌이 겁쟁이라는 의혹이 일었다. 그러나 1918년에 그의 행동은 완전히 달랐다. 레닌은 모스크바에서 일반인들이 훤히 지켜보는 가운데 동료 볼셰비키 지도자들과 함께 날마다 자신의 안전을 운에 맡기고 있었다.

옥수수 거래소에서 레닌은 청중들을 열광시켰다. "아직도 권력 문제로 동요하고 있는 모든 노동자와 농민들에게 그냥 볼가, 시베리아, 우크라이나를 한번 쳐다보라고 하시오. 그러면 분명하고 명확한 응답이 스스로 돌아올 것입니다!"[16] 레닌은 미헬손 공장에서 그런 연설을 한 차례 더 했다. 레닌은 두 번째 청중들에게 '민주주의'라는 말이 당대 정치 어법에서 남용된 용어라고 말했다. 신앙의 어휘를 정화하려는 종교적 광신자처럼, 레닌은 다음과 같이 선언했다. "'민주주의자'들이 통치하는 곳에서 여러분들은 진짜 날것 그대로의 강도 짓을 발견할 것입니다." 모든 사람이 인민위원회의 의장이 상태가 좋았다는 데 동의했다.

레닌이 미헬손 공장 마당 옆에 주차된 차로 돌아올 때, 여자 두 명이 그에게 접근했다. 그들은 곡물 거래를 하려는 농민들이 모스크바로 들어오는 것을 막은 식량 암거래 단속반인 공식 '저지 부대(zagraditelnyi otryad 또는 zagradotryad)'에 대해 불평했다. 레닌은 저지 부대가 제대로 행동하지 않고 있다는 데 동의했다.[17] 길은 크렘린으로 돌아갈 것을 생각하고 엔진의 회전 속도를 올렸다. 몇 발의 총격이 가해졌을 때 레닌은 차량에 거의 도착해 겨우 세 발짝 떨어져 있는 상태였다. 표적은 레닌이었다. 이 사건에서 암살자들은 1918년 1월의 선배들보다 더 정확했다. 레닌은 총탄을 두 발 맞고 피를 많이 흘렸다. 마당에서는 큰 소란이 일어났고, 볼셰비키당 활동가들은 그들의 지도자를 둘러싸는 한편 용의자들을 붙잡으려고 했다. 하지만 가장 먼저 할 일은 레닌을 차 안으로 집어넣는 것이었다. 레닌이 길에게 무슨 일이 벌어졌느냐고 묻기 시작하자, 길은 갑자기 조용히 하라고 말했다. 길이 사태를 통제했다. 길은 암살자들이 기다리고 있을까 봐 병원으로 향하지 않고 바로 크렘린으로 가기로 결정했다. 이 단계에서 어느 누구도 레닌의 부상이 얼마나 심했는지 몰랐기 때문에, 이 결정은 의학적으로 치명적이었을 수도 있었다. 그러나 모스크바의 여름에 일어났던 사건들에 비추어봤을 때, 크렘린이 유일하게 안전한 피신처라는 길의 판단은 옳았다.[18]

크렘린에 도착했을 때, 레닌은 상식을 완전히 무시하고 행동했다. 그는 두 번 피격 당했다. 총탄 한 발은 왼쪽 어깨뼈를 뚫고 오른쪽 쇄골 가까이까지 갔다. 다른 한 발은 목 아래편 왼쪽에 박혔다. 피가 쏟아지는데도 레닌은 자신을 위층 아파트로 옮기겠다는 길의 제안을 거부했다.(여하튼 어떤 움직임도 피하는 것이 나았을 것이다.) 레닌은 위층으로 휘청대며 올라갔다. 레닌은 침실로 비틀거리며 들어가 의자 위에 쿵 하고 앉았다. 무슨 일이 일어났는지 보려고 일어난 마리야 일리니치나는 경악했다. 근무 중인 의사가 아무도 없었다. 크렘린 경내에는 볼셰비키 지도자, 그들의 가족, 하인, 보안 요원만 머물 수 있었다.

그리하여 크렘린 내에 의료 훈련을 받은 볼셰비키를 찾는 공고가 긴급히 나갔다. 두 사람을 찾을 수 있었다. 베라 벨리치키나(Vera Velichkina, 레닌의 개인 보좌관인 본치-브루예비치의 부인)와 베라 크레스틴스카야(Vera Krestinskaya, 볼셰비키 중앙위원회 위원 니콜라이 크레스틴스키Nikolai Krestinski의 부인)가 그들이었다. 마리야가 레닌이 먹을 것을 찾는 동안 본치-브루예비치와 크레스틴스카야가 그를 진찰했다. 사실 아파트에는 먹을 것이 없었다. 마리야의 능숙한 살림살이 솜씨는 이 정도였던 것이다! 그때 모스크바 대학에서 회의를 하고 돌아온 나데즈다 콘스탄티노브나가 알렉세이 리코프*에게서 무슨 일이 일어났는지 들었다.[19] 그녀에게 제일 먼저 든 생각은 레닌이 곧 죽을지도 모른다는 것이었다. 레닌이 폐에 구멍이 났다는 사실이 이미 발견되었다. 다른 무엇이 또 발견될 것인가? 어느 누구도 그녀를 안심시키는 말을 많이 하지 않았다. 라트비아 가정부는 너무 무서워서 틀어박혀버렸다. 공포가 커져 갔다. 한편 마리야 일리니치나는 레몬을 구하러 가장 가까운 식료품점에 사람을 보내려고 했다. 그러나 그녀는 식료품 장수도 암살자들에게 협력하고 있으며 크렘린에 독극물을 보낼 음모를 꾸미고 있을지도 모른다는 생각이 들자 그만두었

알렉세이 리코프(Aleksei Rykov, 1881~1938) 러시아의 마르크스주의 혁명가, 소련 정치인. 소련 인민위원회의 의장(1924~1930), 노동·국방회의 의장(1926~1930) 등을 역임했다.

다. 레닌을 돌보던 네 여성, 즉 마리야, 나데즈다, 그리고 두 명의 베라는 가장 가까운 약국에 약을 구하러 사람을 보내는 것에 그쳤다.[20] 왜 약사가 식료품 장수보다 정치적으로 더 신뢰할 수 있는지는 고려되지 않았다.

환자를 진료할 저명한 병원 의사를 불러오면서 사태는 진정되었다. 블라디미르 로자노프(Vladimir Rozanov) 교수와 민츠(Vladimir M. Mints) 교수가 8월 31일 이른 아침에 도착했다.[21] 붕대를 살균할 냄비가 옆방에서 이미 끓고 있었다. 로자노프와 민츠는 환자의 옷을 벗기고 상처를 지혈했다. 그들은 레닌의 팔을 승강 장치로 끌어올렸다.[22] 마침내 레닌은 부상의 심각성을 인지했다. "최후가 가까워졌습니까? 최후가 가까우면 문제를 해결되지 않은 채로 놔두지 않도록 바로 말해주세요."[23] 의사들은 상태가 곧 안정될 것이라고 레닌을 안심시켰다.

9월 1일 레닌은 엑스레이를 찍을 정도로 몸이 좋아졌다.[24] 레닌은 의사들에게 폐에 구멍이 났지만 큰 불편을 느끼지 않는다고 말했고, 의사들은 총알을 그냥 내버려 두는 것이 최선이라고 여겼다.[25] 로자노프와 민츠는 환자가 너무 빨리 일에 전념하지 않기를 원했다. 의사들의 목적을 이루는 데는 팔을 끌어올리는 승강 장치가 매우 중요했다. 레닌은 승강 장치가 설치되어 있는 한 움직일 수 없었다. 레닌은 또 모스크바 밖에서 장기 요양을 하라는 권고를 받았다. 어떤 것도 크렘린의 승강 장치보다는 나았다. 지난 주 우연히 큰 저택이 정부의 수중에 들어온 차였다. 저택은 수도의 남쪽으로 35킬로미터 떨어진 고르키 마을 밖에 있었다.[26] 작은 게라시몹카 간이역으로 가는 도로나 철도를 이용해 고르키 마을까지 갈 수 있었다. 집은 전기와 전화, 중앙 난방 시설이 갖추어져 있었다. 마침 편리하게도 집은 비어 있었다. 저택의 전 소유자인 레인보트(Reinbot) 장군과 그 부인은 수년 동안 그곳에 살지 않았다. 이 저택을 쉽게 요양소로 전환할 수 있었다. 레닌은 1918년 9월 25일 차량을 이용해 고르키로 갈 수 있는 몸 상태라는 진단을 받았다.

소수의 러시아인과 훨씬 적은 수의 외국인들만이 레닌의 당이 제일 먼저 권력을 손에 넣을 것이라고 예측했다. 제1차 세계대전이 없었더라면, 10월 혁명도 없었을 것이다. 레닌에게는 전시의 경제적 혼란과 행정적 파탄, 정치적 난맥상 때문에 기회가 주어졌다. 그리고 레닌은 자신의 생각과 행동을 주어진 기회에 맞추었다. 특히 레닌은 날카로운 통찰력과 단호하고 대담한 결의로 자신의 당을 다루었다. 레닌이 없었더라도 임시정부는 여전히 문제가 많았을 것이다. 임시정부는 거의 확실히 몰락했을 것이다. 그러나 레닌의 활동은 임시정부를 붕괴시킨 방식이 극단적 권위주의라는 정치 질서를 낳도록 했다. 그는 또 내전을 불가피하게 만들었다. 레닌은 고함을 치고 사람들을 못살게 굴고 도박을 했다. 레닌은 터무니없는 실수를 저질렀다. 레닌은 정치에 직관적으로 접근했으면서도 자신이 직관이 아닌 과학적 태도를 지녔다고 주장했다. 그는 마르크스주의를 자신이 원하는 종류의 혁명으로 끌어당겼다. 레닌은 러시아와 유럽의 사회주의를 적대적인 진영으로 분열시켰고, 이데올로기적 논쟁과 정치 투쟁, 내전이라는 수단으로 하나의 세계를 건설하는 데 착수했다. 레닌은 자신의 예측 전반이 현실적임을 아직 보여주지 못했다. 다양한 세력이 인민위원회의를 전복하려고 치열하게 무장 충돌을 벌이는 와중에 레닌은 자신의 행위가 정당화되기를 원했고 또 그렇게 되리라고 기대했다.

4부

혁명 수호자

22장

전쟁 지도자
1918년~1919년

    대부분의 기준에서 볼 때 내전을 치르는 데 레닌만큼 부적합한 정치가도 없었다. 형이 처형된 후 홀어머니의 장남이 된 레닌은 제국 군대에서 군인으로 복무할 의무가 없었다. 그리고 레닌은 자신이 군사 방면에서 경험이 없음을 숨기지도 않았다.[1] 클라우제비츠의 고전적 저작 《전쟁론》을 읽긴 했지만 그가 그 책에서 눈여겨본 것들은 독특했다. 레닌이 그 책을 읽고 전쟁 수행에 대해 내린 결론은 전쟁이 점점 더 단순한 기술적 문제가 되어 간다는 점이었다. 레닌은 전쟁이 복잡해지리라고 예상하지 않았다. 그의 당이 권력을 장악한 뒤, 레닌은 군사 실무는 다른 사람들에게 맡기고 붉은 군대 근처에도 가지 않았다. 레닌은 신변의 안전을 고려하여 검은 브라우닝 권총을 지니고 다녔다. 그러나 레닌은 총을 쏘지 않았다. 레닌이 한 행동 중 군사 활동과 가장 비슷했던 것은 모스크바 밖으로 라이플총을 갖고 사냥을 나갔을 때였다. 레닌은 오리와 여우를 겨냥하여 쐈다. 이 정도가 그가 개인적으로 실행한 직접 폭력의 전부였다. 한 무리의 인간들과 다른 무리의 인간들 사이에 벌어지는 대규모 무장 충돌을 레닌은 언제나 간접적으로만 경험했다. 그리고 레닌에게는 옛 러시아 제국 전역에서 폭발하고 있던 내전의 격렬함에 대한 통찰력 같은 것은 거의 없었다.

하지만 적어도 한 가지 측면에서 레닌은 전쟁을 할 준비가 되어 있었다. 레닌은 조용하고 경험이 없었지만 군사력을 사용하라고 명령을 내리는 데 조금도 거리낌이 없었고, 그 결과 발생한 유혈 사태 때문에 그가 잠들지 못하는 밤은 하루도 없었다. 작가 막심 고리키가 레닌에게 얼마나 많은 군사력을 써야 하는지 어떻게 아느냐고 물었다. 고리키가 보기에 레닌은 체카와 붉은 군대를 너무 쉽게 동원했다. 그러나 레닌은 뉘우치지 않았다. "각각의 전투 과정에서 얼마나 많은 타격이 필요한지, 그리고 어느 정도면 지나친 것인지 어떤 잣대로 잴 수 있습니까?"[2] 레닌에게는 전투에서 승리하는 것이 중요했다. 공론을 일삼는 사람들만이 폭력의 정도를 신중하게 조절하는 데 신경을 쓰는 것이었다. 레닌은 상대가 공격에서 살아남는 위험을 무릅쓰기보다는 지나친 타격을 가하는 쪽을 택했다.

게다가 전쟁 지도자로서 레닌은 군사 행동과는 거리가 있었지만 매우 빠르게 능력을 발전시켰다. 누구에게 물어봐도 레닌은 볼셰비키 중앙 당 기구의 핵심 인물이었다. 군사인민위원인 트로츠키는 붉은 군대와 가장 가깝게 접촉하는 당 지도자로서 공개적으로 갈채를 받았다. 트로츠키에게는 전용 차량이 있었는데, 곧 그 차량은 전선을 오가는 '트로츠키 열차'로 알려졌다. 트로츠키는 인민위원과 사령관들, 평범한 병사들 앞에서 당당한 자세로 연설했다. 다른 이들도 놀라운 재능을 발휘했다. 부하린은 〈프라우다〉 업무를 신속하게 처리하는 편집인이었다. 카메네프는 모스크바에서, 지노비예프는 페트로그라드에서 시의 행정을 책임졌다. 스탈린은 민족인민위원부를 비롯해 군건하고 과단성 있는 일손을 요구하는 어떤 조직이라도 잘 운영했다. 크렘린에서 레닌의 오른팔이었던 스베르들로프는 당 서기국뿐

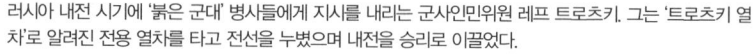

러시아 내전 시기에 '붉은 군대' 병사들에게 지시를 내리는 군사인민위원 레프 트로츠키. 그는 '트로츠키 열차'로 알려진 전용 열차를 타고 전선을 누볐으며 내전을 승리로 이끌었다.

아니라 소비에트 대회 중앙집행위원회도 조율할 수 있었다. 그들 모두 유능하게 권력을 행사했다. 그들은 날카로운 지성과 확고한 자신감을 지니고 있었다.

실제로 그들은 맹렬한 기세로 권력을 확대하고 자신들의 신념에 맞추어 주위 세계를 변화시키고자 했다. 10월 혁명 이후의 한 해 동안 그들은 끔찍한 교훈을 배웠다. 1917년에 그들은 소비에트들이 '프롤레타리아 독재'의 핵심을 이룰 수 있다고 레닌에게 설득당했으나, 통치의 경험이 완전히 만족스럽지는 않았다. 원리 면에서 그들은 레닌과 같은 유형의 마르크스주의자였다. 그들은 질서와 규율, 중앙집중주의, 위계제, 획일적인 단합을 숭배했다. 그들은 자신들의 명령이 희석되지 않고 그대로 집행되기를 원했다. 그들은 자신들의 의지를 무자비하게 실행하고자 했다. 그들은 각자 부하들에게 빠른 성과를 기대한다고 말했다. 볼셰비키 중앙 지도부는 정치적·경제적 세계의 변화를 촉진하려고 권력을 잡았다. 하지만 권력의 현실은 달랐다. 러시아 제국은 산산이 깨어졌다. 경제와 행정은 완전히 망가졌다. 정치가 사라진 자리에는 만성적이고 승패가 분명치 않은 군사 투쟁이 등장했다. 빈곤, 기아, 질병이 일상이 되었다. 이런 상황에서 볼셰비키는 완전히 중앙집권화된 질서 체계가 필요하다는 것을 알았다. 원리뿐만 아니라 실천적으로도 긴급 사태였다.

중앙과 지역의 볼셰비키 지도자들은 부분적으로는 혼란의 책임을 스스로 져야 할 것이었다. 그들은 각자의 방식으로 혁명을 원했다. 수직적 지휘 체계는 소비에트, 노동조합, 여타 공공 기관들에서 난장판이 되었다. 레닌은 아스트라한 공산주의자들에게 편지를 쓰면서, 복종을 끌어내기 위해 그들을 죽이겠다고 위협해야만 했다.(아니면 적어도 레닌은 그렇게 위협해야 한다고 느꼈다.) 중앙의 공공 기관들은 서로 끊임없이 의견이 부딪쳤다. 레닌은 평소 이런 갈등을 잘 중재해 자기 뜻대로 할 수 있었다. 이것이 가능했던 이유는 레닌이 10월 혁명의 지도자였기 때문이었다. 레닌의 개인적 권위에 무게가 실리지 않았더라면 혁명은 형편없어졌을 것이다. 중앙위원회와 인민위원회의의 다른 사람들은 더 힘든 시간을 보냈다. 개인적 질투와 기구들 사이의 경쟁이 극심했다. 기존 국가 기관이 당장 닥친 곤경을 극복하지 못할 때마다 새 기관을 설립하는 볼셰비키의 경향 때문에도 상황은 나아지지 않았다. 일찍이 레닌은 《국가와 혁명》에서 기관들 사이의 기능적 구분은 자본주의 체제에서 수립된 '부르주아 독재'의 현실을 가리려는 중간 계급의 속임수에 불과하다고 비웃었다. 그리고 레닌과 그의 당은 1917년 이후 바로 이 행정의 혼란 때문에 비틀거렸다.

레닌은 동료들에게 더 열심히 일하고, 일부 경우에는 더 나은 모범을 보이라고 요구했다. 트로츠키와 스탈린의 다툼에 레닌은 격분했다. 둘은 각자 레닌에게 자신의 주장을 설명하는 글을 썼다. 두 사람은 서로 상대에 대한 증오를 노골적으로 드러냈다. 레닌만이 신통찮게나마 그들의 관계를 조정할 수 있었다. 레닌은 당을 상대로 엄격한 아버지 역할을 하는 것을 꺼리지 않았다. 수병들의 지도자인 파벨 디벤코*가 불복종죄로 체포되자, 레닌은 그의 부인 알렉산드라 콜론타이를 따로 불렀다. "여전히 새 소비에트 권력을 전혀 이해하지 못하는 대다수 대중에게 모범을 제시해야 하는 사람은 바로 당신과 디벤코입니다. 인기가 높은 바로 당신 말입니다."[3] 레닌은 디벤코가 앞으로 바르게 처신할 것이라는 콜론타이의 보증을 받고서야 비로소 디벤코를 석방했다. 레닌을 제외하고 누구도 이처럼 콜론타이를 상대로 뜻대로 행동할 수 없었을 것이다.

그러나 레닌은 볼셰비키에게 매우 추상적인 해결책을 제시했다. 그는 중앙 집중주의, 질서, 규율 그리고 점점 더 빈번하게 처벌을 요구했다. 이 조직 이론가는 조직에 관해 정확한 조언을 주는 데 그리 능숙하지 못했다. 레닌은 심지어 《무엇을 할 것인가?》에서도 세부 사항에 진지하게 관심을 기울이기를 싫어했다. 그리고 세부 사항에 관심을 기울였을 때는, '우리의 조직적 과업에 대해 한 동지에게 보내는 편지'에서처럼 다소 도식적인 권유로 기우는 경향이 있었다. 여하튼 1918년 말에 차츰 건강을 회복하면서, 레닌은 긴급한 조직 문제에 많은 관심을 기울이지 않았다. 오히려 레닌은 당의 적들이 자신에 대해 썼던 글을 반박하는 책자를 썼다. 레닌은 특히 적 한 명을 염두에 두었다. 바로 카를 카우츠키였다. 요양소에서 레닌은 《프롤레타리아 혁명과 배신자 카우츠키》를 썼다. 처음으로 레닌은 직접

파벨 디벤코(Pavel Dybenko, 1889~1938) 1911년 발트 함대에 들어갔으며, 1912년에 볼셰비키당에 입당했다. 1915년 수병 반란에 가담하여 투옥되었고, 1917년 2월 혁명 후 석방되었다. 10월 혁명 후 해군인민위원으로 임명되었고 내전에 적극 참여했다. 내전 후에는 소비에트 군사 업무에 주로 종사했다.

손으로 글을 쓰지 않았다. 이때 레닌은 건강을 회복하는 데 몇 주 걸렸고, 자신의 생각을 인민위원회의 비서인 마리야 볼로디체바(Maria A. Volodicheva)에게 받아쓰게 하는 데 만족해야 했다. 레닌의 의중이 드러났다. 개인적·정치적 어려움이 있었지만, 당시 레닌이 가장 중요하게 여긴 것은 따로 있었다. 그것은 소비에트 공화국의 대다수 국민들에게 존재가 전혀 알려지지 않았고, 독일의 주요 마르크스주의 지도자도 아니었던 카우츠키를 반박하는 것이었다.

레닌의 기준에서 볼 때, 카우츠키의 말은 솔직함 말고는 특별한 점이 없었다. 레닌은 1917년에 자신이 갖가지 방법으로 말을 얼버무렸던 사실은 잊었다. 레닌은 '독재'의 바람직함을 부인한 카우츠키를 조롱하면서 이렇게 선언했다.[4]

자유주의자가 '민주주의'에 대해 일반적으로 이야기하는 것은 당연하다. 마르크스주의자는 '어느 계급을 위해?'라는 질문을 반드시 제기할 것이다. 고대 사회에서 노예들의 봉기나 심지어 그들의 불만 표출조차도 고대 국가의 본질이 **노예 소유주 독재**임을 폭로한다는 사실은 누구나 안다. '역사가' 카우츠키도 이를 안다. 이 독재 때문에 노예 소유주들 **사이의**, 노예 소유주들을 **위한** 민주주의가 없었는가? 모든 이들은 이것이 사실이 아님을 안다.

그리하여 레닌은 자신이 생각하기에 유일하게 진정한 사회주의 형태인 자신의 사회주의가 독재를 통해서만 시작될 수 있다는 교훈을 재확인했다. 레닌은 이 주장을 직접적으로 제기했다. "독재는 어떤 법률에도 구속되지 않는 힘에 직접 의존하는 권력이다."[5]

그러나 레닌은 자신의 생각이 어디서 영향을 받았는지는 드러내 말하지 않았다. 레닌은 마르크스, 엥겔스, 플레하노프를 거론했지만,

실제로 그들 말고는 아무도 말하지 않았다. 레닌은 자신이 농업 사회주의자 테러리스트들을 찬양했다는 사실을 한 번도 언급하지 않았다. 또 자신에게 영향을 끼친 또 다른 인물인 15세기의 저술가 니콜로 마키아벨리도 드러내지 않았다. 마르크스가 독재적 억압의 필요성에 관해 썼던 반면, 마키아벨리는 어떻게 효과적으로 억압할 수 있는지를 상세히 설명했다. 그러나 1902년에 러시아 나로드니키를 찬미함으로써 곤경에 빠진 적이 있었던 레닌은 도덕 관념이 배제된 통치술을 조장한 것으로 수세기 동안 악명 높았던 사상가와 엮이는 것은 바라지 않았다. 1922년 몰로토프*에게 보낸 편지에서처럼, 레닌은 비밀 서한에서 마키아벨리를 언급할 때 그를 실명으로 부르지 않고 "국정 문제에 관해 쓴 현명한 저술가"라고 불렀다.[6] 레닌은 몰로토프에게 이렇게 털어놓았다. 마키아벨리는 "어떤 정치적 목표를 실현하기 위해 잔혹 행위에 기대야 한다면, 대중은 잔혹 행위를 오래 두고 보지는 않을 것이므로 가장 강력하게 가능한 한 짧은 시간 안에 수행해야 한다고 올바르게 말했습니다." 레닌이 항상 자기 체제의 야만적 성격을 제한하려고 애썼다는 주장에 대한 설명은 이쯤 하기로 하자. 사실 레닌은 잔혹 행위를 지나치게 연장할 필요가 없도록, 단기간에 가능한 한 격렬하게 수행하고자 했다.

비록 레닌이 언제 마키아벨리를 읽었는지는 알 수 없지만, 그가 마키아벨리의 숭배자였음은 분명하다. 10월 혁명 후에 레닌이 연구한 다른 저술가도 몇 명 있었다. 그들 중 몇 사람은 알려져 있다. 《평화의 경제적 결과》라는 저술에서 베르사유 조약을 비난한 경제학자 존 메이너드 케인스(John Maynard Keynes)가 그중 한 사람이었다. 케

뱌체슬라프 몰로토프(Vyacheslav Molotov, 1890~1986) 소련 인민위원회의 의장(1930~1941), 외무장관(1939~1949, 1953~1956)을 지냈다. 1939년 독소 불가침 조약을 체결했다. 제2차 세계대전 시기에 스탈린의 오른팔로서 소련의 외교 정책을 주도했다.

인스의 경우 레닌은 자신이 그에게 받은 영향을 공개적으로 거론했다. 왜냐하면 케인스가 1919년에 연합국이 수행한 영토적·경제적 전후 처리를 맹비난했기 때문이었다. 레닌은 또 오스발트 슈펭글러(Oswald Spengler)의 《서구의 몰락》도 읽었다. 슈펭글러는 탄생에서 삶을 거쳐 죽음으로 가는 문명의 자연적 주기를 근거로 하여 서구의 자본주의가 운이 다했다고 썼다. 레닌 역시 주요 시장 경제들이 멸망하기를 기대했지만, 그 멸망에 대한 경제적·정치적 설명을 더 좋아했기에 슈펭글러의 책을 싫어했다. 레닌은 슈펭글러를 부르주아 단검이라고 말했다.[7] 레닌이 즐거움을 얻으려고 책을 읽을 때, 그가 추구한 것은 종종 신랄한 경멸의 즐거움이었던 것으로 보인다.

하지만 보통 레닌은 더 절실한 문제에 전념했다. 레닌은 백군과 외국 원정군의 공격에 맞서 소비에트 독재를 유지하는 데 노력을 집중했다. 중앙위원회가 선택하고 지역 당 기구들이 지지한 해결책은 단일한 최고 기관이 소비에트 국가를 이끌고, 정책을 결정하며, 정책의 시행을 규제하는 것이었다. 그들은 이런 해결책이 혼란과 무질서를 없앨 것이라 믿었다. 그들이 선택한 기관은 자신들의 당이었다.

이런 일이 왜 벌어졌는지 원인을 둘러싸고 논쟁이 벌어졌다. 소련의 모든 역사가와 서구 역사가 대부분은 이 일이 1902년의 《무엇을 할 것인가?》로까지 거슬러 올라가는 책략에서 비롯했다고 주장해 왔다.[8] 그러나 이제 문서고 자료를 손에 넣을 수 있게 되었고, 학자들은 어디서든 가능한 곳에서 레닌의 '오점'을 찾아왔지만 그런 증거는 드러나지 않았다. 볼셰비키가 국가의 특정한 제도적 틀을 계획하면서 자신들의 편지와 회고록에서 증거를 남기지 않았을 것이라는 생각은 믿기 어렵다. 레닌이 일당 유일 이데올로기 국가의 창설자임은 확실하지만, 레닌이 그린 개요는 중요한 실제 부분에서는 모호했다. 레닌이 명료하게 말한 것은 기본 전제 몇 가지를 묶어놓은 데 불과했다. 레닌은 지도력을 찬양했고 무오류의 정책을 입안할 능력을 공언했다. 또 전위 정당이 필요하다고 믿었다. 이 전제들은 볼셰비키당이 소비에트 국가의 최고 기관이 되어야 한다는 규정은 아직 아니었다. 그러나 상황이 레닌과 그의 동지들에게 자신들의 전제를 정교하게 다듬도록, 그리하여 10월 혁명 후 약 일 년 안에 그런 제도를 고안하도록 밀어붙였다. 혁명 전략에 대한 전제들은 1918~1919년에 진지하게 고려되기 시작했다. 정책은 변했다. 전제들은 세부적으로는 수정되었지만, 근본적으로는 그대로였다.

레닌과 중앙위원회뿐만 아니라 지역 당 지도자들도 정치적 변화에 만족했다. 1919년 1월, 위원 대부분이 군사 직무나 정치 직무를 수행하기 위해 모스크바를 자주 비웠던 중앙위원회가 정치국과 조직국이라는 내부 소위원회 두 개를 설립했다. 중앙위원회, 정치국, 조직국은 국가의 최고 업무를 책임지는 권한을 부여받았다. 당 기관이었지만 그 기관들은 진정으로 국가의 최고 기관이었고, 거기서 내리는 결정은 인민위원회의, 노동·국방회의, 인민위원부들이 의무적으로 수용해야 했다.

레닌은 중앙위원회와 정치국 소속이었고, 인민위원회의와 노동·국방회의 의장 직위에 있었다. 어느 누구도 크렘린에서 그토록 위상이 확고하지 않았다. 유일하게 예외라고 할 수 있을 만한 사람은 스베르들로프였는데, 그는 중앙위원회 서기이면서 소비에트 중앙집행위원회 의장을 겸했다. 또 스베르들로프는 1918년 8월 30일에 레닌이 피격당했을 때 국정을 지휘했다. 레닌이 회복되자마자 스베르들로프는 모스크바에서 레닌의 오른팔로서 자신의 역할을 재개했다. 레닌과 스베르들로프의 우월한 지위는 비판자들(심지어 일부 친구들까지)이 그들의 통치를 이두 정치(二頭政治)라고 묘사할 정도였다. 스베르들로프는 있을 법하지 않게 깊은 목소리와 머리에서 발끝까지 검은 가죽 옷을 입는 취향을 가진, 몸집이 작지만 고압적인 사람이었다. 그의 에너지는 무한한 것 같았다. 그러나 1919년 3월 16일 스베르들로프는 '스페인 독감'의 공격을 받은 후 급사했다. 충직한 부관을 잃은 레닌은 그의 무덤가에서 감동적인 추도 연설을 했다. 레닌과 스베르들로프는 친구 사이가 아니었다. 그들은 편하게 어울려 시간을 보낸 적이 없었고, 레닌은 스베르들로프의 지적 능력이나 정치적 이해를 그리 높이 평가하지 않았다. 그러나 조직가로서 스베르들로프는 독보적으로 뛰어났다. 레닌은 자신이 그를 얼마나 많이 그리워할지 예감했다.

그 후 몇 년 동안 레닌은 중앙위원회에서 스베르들로프를 대신할 사람을 찾으려고 1919년에 스타소바, 1920년에 크레스틴스키, 세레브랴코프*, 프레오브라젠스키, 1921년에 몰로토프를 비롯한 몇몇 사람들, 그리고 (가장 치명적으로는) 1922년에 스탈린까지 여러 인물을 시험했다. 스탈린을 뺀 나머지는 모두 스베르들로프가 레닌에게 복종한 것보다 더 레닌에게 복종했다. 트로츠키, 스탈린, 지노비예프가 자주 자리를 비우는 상황에서, 레닌은 중앙당 기구와 정부 기구의 조종간을 쥘 여지가 컸다.

레닌의 자신만만한 지휘는 불안정한 국면에 들어간 그의 사생활에 비추어볼 때 남다른 것이었다. 암살 기도로 입은 부상에서 몸을 추스른 후, 레닌은 1918년 10월 14일 크렘린의 상근 정치 활동으로 복귀했다. 레닌은 건강이 좋은 편이 아니었다. 그는 두통과 불면증이라는 고질적인 증상을 여전히 겪고 있었다. 레닌은 한낮과 한밤중

레오니트 세레브랴코프(Leonid Serebryakov, 1888~1937) 1905년 러시아사회민주노동당에 입당했다. 돈바스, 오데사, 모스크바, 사마라 등지에서 혁명 운동을 하다 여러 차례 체포되었다. 1917년 10월 혁명 후 러시아 공산당 서기직 등 소비에트 국가 초기에 여러 식위에서 일했으며, '좌익반대파' 지도자 중의 한 사람이었다.

에 크렘린의 통로를 걸어 다니는 것으로 이에 대처했다. 레닌의 건강 상태를 잘 알지 못하는 개인 경호원들은 레닌이 쉽게 다른 암살자의 표적이 될 수 있다고 여겨 이런 행동을 다소 미친 짓이라고 생각했다. 더 큰 문제는 레닌이 경호원들에게 둘러싸이는 것을 싫어해서 때때로 일부러 그들과 떨어져 다녔다는 사실이었다.[9] 종종 레닌은 나댜나 동생 마리야에게 자기를 보러 와 달라고 부탁했다. 그는 신뢰하는 사람들과 대화할 필요가 있었고, 마리야도 나댜도 자신들의 생각을 그에게 강요하지 않았다. 레닌의 다른 운동 방식은 볼셰비키 동료들과 함께 다니는 사냥이었다. 인민위원들은 모스크바 교외로 야생 동물을 죽이러 떠났다. 이전에 레닌이 마지막으로 사냥을 한 것은 시베리아 유형 시절이었다. 그는 이제 어깨에 라이플총을 메고 정기적으로 외출할 기회가 생겨서 기뻐했다.

하지만 사냥 여행은 의학적 측면에서 볼 때 위험했다. 레닌은 가슴이 조여 오고 다리에 심한 통증을 느낀 적이 몇 번 있었다. 레닌의 대처 방법은 앉을 구실을 생각해내는 것이었다. 레닌은 같이 간 동료들에게 아무 말도 하지 않았다. 레닌은 일과성 허혈 발작(가벼운 심장마비) 증상을 겪었던 것이 거의 확실하다. 레닌은 신체적 문제를 겪을 때마다 의학서를 들춰 봤기 때문에, 이 증상의 심각성을 깨닫고 있었을 것이다. 죽음의 그림자가 더욱 짙어졌다. 레닌은 죽기 전에 혁명을 위해 할 수 있는 것을 하려고 점점 더 조급해졌다.

건강은 레닌을 괴롭히는 유일한 문제가 아니었다. 나데즈다 콘스탄티노브나는 회고록에서 그 당시에 부부 사이에 전혀 갈등이 없었다고 언급했지만, 겉으로 드러난 증거는 사실은 달랐음을 암시한다. 레닌이 고르키 요양소로 옮겼을 때 나데즈다는 동행하지 않았다.[10] 이는 다른 증거들이 그녀의 불만을 암시하지 않았다면, 페미니스트로서 자기 주장으로 설명할 수 있을 것이다. 1918년 8월에 일어난 암살 기도 이후 레닌의 침대 곁을 찾은 최초의 방문객 가운데 이네사 아르망이 있었다는 사실이 나데즈다의 심경을 설명하는 데 꽤나 중요할 것이다.[11] 이네사는 당시 모스크바에서 모스크바주의 경제를 담당하는 국가 관료로 일하고 있었고, 크렘린에서 그리 멀지 않은 곳에 살았다. 이네사가 크렘린에 도착한 일이 나데즈다에게 놀라운 소식이었을 수는 없다. 1918년 말에는 극소수의 사람만 레닌을 방문할 수 있었고, 언제나 그들은 초대장이나 레닌의 사전 허락을 받아야 했다. 레닌은 이네사가 인민위원회의 회기에 참석할 수 있게 초청받아야 한다고 특별히 요청했고, 그래서 그들은 10월 혁명 이후 가끔 만나고 있었다. 하지만 레닌이 이네사와 연애를 다시 시작했다는 증거는 없다.(그러나 그 가능성을 배제할 수는 없다.) 레닌의 일상은 업무로 꽉 차 있었다. 게다가 그와 이네사는 정치에 관한 의견이 일치하지 않았다. 대부분의 볼셰비키 지도자들처럼 이네사는 레닌이 벌인 브레스트리톱스크 조약 체결 운동에 매우 적대적이었다. 그러나 그들의 우정은 정치를 초월했고, 레닌은 총격으로 쓰러졌을 때 이네사가 자신을 간호하기를 바랐다.

한편 나댜는 바제도병과 심계항진증을 앓고 있었다. 레닌이 크렘린으로 돌아온 후 나댜는 곧 도시의 동북쪽 가장자리에 있는 소콜니키 지구의 공원으로 향했다. 나댜는 자신이 요청해서 한 학교에 머물렀는데, 2층의 작은 방을 배정받았다.[12] 치료는 레닌 가족과 트로츠키 가족의 주치의였던 표도르 게티예(Fyodor A. Gete) 교수가 맡았다.[13] 나댜는 12월과 1월을 꼬박 그곳에 머물렀다. 의학적 관점에서 보면 기묘한 이사였다. 왜냐하면 남편, 시누이와 같이 쓰던 아파트를 떠나지 않았더라면 의사들이 그녀를 치료하기가 더 편했을 것이기 때문이었다. 그렇다면 나댜는 왜 떠났는가? 나댜는 크렘린의 바쁜 일과에서 벗어나 휴식을 취해야 했고, 게티예 교수가 그녀를 진료하

1919년의 나데즈다 크룹스카야. 이 무렵 나데즈다는 바제도병과 심계항진으로 인해 건강이 좋지 않았으나 교육 부인민위원으로서 많은 업무를 해나갔다.

러 밖으로 나가는 것을 개의치 않았을 수도 있다. 그러나 다른 가능성도 있다. 만약 나댜가 레닌이 피격당한 후 이네사를 보겠다고 요청한 것에 동요했다면, 나댜는 그냥 혼자 조용히 마음의 안정을 찾기로 결정했을 것이다. 나댜는 스스로 고립됨으로써 부인이자 일생의 전우로서 자신에 대해 좀 더 깊이 생각하고 평가하도록 레닌을 자극할 수 있으리라 여겼을 것이다.

이것은 우리가 할 수 있는 최대한의 합리적 추측이다. 레닌, 나댜, 이네사는 당시 그들의 감정에 관해 실마리를 더 남기지 않았다. 남겼다고 하더라도 그 실마리들은 역사 속으로 묻혔다. 1918, 1919년에 레닌이 이네사 아르망과 맺었던 관계의 성격이 무엇이든, 레닌이 인생에서 몰두한 것은 여전히 정치였음을 잊어서는 안 된다. 혁명을 수행하고 굳건히 하는 것은 여전히 레닌이 가장 열정을 쏟는 일이었다.

어쨌든 레닌은 나댜에 대해 부부로서 의무감을 간직하고 있었고, 나댜는 레닌이 소콜니키에 있는 자신을 찾아올 때마다 기뻐했다. 보통 레닌은 동생 마리야와 함께 스테판 길이 모는 차를 타고 일과 후인 저녁에 도착했다.[14] 1919년 1월 19일 일요일의 방문으로 하마터면 레닌은 죽을 뻔했다. 소콜니키 학교의 아이들로부터 전나무 파티(러시아의 신년 축하 파티)에 참석해 달라는 요청을 받은 레닌은 마리야, 길, 그리고 당시 경호원이었던 체바노프(I. V. Chebanov)와 함께 크렘린에서 출발했다. '소콜니키 가도'에 도착했을 때, 그들은 날카로운 호각 소리를 들었다. 날은 이미 어두웠다. 눈 덮인 도로 위로 무장 괴한 세 명이 뛰어들더니 길에게 차를 세우라고 명령했다. 길은 그들이 경찰관이라고 생각해서 지시에 복종했다.(1918년 중반에 그는 그런 명령을 무시한 적이 있었는데, 경찰은 차에 발포했다!) 레닌은 재빨리 그들에게 서류를 보여주었다. 그러나 남자들은 레닌과 다른 승객들을 차에서 내리게 한 다음, 레닌의 관자놀이에 총을 겨누고는 그의 호주머니를 뒤졌다. 레닌은 그들을 타일렀다. "내 이름은 레닌이오." 그러나 그들은 알아차리지 못했다. 승객들은 이자들이 경찰관이 아니라는 사실을 여전히 파악하지 못했고, 마리야는 경찰임을 증명하는 서류를 보여 달라고 요구했다. 대답이 돌아왔다. "범죄자는 서류가 필요 없다!" 도둑들은 레닌의 브라우닝 권총을 훔쳐서 차를 타고 휭하니 가버렸다. 체바노프가 유일하게 거둔 긍정적 성과는 나데즈다 콘스탄티노브나에게 주려고 가져가던 깡통 우유를 빼앗기지 않은 것이었다.

레닌 일행은 소콜니키 지구 소비에트 사무실까지 터벅터벅 걸어갔다. 그곳에서 레닌은 사무원에게 자신이 진짜 레닌이라고 설득하는 데 애를 먹었다. 결국 소비에트 의장과 그의 부관이 나타나 레닌을 확인했다. 그리하여 레닌과 일행은 아이들의 전나무 파티에 늦게 도착했다. 같은 날 저녁 제르진스키가 경찰 추적대를 조직했다. 도둑맞은 차는 발견했지만, 강도들은 이미 눈 속으로 사라지고 없었다. 붉은 군대 병사 한 명과 경찰관 한 명이 버려진 차 옆에 쓰러져 죽어 있었다. 레닌과 그 일행도 자칫하면 같은 운명에 처할 뻔했던 것이다. 제르진스키는 추적에 더욱 열을 올렸다. 강도들이 붙잡혔고, 신문이 시작되었다. 그들은 레닌의 말을 잘못 들었다고 주장했다. '레닌'이 아니라 '레빈(Levin)'이라고 들었다는 것이었다. 그러나 그들은 도망을 간 뒤 서류를 다시 살펴보고는 피해자가 진짜 누군지를 알았다. 그들은 보통 대담한 것이 아니었다. 일당 중 한 명인 야코프 코셸니코프(Yakov Koshelnikov)는 당장 돌아가서 레닌을 죽이기를 원했다. 코셸니코프는 그 행동이 반혁명 분자들의 소행으로 여겨질 것이라고 추측했다. 코셸니코프는 심지어 쿠데타가 일어날 거라는 공상에 빠졌고, 그런 상황에서는 강도들을 집중 수색하지 않을 거라고 주장했다. 하지만 동료들은 그의 충고를 거부했다. 레닌은 당시 자신이 생각했던 것보다 훨씬 운이 좋았다.[15]

하지만 레닌과 다른 중앙 볼셰비키 지도자들은 러시아에 대한 소비에트 국가의 통치가 얼마나 취약한지 인정할 수밖에 없었다. 지금까지 집필된 전기들은 이를 간과하는 경향이 있었다. 무법자 세 명으로 이루어진 무리가 되돌아가서 정부의 수반을 암살할지를 무심코 고려할 수 있는 정도라면, 사태는 이미 난처한 지경에 이르렀던 것이다. 실제로 그들은 항상 난처한 상황에 처해 있었고, 내전 이후까지 사정은 나아지지 않았다. 혼돈과 혼란이 일상이었다.

1918년, 1919년 겨울 동안 국가 기관들의 문제를 개선하려는 시도가 몇 차례 있었다. 이 과정에서 레닌은 대체로 자기 당의 관리들에게서 지지를 받았다. '지역'과 협의할 필요를 더는 느끼지 않는 중앙 당과 정부 기구는 소비에트, 당 위원회, 노동조합, 공장-작업장 위원회에 책임을 물었다. 당 중앙위원회와 인민위원회의는 모든 기관에게 좀 더 순종적이고 질서 있게, 군사적 방식으로 행동하라고 몰아댔다. 그럴 필요성은 1918년 11월에 극심해졌다. 그때까지 붉은 군대는 사마라에 자리 잡은 코무치의 사회주의자–혁명가당 각료들이 소집한 군대와 전투를 벌이고 있었고, 트로츠키는 몇 차례 승전을 보고했다. 9월 10일 붉은 군대는 카잔을 수복했다. 코무치군은 체코슬로바키아 군단의 도움을 받았는데도 붉은 군대의 상대가 되지 못했다. 그러나 그동안 다른 군대가 형성되어 중부 러시아를 침공했다. 이들은 사회주의자가 아니었다. 볼셰비즘뿐만 아니라 사회주의 일반을 혐오하는 전직 러시아 제국군 장교들이 이 군대를 이끌었다. 이들은 대부분의 자유주의도 싫어했다. 남부 러시아에서 '의용군'이 알렉세예프 장군과 코르닐로프 장군의 지휘에 따라 소집되었다. 중부 시베리아에는 콜차크* 제독이 지휘하는 또 다른 반볼셰비키 부대가 있었다. 에스토니아에서는 유데니치* 장군이 병력을 모으고 있었다. 코무치가 가한 군사적 위협보다 더 심한 위협이 다가오고 있었다.

이번에도 레닌과 나머지 중앙위원회 위원들은 위협을 전혀 예감하지 못했다. 그때까지 반볼셰비키 세력들은 비슷비슷해 보였다. 그러나 1918년 11월 18일에 콜차크 제독의 최고 사령부가 옴스크에서 사회주의자–혁명가당 당원들을 체포하고, 콜차크를 '전러시아 최고 통

알렉산드르 콜차크(Aleksandr Kolchak, 1873~1920) 러시아의 제독. 해군사관학교 졸업 후 1916년 여름 흑해함대 사령관이 되었으나 1917년 2월 혁명 후 수병과 대립해 사직한 후 미국으로 파견되었다. 10월 혁명 후 극동과 시베리아로 돌아와 영국의 지지 아래 활동하다가 1918년 11월 4일 옴스크에 수립된 시베리아 정부 육해군 장관이 되었고, 그 달 18일 쿠데타를 일으켜 군사 정권을 수립한 후 스스로 러시아 제국 최고집정관이라고 칭했다. 1919년 3월 모스크바를 목표로 대공세에 나섰으나 붉은 군대에 패해 이르쿠츠크에서 총살되었다.

니콜라이 유데니치(Nikolai Yudenich, 1862~1933) 제정 러시아의 군인. 러일전쟁 때 연대장으로 복무했고, 1915년 대장이 되었다. 1917년의 2월 혁명 뒤 캅카스 지역 군사령관을 끝으로 퇴역했고, 10월 혁명 뒤 핀란드와 에스토니아로 망명했다. 1919년 백군을 이끌고 페트로그라드를 침공하기 위해 그 근교인 가치나까지 점령했으나 붉은 군대에 패했나. 프랑스 남부 니스에서 죽었다.

치자'로 선포했다. 이 군대, 즉 백군의 목표는 우랄 지역까지 전진한 뒤 중부 러시아로 신속히 움직이는 것이었다. 12월에 백군이 전략적으로 중요한 우랄 지역의 페름 시로 다가서자 필사적인 저항이 예상되었다. 그러나 볼셰비키당과 지역 소비에트 정권은 와해되었다. 몇 달 안에 의기양양한 콜차크가 크렘린에 들어와 레닌의 자리를 빼앗을 것만 같았다.

내전 초기에 페름의 대재앙에 대한 레닌의 대응은 레닌의 약점을 고스란히 보여주었다. 레닌은 최고 국가 기관들의 메커니즘을 무척 잘 알았다. 레닌은 또 모스크바를 순시하고 지방에서 온 농민 청원자들을 접견함으로써 인민의 정서와 계속 맞닿아 있으려고 신경썼다.(비록 마르크스주의 이데올로기나 현실 정치를 우선 고려해야 한다고 생각할 때마다 가차 없이 그런 정서를 짓밟았지만 말이다.) 그러나 레닌은 크렘린에서 하부 행정 기관들에 이르기까지 체제가 겪고 있는 엄청난 대혼란을 거의 알지 못했다. 레닌은 집무실에 앉아서 전화로 일할 수 있었다. 레닌은 도서관에서 책을 빌릴 수 있었고, 발행일 아침에 그날 신문을 읽을 수 있었다. 레닌은 개인 보좌관과 비서들에게 의지해 그들에게 원하는 것을 시킬 수 있었다. 사실 그는 음식이나 옷, 거처는 결코 원하지 않았다. 레닌은 크렘린에서 호화롭게 살지 않았다. 그러나 모스크바 밖의 당과 정부, 군 관리들의 기준에서 보면, 레닌은 실컷 먹고 하고 싶은 대로 할 수 있을 뿐 아니라 매우 안전하게 보호받는 지도자였다. 레닌은 지방에서 벌어지는 실제 상황에서 동떨어져 있었고, 어떤 차질이 발생해도 자신의 정책이나 그 지역의 고유한 정치적 곤란에서 문제를 찾으려 하지 않았다. 대신 레닌은 개인들을 꾸짖었다. 레닌은 항상 사람들이 너무 허약하거나 너무 어리석거나 너무 무절제하다고 판단했다. 페름에서 벌어진 군사적 대재앙의 경우, 레닌은 지역의 주요 관리인 라셰비치(Mikhail Lashevich)가

근무 중에 술을 마셨다고 결론을 내렸을 뿐이었다.[16]

그러나 레닌 자신은 하위 당 관리와 정부 관리로부터 격렬한 비판을 받고 있었다. 그들은 소비에트 국가 내부에 지금 존재하는 것보다 더 엄격한 위계제가 자리 잡기를 바랐고, 그 제도를 빨리 실시하지 않는다고 레닌을 비난했다. 요컨대, 그들은 중앙의 정치 지도부가 국가 행정을 철저하게 중앙 집중화할 것을 요구했다. 일부는 이 과정에 당과 소비에트 내부에 민주적 책임을 규정하는 일이 뒤따라야 한다고 주장했다. '민주집중파'로 알려진 이 비판자들은 오신스키와 사프로노프*가 이끌었다. 불만에 찬 지역 관리들로 이루어진 또 다른 그룹은 민주집중파가 제기한 극히 제한된 형태로나마 민주적 책임이 확보되었는지는 조금도 개의치 않았다. 그들은 그저 국가 기구가 민음직하게 돌아가기를 바랐을 뿐이었다. 그런 비판자들로는 카가노비치*가 있었다. 오신스키, 사프로노프, 카가노비치는 각자 다른 관점에서 레닌과 스베르들로프의 허물을 계속 들추었다.

정책에 대한 비판은 또 있었다. 트로츠키는 레닌의 동의를 얻어 제국 군대의 장교들을 붉은 군대에 편입시켰다. 트로츠키는 각 장교들에게 그들의 충성심을 감시할 정치위원을 붙였다. 그리고 덤으로 트로츠키는 그들의 가족을 인질로 잡았는데, 이 인질들은 장교들이 조금이라도 반역 행위를 하면 생명을 바쳐야 할 것이었다. 그러나 트

티모페이 사프로노프(Timofei D. Sapronov, 1887~1937) 도장공 출신 볼셰비키 혁명가. 10월 혁명 후 1923~1925년 '러시아연방 소(小)인민위원회의' 의장을 지냈다. 1920~1921년에 '민주집중파', 1923~1924년에 '좌익반대파'에 속했으며 1927년 출당되어 이듬해 크림 지역으로 추방되었다.

라자리 카가노비치(Lazar Kaganovich, 1893~1963) 1911년 러시아사회민주노동당에 입당했고, 우크라이나 지역에서 혁명 활동을 벌였다. 1924년 제13차 당 대회에서 중앙위원에 뽑혔고, 1930년 정치국원이 되었다. 1930~1935년 모스크바 시 위원회 제1서기, 1937년 중공업인민위원, 1939년 연료공업인민위원을 지냈다. 제2차 세계대전 중 국가방위위원회 일원으로 활동했으며, 전쟁 뒤 1947년 다시 우크라이나의 제1서기, 1953년 연방 제1부총리가 되었다.

로츠키는 거기서 멈추지 않았다. 그는 명령을 듣지 않으면 정치위원들도 총살했다. 트로츠키는 다수의 탈영병들을 줄 세워놓고 열 사람 중 한 사람만 제비 뽑아 죽이는 로마식 처벌을 실시했다. 트로츠키는 오랜 볼셰비키당 관리들이 붉은 군대에서 특별한 대우를 받아야 한다는 관념을 비웃었다. 군대 내의 많은 볼셰비키에게 이것은 견딜 수 없는 일이었고, 그들은 군 개혁을 요구했다. 심지어 그들 중 일부는 1917년 이전에는 볼셰비키가 아니었던 트로츠키가 프랑스 혁명 때 나폴레옹 보나파르트가 그랬듯이 군대에서 출세해 독재자가 될 것이라고 주장하기까지 했다. 레닌은 가능한 한 오랫동안 논쟁을 피하려고 했다. 그러나 당내에서 이른바 '군사반대파'(트로츠키의 철천지원수 스탈린이 장막 뒤에서 이들을 지원했다)가 옛 제국군 장교들의 해임을 요구했다. 정책 유지와 트로츠키의 사임 사이에서 결정적인 선택을 해야 하는 경우에만 레닌은 중재에 동의했다. 대체로 레닌은 군사인민위원으로서 트로츠키를 잃는 것보다 그를 후원하는 쪽을 선택했다.

그 끔찍한 겨울 동안 다른 정책 변화도 이루어졌다. 12월 2일, 빈농위원회들이 농촌에서 당에 이익을 주기보다 해를 끼치는 것으로 드러나면서 해체되었다. 농민들은 기본적으로 위원회가 불러온 불화를 싫어했다. 게다가 위원회가 부농뿐만 아니라, 레닌이 거듭 밝혔듯이 당이 자기편에 두기를 원한 '중농층'도 괴롭히는 일이 자주 일어났다. 빈농위원회 폐지는 두 가지 점에서 주목할 만했다. 첫 번째는 레닌이 정책을 도입할 때 벌어진 잘못이 원칙적으로 자신의 잘못이라고 자인하지 않고 그 정책을 폐기했다는 점이었다. 레닌은 과거의 오류를 종종 인정하지 않는데, 이 경우도 예외가 아니었다. 둘째, 빈농위원회는 농민들에게는 인기가 없었지만, 여전히 당 관리들의 마음에는 들었던 것이 분명했다. 레닌은 실용적으로 생각했을 때 사회주의 조치 쪽으로 지나치게 빨리 강압적으로 움직여 여론이 멀어지는 것은 피해야 한다고 당을 설득해야 했다. 이번 일이 레닌이 그렇게 해야 할 마지막은 아니었다.

레닌은 상황에 신속하게 대응해야 했다. 국외에서는 동맹국이 대대적인 하계 공세에 실패하고 휴전을 간청할 수밖에 없었던 11월 11일, 제1차 세계대전이 서부 전선에서 갑자기 끝났다. 영국, 프랑스, 이탈리아, 미국이 승리했다. 레닌은 즉각 브레스트리톱스크 조약을 폐기했다. 8개월 동안의 '역겨운 강화'가 끝을 맺었다. 레닌은 마침내 당내 비판자들에게 자신이 진정으로 '유럽 사회주의 혁명'에 헌신하고 있음을 보여줄 수 있었다. 자금, 정치 선전물(《국가와 혁명》의 독일어 번역본도 포함되었다), 사절들이 모스크바에서 베를린으로 쇄도했다. 군사적 패배가 혁명적 상황을 야기했다고 여겨졌다. 레닌도, 나머지 중앙위원회 위원들도 서방 연합국의 반응이 어떨지는 걱정하지 않았다. 독일에서 극좌 사회주의자들이 권력을 장악하도록 촉진하는 일이 우선순위가 되어야 했다. 레닌은 그 같은 성과가 세계의 어떤 군대도 무너뜨릴 수 없는 러시아와 독일의 정치적 '블록'을 형성하는 데 기여할 것이라고 생각했다. 주된 문제는 독일에 공산당이 아직 존재하지 않는다는 사실이었다. 레닌은 카를 리프크네히트와 로자 룩셈부르크가 이끄는 스파르타쿠스단을 통해 작업해야 할 것이었고, 이를 염두에 두면서 그는 공산주의 인터내셔널 창립 회의를 소집하는 활동도 개시했다. 유럽에서 펼칠 혁명 정치 공세는 신중하게 준비해야 할 것이었다.

하지만 빌헬름 2세 퇴위 이후 수립된 독일 정부는 레닌과 10월 혁명뿐만 아니라 리프크네히트와 룩셈부르크도 철저하게 반대하는 독일사회민주당의 지도자들로 이루어졌다. 스파르타쿠스단은 오래전에 독일사회민주당에 대한 희망을 버렸다. 리프크네히트와 룩셈부르크는 자신들만의 길을 갔고 봉기를 계획했다. 하지만 이것도 레닌을 완전히 안심시킬 수는 없었다. 리프크네히트와 룩셈부르크는 결코 레닌 숭배자가 아니었기 때문이었다. 특히 룩셈부르크는 레닌의 ('프티 부르주아' 농민들에 대해 너무나 안일한) 농업 정책, (비러시아인들에게 너무 관대한) 민족 정책, (수치스럽게도 반민주적인) 통치 정책을 비판하는 글을 썼다. 스파르타쿠스단이 성공한다면, 러시아의 볼셰비키는 유럽에서도 러시아에서도 당연히 여러 문제에 봉착할 것이다. 그러나 실패한다면, 볼셰비즘의 전략적 예측에는 무엇이 남겠는가?

사태는 스파르타쿠스 단원들에게 불리하게 전개되었다. 1919년 1월 6일, 그들은 베를린의 사회주의 정부 전복을 시도했다. 국방장관 구스타프 노스케(Gustav Noske)는 최근 서부 전선과 동부 전선에서 동원 해제된 병력을 비롯해 이용 가능한 모든 반공산주의 단체를 동원했다. 스파르타쿠스단은 무력하게 패배했다. 리프크네히트와 룩셈부르크는 사로잡혀 살육당했으며, 그들의 시신은 베를린 동물원 밖에 버려졌다. 이 사건은 국제 공산주의에 재앙이었으나, 레닌은 크게 염려하지 않았다. 레닌은 적어도 제3인터내셔널(코민테른)을 조직하던 당시에 기대했던 것보다는 자유로울 것이라고 예측했다. 그리고 독일 노동 계급이 문화적으로 러시아 노동자들보다 우수하다고 계속 가정했기 때문에, 레닌은 성공적인 사회주의 혁명이 곧 베를린에서 일어나리라고 믿어 의심치 않았다. 실제로 곤란한 점은 러시아 외부에 공산당들이 존재하지 않는다는 사실이었다. 레닌은 10월 혁명의 정책에 아직 보조를 맞추지 못한 극좌 조직들에서 대표들을 끌어들여야 할 것이었다. 레닌은 또 소비에트 러시아가 외부 세계와 외교적 관계가 없었던 당시, 많은 대표들이 여행하면서 부딪힐 문제도 극복해야 했다.

제1차 세계대전의 종결도 러시아의 국경 지대에서 여러 결과를 낳았다. 브레스트리톱스크 조약이 체결된 이래 옛 러시아 제국 영토 중 서쪽의 방대한 지역이 인민위원회의가 선포한 주권 밖에 놓였다. 독일군이 철수하자 레닌에게는 이 지역을 침공하여 '소비에트 권력' 기관들을 세울 기회가 생겼다. 지역 의용군들의 지원을 받은 붉은 군대는 신속하게 전진했다. 레닌의 주장에 따라 붉은 군대는 그 지역을 '러시아사회주의연방소비에트공화국(RSFSR)'에 편입시키지 않았고, 에스토니아, 리투아니아, 벨라루스, 라트비아, 우크라이나에 독립적인 소비에트 공화국들을 수립했다. '러시아사회주의연방소비에트공화국'은 각국과 쌍무적이고 평등한 기반 위에서 관계를 맺을 것이었다.

독립적인 소비에트 공화국들이 점점 늘어났는데, 많은 볼셰비키 지도자들은 이를 환영하지 않았다. 국경 지대에서 자랐으며, 볼셰비즘이 민족주의 근절에 헌신한다는 점 때문에 볼셰비즘에 끌렸던 사람들이 특히 그랬다. 그들이 보기에 독립적 소비에트 공화국들은 보편적 사회주의 가치를 포기하는 것 같았다.(그리고 그들 중에서 가장 명료하게 의사를 표명한 몇 명은 유대인이었는데, 그들은 지역 민족주의자들의 반유대주의에 특히 취약하다고 느끼고 있었다.) 물론 레닌은 부분적으로 유대계였다. 그러나 레닌은 젊은 시절 적대적인 민족 차별에 상처받지 않았다. 레닌은 러시아인인 동시에 유럽인으로 길러졌으며, 이 기준을 바탕으로 삼아 정치가로서 활동했다. 그는 자신이 '대러시아 국수주의'라고 부르는 현상이 나타날 조짐도 몹시 싫어했다. 레닌의 배경은 그가 '민족 문제'에서 대부분의 동료들보다 더 객관적인 관점을 취할 수 있게 해주었다. 레닌은 국경 지대에서 나타나는 민족적·인종적 감성을 존중해야 한다고 주장했다. 그의 당은 이 주장에 경악했다. 그러나 레닌은 독립적인 소비에트 공화국들이 독자적으로 행동할 수 있다는 점을 자신이 경계하고 있다고 설명하려 애썼다. 여

1919년 3월, 크렘린에서 열린 제3인터내셔널(코민테른) 제1차 대회에 참석한 레닌.

러 공화국에 존재하는 공산당들은 러시아공산당과 당 중앙위원회의 지역 조직으로 다루어질 것이었다. 그리하여 진정한 권력은 '독립적인' 소비에트 공화국들이 아니라 모스크바가 쥘 것이었다.

1918년에서 1919년으로 이어지는 겨울 동안 볼셰비키 중앙위원회의 분위기는 모순적이었다. 유럽은 다시 들끓고 있었고, 모든 중앙당 지도자들은 유럽 사회주의 혁명의 가능성을 생각했다. 하지만 동쪽에 심각하게 걱정스러운 문제가 있었다. 콜차크가 페름에서 모스크바를 향해 맹렬히 나아가고 있었다. 바르샤바, 프라하, 베를린에는 곧 소비에트 공화국들이 존재하게 될 것이었다. 그러나 사회주의는 1917년 10월 혁명의 도시들에서는 과연 살아남을 것인가?

제3인터내셔널(코민테른) 제1차 대회가 1919년 3월 2일 크렘린 경내에서 열렸을 때, 레닌은 유럽에서 혁명이 임박했다고 강조했다. 세계 정치의 얼굴을 바꾸는 데 목표를 둔 조직의 회합치고는 소박했다. 투표권이 있는 34명의 대표 중에서 4명을 제외한 모든 대표가 러시아에 거주하고 있었다. 레닌과 그의 동료들은 다른 나라에서 온 사람들을 골라 극좌 진영 전체를 대변해 발언할 권한을 주었다. 이 때 모스크바에서 프랑스 혁명가들을 대표한 집단은 프랑스 전역에 뿔뿔이 흩어져 있던 12명에 불과했다. 레닌은 제1차 세계대전 이전에 자신이 당 전체 회의로 규정한 볼셰비키 회의들에서 매우 자주 이런 종류의 속임수를 썼다. 그러나 제1차 코민테른 대회는 볼셰비키의 비호 속에 훨씬 더 뻔뻔스럽게 조직되었다. 독일 대표 후고 에버라인 (Hugo Eberlein)은 조작에 항의했지만, 감언이설에 넘어가 주어진 상황을 받아들였다. 그는 자신이 그렇게 행동하지 않으면 열광적인 분위기를 망치게 될 것이라고 느꼈다. 레닌은 영국 미들랜드 지방의 노동자 대표 소비에트에서 보냈다는 편지를 낭독함으로써 사람들을 더욱 당황스럽게 했다. 그것은 허튼소리였고, 레닌이 알고 있었음은 거의 확실하다. 그러나 낭독은 유용한 효과가 있었다. 코민테른 대회는 이 근사한 '소식'에 갈채를 보냈고, 사회주의 혁명이 러시아 서쪽으로 확산되기를 기대했다.

의례적인 말들이 끝나자 볼셰비키 지도부는 자신들의 의사 진행 장악을 확인하는 결의안 초안을 내밀었다. 레닌은 '부르주아 민주주의와 프롤레타리아 독재'에 관해 발언했다. 그는 자본주의 국가들에서 시민 자유는 중간 계급만이 누린다고 주장했다. 레닌과 그의 뒤를 이은 볼셰비키 연사 부하린, 지노비예프, 오신스키, 트로츠키는 대체로 의회주의를 중심에 두고 유럽에서 사회주의 변혁을 수행한다는 카우츠키주의적 희망은 실패할 운명이라는 메시지를 강화했다. 심지어 레닌조차 과욕을 부리지 않았다. 레닌은 마르크스, 엥겔스, 마르크스주의, 공산주의나 내전, 당의 역할과 내부 조직에 대해 거의 언급하지 않았다. 이것은 우연의 일치가 아니었다. 제1차 코민테른 대회에서 볼셰비키 지도부가 세운 목표는 새 조직을 창설하는 데 동의를 구하고 당장 그 조직에 대한 통제권을 확보하는 것이었다. 전반적으로 반의회적 전략에 의견을 같이한 레닌과 동료 지도자들은 나중에 이데올로기와 전술에서 세목들을 도입할 수 있을 것이었다. 코민테른의 토대는 조직 면에서 쓰러질 듯 허약했을지 몰라도 다음 20년 동안 코민테른이 세계에 끼친 영향력은 막대했다. 코민테른 창설은 곧 세계 자본주의를 훼손하겠다는 야망을 품은 기구가 창설되었음을 의미했고, 공산주의 오른쪽에 있는 모든 정치적 흐름은 모스크바로부터 가해지는 위협을 인식하게 되었다.

그 위협이 실제로 어떻게 현실화될지는 아직 불분명했다. 레닌조차 세계 정치에서 벌어지는 현재의 사태에 대해 정확한 정보나 직관을 지니지 못했다. 레닌의 전망 중 일부는 너무 형편없던 나머지 다양한 판본으로 출간된 그의 연설집에서 영원히 빠져버렸다. 주목할 만한 사례는 레닌의 매형 마르크 엘리자로프가 사망한 후 1919년 3월 13일에 페트로그라드의 볼코보 묘지에서 레닌이 읽은 추도사이다.[17]

프랑스는 이탈리아에 덤벼들 채비를 하고 있습니다. 그들은 (제1차 세계대전에서 얻은) 노획물을 나눠 갖지 않았습니다. 일본은 미국에 맞서 빈틈없는 태세를 취하고 있습니다. …… 파리, 런던, 뉴욕의 노동 대중은 '소비에트'라는 단어를 자신들의 언어로 번역했습니다. …… 우리는 곧 '세계 연방 소비에트 공화국'의 탄생을 보게 될 것입니다.

프랑스-이탈리아 전쟁만큼 일어날 법하지 않은 사건도 없었다. 일본은 미국을 불신했지만 호전적인 분위기는 아니었다. 프랑스, 영국, 미국의 노동자들이 러시아 단어를 번역하고 있다는 것도 사실이 아니었다. 그들은 '소비에트'라는 단어를 음역된 형태로 그대로 보존했다. 마치 자신들이 신문에서 읽은 러시아 사태의 이국적 성격을 강조하고 싶어 하는 듯했다. 레닌이 단지 지지자들의 기운을 북돋우려고 이런 말을 한 것은 아니었다. 그는 정말로 의기양양한 기분이었고, 그의 마음속에서는 상상력과 이데올로기가 냉철한 판단의 자리를 대신하고 있었다.

레닌은 같은 달에 열린 볼셰비키 제8차 당 대회에서 꿈에서 깨어나 현실로 돌아왔다. 볼셰비키 지도자들 사이에서 논란이 되지 않은 정책은 거의 없었다. 레닌과 중앙위원회는 코민테른 대회를 소집한 것으로는 갈채를 받았으나, 다른 것은 거의 칭찬받지 못했다. 레닌이 직접 개회 보고를 했고, 사람들은 "일리치 만세"라는 함성으로 그를 환영했다. 레닌은 옛날에도 그랬고 당시에도 그랬고, 어떤 비판자에게도 틈을 주지 않았다. 브레스트리톱스크 조약은 옳았다. '빈농위원회' 설립도 옳았다.(위원회들은 결국 폐지되어야 했지만 말이다.) 제국군 장교들을 활용한 것도 옳았다. 독립적인 소비에트 공화국들을 창설한 것도 옳았다. 중앙위원회는 본분을 다했고, 잘못은 정책 입안자가 아니라 정책을 실행한 사람들 탓이었다. 만일 어떤 문제가 있다면, 그것은 모스크바에서 일으킨 것이 아니다. "조직 활동은 러시아인 일반의 강점도, 볼셰비키의 강점도 결코 아니었다. 그러나 이제 프롤레타리아 혁명의 주요 과제로 떠오른 것은 바로 **조직 과업**이다." 레닌은 모든 문제를 비판자들의 면전에 도로 던지려 했다. 그들은 무지 때문에 정책의 현명함을 이해하지 못했든지, 아니면 현명한 조치의 실행자로서 능력이 모자랐다. 중앙위원회는 비난받을 수 없었다.

인상적인 주장이었다. 볼셰비키는 전통적으로 러시아 정치 기구 중에서 가장 이데올로기적이고 가장 엄격하게 조직된 기구로 여겨져

왔다. 그들은 일찍이 러시아 제국에서 당 조직이 아마추어 성격을 띠면 안 된다고 주장함으로써 1903년에 탄생했고, 레닌의 《무엇을 할 것인가?》는 그들 분파의 기본 교재였다. 현실은 언제나 달랐다. 볼셰비키는 지난 몇 개월 전까지 다른 러시아 정당들만큼이나 혼란스러웠고 기강이 잡혀 있지 않았다. 확실히 레닌은 중앙위원회에 대한 비판을 회피하려 했다. 그러나 동시에 레닌은 자신이 진심으로 느꼈던 바를 모호한 표현으로 무심코 털어놓고 있었다. 레닌은 자신의 혁명 정치에서 민족의 서열을 고수했다. 그에게 독일인은 영국인과 프랑스인보다 문화적으로 우수했고, 영국인과 프랑스인은 차례로 핀란드인보다 우수했다. 그리고 물론 핀란드인은 러시아인보다 두드러지게 우월했다. 레닌은 지금 몸담고 있는 나라에서 끊임없이 좌절을 경험하고 있었다. 내전이 격렬하게 진행되고 있다는 사실은 도움이 되지 않았다. 그러나 레닌은 전쟁이 없더라도 러시아가 혁명을 수행하는 데 끔찍한 장소임을 실감하고 있었다.

러시아를 '유럽' 국가, '서구' 국가로 변모시키기를 원한 젊은 레닌은 아직 사라지지 않고 있었다. 코민테른 대회에서 레닌은 러시아라는 주제를 강조했다. 즉 볼셰비키는 사회주의 혁명을 개시했고, 다른 유럽인들은 러시아인들을 본받아야 했다. 제8차 당 대회에서 그는 볼셰비키가 너무 러시아적이라고 질책했다. 그 결과 심한 말다툼이 일어났다. 레닌의 비판자 중 몇 명은 코민테른 대회에서 그의 공동 연사였던 동료 지도자들이었다. 자기 차례가 되었을 때 레닌은 당과 정부를 아마추어 원리에 따라 운영한다고 오신스키로부터 공격당했다. 레닌은 또 당 강령을 기초하는 데 급진성이 불충분하다고 부하린에게서도 비난받았다. 그런 식으로 일이 계속 진행되었다. 핀란드에 국가 독립을 부여한 일은 핀란드 소비에트 공화국이 생길 거라는 레닌의 예상이 좌절되었기 때문에 대실패로 설명되었다. 그때까지 레닌은 힘든 시간을 보내고 있었기에 다른 사람을 시켜 붉은 군대의 조직 문제에 대해 트로츠키를 변호하게 했다. 하지만 레닌은 논쟁을 완전히 피할 수는 없었고, 비밀 대회에서 토론이 시작되었을 때 트로츠키를 변호했을 뿐만 아니라, 남부 전선에서 패배하여 군사적으로 큰 피해를 입었다고 스탈린을 심하게 비난하기까지 했다. 당 지도자로서 레닌은 전면에 나서야 했다.

레닌은 거의 모든 주요 정책에서 돌파구를 찾았다. 레닌은 '군사 문제'에서 조금 타협해야 했다. 또 레닌은 '민족 문제'를 논할 때 다의적으로 해석이 가능한 말을 찾아야 했다. "실제로 민족들에게 분리의 자유를 부여"한다는 구호는 대부분의 대표들이 받아들이기에 너무 지나친 것이었다. 그러나 레닌은 '농업 문제'에 대해서는 훨씬 더 성공적으로 마음먹은 대로 했다. 대회는 중간층 농민들을 만족시켜야 한다는 데 동의했다. 헝가리에서 사회주의 혁명이 발발했다는 소식이 회의가 끝날 무렵 전해진 것도 도움이 되었을 것이다. 레닌은 상황을 파악하고 위기에 잘 대처했다. 레닌은 주먹을 들어 올리면서 연단 끝으로 점잖게 걸어나가 있는 힘을 다해 큰 목소리로 청중들에게 이렇게 장담했다. "우리는 **지금이 마지막으로 힘든 반년이 될 것**이라고 확신합니다." 그는 국제 제국주의가 아직 패배하지 않았다고 언급했다. 그러나 레닌은 걱정하지 않았다. 그는 "이 야수는 죽을 것이며, 사회주의가 세계 전역에서 승리할 것"이라고 단언했다.

23장

전시 공산주의 논쟁

1919년 4월~1920년 4월

10월 혁명이 발발한 뒤 1년 반 동안, 볼셰비키는 이후 러시아에서 70년을 지속한 국가의 토대를 놓았다. 이 독특한 국가는 제2차 세계 대전 후 사람이 거주하는 세계의 3분의 1을 차지한 공산주의 체제들의 본보기이기도 했다. 이 나라에는 단 하나의 정당이 집권당으로서 존재했다. 입법부, 행정부, 사법부는 정치적으로 집권당에 종속되었다. 실제로 당이 최고 국가 기관이었으며, 레닌은 실질적으로 그 기관의 최고 지도자였다.

모든 것이 자리를 잡은 것은 아니었다. 당은 다른 국가 기관들을 완전히 종속시키지는 않았다. 어떤 점에서는 당은 그렇게 하려고 시도하지도 않았다. 일단 정치국이 인사 발령과 전략을 확정하고 나면 붉은 군대는 아무 간섭도 받지 않고 움직였고, 창설된 이래 레닌의 보호를 받아온 체카는 자주 '지나친 행위'로 비판받았지만, 심각하게 처벌받은 적은 한 번도 없었다. 그리하여 국가는 레닌주의 정치 교의가 요구하는 만큼 긴밀하게 조직되지 않았다. 게다가 나중에 일당 국가로서 지니게 될 몇 가지 측면이 도입되지 않은 상태였다. 정치 기구로서 여러 소비에트 공화국들의 관계를 어떻게 정립할지도 아직 결정되지 않았다. 내전이 승리로 마무리된 뒤에 옛 상층 계급을 어떻게 다룰지를 두고도 종합적인 계획이 없었다. 새로운 사회주의 문화는 어떻게 창출할지, 노동과 보수, 휴가에 관한 규칙은 어떻게 정할지, 심지어 일당 국가에서 당의 장기적인 역할은 무엇이 될지에 관한 당의 전략도 정해지지 않았다. 독재, 민주주의, 사회적 정의와 인권에 대한 레닌주의 이론에는 넓은 틈새가 존재했다. 국가의 일반적인 뼈대는 세워졌지만, 소비에트 질서의 많은 부분은 아직 정교하게 다듬어지지 않았다.

그 건물이 과연 오래 견딜 것인지 1919년 봄에는 아직 불분명했다. 백군은 자신들의 명분이 러시아에서 결국 승리할 것이며, 곧 붉은 군대를 크렘린에서 몰아낼 수 있을 것이라고 여전히 굳게 믿었다. 이것은 당시 유일한 내전이 아니었다. 러시아 농민을 한 편으로, 근처의 군대(붉은 군대든 백군이든)를 다른 편으로 하는, 지역 차원에서 벌어지던 또 다른 러시아 내전이 있었다. 옛 러시아 제국의 각 국경 지대에서도 내전과 민족 전쟁이 있었다. 그러나 레닌은 이중 단 하나의 전쟁에 몰두했다. 그것은 콜차크, 데니킨, 유데니치의 백군에 맞서 형성된, 세 개의 거대한 움직이는 전선들에서 붉은 군대가 수행하는 전쟁이었다. 붉은 군대 사령관들은 이 전쟁에서 이기면 다른 전쟁들에서도 쉽게 승리할 것이라 추정했다. 레닌이 지도하는 정치국은 그와 같은 승리가 단지 중부 유럽과 서유럽에서 일어날 혁명적 확장의 서두에 불과하다고 덧붙였다.

그러나 볼셰비키가 정말 러시아 내전에서 승리할 수 있을 것인가? 볼셰비키가 '마지막으로 힘든 반 년'을 단 한 번 보낼 것이라고 1919년 3월에 레닌이 한 예언은 단지 조금 지나치게 낙관적이었을 뿐이었다. 군사 행동은 붉은 군대에 유리하게 전개되었다. 중부 러시아로 진격하려던 콜차크 제독의 시도는 4월에 저지되었고, 남부 우랄 지역의 우파 시가 6월에 붉은 군대의 손에 다시 들어왔다. 레닌은 자신이 이끄는 주요한 정치위원과 장군들을 혹독하게 몰아붙였다. 레닌은 항상 더 노력하고 무자비해지라고 요구했다. 당장 성공을 거두지 못한다면 혁명은 파멸할 것이라고 레닌은 예측했다. 레닌의 고향인 심비르스크의 임시 기지에서 콜차크에 맞선 공세를 준비하는 '혁명-군사 소비에트'에 레닌은 다음과 같이 전보를 보냈다. "우리가 겨울이 닥치기 전에 우랄 지역을 정복하지 못한다면, 혁명의 죽음은 불가피할 것입니다. 모든 군사력을 집중하십시오."[1] 전략적 관점에서 볼 때 이것은 말도 안 되는 소리였다. 콜차크가 늦가을까지 패배할 것이라고 믿을 만한 확실한 근거는 전혀 없었다. 그러나 레닌은 부하들을 자극하고 싶었다. 혁명의 죽음에 관한 이 어구가 마음에 들었는지 레닌은 같은 날 완전히 다른 전선인, 모스크바 남서쪽으로 800킬로미터 이상 떨어진 키예프의 인민위원 지도자들에게 보낸 또 다른 전보에서 그 말을 다시 썼다.[2]

1918년 12월에 붉은 군대가 수치스러울 정도로 처절하게 패배했던 페름 시는 1919년 7월에 수복되었고, 콜차크는 중부 시베리아로 도주해 다시는 돌아오지 못했다. 백군 사령관들 사이에서 콜차크가 누린 우월한 지위는 남부 러시아의 안톤 데니킨도 인정한 바였다. 데니킨은 1919년 7월에 붉은 중심부를 공격할 준비를 갖추고 있었다. 그는 군대를 둘로 나눠 공격을 개시했다. 한 진영은 돈강 유역으로, 다른 진영은 북쪽 볼가강 상류로 파병되었다. 데니킨의 전략은 복잡하지 않았다. 그는 가능한 한 빨리 수도를 향해 일직선으로 기동하라는 '모스크바 명령'을 내렸다. 최근에 콜차크를 패퇴시킨 덕분에 붉은 군대는 자유롭게 방어를 강화할 수 있었다. 1919년 여름 그들은 데니킨을 우크라이나로 도로 몰아냈다. 이 소식은 크렘린에서 엄청난 갈채로 환영받았다. 북부 러시아에서 전투가 벌어질 때까지는 콜차크가 실패한 곳에서 데니킨이 성공할 가능성이 분명히 있었던 것이다. 그러나 레닌은 공개적으로 기쁨을 드러내지는 않았다. 볼셰비키 중앙위원회와 인민위원회의는 축하 행사도 열지 않았다. 레닌은 이 일을 두고 연설을 하거나 글을 쓰지 않았다. 전쟁은 마르크스주의 이론이나 경제 정책과 달랐다. 전쟁은 이겨야 할 것이었지 이론화되어야 할 것이 아니었다. 그리고 아마 어떤 이론이든 승리의 가능성을 낮춰 보았을 것이다.

레닌에게는 승리가 전부였다. 레닌이 1918년 8월의 암살 기도로 입은 부상에서 회복한 후, 레닌의 개인 보좌관 본치-브루예비치는 크렘린 안에서 단편 영화를 찍도록 레닌을 설득했다. 레닌이 여전히 살아 있음을 입증하는 것이 목적이었다. 레닌과 본치-브루예비치 주연의 영상물은 그다지 흥미롭지 않았다.

장면: 레닌과 본치-브루예비치가 크렘린 경내에 있는 나무 근처에서 있다.

복장: 레닌은 정장을 갖춰 입었고, 본치-브루예비치는 정장보다 더 부드러워 보이는 레인코트 차림이다.

줄거리: 레닌과 본치-브루예비치가 대화를 나눈다. 본치는 밝은 태도로 레닌의 마음을 편안하게 해주고, 레닌은 본치의 말에 활기찬 반응을 보인다.

대화: 대화의 내용은 들리지 않는다.

영화의 영향력은 보잘것없었다. 영화관에서 영화를 볼 만한 사람들은 내전 동안 모두 식량과 땔감을 찾아 헤매고 있었고, 러시아 영화관에는 인민위원회의 의장을 스크린에 올리는 데 필요한 장비가 부족했다. 어쨌든 레닌은 이동식 카메라 앞에서 편하게 연기할 수가

1918년 10월, 크렘린에서 레닌과 그의 개인 보좌관 블라디미르
본치-브루예비치.

없었다. 레닌과 본치-브루예비치의 대화는 1917년에 케렌스키가 기차를 타고 군중을 향해 손을 흔드는 장면을 찍은 영상에 비해 관객을 전혀 사로잡지 못했다. 레닌은 영상보다 사진에 더 익숙했고, 사진에 대해서는 그런 불편함을 느끼지 않았다. 권력을 장악한 후 그는 처음에는 자신을 촬영하는 것을 금지했다. 부끄러워서가 아니라 선전에 대한 실용적 판단 때문이었다. 1917년 7월에 레닌은 턱수염을 깎아야 했고, 1917년 10월 25일에야 다시 기르기 시작했다. 그리고 비로소 1918년 1월에 자기 모습이 다시 마음에 들기 시작하자, 레닌은 공식 사진사가 자기 근처에 오는 것을 허락했다. 이런 행동은 모두 자신의 당과 그 정책을 널리 알리기 위한 것이었지만, 레닌은 전문가의 자문을 전혀 받지 않았다. 선전 업무는 몇 년 동안 여전히 아

마추어 수준이었고, 당 지도자는 각자 자기 방식대로 일을 처리했다.

그런데도 당 지도자로서 레닌의 독자적 중요성은 대중의 인정을 받았고, 그는 점차 〈프라우다〉에서 특별히 주의를 기울여야 하는 인물로 주목받게 되었다. 1918년 8월에 레닌 암살 기도가 일어난 후, 레닌에 대한 정치적 숭배를 시도하는 운동이 본격적으로 시작되었다. 지노비예프는 레닌 전기를 썼다. 레닌에 관한 글이 당과 정부 신문들에 등장하고 포스터가 나붙었다. 붉은 군대의 트로츠키를 제외하면 어느 볼셰비키도 레닌처럼 개인적으로 칭송받지 못했다.

레닌의 이미지는 인류의 적들을 몰락시킬 사심 없는 지도자였다. 당 저술가들은 레닌을 러시아의 진정한 아들이자, 물질적 개선을 위해 싸우는 투사, 계몽과 평화의 투사로 묘사했다. 레닌은 '소비에트 구세주'로 보였다. 그에게는 초인적 능력이 있다고 여겨졌다. 레닌의 생존은 기적으로 서술되었고, 저술가들은 기적에 대한 언급을 전투적 무신론과 어떻게 조화시킬지 설명하려 애쓰지 않았다. 온갖 추잡한 묘사가 레닌 암살자들에게 덧붙었다. 남아메리카 원주민의 화살에 사용되는 치명적인 독을 그들이 총알에 묻혔다는 설이 있었다. 또 다른 이야기는 연합국이 레닌에 대한 공격을 부추겼다고 주장했다. 그것은 바보 같은 주장이었지만, 붉은 군대 반대 세력의 역선전도 이에 못지않게 진실과는 거리가 멀었다. 백군의 포스터와 유인물은 독일 나치즘의 선구였다. 거기서 레닌은 악마 같은 존재로 등장했다. 레닌은 보통 러시아와 세계 문명을 파괴하는 국제 유대인 음모의 공동 지도자로서 트로츠키와 나란히 대표로 섰다. 불화, 유혈, 복수는 러시아가 레닌주의의 제물로 떨어짐으로써 발생한 필연적인 결과였다.

물론 레닌은 실제로 유대인의 '인종적 요소'를 일부 물려받았다. 또 레닌은 진정으로 국제주의자이기도 했다. 레닌이 러시아에서 무차별 폭력을 개시하고 심화시킨 것은 사실이며, 그는 거의 모든 형태의 러시아 애국주의를 몹시 싫어했다. 그렇지만 레닌이 '어머니 러시아'에 맞서 싸우는 유대-프리메이슨 십자군의 지도자라는 백군의 인식은 그가 현세의 '위대한 사회주의 혁명의 구세주'라는 붉은 군대의 인식만큼이나 터무니없었다. 악마화되었든, 신성시되었든 레닌은 정치 선전의 대상이었다. 그러나 레닌은 개의치 않았다. 그는 백군이 자신에 대해 뭐라 말하든 신경 쓰지 않았고, 면전에서 대놓고 자신에 대해 아첨하는 말을 싫어하는 것처럼 보였지만, 레닌 숭배 일반에 심하게 당혹해하지는 않았으며, 숭배를 그만두게 하려고 하지도 않았다.

레닌은 숭배가 체제와 체제 내에서 자신의 지위를 확고히 하는 데 도움이 될 것이라고 계산했을 것이다. 레닌은 자신의 정치적 메시지를 주위 환경에 맞추어 변경할 필요성을 이해했고, 농민이나 최근에 농촌을 떠난 사람이 대부분인 러시아인들이 사회에 대해 잘 모른다는 것을 알았다. 레닌이 막심 고리키에게 설명했듯이, 당의 메시지는 나라의 대중 문화의 특징과 맞아야 했다.[3]

그래요, 당신이 보기에, 라이플총을 손에 든 수백만 명의 농민들이 문화에 위협을 가하고 있다는 거지요, 그렇지요? 당신은 제헌의회가 (농민들의) 아나키즘에 대처할 수 있었을 것이라고 정말 생각합니까? 농촌의 아나키즘에 대해 그렇게 불평하는 당신은 우리가 하는 일을 누구보다도 잘 이해해야 합니다. 우리는 러시아 대중에게 매우 단순한 것, 그들의 사고방식에 매우 쉽게 다가가는 뭔가를 보여주어야 합니다. 소비에트와 공산주의는 단순한 것입니다.

고리키는 레닌이 평범한 러시아인들에게 명백히 깊은 의심을 품고 있다는 뜻밖의 발견에 적잖은 충격을 받았다. 레닌에게 그들은 아직 학교에 가지 않은, 장래가 촉망되는 어린아이 같은 존재였다. 레닌은 쿨라크, 성직자, 상인, 은행가, 귀족 같은 당의 적들에 대해서뿐만 아니라 당이 소중히 여겨야 할 사람들, 즉 하층 사회 계급에 대해서도 이렇게 생각했다.

특히 농민들이 레닌의 분노를 샀지만, 종교 전례력의 전통에 집착하는 노동자들도 그를 짜증나게 했다. 여름철에 있는 성 니콜라이 축제일에 앞서 레닌은 이렇게 주장했다. "'니콜라' 축일을 감수하는 것은 어리석은 일이다. 우리는 모든 체카들을 일으켜 세우고, '니콜라' 축일 때문에 일터에 나타나지 않는 사람들을 총살해야 한다."[4] 레닌은 유사한 예방 폭력을 크리스마스와 새해 축제를 위해서도 준비해야 한다고 설명했다. 대단한 노동자들의 친구가 아닌가!

말할 필요도 없이 레닌은 중간 계급과 상층 계급에 가장 분노했다. 예를 들어, 레닌은 페트로그라드 노동자들이 도시의 부유한 지구를 마구 날뛰며 돌아다니는 것을 막으려 한다고 지노비예프를 호되게 나무랐다. 어떤 기자는 다음과 같은 전보를 받았는데, 이보다 더 완벽하게 억압을 정당화하는 논리는 없을 듯싶다.[5]

음모를 예방하려면 입헌민주당 **전체**와 입헌민주당에 가까운 지지자들을 체포해야 한다. 그들은 음모가들을 지원할 능력이 있다. 그런 능력이 매우 많다. 그들을 체포하지 않는 것은 범죄다. **1만 명**을 때려 눕히는 것보다 수천 명의 지식인들을 수백 일 동안 감옥에서 복역시키는 편이 더 낫다. 그렇고말고! 더 낫다!

레닌이 쓰기를 원한 공포에는 순전히 쾌락적인 요소도 있었다.[6]

유데니치를 괴멸하는 것(틀림없이 그를 괴멸하는 것, 즉 그를 **철저히** 응징하는 것)이 **지독하게** 중요하다. (그의) 공격이 개시된 지금, 2만 명의 페트로그라드 노동자에 더하여 1만 명의 부르주아를 동원한 뒤, 그들 뒤에 대포를 놓고 수백 발을 발사해 유데니치에게 진짜 대규모 충격을 주는 것이 가능하지 않겠는가?

이 진술은 너무 잔인해서 소련이 붕괴된 이후까지도 비밀에 부쳐질 정도였다.

레닌의 사령관들은 유데니치의 부대가 압박을 가할 때 어떻게 희생자들을 일렬로 세울 생각을 할 수 있었단 말인가? 여하튼 붉은 군대의 최고 사령부는 레닌에게 신속한 군사적 승리가 중요하다고 보았으며, 그런 승리를 획득하는 법을 가장 잘 아는 것은 군대라고 생각했다. (이것이 레닌의 가학적 방종에 대한 변명이 될 수는 없다.) 유데니치가 에스토니아로부터 진격하던 1919년 10월에 잠시 페트로그라드에서 큰 혼란이 일어났다. 지노비예프는 냉정을 잃었다. 레닌도, 전술에 대해 의견을 내놓긴 했지만, 도시를 방어할 수 있을지 의문을 품었다. 트로츠키는 좀 더 대담한 태도를 보이라고 압박할 수 있는 드문 순간이 온 것을 즐겼다. 혁명을 방어해야 했고 페트로그라드를 구해야 했다. 옛 수도는 혁명의 상징이었다. 볼셰비키는 방어력을 증강했다. 붉은 군대는 중간 계급 죄수들을 총알받이로 세우지는 않았지만 유데니치 병력을 패주시켰다. 이와 동시에 데니킨이 자신의 군대를 키예프에서 철수할 준비를 시작했을 때, 내전의 결정적 전투들이 끝났음이 분명해졌다. 붉은 군대는 러시아 제국의 중심부를 정복했다. 모스크바, 페트로그라드, 키예프는 이제 볼셰비키 행정부들에 의해 운영되고 있었다.

외국 군사 열강은 붉은 군대보다 강했으나, 러시아에 대한 무장 개입을 가로막는 장애물이 나타났다. 자국의 사회주의 정당들에서 불거진 불만이 이유 중 하나였다. 비록 레닌은 극좌 그룹들을 제외하면 결코 국제적으로 인기 있는 정치가가 아니었지만, 사회주의자들 사이에서는 볼셰비키를 무조건 응징하는 것을 내켜하지 않는 분위기가 강했다. 제1차 세계대전에 참전했으며 승전국에 속한 병사들은 붉은 군대와 싸울 가능성 자체를 싫어했다. 승리한 연합국, 즉 프랑스, 영국, 미국, 이탈리아는 소비에트 러시아에 대한 경제 봉쇄를 끝내기로 결정했다. 1919년 여름에 데니킨이 점령한 키예프를 12월에 붉은 군대가 다시 차지했다. 1918~1919년 겨울에 수립되었던 소비에트 공화국들이 지역에서 다시 세워지기 시작했다. 레닌은 '사회주의 혁명'이 서쪽으로 확산되는 조짐을 찾아 유럽을 뒤졌다. 레닌은 이탈리아 북부를 생각했다. 체코 지역을 살펴보았고, 체코가 붉은 군대가 독일로 진격할 다리가 되기를 희망했다. 벨러 쿤*이 이끄는 부다페스트의 공산주의 국가가 1919년 8월에 반혁명 세력에 의해 괴멸되었기 때문에 레닌은 헝가리에 거는 기대를 잠시 접어야 했다. 그러나 여전히 레닌은 '혁명 전쟁'을 시작하기를 원했다. 다른 나라의 사회주의 형제 정당이 권력을 장악하여 자본주의를 뒤엎지 않는 한, 자신의 소비에트 공화국이 살아남을 것이라고 레닌은 상상할 수 없었다. 혁명은 러시아에서 굳건해지고 유럽에서 시작되어야 하며, 이 두 과정은 서로를 다시 보강할 것이었다.

벌써 레닌은 자신의 당과 정부가 전후 재건을 어떻게 진행해야 할지 생각하고 있었다. 10월 혁명, 특히 1918년 중반 이래 정책의 움직

벨러 쿤(Béla Kun, 1886~1937) 헝가리의 혁명가. 1918년 헝가리공산당을 결성하여, 1919년 혁명통치평의회정부를 수립하고 외무 겸 군사인민위원이 되었다. 평의회정부가 무너진 뒤 망명하여 오스트리아와 소련에서 활동했다. 1921~1936년 코민테른 집행위원을 역임했고 1939년 스탈린 대숙청 때 희생되었다.

임은 단선적이었다. 다른 정당들이 활동할 여지는 별로 없었다. 사회주의자-혁명가당 좌파는 박해받았다. 코무치 행정부를 세웠던 사회주의자-혁명가당은 반혁명 세력으로 취급되었다.(개별 구성원들은 붉은 군대뿐 아니라 민간 기관에도 참여할 수 있었다.) 멘셰비키는 신문 몇 종을 계속 발행했으나 괴롭힘을 당하기 일쑤였고, 지도자들 중 어느 누구도 자유로운 활동을 기대할 수 없었다. 인민위원회의는 실질적으로 일당 국가를 운영하고 있었다. 인민위원회의는 인쇄물을 사실상 독점했다. 인민위원회의는 마르크스주의가 근본적으로 옳다고 선언했다. 인민위원회의는 경제의 공업, 운송, 금융 부문을 공식적으로 국유화했고, 상업과 농업 부문의 사적 활동에 법적으로 대대적인 제한을 가했다. 인민위원회의는 비러시아인들에게 민족적·인종적 자치를 부여하기 시작했으나, 주민들의 의견이 어떻든 간에 로마노프 왕조의 옛 다민족 국가를 그대로 유지하는 데 열중했다. 그와 같은 성과는 레닌을 기쁘게 했다. 레닌은 아직 입안을 끝내지 않았는데도, 그 계획에 동의했다.

그러나 전시 공산주의 경제학이 정당하다고 도대체 어떻게 옹호할 수 있단 말인가? 사실 인민위원회의의 첫 번째 이론가인 레닌은 근본적인 변호를 전혀 시도하지 않았다. 일부 저술가들은 내전 동안 레닌이 편 정책들을 설명하려 하면서, 레닌이 그 정책들을 밀고 나간 이유는 순전히 1917년 10월 이후에 예상도 예측도 할 수 없었던 상황이 벌어졌기 때문이라고 가정했다.[7] 좀 더 전통적인 서방 측 설명은 그런 정책들은 항상 레닌이 의도했던 것이었으나, 레닌이 권력을 쥘 때까지 비밀에 부쳐졌다는 것이었다. 어느 쪽 주장도 진실이 아닌 것 같다. 레닌은 자신의 당이 권력을 장악함으로써 벌어질 상황에 대해 멘셰비키와 사회주의자-혁명가당으로부터 종종 경고를 받아 왔다. 레닌은 그 예언을 무시하는 쪽을 선택했다. 그러나 레닌은 그렇게 하면서, 숨겨놓은 원대한 계획이 아니라 혁명에 대해 자신이 품고 있던 일반 전제들을 따라 행동했다. 레닌은 그 전제들을 바탕 삼아 급변하는 상황 속에서 정책을 만들어낼 수 있었다. 심지어 1917년 10월 이전에 자신이 제시했던 정도를 넘어서 경제 국유화 정도를 엄청나게 높였을 때도 레닌은 자신이 믿던 일련의 전제에 기댈 수 있었다. 레닌은 중앙 집중주의, 정부 통제, 강제와 계급 투쟁을 승인했다. 그는 사적 이윤을 증오했고, 그것으로 이익을 본 사회 집단들을 분쇄하기를 간절히 바랐다. 제1차 세계대전 동안 자본주의 국가들에서 국가 권력이 강화되는 것을 목격한 레닌은 러시아에서 사회주의 독재가 훨씬 더 강화되는 것을 목표로 삼아야 한다고 생각했다.

그리하여 레닌은 쿨라크들(그들에게는 죽음이 최선이었다), 공장 소유주와 은행가들(왜 그들은 자기들이 가진 공장과 은행을 국가에 헌납하면 안 되는가?)의 악행을 이야기했다. 레닌은 질투, 탐욕, 도둑질을 근절하자고 주장했다. 레닌은 충분히 사회주의적인 경제가 수립되어야 한다고 주장했다. 그는 지금의 정책들이 공업, 농업, 운송업과 상업을 회복시킬 것이라고 암시했다. 게다가 시간이 흐르면서, 레닌은 정책들이 점점 더 자기 취향에 맞다는 것을 깨달았다. 레닌은 내전이 끝난 이후에도 그 정책들을 연장하기를 바랐다.

이 점에서 레닌은 당시 전형적인 볼셰비키였다. 당과 국가를 운영하고 사회를 변화시키며 혁명을 외국으로 확산할 방법에 대해서는 합의가 이루어진 상태였다. 물론 몇몇 분파와 작은 집단, 개인들이 이 합의를 깨뜨리긴 했다. '민주집중파'는 하급 당 기관들이 중앙위원회에 영향을 끼칠 수 있어야 하며, 소비에트들이 당으로부터 어느 정도 자율성을 획득해야 한다고 계속 요구했다. 또 다른 분파인 '노동자반대파'는 훨씬 더 나아갔다. 알렉산드르 실랴프니코프와 알렉산드라 콜론타이가 이끄는 이 비판자들은 1917년에 레닌 자신이 품고 있던 지침을 지키지 못했다고 레닌을 공격했다. 그들은 노동자와 농민이 경제 생활과 사회 생활에서 좀 더 큰 권한을 행사하기를 원했다. 그들은 당뿐만 아니라 노동조합과 소비에트들도 정치에 참여할 것을 요구했고, 정치 구조의 민주화를 촉구했다. 이 주장은 10월 혁명 이후 발전해 온 레닌의 볼셰비즘에 대한 끔찍한 모욕이었다. 레닌은 그들을 무자비하게 다루었다. 중앙위원회 서기국은 분파주의자들에게 러시아의 주요 공업 도시 밖으로 파견 갈 것을 요구했다. 상당수의 민주집중파 지도자들이 우크라이나로 보내졌다. 그곳에서는 당 전체의 정책들을 뒤흔들 수 없을 것이다.

중앙위원회 위원들 사이에서도 이견이 있었다. 분란은 민주집중파와 노동자반대파에서 비롯했다. 그러나 예측하기 더 어려웠던 다른 다툼도 있었다. 카메네프와 부하린은 레닌이 체카에 자의적으로 행동할 수 있도록 허용한 데 대해 불평했다. 대체로 레닌은 개혁을 방해했다. 체카는 적색 테러를 수행하면서 희생자들을 사법인민위원부에 넘겨줄 의무에 구애받지 않았다.

카메네프도, 부하린도 자신들의 주장을 더 밀고 나갈 만큼 법 절차의 중요성을 굳게 믿었던 것은 아니었고, 레닌도 부하린에게 약간 양보를 했다. 부하린에게는 중앙위원회를 대표하여 체카 의장인 제르진스키와 연락하는 역할이 주어졌다. 그러나 중앙위원회에서 벌어진 또 다른 분쟁에서는 레닌이 보기에 타협의 여지가 없었다. 이 경우 레닌의 상대는 다름 아닌 트로츠키였다. 트로츠키는 우랄 지역의 전선을 시찰한 뒤 당의 경제 정책을 바꾸어야 한다고 확신했다. 1920년 2월에 트로츠키는 곡물 징발 조치의 부분 철폐를 요구했다. 그는 국가의 몰수 정책이 농민들의 곡물 비축, 국가 폭력, 파종지 감소, 농민 반란이라는 악순환을 낳았다고 추론했다. 트로츠키는 특정 농촌 지역에서 압류할 수 있는 곡물의 양을 제한하자고 제의했다. 트로츠키는 농가에 잉여 곡물의 거래를 허용해야 한다고 주장했다. 이 나라에서 기근과 황폐, 혼란을 끝내려면 이 악순환을 깨뜨려야 했다.

이 제안은 실용적인 용어로 표현되었다. 트로츠키는 다른 볼셰비키 지도자처럼 농민들을 위해 도덕적으로 분노해서 움직인 것이 아니었다. 트로츠키는 농업의 몰락을 걱정했다. 평소 레닌은 실용적인 이유로 정책을 조절할 필요성에 민감하게 대응했다. 그러나 이 경우는 아니었다. 1918년, 1919년에 식량 공급 비상 사태에 대처하면서, 레닌은 공식 경제 정책에서 국가 독점을 선호한다고 밝혔다. 내전 시기 내내 레닌은 실제로는 곡물이 부족하지 않다고 주장했다. 그는 식량을 쌓아 둔 쿨라크들이 문제의 처음이자 끝이라고 단언했다. 이런 이유로 레닌은 트로츠키의 진단을 거부했다. 격앙된 분위기의 중앙위원회 회의에서 레닌과 트로츠키는 한바탕 설전을 벌였다. 레닌은 흥분한 나머지 트로츠키가 '자유 무역'을 지지한다고 비난했다.[8] 자유 무역은 19세기 영국 자본가들의 정책이었기 때문에, 이 비난은 리처드 콥든*, 로버트 필*, 존 브라이트*와 비교되는 것을 싫어했던 트로츠키의 마음을 상하게 했다. 트로츠키가 무제한이거나 영속적인 농업 개혁을 제안한 것은 아니었기 때문에 레닌의 이런 비난은 실제로 부당한 것이었다. 트로츠키는 심지어 농업 개혁이 나라 전체에 적용되는 것을 원하지도 않았다. 그러나 레닌은 자신이 다수표를 얻을 것을 확신했고 11대 4로 승리했다.

보통 레닌은 중앙위원회에서 논쟁을 벌일 때 평정심을 유지했다.

리처드 콥든(Richard Cobden, 1804~1865) 영국의 자유주의 정치가. 존 브라이트와 함께 반곡물법 동맹을 결성해 1846년 곡물법을 폐지하는 데 성공했다.
로버트 필(Robert Peel, 1788~1850) 영국의 정치가. 8년간 내무장관으로 재직하며 사형을 감형하고 근대적 경찰제도의 기초를 확립했다. 그 후 두 차례 더 총리로 재임하면서 재정을 개혁하고 곡물법을 폐지했으며 자유무역을 촉진했다.
존 브라이트(John Bright, 1811~1889) 영국의 자유주의 정치가. 1843~1889년에 하원의원을 지냈다. 1838년 리처드 콥든과 함께 반곡물법 동맹을 결성해 곡물법 폐지에 앞장섰다.

이 사건에서 레닌이 화가 난 것은 트로츠키가 군사인민위원이라는 직책에 있으면서 경제 정책을 규정하려고 시도한 사실에 분개한 데서 비롯했을 것이다. 레닌은 민간 의제를 독점하는 데 익숙해진 상태였다. 또한 레닌은 당이 일단 경제 국유화의 정점에 오르게 되면 내려와서는 안 된다고 확신했다. 레닌의 태도는 자신만만하고 격정적이었다. 트로츠키가 레닌을 방해하거나 그의 정책을 뒤흔드는 일은 허용되지 않을 것이었다.

자신의 당을 재앙에서 구해내기 위해 실용적 결정을 내리는 면에서 전설적 능력을 갖춘 레닌조차 이데올로기가 눈앞을 가리자 실책을 저질렀다. 트로츠키는 전선을 시찰할 때 러시아의 지방을 관찰할 수 있는 이점이 있었다. 이와 대조적으로, 10월 혁명 후 레닌이 경험한 지역은 모스크바, 페트로그라드, 모스크바 밖의 몇몇 마을들에 제한되었다. 레닌은 그 밖에는 크렘린에서 받아보는 편지와 구두 보고를 참고했다. 그러나 이런 사실이 트로츠키의 제안을 거부한 레닌의 어리석음을 설명하는 데 도움이 되지는 않을 것이다. 레닌은 오늘날 사람들이 흔히 추측하는 것보다 러시아의 상황을 더 잘 알고 있었다. 그는 매일 크렘린 주위의 거리를 산책했다. 경호원들이 그의 무방비한 태도를 불평하면, 레닌은 소비에트 국민들이 시민으로서 인민위원회의 의장에게 접근할 권리를 부정하지 말라고 경호원들을 심하게 나무랐다.[9] 수도의 거리는 다른 지역의 거리와 그리 다르지 않았다. 레닌은 거지와 빈민, 굶주린 사람들을 자주 목격했다. 그는 혼란과 무질서를 보았다. 레닌 자신이 총격을 당하기도 했다. 강도를 만나 약탈도 당했다. 레닌은 심지어 자신에게 배치된 경호원들의 정직함도 믿을 수 없었다. 잊을 수 없었던 사건도 있었다. 재킷을 집무실에 잠시 놔두었는데, 돌아와 보니 경호원 중 한 명이 레닌의 브라우닝 리볼버 권총을 훔쳐갔던 것이다.[10]

최고 지도자가 자신의 아랫사람에게 이렇게 우스운 취급을 당하다니, 참으로 훌륭한 독재 체제가 아닌가! 레닌은 불같이 화를 내고서야 권총을 돌려받았다. 대부분의 평범한 노동자와 농민들이 마르크스주의 원리를 익혀서 잘 단련된 사회주의자처럼 행동하기까지는 먼 길을 가야 했다. 크렘린의 한 여성 청소부는 레닌 앞에서 대놓고 자신이 봉급을 받는 한 누가 권좌에 있든 신경 쓰지 않는다고 말했다.[11] 나데즈다 콘스탄티노브나는 레닌을 훨씬 더 의기소침하게 만드는 이야기를 해주었다. 어느 날 교육인민위원부의 한 여성 노동자가 나데즈다에게 지금 나라의 주인은 노동자들이고 그냥 오늘은 일하고 싶지 않으니 일하러 가지 않겠다고 통보했다는 것이었다.[12] 또 한번은 레닌과 나데즈다가 모스크바에서 다리를 건너다가 이런 일을 겪기도 했다. 다리는 수리 상태가 엉망이었는데 마침 지나가던 한 농민이 "이런 표현을 양해해주신다면," 바로 이런 것이 "소비에트 스타일(sovetskii) 다리"라고 말했다.[13] 곧 레닌은 '소비에트 스타일'을 경멸적인 욕설로 쓰기 시작했다.[14] 제도와 일상 생활에서 사람들이 불성실하다는 사실은 레닌을 극도로 괴롭혔고, 그것은 레닌이 10월 혁명 전에 예상하지 못한 대중적 현상이었다.

나데즈다 콘스탄티노브나는 레닌의 전반적인 태도가 마음에 들지 않았다. 그녀는 레닌이 국가 소유 가옥에서 목재를 훔친 노동자들을 비판하기를 거부했을 때 경악했다. "블라디미르 일리치, 당신은 광범위한 계획의 측면에서만 생각하는군요. 이 작은 문제들은 당신 마음에 와닿지 않는가 보군요." 그녀는 '당신'이라고 할 때 러시아어 경어를 사용했는데, 이 격식을 차린 표현은 레닌의 자기 만족에 대한 자신의 분노를 보여주고자 쓴 것 같다.

그러나 레닌은 굴하지 않고, 노동자들은 땔감으로 쓸 나무가 필요했을 뿐이라고 나데즈다에게 상기시켰다. 추위에 시달리는 무지한 사람들을 비난해서는 안 될 것이었다. 노동자들은 몸이 얼면 죽을 것이었다. 그러나 나데즈다 콘스탄티노브나는 레닌이 인정했을 법한 수준보다 더 깊은 불안을 얼핏 보았다. 실제로 레닌은 거칠고 폭력적인 행동을 하도록 노동 계급을 지속적으로 자극했다. 중앙위원회 동료 위원인 지노비예프가 페트로그라드의 중간 계급에 대한 공격을 제한하려 했을 때 레닌은 불같이 화를 냈다. 레닌은 파괴 행위를 다시 정치적으로 허용하지 않으면 온갖 불쾌한 일을 당할 것이라고 위협하는 전보를 모스크바로부터 급히 보냈다. 계급의 전사 레닌은 대중이 사회적 복수심을 표출할 수 있게 계속 지지할 필요가 있다고 직관적으로 느꼈고, 내전 동안 이 압력을 유지해야 한다는 것을 깨달았다. 레닌은 적대 계급이라면 누구든 소비에트 체제에서 안전하다고 느껴서는 안 된다고 암시했다. 체카가 모든 것을 도맡을 수는 없었다. 노동자들도 마음대로 행동하게 해야 했다. 문제는 러시아공산당과 붉은 군대가 백군을 쓰러뜨린 승리자의 모습으로 의기양양하게 등장했을 때, 노동자들이 뿜어내는 성난 분노의 흐름을 멈추기 위한 계획이 레닌에게 없었다는 것이었다.

레닌은 노동자들을 다루는 가장 좋은 방법은 그들을 엄격하게 통제하는 것이라고 생각했다. 레닌은 병사와 수병과 농민들에 대해서도 똑같이 생각했다. 레닌에 따르면, 국내 사회 정책의 결정적인 목표는 경제 재건에 필요한 조건을 확보하는 것이었다. 이 목표를 이루기 위해 레닌은 사회의 소비 욕구를 당장 충족시키는 과제를 기꺼이 연기하려 했다. 레닌은 국가가 우선 추진할 일은 도시와 농촌에서 생산성을 올리는 것이라고 선언했다.[15] 기아, 질병, 무주택 문제는 인민위원회의가 제대로 다루기 전까지는 한동안 지속될 것이었다. 레닌에게 가장 시급한 문제는 농업과 공업의 생산량을 늘리는 것이었다. 레닌은 자신의 기질에 꼭 맞게 행동하고 있었다. 1890년대의 젊은 시절에 레닌의 누나 안나를 비롯한 혁명가들이 굶주린 볼가 농민들의 곤경에 주목했을 때, 레닌은 거기서 눈길을 돌렸다. 그때 레닌은 농민들의 가난이 더 큰 이익, 즉 러시아의 산업 발전에 기여할 것이라고 주장했다. 1920년 지금, 레닌은 사회의 대중을 먹이고 치료하고 그들에게 거주지를 제공하려 하기 전에 거시 경제적 재건을 모색했다. 그리고 중앙당 지도부에서 레닌과 다르게 생각하는 사람은 아무도 없었다.

그러나 어떤 문제들에서 레닌은 양보하곤 했다. 예를 들어, 콜론타이가 민중이 횡포를 당한 이야기를 들고 오면, 레닌은 그녀의 요구를 종종 들어주었다. 그 후 공식 집회에서 콜론타이를 만난 레닌은 물을 것이었다. "이제 어떤가요? 만족합니까? 우리가 이러저러하게 조치를 취했거든요." 콜론타이는 쉽게 진정되지 않았다. 종종 그녀는 이렇게 대답하곤 했다. "네, 그러나 저 너머 지역에서는 사정이 좋지 않습니다. 그곳에서 우리는 이제까지 사태를 속수무책으로 방치했어요."[16]

레닌이 트로츠키의 또 다른 제안을 지지한 것도 이런 양보의 정신이었다. 1920년 1월에는 군사 행동이 곧 끝날 가능성이 아주 커 보였다. 붉은 군대는 러시아에서 백군을 쫓아냈고, 1920년 4월 데니킨이 사임한 후 브란겔(Pyotr Vrangel) 장군이 이끌던 마지막 백군이 크림 반도에서 최후의 저항을 조직하고 있었다. 다른 비러시아 지역들을 수복하는 붉은 군대의 과업이 큰 어려움을 겪을 것으로 보이지는 않았다. 유일하게 가늠할 수 없는 요인은 국제 정세였다. 그러나 강대국들이 개입하지 않는 한, 정치국은 단기간에 러시아 제국을 바람직한 사회주의 형태로 재조직할 수 있으리라고 기대할 수 있었다.

군사 동원 해제에 대한 논의가 시작되면서, 트로츠키가 이례적인 제안을 했다. 붉은 군대 징집병들을 '노동군'으로 전환해서, 경제 재건에 투입하자는 것이었다. 군 규율에 따라 그들은 도로와 건물, 광산, 산업체들을 다시 효율적으로 가동하는 데 기존 도시 노동력보다 더 큰 힘을 발휘할 것이었다. 이때 트로츠키의 발언에서는 '노동의 군사화'가 심지어 장기적인 현상이 될 거라는 인상마저 풍겼다. 레닌은 이 제안을 승인했다. 그러나 레닌은 좀 더 조심스럽게 표현했고, 자신의 공적 이미지에도 신경을 썼다. 노동군이라는 발상은 징집병과 그들의 가족들에게 인기가 없을 것이었다. 정부 노동 정책이 몹시 권위주의적인 방향으로 나아가고 있다는 것을 간파하게 될 기존 도시 노동자들에게도 노동군은 인기가 없을 것이었다. 레닌은 노동군이 적어도 단기적으로 중대한 경제적 과제를 해결하는 데 도움이 될 거라는 부분에서 트로츠키에 동의했지만, 이 주제에 대해 모스크바 주 당 협의회에서 자신이 한 발언이 〈프라우다〉에 아주 대략적으로만 보도되도록 주의했다. 트로츠키가 사용한 규율에 관한 수사로 불필요한 반감을 사지 않더라도, 레닌은 자신과 자신의 체제가 이미 노동계급과 징집병, 농민들에게 의심의 눈길을 받고 있음을 깨달았다.

레닌은 이데올로그였지만 자신의 이데올로기적 목적을 추구하는 데 노회한 정치인이기도 했다. 그가 '민족 문제'를 다룬 방식이 이를 보여주는 적절한 사례다. 데니킨이 우크라이나에서 축출되자, 레닌은 '우크라이나 소비에트 공화국'을 수립할 것을 고집했다. 레닌은 볼셰비키가 그곳에서 받는 지지가 빈약하다는 것을 알았다. 농민들은 붉은 군대와 백군을 똑같이 증오했고, 우크라이나 민족 중 소수만이 1917년 이전에 볼셰비키 분파에 가담했다. 레닌이 간파한 대로, 우크라이나를 지배하려면 한때 볼셰비키에 적대적이었던 정치 그룹들을 끌어들이는 것이 매우 중요했다. 이 목적을 위해 레닌은 공산당에 보로디바주의자*들의 편입을 허락하라고 중앙의 당 지도부를 설득했다. 이상한 조치였다. 보로디바주의자는 사회주의자-혁명가당이었고, 러시아에서 사회주의자-혁명가당은 볼셰비키에게 박해를 받고 있었다. 그러나 레닌은 이런 모순을 개의치 않았다. 보로디바주의자는 주로 우크라이나 민족이었다. 그들은 사회주의자이기도 했다. 그들은 우크라이나인들에게 친밀한 소비에트 행정가 집단이 될 수 있을 것이었다. 이와 동시에 레닌은 우크라이나 농민들과 전혀 맞지 않는 유대인들이 우크라이나에서 행정직을 많이 차지하지 못하도록 보장했다. 우크라이나인들의 비위를 건드리면 안 되었다.

레닌은 카메네프에게 다음과 같이 사태를 묘사했다. "우리 대러시아인들이 신중함과 참을성 같은 미덕을 보여줍시다. 그러면 우리는 이들 우크라이나인, 라트비아인 모두를 점차 우리 수중으로 되돌릴 수 있을 것입니다……"[17] 그리하여 레닌은 우크라이나 소비에트 공화국이 정말 러시아로부터 독립되어 있으며 두 국가 사이에 평등에 입각한 쌍무 조약이 체결되어 있는 척하는 상황을 볼셰비키가 유지할 수 있기를 원했다. 실제로 우크라이나 정부는 모스크바의 러시아 공산당과 그 중앙 당 기관들의 엄격한 통제를 받을 것이며, 우크라이나공산당은 하위 지역 당 조직으로 운영될 것이었다.

이것은 교묘하고 무자비한 정치였으며, 레닌은 그 결과에 만족했다. 레닌은 곡물 징발량을 줄이자는 트로츠키의 제안에 그리 교묘하게 대응하지는 못했지만, 아직은 자신의 고집에 대한 대가를 지불하지 않아도 되었다. 레닌에게는 붉은 군대가 내전에서 살아남아 승리했다는 사실이 중요했다. 군사적 충돌을 겪으면서 붉은 군대의 제도, 실제, 태도가 정교하게 다듬어졌고, 레닌은 그런 결과가 평화를 얻는 데 쓰일 수 있다고 생각했다. 레닌은 행복한 사람이었고, 일을 쉴 때 여가 시간을 즐겁게 보냈다. 하지만 여가 시간은 거의 없었다.

보로디바주의자(Borotbist) 우크라이나 사회주의자-혁명가당 좌파. 보로디바(Borot'ba)는 우크라이나어로 투쟁이라는 뜻이다.

직무의 부담이 엄청났다. 레닌은 정치 업무의 기둥이었다. 그는 정치 국과 중앙위원회의 의장이었다. 또 인민위원회의와 노동·국방 회의 의장이기도 했다. 레닌은 조직국과 서기국도 감시했다. 그는 가장 격 렬한 방식으로 혁명을 통과하고 있었다. 그는 성취감을 느꼈다. 자 신의 당, 자신의 정부와 군대가 다룰 수 없을 것처럼 보이는, 체제에 대한 물리적 위협은 없었다. 그리고 공산주의 인터내셔널은 유럽의 다른 지역들에서 공산당을 건설하고 있었다. 레닌이 성인이 된 후 자 신의 삶을 송두리째 바쳤던 이상은 성공적으로 진척되고 있었다.

레닌의 삶에서 단 한 가지 부분만이 기대했던 것보다 덜 성공적이 었다. 그것은 개인적 문제였다. 레닌의 건강은 좋아지지 않았고, 두 통, 불면증, 심장마비가 계속 문제가 되었다. 레닌은 이 모든 것을 무 시하고 일을 진척시키고자 했다. 그러나 레닌의 가족은 그에게 익숙 한 뒷바라지를 더는 해주지 않았다. 안나 일리니치나는 남편 마르 크 엘리자로프가 1919년 3월에 세상을 떠난 뒤로 슬픔에 잠겨 있었 다. 마리야 일리니치나는 〈프라우다〉의 '책임 서기'로서 열심히 일했 다. 크렘린 아파트에 자기 방을 갖고 있던 나데즈다 콘스탄티노브나 는[18] 7월부터 두 달 동안 볼가 지역으로 여행을 떠났다. 드미트리 일 리치는 나데즈다가 출발한 직후 크림반도에서 돌아왔다. 십 년 만에 얼굴을 본 형제는 포돌스크 근처의 파흐라 호수로 함께 수영하러 갔 다. 이 나들이에는 향수를 불러일으키는 측면이 있었다. 1897년에 울 리야노프 가족은 레닌이 시베리아 유형지에 있는 동안 호수 부근에 집을 한 채 임대한 적이 있었다. 1919년에 레닌은 드미트리에게 자기 는 수건을 안 써도 된다면서 으스댔다.[19] 형제는 마치 심비르스크의 스비야가강에서 놀던 젊은이들로 되돌아간 듯했다. 레닌은 니콜라이 부하린과 스키틀스(옛 영국식 볼링 게임)를 하면서 (계속 지긴 했지만) 휴식을 취했다.[20] 그리고 안나 일리니치나의 양아들인 고라 로즈가

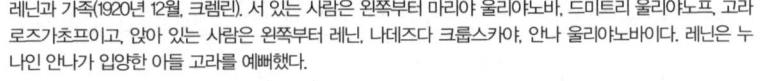

레닌과 가족(1920년 12월, 크렘린). 서 있는 사람은 왼쪽부터 마리야 울리야노바, 드미트리 울리야노프, 고라 로즈가초프이고, 앉아 있는 사람은 왼쪽부터 레닌, 나데즈다 크룹스카야, 안나 울리야노바이다. 레닌은 누나인 안나가 입양한 아들 고라를 예뻐했다.

초프와 함께 차를 타고 모스크바를 돌아다니는 것도 즐겼다.

그러나 이 막간의 휴식이 근본적인 상황을 바꾸지는 못했다. 레닌은 육체적으로든 감정적으로든 최고 상태는 아니었다. 그러나 어떤 면에서 레닌의 상태는 인과응보라고 할 만했다. 외륜선 '붉은 별'호를 타고 볼가강을 따라 내려가는 나댜의 여행은 장티푸스에 걸리거나 반볼셰비키군이나 강도에게 잡힐 위험을 무릅쓰는 것을 의미했다. 아무리 상상의 나래를 펴봐도 이 여행은 휴가가 아니었다.(모험을 즐기는 알렉산드라 콜론타이는 작년에 같은 여행을 했고, 의심할 여지 없이 큰 위험을 무릅썼다.)[21] 나댜의 목적은 여행 도중 들르는 각 항구에서 노동자와 농민들에게 연설하는 것이었다. 모스크바, 크렘린, 그리고 레닌으로부터 떨어져 있기를 원한다는 의사를 이보다 더 명확하게 표명할 수는 없었을 것이다. 결혼 생활은 거의 확실히 덜 행복한 국면으로 진입하고 있었다. 이네사 아르망에 대한 레닌의 태도가 권태의 원인의 하나임이 거의 분명했다. 모스크바 시 당 본부에서 테러에 의한 폭발이 발생했을 때, 레닌에게 직접 경고하기 위해 크렘린으로 달려온 사람은 바로 이네사였다.[22] 이네사는 여전히 레닌에게 헌신적이었다. 아마 레닌도 같은 식으로 대했을 것이다. 혹은 그렇지 않았을 수도 있다. 하지만 나데즈다에 대한 레닌의 태도에는, 그녀가 볼가강으로 떠나도 잃을 것이 없다고 생각할 만큼 확실히 냉정한 면이 있었을 것이다.

아마도 나댜는 레닌에게서 떨어지면 레닌이 자신을 더 높이 평가할 것이라고 생각했을지 모른다. 이것이 목적이었다면 그녀는 성공했다. 레닌은 그녀에게 자주 애정 어린 편지를 썼고, 이 편지들은 나데즈다가 부부가 서로 협력한 긴 세월 동안 유일하게 간직한 남편의 메시지들이었다. 다음 글귀는 그런 분위기를 보여주는 좋은 예이다.[23]

> 나듀시카(Nadyushka)에게,
>
> 당신에게서 소식을 듣게 되어 매우 기뻤어요. 진작 카잔에 전보를 보냈으나, 아무 대답도 듣지 못해 니즈니(노브고로드)로 또 전보를 보냈더니 오늘 그곳에서 답장이 왔습니다. …… 멀리서나마 당신을 껴안고 싶은 마음을 보냅니다. 부탁컨대 좀 더 자주 편지와 전보를 보내줘요.
>
> 이만 총총(Tvoi).
>
> V. 울리야노프
>
> 주의: 의사 말을 들어요. 더 먹고 잠을 더 자기를. 그러면 겨울쯤에는 업무를 하는 데 **완전히** 준비가 될 겁니다.

지역 당 관리들은 나데즈다가 어떻게 지내는지 레닌에게 알려주었다.[24] 소식은 좋지 않았다. 그녀는 더위와 모기로 고생했고, 자기 건강을 회복하는 데는 무관심했다. 레닌의 시야에서 벗어난 나데즈다는 이렇게 저렇게 행동하라는 말을 듣지 않으려 했다.

여하튼 레닌 부부의 개인적 관계는 그들의 삶에서 중요한 문제가 아니었다. 한 번도 그런 적은 없었다. 그들은 혁명을 위해 살았다. 레닌이 아내에게 업무를 수행할 수 있는 건강한 몸으로 돌아오라고 강조했을 때, 그는 부부가 공유한 우선 사항을 표현하고 있었다. 부부는 둘 다 전반적인 정치 상황을 낙관적으로 느끼고 있었다. 하지만 증기선 '붉은 별' 호에 나댜와 같이 승선해 볼가강을 따라 황폐한 광경을 목격했더라면, 레닌은 더 많은 것을 알았을 것이다. 모스크바는 초라하긴 했지만 군사 행동의 영향을 받지 않았다. 이것은 왜 레닌이 1918~1919년 겨울에 그렇게 자신만만했는지를 설명하는 데 도움을 준다. 사실 레닌과 그의 당은 앞으로 닥칠 많은 문제들에 직면해 있었다. 국내의 권력은 생각만큼 안정되지 않았다. 경제는 아수라장이었다. 농민과 병사들의 반란이 예상되었다. 노동자들의 파업이 이미 벌어지고 있었다. 서쪽으로 혁명을 확산시키는 일은 기회가 생기긴 했지만 결코 쉽지 않을 것이었다. 1920년 4월에 레닌은 볼셰비키 당이 마련해준 자신의 50번째 생일 축하연에 참석하기로 했다. 찬사가 쏟아졌고 레닌은 당황스러운 감정을 솔직히 표현했다. 그러나 레닌은 가까운 동료들이 기꺼이 자기 생일 파티에 참석한 것을 분명히 기뻐했다. 레닌은 체제의 전반적 상황이 자신의 찬미자들, 혹은 자신이 상상한 것보다 더 나쁘다는 사실을 이제 곧 깨닫게 될 것이었다.

레닌은 '유럽 사회주의 혁명'을 수행하기보다 러시아를 통치하는 것을 주요 목표로 삼은 정치인으로서 명성을 얻고 있었다. 아마도 많은 사람들이 레닌은 단순히 근대적 유형의 러시아 민족주의 지도자이며, 국제 사회주의에 대한 레닌의 헌신은 폐기되었다고 생각했을 것이다. 이것은 큰 오해였다. 이 오해가 오늘날까지 여전히 널리 공유되고 있음은 놀라운 일이다.[1]

10월 혁명을 확산하려는 레닌의 열정이 사그라들지 않았다는 옛 주장을 뒷받침하는 증거가 최근 문서고에서 발견되었다. 1918년에 레닌이 멈췄던 것은 오직 엄청나게 우월한 독일의 힘 때문이었고, 제1차 세계대전이 끝나면서 독일군이 철수했을 때 이번에는 내전이 일어나 레닌이 붉은 군대를 외국으로 보낼 수가 없었다. 하지만 유럽에 혁명적 변화가 필요하다는 것은 레닌의 근본적인 믿음으로 남았다. 레닌은 러시아의 서쪽에서 말썽을 일으킴으로써 제1차 세계대전의 승전국들(연합국)의 비위를 거스르는 도박을 할 준비가 되어 있었다. 레닌의 추론은 지난 몇 년 동안 이미 드러난 바 있었고, 그는 1920년에 이를 되풀이했다. "우리는 한 나라 안에서 사회주의 혁명 같은 일은 완수될 수 없다고 항상 강조해 왔다."[2] 사실상 다른 모든 볼세비키 지도자들과 마찬가지로, 레닌은 소비에트 러시아의 사회주의가 성숙하려면 유럽의 다른 지역에서 형제 사회주의 국가들이 수립되어야 한다고 가정했다. 고립된 러시아의 전망은 애처로웠다. 영토 통합과 전후 경제 향상은 유럽 전체가 혁명 편을 들기 전까지는 여전히 불안할 것이었다.

레닌은 혁명 확산을 어떻게 이룰 수 있을지 걱정하지 않았다. 1917년처럼 레닌은 혁명들이 러시아의 지원을 받을 필요 없이 자생적으로 일어나기를 희망했다. 그러나 레닌은 그 과정을 촉진하고 강화하기 위해 자금과 선전, 정치적 지식을 제공할 의사가 있었다. 레닌은 붉은 군대 병력을 파병하는 것도 여전히 기대하고 있었다. 비밀 논의에서 레닌은 도를 넘었다. "우리는 자본주의 전체를 해치울 만큼 강력해지자마자, 재빨리 자본주의의 목을 움켜쥘 것입니다."[3] 유럽은 여전히 레닌의 전략적 계산에서 핵심을 차지했다.

행동할 기회는 예상치 않게 찾아왔다. 제1차 세계대전이 종결된 뒤 러시아군과 폴란드군 사이에서 충돌이 발생했다. 러시아에서 내전이 끝나면서 붉은 군대가 러시아 제국 국경 지역을 잘 통제할 수 있을지 의심되는 상황이었다. 폴란드인들은 국가의 지위를 잃을 생각이 조금도 없었다. 폴란드의 최고 사령관 유제프 피우수트스키는 우크라이나 영토를 바르샤바에 근거지를 둔 연방 국가로 병합할 계획을 세우고 우크라이나를 침공했고, 1920년 5월 7일 키예프를 점령했다. 피우수트스키는 레닌이 몰랐던 인물이 아니었다. 1887년에 오흐라나는 레닌의 형 알렉산드르가 속한 테러리스트 단체가 조직한 알렉산드르 3세 암살 미수 사건 이후 혁명가들을 탄압하는 과정에서 피우수트스키를 체포해 유형을 보냈다. 피우수트스키는 실제로 알렉산드르 울리야노프의 친구들과 관계를 맺고 있었다. 시베리아에서 5년을 보낸 뒤 귀국한 피우수트스키는 폴란드사회당을 이끌었다. 레닌처럼 피우수트스키도 1904년, 1905년의 러일 전쟁에서 일본 지지를 선언했다. 또 레닌처럼 당 활동 자금을 마련하기 위해 무장 강도 행위를 승인했다.(진정한 행동가였던 피우수트스키는 직접 강도 조직을 이끌었다.) 피우수트스키와 레닌은 1914년 이전에 오스트리아령 폴란드의 같은 지역에 살았다. 그들은 같은 카페에서 커피를 마셨고, 레닌의 볼셰비키 분파는 오흐라나에 맞서 보안을 강화하는 과정에서 피우수트스키의 '소총병 동맹'*의 도움을 받았다.

레닌과 피우수트스키는 적의 적은 친구일 수 있다고 믿었다. 그들은 사실상 다른 모든 방면에서 의견이 달랐지만, 둘 다 로마노프 왕조를 증오했다. 그들은 서로 같은 종류의 강한 개성을 지니고 있다고 확실히 인정했다. 그들은 지도자의 화신이었다. 그러나 권력을 잡은 뒤 그들은 서로 무시했다. 레닌에게 피우수트스키는 영국과 프랑스 제국주의의 앞잡이였다. 피우수트스키에게 레닌은 옛날 차르들과 다르지 않았다. 피우스트스키는 폴란드를 지켜야 했고, 그는 폴란드와 우크라이나가 연방으로 합병하는 것이 폴란드 안보의 열쇠라고 믿었다.

모스크바는 공포에 어쩔 줄 몰랐다. 러시아 내전 동안 웅크리고 있던 제국군 장교들이 전직 장군 알렉세이 브루실로프*의 부름을 받아 붉은 군대에 입대해 '모국'의 해방을 돕고자 했다. 붉은 군대는 꾸

소총병 동맹(Union of Riflemen) 1908년 유제프 피우수트스키 일파가 창설한 폴란드의 비밀 군사 조직 '능동 투쟁 동맹'의 합법 전선으로서 1910년 리보프에서 결성된 폴란드의 준군사 문화·교육 조직. 제1차 세계대전 전에 8천 명이 넘는 사람들이 여기서 훈련했으며, 이들은 제1차 세계대전에서 '폴란드 군단'의 주요 병력이 되었다.
알렉세이 브루실로프(Alexei Brusilov, 1853~1926) 러시아의 장군. 제1차 세계대전 중이던 1916년 남서 전선의 사령관으로서 독일군에 맞서 새로운 공격 전술을 펼쳐 패배하던 러시아군을 승리로 이끌었다. 1920년 폴란드-소비에트 전쟁이 발발했을 때에는 모든 전직 러시아 제국군 장교들에게 폴란드에 맞서 붉은 군대에 가담하라는 호소문을 발표했다.

준히 재편성되었다. 트로츠키와 스탈린이 볼셰비키당의 통제를 강화하기 위해 서부 전선으로 파견되었고, 피우수트스키는 폴란드 땅으로 돌아오지 않으면 안 되었다. 그 무렵 폴란드-소비에트 전쟁은 이미 국제 외교의 초점이 되어 있었다. 항구적인 국경 설정과 평화를 확립하는 협상이 진행되었다. 영국 외무장관이 양측을 만족시킬 지도를 작성하는 데 참여했다.

그러나 그 후 레닌은 마음을 바꿨다. 그는 피우수트스키가 후퇴함에 따라 1918년에 '좌익 공산주의자들'이 요구했던 '혁명 전쟁'을 개시할 때가 왔다고 결정했다. 정확히 무엇 때문에 레닌이 승리를 확신했는지는 알 수 없다. 그러나 레닌은 혁명을 달성할 수 있을 만큼 '유럽의 분위기가 무르익었고', 혁명을 성취하는 데 군사적 수단이 효과가 있다고 항상 믿었다. 레닌이 세운 당장의 계획은 깜짝 놀랄 만한 규모였다. 레닌에 따르면 폴란드는 단지 혁명의 첫 번째 전리품에 불과했다. 폴란드 다음으로 근처 나라들, 이를테면 체코슬로바키아, 헝가리, 루마니아를 '소비에트화'하는 행동을 취해야 했다. 마치 뒤늦게 생각이라도 난 듯, 레닌은 리투아니아도 같은 군사 행동으로 소비에트화될 것이라고 넌지시 비추었다. 또 레닌은 이탈리아 극좌 사회주의자들이 이탈리아 북부 도시들에서 자체적으로 혁명을 조직할 수도 있다는 꿈을 꾸었다.[4] 큰 전리품이 될 독일도 같은 군사 행동으로 움켜쥐어야 한다. 바르샤바가 함락되고 나면, 붉은 군대는 동프로이센으로 밀고 들어가 베를린을 향해 돌진해야 한다. 레닌은 폴란드와 독일의 '프롤레타리아'들이 러시아에서 온 붉은 군대를 환영하고, 자국의 '부르주아' 정부들에 맞서 궐기하리라고 기대했다. 1920년 여름 제2차 공산주의 인터내셔널 대회에 참석하기 위해 세계 전역에서 온 대표들이 페트로그라드의 스몰니 학교에 모여들었다. 레닌은 그들을 그들 자신의 소비에트형 정부를 대표하는 인민위원들로서 곧 다시 만나게 되기를 희망했다.

동료들은 레닌의 전망을 공유했지만 그의 판단에는 동의하지 않았다. 레닌과 달리 그들은 지나치게 긴 통신선과 보급선, 조잡한 장비, 부적절한 배급과 장기전에 대한 인민들의 의지 부족 등 붉은 군대가 직면한 어려움을 직접 경험했다. 레닌과 브레스트리톱스크 조약을 둘러싸고 풍파를 일으켰던 트로츠키조차 폴란드 침공에 찬성하지 않았다. 그리고 폴란드 출신 볼셰비키들은 레닌에게 그가 폴란드인들이 러시아 군대, 심지어 공언된 국제주의 목표를 내세워 폴란드로 파병된 군대에게 느끼는 불신을 과소평가하고 있다고 경고했다. 그러나 레닌은 고집을 부렸다. 중앙당 지도부의 다른 주요 인물 대부분이 모스크바 밖에 있다는 사실이 레닌에게 기회를 주었다. 인민위원회나 중앙위원회, 정치국의 어떤 공식 회의에서도 전쟁이나 평화의 문제는 논의되지 않았다. 브레스트리톱스크 조약을 둘러싸고 1918년 초에 벌어졌던 것 같은 고되고 논쟁적인 심의는 이때 반복되지 않았다. 적어도 피우수트스키를 상대로 단호한 조치를 취해야 한다는 합의가 있었고 레닌은 이 사실로부터 도움을 받았다. 붉은 군대는 이미 폴란드군을 추격하는 데 전념하고 있었다. 소비에트 러시아와 폴란드의 국경은 아직 정확히 정해지지 않았다. 외국 정부들의 대응은 불분명했고, 레닌은 혼란을 최대한 이용하기를 원했다. 레닌은 자기 뜻대로 일을 처리할 수 있도록 동료들을 설득했다. 폴란드는 소비에트화되어야 했다.

일단 결정이 내려지자 동료 볼셰비키 지도자들은 그 결정을 철저히 지지했다. 1918년에 당을 분열시켰던 것과 같은 종류의 '혁명 전쟁' 논쟁은 재연되지 않았다. 트로츠키와 스탈린은 군대가 폴란드로 진입할 때 합류해 있었다.

이 모든 일이 진행되는 동안 코민테른 제2차 대회가 계속되었다.

회의는 레닌과 볼셰비키 중앙위원회가 10월 혁명 때 근거지로 삼았던 스몰니 학교에서 1920년 7월 19일에 시작되었다. 1919년 3월 이래 레닌이 처음으로 페트로그라드로 돌아온 때였다.(그리고 그것은 레닌이 모스크바 밖의 러시아 도시를 방문한 마지막 순간이었다.) 레닌의 대표단은 1920년 7월 18일 모스크바의 니콜라이 역에서 페트로그라드로 출발했다. 회의는 상징적 표현으로 가득했다. 대회는 10월 혁명이 탄생한 곳에서 열리고 있었다. 외국 대표들은 시간을 내서 핀란드 역, 크세신스카야 저택, 겨울궁전, 스몰니 학교의 복도와 홀 등 혁명 명소를 둘러보았다. 만일 페트로그라드를 코민테른 대회의 본거지로 삼는다면, 공산주의 인터내셔널이 볼셰비키 정책을 따르게 하기가 더 쉬우리라는 것은 당연히 레닌이 이미 계산한 바였다. 혁명의 역사로 가득 찬 환경에 압도된 외국 공산주의자들은, 유일하게 국가 권력을 성공적으로 장악한 공산주의자들의 요구에 따를 것이었다.

레닌은 몇 차례 중요한 연설을 했고, 그 상황을 충분히 즐겼다. 연단 위를 이리저리 걸어 다니면서 레닌은 10월 혁명이 세계의 사회주의자들에게 모범을 제시했다는 자신의 믿음을 되풀이해 말했다. 연설과 연설 사이에 레닌은 엽란(葉蘭) 아래 계단에 쪼그리고 앉아 대회에 제출할 글을 작성했다. 레닌은 등장할 때마다 환호를 받았으나, 대표들을 개인적으로 만나려고 노력했다. 그는 러시아에서 그런 종류의 모임이 열리는 것은 이 대회가 마지막일 것이라고 확신했다. 대회 기간 동안 붉은 군대가 우크라이나에서 폴란드로 진격하는 모습을 참석 대표들이 눈으로 따라가며 볼 수 있도록 유럽 지도가 걸려 있었다. 작은 붉은 깃발들이 지도에 꽂혀 있었다. '유럽 사회주의 혁명'이 막 일어나려는 참이었다. 붉은 군대가 바르샤바를 향해 질주함에 따라, 정치국은 모든 사람의 사기를 북돋웠다. 레닌은 이탈리아 동지들에게 밀라노와 토리노로 돌아가 혁명을 조직하라고 권했다.

1920년의 레닌. 50세 생일에 찍은 사진이다.

이 대회는 공산주의 역사에서 분수령이었다. 거의 모든 토론들이 러시아공산당 지도자들에 의해 개시되었고, 외국인들은 결코 그들이 예정해놓은 계획을 바꾸지 못했다. 레닌과 동료들은 소비에트 러시아를 외국의 극좌 사회주의 운동이 따라야 할 모범으로 만들고자 했다. 공산당들이 결성되어야 했다. 그 공산당들은 조직 면에서 중앙집중주의, 위계제, 당원 자격 선별, 행동주의, 규율의 원리를 따라야 했다. '유럽 사회주의 혁명'을 위한 최고의 가능성은 독일인, 프랑스인, 영국인들이 볼셰비즘의 방식을 모방하는 것이었다. 레닌과 그의 동료들은 다른 지역에서 고도로 중앙집권화된 정당들이 수립되면, 정치국이 코민테른 집행위원회를 통해 유럽과 세계의 나머지 지역에 생겨난 새 공산당들을 지배할 수 있을 것이라고 명백히 계산했다.

회의들은 몹시 분주했고 강렬한 기대를 품은 분위기 속에서 진행되었다. 대회는 폴란드-소비에트 전쟁에서 일어난 군사 사태 때문에 며칠 동안 중단되어야 했다. 그러나 대회가 재개되었을 때 레닌은 독재와 공포에 의지하는 그 특유의 사회주의를 철저히 옹호하기 위해 앞으로 나섰다. 하지만 한편으로 레닌은 공산주의자들이 사회주의를 어떻게 성취할 수 있을지를 다시 생각해야 한다고 제의했다. 과거에 레닌은 1890년대 이래 모든 마르크스주의자들과 마찬가지로, 기존 자본주의 사회의 토대가 없다면 사회주의는 건설될 수 없다고 주장했다. 레닌이 보기에 러시아 경제는 20세기가 되기 전에 이미 압도적으로 자본주의적이었다. 1920년에 레닌은 조용히 이 신조를 포기했고, 비자본주의 국가들은 그들의 '후진성'에도 불구하고 자본주의를 완전히 우회하여 사회주의로 나아갈 수 있을 것이라고 말하기 시작했다. 레닌은 전 세계 식민지 국가들의 공산주의자들에게 유럽 제국주의의 사슬을 벗어던지라고 격려하기 위해 이 새로운 구상을 도입했다. 레닌은 자신의 사상적 돌변을 구체적으로 정당화하려고 시도하지 않았고, 자본주의를 우회할 수 있다고 주장한 러시아 나로드니키를 왜 항상 반대했는지 따위는 설명하려 들지도 않았다.

이것이 왜 문제가 되어야 하는가? 주된 이유는 레닌이 실제 정치적 목표가 시야에 들어올 때마다 자신의 마르크스주의를 다룬 변덕스러운 방식에 있다. 비록 레닌이 사회·경제 이론에 대해 진지하게 생각하고 자신의 기본 구상들을 고수하고 싶어 한 것은 맞지만, 그의 집착은 절대적이지 않았다. 1920년 중반에 레닌에게 가장 중요한 일은 전 지구적으로 혁명적 에너지가 분출하도록 하는 것이었다. 사회 발전의 필연적 단계에 관한 구상은 그에게서 서서히 사라졌다. 세련되지만 실현되지 않는 이론을 만드는 것보다는 아무리 거칠어도 혁명을 수행하는 것이 더 낫다. 때때로 지적으로 교묘한 속임수가 필요하다면 그렇게 속이면 된다. 레닌이 이전에 공언한 정책을 따를 때조차 그를 명쾌하게 이해하기는 힘들었다. 그는 코민테른 소속 정당들은 '프롤레타리아 독재'의 필요성을 부인한 '기회주의적' 사회주의와 단절해야 한다고 선언했다. 그러나 동시에 레닌은 영국 공산주의자들에게 영국노동당에 가입할 것을 요구했다. 영국의 공산주의가아직 너무 약해서 독자적인 정당을 수립할 수 없다는 것이 레닌의 주장이었다.

레닌은 코민테른 대회를 혼란에 빠뜨리고 공산주의자이자 페미니스트인 영국 대표 실비아 팽크허스트(Sylvia Pankhurst)를 분노하게만드는 대가를 치르면서 자기 뜻대로 했다. 모든 이들의 눈이 전선의지도에 꽂혀 있지 않았더라면 팽크허스트는 소란을 피웠을 것이다.대회의 모든 사람들은 현재 붉은 군대의 총검으로 전진하고 있는 혁명 과정을 어떻게 하면 도울 수 있을지에 집중했다. 정치국은 모스크바의 지령에 무조건 충성하는 것으로 알려진 폴란드 공산주의자들로 '폴란드 혁명 위원회'를 구성했다. 독일 공산주의자에게는 아직그런 식으로 대응하지 않았지만, 그것은 본질적으로 시간 문제일 뿐이었다. 붉은 군대는 코민테른의 최전선 진격 부대였다. 사회주의 정부들이 유럽 본토의 지도를 곧 장악할 것이라고 기대되었고, 짐작컨대 세계 제국주의는 몰락하기까지 그리 오래 걸리지 않을 것이었다.레닌과 동료 인민위원들은 열차에서 내렸을 때 붉은 군대가 성공했다는 새로운 소식을 듣기를 간절히 바라면서 모스크바로 되돌아왔다. 레닌은 일생의 야심을 성취하기 직전이라고 느꼈다. 1917년, 1918년에 러시아가 그의 손에 떨어졌다. 유럽에서는 붉은 군대와 '지역'공산당들이 대륙의 자본주의 성채들에 맞서 다국적 공산주의 공격을가할 것이고, 곧 한 나라씩 차례로 굴복할 것이 틀림없었다.

레닌은 유럽 사회주의 연방 체제를 이끌기를 꿈꾸었지만 그런 생각을 겉으로 드러내기를 삼갔다. 전반적으로 그는 매우 과묵했다.

그러나 동료들 사이에서는 자제할 수가 없었다. 그는 내내 최전선에서 행동하기를, 심지어 전선을 넘어 후방에서도 행동하기를 원했다. 레닌의 과격한 태도는 그가 트로츠키의 부관인 예프라임 스클랸스키(Efraim Sklyanski)에게 휘갈겨 쓴 메모에서 분명하게 드러나듯이 유별난 것이었다. "멋진 계획. 제르진스키와 **함께** 그 계획을 완수할 것. '녹군'*(우리는 이후 그들을 극구 비난할 것임)으로 위장한 우리는 10~20 베르스타*를 전진할 것이며, 쿨라크, 성직자, 지주들을 목매달 것이다. 목매달리는 사람 1명당 10만 루블의 상금."[5] 바로 여기서 우리는 흥분한 정치 책략가뿐만 아니라 계급 전사로서 레닌을 볼 수 있다. 레닌은 장군들의 이야기에 충분히 오랜 시간 귀를 기울였고, 자신의 구상들을 덧붙이고 싶어 했다. 그러나 그 구상들은 몹시 형편없었고, 그리 현실적이지도 않았다. 붉은 군대는 전쟁에서 이기려면 대군을 전진시켜 피우수트스키를 분쇄함으로써 폴란드를 정복해야 할 것이었다. 레닌이 제안한 것과 같은 은밀하고 사악한 행위는 실제로 영향을 주지 못할 것이었다. 성직자를 목매다는 일은, 만일 그런 일이 있었다면, 대부분 폴란드 국민들로 하여금 붉은 군대에 등을 돌리게 만들었을 것이다.

한편 피우수트스키는 폴란드 방어를 재조직할 의도로 바르샤바로 후퇴했다. 트로츠키, 스탈린, 그리고 최고 사령관은 붉은 군대를 두 개의 큰 지대(支隊)로 나눴다. 피우수트스키는 폴란드 수도 밖에서 침략자들을 저지할 기회를 얻었다. 트로츠키는 자신의 군대를 조율하는 데 심각한 어려움을 겪었고, 남부 지대(스탈린이 이곳을 맡은

녹군(Greens) 러시아 내전에서 붉은 군대와 백군 모두에 맞서 자신들의 공동체를 보호하기 위해 싸운 무장 농민 집단. 때때로 사회주의자-혁명가당과 연합한 이들은 러시아의 많은 지역에서 농민들의 지지를 받았다. 내전 동안 탐보프에서 반란을 일으킨 알렉산드르 안토노프의 녹군이 특히 잘 알려져 있다.

베르스타(verst) 러시아의 옛 거리 단위. 1베르스타는 1,067킬로미터.

인민위원이었다)가 예상한 만큼 협조적으로 나올지 확실히 알 수 없었다. 1920년 8월 중순 피우수트스키는 바르샤바 바깥 비스와강에서 전투를 개시했다. 레닌의 예측과 달리 최악의 상황이 벌어졌다. 붉은 군대는 대패했다. 폴란드가 군사적으로 유리한 고지에 오르자 소비에트군은 모스크바로 향하는 스몰렌스크 도로를 따라 황급히 후퇴했다. 레닌은 강화를 간청하는 수밖에 없었다. 여름철 하루의 전투가 모든 것을 파괴했다. 연방 형태의 '유럽 연합'에 대한 장엄한 예언은 이제 없었다. 극우와 극좌의 위태로운 정치 동맹에 관한 충고도 더는 없었다. 무적의 붉은 군대에 대한 자부심을 드러내는 일도 더는 없었다. 모스크바는 군사적 재앙을 맞았음을 인정했고, 조건이 무엇이든 강화 체결이 절박하다고 밝혔다. 모스크바에서 내놓은 것은 이것이 전부였다.

레닌은 속도를 올리는 중이었다. 레닌은 이전에 정치국 동료들에게 유럽을 어떻게 조직할 것인지 생각해보라고 촉구했다. '유럽 사회주의 혁명'이 막 현실이 될 참이라면, 그들은 진지한 계획이 있어야 했다. 레닌과 스탈린은 여기에 대해 의견을 나누었고, 스탈린은 레닌이 격하게 자기 주장을 내세우던 모습을 결코 잊지 못했다. 레닌이 보기에 이 과정은 간단할 것이었다. 그는 러시아와, 옛 러시아 제국에서 나온 다양한 소비에트 공화국들로 이루어진 연방 형태의 연합을 구성하기를 원했다. 중부 유럽과 서유럽에서 한 국가가 소비에트형 정부를 획득할 때마다 이 거대하고 점점 커지는 연방에 들어올 수 있었다. 그러한 연방에서는 러시아가 정치적 우위를 차지할 수 있는 계획이 없었고, 따라서 스탈린은 그 구상이 비현실적이라고 반대했다. 스탈린이 보기에는 소비에트 폴란드도, 소비에트 독일도 러시아가 창설한 연방에 들어오지 않을 것이 자명했다. 그 나라들의 오랜 민족적 자부심은 금세 사라지지 않을 것이었다. 그리하여 스탈린은

'러시아소비에트연방사회주의공화국(RSFSR)'이 거대한 연방의 핵심을 이루어야 하며, 독일은 또 하나의 연방을 형성하게 될 것이라고 주장했다. 레닌은 스탈린의 입장에 충격을 받고 그를 국수주의자라고 비난했다.[6] 10월 혁명은 유럽이 개별 국가 블록으로 분할된 상태를 끝낼 목적으로 수행된 것이었다. 스탈린은 블록을 유지하기를 바라는 것 같았고, 레닌은 스탈린에게서 들은 이야기를 믿을 수가 없었다.

스탈린은 러시아와 우크라이나가 대등한 조건으로 연방에 들어와야 한다는 것도 용납하지 못했다. 이제 내전이 거의 끝났으니 갖가지 쌍무 조약을 폐기하고 그냥 다른 소비에트 공화국들을 러시아소비에트연방사회주의공화국으로 편입시키자고 스탈린은 주장했다. 물론 레닌도 모스크바의 통제로부터 우크라이나를 자유롭게 풀어주기를 원하지는 않았다. 그러나 레닌은 그런 자유의 겉치레를 보존하는 것이 현명하다고 느꼈다. 그리하여 유럽의 혁명 계획은 앞으로 이루어져야 할 러시아의 헌정 체제에 대한 논의와 얽히게 되었다. 레닌과 스탈린은 곧 다가올 유럽 사회주의 혁명에 앞서 확실히 결말을 내고 싶었다. 그러나 서로를 향한 그들의 분노는 1920년 6월에 코미디가 되고 말았다. 이제 붉은 군대의 진격은 바르샤바 바깥에서 중단되었고, 다른 지역에서는 사회주의 혁명이 아예 일어나지 않거나 기운이 곧 쇠약해졌다. 그러나 당시 레닌과 스탈린은 필사적이었다. 그들은 자신들을 러시아의 사회공학자일 뿐만 아니라 대륙 전체의 총괄 계획자라고 여겼다. 공산주의 인터내셔널의 외국 지도자들과 친숙해지면서, 그들은 어느 누구도 과업을 유능하게 수행할 수 없을 것이라고 생각하게 되었다.

레닌은 국제주의 원리를 배반했다고 스탈린을 심하게 비난했지만, 한편으로 레닌 자신도 같은 죄를 저질렀다고 저명한 독일 공산주의자들로부터 조용히 비판받고 있었다. 지난 몇 년 동안 독일의 역사는 레닌에게 독일의 정치적 극좌 세력의 독자적 잠재력을 과장하지 말라고 가르쳤다. 독일공산당은 1918년의 마지막 순간에 결성되었는데, 독일 노동 계급에 대한 장악력은 아직 미약했다. 그래서 붉은 군대가 베를린에 도착한다고 해도 그 사실만으로 성공적인 사회주의 반란을 쉽게 촉발할 수 있을 것이라 추정할 수는 없었다. 레닌에게는 전략적 계책이 있었다. 레닌에 따르면, 독일은 베르사유 조약에 의해 사실상 식민지 지위로 격하되었다. 그러므로 독일공산당은 영국과 프랑스의 멍에로부터 민족을 해방하기 위한 전쟁의 동맹 세력을 구하는 것이 적절했다. 그런 동맹 세력 중 정치적 극우 집단인 자유군단(Freikorps)을 비롯한 여러 군사 부대보다 더 효과적인 것은 없을 것이었다. 그러한 위태로운 협력 관계의 유일한 목표는 베르사유 체제를 뒤엎는 것이었다. 그렇게 되면 승리한 연합국 국가들의 정치적 균형이 흔들릴 것이고, 잇단 혼란 속에서 독일공산당은 대륙에서 벌어질 최후의 투쟁에서 독일 극우 세력과 격돌할 기회를 잡을 것이었다.

레닌에게 이러한 충고는 그저 상식이었다. 정치가들은 전략적 목표를 추구하는 데 융통성이 있어야 했다. 레닌은 독일 동지들이 보인 부정적 반응을 이해하지 못했다. 레닌은 그것을 이해했어야 했다. 그들이 공산주의자가 된 까닭은 부분적으로는 레닌을 모방했기 때문이었다. 과거에 레닌은 비타협적 태도를 단단한 형식으로 끌어올렸다. 레닌은 1917년에 권력 장악을 준비하면서 러시아의 모든 여론을, 보수주의와 자유주의 여론뿐 아니라 사회주의 여론까지 무시했다. 적들이 사소한 실제 문제만을 보고 있을 때, 레닌은 이데올로기적 원칙의 문제가 걸려 있음을 간파했다. 레닌은 마르크스주의자들은 마르크스주의 정통을 고수해야 한다고 가르쳤다. 그런데 이제 그들의 혁명적 모범인 바로 그 레닌이, 동료 사회주의자들도 아니고 가장 검은 정치적 반동의 주창자들과 팔짱을 끼라고 그들에게 말하고 있었다.

이 모든 일이 진행되는 동안, 레닌의 사생활에 끔찍한 사건이 일어났다. 이네사 아르망이 적십자 사절단을 이끌고 프랑스를 다녀온 뒤 병에 걸린 것이다. 레닌은 그녀에게 짧은 편지를 썼다.[7]

> 친구에게,
>
> 당신이 어떻게 지내는지 짧은 편지 한 장 부탁합니다. 장티푸스, 독감, 스페인 독감, 콜레라 등 참 험악한 때입니다.
>
> 나는 방금 침대에서 빠져나왔고, 외출하지 않을 작정입니다. 나댜는 체온이 39도고, 당신을 한번 봤으면 좋겠다고 합니다.
>
> 체온은 어느 정도입니까?
>
> 몸을 낫게 하기 위해 필요한 것은 없습니까? 정말 솔직하게 써주길 부탁합니다.
>
> 빨리 낫기를!
>
> 레닌

레닌은 허물없는 말투를 썼지만, 스스럼없는 러시아어 표현인 티(ty)가 아니라 공손한 표현인 비(vy)를 사용함으로써 이네사와 감정적인 거리를 유지했다. 그리고 자신의 아내 나댜가 이네사의 방문을 원한다고 언급했기 때문에, 그녀를 몰래 만나려고 하지도 않았던 것 같다. 레닌과 이네사의 관계는 긴밀했으나, 1912년 파리에서와 같은 정도는 아니었다. 이와는 대조적으로 나댜는 레닌에게 더 큰 영향력을 행사하고 있었던 것 같다. 자신의 소설 《일벌의 사랑》에서 1911년, 1912년에 파리에서 벌어졌던 레닌-나댜-이네사의 삼각 관계를 은유적으로 묘사했던 알렉산드라 콜론타이는, 1920년의 일기에서 어떻게 "그가 그녀를 크게 의식하는지"를 언급했다.[8]

레닌은 이네사에게 이래라 저래라 했지만 그의 다정한 노력은 효과가 없었다. 레닌은 다시 이네사에게 편지를 썼을 때 그녀가 추위를 무릅쓰고 바깥으로 나가는 것을 막으려 했다. 레닌은 이네사가 자신의 말을 무시하리라는 것을 알았다. 그는 이네사에게 그녀의 자식들로 하여금 어머니가 얼어붙은 바깥에 나가지 못하도록 감독하게 하라고 지시했다. 동료의 의료를 감독하는 것이 레닌의 습관이었지만, 이네사의 경우만큼 세세하게 개입하는 일은 없었다.

이네사는 한바탕 병을 앓고 난 뒤, 7월에 제2차 코민테른 대회에서 통역사로 활동하기로 했다. 이 일은 매우 강도 높은 업무였고, 알렉산드라 콜론타이 같은 동료들과 극심한 논쟁을 벌인 후 이네사는 병이 재발했다. 실제로 이네사는 몹시 지쳐 있었고, 레닌은 그녀에게 요양소에 가라고 권했다. 외국으로 나가기를 굳이 원한다면, 체포될 수 있으니 프랑스를 피하라고 레닌은 제안했다. 레닌은 이네사가 노르웨이나 네덜란드로 향한다면 더 좋을 것이라고 생각했다. 훨씬 더 나은 방법은 캅카스 지역으로 가는 것이고, 레닌은 그곳에서 이네사가 치료를 받는 동안 즐겁게 지낼 수 있도록 만반의 준비를 하겠다고 약속했다. 이네사의 기운을 북돋기 위해 레닌은 자신이 모스크바 바깥의 옛 아르망 영지 근처 숲으로 사냥을 나갔을 때 농민들이 진정한 '질서'가 있던 1917년 이전의 시절을 향수에 젖어 말한 사실을 언급했다. 이네사는 캅카스 북부의 산악 지대 온천 마을인 키슬로보츠크로 가기로 했다. 레닌은 이네사와 당시 열여섯 살의 젊은이였던 그녀의 아들 안드레이를 잘 돌보라고 지시했다. 그러나 그 지역에는 콜레라가 돌고 있었다. 또 붉은 군대에 의해 평화가 회복되지도 않은 상황이었다. 레닌은 무심코 자신의 옛 연인을 치명적으로 위험한 곳으로 보냈던 것이다. 처음에 그녀는 콜레라에 걸렸다. 그런 뒤 사람들을 날치크로 소개하라는 명령이 내려졌다. 이네사의 건강은 결국 망가졌고, 그녀는 1920년 9월 24일 사망했다.

이네사는 자신이 죽어 가고 있다는 것을 알고 코민테른 대회에서 가져온 공책에 마지막 생각을 적었다. 가슴 아픈 내용이었다. 이네사는 9월 1일 다음과 같이 썼다.[9]

내적으로 죽어 간다는 이 느낌은 과연 없어질까? 나는 다른 사람들이 그렇게 쉽게 웃고 또 분명히 대화하면서 즐거움을 얻는 것이 이상하게 느껴지는 지점에 이르렀다. 지금 나는 내적 기쁨이 내 안에서 웃고 미소 짓게 하기 때문이 아니라 때때로 미소 짓는 것이 필요하기 때문에 웃고 미소를 짓는다. 나는 또 내가 지금 자연에 대해 무관심한 데에도 충격을 받는다. 자연은 나를 전율시키곤 했다. 지금 내게는 사람들에 대한 애정이 너무나 부족하다. 이전에 나는 따뜻한 마음으로 모든 사람들에게 다가가곤 했다. 지금 나는 모든 사람들에게 무관심하다. 더 큰 문제는 거의 모든 사람들이 따분하게 느껴진다는 것이다. 오직 내 자식들과 V. I.에게만 뜨거운 감정이 남아 있을 뿐이다.

그녀가 V. I.라고 부를 수 있었던 사람은 단 한 명뿐이었고, 그는 블라디미르 일리치 레닌이었다. 이네사는 계속 썼다.[10]

내 심장은 다른 모든 면에서 죽어버린 것 같다. 내 모든 힘과 내 모든 열정을 V. I.와 우리 (정치) 활동의 목표에 쏟아붓고 난 후, 사람들에 대한 애정과 공감(난 이런 것들이 한때 매우 풍부했다)의 원천이 전부 고갈되어버린 것 같다. V. I.와 내 아이들만 빼고, 나는 이제 순전히 실용적인 관계 말고는 사람들과 어떤 개인적 관계도 맺고 있지 않다.

이네사는 스스로를 '산송장'이라고 불렀다. 콜레라뿐만 아니라 상

심도 그녀를 망가뜨렸다. 열흘 뒤 이네사는 삶의 의미를 깊이 생각했다.[11]

낭만주의자들에게 사랑은 개인의 삶에서 첫 번째 자리를 차지한다. 사랑은 다른 어떤 것보다도 고귀하다. 최근까지 나는 그런 관념에 지금보다 훨씬 더 가까웠다. 사실, 나에게 사랑은 유일한 것이 아니었다. 사랑과 나란히 공적 활동이 존재했다. 내 삶에서, 내가 지나온 과거에 대의를 위해 내 행복과 사랑을 희생한 경우가 적지 않았다. 그러나 이전에 내게는 사랑이 공적 활동과 대등하게 중요했던 듯하다. 지금은 그렇지 않은 것 같다. 사랑의 중요성은 공적 활동과 비교해 매우 작아졌고, 공적 활동에 비교할 수 없다.

죽음을 앞두고 이네사는 자신의 혁명 활동이 자신이 사랑한 남자보다 자신에게 더 큰 의미였다고 스스로 설득하려 애썼다.

레닌에게 보내진 사무적인 공식 전보는 그의 가슴에 못을 박았다. "콜레라를 앓고 있던 이네사 아르망 동지를 구하는 것은 불가능했습니다. 그녀는 9월 24일 사망했습니다. 시신을 모스크바로 운구하는 중입니다."[12] 이네사가 프랑스가 아니라 혼란스러운 캅카스에서 요양한 책임은 레닌에게 있었고, 지금 그녀는 캅카스에서 죽었다. 이네사의 시신이 납관에 안치되어 모스크바로 돌아오는 데는 2주가 걸렸다. 열차는 10월 11일 이른 시간에 도착했고, 동이 튼 후 장례 행렬이 기차역에서 출발했다. 레닌과 나데즈다 콘스탄티노브나는 역에서 기다렸다. 행렬이 수도의 도심에 가까워지자, 레닌은 눈에 띄게 슬픔에 잠겼다. 나데즈다 콘스탄티노브나는 그의 심정을 이해했고, 레닌을 부축하려고 그의 팔을 붙들었다. 어느 누구도 이때 레닌이 보인 측은한 모습을 잊지 못했다. 젊은 볼셰비키 옐리자베타 드랍

키나(Yelizaveta Drabkina)는 말이 끄는 장의차와 드리워진 검은 조기를 보았다. "축 처진 어깨와 낮게 숙인 고개에는 형언할 수 없는 슬픈 뭔가가 있었다."[13] 코민테른 서기인 안젤리카 발라바노바(Angelica Balabanova)는 장례식에서 같은 인상을 받았다. "그렇게 심하게 고뇌하는 모습은 본 적이 없었다. 그토록 완전히 비탄에 잠긴, 그 비탄을 혼자 삭이고자 하면서 다른 사람들이 알아차리지 못하게 하려고 온 힘을 다하는 광경을 나는 다른 어떤 사람에게서도 결코 보지 못했다. 마치 다른 사람이 알아차리면, 그가 느끼는 감정의 강도가 약해지기라도 한 것처럼 말이다."[14]

레닌은 자신의 감정을 종이에 기록하지 않았다. 레닌은 물질적 안락, 전문직 경력, 체스, 고전 음악과 자전거 타기 등, '대의'를 위해 많은 쾌락을 포기했다. 레닌은 이네사와 영속적인 관계를 맺는 것을 회피했다. 그에게는 언제나 혁명이 우선이었다. 그러나 레닌은 이네사의 시신이 날치크에서 운구되어 왔을 때 깊이 비탄에 잠겼다.

레닌의 곁에는 그가 다시는 예전과 같지 않으리라고 생각하는 친구와 동료들이 있었다. 어떤 사람은 이네사를 잃지 않았더라면 레닌이 더 오래 살았을 것이라고 말했다. 확실히 레닌은 동요했다. 하지만 의지력을 잃지는 않았다. 1912년 이후 레닌은 이네사와 떨어져 사는 데 익숙해졌다. 그는 나댜의 냉담함에도 대처할 수 있었다. 레닌은 혁명가로 활동하는 동안 내내 사랑 문제에 휘둘리지 않는 모습을 보여주었다. 보통, 레닌이 평정을 잃는 것은 그의 신체적 건강이나 논쟁 때문이었다. '로맨스'는 그를 방해하지 않았고, 이네사의 죽음도 그를 파괴하지는 못했다. 레닌이 겉으로 드러낸 반응을 지표로 삼는다면, 그는 1887년 형이 처형된 이래 다른 어떤 사건들보다도 이네사의 죽음으로 더 큰 상처를 받았다. 그러나 레닌은 재빨리 회복했다. 레닌은 감정적으로 자기를 억제하는 데 엄청난 능력을 지니고 있었다. 레닌은 정치를 사랑했고, 정치적 삶을 위해 살았다. 레닌은 사상의 중요성에 집착했다. 레닌은 로봇이 아니었고 적어도 마음속으로는 깊은 관계의 이점을 부인하지는 않았으나, 개인적 사랑, 즉 한 여성을 향한 한 남성의 사랑은 그에게 부차적인 것이었고, 정치가 요구한다면 자신은 사랑 없이 생존할 수 있다고 생각했다.

이네사의 장례식은 10월 12일에 거행되었다. 그녀의 시신은 다른 죽은 볼셰비키 영웅들과 나란히 크렘린 성벽 아래 묻혔다. 2주 전에 레닌은 제9차 당 협의회에 직면했다. 폴란드 침공은 참패했다. 경제는 엉망이었다. 노동자들은 파업에 돌입했고, 농민들은 반란을 일으켰으며, 심지어 군대 내에서도 소요가 발생했다. 볼셰비키당은 다루기가 힘들었고, 내부 분파들(민주집중파와 노동자반대파)은 당 협의회의 닫힌 문 뒤에서 정치국을 공격할 기회를 즐겼다. 당 정책에 대한 합의는 없었다. 그러나 소비에트 국가에서 뭔가 끔찍하게 잘못되었다는 느낌이 볼셰비키 사이에 널리 퍼졌다. 논쟁에서 도망치는 것은 레닌의 천성이 아니었다. 레닌은 분노하여 비판자들에게 당한 그대로 갚아주었다.

레닌은 폴란드에서 대재앙이 실제로 일어났다고 실토했지만, 책임 문제는 얼버무렸다. 레닌은 '민족지학적으로' 폴란드 영토인 지역에 대한 침공을 중앙위원회가 승인했다고 말했다. 그리고 그 후에는 당 지도부가 이 문제에 대해 공식적인 결정을 내리지 않았음을 인정했다.[15]

중앙위원회 앞에 이 결의안이 놓였을 때, 반대 투표를 하기가 불가능해 보였다는 점에서 결의안에는 분명 곤란한 특성이 있었습니다. 소비에트화를 지원하겠다는데, 어떻게 반대 투표를 할 수 있었겠습니까?

이 질문은 수사적이었다. 이 질문은 열광자들로 이루어진 청중을 난처하게 만들어 그들 자신도 폴란드 침공에 찬성 투표를 했으리라고 인정하게 하려는 의도를 품고 있었다. 그러나 이 주장은 교묘한 속임수에 불과했다. 레닌은 침공을 감행하도록 거의 혼자서 중앙당 동료들을 압박했다. 그리고 그는 이제 자신의 책임을 회피하려 했다. 또 레닌은 이미 저질러진 잘못을 분명히 밝히려고 하면서, 자신의 분석을 일부러 약간 종잡을 수 없게 했다. 그것은 정치적이었는가, 아니면 전략적이었는가? 레닌은 이 둘을 구분해야 한다고 했으나, 결론을 내리기를 피했다. 레닌은 또 중앙위원회가 군부를 조사하지 않기로 결정했다고 밝혔다. 그러나 다시 레닌은 그 이유를 설명하기를 피했다. 보고 전체에서 레닌은 민감한 문제들을 넌지시 건드리기만 했다.

우리 정치국원들은 내전 시기 내내 완전히 전략적인 문제들을 다루어야 했습니다. 이 문제들은 너무나 순수하게 전략적이어서 우리는 미소를 띠고 서로를 바라보았습니다. 우리가 전략가로 변신하다니, 어떻게 이런 일이 일어났을까? 우리 중에는 아주 멀리에서도 전쟁을 본 적도 없던 사람들이 있었습니다.

이것은 동정을 바라는 완곡한 간청이었는가? 분명히 정치국에서 레닌보다 전쟁 경험이 적은 사람은 아무도 없었다. 그렇다고 하더라도 레닌은 자신이 콜차크, 데니킨, 유데니치에 맞서 (초보 군사 기획자치고는) 아주 잘 싸웠다고 주장하고 있었다. 그러나 그의 보고 어디에서도(이것이 문제의 핵심이다) 레닌은 바르샤바 외곽에서 벌어진 참변에 직접 연루되지 않았다. 레닌은 '중앙위원회'를 대표해서만 실책을 인정했다.

레닌은 '혁명 전쟁'의 유용성을 부정하는 말은 한마디도 꺼내지 않았다. 그러나 레닌은 붉은 군대의 총검이 당분간은 칼집에 있어야 한다는 의견에 꾸준히 동조해 가고 있었다. 따라서 논리상 정책 전반을 재고해야 하는 순간이 다가왔다. 하지만 당 협의회는 그럴 기회를 주지 않았다. 대표들이 모스크바에 온 것은 선택지 전체를 놓고 논쟁을 하기 위해서가 아니라 중앙당 지도자들을 닦달하기 위해서였다. 바르샤바 군사 행동의 발상과 수행이 가혹한 비판의 대상이 되었다. 여기서 레닌은 운 좋게도 짧은 휴식을 누렸다. 트로츠키가 군사적 승리의 전망을 두고 중앙위원회를 속였다고 스탈린을 비난하면서 둘의 경쟁 관계가 격렬한 공개적 말다툼으로 발전했다. 1903년, 1904년의 강렬했던 불화 이래로 그토록 개인적인 성격의 당내 분란이 벌어진 적은 없었다. 정치국원이 정치국원을 공격하는 상황이 벌어진 것이다. 굴욕으로 발끈한 스탈린은 답변권을 요구했다. 레닌은 편을 들기로 작정했다. 아마도 그는 진심으로 트로츠키에게 동의했을 테지만, 어쨌든 그는 자신에게 희생양 선택을 거들 기회가 주어졌음을 알 수 있었다. 결과는 꼴사나운 말다툼이었다. 그러나 레닌 자신은 상처를 입지 않았다. 실제로 당 협의회가 끝날 즈음, 레닌은 많은 분노한 대표들을 골치 아프게 하지 않은 유일한 정치국원이었다.

다른 심각한 분쟁은 당 자체에 초점이 맞춰졌다. 민주집중파와 노동자반대파는 당 운영의 내부 관행이 관료주의적이고 과도하게 중앙 집중화되었다고 비난했다. 노동자반대파는 당 관리들이 중앙 지도자들과 평당원들의 틈을 벌려놓았고, 노동 계급 전체가 당에 대한 믿음을 잃어버렸다고 덧붙였다. 중앙위원회 내에는 이러한 분석에 대해 많은 부분에서 동의하는 이들이 있었다. 중앙위원회 서기인 예브게니 프레오브라젠스키*가 그들 중 한 명이었다. 그러나 당내 개혁에 찬성하는 중앙위원회를 대신해 발언한 사람은, 페트로그라드에서 매우 권위주의적인 지도자였던 지노비예프였다. 지노비예프는 진실성을 의심받았으나, 지친 당 협의회 참가자들은 결국 미심쩍기는 하지만 중앙당 지도자들의 말을 믿어주기로 합의했다. 조직 내에서 일어나는 바람직하지 못한 현상들에 대해 다른 정치국원들과 똑같이 책임을 져야 했던 레닌은 다시 한 번 비난을 받지 않고 빠져나갔다.

그러나 이 나라의 상황에 어떻게 대처해야 하는지는 여전히 중대한 문제였다. 외부 세계에서 보기에 (여기서 외부 세계란 볼셰비키당과 소비에트 정부의 중앙 지도부에 소속되지 않은 모든 사람들을 포함했다) 레닌은 내전 시기에 개발된 정책들의 세부 항목을 마지막 하나까지 여전히 고수하고 싶어 하는 것처럼 보였다. 이것은 많은 점에서 사실이다. 그러나 레닌이 자신의 계획에서 결코 일차원적이지 않았다는 조건을 덧붙여야 한다. 레닌은 항상 소비에트 러시아를 겨냥하는 국제 결사를 깨뜨리는 수단으로 외국 자본주의 국가들과 조약을 체결하기를 원했다. 붉은 군대가 바르샤바로 진격하던 바로 그때, 카메네프는 런던에서 무역 재개를 협상 중이었다. 폴란드에서 저지당했기 때문에 레닌은 이제 상업적·외교적 관계를 한층 더 발전시키고자 했다. 게다가 레닌은 1918년 봄에 러시아의 경제 재건을 소비에트 독일과 동맹 속에서 수행할 수 없다면, 자본주의 독일에서 지원을 받아 시도해야 한다고 주장했다. 레닌은 1920년에 이 구상을 다시 꺼냈으며, 심지어 독일 기업가들에게 러시아 토지를 불하해 그들이 러시아에 선진 자본주의 영농 기술을 도입해 생산성을 올리도록 하자는

예브게니 프레오브라젠스키(Yevgeni Preobrazhenski, 1886~1937) 소련의 노장 볼셰비키. 1903년부터 러시아사회민주노동당의 볼셰비키 분파에 가담했다. 소련공산당 중앙위원회 위원을 지냈으며, 1920년대 내내 소비에트 체제의 중요한 경제학자였다. 신경제정책(NEP)에 반대했으며, 좌익반대파 일원으로서 트로츠키를 지지했다.

주장까지 하며 이권 협약을 맺기를 원했다. 레닌은 또 노벨(Nobel) 석유 회사를 아제르바이잔으로 다시 불러들여 석유 채굴에 참여하도록 설득하고 싶어 했다.

레닌은 국내에서도 일부 정책을 수정하기를 바랐다. 그는 당국이 농촌에서 농민들로부터 곡물을 폭력적으로 압수하는 정책이 극도로 인기가 없다는 것을 인정했다. 레닌은 비록 농민들의 사적인 식량 판매를 제한적으로 다시 합법화하자는 트로츠키의 제안을 수용하지는 않았지만, 농가들이 곡물을 더 많이 파종하도록 구슬리고 싶었다. 이런 목적에서 레닌은 곡식 생산량을 늘린 농민들에게 물적 보상을 하는 방안을 생각했다.

이런 생각이 당의 전시 경제 정책에 구멍을 내는 것은 아니었다. 그러나 지방의 많은 동료 볼셰비키 지도자들은 몹시 놀랐다. 그들은 물적 보상이 자본주의를 다시 도입하는 은밀하고 부정한 방법이라는 것 외에 어떤 의미가 있는 제안인지 물었다. 레닌은 독일인 농부와 기업가들, 영국인 목재 영업권자, 그리고 (이것이 최악인데) 노벨 석유 회사를 환영함으로써 도대체 뭘 하려고 생각하는 건가? 정신이 나간 것이 아닌가? 레닌은 자신의 여러 프로젝트들을 다 합치면 결국 경제적 브레스트리톱스크 조약에 해당한다는 것을 보지 못한단 말인가? 그리하여 1920년 연말이 다가왔지만 레닌에게 축하 인사를 건넬 이유는 거의 없었다. 레닌은 러시아 내전에서 승리했으나, 불필요한 폴란드-소비에트 전쟁에서는 패배했다. 레닌은 군사 계획에 지나치게 몰두한 나머지 당내에 이는 불안을 무시했다. 게다가 노동자들의 파업과 농민들의 반란이 전국적으로 점점 더 심하게 발생하고 있었다. 중앙 정치 기구를 신중하게 운영한다는 레닌의 평판은 쇠퇴하고 있었다. 수십 년 동안 그리 좋지 못했던 레닌의 건강은 이제 확실히 위태로웠다. 또 레닌은 사랑하던 여인인 이네사 아르망도 잃었다. 1921년 새해를 맞아 지난해를 돌아보며 10월 혁명이 안정되었다고 내심 생각할 수조차 없었다. 오히려 반대로, 언젠가 사태가 좋아지리라고 생각할 수 있기 전까지는, 사태가 점점 나빠질 것이라고 솔직히 말할 수 있을 뿐이었다.

25장

신경제정책
1921년 1월~6월

1920년에서 1921년으로 이어지는 겨울철에 벌어진 일들로 인해 레닌은 정신이 번쩍 들어 국가 정책을 다시 숙고하게 되었다. 레닌은 자신의 전시 전략을 전혀 후회하지 않았다. 레닌의 정책은 경제를 파괴했고, 인민들의 봉기를 야기했으며, 나라를 외교적·재정적 지원으로부터 고립시켰고, 폴란드에서 군사적 대재앙을 초래했다. 그러나 레닌은 폴란드에서 실책을 저질렀다는 것을 마지못해 인정했지만, 나머지 문제에 대해서는 전혀 뉘우치지 않았다. 실제로 그는 유감스러워할 일이 거의 없었다. 그러나 차츰 레닌은 전략적 변화 없이는 치명적인 위험이 체제를 압도하리라는 결론에 이르렀다. 레닌의 새 구상은 매우 간단했다. 레닌은 강제적인 곡물 징발을 곡물 현물세로 대체하자고 제안했다. 농민들이 할당된 국가 세입 기여분을 내고 나면 지역 시장에서 생산물을 거래하는 것을 허용받아야 한다고 그는 말했다. 사적인 곡물 상거래가 다시 허용되어야 했다. 레닌은 1921년 2월 8일 이 발상을 성공적으로 정치국에 제출했다.

레닌이 자신의 신경제정책(NEP)를 고안하는 데 대단한 통찰력이 필요하지는 않았다. 농업의 핵심 문제에서 그런 방안은 1918년 이래 멘셰비키와 사회주의자-혁명가당에 의해, 그리고 1920년 2월에는 트로츠키가 주장한 것이었다. 트로츠키는 1921년에 레닌이 고집만 부리지 않았더라면 1년 전에 변화가 있었을 것이라고 레닌에게 상기시켰다. 신경제정책은 농촌과 도시 간 생산물 교환을 재개하는 확실한 길이었다. 또 그것은 기근, 질병, 산업의 황폐화, 인민들의 반란을 끝내는 필수 조건이기도 했다. 그러나 레닌의 제안은 지적으로 뛰어나지는 않았지만, 신경제정책을 도입하기까지는 정치적으로 끈기가 필요했다. 레닌의 모든 전기 작가들은 1918년 브레스트리톱스크 논쟁에서 레닌이 거둔 승리는 위업으로 찬양하면서도, 신경제정책을 도입하는 과정에서 그가 거둔 대등한 성과는 과소평가해 왔다.[1] 그 이유는 아마도 신경제정책에 대한 논쟁이 브레스트리톱스크 조약을 둘러싼 논란이나 심지어 '노동조합 토론'만큼도 소란스럽지 않았기 때문일 것이다. 그러나 그렇다고 해서 레닌이 뛰어넘어야 했던 장애물을 간과해서는 안 된다. 레닌은 정치국과 중앙위원회, 당 대회를 설득해야 했고, 그런 다음에 소비에트 입법 기관들에게 법 제정을 밀어붙여야 했으며, 심지어 그 후에도 1921년 5월 당 협의회에서 신경제정책을 또 다시 변호해야 했다. 레닌이 없었더라면, 거의 확실히 신경제정책도 없었을 것이다. 신경제정책이 없었더라면, 소비에트 국가는 인민들의 반란을 감당하지 못했을 것이다.

이 정책은 거의 국가 독점에 가까운 경제를 멋진 성취라고 여긴 레닌의 당에게 유별나게 골치 아픈 것이었다. 당 이데올로기의 이러한 측면은 내전 시기 내내 강화되었고, 볼셰비키들은 이 문제에서는 서로 의견이 달랐던 점보다 훨씬 더 많은 점에서 의견이 일치했다. 몇몇 근본적인 정책들은 신념이 되었다. 1920년 말부터 개혁 구상을 생각해보면서, 레닌은 볼셰비즘에서 그 혁명적 내용을 제거하는 것 같은 행동 계획을 내놓고 있었다. 레닌은 일당 유일 이데올로기 국가에 여전히 헌신적이었지만, 수치스럽게도 경제에서 국가 소유와 규제라는 요소를 버리는 데 열심인 듯이 보였다.

당시 당은 이른바 '노동조합 토론'으로 홍역을 치르고 있었다. 이 논쟁은 트로츠키가 전후 경제 재건이 '노동의 군사화'를 바탕으로 이루어져야 한다고 주장함으로써 시작되었다. 트로츠키는 파업을 금지하고 노동조합을 국가 조직의 지위로 격하하기를 원했다. 트로츠키는 볼셰비키당을 주요한 실행 수단으로 계속 유지하는 데 조금도 신경을 쓰지 않았다. 그는 내전 동안 붉은 군대 내에 정치위원부를 설치했을 때 당을 무시했고, 1920년에는 이 제도를 민간으로 확대하자는 운동도 벌였다. 또 트로츠키는 철도와 수로에 의한 운송을 바로 그런 제도를 통해 조직하자고 주장했다.

트로츠키가 제9차 당 협의회에서 회복된 단합을 위협한다고 생각한 레닌에게 이 논쟁은 악몽이었다. 레닌은 노동조합이 제멋대로 행동하게 내버려 둘 생각은 없었지만, 그들의 비위를 거스르는 데서 어떤 의미도 찾지 못했다. 그러나 논쟁은 감당할 수 없게 커졌다. 트로츠키는 프롤레타리아 독재 아래서는 노동자들이 그들 자신의 '노동자 국가'에 맞서서 자신을 보호할 계급 조직을 가질 필요가 없다고 주장했다. 레닌은 10월 혁명 후에 '관료적 왜곡'이 발생했고, 노동조합은 여전히 유용한 목적을 지니고 있다고 반박했다. 부하린이 이끄는 완충 그룹이 레닌과 트로츠키 사이에 형성되었다. 노동자반대파는 레닌, 트로츠키, 부하린을 똑같이 비난했다. 민주집중파는 통일된 입장이 없었다. 구성원들은 마음에 드는 그룹이면 어디든 편을 들었다. 각 그룹의 지도자들은 지역의 볼셰비키 사이에서 지지를 모으려고 전국을 돌아다녔다. 레닌은 모스크바에 머문 소수의 지도적 인물 중 한 명이었다. 그러나 레닌조차 '노동조합 토론'에 여념이 없었다. 그는 논쟁에서 이기려고 긴 책자를 제작했을 뿐만 아니라, 승리를 확보하기 위해 분파 권력의 지렛대를 조종해야 했다. 지노비예프는 가장 큰 당 조직들을 순회했고, 스탈린은 모스크바의 관점에서 지방의 논의를 계속 주시했다. 레닌의 그룹이 1921년 2월까지 심각한 도전을 물리치고 승리하면서 비로소 레닌은 한시름 놓을 수 있었다.

훨씬 더 중요한 것은 10월 혁명을 구하기 위해 무엇을 해야 하는가 하는 문제라고 레닌은 주장했다. '노동조합 토론'은 이 문제의 필수 구성 요소였으나, 문제 자체는 아니었다. 레닌은 좀 더 직접적이고 근본적인 토의를 원했다. 그런 토의를 시작하는 가장 효과적인 방식은 식량 공급 정책을 걸고 넘어지는 것이었다. 당은 곡물 획득 문제를 어떻게 할지 결정하고 나서야 비로소 다음 몇 년 동안의 전략적 방향을 선택할 수 있을 것이었다.

하지만 레닌은 두 마리 토끼를 한꺼번에 잡을 수 있었다. 레닌은 트로츠키가 노동조합을 둘러싸고 당을 갈가리 찢는 동안에도 농업 정책을 계속 숙고했다. 그는 무엇 때문에 자신의 생각이 바뀌었는지 밝히지 않았다. 그러나 레닌은 1920년 12월 제8차 소비에트 대회에서 농민 대표들과 자주 이야기했고, 그 후 몇 주 동안 소규모 농민 대표단들의 말을 들었다. 레닌은 모스크바 근교 농촌인 야로폴레츠와 모데노보를 잠깐 방문하여 지역 주민들과 이야기를 나누었다. 레닌은 체제의 인기가 바닥이라는 것을 조금도 의심할 수 없었다. 인민위원회의 사무실들로 들어오는 증거도 같은 경향을 암시했다. 레닌은 지방에 자신과 모스크바 정부가 정해준 곡물 인도 할당량을 지킬 의무를 종종 면제해줄 수밖에 없었다. 현재 정책으로는 나라를 먹여 살릴 수 없었고 상황은 점점 악화되었다. 곧 똑같은 사실을 강조하는 볼셰비키가 나타났다. 그들 중 한 명인 소콜로프(V. N. Sokolov)는 시베리아에서 농촌 소요를 목격하고 돌아왔다. 소콜로프는 정치국이 행동하지 않는다면 문제가 대재난으로 비화될 것이라고 2월 2일 레닌에게 개인적으로 촉구했다.

같은 날 정치국에서는 탐보프주에서 돌아온 부하린이 보고했다. 정치국은 마침내 러시아 중심부 전역에서 '농민 봉기'가 발발했다는 사실에 직면했다.[2] 탐보프는 볼가 지역에 있었다. 반란의 지도자는 사회주의자-혁명가당 안토노프(A. S. Antonov)였다. 그러나 전시에 정부가 내린 경제 조치와 급작스러운 가뭄 때문에 다수가 굶주리고 있던 농민들이 소비에트 정부에 격분한 것이 명백했다. 레닌은 볼가의 농민들을 항상 의심스럽게 보았고, 내전 동안 예방 조치로 억압 조치를 시행했다. 하지만 1921년에 예방책을 적용하기에는 때가 늦었다. 체제 파멸을 노리는 반란을 분쇄하려면 붉은 군대가 필요했다. 레닌은 블라디미르 안토노프-옵세옌코*를 정치위원으로, 미하일 투하쳅스키*를 필요한 작전을 수행하는 사령관으로 부임시켰다. 그러나 이 조치는 근본적으로 충분하지 않았다. 농업 개혁을 위한 조치도 일부 필요했다. 10월 혁명 자체가 위협받고 있었다.

레닌으로 하여금 전시의 징발 체제를 폐지하지 않으면 안 된다고 확신하게 한 것은 바로 이 탐보프 반란이었다. 그러나 레닌은 아직 누구에게도 자신의 생각을 알리지 않은 채 농촌 현장의 목격자들을 계속 만났다. 농민 오시프 체르노프(Osip Chernov)가 그런 목격자였는데, 그는 전시 공산주의의 지도자가 자신을 만나기로 했다는 데 깜짝 놀랐다. 레닌이 체르노프에게 그가 연필로 쓴 경험담을 소리내 읽어보라고 요청하자, 체르노프는 레닌에게 시베리아 농민들에 대한

블라디미르 안토노프-옵세옌코(Vladimir Antonov-Ovseyenko, 1883~1938) 볼셰비키 혁명가로서 10월 혁명 때 겨울궁진 습격을 주도하여 임시정부 삭료들을 체포한 것으로 유명하다. 에스파냐 내전 동안 바르셀로나에서 소련 특별 영사로 활동했다. 1937년 러시아소비에트연방사회주의공화국 법무인민위원으로 임명되었으나, 1938년 2월 체포되어 처형되었다.
미하일 투하쳅스키(Mikhail Tukhachevski, 1893~1937) 1914년 사관학교를 졸업하고 제1차 세계대전에 참전했다. 1918년 붉은 군대에 입대하고 공산당에도 입당했다. 내전에서는 반혁명파의 데니킨군을 진압하고, 폴란드군의 러시아 서부 국경 침략을 격파했다.

불편한 진실을 들려주었다. 특히 체르노프는 이 거대한 지역의 부유한 농민들이 가난한 이웃들만큼이나 콜차크에 맞서 열심히 싸웠는데도 부당하게 반소비에트 취급을 받고 있다고 지적했다. 체르노프는 그곳에 쿨라크의 위협은 없다고 역설했다.[3]

내가 글을 다 읽었을 때 레닌은 이렇게 질문했다. "당신의 출신 배경은 무엇입니까?" 나는 그에게 내가 강제 노동 유형수가 된 까닭을 설명했다. 나는 사회주의자-혁명가당 소속이라는 이유로 강제 노동형을 받았지만 지금은 스스로 무소속이라고 여기고 시베리아에 나의 농장을 갖고 있다고 말했다.

체르노프는 볼셰비키가 통상 '쿨라크'라고 부르며 가진 곡물을 모두 빼앗고 심지어 죽이기까지 하던 바로 그런 부류의 농민이었다. 레닌은 박식하고 또한 솔직하게 말할 수 있는 사람을 만날 필요가 있었다. 가폰 신부 덕분에 레닌은 1905년에 눈을 뜰 수 있었고, 오시프 체르노프 같은 농민들이 1921년 초에 가폰 신부와 같은 같은 역할을 하고 있었다.

정치국이 1921년 2월 8일에 다시 소집되었을 때, 레닌은 곡물 징발 철폐를 헌신적으로 옹호하는 사람이 되어 있었다. 모든 사람이 다 출석할 수 있었던 것은 아니었다. '노동조합 토론'은 계속 진행되었고, 트로츠키와 지노비예프는 다가올 당 대회에서 지지를 극대화하려고 노력하면서 우랄 지역을 앞서거니 뒤서거니 돌고 있었다. 그러나 레닌, 카메네프, 스탈린, 크레스틴스키까지 네 명의 정치국원은 참석할 수 있었다. 그들은 스스로 정족수를 채웠다고 여겼다. 농업부(副)인민위원인 니콜라이 오신스키의 보고를 들은 뒤 레닌은 종이 한 장을 들고서 합의된 정책 변화의 윤곽을 그렸다. 레닌의 〈농민들에 관한 테제의 예비 초안〉은 미래의 신경제정책을 위한 기반이었다. 주사위는 던져졌다. 정책의 세부 사항을 마련하기 위해 카메네프 지도 아래 특별 조사 위원회가 설치되었다. 정치국의 결정에 대한 잡음은 공개적으로 한마디도 거론되지 않았다. 그러나 2월 16일 정치국은 당의 예민함을 자극할까 봐 약간 걱정하면서 〈프라우다〉에 친개혁 성향의 평론을 게재하는 것을 승인했다. 정치국원이 아니라 하급 볼셰비키 활동가들이 평론의 공동 필자가 될 것이었다.[4] 유감스럽게도 추루파*가 비밀 특별 조사 위원회에서 이의를 제기하여 레닌의 계획이 진행되는 데 훼방을 놓았다. 정치국은 숨을 고르고 문제를 중앙위원회로 넘겼다. 중앙위원회 위원들이 이미 '노동조합 토론'을 둘러싸고 서로 핏대를 올리고 있었기 때문에 긴장이 엄청났다.

하지만 레닌은 중앙위원회의 반응을 걱정할 필요가 없었던 것으로 드러났다. 2월 24일에 만난 중앙위원회 위원들은 특별조사 위원회의 보고를 약간 수정만 하고 그대로 수용했다.[5] 그때까지 나라 전체에서 정치적 비상 사태의 심각성은 분명했다. 페트로그라드, 모스크바 등 큰 산업 도시들에서 파업이 발생했다. 크론시타트 해군 수비대에서 초기 단계의 반란이 있었고, 지노비예프는 바로 옆 페트로그라드의 근거지에서 자신이 이 반란을 과연 다룰 수 있을지 확신하지 못했다. 이 모든 상황을 더욱 악화시킨 것은 볼가 지역과 우크라이나, 남부 러시아, 서부 시베리아에서 발생한 농민 봉기였다. 심지어 모스크바에서도 소요가 계속되었다. 그뿐 아니라 3월 2일, 크론시타트 사태가 노골적인 반란으로 타올랐고, 페트로그라드 파업이 격화되었다. 그러나 여전히 레닌은 자신이 제안하는 계획이 당내에서 받아들여질지 자신할 수가 없었다. 전시 경제 계획이 인민들의 무장 저

알렉산드르 추루파(Aleksandr Tsyurupa, 1870~1928) 러시아소비에트연방사회주의공화국 인민위원회의 부의장, 고스플란 의장, 소련 무역 인민위원 등을 지냈다.

항을 촉발하고 있었지만, 그 계획을 지속하기를 원하는 볼세비키가 많았다. 그러나 레닌과 트로츠키는 이 문제에서 의견이 일치했다. 각지에서 일어나는 폭동 그 자체가 개혁의 가장 강력한 논리적 근거였다. 3월 7일 중앙위원회가 소집되었을 때 농업에 대한 정치국의 제안을 뒤엎으려는 진지한 시도는 없었다.

제10차 당 대회는 아직 이 제안을 승인하지 않았다. 회기는 3월 8일에 시작되었는데, 레닌은 그전에 스탈린을 비롯한 최측근 동료들과 여러 차례 만나 새 중앙위원회의 우선 위원 명단에 합의함으로써 만반의 준비를 해 두었다. 레닌은 자신의 분파가 다수파가 되기를 원했지만, 소수의 트로츠키주의자, 민주집중파, 노동자반대파도 포함하길 바랐다. 그는 비판자들을 수치스럽게 하고 배제하는 것이 아니라 통제하고 싶어 했다. 레닌은 대회 개막 연설을 하면서 폴란드에 대해 실책을 저질렀다고 인정했다. 또 노동자의 친구여야 할 지도자로서는 놀랍게도, 불만에 찬 농민들을 희생하면서 노동 계급 소비자들에게 지나친 관용을 베풀었다고 주장했다. 당은 군사비 삭감, 경제 개혁, 정치 통제 강화를 수용해야 한다고 레닌은 말했다. 레닌은 노동 계급이 공장을 통제할 수 있도록 해야 한다고 간청한 노동자반대파를 마르크스주의에서 벗어났다고 비난했다. 마르크스가, 그리고 실제로 1917년에 레닌 자신도, 사회주의 혁명 시대에는 노동자들이 공장을 통제할 필요가 있다고 강조한 사실은 단호하게 무시되었다. 레닌은 그 사실을 철저히 논하기보다는, 개혁과 억압에 대한 합의가 당내에서 관철되지 못한다면 체제가 붕괴할 것이라고 음울하게 선언했다. 레닌은 그 증거로 크론시타트 해군 수비대의 반란 논의에 관한 정보를 제시했다. 콜차크와 데니킨이 자유로이 활동했던 때보다 훨씬 위협적인 상황이라고 레닌은 선언했다.

두 시간에 걸친 연설이 끝나 갈 무렵, 레닌은 신경제정책에 대해 처음 들은 대회 참가자들이 레닌이 유약해지고(혹은 더 나쁘게는 친농민적이고 친자본주의적으로 되어 가고) 있다고 생각할지 모른다는 것을 비로소 이해한 것 같았다. 레닌은 다음과 같이 듣는 사람을 오싹하게 하는 말을 내뱉었다.

농민들은 공장과 도시가 완전한 기아에 시달리지 않도록 좀 굶어야 합니다. 국가 전반의 수준에서 이것은 전적으로 이해할 수 있는 부분입니다만, 우리는 지치고 궁핍한 농민-소유자가 그것을 이해하리라고 기대하지 않습니다. 그리고 우리는 강제 없이는 어떻게 할 수가 없으며, 비탄에 빠진 농민들이 이 강제에 매우 강하게 반발하고 있다는 것을 알고 있습니다.

분명히 신경제정책은 설득만으로는 작동하지 않을 것이었다.

대회가 신경제정책을 승인할 것이냐는 좀 더 근본적인 질문에 대한 대답은 아직 없었다. 레닌에게 이 과업은 쉽지 않았다. 당은 '노동조합 토론' 때문에 여러 분파로 찢어졌다. 외국 기업들에 영업권을 부여하는 정책을 두고 레닌 분파 내에서도 격렬한 분노가 일었다. 일부 대표들은 규율 완화를 원했던 반면 다른 대표들은 레닌이 너무 무르다고 생각했고, 당의 내부 조직에 대한 불만이 광범하게 퍼져 있었다. 당 지도부의 현재 외교 정책에는 혼란이 있었고, 적지 않은 대표들이 10월 혁명과 내전에서 거둔 승리를 어떻게 보호하고 강화할 수 있는지 알고 싶어 했다. 레닌은 예상된 소란에 매우 노련하게 대처했다. 트로츠키주의자들, 노동자반대파, 민주집중파가 서로 으르렁거리고 있다는 사실이 도움이 되었다. 어떤 정책에 대해서도 폭넓은 합의가 없었는데, 레닌은 적어도 당이 어디로 가기를 원하는지 알고 있는 듯 보인다는 이점이 있었다. 트로츠키와 실랴프니코프 같은 이들도 자신만의 전략이 있었다. 그러나 그들에게는 사태를 바로잡을 수 있는 능력 면에서 레닌이 당내에서 누리는 명성이 없었다. 〈4월 테제〉, 1917년 10월의 권력 장악, 브레스트리톱스크 조약은 볼셰비즘 원리에서 정전(正典)의 지위를 얻었다. 레닌은 당의 가장 현명한 수장으로 여겨졌다. 또 분파를 넘어서는 그에 대한 애정도 존재했다. 레닌은 가장 저명한 다른 두 정치국원인 트로츠키와 지노비예프처럼 개인적 증오심을 일으키지 않았다. 그리고 당 전체는 당의 균열을 재봉합하지 않는다면, 인민들의 분노의 홍수에 휩쓸려 나갈 것임을 깨달았다.

2급 지위의 지도자들만이 원칙적으로 신경제정책을 공개적으로 공격했다. 때때로 아슬아슬하긴 했지만 레닌은 끝까지 승리를 노렸고, 승리는 그의 것이었다. 신경제정책, 외국 기업에 영업권 부여, 레닌의 노동조합 정책, 노동자반대파를 마르크스주의에서 이탈했다고 비난하는 일까지, 이 모든 것들이 대회에서 완전히 승인되었다.

수도 밖에서 일어난 사건이 없었더라면, 레닌은 그렇게 평탄하게 승리를 거둘 수 없었을 것이다. 대회 중간에 크론시타트로부터 소식이 날아들었다. 해군 수비대가 봉기를 일으켰다. 반란 수병들은 공포정치, 독재, 곡물 징발, 일당 통치의 종식을 요구했다. 그들은 볼셰비키당에 절망했고, 볼셰비키를 증오하게 되었다. 그들은 '모든 권력을 당이 아니라 소비에트로' 달라고 요구했다. 크론시타트 봉기는 1918년 7월에 있었던 사회주의자-혁명가당 좌파의 봉기 이래 가장 심각한 내부의 군사적 위기였다. 게다가 크론시타트 수병들은 1917년에 볼셰비키의 주요 지지자로 유명했던 이들이었다. 반란은 여러모로 끔찍한 시기에 일어났다. 소비에트 체제는 러시아, 우크라이나, 북부 캅카스, 서부 시베리아에서 발생한 농민 반란의 위협을 받았다. 무시무시한 기근이 볼가와 우크라이나에서 시작되었다. 산업은 어디서나 황폐화되었다. 경쟁 정당들은 억압받았으나, 그들 중 정치 무대로 복귀할 수 있다는 희망을 버린 정당은 하나도 없었다. 옛 러시아 제국 전역의 종교 조직과 민족 집단들은 공산주의 체제의 종식을 원했다. 영국, 프랑스, 일본, 미국을 비롯한 외국 열강들은 소비에트 러시아에 단지 저주를 퍼부을 뿐이었다. 이제 크론시타트마저 볼셰비키에게 등을 돌렸다.

이러한 상황에서 단결이 가장 필요한 것임을 대회에 촉구하기는 이전보다 더 쉬웠다. 레닌이 비난한 노동자반대파조차 페트로그라드에서 크론시타트섬*을 향해 빙판을 가로지르는 군사 작전에 자원했다. 붉은 군대 병사들은 흰색 군복으로 위장한 채 북쪽으로 돌진했다. 트로츠키가 그들과 함께 갔고, 크론시타트 요새는 탈환되어 볼셰비키 손에 돌아왔다. 레닌은 후방에 머무르면서 소식을 기다려야 했다. 레닌이 할 수 있는 최선의 일은 선전물을 제작하는 것이었다. 이때 레닌이 〈프라우다〉에 발표한 평론들은 그가 저지른 가장 부끄러운 진실 왜곡의 하나였다. 레닌에 따르면, 크론시타트 반란 수병들은 외국 자본주의 열강의 첩자였던 사회주의자–혁명가당에게 속았다. 크론시타트 반란자들에게 내려질 처벌을 두고 동료 중앙위원회 위원들과 논의하면서, 레닌은 잔혹한 보복을 요구했다. 크론시타트 요새는 수적으로 우세한 진압 세력에게 함락되었다. 페트로그라드에 남아 있던 대회 대표들은 크게 안도했다. 그 결과 레닌의 농촌 개혁은 사정이 달랐더라면 직면했을 가혹한 비판을 피할 수 있었다. 레닌은 기회를 봐 분파 활동을 당에서 완전히 금지하는 결의안을 밀어붙였다. 레닌은 신경제정책이라는 경제적 '후퇴'를 성공시키려면 볼셰

---

* 정확하게 말하면, 크론시타트는 상트페테르부르크 앞바다 핀란드만에 있는 코틀린섬의 도시를 가리키며, 이곳에는 제정 러시아 시대 이래 발트 함대가 머무르는 해군 기지가 설치되어 있었다.

비키는 내부 단결을 강화해야 한다고 주장했다. 레닌은 간신히 승리했으나 어쨌든 이겼다.

하지만 레닌은 아직 한숨 돌릴 수 없었다. 1921년 3월 마지막 주에 헝가리 공산주의 지도자 벨러 쿤이 코민테른을 대신하여 부추긴 데 힘입어, 독일공산당이 베를린에서 권력 장악을 시도했다. 이 시도는 그리고리 지노비예프와 니콜라이 부하린 양자의 지지를 받은 것이 거의 확실했으나 반란의 계획과 실행은 어설펐다. 이 '3월 작전'에 대해 듣고 레닌은 격분했다.

레닌은 1921년 4월 23일(신력) 자신의 생일에도, 극도로 힘든 직무 일정을 고수해야 했다(아니면 적어도 고수해야 한다고 느꼈다). 레닌은 교육, 시베리아, 우크라이나 군사 배치, 크론시타트 반란의 여파, 노동자반대파 같은 문제를 결정하는 아주 중요한 정치국 회의를 주재했다.[6] 긴 회의에도 불구하고 레닌의 업무는 끝나지 않았다. 레닌은 인민위원회의에서 자신을 도울 개인 조수를 새로 임명했다. 레닌은 외무인민위원과 내무인민위원에게 편지를 썼다. 또 외무인민위원부에서 일하던 그리고리 시클롭스키(Grigori Shklovski)의 치료 계획에도 관여했다. 건강 관리는 레닌이 지도적 동지들을 상대로 하는 취미 활동에 가까웠다. 그들의 건강은 레닌에게 국가적 문제로 여겨졌다. 한편 레닌은 노동·국방회의와 소(小)인민위원회의* 같은 다양한 정부 기관들에서 이전에 다루었던 의제를 철저히 추적했다. 혼자 보낸 얼마 안 되는 시간 동안에는 신경제정책에 관한 책자인 《식량세에 관해서》를 몇 장 쓰려고 애썼다. 그날이 가장 바빴던 근무일은 아니

소인민위원회의(Malyi Sovnarkom) 러시아소비에트연방사회주의공화국 인민위원회의에 부속된 상설 소위원회를 가리킨다. 인민위원회의 권한으로 덜 중요한 경제 문제들을 사전 검토하기 위해 1917년 11월에 실지되었다. 위원회는 3, 4명의 인민위원이나 부인민위원, 서기로 구성되었으며, 필요할 때마다 비정기적으로 소집되었다.

었다. 그러나 레닌이 생각하기에 그날은 자기 없이는 수행될 수 없는 직무로 꽉 채워져 있었다. 51세가 된 레닌은 자신을 위해 쓸 시간 여유가 1분도 없었다.

정치 생활은 그의 존재의 핵심이었다. 레닌은 할 일이 있을 때는 자기 자신에 대해 연민을 느끼는 사람이 아니었다. 그는 내킬 때마다 스테판 길에게 고르키 요양소로 데려가 달라고 요구할 수 있었으나, 대체로는 그냥 정치를 했다. 하지만 레닌은 매우 피로했다. 레닌은 혁명, 전쟁, 심지어 강화와 강화가 초래한 문제들에 효과적으로 대처했다. 그는 가족과 이네사를 잃은 것도 극복했다. 그러나 레닌은 자신의 동료 당 지도자들에게 의지할 수 없다는 데 무척 낙담했다. 1920년에서 1921년으로 넘어가는 겨울에 그들은 혁명을 구원하는 것보다는 내부 논쟁에 관심을 쏟았고, 논쟁은 1921년 봄에도 그치지 않았다. 레닌은 당으로 하여금 제10차 당 대회에서 내려진 결정을 지키도록 하는 문제에서 여전히 할 일이 있었다. 그리고 볼셰비키 지도자들은 서로 싸우지 않을 때는 어떻게든 업무에서 벗어나 잠시라도 휴식을 취하려 했다. 전시의 강력한 압력은 그들에게 큰 손상을 입혔고, 지도자 개개인은 건강에 심각한 문제를 겪었다. 정치국은 구성원 한 명 한 명이 아프다는 보고가 올라오면서 마비되었다. 레닌은 자신도 만성 질환이 있었지만 혼자 꾹 참고 일할 수밖에 없었다. 레닌은 그가 견딜 수 있는 한계까지 몰려 일하고 있었다.

그러나 다른 수가 없었다. 트로츠키는 분명히 피로에 절어 있었고 휴식이 필요했다. 지노비예프는 두 번이나 심장마비를 겪었고, 카메네프도 심장에 문제가 있었다.[7] 스탈린은 맹장을 제거해야 했다. 부하린은 최근에야 요양에서 돌아왔다. 레닌은 과거 혼자 외로운 투쟁을 했으나, 이때의 레닌에게는 다른 어떤 때보다 정신적 강인함이 필요했다.

그리고 바로 이 몇 개월 동안 노동조합 문제가 정치적 의제와 다시 결합했다. 노동자반대파 지도자인 알렉산드르 실랴프니코프가 제10차 당 대회에서 결정된 분파 활동 금지에 반발하여 분란을 일으키기 시작했다. 중앙당 지도자들(휴양소에 있지 않거나 외과의의 집도를 받고 있지 않은 사람들)은 금속노동자 노동조합에서 당의 의지를 관철하기 위해 미하일 톰스키(Mikhail Tomski)를 '전러시아 노동조합 중앙회의' 의장으로 임명했다. 분노한 청중 앞에서 톰스키는 최선을 다했으나 노동조합 활동가들에게 몇 가지 양보를 했다. 레닌은 자신이 톰스키의 배신 행위라고 여긴 행동으로 인해 광적인 흥분 상태에 빠져 당 중앙위원회에서 그를 즉각 축출하라고 요구했다. 과거에도 레닌은 종종 몹시 흥분했지만 그래도 며칠 있으면 진정되곤 했다. 레닌이 정치적 성과를 확보하려고 과장되게 열정을 과시하곤 한 것은 익히 알려진 바였다. 그러나 금속노동자 노조 사건이 있은 지 몇 주 뒤에도 레닌은 톰스키를 중앙위원회에서, 심지어 당에서 쫓아내기 위해 여전히 광분했다.[8]

레닌의 신경은 누더기처럼 너덜너덜해져 있었다. 피로가 극심했다. 톰스키는 레닌의 비판자가 아니라 완전히 반대편 인물이었다. 그는 지난 겨울에 벌어진 '노동조합 토론'에서 내내 레닌의 확고한 동맹자였다. 레닌은 최근의 당 대회에서 얻은 행운이 계속될 것이고, 당의 지도 그룹 동료들이 신경제정책을 실현하고 발전시키는 일이 최우선 순위임을 인정하리라고 생각했다. 레닌은 자신이 특별히 고립되었다고 생각했다. 신경제정책은 4월에 법제화되고 마침내 나라 전역에서 시행되기 시작했지만, 당에서 확고하게 수용되지 않은 것이 분명했다. 많은(사실상 대부분의) 지역과 중앙의 볼셰비키 지도자들에게 곡물의 사적 거래를 다시 도입하는 것은 대단히 불쾌한 일이었다. 그러나 그 뒤에 레닌과 카메네프는 개혁이 실효를 거둘 수 있도록 여러 조치를 추가했다. 농민들에게 그들의 지역 밖에서 상거래를 할 수 있게 허용하고 또 상업 중개인들의 활동을 허가하면서 그들은 원래 개혁안을 넘어섰다. 레닌과 카메네프는 농촌의 농업 협동조합에 광범한 권한을 부여했다. 국영 집단 농장도 약간 고무했다. 그들은 소규모 개인 제조업자들이 산업 부문으로 복귀하는 것도 승인했다. 경제에서 자본주의적 측면이 점점 더 큰 자리를 차지해 가고 있었다. 언제, 어디서 이 과정이 멈출 것인가? 볼셰비키는 물었다.

자신의 혁명적 자격을 증명하려는 노력의 하나로 레닌은 소책자 《식량세에 관해서》를 완성했다. 레닌의 주된 주장은, 인민위원회의와 중앙위원회가 이미 1918년에 러시아 경제에서 자본주의에 약간의 공간을 내줄 필요가 있다는 점을 인정했다는 것이었다. 그러므로 신경제정책은 전혀 새로운 것이 아니라 부활한 정책에 불과했다. 내전이 끼어들었고, 전쟁은 레닌이 지금 '전시 공산주의'라고 일컫는 비상 조치를 불가피하게 만들었다. 그런 조치를 일시적으로 중단할 때가 왔다고 레닌은 선언했다. 분명히 이 말에는 어느 정도 진실이 담겨 있었다. 그러나 결코 온전히 진실은 아니었으며, 레닌도 그 점을 알고 있었다. 왜냐하면 신경제정책이 곡물 거래에서 예전에 농민들에게 허용되었던 것보다 더 많은 법적 자유를 허용했기 때문이었다.

그러나 볼셰비키의 역사를 두고 논쟁하려 드는 사람은 아무도 없었다. 레닌이 분명히 알아차리고 있었듯이, 그의 당은 신경제정책의 성격이 마르크스주의적이라고 왜 계속 믿어야 하는지 그 이유를 레닌이 알려주기를 기대했다. 《식량세에 관해서》는 이에 대해 풍부한 논거를 제공했다. 레닌은 특히 신경제정책이 정치적 양보나 이데올로기적 타협을 동반하지는 않을 것이라고 역설했다. 사회주의 공고화와 공산주의로 진전한다는 최고의 목표는 예전처럼 그대로 남아있었다. 레닌은 신경제정책 아래에서조차 '국가 전체를 위한 통일된 경제 계획'을 정교하게 다듬는 쪽으로 나아가기를 원했다. 레닌은 공포 조치를 좋아했다. 레닌은 대단찮은 사기와 부패를 저지른 죄, 관료주의적으로 권력을 남용한 죄, 심지어 상업적으로 폭리를 취한 죄를 물어 사람들을 총살하라고 권했다. "투기를 정치-경제적 의미에서 이해한다면, '올바른' 거래와 투기를 구분하는 것은 **불가능하다.** 거래의 자유는 자본주의이고, 자본주의는 투기다. 여기에 눈을 감는 것은 우스운 일일 것이다." 그러므로 자본주의에는 어떤 호의도 베풀지 않을 것이었다. 아니, 자본주의는 소비에트 국가에 의해 수탈될 것이다. 경제의 자본주의화 경향은 생산 단위의 거대화로 이어질 것이며, 이러한 거대한 생산 단위들은 가까운 미래에 국가 소유로 편입시키는 것을 용이하게 할 것이다. 그리고 자본주의는 러시아로 하여금 사회주의 성취에 필요한 기술적·문화적 수준에 더 빨리 오를 수 있게 해줄 것이다. 따라서 신경제정책은, 레닌의 설명에 따르면, 10월 혁명 이래 당이 선택했으나 내전으로 중단된 길, 즉 사회주의로 가는 길을 다시 여는 것이었다.

레닌은 1921년 5월 26일부터 신경제정책을 논의하기 위해 열린 당협의회에서 대놓고 강력하게 이 문제를 거론했다. 레닌은 신경제정책에 대한 볼셰비키 지도자들의 지체된 반응에 대처해야 할 것임을 알았다. 레닌은 사람들의 감정이 얼마나 격렬할지 미처 예상할 수 없었으나, 당에서 가장 날카로운 논쟁자였던 그 자신이 흔들릴 정도로 그에게 쏟아진 질책은 매서웠다. 대규모 산업이 방치되고 있고, 노동자들이 손해를 보고 있으며, 중앙 지도부는 이번에 채택한 조치를 적절하게 설명하지 않았고, 쿨라크의 위험이 간과되고 있다는 데 폭넓은 의견의 일치가 있었다. 레닌의 책자도 비판을 피하지 못했다. 사람들은 책의 내용이 불분명하고 종잡을 수 없다고 말했다. 단 한 명도 레닌을 변호하여 목소리를 높이지 않았다. 레닌은 살면서 단 한 번도 그와 같은 독설의 표적이 된 적이 없었다.

격분한 레닌은 최근 노동조합 지도부가 와해된 사태에 관해 토론을 벌이기 위해 다음날 회의장으로 돌아왔다. 토론이 시작되었을 때 레닌은 그곳에 없었으나, 여전한 자신의 분노를 표출하기 위해 발언권을 요구했다. 톰스키의 죄를 상세히 설명한 뒤, 레닌은 이 사건은 당 내부의 단결이 절대적으로 필요하다는 것을 보여준다고 주장했다. 노동자와 농민의 이해가 상충하는 것이 곧 혁명에 근본적인 위험이 된다고 레닌이 역설한 것은 이번이 마지막이 아니었다. 두 사회 계급 중 어느 한 계급을 옹호하는 분파가 생길 수도 있었다.[9] 유일한 해결책은 규율이었다. 레닌이 이렇게 간청한 것은 노동조합 와해 사태가 더 벌어지는 것을 피하기 위해서뿐만 아니라, 신경제정책을 재고하는 일이 벌어지지 않도록 하기 위한 것이었다. 레닌의 열정은 당 협의회를 휩쓸었다. 비록 신경제정책의 여러 측면과 신경제정책의 적용에 대해 일반적인 반대가 제기되었지만, 정책 폐기를 요구한 사람은 한 명도 없었다는 점이 눈에 띄었다. 신경제정책을 묵인하는 분위기가 확산되고 있었다. 근본적으로 대안이 없다는 데 암묵적인 합의가 이루어졌다. 당 협의회는 열중할 수 있는 다른 일들이 있었다. 특히 당 협의회는 사회주의자–혁명가당에 대해 '무자비한 투쟁'을 개시해야 한다는 데 동의했다. 당이 서방에서 사회주의 혁명을 확산하는 군사 행동을 포기하는 것을 기뻐하는 사람은 아무도 없었다. 그러나 레닌은 그들을 격려했다. "물론 유럽에서 혁명이 일어난다면, 우리는 당연히 정책을 바꿀 것입니다."[10] 이 발언은 공개되지 않았다. 〈프라우다〉에 보도 허가가 난 것은, 신경제정책을 오랫동안 유지해야 한다는 레닌의 예측이었다.

레닌이 당 협의회에서 보인 거친 행동은 속기록 몇 쪽에서 유난히 두드러진다. 그것은 또 고도의 기교를 드러낸 것이었다. 레닌은 자신의 기대를 저버리거나 몸이 아픈 중앙당 지도자들의 명단을 열거함으로써 동정을 불러일으켰다. 레닌은 자신의 비판자들이 유리한 상황에서 그들에게 도전했다. 스베르들로프 홀의 연단을 왔다 갔다 하면서 레닌은 분노와 결의를 보여주었다. 레닌은 연설에서 마르크스주의에 관한 자신의 경구들을 여기저기 뿌렸다. 자신의 정통성에 의문이 제기되자, 레닌은 상대를 호되게 비난했다. 그는 신경제정책(2월 이후 그가 발전시킨 신경제정책의 확장판)이 체제의 전반적인 위기를 극복하고 살아남을 유일한 수단이라는 전투적 주장에서 결코 물러서지 않았다.

논쟁은 몹시 격렬했고, 레닌은 의사록을 가능한 한 비밀에 부치기로 결정했다. 당은 1921년 2월 이래 택했던 전략적 선택지들이 옳음을 재확인했고, 레닌은 다른 사람들이 처음에 반대가 얼마나 심했는지 알기를 원하지 않았다. 또 레닌은 코민테른 내 좌파 세력에 맞서 선전 활동을 벌여 자신의 당을 상대로 거둔 승리를 강화해야 했다. 베를린에서 있었던 1921년 3월 작전의 대실패가 계속 그의 마음을 괴롭혔다. 레닌이 묘사했듯이, 그와 같은 '모험주의'가 조금이라도 되풀이된다면, 연초부터 인민위원회의가 승인해 온 다양한 상업적·외교적 협정이 위험에 빠질 것이었다. 레닌에게는 폴란드에서의 패퇴 이후 혁명적 팽창주의를 당분간 섬세하게 다루어야 한다는 것이 자명해 보였다. 잃을 것이 너무 많다. 1921년 3월 16일에 영국-소비에트 협정이 체결되었는데, 그 조건 중에는 소비에트 당국이 대영 제국 영토 내에서 전복 활동을 중지한다는 것이 있었다. 이틀 후 라트비아의 수도인 중립 도시 리가에서 폴란드와 강화조약이 체결되었다. 터키와 외교 협정도 이루어졌다. 레닌에게 미국과 (특히) 독일의 실업계가 접근해 온 일은 놀라운 것이었다. 그가 보기에 소비에트의 이익을 보호하고 증대하는 길이 손이 닿을 거리에 있는 것만 같았다.

레닌이 주로 외국인들에게 종종 쓰는 말들이 있었는데 그런 표현은 그가 그 조건에 만족한다는 인상을 주었다. 레닌은 훌륭한 변신술사였다. 레닌이 '평화 공존'을 선호한다고 말했을 때, 서방의 많은 이들은 레닌이 일종의 평화주의자라고 믿기 시작했다. 그러나 러시아인이든 외국인이든 동료 공산주의자들 앞에서 레닌은 그와 같은 비마르크스주의적 생각을 절대로 표명하지 않았다. 그는 왜 그렇게 해야만 했는가? 레닌은 소비에트 러시아가 궁극적으로 소비에트 독일, 소비에트 프랑스, 소비에트 영국과 함께해야 할 것이라고 여전히 믿었다. 그러나 레닌은 역경 속에서도 최선을 다하고 있다는 데 항상 자부심을 느꼈다. 레닌은 자금, 첩자, 선전을 나머지 세계, 특히 중부 유럽에 밀송하는 것을 계속 승인했다. 레닌은 자본주의 열강을 분열시키기 위해 할 수 있는 바를 다했다. 레닌은 이들 열강과 친선을 맺는 일과 전 지구적 사회주의 혁명의 이익을 증대하는 일 사이에서 어떻게 균형을 잡을지 설명하지 않았다. 레닌 자신도 이 문제는 생각하지 않았다.

레닌에게 한 가지는 분명했다. 코민테른은 소비에트 러시아를 위험에 빠뜨릴 수 있는 성급한 봉기 시도는 어떤 것이든 피해야 함을 분명히 밝혀야 했다. 그러한 봉기 시도는 프랑스와 미국을 자극해 반공산주의 십자군을 결성하게 할 수 있었다. 1921년 6월 23일 모스크바에서 열린 제3차 코민테른 대회에서 레닌은 외국 공산주의자들을 이 정책에 묶어 두는 데 전념했다. 이것은 폴란드 패퇴 이후 그해 레닌이 마지막으로 온 힘을 쏟은 일이었다. 레닌은 카를 라데크나 벨러 쿤같이 코민테른에서 영향력 있는 인물들을 눈여겨보았다. 독일 공산당은 3월 작전 때문에 비판받는 것이 불만이었다. 독일공산당 지도자들은 여전히 1917년에 레닌의 볼셰비키가 했던 것처럼 행동했을 뿐이라고 생각했다. 레닌은 그들에게 크게 화를 냈다. 틀림없이 레닌은 그들이 또다시 잘못된 판단에 따라 권력 장악을 시도할 것이라고 추정했을 것이다. 대회에서 레닌은 볼셰비키가 '노동자·농민 대표 소비에트의 다수파'를 확보한 이후에야 임시정부에 맞서 궐기했으며, 이것이 독일 공산주의자들이 따라야 할 진정한 선례라고 주장했다. 그 주장은 역사적 사실과 달랐다. 실제로 볼셰비키가 도시 소비에트들에서 절대 다수를 획득한 것은 1917년 10월 이후의 일이었다. 그러나 내전이 끝날 무렵에는 대부분의 볼셰비키가 이 신화를 믿었고, 아마 레닌 자신도 그렇게 믿었을 것이다. 그리고 대회가 끝날 즈음인 7월 12일에 레닌은 자신의 생각을 관철했다.

레닌은 설득을 하기 위해 최선을 다해야 했다. 문제는 그가 종종 특유의 능란함을 잃었다는 사실이었다. 헝가리 공산주의자들, 특히 벨러 쿤이 레닌의 논평에 기분이 상했다. 레닌은 이례적으로 사과했다. 그러나 레닌은 자신의 현재 정책이 올바르다고 거듭 주장했으며, 자신도 지난날 잘못한 적이 있었다고 넌지시 말하려 했다.[11]

그러므로 저는 서둘러 글로 소통하고자 합니다. 저 자신이 (15년 넘는 세월 동안) 망명자였을 때, 저는 몇 번이나 '지나치게 좌파적인' 입장을 취했습니다. (지금 돌이켜봐서 깨달은 것입니다.) 1917년 8월에 저는 망명자였고, 다행히도 완전히 거부되기는 했지만, 중앙위원회에 '좌파' 쪽으로 편향된 제안을 했습니다.

이 고백이 나오기까지는 오랜 시간이 걸렸다. 게다가 1917년의 역사에 대한 레닌의 다른 언급과는 달리, 이 진술은 명백한 사실이었다. 8월뿐 아니라 10월에도 레닌이 중앙위원회에 제출한 제안이 재난을 불러왔다는 사실도 덧붙일 수 있을 것이다. 8월과 10월의 차이는, 레닌의 8월 제안은 당의 생존을 위험에 빠뜨린 데 그쳤지만, 10월 제안을 실행하겠다는 그의 고집은 나라 전체를 황폐하게 만들었다는 점이었다.

레닌은 볼셰비키의 권력 장악 계획 전체를 재고할 생각이 전혀 없었다. 레닌의 삶과 정치 경력은 1917년 10월 혁명과 떼려야 뗄 수 없을 정도로 얽혀 있었다. 그리고 레닌은 러시아인이든 외국인이든 살아 있는 공산주의자들 중에 자신이 10월 혁명을 가장 잘 보호하는 법을 알고 있음을 코민테른이 인정해주기를 바랐다. 레닌은 정치국과 중앙위원회의 비밀 회의에서 이 점을 격렬하게 주장했다. 레닌은 붉은 군대를 급파하여 크론시타트 반란을 진압하게 하고, 반란 지도자들을 처형하고 나머지 반란자들을 러시아 극북 지방에 위치한 우흐타 강제 노동수용소로 보내도록 했다. 또 정치위원 블라디미르 안토노프-옵세옌코와 사령관 미하일 투하쳅스키가 필요할 경우 비행기로 독가스 폭탄을 투하함으로써 탐보프 농민 반란자들을 소탕하는 임무를 띠고 탐보프에 부임하는 것을 승인했다. 레닌은 붉은 군대가 아제르바이잔, 아르메니아, 그루지야로 밀고 들어갈 때 정치적으로 저항한 모든 사람들에게 무력을 행사하도록 허용했다. 1891년, 1892년과 마찬가지로, 레닌은 러시아와 우크라이나 전역에서 기근이 확대되고 있다는 보고를 받았을 때 식인 행위가 널리 자행되는 상황이었는데도 이를 외면했다. 레닌은 공장에서 파업이 발생할 때마다 체카의 목줄을 풀어놓았다. 그는 자신이 우울하다는 신호를 보인 적이 한 번도 없었다. 또 10월 혁명이 헛되었다거나 흘린 피가 너무 지나쳤다고 동료에게 말한 적도 없었다.

그 대신 레닌은 1년 동안의 만족스러운 작업에 대해 조용히 생각했다. 하지만 레닌이 없었더라면 그의 당은 절벽에서 떨어졌을 것이다. 신경제정책은 대대적인 군사적·정치적 억압과 아주 미미한 경제 개혁을 결합함으로써 소비에트 체제를 구원할 수 있는 최소한의 조건이었다. 레닌은 이 정책을 시행할 수 있었고, 해야 했을 때보다 더 늦게 이 사실을 깨달았다. 그러나 어떤 다른 볼셰비키도 당을 신경제정책 속으로 밀어 넣지 못했을 것이다. 제3차 코민테른 대회가 폐막하기 며칠 전에 레닌은 기진맥진해졌고, 대회 참가자들은 그가 폐막 회기에 나타나지 않은 데 실망했다. 그러나 레닌은 자신이 시작한 것을 수행했다. 그는 이것을 자랑할 여유가 없었다. 당 대회, 당 협의회, 코민테른 대회에서 그가 거둔 승리들은 비상한 정치적 기술의 산물이었다. 레닌이 없었더라면 1917년 10월에 혁명은 없었을 것이다. 레닌이 없었더라면 러시아공산당은 1921년 말 이후 그리 오랫동안 지속하지 못했을 것이다.

26장

강박증과 죽음의 공포
1921년 7월~1922년 7월

레닌의 신경제정책을 이루는 기본 요소 대부분이 자리를 잡았다. 농민들은 잉여 곡물을 누구에게든 자신이 원하는 사람에게 팔 수 있도록 허용받았고, 소규모 개인 제조업과 상업이 도시로 돌아왔다. 그리고 유럽에서 자본주의를 전복하겠다는 노골적인 위협이 중단되었다. 그렇지만 일당 유일 이데올로기 국가의 지배력이 느슨해진 것은 아니었다. 볼셰비키가 공공 기관의 주요 직책을 채웠고, 국가보안부(게페우GPU)라는 새 이름이 붙여진 체카가 반체제 인사들을 체포했다. 차르가 지배했던 폴란드와 발트 국가들을 제외한 옛 러시아 제국의 변경 지역들이 수복되었다. 모든 민족적·종교적·문화적 기치보다 마르크스주의 원리가 우월하다고 공식적으로 인정되었다. 레닌이 이끄는 당은 조만간 공산주의가 세계를 장악하리라 기대했다.

하지만 1921년 중반쯤 레닌은 자신이 이제까지 해 오던 일을 수행하기 어렵다고 느꼈다. 문제는 지적이거나 정치적인 것이 아니라 단순히 육체적인 것이었다. 아주 좋았던 적이 한 번도 없었던 레닌의 건강은 이제 급격히 기울고 있었다. 레닌은 더는 종일 근무를 할 수가 없었다. 만성적인 두통과 불면증이 심해졌고, '가벼운' 심장마비를 몇 차례 겪었다. 주치의들에게 문의한 결과 그들이 어떻게 진단해야 할지 혼란스러워한다는 것을 알게 된 레닌은 동생 드미트리에게 상담했다. 그 결과 레닌의 문제들 중 하나는 긍정적인 결과를 얻을 수 있었다. 몇몇 전문가들은 레닌이 위장병을 겪는다고 생각하고 있었다. 드미트리 일리치는 레닌이 고르키에서 스키틀스 게임을 하는 것을 지켜본 뒤, 레닌이 게임을 할 때 등을 급히 움직이고 그럼으로써 복부 근육을 뒤틀리게 하고 있다며 의사들과 다른 의견을 내놓았다. 레닌이 스키틀스를 그만두자마자 복부 문제는 사라졌다.[1] 그러나 다른 문제에서 드미트리 일리치는 다른 모든 사람들과 마찬가지로 어찌할 바를 몰랐고, 다른 의학적 증상들은 레닌을 계속 괴롭혔다. 절망에 빠진 레닌은 정치국에 자신의 비밀을 더는 숨길 수가 없었다. 동료 지도자들의 간섭을 경계했던 레닌은 마지못해 정치국으로 갔다. 그러나 레닌은 자신이 놓은 덫에 걸렸다. 바로 자신이 아픈 동료들에게 병원이나 요양소에 가라고 명령하는 선례를 세웠기에 정치국이 자신의 치료 계획을 결정한다고 해도 불평할 근거가 없었다.

1921년 6월 4일, 정치국은 레닌에게 한 달간 휴가를 다녀오라고 지시했고,[2] 레닌은 순순히 고르키로 옮겼다. 레닌은 제3차 코민테른 대회의 일부 회기들에 참가할 때만 모스크바로 돌아올 수 있도록 허락받았다. 그러나 중앙당 지도부의 내부 비밀 그룹 말고 누구도 몰랐던 냉엄한 현실은, 레닌이 중태라는 것이었다. 7월 8일, 레닌은 다음 몇 달 동안 자신의 업무 부담을 줄여 달라고 스스로 요청했다.[3] 그 요구는 받아들여졌다. 8월 9일, 그의 동료들은 먼저 앞장서서 레닌에게 휴가를 연장하라고 명령했다. 레닌은 솔직했다. "나는 일할 수가 없습니다."[4] 건강 진단이 뒤따랐고, 여러 전문가들이 장기간 활동을 자제하라는 처방을 내렸다. 그러나 그때까지 평소 그답지 않게 유순했던 레닌은 주치의들과 말싸움을 벌였고, 정치적 활동을 완전히 중단하는 것이 아니라 줄이는 데 동의를 얻었다. 레닌은 그 동의를 무책임하게 해석했다. 레닌은 정치국과 중앙위원회, 인민위원회의 의장직을 계속 맡았다. 또 그는 12월에 소비에트 대회에도 참석했다.

한편 레닌은 모스크바 근교의 한 옛 대저택에서 다른 저택으로 옮겼다가 고르키에 있는 '큰 집'에 눌러앉았다. '큰 집'에는 레닌을 위해 방들이 준비되어 있었다. 고르키 저택은 자신들의 영지에 화려한 집을 짓는 지방 지주들의 열정이 최고조에 달한 18세기에 건설되었다. 1910년에 새 소유주인 레인보트 장군 부부가 개축했다. 그리하여 대부분의 비슷한 영지 저택과는 달리, 그 집에는 이미 중앙 난방과 전기 시설이 갖추어져 있었다. 겨울에 열대 식물을 키울 수 있는 온실 정원도 제1차 세계대전 전에 덧붙여졌다. 그러나 건축학적 아름다움은 보존되었다. 고전적인 건물 정면은 여섯 개의 하얀 기둥으로 아름답게 꾸며졌다. 내부의 방들에는 시원하게 높은 천장과 안락하고 잘 관리된 가구들이 있었다. 저택은 두 층에 넓은 방이 여럿 있어 편안한 환경을 제공했다. 바깥에는 나무가 우거진 정원이 있었고, 토끼여러 마리가 자작나무 사이에서 뛰놀았다. 또 늙은 집주인들이 낚시를 하던 아담한 연못도 있었다. 제철이 되면 버섯이 어디서나 돋아났다. 저택 남쪽으로 멀지 않은 곳에 파흐라강이 흘렀다. 높은 지대에 자리 잡은 고르키 마을의 공기는 깨끗하고 고요했다. 레닌은 요양을 위해 더할 나위 없이 멋진 장소를 선택했다.

주말마다 나데즈다 콘스탄티노브나와 마리야 일리니치나가 레닌을 찾아왔다. 일할 수 있는 환경을 만들기로 결심한 레닌은 크렘린에서 가정부인 사샤를 데려왔다.[5] 레닌은 크렘린과 긴급 연락이 가능하도록 인근 포돌스크로 연결되는 전화를 한 대 더 놓을 것을 지시했다. 응접실의 책장은 즉각 참조할 수 있는 책 400권으로 채워졌다. 책이 없으면 인생은 살아갈 가치가 없을 것이었다.[6] 그 뒤 스테판

레닌이 요양 중에 고르키 마을에서 크렘린을 오갈 때 탔던 차량. 눈길을 달릴 수 있게 바퀴를 떼어내고 스키와 무한궤도를 달았다.

길이 롤스로이스 세단을 가져와 집의 측면에 있는 차고에 주차했다. 옅은 회색 빛깔의 반짝이는 이 근사한 차는 인민위원회의가 쓸 용도로 대외무역인민위원인 레오니트 크라신이 런던에서 구입했다. 불행히도 롤스로이스는 겨울에는 사용할 수 없었고, 레닌은 눈이 올 때도 운행할 수 있게 차 개조를 허락했다. 여기에는 산업적 파괴 행위가 따랐다. 그들은 차 바퀴를 떼어내고 거대한 스키를 차대 앞에, 그리고 무한궤도*를 뒤에 붙였다. 이렇게 개조함으로써 운전사는 눈 더미에 갇히지 않고 요양소로 가는 굽은 길을 헤쳐 나갈 수 있을 것이었다. 롤스 씨와 로이스 씨라면 허락하지 않았을 것이다.

레닌은 '큰 집'의 거주자로서 더욱 까다로워졌다. 레닌은 고용인들이 가구에서 먼지막이 커버를 벗겨내지 못하도록 했다. 요양이 끝나면 들어올 때의 모습 그대로 물건들을 놔두고 가고자 한 것이다. 그와 같은 조심스러운 태도는 1918년 런던에서 망명 생활을 할 때 홀퍼

무한궤도 차 바퀴에 벨트를 둘러 바퀴 대신 차를 움직이게 하는 장치. 장갑차나 전차에 주로 사용된다.

드 광장의 이오 부인 집 2층 벽난로에 불을 피우려 했던 일과 대비되는 것이었다.[7] 고르키의 난로는 이런 환경에 맞도록 설계된 것이 아니었고, 그 결과 화재가 발생했다. 경호원이 재빨리 끄지 않았더라면 불길이 저택을 불살라버렸을 것이다.

어쨌든 평소 레닌은 방 온도가 너무 높은 것을 좋아하지 않았다. 레닌은 주치의들도 강건한 사람이기를 기대했다. 정신과 의사인 빅토르 오시포프(Viktor P. Osipov) 교수는 레닌이 온도를 섭씨 15도보다 높지 않게 하라고 명령했다는 것을 알고 당황했다.[8] 그러나 오시포프는 불평할 만큼 어리석지는 않았다. 그는 방금 체카의 구금에서 풀려난 참이었다.[9] 어느 날 오시포프는 반혁명 첩자라는 혐의로 재판을 받고 총살될 처지에 놓여 있었다. 다음날 그는 혁명 지도자를 돌보는 의국장 중 한 명이 되어 있었다. 레닌의 병이라는 문제에 직면하여 정치국은 '인민의 적' 용의자들에게 좀 더 실용적 접근을 취해야 했던 것이다. 오직 의사만이 환자를 치료할 수 있었다. 그리고 어쨌든 오시포프에게 불리한 증거는 몹시 빈약했다. 보건인민위원인 니콜라이 세마시코(Nikolai Semashko)는 지금 이용할 수 있는 가장 훌륭한 전문가가 누구인지 조언을 받아들였다. 병을 앓고 있는 레닌을 치료하는 팀에 외국인들을 끌어들이는 데 돈은 장애가 되지 않았다. 그리하여 한 무리의 독일 교수들이 오시포프를 비롯한 다른 뛰어난 러시아 의사들에 합류하여 문제를 진단하고 레닌에게 완벽한 육체 건강을 되찾아주기 위해 초빙되었다.

1917년 이래 환자의 업무량이 그의 건강에 뚜렷이 영향을 주고 있었고, 어리석게도 레닌은 1921년 후반에 업무를 과감하게 줄이지 못했다. 몇 번의 짧은 요양을 빼고 레닌은 과거 망명 시절에 누렸던 것 같은 긴 여름 휴가를 보낼 수 없었다. 그의 몸과 마음은 휴식을 외치고 있었다. 반쯤 혼이 나간 레닌은 누구에게 도움을 요청해야 할지 몰랐다. 동생 드미트리를 빼고 러시아 의사들은 레닌의 불신만 키웠고, 보건인민위원이 높은 비용을 지불하고 데리고 온 독일 의사들은 아직 진단에 합의를 보지 못했다(사실 그들은 결코 합의하지 못했다). 레닌의 상태는 악화일로에 있었다. 그러나 레닌이 겪고 있는 어떤 신체적 고통보다 그를 더 힘들게 만든 문제가 하나 있었다. 그것은 레닌이 생애 처음으로 일할 의욕을 잃어버렸다는 사실이었다. 그는 종종 아침에 일어나서 서류를 보는 둥 마는 둥 했다.[10] 레닌 자신도 이런 상황을 이해하지 못했다. 레닌은 이런 일이 자신에게 일어났다는 것을 믿을 수 없었다. 과단성 있는 태도는 어린 시절부터 레닌의 주요 특성 중 하나였다. 자기에게 정해진 일을 해내지 못하는 것은 울리야노프가에서 용서받을 수 없는 죄악이었다. 맡은 일을 해내려고 하지 않는 것은 용서받을 수 없는 일일 뿐만 아니라 아예 상상할 수 없는 일이었다.

레닌의 아버지 일리야 니콜라예비치는 심비르스크주에서 초등학교 네트워크를 만드는 동안 몸이 기진맥진해질 때까지 스스로 몰아세웠다. 그의 형 알렉산드르는 생물학 시험을 대비해 복습하려고 크리스마스 방학 동안 상트페테르부르크 대학에서 집에 오지 않았다. 니콜라이 체르니솁스키는 시베리아에서 행정적 추방 형기를 채우는 동안 러시아 사회학과 경제학 연구에 매진했다. 카를 마르크스는 런던에서 여러 권으로 된 일반 사회 이론에 관한 책을 썼다. 레닌의 이 영웅들은 쓰러져 죽을 때까지 일했다. 레닌도 그들과 마찬가지였다. 그러나 갑자기 쉰두 살 때 레닌은 일을 계속하고자 하는 무의식적인 충동을 더는 느끼지 않았다.

누구도 무엇이 잘못되었는지 설명할 수 없었다. 그는 의사 동생과 자신을 돌보는 전문가들에게 통 열의가 없는 자신의 심정에 대해 기꺼이 말했다. 이 무력감은 새로 생긴 두 가지 문제 중 하나였다. 레닌이 두 번째 문제를 털어놓은 것은 1922년 3월 4일 레닌이 다르케비치 (Liveri O. Darkevich) 교수와 상담을 할 때였다. 신경병리학자일 뿐만 아니라 천부적으로 남의 이야기를 잘 들어주었던 다르케비치는, 레닌에게서 한동안 주기적으로 '강박증'에 시달렸다는 이야기를 끌어 냈다. 이 강박증의 정확한 내용은 여전히 알 수 없지만, 확실히 레닌은 자신이 미쳐 가는 게 아닐까 생각했던 것 같다. 그들은 러시아어로 증상을 의논하는 데 어려움이 있었으나, 레닌이 유럽어로 된 의학서와 용어에 더 익숙했으므로 프랑스어로 이야기를 나눌 수 있었다. 레닌은 절망의 구렁텅이에 빠져 있었다. 불면증, 두통, 심장마비, 무력감, 허리 통증, 강박증이 한꺼번에 닥치면서 그는 심각한 비관주의에 빠졌다. 이런 상황은 아무도 몰랐다. 레닌은 가족에게 말할 때를 제외하고는 자신의 병을 항상 비밀에 부쳤고, 가족에게조차 모든 것을 털어놓지 않았다. 그러나 이제 이전에 경험한 것보다 더 나쁜 뭔가가 자신에게 일어나고 있다는 사실을 레닌은 인정했다. 레닌은 조용히 공포에 사로잡히기 시작했고, 자살까지 생각했다.

레닌은 마비되어 죽어 가는 것이 겁났고, 마르크스의 사위인 폴 라파르그가 1911년에 자살이라는 유사한 결정을 내린 것에 오래전부터 깊은 인상을 받았다.[11] 자살을 위해 레닌은 자신의 동지들 가운데 가장 강철 같은 사람인 스탈린에게 도움을 청했다. 레닌은 가족들이 자신과의 감정적 유대를 제쳐두리라고 믿을 수 없었다. 다른 동지들도 레닌을 돕는 데 필요한 냉정한 마음이 없을 것이었다. 그러나 레닌은 스탈린에게서 자신이 요구할 때 언제든 독약을 건네주겠다는 약속을 받아냈다. 레닌은 자신이 판단하기에 그 순간이 왔을 때 죽을 준비를 할 생각이었다.[12]

하지만 레닌은 이 무렵 자신이 상담한 의료 전문가들에게 이런 생각을 숨겼다. 레닌은 그들이 자신의 계획에 개입할까 봐 우려했다.

그렇지만 그는 일부 다른 신중한 생각들을 의사들에게 털어놓았다. 이것은 특히 종교적인 믿음이 없고, 그래서 사제나 목사 혹은 그에 상응하는 속마음을 털어놓을 사람이 없는 사람들에게 곧잘 나타나는 현상이다. 레닌은 일단 다르케비치를 믿을 수 있다고 판단하자, 그에게 불쑥 이런 이야기를 했다.[13]

나이 쉰이 되면 모든 혁명가는 무대 뒤로 떠날 준비를 해야 합니다. 더는 이전처럼 일을 계속할 수가 없어요. 두 사람 몫의 직무를 수행하기가 힘들 뿐 아니라 나 혼자에게 맡겨진 일만 하기도 버겁습니다. 나 자신이 개인적으로 해야 할 일도 책임질 힘이 없습니다. 활동 능력을 잃어버려서 그런 겁니다. 나도 모르는 사이에 이런 치명적인 상실이 일어났습니다. 저는 일하는 사람(rabotnik)이기를 완전히 그만두었습니다.

레닌은 "자신의 노래를 이제 다 불렀고 자신의 역할은 끝났으며," 자신의 직책을 다른 사람에게 넘겨주어야 한다고 말하면서 몹시 침울해했다. 또 레닌은 끔찍한 통증에 시달렸다. "아침에 당신이 끝없이 이어지는 일에 준비가 되어 있어야 할 때, 불면에 빠지도록 운명 지워진 밤은 참으로 끔찍한 것입니다."[14]

마리야 일리니치나와 울리야노프 가족의 주치의인 게티예 교수가 옆에 있었고, 레닌이 자신의 심정을 쏟아내는 것을 들었다.[15] 레닌이 동반자로 나데즈다 콘스탄티노브나가 아니라 여동생을 선택했다는 사실은 의미심장했다. 레닌과 그의 아내의 관계는 여전히 차가웠다. 상담은 네 시간 동안 계속되었고, 상담이 끝나자 다르케비치는 결론을 내렸다. 다르케비치는 어떤 '기질성 뇌 질환'도 발견할 수 없었고, 대신 뇌가 극도로 피로하다고 진단할 수 있을 뿐이었다. 다르케비치가 제안한 치료 과정은 단순했다. 레닌은 지적·정치적 활동에서 벗어나 휴식을 취해야 했다. 레닌은 모스크바 외곽에서 잠시 쉬어야 하고, 원한다면 사냥도 갈 수 있을 것이다. 연설은 한 달에 한 번만 해야 한다. 레닌은 기뻤다. 이른 죽음의 그림자가 사라졌다. 마리야 일리니치나는 오빠가 '완전히 다른 사람'이 되었다고 말하면서, 다르케비치에게 감사 인사를 했다.[16] 상쾌한 기분으로 레닌은 고르키의 대저택에 계속 머물렀다. 때때로 (다르케비치의 치료법을 엄격히 고수하지 않고서) 레닌은 모스크바로 되돌아가곤 했다. 레닌의 열의는 그의 운전사인 스테판 길에게는 너무 지나친 것이었다. 레닌은 도로에 바퀴 자국이 있든 없든 롤스로이스가 더 빨리 가기를 원했다. 길은 지시에 복종했으나, 동물을 위험에 빠뜨리지 않도록 한계를 정했다. 레닌은 길가의 닭들을 불필요하게 '존중'한다고 길을 나무랐다. 이것은 레닌의 냉혹함을 보여주는 또 다른 사례였고, 이 때문에 정부 검열관들은 거의 70년 동안 길과 레닌의 대화를 인용하는 것을 전혀 허가하지 않았다.

레닌은 주치의들의 충고를 따르는 것 같았다. 1921년에 레닌이 이듬해 북부 이탈리아의 제노바에서 열리기로 계획된 국제 회의에서 소비에트 정부를 대표할 것인지를 두고 몇 번 논의가 오갔다. 외국의 신문기자들은 레닌이 제노바에 오는 것을 역사적인 사건으로 이미 묘사하고 있었다. 러시아 바깥에서는 어떤 사람도 레닌에 대해 그리 많이 알지 못했다. 영국 작가 H. G. 웰스(Herbert George Wells)와 버트런드 러셀(Bertrand Russell)이 1920년에 레닌과 인터뷰를 했다. 그들의 보고는 레닌이 비범한 사람이자 정치가라는 것을 독자들로 하여금 의심의 여지 없이 믿게 해주었다. 당대 러시아에 관해 매우 악의적인 책들도 몇 권 출간되는데, 그 책들에는 모두 레닌에 관한 내용이 들어 있었다. 레닌은 세계를 매혹했다. 레닌을 얼핏이라도 볼 수 있으리라는 데 사람들은 점점 흥분했고, 한동안 모스크바 당국은 추측을 잠재우기 위해 아무것도 하지 않았다. 하지만 몸 상태가 좋았더라도 레닌은 제노바에 갔을 것 같지 않다. 대외무역인민위원 레오니트 크라신은 레닌에게 러시아 군주주의자들이나 사회주의자-혁명가당이 그를 암살하려 할지 모른다고 경고했다. 이에 답하여 레닌은 정치국에 자신은 물론이고 트로츠키와 지노비예프도 국외로 나가는 것을 금지하라고 요청하는 글을 고르키로부터 보냈다. 위험 부담이 너무 컸다.[17]

마지막 순간에 외무인민위원인 게오르기 치체린*이 소비에트 정부를 대표하기로 결정되었다. 레닌은 치체린에게 모스크바의 엄격한 통제가 필요하다는 점을 자신이 없는 정치국이 깨닫지 못했을 것이라고 의심했다. 근본적으로 레닌은 제노바에서 포괄적인 국제 문제를 처리한다는 가능성을 이미 부정하고 있었다. 이유는 두 가지였다. 첫째, 레닌은 국내 경제 정책에 손이 묶여 있기를 바라지 않았는데, 국내 경제 문제에 집중하는 것이 영국과 프랑스와 벌이는 협상에 지불해야 할 대가라는 것을 알았기 때문이었다. 둘째, 레닌은 베르사유 조약, 생제르맹 조약*, 트리아농 조약*에 의해 유럽에 부과된 영토적·정치적 조정을 확고히 하는 데 동참할 뜻이 없었다. 레닌이 보기에 소비에트의 장기적 이익은 명백히 여러 자본주의 국가들을 분열

게오르기 치체린(Georgi V. Chicherin, 1872~1936) 소련의 외교관. 외무부 자료실에서 러시아 외교사를 연구하다가 마르크스주의자가 되어 1904년 독일로 망명했다. 1905년 베를린에서 러시아사회민주노동당에 입당하여 멘셰비키에 속했다. 러시아 혁명 후 볼셰비키로 전향했고, 그 때문에 영국 정부에 체포되었다. 그 뒤 억류자 교환으로 귀국했고 레닌에게 발탁되어 독일과의 강화 교섭을 담당했다. 1918~1930년에 외무인민위원으로서 소련 외교를 담당했다.

생제르맹 조약(Treaty of St. Germain) 1919년 9월 연합국과 오스트리아 사이에 맺어진 조약. 이 조약으로 오스트리아-헝가리 이중 제국이 해체되었다. 그 결과, 오스트리아는 면적과 인구가 전쟁 전의 4분의 1 정도로 줄었고, 헝가리, 체코슬로바키아, 폴란드, 유고슬라비아, 루마니아 등 새로운 독립 국가가 탄생하였다.

시키는 데 있었다. 레닌은 정치국으로 하여금 포괄적인 전후 조약이 아니라 독일과 개별적인 상업·외교 조약을 맺는 데 우선 힘쓸 것을 치체린에게 명령하도록 했다. 4월 16일 치체린이 이끄는 소비에트 대표단은 제노바에서 30킬로미터 떨어진 라팔로에서 독일과 협상을 벌였고 그 결과 개별 조약을 체결하여* 정치국이 원한 바를 얻어냈다. 그것은 레닌주의 외교 전략의 승리였다. '유럽 사회주의 혁명'의 가능성을 궁극적으로 부정하지 않고, 대륙의 다른 패배한 강대국과 무역을 확대할 수 있는 길이 열렸다.

치체린은 레닌의 지시를 받아들이기를 주저했다. 이즈음 성마른 기질을 유독 자주 드러내던 레닌은 치체린이 머리가 돌아서 정신병원에 들어가야 한다고 제의했다. 정치국은 레닌의 제안을 심각하게 여기지 않았다. 레닌은 자신의 여러 동지들을 두고 부득이 일정 기간 요양을 하지 않으면 안 된다고 자주 말을 꺼냈다. 하지만 동지의 정신 건강을 의문시하는 것은 차원이 다른 문제였다. 가련한 치체린의 앞날에 대해 진단을 내리면서 레닌이 실은 자기 자신에 대한 두려움을 드러낸 것이었다는 결론을 피하기 힘들다. 레닌은 다르케비치 교수에게 말했듯이, 때때로 자신이 미쳐 가고 있다고 느꼈다.

트리아농 조약(Treaty of Trianon) 1920년 6월 4일 베르사유의 대(大)트리아농 궁전에서 연합국과 헝가리가 맺은 조약. 이 조약과 생제르맹 조약이 합쳐져 헝가리의 오스트리아 분리가 승인되었다. 이 조약으로 헝가리는 체코슬로바키아, 유고슬라비아, 루마니아, 오스트리아에 영토를 나누어주어야 했고 인구도 크게 줄었다.
라팔로 조약(Treaty of Rapallo) 1922년 4월 16일에 이탈리아의 제노바 근교 라팔로에서 바이마르공화국과 소비에트 러시아가 맺은 조약. 같은 달에 열린 제노바 국제재정회의(제노바 회의) 도중에 체결되었다. 제노바 회의에서 소비에트 러시아는 러시아 제국의 외채 승인 문제로 불만이 있었고 경제 발전과 군사력 강화를 위해 독일과 교섭하기를 원했다. 독일도 군사 문제와 러시아 시장 개척이라는 면에서 러시아와 협력하고자 했다. 원래 제노바 회의에서 러시아 제국이 영국과 프랑스에 갚아야 할 채무를 독일이 소비에트 러시아에 지불해야 하는 배상금으로 대신 지불시키려 했는데, 라팔로 조약에 따라 러시아 제국의 채무와 독일의 배상이 상쇄되어 영국과 프랑스의 계획은 좌절되었다.

제노바와 라팔로에서 벌어진 협상이 레닌의 분노를 폭발시킨 유일한 주제는 아니었다. 레닌은 국내 정치와 관련해 까다롭게 굴었다. 레닌은 공포가 국가 정책을 구성하는 필수 요소라고 여전히 주장했다. 소비에트 체제는 신경제정책 아래서도 공포 조치를 포기할 여유가 없다는 것이었다. 그러나 현실은 정반대였다. 레닌은 최대한의 정치적 규율과 통제가 유지될 경우에만 신경제정책이라는 경제적 '후퇴'가 성공할 것이라고 주장했다. 표면상 비밀경찰의 활동은 제한될 것이었고, 비상위원회(체카)는 국가보안부(게페우GPU)로 대체되었다. 카메네프는 좀 더 공식적이고 공개적으로 법을 시행할 것을 계속 요구했다. 그러나 레닌은 당의 노선이 약화될 가능성이 있다는 말을 듣자마자 화를 내며 개입했다. '비적들'은 현장에서 사살해야 한다. '억압의 속도와 **힘**'을 강화해야 한다. 어떤 헌법적 개혁이나 법률 개혁도, '멘셰비키, 사회주의자-혁명가당 등에 의한 활동의 모든 측면들'과 관련 있는 경우 사형을 내릴 가능성을 승인하는 형태로 이루어져야 한다. 레닌은 체제가 "제2의 크론시타트로 허를 찔려서는" 안 된다고 경고했다. 레닌은 민법전이 '공포 조치의 **본질**과 **정당성**'을 명시해야 한다고 제의했다.

탐보프 등지의 농민 반란자들은 여전히 붉은 군대의 공격을 받으면서 진압되고 있었다. 그루지야에서는 공산주의자들에게 저항하던 민족주의 잔존 세력이 계속 무자비하게 제거되었다. 잘 알려진 백군 장교들이 계속해서 체포되고 있었다. '소비에트 권력'의 땅에서 억압이 격렬하게 실행되었다. 그러나 레닌은 억압의 범위를 넓히기를 바랐다. 1922년 첫 몇 달 동안 레닌은 실제적이든 잠재적이든 자신의 국가를 위협하는 남아 있는 모든 세력을 최종적으로 절멸하자고 부르짖었다. 레닌은 사회주의자-혁명가당과 멘셰비키를 대상으로 전시재판(展示裁判)을 열어 가혹한 본보기 처벌을 실행할 것을 요구했다. 러시아 정교회의 성직자 계급 제도나 그 핵심 영역에 대해서도 레닌은 같은 것을 요구했다. 다른 적대 그룹에 대해서는 조금 덜 가혹했다. 그러나 약간의 차이만 있었을 뿐이었다. 반볼셰비키 성향의 지식인들은 유형당하거나 추방되어야 했다. 그리고 당내의 실랴프니코프와 노동자반대파가 정치국에 대한 집단적 비판을 그만두기를 거부한다면 그들도 당에서 축출되어야 했다.

레닌의 개입은 지극히 고약한 것이었다. 부하린과 라데크는 베를린을 방문한 자리에서 사회주의자-혁명가당과 멘셰비키가 재판에 회부되더라도 처형되지 않을 것이라고 약속하는 것이 적절하다고 생각했다. 레닌은 〈프라우다〉에 글을 써서 불필요한 양보를 했다고 그들을 맹비난했다. 레닌이 요구한 억압은 말 그대로 억압을 뜻했다. 레닌은 가능한 한 모든 세부 사항에 관심을 보였다. 희생자들의 명부가 면밀히 검토되었으며, 그의 심판은 매우 징벌적이었다. 기독교 사회주의 철학자이자 전 마르크스주의자인 니콜라이 베르댜예프*가 '백위군 조직'에 가담한 문예 전선의 주요 인물로 매도되었다.[18] 레닌은 정교회 주교와 사제들의 전시재판에 주의를 돌렸을 때 한발 더 나아갔다. "이런 이유로 우리가 총살하는 데 성공하는 반동적 성직자 계급과 반동적 부르주아 계급의 대표자 수는 많으면 많을수록 더 좋다. 지금이 바로 우리가 이 대중들에게 향후 수십 년 동안 저항은 감히 생각도 못하도록 교훈을 줘야 하는 때이다." 레닌이 사적으로 쓴 이 글은, 어떤 소비에트 시민도 공산주의 체제가 그 잔인한 이데

니콜라이 베르댜예프(Nikolai Berdyaev, 1874~1948) 러시아의 종교철학자. 키예프 대학에서 공부하던 중 마르크스주의를 접하고 종말론적 메시아주의 관점에서 혁명 운동에 참여했다. 1898년 대학에서 추방되었고 1900년에는 볼로그다에 유형당했다. 이 무렵부터 마르크스주의와 독일 관념론 철학의 통합을 목표로 삼아 사상적인 자기 투쟁을 겪은 후에 점차 종교철학적 경향이 깊어졌다. 러시아 혁명 후인 1922년 모스크바 대학 철학교수로 임용되었으나, 사상적으로 혁명 정부와 뜻이 맞지 않아 소련 국외로 추방당했다.

올로기를 완화하도록 설득될 수 있을 것이라는 환상을 품지 않게끔 하는 전략을 채택해야 한다고 주장하는 내용이었다. 사회를 조직하는 다른 방식은 근절되어야 했다. 비볼셰비키적 사회주의, 종교, 다른 사상적 견해는 저항의 주된 잠재적 힘이었고, 레닌은 그것들을 철저히 분쇄하기로 마음먹었다.

레닌은 적어도 자신이 원하던 것 중 일부를 얻었다. 레닌은 사회주의자-혁명가당에 대해서는 전시재판을 열었으나 멘셰비키는 그 대상이 되지 않았다. 그리고 레닌의 바람과는 달리 그들에게 사형이 내려지지는 않았다. 이와는 대조적으로, 정교회 인사들에 대한 재판에서 정치국은 레닌이 요구한 처형을 승인했다. 특히 일당 유일 이데올로기 국가에 대한 저항에 충격을 가하기 위해 법정과 체카를 이용하는 원리가 열광적으로 실행되었다.

그러나 레닌의 증상 전반에 걸쳐 그를 안심시킨 다르케비치의 진단이 옳았는지는 여전히 의문이었다. 외과의인 율리우스 보르하르트(Julius Borchardt)와 내과의인 게오르크 클렘페러(Georg Klemperer)를 비롯해 몇몇 전문가들이 일당 2만 마르크씩 받고 독일에서 레닌을 검사하기 위해 건너왔다.[19] 그들은 어린 시절의 시력 문제, 막 어른이 되었을 때 겪은 위장병, 두통과 불면증, 성안토니열, 최근의 일과성 국소 빈혈, 무력감, 강박증까지, 레닌에 관한 의료 문서 전체를 검토했다. 의사들은 당혹해했다. 그들이 유일하게 의견의 일치를 본 점은 휴식만으로는 레닌이 회복되지 않으리라는 것이었다. 클렘페러는 레닌을 치료하려면 1918년 이래 레닌의 목에 박혀 있는 총알을 빼내야 한다고 주장했다. 총알의 납이 뇌를 오염시킨 결과 두통이 일어난다는 가설이었다.(레닌이 미헬손 공장 바깥에서 총격을 당하기 전에도 만성적으로 두통에 시달렸다는 사실은 고려되지 않았다.) 레닌이 건강 진단을 받는 동안 몹시 불안하고 초조한 모습을 보인 점이 눈길을 끌었으나, 이것은 과로 때문에 생긴 부차적 문제로 신경쇠약이라고 생각되었다. 클렘페러에 따르면, 레닌의 주요 질환은 총알의 납 중독 효과로 발생한 것이었다. 블라디미르 로자노프 교수가 보르하르트 교수의 지지 속에 수술에 반대했지만, 클렘페러는 마음먹은 대로 했다. 그 후 수술 집도를 로자노프에게 넘겨주려 했으나, 결국 뜻을 이루지 못한 보르하르트가 4월 23일 솔다텐코프 병원에서 수술을 시행했다.[20]

마침내 레닌의 목에서 총알이 빠져나왔다. 레닌이 이튿날 아침 8시에 깨어났을 때, 첫 소식은 클렘페러의 제안이 성공적이었음이 드러났다는 것이었다. 레닌은 심지어 목에 통증도 느끼지 않았다.[21] 그러나 불행히도 이 고무적인 상태는 지속되지 않았다. 수술 후 한 달이 지난 1922년 5월 25일, 레닌은 고르키에서 심각한 뇌졸중을 겪었다. 사람들은 레닌을 들어올려 침대에 뉘었으며, 의사들이 레닌이 이를 극복하고 살아날 수 있을지 지켜보았다. 레닌은 몸 오른편 전체가 마비되었고 말하는 데 어려움을 겪고 정신이 혼미했다. 절망적이었다. 회복되기까지 분명히 시간이 오래 걸릴 것이었고 회복될 수 있을지도 불확실했다. 다행히도 그가 살던 대저택은 치료 목적에 맞게 잘 정비된 상태였고, 나데즈다 콘스탄티노브나와 마리야 일리니치나는 자신들이 맡은 다른 의무를 조절하고 줄인 뒤 함께 레닌을 돌보았다.

의사들은 빠르게 연달아 레닌을 다시 살펴보았고, 5월 29일 그들은 회의를 열었다. 회의에는 울리야노프가의 주치의인 표도르 게티예와 보건인민위원인 니콜라이 세마시코는 물론이고 코제브니코프(Aleksei M. Kozhevnikov), 로솔리모(Grigori I. Rossolimo), 크라메르(Vasili V. Kramer)가 참석했다. 그들 가운데 일부는 과도한 피로라는 다르케비치의 진단이 틀렸다고 생각했다. 그렇다면 정확히 무엇이 문제인가? 매독에 관한 연구를 저술했던 신경병리학자 코제브니코프는 5월 29일 레닌의 혈액으로 바서만 반응 시험을 실시했다. 매독 진단을 위한 검사였다. 이튿날 안과의사인 미하일 아베르바흐(Mikhail I. Averbakh)가 또 다른 검사를 했다. 공식적인 설명에 따르면, 이 검사들, 특히 바서만 시험이 음성으로 나옴에 따라 결론적으로 매독은 아니라고 판명됐다고 했다. 그러나 다른 증상들은 의심을 남겼다. 추정컨대 코제브니코프 교수와 푀르스터(Otfrid Förster) 교수가 레닌을 위해 비소를 원료로 한 조합약의 주사 처방을 내린 것은 이런 이유 때문이었을 것이다. 당시 이 처방은 통상적인 매독 치료법이었다.[22] 불행히도, 당시의 레닌에 관해 엄청난 정보가 정리되어 전해졌지만, 혈액 분석은 사라지고 없다.[23] 그 분석 자료가 있다면 지금의 병리학자들은 레닌이 매독에 걸렸는지 여부를 틀림없이 알아낼 수 있을 것이다. 따라서 그 분석들이 사라졌다는 것은 도덕적으로 순수한 사람으로서 레닌의 이미지를 지키고 싶었던 소련 정치 지도부가 난처한 문서들을 다른 데로 치웠거나 파괴했으리라는 의심을 불러일으킨다.

자신 있게 말할 수 있는 것은, 일부 의사들은 레닌이 매독에 걸렸다고 생각했고 다른 일부는 부인했다는 사실이다. 후자 그룹에는 다르케비치가 있었고, 이탈리아계 러시아인으로 신경병리학자인 그리고리 로솔리모가 그에게 합류했다. 로솔리모는 적어도 매독은 치료가 가능하기 때문에 차라리 레닌이 매독에 걸린 것이면 좋겠다고 레닌에게 솔직하게 말했다. 그러나 일부 증상은 레닌의 병이 매독임을 암시했지만, 다른 증상들은 확실히 그렇지 않았다. 로솔리모 교수는 레닌의 병이 매독보다 훨씬 더 심각하고, 환자의 전반적인 예후는 아주 좋지 않다고 결론을 내렸다.

의사들은 회의에서 진단 범위를 몇 개의 가능성으로 축소했다. 한

가지는 레닌이 매독에 걸렸다는 것이었다. 이 가능성은 신경 매독에 관한 한 독일의 최고 전문가인 스트륌펠(Adolf von Strümpell) 교수가 레닌이 '엔다르테리티스 루에티카(endarteritis luetica)'에 걸렸다고 결론을 내렸던 1923년에 계속 논의되었다. 이것은 매독성 동맥내막염을 뜻하는 라틴어였다.[24] 또 다른 가능성은 레닌이 엄청난 과로로 인해 '신경쇠약'에 걸렸다는 것이었다. 이 진단은 20년 전 한 스위스 전문가가 레닌에게 말했던 바와 거의 일치했다. 그리고 이제 푀르스터가 납 총알에서 나온 독소가 주요 문제라고 단정하면서, 신경쇠약도 레닌에게 해를 끼치고 있다고 단언했다.[25] 세 번째 가능한 진단은, 일부 의사들에 따르면, 목에서 총알을 제거하는 외과 수술이 레닌의 건강에 해가 되었다는 것이었다. 클렘페러는 수술을 권한 사람이 자신이었기 때문에 당연히 이 의견을 싫어했다. 네 번째이자 마지막 가설은 뇌동맥경화였다. 레닌의 아버지는 1886년에 뇌동맥경화로 사망한 것으로 기록되어 있고, 아마도 혈관 건강에 관련된 약점을 아들에게 물려주었을 가능성이 크다. 그 후에 다른 울리야노프 가족들이 겪은 의료 문제도 같은 방향을 가리켰다. 안나 일리니치나는 1922년 신분을 감추고 국경을 넘어 라트비아의 한 요양소로 갔고, 1935년 뇌졸중에 따른 만성적 마비 상태에서 사망했다. 2년 뒤 마리야 일리니치나는 심장마비를 이겨내지 못했고, 드미트리 일리치도 1943년에 협심증(심장에 연결된 혈관의 수축)으로 죽었다.[26]

또 의사들은 레닌이 이런 다양한 가능성들의 결합에 시달렸다는 주장도 무시할 수 없었다. 실제로 환자의 상태는 그들을 당황스럽게 했으며, 그들은 계속 서로 논쟁을 벌였다. 단 한 가지 생각에서만 그들은 의견이 일치했다. 그것은 레닌이 정치 활동을 크게 줄여야 한다는 것이었다. 레닌에게 이 결론을 알리는 과제가 오부흐(Vladimir A. Obukh) 교수에게 맡겨졌다. 이 충고에 귀를 기울이지 않으면 뇌졸중이 다시 일어나든지 아니면 목숨을 잃을 것이라는 경고가 레닌에게 분명히 전해졌다. 레닌은 자신은 술을 많이 마시지도 않고 '방탕한 생활'을 하지 않기 때문에 일상 업무를 하는 데는 큰 무리가 없다며 저항했다.[27] 그러나 오부흐는 생각을 바꾸지 않으려 했다. 레닌의 목숨은 정치적 책무에서 벗어나 얼마나 길게 휴식하느냐에 완전히 달려 있었다. 레닌은 겉으로는 의사들의 권고에 동의하면서, 실제로는 그들을 속일 계획을 세우고 있었다. 그는 의학 교재를 스스로 공부해보고 자신에게 희망이 없다고 확신했다. 그는 마비를 겪기보다는 자살하겠다고 다시 결심했고, 5월 30일 스탈린을 고르키로 불렀다. 그들은 러시아식으로 키스하며 인사했다. 그런 후 레닌은 스탈린에게 자살용 독극물을 얻어다 달라고 부탁했다. 스탈린은 침실 밖에 있던 부하린과 마리야 일리니치나에게 상의했다. 그들은 스탈린이 레닌에게 돌아가서 의사들의 낙관적인 예상을 믿으라고 말해야 한다는 데 동의했다. 이번에 레닌은 동의했다. 그는 자살을 조금 미루기로 했다.[28]

그런데 정말 레닌의 문제는 무엇이었는가? 그 후 수십 년 동안 의학은 발전했고, 레닌이 지금 환자라면 그의 병을 좀 더 수월하게 진단할 수 있을 것이다. 가능한 원인 중 하나인 신경쇠약은 더는 심각하게 받아들여지지 않을 것이다. 20세기 중반까지 그토록 쉽게 진단되던 이 상태는 오늘날에는 진짜 질병으로 거의 인정되지 않는다. 나머지 세 가지 주요 진단은 각각 그럴싸한 측면이 있다. 바서만 시험의 결과가 음성이 아니었더라면, 매독은 설득력이 있는 추측이었을 것이다. 레닌이 1922년 전에 가벼운 뇌졸중을 겪은 사실이 없었더라면, 수술로 총알을 들어낸 탓이라는 설명이 설득력이 있었을 것이다. 하지만 분명히 레닌의 바서만 시험 결과가 양성이 아니었는데도, 레닌의 의사 중 일부가 레닌이 매독에 감염되었다고 믿었다는 사실은

1922년 9월, 고르키를 찾아온 스탈린과 레닌. 사진은 레닌의 여동생 마리야가 찍었다.

남는다. 총알 제거 수술이 기존 상태를 치명적으로 악화시켰다는 것도 틀린 주장이라고 입증할 수 없다. 또 한편으로는 오시포프 교수가 레닌이 동맥경화에 시달렸다고 주장했던 것이 아마도 옳았을지 모른다. 동맥경화는 종종 동맥 혈관벽에 부담을 주는 고혈압과 관련되곤 한다. 레닌의 경우, 1924년 그가 죽은 뒤에 밝혀졌듯이, 병에 걸렸던 동맥과 뇌가 연결되어 있었다.

서방에서 이 문제는 크게 관심을 끈 주제가 아니다. 하지만 러시아에서는 공산주의 당국이 레닌의 이미지를 도덕적으로 순수한 사람으로 퍼뜨렸고, 그 결과 오늘날 많은 러시아 역사가들은 레닌이 성병으로 사망했다는 것을 입증하려고 노력했다.[29] 레닌이 성적으로 난잡했다고 암시하려는 것이다. 이해할 만한 탐구이다. 그러나 그런 연구를 추동하는 동기는 의학사의 경계를 넘어서는 것이다. 그리고 추가 정보가 드러날 때까지 어떤 유의미한 결론도 나오지 않을 것이다.

원인이 무엇이든 심각한 뇌졸중이 발생했다. 레닌이 회복을 위해 유일하게 선택할 수 있는 합리적인 조치는 정치 활동에서 완전히 은 퇴하는 것이었다. 이렇게 했다고 해도 레닌은 회복하지 못했을 것이며, 이 조치는 오직 다음 뇌졸중을 미룰 뿐이었을 것이다. 레닌이 이런 운명을 생각했다면, 자신이 계획한 대로 자살했을 것이다. 대신에 레닌은 건강을 회복하고 정치국과 인민위원회의로 복귀할 수 있다는 의료 팀에게 설득당했다. 레닌은 조금씩 회복되면서 정말 기분이 좋은 것처럼 보였다. 레닌은 책을 읽었고, 정치국에 메모를 써서 보냈다. 그는 조금씩 움직이기 시작했고 고르키에서 진행되는 농사에 관심을 보였다. 특히 레닌은 당 서기장인 스탈린이 직접 얼굴을 맞대고 논의하기 위해 고르키로 왔던 덕에 크렘린 정치에 대해 잘 알고 있었다. 레닌은 마리야 일리니치나에게 스탈린이 환대받는다고 느끼도록 붉은 포도주 한 병을 내달라고 부탁했다. 햇볕이 드는 테라스에 앉아 레닌과 스탈린은 이런저런 이야기를 나누었다. 레닌은 정치국과 중앙위원회, 인민위원회의의 모든 것이 원활하게 진행되고 있음을 재확인하고자 했다. 이 목적을 위해 레닌은 스탈린의 서기장 선출을 승인했다. 초기에는 스탈린이 좋은 선택인 것처럼 보였다.

기분 전환을 할 수 있는 기회가 여러 번 있었다. 레닌은 개를 키우기로 했다. '아이다'라고 불린 이 개는 레닌이 시베리아 유형 시절에 길렀던 젠카를 꼭 닮았다.[30] 레닌은 매우 기뻤다. 레닌은 또 처음에 슈셴스코예에서 나데즈다 콘스탄티노브나와 함께 살 때 그랬던 것처럼, 버섯을 따러 숲을 가볍게 돌아다니기도 했다. 그들은 고르키의 영지를 바탕으로 개척한 국영 집단 농장도 방문했다. 레닌이 농장 의장이 썩 일을 잘한다고는 생각하지 않았기 때문에 이 방문은 그렇게

즐거운 경험은 아니었다.[31]

그러나 레닌은 관여하지 않았다. 대신 그는 다른 종류의 농업을 요양소에서 가까운 지역에 도입할 준비를 했다. 레닌은 토끼를 기르고 벌을 치는 데 열중했다. "정치에 참여할 수 없다면 난 농업에 참여해야 합니다."라고 레닌은 말했다.[32] 레닌은 1889년, 1890년 알라카옙카에서 그가 영지 관리인이 되기를 어머니가 원했을 때 농업과 정치 가운데 선택을 해야 하는 상황에 놓인 적이 있었다. 당시 그의 판단으로는 농업은 두 번째 선택지였는데, 1922년에도 레닌은 정치를 그만둘 생각이 전혀 없었다. 레닌은 이런 취미 활동을 크렘린의 직무로 복귀하기 전에 잠시 소일거리 삼아 한 것이었다. 때때로 레닌은 이 점을 분명히 했다. 의사들이 일을 포기하라고 고집했을 때, 레닌은 엄청난 비애감을 담아 대답했다. "나는 이것 말고는 가진 것이 아무것도 없습니다."[33] 레닌이 생각하기에, 어떤 것도 모스크바의 정상적 생활로 돌아가려는 자신의 투쟁을 방해해서는 안 되었다. 예를 들어, 레닌은 집에서 누군가가 피아노를 치면 신경이 곤두서는 것을 알았다. 레닌은 주변에서 나는 소리에 어느 때보다도 더 민감하게 반응했고, 마리야 일리니치나는 당장 집에서 음악을 금지했다.[34]

레닌의 가장 큰 즐거움은 취미 생활이 아니라 아이들과 관련된 일에서 나왔다. 드미트리 울리야노프의 젊은 아들 빅토르가 삼촌 볼로댜와 지내려고 자주 찾아왔다. 이네사 아르망의 딸인 인나(Inna)와 아들 알렉산드르, 한 모스크바 여성 노동자의 딸도 방문했다. 그들은 그때 20대였다. 레닌과 크룹스카야가 자식을 갖기를 원했던 것은 확실하고, 이 젊은이들이 찾아오는 것이 그들은 기뻤다. 두 사람은 이네사가 죽은 뒤 남겨진 아르망 가족에게 책임감을 느꼈으며, 레닌은 그들을 잘 보살피라고 명령을 내렸다.[35]

모든 사람이 아르망 가족의 초대를 허락한 것은 아니었다. 그 무렵 성미가 까다로운 40대 중반의 미혼 여성이었던 마리야 일리니치나는, 오빠를 사회적 환경으로부터 일시적으로 격리할 필요가 있다고 여겼으며, 모든 외부인의 방문은 역효과를 낳는다고 믿었다.[36] 또 레닌과 이네사의 관계 때문에 마리야가 이 젊은이들을 싫어했을 수도 있다. 하지만 나댜는 다르게 생각했고, 두 여성은 심한 말다툼을 벌였다. 이 사건에 대해 나댜의 보고를 들은 레닌은 너무 심란해져 극심한 두통에 시달리기 시작했다.[37] 레닌의 개인 경호원인 표트르 파칼른(Pyotr Pakaln)은 아르망 가족이 눈에 띄지 않게 해 달라고 요구하는 것 말고는 이 문제를 피할 길을 찾을 수가 없었다. 그러나 이것으로 문제가 끝난 것은 아니었다. 그 뒤 여름에 나댜는 '사랑스러운 내 딸' (사실은 이네사의 딸) 인나 아르망에게 고르키로 와서 지내라는 편지를 또 썼다.[38]

왜 우리와 함께 지낼 수 없니? 우리는 좀 더 '가족같이' 좀 더 '마음을 열고' 지낼 거란다. 올해 V. I.가 하루 8시간 이상 일하는 것이 불가능하고, 어쨌든 일 주일에 두 번 휴식을 취해야 하거든. 그러니까 손님들이 오면 무척 좋아할 거야. V. I.에게 네가 아프다고 말하니까 몹시 걱정하면서, 지델료프에게 너와 (레닌의 비서 중 한 명인) 리디야 알렉산드로브나 (포티예바)에 대한 편지를 특별히 써서 너를 돌봐주라고 부탁했단다.

나댜가 느닷없이 레닌의 생각을 꾸며냈다고 믿기는 힘들다. 그녀는 인나의 방문이 레닌에게 정말 중요하다고 인정했으며, 그에게 도움이 되기를 바랐다.

아이들을 둘러싼 논란은 불쾌한 분위기를 부추겼을 뿐 그것의 원인이 된 것은 아니었다. 나댜와 마리야는 쉴 새 없이 싸우고 있었다. 조그만 사건도 폭발을 일으킬 수 있었다. 1922년 7월 볼셰비키이자 〈프라우다〉 편집인인 니콜라이 메셰랴코프(Nikolai Meshcheryakov)가 두 시간 동안 레닌을 방문했다. 레닌의 경호원 파칼른은 그 광경을 목격하고 다음과 같이 기록했다.[39]

그러나 메셰랴코프 동지가 그를 방문하는 동안 차 한 잔도 대접받지 못했기 때문에 나데즈다 콘스탄티노브나는 몹시 심란해졌고 일리치에게 불평을 했다. 또 같은 날 방문객을 소홀히 대접했다고 마리야와 사샤(하녀)도 비난했다. 그래서 일리치는 그들에게 앞으로 집에 오는 사람이 누구든 음식을 대접하라고 명령했다.

마리야는 이 사건을 다르게 회상했다. 레닌의 반응은 정말 날카로웠다. "한 동지가 이처럼 집을 찾았는데, 누구도 그에게 간단한 먹을 것조차 내놓지 못했다." 그러나 마리야는 나댜가 메셰랴코프를 '접대할 수 있으리라' 생각했다고 말하면서 책임을 부인했다. 마리야에 따르면, 레닌의 답변은 다음과 같았다. "글쎄 그녀는 못생긴 덜렁이(feféla)로 유명해서 누구도 그녀에게 의지할 수가 없지."[40] 이 말은 동생을 전면적으로 지지하는 표현은 아니었지만, 자신의 아내에게 사용하기에는 부적절한 거친 단어였다.

레닌의 아내 나댜와 동생 마리야는 레닌을 독차지하려고 싸우고 있었다. 그들은 각자 상대편의 결점을 레닌의 귀에 속삭였다. 레닌은 드러내놓고 분명하게 어느 한쪽을 편들고 싶지는 않았던 것으로 보인다. 레닌은 항상 가족들 사이에 오가는 감정의 상호작용을 자신에게 유리하게 이용해 왔다. 1922년 중반의 문제는 레닌이 좋지 못한 건강 때문에 더는 지배적인 위치에 있지 못했다는 점이었다. 레닌이 가장 필요로 한 것은 나댜와 마리야가 진정하고 타협하는 것이었다.

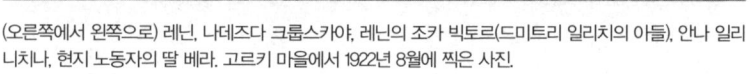

(오른쪽에서 왼쪽으로) 레닌, 나데즈다 크룹스카야, 레닌의 조카 빅토르(드미트리 일리치의 아들), 안나 일리니치나, 현지 노동자의 딸 베라. 고르키 마을에서 1922년 8월에 찍은 사진.

그 후 몇 달 동안 그들은 심란한 마음을 가라앉혔다. 그러나 그들은 레닌의 요양에 대해서는 계속 정반대로 접근했다. 마리야는, 4월에 레닌에게 수술을 부추김으로써 명예를 누리지 못했던 클렘페러 교수가 레닌에게 신문을 읽게 하고 방문한 정치인들과 대화하게 한 것은 어리석은 짓이라고 생각했다.[41] 이와 대조적으로, 나댜는 이 같은 최소한의 정치 활동이 없다면 레닌이 좌절할 것이라고 느꼈으며, 정보에 대한 레닌의 요구를 들어주고 심지어 레닌과 한편이 되어 정보를 요구하기까지 했다.

나댜는 고집 센 남편이 원하는 바를 하고 있다는 이유만으로도 상황을 지배할 수밖에 없었다. 그녀는 또 레닌을 관리하는 더 좋은 방법도 알았다. 마리야는 후세를 위해 오빠의 모습을 담으려고 사진 찍는 법을 독학했다.[42] 그러나 레닌 곁에 앉아서 몇 시간 동안 레닌이 회복될 거라고 생각하도록 설득한 것은 나댜였다. 나댜는 레닌이 의사들이 필수적이라고 한 근육 운동을 하도록 도와주었다. 바구니 엮기도 그중 하나였다.[43] 회복으로 가는 길은 장애물로 뒤덮여 있었다. 어느 날 레닌은 건강이 크게 호전되어 거의 1922년 5월 뇌졸중으로 쓰러지기 전처럼 보였다가, 다음 날 절름거리거나 더 나쁜 모습을 보이기도 했다. 레닌은 자주 쓰러졌고, 부축을 받아 침실로 되돌아가야 했다. 놀랄 것도 없이 그는 폭발 직전이었다. 레닌은 크렘린으로 되돌아가 사태를 통제하고 싶어 사납게 날뛰었다. 그는 다른 사람에게 최고 지휘권을 주는 것을 항상 주저했고, 강제 요양은 그를 극도로 안절부절못하게 만들었다. 자신이 바라는 일에 대해 누군가가 조금이라도 반대하면 레닌은 버럭 성질을 부렸다. 레닌은 전에도 이런 가능성을 보였으나, 이번에는 매우 초조하고 강박적이었다. 레닌은 3월에 다르케비치 교수에게 이 문제를 인정했지만, 자제하지 못했고 아마도 자제할 수가 없었을 것이다.

그리하여 7월에 레닌은 지난 제11차 당 대회에서 자신의 후원으로 선출된 27명의 위원들이 있는 중앙위원회 전체를 개혁할 필요가 있다고 선언했다. 그는 뻔뻔스럽게도 중앙위원회가 단 세 사람으로 축소되어야 하며, 가장 영향력 있는 당 지도자들, 즉 트로츠키, 스탈린, 지노비예프, 카메네프, 제르진스키, 부하린 중 어느 누구도 중앙위원회에 들어가서는 안 된다고 제안했다. 레닌이 제안한 중앙위원회는 중앙위원회 서기들인 몰로토프와 쿠이비셰프*, 그리고 인민위원회의 부의장인 리코프로 이루어질 것이었다. 여기에 덧붙여 레닌은 카메네프, 지노비예프, 그리고 지난해에 레닌의 눈 밖에 났던 동료인 톰스키가 후보 위원으로서 그들 밑에서 일해야 한다는 모욕적인 조치

발레리안 쿠이비셰프(Valerian Kuibyshev, 1888~1935) 러시아의 혁명가. 붉은 군대의 장교, 노동자·농민 감찰국 인민위원, 국가계획위원회(고스플란) 의장, 국민경제최고회의 의장, 소련 인민위원회의 부의장 등을 역임했다.

를 제안했다. 레닌은 중앙위원회의 현재 구성원들이 너무 피로에 지쳐서 맡은 직무를 적절하게 수행할 수 없다는 구실을 댔다. 중앙위원회 위원들도 일정 기간 요양이 필요했다.[44] 그가 동료들의 능력을 두고 내뱉은 분노에 찬 비판은 그 자신만이 중앙위원회를 운영할 재능을 지니고 있다는 은밀한 주장을 거의 감추지 못했다. 그것은 레닌이 이른바 '정치적 유언'을 구술했던 1922년의 마지막 주들에 그가 되돌아간 주장이었다. 레닌이 겉으로 보이는 겸손은 종종 매력적이었지만, 그 밑에는 최고 지도자라는 자신의 천부적 권리를 믿는 자의 교만함이 숨겨져 있었다.

세 사람으로 중앙위원회를 구성하자는 계획은 경솔했다. 몰로토프, 쿠이비셰프, 리코프는 다른 지도자들을 상대하는 데 꼭 필요한 권위가 부족했을 것이다. 게다가 당규에는 대회와 대회 사이에 중앙위원회를 교체하는 것을 유효화하는 어떤 규정도 없었다. 레닌은 정치적 균형 감각을 잃었고, 중앙위원회는 서면 반박문을 써서 그의 계획을 따르지 않겠다고 할 합리적 이유가 있었다. 볼셰비키당과 소비에트 국가의 창건자는 그가 심리적으로 정상 상태를 되찾을 때까지 완전히 무시되었다.

고르키에 갇혔고 기분이 매우 언짢았지만, 레닌은 여전히 정책 결정을 좌우하고 싶어 했다. 1922년 초기 몇 달 동안, 레닌이 큰 관심을 기울이던 네 가지 사안에 관해 토론이 진행되었다. 그 중 두 가지 사안에서 레닌은 5월에 뇌졸중으로 쓰러지기 전에 대체로 만족스러운 결과를 얻었다. 첫 번째 사안은 제노바 회의*였다. 정치국은 과도한 이의를 제기하지 않고 레닌의 지침을 받아들여, 유럽 열강 전반과 포괄적인 합의를 추구하는 대신 독일과 소비에트의 협정을 먼저 추진했다. 두 번째 사안은 러시아 내부의 정치적 통제 방식에 관한 것이었다. 레닌은 정치국 동료들에게 사회주의자-혁명가당, 멘셰비키, 러시아 정교회, 그리고 철학·예술·학계의 주요 반볼셰비키 인사 등 소비에트 국가의 적들을 공격할 때가 무르익었다고 설득했다. 정책

제노바 회의(Genova Conference) 1922년 4월부터 5월 사이에 제1차 세계대전 후 중부와 동부 유럽의 경제 재건을 논의하고, 소비에트 러시아와 유럽의 자본주의 국가 간의 관계를 개선하기 위해 이탈리아 제노바에서 열린 회의. 유럽의 34개국 대표들과 영국 연방국가의 대표들이 참석했다. 제노바 회의는 '러시아의 재건'에 필요한 외자 유치를 위해 네 개의 위원회를 만들었으나, 협상은 프랑스와 벨기에가 제1차 세계대전 이전에 러시아가 진 부채와 소비에트 국가가 성립한 이후 압류된 외국인 소유 재산을 완전히 배상할 것을 고집하여 결국 실패로 끝났다.

의 세부 사항 전부가 레닌의 뜻대로 되지는 않았으나, 그는 전반적인 전략에서 자기 생각을 관철할 수 있었다. 레닌이 중앙당 지도부에서 어려움을 겪은 것은 세 번째와 네 번째 사안에서였다. 한 가지는 대외 무역에 대한 국가 독점의 한계에 관한 것이었고, 다른 한 가지는 소비에트 국가의 공화국 간 헌정 구조에 관한 것이었다. 두 사안 모두 근본적으로 중요하지는 않았다. 그러나 이 사안들을 둘러싼 논쟁은 당 지도부의 균열을 드러냈으며, 이것은 이후 오랫동안 계속 영향을 끼쳤다.

스탈린은 대외 무역과 헌법에 관한 토론에서 레닌의 적수였다. 대외 무역 독점 문제에서 스탈린은 그냥 정치국의 다수파를 따랐다. 하지만 헌법에 관해서 레닌에 대한 반대를 주도한 사람은 스탈린이었다. 당 서기장 스탈린. 레닌이 정치국에 내리는 지시의 통로로 이용했던 스탈린. 1920년, 1921년의 당내 논쟁에서 레닌의 동맹자였던 스탈린. 부관이자 충신이었던 스탈린. 바로 그 스탈린이 레닌의 정책 지상권에 도전하고 있었다.

레닌은 국가 독점을 철폐하자는 제안에 크게 동요했다. 중앙위원회에서 레닌의 동료였던 블라디미르 밀류틴과 그리고리 소콜니코프는 국경을 넘나드는 사무역이 국내 경제 회복을 촉진할 것이라고 주장했다. 레닌은 신경제정책이 1921년에 자신이 설정한 한계 내에서 유지되어야 한다고 주장하면서 반대했다. 레닌은 소비에트 국가가 대규모 산업, 은행업과 대외 무역에서 독점을 유지해야 한다고 역설했다. 이전에 레닌은 정치국이 실용적이어야 하고 신경제정책의 틀을 넓혀야 한다고 주장했다. 밀류틴과 소콜니코프는 자본가들이 국가 무역 기관을 거치지 않고 특정 재화를 수출하고 수입할 수 있어야 한다고 제안함으로써 레닌이 주장한 바를 실천하고 있다고 생각했다. 그들은 독점이 실제로는 사무역 상인들에 의한 밀수를 불러온다고 덧붙였다. 밀류틴과 소콜니코프의 지지자들 중에는 레닌의 가장 저명한 동료들인 카메네프, 부하린, 스탈린이 있었다. 그러나 레닌은 대외 무역에 관한 토론에 심각한 원칙의 문제가 관계되어 있다고 확신했고, 당으로 하여금 자신 특유의 신경제정책 노선을 따르게 만들기로 결심했다.

1922년 여름에 벌어졌던 토론에서 두 번째 큰 주제는 소비에트 국가의 새 헌정 구조에 대한 스탈린의 제안이었다. 레닌과 스탈린은 1920년에 이미 이것을 두고 서로 말다툼을 한 적이 있었다.[1] 스탈린은 '러시아소비에트연방사회주의공화국(RSFSR)'이 모든 다른 독립 소비에트 공화국들을 영토에 편입시키는 것이 가장 좋은 계획이라고 믿었다. 우크라이나, 벨로루시야, 아제르바이잔, 아르메니아, 그루지야가 러시아소비에트연방사회주의공화국의 일부가 될 것이었다. 레닌은 격렬하게 이의를 제기했으며, 유럽과 아시아의 소비에트 공화국 연방 형성을 옹호했다. 레닌이 생각하는 연방에서는 러시아소비에트연방사회주의공화국이 우크라이나, 벨로루시야, 아제르바이잔, 아르메니아, 그루지야 소비에트 공화국들과 나란히 단지 하나의 소비에트 공화국에 불과할 것이었다.

대외 무역과 헌법 두 주제 모두를 두고 싸움이 벌어졌다. 레닌의 반대자들 중 국가의 대외 무역 독점을 완전히 해체할 것을 진심으로 제안한 사람은 아무도 없었기 때문에 그들은 당혹감을 느꼈다. 그들의 목표는 독점의 전면적 철폐가 아니라 부분적인 철폐였다. 레닌은 그들의 목적을 잘못 전달했을 뿐만 아니라, 마르크스주의 원리를 위반한 것처럼 그들을 다루었다. 그리고 레닌은 개인적 모욕으로 가득 찬 장광설로 소콜니코프를 겨냥했다. 마찬가지로 사람들을 당혹스럽게 한 것은 국가 헌법에 대한 레닌의 접근이었다. 레닌은 '변경 지역'에 대한 모스크바의 엄격한 당과 정부 통제를 완화하려 하지 않았다. 레닌과 스탈린은 한결같이 일당 유일 이데올로기 다민족 국가에 적극 찬성했다. 그들의 차이는 정책의 근본적 측면이 아니라 부차적 측면에 영향을 끼쳤다. 하지만 레닌은 극도로 모진 말로 스탈린과 그의 지지자들을 공격하는 것이 좋다고 여겼으며, 정치국원들은 그 이유를 어떻게 이해해야 할지 몰랐다.

지도 그룹의 당원들은 레닌의 행동이 그가 병에 걸렸고 일상적 정치 활동으로부터 멀리 떨어져 있기 때문이라고 생각했다. 레닌이 제 뜻대로 할 수 있었던, 제노바 회의와 정치적 억압에 대한 토론에서도 레닌은 게오르기 치체린, 니콜라이 부하린, 카를 라데크를 불쾌하게 대했다. 그리하여 레닌은 습관처럼 화를 내게 되었다. 그의 주치의들은 오래전부터 레닌의 화에 익숙해 있었다. 1922년 6월에 레닌은 자신을 클렘페러 교수로부터 '해방'시키고, 푀르스터 교수에게서 '벗어나게' 해줄 것을 요구하는 편지를 정치국에 보냈다. 레닌은 다음과 같이 덧붙였다. "러시아인들은 독일인들의 깐깐함을 참을 수가 없습니다."[2] 레닌은 항상 사생활에서도 일할 때도 깐깐한 태도를 보였고 다른 사람들에게도 그런 식의 태도를 취하라고 요구했기 때문에, 그의 동료들이 보기에 그는 약간 솔직하지 않은 듯이 보였다. 누군가가 독일인에 대한 러시아 인민들의 고정관념을 따르는 듯이 보였다면, 그는 (트로츠키를 별도로 하면) 바로 레닌이었다. 누군가가 특히 러시아인과 독일인을 불공평하게 비교했다면, 그는 바로 레닌이었다. 당연히 정치국은 독일 전문가들을 독일로 되돌려 보내라는 레닌의 요청을 무시했고, 건강이 좋아지면 그가 더 다루기 쉬운 동료가 될 거라는 희망 속에서 레닌을 달래는 데 점점 더 익숙해졌다.

그러나 레닌은 사태를 다르게 보았다. 그는 스탈린을 일반적인 악당으로 여기기 시작했다. 1912년에 레닌은 스탈린을 '멋진 그루지야인'으로 찬양했고,[3] 10월 혁명 후 그에게 무자비하고 거친 에너지가 필요한 국가 과제를 부여했다. 그러나 레닌은 스탈린의 다른 특성들은 낮게 평가했다. 스탈린은 레닌이 저속하고 불쾌하다고 생각하는 습관이 있었다. 한번은 스탈린이 파이프 담배를 뻐끔뻐끔 피우는 것을 보고 레닌이 불쑥 내뱉었다. "저 아시아인 좀 보게. 할 수 있는 일이라곤 계속 담배를 피우는 것뿐이야!" 스탈린은 그를 존중하여 파이프의 재를 털어냈다.[4] 레닌이 그렇게 무례하게 행동한 것은 이례적인 일이었다. 레닌은 품위 있는 사회적 매너를 갖추도록 교육받은 사람이었다. 게다가 레닌은 동지들로 하여금 자신이 그들을 좋게 생각하고 있다고 믿도록 할 필요가 있었고, 트로츠키나 지노비예프가 사람들을 얼마나 언짢게 만드는지를 알았다. 직설적인 혁명가였던 레닌 내부에는 까다로운 유럽 러시아인 신사 레닌이 살아남아 있었다. 레닌은 민족적·사회적·문화적 측면에서 약간 고상한 체하는 사람이었다.

레닌이 방심했을 때만 이런 성격이 얼핏 드러났다. 마리야 일리니치나가 언급했듯이, 초기에 레닌은 다르게 행동했다.[5]

V. I.는 자제력이 좋았다. 그는 어떤 이유에서든 그렇게 하는 것이 좀 더 현명하다고 생각할 때, 사람들에게 자신의 태도를 숨기고 드러내지 않는 법을 매우 잘 알았다. …… 레닌은 일 때문에 접촉하게 된 동지들에게 더욱 자신을 숨기게 되었다. 그에게는 명분이 먼저였다. 레닌은 사적인 것을 명분에 종속시키는 법을 알았고, 사적 요소는 결코 그를 방해하거나 그에게 우선시 되지 못했다.

이제 레닌이 스탈린에게 느낀 분노에 찬 경멸 때문에 그러한 심리적 자제력이 무너지고 있었다. 마리야 일리니치나는 레닌에게 그의 적수가 상상한 것보다 더 영리하고 그래서 더 위험하다고 경고하려

했다. 그러나 레닌은 그 말에 전혀 동의할 수 없었다. "그는 전혀 영리하지 않아!" 뛰어난 김나지야 학생이었고, 여러 언어를 할 줄 아는 망명자였으며, 당의 최고 이론가가 한 말이었다. 레닌은 정치적 삶의 마지막 수업에서 문화적 숙련을 정식으로 거친 사람들만 지성을 지닌 것이 아니라는 사실을 곧 배우게 될 것이었다.

세 가지 정치적 전투가 일어날 분위기가 조성되었다. 그중 두 가지, 즉 대외 무역의 국가 독점을 둘러싼 투쟁과 새 헌법을 둘러싼 투쟁이 여름 동안 격화되었다. 두 투쟁 모두에서 레닌은 스탈린을 자신이 승인한 정책들에 반대하는 운동의 기수로 지목했다. 세 번째 전투는 다른 두 전투의 부산물이었다. 그리고 그것은 레닌이 일찍이 예상하지 못한 투쟁이었다. 그것은 레닌이 이오시프 스탈린을 당 서기장직에서 제거하려면 반드시 필요하다고 최종적으로 판단한 전투였다.

레닌의 건강이 악화되지 않았다면, 이 전투들은 소련 공산주의 역사에서 겨우 각주 정도에 불과했을 사건들이었다. 아마도 레닌은 그냥 '멋진 그루지야인'을 서기장직에서 해임하고 좀 더 유순한 관리로 대체하려 했던 것 같다. 스탈린은 조용히 굴욕의 시간을 견뎌냈을 것이다. 그렇다 하더라도 스탈린의 정치 인생이 완전히 끝났을지는 의심스럽다. 예를 들어, 스탈린은 확실히 중앙위원회 위원직을 그대로 유지했을 것이다. 톰스키가 중앙위원회 정책을 비웃었는데도, 레닌은 1921년에 그를 몰아낼 수 없었다. 1922년에 스탈린은 톰스키 같은 죄를 조금도 저지르지 않았다. 어쨌든, 레닌과 의견이 다른 것은 당규 위반이 아니었다. 또 레닌이 골치 아프다고 생각한 정책을 옹호한 사람이 스탈린뿐이었던 것도 아니다. 레닌이 자기 뜻대로 못했을 때 늘 그랬듯이, 레닌은 자신의 경쟁자들에게 독설을 퍼부었다. 레닌의 의학적 상태에 대한 여민 때문에, 1922년의 길고 더운 여름 동안 두 사람 사이에 벌어졌던 논쟁의 가치에 주목하지 않는 경향이 있었다. 또 우리는 1930년대와 그 후에 스탈린이 저지른 참사, 레닌이 전혀 예감하지 못했던 참사를 알고 있다는 점에 영향을 받아 왔다.

그러나 미래 헌법에 관한 토론이 최초의 충돌을 낳았다. 여러 소비에트 공화국의 공산주의자들 중에는 그들의 공화국을 러시아소비에트연방사회주의공화국으로 편입시키려는 스탈린의 계획에 불편함을 느끼는 사람들이 있었다. 그루지야 중앙위원회는 거침없이 불편한 기운을 드러냈다. 레닌은 스탈린의 계획을 싫어했고, 스탈린이 소비에트 공화국들에게 자기 생각을 받아들이라고 위협한다고 의심했다. 스탈린은 레닌에게 그렇지 않다고 변명하는 편지를 썼다. 변경 지역에서 민족주의가 고조되고 있으며, 레닌이 생각하는 구도는 민족주의를 부추기고 행정 구조를 더욱 복잡하게 만들 뿐임을 레닌이 이해해야 한다고 스탈린은 생각했다. 스탈린은 소비에트 공화국들에게 러시아소비에트연방사회주의공화국 내에서 '자치적' 지위를 부여하는 데 그쳐야 한다고 생각했고, 그들이 러시아소비에트연방사회주의공화국과 동등한 조건으로 연방 체제에 들어가는 것을 막고 싶어 했다. 당 조직국의 위원회는 1922년 9월 23일 스탈린의 제안을 재가했다.

레닌은 '자치화'라는 구상을 '대러시아 국수주의'에 비유하면서 싫어했다. 레닌이 사흘 후 두 시간 동안 지속된 대화에서 스탈린에게 자신의 입장을 말했을 때, 스탈린은 굴복해 '자치화'를 포기하고 '유럽과 아시아의 소비에트 공화국 연방'을 결성하는 데 동의했다. 이것은 레닌이 1920년 중반에 스탈린과 토론하면서 옹호했던 것과 같은 종류의 계획이었다. 하지만 스탈린은 완전히 항복하지는 않았다. 스탈린은 다음날 정치국에 메모를 보내, 연방이 러시아소비에트연방사회주의공화국의 입법 기관과 별도로 입법 기관을 가져서는 안 된다고 제안했다. 또 제안된 명칭을 '소비에트사회주의공화국연방

(USSR)'으로 바꿈으로써 레닌의 방안을 약간 수정하기도 했다. 게다가 스탈린은 그루지야가 아르메니아, 아제르바이잔과 함께 '자캅카지예 소비에트 연방'에 들어가야 하고, 이 연방은 러시아소비에트 연방사회주의공화국, 우크라이나소비에트공화국과 동등하게 소비에트 사회주의공화국연방에 들어가야 한다고 주장했다. 여기서 스탈린은 그루지야가 러시아소비에트연방사회주의공화국과 동등한 지위에 오르는 데 반대한 것이다. 카메네프는 스탈린에게 레닌의 화를 돋우지 말라고 경고했다. "일리치는 (소비에트 공화국들의) 독립을 옹호하는 전쟁을 치를 준비를 단단히 했습니다." 스탈린은 겁내지 않았고, 그 과정에서 이제 곧 탄생할 지도자의 면모를 보여주었다. "내가 보기에 일리치에 맞서 굳센 결의를 보여줄 필요가 있습니다."

카메네프가 그렇게 하면 사태가 최악으로 치달을 뿐이라고 말하자 스탈린은 모르는 체했다. 그러나 확실히 레닌은 흥분했다. "나는 대러시아 국수주의에 맞서 결사 항전을 선포한다." 요양을 한 여름 이후, 레닌은 모스크바에서 벌어지는 난투극으로 돌아가기로 작정했다. 뇌졸중에서 회복하던 추세가 잇따른 실신으로 멈춘 상태에서 이것은 어리석은 결정이었다. 6월에 레닌은 고르키의 공원 주위를 산책한 뒤 한 번 실신했고, 7월에도 같은 식으로 산책한 후 쓰러졌으며, 몸 오른쪽을 더는 쓸 수 없게 되었다. 8월에도 레닌은 무력한 나날들을 보냈다.[6] 레닌은 자신을 힘껏 밀어붙였고, 지적 활동을 재개했다. 그는 비서들을 급히 도서관으로 보내 자신이 원하는 책을 빌려오게 했는데, 특히 부하린의 《공산주의의 ABC》를 부탁했다.[7] 레닌은 또 카잔 시절부터 오랜 친구였던 마르크스주의자 니콜라이 페도세예프에 관한 안나 일리니치나의 회고록 모음집에 실을 글도 쓰기 시작했다.[8] 레닌은 의사들의 반대와 정치국의 의심을 극복했고, 1922년 10월 2일 고르키 저택을 떠나 차를 타고 크렘린으로 돌아가서, 구 원로원 건물에 있는 인민위원회의 사무실 옆의 자기 아파트로 다시 들어갔다. 이튿날 레닌은 정규 인민위원회의 회의를 주재했고, 10월 6일에는 당 중앙위원회 총회에서도 회의를 주재했다. 레닌은 공식 직무를 다시 맡을 수 있는 능력을 보여 모든 이에게 깊은 인상을 주려고 애썼다.

하지만 레닌의 모습은 전혀 옛날 같지 않았고, 이 두 중요한 회의에서 안 그런 척 꼿꼿함을 유지해야 했을 때 동료들을 속일 수가 없었다. 그의 동료들은 인민위원회의 회기 동안 논쟁을 피하려 했다. 그러나 이런 태도는 레닌을 더 흥분시킬 뿐이었다.[9] 동료들은 아무것도 제대로 할 수가 없었다. 레닌과 논쟁을 벌이면 레닌이 또 심장마비를 겪을지 몰랐다. 그들이 자제하더라도 결과는 같을 것이다. 왜냐하면 레닌은 그들의 정중한 분위기에 또 화가 날 것이기 때문이었다. 중앙위원회 총회는 좀 더 괜찮게 시작했지만 회의 도중에 레닌은 한바탕 치통이 심해져 아파트로 돌아가지 않으면 안 되었다.[10] 비록 레닌이 다음 며칠 동안 돌아와 다른 회의들에 참석했지만, 그의 행동은 전혀 정상이 아니었다. 이것은 다시 레닌을 몹시 초조하게 만들었고, 레닌은 조금만 방해를 받아도 화가 났다. 레닌의 비서 리디야 포티예바는 레닌에게 다시 심장마비가 일어날까 봐 겁이 난 나머지 레닌의 지도 그룹 동료들에게 회의석상에서 일어나거나 자기들끼리 이야기하지 말라고 사려 깊게 부탁했다. 생각할 수 있는 모든 흥분의 원인이 제거되어야 했다.[11] 레닌의 정신적 능력은 훼손되었다. 때때로 레닌은 글을 보면서 말하다가 어디를 보고 있었는지 헷갈렸고, 한 단락 전체를 다시 읽었지만 그 사실을 알지도 못했다고 소문이 났다.

카메네프, 스탈린, 지노비예프는 만나서 레닌의 상태에 관해 의논했지만, 어떤 행동을 해야 할지는 아무것도 결정하지 못했다.[12] 레닌에게 고르키의 저택으로 돌아가라고 지시한다면, 레닌이 자신의 병

(왼쪽부터) 스탈린, 리코프, 카메네프, 지노비예프. 레닌은 죽음이 가까워지자 스탈린의 야심을 우려해 그를 서기장에서 축출하고자 했으나, 당 지도자들인 카메네프와 지노비예프는 트로츠키의 집권을 막기 위해 스탈린과 손을 잡았다.

을 대외 무역과 헌법에 관한 토론에 참여하지 못하게 하는 구실로 이용하고 있다고 그들을 비난할 것이 뻔했다. 그래서 그들은 레닌을 그냥 내버려 두었다. 실제로 레닌은 헌법에 대해 자신이 원하는 바를 이미 확보해 가고 있었다. 10월 6일에 있었던 중앙위원회 총회에서 레닌은 부하린과 카메네프의 지지를 받았고, 스탈린은 레닌의 기본적 요구에 감히 저항하지 못했다. 레닌은 단 한 가지만 양보했는데, 이는 중요한 것이 아니었다. 레닌은 소비에트 국가가 '유럽과 아시아의 소비에트 공화국 연방'이 아니라 '소비에트사회주의공화국연방'으로 불려야 한다는 것을 수용했다. 12월에 소비에트 대회에 제출할 최종 문안을 준비하기 위해 스탈린을 수장으로 하는 당 위원회가 설치되었다. 그 사이에 레닌은 카메네프에게 메시지를 보내 그루지야 공산주의자들이 자신들의 위상을 지키는 데 도움이 되도록 관련

문서를 열람할 수 있게 해줄 것을 요구했다. 레닌은 스탈린의 날개를 꺾어버리기를 원했다.[13]

레닌은 계속 자신을 극한으로 내몰았고, 11월 13일 제4차 코민테른 대회에서 연설했다. 횡설수설했으나 레닌은 연설을 끝까지 할 수 있는 충분한 에너지와 경험을 갖고 있었다. 하지만 레닌의 친구들은 그의 상태 악화에 놀랐다. 부하린은 다음과 같이 썼다.[14]

일리치가 연단으로 걸어 나왔을 때 우리의 가슴은 내려앉았다. 우리 모두는 일리치가 연설을 하는 데 얼마나 많은 노력이 필요한지를 보았다. 그 후 우리는 그가 연설을 끝내는 것을 보았다. 나는 일리치에게 달려가 내 모피 코트로 그를 감쌌다. 일리치는 극도의 피로로 땀에 흠뻑 젖어 있었다. 셔츠는 축축했고 이마에는 땀방울이 맺혀 있었다. 그의 눈이 갑자기 이리저리 돌아갔다.

코민테른 대표들은 레닌의 회복이 위태롭다는 것을 의심하지 않은 채 갈채를 보냈다. 외국인 대표들은 전 세계에서 공산주의가 승리를 거둘 것이라고 기대할 수 있게 해준, 훌륭한 리더십을 지닌 지도자를 직접 보고 또 그의 말을 듣고 싶어 했다. 그러나 그의 중앙당 동료 지도자들은 레닌에게 연설을 허용하는 잘못을 저질렀고, 그들은 이제 그것을 알았다. 코민테른 대회가 끝난 후 그들은 레닌의 바람과는 상관없이 점점 그의 활동을 제한하려고 했다. 그 무렵 그들은 비밀 논의를 통해 레닌이 병(무슨 병이든)으로부터 과연 벗어날 수 있을지 궁금해하고 있었다.

스탈린과 그의 친구들은 더욱 마음 놓고 자신들이 원하는 대로 해도 괜찮겠다는 생각을 했다. 그루지야 공산주의 지도자들은 스탈린을 몹시 골치 아프게 했고, 스탈린의 가까운 동맹자였던 오르조니키제는 트빌리시에서 열린 한 회의에서 그들을 '국수주의 쓰레기'라고 비난했다. 그루지야 중앙위원회는 집단으로 사임하고 레닌에게 불만을 털어놓음으로써 이에 항의했다. 얼마 동안 레닌은 그 자신도 그루지야를 자캅카지예 연방에 포함해서는 안 된다는 그루지야 공산주의 지도부의 요구에 반대했기 때문에 이를 무시했다. 또 레닌은 그루지야의 상황을 알아보러 제르진스키를 위원장으로 하는 조사 위원회를 파견하자는 스탈린의 계획에도 동의했다. 트빌리시의 공산주의자들 사이에서 조성된 긴장은 엄청났다. 11월 말에 오르조니키제는 제국의 특사처럼 행동한다는 비난에 너무 화가 나서 므디바니*의 추종자인 카바히제(Akaki Yuri Kabakhidze)라는 사람을 두들겨 팼다. 레닌은 그곳에서 어떤 일이 벌어졌는지 정확히 알지는 못했지만, 그루지야에 대해 걱정하여 비서들에게 제르진스키가 언제 돌아올 계획인지 알아 오라고 성가시게 했다. 사실 제르진스키는 헌법 문제에서 스탈린과 의견이 같았고, 보고에서 자캅카지예에서 오르조니키제가 한 행동을 눈가림하려 했다. 그러나 제르진스키는 12월 12일 모스크바로 돌아와 레닌과 이런저런 이야기를 나누면서 불운한 카바히제에게 무슨 일이 벌어졌는지 무심코 내뱉고 말았다.

레닌이 보기에 스탈린은 소비에트사회주의공화국연방을 구성하는 헌법에 굴복하지 않은 것이 분명했고, 따라서 레닌은 자신이 10월 6일에 이겼다고 생각한 전투를 재개해야 한다는 사실이 분명해졌다. 여기에는 합의된 공식 정책을 복구하기 위해 싸우는 것 이상의 목표가 있었다. 스탈린이 오르조니키제를 감싼 것은 당 관리가 다른 당

폴리카르프 므디바니(Polikarp Mdivani, 1877~1937) 러시아 혁명과 내전에 적극적으로 참여한 그루지야의 노장 볼셰비키. 1920년대에 캅카스 지역의 소비에트화에 큰 역할을 했으나 1922년의 이른바 '그루지야 사건' 동안 스탈린의 중앙 집중화 정책에 맞서 그루지야 공산주의자들을 이끌었다. 1937년 트로츠키주의 반대파를 지지한 혐의로 처형당했다.

관리에게 폭력을 쓴 것을 묵인하는 데 레닌도 연루되도록 만드는 행위였다. 레닌은 소스라치게 놀랐다. 오래전 1903년에 레닌은 알렉산드르 쇼트만이 런던 거리에서 어느 멘셰비키를 구타하는 것을 말린 적이 있었다. 이제 레닌은 어리석다는 이유만이 아니라 도덕적이지 못하다는 이유로도 오르조니키제에게 반대했다.

평소 레닌은 어떤 종류의 도덕률에도 코웃음을 쳤다. 그러나 마음속 깊이 레닌은 낭만적인 사람이며 혁명 신봉자였다. 마르크스주의자라면 부아가 치밀어도 해서는 안 되는 몇 가지(단 몇 가지) 일이 있었다. 마르크스주의자들은 마르크스주의에 헌신해야 하고, 그들의 사상을 가볍게 여겨서는 안 되었다. 마르크스주의자들은 투사여야 하고 말로써 서로 공격할 수 있었다. 하지만 레닌은 그들이 상호 불만을 해결하기 위해 주먹질을 해야 한다는 발상은 아주 싫어했다. 마르크스주의자들은 시민적 품위의 본보기가 되어야 했으며, 오르조니키제는 카바히제를 물리적으로 공격함으로써 당의 명예를 떨어뜨렸다. 이미 1920년에 레닌은 오르조니키제가 술판을 벌이면서 행실 나쁜 여자들과 관계를 가졌다고 비난했다.[15] 모든 정치국원들이 오르조니키제의 방종을 알았고, 레닌은 스탈린과 제르진스키가 자신에게 진실을 숨기고 있다고 그들을 나쁘게 생각했다. 그루지야 공산주의 지도부를 어떻게 취급했는지에 대해 레닌이 알게 된 모든 것이 한 가지 사실을 암시했다. 그것은 바로 스탈린이 당내에서 권위주의적 국수주의를 향한 움직임을 주도하고 있다는 것이었다. 스탈린 자신이 그루지야인이라는 사실은 문제가 되지 않았다. 스탈린은 러시아 제국주의자처럼 행동했는데, 이는 수치스러운 일이었다.

레닌은 또 한 번 건강 위기를 겪지 않았더라면 스탈린에 반대하는 운동을 재개했을 것이다. 레닌은 11월 24일과 12월 2일 사이에 다섯 차례 실신했다.[16] 제르진스키와 대화를 나눈 다음날인 12월 13일에 레닌이 두 번 심각한 졸도를 하자 사람들은 레닌이 그날을 넘길 수 있을지 우려했다.[17] 레닌을 돌보러 서둘러 달려온 코제브니코프와 크라메르는 레닌에게 '완전한 휴식'에 동의하지 않는다면 살아남지 못할 거라고 말했다. 반항적인 환자는 마침내 이 충고를 받아들였다. 레닌은 비서 리디야 포티예바를 불러들여 '업무 청산'을 준비했다.[18]

레닌은 자신의 병이 치명적이라고 자주 생각하곤 했다. 그러나 이 날부터 레닌은 자신의 영향력을 당과 혁명에 남길 방법을 즉흥적으로 생각해냈다. 레닌은 어떤 종류의 정치적 역할도 유지하기 힘든 고리키로 돌아가는 것은 거부했다. 레닌은 자신의 의견을 의료 전문가와 간호인들에게 분명하게 주장했다. 레닌은 크렘린에서 계속 생활할 것이고, 글을 명료하게 쓸 수 없었기 때문에 자신의 인민위원회의 비서들에게 구술을 받아 적으라고 부탁할 것이었다. 레닌은 자신이 갑자기 죽을 수도 있고, 그래서 유산을 남기고 싶으면 일종의 정치적 유언을 작성해야 한다는 것을 이해했다. 유언을 작성하려면 레닌은 자신의 후계자(혹은 후계자들)로 누구를 추천해야 할지 곰곰이 생각하지 않을 수 없었다. 레닌의 머리는 혁명의 미래에 대한 생각으로 가득 찼다. 실제로 몇 개월 동안 그랬다. 1922년 가을에 레닌은 너무 심란해서 마리야 일리니치나에게 이렇게 소리쳤다. "우리 중 어떤 악당이 60세까지 산단 말이냐?" 그런 뒤 레닌은 자신이 죽으면 아무튼 권력을 자신의 세대로부터 20대의 볼셰비키에게 넘겨주어야 한다는 희망을 밝혔다.[19]

혁명에 대한 레닌의 우려가 커졌다. 여전히 대외 무역과 비소비에트 공화국들에 관한 두 가지 정책에 몰두하던 상황에서, 스탈린에 대한 정치적 적의가 덧붙었다. 또 레닌에게는 국내 억압을 유지하는 것이 우선 순위였으나 동료들이 이런 생각을 계속 공유해줄 것인지는 확신할 수 없었다. 허약해지고 열에 시달리던 레닌의 눈에는 정치국에서 합의된 정책들이 서서히 파괴되고 있는 것처럼 보이기 시작했다. 임박한 죽음의 가능성에 직면한 레닌은 자신이 죽은 뒤 혁명이 꽃을 피울 수 있도록 보장하는 일반적인 문제로 골치가 아팠다. 시간은 레닌의 편이 아니었다.

레닌은 코제브니코프와 크라메르가 12월 13일 정오에 크렘린의 아파트를 떠난 뒤 포티예바를 불렀다. 레닌은 다시 쓰러지는 문제보다도 중앙당 지도부의 정책들을 더 걱정하고 있었다. 편지 한 통은 나이 든 전 멘셰비키 역사가 로시코프(Nikolai A. Rozhkov)에 관한 것이었다. 레닌은 그를 프스코프(레닌이 1900년 시베리아에서 석방된 뒤 구금되었던 곳)로 추방하거나 적어도 몇 개월이라도 유형 보내려고 노력해 왔다. 정치국이 이 결정을 미루자 레닌은 그것을 적절한 억압을 시행하려는 자신의 전략에 대해 정치국이 점점 더 승인을 꺼려하는 조짐으로 받아들였다. 레닌은 로시코프를 결국 추방할 것을 요구했다.[20] 두 번째 편지는 대외 무역에 관한 내용으로 트로츠키를 비롯하여 여러 사람에게 보낸 것이었다.[21] 인민위원회의 기능의 위임 문제를 다룬 세 번째 편지는 카메네프, 리코프, 추루파 앞으로 쓰였다. 또 레닌은 지나치게 고집을 부린다고 확신하던 스탈린과 직접 얼굴을 맞대고 두 시간 동안 이야기를 나누었다.[22] 레닌은 자신의 일상적 업무를 넘겨주는 것을 감수했지만, 소비에트 대회에서 기조 연설을 하고 싶은 바람을 버리지는 않았다.[23] 레닌이 선호한 정책들로부터 벗어나는 일은 용인되지 않으리라는 것이 분명했다. 스탈린이 대외 무역 국가 독점에 대한 반대를 철회하는 데 동의했으나,[24] 여전히 레닌은 이 정책이 안전하게 통과될지 자신이 없었고, 중앙위원회가 이 문제를 자기에게 유리하게 해결해주기를 목이 빠지게 기다렸다.

극단적 상황이 벌어지면서 필사적인 조치가 필요해졌다. 스탈린이 더는 동맹자가 아니게 된 상황에서 레닌은 자신이 스탈린과 동맹을 맺어 반대했던 바로 그 사람에게 의지했다. 그는 트로츠키였다. 레닌처럼 트로츠키도 국가 대외 무역 독점을 지지했다. 레닌은 트로츠키에게 다가올 중앙위원회 총회에서 자신을 대신해 연설해 달라고 부탁했다.[25]

이것은 유례없이 교묘한 술책이었다. 이전에 레닌은 폭넓은 동맹자 그룹을 자기편에 두려고 했고, 그들 중 누구에게도 절대적인 편애를 보이지 않으려 했다. 1922년 4월에 레닌이 동맹자로서 스탈린을 고른 계산된 선택도 그가 지노비예프, 카메네프, 부하린과 의식적으로 거리를 둔다는 암시는 아니었다. 이제 레닌은 트로츠키와 화해함으로써 당내 상황에서 이 관계가 다른 모든 것보다 우월하다는 것을 효과적으로 드러내고 있었다. 그와 같은 술책은 필사적이 된 레닌의 초조감을 나타내는 표시였다. 트로츠키의 허영심과 교만은 1917년 2월 혁명 전에 레닌을 괴롭혔다. 레닌이 보기에, 브레스트리톱스크 협상은 트로츠키가 허세를 떠는 혁명가임을 드러냈고, 1920년, 1921년에 당에서 벌어졌던 '노동조합 토론'은 트로츠키의 무모함과 비현실성을 보여주었다. 레닌은 그를 좋아할 수가 없었다. 때때로 레닌은 중앙당 지도부 내에서 드러난 트로츠키의 논쟁적 스타일에 대한 분노로 얼굴이 '백지장처럼 하얗게' 변하곤 했다. 이와 같은 교만은 (그 자신의 교만은 알아차리지 못했던) 레닌에게는 불필요해 보였다. 그러나 이런 인상은 뒤로 제쳐놓아야 했다. 현실 정치는 레닌이 자신의 혐오를 극복하고 트로츠키와 사이좋게 일할 것을 요구했다.

이 필요는 레닌의 상태가 더욱 악화되어 한동안 오른팔과 오른쪽 다리를 전혀 움직일 수 없었던 12월 16일에 더욱 커졌다.[26] 12월 18일에 열린 중앙위원회 총회에 트로츠키가 없다면 동료들이 대외 무역의 국가 독점을 고수하리라는 보장이 없었다. 육체적 고통에도 불구하고 레닌의 정신은 정치에 초점이 맞춰져 있었다. 아마도 레닌은 트로츠키가 총회에서 믿을 만한 것으로 드러나면, 그를 다른 정책 토론에서도 이용할 수 있을 것이라고 생각한 듯하다. 그렇지만 레닌은 여전히 트로츠키를 완전히 신뢰하지 못했고, 다른 중앙위원회 위원인 예멜리얀 야로슬랍스키(Yemelyan Yaroslavski)에게 회의 내용을 보고해 달라고 부탁했다.[27] 막상 닥쳐보니 중앙위원회는 쉽게 레닌의 길을 따랐다.[28] 대외 무역에 대한 국가 독점이 재확인된 후 레닌은 새로운 동맹자인 트로츠키에게 기쁨에 넘쳐 다음과 같이 썼다. "마치 우리가 총 한 방 쏠 필요 없이 간단한 기동만으로 진지를 점령할 수 있었던 것 같습니다."[29] 야간 회기에서 레닌이 제출한 '소비에트사회주의공화국연방(USSR)'에 대한 대략의 계획안이 통과되었다.[30] 그 무렵 레닌은 로시코프를 프스코프로 유형 보내라는 자신의 요구에 정치국이 동의한 것을 알게 되는 즐거움도 누렸다.[31] 정책에서 레닌이 세운 목표가 하나씩 충족되고 있었다.

그러나 레닌은 여전히 이루어야 할 몇 가지 목표가 더 있었고, 자신이 그렇게 오래 살리라고 가정할 수 없다는 것을 알았다. 특히 레닌이 스탈린에게 품은 의심은 옳았다. 12월 21일 스탈린이 지도부의 일원이었던 조직국은 그루지야에 대한 제르진스키의 보고를 재가했다. 오르조니키제는 징계를 모면했다. 그리고 이에 못지않게 충격적인 결정이 내려졌다. 트빌리시에서 므디바디를 비롯한 스탈린의 반대자들을 직위에서 축출하기로 한 것이다.[32] 스탈린은 복수심에 불탔고, 소련 헌법의 형식을 두고 레닌과 합의했던 바를 무력화하는 데 힘을 쏟았다. 결국 스탈린과 레닌 사이에서 또 다른 말다툼이 일어날 수밖에 없었다. 긴장이 고조되었다.

12월 22일, 23일 밤에 레닌이 또다시 쓰러져 몸 오른쪽 전체를 쓰지 못하게 되면서 건강이 더 악화되었다. 친척들과 주치의들이 최선을 다해 그를 돌봤지만 레닌은 의식을 되찾자마자 여느 때처럼 정치에 대해 생각했다. 레닌은 12월 18일 중앙위원회가 그에게 회복될 때까지 정치에서 물러나라고 정식으로 명령했고, 또 스탈린이 의료 체계를 책임지고 있었기 때문에, 얕은 술책을 쓰지 않으면 안 되었다. 레닌은 비서에게 '자신을 괴롭히는 문제'에 관해 뭔가를 받아쓰게 하는 것이 허용되지 않으면 다시 잠들 수 없을까 봐 두렵다고 주치의들에게 말했다. 의사들은 누그러져서 당번 비서인 마리야 볼로디체바를 아파트로 불렀다. 레닌은 그녀가 도착했을 때 여전히 상태가 매우 좋지 않았다. 그러나 레닌은 일을 진행할 것을 고집했다. "나는 **대회에 보내는 편지**를 구술하고 싶소."[33] 레닌은 이날 겨우 4분 동안 가까스로 구술했지만, 앞으로 계속 활용할 수 있는 상황을 만든 셈이었다. 레닌은 다음 며칠 동안 염두에 둔 일반적인 관심사와 계획을 문서로 작성해 다음 당 대회에 이용할 수 있게 하기를 희망했다. 모든 것은 '절대 비밀'이어야 했다. 편지는 타자기로 다섯 부를 쳐서 각각 봉투에 넣고 밀랍으로 봉인했다. 레닌은 자신이나, 자기가 죽으면 나데즈다 콘스탄티노브나만이 봉투들을 개봉할 권한을 갖는다고 명기했다.[34]

레닌은 자신의 비서인 리디야 포티예바와 마리야 볼로디체바를 완전히 신뢰했다. 이전에 레닌은 스탈린의 젊은 두 번째 부인인 나데즈다 알릴루예바를 비서로 불러 일하게 한 적이 있었다. 그러나 상황이 레닌에게 유리하게 돌아가려고 했는지, 알릴루예바는 뜻밖의 사건으로 그달 초부터 레닌 밑에서 일하는 것을 그만두었다. 게다가 레닌은 12월 24일 스탈린, 카메네프, 부하린이 레닌에게 하루 5~10분 구술할 수 있도록 허용한 결정에서도 힘을 얻었다. 스탈린은 구술 허가 요청을 거부할 경우, 레닌이 불합리하게 구속받고 있다고 불평함으로써 자신에게 해를 끼칠 능력이 있음을 알았다.

하지만 스탈린은 구술을 허용한다고 해서 심각한 위험이 초래되지는 않을 것이라고 잘못 생각했다. 몸이 불편한 데다 마음이 산란했던 레닌은 화가 치솟았다. 몸져누운 생활은 레닌을 진정시키는 데 아무 소용이 없었다. 레닌은 서두르는 사람이었다. 두 해 동안 레닌은 소비에트 정치 승계 문제를 고민해 왔고, 이따금 이와 관련해 목소리를 냈다. 그와 알렉산드르 실리흐테르*는 1921년 늦여름에 몇몇 볼셰비키 지인들의 죽음에 대해 이야기를 나누었다. 실리흐테르는 젊은 세대가 당을 넘겨받을 준비가 되어 있기 때문에, 노장들을 잃는 것은 걱정할 필요가 없다고 말했다. 레닌은 이의를 제기했다. "오랫동안 레닌은 나에게서 눈을 떼지 않고 가만히 나를 쳐다보았다. '아뇨. 당신이 틀렸소.'라고 그가 대답했다. '지금 떠나는 것은 너무 일러요. 5년 더 훈련 기간이 필요합니다.'"[35] 이 말은 무심코 나온 것이 아니었다. 그 말에는 일단 레닌이 무대를 떠난 다음에 당내에 등장할 가능성이 있는 지도부에 대한 불편한 감정이 반영되어 있었다. 그 후 레닌은 이 주제를 회피했다. 그러나 레닌은 자신이 곧 죽을 것을 우려하여 서둘러 자신의 결론을 종이에 써 두고자 했다. 여기에 레닌은 엄청난 노력을 기울였다. 레닌은 자신의 주장을 고쳐 쓸 필요가 없도록 신중하게 준비하려 애썼다. 레닌은 당에 남길 정치적 유언을 쓰고 있었으며, 그의 의도는 명확하게 표현되어야 했다.

　저술가로서 레닌은 직접 손으로 글씨를 쓰고 그에 따라 자기 눈앞에 글이 나타나는 것에 익숙해져 있었다. 물론 그의 건강이 나쁘다는 사실은 도움이 되지 않았다. 때때로 문법이 잘못되어 볼로디체바는 레닌의 초고를 수정해야 했다. 그녀는 레닌이 이것을 모욕적이라고

알렉산드르 실리흐테르(Aleksandr Shlikhter, 1868~1940) 우크라이나의 볼셰비키 정치가. 10월 혁명 후 러시아 연방 농업인민위원, 식량인민위원을 지냈고, 1919년에는 우크라이나공화국 식량인민위원이 되었다. 1920년에는 탐보프 농민 반란 진압에 나섰고, 1927년에는 우크라이나 농업인민위원으로 재차 소비에트 대회에 참석했다.

여김을 알았다. "제가 당신의 필요악이라는 것을 알아요. 하지만 잠시 동안만 그렇습니다."[36] 문제는 레닌이 글의 내용을 자기 머리속에서 고쳐야 했고, 속기사들은 종종 레닌의 다음 문장을 무한정 기다릴 수밖에 없었다는 점이다. 한번은 속기사들이 비서를 레닌의 방 옆방에 대기시키고, 비서에게 레닌이 생각을 가다듬었을 때 속기사가 오도록 전화를 걸게 하는 실험을 하기도 했다.[37]

레닌은 어떻게 해서든 자신의 유언을 끝내기로 작정했다. 포티예바와 볼로디체바는 레닌에게 기술적 도움을 주면서, 그의 의욕도 끌어올리려고 애썼다. 레닌에게 감정적으로 훨씬 더 중요했던 사람들은 나데즈다 콘스탄티노브나와 마리야 일리니치나였다. 아내와 여동생은 매일 레닌과 함께 앉아 있겠다고 다짐했다. 나데즈다는 한 발 더 나아가, 레닌의 비공식적인 정치 보좌관이 되었다. 이것은 중앙위원회가 포고하고 서기장 스탈린이 감독하는 의료 체계의 조건에 어긋나는 것이었다. 그러나 나데즈다는 정치 보좌관 역할, 즉 1917년 4월에 포기했던 역할을 다시 수행할 수 있다는 사실을 즐겁게 받아들였다. 아마도 그녀는 그 비밀스러운 분위기를 좋아했던 듯하다. 레닌과 공모하여 오흐라나를 속였던 옛 시절로 조금은 돌아간 것 같은 느낌이었다. 다른 무엇보다도 나데즈다는 중앙위원회가 그들이 요구해 온 대로 레닌을 정치로부터 차단한다면 레닌이 오래 버티지 못할 것임을 알았다. 레닌은 정치 없이는 살 수가 없었다. 그러므로 그녀는 크렘린의 사건들에 대해 자신이 알고 있는 바를 레닌에게 계속 말해주었고, 다른 당 지도자들과도 은밀히 접촉하게 해주었다. 레닌은 서서히 다시 행복감을 느끼게 되었다.

불행히도 스탈린이 12월 22일에 이 상황을 알았다. 스탈린은 나데즈다 콘스탄티노브나에게 전화를 걸어 욕설을 퍼부었다. 레닌을 돌보느라 힘들었던 나데즈다는 스탈린의 행동에 크게 충격을 받았다.

이튿날 그녀는 카메네프에게 간절한 편지를 썼다. "지난 30년 동안 저는 어떤 동지에게서도 단 한마디도 욕설을 들어본 적이 없습니다. 당과 일리치의 이해는 스탈린에게만큼이나 저에게도 소중합니다." 이렇게 해서 그녀는 정치적 활동에 참여할 수 있는 남편의 권리를 옹호했고, 스탈린이 공격을 되풀이한다면 그것은 그가 스스로 무덤을 파는 행위임을 보여주었다. 이로써 레닌은 목숨이 붙어 있는 동안, 사상과 전략, 인적 측면의 유산을 공산당과 소비에트 국가에 물려줄 계획에 착수할 수 있었다.

28장

레닌의 유언
1923년~1924년

레닌은 1922년 12월 23일에 정치적 유언을 구술하기 시작했다. 레닌은 다음 당 대회에서 직접 자기 구상을 밝히기를 원했으나, 그 일이 불가능할 경우에 대비해 유언을 남겨 두려 했다. 레닌은 이렇게 말을 꺼냈다. "나는 이 대회가 우리 정치 구조에 대한 일련의 변화 작업에 나서기를 간곡히 충고한다." 레닌은 두 가지 제안을 내놓았다. 한 가지는 현재 경제 정책을 자문하는 '국가계획위원회'에 어느 정도 입법권을 부여해야 한다는 것이었다. 두 번째는 당 중앙위원회의 위원 수를 27명에서 50~100명으로 늘려야 한다는 것이었다.[1]

이러한 제안 뒤에는 정치적 계산이 있었다. 국가계획위원회 개혁은 경제에 대한 정부 감독의 강화로 이어질 것이었다. 레닌은 트로츠키와 최근에 맺은 동맹을 계속 이용하려 했기에 그에 대한 대가를 치러야 했다. 트로츠키는 국가가 경제 계획에서 차지하는 역할을 키울 것을 요구해 왔다. 그와 동시에 레닌은 트로츠키와 나머지 동료들을 통제하기를 원했다. 이를 위해 산업 노동자들을 위원으로 충원해서 중앙위원회를 확대하라고 촉구한 것이다. 중앙당 지도부 내의 갈등은 당의 존재와 혁명의 생존을 위협할 수 있었고, 갈등을 막으려면 이런 조치가 필요하다고 레닌은 믿었다.[2] 그 다음에 비서 마리야 볼로디체바에게 한 구술에서, 레닌은 당내 분열의 전망을 대략 그렸다. 레닌은 제10차 당 대회가 분파 활동을 금지한 조치가 거의 실효성이 없다고 생각했다. 그는 10월 혁명이 노동자와 농민이라는 두 사회 계급의 지지에 의존하고 있다고 단언하고, 두 계급의 이해 차이가 당 지도부의 한 분파가 다른 분파와 파멸적인 갈등 관계에 빠지는 배경이 될 수 있다고 주장했다.[3]

레닌은 그런 분파를 이끌 가능성이 있는 인물들, 즉 트로츠키와 스탈린에게 눈을 돌렸다. 트로츠키는 현재 레닌의 주요 동맹자이기는 하지만, 레닌은 결코 트로츠키를 유일한 후계자로 기꺼이 받아들이지 않았다. 유언은 특이한 방향으로 흘러갔다. 레닌은 스탈린이 후계자가 될 만한 진지한 후보라는 견해를 넌지시 내비쳤다. 당시 어느 누구도 그렇게 주장하지 않았다. 1917년을 연구한 훌륭한 역사가 니콜라이 수하노프가 '흐릿한 잿빛 인물'이라고 조롱하던 스탈린보다, 트로츠키, 지노비예프, 카메네프, 부하린이 더 선명한 공적 인지도가 있었기 때문이다.

레닌은 최근의 경험 이후 스탈린을 더 정확하게 평가할 수 있었고, 오래전부터 트로츠키의 결점은 알고 있었다.[4]

스탈린 동지는 서기장이 된 후 무제한의 권력을 손에 넣었다. 나는 그가 항상 이 권력을 충분히 주의 깊게 사용할 수 있을지 확신하지 못하겠다. 다른 한편 트로츠키 동지는, 교통인민위원부 문제와 관련하여 중앙위원회에 맞서면서 그가 벌인 싸움이 보여주듯이, 걸출한 재능이라는 특성만 지닌 것은 아니다. 확실히 그는 현재 중앙위원회에서 개인적으로 가장 능력 있는 사람이나, 오만함이 넘치고 순전히 행정적인 측면에 지나치게 몰두하는 측면이 있기도 하다.

레닌은 이런 식으로 간략한 인물 묘사를 계속했다. 그는 그리고리 지노비예프와 레프 카메네프가 1917년 10월의 권력 장악 전에 보인 행태가 우연이 아니라고 역설했다.(그러나 다소 역설적으로, 이 때문에 그들을 나쁘게 봐서는 안 된다고 덧붙이기는 했다.) 레닌은 니콜라이 부하린의 사상이 현학적이며 완전히 마르크스주의적이지 않다고 혹평했다. 레닌은 게오르기 퍄타코프가 정치에 너무 행정적으로 접근한다고 비난했다.[5] 레닌은 자신의 동료들을 교묘하게 시험대에 올리고 그들 모두가 불만족스럽다고 평했다. 암시적이나 명백한 레닌의 결론은, 자신을 계승할 만한 지도자가 당에 한 사람도 없다는 것이었다.

여기서 레닌의 위선은 어안이 벙벙할 정도였다. 레닌도 충분히 신중하지 못하게 통치했고(스탈린), 행정적 방식에 집착했으며(트로츠키와 퍄타코프), 지나친 혁명적 낙관주의에 저항했고(지노비예프와 카메네프), 정통 마르크스주의에 대한 의심스러운 이해를 보여주었다(부하린). 하지만 레닌은 이제 자신이 아닌 동지들만 이처럼 부적절함의 죄를 지었다고 주장했고 또 명백히 그렇게 믿었다.

지난날 레닌은 정치적 관계를 단절한 상황이 아니라면 동지에 대한 일반적인 비판을 삼갔다. 또 동지들 사이에서 레닌에 대한 애정은 그들 중 레닌을 일반적으로 비판한 사람이 거의 없다고 알려질 정도였다. 하지만 사실은 말 그대로 거의 없었지, 완전히 없다고는 할 수는 없었다. 1921년에 레닌은 미국 사업가들이 돈바스 탄광의 이권을 접수하게 하는 것이 좋은지를 둘러싸고 퍄타코프와 언쟁을 벌인 적이 있었다. 레닌에 따르면, 퍄타코프는 허풍, 그리고 위험하고 강력한 적을 "쓰러뜨리기 위해 검을 사용하고자 하는 나쁜 옛 러시아 파벌에 대한 집착을" 과시했다. 거리낌 없이 말하는 퍄타코프로부터 답장이 날아왔다.[6]

블라디미르 일리치, 당신은 100킬로미터 떨어진 곳에서 모든 중대한 전략 문제들을 결정하면서, 모든 것을 너무 거시적으로 바라보는 데만 익숙해져 있습니다. 반면에 우리에게 정작 필요한 것은 3킬로미터, 기껏해봤자 10킬로미터 떨어진 곳의 작은 전술적 문제를 해결하는 일입니다. 그리고 이것이 제가 보기에, 이 문제에 관해서 당신이 도식주의와 (당신이 했던 말을 그대로 되돌려준다면) 진정한 허풍으로 빠져드는 이유입니다.

아마도 이 맞비난은 레닌이 유언을 작성하던 때 마음 한구석에 개운치 않게 남아 있었을 것이다. 퍄타코프는 아픈 곳을 건드렸다. 나데즈다 콘스탄티노브나도 노동자들 사이의 사소한 폭력 행위를 소홀히 여기는 것과 거시적 정책에 과도하게 초점을 맞추는 것을 지적하며 레닌을 비난했을 때, 같은 곳을 찌른 적이 있었다.

그러나 레닌은 완곡하게라도 자기 비판을 하지 않았다. 레닌의 생애 마지막 날들을 묘사한 기록에는 자신이 해 온 일 전반에 대해 조금이라도 후회하는 낌새는 전혀 없다. 하지만 모든 볼셰비키 지도자들과 마찬가지로, 레닌도 미숙한 행정, 지나친 낙관주의, 허풍, 도식주의, 교조주의 등 볼셰비즘의 부정적 경향을 감지했다. 여기서 흥미로운 점은 지도자 각자는 자신은 그런 경향에 영향을 받지 않았다고 생각했다는 것이다. 그리하여 레닌은 그런 경향을 경고해야 할 대상은 동료 지도자들뿐이라고 여겼다.

레닌의 사상은 일반 정치 이론으로서도 동료들의 사상에 비해 훨씬 더 그럴듯해 보이지 않았다. 1902년에 레닌은 노동자들이 단순히 노동자에 불과하기 때문에 혁명의 진전에 긍정적인 영향을 줄 수 있다는 생각을 비웃었다. 그러던 레닌이 왜 이제 와서 중앙위원회의 사회적 구성을 바꾸기만 하면 혁명을 지킬 수 있을 것이라고 가정했는지 질문할 수 있을 것이다. 무엇이 레닌으로 하여금 다음 노동 계급 세대의 볼셰비키가 레닌 자신의 측근 동료들로부터 권력을 넘겨받을 준비가 되어 있다고 믿게 만들었는가? 무엇이 레닌으로 하여금 트로츠키와 스탈린을 비롯한 동료 지도자들은 고위 정치에 경험이 없는 평범한 공장 노동자들이 놓은 장애물을 피할 수 없을 것이라고 생각하게 했는가? 당의 권력이 노동자와 농민의 지지에 의존한다는 생각도 확실히 착각이었다. 노동자들은 정치적 권리 대부분을 빼앗겼다. 그들은 체카의 손아귀에서 고생할 각오를 하지 않고서는 파업에 돌입할 수조차 없었다. 반란 지역 전역에서 농민들은 여전히 붉은 군대에 의해 가혹하게 진압되는 중이었다. 단 한 가지에 대해서만 레닌은 진정으로 날카로운 통찰력을 보였는데, 그 점은 중요했다. 레닌은 분파 분쟁으로 당이 분할된다면, 아마도 트로츠키와 스탈린이 두 분파의 지도자가 되리라고 생각했다. 실제로 다른 어느 누구도 스탈린에 대해 그런 예측을 하지 못했을 것이다. 그러나 스탈린을 아주 가까이서 관찰한 레닌은 그가 지닌 야심을 간파했다.

따라서 레닌은 비서들에게 비밀을 꼭 지키라고 당부했고, 유언장들을 금고에 넣어 두라고 명령했다. 이 정도가 레닌이 안전을 위해 취한 조치의 전부였다. 레닌은 모든 이들이 자신을 도전할 수 없는 지도자로 여긴다고 계속 믿었다. 레닌은 스탈린의 부인 나데즈다 알릴루예바가 비서진으로 근무하는 것조차 막지 않았다. 극히 순진한 태도였다. 〈대회에 보내는 편지〉는 당 지도부를 불안으로 위태롭게 할 우려가 있었다. 마리야 볼로디체바는 내용에 큰 충격을 받아, 12월 23일 리디야 포티예바에게 어떻게 해야 될지 물었다. 포티예바는 그녀에게 편지를 스탈린에게 보여주라고 충고했다. 볼로디체바가 다음날 충고대로 행동하자, 스탈린은 타자기로 친 원고를 움켜쥐고는 부하린과 오르조니키제, 그리고 서기국 관리인 아마야크 나자레탄*

과 의논하러 나갔다. 스탈린은 몇 분 뒤 돌아와 그녀에게 외쳤다. "태워버려요!"[7] 볼로디체바는 실제로 편지를 태웠다. 하지만 그 후 볼로디체바는 극심한 공포에 빠졌다. 그녀는 레닌의 바람을 대놓고 어겼고, 큰 말썽이 코앞에 와 있었다. 리디야 포티예바와 다른 비서 마리야 글랴세르(Maria Glyasser)도 마찬가지로 오싹해졌다. 포티예바도, 글랴세르도 스탈린에게 〈대회에 보내는 편지〉를 보이는 데 반대하지 않았다. 편지를 없애버렸다는 것이 그들이 걱정한 이유였다.[8] 문제를 해결하는 방법은 한 가지밖에 없었다. 볼로디체바가 다섯 번째 복사본을 다시 타자기로 쳐서 레닌이 말한 대로 금고에 넣어 잠가버리는 것이었다.[9]

스탈린은 사실 자신이 알게 된 정보로부터 거의 이익을 얻지 못했다. 그는 레닌이 독약을 간절히 바랐을 때, 그것을 슬쩍 건네주지 않았던 일을 무척 후회했을 것이다. 이제 상황은 역전되었다. 스탈린은 레닌이 비켜서 있기를 원했고, 반면 레닌은 스탈린을 해임하려 하고 있었다. 하루하루 레닌은 소비에트 국가의 제도들에 관한 내용을 계속 구술했고, 그때마다 따로 한 부분을 할애하여 스탈린을 비판할 이유를 찾았다.

하지만 레닌의 비판은 항상 제한된 범위 안에서만 이루어졌다. 1960년대 말부터 서방에서, 그리고 1980년대 말에 소련에서는 몇몇 유력한 해석들이 레닌이 소비에트 정치 체제의 대대적 개혁을 주장했다고 암시해 왔다.[10] 그들은 상황 변화를 레닌이 얼마나 바랐는지를 과장했다. 레닌은 일당 국가, 유일 이데올로기 국가, 공포 국가,

---

아마야크 나자레탼(Amayak Nazaretyan, 1889~1937) 상인의 아들로 상트페테르부르크 대학 법학부에서 수학했다. 1905년에 러시아사회민주노동당에 가담했으며 볼셰비키로 캅카스에서 주로 활동했다. 10월 혁명 후 서기국과 정치국에 참여하고, 소련 중앙집행위원회 위원 등을 지냈다.

모든 사회 생활, 경제, 문화를 지배하고자 하는 국가라는 자신의 정치적 피조물에 도전하지 않았다. 그의 이념의 기초도 여전히 변함없이 그대로 유지되었다. 1917년 10월의 권력 장악, 혁명적 무도덕주의(amoralism), '유럽 사회주의 혁명', 과학적 올바름, 이데올로기적 불관용, 기질적·정치적 조급성까지 이 모든 것들이 고스란히 남았다. 레닌의 유언에서 어느 한 문장도 평등하고 부유한 무계급 사회가 사회주의 독재에 의해서만 수립될 수 있다는 《국가와 혁명》의 교의에 도전하지 않았다. 레닌은 1917년 이후 이데올로기, 조직, 실천에서 많은 변화를 꾀했다. 그는 정치가로서 활동하는 동안 방향을 180도 전환하는 것으로 유명했다. 그러나 공산주의 사회 수립의 필연성과 이 목표를 달성하기 위한 일반 전략에 대해서 레닌은 아무런 의심도 없었다. 레닌은 끝까지 공산주의 신봉자로 남았다. 그는 자신이 헛되거나 잘못된 정치적 전제를 따라 살았다고 생각하지 않았다. 병상에서 레닌은 과학적으로 보장된, 마르크스주의의 전 지구적 승리를 달성하기 위한 지침을 마지막으로 결연히 제공하고 있었다.

레닌은 12월 26일 구술을 재개하면서, 노동 계급으로부터 새 인원을 충원해 '노동자·농민 감찰국'을 갱신할 것을 요청했다. 감찰국 전 의장으로서 스탈린은 감찰국의 관료주의적 업무에 대한 레닌의 비판에 분개할 수밖에 없었다. 레닌은 국가계획위원회와 인민위원회의가 경제에서 계획과 규제를 강화하는 데 협력해야 한다고 덧붙였다. 여기서 레닌은 스탈린에 맞선 싸움에서 필요한 동맹자 트로츠키를 달래려 하고 있었다. 특히 레닌은 헌법에 관한 정책의 변화를 곰곰 생각했다. 지금 조성되어 있는 상황을 고려해볼 때 소비에트사회주의공화국연방(USSR)의 성립을 승인한 것이 너무 성급했던 것은 아닐까 하고 의심하기까지 했다. 레닌은 많은 국가 관리들이 '국수주의적 대러시아 쓰레기들'이라고 언급하면서 다음과 같이 제안했다. "우리가 이 (국가) 기구를 진정으로 우리 자신의 기구로서 깊이 신뢰할 수 있을 때까지 이 조치를 연기하는 것이 의심할 바 없이 적절할 것이다." 하지만 다시 레닌은 스탈린이 "조급하고 행정적으로 너무 편향되어 있다."고 지적했다. 스탈린, 오르조니키제, 제르진스키가 러시아인이 아니라는 사실은 레닌에게 문제가 되지 않았다. 실제로 그들은 전부 너무 '러시아인'이 되었다. 오히려 그들은 그루지야인 같은 소수 민족들을 보호하기를 거부함으로써, 자신들이 비러시아 민족 출신이라는 사실을 상쇄하려 했다.

이미 소비에트사회주의공화국연방의 창설을 막기에는 너무 때가 늦었고, 12월 30일 모스크바의 소비에트 대회는 레닌과 당 중앙위원회가 이전에 승인한 헌법 초안을 재가했다. 그러나 레닌은 화가 나서 이를 악물었다. 12월 30일, 31일에 레닌은 〈민족 문제, 혹은 '자치화'에 관하여〉라는 글을 구술했다.[11]

필요한 일은 나의 볼가 시절 기억들을 되살리는 것이다. 비러시아인들이 우리 사이에서 어떻게 취급됐는지, 모든 폴란드인들이 어떻게 '작은 폴라크(Polak)'라고 불려야 했는지, 어떻게 어떤 타타르인도 항상 '공후(Knyaz)'라고, 어떤 우크라이나인도 '호홀(Khokhol)'로, 어떤 그루지야인이나 어떤 다른 캅카스의 주민도 '캅카스 사람'으로 칭해졌는지에 대한 기억을 불러오는 것이다.

그러므로 억압하는 민족, 즉 이른바 '큰'(오직 폭력적 행동에서만 크고, 오직 국수주의적 악당으로서만 큰) 민족에게 국제주의는 민족들 사이의 형식적 평등을 준수하는 것만이 아니라, 실생활에 존재하는 불평등을 보상하기 위해 억압 민족(큰 민족) 자신의 불평등을 감수하는 것이기도 하다.

이 글은 마르크스주의 신념의 판에 박힌 진술만은 아니었다. 어린 시절로 되돌아간 레닌의 깊은 감정을 표현한 것이기도 했다. 그 시절 레닌의 아버지는 심비르스크주에서 추바시족 아이들을 위한 추바시어 초등학교를 세우는 일에 전념했다. 그 시절 작가 해리엇 비처 스토는 《톰 아저씨의 오두막》에서 인종적 억압을 비판했다. 그 시절 레닌은 가정에서 교양 있는 러시아인은 협소한 민족적 자부심을 삼가야 한다고 배웠다.

같은 글에서 레닌은 깊은 사죄를 했다.[12]

나는 공식적으로는 소비에트사회주의공화국연방 문제라고 알려진 것으로 보이는, 악명 높은 자치화 문제에 충분히 열정적이고 주의 깊게 개입하지 않은 데 대해 러시아의 노동자들 앞에서 엄청난 죄의식을 느끼는 것 같다.

레닌이 죄의식을 느끼는 것 '같다'라고만 말하고 있는 점은 제쳐두자. 또한 마치 그루지야를 비롯한 다른 비러시아 국가들이 그 일부라도 되는 양 '러시아'를 언급하는 것도 너그럽게 봐주자. 진짜로 주목할 만한 점은 정서적 말투다. 레닌은 속마음을 털어놓고 있었다.

1923년 1월 4일, 리디야 포티예바는 정치적 유언에 덧붙이는 추가 기록을 받아 적었다.[13]

스탈린은 너무 거칠다. 이러한 결함은 우리끼리 지내는 환경에서, 그리고 공산주의자들로서 우리 관계에서는 전적으로 용납될 수 있지만, 서기장 직책을 수행할 사람으로서는 용납될 수 없다. 그러므로 나는 동지들에게 스탈린을 해임할 수단을 찾아낸 뒤, 동지들에게 좀 더 관대하거나, 겸손하거나, 사려 깊거나, 덜 변덕스러운 면에서 한 가지만 스탈린보다 뛰어나더라도 다른 모든 면에서 스탈린 동지와 구별된다고 할 수 있는 다른 누군가를 이 직책에 임명할 것을 제안한다.

이것은 정치 전쟁이었다. 레닌은 스탈린을 서기장직에서 해임하기를 원했다. 두 번째 요점은 강조할 만하다. 레닌의 추가 기록은 스탈린과 트로츠키 사이의 경쟁을 줄이기 위해 노력해야 한다는 그 자신의 이전 주장과 부딪친다. 독자적으로 스탈린을 공격하면서 레닌은 측근 동료들 사이의 권력의 균형을 뒤엎고, 고의든 아니든 트로츠키에게 힘을 실어주었다.

레닌은 자신이 죽은 뒤에 발생할 당내 문제를 해결하려다 현재의 어려움으로 주의를 돌리고 있었다. 특히 레닌은 합의된 소비에트사회주의공화국연방 헌법안에 최후의 수정을 가하려 했다. 레닌은 모스크바에서 통합될 유일한 정부 기관은 외무인민위원부와 군사인민위원부여야 한다고 권고했다. 레닌에 따르면, 다른 모든 기관들은 소비에트사회주의공화국연방의 여러 소비에트 공화국들의 통제를 받아야 한다. 모스크바에서 급속한 권력 집중화는 더는 없을 것이었다.

그런 후 레닌은 일반적인 정치 문제로 되돌아왔다. 논문 〈협업에 관해서〉는 사회의 낮은 문화 수준 문제를 다루었다. 레닌은 국가가 문자 해득력과 계산 능력, 시간 엄수, 성실성을 높이는 과제를 더 강조하기를 원했다. 레닌은 특히 농민들이 협동조합에 가입하기를 바랐다. "우리는 최후의 한 명까지 모든 사람을 협동조합 활동에 참여하게끔 해야 한다. 그것도 소극적이 아니라 적극적으로 참여하게끔 하기 위해 '문명화된'(특히 읽고 쓸 수 있는) 유럽인의 관점에서 여전히 꽤 많은 일을 해야 한다."[14] 그 순간 레닌은 농민들이 '아시아적 방식으로' 교역하고 있다고 믿었다.[15] 레닌은 항상 이런 식으로 생각해 왔다. 그러나 레닌이 그런 어휘를 공개적으로 사용하는 것은 이례적이었다. 그의 말은 아시아에는 문명이 없고, 러시아는 유럽적이라기보다는 아시아적이라는 생각을 넌지시 비치는 것이었다. 레닌은 러시아의 경제·사회적 상황이 낙후되었다는 데 항상 조급해했다. 과연 레닌은 그답게 농민들을 적의의 대상으로 골랐다. 대부분의 러시아 노동자들이 태도와 기술적 숙련 측면에서 평균적인 러시아 농민과 거의 다를 바가 없었는데도, 레닌이 쓴 모든 글에는 계급에 기반을 둔 시각이 여전히 남아 있었다. 그러나 물론 레닌이 러시아 노동자들을 좀 더 현실적으로 보았다면, 당 중앙위원회와 노동자·농민 감찰국에 대한 그의 권고 전체가 근거를 잃었을 것이다.

레닌이 긍정적으로 생각한 소비에트사회주의공화국연방 내 민족 집단이 있다면, 그것은 러시아인이 아니라 유대인들이었다. 마리야 일리니치나에 따르면, 유대인들은 인구가 적은데도 많은 정치적·과학적·예술적 업적을 이루었기 때문에, 레닌은 자신의 혈통에 유대인 요소가 있다는 것을 자랑스러워했다. 하지만 레닌이 유대인에 특별히 집착한 것은 아니었다. 유대인들에 대해 레닌이 찬양한 점은 러시아에 서구적·근대 문화를 건설하는 데 그들이 보인 적극적이고 능동적인 역할이었다. 레닌은 러시아인들(그는 스스로 유럽 러시아인이라고 생각했다)이 같은 역할을 하기를 원했다. 그리하여 10월 혁명의 과업이 완수되려면 그 전에 해야 할 일이 많이 남아 있었다.

하지만 레닌은 '충분히 계발되지 못한 국가'에서 권력을 장악한 데 대해 어떤 아쉬움도 없었다. 니콜라이 수하노프의 《혁명에 관한 단상들》을 비평하면서, 레닌은 나폴레옹의 격언을 인용했다. "교전해 보면 …… 알 수 있다." 이 말은 사령관이 어떤 군사적 작전이 필요한지 알려면 먼저 전투를 벌여야 함을 뜻한다. 레닌은 일관된 전략을 수립하려면, 먼저 권력을 장악해야 한다고 강조하고 있었다. 레닌은 또 어떤 나라에서 사회주의 국가 수립을 시도하려면, 그 전에 이미 사회주의에 필요한 사회적·경제적 전제 조건(높은 수준의 산업, 기술, 교육)이 갖춰져야 한다는 당대 마르크스주의의 일반적 사고도 거부했다. 사실 카를 마르크스는 사회주의가 심지어 농민 사회에서도 건설될 수 있다는 가능성을 고려했다. 그러나 이것은 1890년대에 러시아 마르크스주의자들이 마르크스주의에 품었던 일반적인 이해는 아니었다. 완전히 정반대였다. 러시아 마르크스주의자들은 산업 경제와 글을 읽고 쓸 수 있는 사회가 사회주의 사회 건설을 시도하기 위한 전제 조건이라고 전통적으로 주장했다. 그들은 역사의 발전이 여러 단계의 연속으로 진행되며, 이 연속은 불변이라고 역설했다. 레닌은 러시아 주류 마르크스주의 바깥에 있었다. 고정된 역사 단계를 기다릴 참을성이 레닌에게 없었던 것은 1905년 이래 관찰할 수 있고, 레닌은 이것을 1920년의 제2차 코민테른 대회에서 분명히 했다. 죽어가면서도, 레닌은 당이 자신의 생각이 일탈이 아니라고 판단하리라는 것을 보장받고 싶어 했다. 그것은 레닌의 마르크스주의에 없어서는 안 될 필수 요소였다.

그래서 레닌의 최후의 저술들에서 본질적인 변화는 없었다. 있다면 표현과 강조점의 변화뿐이었다. 1923년 1월 25일 〈프라우다〉는 레닌의 평론 〈우리는 어떻게 노동자·농민 감찰국을 재조직해야 하는가〉를 내용 중 스탈린에 대한 암묵적인 비판을 완화한 뒤 게재했다. 그런 뒤 레닌은 긴 글 〈더 좋을수록 더 적지만, 그래도 더 좋은 것을〉을 구술하면서, 다시 더 많은 노동자들을 공직으로 승진시키라고 요구했다. 이 글에서 레닌은 노동자들이 (짐짓 겸손한 투의 용어로) '계몽이 부족'하다는 문제를 건드렸다. 레닌은 노동자들에게 '장기간 공을 들이라고' 권했다. 그러나 일반적으로 레닌은 계급에 기반을 둔 선발에 의존함으로써 얻을 수 있는 빠른 결과를 신뢰했다.

대외 정책에 대해서 레닌은 일생 동안 해 온 주장에 새로운 것은 거의 덧붙이지 않았다. 레닌은 자본주의의 필연적 붕괴를 계속 믿었다. 레닌은 서방에서 경제가 회복되는 조짐을 인정하면서도, 또 다시 베르사유 조약이 독일의 노예화를 불러오고 유럽을 몹시 불안정하게 만들었다고 단언했다. 하지만 레닌은 1920년의 폴란드-소비에트 전쟁 경험에 상처를 받았고, 소비에트사회주의공화국연방이 가까운 장래에는 강대국들의 갈등에서 떨어져 있어야 한다고 역설했다. 낙관적 어조로 레닌은 그러한 갈등에 소비에트사회주의공화국연방이 끌려 들어가지 않는 한, 외국 간의 갈등은 외국이 반공산주의 십자군 운동을 개시하는 데 힘을 쏟지 않도록 함으로써 10월 혁명에 도움이 될 것이라고 계속 강조했다. 레닌은 제1차 세계대전의 전지구적 여진이 잦아들지 않았다고 덧붙였다. 그는 동방이 '타성에서 벗어나' 동요하고 있다고 주장했다. 아시아와 아프리카의 식민지들은 공산주의 인터내셔널의 개입 없이도 유럽 제국주의를 상대로 말썽을 일으킬 것이었다. 이 주장은 독창적인 인식은 아니었다. 룩셈부르크, 트로츠키, 부하린 등이 일찍이 유사한 견해를 밝혔다. 그러나 레닌은 자신의 지적인 탁월함을 주장하고 있지 않았다. 그보다 레닌은 혁명적 가능성의 퇴조가 영원하지 않다고 강조하고 있었다. 레닌은 이렇게 덧붙였다. "이것들은 내가 꿈꾸는 위대한 과업이다."

그의 글 〈더 좋을수록 더 적지만, 그래도 더 좋은 것을〉은 1923년 3월 4일에 발표되었고, 레닌의 건강이 회복 중이라는 인상이 짙어지게 되었다. 스탈린에게는 특히 달갑지 않은 소식이었다. 2월 내내 중앙당 지도부의 허락을 얻어 레닌은 보좌관들인 니콜라이 고르부노프와 리디야 포티예바, 마리야 글랴세르가 그루지야 사건에 대한 자료를 수집하는 일을 주관했다. 레닌은 몸을 거의 움직일 수가 없었다. 그러나 지적으로는 여전히 매우 예리했다. 〈프라우다〉에 실린 그의 글들이 크렘린 지도자들 사이의 긴장을 언급했기 때문에, 중앙위원회 내에서는 레닌의 호전적 태도에 대한 공포가 발생했다. 중앙위원회 서기 중 한 명인 발레리안 쿠이비셰프는 〈프라우다〉에 레닌의 글을 게재하는 것을 중단하고, 대신 레닌의 글을 실은 가짜 당 신문을 발행해서 레닌한테만 보내자고 제안했다. 그러면 레닌이 스탈린을 비난함으로써 당이 동요하는 것을 막을 수 있을 것이었다. 중앙당 지도부는 쿠이비셰프의 제안을 거부했고, 모스크바의 단결은 굳건하다고 직설적으로 주장하는 회람문을 지방의 당 위원회들에 보냈다.

상황은 일촉즉발이었다. 1923년 3월 3일까지 레닌은 보좌관들로부터 그루지야 사건에 대한 철저한 보고를 받았다. 탄약은 레닌의 수중에 있었고, 이제 스탈린을 향해 발사하기만 하면 되었다. 간단한 일 같았다. 이 무렵(정확히 언제인지는 지금도 모른다) 레닌은 나데즈다 콘스탄티노브나가 솔직히 털어놓은 이야기를 듣고 아내가 스탈린에게 심한 욕설을 들은 사실을 알게 되었다. 레닌은 격노했다. 3월 5일 한낮에 그는 마리야 볼로디체바를 불러 편지 두 장을 받아쓰게 했다. 한 장은 트로츠키 앞이었는데, 레닌은 트로츠키에게 자신을 대신해 그루지야 중앙위원회 사건을 거론해 달라고 부탁했다. 두 번째 편지는 스탈린에게 보내는 것이었다.[16]

당신은 내 아내에게 전화를 걸어 욕을 하는 무례를 저질렀습니다. 아내는 당신에게 그 일을 잊어버리겠다고 했다고 하지만, 이 사실은 아내를 통해 지노비예프와 카메네프에게 알려졌습니다. 나는 나에게 함부로 한 일을 그렇게 쉽게 잊어버릴 의사가 없으며, 물론 아내에게 함부로 한 일은 나에게 함부로 한 것이라고 여깁니다. 그러므로 나는 당신이 말한 것을 취소하고 사과하든지, 아니면 우리의 관계를 단절할 것을 고려하기를 요청합니다.

스탈린과의 말다툼은 레닌이 습관적으로 숨겨 왔던 면모를 드러냈다. 비록 혁명가로서 레닌은 남성과 여성이 동등하게 대우받기를 원했지만, 레닌은 중간 계급 러시아인 남편이기도 했다. 그들은 자신들의 부인이 다른 남성들에게 정중하게 대우받기를 기대했다.

정치적으로 계속 적극적이고 싶어 한 레닌의 희망에 나데즈다 콘스탄티노브나가 영합한 데 대해 스탈린이 격분한 데는 나름의 이유가 있었다. 스탈린도 다른 남자들이 자신의 부인을 존중해주기를 기대했다. 그러나 동시에 스탈린은 여성들이 자신의 본분을 알기를 원했으며, 자신의 부인 나데즈다 알릴루예바가 당원 활동을 그만두게 하려고 했다. 레닌이 알릴루예바에게 당원증을 되돌려주는 데 직접 개입한 것이 틀림없었다![17] 그렇지만 스탈린은 레닌의 부인에게 욕을 함으로써 넘지 말아야 할 선을 넘었다. 마르크스주의적 무도덕주의를 설파하는 사람으로서 레닌은 스탈린의 정치뿐 아니라 스탈린이 예절을 지키지 못한 데 대해서도 앙갚음하고자 했다.

이튿날 그루지야 사건에 대해 트로츠키로부터 긍정적인 답변을 받은 후, 레닌은 볼로디체바에게 부탁해 스탈린한테 편지를 전달했다. 그런 뒤 레닌은 또 다른 편지를 받아쓰게 했다. 이 편지는 므디바니와 그루지야 공산주의 그룹에게 보내졌다.[18]

존경하는 동지 여러분,
저는 마음을 다해 당신들이 겪고 있는 사건을 지켜보고 있습니다. 저는 오르조니키제의 무례함, 그리고 스탈린과 제르진스키가 그가 제멋대로 행동하게 내버려 둔 데 분개합니다. 저는 당신들을 위해 짧은 글과 연설을 준비할 것입니다.

경의를 표하며,

레닌

레닌은 아내를 비롯한 측근들이 스탈린 앞으로 쓴 편지가 수취인에게 건네져서는 안 된다고 결정했다는 사실을 알지 못했다. 이미 3월 5일에 레닌의 몸 상태는 악화되기 시작했고, 스탈린과의 말다툼이 레닌의 생명을 완전히 끝낼까 봐 나데즈다 콘스탄티노브나가 걱정했다고 추정할 수 있다. 레닌은 3월 6~7일 밤에 심하게 아팠고, 또 다시 오른쪽 팔다리를 움직일 수 없게 되었다. 하지만 아침에 마리야 볼로디체바는 레닌의 소망에 영원히 불복종할 수는 없다고 결정했다. 레닌이 요구한 대로 편지의 사본들이 카메네프와 지노비예프에게 전달되었다.

스탈린은 망연자실했다. "이것은 레닌의 말이 아닙니다. 그가 병에 걸려 이러는 겁니다." 약간의 침착함과 그루지야인의 자부심을 가득 담아 스탈린은 답장했다. "제 아내가 올바르지 않게 행동하고 당신이 그녀를 벌해야 한다면, 저는 개입하는 것이 제 권리라고 여기지 않을 것입니다. 그러나 당신이 고집하므로 나데즈다 콘스탄티노브나에게 기꺼이 사과하겠습니다."[19] 하지만 카메네프가 그런 식으로 양보하면 레닌이 처음보다 더 불쾌해할 것이라고 스탈린을 설득했다. 스탈린은 편지를 다시 썼으나, 그 전에 마리야 일리니치나와 전화상으로 큰 말다툼을 벌였다. 그러나 스탈린이 걱정한 것은 사실이었고 그래서 그는 레닌에게 보내는 답장의 어조를 누그러뜨렸다.

스탈린은 고민할 필요가 없었다. 그 무렵 레닌은 아무것도 읽을 수 없는 상태였다. 레닌은 심지어 말도 할 수 없었다. 누군가가 도와주지 않으면 움직일 수도 없었다. 나데즈다 콘스탄티노브나와 마리야 일리니치나가 번갈아 그의 머리맡을 지켰다. 의사들도 마찬가지로 걱정하며 그를 지켜보았다. 3월 10일 레닌은 심한 발작을 일으켰다. 오른쪽 몸이 완전히 마비되었고, 왼손은 매우 힘들게 움직일 수 있을 뿐이었다. 레닌은 잠들 수도 없었다. 끔찍한 두통이 찾아왔다. 레닌이 회복할 희망은 사실상 사라졌다. 나데즈다와 마리야가 레닌을 간호했고, 나데즈다는 뇌졸중을 겪은 사람들에게 다시 말하기를 가르치는 법을 배웠다. 할 수 있었다면 기꺼이 청산가리라도 삼켰을 날들을 제외하면, 레닌의 살고자 하는 의지는 여전했다. 그러나 레닌은 사태에 조용히 대처했고 고르키의 '큰 집'으로 거처를 옮기는 조치를 받아들였다. 의사들이 이동하는 것을 버틸 만큼 레닌의 몸이 회복되었다고 여길 수 있을 때까지 두 달이 걸렸다. 그러나 특수 스프링이 달린 차량을 준비해야 했다. 1923년 5월 15일, 레닌을 태운 차량이 호위를 받으며 크렘린을 떠나 모스크바 남쪽 시골로 향했다.

스탈린은 곤경에서 빠져나왔다. 레닌이 자신의 정치 유언을 제시하고 싶었던 제12차 당 대회는 스탈린이 '민족 문제'에 관한 중앙위원회 보고를 하면서 그냥 지나갔다. 므디바니와 그루지야 공산주의자들은 패배했다. 유언에서 스탈린에 대한 레닌의 언급이 대의원단의 수장들 앞에서 낭독되었으나, 대회장에서 토론 주제로 채택되지는 않았다. 트로츠키는 위기에 대처하는 데 실패했고, 스탈린이 훗날 자신들에게 달려드는 것보다 트로츠키가 권력을 얻고자 하는 것을 더 우려한 카메네프와 지노비예프는 서기장을 지지했다. 스탈린은 자신의 권위와 신분에 돌이킬 수 없는 손상을 피하고 살아남았다. 스탈린은 서기장직을 유지했다. 이제 스탈린은 레닌이 다시는 정치 활동을 하지 못하기를 바라야 했다. 징후는 스탈린에게 유리했다.

한편 레닌은 거의 완전히 무능력해졌다. 독일에서 초빙한 스트룀펠 교수는 레닌이 진전된 형태의 매독을 앓고 있는 것 같다고 하면서, 이제까지처럼 비소와 요오드 약제를 신중하게 쓰는 게 맞다고 확

1922년 가을 고르키에서 레닌과 나데즈다. 1922년 5월 뇌졸중으로 쓰러진 뒤로 레닌의 건강은 나날이 악화되었다. 나데즈다는 그를 돌보면서 그의 비공식적인 정치 보좌관 역할까지 했다.

인해주었다.[20] 하지만 3월과 4월, 5월에 열린 의사들의 회의에서는 진단상 합의를 보지 못했다. 어떤 전문가도 자신의 견해를 입증할 수 없었고, 그들 중 몇 명은 여전히 당혹스러워했다. 환자의 측은한 상태는 명백했다. 영국 공산주의자들이 런던 중부에 있는 카터 사의 전동 휠체어를 구입하여 레닌에게 보냈다. 휠체어 조작 손잡이는 레닌이 몸을 쓸 수 없는 오른편에 달려 있었다. 여하튼 레닌은 휠체어 사용을 거부했고, 휠체어를 내전 참전용사에게 보내야 한다고 고집했다. 레닌은 소박하게 카키색 튜닉을 입고 끈을 높이 매는 보행화를 신었다. 그러나 레닌이 할 수 있었던 최선은 나데즈다와 함께 앉아서 그녀가 자기가 무슨 생각을 하는지 알아내기를 기다리는 것이었다. 몇 마디 신음과 끙끙대는 소리가 레닌이 낼 수 있는 전부였다. 그러나 평소에는 다음과 같이 말하기도 했다. "여기, 여기, 여기."[21] 나데즈다가 레닌이 무엇을 말하려 하는지 항상 확신한 것은 아니었다. 그녀는 이런저런 정보에 근거한 추측을 통해 대화를 해야 했다.

이 모든 것이 너무 힘들게 느껴질 때 나데즈다는 주저앉아 눈물을 흘렸다. (한번은 레닌이 그녀에게 손수건을 건네야 했다.) 울리야노프가 핏줄인 마리야 일리니치나는 슬픔을 내보이지 않았다. 마리야는 단 한 번도 흐느껴 울지 않아서 레닌의 경호원 표트르 파칼른은 이를 놀랍게 여겼다.[22] 하지만 두 여자는 극도의 긴장을 겪었다. 1923년 3월 이후 레닌은 처음에는 마리야에게, 그 다음에는 나댜에게 독약을 달라고 부탁했다. 마리야는 레닌이 너무나 간절하게 요구한 나머지 키니네 약병을 줘서 그를 속여야 했다. 나댜는 리디야 포티예바처럼 요구를 완전히 거절했다.[23] 두 여자 누구도 상황이 어떻게 전개될지 예측할 수 없었고, 의사들에게 물어보는 일도 그만두었다. 나댜가 보기에도, 마리야가 보기에도, 현대 의학이 레닌을 제대로 진단하기는 힘든 것이 분명했다. 마리야는 이것을 생각하면 속이 쓰렸다. 만약 의사들이 거의 어떤 것도 확실히 알지 못했다면, 1922년 10월에 레닌이 일터로 돌아가는 것을 허용하는 실험을 하지 말았어야 했다고 마리야는 매우 합당한 결론을 내렸다.[24] 나댜는 그렇더라도 레닌의 감정을 고려했을 때 그가 정치 활동에 참여할 필요가 있었다는 것을 인정했다. 그러나 그녀 또한 의사들은 거의 쓸모없는 존재들이고, 남편에게 희망이라는 게 남아 있는지 의심스럽다고 말하는 편지를 모스크바의 친구들에게 보냈다.[25]

그러나 레닌이 상당히 좋아졌다고 느낀 날도 있었다. 예를 들어, 레닌은 고르키의 인접 건물에서 요양 중인 동지들 중 한 명이 다름 아닌, 1889~1890년에 마르크스주의의 장점에 대해 함께 토론했던 알렉산드르 프레오브라젠스키라는 사실을 알았다. 사마라의 알라카옙카 시절은 이제 지금과는 전혀 다른 시대처럼 느껴졌다. 레닌은 심장병을 앓고 있던 옛 친구를 만난 것이 너무 기뻐 힘껏 포옹했다. 실제로 레닌은 그날 밤도, 그 다음날 밤도 프레오브라젠스키의 숙소를 떠나려 하지 않았다.[26] 침대에 쿵하고 쓰러지면서 레닌은 소리쳤다. "난 완전히 망가졌어!" 심란해진 마리야 일리니치나는 레닌이 실신할까 봐 우려해 그의 뒤를 따라갔다.[27]

이 일은 1923년 7월에 있었다. 레닌이 제멋대로 행동한 일은 레닌이 크렘린으로 가야겠다는 생각이 갑자기 들었을 때인 10월에 또 한 번 있었다. 마리야 일리니치나는 레닌에게 충고했다. "볼로댜 오빠, 사람들은 오빠가 크렘린으로 못 들어가게 할 거야. 오빠 출입증이 없잖아." 그러나 레닌은 웃으면서 알아들을 수 없는 말을 중얼거릴 뿐이었다.[28] 레닌의 운전사인 길은 집 뒤쪽의 차고에서 롤스로이스를 가져와, 나댜와 마리야와 레닌을 수도로 데려다 주었다. 마리야가 예상한 대로, 그들은 크렘린 정문을 통한 출입을 즉각 허용받지 못했다. 그러나 레닌은 다시 웃을 뿐이었다. 레닌은 낯익은 방들로 되돌아왔다. 나데즈다 콘스탄티노브나, 마리야 일리니치나와 함께 쓰던 아파트로. 중앙위원회의 회의실로. 그리고 마지막으로 인민위원회의 사무실로. 도중에 레닌은 책 몇 권을 서가에서 꺼내 달라고 부탁했고, 자신이 없는 동안 모든 것이 그대로 있었는지를 살펴보았다. 레닌은 녹색 천을 깐 긴 탁자가 놓여 있는 인민위원회의 사무실을 둘러보았을 때 잠깐 슬픔에 잠겼다.[29] 바로 그곳에서 레닌은 내전 시기와 신경제정책 초기 동안 정부를 지휘했다. 그 기억들은 레닌의 감정을 요동치게 했다. 잠시 동안 레닌은 방문을 계속할 수 없을 것만 같았다. 그러나 레닌은 회복했다. 그의 짧은 여행이 끝났을 때 고르키로 돌아가기에는 너무 늦었고, 레닌, 나댜, 마리야는 그들의 옛 아파트에서 밤을 보냈다.

이 방문이 레닌이 고르키 영지 바깥으로 나간 마지막 소풍이었다. 겨울로 접어들었다. 시골은 눈으로 뒤덮였고, 이른 오후 낮게 뜬 태양의 밝은 빛 속에서 그보다 더 멋진 러시아의 경치는 없었다. 잎이 떨어진 자작나무의 행렬이 몇 킬로미터고 끝없이 지평선까지 이어졌다. 의사들이 오갈 수 있도록 게라시몹카 마을의 기차역에서 3킬로미터에 이르는 진흙길이 깨끗이 정비되었다. 그러나 농민, 하인, 환자, 그리고 그 가족들은 대체로 세상으로부터 고립되어 있었다. 그들로서는 차라리 시베리아 유형지의 슈셴스코예에 사는 게 나았을 것이다. 집단 농장에서는 농사일도 할 수 없었고, 큰 집 외관의 어떤 보수도 불가능했다. 시간은 정지되었다.

가을 중순까지 나댜는 남편을 휠체어에 태우고 버섯을 찾아 이리저리 나다닐 수 있었다. 레닌은 나댜보다 먼저 버섯을 발견해서 나댜를 이기기를 좋아했다. 여전히 경쟁심이 강했던 레닌은 남들이 하지 못하는 것을 할 수 있는 것이 기뻤다.[30] 그러나 그 해 마지막 몇 주 동안 그들은 그저 드넓은 들판의 전경을 즐기기 위해 외출했다. 표트르 파칼른이나 의료 보조원인 블라디미르 루카비시니코프(Vladimir A. Rukavishnikov), 혹은 남자 간호사 중 한 명이 말이 끄는 썰매를 탄 그들과 동행했다.[31] 어느 날에는 레닌이 매우 활기찼고, 나댜는 아르망의 아이들에게 레닌이 "(지팡이를 짚고) 혼자 걸을" 수 있다고 기뻐하는 내용으로 엽서를 써서 보냈다.[32] 의사들도 레닌의 상태가 만족스러웠다. 실제로 표트르 파칼른은 체카에게 (그리고 간접적으로는 당 서기국의 스탈린에게) 레닌이 '굉장히 좋아 보였다.'고 보고했다.[33] 작년 겨울에 그랬던 것처럼, '할아버지 레닌'은 아이들의 파티를 위해 큰 집에 들여놓을 전나무를 주문했다. 이제 열여섯이 된 안나 일리니치나의 양아들, 덩치 큰 고라 로즈가초프는 마리야 일리니치나가 초대한 아이들과 재미있게 놀아도 된다는 허락을 받았다.[34] 레닌은 또 동료 정치가들의 방문도 환영했다. 그와 이야기를 나누려고 온 사람 중에는 당 지도자들인 지노비예프, 카메네프, 부하린, 예브게니 프레오브라젠스키가 있었다.[35]

하지만 레닌의 상태가 악화되고 있다는 것을 보여주는 많은 징후가 있었다. 1923년 11월과 12월에만 레닌은 일곱 번 졸도했다.[36] 졸도에 대해 레닌이 어떻게 생각했는지는 알려져 있지 않다. 부분적으로는 언어 장애의 문제 때문이기도 했지만, 기본적으로 레닌은 자기 속내를 남에게 알리지 않았다. 레닌을 간호하기 위해 정치에서 물러나 레닌 곁에 머무르던 나댜는 이 침묵을 못 견뎌했고, 부하린에게 둘 사이에 벽이 존재하는 것 같다고 말했다.[37] 그러나 나댜는 레닌에게 다가서려고 계속 노력했다.

나댜는 정치국의 당부를 무시하고, 레닌에게 정치에 관해 이야기했다. 그러나 나댜조차 중앙당 지도부에서 벌어진 분쟁에 대해 말함으로써 레닌을 감히 흥분시킬 용기는 없었다. 1923년 가을에 트로츠키가 〈새로운 노선〉이라는 논문을 연이어 발표하여, 당의 관료주의적 상태와 경제에 대한 국가의 허약하고 비효율적인 통제를 비판했다. 좌익반대파가 트로츠키 주위로 모였다. 나머지 정치국원들은 반격했다. 스탈린, 카메네프, 지노비예프, 부하린은 트로츠키의 움직임에 대항하기 위해 어깨를 맞대고 모스크바와 지방의 추종자들을 조직했다. 주류 당 지도부는 단결과 충성을 호소했고, 좌익반대파를 비방하기 위해 온갖 조직적 방법을 다 썼다. 이 모든 것이 스탈린에게 유리하게 작용했다. 트로츠키는 당을 분열시키는 역할을 맡게 된 나머지 레닌에게 도와 달라고 요청할 수 없었다. 나머지 정치국원들은 트로츠키가 개인적인 권력을 갈망하고, 신경제정책을 파괴하기를 원한다고 주장했다. 1924년 1월에 모스크바에서 열린 제13차 당 협의회에서 좌익반대파는 참패했다. 그 무렵 트로츠키는 전장에서 떨어져 있었다. 그는 육체적으로 기력이 소진하여 흑해 압하지야 연안의 수후미에서 장기간 휴식을 취할 수밖에 없었다.

나댜는 이 상황이 레닌이 〈대회에 보내는 편지〉에서 예측했던 바로 그 분열이라는 것을 알았지만 레닌을 안정시키기 위해 거짓말을 했다. 나댜는 〈프라우다〉의 기사를 발췌해 읽어주면서, 당이 제13차 당 협의회에서 단결된 모습을 보였다고 레닌에게 말했다. 이 거짓말은 먹히는 것 같았다. 레닌은 1924년 1월 18일 "기분이 아주 좋았고", 이튿날 말이 끄는 썰매를 타러 나갔다.[38] 부하린이 며칠 휴식을 취하면서 글을 쓰기 위해 고르키에 와 있었는데, 레닌의 집 맞은편에 있는 건물에 묵었다. 마리야 일리니치나는 평소처럼 바쁘게 돌아다녔고, 나데즈다는 레닌에게 책을 계속 읽어주었다. 1월 20일은 축하할 이유가 있었다. 레닌이 마지막으로 실신한 후 꼭 한 달째 되는 날이었다.

1월 21일에도 걱정할 이유는 없는 것 같았다. 레닌은 오전 10시 30분에 일어나 욕실로 갔다. 요양하는 동안 10시 30분이 특별히 늦은 기상은 아니었다. 그러나 그 뒤 레닌은 몸이 좋지 않다고 하고는 블랙커피 반 잔을 마신 뒤 11시에 다시 침대로 갔다. 침대에서 레닌은 잠을 잤다. 오후 3시에 레닌은 조금 기분이 나아졌고, 또 커피 반 잔과 맑은 수프 한 그릇을 조금씩 마셨다. 오시포프 교수가 침실로 들어가 매일 하는 검사를 했는데, 특별히 걱정할 만한 점은 발견하지 못했다. 레닌의 맥박은 조금 빨랐으나, 체온은 정상이었다. 레닌의 말하기는 몇 개월 동안 변화가 없었다. 그러나 그 후 오후 5시 40분에 갑자기 위기가 닥쳤다. 침대에 기댄 레닌은 발작이 시작되면서 떨리는 것을 느꼈다. 구역질이 온몸을 엄습했다. 근무 중이던 의사 오시포프, 피르스터, 옐리스트라토프(Pavel I. Yelistratov)가 그들의 조수 블라디미르 루카비시니코프도 참석한 가운데 급히 협의를 했다. 나데즈다 콘스탄티노브나와 마리야 일리니치나도 그 자리에 있었다.[39] 레닌은 혼수상태에 빠졌다. 레닌은 몇 번을 20분 동안 무의식 상태에 있었던 1923년 12월 때보다 훨씬 더 오래 무의식 상태로 있었다. 레닌의 심장 박동은 느려졌고, 마리야는 심장 박동을 되살리기 위해 장뇌를 구하러 사람을 보냈다. 비상 상황이었다.

부하린은 뭔가 일이 벌어졌다고 들었고, 상황을 알아보기 위해 '큰 집'으로 달려갔다. 경비병들이 평상시처럼 건물 주위를 지키고 있었다. 그러나 건물 안은 평상시와 달랐다. 2층은 불이 환하게 켜져 있었고, 평소 1층을 순찰하는 파칼른이 보이지 않았다.[40] 부하린은 서둘러 2층으로 올라갔다. 레닌이 생사의 고비에서 힘들게 싸우는 동안, 2층에서 부하린은 나데즈다, 마리야와 함께 있기를 원한 파칼른을 발견했다. 레닌의 체온이 급격하게 상승했다. 땀으로 뒤범벅인 레닌은 좁은 침대 위에서 몸부림을 치고 있었다. 레닌은 고통에 못 이겨 소리를 질렀다. 부하린은 그곳에서 오후 6시 50분에 임종을 지켜봤다.[41]

내가 의사들로 붐비고 약품이 쌓여 있는 일리치의 방으로 달려갔을 때, 일리치는 마지막 숨을 몰아쉬고 있었다. 일리치의 머리가 뒤로 넘어가고 낯빛이 백지장처럼 하얗게 되었다. 그는 숨을 헐떡거렸고, 팔을 힘없이 아래로 늘어뜨렸다. 일리치, 일리치는 이제 이 세상에 없었다.

의사들이 여전히 가망이 있는지 살펴보기 위해 레닌의 눈꺼풀을 들어올렸다. 그러나 단 한 가지 진단만이 가능할 뿐이었다. 투쟁하는

레닌의 사망 소식이 알려지자 소련 전역에서 모스크바로 추모객들이 몰려들었다. 레닌의 장례식은 사망한 지 엿새 후인 1924년 1월 27일에 열렸다.

인간, 블라디미르 일리치 울리야노프-레닌은 마지막 숨을 거두었다.

크렘린으로 즉각 전화로 연락이 갔다. 정치국은 이런 일에 대비를 해 왔고, 트로츠키를 제외한 모든 정치국원들이 크렘린의 지노비예프 아파트에 모여 회의를 했다. 카메네프가 블라디미르 본치-브루예비치에게 전화를 걸어 고르키에 가서 시신 처리를 감독하라고 지시를 내렸다. 1월 22일 본치-브루예비치는 레닌의 누나인 안나, 동생인 드미트리와 함께 열차로 게라시몹카로 갔다. 이튿날 흐느끼는 마을 사람들의 행렬 속에 관이 기차역으로 옮겨져 모스크바로 운송되었다. 시신은 '노동조합회관'에 안치되었다. 살을 에는 듯한 추위에도 추모객들이 소련 각지에서 모스크바로 모여들었다. 부고가 신문을 가득 채웠다. 아무도 이후 어떤 일이 벌어질지 알지 못했다. 체카는 반볼셰비키 정치 집단들이 체제에 맞서 뭔가를 기도할 것을 대비해 경계 태세에 들어갔다. 1월 26일 소비에트 대회가 장중한 회의를 개최했고 여러 사람들이 죽은 지도자를 기념하는 연설을 했다. 중앙위원회 지도자들은 번갈아 레닌의 사상과 모범을 따르겠다고 맹세했다. "레닌 동지에게 맹세합니다. 전 세계 근로자들, 즉 공산주의 인터내셔널의 단결을 강화하는 데 목숨을 아끼지 않겠다고!"라고 스탈린은 선언했다.

장례식은 1924년 1월 27일에 열렸다. 레닌이 죽은 지 엿새 뒤였다. 그날은 그해 가장 추운 날이었다. 트럼펫 연주자들은 자신들이 내쉬는 숨으로 입술이 얼까 봐 악기에 보드카를 발라야 했다. 붉은 광장에 모인 군중은 레닌의 시신이 노동조합회관에서 나올 때 인터내셔널가를 불렀다. 지노비예프, 카메네프, 스탈린, 부하린, 몰로토프, 톰스키, 루주타크*, 제르진스키가 관을 들었다. 수후미에 있던 트로츠키는 돌아올 필요가 없다고 스탈린이 '안심'시켜주었기에 여전히 수후미에 머물렀다. 모스크바에서는 모든 일과가 중단되었다. 공장에서 경적과 사이렌이 울렸다. 소련의 다른 도시와 농촌에서도 같은 장면이 되풀이되었다. 선로를 달리던 열차가 섰다. 배들도 정박했다. 붉은 광장의 크렘린 성벽 앞에 납골당이 마련되었다. 레닌은 오후 4시에 땅 속으로 내려갔다. 날은 이미 어두웠고, 점점 더 어두워져 가고 있었다.

얀 **루주타크**(Yan Rudzutak, 1887~1938) 라트비아의 볼셰비키 혁명가이자 소련 정치가. 1905년 라트비아 사회민주노동당에 가입했다. 1907년에 체포되었고 1917년 2월 혁명으로 풀려났다. 석방 후 전러시아 노동조합 총서기, 전러시아 공산당 중앙위원회 중앙아시아국 국장, 운송 인민위원, 인민위원회의 부의장 등 여러 직책을 역임했다.

레닌 숭배와 스탈린주의

죽은 자는 안식에 들지 못했다. 정치국의 명령으로 레닌의 시신은 과학자들이 시신을 방부 처리하여 영원히 전시할 수 있게 하는 실험에 성공할 때까지 얼음에 채워져 중앙 모스크바 시신 보관소에 보관되었다. 나데즈다 콘스탄티노브나는 반대했지만, 정치국의 결정이 항의에 아랑곳하지 않는다는 것을 알고는 자신의 권위가 줄어드는데 익숙해져 가고 있었다. 결정은 절대적이었다. 남편의 시신은 크렘린 북동쪽에 있는 붉은 광장 영묘에 안치될 것이었다. 구조물은 나무로 만들어질 것이었다.(지금의 대리석 건축물은 1930년에 건설되었다.) 겨울 날씨가 너무 혹독해서 다이너마이트로 얼어붙은 땅에 구덩이를 파야 했다. 볼셰비키 지도부는 공장 노동자들이 레닌의 시신 보존과 전시를 요구하는 편지들을 공식 당국에 보냈다고 발표했다. 이것은 뻔뻔한 정치적 날조였다. 그 발상은 공장 노동자들이 아니라 정치국에서 나왔다. 정치국 내에서 주요 옹호자는 다름 아닌 이오시프 스탈린이었다. 그는 영묘의 시신이 소련 국민들과 전 세계의 공산주의 추종자들을 단결시키는 데 중요한 기여를 할 것이라 믿었다.

레닌 영묘는 세계 건축에서 무척이나 상투적인 건물로 취급받는

다. 그러므로 1924년에 그런 계획을 세웠다는 것이 얼마나 기괴했는지를 이해하는 것이 힘들 수도 있다. 고대 이집트인들은 비록 자신들의 파라오를 방부 처리했지만, 그런 뒤 시신을 나무 관에 밀봉해 카이로 밖의 석조 피라미드 지하실에 넣고 문을 잠가버렸다. 붉은 광장을 찾은 방문객들은 어두운 색 정장을 입은 레닌을 육안으로 볼수 있을 것이었다. 러시아 정교회가 성인으로 시성한 남성과 여성의뼈가 신자들의 공경을 받은 것은 사실이다. 그러나 어떤 성인도 일반인들이 매일 쳐다보는 마네킹이 되지는 않았다. '영묘화'가 필요했던이유는 정치국이 어느 정도 불안을 느꼈기 때문이었을 것이다. 레닌은 정치국원 중에서 가장 인기가 많았던 사람이었다. 레닌의 1917년토지에 관한 법령과 1921년의 신경제정책은 국민들에 의해 널리 찬양받았다. 정치국원들은 이런 존경의 아우라 일부를 그들 자신에게로 향하게 하고 싶었다.

이와 동시에 레닌의 저술들이 성전의 지위를 얻었다. 1920년부터발행되기 시작한 레닌 저작집은 어떤 출판물보다도 더 큰 정치적·문화적 중요성을 부여받았다. 레닌을 기려 '뇌 연구소'가 설립되었다. 레닌이 지녔던 위대한 천재성의 비밀을 연구할 수 있도록 레닌의뇌 조직에서 3만 개의 조각들을 수집했다. 마르크스-레닌주의라는이데올로기가 공식적으로 탄생했다. 레닌은 마르크스주의 부대의 단순한 보병이 아니라 그의 영웅인 마르크스와 엥겔스에 버금가는 전세계적 사상가라고 주장되었다. 10월 혁명, 볼셰비키당, 소비에트사회주의공화국연방은 레닌의 걸출한 업적이었다. 인류 역사의 희망찬새 장이 레닌에 의해 새겨졌다. 그 정부의 성격이 보수주의인지 자유주의인지, 또는 사회주의인지를 떠나 전 세계 정부가 1917년의 결과에 전율했고, 대체로 소비에트 공산주의, 그리고 대륙의 다른 곳에서 재생산될 수 있는 공산주의의 잠재력에 대한 반동으로 몇몇 국가에서 파시즘이 대두했다. 20세기가 페트로그라드에서 일어난 레닌에 의한 권력 장악과 공고화라는 모루 위에서 벼려지고 있었다. 1924년 페트로그라드가 레닌그라드로 개명된 일은 레닌의 역사적 중요성을 보여주는 적절한 공식 선언 같았다.

나데즈다 콘스탄티노브나는 안치된 관 옆에 하루 동안 앉아 있었다. 그녀는 철저히 혼자라고 느꼈다. 부모는 이미 사망했고, 형제나 자매도 없었으며, 레닌의 가족들은 한 번도 완전히 편하게 느낀 적이 없었다. 나데즈다에게 가장 소중한 사람은 스물다섯 살인 이네사의 딸 인나였다. 인나는 나데즈다가 가져본 적 없는 자식 같은 존재였다. 장례식이 끝난 후 나데즈다는 인나에게 편지를 썼다.[1]

> 최고로 소중한 나의 이노치카에게,
> 어제 우리는 블라디미르 일리치를 매장했어. …… 레닌의 죽음은 최선의 결과였어. 일리치는 이미 지난해에 여러 차례 죽음을 겪었어. …… 이 순간 무엇보다도 나는 블라디미르 일리치에 대해, 그의 활동에 대해 생각하고 그가 쓴 것들을 읽고 싶구나.

나댜는 다시는 의학 전문가들을 믿으려 하지 않았다. 그녀는 레닌이 최후까지 고통을 받았다고 확신했다. "그들은 그가 무의식 상태에 있었다고 말하지만, 지금 나는 의사들이 아무것도 모른다는 것을 확실히 안다."[2] 정치국은 훨씬 심하게 나댜를 괴롭혔다. 남편 시신을 보존하겠다는 결정에 나댜는 혐오감을 느꼈다. 곧 그녀는 인나에게 다시 편지를 쓰기 시작했다.[3]

> 사람들 사이에 V. I.를 크렘린에 매장하자는 계획이 생겼을 때, 내 마음은 엄청난 분노로 가득 찼단다. 동지들과 붉은 벽 아래 함께 잠

들 수 있도록, V. I.를 동지들이 있는 곳에 묻어야 했어.

공산주의 당국은 이 문서를 영구히 '절대 비밀'에 부쳤다. 이는 놀라운 일이 아니다. 나데즈다 콘스탄티노브나는 방부 처리와 영묘화 결정에 반발하는 데 그치지 않았다. 레닌이 매장되어야 할 적절한 장소를 언급함으로써, 나댜는 또한 레닌의 최종 안식처가 인나의 어머니 이네사 아르망 근처여야 한다고 권유하고 있었다. 나댜는 관대한 사람이었다. 무언가가 그녀로 하여금 죽어서도 두 가족을 한데 모으기를 원하게 했다. 나댜는 남편을 차가운 모스크바 땅에서 한때 연인이었던 이네사 옆에 기꺼이 묻히게 하고자 했다.[4]

그러나 현실은 그렇게 되지 않을 것이었다. 스탈린과 정치국에 나댜가 비통하게 항의했지만 레닌 영묘 건설이 추진되었다. 한편 역사가들은 나댜가 그럼에도 불구하고 다른 방식으로 레닌 숭배를 진전시키는 데 얼마나 도움을 주었는지 이전에는 평가할 수 없었다. 나댜는 영묘를 싫어했지만, 완벽한 혁명가, 사상가, 남편으로서 레닌의 이미지를 적극적으로 퍼뜨렸다. 실제로 그녀는 장례식 직후 레닌에 관한 팸플릿을 쓰기 시작했다.[5] 이것은 나댜가 고인이 된 남편만큼이나 정치를 위해 살았음을 보여주기도 한다. 나댜는 레닌의 죽음을 애도했으나, 그 슬픔은 레닌에 대해 꽤 객관적으로 글을 쓰는 것을 막을 정도는 아니었다. 게다가 나댜는 스탈린과 충분히 협력하면서 이 작업에 착수했다. 우리에게 보통 제시되는 그림은 나데즈다 크룹스카야와 스탈린의 관계가 항상 냉담했다는 것이다. 중앙 당 문서고의 자료는 다른 이야기를 전한다. 나댜는 1924년 5월에 일단 초고를 끝내자, 자진해서 한 부를 스탈린에게 보내 의견을 구했다. 이에 스탈린은 몇 가지 사실 수정을 제안하고 그녀가 출판을 추진하도록 격려했다.[6]

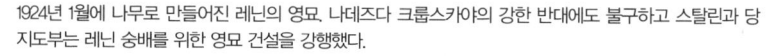
1924년 1월에 나무로 만들어진 레닌의 영묘. 나데즈다 크룹스카야의 강한 반대에도 불구하고 스탈린과 당 지도부는 레닌 숭배를 위한 영묘 건설을 강행했다.

이 협력은 수년 동안 계속되었다. 나데즈다 콘스탄티노브나는 교육인민위원부 직무를 그만두지는 않았으나, 남는 시간을 레닌에 대해 강연하고 글을 쓰면서 보냈다. 레닌 기억의 신성화는 그녀가 변함없이 몰두한 일이었고, 그녀는 사실상 레닌 숭배의 고위 성직자가 되었다. 이것은 정치적 숭배일 뿐만 아니라 개인적 숭배이기도 했다. 레닌 사진을 수집해서 나데즈다는 앨범 한 권을 채웠고, 그 표지를 다른 레닌 사진에서 글자 모양으로 자른 일리치라는 단어로 장식했다. 레닌이 노동자 모임으로부터 선물받아 자신에게 준 가죽 서류 가방도 소중히 간직했다. 나데즈다 콘스탄티노브나는 남편의 상실을 결코 극복하지 못했다.[7]

안나 일리니치나와 마리야 일리니치나는 레닌 숭배의 고위 성직자로서 나데즈다 콘스탄티노브나의 경쟁자였다. 그러나 이제는 우호적인 경쟁이었다. 애정을 바친 대상이 죽었기 때문에 세 여성은 더 잘 지냈다. 고위 성직자 나데즈다, 안나, 마리야와 더불어, 최고 성직자가 누구인지에 대해서는 의심의 여지가 없었다. 바로 스탈린이었다.

한편 레닌의 정치적 유언을 은폐하는 데 대부분의 당 지도자들이 결탁함으로써 스탈린은 당 서기장으로서 살아남을 수 있었다. 또한 그는 레닌주의의 핵심을 해설하는 교의를 개발하는 집단적 노력에 재빨리 가담했다. 《레닌주의의 문제들》로 출간된, 스탈린이 스베르들로프 대학에서 행한 일련의 강연은 간결한 요약이었다. 트로츠키, 지노비예프, 카메네프, 부하린도 창당자를 기려 공물을 봉헌했고, 레닌이 세계 공산주의에 어떤 의미였는지를 자세히 설명하려고 했다. 레닌의 사상은 꾸준히 체계화되었다. 이 과제는 레닌이 많은 모순적 사상을, 그것도 공적 기록으로 남겨놓았기 때문에 완수될 수 없었다.

하지만 체계화가 힘들었다 하더라도, 레닌에 관한 발간물을 검열하는 데는 거의 문제가 없었다. 레닌을 성인전의 용어로 묘사할 필요성이 은밀하게 강조되었다. 당과 정부의 선전 기구들이 이러한 목적에 봉사하기 위해 동원되었다. 레닌의 저작들이 수십만 부 발행되었다. 레닌이 갖고 있던 자료들이 검토되었고, 카메네프가 이전에 알려지지 않았던 레닌의 많은 저술들을 발간하는 편집 팀을 이끌었다. 목적은 언제나 같았다. 레닌은 볼셰비즘과 세계 혁명의 역사에서 단지 영웅적 인물로만 묘사된 것은 아니다. 레닌은 전지(全知)의 혁명 성인이라는 신화적 지위를 누려야 했다. 이론가, 선전가, 당 조직가로서 레닌의 기록에는 어떤 오점도 용납될 수 없었다. 레닌은 20세기 첫 25년 동안 마르크스와 엥겔스의 유일하고 위대한 계승자로서 신성화되어야 했다. 볼셰비키당을 결성하고, 10월 혁명과 내전 시기에 당을 이끄는 데 레닌이 보인 통찰력과 결단력은 무조건 칭찬받아야 했다. 당의 우두머리, 정부의 수장, 전시 지도자이자 세계적 정치인으로서 레닌의 천재성은 환호받아야 했다. 동지이자 남편, 마르크스주의자로서 레닌의 인간성은 찬양되어야 했다.

세월이 흐를수록 또 다른 기준이 더욱 두드러졌다. 레닌에 대해 말해진 것은 무엇이든 공산주의 정치 지도부가 당면한 이해를 만족시켜야 한다는 것이었다. 후계 투쟁이 벌어지면서, 부상하던 그룹(카메네프, 지노비예프, 스탈린, 부하린)은 역사서에 조금이라도 자신들을 비난하는 내용이 있으면 무엇이든 삭제했다. 트로츠키는 이 경쟁에서 가장 심한 고통을 받았다. 트로츠키의 적들은 트로츠키와 그의 지지자들을 중요한 직책에서 해임했을 뿐만 아니라, 트로츠키가 레닌과 긴밀하게 일하는 관계였음을 보여주는 자료를 발간하는 것도 막았다. 그 결과 대체로 가공의 레닌, 즉 지금 권력을 쥔 사람들과만 따뜻한 관계를 맺었던 레닌에 대한 표현이 나타났다.

주된 열광적 숭배자들, 즉 나데즈다 콘스탄티노브나, 마리야 일리니치나, 안나 일리니치나는 서로 결탁해 유사 종교적 신화를 창조했다. 그들은 모든 출판물이 성인전이어야 하며 정치적 계산에 맞춘 기준을 지켜야 한다는 것을 알았다. 하지만 레닌의 가족들이 무엇이 이 기준을 충족시키는지 항상 예측할 수 있는 것은 아니었기에, 그들이 쓴 글의 많은 부분이 출판되기 전에 삭제되었다. 최종적으로 그들은 스탈린의 판단을 받아들여야 했다. 다른 사람들이 회고록을 작업할 때 숭배의 암묵적인 규칙은 분명했고, 저자들은 규칙에 맞춰 써야 한다는 것을 알았다. 게다가 스탈린이 지배하는 중앙위원회 서기국은 당과 정부의 최고 정치 지도부에서 이루어진 회의 대부분의 의사록을 엄격하게 비밀로 했다. 용의주도하게 수정된 소량의 문서만이 빛을 보도록 허용되었다. 이렇게 조심한 이유는 이해하기 쉽다. 소비에트사회주의공화국연방, 10월 혁명, 마르크스-레닌주의는 레닌에 대한 숭배가 인민들의 감정에 깊숙이 파고들지 않는다면 정당화될 수가 없었다. 그리하여 당 창건자에 대한 숭배는 그의 후계자들에게 선택의 자유를 벗어난 문제였다. 그것은 정치적으로 불가피한 일이었다. 그러므로 레닌 숭배는 소비에트사회주의공화국연방이 종언을 고할 때까지 그대로 유지되었다.

숭배의 지도적 성직자들은 세월이 흐르면서 바뀌었다. 카메네프, 지노비예프, 스탈린, 부하린으로 이루어진 반(反)트로츠키 그룹은 1924년에 트로츠키가 패배하자마자 산산조각 났다. 카메네프와 지노비예프는 스탈린과 부하린에 저항했으나 졌다. 그 후 부하린이 스탈린에 저항했고, 부하린이 패했다. 1928~1929년에 스탈린은 제1차 5개년 계획을 개시했다. 스탈린은 농민들을 집단 농장에 몰아넣고 그들의 저항을 억눌렀으며, 민족주의자들, 종교 지도자들, 비판적 지식인들, 당내 반대자들을 체포하고 투옥했다. 1937~1938년에 스탈린의 부추김으로 '대공포'가 휘몰아쳤다. 이 시기 내내 스탈린은 자신의 현재 요구에 정확히 들어맞는 '레닌'을 창조했다. 스탈린의 레닌은 언제나 스탈린의 친구였다. 알려진 대로라면, 레닌은 스탈린의 자문에 의지했고, 스탈린을 가장 훌륭한 후계자로 인정했다. 레닌의 정치적 유언은 공공 보도기관의 매체에 실리는 것이 금지되었고, 과거에 대한 새로운 공식 해석에 반대하는 사람들은 처형되거나 굴라크 강제 노동수용소 체제로 내던져졌다.

스탈린은 자신을 '오늘날의 레닌'이라고 퍼뜨리고 다녔다. 폭력, 위계제, 질서, 규율에 대한 스탈린의 강조가 역사 교과서에 반영되었다. 레닌의 마르크스주의에 담긴 복잡한 성격은 제거되었다. 소련의 대중 청년 조직은 레닌의 이름을 따, '전연방레닌주의공산주의청년동맹(콤소몰)'으로 명명되었다. 레닌 저술의 저작집들이 추가로 간행되었다. 미술관에 레닌을 그린 그림이 걸렸으나, 레닌의 이미지는 미술관이 아니어도 어디서나 볼 수 있었다. 레닌은 우표에도 있었고, 도자기에도 있었으며, 소련 대도시의 거리에 내걸린 포스터에도 있었다. 주요 중앙 신문들인 〈프라우다〉와 〈이즈베스티야〉의 모든 1면은 레닌의 이미지로 장식되었다. '레닌 훈장'이 제정되었다. 학생들이 헌신적인 공산주의자로 성장할 수 있도록 레닌 저술의 발췌문들이 그들을 세뇌하는 데 사용되었고, 당 대회에서 연사들은 자신들의 주장을 뒷받침하는 데 레닌을 인용했다. 마르크스, 엥겔스, 레닌이 마르크스-레닌주의의 세속 삼위일체를 이룬다면, 소련 선전가들이 가장 위대한 인물로 다룬 사람은 마르크스나 엥겔스가 아니라 레닌이었다. 레닌은 마르크스-레닌주의의 신으로 등장했다.

점점 마르크스-레닌주의가 아니라 수정된 이데올로기인 마르크스-레닌-스탈린주의가 널리 선전되었고, 스탈린은 대부분의 목적을 위해 스스로를 지상의 레닌 대표로 묘사했다. 10월 혁명 기념일이면 스탈린은 크렘린 성벽 아래 레닌 영묘 꼭대기에 서서 군인들과 청년 조직, 운동선수들이 행진하는 모습을 내려다보곤 했다. 스탈린은 독일 공군이 모스크바 중심부를 폭격할 위험이 있던 1941년에도 영묘 위에 섰다. 시인 블라디미르 마야콥스키(Vladimir Mayakovsky)는 한번은 다음과 같은 말로 작품을 마무리했다. "레닌이 살아 있었고, 레닌이 살고 있으며, 레닌은 살아 있을 것이다!" 오늘날의 나사로처럼 레닌을 죽음으로부터 일으켜 세울 수는 없었지만, 소련 체제는 국민들의 마음속에 레닌의 유산에 불멸의 생명이 있다는 관념이 스며들게 하려고 온갖 수단을 다 썼다.

이 '레닌'의 너무 많은 부분은 역사적 레닌의 알맹이가 빠진 해석이었다. 레닌의 선조 중에 비러시아계 요소가 있다고 언급하는 일은 허용되지 않았다. 유별나게 정보에 밝은 노장 볼셰비키들을 제외하고는 어느 누구도 레닌에게 러시아인이 아닌 할아버지가 있었다는 사실을 알지 못했다. 레닌의 귀족 신분도 전혀 언급되지 않았다. 울리야노프가가 안락한 생활을 했다는 사실도 거의 입에 오르지 않았다. 레닌이 받은 고전 교육, 농업 사회주의 테러리즘에 대한 호감, 시베리아 유형지에서 누린 다소 특권적인 생활 방식에 대한 공개적 토론은 금지되었다. 레닌이 다른 사상가와 정치인들로부터 아이디어를 빌려왔다는 사실을 자세히 설명하는 것은 이단 취급을 받았다. 심지어 마르크스와 엥겔스의 영향조차 폄훼되었다. 볼셰비키당 내의 긴장에 대한 설명들은 레닌, 스탈린, 진정한 레닌주의자들을 한편으로 하고 다수의 아무짝에도 쓸모없는 사람들(1903년의 마르토프로부터 1920년대 초의 나머지 정치국원들에 이르기까지)을 다른 한편으로 하는, 두 집단 사이의 투쟁을 길게 논했다. 레닌의 삶의 좀 더 사적인 측면들은 왜곡되었다기보다는 엄격하게 은폐되었다. 레닌과 이네사 아르망의 불륜은 금지된 주제였다. 그리하여 레닌의 부부 관계는 정치적 협력 관계(그리고 그런 것에 지나지 않는 관계)로 묘사되었다. 심지어 친구와 동지들에게 레닌이 보여준 매력도 역사적 기록에서 지워졌다. 당 지도자로서 레닌의 교활함은 간과되었다. 신중하게 계산된 속임수와 타협을 번갈아 밀고 나간 레닌의 집요함은 삭제되었다.

소련 밖에서는 레닌을 좀 더 설득력 있게 묘사하려는 시도들이 있었다. 레닌을 아는 멘셰비키의 회고록들이 이용 가능한 자료였다. 트로츠키는 1928년 추방된 후 당대 소련 전기들의 조악한 거짓에 도전하는 글을 몇 편 출간했다. 그러나 트로츠키조차 모스크바에 쌓여 있는 모든 문서고 정보들을 끌어내지 못했으며, 처리해야 할 자신의 정치적 의제도 있었다. 트로츠키는 스탈린이 아니라 자기가 레닌이 선택한 정치적 후계자라고 주장했다. 트로츠키는, 개인적 이해 때문에 더럽혀지지 않은 것은 아닌 설명으로 '스탈린 역사 날조 학파'에 저항했다. 멘셰비키의 설명에도 명백히 편견이 있었다. 어떤 멘셰비키 회고록 집필자도 멘셰비키 지도부를 감금하거나 추방한 레닌에 대해 온건하게 쓰려고 하지 않았다. 그렇더라도 트로츠키도, 멘셰비키도 레닌을 반신(半神)에서 인간으로 내려놓은 상태에서 그를 묘사하고 분석했다.

서구 공산주의자들은 모스크바가 제공한 그림의 윤곽을 충실하게 따랐다. 그들은 자신들의 레닌을 스탈린에게서 받았고, 1953년에 스탈린이 죽은 후 스탈린의 후계자들이 레닌과 스탈린이 의견이 같지 않았다고 발표하자 충격을 받았다. 1956년에 서기장 니키타 흐루쇼프(Nikita Khrushchev)는 레닌의 정치적 유언을 인용하고, 스탈린이 1930년대에 대량 학살을 저질렀다고 덧붙였다. 공산주의 세계, 특히 소련에서 흐루쇼프는 센세이션을 일으켰다. 흐루쇼프는 스탈린을 대좌에서 끌어내리면서, 레닌의 지위를 그 어느 때보다도 더 높이지 않으면 안 된다고 느꼈다. 대규모 '저작 전집' 제5판이 주문되었다. 레닌의 새 공식 전기도 마찬가지로 주문되었다. 흐루쇼프의 목적은 학문의 자유를 허용하려는 것이 아니었다. 역사가들은 푸시킨 거리의 '중앙 당 문서고'에 접근할 수 있는 허가를 얻기 전에 신중한 조사를 받았고, 스탈린 치하에서 만연한 레닌의 삶에 대한 해석을 대체로 고수하도록 요구받았다. 단 한 가지 주된 차이가 있었다면, 그것은 역사가들이 레닌과 스탈린 사이의 어떤 의견 차이도 자유롭게 드러낼 수 있었다는 점이었다. 그러나 타당한 역사적 설명에 도움이 되는 다른 해석들도 있었다. 모든 당내 분파 갈등이 자본주의 음모로 취급되지는 않았고, 또 레닌이 동료 공산주의자들 위에 군림한 전제군주가 아니라는 것도 밝혀졌다.

하지만 외국에서는 새 정보를 좀 더 깊이 활용했다. 일부 저술가들은 레닌이 스탈린과 벌인 마지막 전투들은 신경제정책의 공산주의가 내전의 공산주의와 매우 다른 종류라는 것을 입증한다고 암시했다. 로이 메드베데프(Roy Medvedev) 같은 반체제 소련 공산주의자 역사가들도 같은 접근법을 취했다. 그들의 주장은 레닌이 죽어 가면서 문화적 다원주의, 인종적 다양성, 그리고 아마도 혼합 경제까지 포함하는 영구적인 공산주의 질서를 마음에 그렸다는 것이었다. 서구 공산당들은 이러한 생각을 반갑게 환영했다. 이탈리아와 프랑스, 에스파냐의 이른바 몇몇 유로코뮤니스트들은, 레닌의 건강이 버텨주었더라면 인간의 얼굴을 한 공산주의가 건설될 수 있었을 것이라고 주장했다.

하지만 다른 유로코뮤니스트들은 레닌주의에 항상 독재, 공포, 이데올로기적 경직성, 무도덕주의적 경향이라는 결함이 있었던 것은 아닌가 하는 문제를 제기했다. 반공산주의자들에게 이것은 대단한 발견이 아니었다. 그들은 언제나 레닌이 그의 시대에 끼친 영향이 유해했다고 믿어 왔다. 그러나 이 영향의 범위는 어느 정도였는가? 저술가들은 1970년대와 1980년대에 이 문제와 씨름하기 시작하면서, 주로 레닌의 정치에 관심을 두었다. 19세기 말 러시아 혁명가들의 지적 배경, 러시아 제국 마르크스주의자들의 내부 분열, 러시아 마르크스주의, 10월 혁명으로 러시아에서 권력을 잡기 이전과 이후 공산당 지도자들의 권력이 지녔던 한계가 검토되었다. 그러나 소련 역사의 경로는 대체로 레닌이라는 한 사람이 분출한 에너지의 산물이라는 통념에 소련뿐만 아니라 서구도 줄곧 동의해 왔다. 그리하여 세계 무대에서 활동한 배우라는 레닌의 이미지는 근본적으로 수정되지 않았다. 세부 사항은 변했지만 기본 분석은 그대로였다. 레닌은 20세기 역사의 주역들인 히틀러, 스탈린, 처칠, 루스벨트, 흐루쇼프, 고르바초프, 그리고 몇몇 다른 사람들과 어깨를 나란히 했다.

많은 의견 차에도 불구하고, 레닌이 1917년에 단숨에 세계의 주목을 받기 시작한 이래 공산주의자와 그들의 적이 주장해 온 것과는 달리, 레닌이 세계의 조물주는 아닌 것 같다는 견해가 등장했다. 정치적·사회적·경제적 환경에 대한 심화 연구는 레닌이 대체로 러시아 전통으로부터 어느 정도 영향을 받으며 활동했음을 보여주는 경향이 있었다. 많은 저술가들은, 의도하지는 않았지만, 레닌이 그의 나라에 기여한 바는 창조자라기보다는 촉진자였음을 암시하는 분석을 내놓았다.

이러한 분석에는 너무나 많은 것이 무시되어 있었다. 러시아와 세계의 역사에서는 레닌이 없었더라면 나타나지 않았을 중요한 전환점들이 있었다. 레닌은 사건과 제도, 실천, 기본 태도에 결정적으로 영향을 끼쳤다. 이 점은 당시 사실로 느껴졌고, 오랜 세월이 지난 후에도 대부분의 평론가들은 똑같이 느꼈다. 레닌은 볼셰비키 분파를 수립했다. 레닌은 《무엇을 할 것인가?》, 〈4월 테제〉, 《국가와 혁명》을 썼다. 레닌은 집권 전략을 세밀하게 고안했고, 반드시 권력을 장악할 수 있도록 애썼다. 10월 혁명뿐만 아니라 브레스트리톱스크 조약과 신경제정책도 레닌의 영향이 없었다면 없었을 것이며, 소비에트 체제는 재빨리 역사의 쓰레기통으로 사라졌을 것이다. 1917~1919년에 창출된 일당 국가에 대한 계획은 레닌에게 없었으나, 그 국가의 몇몇 제도들은 레닌에 의해 수립되었다. 체카도 그 중 하나였고, 레닌은 공포를 계속 공산주의자들이 이용할 수 있는 통치 수단이어야 한다고 주장했다. 특히 레닌은 중앙 집중주의, 위계제, 행동주의에 대한 헌신이라는 면에서 다른 정당과 뚜렷이 구별되는 당인 '러시아공산당'의 주요 창립자였다. 레닌이 없었다면 러시아에 어떤 극좌 정당도 존재하지 않았으리는 주장은 이상할 것이다. 그러나 소비에트 일당 유일 이데올로기 국가가 레닌이 없더라도 탄생했으리라고 가정하는 것은 똑같이 어리석은 생각일 것이다.

게다가 레닌도 동료 당 지도자들도 정확히 어떤 종류의 국가를 건설할 것인지 미리 마음속에 그리지는 않았지만, 10월 혁명 초기에 그들이 한 활동은 그저 임기응변만은 아니었다. 레닌주의자들은 권력을 어떻게 운용할지에 대한 원칙을 갖고 권력을 잡았다. 그들이 정치를 이해하는 방식은 독재, 계급 투쟁, 리더십, 혁명적 무도덕주의에 중점을 두었다. 그들은 '전위'가 노동 계급에게 무엇이 최선인지를 알고 있으며, (과거, 현재, 미래의) 세계에 대한 반박 불가능한 전위의 지식을 이용해서 완벽한 사회를 서둘러 지상에 출현시켜야 한다고 믿었다. 레닌이 이러한 전제들의 창시자는 아니었다. 반대로 이 전제들은 마르크스주의와 19세기 중반 러시아의 혁명적 테러리즘, 유럽의 다른 권위주의적 혁명 원리에서 이런저런 형태로 널리 퍼져 드러나 있었다. 훨씬 더 오래된 전통에도 그 흔적이 있었다. 레닌주의가 16세기의 칼뱅주의뿐만 아니라 표트르 대제 이전의 정교의 천년왕국주의와도 비교되는 데는 나름의 이유가 있었다. 그러나 요점은 1900년 이후 그러한 전통이 재연되는 데 어떤 필연성도 없었다는 사실이다. 그 재연에는 러시아 마르크스주의 정당이 필요했다. 더욱 구체적으로는 레닌이라는 사람이 필요했다.

레닌이 창조한 국가는 70년 이상을 무사히 살아남았다. 이 구조물은 최소한의 건축 계획만 있었는데도, 매우 빠르게 지어졌다. 1917~1919년에 레닌의 지도로 주요 작업은 이미 이루어졌다. 기초가 마련되고, 벽이 세워졌으며, 지붕이 설치되었다. 정치는 독점화되고, 중앙 집중화되었다. 강압 기구들은 확고하게 당의 통제를 받았다. 국유제와 국가 규제가 경제에 스며들었다. 종교가 체계적으로 박해되었다. 민족적 열망은 엄중한 의심을 받았다. 예술적·지적 고급 문화가 꼼꼼하게 검열되었다. 학교 교육이 꾸준히 공산화되었다. 공산주의 지도부의 변덕으로 법이 시행되다가 중단되었고, 국가의 입법, 행정, 사법 기능들이 의식적으로 뒤섞였다. 통치자들은 사회를 세뇌하고 동원할 자원으로 취급했다. 크렘린으로부터 조금이라도 독립되어 있는 모든 중간 조직들에 대한 공격이 개시되었다.

하지만 레닌은 지도자이자 이론가로서 복잡한 인물이었다. 건축 작업이 시작된 이후 오랫동안 구조물에 새로운 부분들이 필연적으로 덧붙여져야 했다. 많은 행위가 즉흥적으로 이루어졌다. 물론 레닌은 유일한 건축가가 아니었다. 당내에는 건설의 진척에 영향을 끼친 다른 사람들이 있었다. 볼셰비키 최고 지도자들은 끊임없이 자신들의 계획을 수정했다. 그들이 마지막으로 남아 있던 정당들을 지하로 내몬 것은 1921년이 되어서였고, 레닌이 사망한 후 스탈린의 전제정치가 들어설 때까지 공산당 내 분파들도 계속 존재했다. 정식 검열기관들은 1922년 중반에야 비로소 진용을 갖추게 되었다. 궁극적으로 국가가 소련의 다양한 민족들을 초민족적 소비에트 의식으로 융합할 수 있게 해주리라고 레닌이 믿었던 민족 정책은, 처음에는 비러시아인들의 민족적·인종적 자기 표현에 매우 우호적이었다. 더군다나 내전과 신경제정책 시기는 엄청난 혼란으로 특징지어졌다. 교통과 통신, 행정, 감시, 강압이 그 후의 시기보다 훨씬 더 심하게 닥치는 대로 이루어지고 실행되었다. 이론과 정책, 그리고 그것의 시행은 종종 완전히 따로 놀았다.

그렇더라도 레닌이 사망하기 전에 기본 구조물은 자리를 잡았다. 그 구조물은 스탈린에 의해 심하게 개조되었다. 스탈린은 구조물을 개인적 전제 체제로 변질시켰고, 소비에트 국가 내에서 당의 권위를 축소했다. 또한 스탈린은 군사적 반대자들과 군인 계층, 공산주의의 정치적·종교적 적들에 대해서뿐만 아니라 심지어 자신의 정부와 당의 관리들을 대상으로 학살을 자행했다. 하지만 사실 건물의 핵심은 손대지 않은 채로 남아 있었다. 스탈린은 광적인 개축자였지만, 1953년 자신이 사망할 때까지 좀 더 큰 안정을 가져온 변경을 수행했다. 그러나 니키타 흐루쇼프는 탈스탈린화와 다른 개축을 서둘러 개시하면서 스탈린이 변경한 것들을 변경했다. 이 실험은 1964년 흐루쇼프가 해임될 무렵 가속화되고 있었다. 흐루쇼프의 후계자인 레오니트 브레즈네프(Leonid Brezhnev)는 스탈린이 행한 일들을 마음에 들어 했으나, 흐루쇼프가 한 변경 중 과도한 것을 취소하는 데 만족했다.

하지만 이러한 변화에도 불구하고, 소련 지도자들이 레닌주의 전통 안에서 레닌주의 국가를 통치하고 있다고 주장한 것은 정당했다. 1917~1919년부터 1980년대 말까지 그 구조물이 레닌의 피조물이라는 것은 쉽게 알아볼 수 있었다. 10월 혁명, 마르크스-레닌주의, 소비에트사회주의공화국연방은 다른 어느 누구보다도 레닌에게 그 존재를 빚졌다. 레닌이 전시의 혁명 러시아라는 특수한 상황에서 건설한 것은 재생산될 수 있는 고안물이었다. 레닌은 자신의 건축 계획을 수출하고 싶어 했고, 공산주의 인터내셔널의 회원 정당들이 모스크바에서 개발된 이데올로기와 조직 원리를 따라야 한다고 규정했다. 기회가 주어졌더라면 레닌은 자신의 모형을 혁명적 공산주의 국가들에 적용했을 것이다. 하지만 이 과제는 레닌의 후계자인 스탈린에게 떨어졌다. 게다가 레닌주의 모형은 중국, 북베트남, 쿠바의 마르크스주의 혁명가들에게도 유용한 것으로 드러났다. 어떤 종류의 나라가 공산화되고 있는지는 크게 문제가 되지 않았다. 산업 국가이며 국민들이 문자를 해득할 수 있었던 가톨릭 국가 체코슬로바키아도, 농업 국가이며 국민들이 문맹이었던 불교 국가 북베트남도 공산화되었다. 레닌주의가 도입된 방식은 침략부터 현지의 공산주의 정치 선동에 이르기까지 다양했다. 그러나 본질적으로 그 결과는 동일했다. 레닌은 바로 이런 이유로 책임질 것이 많다.

이미 1920년대에 레닌의 구조물에 맞서 소비에트 러시아 바깥에서 강력한 반동이 있었다. 파시즘의 발생은 공산주의보다 시간적으로 그리 늦지 않았다. 무솔리니는 1922년에 이탈리아에서 권력을 장악할 때 이미 극우 정치적 신조로 나아가고 있었다. 그러나 의심할 여지 없이 히틀러의 나치즘은 공산주의 인터내셔널, 마르크스-레닌주의, 소비에트사회주의공화국연방에 대한 노골적인 적대감을 먹고 살았다. 양차 대전 사이 유럽의 역사는 상당 부분 1917년 10월 25일의 결과를 둘러싼 투쟁이었다. 제2차 세계대전 이후에도 그런 상황은 사라지지 않았다. 초강대국 미국과 소련의 경쟁은 두 가지 대조적인 정치, 경제, 이데올로기, 군사력 체제의 투쟁이었고, 소비에트 체제는 대체로 레닌이 스탈린에게, 스탈린이 그의 후계자들에게 물려준 체제였다.

따라서 레닌주의 구조물을 바닥에 나뒹굴게 하는 데 가장 많은 기여를 한 사람 자신이 레닌의 성실한 추종자였음은 엄청난 역설이다. 미하일 고르바초프는 소련을 자신의 우상이 표방한 원리와 실천에 좀 더 가깝게 되돌릴 의도를 갖고 당 서기장직에 올랐다. 레닌 못지 않게 고르바초프는 상세한 청사진에 대한 참조 없이 즉흥적으로 일을 처리했다. 고르바초프는 업무를 수행해 나가면서 개혁에 대한 자신의 전망을 확대했다. 고르바초프와 그의 동료 공산주의 개혁가들이 이해하지 못한 것은 공산주의라는 구조물의 구성 요소가 엄격하게 서로 연결되어 있다는 사실이었다. 행정, 정치, 경제, 법, 이데올로기, 복지, 그리고 심지어 자연 환경을 대하는 법도 원래의 레닌주의 관념에 크게 좌우되었다. 건물에서 벽이든 천장이든 문간이든 어떤 것이라도 없애면 건물 전체가 구조적으로 붕괴할 위험이 있었다. 고르바초프는 그 위험을 간과했다. 아니, 사실은 인식하지 못했다. 고르바초프는 공산당의 정치적 독점을 철폐했다. 그는 행정을 탈집중화했다. 그는 검열을 완화하고 종교적·민족적 자기 표현을 해금했다. 고르바초프는 경제에 대한 국가의 지배를 약화시켰다. 고르바초프는 공산당 통치의 자의성을 비난했다. 그는 자신이 소비에트사회주의공화국연방에서 레닌의 정신을 회복시키고 있다고 믿으면서 이 모든 일을 했다. 고르바초프의 개혁 중 어느 하나만 실시되었더라도 국가의 안정을 위협했을 것이다. 고르바초프가 몇 년 안에 이 모든 개혁을 실시함으로써 10월 혁명과 마르크스주의, 그리고 소비에트사회주의공화국연방은 소멸할 운명에 처했다.

소련이 마지막 숨을 거두고 고르바초프가 대통령직을 사임한 1991년 말 이래, 레닌에게 옛날 같은 존경을 보이려는 시도는 거의 없었다. 공산주의 국가들은 1989년에 이미 사멸했고, 중화인민공화국에서는 레닌주의에 대해 겉으로는 계속 충성을 보였으나, 중국의 경제 개혁은 이와 동시에 국가와 사회를 자본주의 경제 쪽으로 재편했다. 겐나디 주가노프(Gennadi Zyuganov)가 이끄는 공산당이 단호하게 자기 주장을 하는 러시아에서, 블라디미르 레닌의 역사적 기록을 계속 옹호하고 찬양하는 특별한 노력은 전혀 없었다.

그러나 정말 레닌은 죽었는가? 러시아에서 여론 조사를 했을 때, 레닌은 여전히 역사상 가장 인기 있는 통치자 중의 한 명이었다. 좀체 사라지지 않는 레닌의 인기 때문에, 1990년대에 러시아 대통령 보리스 옐친은 레닌을 붉은 광장의 영묘에서 옮겨 재래식으로 매장하려 했으나 감히 실행하지는 못했다. 레닌에 대한 존경은 폭넓게 지속되고 있다. 레닌이 살아 있던 동안에는, 심지어 그의 정책으로 고통받은 사람들 사이에서도 그를 찬양하는 분위기가 드높았다. 그리하여 농민 청원자들은 농민층을 없애버리고자 했던 레닌의 야심에도 불구하고 레닌을 신뢰했다. 레닌이 죽은 후 그는 종종 대화와 민요에서도 인용되었는데, 거기서 레닌은 자신의 후계자들 치하에서 습관적으로 자행되던 권력 남용을 용납하지 않았을 현명한 차르로 등장했다. 물론 레닌의 위대함에 대한 계속된 공식 찬양이 이러한 민중적 경향을 강화했을 것이다. 레닌의 이미지가 앞으로도 오랫동안 러시아인들의 마음속에서 큰 힘을 지닐 것임은 무시할 수 없다. 자본주의가 고통스러운 사회적 번민을 일으키는 세계의 많은 지역들에서, 레닌에 대한 기억은 반드시 정식 공산주의자들에 의해서가 아니더라도 또 다시 소환될 가능성이 없지만도 않다. 레닌은 적어도 아직은 완전히 죽지 않았다.

레닌을 없애버리려는 노력의 일환으로, 정치가 옐친과 러시아의 많은 반레닌주의 역사가들은 숱한 서방 역사가들이 전통적으로 휘두르던 무기를 선택했다. 이 무기는 거의 항상 일차원적으로 레닌을 묘사하는 것이다. 즉 국가 테러리스트나 이데올로그, 당 두목이나 저술가, 심지어 연인으로서 레닌을 그리는 것이다. 모든 차원들이 동등한 취급을 받은 것은 아니었으며, 이것이 반드시 저술가들의 잘못도 아니다. 최근 몇 년 전까지만 해도 우리는 레닌의 가족과 그들의 내적 긴장, 그리고 상호 지지에 대해 썩 많이 알 수가 없었다. 그리고 레닌의 교육과 물질적 형편뿐 아니라, 그의 신체적 건강과 불륜, 작업 방식, 일상 생활의 원칙들에도 대체로 손이 닿지 않았다.

이 측면들 중 일부는 통상적인 도덕성 측면에서 레닌에 대해 좋지 않은 인식을 줄 수도 있었기 때문에 비밀에 부쳐졌다. 레닌은 바람을 피웠고, 어머니와 누이들을 이용했으며, 자신의 건강에 대해 걸핏하면 칭얼거렸고, 러시아인들이나 심지어 대부분의 볼셰비키를 탐탁치 않게 여겼다. 레닌은 공포정치를 즐겼고 어떻게 하면 소련이 이 방법을 확실히 포기하게 할 수 있을지에 대해 그럴듯한 생각이 없었다. 레닌은 그의 책보다는 편지와 전보에서 훨씬 더 거친 모습을 보였다. 많은 레닌의 편지가 너무나 냉소적이어서 스탈린은 1937~1938년의 대공포 과정에서도 그 편지들의 출판을 금지했다. 게다가 레닌은 약간 괴짜였다. 그는 조용한 사무실과 날카로운 연필에 노골적으로 집착했고, 또 마음이 흐트러지지 않도록 하려고 즐기던 체스, 베토벤, 사랑하는 이네사를 멀리할 정도로 과도하게 노력하는 등, 매우 경직된 생활 태도를 지녔다. 레닌은 동지들의 사생활에 주제넘게 개입했다. 어떤 다른 세계의 정치인도 동료 지도자들의 치료를 마음대로 지시할 수 있다고 생각하지 않았다. 하지만 레닌은 세상이 알고 있던 것보다도 종종 스스로를 덜 통제했다. 그를 수행하는 여성들이 옆에 없었더라면, 레닌은 역사적으로 유명해지지 않았을 것이다. 레닌에게는 마지막 순간까지 버릇없는 아이 같은 구석이 있었다. 레닌은 실제로 늘 쉽게 필요한 주목을 받던, 버릇없는 아이이기도 했다.

레닌이 권력을 잡고 명성을 얻은 것은 그가 가족, 교육, 이데올로기, 나라의 상황이라는 행운, 그리고 그에 못지않은 행운으로서 태어날 때부터 타고난 개성이 있었기 때문에 가능한 일이었다. 그러나 레닌은 이 행운이 자신을 위해 유리하게 작동하도록 만들어야 했다. 레닌은 이 점을 이해했다. 레닌은 전반적인 정치적·경제적 상황이 좋아야 한다고 주장하면서, 혁명이 그냥 발생하지는 않는다고 계속 분명히 밝혔다. 혁명은 만들어져야 했다. 그리고 혁명을 만드는 데는 리더십이 필요했다. 레닌은 실패했을 수도 있고, 너무나 종종 (1902년의 런던이나 1915년의 제네바, 심지어 1917년의 헬싱키에서처럼) 패배 코앞까지 다가갔다. 그리고 레닌이 1918년의 브레스트리톱스크나 1921년의 신경제정책을 눈앞에 두고 망설였더라면, 지금처럼 지난 세기에 유력했던 주요 인물로 기억되는 일은 없을 것이다. 하지만 덩치가 작고, 너그럽지 못하고, 책을 좋아하고, 깔끔하고, 병약하고, 지적이고, 자신만만한 이 정치인은 대영 박물관이나 제네바 공립 도서관의 삼류 저술가로 머물러 있지 않았다. 레닌은 갑자기 움찔하는 몸짓과 연설할 때의 혀짤배기 소리 때문에 주눅 들지 않았다. 자신이 저지른 예측 실수 때문에 무너지지도 않았다. 볼품없는 마르크스주의 활동가이자 분파 지도자가 된 이 명민한 학생은 역사의 흐름을 최대한 활용했다.

레닌은 10월 혁명을 이끌었고, 소비에트사회주의공화국연방을 건국했으며, 마르크스-레닌주의의 원리를 설계했다. 레닌은 세계를 뒤엎는 데 도움을 주었다. 아마도 앞으로 몇 년 후에 레닌은 자신의 나라를, 스탈린 독재 하에서는 세계의 3분의 1이나 되는 광대한 지역을 막다른 골목으로 밀어붙였다고 여겨질 것이다. 미래는 레닌주의 공산주의에 있지 않다. 그러나 미래가 다른 곳에 있다고 해도, 우리는 그곳이 정확히 어딘지 모른다. 레닌은 아무도 예상치 못한 인물이었다. 최소한 그의 비범한 삶과 활동은 모든 사람들이 방심해서는 안 된다는 것을 입증한다. 이런 결과를 성취한 역사적 인물은 많지 않았다. 이 사실에 감사하자.

| 주석 |

프롤로그

1. P. N. Pospelov *et al.*, *Vladimir Il'ich Lenin*; I. Deutscher, *The Prophet Armed: Trotsky, 1879–1921*.

2. N. Harding, *Lenin's Political Thought*, vols. 1–2.

3. R. H. W. Lenin: *Genesis and Development of a Revolutionary*.

4. M. Liebman, *Leninism Under Lenin*; A. Rabinowitch, *The Bolsheviks Come to Power*.

5. M. Lewin, *Lenin's Last Struggle*; S. F. Cohen, *Bukharin and the Bolshevik Revolution*.

6. E. H. Carr, *The Bolshevik Revolution*, vols 1–3. 정부 조정자로서 레닌에 관해서는 T. H. Rigby, *Lenin's Government*와 M. P. Iroshnikov, *Predsedatel' Soveta Narodnykh Komissarov*도 보라.

7. A. Ulam, *Expansion and Coexistence*; O. Figes, *A People's Tragedy*.

8. R. Pipes, *Russia Under the Bolshevik Regime*; 그러나 이데올로기에 대한 검토와 그 중요성도 포함하는 그의 *Social-Democracy and the St. Petersburg Labor Movement*도 보라. 하지만 나의 주장은 레닌의 통치 시기와 관련되어 있다.

9. A. Solzhenitsyn, *Lenin in Zurich*; D. A. Volkogonov, *Lenin: politicheskii portret*.

10. V. Solukhin, *Pri sveta dnya*.

11. R. C. Elwood, *Russian Social-Democracy in the Underground*; D. Geyer, *Lenin in der Russischen Sozialdemokratie*; L. Haimson, *The Russian Marxists and the Origins of Bolshevism*; J. H. L. Keep, *The Rise of Social Democracy in Russia*; L. Schapiro, *The Communist Party of the Soviet Union*.

12. S. Fitspatrick, *The Russian Revolution*; R. G. Suny, *The Revenge of the Past*.

13. R. Service, *The Bolshevik Party in Revolution*; 또한 *Lenin: A Political Life*, vols. 1–3도 보라.

14. A. Meyer, *Leninism*; M. Malia, *The Soviet Tragedy*.

1장 뿌리 — 유대인과 루터파

1. A. Ivanskii (ed.), *Il'ya Nikolaevich Ul'yanov*, p. 178.

2. Zh. Trifimov, *Ul'yanovy*, p. 66.

3. D. I. Ul'yanov, "Detskie gody Vladimira Il'icha", *VoVIL*, vol. 1, p. 121.

4. M. Shtein, *Ul'yanovy i Leniny*, pp. 13–14, 42.

5. V. V. Tsaplin, "O zhizni sem'i Blank v gorodakh Strakonstaninovoe i Zhitomire", pp. 39–44.

6. 모시코 (드미트리) 블란크의 편지. M. Shtein, *Ul'yanovy i Leniny*, p. 44에서 재인용.

7. M. Shtein, "Rod vozhdya. Bilet po istorii", p. 19.

8. V. Solukhin, *Pri sveta dnya*.

9. 19세기 중반 러시아 제국의 개종한 유대인들에 관한 생각들을 제공해준 데 대해 존 클리어 (John Klier)에게 감사한다.

10. O. Abramova, G. Borodulina, T. Koloskova, *Mezhdu pravdoi i istinoi*, pp. 53, 55.

11. D. I. Ul'yanov, *VoVIL*, vol. 1, pp. 322–323; M. I. Ul'yanova, *OVILiSU*, p. 230.

12. M. Shtein, *Ul'yanovy i Leniny*, pp. 110–111.

13. A. I. Ul'yanova-Yelizarova, *OVILiSU*, p. 34. 러시아인 가족들에게 독일 문화의 의미가 어떻게 바뀌어 왔는지 생각을 제공해준 데 페이스 위그젤(Faith Wigzell)에게 감사한다.

14. O. Abramova, G. Borodulina, T. Koloskova, *Mezhdu pravdoi i istinoi*, pp. 64–66.

15. ibid., p. 106.

16. M. Shtein, *Ul'yanovy i Leniny*, p. 78.

17. D. I. Ul'yanov, *VoVIL*, vol. 1, pp. 322–323; M. I. Ul'yanova, *OVILiSU*, p. 230.

18. A. I. Ul'yanova-Yelizarova, *OVILiSU*, p. 111.

19. ibid.

20. M. I. Ul'yanova, *OVILiSU*, p. 231.

21. O. Abramova, G. Borodulina, T. Koloskova, *Mezhdu pravdoi i istinoi*, p. 67.

22. A. Ivanskii (ed.), *Il'ya Nikolaevich Ul'yanov*, pp. 10–12.

23. M. Shtein, *Ul'yanovy i Leniny*, pp. 147–148.

24. 러시아인 가설은 O. Abramova, G. Borodulina and T. Koloskova, *Mezhdu pravdoi i istinoi*, pp. 80–85에서 얼마간의 지지와 함께 검토된다.

25. A. Ivanskii (ed.), *Il'ya Nikolaevich Ul'yanov*, p. 8.

26. M. I. Ul'yanova, *OVILiSU*, p. 232.

27. V. Alekssev and A. Shver, *Sem'ya Ulyanovykh*, p. 16에 있는 카바노바(Kabanova)라고 불린 한 교사의 회고.

28. A. I. Ul'yanova-Yelizarova, *OVILiSU*, p. 130.

29. V. Alekssev and A. Shver, *Sem'ya Ulyanovykh*, p. 59.

30. ibid.

31. 이것은 류보피 베레텐니코바(Lyubov Veretennikova)의 회상이다: Zh. Trofimov, *Ul'yanovy*, p. 75.

32. V. Alekssev and A. Shver, *Sem'ya Ulyanovykh*, p. 23.

33. ibid., p. 17.

34. A. I. Ul'yanova-Yelizarova, "Vospominaniya ob Alekdandre Il'iche Ul'yanove", in *OVILiSU*, p. 29.

35. V. Alekseev, A. Shver, *Sem'ya Ul'yanovykh*, p. 58.

36. A. I. Ul'yanova-Yelizarova, "Stranichki iz zhizni Vladimira Il'icha"[초고], RTsKhIDNI, fond 13, op. 1, d. 81, p. 20.

37. Zh. Trofimov, *Ul'yanovy*, pp. 98–99.

38. 1901년 10월의 그녀의 편지를 보라: RTsKhIDNI, fond 13, op. 1, d. 349, p. 4.

39. A. I. Ul'yanova-Yelizarova, 1932년 12월 스탈린에게 보낸 편지, RTsKhIDNI, fond 13, op. 1, d. 471.

40. M. Gor'kii, "Vladimir Lenin", *Russkii sovremennik*, no. 1, 1924, p. 241.

41. A. I. Ul'yanova-Yelizarova, "Vospominaniya ob Alekdandre Il'iche Ul'yanove", in *OVILiSU*, p. 34.

42. Ye. K. Makarova, 회고 초고, RTsKhIDNI, fond 14, op. 1, d. 350. p. 2.

43. 1998년 12월, 울리야노프 가족의 기록들이 보존되어 있는 고르키 요양소를 방문한 일.

2장 명석한 두뇌

1. A. I. Ul'yanova-Yelizarova, "Vospominaniya ob Il'iche", *VoVIL*, vol. 1, p. 19.

2. A. I. Ul'yanova-Yelizarova, "Stranichki iz zhizni Vladimira Il'icha"[초고], RTsKhIDNI, fond 13, op. 1, d. 81, p. 21.

3. ibid.

4. ibid.

5. A. I. Ul'yanova-Yelizarova, "Detskie I shkol'nye gody Vladimira Il'icha", RTsKhIDNI, fond 13, op. 1. d. 77, p. 1에 있는 초고 형태의 부기.

6. ibid.

7. A. I. Ul'yanova-Yelizarova, "Stranichki iz zhizni Vladimira Il'icha"[초고], RTsKhIDNI, fond 13, op. 1, d. 81, p. 28.

8. 이 신체적 결함은 소련 시절에는 국가 기밀이었다. 나는 1922년 3월 4일에 레닌을 치료한 다르케비치(L. I. Darkevich) 교수의 진료 메모에서 그것을 찾았다. RTsKhIDNI, fond 16, op. 3c, d. 6.

9. M. I. Averbakh, "Vospominaniya o V, I. Lenine", *VoVIL*, vol. 8, p. 273.

10. A. I. Ul'yanova-Yelizarova, *OVILiSU*, p. 27.

11. D. I. Ul'yanov, "Detskie gody Vladimira Il'icha", *VoVIL*, vol. 1, p. 126.

12. A. I. Ul'yanova-Yelizarova, "Stranichki iz zhizni Vladimira Il'icha"[초고], RTsKhIDNI, fond 13, op. 1, d. 81, p. 23.

13. ibid.

14. V. Alekseev and A. Shver, *Sem'ya Ul'yanovykh*, p. 34.

15. A. I. Ul'yanova-Yelizarova, "Stranichki iz zhizni Vladimira Il'icha"[초고], RTsKhIDNI, fond 13, op. 1, d. 81, pp. 23, 26.

16. 레닌의 학교 동창인 페르시야니노프(V. L. Persiyaninov). V. Alekseev and A. Shver, *Sem'ya Ul'yanovykh*, p. 41을 보라.

17. ibid.

18. ibid., pp. 35, 37.

19. G. Ya. Lozgachyov-Yelizarov, *Nezabyvaemoe*, p. 132.

20. A. I. Ul'yanova-Yelizarova, "Vospominaniya ob Alekdandre Il'iche Ul'yanove", in *OVILiSU*, p. 29.

21. V. Kalashnikov, "Iz vospominanii domashnego uchitelya detei Il'i Nikolaevicha Ul'

yanova", in A. I. Ul'yanova (ed.), *Aleksandr Il'ich Ul'yanov i delo 1 marta 1887g.*, p. 276.

22. A. I. Ul'yanova-Yelizarova, "Vospominaniya ob Alekdandre Il'iche Ul'yanove", in *OVILiSU*, p. 39.

23. ibid.

24. ibid., p. 27. 안나가 한번은 아버지를 '잔인한 아빠!'라고 불렀다는 사실을 덧붙여야 한다. 그러나 그녀는 남동생인 알렉산드르가 그렇게 말했다고 나무라는 것이 잘못되었다고 생각하지 않았다.: ibid., p. 33.

25. A. I. Ul'yanova-Yelizarova, *OVILiSU*, pp. 40–41.

26. A. Ivanskii (ed.), *Molodoi Lenin*.

27. N. Hans, *History of Russian Educational Policy*, p. 118.

28. A. Ivanskii (ed.), *Molodoi Lenin*, p. 196, 주 1.

29. V. Alekseev and A. Shver, *Sem'ya Ul'yanovykh*, p. 25.

30. ibid.

31. A. I. Ul'yanova-Yelizarova, *OVILiSU*, p. 117.

32. D. I. Ul'yanov, "V gimnazii", RTsKhIDNI, fond 14, op. 1, d. 78, p. 2; RTsKhIDNI, fond 13, op. 1, d. 83, p. 6에 있는 A. I. Ul'yanova-Yelizarova, 메모 초고들.

33. A. I. Ul'yanova-Yelizarova, *Detskie I shkol'nye gody Il'icha*, pp. 22–23.

34. A. Ivanskii (ed.), *Molodoi Lenin*, p. 33.

35. A. I. Ul'yanova-Yelizarova, 1922년보다 늦게 쓴 메모 초고, RTsKhIDNI, fond 13, op. 1, d. 52, p. 1.

36. A. I. Ul'yanova-Yelizarova, "Vospominaniya ob Il'iche", *VoVIL*, vol. 1, p. 22.

37. A. Ivanskii (ed.), *Molodoi Lenin*, p. 211.

38. ibid., p. 182.

39. ibid., p. 187.

40. D. I. Ul'yanov, *VoVIL*, vol. 1, p. 127.

41. D. I. Ul'yanov, *Ocherki raznykh god*(1974), pp. 153–154.

42. 안나 일리니치나의 바그너 악보는 고르키의 레닌 박물관에 소장되어 있다.

43. A. Ivanskii (ed.), *Molodoi Lenin*, p. 136.

44. 나는 1993년 6월에 이 엽서를 보여준 데 대해 RTsKhIDNI 관장인 안데르손(K. M. Anderson) 교수에게 감사한다.

45. A. I. Ul'yanova-Yelizarova, *VoVIL*, vol. 1, p. 72.

46. V. Alekseev and A. Shver, *Sem'ya Ul'yanovykh*, p. 38.

47. N. G. Nefedev in ibid.

3장 반역자 집안

1. A. I. Ul'yanova, 그녀의 아버지에 대해 시들롭스키(Shidlovskii)에게 보낸 편지, RTsKhIDNI, fond 13, op. 1, d. 51. 1921년 3월에 쓴 것으로 보인다.

2. Zh. Trofimov, *Ulyanovy*, pp. 37, 40, 42.

3. A. I. Ul'yanova-Yelizarova, "Vospominaniya ob Alekdandre Il'iche Ul'yanove", in *OVILiSU*, p. 37.

4. A. Ivanskii (ed.), *Il'ya Nikolaevich Ul'yanov*, p. 246.

5. A. I. Ul'yanova-Yelizarova (ed.), *Aleksandr Il'ich Ul'yanov i delo 1 marta 1887g.*

6. *PSU*, p. 28.

7. A. I. Ul'yanova-Yelizarova, *OVILiSU*, p. 54.

8. 비록 얼어붙어 있었지만, 볼가강은 여전히 썰매로 건널 수 있었다. 그러나 여행은 여전히 다소 힘들었다.

9. M. I. Ul'yanova, *Otets Vladimira Il'icha Lenina Il'ya Nilolaevich Ul'yanov*, p. 68.

10. A. I. Ul'yanova-Yelizarova, *Aleksandr Il'ich Ul'yanov*, pp. 84-85.

11. V. Alekseev and A. Shver, *Sem'ya Ul'yanovykh*, p. 24.

12. A. Ivanskii (ed.), *Molodoi Lenin*, pp. 231-233.

13. A. I. Ul'yanova-Yelizarova, *Aleksandr Il'ich Ul'yanov*, pp. 85-86.

14. D. I. Ul'yanov, *Ocherki raznykh god*, p. 54.

15. A. I. Ul'yanova-Yelizarova, *Aleksandr Il'ich Ul'yanov*, pp. 94-96.

16. ibid.

17. E. Acton, 제7장, in R. Bartlett (ed.), *Russian Thought and Society, 1800-1917*; R. Service, *Lenin: A Political Life*, vol. 1, 제2장.

18. R. Service, *Lenin: A Political Life*, vol. 1, pp. 40-42.

19. *PSU*, p. 36.

20. A. Ivanskii (ed.), *Molodoi Lenin*, p. 301.

21. V. Alekseev and A. Shver, *Sem'ya Ul'yanovykh*, p. 54.

4장 퇴학당한 법학도

1. V. V. Kashkadamova in *Bakinskii rabochii*, 1926년 1월 21일.

2. *Lenin i Simbirsk. Dokumenty, materialy, vospominaniya*, pp. 65-67.

3. M. I. Ul'yanova, *OVILiSU*, p. 261.

4. A. I. Ul'yanova-Yelizarova, *OVILiSU*, p. 294.

5. A. I. Ul'yanova-Yelizarova, *VoVIL*, vol. 1, p. 69.

6. M. I. Ul'yanova, *VoVIL*, vol. 1, p. 193.

7. M. I. Ul'yanova, "Kak? Beluyu tetradku chërnymi nitkami", *OVILiSU*, p. 46.

8. A. I. Ul'yanova-Yelizarova, *VoVIL*, vol. 1, p. 29.

9. ibid., p. 27.

10. N. K. Krupskaya, *VoVIL*, vol. 2, p. 28.

11. A. Ivanskii (ed.), *Molodoi Lenin*, p. 242.

12. A. I. Ul'yanova-Yelizarova, "O zhizni Vladimira Il'icha Ul'yanova-Lenina v Kazani(1887-89 gg.)", *VoVIL*, vol. 1, p. 285.

13. A. I. Ul'yanova-Yelizarova, *VoVIL*, p. 294.

14. A. I. Ul'yanova-Yelizarova, 날짜 미상의 메모 초고, RTsKhIDNI, fond 13, op. 1, d. 52, p.

7.

15. D. I. Ul'yanov in *Uchitel'skaya gazeta*, 1963년 2월 14일: A. Ivanskii (ed.), *Molodoi Lenin*, p. 328을 보라.

16. A. Ivanskii (ed.), *Molodoi Lenin*, p. 367.

17. ibid., p. 373-374.

18. P. D. Shestakov, "Studencheskie volneniya v Kazani v 1887g.", *Russkaya starina*, no. 6, 1892, p. 522.

19. A. I. Ul'yanova-Yelizarova, "Stranichki iz zhizni Vladimira Il'icha"[초고], RTsKhIDNI, fond 13, op. 1, d. 81, p. 31.

20. A. Arosev, "Pervyi shag", *LS*, vol. 2, pp. 439-440; A. Ivanskii (ed.), *Molodoi Lenin*, pp. 397-398.

21. 안나 일리니치나가 레닌에게 보낸 편지, 1922년 12월 8일, RTsKhIDNI, fond 13, op. 1, d. 43, p. 2.

22. A. I. Ul'yanova-Yelizarova, *OVILiSU*, p. 304.

23. *PSS*, vol. 1. p. 552.

24. ibid., p. 553.

25. *KA*, no. 1, 1934, p. 67.

26. *BKh*, vol. 1, p. 39.

27. *PSS*, vol. 45, p. 324.

28. N. Ye. Fedoseev, *Stat'i i pis'ma*, p. 97-98.

29. *VoVIL*, vol. 1(1968), pp. 106-107.

30. I. B. Sternik, *Lenin - Yurist*, p. 81.

31. I. I. Titov, *Vo glubine Rossii*, pp. 66-67.

32. RTsKhIDNI, fond 14, op. 77, d. 1, p. 46.

33. RTsKhIDNI, fond 14, op. 1, d. 74, pp. 46, 53.

34. RTsKhIDNI, fond 14, op. 1, d. 75, p. 9.

5장 변호사 혁명가

1. RTsKhIDNI, fond 14, op. 1, d. 77, p. 47.

2. N. L. Meshcheryakov (ed.), *Gleb Uspenskii v zhizni*, p. 239.

3. R. Wortman, *The Crisis of Russian Populism*, p. 73-74.

4. A. I. Ul'yanova-Yelizarova, *OVILiSU*, pp. 294, 304.

5. RTsKhIDNI, fond 14, op. 77, d. 1, p. 51.

6. ibid., p. 53.

7. ibid.

8. I. I. Titov, *Vo glubine Rossii*, pp. 108-109.

9. RTsKhIDNI, fond 14, op. 1, d. 77, p. 47.

10. ibid., p. 54.

11. A. I. Ul'yanova-Yelizarova, *OVILiSU*, p. 34.

12. V. Vodovozov, "Moyo znakomstvo s Leninym", p. 175.

13. M. I. Ul'yanova, *VoVIL*, vol. 1, p. 203.

14. RTsKhIDNI, fond 14, op. 77, d. 1, p. 53.

15. ibid., p. 54.

16. ibid.

17. M. I. Semyonov (M. Blan), "Pamyati druga", p. 11.

18. ibid.

19. A. Belyakov, *Yunost' vozhdya*, p. 31–36.

20. M. I. Semyonov (M. Blan), "Pamyati druga", p. 11.

21. M. P. Golubeva, "Moya pervaya vstrecha s Vladimirom Il'ichem", pp. 64–65.

22. *PSS*, vol. 55, p. 8.

23. A. I. Ul'yanova-Yelizarova, *OVILiSU*, p. 129.

24. RTsKhIDNI, fond 14, op. 1, d. 77, p. 53.

25. M. I. Semyonov (M. Blan), "Pamyati druga", p. 12.

26. D. I. Ul'yanov, "Iz moikh vospominanii o Vladimire Il'iche Lenine", pp. 54–55.

27. ibid., p. 56.

28. *PSS*, vol. 1, p. 554.

29. ibid., p. 555.

30. *PSU*, pp. 50, 61.

31. A. I. Ul'yanova-Yelizarova, "Vospominaniya ob Il'iche", *VoVIL*, vol. 1, p. 36.

32. *PSU*, p. 38.

33. A. I. Ul'yanova-Yelizarova, "Nachalo revolyutsionnoi raboty Vladimira Il'icha Lenina", RTsKhIDNI, fond 13, op. 1, d. 54, p. 24.

34. V Arnol'd, *Sem'ya Ul'yanovykh v Samare*, pp. 29–30.

35. *PSU*, pp. 66–67.

36. A. I. Ul'yanova-Yelizarova, *OVILiSU*, p. 253.

37. M. I. Ul'yanova, "Zhizn' nashei sem'i v Samare I Alakaevke, 1889–1893", RTsKhIDNI, fond 14, op. 1, d. 77, p. 51.

38. I. B. Sternik, *Lenin – Yurist*, p. 16의 맞은편에 실린 학위증 사진.

39. *PSU*, p. 64.

40. I. B. Sternik, *Lenin – Yurist*, pp. 79–80.

41. V. Vodovozov, "Moyo znakomstvo s Leninym", p. 178.

42. M. I. Ul'yanova, *VoVIL*, vol. 1, p. 208.

43. ibid., p. 192.

44. V. Vodovozov, "Moyo znakomstvo s Leninym", pp. 177–178.

45. *PSS*, vol. 55, p. 2.

46. M. I. Ul'yanova, *VoVIL*, vol. 1, p. 211.

47. I. B. Sternik, *Lenin – Yurist*, pp. 97–98.

48. ibid., p. 104.

6장 혁명의 중심으로

1. PR, no. 4, 1924, p. 102; no. 7, 1924, p. 67; A. I. Ul'yanova-Yelizarova, "Vospominaniya ob Il'iche", *VoVIL*, vol. 1, p. 41.

2. A. A. Sanin이 A. I. Ul'yanova에게 보낸 편지, 1923년 10월 31일: RTsKhIDNI, fond 13, op. 1, d. 49.

3. M. Mitskevich, "Stranichka vospominanii", p. 111.

4. *PSS*, vol. 55, p. 2.

5. ibid., p. 85.

6. ibid., pp. 1-2.

7. *KA*, no. 1, 1934, pp. 114-115.

8. *PSS*, vol. 55, p. 4.

9. ibid., vol. 46, pp. 1-2.

10. ibid., p. 3.

11. ibid., vol. 1, pp. 1-66.

12. V. V. [V. P. Vorontsov의 가명], *Nabi napravleniya*, pp. 1-125.

13. M. A. Sil'vin, *Lenin v period zarozhdeniya partii*, pp. 46-50.

14. RTsKhIDNI, fond 12, op. 2, d. 12, p. 1.

15. *KA*, no. 2, 1935, pp. 144-145.

16. D. I. Ul'yanov, *Ocherki raznykh let*, p. 71.

17. A. I. Ul'yanova가 P. B. Struve에게 보낸 편지, 1989년 7월 13일, RTsKhIDNI, fond 13, op. 1, d. 45, pp. 1-2.

18. G. M. Krzhizhanovskii, *O Vladimire Il'iche*, pp. 13-14.

19. V. D. Bonch-Bruevich, *Tridtsat' dnei 1934. Yanvar'*, p. 18.

20. RTsKhIDNI, fond 14, op. 1, d. 87, pp. 7, 8.

21. D. I. Ul'yanov, *VoVIL*, vol. 1, p. 155.

22. O. D. Ul'yanova, "Mariya Il'inichna Ul'yanova", in M. I. Ul'yanova, *OVILiSU*, p. 18.

23. A. I. Ul'yanova-Yelizarova, "Vospominaniya ob Aleksandre Il'iche Ul'yanove", in *OVILiSU*, pp. 27, 57; *PSU*, p. 94.

24. M. I. Ul'yanova, *VoVIL*, vol. 1, pp. 211-212.

25. *PSS*, vol. 1, p. 401.

26. "Chto takoe 'Druz'ya naroda' i kak oni voyuyut protiv sotsial-demokratov", in *PSS*, vol. 1, pp. 325-331, 460.

27. *KA*, no. 1, 1934, pp. 78, 81.

28. ibid., p. 78.

29. *PSS*, vol. 55, p. 7.

30. ibid., p. 8.

31. M. I. Ul'yanova, *VoVIL*, vol. 1, p. 212.

32. *PSS*, vol. 55, pp. 9-12.

33. ibid., p. 13.

34. *KA*, no. 1, 1934, pp. 81, 98.

35. A. I. Ul'yanova-Yelizarova, *Vospominaniya ob Il'iche*, pp. 47-48.

36. I. Getzler, *Martov*, pp. 21-29.

37. A. N. Potresov, *Posmertnyi sbornik proizvedenii*, p. 294.

38. *PSS*, vol. 2, pp. 70-74.

7장 시베리아 유형

1. *PSS*, vol. 55, pp. 5, 14.

2. ibid., vol. 46, p. 443.

3. A. I. Ul'yanova-Yelizarova, *OVILiSU*, p. 148.

4. M. I. Sil'vin이 A. I. Ul'yanova에게 보낸 편지, 1923년 12월 18일, RTsKhIDNI, fond 13, op. 1, d. 47, p. 3.

5. *PSS*, vol. 55, p. 17.

6. ibid., p. 18.

7. A. I. Ul'yanova-Yelizarova, *OVILiSU*, p. 145.

8. D. I. Ul'yanov, *VoVIL*, vol. 1, p. 165.

9. A. I. Ul'yanova-Yelizarova, *OVILiSU*, p. 147.

10. A. I. Ul'yanova-Yelizarova, *VoVIL*, vol. 1, p. 51.

11. A. I. Ul'yanova-Yelizarova, *OVILiSU*, p. 145.

12. V. Levitskii, *Za chetvert' veka*, vol. 1, part 1, p. 51.

13. L. Martov, *Zapiski sotsial-demokrata*, p. 342.

14. R. Service, *Lenin: A Political Life*, vol. 1, p. 62-63.

15. A. Yelizarova, "Vladimir Il'ich v tyur'me", in N. L. Meshcheryakov (ed.) *O Lenine*, p. 71.

16. *PSS*, vol. 46, pp. 449-450.

17. A. I. Ul'yanova-Yelizarova, *OVILiSU*, p. 381; *Perepiska sem'i Ul'yanovykh*, p. 94.

18. *PSS*, vol. 55, p. 24.

19. ibid., pp. 154-155.

20. G. A. Solomon, *Lenin i ego sem'ya* (Ul'yanovy), p. 26.

21. *KA*, no. 1, 1934, p. 122; *PR*. nos. 2-3, 1929, p. 193.

22. A. I. Ul'yanova-Yelizarova, "Vladimir Il'ich v ssylke (ego ot'ezd i prebyvanie tam)" (1929 년에 쓴 초고), RTsKhiDNI, fond 13, op. 1, d. 69, p. 4.

23. *ZIL*, vol. 3, p. 84.

24. *PSS*, vol. 55, pp. 24-25.

25. ibid., vol. 46, p. 451.

26. RTsKhiDNI, fond 14, op. 1, d. 74, p. 36.

27. *PSS*, vol. 55, p. 30.

28. ibid., pp. 34-35.

29. *PR*, nos. 11-12, 1928, p. 242.

30. *PSS*, vol. 55, p. 32.

31. ibid., p. 54.

32. I. Getzler, *Martov*, p. 38.

33. *PSS*, vol. 46, p. 453.

34. A. I. Ul'yanova, *PR*, no. 3, 1924, p. 109-110.

35. ibid., p. 119.

36. RTsKhiDNI, fond 13, op. 1, d. 62, p. 2: 레닌의 편지들에 대한 서문 초고.

37. *PSS*, vol. 55, p. 59.

38. RTsKhiDNI, fond 14, op. 1, d. 74, p. 33.

39. RTsKhiDNI, fond 12, op. 2, d. 135, p. 9.

40. S. U. Manbekova, S. A. Rubanov, *Naslednitsa*, pp. 52-54.

41. ibid., p. 62.

42. N. K. Krupskaya, *O Lenine*, p. 80.

43. *Pravda*, 1968년 2월 18일.

44. A. I. Ul'yanova-Yelizarova, *VoVIL*, vol. 1, pp. 62-63.

45. S. L. Shatkina (ed.), *Lenin i Ul'yanovy v Podol'ske*, p. 31.

46. R. MacNeal, *Bride of the Revolution*, p. 48.

47. RTsKhiDNI, fond 12, op. 2, d. 1, p. 17: 레닌의 어머니에게 보낸 1898년 8월 26일의 편지.

48. D. I. Ul'yanov, *VoVIL*, vol. 1, p. 163.

49. R. MacNeal, *Bride of the Revolution*, pp. 68-69.

50. N. K. Krupskaya, RTsKhiDNI, fond 12, op. 2, d. 34, p. 13: 1936년 미완성 유고.

51. *PSS*, vol. 55, p. 53.

52. D. I. Ul'yanov, *VoVIL*, vol. 1, p. 183.

53. *PSS*, vol. 55, p. 73.

54. M. I. Ul'yanov, *OVILiSU*, p. 70.

55. *PSS*, vol. 55, p. 73.

56. ibid., p. 89.

57. ibid., p. 91.

58. S. U. Manbekova and S. A. Rubanov, *Naslednitsa*, p. 107에 있는 결혼 증명서를 보라.

59. *PSS*, vol. 45, pp. 409-410.

60. ibid., vol. 55, p. 105.

61. ibid., p. 111.

62. ibid., vol. 46, p. 31: Potresov에게 보낸 편지.

63. ibid., p. 25-26.

64. Tovstukha에게 보낸 편지, 1923년 10월 15일, RTsKhiDNI, fond 13, op. 1, d. 53, pp. 3-4.

65. A. I. Ul'yanova-Yelizarova, 미완성 초고, RTsKhiDNI, fond 13, op. 1, d. 84, p. 1.

66. *PSS*, vol. 55, p. 180.

67. *KA*, no. 1, 1934, pp. 129-130.

68. A. I. Ul'yanova-Yelizarova, 미완성 초고, RTsKhiDNI, fond 13, op. 1, d. 84, p. 1.

8장 망명자 — 《무엇을 할 것인가?》

1. *KA*, no. 1, 1934, p. 134.

2. A. I. Ul'yanova, Stalin에게 보낸 편지, 1932년 12월, RTsKhiDNI, fond 13, op. 1, d. 471.

3. A. I. Ul'yanova-Yelizarova, "Tret'ii arest Il'icha"[초고], RTsKhiDNI, fond 13, op. 1, d. 67, p. 6.

4. A. I. Ul'yanova, Stalin에게 보낸 편지, 1932년 12월, RTsKhiDNI, fond 13, op. 1, d. 471.

5. S. U. Manbekova, S. A. Rubanov, *Naslednitsa*, p. 129.

6. *KA*, no. 1, 1934, p. 137.

7. N. K. Krupskaya, *O Lenine*, p. 80.

8. *PSS*, vol. 4, p. 341.

9. ibid., p. 334-352.

10. ibid., p. 342.

11. ibid., p. 343.

12. ibid., p. 345.

13. ibid., vol. 55, pp. 190, 193.

14. ibid., p. 192.

15. ibid., p. 193.

16. ibid., p. 196.

17. D. I. Ul'yanov, *Ocherki raznykh let*, p. 21을 보라.

18. *PSS*, vol. 5, p. 198.

19. ibid., p. 197.

20. ibid., vol. 46, p. 74.

21. N. K. Krupskaya, *VoVIL*, vol. 2, p. 199.

22. N. Valentinov, *Vstrechi Leninym*, p. 86, 141.

23. N. K. Krupskaya, "Iz otvetov na anketu Instituta Mozga v 1935 gody", in N. K. Krupskaya, *O Lenine*, p. 86.

24. *PSS*, vol. 55, p. 178.

25. "Tovarnyi fetishizm", *Nauchnoe obozrenie* (St Petersburg), no. 12, 1989, pp. 2277-2295.

26. *PSS*, vol. 3, pp. 613-636.

27. ibid., vol. 6, p. 173.

28. N. Harding, *Lenin's Political Thought*, vols 1-2.

29. N. Vaentonov, *Vstrechi s Leninym*, p. 31.

30. ibid., p. 34.

31. ibid., p. 35.

32. ibid., p. 89.

33. *LS*, vol. 2, pp. 24, 27.

34. ibid., p. 65

35. *PSS*, vol. 6, p. 448.

36. ibid., p. 64, 84.

37. M. I. Ul'yanova, *OVILiSU*, p. 22.

9장 볼셰비키와 멘셰비키

1. *PSS*, vol. 55, p. 85.

2. N. Meshcheryakov, "Iz vospominenii o Lenine", in N. L. Meshcheryakov (ed.) *O Lenine*, p. 45.

3. N. A. Alekseev, *Vospominaniya o Vladimire Il'iche Lenine*, vol. 2, p. 85.

4. *PSU*, p. 146.

5. N. K. Krupskaya, *VL*, p. 56–57.

6. ibid., p. 59.

7. A. Rothstein, *Lenin in Britain*, pp. 14–15.

8. N. K. Krupskaya, *VL*, p. 59.

9. RTsKhiDNI, fond 12, op. 2, d. 14, pp. 12–13.

10. ibid., pp. 13, 18.

11. I. Getzler, *Martov*, p. 66.

12. RTsKhiDNI, fond 12, op. 2, d. 14, pp. 18.

13. N. K. Krupskaya, *VoVIL*, vol. 2, p. 57.

14. 회고록 초고를 쓴 본치-브루예비치가 또 다른 설명을 한 바 있다. 그는 자신의 아내가 레닌이 '뇌경색'으로 고통받고 있는 것으로 진단했다고 말했다("Bolezn' Vladimira Il'icha v Zheneve v 1903 g.", RTsKhiDNI, fond 4, op. 2, d. 294, pp. 2–3). 본치-브루예비치는 특히 역사상 그 자신이나 자기 가족의 중요성을 미화하는 사건인 경우, 종종 그 사건들을 과장하거나 날조했다. 이 경우 본치-브루예비치의 설명이 옳다면, 우리는 크룹스카야가 거짓말을 하고 있다고 결론을 내려야 한다. 모든 것을 감안할 때, 작은 차이지만 후자의 가설이 전자의 가설보다 덜 믿을 만하다.

15. *PSS*, vol. 46, pp. 232–234.

16. *Istoricheskii arkhiv*, no. 2, 1958, p. 10.

17. *PSS*, vol. 46, p. 190.

18. A. Rothstein, *Lenin in Britain*, p. 23.

19. *Vtoroi s"ezd RSDRP*, pp. 443–444.

20. ibid., pp. 262, 425, 717.

21. A. V. Shotman, "Na vtorem s"ezde partii", *PR*, nos. 77–78, 1928, pp. 62–63.

22. *Vtoroi s"ezd RSDRP*, pp. 367, 372, 380.

23. *PSS*, vol. 8, pp. 88, 177–178.

24. *LS*, vol. 10, p. 117.

25. RTsKhiDNI, fond 14, op. 1, d. 74, p. 45.

26. ibid.

27. "C'est le verveau": RTsKhiDNI, fond 14, op. 1, d. 74, p. 45.

28. N. K. Krupskaya, "Iz otvetov na anketu Instituta Mozga v 1935 gody", in N. K.

Krupskaya, *O Lenine*, p. 82.

29. N. K. Krupskaya, "Sestra Vladimira Il'icha", *Pravda*, 1937년 6월 13일.

30. V. D. Bonch-Bruevich, *Izbrannye Sochineniya*, vol. 2, p. 314.

31. G. M. Krzhizhanovskii, *O Vlasimire Il'iche*, p. 32.

32. *LS*, vol. 10, p. 352-353.

33. ibid., p. 117.

34. *PSS*, vol. 46, p. 355.

35. ibid., p. 378.

10장 '피의 일요일'과 러시아 귀환

1. *PSS*, vol. 9, p. 35.

2. ibid., p. 246.

3. M. N. Lyadov, *O Vladimire Il'iche*.

4. *Tretii s"ez RSDRP. Protokoly. Aprel'-mai 1905 goda*, pp. 188-189, 193-194.

5. ibid., p. 247.

6. N. K. Krupskaya, RTsKhiDNI, fond 12, op. 2, d. 15, p. 5.

7. ibid.

8. *BKh*, vol. 2, p. 22; *PSS*, vol. 9, pp. 274-282.

9. *BKh*, vol. 2, pp. 194-195.

10. *PSS*, vol. 11, pp. 336-338.

11. ibid., p. 340.

11장 파리 망명

1. *BKh*, vol. 2, p. 349.

2. N. K. Krupskaya, *VL*. pp. 127-128.

3. ibid., p. 128.

4. ibid., p. 129.

5. ibid.

6. *PSS*, vol. 47, pp. 119-120.

7. RTsKhiDNI, fond 12, op. 2, d. 18, p. 6.

8. M. Gor'kii, "V. I. Lenin", in *V. I. Lenin i A. M. Gor'kii*, p. 262.

9. Ye. V. Krupskaya, 조카 A. A. Krupskii에게 보낸 편지, RTsKhiDNI, fond 12, op. 1, d. 1057, p. 2.

10. L. A. Fotieva, *Iz zhiznii Lenina*, p. 10.

11. N. K. Krupskaya, *VoVIL*. vol. 2, p. 199.

12. G. Ya. Lozgachyov-Yelizarov, *Nezabyvaemoe*, pp. 102, 107.

13. RTsKhiDNI, fond 12, op. 2, d. 20, pp. 9-10, 16.

14. V. Mel'nichenko, *Fenomen i fantom Lenina*, pp. 97-98.

15. ibid., p. 109.

16. RTsKhiDNI, fond 14, op. 1, d. 74, p. 47.

17. RTsKhiDNI, fond 12, op. 2, d. 20, p. 11.

18. *PSS*, vol. 55, p. 303, 305.

19. ibid., p. 306.

20. *Ogonyok*, no. 10, 1989, p. 29.

21. M. Gor'kii, "V. I. Lenin", in *V. I. Lenin i A. M. Gor'kii*, p. 253.

22. M. Gorky, *Days with Lenin*, p. 28.

23. M. Gor'kii, *Neizdannaya perepiska*, p. 48.

24. Nicolaevsky Collection, folder 1, p. 46.

25. 1908년에 Tavistock Place 21번지에 있는 가옥은 나중에 Tavistock Place 36번지로 번지수가 매겨졌다.: *Survey of London* – L. C. C., vol. 24, *King's Cross Neighbourhood (London, 1952)*, p. 81.

26. *PSU*, pp. 184–185.

27. M. I. Ul'yanova, *OVILiSU*, p. 313.

28. *PSU*, p. 210.

29. N. K. Krupskaya, *VL*. p. 160.

30. M. I. Ul'yanova, *OVILiSU*, p. 121.

31. M. Gor'kii, *Neizdannaya perepiska*, p. 56.

32. 이네사의 사진들은 RTsKhiDNI, fond 127, op. 1, d. 54에 소장되어 있다.

33. RTsKhiDNI, fond 127, op. 1, d. 61.

34. ibid.

35. R. C. Elwood, *Inessa Armand*, pp. 173–189.

36. RTsKhiDNI, fond 2, op. 1, d. 24299.

37. N. Valentinov, *Vstrechi s Leninym*, p. 98에 있는 Rappoport의 회상에 대한 설명.

38. L. Fotieva, *Iz zhizni Lenina*, p. 10.

39. M. Body, "Alexandra Kollontai", *Preuvres*, no. 14, 1952년 4월, p. 17.

40. Kautsky에게 보낸 Lenin의 편지: D. Geyer (ed.), *Kautskys Russisches Dossier*, p. 344.

12장 전투적 논쟁가

1. "Vospominaniya", *ITsKKPSS*, no. 7, 1989, p. 171.

2. *Biblioteka V. I. Kenina v Kremle. Katalog*.

3. 현재 그것은 고르키의 레닌 박물관에 있다.

4. M. S. Volin, "Dorevolyutsionnye biograficheskie publikatsii o V. I. Lenine", *VIKPSS*, no. 7, 1970, p. 116.

5. M. S. Kedrov, *Book Publishing under Tsarism*, pp. 16–21.

6. *PSS*, vol. 55, p. 323.

7. ibid.

8. RTsKhiDNI, fond 127, op. 1, d. 37에 있는 이네사의 엽서를 보라.

9. *VoVIL*, vol. 3, p. 319: S. Bagotski의 회고.

10. *PSS*, vol. 55, p. 328.

11. N. K. Krupskaya, *VoVIL*. vol. 2, p. 256.

12. Yu. V. Bernov, A. Ya. Manusevich, *V krakovskoi emigratsii*, p. 29.

13. M. I. Ul'yanova, *OVILiSU*, p. 296; G. Ya. Lozgachëv-Yelizarov, *Nezabyvaemoe*, p. 8.

14. M. I. Ul'yanova, *OVILiSU*, p. 317.

15. *BKh*, vol. 3, p. 52-172.

16. 스탈린이 카메네프에게 보낸 편지 (1912년 12월), *Bol'shevistskoe rukovodstvo*, p. 16. V. I. Lenin. *Neizvestnye dokumenty*, p. 109에 있는 스탈린의 비판에 대한 레닌의 논평을 보라.

17. R. C. Elwood, "Lenin and 'Pravda'", *Slavic Review*, no. 2, 1972, pp. 212-214.

18. K. Kautsky에게 보낸 Ducos de la Haille의 편지, D. Geyer (ed.), *Kautsky Russisches Dossier*, p. 644.

19. R. C. Elwood, *Inessa Armand*, p. 96.

20. *PSS*, vol. 55, p. 339.

21. *Svobodnaya mysl'*, no. 3, 1992, p. 81.

13장 패전을 위한 투쟁

1. RTsKhiDNI, fond 12, op. 2, d. 23, p. 5.

2. *LS*, vol. 2, pp. 173-174.

3. RTsKhiDNI, fond 12, op. 2, d. 29, p. 3.

4. ibid., pp. 3-4, 5.

5. ibid., d. 31, p. 7-8.

6. *PSS*, vol. 26, p. 6.

7. ibid., vol. 48, p. 155.

8. *PSU*, p. 363.

9. ibid., p. 428.

10. *PSS*, vol. 49, p. 492.

11. N. K. Krupskaya, *VoVIL*. vol. 2, p. 33.

12. *PSS*, vol. 49, p. 340.

13. *PSU*, p. 232.

14. *VoVIL*, vol. 2, p. 191.

15. *PSS*, vol. 49, p. 52.

16. ibid., p. 55.

17. ibid., p. 56.

18. F. Il'in, "Otryvok vospominanii", *ZIL*, vol. 1, pp. 126-127.

19. *Istoricheskii arkhiv*, no. 3, 1959, p. 38-42.

20. M. A. Moskalyov, *Byuro TsK*, p. 270.

14장 고독한 투사

1. *PSS*, vol. 30, p. 328.

2. ibid., vol. 49, p. 361.

3. *PSU*, p. 419.

4. W. Gautschi, *Lenin als Emigrant in der Schweiz*, p. 178.

5. ibid., p. 328.

6. RTsKhIDNI, fond 12, op. 2, d. 55, p. 1.(크룹스카야의 메모는 1917년과 1937년 사이에 작성되었다.)

7. N. K. Krupskaya, *VoVIL*, vol. 2, pp. 208-209.

8. *PSS*, vol. 49, p. 14.

9. ibid., vol. 27, p. 27.

10. ibid., vol. 30, p. 16.

11. ibid., vol. 29, p. 162.

12. ibid., p. 163-164.

13. ibid., vol. 28, p. 594.

14. L. D. Trotskii, *Moya zhizn'*, vol. 1, p. 285.

15. *DZB*, vol. 1, p. 128.

16. ibid., p. 169.

17. R. Pipes (ed.), *The Unknown Lenin*, p. 31.

15장 2월 혁명과 4월 테제

1. N. K. Krupskaya, *VoVIL*. vol. 2, p. 220.

2. ibid., p. 221.

3. *PSS*, vol. 49, p. 401-402.

4. F. Platten, *Lenin iz emigratsii v Rossiyu*, pp. 34-37.

5. RTsKhIDNI, fond 12, op. 1, d. 1, p. 12: 나데즈다 콘스탄티노브나의 바람대로 어머니 옐리자베타 유골의 귀국을 보장하기 위해 S. Dridzo(크룹스카야의 개인 보좌관)와 M. F. Fofanova(1917년 10월에 레닌을 숨겨준 사람)가 한 청원에 대한 E. A. Tsivilaya의 설명.

6. K. Radek, "V plombirovannom vagone", *Pravda*, 1924년 4월 20일.

7. F. Platten, *Lenin iz emigratsii v Rossiyu*, p. 57.

8. K. Radek, "V plombirovannom vagone".

9. ibid.

10. D. S. Suliashvili, "Iz Sheveitsarii v Petrograd vmeste s Leninym", *VoVIL*, vol. 4, p. 142.

11. K. Radek, "V plombirovannom vagone".

12. D. S. Suliashvili, "Iz Sheveitsarii v Petrograd vmeste s Leninym", *VoVIL*, vol. 4, p. 143.

13. G. E. Zinoviev, "Vospominaniya: Malinovskii", *ITsKKPSS*, no. 6, 1989, p. 201.

14. V. D. Bonch-Bruevich, "Priezd V. I. Lenina iz-za granitsy v 1917 g."[초고], RTsKhIDNI, fond 4, op. 2, d. 3003, p. 105.

15. R. MacNeal, *Bride of the Revolution*, p. 171.

16. *VoVIL*, vol. 2, p. 229에 있는 N. K. Krupskaya의 수고 발췌문.

17. N. K. Krupskaya, "Vospominaniya o Lenine", *VoVIL*, vol. 2, p. 229.

18. A. A. Pushkova의 회고, RTsKhIDNI, fond 13, op. 1, d. 457, p. 1; A. I. Ul'yanova-Yelizarova,, *OVILiSU*, p. 348: 남편에게 보낸 편지, 1913년 6월 7일.

19. G. Ya. Lozgachyov-Yelizarov [초고], RTsKhIDNI, fond 11, op. 2, d. 31, pp. 162–163.

20. G. Ya. Lozgachyov-Yelizarov, *Nezabyvaemoe*, p. 145.

21. N. A. Uglanov, "O Vladimire Il'iche Lenine", *ITsKKPSS*, no. 4, 1989.

22. *PR*, no. 4, 1927, pp. 162–163.

23. ibid.

24. R. Service, *Lenin: A Political Life*, vol. 2, pp. 170–177.

16장 임시정부와의 투쟁

1. *Pravda*, 1917년 5월 14일.

2. V. P. Buldakov, "Isoriya posnayotsya v sravnenii", *Argumenty i fakty*, no. 45, 1998년 11월, p. 12.

3. N. K. Krupskaya, "Vospominaniya o Lenine", *VoVIL*, vol. 2, p. 229.

4. I. M. Dazhina, "Leninskie istoki zhizni i bor'by", *VIKPSS*, no. 3, 1987, pp. 71–72의 발췌문.

5. A. M. Kollontai, 1950년 일기, RTsKhIDNI, fond 134, op. 3, d. 75, pp. 19–21.

6. M. Gor'kii, "V. I. Lenin", in *V. I. Lenin i A. M. Gor'kii*, pp. 271–272.

7. *Pravda*, 1917년 4월 23일.

8. N. K. Krupskaya, "Vospominaniya o Lenine", *VoVIL*, vol. 2, p. 235.

9. ibid., p. 232.

10. *Shestoi s"ezd RSDRP(b)*, p. 41.

11. G. K. Ordzhonikidze, "Il'ich v iyul'skie dni", *Pravda*, 1924년 3월 28일.

12. N. I. Podvoiskii, "V. I. Lenin v 1917 godu", *VoVIL*, vol. 4, p. 186.

13. M. S. Kedrov, "Iz vospominanii o vserossiiskoi konferentsii voennykh organizatsii RSDRP (bol'shevikov), 16–23 iyunya 1917 goda", *VoVIL*, vol. 4, p. 223.

14. N. I. Muralov, "I Vserossiiskii S"ezd Sovetov", *VoVIL*, vol. 4, p. 220.

15. N. K. Krupskaya, "Vospominaniya o Lenine", *VoVIL*, vol. 2, p. 238.

16. R. Pipes, *The Russian Revolution*, pp. 419–422.

17. M. S. Kedrov, "Iz krasnoi tetradi ob Il'iche", p. 485.

18. A. Rabinowitch, *The Bolsheviks Come tp Power*, pp. 15–17.

19. M. I. Ul'yanova, "Poiski Il'icha v pervye dni iyulya 1917 goda", *VoVIL*, p. 241.

20. G. K. Ordzhonikiddze, "Il'ich v iyul'skie dni", *Pravda*, 1924년 3월 28일.

21. A. G. Shlyapnikov, "Kerenshchina", *PR*, no. 7(54), 1927, p. 35.

22. M. N. Poletaev, "V iyul'skie dni", *Petrogradskaya pravda*, 1924년 1월 27일.

23. A. A. Allilueva의 미완성 회고록, RTsKhIDNI, fond 4, op. 2, d. 45, p. 2.

17장 변장과 도피

1. A. S. Allilueva, *Vospominaniya*, pp. 183, 185.

2. A. S. Alliluev의 초고를 보라. RTsKhiDNI, fond 4, op. 2, d. 45, p. 6.

3. S. Ya. Alliluev, 미완성 초고, ibid., p. 8.

4. *PSS*, vol. 34, pp. 2–5.

5. G. Sokol'nikov, "Kak podkhodit' k istorii Oktyabrya", in *Za leninizma*, p. 165.

6. N. A. Yemel'yanov, "Tainstvennyi shalash", *VoVIL*, vol. 4, p. 238.

7. ibid., p. 237.

8. ibid., p. 239.

9. ibid.

10. D. I. Leshchenko, "Kak ya snimal Lenina v podpol'e", *VoVIL*, p. 245.

11. A. V. Shotman, "Lenin v podpol'e. (Iyul'-Oktyabr' 1917 goda)", *VoVIL*, vol. 4, p. 251.

12. K. Kuusela, "Kak artist maskiroval Lenin", in *Lenin v vospominaniyakh finnov*, pp. 79–80.

13. J. Piilonen, "Yhteinen vihollinen yhdistää, 1908-1917", in Numminen (ed.), *Lenin ja Suomi*, p. 308.

14. A. V. Shotman, "Lenin v podpol'e. (Iyul'-Oktyabr' 1917 goda)", *VoVIL*, vol. 4, p. 253.

15. N. K. Krupskaya, *VoVIL*, vol. 2, pp. 244-245.

16. *PSS*, vol. 49, p. 444.

17. *Pravda*, 1997년 6월 7일.

18. M. Liebman, *Leninism under Lenin*에서 예를 볼 수 있다.

19. *PSS*, vol. 34, p. 135.

20. ibid.

21. ibid., pp. 138-139.

22. A. Rabinowitch, *The Bolsheviks Come to Power*, p. 170.

23. *PSS*, vol. 49, p. 241.

24. ibid., pp. 243-244.

25. N. I. Bukharin, "Iz rechi tov. Bukharina na Vechere vospominanii v 1921 g.", *PR*, no. 10, 1922, p. 319.

26. E. D. Stasova, "Pis'mo Lenina v TsK partii", *VoVIL*, vol. 4, p. 288.

27. *VoVIL*, vol. 4, pp. 254-255에 실린 A. V. Shotman, "Lenin nakanune Oktyabrya", *O Lenine: Sbornik vospominanii*, pp. 115-116.

28. ibid., p. 255.

29. ibid., p. 256.

30. A. Kollontai, 1929-1930년의 일기 초고, RTsKhiDNI, fond 134, op. 3, d. 48, p. 33.

31. G. Rovio, "Kak Kenin skryvaslya u gel'singforskogo 'politeimeistera'", in N. L. Meshcheryakov (ed.), *O Lenine*, p. 115.

32. Yu. Latukka, "Lenin v podpol'e v Finlyandii", *VoVIL*, vol. 4, p. 284.

33. ibid., p. 287. 정확한 일자는 여전히 논쟁 중이다. 편집자 각주 1, ibid., p. 187을 보라.

34. ibid., p. 287.

35. M. V. Fofanova, "V. I. Lenina na Vyborgskoi Storone v 1917 godu", *VoVIL*, vol. 4, p. 299.

36. *PTsK*, pp. 84-85.

37. ibid., p. 85.

38. ibid.

39. L. Trotskii, *O Lenine*, p. 70.

40. *PTsK*, pp. 87-92.

41. ibid., p. 94.

42. A. A. Ioffe, "Kanun Oktyabrya. Zasedanie v 'Lesnom'", *ITsKKPSS*, no. 4, 1989, p. 203.

43. *PTsK*, p. 104.

44. M. V. Fofanova, "V. I Lenin na Vyborgskoi Storone v 1917 godu", *VoVIL*, vol. 4, p. 302.

45. ibid., p. 304.

46. *PSS*, vol. 34, p. 435.

47. E. A. Rakh'ya, "Moi vospominaniya o Vladimire Il'iche", *Pravda*, 1927년 1월 21일.

48. M. V. Fofanova, "V. I Lenin na Vyborgskoi Storone v 1917 godu", *VoVIL*, vol. 4, p. 304.

18장 권력 장악

1. E. A. Rakh'ya, "Moi vospominaniya o Vladimire Il'iche", *Pravda*, 1927년 1월 21일.

2. ibid.

3. ibid.

4. *PSS*, vol. 35, p. 2.

5. N. Sukhanov, *Zapiski o revolyutsii*, vol. 7, p. 174.

6. *PSS*, vol. 35, p. 1.

7. V. D. Bonch-Bruevich, "Iz vospominanii o Vladimire Il'iche", *VoVIL*, vol. 4, pp. 325-326.

8. ibid., p. 329.

9. ibid.

10. *PSS*, vol. 35, p. 23.

11. *PTsK*, pp. 124-125.

12. V. Mel'nichenko, *Fenomenon i fantom Lenina*, p. 67.

13. G. A. Solomon, *Lenin i ego sem'ya*, vol. 1, p. 88.

19장 포위된 혁명

1. N. K. Krupskaya, "Ranenie Lenina v 1918 godu", RTsKhIDNI, fond 12, op. 2, d. 59, p. 1.

2. N. K. Krupskaya, *VoVIL*, vol. 2, p. 269.

3. ibid.

4. ibid., p. 270.

5. ibid.

6. RTsKhIDNI, fond 12, op. 2, d. 29, p. 26.

7. N. K. Krupskaya, *VoVIL*, vol. 2, 249.

8. 이 이야기는 Ye. Zamyatin, *Bol'shim detyam skazki*, p. 37~38에 전재되어 있다. 이 글을 주목하게 해준 데 대해 Philip Cavendish에게 감사한다.

9. ibid., pp. 270~271.

10. *PSS*, vol. 35, p. 57.

11. T. H. Rigby, *Lenin's Government*, p. 71.

12. ibid., pp. 179~180.

13. D. Volkogonov, *Lenin*, vol. 2, p. 200 ff.

14. *Bol'shevistskoe rukovodstvo*, p. 33.

15. *PSS*, vol. 35, p. 189.

20장 브레스트리톱스크 조약

1. *PTsK*, p. 168.

2. ibid., pp. 194~195.

3. ibid., p. 213.

4. K. Radek, *Potrety i pamflety*, p. 26.

5. *Sed'moi s"ezd RKP(b)*, p. 13.

6. 시로코프(Shirokov)에게 보낸 크룹스카야의 편지, 1938년 12월 3일, RTsKhIDNI, fond 12, op. 2, d. 135, p. 30.

7. ibid.

8. ibid.

9. *PSS*, vol. 55, p. 85.

10. *BKh*, vol. 50, p. 340.

11. *PSS*, vol. 50, pp. 78~79.

12. S. Ya. Alliluev, 미완성 회고록, RTsKhIDNI, fond 4, op. 2, d. 46, p. 1.

13. M. I. Ul'yanova, "Otryvki", RTsKhIDNI, fond 14, op. 1, d. 87, p. 8.

14. *PSS*, vol. 35, p. 314.

15. ibid., vol. 36, p. 196.

16. ibid., p. 197.

21장 내전 속으로

1. *Sed"moi ekstrenni s"ezd RKP(b)*, p. 8.

2. *PSS*, vol. 36, p. 172.

3. *VoVIL*, vol. 6, p. 23에 전재된 1918년 7월 18일자 일기(라고 주장). 출전: *Prozhektor*, no. 4, 1924.

4. Sovnarkom, 1918년 5월 8일과 9일: GARF, fond 130, op. 2, d. 1(3/4).

5. *PSS*, vol. 36, p. 250.

6. N. K. Krupskaya, *VoVIL*, vol. 2, p. 312.

7. ibid.

8. ibid., pp. 312–313.

9. B. Pearce, *How Haig Saved Lenin*, p. 65; D. Volkogonov, "Leninskaya krepost' v moei dushe pala poslednei", *Moskovskie novosti*, no. 29, 1992년 7월 19일, p. 20.

10. *The Last Diary of Tsaritsa Alexandra* (ed. V. A. Kozlov and V. M. Khrustalëv), p. 156.

11. N. K. Krupskaya, *VoVIL*, vol. 2, p. 309.

12. *Komsomol'skaya pravda*, 1992년 2월 12일.

13. A. Latyshev, *Rassekrechënnyi Lenin*, p. 20.

14. N. K. Krupskaya, '1918년'에 관한 회고록 초고: RTsKhIDNI, fond 12, op. 2, d. 30, p. 32.

15. 레닌 추모 모임에서의 M. I. Ulyanova 연설의 속기록, 1928년 8월 16일: RTsKhIDNI, fond 14, op. 1, d. 70, p. 1; N. K. Krupskaya, '1918년'에 관한 회고록 초고: RTsKhIDNI, fond 12, op. 2, d. 30, p. 32.

16. *PSS*, vol. 37, p. 82.

17. 레닌 추모 모임에서의 M. I. Ulyanova 연설의 속기록, 1928년 8월 16일: RTsKhIDNI, fond 14, op. 1, d. 70, p. 1.

18. ibid., p. 2.

19. N. K. Krupskaya, "Ranenie Lenina v 1918 godu" [초고], RTsKhIDNI, fond 12, op. 2, d. 59, p. 6.

20. 레닌 추모 모임에서의 M. I. Ulyanova 연설의 속기록, 1928년 8월 16일: RTsKhIDNI, fond 14, op. 1, d. 70, pp. 7–8.

21. V. N. Rozanov, "Iz vospominaniya o Vladimire Il'iche", in N. L. Meshcheryakov (ed.). *O Lenine*, vol. 3, pp. 121–122.

22. V. N. Rozanov, *VoVIL*, vol. 5, p. 311.

23. B. S. Veisbrod, "Bol'noi Lenin", *VoVIL*, vol. 8, p. 251.

24. Yu. M. Lopukhin, *Bolezn', smert', i bal'zamirovanie V. I. Lenina*, p. 58.

25. V. N. Rozanov, VoVIL, vol. 5, p. 312.

26. 이전에 그것은 겐나디 레인보트(Gennadi Reinbot)와 지나이다 레인보트(Zinaida Reinbot) 의 것이었고, 지나이다의 요청으로 국유화되었다. 지나이다는 제1차 세계대전 전에 러시 아 마르크스주의 조직들에 재정적으로 도움을 주었던 공장 소유주 사바 모로조프(Savva Morozov)의 아내였다.

22장 전쟁 지도자

1. *ITsKKPSS*, 1989, no. 11, p. 168.

2. M. Gor'ikii, "V. I. Lenin", in *V. I. Lenin i A. M. Gor'kii*, p. 266.

3. A. M. Kollontai, "Epizod vesnoi 1918 goda v Moskve" [초고], RTsKhIDNI, fond 134, op. 4,

d. 18, pp. 2–3.

4. *PSS*, vol. 37, p. 243.

5. ibid., p. 245.

6. *ITsKKPSS*, no. 4, 1990. 마키아벨리가 러시아 혁명 사상에 끼친 영향에 관한 생각을 공유한 데 대해 아르폰 리스(Arfon Rees)에게 감사한다.

7. *PSS*, vol. 45, p. 174.

8. 사실 소비에트 정치 지도자들은, 지지하든 적대하든 역사가들이 그 문제를 거론하기 전에 그렇게 주장했다.

9. RTsKhIDNI, fond 12, op. 2, d. 34, p. 49: 회고록에 대한 1936년의 수정.

10. 하지만 그녀에게는 고르키에서 방이 따로 주어졌다. D. I. Ul'yanov, *VoVIL*, vol. 1, p. 178.

11. V. Armand, "Zhivaya nit'", *Novyi mir*, no. 4, 1967, p. 198.

12. N. K. Krupskaya, '1918년'에 관한 회고록 초고: RTsKhIDNI, fond 12, op. 2, d. 30, pp. 12–13.

13. "Vospominaniya M. I. Ul'yanovoi", RTsKhIDNI, fond 16, op. 3, d. 20, p. 1.

14. N. K. Krupskaya, '1918년'에 관한 회고록 초고: RTsKhIDNI, fond 12, op. 2, d. 30, pp. 12–13.

15. M. I. Ul'yanova, *OVILiSU*, pp. 116–117.

16. *TP*, vol. 1, p. 228.

17. D. A. Volkogonov, *Sem' vozhdei*, vol. 1, p. 84의 문서에서 재인용.

23장 전시 공산주의 논쟁

1. *PSS*, vol. 50, p. 328.

2. ibid., p. 327.

3. V. Mel'nichenko, *Fenomen i fantom Lenina*, p. 70에 인용된 고리키.

4. D. A. Volkogonov, *Sem' vozhdei*, vol. 1, p. 135에서 재인용.

5. *PSS*, vol. 51, p. 52.

6. A. Latyshev, *Rassekrechënnyi Lenin*, pp. 44–45.

7. M. Liebman, *Leninism under Lenin*; N. Harding, *Lenin's Political Thought*, vol. 2를 보라.

8. *Desyatyi s"ezd RKP(b)*, pp. 349–350.

9. *Lenin i VChK*, pp. 465–466.

10. N. K. Krupskaya, *VoVIL*, vol. 2, p. 284.

11. ibid., p. 270.

12. ibid., p. 301.

13. N. K. Krupskaya, RTsKhIDNI, fond 12, op. 2, d. 30, p. 15.

14. M. I. Ul'yanova, *VoVIL*, vol. 1, p. 260.

15. *PSS*, vol. 43, p. 150.

16. Kollontai의 일기: RTsKhIDNI, fond 134, op. 3, d. 48, p. 33.

17. V. Mel'nichenko, *Fenomen i fantom Lenina*, p. 53.

18. D. I. Ul'yanov, *Ocherki raznykh let*, p. 93.

19. ibid., p. 98.

20. N. Meshcheryakov, "Iz vospominenii o Lenine", p. 45.

21. A. M. Kollontai, "1918 god" (회고록 초고), RTsKhIDNI, fond 134, op. 4, d. 23, p. 2.

22. N. K. Krupskaya, *VoVIL*, vol. 2, p. 333.

23. *PSS*, vol. 55, pp. 373-374.

24. S. U. Manbekova and S. A. Rubanov, *Naslednitsa*, p. 166; 니즈니노브고로드로부터 뱌체슬라프 몰로토프가 레닌에게 보낸 전보.

24장 실패한 '혁명 전쟁'

1. 서문을 보라.

2. A. Latyshev, *Rassekrechënnyi Lenin*, p. 40.

3. ibid.

4. 제9차 당 협의회에서의 보고, 1920년 9월, RTsKhIDNI, fond 44, op. 1, d. 5, pp. 11-18, 20-21, 27-28; *Izvestiya*, 1992년 4월 27일에 전재된 레닌의 메모.

5. *TP*, vol. 2, p. 278.

6. *ITsKKPSS*, no. 4, 1991, p. 171.

7. "Vlyublyonnaya Lenina", *Literturnaya gazeta - Dos'e*, no. 8, 1992, p. 11에서 재인용.

8. A. M. Kollontai, 1920년 일기, RTsKhIDNI, fond 134, op. 3, d. 36, p. 12.

9. 이네사 아르망의 마지막 일기, RTsKhIDNI, fond 127, op. 1, d. 61, pp. 7-8.

10. ibid., p. 8.

11. ibid., p. 14.

12. D. A. Volkogonov, *Sem' vozhdei*, vol. 1, p. 113에서 재인용.

13. Ye. Drabkina, *Zimnii pereval*, p. 29.

14. A. Balabanoff, *Impressions of Lenin*, p. 14.

15. RTsKhIDNI, fond 44, op. 1, d. 5, p. 13.

16. ibid.

25장 신경제정책

1. R. Service, *Lenin: A Political Life*, vol. 3, 6-7장.

2. RTsKhIDNI, fond 17, op. 3, d. 128, item 1a.

3. Chernov의 설명은 RTsKhIDNI, fond 5, op. 1, d. 1454, p. 2에 나온다. 그의 회고는 *Bednota*, no. 1729, 1924년 2월 2일에 실렸다.

4. P. Sorokin and M. Rogov, "Razvërstka ili nalog?", *Pravda*, 1921년 2월 17일.

5. RTsKhIDNI, fond 17, op. 2, d. 58, p. 2.

6. RTsKhIDNI, fond 17, op. 3, d. 154.

7. RTsKhIDNI, fond 46, op. 1, d. 3, p. 16.

8. ibid., pp. 16, 18.

9. ibid., p. 22.

10. ibid., p. 125.

11. *PSS*, vol. 53, p. 14.

26장 강박증과 죽음의 공포

1. D. I. Ul'yanov, *Ocherki raznykh let*, p. 93.

2. RTsKhIDNI, fond 17, op. 17, d. 174, p. 24.

3. *PSS*, vol. 53, p. 17.

4. ibid., p. 110.

5. "Vospominaniya M. I. Ul'yanovoi", RTsKhIDNI, fond 16, op. 3, d. 20, p. 3.

6. 1993년 6월에 필자가 방문했을 때 목격했던 바에 바탕을 둔 개략적인 추산이다.

7. N. K. Krupskaya, *VoVIL*, vol. 2, p. 317.

8. V. P. Osipov, "Bolezn', i smert' Vladimira Il'icha Ul'yanova-Lenina", *VoVIL*, vol. 8, p. 298.

9. *Lenin i VChK*, pp. 465-466.

10. D. I. Ul'yanov, *VoVIL*, vol. 1, p. 181.

11. N. K. Krupskaya, *VoVIL*, vol. 2, p. 148.

12. "Vospominaniya M. I. Ul'yanovoi", RTsKhIDNI, fond 16, op. 3, d. 20, pp. 11-12.

13. 수고로 된 다르케비치의 진료 설명, RTsKhIDNI, fond 16, op. 3s, d. 6, pp. 4-5.

14. ibid., p. 6.

15. ibid., p. 4.

16. RTsKhIDNI, fond 16, op. 3s, d. 6, pp. 7, 8-9.

17. *ITsKKPSS*, no. 4, 1990, p. 189.

18. *PSS*, vol. 54, p. 198.

19. V. Klemperer, *Leben sammeln, nicht fragen wozu und warum, vol. 1: Tagebücher 1918-1924*, p. 577. 이 자료를 환기시켜 준 데 대해 케이 실러(Kay Schiller)에게 감사한다.

20. RTsKhIDNI, fond 4, op. 1, d. 99, pp. 1-2; V. N. Rozanov, "Iz vospominaniya o Vladimire Il'iche", in N. L. Meshcheryakov (ed.), *O Lenine*, vol. 3, pp. 127-131.

21. RTsKhIDNI, fond 4, op. 1, d. 99, p. 3.

22. Yu. M. Lopukhin, *Bolezn', smert', i bal'zamirovanie V. I. Lenina*, p. 19.

23. ibid., p. 36.

24. ibid., p. 40.

25. V. Rozanov, *Krasnaya nov'*, no. 6, 1924, pp. 155-156.

26. N. Petrenko, "Lenin v Gorkakh – bolezn' i smert'", *Minuvshee*, vol. 2, p. 195; G. Ya. Lozgachëv-Yelizarov, *Nezabyvaemoe*, p. 237.

27. "Vospominaniya M. I. Ul'yanovoi", RTsKhIDNI, fond 16, op. 3, d. 20, p. 10.

28. ibid., p. 12; Kozhevnikov: fond 16, op. 2, d. 11, p. 6.

29. V. Solukhin, *Pri svete dnya*; D. volkogonov, *Lenin*을 보라.

30. RTsKhIDNI, fond 5, op. 1, d. 454.

31. N. K. Krupskaya, *VoVIL*, vol. 2, pp. 334, 2.

32. "Vospominaniya M. I. Ul'yanovoi", RTsKhIDNI, fond 16, op. 3, d. 20, pp. 32–33.

33. M. I. Ul'yanova의 일자 미상 연설, RTsKhIDNI, fond 14, op. 1, d. 65, p. 21.

34. M. I. Ul'yanova, *VoVIL*, vol. 1, p. 283.

35. RTsKhIDNI, fond 12, op. 2, d. 206: 크룹스카야가 안나 아르망에게 보낸 편지, 1922년 9월 30일.

36. RTsKhIDNI, fond 16, op. 2s, d. 39, p. 17: P. Pakaln의 보고, 1922년 7월 3일.

37. ibid.

38. RTsKhIDNI, fond 12, op. 2, d. 206: 안나 아르망에게 보낸 크룹스카야의 편지, 1922년 9월 30일.

39. RTsKhIDNI, fond 12, op. 2s, d. 39, p. 17: P. Pakaln의 보고, 1922년 7월 3일.

40. 개략적 회고, RTsKhIDNI, fond 14, op. 1, d. 87.

41. "Vospominaniya M. I. Ul'yanovoi", RTsKhIDNI, fond 16, op. 3, d. 20, pp. 17–18.

42. RTsKhIDNI, fond 16, op. 3s, d. 20, p. 61: M. I. Ul'yanova의 일기에서 나온 타자기로 친 발췌문.

43. RTsKhIDNI, fond 16, op. 2s, d. 39, p. 16: P. Pakaln의 보고.

44. *ITsKKPSS*, no. 4, 1991, p. 188.

27장 스탈린이라는 문제

1. 위를 보라.

2. RTsKhIDNI, fond 17, op. 2, d. 25993.

3. *PSS*, vol. 48, p. 162.

4. N. A. Uglanov, *VoVIL*, vol. 7, p. 72.

5. M. I. Ul'yanova, *ITsKKPSS*, no. 12, 1989.

6. RTsKhIDNI, fond 16, op. 2s, d. 39, pp. 7, 36, 50, 59: 경호 대장 P. Pakaln이 모스크바의 중앙 체카 사무실에 올린 보고.

7. L. A. Fotieva에게 보낸 N. K. Krupskaya의 편지, 1922년 8월 25일, RTsKhIDNI, fond 5, op. 1, d. 454, p. 4.

8. A. I. Ul'yanova에게 보낸 M. Volodicheva의 편지, 1922년 12월 6일, RTsKhIDNI, fond 13, op. 1, d. 43, p. 1.

9. *TsKKPSS*, no. 5, 1991, p. 189.

10. RTsKhIDNI, fond 17, op. 2, d. 84, item 1–3.

11. 1922년 10월 25일에 그녀가 한 말은 다음과 같았다. "그는 다시 쓰러질 수 있습니다."

12. "Dnevnik dezhurnogo vracha V. I. Lenina v 1922–1923 gg.", *VIKPSS*, no. 9, 1991, pp. 41–42.

13. 레닌을 대신해 크룹스카야가 전한 메시지를 바탕으로 카메네프에게 보낸 알릴루예바(N. S. Allilueva)의 메모, 1922년 10월 18일, RTsKhIDNI, fond 5, op. 1, d. 456.

14. N. I. Bukharin, "Pamyati Lenina", *Pravda*, 1925년 1월 21일.

15. A. Latyshev, *Rassekrechyonnyi Lenin*, p. 253에 있는 편지 원문을 보라.

16. RTsKhIDNI, fond 16, op. 2s, d. 39, p. 92: P. Pakaln의 보고.

17. RTsKhIDNI, fond 16, op. 2, d. 13: A. M. Kozhevnikov의 메모들. D. Volkogonov, *Lenin*, vol. 2, p. 333에 실려 있다.

18. *PSS*, vol. 45, p. 471.

19. M. I. Ul'yanova의 일기 발췌문, 1922년 9월 2일, RTsKhIDNI, fond 16, op. 3s, d. 20, p. 65.

20. RTsKhIDNI, fond 2, op. 2, d. 134의 편지 원문. *Rodina*, no. 3, 1992, p. 49에 실렸다.

21. *PSS*, vol. 54, p. 324.

22. L. A. Fotieva, "Iz vospominanii o V. I. Lenine", *VoVIL*, vol. 8, p. 178.

23. 중앙위원회에 보낸 편지, 1922년 12월 15일, *PSS*, vol. 45, p. 338.

24. L. A. Fotieva, "Iz vospominanii o V. I. Lenine", *VoVIL*, vol. 8, p. 179.

25. *PSS*, vol. 45, p. 324.

26. RTsKhIDNI, fond 16, op. 2, d. 13: A. M. Kozhevnikov의 메모들. D. Volkogonov, *Lenin*, vol. 2, p. 333에 실려 있다.

27. *ITsKKPSS*, no. 12, 1989, p. 189.

28. RTsKhIDNI, fond 17, op. 2, d. 86, p. 1.

29. *PSS*, vol. 54, p. 327.

30. RTsKhIDNI, fond 17, op. 2, d. 87, p. 1.

31. 정치국 회의, 1922년 12월 14일: RTsKhIDNI, fond 17, op. 3; RTsKhIDNI, fond 5, op. 2, d. 55, pp. 202–203; L. A. Fotieva, "Iz vospominanii o V. I. Lenine", *VoVIL*, vol. 8, p. 173.

32. *ITsKKPSS*, no. 9, 1989, p. 148.

33. L. A. Fotieva, "Iz vospominanii o V. I. Lenine", *VoVIL*, vol. 8, p. 187.

34. ibid., pp. 189–190.

35. A. Shlikhter, "Gotova li smena?", *VoVIL*, vol. 8, p. 59.

36. M. I. Ul'yanova, "O Vladimire Il'iche", *ITsKKPSS*, no. 3, 1991, p. 194.

37. L. A. Fotieva, "Iz vospominanii o V. I. Lenine", *VoVIL*, vol. 8, p. 189.

28장 레닌의 유언

1. *PSS*, vol. 45, pp. 343–344.

2. ibid.

3. ibid., pp. 344–345.

4. ibid., p. 345.

5. ibid.

6. *Bol'shevistskoe rukovodstvo*, p. 198.

7. Volodicheva와의 인터뷰에 대한 G. Volkov의 설명, "Stenografistka Il'icha", *Sovetskaya kul'tura*, 1989년 1월 21일.

8. 1967년에 있었던 A. Bek의 Volodicheva, Fotieva와의 인터뷰들, "K istorii poslednikh leninskikh dokumentov", *Moskovskie novosti*, no. 17, 1989년 4월 23일, p. 8.

9. Volodicheva와 G. Volkov의 인터뷰, "Stenografistka Il'icha"; 1967년에 있었던 A. Bek의 Volodicheva, Fotieva와의 인터뷰들, "K istorii poslednikh leninskikh dokumentov".

10. M. Lewin, *Lenin's Last Struggle*과 S. Cohen, *Bukharin and the Russian Revolution*을 보라.

11. *PSS*, vol. 45, p. 359.

12. ibid., p. 356.

13. ibid., p. 346.

14. ibid., p. 372.

15. ibid., p. 373.

16. ibid., vol. 54, p. 330.

17. ibid., pp. 82-83.

18. ibid., p. 330.

19. Volodicheva와 G. Volkov의 인터뷰, "Stenografistka Il'icha"에서 재인용.

20. Yu. M. Lopukhin, *Bolezn', smert', i bal'zamirovanie V. I. Lenina*, p. 40.

21. V. A. Rukavishnikov의 회고, RTsKhIDNI, fond 16, op. 2s, d. 91, p. 32; op. 3s, d. 27, p. 12.

22. ibid., p. 16.

23. "Vospominaniya M. I. Ul'yanovoi", RTsKhIDNI, fond 16, op. 3s, d. 20, p. 14.

24. 간호사 Z. I. Zorko-Rimsha의 일기, RTsKhIDNI, fond 16, op. 2s, d. 104, p. 223.

25. A. V. Lunacharskii에게 보낸 편지, 1923년의 어느 때, RTsKhIDNI, fond 12, op. 2, d. 205, p. 5.

26. V. G. Sorin, "Bol'shoi dom", *Pravda*, 1927년 1월 21일.

27. "Pogib ya": "Vospominaniya M. I. Ul'yanovoi", RTsKhIDNI, fond 16, op. 3s, d. 20, p. 14.

28. V. A. Rukavishnikov, "Poslednaya progulka V. I. Lenina v Moskvu", RTsKhIDNI, fond 16, op. 3s, d. 27, p. 24.

29. ibid., p. 30.

30. ibid., p. 12.

31. ibid.

32. 엽서, 1923년 12월 1일: RTsKhIDNI, fond 12, op. 2, d. 206, p. 13. 엽서의 사진은 피오네르 타이를 맨 부하린 사진이다. 스탈린 체제의 문서고 관례에 따라 정치적 정통성의 이유로 부하린의 얼굴이 삭제되었다.

33. RTsKhIDNI, fond 16, op. 2s, d. 39, pp. 93, 121, 122.

34. G. Ya. Lozgachëv-Yelizarov, *Nezabyvaemoe*, pp. 241, 250. 아이들이 주로 마을에서 왔다는 주장에 대한 반박을 위해서는 N. Petrenko, "Lenin v Gorkakh", *Minuvshee*, no. 2, 1990, p. 250.

35. RTsKhIDNI, fond 16, op. 2s, d. 39, p. 92.

36. ibid., pp. 92, 96.

37. 간호사들의 근무 일지, N. S. Popov의 메모, 1923년 9월 17일, RTsKhIDNI, fond 16, op. 2s, d. 91, p. 68.

38. RTsKhIDNI, fond 16, op. 2s, d. 39, p. 123.

39. V. A. Rukavishnikov의 회고, RTsKhIDNI, fond 16, op. 3s, d. 27, pp. 32–33.

40. V. G. Sorin, "Bol'shoi dom", *Pravda*, 1927년 1월 21일.

41. N. I. Bukharin, *Pravda*, 1924년 1월 21일.

에필로그

1. RTsKhIDNI, fond 12, op. 2, d. 254, pp. 1, 5, 6.

2. ibid., p. 1.

3. ibid., p. 7: 1924년 3월 25일 전에 작성된 날짜 미상의 편지.

4. 그런데 이것은 레닌이 페트로그라드의 볼코보 공동묘지의 어머니 옆에 묻히기를 원했다는 취지의 구전을 논박하는 것이다. 이 구전은 '인민 대의원 대회'에 참석했던 Yuri Karyakin에게서 비롯했다.

5. I. A. Armand에게 보낸 편지, 1924년 1월 28일, RTsKhIDNI, fond 12, op. 2, d. 254, p. 6. 편지에서 그녀는 이 팸플릿을 쓰기 시작했다고 말했으나 정확한 날짜는 제시하지 않았다.

6. RTsKhIDNI, fond 12, op. 2, d. 41, pp. 3(Krupskaya), 4(Stalin).

7. 1990년대에 이 물건들은 모스크바 외곽의 고르키에 있는 레닌 박물관에 소장되어 있었다.

이 참고문헌 목록에서는 레닌에 관한 자료를 전부 망라하지 않았다. 레닌의 활동에 대한 개괄적 저술들의 완전한 목록을 보려면 나의 3부작 *Lenin: A Political Life*를 참조하라. 여기서는 이 책의 주석에 인용된 저술만 정리했다.

약어

BKh - Vladimir Il'ich Lenin. Biograficheskaya lhronika. vols 1-12 (Moscow, 1970-1982)

DZB - Die Zimmerwalder Bewegung. Protokole und Korrespondenz, vols. 1-2 (The Hague, 1967)

GARF - Gosudarstvennyi arkhiv Rossiiskoi Federatsii

ITsKKPS - Izvestiya Tsentral'nogo Komiteta Kommunisticheskoi Partii Sovetskogo Soyuza (1989-1991)

KA - Krasnyi arkhiv (Moscow)

LS - Leninskii sbornik, vols 1-50 (Moscow, 1924-1985)

OVIKiSU - A. I. Yelizarova-Ul'yanova, *O. V. I. Lenine i sem'e Ulyanovykh* (Moscow, 1988)

M. I. Ul'yanova, *O. V. I. Lenine i sem'e Ulyanovykh* (Moscow, 1988)

PR - Proletarskaya revolyutsiya (Moscow, 1921-1940)

PSS - Polnoe sobranie sochinenii V. I. Lenina, vols 1-55 (Moscow, 1958-1965)

PSU - Pis'ma sem'i Ul'yanovykh, 1883-1917 (ed. Yu. Ya. Makhina *et al.*: Moscow, 1969)

PTsK - Protokoly Tsentral'nogo Komiteta RSDRP(b): avgust 1917 g.-fevral' 1918 g. (Moscow, 1958)

RTsKhIDNI - Rossiiskii tsentr dlya lhraneniya i issledovaniya dokumentov noveishei istorii

TP - The Trotsky Papers, 1917-1922, vols 1-2 (ed. J. M. Meijer: The Hague, 1964-1971)

VIKPSS - Voprosy istorii Kommunisticheskoi Partii Sovetskogo Soyuza (Moscow, 1962-1991)

VL - N. K. Krupskaya, Vospominaniya o Lenine (Moscow, 1968)

VoVIL - Vospominaniya o Vladimire Il'iche Lenine, vols 1-8 (Moscow, 1989-1991)

ZIL - Zapiski Instituta Lenin, vols 1-2 (Moscow, 1927)

문서고

리시아연방 국립 문시고 (GARF)
    인민위원회의, fond R-130

민족문제인민위원부, fond 1318

헌법 기초 위원회 (1918), fond 6890

현대사 문서 보존과 연구를 위한 러시아 센터 (RTsKhIDNI)

레닌, fond 2

V. I. 레닌의 활동에 관한 문서, fond 4

V. I. 레닌의 비서들, fond 5

울리야노프 가족, fond 11

N. K. 크룹스카야, fond 12

A. I. 울리야노바-엘리자로바 fond 13

M. I. 울리야노바, fond 14

레닌의 의료 문서고, fond 16

중앙위원회 (정치국과 조직국 포함), fond 17

제9차 당 협의회, fond 44

제10차 당 협의회, fond 46

F. E. 제르진스키, fond 76

이네사 아르망, fond 127

A. M. 콜론타이, fond 134

스탈린 도서관, fond 558

중앙통제위원회, fond 613

보리스 I. 니콜라옙스키 콜렉션 (후버 연구소 문서고; 옥스퍼드 대학 세인트앤소니 칼리지에 소장된 복사본)

Part 1: Towards a History of the Bolshevik Centre

Part 2: On the 'Unity Plenum' of the Central Committee, 1900-1910

Part 3: The Struggle for the Convoking of a General party Conference in 1900-1911

Part 4: The Break-Up of the Bolshevik-Polish Bloc, August to November 1911

Part 5: The Split in the General Party Centres, end of May to start of June 1911

Part 6: On the Pargue Conference, November 1911 to January 1912

간행된 문서집

A. Arosev, "Pervyi sahg". *LS*, vol. 2

Biblioteka V. I. Kenina v Kremle. Katalog (Moscow, 1961)

Bol'shevistskoe rukovodstvo. Perepiska. 1912-1917 (Moscow, 1996)

V. D. Bonch-Bruevich, *Izbrannye Sochineniya*, vol. 2 (Moscow, 1961)

Chetvyortyi (*Ob"edinitel'nyi s"ezd RSDRP. Protokoly. Aprel' (aprel'-mai) 1906 goda* (Moscow, 1959)

Desyatyi s"ezd RKP(b). Mart 1921 g. Stenograficheskii otchyot (Moscow, 1963)

Devyataya konferentsiya RKP(b). Sentyabr' 1920 g. Protokoly (Moscow, 1972)

Devyatyi s"ezd RKP(b). Mart-apre'l 1920 g. Stenograficheskii otchyot (Moscow, 1960)

Die Zimmerwalder Bewegung. Protokole und Korrespondenz, vols. 1-2 (The Hague,

1967)

Fedoseev, Nikolai Yevgrafovich. Sbornik vospominanii (Moscow–Petrograd, 1923)

N. Ye. Fedoseev, *Stat'i i pis'ma* (Moscow, 1958)

D. Geyer (ed.), *Kautsky Russisches Dossier. Deutsche Sozialdemokraten als Treuhänder des Russischen Parteivermögens, 1910–1915* (Frankfurt, 1981)

M. Gor'kii, *Neizdannaya perepiska s Bogdanovym, Leninym, Stalinym, Zinov'em, Kamenevym, Korolenko* (Moscow, 1998)

M. Gor'kii, "V. I. Lenin", in *V. I. Lenin i A. M. Gor'kii. Pis'ma, vospominaniya, dokumenty* (2nd Expanded edn: Moscow, 1961)

L. Haas, *Lenins Unbekannte, 1912–1914* (Zurich–Cologne, 1967)

W. Hahlweg (ed.), *Lenins Rückkehr nach Russland 1917* (Leiden, 1957)

A. Ivanskii (ed.), *Il'ya Nikolaevich Ul'yanov po vospominaniyam sovremennikov i dokumentov* (Moscow, 1963)

A. Ivanskii (ed.), *Molodoi Lenin. Povest' v dokumentakh i memuarakh* (Moscow, 1964)

N. K. Krupskaya, *O Lenine. Sbornik statei i vystuplenii* (Moscow, 1983)

The Last Diary of Tsaritsa Alexandra (ed. V. A. Kozlov, V. M. Khrustalyov: New Haven, 1997)

Lenin i Simbirsk. Dokumenty, materialy, vospominaniya (Ulyanovsk, 1968)

Lenin i VChK (ed. S. K. Tsvigun: Moscow, 1975)

V. I. Lenin. *Neizvestnye dokumenty. 1891–1922* (ed. Yu. N. Amiantov *et al.*: Moscow, 1999)

V. I. Lenin, *Polnoe sobranie sochinenii V. I. Lenina*, vols 1–55 (Moscow, 1958–1965)

Odinnadtsatyi s"ezd RKP(b). Mart–aprel' 1922 g. Stenograficheskii otchyot (Moscow, 1961)

R. Pipes (ed.), *The Unknown Lenin. From the Secret Archive* (New Haven, 1996)

Pis'ma sem'i Ul'yanovykh, 1883–1917 (ed. Yu. Ya. Makhina *et al.*: Moscow, 1969)

A. N. Potresov, *Posmertnyi sbornik proizvedenii* (ed. B. I. Nicolaevskii: Paris, 1937)

Protokoly Desyatoi Vseeossiskoi Konferentsii RKP(b) Mai 1921 god (Moscow, 1933)

Protokoly Tsentral'nogo Komiteta RSDRP(b): avgust 1917 g.-fevral' 1918 g. (Moscow, 1958)

Pyatyi (londonskii) s"ezd RSDRP. Aprel'–mai 1907 goda (Moscow, 1963)

Sed'moi ekstrennii s"ezd RKP(b). Mart 1918 g. Stenograficheskii otchyot (Moscow, 1962)

Shestoi s"ezd RSDRP (bol'shevikov). Avgust 1917 goda. Protokoly (Moscow, 1958)

Tretii s"ezd RSDRP. Protokoly. Aprel'–mai 1905 goda (Moscow, 1959)

The Trotsky Papers, 1917–1922, vols 1–2 (ed. J. M. Meijer: The Hague, 1967–1971)

A. I. Ul'yanova (ed.), *Aleksandr Il'ich Ul'yanov i delo 1 marta 1887 g. (Sbornik)* (Moscow–Leningrad, 1927)

Vladimir Il'ich Lenin: Biograficheskaya khronika, vols 1–12 (Moscow, 1970–1982)

Vos'moi s"ezd RKP(b). Mart 1919 goda. Protokoly (Moscow, 1959)

Vospominaniya o Vladimire Il'iche Lenine, vols 1-8 (Moscow, 1989-1991)

Vtoroi s"ezd RSDRP. Protokoly. Iyul'-avgust 1903 goda (Moscow, 1959)

Zapiski Instituta Lenina, vols 1-3 (Moscow, 1927)

Z. A. B. Zeman (ed.), *Germany and the Revolution in Russia, 1915-1918* (Oxford, 1953)

회고록과 당대 저술

V. Alekssev and A. Shver, *Sem'ya Ul'yanovykh v Simbirske (1869-1887)* (ed. with commentary by A. Ul'yanova-Yelizarova: Moscow-Leningrad, 1925)

A. S. Allilueva, *Vospominaniya* (Moscow, 1946)

V. Armand, "Zhivaya nit'", *Novyi mir*, no. 4, 1967

A. Arosev, "Pervyi sahg". *LS*, vol. 2

A. Balabanoff, *Impressions of Lenin* (Ann Arbor, 1964)

A. Bek's interviews with Volodicheva and Fotieva in 1967, "K istorii poslednikh leninskikh dokumentov", *Moskovskie novosti*, no. 17, 1989년 4월 23일

M. Body, "Alexandra Kollontai", *Preuvres*, no. 14, April 1952

V. D. Bonch-Bruevich, *Izbrannye Sochineniya*, vol. 2 (Moscow, 1961)

V. D. Bonch-Bruevich, "Iz vospominanii o Vladimire Il'iche", *VoVIL*, vol. 4, p. 329 in *Znamya*, 1955, no. 4

V. D. Bonch-Bruevich, *Tridtsat' dnei 1934. Yanvar'*, (Moscow, 1934)

N. I. Bukharin, "Iz rechi tov. Bukharina na vechere vospominanii v 1921 g.", *PR*, no. 10, 1922

N. I. Bukharin, "Pamyati Lenina", *Pravda*, 21 January 1925

O. Chernov, *Bednota*, no. 1729, 2 February 1924

Ye. Drabkina, *Zimnii pereval* (2nd expanded edn: Moscow, 1990)

M. V. Fofanova, "V. I Lenin na Vyborgskoi Storone v 1917 godu", *VoVIL*, vol. 4

L. Fotieva, *Iz zhizni Lenina* (London, 1967)

L. A. Fotieva, "Iz vospominanii o V. I. Lenine. (Dekabr' 1922 g.-mart 1923 g.)", *VoVIL*, vol. 8

M. P. Golubeva, "Moya pervaya vstrecha s Vladimirom Il'ichem", in *Lenin v Samare, 1889-1893. Sbornik vospominaniya* (Moscow, 1933)

M. Gor'kii, "V. I. Lenin", in *V. I. Lenin i A. M. Gor'kii. Pis'ma,vospominaniya, dokumenty* (2nd expanded edn: Moscow, 1961)

M. Gor'kii, "Vladimir Lenin", *Russkii sovremennik*, no. 1, 1924

F. Il'in, "Otryvok vospominanii", *ZIL*, vol. 1

A. A. Ioffe, "Kanun Oktyabrya. Zasedanie v 'Lesnom'", *ITsKKPSS*, no. 4, 1989

V. V. Kashkadamova, *Bakinskii rabochii*, 21 January 1926

M. S. Kedrov, *Book Publishing under Tsarism* (London, 1932)

M. S. Kedrov, "Iz krasnoi tetradi ob Il'iche", *Vospominaniya o Vladimire Il'iche Lenine*, vol. 1 (Moscow, 1956)

M. S. Kedrov, "Iz vospominanii o vserossiiskoi konferentsii voennykh organizatsii RSDRP (bol'shevikov), 16–23 iyunya 1917 goda", *VoVIL*, vol. 4

V. Klemperer, *Leben sammeln, nicht fragen wozu und warum*, vol. 1: *Tagebücher 1918–1924* (Berlin, 1996)

N. K. Krupskaya, *O Lenine. Sbornik statei i vystuplenii* (Moscow, 1983)

N. K. Krupskaya, "Sestra Vladimira Il'icha", *Pravda*, 13 June 1937

N. K. Krupskaya, *Vospominaniya o Lenine* (London, 1968)

N. K. Krupskaya, "Vospominaniya o Lenine", *VoVIL*, vol. 2

G. M. Krzhizhanovskii, *O Vladimire Il'iche* (Moscow, 1924)

Yu. Latukka, "Lenin v podpol'e v Finlyandii", *VoVIL*, vol. 4

D. I. Leshchenko, "Kak ya snimal Lenina v podpol'e", *VoVIL*, vol. 4

V. Levitskii, *Za chetvert' veka: Revolyutsionnye vospominaniya, 1897–1917 gg.*, vol. 1, part 1 (Moscow–Leningrad, 1926)

G. Ya. Lozgachyov–Yelizarov, *Nezabyvaemoe* (Leningrad, 1917)

M. Lyadov, *Iz zhizhni partii. Nakanune i v gody pervoi revolyutsii. (Vospominaniya)* (Moscow, 1926)

L. Martov, *Zapiski sotsial-demokrata* (Berlin–Petersburg–Moscow, 1922)

N. L. Meshcheryakov (ed.), *Gleb Uspenskii v zhizni. Po vospominaniyam, perepiske i dokumentam* (Moscow, 1935)

N. L. Meshcheryakov, "Iz vospominenii o Lenine", in N. L. Meshcheryakov (ed.). *O Lenine. Sbornik vospominanii* (Moscow, n. d.)

S. Mitskevich, "Stranichka vospominanii" in *Fedoseev, Nikolai Yevgrafovich. (Sbornik vospominanii)* (Moscow–Petrograd, 1923)

M. Ol'minskii (ed.), *Staryi Aleksei Pavlovich Sklyrenko (1870–1916 gg.). Sbornik statei* (Moscow, 1922)

G. K. Ordzhonikidze, "Il'ich v iyu'skie dni", *Pravda*, 28 March 1924

V. P. Osipov, "Bolezn', i smert' Vladimira Il'icha Ul'yanova–Lenina", *VoVIL*, vol. 8

F. Platten, *Lenin iz emigratsii v Rossiyu* (Moscow, 1925)

N. I. Podvoiskii, "V. I. Lenin v 1917 godu", *Istoricheskii arkhiv*, no. 6, 1956

N. I. Podvoiskii, "V. I. Lenin v 1917 godu", *VoVIL*, vol. 4

M. N. Poletaev, "V iyul'skie dni", *Petrogradskaya pravda*, 27 January 1924

A. N. Potresov, *Posmertnyi sbornik proizvedenii* (ed. B. I. Nicolaevskii: Paris, 1937)

K. Radek, *Portrety i pamflety* (Moscow, 1927)

Rakh'ya [*sic*], "Moi vospominaniya o Vladimire Il'iche", *Pravda*, 21 January 1927

G. Rovio, "Kak Lenin skryvaslya u gel'singforskogo 'politeimeistera'", in N. L. Meshcheryakov (ed.), *O Lenine. Sbornik vospominanii* (Moscow, 1924)

V. Rozanov, "Iz vospominaniya o Vladimire Il'iche", *Krasnaya nov'*, no. 6, 1924

V. N. Rozanov, "Iz vospominaniya o Vladimire Il'iche", in N. L. Meshcheryakov (ed.). *O Lenine. Vospominaniya* (Moscow–Leningrad, 1925), pp. 127–131

M. I. Semënov (M. Blan), "Pamyati druga", in M. Ol'minskii (ed.), *Staryi tovarishch Aleksei Pavlovich Sklyrenko (1870–1916 gg.). Sbornik statei* (Moscow, 1922)

P. D. Shestakov, "Studencheskie volneniya v Kazani v 1887g.", *Russkaya starina*, no. 6, 1892

A. Shlikhter, "Gotova li smena?", *VoVIL*, vol. 8

A. G. Shlyapnikov, "Kerenshchina", *PR*, no. 7(54), 1927

A. V. Shotman, "Lenin nakanune Oktyabrya", *O Lenine: Sbornik vospominanii* (Leningrad, 1925)

A. V. Shotman, "Lenin v podpol'e. (Iyul'-Oktyabr' 1917 goda)", *VoVIL*, vol. 4

A. V. Shotman, "Na vtorem s"ezde partii", *PR*, nos. 77–78, 1928

M. A. Sil'vin, *Lenin v period zarozhdeniya partii* (Moscow, 1958)

G. Sokol'nikov, "Kak podkhodit' k istorii Oktyabrya", in *Za leninizm. Sbornik statei* (Moscow–Leningrad, 1925)

G. A. Solomon, *Lenin i ego sem'ya (Ul'yanovy)*, vols 1–2 (Paris, 1931)

V. G. Sorin, "Bol'shoi dom", *Pravda*, 21 January 1927

Staryi tovarishch Aleksei Pavlovich Sklyrenko (1870–1916 gg.). Sbornik statei (Moscow, 1922)

E. D. Stasova, "Pis'mo Lenina v TsK partii", *VoVIL*, vol. 4

N. Sukhanov, *Zapiski o revolyutsii*, vols 1–7 (Berlin–Petersburg–Moscow, 1922)

D. S. Suliashvili, "Iz Sheveitsarii v Petrograd vmeste s Leninym", *VoVIL*, vol. 4

"Tovarnyi fetishizm", *Nauchnoe obozrenie* (St Petersburg), no. 12 (1989)

L. Trotskii, *O Lenine. (Materialy dlya biografa)* (Moscow, 1924)

L. D. Trotskii, *Moya zhizn', Opyt avtobiografii*, vols 1–2 (Berlin, 1930)

N. A. Uglanov, "O Vladimire Il'iche Lenine", *ITsKKPSS*, no. 4, 1989

D. I. Ul'yanov, "Iz moikh vospominanii o Vladimire Il'iche Lenine", in N. L. Meshcheryakov (ed.), *O Lenine. Sbornik vospominanii* (Moscow, n. d.)

D. I. Ul'yanov, *Ocherki raznykh let. Vospominaniya, perepiska, stat'i* (Moscow, 1974)

D. I. Ul'yanov, *Ocherki raznykh let. Vospominaniya, perepiska, stat'i* (2nd edn: Moscow, 1984)

D. I. Ul'yanov, *Uchitel'skaya gazeta*, 14 February 1963

D. I. Ul'yanov, *PR*, no. 3, 1924

M. I. Ul'yanova, *O. Lenine i sem'e Ul'yanovykh. Vospominaniya, ocherki, pis'ma, stat'i* (Moscow, 1988)

M. I. Ul'yanova, *Otets Vladimira Il'icha Lenina Il'ya Nilolaevich Ul'yanov (1831–1886)* (Moscow, 1931)

M. I. Ul'yanova, *O. V. I. Lenine i sem'e Ulyanovykh: Vospominaniya, ocherki, pis'ma* (2nd expanded edn: Moscow, 1989)

M. I. Ul'yanova, "O Vladimire Il'iche", *ITsKKPSS*, no. 3, 1991

M. I. Ul'yanova, "Poiski Il'icha v pervye dni iyulya 1917 goda", *VoVIL*, vol. 1

A. I. Ul'yanova-Yelizarova (ed.), *Aleksandr Il'ich Ul'yanov i delo 1 marta 1887 g.* (Sbornik) (Moscow-Leningrad, 1927)

A. I. Ul'yanova-Yelizarova, *O. Lenine i sem'e Ulyanovykh. Vospominaniya, ocherki, pis' ma, stat'i* (Moscow, 1988)

A. I. Ul'yanova-Yelizarova, *Vospominaniya ob Il'iche* (Moscow, 1934)

N. Valentinov, *Maloznakomyi Lenin* (Paris, 1972)

N. Valentinov, *Vstrchi s Leninym* (New York, 1953)

B. S. Veisbrod, "Bol'noi Lenin", *VoVIL*, vol. 8

V. Vodovozov, "Moë znakomstvo s Leninym", *Na Chuzhoi strone*, vol. 12 (Prague, 1925)

V. Vodovozov, *Lenin v Samare* (Moscow 1933)

G. Volkov's interview with M. Volodicheva, "Stenografistka Il'icha" *Sovetskaya kul'tura*, 21 January 1989

V. V. (V. P. Vorontsov의 가명), *Nahi napravleniya* (St Petursburg, 1893)

N. A. Yemel'yanov, "Tainstvennyi shalash", *VoVIL*, vol. 4

Ye. Zamyatin, *Bol'shim detyam skazki* (Berlin, 1922)

G. E. Zinoviev, "Vospominaniya: Malinovskii", *ITsKKPSS*, 1989, no. 4

2차 문헌

O. Abramova, G. Borodulina and T. Koloskova, *Mezhdu pravdoi i istinoi. (Ob istorii spekulyatsii vokrug godosloviya V. I. Lenina)* (St Petersburg, 1998)

E. Acton, chapter 7 in R. Bartlett (ed.), *Russian Thought and Society, 1800-1917* (Keele, 1984)

V Arnol'd, *Sem'ya Ul'yanovykh v Samare. Poiski i narodniki* (2nd expanded edn: Kuibyshev, 1983)

A. Belyakov, *Yunost' vozhdya* (Moscow, 1960)

Yu. V. Bernov and A. Ya. Manusevich, *V krakovskoi emigratsii. Zhizn' i deyatel'nost' V. I. Lenina* (Moscow, 1988)

V. P. Buldakov, "Istoriya posnaëtsya v sravnenii", *Argumenty i fakty*, no. 45, November 1998

E. H. Carr, *The Bolshevik Revolution*, vols 1-3 (London, 1950-1953)

S. Cohen, *Bukharin and the Russian Revolution. A Political Biography, 1888-1938* (New York, 1973)

I. N. R. Davies, *White Eagle, Red Star. The Polish-Soviet War, 1919-1920* (London, 1972)

I. M. Dazhina, "Leninskie istoki zhizni i bor'by", *VIKPSS*, no. 3, 1987

I. Deutscher, *The Prophet Armed: Trotsky, 1879-1921* (Oxford, 1954)

R. C. Elwood, *Inessa Armand: Revolutionary and Feminist* (Cambridge, 1992)

R. C. Elwood, "Lenin and 'Pravda'", *Slavic Review*, no. 2, 1972

O. Figes, *A People's Tragedy* (London, 1996)

L. Fischer, *The Life of Lenin* (London, 1965)

S. Fitzpatrick, *The Russian Revolution* (Oxford, 1982)

W. Gautschi, *Lenin als Emigrant in der Schweiz* (Zurich, 1973)

I. Getzler, *Martov. A Political Biography of a Russian Social Democrat* (Cambridge, 1967)

D. Geyer, *Lenin in der Russischen Sozialdemokratie* (Cologne, 1962)

L. Haimson, *The Russian Marxists and the Origins of Bolshevism* (Cambridge, Mass., 1955)

N. Harding, *Lenin's Political Thought*, vols 1-2 (London, 1977-1981)

N. Hans, *History of Russian Educational Policy* (London, 1931)

B. Henderson, "Lenin and the British Museum Library", *Salanus*, 1990, vol. 4

B. Henderson, *Lenin at the British Museum* (London, n. d.)

M. P. Iroshnikov, *Predsedatel' Soveta Narodnykh Komissarov i STO, V. I. Ul'yanov-Lenin: ocherki gosudarstvennoi deyatel'nosti v 1917-1918 gg.* (Moscow, 1974)

A. Ivanskii (ed.), *Il'ya Nikolaevich Ul'yanov po vospominaniyam sovremennikov i dokumentov* (Moscow, 1963)

J. H. L. Keep, *The Rise of Social Democracy in Russia* (Oxford, 1963)

J. Klier, *Imperial Russia's Jewish Question, 1855-1881* (Cambridge, 1985)

K. Kuusela, "Kak artist maskiroval Lenin", in *Lenin v vospominaniyakh finnov* (Moscow, 1979)

A. Latyshev, *Rassekrechënnyi Lenin* (Moscow, 1996)

M. Lewin, *Lenin's Last Struggle* (London, 1969)

M. Liebman, *Leninism under Lenin* (London, 1975)

A. S. Lindemann, *The 'Red Years'* (Berkeley, 1974)

Yu. M. Lopukhin, *Bolezn', smert', i bal'zamirovanie V. I. Lenina: Pravda i mify* (Moscow, 1997)

R. MacNeal, *Bride of the Revolution. Krupskaya and Lenin* (Ann Arbor, 1972)

M. Malia, *The Soviet Tragedy* (London, 1992)

S. U. Manbekova and S. A. Rubanov, *Naslednitsa. Stranitsy zhizni N. K. Krupskoi* (Moscow, 1990)

V. Mel'nichenko, *Fenomen i fantom Lenina* (Moscow, 1993)

A. Meyer, *Leninism* (New York, 1957)

M. A. Moskalëv, *Byuro TsK RSDRP v Rossii: avgust 1903 g.-mart 1917 g.* (Moscow, 1964)

B. Pearce, *How Haig Saved Lenin* (London, 1987)

N. Petrenko, "Lenin v Gorkakh – bolezn' i smert'", *Minuvshee*, vol. 2 (Moscow, 1990)

J. Piilonen, "Yhteinen vihollinen yhdistää, 1908-1917", in Numminen (ed.), *Lenin ja Suomi* (Helsinki, 1987)

R. Pipes, *Russia Under the Bolshevik Regime* (London, 1994)

R. Pipes, *The Formation of the Soviet Union. Communism and Nationalism, 1917-1923* (Cambridge, Mass. 1964)

R. Pipes, *Social-Democracy and the St Petersburg Labour Movement, 1885-1897* (Cambridge, Mass. 1963)

A. J. Polan, *Lenin and the End of Politics* (London, 1984)

P. N. Pospelov *et al.*, *Vladimir Il'ich Lenin* (Moscow, 1963)

A. Rabinowitch, *The Bolsheviks Come to Power* (New York, 1976)

T. H. Rigby, *Lenin's Government. Sovnarkom, 1917-1922* (Cambridge, 1979)

A. Rothstein, *Lenin in Britain* (London, 1970)

L. B. Schapiro, *The Communist Party of the Soviet Union* (2nd edn: London, 1970)

A. Senn, *The Russian Revolution in Switzerland, 1914-1917* (Madison, 1971)

R. Service, *The Bolshevik Party in Revolution. A Study in Organizational Change* (London, 1979)

R. Service, *Lenin: A Political Life*, vols 1-3 (London: 1985, 1991, 1995)

S. L. Shatkina (ed.), *Lenin i Ul'yanovy v Podol'ske* (2nd edn: Moscow, 1979)

M. Shtein, "Rod vozhdya. Bilet po istorii", in G. Sidorovnin (ed.), *Vozhd'. Lenin kotorogo my ne znali* (Saratov, 1992)

M. Shtein, *Ul'yanovy i Leniny. Tainy rodoslovnoi i psedonima* (St Petersburg, 1997)

D. Shub, Lenin (2nd edn: London, 1996)

G. Sidorovnin (ed.), *Vozhd'. Lenin kotorogo my ne znali* (Saratov, 1992)

V. Solukhin, *Pri svete dnya* (London, 1992)

A. Solzhenitsyn, *Lenin in Zurich* (London, 1975)

I. B. Sternik, *Lenin - Yurist (Yuridicheskaya deyatel'nost' V. I. Ul'yanova) (Lenina)* (Tashkent, 1969)

R. G. Suny, *The Revenge of the Past: Nationalism, Revolution and the Collapse of the Soviet Union* (Stanford, 1993)

R. H. W. Theen, *Lenin: Genesis and Development of a Revolutionary* (London, 1974)

I. I. Titov, *Vo glubine Rossii. Ocherki istorii sela Alakaevki* (2nd, expanded edn: Kuibyshev, 1990)

Zh. Trofimov, *Ul'yanovy. Poiski, nalhodniki, issledovaniya* (2nd, expanded edn: Saratov, 1988)

V. V. Tsaplin, "O zhizni sem'i Blank v gorodakh Strakonstaninovoe i Zhitomire", *Otechestvennye arkhivy*, no. 2, 1992

N. Tumarkin, *Lenin Lives! The Lenin Cult in Soviet Russia* (London, 1983)

A. Ulam, *Expansion and Coexistence. The History of the Soviet Foreign Policy, 1917-1967* (London, 1968)

Vladimir Il'ich Lenin (ed. P. N. Pospelov: Moscow, 1963)

"Vlyublyonnaya Lenina", *Literturnaya gazeta - Dos'e*, no. 8, 1992

M. S. Volin, "Dorevolyutsionnye biograficheskie publikatsii o V. I. Lenine", *VIKPSS*, no. 7,

1970

D. Volkogonov, "Leninskaya krepost' v moei dushe pala poslednei", *Moskovskie novosti*, no. 29, 19 July 1992

D. Volkogonov, *Lenin. Politicheskii portret*, vols 1-2 (Moscow, 1994)

D. A. Volkogonov, *Sem' vozhdei*, vols 1-2 (Moscow, 1995)

A. Walicki, *The Controversy over Capitalism* (Oxford, 1969)

R. Wortman, *The Crisis of Russian Populism* (Cambridge, 1967)

1861년 알렉산드르 2세, 농노해방령 선포.

1870년 4월 10일 블라디미르 일리치 울리야노프(레닌), 러시아 동남부 심비르스크
시에서 초등학교 장학관 일리야 울리야노프의 셋째 아이로 태어남.

1874년 7월 일리야 울리야노프, 장학관에서 감독관으로 승진하면서 세습 귀족이 됨.

1878년 이오시프 비사리오노비치 스탈린, 그루지야의 고리에서 출생.

1879년 가을 심비르스크 고전 김나지야에 입학. 라틴어와 그리스어를 비롯한 모든
과목에서 뛰어난 성적을 올림.
10월 레프 트로츠키, 우크라이나의 야노프카에서 출생.

1881년 3월 알렉산드르 2세, '인민의 의지'에 의해 암살당함. 알렉산드르 3세 즉위.

1883년 게오르기 플레하노프, 베라 자술리치, 파벨 악셀로트, 레프 데이치가 스위스
제네바에서 러시아 최초의 마르크스주의 조직 '노동해방단' 결성.

1886년 1월 아버지 일리야 울리야노프 사망(55세).

1887년 5월 상트페테르부르크 대학에 다니던 형 알렉산드르가 자신이 속한 인민주
의 조직의 알렉산드르 3세 암살 음모가 발각되면서 오흐라나에 체포되어 교
수형을 당함.
8월 카잔 제국 대학 법학과에 입학. 이 시기에 레닌은 체르니셉스키의 소설
《무엇을 할 것인가?》에 큰 영향을 받았다.
12월 카잔 제국 대학 학생들이 대학 당국의 엄격한 규제를 비판하며 항의 시
위를 벌임. 시위에 참여했던 레닌은 퇴학 처분을 받고 카잔을 떠나 코쿠시키
노로 이주.

1888년 9월 다시 거주 허가를 받아 카잔으로 돌아온 레닌은 니콜라이 페도세예프의
비밀 혁명 조직에 가담. 이 시기에 레닌은 마르크스, 엥겔스, 다윈 등의 저술
을 읽으며 자신만의 혁명적 세계관을 쌓아 갔으며, 스테판 할투린 같은 농업
사회주의 테러리스트들에게 매료되었다.

1889년 5월 어머니 마리야 알렉산드로브나, 아들과 함께 사마라주 외곽의 가족 영지
로 이사. 레닌에게 영지 운영을 맡겼으나 레닌은 관심도 없고 소질도 없었다.
레닌이 몰두한 것은 마르크스주의였다. 그는 《공산당 선언》을 러시아어로 번
역할 정도로 마르크스에게 빠져 있었다.
9월 사마라 중심가로 이사. 레닌은 반체제 인물들과 교류하면서 농업 사회주

의자 알렉세이 스클라렌코가 이끌던 토론 모임에 참여했다. 레닌은 마르크스의 《자본》과 《철학의 빈곤》, 엥겔스의 《반뒤링론》과 《영국 노동 계급의 상황》, 플레하노프의 《우리의 의견 차》 등을 공부하며 이론가로서 면모를 갖추기 시작했다.

1891년 5월 동생 올가 일리니치나, 장티푸스에 걸려 사망.

9월 학외 학생으로 법률 시험을 보게 해 달라고 당국에 요청해 상트페테르부르크 대학에서 시험을 보게 됨. 전 과목 가장 높은 점수를 받아 1급 학위를 받고 법률가로 일할 수 있는 자격을 얻음.

1892년 1월 사마라의 변호사 사무실에서 변호사보로 일을 시작함.

1893년 8월 혁명 운동의 중심인 상트페테르부르크로 옮겨 간 레닌은 마르크스주의자 비밀 모임에서 활동하며, 표트르 스트루베와 미하일 투간-바라놉스키 같은 유명한 마르크스주의자들을 만나 토론을 벌임.

1894년 알렉산드르 3세 사망.

1895년 4월 외국 여행이 허용되어 스위스, 프랑스, 독일을 여행. 이 여행에서 게오르기 플레하노프를 비롯해 파벨 악셀로트, 빌헬름 리프크네히트 같은 사회주의자들을 만남.

9월 빌뉴스에서 온 젊은 마르크스주의자 율리 마르토프와 의기투합하여 '노동계급해방투쟁동맹' 결성. 조직의 활동이 토론과 논쟁에서 마르크스주의를 노동자들에게 확산하는 활동으로 옮겨 갔다.

12월 노동계급해방투쟁동맹 회원들이 체포됨. 레닌은 구치소에서 마르크스주의 정당 강령 초안을 작성함.

1897년 1월 레닌과 동료들이 3년간의 시베리아 유형을 선고받음. 레닌은 예니세이주의 슈셴스코예로 유형을 떠남.

1898년 3월 민스크에서 러시아 최초의 마르크스주의 정당인 러시아사회민주노동당 창립 대회가 열림. 그러나 표트르 스트루베를 포함한 대회 참가자의 대부분이 몇 주 안에 체포됨.

7월 동료 마르크스주의자 나데즈다 크룹스카야와 망명지에서 결혼.

8월 《러시아 자본주의의 발전》 원고 완성. 이 원고는 1899년에 블라디미르 일린이라는 가명으로 출간된다. 레닌은 이미 자본주의의 길을 걷기 시작한 러시아에서 차르 체제는 낡은 것이며, 로마노프 군주정을 제거해야만 사회주의 혁명이라는 두 번째 혁명을 시도할 수 있다고 주장했다.

1900년 1월 망명지에서 풀려남. 유형 기간을 채우지 못한 아내와 헤어짐.

5월 여행 허가를 받아 취리히로 떠나서 플레하노프의 노동해방단에 합류. 레닌은 러시아사회민주노동당 제2차 당 대회를 개최하고 당내에서 플레하노프 노선이 승리하려면 당 기관지가 필요하다고 강조했다. 그러나 편집진 구성과 신문의 지배 권한 등을 두고 플레하노프와 의견이 충돌함.

12월 독일 뮌헨에서 당 기관지 성격의 신문 〈이스크라〉 창간.

1901년 빅토르 체르노프, 사회주의자-혁명가당 창건.

4월 1일 아내 크룹스카야, 뮌헨에 도착.

1902년 3월 '레닌'이라는 가명으로 마르크스주의 조직 문제를 다룬 논쟁작 《무엇을 할 것인가?》 발간.

4월 〈이스크라〉 근거지를 런던으로 옮김.

10월 레프 트로츠키, 런던으로 레닌을 방문. 레닌은 문학적 재능이 있는 트로츠키를 〈이스크라〉의 일곱 번째 편집인으로 임명하자고 제안했으나 플레하노프가 반대했다.

1903년 7~8월 브뤼셀과 런던에서 러시아사회민주노동당 제2차 당 대회가 열림. 1차 대회는 아홉 명만 모인 회의였고 2차 대회가 실질적인 창립 대회였다. 당원 자격 문제와 〈이스크라〉 편집진 구성을 놓고 레닌과 마르토프 사이에 치열한 논쟁이 벌어지면서 당이 분열되었다. 레닌과 그 지지자들이 스스로 '볼셰비키(다수파)'라 칭하자 마르토프 일파는 스스로 '멘셰비키(소수파)'라 칭했다.

1904년 2월 러일 전쟁 발발.

5월 당내 갈등이 심해지자 레닌은 〈이스크라〉 편집진과 당 회의에서 사직한다. 그러나 곧 자신의 행동을 후회하고 당내 분쟁의 역사를 정리한 책자 《일보 전진 이보 후퇴》를 발간함.

1905년 1월 22일 '피의 일요일' 사건.

늦여름~초가을 러시아 전역에서 총파업 발생. 지역 정부의 권력을 차지한, 선출된 하층 사회 계급 기구인 소비에트가 노동자들에 의해 전국 각지에서 만들어짐.

9월 러일 전쟁 종전. 포츠머스 조약 조인. 패전국인 된 러시아는 조선과 남만주에 대한 일본의 패권을 인정하고 사할린섬의 절반을 포기했다.

10월 상트페테르부르크에서 '노동자 대표 소비에트(페테르부르크 소비에트)'가 창설되고 트로츠키가 소비에트 의장이 됨. 니콜라이 2세가 국가 두마(의회) 구성을 위한 선거를 실시하겠다고 약속하는 조서('10월 선언')를 발표함.

12월 트로츠키를 비롯한 소비에트 지도자들이 체포되면서 페테르부르크 소비에트가 무너짐. 봉기를 시도했던 모스크바 소비에트 역시 진압당함.

1906년 4월 제1차 두마 선거 실시. 입헌민주당(카데트)이 다수당이 됨.

1907년 5월 러시아사회민주노동당 제5차 당 대회가 런던에서 열림. 볼셰비키와 멘셰비키의 논쟁은 격렬했다. 레닌에게 대회는 성공적이었으나 자신은 중앙위원회 위원에 선출되지 않음.

1912년 1월 볼셰비키가 프라하에서 자신들만의 당 협의회를 열어 단독으로 중앙위원회 위원 선출. 이 회의에서 레닌은 볼셰비키 분파가 곧 당이라고 선언했다.

4월 볼셰비키가 페테르부르크에서 당 기관지 〈프라우다〉 발행. 스탈린이 편집인으로 참여함.

1914년 7월 오스트리아가 세르비아에 선전 포고하면서 제1차 세계대전 발발.

1915년 3월 스위스 베른에서 망명 중인 볼셰비키들이 회의를 개최하고 반전 운동을 논의.

9월 치머발트 회의. 유럽 사회주의 정당들이 참여하여 제국주의 전쟁 종결을 결의하는 치머발트 선언 발표. 레닌은 각국의 마르크스주의자들이 내전을 일으킬 것을 주장함.

1917년 2~3월 페트로그라드에서 '2월 혁명' 발발. 해산된 두마의 지도자들이 임시정부 수립을 발표한 후 니콜라이 2세가 퇴위하고 임시정부가 정식으로 발족했다. 자유주의자인 게오르기 리보프가 총리가 되었고, 입헌민주당이 내각을 지배했다. 사회주의자 가운데 장관이 된 사람은 케렌스키뿐이었다.

4월 러시아로 귀국한 레닌은 임시정부가 물러나고 혁명적 사회주의 정부가 들어서야 한다는 주장이 담긴 〈4월 테제〉를 발표.

6월 제1차 전러시아 노동자 · 병사 소비에트 대회 개최.

7월 '7월 봉기' 발발. 임시정부에 불만을 품은 노동자, 병사들이 페트로그라드에서 무장 시위를 일으킴. 임시정부의 대대적인 탄압이 시작되어 레닌에게 체포 영장이 발부되고, 트로츠키와 콜론타이를 비롯한 볼셰비키 주요 지도자들이 체포되었다. 레닌은 핀란드로 탈출했다.

8월 말 코르닐로프 사건. 쿠데타를 우려한 케렌스키 총리의 요청을 받은 볼셰비키가 코르닐로프 반란군 병사들을 설득해 쿠데타 시도를 무산시킴.

9월 페트로그라드 소비에트에서 볼셰비키가 처음으로 다수파가 됨.

10월 볼셰비키 지도자들이 투표를 거쳐 레닌이 주장한 무장 봉기를 채택. 페트로그라드 소비에트의 '군사혁명위원회' 의장으로 선출된 트로츠키가 봉기를 이끌었다. 임시정부를 타도한 뒤 스몰니 학교에서 열린 제2차 전러시아 소비에트 대회에서 볼셰비키가 다수 의석을 차지했고, 새로운 정부 내각인 '인민위원회의(소브나르콤)'가 수립되었다. 레닌은 인민위원회의 의장, 트로츠키는 외무인민위원에 임명되었다.

11월 제헌의회 선거 실시. 사회주의자-혁명가당이 최다 의석을 차지했고, 볼셰비키는 전체 표의 4분의 1밖에 얻지 못했다.

같은 달, 독일과 브레스트리톱스크에서 단독 강화 협상 시작.

12월 비밀 정치 경찰 조직인 '전러시아 비상위원회(체카Cheka)' 설립.

1918년 1월 제헌의회가 개최되었으나 볼셰비키와 사회주의자-혁명가당 좌파의 연합 세력에 의해 해산됨.

2월 당 중앙위원회 회의에서 전쟁 지속과 강화 조약 체결을 두고 표결을 벌인 결과, 독일이 내건 강화 조건을 받아들이자고 주장한 레닌이 승리함. 트로츠키는 외무인민위원을 사임.

3월 브레스트리톱스크 조약 체결. 인민위원회의가 폴란드와 발트 주들, 우크라이나를 독일 군대에 넘겨주자 독일의 러시아 침공이 끝남.

같은 달, 트로츠키, 군사인민위원에 임명되어 붉은 군대 창설.

5월 러시아 내전 발발.

8월 백군이 카잔을 점령하고 남부 러시아에서 세력을 확장함.

같은 달 30일, 모스크바에서 암살 기도 사건이 일어나 레닌이 심각한 총상을 입음.

11월 전 해군 제독 콜차크가 시베리아 반혁명 정부의 수반이 됨. 제1차 세계대전 종전.

12월 콜차크가 페름 점령.

1919년 1월 독일에서 '스파르타쿠스단'이 베를린 봉기를 시도했으나 실패. 스파르타쿠스단을 이끌던 로자 룩셈부르크, 카를 리프크네히트가 살해당함.

3월 제3인터내셔널(코민테른) 창립 대회.

4월 콜차크가 대공세를 펴 모스크바를 위협.

6월 붉은 군대가 콜차크 저지.

7월 제1차 세계대전의 전후 처리를 위해 연합국과 독일이 베르사유 조약 체결. 러시아는 이 조약에서 제외되었다.

10월 데니킨의 백군이 모스크바 위협.

11월 유데니치의 백군이 페트로그라드 위협.

12월 데니킨과 유데니치의 백군이 패배하면서 실질적으로 내전 종식.

1920년 3월 제9차 당 대회. 민주집중파와 노동자반대파 등장. 트로츠키가 곡물 징발 조치의 부분적 철폐를 요구했으나 레닌은 공식 경제 정책에서 국가 독점을 선호했고, 식량을 비축한 쿨라크들이 문제의 처음이자 끝이라고 단언했다. 중앙위원회 회의에서 레닌이 11대 4로 승리.

4월 폴란드군의 러시아 침공으로 폴란드-소비에트 전쟁 발발.

6월 폴란드군을 격퇴한 여세를 몰아 붉은 군대가 폴란드 국경을 넘음.

7월 코민테른 제2차 대회 개최.

8월 붉은 군대가 폴란드에서 패퇴.

11월 노동조합 논쟁. 트로츠키는 파업을 금지하고 모든 노동조합을 국가 조직으로 전환해야 한다고 주장했으나 레닌은 노동조합이 여전히 유용한 목적을 지니고 있다고 반박했다. 찬반 투표 결과 레닌이 또다시 승리했다.

1921년 1921년에서 1922년까지 광범위한 기근 발생.

2월 붉은 군대가 그루지야를 침공해 소비에트 통치 확립. 국가계획위원회(고스플란) 창설.

3월 크론시타트 봉기 진압.

같은 달, 제10차 당 대회에서 전시 공산주의를 포기하고 신경제정책을 채택하기로 결정하고, 당내 분파 투쟁이 금지됨.

6월 코민테른 제3차 대회 개최.

1922년 4월 스탈린이 당 서기장이 됨.

5월 레닌이 뇌졸중으로 쓰러져 모스크바 외곽 고르키 마을로 요양을 떠남. 스탈린이 요양 중인 레닌을 자주 찾아와 크렘린의 정치 소식을 알려주었다.

12월 정치적 유언이라고 할 수 있는 〈대회에 보내는 편지〉를 구술로 작성. 스탈린의 권력 집중을 경계하는 내용이 담겼다.

1923~1925년 스탈린이 지노비예프, 카메네프와 트로이카 체제로 당과 국가를 운영.

1923년 1월 레닌, 스탈린을 서기장에서 해임해야 한다는 내용으로 문건 작성.

3월 심각한 발작을 일으켜 정치 무대에서 완전히 물러남.

4월 트로츠키가 제12차 당 대회에서 스탈린 해임에 관한 레닌의 제안을 이용하지 못하고 기회를 놓침.

1924년 1월 제13차 당 협의회에서 스탈린이 트로츠키와 좌익반대파 비판. 1923~1924년 겨울에 스탈린은 트로츠키와 좌익반대파를 공개적으로 제압하는 데 성공했다.

1월 21일 레닌 사망.

올해는 300년을 존속해 온 로마노프 왕조의 러시아 제국에서 사회주의 혁명이 일어난 지 꼭 100년이 되는 해이다. '10월 혁명'이라고 불리는 이 혁명이 그 후 세계사에 얼마나 큰 영향을 끼쳤는지는 굳이 설명하지 않더라도 누구나 고개를 끄덕일 것이다. 유럽, 아시아, 아프리카, 라틴아메리카 등 말 그대로 지구 전역에서 이 혁명을 모방하는 급진적 변혁을 시도해 왔고, 사회주의 소련이 붕괴한 지 사반세기가 지난 지금도 현 질서에 저항하는 급진주의자들에게 이 혁명이 주는 영감은 여전히 강력하다. 또한 이러한 시도로부터 기존 질서를 방어하려는 노력도 그만큼 끈질기고 거셌으며, 그 결과 20세기 후반기의 세계가 사회주의와 자본주의라는 두 진영이 맞부딪치는 '냉전'의 긴장으로 점철된 것은 주지의 사실이다.

이 책은 바로 이 10월 혁명을 이끈 블라디미르 레닌의 일생을 담은 전기이다. 사실 대상이 누구든 어떤 한 사람의 전 생애를 좇아 한 권의 책에 온전히 담아내는 일은 결코 쉬운 일이 아니다. 특히 지난 100년 동안 가장 논쟁적이었던 사건을 일으킨 주역의 일생을 재구성하여 역사적 맥락 속에서 적절히 평가하는 작업은 더더욱 그렇다. 더군다나 당대부터 지금까지 많은 사람들이 일일이 열거할 수가 없을 정도로 레닌의 삶과 사상에 관해 끊임없이 글을 써 왔기에, 이 저술들을 뛰어넘어 그의 생애에 관해 새롭게 덧붙일 뭔가가 과연 있기나 한지 얼핏 회의감이 들기도 한다.

하지만 서비스의 레닌 전기는 적어도 그의 사적인 삶에 관한 한, 독자들에게 많은 새로운 흥미로운 사실과 분석을 제공하는 데 성공했다. 지금까지 세상에 나온 레닌에 관한 여러 전기 중에 이 책이 특히 빛을 발하는 지점이 바로 여기에 있다. 물론 그렇다고 서비스가 레닌의 정치 사상이나 그의 공적 삶을 소홀히 취급하는 것은 아니다. 예컨대 저자는 레닌이 마르크스주의자가 된 후 '인민주의자들'과 무엇을 두고 격렬한 논쟁을 벌였는지, 그러면서도 그들의 사고로부터 어떤 영향을 받았는지, 또 당을 결성한 후 어떤 사상적 차이로 인해 멘셰비키와 결국 정치적으로 갈라서게 되었는지를 상세히 설명한다. 나아가 저자는 레닌이 체르니셉스키나 마르크스뿐만 아니라 마키아벨리, 다윈, 클라우제비츠, 헤겔, 아리스토텔레스 등의 저술도 탐독하였음을 밝히면서 레닌이 자신만의 사상을 형성하는 과정에서 그들로부터도 적지 않은 영향을 받았음을 상기시킨다.

서비스는 레닌의 사상 투쟁을 다루면서 논쟁의 내용을 분석하는 데 힘을 쏟는 만큼이나 논쟁 과정에서 레닌이 얼마나 개인적으로 끈기와 단호함을 보여주었는지를 묘사하는 데도 큰 공을 들이고 있다. 그러나 한편으로 저자는 레닌 말년의 주요 정치 활동인 '좌익 공산주의자'나 '노동자반대파'와의 격렬한 논쟁에 대해서는 거의 언급하지 않는 등 레닌의 공적 삶을 선별적으로 다루기도 한다. 요컨대 저자는 레닌 활동의 정치적 측면을 소홀히 여기지는 않으나 확실히 부차적으로만 다룰 뿐이며(서비스는 이전에 발간한 저서 《레닌: 정치 생활》에서 이 측면을 충분히 다루었다고 생각하는 것 같다.), 그에 비해 레닌의 사적인 삶에 대해서는 상당히 많은 지면을 할애했다. 이러한 글쓰기 전략은 서비스가 역사적으로 큰 발자취를 남긴 한 '위대한 인물'의 삶을 재구성하면서 제일 중요했을 그의 정치적 역정을 상대적으로 경시했다는 비판을 초래할 수 있을지도 모르겠다. 하지만 옮긴이가 보기에 오히려 독자들은 이러한 글쓰기 전략 덕분에, 19세기 말과 20세기 초의 격동의 시대를 살아간 한 인간으로서 레닌을 더 잘 알게 됨으로써 궁극적으로 혁명가 레닌, 정치가 레닌의 생애를 더욱 풍부하게 이해할 수 있는 좋은 결과를 얻게 되었다.

예를 들어, 우리는 레닌의 어린 시절을 다루는 책의 도입부에서 그의 가족이 유대계 혈통을 일부 이어받았음에도 불구하고 철저하게 러시아적으로, 그것도 낡은 관습과 자의적 통치에 찌든 전통적인 옛 러시아가 아니라 진보와 계몽을 지지하는 근대적인 새 러시아 문화 속에서 전반적으로 양육되었음을 본다. 이 사실은 서비스가 보기에 아버지가 갑자기 죽은 후 가족 내에서 가장 큰 기대를 모았던 장남 알렉산드르가 차르 암살 모의 혐의로 처형된 사건과 함께, 레닌과 그의 가족 전체가 로마노프 왕조의 러시아 제국에 대해 화해 불가능한 적대감을 품게 되는 근원적인 배경으로 작용하였다.

또한 레닌의 가족은, 온갖 병마에 시달리면서도 반정부 활동에 골몰하던 레닌을 적극 뒷받침하였다. 레닌의 어머니는 러시아 제국 정부의 요주의 인물이 된 아들이 일상에서 불편하지 않도록 재정적 지원을 한 것은 물론이고, 끊임없이 아들의 생활을 돌보면서 자신의 삶을 아들을 위해 온전히 희생하였다. 또한 그의 부인 나데즈다 크룹스카야도 그 자신 혁명가임에도 불구하고 자신의 활동과 레닌의 활동이 서로 충돌할 때면 많은 경우에 남편의 활동을 우선시하였다. 레닌의 누나와 여동생인 안나와 마리야도 이 점에서 마찬가지였고, 심지어 나데즈다의 등장은 레닌의 무조건적인 후원자인 누이들에게 경쟁심과 질투를 불러일으키기까지 하였다. 또한 새롭게 발굴된 자료에 근거하여 복원된, 이네사 아르망과 크룹스카야, 레닌, 이 세 사람 사이에 형성되었던 미묘한 관계, 그리고 레닌의 죽음을 둘러싼 의학적 사실들을 상세히 분석한 부분도 레닌의 일생을 온전히 이해하는데 서비스의 전기가 크게 기여한 측면일 것이다.

이 책의 원전은 지금으로부터 거의 20년 전인 2000년에 발행되었다. 하지만 이 책에서 다루는 레닌의 삶에 관한 서비스의 예리한 분석과 주장은 일반 독자들은 물론이고 전문 연구자들에게도 여전히 설득력을 갖고 있다. 2000년 이후, 특히 10월 혁명 100주년을 맞이한 올해, 국내외를 막론하고 러시아 혁명을 다룬 다양한 서적들이 쏟아져 나오고 있지만, 옮긴이는 과문한 탓인지 레닌의 삶, 특히 그의 개인적 삶에 관한 서비스의 분석보다 더 나은 저술은 아직 보지 못했다. 그것은 아마도 레닌의 사적 생활을 더욱 풍부하게 밝혀줄 새로운 자료가 더 이상 발굴되지 않았기 때문일 것이며, 이미 공개된 자료들을 해석하는 데 서비스보다 능숙한 전기 작가가 아직 나타나지 않았기 때문이기도 할 것이다.

서비스가 묘사한 대로, 레닌은 일부 극단적인 숭배자나 혐오자들이 주장하듯이 전지전능한 신도 무자비한 악마도 아니었다. 그는 러시아 제국의 억압에 분노하여 낡은 체제를 무너뜨리려 했던, 그리고 그 과정에서 행동과 사고의 비일관성과 결점을 불가피하게 노출하면서 이를 극복하기 위해 주변 사람들의 도움을 필요로 할 수밖에 없었던, 우리와 같은 한 명의 인간이었다. 서비스의 이 역작이 레닌을 '인간화'함으로써 러시아 혁명을 좀 더 역사적으로 이해하는 데 부디 도움이 되었으면 한다.

용어